韩朴 主编

北京

历史文献
要籍解题

上

北京历史文献书目索引集成

中国书店

图书在版编目(CIP)数据

北京历史文献要籍解题/韩朴编.—北京:中国书店,2009.1
ISBN 978-7-80663-610-7

Ⅰ.北… Ⅱ.韩… Ⅲ.北京市—地方史—文献 Ⅳ.K291

中国版本图书馆 CIP 数据核字(2008)第 185541 号

北京历史文献要籍解题(上、下)

主　编:韩　朴
责任编辑:宋　莹

出　版:中国书店
社　址:北京市宣武区琉璃厂东街 115 号
邮　编:100050
经　销:全国新华书店
印　刷:北京李史山胶印厂
开　本:880×1230　1/32
版　次:2010 年 9 月第 1 版　2010 年 9 月第 1 次印刷
字　数:90 千字
印　张:37.5
书　号:ISBN 978-7-80663-610-7
定　价:96.00 元

本版图书如有印装质量不合格者,本社负责调换。

《北京历史文献书目索引集成》

课题组负责人：韩　朴

《北京历史文献要籍解题》课题组

组　长：刘乃英　马文大

成　员（以姓氏笔画为序）：

丁　蕊　马冰心　王松霞　曲利丽　乔雅俊

吴雪梅　李凌霄　杨之峰　邸晓平　袁　艳

总　序

　　图书馆里保存着大量经过科学考证的历史资料和前代学人的科研成果，这些文献与资料是今人开展科学研究的基础与出发点。科学工作者在其研究进程中，无一例外地要从中汲取大量的知识与信息，而他们进一步做出的新的科研成果，又会以科学文献或历史资料的形式再次回到各个图书馆，以作为当代或今后科学工作的文献基础。以此构成的一条学术"生态链"，生生不息，轮回不已。

　　作为华北重镇、历朝古都，历史学界对于北京的关注从来没有中断过。但是把它作为历史科学的一个区域分支，从多种角度进行立体研究，并取得巨大的科研成果，这还是20世纪80年代以来的事情。

　　作为城市的存在，北京至少已有三千多年的历史进程。在这一历史进程中，关于城市历史文献的撰写、整理和积累从未中断。然而在20世纪以前，文献史料的流通主要是在私人之间进行，史料的整理和积累也大都由学者们分散进行。我国方志学的创始人之一，清代著名的历史学家、目录学家章学诚，在其《州县请立志科议》一文（见《章氏遗书·方志略例二·修志十议》）中曾极力主张各州县设立"志科"，收集和保管地方文献，以便"异日开局纂修"方志时使用，首次提出了设立专业机构以系统收集、整理地方文献的构想。

　　进入20世纪以后，近代图书馆的出现，使得文献史料的流通状况得到了大幅度的改善，但在早期的图书馆工作中，依然缺少专门针对地方史料的系统整理和积累。20世纪40年代起，图书馆学家杜定友在广东省立中山图书馆首创中国的图书馆地方文献事业，大力收集、整理和传播广东地方文献，为我国的图书馆地方文献事业奠定了最初的基础。

1958年，首都图书馆成立了专门的北京地方文献机构。建立这个部门的初衷，原在于创建北京市的地方文献基地，以作为社会各界获取北京地方信息，推广、普及与传承北京地方文化，以及研究北京地方历史的文献信息保障系统。半个世纪以来，北京地方文献中心已收集、典藏了北京地方文献30000余种，11万余件册。文献类型包含了中外文图书、报刊、学术论文、舆图、金石拓片、历史图片、文件汇编、统计图表、谱录、文契、戏剧说明书，以及北京地方文献的专用工具书等等，形成了独具特色的北京地方文献专藏。时至今日，当年的北京地方文献小组已建成为全国省级图书馆中规模最大、专业化程度最强的地方文献机构之一。

为了对北京的地方史料进行一次全面、系统的梳理，2001年6月，北京市哲学社会科学规划办公室批准了首都图书馆的申报，将《北京历史文献书目索引集成》列为北京市哲学社会科学"十五"规划项目。

本项研究包括《北京历史文献要籍解题》、《北京地方文献工具书提要》、《北京城市生活报刊史料类编》三个子课题。从不同角度对北京历史文献进行了全面、深入的爬梳、发掘和整理。

这项研究的理论意义，首先在于对北京历史文献进行一次全面、深入的发掘和整理，以期使北京研究者能够对北京历史文献有一个全面、系统的认识，并在治学的过程中得以按图索骥；其次，对于北京地方历史的发展，以及对北京地方历史的研究进程，能够整理出一条相对清晰的脉络，即所谓"辨章学术，考镜源流"；此外，对于内容相近的文献，亦得以采用类比的方式，鉴别其各自独特的学术价值；而这项研究成果本身，也近似于一部有关北京地方历史的专题著述史。

《北京历史文献书目索引集成》的本质形态仍然属于知见书目，因而本课题研究过程中需要把握的重点仍然在于书目控制的完整程度。首都图书馆的北京地方文献专藏建设以完整级为目标，并拥有研究级的实际水平，为本课题的开展提供了强有力的资料保障；而且北京地方文献专藏拥有近代以来各种有关北京地方文献的书目和索引，为查询首都图书馆未曾入藏的文献提供了相对全面的文献信息支持。

完整的书目控制固然是本研究项目的根本基础，而书目数据的最终取舍以及条目的撰写则体现了研究人员的学术功力。本课题及其子课题的负责人均为首都图书馆的学术与科研骨干；为了进一步培养科研队伍，课题组引进了相当数量的中青年科研人员。他们为课题的圆满完成付出了艰辛的劳动，而自己也在学术研究进程中得到了锻炼，在学术水平和科研能力等方面获得了不同程度的进步。

我们希望，本项研究的成果能够成为国内外北京史研究者重要的案头书目；对于初治北京史的青年学者、研究生和北京史爱好者，则是开启治学门径的重要工具；而对于普通公众和广大青年学生，应是传承民族与地域文化、开展乡土教育和爱国主义教育的良好教材。

在课题研究进程中，我们自始至终得到了首都图书馆各级领导提供的全方位支持；北京市哲学社会科学规划领导办公室李建平等同志为科研工作提供了极富建设性的指导意见；北京市哲学社会科学评审专家组的孔祥星研究员和黄爱平教授，在对科研成果给予充分肯定的同时，也给我们提出了中肯的修改建议。此外，北京大学白化文教授、北京市社会科学院王灿炽研究员、首都师范大学郗志群教授、北京市社会科学院王岗研究员、北京市地方志办公室谭烈飞副巡视员、中国书店出版社马建农总编，都曾从不同角度对此项目给予了大力的支持和帮助。为此，我们要在这里向他们表达诚挚的谢意。

一项新的科研成果问世，仅仅代表着研究者自身根据当时所能获取的存世资料所作出的判断与认识，由于寓目所及和认识水平的限制，成果之中的不足和不确之处在所难免，为此敬请方家斧正，并待来哲。

韩　朴
2006 年 6 月初稿
2008 年 5 月修订

前　言

　　《北京历史文献要籍解题》是北京市哲学和社会科学"十五"规划科研课题《北京文献书目索引集成》下属的一个子课题。课题研究者在全面、系统地调研北京历史文献的基础上，对现存记录北京历史的专著、专刊及非正式出版的内部发行资料进行了全面的梳理，从中精选出重要文献1498部（其中包括外文文献40部），分门别类进行著录，并为每一种文献做出提纲挈领、约言大意的解题。解题内容包括考证作者生平，介绍成书经过，简述全书内容，说明著述体例，并对文献进行整体评价。力求为北京地方史志研究者提供一个系统、全面、准确的书录解题性质的工具书。课题研究自2001年开始，历时六载而完成。从目录学角度来看，本课题属于地方文献目录范畴，但就文献的主题而言，又可将其视为有关北京地方史的专题目录。

一

　　北京历史文献书目、书志的研究是自清末民初开始的，虽然前辈学人如缪荃孙、张次溪以及一些公藏机构都对北京历史文献专题目录做出过开创性的、综合性的整理，但研究解题性质的书录直至上世纪80年代才出现，且也仅仅是寥寥数种，主要有王灿炽的《燕都古籍考》（1995年京华出版社出版，收录文献151种）、《今日北京·历史卷》（1991年北京出版社出版，其中《北京古今文献书目提要》500种）、《北京史地风物书录》（1985年北京出版社出版）中的若干条目以及姜纬堂著《北京城市生活史·附录：北京城市生活史料文献概说》（1997年开明出版社出版），其余各书目均为题录式的简单著录，并不包括研究性的解题。仅有的这些解题所收录的文献，相对于数万种北京历史文献而言，从数量上就可以看出其涉及面有限；而且其历史文献的收录时间囿于时代限制，下限基本至20世纪90年代中期，内容上多以史地、风物为主，在收录范围上均鲜有涉及近现代国外研究北京史的文献著作。因此，全面、系统地整理、编撰出一部北京历史文献研究解题性质的书目，对于研究者的检索和利用，对于初学者的入门普及是十分必要的。

解题是著录与揭示文献内容较为详细的二次文献，这种目录形式自古有之，又称为提要、别录、举要、叙录、辑录等。著名目录学家余嘉锡在《目录学发微》中指出："凡目录不著解题者，因薄其浑漫，视为无足重轻；即有解题者若其识解不深，则为美犹有憾。"可见，解题是剖流析源、揭示文献、指导治学的重要工具。

就某一领域的专题文献进行解题，首先应该把握收录文献的范围，使其具备本学科领域文献的系统性、完整性；其次应注意分类编排的科学性和易检性；再次就是确保解题撰写的学术水平。我们在充分吸收前辈学人研究成果的基础上，发挥首都图书馆丰富的北京地方文献资源优势，广搜博采，广引旁征，去粗取精，去轻就重，力争编排一部较为翔实的北京历史文献解题参考工具书。就收录文献的范围和数量而言，本解题继承并拓展了前人对北京历史文献书目的揭示和整理，应该说它是目前收录北京历史文献范围较广的专题解题目录。

二

本课题所收录的存世北京历史文献，在概念上依严格的地方文献定义，指专门记载北京地方历史的专著、专刊及资料汇编、非正式出版的内部发行资料；地域范围则以现行北京市行政区划为界限，同时考虑北京作为都城的特殊性，兼收一些具有全国性的相关历史文献。而广义的地方文献概念中记载地方人士的著述、旧称郡邑书目以及地方出版物等地方文献不在本书收录之列。

在收录文献的范围上本课题力求完整、系统。在掌握已有的北京历史文献资料基础上，我们充分利用了前辈学者和当代学人对北京地方文献的著录成果，如张次溪的《辛亥以来记述北京历史风物书录》系列和王灿炽的《北京史地风物书录》、《北京古代史论著资料索引》（首都博物馆资料室编，1990 年国际文化出版公司出版）、《北京史百年论著资料索引》（郗志群主编，2000 年北京燕山出版社出版）等多种重要的书目和书录解题。其中王灿炽编写的《北京史地风物书录》依托首都图书馆北京地方文献部的专题目录，共著录北京文献 6300 余种。而 1954 年和 1956 年间北京图书馆编印的《有关北京史资料目录》，书后附有英文著作和论文 57 条、日文论著 19 条，是较早地收集和重视外文资料的书目之一。由于海外、港台地区学者和研究者记述北京历史的文献此前所录甚少，我们对此也给予了足够的重视。这些书目、书志是甄别、筛选要籍的基础，是确保本解题目录完整性和系统性的前提。

依托于这些地方文献书目，结合近年来日益发展的北京史研究和北京历史文献的整理、开发，在首都图书馆四万余种地方文献藏书以及国家图书馆、北京市地方志办公室、档案馆及兄弟省市馆藏书的调研基础上，我们对现存的北京历史文献作了全面的梳理，进而从中精选出各个时代、各个时期、各个门类的重要历史文献加以著录，并作出研究性的解题。

就系统性而言，我们收录的存世北京历史文献在时间跨度上，上起先秦，下迄 2004 年；在内容类别上，以反映北京 1949 年以前各时代的历史和各领域重要的研究成果为主，兼收 1949 年以后的重要文献。收录的文献要籍近代以前的以存世为主，佚去者不录；现代的以公开出版物为主，也包括一些重要的内部发行资料。收录文献的载体形式是各领域具有代表性和重要学术价值的文献专著和学术论文集、重要学术专刊以及部分海外学者研究北京的外文专著。单篇学术论文和多媒体等其他文献载体未予收录。

已经佚去的古代文献，此前已经有王灿炽的《北京历史文献佚书考略》一文收录周代至清末佚书 97 种，可参见①，故本题解未予采录。由于北京历史文献散在不一，有的收藏机构或个人无法提供阅览，因此编者未能看到有些重要文献原书，所以暂付阙如，容俟后修订增补。

三

专题目录的分类编排问题，直接关系到文献的揭示和使用价值。科学、概括地分类既有利于将繁杂的文献组织成排列有序的有机体，也可以满足文献检索所需要的便利与快捷。

本课题的分类是参考首都图书馆北京地方文献中心的地方文献分类法和其他相关目录制定的。我们根据这个分类表又将相关学科门类进行了一些调整，分为通论、政治、宫廷史、文化史、教育史、文物考古、人物传记、经济史、社会生活、历史地理、舆图、笔记、杂著和史料十二个大类；另外由于外文文献的特殊性，单析出一类，合共十三大类。每类下又依据文献内容特性并参考北京地方文献分类表细分二级类目，以下再依据成书的时代先后为顺序编排。本解题的目录基本反映了十三大类的分类情况，读者可参照使用。

十三大类前均有编者的小序，述及该类目的分类情况和收录重点，此处不赘。需要指出的是，本课题既然依文献的学科内容分类编排，那么文献的不同类型如年表、图册等就都分而归入学科类目之下，这样可以对学科的内容有一个全面系统的反映。例外的是，舆图类仍依据文献类型另设一类，这是由于其特殊性决

---

① 见《王灿炽史志论文集》第 66～85 页，北京：北京燕山出版社，1991 年 2 月北京第一版。

定的。

宫廷史部分上升为一级类目。宫廷史原分散于政治、地理等类，因为宫廷史是整个北京历史中较为特殊的一部分。对其进行系统的现代研究大致开始于民国时期，20世纪80年代后，学术界出现了不少专门的宫廷史著作，其中大部分是对明清宫廷的各方面进行研究的，有些是亲历性质的实录和对宫廷礼仪、制度的研究。这些著作成为北京地方史研究的有机组成部分，因此单成一类。

通论部分收录的文献都是对北京地方发展史的总体性、概括性研究，包括地方通史性质的北京史研究成果、断代北京城市史、综合性论文集、年表、史料汇编、图谱和科普型读物。

政治部分收录的侧重点以反映北京政治的重大历史事件为主。其中民国时期北京警察制度的资料和论著归入此类。

文化史类的新闻出版主要是研究报刊、杂志社等新闻出版单位历史的著作。报刊本身则由另一子课题《北京城市生活报刊史料类编》加以说明，工具书收入《北京文献工具书辞典》，故本编不再收录。

历史文献中重要的方志类归入历史地理类，而一些专志则归入相应各类中。如反映北京牛街回族居住地的《冈志》归入社会生活中的宗教类；原地方文献分类表中地理类的宫观寺庙也归入社会生活宗教类。

外文文献部分因为数量较少，在编排上采取内容相对集中的方式，然后以文献的出版先后为序。

由于有些门类的文献较少，而又与其他门类相关联，本解题十三大类以下的二、三级类目设置中有许多将这些相近门类合并，如文化史部分将戏曲、曲艺合为一级，经济史部分商业、税务、金融类合为一级等。

有些文献的类目归属是可一也可二的，如果互见于两类，又有重复，如《北京历史自然灾害研究》原归入社会生活·卫生和社会救济类，现只收录于历史地理类中。这在本解题的编排中多少会有一些顾此失彼之嫌，但本解题后附有书名索引，可以很方便地查检。

四

文献选目的标准和撰写解题的学术性直接关系到本解题的学术价值。

从古至今的北京历史文献中，据统计仅专著即已超过二万种以上。北京是一座具有三千多年建城史、八百多年建都史的古老城市。伴随着城市的发展，记载北京历史的各类文献在不断地产生和丰富。《墨子·明鬼篇》记载，周代已经有一部《燕春秋》，这是目前已知最早的北京历史文献；清孙星衍辑校的《燕丹子》三卷，据学者考证为成书在《史记》之前的先秦古书；汉代有《燕十事》十篇，载于《汉书·艺文志》"法家类"，"疑是燕王定国狱事"（沈钦韩《汉书疏证》），缪荃孙说"纪录顺天事见于史志者，以《燕十事》为始"，这是载于正史的第一部有关北京的历史文献；此后的北齐有阳休之的《幽州人物志》三十卷、隋代有《幽州图经》及《幽州记》、唐代有平致美的《蓟门纪乱》、宋代有《平燕录》和王安中的《人燕录》及许采的《陷燕记》等。不过这些文献今天已经佚失而看不到了。元明清以降，有关记叙北京的历史文献则渐行渐盛，蔚成规模。

从这样海量的历史文献中精选出有代表性的要籍，是我们初期选目和课题进行中的重要工作。在文献的择选上，我们把重点放在文献的学术性、资料性、权威性上，注重文献的学术价值、文献价值以及文献的历史地位。所谓完整性与系统性也是指具备这三个方面要素的文献要籍，尽可能地收录进来，做到各个时代、各个时期、各个门类的北京历史文献重要著作不漏收。

在实际工作中本解题的具体选录原则是：

一、在同类中研究同一对象的历史文献，收其内容全面、概括性强、最有史料价值和学术价值的重要文献。如文化史部分有关松坡图书馆的文献，有《松坡图书馆纪事》、《松坡图书馆十三年报告》至《松坡图书馆二十年报告》、《松坡图书馆概况》，我们只收最后一种。舆图部分在多幅民国初年的北京城区图中选择了1913年《实测北京内外城地图》，由于它是民国政府成立后测绘的第一幅北京城地图，直观地展示了民国初年北京的城市变迁。再如文物与考古部分收录了清代学者顾炎武的《京东考古录》，这是最早记述北京历代碑石的专著。对于近年来出版的反映现存文物状况的重要综录、图录等，我们也择要收录，尽量做到重点要籍不疏漏。

二、不同版本的书籍，收其内容最丰富的，对其他版本不同处加以说明。如《北平研究院概况》有1933年版、1948年版，还有1939年版《北平研究院十年来工作概况》，本课题只收1948年版，并不以初版初印等早期珍贵版本徒炫耳目。

三、同类文献有后人研究成果的，以后来者为重。如文化史部分文学类中的宫词，有些书名相同，但因作者不同，取材不同，内容各异，解题从史学研究出发，把有注释的尽量收入。力求将某一类中的最新研究成果呈现在读者面前。

四、兼顾收录一些独具特色的文献。如舆图部分地域性及史料性并不是很高的《河北省各县物产图》，它不是专门介绍北京，但包含北京在内的物产图较有特色，所以收录解题中。如教育史部分对数量少而又具有特殊价值的关于北京沦陷期教育情况的文献和北京教育界的爱国主义活动的专题文献，我们都给予了足够的重视。

五、兼顾每一类文献内容和时间跨度上的全面性，力求挖掘同类文献的深度，扩大同类文献的广度。如教育史部分对从古代太学文献资料到高等教育、中学教育、小学幼稚园教育阶段、职业教育、特殊教育、社会教育的方方面面都分类归纳；再如舆图部分的《旧北京一九四九年城区地图》，绘制于1976年，并非严格意义上的舆图，但其专门绘制了1949年北京城的情况，可以说是北京舆图的一个终结篇，故从全面反映舆图的源流递嬗角度考虑亦予以收录。

解题著录旨在为研究者提供文献的基本信息，如书名、卷册、作者、成书经过、内容提要、版本存世情况等；解题并以评介文献为目的，较详细地分析学术得失、社会影响价值等，评介力求客观严谨，有一定的学术性、系统性和完整性。本解题的编辑人员在从事北京历史文献研究的同时，依据解题撰写的学术性要求，广泛征引相关资料，准确著录，所著录的内容如有存疑，宁付阙如，力争为北京地方历史的发展以及研究进程清理出一条相对清晰的脉络，"辨章学术，考镜源流"，辨析学科发展，介绍文献概貌，鉴别历史文献要籍的学术价值，让读者能"使书千帙于掌眸，披万函于年祀。览录而知旨，观目而悉词"，为北京史研究者提供一套全面、系统、科学的北京历史文献要籍参考书目。

由于编者寓目所及和水平有限，在选目和解题撰写中尚存在许多遗漏和不确之处，敬请专家斧正，以待日后修订、补充、完善。

刘乃英

2006 年 10 月

凡　例

1. 收录文献地域范围　本课题所录文献以涉及北京历史为基本范围。北京的地域范围以现行北京市行政区划为准。考虑北京作为都城的特殊性，同时兼收一些具有全国性的相关历史文献。

2. 收录文献时间范围　所录北京历史文献成书年代下迄 2004 年，近代以前以反映北京 1949 年以前的历史和各领域重要的研究成果为主；近代以后以公开出版物为主，也包括一些重要的内部发行资料。

3. 收录文献基本原则　重点收录存世的各时代、各领域有代表性和重要学术价值的文献专著和学术论文集以及重要学术刊物和外文文献。单篇学术论文不录。已佚失者不录。多媒体等其他文献载体不录。

4. 收录文献分类　所收文献按学科内容和文献类型分为十三类，即通论、政治、宫廷史、经济史、文化史、教育史、文物考古、人物传记、社会生活、历史地理、笔记、杂著及资料类编、舆图、外文文献。各类文献依内容编次、排序，以类相从，同类下则以成书时间先后为序。本编目录可视为分类类目。

5. 解题著录内容　每种要籍均著录书名（包括异名、简称等）、卷（册）数（篇幅较小的文献注明页数）、作者，简述作者生平与成书经过，内容提要、文献价值及版本情况等。

6. 收录文献数量　共收录北京历史相关重要文献 1498 种，其中外文文献 40 种。

7. 书后附书名笔画索引和著者笔画索引，以备查检。

目　录

（上册）

（下册）

文物考古

社会生活

通

论

小　序

　　地方史（Local History）是历史学科的一个重要分支，是专门考察、分析某一地区历史变迁的史学门类。中国的地方史研究在清到民国时期获得长足发展，中华人民共和国成立后，特别是 20 世纪 80 年代后，这一分支学科的研究得到了蓬勃发展。1980 年，北京史研究会成立，自此，北京地方史的研究不断深入，并逐渐形成良好的发展势头，在首都地区形成了以社科院所和高等院校为主的研究群体。许多学者从北京特定地域的生态环境、社会环境、文化现象等方面入手，力图展现出北京历史发展的全景，并在此基础上产生了相当一批研究成果。

　　具体来说，这些研究成果主要有如下几个方面：

　　一、地方通史性质的北京史研究成果。这些研究著作时间跨度大，范围涉及广，大多从各个角度展示了北京历史发展的全貌，比较系统全面地介绍了北京历史发展沿革。如《北京通史》、《北京史》、《北京历史纲要》、《北京简史》等。其中《北京史》是我国出版的第一部北京通史，它由多位专家学者合作完成，完整、系统、科学、简明；而之后出版的《北京通史》则是多卷本学术专著，全景式记述了从远古至当代北京的历史，书中运用了大量的历史文献及考古资料、文物资料，从社会学、经济学、城市学、民族学、人口学以及自然科学各方面进行研究，材料翔实，视野开阔。

　　二、针对某一时间段北京历史的研究成果，即断代北京城市史。这些著作对当时北京的各个方面有详细的记录或具体的论述，如《元大都》、《金中都》等。《元大都》是一部包括了建筑史、经济史、社会生活史的元代北京城市史，作者以史料为依据，在前人研究的基础上有所突破；《金中都》则是迄今所见研究金中都的第一部专著，全书以文献为基础，所采用的文献资料以金代前后的原始文字记录为主，建立在原始文字史料基础上的论证不仅令

3

人信服，而且深刻而独到。

三、研究北京城市历史发展变化具体环节的成果。如《北京与周围城市关系史》、《北京郊区村落发展史》等。《北京与周围城市关系史》第一次提出了"首都圈"的问题，并从多层次、多方面对北京与周围城市的关系进行了研究，是一部富有创造性的科研著述；《北京郊区村落发展史》一书建立在对历史文献、考古成果、历史地图的充分利用和对郊区村落的实地考查和统计、计算、比较之上，较为全面地论述了北京郊区村落的发展状况，是目前唯一一部研究北京郊区村落发展的专著。

四、综合性论文集。如《北京史论文集》、《燕京春秋》、《王灿炽史志论文集》、《燕史集》等。其中《北京史论文集》、《燕京春秋》是多人论文的选集，是当时北京史研究成果的重要反映；《王灿炽史志论文集》、《燕史集》等是研究者个人论文的结集。这些论文集所收的论文多是建立在大量史料或实地实物考察的基础上，为北京史研究者提供了极有价值的研究资料、研究思路及研究方法。

五、年表、史料汇编、图谱类著作。如《北京历史纪年》、《燕史纪事编年会按》、《明实录北京史料》、《图说北京史》等。其中《北京历史纪年》是1949年后编纂出版的第一部北京历史年表，是《北京通史》编写的前期成果之一，全书大事突出，要事不漏，文字简洁，具有较高的学术价值和史料价值；《燕史纪事编年会按》摘录了现存典籍中与燕史每个具体问题相关的一切有价值的内容，一改学术界燕史资料匮乏的旧观，而作者在"按语"中所提出的许多见解也往往有超越前人与今人之处；《明实录北京史料》将《明实录》中关于北京的资料搜录殆尽，包罗万象，珠玑尽列，为研究明代北京地方历史、文化提供了重要的史料参考；《图说北京史》则以图文并茂的形式，真实而生动地再现了北京的历史风貌，是目前北京文物考古图集中最权威的一本。

六、科学普及型读物。如《北京史话》、《北京历史丛书》等。其中《北京史话》抛开了艰涩的专业术语和玄奥的繁琐考证，以史话的形式展示历史的丰富内涵，把史学成果准确、及时地转化成大众化的知识；《北京历史丛书》是一套高度浓缩北京历史知识的"全景式"普及读物，作者多是研究北京史的专家学者，他们以深邃的思想、生动的语言，深入浅出地介绍了北京历史的各个时期和各个方面。

通论部分也收录了少数20世纪80年代以前，乃至1949年以前全面研究北京历史的著作，如《燕史》、《北平史表长编》等。前者是第一部较为全面地对燕国历史进行研究的著作，实际上相当于一部燕地通史；后者编写于民国时期，起源于编者对北平历史地位的全面认识。

总之，本书在通论部分收录的34种书籍基本都是对北京地方发展史的总体性、概括性研究，它们较为系统全面地介绍了北京历史发展的大致情况。这部分文献主要按成书时间进行排列，而从这些文献的排列中，读者也可以大致了解北京史研究的轨迹与进程。

《燕史》

《燕史》，存三十四卷，明郭造卿撰。

郭造卿（1532—1593 年），字建初，号海岳，又号玉融山人。福建福清人。嘉靖间贡生。有《海岳山房集》、《永平府志》等。

郭造卿曾在戚继光的门下做幕僚，常在蓟北塞外往来，对燕地的情况十分了解。后来应戚继光之请撰写《燕史》，约十年完稿。

此书原有一百二十卷，现残存三十四卷。现存内容分为十纪，依次为"政纪"、"统纪"、"雄纪"、"镇纪"、"敌纪"、"督纪"、"道纪"、"系纪"、"裔纪"、"朔纪"。主要内容就古燕国地域取历代史迹，起自周初，迄于五代，分类采辑。每类之中又分年隶事。每纪之前有叙述一篇，后有总论数行。据卷中文字考证，此书应尚有"变纪"、"追纪"、"牧纪"、"貊纪"、"胡纪"、"蕃纪"、"寇纪"部分。

此书是第一部较为全面地对燕国历史进行研究的著作，虽然类似资料的编排，但实际上相当于一部燕地通史。全书内容广泛，取材来自正史，比较真实可信，对燕史研究具有重要价值。不过所纂事实不注出处，是此书的一个较大缺憾。

此书现存有钞本三部，分别珍藏于首都图书馆、北京大学图书馆（有"陶斋校阅"朱印）及福建省图书馆。

《北平史表长编》

《北平史表长编》，国立北平研究院史学研究会编辑。国立北平研究院出版部民国二十三年（1934 年）铅印本，二册。

此书的实际编辑者是瞿宣颖。瞿宣颖（1894—1973 年），字兑之，湖南长沙人。曾在北洋政府任职，在南开大学、清华大学和燕京大学任教，是深具国学功底的文学家和史学家，有《汉魏六朝赋选》、《中国社会史料丛钞》等著述。

瞿宣颖认为北平自辽代始直至当日成为近代文化中心,而"其间何者以渐而兴,何者忽焉而变,苟非先具一编年之史表,未易明也",于是编写了此书。

此书主要以时间为序,将所采史料中自辽太宗会同元年(938年)至清德宗光绪二十五年(1899年)间关于北京的天灾、兵事、建筑、制度、人物、历史著作刊布等情况逐一排列。每事撮要为纲,引原书内容为目,不能全录的也详细注明了出处。

此书资料丰富,摘自正史以及《东华录》、《顺天府志》、《皇朝文献通考》、《会典事例》等书。编者对这些书中的不同之处先予考订再作取舍,因而全书科学严谨,并没有成为史料的单纯罗列。此书真实而客观地展现了自辽代到清庚子事变前北京的兴衰变化,为研究这一时期北京的政治史、军事史、建筑史、文化史等提供了极为可贵的资料和参考。

《北京史话》

《北京史话》,侯仁之、金涛著。上海人民出版社1980年出版,一册,258页。

侯仁之(1911—),山东恩县人,出生于河北枣强,著名历史地理学家,中国历史地理学奠基人。燕京大学毕业,1949年获英国利物浦大学博士学位,1952年任教于北京大学地质地理系,历任系主任兼校副教务长、城市和环境学系教授、博士生导师等职。现为北京市人民政府首都发展战略顾问组顾问、中国科学院院士。代表著作有《历史地理学的理论与实践》、《中国古代地理学简史》等。

为激发广大群众热爱祖国、建设祖国的热情,上海人民出版社出版了一套读物,介绍一些重要或著名城镇、地区、山川的历史。《北京史话》即其中的一种。

此书分为八个部分:"中华民族的远祖——'北京人'的故

乡"、"蓟——北京城的萌芽和成长"、"既是军事重镇，又是贸易中心"、"向全国政治中心过渡"、"大汗之城——元大都城"、"明代的帝王之都"、"最后一个封建王朝的都城"、"黎明前夕的北京"，较为全面地对历史上北京城市的起源、发展、沿革进行了形象生动的介绍，并涉及了与之有关的一些历史事件。书前有照片及地图，书中有多幅照片及地图。

本书结合传统史志体裁的某些特点，采用群众喜闻乐见的"史话"形式记述北京的历史，可使读者了解北京历史发展的基本脉络。

《北京史论文集》

《北京史论文集》，北京史研究会编。北京史研究会 1980 年 9 月印，一册，266 页。

北京史研究会是北京市改革开放以来成立较早的学术团体之一，在团结和组织北京史研究专业人员和业余爱好者、开展学术研究和学术交流活动、提高北京史研究水平、普及北京史知识、推动北京社会主义现代化建设等方面做出了很大的贡献。

1980 年，首届北京史学术研讨会召开，为纪念此次会议和北京史研究会的成立，会议将征集的论文选编成集，即为《北京史论文集》。

本论文集共收入 41 篇文章，其中有关于北京历史考证的，如常征的《召公封燕及燕都考》、王剑英的《明初营建北京始于永乐十五年六月考》；有关于北京地区历史人物研究的，如阎崇年的《论明代保卫北京的民族英雄袁崇焕》、顾平旦的《曹雪芹与北京》；有研究北京历史事件的，如魏开肇的《论北京地区义和团运动高潮的兴起与衰落》、杨西岩的《朱元璋夺取元大都之战》等。论文还涉及北京古代城址变迁、古代北方各民族对北京发展的贡献、自然灾异考证、出土文物研究等许多方面，此外还有一些关于现代革命史的回忆性文章。

全书真实反映了当时北京史研究的最新成果，对北京史研究具有独特价值。

此书为非正式出版物，其中的 8 篇文章后被收入《燕京春秋》一书。

《元大都》

《元大都》，陈高华著。北京出版社 1982 年 2 月出版，一册，138 页。

陈高华（1938—　），浙江温岭人，中国社会科学院历史研究所研究员。曾任中国社会科学院历史所所长、中国社科院研究生院历史系主任等。现为元史研究会顾问、中国海外交通史研究会会长。1990 年被国家人事部授予"有突出贡献的中青年专家"称号。1992 年享受国务院颁发的政府特殊津贴。主要研究方向为元代史，兼攻明代史、中国绘画史、中外关系史，有《元史研究论稿》等。

20 世纪 70 年代后期到 80 年代前期，陈高华参加了《中国史稿》的编写工作，负责元代部分。这一时期他也对元代的城市史进行了研究，后来完成了《元大都》一书。

此书正文部分共有七章，依次为："大都建成以前的北京"、"大都城的建造过程"、"大都的布局"、"大都的政治生活"、"大都的经济生活"、"大都的文化生活"、"元末农民战争中的大都"。另有附录两项：《元大都大事年表》、《元朝列大夫骑都尉宏农伯杨公神道碑铭》。

此书是一部包括了城市建筑史、经济史、社会生活史、发展史的较为全面的元代北京城市史，较为详细地叙述了元大都的建都历史和城市面貌，既有对元大都的城市建构的描绘，也有对居住于其中的人们的生活情况的记述。书中对城市经济的叙述占有较大比重，第五章包括"农业"、"手工业"、"商业"、"运河和海运"、"大都地区发生的自然灾害"等部分，较为完备。全书以史料为基础，内容翔实，许多叙述虽以平实的语言说出，但往往在页下注解。作者在前人研究的基础上有所突破，如认为元大都的主要设计者不是过去常说的色目人也黑迭儿，而是汉人刘秉忠。

此书后被译成日文在日本出版，国内还出版了蒙文译本。

《燕京春秋》

《燕京春秋》，北京史研究会编。北京出版社 1982 年出版，一册，284 页。

1980 年 9 月，首届北京史学术讨论会召开、北京史研究会成立之际，北京史研究者们撰写了一批文章，这些文章中的一部分被遴选结集，书名题为《燕京春秋》。

此书分为十二个部分，依次为"燕京春秋"、"经济史话"、"历史地理"、"城市建设"、"园林艺术"、"宫苑逸史"、"风云人物"、"文物考古"、"文献丛考"、"编史心得"、"志稿一览"、"北京图谱"。共选编 30 篇论文，包括郭仁、田敬东的《琉璃河商周遗址为周初燕都说》，王玲、毛希圣的《辽代南京（燕京）的历史作用》，于杰、吴跃利的《公元 1057 年北京地震》等。除论文外，另有王灿炽的《北京历代建置表》一份。

本书所收文章涉及北京历史、经济、地理、宫廷、人物、考古等各个方面，全面反映了当时北京史研究的最新成果，评论考证性文章大多以丰富的史料或最新考古成果为论据，观点鲜明可靠；介绍性文章翔实、生动，可读性强。全书内容丰富，雅俗共赏，一些文章至今依旧对北京史研究有较为重要的参考价值。

此书中有 8 篇文章也见于内部出版物《北京史论文集》一书。

《北京历史纪年》

《北京历史纪年》，北京社会科学研究所《北京历史纪年》编写组编。北京出版社 1984 年出版，一册，368 页。

为切实抓紧北京史的研究，以便为《北京通史》的编写做更充足的准备，北京市社会科学研究所于1979年冬组织人员着手学习和收集有关北京历史的资料，前后历时两年，三易其稿，编成《北京历史纪年》。

此书共分为远古、夏商、西周、春秋战国、秦汉、魏晋十六国北朝、隋唐五代、辽、宋、金、元、明、清、民国十四个段落，主要记述从远古至中华人民共和国成立期间有关北京历史的重大事件（包括政治、军事、经济、文化、城建、灾异、科技、民族、宗教、考古、典章制度、内外关系、人民起义等等）、重要历史人物及其主要事迹与著述，并依年、月、日进行编排。

此书为新中国成立后编纂出版的第一部北京史长编，是一部编年体北京简史，也是一本北京史简明资料书。它以时间为经，以事件为纬，兼采纪事本末体之长，展示了北京这一城市的历史发展过程。全书大事突出，要事不漏，文字简洁，有较高的学术价值和史料价值，为《北京通史》的编写做了一定的准备。

《北京史》

《北京史》，北京大学历史系《北京史》编写组编写。北京出版社1985年8月初版，一册，380页；北京出版社1999年2月增订版，一册，455页。

北京大学历史系部分教师曾于1958年开始编写《北京史》一书，后因"文革"影响，直至1985年书稿经再次修订才得以出版。此书是北京市在"第六个五年计划"中最重要的研究成果，于1987年获"北京市首届哲学社会科学优秀成果一等奖"，后增订再版。

1985年初版的《北京史》包括八章，依次为"远古的北京"、"夏商周时期的北京"、"秦汉至五代时期的北京"、"辽宋金时代的北京"、"元代的大都"、"明代的北京"、"清代的北京（1644—1840)"、"1840年至1911年的北京"，较为全面地记述了在不同历史时期北京的重大历史事件、重要历史人物、经济文化、名胜古迹、文物、民俗、宗教等。增订本将第八章标题改为"晚清的北京（1840—1911）"，并增写了第九章"民国时期的北京"和其他部分章节，尤其对明清时期的北京历史增写较多。

此书是世界城市发展史与国都史研究中有一定学术价值的城市史专著，也是我国出版的第一部北京通史，它真实并全方位地展示了北京历史发展的许多方面。作为一本由专家学者合作完成的完整、系统、科学、简明的北京通史，此书对研究北京的地理、政治、经济、科学技术、文化艺术等具有极大的参考价值。

《秦汉魏晋十六国北朝时期蓟城资料》

《秦汉魏晋十六国北朝时期蓟城资料》，曹子西主编。紫禁城出版社 1986 年 4 月出版，一册，362 页。在《北京史研究资料丛书》中。

曹子西（1929— ），天津市武清县人。1949 年毕业于华北大学。新中国成立后，华北大学更名中国人民大学，他在该校先后任科研处副处长、中文系及文艺理论教研室主任。后任北京市委宣传部理论处处长、北京市社会科学院副院长。现任北京市社会科学院研究员，享受国务院专家特殊津贴。著有《瞿秋白文学活动纪略》等，参与编写《北京史研究资料丛书》（八种）、《燕山史志丛书》（六种）等。

此资料集分为"秦汉时期的燕地蓟城"、"魏晋十六国北朝时期的幽州蓟城"两编。每编按内容对选录资料归纳分类，并冠以大小标题。如第一编第一类"秦统一燕地蓟城的形势和变化"下又有"秦取蓟城，灭燕"、"废封国，立郡县"等类别。集中同类史料一般按时间顺序排列，每条史料皆标明出处及页码。

此书中的资料主要采自中华书局点校本《史记》、《汉书》、《后汉书》、《三国志》、《晋书》、《魏书》、《北齐书》、《周书》、《北史》、《资治通鉴》及其他专史、文集中涉及秦、汉、魏晋、十六国、北朝时期北京地区的有关史料，来源广泛而可靠。

此书将相关历史文献中保存下来的大量北朝以前北京地区的宝贵史料加以充分集中，是研究秦汉魏晋十六国北朝时期北京地方历史、文化的重要参考书，对北京史研究很有益处。

《北京史资料长编（辽金部分）》

《北京史资料长编（辽金部分）》，于杰编撰。北京燕山出版社1986年出版，一册，92页。

于杰，研究员，1953年毕业于北京大学历史系考古专业，多年从事北京文物考古工作，曾任北京市文物研究所所长。

为了配合北京史的研究工作，北京市文物研究所、"北京历史考古丛书"编辑组将于杰长期整理选编的辽至金的北京史资料编辑出版。

此书采用编年体史书体例，按公元纪年编年，又佐以不同帝王纪年的年号及岁次干支。全书记述了辽、宋、金时期北京地区的政治、经济、军事、生产、文化、宗教等社会现象及地震、水旱灾害等自然现象，城池、宫阙、塔庙寺院等建筑的沿革以及地下考古、河道变迁等资料。每一年记当年所发生的重要事件，材料后注明具体出处。

书中所选取的材料出自《辽史》、《宋史》、《大金国志》、《契丹国志》、《三朝北盟会编》、《金莲正宗记》、《北行日录》、《琉璃厂杂记》、《揽辔录》、《遗山文集》、《湛然居士文集》等正史、野史、私人笔记、文集等，撰者对记述重复的资料，也予以收录，以备参酌。

此书将辽金时期关于北京的历史资料加以集中，具有重要的资料价值，为研究辽南京及金中都的各方面状况提供了极为有益的文献参考。

《古都北京》

《古都北京》，阎崇年著。朝华出版社 1987 年出版，一册，283 页。

阎崇年（1935—　　），山东蓬莱人，北京社会科学院研究员、北京满学会会长，被北京市政府授予"有突出贡献专家"称号，享受国务院颁发特殊津贴。主要成果有《满学论集》、《燕史集》、《袁崇焕研究论集》和《燕步集》、《努尔哈赤传》、《天命汗》、《中国历史大事编年·清代卷》、《中国都市生活史》等；主编《满学研究》（一至六辑）、《袁崇焕学术论文集》、《戚继光研究论集》等。《古都北京》一书是作者于 1984 年应朝华出版社之约撰写的。

本书以文字与图片相结合的形式叙述自旧石器时代到清末北京的历史。全书由以下部分组成：中华民族的文化摇篮、古燕文化的斑斓光辉、秦汉隋唐的北方重镇、少数民族的奠都北京、蒙元帝国的汗八里城、明清两朝的帝国都城。每一部分下又根据具体情况展示了相应历史时期的北京风貌。书后附有中国历史年代简表、北京历史简明年表、图录、索引。

此书是一部图文并茂的介绍北京历史的大型画册，文字部分内容丰富、史料翔实，对北京各历史时期的政治、经济、贸易、商业、宗教、文化、艺术、园林、建筑、宫廷生活、市井民俗都有准确生动的介绍；照片和图表清晰精确，许多都是非常珍贵的历史资料。这些都为了解北京历史风貌提供了极为生动的材料。

此书获中国文化部"最佳图书奖"、法兰克福和莱比锡"国际最佳图书荣誉奖"，有中、英、德文版。

《燕都春秋》

《燕都春秋》，北京市社会科学院《燕都春秋》编辑委员会编。北京燕山出版社 1988 年 9 月出版，一册，421 页。

北京市社会科学院是北京市的综合性社会科学研究机构，其前身是 1978 年 8 月成立的北京市社会科学研究所。1986 年 1 月，北京市社会科学研究所更名为北京市社会科学院。1988 年，北京市社会科学院为庆祝建院十周年，从历史研究所成员公开发表的研究成果中选取了部分论文，编辑成集。

本书所收的论文从不同侧面反映了当时北京史研究的状况。有概括性的，如曹子西的《北京历史演变的轨迹和特征》；有关于历史人物的，如俞秋秋的《高僧智光与北京的几所寺庙》；有关于政治斗争的，如赵庚奇的《论北京早期农民运动的特点》；有关于农业的，如于德源的《北京历史上的农田水利和水稻种植》等。全书收论文共计 31 篇，直接关系北京史研究的有 23 篇，另外 8 篇虽然并非北京史的专题，但也涉及了北京的一些情况。这些论文观点明确、材料翔实，许多在今天来讲对北京史研究仍具有重要价值。

《北京历史纲要》

《北京历史纲要》，曹子西主编。此书分上、下册，由北京燕山出版社分别于 1988 年 9 月、1990 年 2 月先后出版。

曹子西简介见《秦汉魏晋十六国北朝时期蓟城资料》篇。

此书绪论部分"北京历史演变的轨迹、特点和分期"，概括而清晰地对北京历史发展的基本状况进行了介绍。正文部分的具体叙述分十章："远古至秦统一前的北京"、"秦汉时期的燕地蓟城"、"魏晋十六国北朝时期的幽州蓟城"、"隋唐五代时期的幽州"、"辽代的南京（燕京）"、"金代的中都"、"元代的大都"、"明代的北京"、"清代的京师"、"民国时期的北京"。

全书简明清晰地介绍了从远古时期至建国前北京历史的许多方面，对不同历史时期北京地区的居民情况、经济发展、文化教育、历史遗迹、政治状况、建置沿革、政区变迁、城市修建、民族关系、对外关系等进行了多方位的介绍，可视为《北京通史》

的长编。从事政治史、经济史、文化史、教育史、思想史、民俗学、宗教学、文物考古、历史地理等方面研究的学者，均可从中找到相关资料或线索。

《北京与周围城市关系史》

《北京与周围城市关系史》，王玲著。北京燕山出版社 1988 年 11 月出版，一册，269 页。

王玲（1937— ），北京市社会科学院历史研究所研究员，北京史研究会会长，享受国务院专家特殊津贴。著有《北京的长城》、《仙道游侠与北京学术源流：兼谈道家在中华文明中的地位》等。

感于北京与周边城市和地区的关系问题是当时北京史研究的空白，王玲撰写了《北京与周边城市关系史》，并期望以古鉴今。

本书共八章，依次为"蓟城中心地位的确立及周围城市体系的初步形成"、"北方军事重镇时期的蓟城及周围城市体系的稳定与发展"、"北京上升为都城及其首都圈的形成"、"北京的东部门户——天津"、"古城保定与北京"、"张家口地区与北京"、"承德与其所属地区与北京在历史上的关系"、"京师的锁钥与旅游胜地——秦皇岛"、"京津的工业辅助城市——唐山"。前三章主要探讨北京地区城市体系的历史发展总过程，考察从商代、西周直到新中国建国后北京城市地位的发展变化，分析北京建都的社会历史条件、建都后出现的新问题及对周边城市的新要求。后六章则分别探讨了北京与其周围六个城市的具体关系，研究了这些城市的兴起、发展、城市特点及它们在各方面对北京所起的卫护、辅助、协调等作用。

本书第一次提出了"首都圈"的问题，并从多层次、多方面对北京与周围城市的关系进行了研究，是一部具有创造性的科研著述。全书在材料的运用上，以方志、正史、笔记等为主，并结合考古资料及实地考察，言之有据，这使此书成为既有新观点又有扎实材料基础的优秀著作。

《金中都》

《金中都》，于杰、于光度著。北京出版社 1989 年 9 月出版，一册，302 页。

于杰介绍见前《北京史资料长编（辽金部分）》篇。于光度（1935—2008），北京市社会科学院历史所副研究员。

20 世纪 80 年代以前，学者们对金中都的研究主要集中在考古、城市布局及水系研究方面。在此基础上，于杰、于光度撰写了《金中都》，试图对金中都进行进一步的较为全面的研究。

本书包括十章，对金王朝定都燕京、金中都的修建和平面布局，包括金中都的前身——辽南京城，金中都的皇城、宫城、城垣、城门、城内河流及街坊、外郭以及苑圃和行宫、中都金陵、自然地理环境等，都做了详细的考察和复原，并附有详尽的示意图。对金中都的政治、经济、文化以及中都地区的重大战争等都作了系统的论述，并配有文物图片。

本书是迄今所见研究金中都的第一部专著。史料翔实，论证令人信服。书中对某些问题，如"四子城"、金中都的北城垣是否即辽南京的北城垣等，也采取了科学审慎的态度，并不妄下结论。此书的不足之处在于，"中都的经济"章中，未与 1949 年后北京地区出土的金代铁农具、生活用具、瓷器及货币方面的钱币、金锭等出土文物结合研讨，对北京地区出土的金代墓志也未加利用。但瑕不掩瑜，本书仍不失为一部全面、系统、科学地研究金代都城的学术专著，所提出的观点深刻而独到，有较高的学术价值。

《〈清实录〉北京史资料辑要》

《〈清实录〉北京史资料辑要》，魏开肇、赵蕙蓉辑。紫禁城出版社 1990 年 9 月出版，一册，671 页。

魏开肇（1935— ），原为北京市社会科学院历史所研究员，著有《雍和宫漫录》、《五园三山》等。赵蕙蓉（1939— ），原为北京市社会科学院历史所副研究员，著有《燕都梨园》、《中南海尘影》等。

北京市社会科学院汇编了《北京史研究资料丛书》，为从事北京史研究的工作者提供北京历史各个时期的重要史料。《〈清实录〉北京史资料辑要》是其中的一本。

此书从中华书局出版的《清实录》中辑录了嘉庆二十五年（1820年）至宣统三年（1911年）顺天府的原始资料，以城建、河工、政治、吏治、经济、兵政、文化教育、灾异与赈济、治安、生活习俗、重要外交活动等为重点。辑要共分七个部分，依次为：嘉庆二十五年（1820年）八月至十二月、道光元年（1821年）至道光三十年（1850年）、咸丰元年（1851年）至咸丰十一年（1861年）、同治元年（1862年）至同治十三年（1874年）、光绪元年（1875年）至光绪三十四年（1908年）、宣统元年（1909年）至宣统三年（1911年）及附录（顺天府兼尹一览表、顺天府府尹一览表、资料索引）。

《清实录》根据清王朝档案编纂而成，是皇帝活动和诏谕的汇集，排比了大量原始档案资料，所记虽对许多重大史事的真相多有粉饰掩盖，但仍不失为研究有清一代历史的史料宝库。此书中的材料从《清实录》中辑出，为北京历史研究提供了丰富的参考资料。

《王灿炽史志论文集》

《王灿炽史志论文集》，王灿炽著。北京燕山出版社1991年2月出版，一册，392页。

王灿炽（1938— ），福建省永定县人，1963年毕业于南京大学历史系，现任北京社会科学院研究员、北京市政协常务委员等。主要著作有《北京史地风物书录》、《燕都古籍考》等。

王灿炽在 1979 年至 1989 年十年间写作了许多关于北京地方史志的文章,并先后在《文物》、《文献》等刊物上发表。1990 年,他选取了其中的一部分,整理为《王灿炽史志论文集》。

论文集收录了 22 篇文章及三项表格。其中《大葆台西汉墓墓主考》等前四篇文章分别考证了大葆台一号汉墓和二号汉墓的主人、金中都主要宫苑的具体位置,叙述了元大都钟鼓楼的位置及城垣城门的情况等。此类论文以历史文献结合现代考古成果进行详细阐述,多有独到之见。第二部分所收的 14 篇文章是从不同方面对北京历史文献情况的论述,有综论性质的,如《北京地方历史文献述略》,介绍从汉朝到现代的一些北京地方历史文献,简明而完备;有对具体的历史文献或历史人物进行考略的,如《熊自得与〈析津志〉》,介绍《析津志》作者熊自得的生平事迹、文学造诣以及《析津志》在历史上的贡献。这些文章立论详明精当,考证有理有据。第三部分所收的《当代方志学家朱士嘉》等两篇文章评述了当代方志学家朱士嘉和傅振伦的学术思想,叙述客观,评价中肯而精当。书中第四部分所收文章《北京的建置沿革》等都是对北京建置沿革的具体论述。

本论文集是作者研究北京地方史志的成果之一,显示了作者的史学功底和学术造诣,为北京历史、地理、风物、民俗研究者和方志编纂者提供了可资借鉴的参考资料。

《〈明实录〉类纂 北京史料卷》

《〈明实录〉类纂 北京史料卷》,李国祥、杨昶主编。武汉出版社 1992 年出版,一册,1161 页。

李国祥(1934—),教授,曾任华中师范大学历史文化学院历史文献学研究所所长。杨昶(1948—),湖北汉川人,华中师范大学历史文化学院历史文献学研究所教授。

《明实录》是明代的编年体史料长编,其中保存了许多有价值的史料。由于此书卷帙浩繁,李国祥、杨昶等对其内容进行分类汇编，成为《〈明实录〉类纂》。

《〈明实录〉类纂 北京史料卷》辑录了《明实录》中与今北京地区范围相涉的有关资料，分为六类，大类下有子目。目次为：政治，包括行政建置、诏令奏议、职官任免、监察司法、兵变民变、奖惩荫恤、宗藩贵戚、民族事务八类；经济，包括农牧工商、赋役赈灾、调拨储藏、工程交通四类；军事，包括军镇军需、军事行动两类；文教，包括科举学校、礼仪风俗、其他三类；人物，包括北京籍人物、外籍在京人物两类；自然，包括天地灾异、资源物产两类。各类按《明实录》编年日志时间顺序条录，每条前后以括号标出时间，注明出处。

此书使《明实录》中保存下来的大量明代北京地区的宝贵史料得以充分集中，是研究明代历史，尤其是北京地方历史文化的重要参考书。

《古燕国史探微》

《古燕国史探微》，常征著。聊城地区新闻出版局 1992 年 10 月印，一册，424 页。

常征（1924—1998），原北京市社会科学研究所副所长。

此书由 28 篇文章组成，包括《黄帝后裔封国在祝不在蓟》、《燕非"北方自然生长的国家"》、《燕初三都：永阳、董家林、良乡》、《辨蓟丘蓟水和蓟城的构筑年代》、《燕齐之战，苏氏兄弟》、《秦始皇未置广陵郡》等。这些文章涉及从黄帝到秦始皇期间古燕国的历史、地理、政治等多个方面，基本按所写内容的时间顺序进行排列，同时在逻辑上也相互勾连。书后附《燕侯（王）世系表》。

本书虽采用的是专题写作法，但实际已经涉及了燕国的世系、都城、政治、军事、民族、制度等多个方面，是对燕国历史的研究。作者参阅了大量的史料，引用了诸如《山海经》、《左传》、《日下旧闻考》等书，并注意到了当时最新的研究成果。此书对各专题进行探讨时辨析严密，考证精良，绝大多数有所论断，但也偶有不当断而强断的不足。

作为第一部专门研究燕国历史的专书，此书对燕史研究有较为重要的参考价值。

《中国古都研究（第八辑）》

《中国古都研究（第八辑）》，中国古都学会、北京史研究会合编。中国书店 1993 年 7 月出版，一册，447 页。

《中国古都研究》是中国古都学会的会刊，每期内容往往出自当年的专题性年会论文的选辑。中国古都学会第八次年会以"北京与中外古都对比研究"为主题，共收到学术论文 60 多篇，此论文集从中收录了 19 篇。第一部分包括史念海的《中国古都概说》、王玲的《从中华民族大环境考察中国古代都城演变规律》等 6 篇文章，主要论述古都问题；第二部分包括尹钧科的《略论北京、长安、洛阳三大古都之异同》、魏开肇的《试论北京古典园林的吸取与聚合》、张宗平的《北京与东京城市发展比较》等 13 篇文章，其中关于北京的文章有 11 篇，都是纵横交叉的研究和探讨；第三部分是北京社会科学院召开《北京通史》编撰工作研讨会的报告和发言摘要。

此论文集的主要部分是关于"北京与中外古都对比研究"的论文，反映了当时学术界研究的最新成果及学术界对北京历史研究思路的进一步开阔，对北京史研究、北京与其他城市关系研究具有重要参考价值。

《北京通史》

《北京通史》，曹子西主编。中国书店 1994 年出版，十册。

曹子西简介见前《秦汉魏晋十六国北朝时期蓟城资料》篇。

1978 年 8 月，北京市社会科学院（原称所）设立了历史研究室（现改称所），开始编写一部系统的北京通史，项目负责人曹子西和其他十余位研究人员历时十六年，兢兢业业，完成了这部学术巨著。

本书全十册，分编十卷：远古至魏晋北朝卷、隋唐五代卷、辽代卷、金代卷、元代卷、明代卷、清代（1644—1840）卷上、清代（1840—1911）卷下、民国卷、当代卷。各卷内容相互连接，每卷先以纵向叙述概括本卷所包含的北京历史发展过程，再从横向叙述建置沿革、政区城区、政治军事、城市建设、经济贸易、文化教育、民族宗教、社会生活等方面内容。各卷侧重有所不同。每卷末附本卷大事记。书前有图。书中有古代北京政区城区图、当代北京行政区划图。

《北京通史》全景式记述了从远古至当代北京的历史，是一部系统记述北京历史的多卷本学术专著。此书在地域范围上大体上以当前北京市行政区划为准，在时间范围上自远古时的"北京人"活动起，至20世纪80年代末止，涉及历史上北京的政治、经济、城建、文教、民族、社会生活、自然环境变迁等各个方面，是一部全面而详备的学术著作。书中运用了大量的历史文献及考古资料、文物资料，从社会学、经济学、城市学、民族学、人口学以及自然科学各方面进行研究，材料翔实，视野开阔。

此书为北京史研究填补了一项空白，获1994年度中央宣传部"五个一工程"图书奖和北京市优秀图书特等奖、1999年首届国家社会科学基金项目优秀成果奖。

《燕史纪事编年会按》

《燕史纪事编年会按》，陈平著。北京大学出版社1995年7月出版，上、下册。上册，376页；下册，365页。

陈平（1945—　），江苏省如皋县人。中国社会科学院研究生院历史学硕士。先后在中国社会科学院考古研究所、北京市文物研究所工作，主要从事先秦时期燕国历史与考古文化的研究。著有《中国居住文化》、《北方文化与幽燕文明》等。

鉴于燕史研究和燕文化研究相对薄弱，陈平用十年时间从 140 多种古籍和文献中整理出数十万字关于燕国的史料，按所录史事应属之时代分年编排，并进行考证和研究，成书《燕史纪事编年会按》。所谓"会按"，即会聚诸端，并加作者述评按语。这些按语，都是作者功力和心血的结晶。凡不属可编年的燕史古文献资料，如关于山川湖泽、关塞城邑、物产农作、语言风习的，均不在此书罗列研讨范围。

此书共两编，第一编为"先燕纪事"，分九章，集中了自古史传说时代迄至殷商时期燕国建国前一切构成燕国历史序幕的史料，不编年，以事为纲，以事件时代为序排列；第二编"燕君纪事"，分十三章，是全书的重心，记自召公至燕王喜八百年间的燕国历史，大致以燕君之世次为序。书中的"编者按"或为考证、说明，或为专门论述。

由于史料匮乏，燕国历史的研究，在周朝各个主要诸侯国中最为困难。此书摘录了现存典籍中与燕史每个具体问题相关的一切有价值的内容，不仅收入与燕国历史进程有关者，还将与燕史有关的金文资料与田野考古发掘资料网罗无遗，一改学术界燕史资料匮乏的旧观；加之作者的精心整理，大致勾勒出了古燕史的基本线索和轮廓，极大地拓展了燕史研究的深度与广度，对于研究和认识燕国在华夏文明中的历史地位，具有重要的参考价值。

《北京简史》

《北京简史》，方彪著。北京燕山出版社 1995 年 8 月出版，一册，494 页。

本书共十一章，依次为："北京地区历朝行政建置和地方行政机构"、"北京地区行政体制的历史特征"、"北京地区历史上生态环境的变迁和经济发展的特征"、"北京地区历朝军事形势和主要战争"、"北京地区历朝政治形势和重大事件"、"北京地区历朝水陆交通体系"、"北京地区历朝人口变化综述"、"北方诸民族融合的摇篮"、"北京历史三步曲——筑长城 开运河 建都"、"北京地区历朝教育发展状况"、"北京地区历史上的宗教"。

与其他北京史以时间为经、以事件为纬的编撰方式不同，此书别具一格，按史实内容分类，每一类中再以时间为线索，在时间的推进中展示北京政治、军事、文化、经济、教育、民族斗争、民族融合、民俗民风、水利与宗教等等。全书是多种专门史的整合，为北京史研究提供了别样的思路，书中还提出了若干较新的学术观点。这些都对研究北京历史颇有益处。

《〈明实录〉北京史料》

《〈明实录〉北京史料》，赵其昌主编。北京古籍出版社1995年12月出版，四册，2694页。

赵其昌（1926—　），1953年毕业于北京大学历史系考古专业，多年来一直从事北京地区文物考古工作，是定陵发掘考古工作队主要成员之一。他主持编制的《定陵挖掘报告》曾获国家社会科学奖、夏鼐考古学奖。曾任首都博物馆馆长、北京史研究会副会长。

1965年，赵其昌参与定陵考古发掘，时任北京市副市长的吴晗曾要求他在摘录《明实录》中有关明陵史料的同时，把关于明代北京的史料也予以摘录。据此，赵其昌开始有系统地整理《明实录》中的北京史料，其间因受到政治运动冲击，已完成的大部分文稿全部遗失。1979年后重新开始此项工作。至1989年，经北京市哲学社会科学历史学科组评审，此项工作被正式列入北京市哲学社会科学"第七个五年计划"规划项目。

全书共四册，辑录了《明实录》中涉及北京地方历史的各种史料。第一册收太祖洪武元年（1368年）到宣宗宣德十年（1435年），太祖、惠帝、太宗、成祖、仁宗、宣宗朝的史料；第二册收宣宗宣德十年至孝宗弘治十八年（1505年），英宗、代宗、宪宗、孝宗朝的史料；第三册收孝宗弘治十八年至穆宗隆庆六年（1572

年），武宗、世宗、穆宗朝的史料；第四册收穆宗隆庆六年至怀宗崇祯十七年（1644 年），神宗、光宗、熹宗、怀宗朝的史料。此书摘录《明实录》中史料的地域范围以今北京市区划为准，顺序依据《明实录》中的先后次序进行编排，以朝、年、月、日为序，年后注公元，尾注《实录》朝代、卷数、页码。此书所摘录的史料涉及明代北京建制、城制、朝廷、军兵、经济、交通、政事、官吏、民事、役使、商业、民生、习俗、学政、编纂、历象、灾异、民族、人物、事件、域外交往等方面，包罗万象、珠玑尽列。

此书共 211 万字，将《明实录》中关于北京的资料搜录殆尽，是研究明代历史、尤其是北京地方历史与文化的重要参考书。

《燕史集》

《燕史集》，阎崇年著。北京燕山出版社 1998 年 1 月出版，一册，488 页。

阎崇年简介见《古都北京》篇。

《燕史集》是阎崇年关于北京史研究的一本论文结集，收入论文 39 篇，分为十组，涉及北京史研究的多个方面，有关于北京城历史发展的，如《北京城史溯源》、《北京城的历史演进》；有关于清代北京历史的，如《清代的京师》、《清代京师旗人社会生活探微》；有关于北京地方文献研究的，如《北京方志探述》、《张吉午与〈康熙顺天府志〉》；有关于北京历史人物研究的，如《袁督师与北京保卫战》、《清代北京史研究大家孙承泽》；还有为有关北京史研究的著作所写的序言 11 篇、书评 3 篇。

此论文集中的论文涉及北京的历史、城市建筑、文化、对外交流等许多方面，是作者在北京史研究领域成果的反映。集中所收论文多建立在大量史料的基础上，有的则是作者在参观考察后的感受。这些都为北京史研究者提供了极有价值的研究资料、研究思路及研究方法。

《图说北京史》

《图说北京史》，齐心主编。北京燕山出版社 1999 年 9 月出版，上、下册，共 477 页。

齐心（1937— ），女，满族。长期从事文物考古研究工作。1961 年至 1999 年在北京市文物局、首都博物馆、北京文物研究所工作，1983 年任首都博物馆副馆长，1985 年任北京市文物研究所副所长，1988 年任所长。现任北京市文物保护协会副会长、市考古学会会长。主编《北京考古四十年》、《老北京城与老北京人》等。

1951 年 7 月 1 日，北京市文物调查组成立，1985 年 6 月更名为北京市文物研究所。作为北京市属单位中唯一具有考古发掘权的科学研究机构，北京市文物研究所专职负责北京市及各郊区县古代遗址的考古调查、发掘及考古学研究。多年来，该所关于北京的考古研究取得了丰硕的成果。1996 年，时任该所所长的齐心和其他编著者将这些成果汇集成书。

此书包括八编，依次为"北京历史的开端——原始时代"、"北京建城之始——燕蓟遗迹"、"北方军事重镇——汉唐经略东北的基地"、"辽朝陪都——南京城"、"北半部中国的政治中心——金中都"、"大一统的政治中心——元大都"、"封建社会都城的辉煌时期——明代北京城"、"末世王朝的都城——清代北京"。全书以图（包括照片、拓片、测绘图等）为主，共精选 1200 幅珍贵文物照片，并配以精炼的文字叙述。

此书系统运用了北京解放以来的考古和出土文物成果展示北京的历史，以图文并茂的形式真实而生动地再现了北京的历史风貌，是目前北京文物考古图集中最权威的一本，被编著者称为《北京通史》的姊妹篇。书中的许多照片为首次公开发表，具有极高的文献价值、学术价值，为北京的地理、文物、考古、文化等研究提供了极为珍贵的参考。

此书为北京市哲学社会科学"九五"规划精品工程项目，获全国第十二届优秀图书奖、第六届北京市哲学社会科学优秀成果二等奖。

《燕国风云八百年》

《燕国风云八百年》，陈平著。北京出版社 2000 年 1 月出版，一册，183 页。

陈平简介见前《燕史纪事编年会按》篇。

此书分十一部分，依次记述了从燕国开国封君直到亡国之君的历史，以主要历史人物为中心，侧重对重要历史事件的叙述，相对而言，对燕中期历史的记述较为简略。

此书是一部简明的燕国史，是作者在《燕史纪事编年会按》一书的基础上改写而成的，以前此所作的材料考辨为依托，又加以形象生动的叙述，为研究燕国政治史、战争史、外交史提供了真实而生动的资料。此书对燕史专门研究者和一般读者都有相应的参考价值，与《燕史纪事编年会按》合读，则收获更大。

本书是《北京历史丛书》中的一种。

《北京历史丛书》

《北京历史丛书》，北京出版社 2000 年 1 月出版，二十册。

为宣传和普及关于北京的历史知识，北京市社会科学院历史所组织力量编著了一套《北京历史丛书》。

此丛书共 20 种：《幽燕都会》、《浴血卢沟桥》、《清末民初北京的政治风云》、《明清北京城》、《北京文明的曙光》、《明清之际北京的历史波澜》、《北京古代交通》、《燕都梨园》、《宣南士乡》、《五园三山》、《北京商业纪事》、《土木之变与北京保卫战》、《北平和平解放》、《通往首都的历程》、《近代北京的市民生活》、《北京的坛庙文化》、《北京的庙会民俗》、《燕国风云八百年》、《北京的教育与科举》、《康乾时期北京人的社会生活》。分二十个专题，纵横结合，全面系统地介绍了关于北京的历史沿革、政治、经济、军事、文化、教育、艺术、民俗以及交通等各方面情况的历史概貌。

该套丛书的作者或为北京市社会科学院科研骨干，或为外单位专家学者。他们以深邃的思想、生动的语言深入浅出地介绍了北京历史上的重大事件、重要人物以及各时期的社会生活状况，基本涵盖了北京历史的各个时期和各个方面，使此丛书成为一套高度浓缩北京历史知识的全景式科学普及读物，为读者了解、掌握北京各方面的历史知识提供了丰富而有益的参考资料。

《北京郊区村落发展史》

《北京郊区村落发展史》，尹钧科著。北京大学出版社 2001 年出版，一册，377 页。

尹钧科（1941—　　），北京大学地理系历史地理专业毕业，北京市社会科学院研究员，主要研究方向为北京历代建置沿革、北京地区河湖水道的变迁、北京地区历史自然灾害、北京郊区村落的历史发展、北京古代城市管理以及北京地名等，著有《北京历史自然灾害研究》、《北京古代交通》、《古代北京城市管理》等。

北京郊区村落发展是作者的研究重点，经多年积累，花费四五年的时间，作者于 1999 年完成了《北京郊区村落发展史》一书。

此书共十章，第一章绪论，论述北京郊区村落发展史研究的意义、对象、内容和主要方法；第二章至第八章分别论述北京郊区村落在先秦时期、秦汉至隋唐时期、辽金元时期、明时期、清时期、民国时期的发展情况；第九章论述新中国成立后北京郊区村落的巨变；第十章论述北京郊区村落的名称、形态和分布。

此书以北京市现辖行政区域内所有村落为直接研究对象，对历史上北京郊区村落的起源、规模、形态、地域分布、名称的由来和含义、变迁情况以及郊区村落与城市生活的关系、影响北京郊区村落发展的各种因素等都有深入的研究，较为全面地论述了北京郊区村落在不同历史时期的不同发展状况。

此书是目前唯一一部研究北京郊区村落发展的专著，全书内容建立在作者对历史文献、考古成果、历史地图的充分利用和对郊区村落的实地考查和统计、计算、比较之上，全面而真实，对北京史研究有重大意义。

此书被列入国家社会科学基金"九五"规划重点项目。

《燕国简史》

《燕国简史》，王彩梅著。紫禁城出版社 2001 年 5 月出版，一册，297 页。

王彩梅，女，北京市社会科学院历史所副研究员。

此书分为七章，依次为"燕国建立以前幽燕地区经济、文化的发展"、"燕史述略"、"燕国史研究中的几个问题"、"燕国经济"、"燕与山戎、肃慎、孤竹国的关系"、"燕国文化与民族融合"、"幽燕地区的方言、风俗、方士"。书后附录《燕地古代物产小记》。书中有照片和插图。

此书较为全面地论述了燕国的历史、始封地、都城位置、经济发展、对外关系、文化发展、风俗等，勾勒出了燕国的发展状况。作者的观点多建立在相关史料基础之上，并对现代最新的研究成果较为注意且借鉴吸收。书中专门论述燕国历史的部分较为简略，对其他方面的论述则比较全面。

此书虽名简史，但依然是当时一部较为全面的论述燕国历史的著作。

《北京通史简编》

《北京通史简编》，谭新生、倪洁著。南开大学出版社 2004 年 7 月出版，一册，301 页。

此书原为编者在大学教授北京通史课程时编写的一部教材，

后于再版时增加了一些内容，并改为现在的书名。

此书分两编，第一编专述北京的地理环境，包括"现代北京的地理环境"、"史前期的北京自然环境"两章；第二编述北京历史的发展沿革，包括"北京地区的远古居民"、"夏商时期北京文明历史的开端"、"西周时期北京地区城市的发展"、"春秋战国时期燕都蓟城的发展"、"秦汉时期的蓟城"、"三国两晋南北朝时期的蓟城"、"隋唐五代时期的涿郡、幽州"、"辽宋时期的南京、燕京"、"金元时期的中都、大都"、"明清时期的北京"，共十章。书中有插图 41 幅。

此书通过历史与现实融会贯通的手法，简要而不失全面地描绘了北京的自然环境、景观及历史的变迁，为了解北京自然环境变化、城市位置规模变迁、水利交通建设状况、名胜古迹建筑等情况提供了系统的参考，同时读者也可从中获得一些关于政治、经济、文化等方面的知识。此书在突出知识性的同时，趣味性也很强。

《漫步北京历史长河》

《漫步北京历史长河》，北京市社会科学界联合会、首都图书馆、北京史研究会编。中国书店 2004 年 1 月出版，一册，429 页。

从 2003 年 1 月 4 日开始，北京市社会科学界联合会、首都图书馆、北京史研究会联合主办了"2003 年·北京历史文化科普讲座"，讲座受到了热烈欢迎，并在北京人民广播电台陆续播出。应听众的需求，讲座主办单位编辑出版了文集《漫步北京历史长河》，收录了前期讲演者的一部分稿件。

此书共收 26 篇讲稿，包括《北京历史文化的总体特征》（王玲）、《老北京的城墙与城门》（李建平）、《京城古水道寻踪》（韩朴）、《北京的昆曲》（周传家）、《中国传统文化的聚散中心——琉璃厂文化街》（马建农）、《抚今追昔话圆明》（常润华）、《中国农耕文化的重要载体——先农坛》（朱祖希）等。

书中所收文稿的作者都是对北京史研究有一定贡献的专家学者，他们的文章涉及了北京历史的多个方面，用通俗易懂的语言传达了专业性的知识。书中还配有大量的实物照片。

作为历史文化普及性读物，此书有助于人们了解北京的历史。

《北京历史文化》

《北京历史文化》，罗哲文等著。北京大学出版社 2004 年 8 月出版，一册，332 页。

"北京历史文化"是首都图书馆及北京史研究会等单位为北京广播电视大学量身定做的用于学历与非学历教育通用的电视课程，在 2003 年首都图书馆的讲座"北京历史文化 48 讲"的基础上制作而成。2004 年春起在北京电视台第三套节目播出。后来，这门电视课程的文字讲稿经整理编辑成书，由北京大学出版社出版。

此书共包括十四讲："掀开北京历史第一页的先民们"、"北京湾里诞生的早期国家和城市"、"屏障中原的军事重镇"、"迈上五朝帝都的丹墀"、"近现代的百年嬗变"、"北京的宫殿、园林"、"北京的城墙与城门"、"北京的四合院与胡同"、"北京古水道寻踪"、"北京的长城与民族融合"、"北京戏剧史话"、"老北京的社会生活"、"北京的宗教文化"、"回望 20 世纪五大风云人物"。

此书不仅脉络清晰地讲述了北京的发展历史，介绍了北京远古文化的特点，城市的兴废发展，历代统治者对北京的治理，北京对全国政局的影响，北京沦为半殖民地、殖民地化城市的过程以及人民群众的一系列爱国运动、民主运动；并且对皇家宫殿、园林，内城、外城、皇城和宫城的城墙和城门，四合院与胡同，北京城市水系等富有京师文化特色的其他方面也作了较为全面概括的介绍。作为电视课程教材，本书资料丰富，配图精美，集学术性、知识性、思想性、趣味性为一体。每节后的自学指导部分不仅指出了该节重点难点，还列出了参考文献，为人们初步了解北京历史文化提供了参考。

《历史北京》

《历史北京》，郗志群编著。旅游教育出版社2005年1月版，一册，236页。

郗志群（1961—　），历史学博士，首都师范大学历史系教授，北京历史与文化教育传播中心副主任，北京史研究会理事。曾主编过《北京史百年论著资料索引》、《北京历史文化》等著作。

《历史北京》一书是郗志群以自己讲授"北京史"的讲稿为基础，并吸收北京史研究的最新成果完成的。

此书按时间顺序记述北京的历史，主要包括以下部分："'左环沧海，右拥太行'——北京地理环境概说"、"掀开北京历史第一页的先民们"、"北京湾里诞生的早期国家和城市"、"屏障中原的军事重镇"、"迈上五朝帝都的丹墀"、"近现代的百年嬗变"、"新中国的首都"。

此书较为系统地记述了北京的历史，最大的特点在于作者吸收了较新的研究成果，如在"掀开北京历史第一页的先民们"一章中，作者既介绍了人们比较熟知的周口店的古人类，又介绍了一般人不太了解的王府井的古人类文化遗址、清水河畔的"东胡林人"、平谷盆地的上宅文化、军都山旁的雪山文化遗址；在介绍周口店古人类时，既提到了新中国成立前就被发现的"北京人"、"山顶洞人"，也提到了新中国成立后才发现的"新洞人"、"田园洞人"。书中配有大量极为生动的实物照片。

此书知识性强，通俗易懂，为读者了解北京的历史提供了生动而有益的参考文献。

政　治

小 序

政治因素在北京的历史发展中占有举足轻重的地位。在北京发生的众多历史事件，如戊戌变法、八国联军侵华、和平解放北京等，都对北京的发展起着重要作用。本部分所收著作记述了从明朝直至1949年中华人民共和国建立期间北京政治发展的历史，涉及不同历史时期北京政治的更迭与变迁、政治制度的发展与演变、政治策略的作用与影响、政治派别的争斗与纠纷以及重大的政治历史事件和人物，力求系统地反映出北京政治发展的概貌。

政治部分共收录126种较为重要的北京历史文献著作。这些著作就内容而言都以反映北京某一时间段政治状况、某一时间内发生的具体政治事件为主，它们主要包括：

记述明朝北京政治的相关书籍。主要集中在对明末北京政治情况、政治事件的记述，其中主要又集中在对甲申之变的记载上，如《甲申传信录》是作者花七年时间博搜闻见的成果，记李自成在京情况尤为详细；《甲申纪事》的作者赵士锦亲历甲申之变，并曾被关押在农民军中，他对甲申之变，尤其对李自成军队内部状况的记录真实而客观；《甲申核真略》以日记体记述作者的亲身经历、所见所闻，是研究明末农民战争史和北京历史的可贵参考。关于明代北京政治的，还有记述万历到崇祯朝主要政治事件的《先拨志始》，记载南明通北使臣与清廷和谈过程的《北使纪略》等。

记述清朝北京政治的书籍。这部分著作集中反映了戊戌变法、庚子事变时期北京的历史。如袁世凯的《戊戌纪略》、梁启超的《戊戌政变记》、康有为的《戊戌变法前后》，都是当事人对于当时所发生的历史事件的记录，为研究戊戌变法提供了第一手的资料；《戊戌变法文献资料系日》逐日排比史事，为深化戊戌维新研究提供了广阔的史料空间；《戊戌变法史事考》则以史实梳理为基础，多有令人耳目一新之处。如《庚子联军统帅瓦德西拳乱笔记》、《在帝都——八国联军罪行纪实》、《庚子使馆被围记》、《京津蒙难记——八国联军侵华纪实》，从不同的角度、以不同的态度反映了八国联军入侵前后北京的政治、经济、社会状况，对北京史研究有较高的参考价值。

记述旧民主主义革命时期北京政治的著述。所选 12 种中有 4 种是记张勋复辟的，其中《复辟始末记》对张勋复辟有较为客观的叙述，还收入了与之有关的伪谕、宫门抄、奏折等原始材料；《复辟半月记》所记来自于当时报刊所载或作者的耳闻目睹，绝大部分真实可信。这部分书籍还包括记述民国元年（1912 年）北京兵变情况的《北京兵变始末记》、记述袁世凯帝制运动全过程的《帝制运动始末记》等。还有部分书籍记述了这一时期北京地区的警政、监狱发展情况，如《京师军警联合公所记事汇编》反映了京师军警联合公所在 1912 年至 1913 年间所办理的各项具体事务，《北京监狱纪实》为了解民国初北京监狱的情况提供了难得的参考资料。

记述新民主主义革命时期北京政治的著述。如《五四运动在北京》、《宋哲元部二十九军长城血战记》、《卢沟桥血战史》、《北平人民八年抗战》等。这些书记述了新民主主义革命时期北京发生的一些重大历史事件。如《五四运动在北京》具体描写了五四爱国运动在北京的酝酿和发动、发展、高潮、延续以及这场斗争由北京向全国的发展；《宋哲元部二十九军长城血战记》、《卢沟桥血战史》分别出版于长城抗战、卢沟桥事变刚刚发生之后，是对当时历史的真实记录；《北平人民八年抗战》较为全面地反映了北平人民在抗日战争期间的斗争情况，为研究抗日战争期间北京的历史提供了有益的参考。

此外，还有一些书记述的历史事件在全国范围影响不大，但在北京历史上所具有的意义却不小，如《北平围城两月记》、《古北口回忆》、《日伪在北京地区的五次强化治安运动》、《北京警察沿革纪要》等。

这部分著作按上述内容分为明朝政治、清朝政治、旧民主主义革命时期政治、新民主主义革命时期政治四类。每类先按政治事件发生的时间顺序进行集中，再根据成书时间依次排列。

（一）明朝政治

《北平录》

《北平录》一卷，明佚名撰。

此书记载了洪武初年明朝灭亡元朝的过程。包括记载洪武元年（1368年）七月，徐达、常遇春等攻克元大都；洪武二年（1369年）、三年（1370年）明军与元军的斗争；洪武三年五月明军获元主皇孙买的里八刺及其后妃、宝册等，送往京师；洪武三年六月明皇帝礼见并封赏买的里八刺的情景等。书中还收录了徐达、李文忠等所上的《平沙漠表》以及朱元璋封爵诸臣的诏谕。

此书中关于北京的记载不多："洪武元年秋七月，征虏大将军徐达、副将军常遇春会诸将于临清，率马步舟师进至通州。元主闻报大惧，集三宫后妃太子同议避兵北行，诏淮王帖木儿不花监国庆童为左丞相，同守京师，夜半开建德门出奔上都。达等至齐化门外，一鼓而克全城。"所记虽少，但反映了明初北京的政治状况，珍贵而难得，为研究北京政治史提供了有益的参考。

此书有《金声玉振集》本、《纪录汇编》本、《今献汇言》本、《胜朝遗事初编》本、《丛书集成初编》本等。

《先拨志始》

《先拨志始》二卷，明文秉著。

文秉，字荪符，吴县人，明大学士文震孟之子。有《烈皇小识》等。

明亡后，作者认为"天不祚明，不在于震惊九庙闯逆犯顺之秋，而萌于惨戮多贤珰党煽虐之际，又不在于稽首投诚摇尾乞怜之辈，而酿于拥戴建祠颂德之徒"，于是追忆见闻，写成《先拨志始》，"所谓辨之于早也"。

此书上下两卷。上卷记自万历朝起到天启四年（1624 年）止发生的重大政治事件，主要包括妖书案、红丸案、移宫案等，也对当时清军发展的情况有所介绍，还录有《东林点将录》。下卷记天启五年（1625 年）至崇祯二年（1629 年）发生的重大政治事件，包括杨涟、左光斗移宫一案、魏忠贤逆案等，还录有魏忠贤逆案涉及人员名单。书中对这些事件的记述十分详细具体，为研究明代政治提供了丰富的历史资料。

此书有《借月山房汇钞》本。

《崇祯朝记事》

《崇祯朝记事》四卷，明李逊之撰。

此书共四卷，按年月时间顺序以崇祯皇帝为中心记录崇祯朝之事。卷一，从崇祯皇帝即位之初记起，至崇祯三年（1630 年）止，包括崇祯帝处置魏忠贤、召对袁崇焕、召见王象乾问北方治边方略、与诸臣商议军饷问题、召幸宫眷的过程、逮袁崇焕等；卷二，记崇祯四年（1631 年）正月至崇祯八年（1635 年）十二月事，包括崇祯帝诛杀袁崇焕、任命太监总理户工二部钱粮、监视官员、召群臣问钱粮问题等；卷三，记崇祯九年（1636 年）至十三年（1640 年）事，包括命令官员讨贼、在皇极殿策诸进士、李自成军队状况等；卷四，记崇祯十五年（1642 年）至崇祯帝自缢身亡事，包括崇祯问官员御敌何策、令救济难民、谕内阁禁止淫靡宴乐、下罪己诏等。

此书记崇祯朝事较详，作者还时加按语对当时情况进行评价，感情色彩极为强烈。

此书有清钞本；又，清光绪间刻本，在《常州先哲遗书》；又，《丛书集成续编》本；又，《四库禁毁书丛刊》本。

《甲申传信录》

《甲申传信录》十卷，明钱士馨（原题"当湖钱稚农"）撰。

钱士馨，又名馭，字稚拙，又字稚农。浙江平湖县人。贡生。有《赓筜集》等。

明崇祯十七年（甲申，1644年），钱士馨一度在京师居住。后来他见到记甲申年事件的各种书籍"猥繁不伦，异端丛出，一时简策无所折衷"，于是"博搜闻见，勤咨与难诸贤……自丁亥至癸巳之秋，更七载而后勒成一书，名之曰《传信录》。而系之曰甲申，所以成一代鼎革之言也"。

此书共十卷，依次为：卷一，睿谟留撼（癸未八月至甲申三月纪）；卷二，疆场裹革（秦晋燕殉难诸臣并李闯纠贼附略）；卷三，大行骖乘（甲申三月在京殉难诸臣）；卷四，跖餔遗齎（李闯拷掠诸臣）；卷五，槐国衣冠（李闯除授京省伪官）；卷六，赤眉寇略（李闯始末）；卷七，董狐剩荚（甲申前后楚豫燕齐事略）；卷八，桑郭余铃（吴三桂借兵复仇始末）；卷九，庋园遗迹（伪太子始末）；卷十，使臣碧血（左懋第北使殉节始末）。全书记事依日，记殉难诸臣、被拷掠诸臣、除授京省伪官诸人名录。书前有作者自序。每卷卷首有关于此卷内容的说明。

此书除卷二、卷六、卷七外，皆记北京之事，对李自成在京情况所记尤为详细，是研究晚明史和北京历史的重要参考资料。它是作者花七年时间博搜闻见、勤咨诸人的成果，内容丰富，意在反映甲申之变全貌，记述比较可信。

此书有清钞本四册；清道光二十年（1840年）刻本四册，国家图书馆有藏；又，上海神州国光社民国二十六年（1937年）铅印本；又，上海书店1982年《中国历史研究资料丛书》铅印本，一册，279页。

《遇变纪略》

《遇变纪略》，又名《燕都志变》、《燕都识余》，一卷，题"聋道人徐应芬述"。

明崇祯甲申都城之变时，作者被御史涂必宏召到北京任记室，经历了逃奔及归顺清朝的过程，于是将这段经历记录下来。

此书一卷。记崇祯十六年（1643年）秋至崇祯十七年（1644年）七月间作者的见闻经历，较详记崇祯十七年三月至五月期间北京城内的事物，涉及兵临城下时北京各方面的反应、李自成军队攻打北京情况、李自成军队入京后所采取的一些政治措施、清摄政王入京前后各方面的状况等，而以记录作者及官吏们在变乱中的反应为侧重，如记李自成等入京后"周钟、王孙蕙等俱上表献谀"、作者参加李自成政府考试情况、吴三桂入城前后涂必宏等三人"皆短袄蔽裤，杂逐侪伍中"等。

作者身在京师，所记都是他的亲见亲闻，加之叙述平实，又时时抒发感慨，使得此书成为研究甲申都城之变的真实而可靠的材料。

《遇变纪略》有《荆驼逸史》本。《燕都志变》有清淡宁轩钞本；又，清钞本，在《明季野史汇钞续编》。《燕都识余》有清世楷堂《昭代丛书》本，后有甲辰沈楙惪跋。

《甲申纪事》

《甲申纪事》一卷，明赵士锦著。旧钞本。

赵士锦，字前之，常熟人，明崇祯十年（1637年）进士，后官至工部员外郎，有《壹是堂集》。

赵士锦亲历甲申之变，并曾被关押在农民军中，后来他追录这段经历，"书其见闻，宁真而毋欺，故宁简而勿滥也……后之君子得是纪而读之，不特陷城之情形与贼之行径如身在涂炭中，而一时兵饷用人之大端亦可以考见焉"。

此书详细记载了作者在北京的所见所闻所感，从崇祯十六年（1643年）冬李自成破西安消息传到北京记起，至崇祯十七年（1644年）四月十四日赵士锦出北京城南下为止。从崇祯十六年冬李自成破西安到崇祯十七年三月十五日，主要记崇祯帝为抵御李自成所采取的措施，如任免官员、下令捐饷、招募士兵等，并非每日必记。此后则逐日记录，如记李自成军队入城之前炮声昼夜不绝，三月十九日初入北京城时，"有兵二人抢前门铺中绸缎，即磔杀之"等。作者一度被关押在农民军中，因此对农民军的情况有较为详细的记载，包括农民军的衣着服饰、对明官制等的改变、对将领的称呼、将领之间的关系、处理故明官员的办法等等，如记农民军俱穿蓝、以掌家为官员之名、改印为契、改六部为政府、刘宗敏最初不肯对李自成行礼、向故明官员派饷、对一些人用刑……这些内容充实、真切，比较准确地反映了当时的情况。由于作者在明亡前任工部营缮司员外郎，书中对当时兵饷匮乏，而内库银多不发的情况也予以了说明。书前有作者自序，书后附有作者所作《北归记》一文，简述作者在京经历和南归情形，可与《甲申纪事》对照。

此书材料丰富真实，著者态度开明公正，是研究1644年北京历史的极为珍贵的资料，尤其对研究李自成军队内部状况具有重要价值。

上海图书馆藏有此书的旧钞本；又，中华书局1959年《晚明史料丛书》标点本（与《纪事略》、《恸余杂记》、《南忠记》合册）。

《甲申北都覆没遗闻》

《甲申北都覆没遗闻》一卷，原题"松陵明秀阁外史黄巍赫述"。民国间钞本。

黄巍赫，松陵人，别号明秀阁外史，著有《古文初二集》。

此书主要记载了明崇祯十七年（甲申，1644年）北京所发生的一些历史事件。作者从崇祯甲申正月朔记起，到同年五月十八日吴三桂引兵入北京为止，对京师状况每日必记。如记李自成入都前崇祯帝对官员们的指令、任免，对具体行动的部署，选拔雄杰，安抚百姓等；李自成入京后，群臣或抵抗，或自缢，或归降，其妻妾也有不同的反应等；李自成军队入城时，"乱入人家，诸将军望高门大第即入据之"；李自成进紫禁城时，"亲射一矢于承天之门匾上"等。

此书叙述客观，且十分详细，从天气状况到其他各方面的情况都有交代，如记"（三月）十八日丁未阴云四合，城外烟焰障天，禁衣大堂出示禁讹书，判监杜勋又从德胜门射书约降，太监王相尧领内兵千人开宣武门出迎"，为研究甲申北京历史、政治提供了详细而可贵的参考资料。

《燕都日记》

《燕都日记》一卷，明冯梦龙撰，清莫釐山人增补。

冯梦龙（1574—1646 年），字犹龙，又字耳犹、号翔甫、顾曲散人、墨憨斋主人等，长洲（今江苏苏州）人，明崇祯三年（1630年）贡生，曾任寿宁知县。有《喻世明言》、《警世通言》、《醒世恒言》、《山歌》等。

此书一卷，记述了明崇祯十七年（1644 年）北京发生的许多历史事件，自"己丑三月初一日，昌平兵变，京师戒严"起，至五月十五日"摄政王登武英殿受朝贺，出示京都，令官民陈服剃头，衣冠悉遵大清之制"（补）止。撰者以日记的形式记述这段历史，每日所记都十分详细，并且时时有评论性语言，书中增补的部分附在该日日记之后，以"补"字标明，增补的按语也依次附列于后。

此书所记以及增补的内容都十分详细，对每日北京发生的重大情况、明朝朝廷方面的状况、李自成方面的情况都有说明，记某些明官员的顽强抵抗、大部分明官吏宦竖的无能尤其详细。此书具有较高的史料价值，是研究明末农民战争史和北京史的重要参考资料，但因作者站在明朝立场上，对李自成军队的记述可能有不实之处。

此书有《记载汇编》本；《申报馆丛书》本；又，在冯梦龙编辑的《甲申纪事》中。

《再生纪略》

《再生纪略》二卷，明末清初陈济生撰。

陈济生，生平不详，根据书中所署"长洲陈济生尔勤著"，应是长洲人。

陈济生"以先人芝台公昔荷天恩祭葬，尚缺觐谢"，在明崇祯十六年（1643 年）七月入京，此后滞留在京，目睹了甲申之变，事后他"痛定回想"，写了《再生纪略》一书。

此书上下两卷，记载了陈济生自崇祯十七年（1644 年）三月初至五月二十七日在北京期间的所见、所闻、所感及五月二十八日出京后在路上的见闻感受。卷上记三月初至李自成入京后之事，几乎日日必写明廷的应对对策。卷下自三月二十九日起，记李自成制定的官袍样式、服色，举行科考过程，李自成登基情景，作者出京颠沛流离的过程及风闻的吴三桂与李自成军队作战消息，清军入城后情况等。

书中对崇祯帝及朝廷上下在甲申之变中的反应及表现均有较为详细的记录，如崇祯帝下诏求戚臣捐钱，而戚臣多推辞没有，崇祯帝只能"诏给城军半岁之粮，每人只黄钱五十文"，一时"怨声填耳"，以致李自成大炮攻城时，"守者皆有外心"；李自成军队入城之初"恣行杀掠，男女杂踏呼号，倏聚倏散"，原明臣"囚服待罪"，"任兵卒侮谑"。

作者亲历甲申之变，且称书中所记"目所睹、身所历者勿论，他或访自长班，或传诸道路，不无小异，亦略有微讹，然十分之中已得八九"，可见此书内容较为真实可靠，是研究明末清初的北京政治、农民战争的有益参考资料。

此书有世楷堂藏版《昭代丛书》本，后冯梦龙曾收其入《甲申纪事》；又，1988年台北新文丰出版公司《丛书集成续编》本。

《甲申纪变录》

《甲申纪变录》，又名《甲申纪变实录》，一卷，明末清初钱邦芑撰。江苏广陵古籍刻印社1990年影印本。

钱邦芑，字开少，南直丹徒人。明末诸生，晚明隆武时曾授御史，明亡，削发为僧，号大错。有《他山字学》等书。

此书主要记述了明崇祯十七年（甲申，1644年）李自成攻入北京前后的大小事件，从甲申年三月十七日李自成军队围城记起，迄于同年四月十三日清军攻入北京城止，主要涉及三方面的情况。一为明朝皇帝及官员方面的情况，如记崇祯帝曾"手自撞钟集百官，无一至者"，后于煤山自缢，记皇子与李自成对话，记李自成入京时"在京大小官员从东华门入朝拜"；一是农民军方面的情况，如记入京后农民军举行科举考试、掠夺金银用骡马驮回陕西、纪律松弛又贪图享乐等；一是清军方面的动向，如记"吴三桂约王永吉借清兵十万以图恢复"。

此书所记十分简略，读来有凌乱之感，撰者对农民起义军又多有诬蔑，但其中一些史实是正史所不载的，可以作为研究明末农民起义和北京历史的参考资料。

《甲申核真略》

《甲申核真略》一卷，附录一卷，明杨士聪撰。

杨士聪（1597—1648年），字朝彻，号凫岫，山东济宁人。明崇祯四年（1631年）进士。历翰林院检讨、右春坊中允、左谕德等职。有《静远堂稿》、《玉堂荟记》、《戊寅记事》等。

明崇祯十七年（甲申，1644年），李自成攻陷北京，杨士聪因认识大顺部将得以保全，至清军入京后，又在门人方大猷的掩护下离开。后来感于坊间记甲申之变的书多有讹误，加之有人称杨士聪从逆，杨即写此书辨坊刻诸书之舛，兼以辨明心迹。

此书采用日记体记事，从崇祯十七年（1644年）三月十七日京城戒严始，至七月十九日作者奔至清江浦止，依时间记载作者亲身经历、所见所闻。书前有自序、凡论，书末有附录十二则及《答孙兴公书》、《与门生方欧余书》、《左谕德济宁杨氏墓志铭》。

此书是研究明末农民战争史和北京历史的可贵参考，具有重要的史料价值。著名学者谢国桢在《增订晚明史籍考》中对它评价很高："是书虽自为辩白，然对农民军之行事，亦约略言之，如记万历以来之横征暴敛，宫廷中之奢侈浪费，举凡城中市民乃及宦竖，均望农民军之莅临，已可知当时人心之向背。又记大顺政权之严惩贪污，镇压陈演、魏藻德等辈，而褒美廉洁倪元璐、范景文死节之臣，俨然有泾渭之分……至健儿营之设置，亦他书所未载，皆足资参考者。"

此书现有清钞本一册，藏于中国科学院图书馆，另有《长恩阁丛书》本、郑振铎《明季史料丛书》本。浙江古籍出版社1985年出版的《明末清初史料选刊》也收入了此书（与《定思小记》、《李闯小史》合册）。

《甲申纪事》

《甲申纪事》十三卷，明冯梦龙辑。明弘光元年（1645年）自刻本。

冯梦龙介绍见前《燕都日记》篇。作者感于"甲申之变，天崩地裂"，"不忍纪亦不忍不纪"，于是"博采北来耳目"，作纪事一卷，后来又把见到的《孤臣纪哭》、《都城日记》等书也加以刻录，总名《甲申纪事》。

此书共十三卷，卷一收圣谕、圣旨各一道，文震亨的《福王登基实录》及冯梦龙的《甲申纪闻》；卷二收冯梦龙的《绅志略》；

卷三收程源的《孤臣纪哭》；卷四至卷五收陈济生的《再生纪略》；卷六收《燕都日记》、《北事补遗》、《淮城日记》、《扬州变略》、《京口变略》；卷七收史可法、徐人龙等的檄文八篇；卷八收张国祯、袁良弼等的檄文十二篇；卷九收张亮、史可法等人疏七篇；卷十收刘宗周、万元吉等人疏十四篇；卷十一收徐沆、陈方策等人的策、呈等六篇，另附他文一篇；卷十二收彭时亨、陆世仪等人的策、议九篇；卷十三收各种哭祭悼甲申中亡者的诗文六十二篇，另附文两篇。

此书所收体例芜杂，内容大致以记载李自成农民军行迹和清军入京情况居多，而以《燕都日记》、《孤臣纪哭》记事尤为详细。这些书也间或记当时的遗闻轶事，有专记国变时北京诸臣事迹的，也有少数关于"制虏"的。书中有不少攻击农民起义军的言词。此书在提及清军时一律用"虏"，在清乾隆朝时曾遭禁毁。

此书有明刻本；又，台北"国立中央图书馆"1981 年《玄览堂丛书》本；又，江苏古籍出版社 1993 年点校本，在《冯梦龙全集》。

《绅志略》

《绅志略》一卷，明冯梦龙撰。收录于《甲申纪事》中。

作者介绍见前《燕都日记》篇。

此书主要记明崇祯十七年（1644 年）甲申之变时明朝诸臣情况。全书分四部分，先记死难诸臣，"列一时死难诸臣，详其爵里，以愧夫不能死者"，详分为勋戚、文臣、太监三类，记其姓名、籍贯、官职、死亡原因及情况等；再记刑辱诸臣，"辱身且辱国"者，记载他们姓名、官职、受刑原因、情况、结局等；又记幸免诸臣，为中途逃遁者；最后记从逆诸臣，"拜舞贼庭、污其伪命者"，分翰林院、户部、礼部、兵部、刑部、工部、六科给事中、御史、通政司、大理寺、尚宝司、光禄寺、中书科、国子监、太仆寺、行人司、顺天府、候选癸未进士、出狱从贼，记他们的姓名、归顺李自成的情况等。除记幸免诸臣部分外，其他部分都在记述个人情况之前有一段解释说明文字，说明此类的人物收入标准及作者对此类人物的看法。

此书是以个人小传的形式记载明末诸臣在国变时的表现，对研究明末北京政治具有重要参考价值。尤其是书中有些记载与今天普遍所知的出入较大，如张家玉，后人一直将其作为明朝忠臣，此书则记他曾降大顺，归入"从逆诸臣"中。

《定思小记》

《定思小记》不分卷。明刘尚友撰。民国二十三年（1934年）《明季史料丛书》本。

刘尚友，字企生，江苏嘉定人。生平事迹不详。

明崇祯十七年（1644年），李自成入北京，刘尚友在京师亲历了明朝的灭亡。南归之后，他将自己的亲历亲闻依次记述，写成《定思小记》，寓痛定思痛之意。

《定思小记》以叙述体记事，记作者自崇祯十六年（1643年）仲冬六日入京至崇祯十七年（1644年）返家期间的见闻。记初入京时，朝廷"人事恩促"，"求一确报不可得，募一堤塘官，竟无其人"，"更无一人迎战"。记李自成入京时，下令军队"敢有伤人及掠人财物妇女者杀无赦"，等到"辰刻入城，果而肃然"，崇祯皇帝则"狼狈登煤山，毙命于数尺之帛"。当时，明官员"死者甚多"。李自成军入城日久，"耳目稍远，则纵姿自若"。后来吴三桂与清军联合，打败大顺军，城中百姓"扶老幼，裹糇粮"，"靡所定向"，四处逃难。崇祯十七年五月初一日，军队簇拥一人到北京，此人自称摄政王，"众或称为英宗之后，百姓惶惑无措"。又记摄政王下令"通城人尽行薙发"，作者便在六月初五日逃离北京南归。此后对于南归期间道途的险阻也多有记述。书后有汪大隆跋。

本书是研究明末北京历史的珍贵史料，作者虽非明朝官吏，

47

但与礼科给事中申芝芳是亲戚，对明朝廷若干情况有所了解，又亲见农民军取胜、多尔衮入城、百姓逃亡等情景，所记堪称实录。他虽然称农民军为贼，但依旧实录他们初入京城时的纪律严明，而书中所记明廷官吏在国变时的表现，又可与《国变难臣钞》、《绅志略》等书对勘。书后所附《北还纪变》长诗，可与所记相映证。

此书另有《丁丑丛编》本。浙江古籍出版社 1985 年出版的《明末清初史料选刊》亦收入此书（与《甲申核真录》、《李闯小史》合册）。

《甲申朝事小纪》

《甲申朝事小纪》，又名《甲申小纪》，四编四十卷，清抱阳生编著。

抱阳生又署抱阳、抱阳居士，本名王朝，浙江人。善于作诗，精于考据之学，所作诗文以发挥"忠义"之气为主旨。

抱阳生"深怪有明三百年天下，一旦失诸流贼之手"，于是"捃拾群书，见有涉于明末者，手诸册"，以"启幽发潜，片善足录"。清嘉庆十九年（1814 年），辑成《甲申朝事小纪》初稿。道光十年（1830 年），全书基本告成，藏稿于绍兴，作者师友为此书作序。道光十六年（1836 年），作者又对此书作了补充。

《甲申朝事小纪》分四编，每编各十卷。每编所收文献内容没有固定条理，主要记述明天启、明崇祯、清顺治三朝的史事，同时杂记南明弘光、鲁王、隆武、绍武、永历诸政权的兴衰，并上涉明正德时刘七的起义，下及清雍正时海盐的乡祀。全书以记述人物、史事为主，兼收一些奏疏、信札、诗词等原始文献。虽书名为甲申，但内容不只是限于甲申一年。前有小柯亭主人序、卧樵山客序、守拙子序及作者自序。

此书是记述明清之际李自成起义、明王朝内部斗争和清军入关等情况的史料集。内容丰富，取材广泛，尤有价值的是书中发潜彰幽，辑录了诸如《郑谦止狱始末》、《马士英复徽州众乡绅书》、《岭东宪副李文煌招安反侧书》、《吴三桂咨兵部文》等罕见的史料，而书中辑录的《黍离小志》、《桐城事纪》、《吴三桂纪略》等书，刘宗周、陈洪绶、严首升等人的遗文，也多是其他书籍没有记载的。这使得此书成为研究明季史事不可缺少的资料。而编者对一些有争议的史料，采取兼容并蓄、存疑俟考的态度，也为后人的研究提供了更为全面的文献基础。

由于编著者的立场和时代的局限，书中对农民起义多有诬蔑之辞，也记载了一些颇具迷信色彩的传说。

《甲申朝事小纪》有清钞本，商务印书馆于民国五年（1916年）将其收入《痛史》第二十一种铅印出版，但仅收其初编八卷、二编八卷、三编四卷的内容。书目文献出版社 1987 年出版的《甲申朝事小纪》则是任道斌根据谢国桢整理的四十卷足本点校的，上下册，919 页。

《北使纪略》

《北使纪略》一卷，明陈洪范撰。

明崇祯帝自杀后，福王朱由崧在南京被拥立为帝，他派遣使者左懋第、马绍愉、陈洪范到北京与清廷谈判，陈洪范将"往返情事逐日笔记，一字不敢虚伪"，成书《北使纪略》。

此书一卷，按日记载了陈洪范等南明使者的行程以及使者与清廷交涉的经过，从崇祯十七年（1644 年）七月十八日记起，至十一月十六日止，包括途经宿迁、济宁州、德州、河西务、张家湾、北京、天津、沧州等地的见闻经历。其中十月初五日至十月二十九日记在北京的情况，叙述较为详细，包括南明使者入京之前在张家湾与清官员在仪式问题上的争执；使者入京后居住在鸿胪寺时"关防甚严，内外不许举火"；清礼部官员数人令使臣交出御书；刚陵榜什"率十余人俱夷服、佩刀直登寺堂"，指责南京臣子不救崇祯帝，并声称"已发大兵下江南"；内院官率户部官来收银币；清摄政王询问内院诸人如何处置南来使臣；刚陵督促南明使者离京，不允许他们祭告陵寝、改葬崇祯；南明使者离京时，"设位遥祭，文武将士皆痛哭失声"。

此书非常详细地记载了南明通北使臣与清廷和谈的过程，为研究北京政治史提供了真实生动的珍贵资料。

此书有清钞本。又，清雍正至乾隆间重修《荆驼逸史》木活字本；又，中国图书馆清宣统三年（1911年）《荆驼逸史》石印本；又，上海锦章图书局民国间《荆驼逸史》石印本。

《明清之际北京的历史波澜》

《明清之际北京的历史波澜》，于德源著。北京出版社2000年出版，一册，107页。

于德源（1947— ），北京市社会科学院历史研究所研究员。

2000年，为宣传和普及关于北京的历史知识，北京市社会科学院历史所组织力量编著了一套《北京历史丛书》。丛书的作者或为北京市社会科学院科研骨干、或为外单位专家学者，他们以深邃的思想、生动的语言深入浅出地介绍了北京历史上的重大事件、重要人物以及各时期的社会生活状况，基本涵盖了北京历史的各个时期和各个方面，使此丛书成为一套高度浓缩北京历史知识的全景式科学普及读物。此书是《北京历史丛书》中的一种。

全书分五个部分，依次为"袁崇焕忠心报国，蒙冤被害"、"清军入塞大肆杀掠，威胁北京"、"李自成推翻明朝，功败垂成"、"吴三桂贪营私利，卖关降清"、"野蛮的剃发易服"。各部分都以标题中的历史事件为中心，叙述与之相关的北京历史。

本书对明清易代之际发生在北京的重要历史事件有较为详细的记述，作者不仅叙述某一重要历史事件的发生、发展的全过程，也顾及到与之相关的其他情况，使读者可对整个事件有全方位的了解，如记述袁崇焕被害时提及了朝鲜方面的反应。

（二）　清朝政治

《乾隆英使觐见记》

《乾隆英使觐见记》，〔英〕马戛尔尼原著，刘半农译述。上海中华书局民国五年（1916年）铅印本，一册。

马戛尔尼（George Macartney，1737—1806年），英国外交官，任驻俄公使。1780年任印度马德拉斯总督，后为南非好望角总督等。

1792年（清乾隆五十七年）英王乔治三世以为清乾隆皇帝祝寿为名，向中国派出了由马戛尔尼勋爵率领的庞大使团。马戛尔尼逐日记述观察情况，写成此书。

此书中文译本分上、中、下三卷，主要按时间顺序记述了作者自1793年6月15日至1794年1月10日出使中国过程中的见闻经历。书前有相关图片八幅，有民国五年（1916年）刘半农序。

此书上卷与中卷的大部分文字记述了作者在北京以及热河时的种种见闻经历。有些是关于政治的，如中国官员和英国译员关于英人所带物品是礼品还是贡品的争执、英使与中国官员在觐见皇帝礼节上的争执以及后来的折中方案、回北京后英国使团提出的一系列要求的被拒绝等；有些是关于宫廷建筑、礼仪等情况的，如作者所见到的宫殿的长宽和御座的花纹、热河乾隆皇帝万寿庆典活动时的景象、作者所见到的古北口长城等等。所记皆细致入微，真实生动，并时时有作者的看法和议论。这些为人们研究清朝乾隆时期北京政治、外交、宫廷等情况提供了可贵的参考。

此本后由台湾学生书局于1973年影印出版，一册，208页。又有天津人民出版社2006年出版的《一七九三乾隆英使觐见记》，刘半农原译，林延清解读，一册，271页。

《英使马戛尔尼访华档案史料汇编》

《英使马戛尔尼访华档案史料汇编》，中国第一历史档案馆编。国际文化出版公司 1996 年出版，一册，644 页。

有关 1793 年马戛尔尼使华问题的著述很多，但都来自英国方面，中国方面则一直没有相应的著作发表。法兰西科学院院士阿兰·佩雷菲特一直对马戛尔尼使华事件有浓厚兴趣，从 20 世纪 50 年代开始就搜集大量西文原始资料，20 世纪 80 年代中国第一历史档案馆对外开放以后，他立即组织一些汉学家，把关于马戛尔尼使华的主要档案全部译成法文出版，自己则根据这些珍贵资料写成《停滞的帝国：两个世界的撞击》一书。为了还原历史的真实，在阿兰·佩雷菲特的建议下，中法双方合作，影印汇编了这本资料集。

本书汇编的资料按来源分为六个部分，依次为内阁档案、军机处档案、宫中档案、内务府档案、外务部档案、文献。其中包含中国第一历史档案馆所藏清政府接待英国使团的全部档案文件的影印本以及在中国目前可能搜集到的全部文献资料。汇编前有徐艺圃及阿兰·佩雷菲特的序言、秦国经的《从清宫档案看英使马戛尔尼访华历史事实》、法国戴廷杰的《兼听则明——马戛尔尼使华再探》，各自对英使马戛尔尼使华进行了论述。书前有照片，书后附有《档案编年索引》。

本书共收录档案文献 783 件，时间主要起于乾隆五十七年（1792 年），迄于乾隆六十年（1795 年），也有嘉庆二十一年（1816 年）的相关档案文献，有皇帝诏令、钦差大臣和有关督抚的奏折、各接待衙门来往文移以及各类记事档册，详细记录了英使访华的全部过程和活动内容，非常全面地反映了当时的情况，为研究英使马戛尔尼访华的历史提供了丰富全面的参考资料。

《乾隆皇帝与马戛尔尼：英国首次遣使访华实录》

《乾隆皇帝与马戛尔尼：英国首次遣使访华实录》，秦国经、高换婷著。紫禁城出版社 1998 年出版，一册，189 页。

此书内容包括以下几个部分：中英首次通使的历史背景、英国使团远涉重洋到达热河、觐见礼仪之争与中英谈判交涉、珍奇的礼品与薄来厚往的赏赐、英国的要求与使团回国、中英首次通使以后的历史。书前有照片、图片 18 幅。书后附有《本书所据清宫档案文献简介》。此书题名、目次和绪言是中英文对照。

此书主要记述了英国首次遣使访华的情况，内容来自清宫所藏相关档案文献、英国使团成员所写的日记、清人的私家著述及诗文笔记等材料，真实可信。作者对互相抵牾的材料进行了认真的分析比较，力图尽可能真实地反映当时的历史。此书为研究马戛尔尼访华这一历史事件提供了真实而可贵的资料，是研究北京政治、外交历史的有益参考。

《紫禁城之变》

《紫禁城之变》，李尚英撰。紫禁城出版社 1990 年出版，一册，123 页。

李尚英（1942—　　），辽宁锦县人，1981 年中国社会科学院研究生院历史系毕业，此后一直在《中国社会科学院研究生院学报》编辑部工作。著有《明与后金对辽沈地区的争夺评述——兼论毛文龙与毛家军》、《民间宗教常识答问》等。

此书较为全面细致地记叙了清嘉庆十八年（1813 年）九、十月间，在河南、直隶、山东三省交界地带和京畿地区爆发的以林清、李文成为首的天理教民变。分七个部分，依次为："起义前的社会形势"、"起义的领导者与天理教"、"起义的准备"、"起义的发动"、"起义失败以后"、"起义失败的分析"、"清廷方面的措施"。对运动的领导者进行了评价，对运动失败的原因进行了分析。书中叙述了林清等攻打紫禁城前的准备，对天理教九月十五日至十七日攻打紫禁城的情况有详细的描述，较为全面地记述了天理教民变对清政府及皇城的冲击。

此书是研究天理教攻打北京这一历史事件的重要参考资料。

《戊戌纪略》

《戊戌纪略》，袁世凯著。钞本，一册。

袁世凯（1859—1916 年），字慰庭，号容庵。河南项城人。清末民初军政要人，北洋军阀首领，曾任中华民国大总统。

清光绪二十四年（1898 年），为支持光绪皇帝进行变法，谭嗣同密见袁世凯，希望得到帮助发动政变，袁世凯将此事报告了荣禄。后来他对此事的经过进行了记录，"以征事实而质异词"，成书《戊戌纪略》。

此书按时间顺序记载了袁世凯自光绪二十四年（1898 年）七月底至八月中旬的一系列经历，包括七月二十九日奉诏入京、八月初一日被光绪帝召见以及之后的被任为高官、初二日谭嗣同与之的夜谈、初五日向光绪帝请训时的谈话、回津后与荣禄的商议等，并非常详细地记述了慈禧太后囚禁光绪帝的一些情况。作者还在书后写了《自书〈戊戌纪略〉后》一文，说明自己对事件的认识和看法。

身为历史事件的亲历者，作者在谭嗣同夜访后十一天即对自己的经历、感受等情况进行了记录、说明，又因与谭嗣同的谈话并无第三人在场，所记更成为研究戊戌政变的极为难得的历史资料。

此书有钞本，国家图书馆、中国社会科学院近代史研究所有藏。

《戊戌政变记》

《戊戌政变记》，梁启超著。

梁启超（1873—1929 年），字卓如，号任公，别号沧江，又号饮冰室主人，广东新会人，近代资产阶级改良运动领袖。有《饮冰室合集》等。

梁启超曾参与戊戌变法，变法失败后，他逃亡日本，在 1898 年至 1899 年《清议报》一至十期上发表了叙述戊戌变法的文章，在《清议报》尚未刊载完毕时，又以此为基础，加进其他文章，经修改后编成九卷本的《戊戌政变记》出版。后来又删去了其中的第五卷，对其他八卷也作了修改，刊行了新版的八卷本《戊戌政变记》。

此书八卷本共五篇，第一篇《改革实情》，包括康有为启用始末、新政诏书恭跋；第二篇《废立始末记》，包括西后虐待皇上情形、光绪二十年以来废立隐谋、戊戌废立详记、论此次乃废立而非训政；第三篇《政变前记》，包括政变之总原因、政变之分原因、政变原因答客难；第四篇《政变正纪》，包括推翻新政、穷捕志士；第五篇《殉难六烈士传》，为康广仁、杨深秀、杨锐、林旭、刘光第、谭嗣同传。另附录《改革起原》、《湖南广东情形》、《光绪圣德记》等三篇。九卷本在八卷本《政变正纪》、《殉难六烈士传》间又有《政变后记》一篇。

此书作者直接参与了戊戌维新运动，对当时的情况最为了解，书中有许多其他资料上见不到的记述，是有关戊戌变法的最重要史料之一。

此书八卷本有广智书局刊本；又，上海中华书局 1936 年刊本，在《饮冰室合集·专集》第一册；又，中华书局 1954 年版。九卷本有清铅印本；又，文海出版社 1964 年影印本。

《戊戌变法前后》

《戊戌变法前后》，康有为遗稿，上海市文物保管委员会编。

上海人民出版社 1986 年出版，一册，666 页。

康有为（1858—1927 年），广东南海银塘乡人，原名祖诒，字广厦，号长素，后易号更生，晚年别署天游化人等，清末资产阶级改良派领袖，后为保皇派首领。一生著述很多。

康有为在戊戌变法中起过重要的作用，他的遗稿被捐献后，上海市文物保管委员会对其进行整理，编为一套《康有为遗稿》。《戊戌变法前后》是其中的一辑。

此书分上、下两卷，上卷收戊戌变法前的奏稿、论说、杂文、书札、祭文、墓志共五十一种，下卷收戊戌变法后的奏稿、论说、杂文、书札、电稿、祭文、墓志、议章等一百四十九种。上卷所收的文稿仅有少量（如《请醇亲王归政折》）与北京历史有一定关系。下卷所收则多与当时北京政局密切相关，如《拟复辟登极诏》（1917 年 7 月前）、《拟开国民大会以议宪法诏》（1917 年 7 月前）、《奏请重用溥伟等以图复辟大业折》（1925 年）等奏章，所谈的都是帝制复辟问题；《上袁世凯书》（1914 年）、《上徐世昌书》（1920 年）、《致吴佩孚等书》（1926 年 4 月 1 日）等都是对当时政局进行分析、发表意见的文稿。

康有为在戊戌变法中是一个十分重要的人物，他的文稿对研究戊戌变法以及之后的张勋复辟等都有较为重要的参考价值；书中所收材料绝大部分是根据手稿进行整理后初次刊布的，十分难得。

《戊戌变法史》

《戊戌变法史》，汤志钧著。人民出版社 1984 年出版，一册，545 页。

汤志钧（1924—　），江苏武进人，复旦大学毕业，曾在常州中学任教，后任上海社会科学院历史研究所副所长，有《戊戌变法人物传稿》、《戊戌变法史论丛》等。

此书分八章，依次为"甲午战后的中国"、"康有为早期的变法活动"、"组织学会，发行报刊"、"湖南的维新运动"、"维新变法运动的高涨"、"百日维新"、"戊戌变法的失败原因及其历史意义"、"革命代替了改良"，主要记述了戊戌变法的发生、高潮、失败的过程，并分析了变法失败的原因和历史意义。书前有图片，书后附录大事年表及人名索引。

此书最大的特点是史料十分丰富，为读者了解戊戌变法的历史提供了大量的文献资料。此外，著者在引用大量史料的基础上对戊戌变法中一些主要人物的活动、思想进行了分析，并对一些主要报刊、团体的情况进行了记述，对戊戌变法过程中的事件进行了较细的研究。

此书又有上海社会科学院出版社 2003 年修订本，一册，787 页。

《戊戌变法文献资料系日》

《戊戌变法文献资料系日》，朱育和、蔡乐苏、王宪明主编，清华大学历史系编。上海书店出版社 1998 年出版，一册，1440 页。

1995 年，清华大学历史系决定以整理编纂戊戌维新的文献资料为开端，利用"20 世纪中国研究基金"系统地展开中国近代史研究，经过三年多时间，此书完成。

此书是关于戊戌变法的主要文献资料汇编，其内容涉及政治、军事、外交、经济、文化、社会、人际交往等多个方面。每条资料按能够确定的农历时间系日排列，起自光绪二十年十二月初六（1895 年 1 月 1 日），迄于光绪二十五年十二月二十八（1900 年 1 月 28 日），辅以公元时日对照。

此书史料丰富，主要录自《清代起居注册》、《清实录》、《光绪朝东华录》及官方奏章、函电、外文档案、报刊、文集、书信、笔记、考论等，还包括一些外文资料，其中许多是中国大陆地区以往研究中较少采用的。全书极富史料价值，又逐日排比史事，清晰地展现了戊戌变法活动的内外背景、因果发展、酝酿过程、观念思路、计划方案、实行状况、所受阻力、失败过程、各界反应等情况，为深化戊戌维新研究提供了广阔的史料空间，也为人们重新认识戊戌维新展示了一个全新的历史视角。

《戊戌变法史述论稿》

《戊戌变法史述论稿》，蔡乐苏、张勇、王宪明著。清华大学出版社 2001 年出版，一册，918 页。

本书的三位作者都在清华大学从事中国近代史教学和研究，他们在完成《戊戌变法文献资料系日》一书的过程中各自撰写了一些文章，在此基础上，合作完成了《戊戌变法史述论稿》。

此书共八章，依次为"思想之源"、"康有为维新理念的形成"、"甲午危机与变法初兴"、"《时务报》"、"梁启超与湖南时务学堂"、"变法高潮（上）"、"变法高潮（下）"、"政变风云"。全书从维新思想的源流、维新方案的多级导向、各种政治势力的分合消长、变法高潮中的复杂变化等多个角度深入探讨了戊戌变法的历史进程。

此书以前的中国近代史教材和专著，普遍以康有为的思想和行动为中心宏观描述戊戌变法，采用梁启超的记载来记述戊戌变法史，都没有越出梁启超《戊戌政变记》一书的樊篱。而此书则以宽广的视角和多元的结构重构了戊戌变法史，认为戊戌变法不是少数人的行动，而是多种政治力量共同作用的结果，是中国主要政治派别势力分合消长的复杂过程。这样一种认识无疑比以前的描述更加接近历史的本来面目。而书中对于具体问题的论述，如新政失败的原因、政变的原因等，也都有新的内容。

《戊戌变法史事考》

《戊戌变法史事考》，茅海建著。三联书店 2005 年出版，一册，

571 页。

茅海建（1954—　　），上海人，先后毕业于中山大学历史系、华东师范大学历史系。现任北京大学历史学系教授。主要著作有《天朝的崩溃：鸦片战争再研究》、《近代的尺度：两次鸦片战争的军事与外交》等。

1998 年，茅海建开始进行戊戌变法的研究，用五年多的时间完成了此书的写作。

此书由五部分组成："戊戌政变的时间、过程与原委"，细密地考证了清光绪二十四年（1898 年）七月二十九日到九月初四日光绪和慈禧的行程以及相关人等如荣禄、袁世凯在其间的作用；"戊戌年张之洞召京与沙市事件的处理"，记述戊戌年张之洞被召进京和他与总理衙门对沙市事件的处理，探讨张之洞未能进入中央的缘由；"戊戌变法期间司员士民上书研究"，对司员士民上书文件进行解读，并附录了这些上书；"戊戌变法期间光绪对外观念的调适"，记述光绪皇帝在外交礼节上的一些变化，分析光绪皇帝对外观念的变化；"日本政府对于戊戌变法的观察与反应"，记述日本政府在戊戌变法后对中国的影响。

作者耗五年之力，遍查北京的中国第一历史档案馆、东京的日本外务省外交史料馆、台北的"中央研究院"近代史研究所档案馆和台北"故宫博物院"文献处的有关档案，将戊戌变法相关史实梳理得极为清晰。在此基础上对前人的研究再作深度发掘，进行认知、补证与修正，并提出自己的新见。全书内容朴实，文笔灵动，多有令人耳目一新之处。

《庚子北京事变纪略》

《庚子北京事变纪略》一卷，清鹿完天撰。

清光绪二十六年（庚子，1900 年），义和团入京围困各国使馆以及天主、耶稣两教教民，延至七月各国联军攻陷北京。当时美以美会汇文书院教习鹿完天也身处包围之中，他将自己的见闻记

59

载了下来。

此书大部分是作者亲笔日记，主要记述八国联军侵入北京以前传教士和部分教民被义和团和清军围困的情形。起自光绪二十六年四月二十日，止于同年七月二十日。书末补录《庚子五月十二日京都教民奏稿》，附录《义和拳倡乱原由论》，摘录《戊戌岁天道兴国浅说第十五章》。

此书所记皆为作者耳闻目睹，客观而真实地反映了当时的历史。如，五月十二日"晚八点钟，城外人声鼎沸，从东便门直至西便门众口一词，金云烧香、磕头、泼凉水、杀洋鬼子"；如"（六月）初一日早六点钟，自皇城内打来大炸弹，西花园西北隅望楼连受数弹，即倾倒矣。……十点钟，又将大官房脊背打崩，院中飞铁齐鸣，丁丁有声，合院惶恐，中外畏惧"。书中详细记述了义和团对洋人的仇视、义和团攻打教堂的情景等，也记录了许多关于义和团的传闻，为研究庚子年北京事变和义和团运动史提供了重要的参考资料。

此书有清光绪二十七年（1901年）刻本，台北文海出版社1972年《近代中国史料丛刊》本（与《永清庚辛纪略》、《庚子教案函牍》合册），巴蜀书社1993年《中国野史集成》本。

《庚子国变记》

《庚子国变记》，清李希圣著。

李希圣（1864—1905年），字亦元，湘乡（今湖南湘乡）人。清光绪十八年（1892年）进士，曾任刑部主事。有《雁影斋读书记》、《雁影斋持存》等。

李希圣在义和团运动期间在京师任刑部主事，对庚子之变的情况十分了解，《庚子国变记》即是他对当时情况的记录。

此书采用日记形式按年月日顺序编排，现存内容主要记叙义和团运动兴起、清政府政策的演变、八国联军进犯北京和慈禧太后西逃以及回銮等史实，自光绪二十六年五月初十日（1900年6

月6日）起，至光绪二十七年十二月初二日（1901年1月11日）止，还有少部分光绪二十六年之前的关于戊戌变法及义和团最初兴起情况的记述。

本书所记多为作者亲身见闻，有较高的史料价值。书中所记光绪二十六年七月二十二日（1900年8月16日）之前是关于北京的内容，对清廷内部各派之间斗争的内幕有清楚的揭露，展现了当时历史环境下清政府对义和团及外国政策演变的真实原因。最初义和团攻打教堂时，载漪、载澜、刚毅等人主张不予干预，立山、联元等人则怕外国军队入城难以抵御，主张镇压义和团。后来慈禧太后"下诏褒拳匪为义民"，反对朝廷听任义和团的官员多受到排挤、打击，有的甚至一家皆死。而当外国军队进攻得力时，清政府又"使总理章京文瑞赍西瓜菽麦问遗"使馆，清军不敌外国军队时，慈禧又连杀数名大臣，称之内奸。从记述中看，作者站在反对义和团，反对攻打使馆的立场上，对当时主张听任义和团攻打使馆、对八国联军作战的官吏常有不满之辞，对主和派及其主张则大加赞扬。

此书有民国十二年（1923年）年裒冰堂刻本；又，被收入上海人民出版社2000年出版的《义和团（一）》中。

《京师日记录要》

《京师日记录要》，清宋廷楷著。清光绪二十六年（1900年）晋宁宋氏铅印本，一册。

此书作于清光绪二十六年（1900年），宋廷楷称作此日记录要，"盖缘五月以来京师变乱，人民涂炭，飞弹如雨，积尸惨秽"，自己"曾有条陈一稿，虽无补于事，幸有见于先"，后取此稿删其繁冗，终成一书。

此书记载了光绪二十六年五月十四日至十月二十九日之间作者在北京的见闻。所见包括八国联军入京前清政府的反应、八国联军入京后对白莲教的屠杀、对普通居民的掠夺等；所闻包括八国联军入京前每日战事的情况、八国联军入京后关于和谈的传闻等，都反映了当时北京的历史状况。

作者时为户部尚书，对八国联军侵入北京前后的情况极为了解，此书大事皆记，小事少有遗漏，对关于时政的来往信函、奏稿的内容也照实记述，为研究八国联军入侵前后北京的历史提供了真实、客观的历史资料。

《庚子联军统帅瓦德西拳乱笔记》

《庚子联军统帅瓦德西拳乱笔记》，［德］瓦德西撰，王光祈译。上海中华书局民国十七年（1928 年）铅印本，一册，270 页。

瓦德西（Alfred Graf Von Waldersee，1832—1904 年），普鲁士波茨坦生人，近代德国陆军元帅、侵华头目，早年入普鲁士边防炮队，参加过普法战争，后任德国总参谋长，晋升陆军元帅。

1900 年 8 月，瓦德西被任命为东亚高级军事司令，他于 11 月到北京，参与了侵略、屠杀、议定合约等行动，在中国停留了十个月，归国后写了《瓦德西回忆录》，此书的中文节译本名为《庚子联军统帅瓦德西拳乱笔记》。

此书记录了从 1900 年 8 月初瓦德西被任命为东亚高级军事司令，到 1901 年 6 月他途经日本回国期间的见闻所感，其中所记的绝大部分事情是在北京发生的。此笔记包括多种形式：日记，有当时所记的，也有后来补记的；笔记，不属于日记之中，是瓦德西另外记述的；报告，一种日记性的记述，每隔一段时间寄回德国家中一次的；另有电报、信函、奏议等。

此书真实生动地记录了德国及其他国家对中国的种种企图，记录了包括德军在内的八国联军侵略中国、残酷镇压义和团、屠杀中国人民、胁迫清政府接受议和大纲的过程。日记对八国联军侵华暴行的记录客观而真实，如"京西三家店所属安家村地方，日前有洋兵由此经过，该村居民遽行放枪轰击，幸未伤及。该兵等不觉大怒，遂即四面围击，将该村男妇婴童一并轰毙"，如"所有中国此次所受毁损及抢劫之损失，其详数将永远不能查出，但为数必极大无疑……又因抢劫时发生强奸妇女，残忍行为，随意杀人，无故放火等事，为数极属不少……由此而死之人究有若干，实永远不能调查"。

作为从侵略者的角度记录的历史，此书为研究庚子事变期间的北京历史提供了极为难得的历史资料。

此书另有中华书局民国十九年（1930年）再版，民国二十五年（1936年）三版。

《在帝都——八国联军罪行纪实》

《在帝都——八国联军罪行纪实》，〔法〕贝野罗蒂著，李金发译。人民日报出版社1990年出版，一册，159页。

贝野罗蒂，法国文官，八国联军入侵北京期间他曾先后两次随法国军队到北京，并对所见事物进行描写，在法国《费加罗报》发表，后将文章结集为《北京的末日》在巴黎出版。1930年至1931年李金发将此书译成中文，在《先锋月刊》一卷二期至一卷六期上连载。

本书内容分八个部分："黄海上的战舰"，写法国战舰在黄海航行的情景；"愁惨的宁海"，记八国联军占据下的宁海；"到北京去——死尸铺成的路"、"在帝都，野蛮的蹂躏"，记作者在去往北京的路上及在北京的所见所感；"回到宁海"，记作者在宁海的见闻感受；"春天，皇宫里的火"、"帝陵探秘"、"北京的末日"，记作者第二次到北京时的所见所感。正文前有商金林《写在前面》及著者《弁言》。

此书记述了作者于1900年9月下旬至1901年5月中旬在中国期间的见闻和感慨，尤其详细地叙述了八国联军攻占北京时的情景，细致描绘了当时北京中的一切：荒废的建筑、坟墓般的紫禁城、精美的古董、搬运珍宝的八国士兵、逃难的中国百姓、叠满尸体的水井等。此书虽在行文中有很深的民族偏见，但描写客观、真切，记录了许多八国联军侵华期间的重要史实，摄下了那个时代的掠影，为北京史研究提供了有益的资料。

《拳时北堂围困》

《拳时北堂围困》，包士杰、林准辑。北京救世堂民国九年（1920年）铅印本，一册。

法国神职人员包士杰曾奉命调查清光绪二十六年（庚子，1900）北京天主教教友因义和团围攻北堂而丧命之事，由此写成《拳时北堂围困》一书，书中汇集了当时北堂主教樊国梁及司铎王玛弟亚的日记等。

正文前有包士杰的序及他关于庚子之乱前直隶北境天主教教务大概情形的介绍。书中有照片、插图。

《樊主教日录》，是当时北堂主教樊国梁的日记，分日记叙了光绪庚子年五月十三日至八月十六日期间发生的事情，记述了当时被围在北堂的人们面临的情况及他们的反应。前有概述当时情况及作者感想的一段文字。此日记由法文译出。

《王司铎日录》，是当时北堂的王玛弟亚神父的日记，记叙光绪庚子年五月初一、二等日至七月二十二日北堂的情况，除记述当时义和团的进攻外，还对一些细节性问题如教友的数量、粮食的数量有较为详细的记录。

书中另收录《某满员日记》一篇，为北堂邻居某满族大员在义和团运动期间的见闻。从光绪庚子年五月初二日记至七月二十二日，还收录了部分皇帝的上谕。

此书可以作为研究义和团运动史的重要参考资料。

《庚子使馆被围记》

《庚子使馆被围记》三卷。〔英〕扑笛南姆·威尔著，陈冷汰、陈诒先译。上海中华书局民国六年（1917年）铅印本。

1900 年夏秋之间，任职于英国使馆的扑笛南姆·威尔（B. T. Putnam Weale）亲历了在北京发生的历史事件，他将自己的耳闻目睹按日记载下来，成书 *In discreet Letters from Beking*，以期真实地反映历史。后来陈冷汰、陈诒先将其译为中文。

此书分三卷，每卷分章，以时间为各章标题，逐月或逐日记当时情景。上卷分十五章，时间上起 1900 年 5 月 12 日，下至 6 月 20 日，记各国公使在使馆被围时的惊惶失措；中卷分三十章，起自 6 月 21 日，迄于 8 月 14 日，具体记述当时的攻守情况；下卷分十六章，从 8 月 16 日到 11 月作者离京，记联军入京后的暴行。书前有乙卯冷汰序、陈诒先序、1906 年扑笛南姆·威尔原序。

此书与其他记载庚子年历史的外国人著作相比，更为真实而具体，对天气状况、个人心理反应、义和团对外国人的仇恨、清政府内部的意见不一、联军之间的争斗、联军的暴行等都有非常详细的记述，如 1900 年 6 月 24 日的日记写道："昨日有一放火者，伏行如猫，用其灵巧之手术，将火种抛入翰林院……数百年之梁柱，爆裂作巨响，似欲倾相连之使馆中，无价之文字，亦多被毁。"作者对于其本人及联军的罪恶并不隐讳，如下卷第一章中记"法国步兵之前队，路遇中国人一团，其内拳匪、兵丁、平民相与掺杂，匆遽逃生。法国兵以机关枪向之，逼至一不通之小巷，机关枪即轰击于陷阱之中，约击十分钟或十五分钟，直至不留一人而后已。"此书对研究庚子事变间北京的历史具有重要的史料价值。

此书中文译本还有台北文海出版社 1972 年《近代中国史料丛刊》影印本；上海书店 2000 年铅印本。

《拳时北京教友致命》

《拳时北京教友致命》十八卷，包士杰编。1920 年至 1927 年陆续印成，共十五册，为北京救世堂排印铅印本。

圣味增爵会包士杰曾"奉长命调查光绪庚子年北京信友因拳

匪作乱为主致命事迹，由京师以及各处搜查殆遍"，后在此基础上
编成此书。

此书共十八卷，按地域区划对北京及畿辅各处如北堂、南堂、
东堂、西堂、京西、京北、桑峪、京南、西南、京东、蓟州、通
州、宣化等教区的天主教教徒在义和团运动中被清算的情形进行
了较为详细的记载。有针对某一地区情况进行概述的，如"西山
斋堂川开教记"。更多则是对教徒某人、某家情况的简单记述及
对其遭遇的具体描绘，这些人大多是普通教民，也有院长、修女
等专职教民。书中有一些相关图片。书前有作者序言。

此书较为详细地记载了义和团运动时北京天主教教徒的遭遇，
为研究庚子事变时北京的历史提供了珍贵的资料。书中材料来自
知情者的口述、信函记述等，是对天主教教会、教徒跟踪调查结
果的记录，虽然带有一定感情倾向，但总体而言较为真实可信，
并且十分生动。

《拳祸记》

《拳祸记》，清李杕编。两册。上海徐家汇天主教土山湾印书
馆于清光绪三十一年（1905 年）初版。

李杕（1840—1911 年），原名浩然，字问舆，后改称问渔，受
洗礼后取教名老楞佐，别署大木斋主。江苏川沙（今上海浦东）
人。长期任报刊主编，后来又兼任震旦学院院长和哲学教授。著
译有《辨惑卮言》、《圣母传》等六十余种，此外还编有《徐文定
公集》、《墨井集》等数种图书。

义和团运动之后，李杕以为记下此事可为来者之鉴："即他日
振作之机也"、"覆于前不复蹈于后也"、"教民无悖乱之迹可以明
也"。

此书分上、下两编，上编题为"拳匪祸国记"，共二十八章，
概述"拳团原始"、"拳祸缘起"、"使馆被围"、"联军进京"、"中外
议和"、"回銮志典"等；下编题为"拳匪祸教记"，共三十章，按

天主教教区划分，记述全国各地天主教会势力与义和团、清政府之间的冲突及教会人士伤亡情况。

本书的上编对义和团在北京的情况有一定记述，所记内容来自当时报刊、文电及谕旨、信函、公文等，并选编了《驻华公使馆被围记》、《北京教难记》等书的相关内容，又有多幅插图。书中所记虽有传闻及不实之处，作者又是站在教会立场攻击义和团，但作为教会出版物，此书对北京史研究有较为独特的价值。

此书上下两编前均有作者光绪三十一年（1905年）序言。下编于清宣统元年（1909年）增版时，有增补校订，作者又加了序言。

《京津拳匪纪略》

《京津拳匪纪略》，又名《拳匪纪略》，十二卷，署清侨析生、清缙云氏辑录。香港书局清光绪二十七年（1901年）石印本。

此书序言称义和团运动时侨析生正在天津，他"有所闻见辄笔之于书"，而缙云氏在北京，也有所记录。两人将各自的记录合在一起，并搜集其他资料编成一书。但据考证，此书应是杨凤藻一人根据见闻所编。

杨凤藻，字兰坡，清末翰林，别署侨析生、白缙云。

此书共分前编、叙事和后编三部分。前编二卷，卷上为谕旨恭录，卷下为抄折汇登，抄录有关义和团运动的谕旨、奏疏。叙事八卷，其中卷一至四署粤东侨析生辑，卷五至八署长白缙云氏纪闻，涉及北京、天津的内容各占一半，包括拳匪缘起、毁堂启衅、德使被戕、使馆被围等，记述义和团运动的缘起、宗旨及其在京津的活动情况以及慈禧西巡，八国联军侵占天津、北京，签订《辛丑条约》等。后编二卷，卷上为外交缀述，卷下为时事择言，抄录一些国书、敕书、示谕、通札、电文、密信、宣言等。卷首有插图50余幅。正文前有侨析生、缙云氏各自的序言及渤海绵阳氏的序。

此书所记多为作者亲身见闻，真实可靠。书中所收的谕旨、奏疏、函电等文件十分难得，是研究义和团运动史的重要资料。

此书另有台北文海出版社 1967 年《近代中国史料丛刊》影印本，河北教育出版社 1996 年《历代笔记小说集成》影印本。

《庚子京师褒卹录》

《庚子京师褒卹录》四卷，清裕小彭辑，王守恂编。民国九年（1920 年）铅印本。

庚子事变中，死难者甚多，裕小彭手录了殉难者的赐卹，准备纂定后付梓，后来他把未定稿交给乔保衡编定，乔又请王守恂补充成书，以使"不但清室旧臣可执此而掩泣，时贤君子日常浏览于斯，亦足以励气节而挽薄俗矣"。

此书共四卷，先以"殉难诸人谕旨冠诸篇首，明此事之缘起"，"继以年月先后将累案累次奉准赐卹谕旨恭录于前，将各本案原奏附录于后，以谕旨为纲，以原奏为目，一禀王言，案皆有据"。全书共收十九类内容相关的谕旨及相关奏折，所收谕旨最早为光绪二十六年（1900 年）九月二十四日，最晚是光绪二十七年（1901 年）十二月二十五日。书前有民国九年王守恂序。

此书是研究北京庚子事变历史的重要史料文献，真实确切地记载了庚子事变中死难的官员、士绅、士兵、平民的姓名及其死难过程。如卷一所收昆冈等奏的《第五次恳恩赐卹摺》记"参将衔尽先、游击韩万钟于本年七月二十一日在东便门途遇洋兵，持刀格斗，力尽破腹而亡"，"民人杨良于七月二十二日被洋兵拏去，路过水边推洋人下水，旋即投河殒命"，都反映了当时的实际情况，可从侧面见证庚子事变这段历史。

《庚子记事》

《庚子记事》，中国科学院历史研究所第三所编辑。科学出版社 1959 年出版，一册，266 页。

本书是有关义和团反帝运动和八国联军侵略中国的资料选集。共收录仲芳氏的《庚子记事》、杨典诰的《庚子大事记》、华学澜的《庚子日记》、高枏的《高枏日记》、佚名的《庸扰录》五种。书后附录《南宫县告示》、《董神父》、《庚子洋兵入京记》。

此书中的五种资料都是当时人所写的日记，大致从清光绪二十六年（庚子，1900 年）五月义和团进入北京时记起，记述了当时北京的各种情况，也兼及各地，所记一部分是作者的亲身经历，一部分是作者耳闻后的随手记录，反映出当时的事实和流行的传说，可以看出当时社会各阶层的动态。这几种资料的作者应该都是官僚绅士，他们的记述中多有对帝国主义者的阿谀和对义和团的污蔑，并且夹杂一些迷信和反动的谬论，但同时也多有其他资料没有记载的内容。

书中资料除《高枏日记》曾有印本但流传不多外，其余均为此前未发表过的稿本，文献价值很高，是研究义和团运动的重要参考资料。

《拳变系日要录》

《拳变系日要录》，陈陆著。台北文海出版社 1969 年出版《近代中国史料丛刊》影印本（与《庚子诗鉴》合册）。

庚子之变四十年后，作者感于对此事件的记述"群书记载，既参错不一，口耳传述，亦纷杂无系"，故"蒐辑原料，按日排比，提供考究"。

此书按时间顺序排列庚子之变的相关资料。这些资料以私人日记为主，辅以官书及其他载籍为佐证。所录事迹以北京为主，起自清德宗光绪二十六年庚子正月二十二日乙丑（1900 年 2 月 21 日），迄于清光绪二十七年辛丑七月二十五日戊子（1900 年 9 月 7 日）。并非每日必记。

此书是研究庚子之变的有益参考资料。书中材料的来源十分广泛，包括《缘督庐日记》、《石涛山人见闻志》、《恽毓鼎日记》、《清德宗实录》、《光绪朝东华录》、《清史稿》、《望品堂奏稿》、《庚子使馆被围记》、《拳祸记》等，共二十四种著作。对原始资料照录全文，对间接资料或成名著述则酌收约取，并详细注明出处。日记前有作者写的一段文字，分析庚子之变前中国社会的状况、民教相仇以致教堂被围困的原因，考察中国秘密结社的渊源及义和团产生的缘由，分析八国联军侵华的真正原因，见解精确客观，代表了当时有识之士对庚子之变的认识。

《京津蒙难记——八国联军侵华纪实》

《京津蒙难记——八国联军侵华纪实》，北京市政协文史资料研究委员会、天津市政协文史资料研究委员会编。中国文史出版社1990年出版，一册，323页。

为纪念义和团运动五十周年，发扬反帝爱国精神，深入开展有关帝国主义侵华史、中外关系史与中外战争史的研究，北京市政协文史资料研究委员会与天津市政协文史资料研究委员会合作编辑了史料专集。

此书所选资料分为中文和译文两部分。中文史料十四种，如《庚子随军抗敌记》、《八国联军祸北京》、《庚难目击记》、《石涛山人见闻录》、《清朝档案所记北京沦陷后的情况》等。有些是回忆性质的，有些是日记、当时的文件档案；有的曾在文史资料选辑上发表过，有的则是首次发表。这些史料从不同角度、以不同态度反映了八国联军入侵前后天津、北京的政治、经济、社会状况，相关部分对北京史研究有较高的参考价值。译文部分包括译文史料辑录《八国联军进北京》和《北京使馆区被围日志》。前者是从十种外文著作中选译、编辑出来的，按时间、性质加以排列，均是作者的亲身经历，真实地反映了八国联军侵华的实况。这部分史料有半数以上是首次发表，真实、生动、具体。书前有照片21幅。

本书是研究八国联军侵略北京历史的有益参考资料。

《庚子之变图志》

《庚子之变图志》，赵健莉编著。山东画报出版社2000年出版，一册，246页。

庚子之变后一百年，为了给"100年前那段国耻留下一份直观而详实的回忆"，山东画报出版社将与庚子之变有关的照片集中推出，编成图文并茂的《庚子之变图志》一书。

此书分三个部分编排："神助拳、义和团"、"八国联军占领北京"、"丧权辱国的《辛丑条约》"，叙述了义和团运动的爆发、发展，八国联军对北京的入侵、占领，清政府与八国签订《辛丑条约》的过程等。共配有164幅相关照片。

此书对研究北京庚子事变的历史有较为重要的参考价值。书中的照片十分丰富，有八国联军统帅瓦德西、肃亲王善耆等人物照片，有北京义和团的"揭贴"和告示、《辛丑条约》文本的照片，有八国联军杀死的平民百姓、攻破东直门的日军官兵的照片等。许多照片是以前没有发表过的，反映面很广，此书的最大价值也即在于此。书中的文字说明多取材于当时的历史文献，有少数注明了出处，但更多的虽是引文，却并没有标明出处，略显缺憾。

《庚子事变清宫档案汇编》

《庚子事变清宫档案汇编》，李国荣主编，中国第一历史档案馆编。中国人民大学出版社2003年出版，18册。

李国荣，中国第一历史档案馆编辑研究部主任、研究员，长期从事科举研究，编撰《清代典章制度辞典·科举类》，著有《科场与舞弊》等。

中国第一历史档案馆对馆藏八国联军侵华档案进行系统的挖

掘研究，整理出了 6600 余件相关档案，并将它们影印成书。

　　此书共十八册，包括四个部分。"八国联军侵华卷"，一至六册，始自清光绪二十六年（1900 年）三月，止于清宣统三年（1911 年）五月，共计 2208 件，内容包括八国联军干预拳运，悍然侵华占领大沽炮台，攻陷天津、北京，侵扰河北，洗掠保定，攻占山西，争夺山海关，进逼山东以及洋兵撤后各地（包括紫禁城和清宫各处）清查损毁及丢失物品的情况；"慈禧光绪西逃卷"，七至八册，始自清光绪二十六年（1900 年）七月，止于清光绪二十八年（1900 年）五月，共计 598 件，内容包括西逃淮军、在京留守及随扈人员安排、西行途中驻跸地点、西逃期间日常生活及经费开销、护卫军调拨驻扎及军饷支出、从西安回銮的跸路修复、回銮时间的最后确定及迎驾事宜；"辛丑条约谈判卷"，九至十册，始自清光绪二十六年（1900 年）七月，止于清光绪三十一年（1905 年）二月，共计 883 件，内容包括清政府请求停战，围绕惩处王公大臣、战争赔偿以及禁购禁运军火年限等问题反复交涉谈判的全过程；"庚子赔款筹付卷"，十一至十八册，始自清光绪二十七年（1901 年）九月，止于清宣统三年（1911 年）十一月，共计 2923 件，内容包括清政府筹措赔款割付各国的数额与经过，为支付赔款对海关税收及盐务厘课的摸底，筹议赔款准备事宜、赔款的方式，向各省指派的定额及分批汇解情况。

　　此书中相关内容为研究北京庚子事变前后的历史提供了丰富、完备的历史资料。

《清末筹备立宪档案史料》

　　《清末筹备立宪档案史料》，故宫博物院明清档案部编。中华书局 1979 年出版，两册，1074 页。

　　故宫博物院明清档案部是中国第一历史档案馆的前身，始建于 1925 年。1980 年 4 月，明清档案部从故宫博物院独立出来，改称中国第一历史档案馆。

　　此书共辑史料 370 多件，每份皆标明出处，按内容分为两部分：清末统治集团对预备立宪的策划和议论、清末筹备立宪各项活动的情况。前一部分具体分为出洋考察政治的情况、预备立宪的宣布和策划、统治集团内部的议论；第二部分包括官制、议院、咨议局和地方自治、法律和司法、满汉关系、教育、财政、官报。书前有一份档案的实物照片。

　　此书中的有关史料绝大多数是从清代军机处、宫中等处所存的"月折包"、"上谕档"、"硃批奏折"等档案中选辑的，也有从《东方杂志》等刊物资料转载的，大多为全文照录，少数因内容重复有所删节。这些史料较为全面地反映了从光绪三十一年（1905年）六月到宣统三年（1911 年）九月间清政府预备立宪的全部过程，为研究这段历史提供了珍贵的参考资料。

　　此书有台北文海出版社 1981 年《近代中国史料丛刊续编》影印本。

（三）旧民主主义革命时期政治

《北京兵变始末记》

《北京兵变始末记》，国事新闻编辑部编辑。国事新闻社民国元年（1912 年）铅印本，一册。

北京兵变之后，杨捄炎、沈实甫、陈鹭洲、陈勷庭等编撰了《北京兵变始末记》一书，以免"常人安于目前，忘往事，忽将来"，"亦欲当世视为京观培壘之观而略措之意焉"。

本书主要记述民国元年（1912 年）二三月间，袁世凯指使第三镇统制曹锟发动北京兵变的情况。书中分为："图画"、"原因"、"乱象"、"乱波"、"善后"、"外交"、"文件"、"电报"、"言论"和"结论"等十编。"图画"，以绘画形式描述兵变的情况；"原因"，详细论述了兵变的直接和间接原因；"乱象"、"乱波"，详细描述兵变的具体情况和北京兵变对其他地区的影响；"善后"、"外交"，记述兵变的善后工作和兵变期间及之后袁世凯的对外态度、对外政策；"文件"、"电报"、"言论"，辑录有关命令、布告、告示、书函呈启、电报、时人对此事的态度、看法、评价等。书前有民国元年唐在章序、张振庠序、潘伟千序。

本书内容丰富，资料充实，其中对事变原委的记述尤为详细，书中辑录的有关命令、布告、告示、书函呈启、电报等，是研究北洋军阀统治时期北京历史的重要参考资料。

此书又有台北文海出版社 1966 年影印本，收入《袁世凯史料汇刊》。

《北京监狱纪实》

《北京监狱纪实》，二编，王元增编。民国元年至二年

（1912—1913 年）北京监狱出版。

王元增（1879—1963 年），字新元，江苏嘉定人，1906 年留学日本，就读于日本东京警监学校，后曾自费赴欧洲考查各国监狱，毕生致力于中国监狱的改良。有《监狱学》、《考察外国监狱》等。

北京监狱的前身是京师模范监狱，于清宣统元年（1909 年）十一月十五奏设，次年四月始在北京右安门内自新路（民国初年地名）筹建，民国元年（1912 年）司法部派员验收后，改称北京监狱。

民国元年八月十三日，王元增被任命为北京监狱典狱长，监狱筹办两月时，王元增写了此书，"凡经始之绩、治事之方、陈其甘辛，竟其端委，瑕瑜互著，供世抨纠"。

本书第一编包括："缘起及规画"，摘录了清宣统元年（1909 年）十一月十五日法部奏设京师模范监狱折；"建筑及落成"，简单介绍京师模范监狱修建及落成的过程；"接收"，交代京师模范监狱的接收过程；"筹办"，汇录各种有关筹办北京监狱始末的公牍，规定经费开支、人员数目、设备配置、机构设置、机构职责等；"成立"，录报司法部的关于北京监狱完工及开办的呈文；"结论"，述北京监狱的缺点。第一编于民国元年由北京监狱出版；又，1925 年再版。

第二编包括收监事项、拘禁事项、戒护事项、作业事项、教诲及教育事项、给养事项、卫生及医疗事项、死亡事项、接见及书信事项、赏罚事项、保管事项、赦免及假释事项、释放事项十三部分，是对入监狱及监狱中各种事情的规定及说明，其中有北京监狱图及各种相关表格。第一编与第二编的合册于民国二年（1913 年）初版，民国六年（1917 年）再版。正文前有民国二年许世英序。书前有王元增的照片及北京监狱职员的合影。书中有关于北京监狱的照片数张。

《北京监狱纪实》为了解民国初北京监狱的情况提供了难得的参考资料。

《京师军警联合公所记事汇编》

《京师军警联合公所记事汇编》，京师军警联合公所编。京师军警联合公所民国三年（1914年）出版，一册。

京师军警联合公所成立于清宣统三年（1911年）九月，由驻京各军事机关和警察机关联合组成，在成立已逾二年时，军警公所将"经办事件著有成效者撮其大要，揭橥于天下"。

此书正文前是凡例、序言、祝词以及记述京师军警联合公所之成立、发展过程、所起作用的缘起。正文"记事类别"汇编了五十六类事物，依次为关于军警之本身各案、设立公典及保护当商案、戒严时间及门栅启闭案、禁止乞丐收养贫民案、军警执照案、冒充军人案、军警行礼案等，记载了自民国元年（1912年）四月十日起迄民国二年（1913年）十二月底京师军警联合公所所办理的较主要的事务，每类按时间顺序排列。书后有《军警两界员名表》，《海陆军大元帅命令》，前者是民政部、禁卫部、京师警察厅及各区等处主要人员的名单，后者是袁世凯于民国三年（1914年）五月二十九日下达的停办军警联合公所的命令。

此书所载材料非常全面地反映了京师军警联合公所在1912年至1913年间所办理的各项具体事务，为了解民国初年北京的警政提供了非常难得的参考资料。

《京师第一监狱报告》

《京师第一监狱报告》，王元增编辑。京师第一监狱民国四年（1915年）二月出版，一册，106页。

作者介绍见前《北京监狱纪实》篇。

王元增在京师第一监狱任职两年后编成《京师第一监狱报告》一书。

此书包括四部分，记述了自民国二年（1913年）八月至民国四年（1915年）二月京师第一监狱的一些情况。"概述"，概括介绍了作者到京师第一监狱三年间所经过的事件；"关于本监行政事项"，记述了监狱名称的变化、监督权力、官吏名称和数量、官吏的任用和当时的服务时间、经费、工程等行政事项；"关于本监人犯管理事项"，记述身份簿变通办法、劳役状况、医疗状况、赏罚之施行、徒刑改遣的准备等事项；"关于分监狱改革事项"，记司法部改革分监狱的情况。书前有官员照片和犯人作业及生活照片多幅。

此书记述了1914年10月"北京监狱"改称"京师第一监狱"隶属司法部的经过，并对改称后的京师第一监狱行政事项以及人犯管理事项进行了介绍，为研究北京监狱发展提供了难得的参考资料，可与《北京监狱纪实》相互参照。

此书有京师第一监狱民国四年（1915年）版，民国六年（1917年）再版，民国十四年（1925年）三版。

《京师警察法令汇纂》

《京师警察法令汇纂》，京师警察厅编。民国四年（1915年）京师警察厅出版，五册。

民国初，京师警察厅鉴于"法律者，警察之本也。凡关于警察之法律命令及一切单行章程要不可以不备"，于是在警察总监吴镜潭的督率下对当时的制度详加编订。

书中对京师警察厅现行的各种法令规章进行了分类编纂，共分五类，第一类"总务"，收京师警察厅、勤务督察处、保安警察队、侦缉队、消防队等各处总务方面的法令71种，如《京师警察厅官制》、《各区巡官巡长职务章程》、《整顿各区操科办法》等；第二类"行政"，收各种行政法令89种，其中有些是北京及以外地区通用的，如《中华民国国籍法》、《治安警察条例》等，有些是专门适用于北京地区的，如《北京房地收用暂行章程》、《内城贫民教养院管理规则》等；第三类"司法"，收《违令罚法》、《惩治盗匪条例》、《侦缉队章程》等司法类法令 21 种；第四类"卫生"，收《京师警察厅改订管理清道规则》、《内外城官医院规则》等法令 42 种；第五类"消防"，收《采用消防兵士规则》、《消防官长巡视规则》等 16 种有关法令。前有民国四年九月朱启钤序、民国四年八月吴炳湘序。

此书对民国初年京师警察法令进行了汇纂，绝大部分法令标明了发布或修正、改正的日期，为了解民国京师警察法令提供了详细、完备的文献资料。

此书有京师警察厅民国四年（1915 年）版，民国五年（1916 年）再版。

《帝制运动始末记》

《帝制运动始末记》，高劳编。商务印书馆民国十二年（1923 年）出版，一册，114 页。

此书分为九章："帝制运动之由来"，介绍自民国二年（1913 年）至民国三年（1914 年）京师传说共和不适合国情起，到民国四年（1915 年）筹安会的成立及改变、一些人进行帝制请愿、政府通过《国民代表大会组织法》的经过；"帝制之进行"，记述了多数省区决定立君宪、参议院两次推举袁世凯为大总统，直至袁最终同意并颁布各种申令的情况；"各省之反抗"、"军事之行动"，记述云南等省的反抗、北京政府的应对及后来战况的发展等；"外交之经过"，叙述袁世凯在进行帝制运动期间对外采取的态度；"登极延期及帝制取消"，记述登极的一再延期、帝制的最终取消及其后袁世凯对一些文件的销毁情况；"关于调停之事件"、"袁总统逝世及黎总统继任"、"军事之收束"，则对帝制运动后期情况有所介绍。

此书自癸甲之际的传言记起，到民国五年（1916 年）八月十五日帝制运动基本平息为止，非常详细地叙述了袁世凯帝制运动的发起动机、发展变化和最终结局，对袁世凯的处心积虑、一意孤行、弥留前的辩解都有细致的描写。编者在描述北京方面的状况之外，也对全国的情况多有记述，遂使此书成为研究北京革命史的有益而较为全面的参考资料。

此书又有台北文海出版社1967年《中国近代史料丛刊》本（与《辛亥革命史》合册）。

《洪宪惨史：京畿军政组执法处冤狱录》

《洪宪惨史：京畿军政组执法处冤狱录》，王建中著。京兆商会联合会民国十四年（1925年）出版，一册，90页，

王建中，字树成，京兆永清县人，清光绪三十四年（1908年）京师大学堂译学馆毕业。清宣统间曾任洋务局主任等，民国时曾任各省议会联合会正会长等。

王建中因反对洪宪帝制于民国四年（1915年）在上海被捕，十月被递解到京畿军政组执法处，直至民国五年（1916年）夏才恢复自由，他记录了洪宪之狱，以"彰善惮恶，警告同胞，庶使非法杀人机关，如京畿军政组执法处者，再不至发现于共和时代"。

此书以传人记事为叙述体例，记载了民国四年至民国五年间，作者在京畿军政组执法处关押期间所知晓的冤狱情况，包括张振武、方维狱，仇亮狱，张秀全狱，李统球狱等，记述了冤狱的原因、过程以及人们在狱中所受的非人待遇，并附有《袁政府时代殉难同志事略》。

本书所记大半为二次革命以来袁世凯对政敌以及各界人士的迫害冤狱，尤其详细记载了洪宪期间袁世凯对反帝制活动的镇压，书中记各人在京畿军政组执法处情况的文字虽不及记述其入狱原因过程的文字多，但生动形象，再现了特务警察机关中的酷刑逼供、无辜受害、无罪致死的黑暗，揭露了当时的黑幕。书前有郑丰稔、王尚义等人序言及作者自序，后有竹风的著者略历。

此书又有台北文海出版社1973年《近代中国史料丛刊》影印

本《洪宪惨史》（与《复辟详志》合册）；又，上海书店出版社1998年出版，《洪宪惨史》，一册，100页，增加了一些相关资料作为附载。

《复辟纪实》

《复辟纪实》，翘生著。民国六年（1917年）作者自刊本，一册，164页。

翘生认为通过张勋复辟这一事件，人们应该认识到"今日吾国之振兴当视斯役之刑赏，深望政府示天下以大公，振国事于垂危之日也"，于是写了《复辟纪实》一书记载当时情况。

此书分九章，依次为"张勋之身世"、"徐州之辫子军"、"段内阁之倾倒"、"复辟之动机"、"都城之沦陷"、"赞乱之人物"、"讨逆军之行动"、"各省之会师"、"光复后之政局"。书前有民国六年作者自序。

本书对挑起复辟者张勋的个人情况进行了一定介绍，并详细叙述了复辟时及讨逆时的具体情况。"都城之沦陷"一章详细叙述了复辟时北京城内的状况，对被拥立的宣统帝、逃跑的总理、中计的将军、平日不抛头露面的满清遗老、普通的旗人、难客等人的反应都有记述，也对北京城里街市上的各种状况有所介绍。"讨逆军之行动"一章则详细记述了讨逆军克复北京的具体过程。

本书在有关张勋复辟的史料中较为侧重对复辟及讨逆时具体情况的记载，记述较为生动形象，也收录了部分相关文电，是研究张勋复辟历史的重要参考资料。

此书又有台北文海出版有限公司1996年《近代中国史料丛刊》影印本。

《复辟始末记》

《复辟始末记》二卷，上海文艺编译社编辑。上海文艺编译社民国六年（1917年）八月铅印本，民国六年（1917年）九月再版。

此书分上、下两卷，卷上包括三章，依次为"复辟之酝酿"、"复辟之动机"、"复辟之爆发"；卷下为第四章"复辟之失败"及附录两种：《复辟后各地之要闻》、《复辟之真相》，另有《复辟始末记零拾》及所附《复辟后各要人进京出京一览表》。书前有照片8幅。

此书从民国二年（1913年）至民国三年（1914年）京师流行的"共和不适国情"的传闻叙起，对复辟的动机和酝酿过程有较为详细而全面的叙述，在记述复辟爆发情况时较多收入了与之有关的伪谕、宫门抄、奏折等原始材料，除记述复辟后主要人物状况及反应外，对当时北京各界对此事的态度、反应较少涉及。编辑者在"复辟始末记零拾"部分对复辟时情况有介绍，但较为简略。

此书由文艺编译社编辑，对张勋复辟有较为客观的叙述，为研究这段历史提供了有益的参考。

《复辟之黑幕》

《复辟之黑幕》二卷，京华归客述，天忏生笔录。上海翼文编译社民国六年（1917年）七月初版，八月再版。

天忏生，生平经历不详，著有《黄克强蔡松坡轶事》、《洪宪宫闱秘史》等。

天忏生称录京华归客关于张勋复辟的见闻成此书，目的是"以滑稽之笔，记滑稽之事……虽曰游戏以出之，谈笑以道之，其实字字是血，句句是泪，为我国我民，不啻作十日哭也"。

此书分上下两卷，记张勋复辟的种种轶事传闻180余条。如"辫子之笑史十则"，记述张勋复辟前后关于留辫子、剪辫子的一些趣事；"不伦不类之名刺"，描绘清廷伪官发表后，张勋谒外国使馆时的名片；"大家都拘入外国牢间了"，记讨逆军入京后张勋

81

等人的逃窜。全书涉及多个历史人物如康有为、宣统皇帝、朱家宝、辜鸿铭等和许多琐闻琐事。前有民国六年七月十五日天忏生序。

此书出版于张勋复辟刚刚结束时，所记生动活泼，表述性文字逼真形象，评论性文字较为辛辣。编撰者虽没有时间详细核对史实，但读者依旧可以从这些传闻、街谈巷议中了解当时的社会反应等状况，可为了解张勋复辟事件提供一些材料和线索。

此书被收入四川人民出版社 1985 年出版的《近代稗海》第四辑中。

《复辟半月记》

《复辟半月记》，又名《指严旅京实录》，许指严撰。交通图书馆民国六年（1917 年）铅印本，一册，214 页。

许指严，名国英，字不才，号甦庵，另有不才子、砚耕庐主等署名。毗陵（江苏武进）人。曾任清史馆名誉协修，著有《南巡秘闻》、《新华秘记》等。

张勋复辟失败后不到一个月，许指严即著《复辟半月记》一书，逐日记载了从民国六年（1917 年）七月一日清废帝溥仪宣布复辟到七月十二日张勋复辟失败逃匿至荷兰公馆的复辟始末情况，以一个北京人的所见所闻记录了当时复辟活动的方方面面，从复辟军的活动，到复辟派与讨逆派的战况，到北京地区的社会动态，都有一定反映。书前有民国六年七月三十一日作者的《复辟半月记序》。

书中所记来自于当时报刊所载或作者的耳闻目睹，绝大部分真实可靠。书中还收入了一定数量的原始文电，如复辟上谕、黎元洪所发通电、北洋军界全体讨逆公启、定武军同人与张勋书等，为研究张勋复辟这段历史提供了重要的参考资料。

此书被收入四川人民出版社 1985 年版的《近代稗海》第四辑。

《京师第二监狱报告书》

　　《京师第二监狱报告书》，梁锦汉编。京师第二监狱民国八年（1919年）出版，石印本，一册，92×2页。

　　民国初年，司法部将顺天府习艺所旧址改作监狱，民国二年（1913年）十二月改名"宛平监狱"，民国三年（1914年）十月又名为"京师第二监狱"，并进行增修扩充。

　　此书编辑者是京师第二监狱的典狱长，所取内容时限为民国二年（1913年）十二月至民国七年（1918年）十二月，全书分十编，依次为：概论、名称位置、建筑及成立、经费区分、组织内容、囚人及其管理、劳役情形、囚徒之教诲、卫生医疗、杂录。前有张一鹏序、尹朝桢序，并有人物及实地照片。

　　此书较为详细地记述了京师第二监狱逐步发展的过程，并对该监狱的行政事项以及人犯管理事项进行了介绍，为研究民国初期北京地区监狱的情况提供了有益的参考。书前的照片也为人们了解京师第二监狱提供了直观、生动的资料。

（四）新民主主义革命时期政治

《北京现代革命史》

《北京现代革命史》，宋柏主编。中国人民大学出版社 1988 年出版，一册，249 页。

为了迎接北京解放四十周年，北京市委党校党史教研室的部分教师在以往北京现代革命史教学大纲及讨论稿的基础上撰写了《北京现代革命史》。

此书共十五章，包括从五四运动直至北京和平解放前期北京的革命工作情况，其中涉及早期工人运动、国共合作的形成、北伐战争、抗日反蒋斗争、爱国民主运动、反迫害、争生存等。内容涉及面广，较为全面地记述了各阶级、各阶层在北京现代革命斗争中的表现。

本书是一部北京地方现代革命斗争史，它以北京现代发生的革命斗争史实为依据，以时间为线索，系统而较为全面地叙述了北京现代革命发展演变的进程，并吸取了当时北京现代革命史的研究成果，具有一定学术性。

此书被列入北京市哲学社会科学研究"第六个五年计划"规划项目。

《北京革命史大事记（1919—1949）》

《北京革命史大事记（1919—1949）》，中共北京市党委党史研究室编。中共党史资料出版社 1989 年出版，一册，380 页。

为鉴往知来，为党史、革命史教学提供素材，中共北京市党委党史研究室编写了《北京革命史大事记（1919—1949）》一书。

此书分中国共产党创立时期、第一次国内革命战争时期、第二次国内革命战争时期、抗日战争时期、第三次国内革命战争时期五个部分，记述自 1919 年五四运动到 1949 年 10 月 1 日前北京革命史上的大事，按时间顺序排列，并根据事件和问题的性质适当集中。编者还在每个时期前配以一篇概述，简述此时期北京社会环境、敌我力量、党的主要工作及特点、群众及进步人士革命活动情况等。

此书是研究北京地方党史、革命史及中共党史、革命史的编年体史料。书中的内容主要来源于历史文献、档案材料、征集来的史料、有关回忆文章及当时最新的研究成果，相当翔实，许多还属于首次披露。这些史料真实地反映了北京革命史上先后继起的各个事件之间的内在联系，为研究北京革命史提供了极为有益的参考。

《北京革命史话（1919—1949）》

《北京革命史话（1919—1949）》，中共北京市委党史研究室编。北京出版社 1991 年出版，一册，289 页。

为庆祝中国共产党建党七十周年，中共北京市委党史研究室编写了《北京革命史话（1919—1949）》一书。

此书分为五个部分，依次为："新民主主义革命的开端"，记述 1917 年十月革命后至 1923 年"二七"大罢工失败时北京的历史状况；"在国共合作的日子里"，记述自末代皇帝出宫到李大钊英勇就义期间北京的历史；"黑暗中的星火"，记述从"九一八"到"一二·九"期间北京的历史；"还我河山"，记述抗日战争期间北京的历史；"黎明前的战斗"，记述建国前北京的历史。书前有照片 12 幅。

本书采用"评话"这一通俗形式，介绍了 1919 年至 1949 年北京历史上比较重要的一些事件，如"孙中山北上"、"刺杀日本军官案"、"营救美国飞行员"等，内容生动，感染力强，对了解北京现代革命史有一定价值。

《北京人民革命斗争（1919—1949)》

《北京人民革命斗争（1919—1949)》，中共北京市委党史研究室、首都博物馆编。北京出版社 1991 年 6 月出版，一册，155 页。

此书是一本画册，共收 600 余幅珍贵的历史图片。从 1919 年五四运动到 1949 年北平和平解放，北京各界人民在中国共产党的领导下，同帝国主义、封建主义、官僚资本主义展开过激烈的斗争，对这些斗争，以往的专著多为文字的反映，而《北京人民革命斗争》则以更为生动、形象的图片形式对之进行了记录。

本书图片分为四个部分：五四运动和第一次国内革命战争时期、第二次国内革命战争时期、抗日战争时期、解放战争时期。包括五四运动、"一二·九"运动、"七七"事变、国统区学生爱国民主运动及北平解放等。这些图片真实生动地展示了北京自 1919 年五四运动到 1949 年中华人民共和国成立的新民主主义革命三十年的光辉历史和先烈的英雄业绩，记录了北京各界人民在党的领导下同帝国主义、封建主义、官僚资本主义展开英勇斗争的过程，为了解、研究北京政治史提供了生动、形象、直观的参考资料。

《北京青年运动史（1919—1949)》

《北京青年运动史（1919—1949)》，陈泰生等著，共青团北京市委青年运动史研究室编。北京出版社 1989 年出版，一册，438 页。

为编写出第一部系统地介绍北京青年运动历史的著作，从 1983 年开始，共青团北京市委着手进行北京青年运动史资料的征集和研究工作，后来根据这些资料，青年运动史研究室用近两年的时间撰写了《北京青年运动史（1919—1949)》一书。

此书共分十三章，依次为"'五四'运动"、"北京青年团的创建及早期活动"、"大革命时期北京青年运动的高涨"、"血沃京城"、"革命低潮和抗日民主运动的兴起"、"北平青年运动的艰难发展"、"'一二·九'运动的兴起"、"'一二·九'运动的深入发展"、"迎接抗日风雨的考验"、"艰苦卓绝"、"爱国民主运动的先声"、"第二条战线"、"冲破黎明前的黑暗"。

此书是第一部全面地系统地介绍北京青年运动史的著作,记述了北京青年在中国共产党领导下,参加新民主主义革命各个历史时期、各条不同战线斗争的历史。全书的叙述基于历史资料、专业论文及其他研究成果,内容真实可靠,资料来源都注明了出处。不过,书中对有些当时无法查清的问题采取了回避不写或少写的处置办法,对其价值有一定影响。

《解放战争时期北平学生运动》

《解放战争时期北平学生运动》,北京市档案馆编。光明日报出版社 1991 年出版,一册,527 页。

为帮助研究北京学生运动史的学者掌握第一手资料,并对青少年进行爱国主义教育,北京市档案馆花了五年时间,选编出版了此书。

全书选辑了解放战争时期记叙北平学生运动历史情况的有关档案史料,分为十一个部分,包括"反甄审运动"、"到解放区去"、"中山堂事件"、"抗暴运动"、"反饥饿反内战"、"保障人权"、"助学运动"、"反饥饿反迫害"、"反美扶日运动"、"'七·五'事件"、"'八·一九'大迫害"。材料来源于中国共产党北平学委、华北学联、学生自治会、教师和各界爱国人士的工作报告、宣言等档案、资料以及国民党政府为镇压学生运动发布的密令、公告等档案和资料,一般原文照录。书前有照片 8 幅,印章 11 种。

本书从正反两方面真实客观地再现了解放战争时期北平学生活动的情景,可作为研究北京青年运动史和北京史的重要参考资料。

《解放战争时期北平学生运动史》

《解放战争时期北平学生运动史》，张大中、宋柏、马句主编。北京出版社 1995 年出版，一册，323 页。

此书是张大中等按照中共北京市委关于党史研究的部署编写的，并被列入北京市哲学社会科学研究"第八个五年计划"规划项目。

此书共十二章："抗战胜利后的北平形势和争取和平民主的斗争"、"南北会师，并肩战斗"、"抗议美军暴行运动"、"反饥饿、反内战运动"、"建立学生自治会和华北学生联合会"、"助学运动"、"发展壮大革命力量，反击反动派的迫害"、"四月风暴"、"反对美国扶植日本运动"、"'七·五'血案和'七·九'游行请愿斗争"、"反对'八·一九'大逮捕的斗争"、"巩固阵地，迎接解放"。书前有照片 35 幅。

这部书最大的特点是亲历者集体编写历史，吸收了大量历史档案和回忆资料，十分详细地记录了斗争中许多具体事件的发展过程，填补了以往解放战争时期北平学生运动史研究的部分空白，为后人的研究打下了相对坚实的基础。

《解放战争时期北平第二条战线的文化斗争》

《解放战争时期北平第二条战线的文化斗争》，中共北京市委宣传部、中共北京市委党史研究室、北京市文化局编。北京出版社 1998 年出版，一册，521 页。

解放战争时期，北平的学生和进步文化人士为争取民族独立、和平、民主进行了英勇的斗争，为铭记这段历史，并对青年进行理想信念教育，《解放战争时期北平第二条战线的文化斗争》被编辑出版。

此书分为五个部分："综述"，较为全面地介绍了解放战争时期北平第二条战线文化斗争的情况；"历史文献"，收录了 10 篇当时中国共产党方面的评论、指示、通知、意见等；"历史资料"，选收了 16 种刊载在报刊、图书上的资料，包括《北平剧联（致上海市演员联谊会）的信》（1946 年 7 月）、《北平师院同学革命诗歌选》、《北平市出版业联合会紧急呼吁》（1946 年 6 月 3 日）等；"回忆文章"，收录了 44 篇回忆文章，包括《解放战争时期的北平京剧界》、《记北平地下党领导的部分出版工作》、《北京大学文化服务社战斗的日日夜夜》等；"大事记"，记 1945 年 8 月至 1949 年 1 月间北平文化界大事。书前有历史照片 19 幅。

此书中所收的历史资料来自档案、图书，翔实而可信；回忆性文章来自编者对亲历者的走访、征集，生动而真实。此书不仅为研究解放战争时期北平第二条战线的文化斗争提供了丰富的资料，也是深入进行爱国主义教育的历史素材。

《北京工运史料》

《北京工运史料》，北京市总工会工人运动史研究组编辑。工人出版社 1981 年至 1982 年出版，共四册。

此书前后出版了四辑，第一辑出版于 1981 年，其余三辑出版于 1982 年。第一至三辑，是对旧中国北京的挑补花业、珐琅业、制鞋业、制帽业、象牙雕刻业、玉器业、织袜业、建筑业、地毯业、火柴业、京华印书局等行业及企业中的工人状况的调查。这些调查在详细搜集历史文献资料和广泛访问从业知情人员的基础上，就各个行业的历史渊源、发展脉络、经营状况、兴衰过程和职工群众的劳动生活状况、工人组织状况、思想觉悟状况、阶级斗争状况作了较为详尽的介绍和分析。第四辑，是"第三次国内革命战争时期北平电信工人斗争档案资料"，集中反映了 1945 年抗战胜利至 1949 年北平和平解放期间，北平电信部门中共地下党组织情况、群众组织和群众运动情况、"六八斗"斗争情况、与国民党控制的工会进行斗争的情况、"饿工"斗争和护厂斗争情况等。

此书为研究北京工人运动发展史提供了丰富的参考资料。

《北京地区革命史丛书》

《北京地区革命史丛书》，中共北京市委党史研究室组织郊区县党史部门编写。

本书共十卷，包括《平谷革命史》、《顺义革命史》、《延庆革命史》、《密云革命史》、《门头沟革命史》、《大兴革命史》、《房山革命史》、《通县革命史》、《怀柔革命史》、《昌平革命史》，各一册。

此套丛书统一规划，统一方案，统一体例，统一要求，以解放前的北京历史为主，按时间叙述各郊区人民展开抗日、抗战等革命斗争的情况，除文字叙述外，书中还有地图、照片、大事年表。

此书是在广泛征集回忆录并大量参考来自档案馆、博物馆、图书馆、烈士陵园、期刊杂志等处文献资料的基础上撰写的，内容真实全面，为研究北京郊、区县人民的革命斗争情况提供了重要参考。

此套丛书由北京出版社于1991年至1997年陆续出版完毕。

《中国共产党北京历史 第一卷》

《中国共产党北京历史 第一卷》，中共北京市委党史研究室编。北京出版社2001年出版，一册，706页。

此书是北京市哲学社会科学"九五"规划重点项目，由北京市委党史研究室的工作人员花费十年心血编写而成。

此书共十九章，按时间顺序记述了自五四运动到新中国建立前的中国共产党在北京地区的斗争历史，对马克思主义在北京的传播、北京共产党小组的创立，乃至中国共产党在不同历史时期在北京地区所进行的各种斗争都有较为详细系统的叙述，包括"北京共产党小组的创立"、"创建时期的北京党组织"、"北京党组織与第一次国共合作"、"九·一八事变后北平的抗日反蒋斗争"、"度过抗日战争最艰苦的岁月"、"第二条战线在北平的形成"、"人民共和国首都的诞生"等。书后有大事索引。书中有 60 幅照片。

此书是一部新中国成立前的中国共产党北京地方历史,也是第一部全面、系统地反映中共北京党组织在新民主主义革命时期发展历程的权威著作。此书的编辑者查阅了大量的历史档案、报刊文献,并先后访问了近千名在北京工作过的老同志和知情者,使全书充分吸收和利用了新发现的史料和最新的研究成果。同时,此书的思想性、政治性、学术性较强,对一些难点、热点问题和党史上的若干重大问题作出的表述和评价也十分恰当,反映了当今北京党史研究的最新成果和最高水平。

《五四运动在北京》

《五四运动在北京》,彭明著。北京出版社 1979 年出版,一册,259 页。

彭明(1924—),中国人民大学教授,博士生导师,主要研究方向为中国近现代政治思想史,有《五四运动史》、《社会主义——从空想到科学》等。

20 世纪 60 年代初,彭明看到了美国哈佛大学出版的《五四运动史》,有感于中国尚未有此类著作,于是大力进行这方面的研究,成书《五四运动在北京》。

此书共分九章,依次为:"'五四'前的北京"、"启蒙运动"、"十月光辉照北京"、"新旧思潮的激战"、"公理何在?"、"怒吼吧!北京"、"工人阶级登上政治舞台"、"新文化运动的发展和分化"、"对鲁案、闽案的声援"。较为全面地叙述了五四爱国运动发源于北京的社会、思想条件,具体描写了五四爱国运动在北京的酝酿和发动、发展、高潮、延续以及这场斗争由北京向全国的发展。正文外有结束语、后记。

此书是北京现代史、革命史研究方面的一项优秀成果。作者的叙述及论断严格依据第一手资料，以翔实的史料和实地的考察为基础，真实可信，具有较强的说服力。全书感情色彩浓郁，文笔生动，可读性强。

《彷徨与顿悟——一九一九年实录》

《彷徨与顿悟——一九一九年实录》，张同乐著。河北大学出版社 1999 年出版，一册，248 页。

张同乐（1957— ），河北赵县人，先后就读于河北师范大学历史系、河南大学历史系中国现代史研究生班，现为河北师范大学历史系副教授。著有《中华人民共和国四十年》等。

作者在读研究生期间即萌生了研究五四时期文化冲突与现代社会变迁的想法，经多年积淀后，写成此书。

此书分为六个部分："蒙昧与启蒙"，以陈独秀创办《新青年》和胡适等人开展文学革命为重点，记述启蒙运动的兴起；"东方与西方"，论述运动领军人物陈独秀、李大钊的文化观以及人们对中西文化的比较；"强权与抗争"，记述以学生为主的中国各界反对巴黎和会签字的过程；"新的抉择"，记述马克思主义在中国的传播及被接受；"彷徨与求索"，记述中国知识界为改造社会而进行的种种探索；"交锋与顿悟"，记述中国先进知识分子接受马克思主义，成为共产主义者的情况。

此书以时间为经，以陈独秀、胡适、李大钊等重要人物以及五四运动等重要事件为纬，较为详细地记述了 1919 年的中国尤其是北京地区文化运动的发展情况，为研究北京历史提供了有益的参考。

《五四图史》

《五四图史》，丁守和、马勇等编著。辽海出版社 1999 年出版，一册，207 页。

丁守和，河北省望都县人，中国社会科学院近代史研究所研究员、教授。著有《五四时期期刊介绍》和《辛亥革命时期期刊介绍》等。

为纪念五四运动八十周年、弘扬五四科学与民主精神，丁守和、马勇等应辽海出版社的邀请，编辑了《五四图史》一书。

此书分九个部分，依次为："世纪初的迷茫与五四的选择"、"新文化运动的初起"、"五四运动的爆发"、"五四运动的深入"、"从学生运动到全民运动"、"新文化运动的发展"、"五四运动在国外的反应"、"五四运动与中国共产党成立"、"五四——历史的回声"。有600余幅图片。书前有丁守和序，后有结语。

此书充分吸收了学术界已有的研究成果，以图文结合的形式反映了以五四运动为中心的从辛亥革命直至新文化运动取得胜利后中国革命的历史。书中文字简练，图片涉及当时的主要人物、重要历史事件场景、地图、登有相关内容的报刊等，如有五四运动爆发当日学生游行、冲向赵家楼的照片，有五四运动期间散发的北京市民宣言的照片，有后来南北和议代表的合影等。全书客观而真实地再现了当时波澜壮阔的爱国运动场面，生动活泼，形象感人。

此书填补了五四运动史研究领域的一项空白，获1999年第四届辽宁省"五个一工程"优秀图书奖。

《北京官僚罪恶史（第一册）》

《北京官僚罪恶史（第一册）》，正群社辑纂。正群社民国十一年（1922年）铅印本，一册，46页。

感于民国十一年（1922年）徐世昌"聚新旧官僚于一炉"，祸国殃民，编者写此书记述民国间官僚的罪恶。

《北京官僚罪恶史》拟分十篇，依次记述内务部、外交部、交通部、财政部、农商部、陆海军部、司法部、教育部、国务院、参谋本部十处的官僚罪恶史。

现所见第一册，即第一篇"内务部官僚罪恶史"，包括十个部分，依次为引言、内务部之沿革及其腐败原因、内务部过去及现在之人物、内务部总务厅、民治司、警政司、土木司、职方司、卫生司、礼俗司，另有结论。书前有正群主人序。

此书全面叙述了内务部的历史发展状况、人员腐败原因、内务部下属各部门人员具体的腐败黑幕。如叙述民治司官僚的腐败，记官员发行义赈奖券所得金额用途不明，设立贫民服务机构仅是"意在挂牌以掩人耳目……一事未办"；叙述警政司官僚的腐败，记警官高等学校"只知要钱。故学生不上课，校长不管事。内容腐败，冠于全国"，详细说明了"该司长及其心腹者流，陡发巨万，实以遣送敌侨一事"。

此书来自"长时间之调查，各方面之报告"的"择要露布"，是了解北洋政府时期北京中央政权状况的重要参考资料。

《北京政变记》

《北京政变记》，无聊子编辑。上海共和书局民国十三年（1924 年）十月铅印本，一册，140 页。

民国十三年九月第二次直奉战争爆发后，冯玉祥被任命为"讨逆军"第三军总司令。正当直、奉两军在榆关一带激战时，冯玉祥秘密回师北京，发动了北京政变。十月二十三日夜，囚禁了贿选总统曹锟。二十四日，迫使曹锟下令停战，免去吴佩孚所兼各职。二十五日，将所部改称中华民国国民军。十一月二日，曹锟宣告下台。直系控制的北京中央政权告终。

此书共分七章："政变之溯源"，分析政变的远因与近因；"政变之酝酿"，介绍冯玉祥准备政变的过程；"政变之发动"，记述政变发动时北京的情形和对各方面的影响；"政变之波澜"，记吴佩孚及冯玉祥方面的行动；"政变之后果"，记旧势力铲除、新势力发展的情况；"政变之文件"，收集了关于此次政变的各方文电和时彦的评论；"侧面之参考"，记述政变前东北的战情和政变中主要人物的生平。

此书对北京政变的过程记述得十分详细，为研究当时的北京历史提供了极为可贵的参考资料。

《清帝宣统出宫始末记》

《清帝宣统出宫始末记》，清室善后委员会编。清室善后委员会民国十三年（1924年）出版，一册，32页。

民国十三年十月，冯玉祥发动北京政变，随后直系控制的北京中央政权告终。十一月五日，国民军驱逐清废帝溥仪出宫。以冯玉祥系人物为核心的摄政内阁开始着手研究溥仪出宫后的善后问题。十一月二十日，清室善后委员会宣告成立，李煜瀛就任委员长职。清室善后委员会编辑了《清帝宣统出宫始末记》，对溥仪出宫的情况进行了记载。

此书包括"清帝宣统出宫始末记"一篇，记载从民国十三年直奉大战冯玉祥主张和平始，到民国十三年十一月五日京兆尹公署京畿警卫司令部警察厅发布布告、清帝出宫的前后始末情况。另有："中华民国对清皇帝让政之优待条件原文"，为辛亥年（1911年）十二月二十六日的文件；"民六天坛议宪对于优待条件永远有效保障"，为民国六年（1917年）议宪时的条件；"对清室自称用意甚深之院电"，为国务院对于清帝出宫后的电报；"宣统与某君之谈话"，记述宣统出宫后与某西人的谈话；"清室善后委员会之会议"，记清室善后委员会会议讨论老妃出宫事宜等；"宣统出宫后点验古物"，记十一月六日对清宫文物的首次点验；"二次点验清宫物品"，记十一月十九日二次点验清宫物品时的情况；"对于移宫及修改优待条款之评论"，是摘自《国际公报》的评论；"对于处分清帝措置上之置疑"，是评论性的文章。另有三种余闻。

此书十分详细地记述了清帝宣统出宫的始末情况，记冯玉祥回京后即对皇室从严监视、十一月四日改编驻清宫及景山之守卫，至于对十一月五日清室出宫当日的情况更是以小时为单位进行记载，而对其后国玺的保管、清室古物保管委员会的成立、外交方面的情况、清帝离宫后点收印玺解散宫人等都有详细的交代。所收的一些文件及评论也有助于读者了解事件的因果状况。这些都为研究宣统出宫的情况提供了极为珍贵难得的历史资料。

《甲子清室密谋复辟文证》

《甲子清室密谋复辟文证》，清室善后委员会编。清室善后委员会民国十四年（1925年）石印本，附录为铅印。

民国十四年（1925年）七月三十一日，清室善后委员会在点查养心殿时发现了民国十三年（甲子，1924年）春夏间金梁等人密谋复辟的文件，后来故宫博物院将这些文件影印出版。

此书收录了关于清室密谋复辟的一些文件，包括《康有为请庄士敦代奏游说经过函》、《镶红旗蒙古副都统金梁条陈三事折》、《内务府大臣金梁条陈二事折》、《金梁条陈四事折》、《金梁列举贤才折》、《金梁为江亢虎请觐折》、《江亢虎致金梁请觐溥仪函》、《江亢虎致金梁再请觐期函》、《徐良请庄士敦代奏康有为行踪函》，另附录清室善后委员会发现这些文件后对之进行处理的相关信函、布告八件。从这些文件中可以推断，从民国十二年（1923年）七月起，清室即开始打探康有为行踪并希图复辟，民国十三年二月康有为游说清室复辟，后来金梁又提出要保护宫廷、清理财产以自保自养的建议，提出亲政、求才、布德、图存的待决四策，并开始推荐相关人等以进行复辟。

此书中所收的史料反映了1924年清室密谋复辟的详细情况，为研究这段历史提供了极为珍贵的参考资料。

此书有民国十八年（1929年）故宫博物院再版影印本；又，台北文海出版社1981年《近代中国史料丛刊续编》影印本。

《第一次国共合作在北京》

《第一次国共合作在北京》，中共北京市委党史研究室编。北京出版社 1989 年出版，一册，621 页。

中共北京市委党史研究室于 1988 年编辑了《第一次国共合作在北京》，"希望能给第一次国共合作和北京革命史的研究工作提供一些方便；同时，也是我们对纪念李大钊诞辰 100 周年的一点奉献"。

此书分为六个部分：综述，简要叙述了北京地区第一次国共合作的概况；文献和报刊资料，选编第一次国共合作时期国共两党中央和北京地方组织的重要指示、决议、文告以及领导人的文章、书信、工作报告、报道国共合作和群众运动的报刊文章，共 120 件，包括《北京同人提案》、"李大钊致胡适的信"、《中国国民党改组宣言》、《北京学生联合会援助上海、青岛、汉口各处罢工工人宣言》等；回忆录，包括包惠僧的《国共合作前夕北京党组织的两次会议》、陈毅的《早年回忆（节录）》、马文彦的《李大钊敦促冯玉祥回国策应北伐的经过》等重要当事人的回忆，共 16 件；附录，军阀政府的反动文电和国民党右派的文件，包括《内务部通缉李大钊等之咨文》、《国民党同志俱乐部宣言》等，共 9 件；大事记，记 1922 年 7 月至 1927 年 4 月 28 日期间的重大事件。

本书所收史料丰富全面，为研究第一次国共合作时期北京的政治提供了重要的参考。

《"三·一八"惨案始末》

《"三·一八"惨案始末》，北京地方党史研究会编著。文津出版社 2000 年出版，一册，237 页。

1926 年 3 月 18 日，段祺瑞唆使其卫队枪杀抗议日英等八国"最后通牒"的示威群众，造成死亡 47 人，受伤 200 多人的流血惨案。此书是对这一惨案的记述。

全书内容分为六个部分，依次为"北方革命运动的发展"、"帝国主义制造的大沽口事件"、"'三·一八'惨案的发生及其经过"、"社会各界的声讨"、"'三·一八'惨案殉难烈士"、"在白色恐怖的日子里"。

本书较为详细地记述了"三·一八"惨案发生的过程及其前因后果，并集中撰写了刘和珍等28位烈士的传略，材料丰富、内容真实，为研究这一历史事件提供了可贵的参考。

此书后获北京市党史工作系统第四届党史征研优秀成果二等奖。

《三·一八惨案资料汇编》

《三·一八惨案资料汇编》，江长仁编。北京出版社1985年出版，一册，568页。

江长仁，北京大学马克思主义学院教授，长期从事中共党史、毛泽东思想概论的教学和科研。

1926年3月18日北京各界五千多人举行"反对八国通牒国民示威大会"，并游行请愿，段祺瑞政府对他们进行了血腥屠杀，此即为"三·一八"惨案。此书收编了关于"三·一八"惨案的部分资料。

本书收编的资料按内容分为八个部分，依次为"惨案前'整顿学风'电文"、"惨案之导火线——大沽口事件"、"'三·一八'惨案"、"各界宣言和声援电文"、"评论、杂文"、"回忆"、"烈士传略"、"诗词、挽联"，另有"大事记"、"'三·一八'惨案资料索引"。

书中所收的资料包括"三·一八"惨案发生前后报纸、杂志和文献资料所刊登的函电、评论、言论、回忆、诗歌以及烈士亲属、生前好友所撰写的烈士传略，或有所校定，或为原文照录，这些都为研究"三·一八"惨案提供了较为全面的历史资料。

《北平工会调查》

《北平工会调查》，于恩德著。民国十九年（1930年）燕京大学社会学系丛刊丙组第三十一种，一册，23页。

北平的工会组织于民国十七年（1928年）六月正式成立，即民国政府迁都北京后不久，较武汉、广州等工业发展早的城市稍晚，迅速发展至二十多个行业，主要是邮务、洗洁、毯业、报业、木行、洋车行等。本文是作者对北平城市26个行业的工会进行数月调查后所做的调查报告。

本书分十三个章节，运用了搜集材料、整理材料的调查方法，记述了北平工会组织的历史、成立之动因、目的、概况、组织结构、会员情况、经济状况、以往之工作、法律基础等，并总结了工会的影响及存在的困难。本文指出了北平工会建立的目的是遵行总理"三民主义"、实现国民党政纲、增加革命力量、铲除工人一切障碍、打倒帝国主义、打倒军阀、保障工人自由、巩固人权、要得着立法的保护等；探讨了北平工会组织的成因、工作方法、具体工作、成立后对工人与雇主方面产生的影响等问题。书中还记述了工会成立后的劳资冲突事件以及与其他机关的冲突事件。

本文是最早对工会组织进行的调查研究，对于研究北京工会史的学者具有一定参考价值。最初发表于民国十九年（1929年）六月的《社会学界》第四卷。

《民国政史拾遗》

《民国政史拾遗》，刘以芬著。上海书店1998年出版，一册，110页。

刘以芬（1885—1961年），字幼蘅，一字又蘅，号荔翁，室名宋荔山房，福建闽侯人，曾在清末到日本早稻田大学学习政法，民国初创建民主党（后与共和党合并为进步党），于民国十三年

（1924 年）脱离政坛后任福州私立法政专门学校校长。1949 年去台湾。

本书共 48 则内容，以作者的亲见亲闻为本，分题备述从民国创立到民国统治在宁确立的十六年历史，内容涉及政坛事件、党争内幕、时人轶闻等，其中所记许多事情都与北京有关。如"十六议席取得议长"，记民二国会选举中民主党仅以十六议席而取得议长的情况；"研究系之来龙去脉"，论述进步党的发展状况；"贿选与贿不选"，记民国六年（1917 年）国会复会选举的情况；"国会寿终正寝"，记国会的解散过程等。书后附录《进步党和研究系》（华觉明）及《进步党成立史料》。

作者以局中人的身份揭露了进步党及后来由之演变成的研究系的内幕，详细披露和辨析了当时中国议会政治的蜕变，又对一些政坛名人的活动多有记述，这都为研究民国时期的政治状况，尤其是各党派之间的争斗提供了珍贵的历史资料。

《北京的白色恐怖：1928—1937 年》

《北京的白色恐怖：1928—1937 年》，北京大学历史系汇集。北京大学历史系抄本，一册。

此书主要抄录《北京益世报》、《新晨报》、《北平晨报》、《晨报》和《世界日报》所载国民党政府"防共、反共、清共"的声明、通令、通告、电文、训令、布告、通缉令、特讯、通讯等 53 篇，其中大部分来自《北平晨报》。上起 1928 年 7 月 9 日，下迄 1937 年 8 月 24 日，按时间顺序排列，注明出处及所在版次。

书中所抄材料真实反映了 1928 年至 1937 年期间北京地区的白色恐怖统治情况。如录自 1929 年 1 月 6 日《北京益世报》的"反共宣传周十八日举行"、录自 1933 年 11 月 11 日《北平晨报》的"剿匪队日可成立"、录自 1933 年 7 月 27 日《北平晨报》的"共产要员被捕十四人"等，都是对当时状况的真实记录，可作为研究北京现代史的参考资料。

《在抗日救亡的洪流中》

《在抗日救亡的洪流中》，中共北京市委党史研究室编。北京出版社1988年出版，一册，227页。

此书收集了13篇革命回忆录和一位外国友人写的文章，反映了"九一八"事变以后北平大中学校爱国青年学生在中国共产党领导下积极进行爱国抗日救亡运动，在斗争中锻炼成长的过程。文章多是以个人成长为中心回忆自己的成长经历，如《我是怎样走上革命道路的》（邸力）、《在北平找到了党》（吕瑛）、《我到二十九军当兵》（王达成）；也有以回忆某次活动、某个革命团体的状况为重点的，如《在民族危亡的时刻——回忆"九·一八"事变后的学生爱国运动》（刘靖）、《从北平到延安——回忆"北平学生移动剧团"》（张楠）、《锄奸忆事——抗日游击队生活片断》等。

此书中所收的文章都是作者对自己亲身经历的回忆，鲜活、生动地反映了抗日战争时期北京地区的青年尤其是青年学生参加抗日斗争的情景，从侧面展示了当时北京地区的革命状况，为研究北京革命史提供了生动、真实的参考资料。

《一二·九运动史》

《一二·九运动史》，清华大学中共党史研究室《一二·九运动史》编写组编。北京出版社1980年出版，一册，197页。

日本帝国主义占领东北后，国民党继续执行不抵抗主义。1935年12月9日，北平学生汇合在新华门前举行了声势浩大的抗日救国示威游行，遭到国民党政府的残酷镇压。此后，杭州、广州、武汉、天津、南京、上海等地相继举行游行示威，形成了全国人民抗日民主运动的新高潮，并由此推动了抗日民族统一战线的建立。

此书包括以下部分："祖国危急！民族危急！"、"划时代的

'一二・九'运动"、"掀起了全民抗日的大风暴"、"南下扩大宣传团和中华民族解放先锋队的诞生"、"英勇的反逮捕斗争和'三・三一'游行"、"爱国学生运动的巩固和壮大"、"'六・一三'——'一二・一二'"、"'西安事变'——'七・七'事变"、"奔向抗日战争的最前线"、"结语"。

书中较为详细地介绍了"一二・九"运动发生、发展的全过程,为研究北京革命史、学生运动史提供了有益的参考资料。

《一二・九运动资料》

《一二・九运动资料》,孙敦恒等编选。人民出版社1981年出版第一辑,一册,564页;人民出版社1982年出版第二辑,一册,456页。

孙敦恒,清华大学教授,编著《清华国学研究院史话》等书。

此书是《中国现代革命史资料丛刊》中的一种,分两辑出版。

第一辑,共选收124件资料,都与1935年12月9日北平学生运动有关,主要分六部分:一、"'一二・九'运动爆发前的华北局势",包括杨述、春华等关于当时局势的文章及各学生团体发表的宣言等;二、"'一二・九'运动的爆发",包括《北平学生联合会宣传大纲》、时人写的见闻通讯等;三、"十二月十六日大示威",有《十六日平市学生示威游行参加者被捕、受伤、失踪人数统计表》及宋哲元《告学生书》等;四、"国内外的声援",有《北平文化界救国会第一次宣言》、全国各地声援北平学生电函等;五、"南下扩大宣传",包括当时学生的罢课宣言、日记、信件及文章等;六、"在白色恐怖下坚持斗争",包括《北平市学生联合会各校行动指挥通告》、秦德纯与蒋介石关于镇压平津学生联合会的往来密电、学生日记等史料。所收资料主要选自当时的报纸期刊,按运动的过程和发表的时间编排。此外还包括一部分中国共产党在"一二・九"运动前后的宣言、文告以及后来毛泽东、刘少奇、彭真等关于纪念"一二・九"运动的讲话等。

第二辑选收了1936年"三·三一"游行之后的有关文件、文章等七十余篇，分为五个部分：七、"'六·一三'前后"，包括《KV启事》、人们对当时情况的记录等；八、"抗日救亡运动的巩固和发展"，包括《北平市学生救国联合会对目前政治形势宣言响应北平市教育界对时局通电》等；九、"'一二·一二'大示威"，包括《北平市全体学生示威宣言》、学生对此事的记录等；十、"团结抗日反对分裂"，包括《北平市学生救国联合会为陕变泣告全体同学全国同胞书》、《论作派》等；十一、"在战斗中成长的民先队"，所收为民先队总部的文件。此辑史料中通电、宣言所占比重较大。相关资料对"三·三一"抬棺游行有比较详细的记述。

此书所收的资料较为全面地反映了"一二·九"运动前后及期间北平学生界、文化界、国民党当局、各界舆论等的状况、反应，真实再现了当时的历史，对研究"一二·九"运动有很大的参考价值。

《一二·九—七·七在北京》

《一二·九—七·七在北京》，刘定一著。河南大学出版社1988年出版，一册，143页。

刘定一，原名刘正宜，1935年至1937年在北平师范大学读书期间参加了"一二·九"学生运动以及其后北平大学生的一些学生运动，1937年"七七"事变后，参加了抗击日本侵略者的斗争。离休后，他回忆自己的这段经历，写了此书。

此书就内容而言可分为三个部分。第一部分主要记述了作者参加"一二·九"运动及"一二·一六"示威游行的情况；第二部分记述了作者于1936年寒假期间参加平津学生南下扩大宣传团，在青云店、新城县辛立庄与军警作斗争的情况；第三部分记1936年2月至7月间作者亲见亲闻的一系列事件，包括《学联报》和《学联日报》的被停刊、北平师范大学发生的凶殴事件、暑假期间北平大学生的"体育训练"、7月末的北平城状况等。书中还有一篇《〈"一二·九"运动史〉读后》，作者用自己的亲身经历指出了《"一二·九"运动史》一书中部分与当年实际情况不符之处。此书还有三篇附录文章。

本书作者当年积极参加过北平师范大学的爱国学生运动，且在其中起过重要作用，因此他的回忆录不仅记录了他本人在1935年12月至1937年7月之间的经历，还记录了平津学生南下扩大宣传团的活动、中华民族解放先锋队的成立、二十九军中何基沣旅长对"七七"事变前局势和日本侵略者阴谋的分析、进步的旧学联与反动的新学联之间的斗争等，这些都为研究北京革命史、学生运动史等提供了真实、可靠、生动的历史资料。

《在草岚子监狱里》

《在草岚子监狱里》，刘昭著。中国文史出版社1987年出版，一册，168页。

刘昭于20世纪30年代初到北京参加革命斗争，被叛徒出卖被捕后，一度被关押在草岚子监狱。后来他为了缅怀在狱中和在十年动乱"六十一人冤案"中死去的战友，写了《在草岚子监狱里》一书。

此书分29个部分，记述了作者从1930年初到北平起，至1937年北平陷落止这段时间内的种种经历，重点叙述了自1932年7月31日被捕，到1932年10月中旬被关押于草岚子监狱，直到1936年10月上旬被营救出狱的过程。作者对自己在狱中所经历的一切有非常详细的回忆，"反'反省'斗争"、"郝玉清之死"、"我们的革命大学"、"七天绝食斗争"、"争取恢复自由"等部分记述了作者以及他的战友在共产党员的领导下一次次粉碎国民党引诱、威逼，并取得了最终胜利的过程。

作者在草岚子监狱中被关押数年，亲身经历了许多事件，在书写回忆录时他又查找报纸，向有关人员核实材料，力求最大限度地反映历史实际。此书为了解20世纪30年代初北京人民反对国民党迫害的历史提供了真实、生动的参考资料。

《天地有正气　草岚子监狱斗争与"六十一人案"》

《天地有正气　草岚子监狱斗争与"六十一人案"》，熊怀济著。北京出版社1982年出版，一册，165页。

20世纪30年代初国民党在草岚子监狱关押了许多在平津两地被捕的共产党员，这些党员在狱中进行了艰苦的斗争。为追忆这段历史，并揭露林彪等人在十年动乱中对这些党员的诬陷，熊怀济编著了此书。

此书分二十四个部分介绍了20世纪30年代前期被关押在草岚子"北平军人反省分院"的共产党员在狱中所进行的斗争以及林彪等人炮制的冤案。前有历史照片七幅。

书中对草岚子监狱的成立时间、所在位置、监狱性质、被关押的政治犯的待遇有一定的介绍，并详细记述了薄一波、刘澜涛等人在狱中所进行的一系列反对虐待、争取自由的斗争。书中资料来源于当事人的回忆以及相关档案材料，真实可靠，为研究北京政治史提供了有益的参考。

105

《宋哲元部二十九军长城血战记》

《宋哲元部二十九军长城血战记》，中国艺术公司编辑。中国艺术公司民国二十二年（1933年）四月一日发行，一册，122页。

民国二十二年（1933年）三月五日，已经占领了中国东北全境的日本侵略军开始分兵进犯长城各口。二十九军奉命防守喜峰口，长城抗日的序幕从此拉开。

此书正文分29节叙述了二十九军长城抗日的情况。"力挽狂澜之民族英雄"、"宋总指挥及二十九军小史"、"喜峰口及附近长城要隘之形势"等部分概括介绍了二十九军的情况及战争爆发前的形势；"半日百一十里之急行军"、"五百大刀队杀贼一千余"、"日军向喜峰口外败退"等叙述了三月九日至十五日二十九军在喜峰口老婆山激战的情景;"长城炮声震撼三岛"、"我军致胜之三点"、"喜峰口大挫后日军战略之改变"等对长城抗日第一阶段的成果等进行了介绍;"罗文峪之形势及我军事先之布置"、"罗文峪血战第一日"、"血战尾声"叙述了三月十六日至十九日罗文峪战役的情景;"宋军捷连之影响"、"国人应如何援助宋军"指出宋哲元部胜利的重大意义并向各界呼吁对二十九军予以支援;"国内外舆论界对民族英雄之讴歌"、"全国各界之踊跃输将"、"雪片飞来之贺电"分别收录了22份报刊社论、所受捐助统计数字、68件各界贺电。书前有《二十九军在喜峰口一带绕攻敌人侧背要图》、长城血战期间的几种重要历史资料、阎锡山等人题词、百余幅照片等。

此书出版于二十九军长城抗日后不久,是对当时情况的客观、真实、全面的记录。编辑者既对二十九军作战情况进行了具体描绘,也对作战全局局面的发展变化状况进行了深入分析,并对国内外的反应予以了说明。编辑者还在正文之外辅以小字,或为古人诗词,或为二十九军体操刚强歌等,使全书充满爱国主义激情,而其中的歌曲同样具有珍贵的史料价值。

《古北口回忆》

《古北口回忆》,俞佑世编摄。上海良友图书公司民国二十二年(1933年)出版,一册,92页。

民国二十二年(1933年)春,日军分兵进犯长城各口,遭到了中国驻军的顽强抵抗。俞佑世医师作为中国红十字会华北救护委员会的一员奉命赴古北口南天门一带担任救护工作,历时两月,其间对日军的暴行多有目睹,"爰尽量搜集各地日军暴行,摄之照相,刊载于书,贡布全国,宣明国耻所在,俾之纪念警惕"。

此书中的照片包括以下系列:"十七军作战照片"、"中国红十字会华北救护委员会第三巡回救护队出发古北口一带工作情形"、"第三巡回救护队由东岳庙迁至坛营村"、"日本飞机轰炸密云之惨状"、"非人道之事"、"南天门"、"第三巡回救护队之工作忙"、"红十字会队员闲暇之工作及消遣"、"在三十七军之救护工作"、"遵化县之救护队"、"去多伦之救护队"、"康庄欢迎伤兵之形形色色"、"通州之救护工作"、"北平紧张之状态"、"战争之结果"、"人员"、"中国现存的美景岂能再送给他人!"。照片说明为中英文对照。前有王培元、俞佑世等人的四篇序言及《华北战争及救护工作地势简图》,后有俞佑世的《编余小言》。

书中照片真实、形象、生动地再现了民国二十二年(1933 年)中国军队在北京地区抗击日本侵略者的斗争以及中国红十字会救护伤员的实况,记录了日军的残暴,为研究古北口抗日提供了最为生动、真实的历史资料。

《北平市自治之过程及将来》

《北平市自治之过程及将来》,北平市政府编。民国二十三年(1934 年)七月北平市政府刊行,一册。

民国二十二年(1933 年)春,北平市举办了正式的公民登记选举,组成第一届市参议会,依法监督北平的市政管理。民国二十三年(1934 年)六月二十一日,第六任市长袁良到任,在市政府中设置了自治事务监理处。此书是北平市政府在自治一年后刊行的。

此书包括:"引言",说明地方自治制度创立的经过、沿革以及地方自治的原则;"北平市一年来改革地方自治之经过情形",论述北平市自治一年以来所经历的四个不同阶段的状况及各阶段所制定的相应措施;"变更区坊闾邻制度之基本观念",阐明中央废除坊闾邻制度的原因;"改革自治过程中市自治之基本精神",说明市自治的基本精神;"市民与自治",指出市民漠视自治的现状,并号召市民增强活动力。另有附件:《内政部咨送北平市地方自治改进办法大纲》、《内政部咨送改进地方自治原则审查结果》、《内政部咨送改进地方自治原则要点之解释》、《内政部咨送修正改进地方自治原则要点之解释》、《关于六月十九日举行区坊长宣誓典礼北平市市长袁良之训话》。

此书较为全面地反映了北平自治运动的发展进程，对北平一年来自治的情况，尤其是北平市、区、街坊各级行政建制的状况有较为详细的说明，为研究北平城市自治运动提供了难得的历史资料。

《北平河北第一监狱报告》

《北平河北第一监狱报告》，吴崎沅编。北平河北第一监狱民国二十六年（1937年）出版，一册，48页。

吴崎沅，自民国十四年（1925年）起历任吉林第二监狱典狱长、山东烟台监狱典狱长、漕河泾监狱典狱长、河北第四监狱典狱长、北平河北第一监狱典狱长。著有《河北第四监狱报告书》等。

清宣统二年（1910年）四月，清政府在北京右安门内自新路（民国初年地名）筹建了"京师模范监狱"。民国元年（1912年）此监狱经司法部派员验收后，改称"北京监狱"。民国三年（1914年）十月又改称"京师第一监狱"。民国十七年（1928年）七月，此监狱先后改名为"北平第一监狱"、"河北第一监狱"，监督权被司法部委托给河北高等法院，由中央监狱变为地方监狱。民国二十三年（1934年）五月又改为"北平河北第一监狱"。后来，此监狱于民国二十七年（1938年）被伪华北临时政府接管，改称"北京第一监狱"。

《北平河北第一监狱报告》是吴崎沅任北平河北第一监狱典狱长时所编辑的工作报告，包括如下部分：沿革、构造及建筑费、职员之组职额数及出身、人犯定额及年末在监人数、衣被、口粮、沐浴、医药、疾病及死亡、教诲、教育、作业、接见及书信、常年经费、改进计划、附录。全书清楚明晰地介绍了该监狱的基本情况，所涉内容以民国二十四年（1935年）为限。为了解北平河北第一监狱的情况提供了有益的参考资料，也有助于了解此监狱的发展变迁过程。

《卢沟桥血战史》

《卢沟桥血战史》，芦中人编辑。上海文萃书局民国二十六年（1937年）七月初出版，一册，64页。

此书包括以下目次："大陆政策到底是个迷梦"、"日军挑衅的近远因及其经过"、"卢沟桥的历史及军事上的价值"、"永定河两岸之剧战"、"台湾日舰向闽粤出动"、"北平附近之地理形势"、"永定门大红门南苑之历史沿革"、"世界舆论的一般日本侵略者将遇认真的抵抗"、"华北事件所予欧洲国际之影响"、"蒋委员长在庐山谈话会席上对于卢沟桥事件之报告"、"读蒋委员长对卢沟桥事件报告后重申述之"、"我外交部派科长董道宁向日使馆面致备忘录"、"今日救华北舍铁与血没有第三样东西"、"由卢沟桥事件回忆到中法谅山一役"、"由卢沟桥事件回忆到日本田中侵略满蒙之积极政策"、"结论"、"艺苑"。内附人物照片。全书主要论述了卢沟桥事件的起因、发生后世界舆论及国民党方面的反应，并指出反抗是当前唯一的出路。

此书写作、出版在卢沟桥事变刚刚发生之后，是对当时历史的真实反映，是研究北京政治史的珍贵资料。

《卢沟桥血战纪录》

《卢沟桥血战纪录》，东北图存出版社编辑。东北图存出版社民国二十六年（1937年）八月初出版，一册，116页。

此书内容主要包括五个方面："卢沟桥之地势"，略述卢沟桥的位置及华北附近铁路的分布情形，分析卢沟桥在军事上的价值；"卢沟桥事件是怎样发生的？"记述卢沟桥冲突的远因、近因、卢沟桥事变发生时的情况、日军在卢沟桥的违约行动、二十九军的英勇抵抗；"全国人民的呼声"，收录时人所作的短文、诗歌等25篇；"从战地上来的通讯"，包括《一个美国记者从战地上写来的报告》、《古城困守记》、《炮声中的北平学生》等通讯；"附录"部分收蒋介石在卢沟桥谈话会第二次谈话的演讲词、21日冯玉祥答记者问时的对话记录。

此书写作、出版在卢沟桥事变刚刚发生之后，前两部分是对卢沟桥事变发生原因的具体分析，其余部分则真实再现了卢沟桥事变发生前后的历史实况，是研究当时历史的真实、可贵的资料。

《卢沟桥文史资料集》

《卢沟桥文史资料集》，卢沟桥公社文化站编。卢沟桥公社文化站1978年油印本，一册。

本资料集搜集了许多关于卢沟桥的资料。其中大部分是关于卢沟桥事变的，如1937年7月8日的《中国共产党为日军进攻卢沟桥通电》、朱德的《抗战到底》、王冷斋遗稿《卢沟桥事变始末记》、董升堂记1937年6月6日二十九军军官与日军军官在中南海怀仁堂联欢宴会情况的《七·七事变前夕的"鸿门宴"》，还有何基沣等的《七·七事变大事记》、李士明的《卢沟桥事变见闻记》等。

书中还有罗哲文等的《略谈卢沟桥的历史与建筑》、《宛平城简介》，是关于卢沟桥历史建筑的叙述，另有古代介绍卢沟桥的诗词4首以及《长安客话》、《帝京景物略》中介绍卢沟桥的文章两篇。

此书为研究卢沟桥的历史尤其是政治史提供了较为系统的参考资料。

《七·七事变》

《七·七事变》，中国人民政治协商会议全国委员会文史资料研究委员会《七·七事变》编审组编。中国文史出版社 1986 年出版，一册，336 页。

为全面反映抗日战争的概貌，全国政协和各地政协征集了原国民党将领回忆抗日战争的文章，汇编为《原国民党将领抗日战争亲历记》丛书，《七·七事变》是其中的一册。

本书分五章，依次为"七·七事变和驻平部队的抵抗"、"平津路抗战"、"平绥路东段抗战"、"平汉路北段抗战"、"津浦路北段抗战"，共收 45 篇文章。书后附录《七·七事变前后大事记》、《七·七事变中国军队指挥系统表》、《七·七事变前后日本侵略军指挥系统判断表》及战斗示意图 6 幅。书前有历史照片 42 幅及部分作者照片。

本书是研究"七七"事变历史的重要参考史料。书中所收大部分为国民党抗日将领及国民党文职人员回忆"七七"事变经过及前后情况的回忆与记录，客观而真实地反映了抗日战争初期国民党在平津地区、平绥路、平汉路北段和津浦路北段抗日的经过以及国民政府在"七七"事变中的方针与态度、国民党部队官兵的抵抗、日本侵略者的暴行，为研究"七七"事变期间北京的历史提供了珍贵的资料。

《卢沟桥事变》

《卢沟桥事变》，李云汉著。台湾东大图书公司 1987 年印行，一册，564 页。

李云汉，山东昌乐人，台湾"政法大学"硕士，美国圣若望大学硕士，任中国国民党中央党史会纂修、台湾"政治大学"历史研究所教授等。

感于一部分日本军国主义残余分子及右翼学者的侵略战争否定论，李云汉决定写一部反映卢沟桥事件真相的著作。

此书共分五章，依次为："九·一八事变后之国难"、"西安事变与抗日决策"，介绍卢沟桥事变发生的背景；"战前华北的情势"、"由卢沟桥事变到平津陷落",介绍卢沟桥事变发生前后华北局势的变化,其中对"日军演习是否合法问题"、"所谓'第一枪'问题"、"日人口中的'中共阴谋说'"、"宋哲元的犹豫"、"廊坊冲突与广安门事件"等有较详细的记述;"全面抗战",则专论战争初期中华民国政府的因应与决策。

此书著者参考了相关著作、国民党的会议记录、年谱、回忆录、访问记录、报刊以及多种外文资料等,在占有大量资料的基础上,对中日双方官方文件、各种回忆及记述重作审慎鉴定,去伪存真,努力发掘历史的原貌,力求反映历史的真相,同时对以往研究中忽略的争端也给予了适度的补正。

《卢沟桥事变风云篇》

《卢沟桥事变风云篇》,武月星、林治波、林华、刘友于编著。中国人民大学出版社 1987 年出版,一册,381 页。

为纪念抗日战争爆发五十周年,中国人民大学历史系编写了这本反映卢沟桥事变的历史读物。

此书分为八个部分:"卢沟桥",简单介绍卢沟桥和宛平城的状况;"华北上空的乌云",介绍 1932 年之后华北的形势;"坐镇华北的第二十九军",介绍二十九军的建立和他们的抗日活动;"走向抗战之路"、"山雨欲来风满楼"分别叙述国共两党的抗日准备与日本挑衅的加剧;"卢沟桥事变爆发了!"、"战火蔓延平津沦亡"、"抗日战争全面展开",叙述了卢沟桥事变的爆发以及爆发后全国形势的发展变化。

此书是一本详细介绍"七·七"事变的有价值的著作。内容起于《塘沽协定》的签订,迄于全国抗日战争爆发,涉及日本帝国主义侵华政策的步步发展、国民党政府由不抵抗到被迫起而抵抗的逐步转化、中国共产党领导全国抗日救亡运动的兴起、国共两党第二次合作的形成以及在华北特殊局势下,宋哲元集团功过兼备的历史活动等。作者参阅了海内外有关论著和资料,注意吸收近年来史学界的研究成果，全书既有学术性又有通俗性，是了解北京政治史的有益参考。

《"七·七"事变前后北京地区抗日活动》

《"七·七"事变前后北京地区抗日活动》，刘大成等编辑。北京燕山出版社1987年出版，一册，307页。

为纪念抗日战争五十周年，北京市档案馆编辑了《北京市档案馆档案史料丛编》，此书为其中的一部。

本书收选了从"九一八"事变至抗日战争胜利期间反映北京地区抗日斗争的有关档案史料。正文分为两部分，前一部分收"九一八"事变至"七七"事变期间的档案史料，包括："'九·一八'事变后北平各界抗日活动"、"'一·二八'事变后，北平各界抗日活动"、"一九三三年至一九三五年北平各界抗日活动"、"'一二·九'运动后各界声援爱国学生函电"（抄件）、"一九三六年公安局密报北平学生抗日活动"、"北平人民支援绥远抗战"、"'七·七'事变期间北平各界抗日活动"。后一部分为北平沦陷至抗战胜利期间的档案史料，包括"国共两党领导的抗日活动"、"人民群众的反抗斗争"。正文后附录《北平突围血腥录》，记述二十九军二十七旅北平突围的意义和事实，是对该旅旅长刘汝珍口述的记录。

此史料集的特点在于对以往史料的补充、印证。第一部分所收资料以反映"九一八"事变至"七七"事变期间抗日活动的内容、形式、特点为主；第二部分材料多为从敌伪档案中选辑，间接反映了以往鲜为人知或知之不详的沦陷区国共两党武装活动、地下活动及人民自发抗日的革命斗争的情况，具有很高的史料价值，其中关于沦陷区人民自发抗日的材料，更是较为难得。

《浴血卢沟桥》

《浴血卢沟桥》，张宗平著。北京出版社2000年出版，一册，

137 页。《北京历史丛书》之一。

2000 年，为宣传和普及关于北京的历史知识，北京市社会科学院历史所组织力量编著了一套《北京历史丛书》。丛书的作者或为北京市社会科学院科研骨干、或为外单位专家学者，他们以深邃的思想、生动的语言深入浅出地介绍了北京历史上的重大事件、重要人物以及各时期的社会生活状况，基本涵盖了北京历史的各个时期和各个方面，使此丛书成为一套高度浓缩北京历史知识的全景式科学普及读物。此书即《北京历史丛书》中的一种。

此书分五个部分叙述了卢沟桥事变的起因、爆发、中国人民的反抗。包括"七·七事变前后的华北局势"、"战争阴霾笼罩华北"、"战火硝烟卢沟桥"、"日本全面侵华中国奋起反抗"、"日军罪恶昭著抗战浩气长存"。书中还附有相关照片及图表。

作者参考了大量历史文献、当事人回忆录、研究著作及其他相关资料，对史学界最新研究成果也有所吸收，在此基础上言简意赅地对卢沟桥事变进行了介绍。全书真实可靠，字数虽少但信息含量很大，为了解卢沟桥事变的历史提供了较为全面的参考。

《北京地方维持会会议录》

《北京地方维持会会议录》，北京地方维持会秘书室编。北京地方维持会秘书室民国二十六年（1937 年）铅印本，两册。

北京地方维持会原称北平维持会，于民国二十六年（1937 年）八月一日成立，一直为日军在北平建立正式的伪政权做组织和人事上的准备，此会后于民国二十六年十月二十一日改名，于同年十二月十七日宣告结束。

此书上、下两册，共收北京地方维持会民国二十六年（1937 年）会议录 111 份，每份会议录都记录了会议时间、地址、主席、出席人员、列席人员、讨论或报告事项、散会时间以及相关内容。上册依次收《北平市地方维持会成立会议纪录》，《北平市地方维持会简章》，《北平市地方维持会成立宣言》，民国二十六年八月、九月、十月的会议录。前有北京地方维持会成员照片 11 幅。下册依次收民国二十六年十一月、十二月的会议录。后附各项大会、谈话会、特别会会议录。

此书按时间顺序记录了北京地方维持会每次会议召开时间和讨论或报告的内容，是对当时历史的真实记录和反映。

《北京地方维持会报告书》

《北京地方维持会报告书》，北京地方维持会编。北京地方维持会民国二十七年（1938 年）出版，上下册。

民国二十六年（1937 年）八月一日北平维持会成立，为日本侵略者在北平建立正式的伪政权做了组织和人事上的准备，十月二十一日改称北京地方维持会，于十二月十七日宣告结束。地方维持会结束后着手编辑了以往的报告。

此报告的上册按体例及内容分为十六个部分："弁言"，介绍此书缘起及体例；"序言"，说明北京地方维持会成立、终结及其收发文件、所用经费情况；"图像"，收北京地方维持会成员照片、与日本人往来的照片等；"宣言"，收北平市地方维持会成立宣言、北京地方维持会结束宣言；"章则"，收各种简章、办事规则、条议、章程等；"总务"、"地方行政"、"司法"、"社会"、"财政"、"公安"、"交通"、"文化"、"议案"、"视察"收各种相关内容的报告。书后有附表，为北京地方维持会系统表、成员一览表等。

下册为《本会第五组文化报告》与《物质委员会报告》。

北京地方维持会内分五组，第五组掌管文化，其报告数量尤多。《北京地方维持会第五组工作报告》前有题词、系统表、肖像、序文。正文部分分前后两编，前编"工作报告"分"教育"、"古物图书"、"公园坛庙及古迹"、"北京宗教界"、"新闻纸及一切刊物"、"戏剧电影及游艺"等六章，对文化界各方面情况进行概述，并收详细记录各方面相关状况的表格、报告等；后编"结论"亦分六章，列有关教育、文物、公园坛庙及文物整理、宗教、新闻纸、戏艺等事项，是第五组"未及为而有待于来哲者"。

《物质委员会报告》分四个部分，分别收有关物质委员会的章程、委员及顾问、会议录摘要、办理各项事务经过的报告。

此书所收报告丰富全面，极为真实地反映了 1937 年北京地方维持会的各种情况，为研究当时北京的历史提供了极为珍贵的参考资料。

《狱中杂记——一个社会学的解释》

《狱中杂记——一个社会学的解释》，赵承信著。北京民国三十五年（1946 年）铅印本，一册，116 页。

赵承信（1907—1959 年），广东新会县人，著名社会学家。燕京大学社会学系学士，美国密执安大学博士，先后任燕京大学社会学系教授、系主任，法学院院长等职。新中国成立后，曾在中央财经学院、中国人民大学劳动专修科任教。

1941 年 12 月 7 日深夜，日本发动了太平洋战争，次日，燕京大学被日军强迫解散，包括赵承信在内的 15 名教职员及十余名学生先后遭到逮捕。赵承信被日军拘留关押了五个多月，他认为此段经历在他的生命中"颇有值得纪念的地方"，于是写了杂记与一篇社会学注释，希望"住过拘留所或监狱的读者，能够化点时间写出个人的经验。这样，社会学材料就可增加了，而社会学理论亦可减少空泛的程度"。此杂记在《大中》连载，后被合成一书。

此书分为八个部分，依次为"铁窗风味"、"被审"、"拘留人之形色"、"群体生活"、"沉思的机会"、"论学谈道"、"大病不死"、"上帝之后"。另有附录《社会学注释》及后记。

此书详细记载了作者于 1941 年 12 月 8 日至 1942 年 5 月 25 日期间在日本宪兵拘留所及北平城东北角日本陆军监狱的经历。从作者的记录中可看出日本对华的政策、日本对美的态度、燕京抗日的情况、燕京大学校友在南方抗日活动的情况、日本宪兵的凶残野蛮等，尤其对当时日本对北平人民的迫害有详细的反映。

此书对于研究抗日战争时期北京的历史有一定参考价值。

《北京地区抗战史料》

《北京地区抗战史料》，又名《北京地区抗战史料——纪念伟大的抗日民族解放战争五十周年（1937—1987)》，梁湘汉、赵庚奇编著。紫禁城出版社 1986 年出版，一册，146 页。

本书是北京史研究资料丛书中的一种，共收入了 11 篇回忆性文章和论文。其中 6 篇为谈话记录，包括《组织南下示威，发动抗日救亡运动》、《"七·七"事变至一九三八年在北平从事党的地下斗争的情况》、《回忆冀热察抗日根据地建立的前后》等。一篇为个人所写回忆：《北平地下抗日斗争的回忆》。另有梁湘汉、赵庚奇的论文四篇，包括《抗战前夕刘少奇同志在平津工作期间的重大贡献》、《平西抗日游击队史略》等。

本书涉及内容从 1931 年"九一八"事变后北平学生组织南下示威，到发动抗日救亡运动，到 1945 年抗日战争胜利止，既有抗日战争时期北平城区地下革命斗争的情况，也有郊区根据地人民对敌斗争的史实。或为编著者根据走访历史事件亲历者所得资料撰写，并经过其审核修改，或是编著者查阅相关档案和其他资料编写，内容真实而可靠，是研究北京地区政治的可贵资料。

《燕平抗日烽火：昌平人民抗日斗争资料选辑》

《燕平抗日烽火：昌平人民抗日斗争资料选辑》，又名《燕平抗日烽火》，中共昌平县委党史办公室编。中共昌平县委党史办公室 1987 年出版，一册，166 页。

抗日战争爆发五十周年之际，为给"进行爱国主义和革命传统教育提供一些亲切具体的乡土材料"，中共昌平县委党史办公室征集了一批昌平县人民抗日斗争的历史资料，编辑了《燕平抗日烽火》一书。

此书共收文章9篇。书前有照片21幅,《昌宛怀联合县》图一幅。书末附《昌平县人民抗日斗争大事记(1937—1945)》。

此书所收资料记述了抗日战争时期昌平人民抗日的情况,为研究昌平地区抗日战争史提供了珍贵的参考。书中《急袭满洲军活捉赵海臣——记八路军十团在太子沟的一次战斗》记八路军抗日之详细,《日军在马刨村的暴行》记日军残暴之鲜活,都值得称道;《五峰山下点燃的抗日烽火——记国民抗日军的成立及其在北平郊区的活动》则主要记述"七七"事变后成立的被平郊群众称为"红蓝箍"的国民抗日军建立、与日寇斗争,直到1937年底被编为八路军晋察冀军区第五军队的过程,更是极为珍贵的历史资料。

《日伪统治下的北平》

《日伪统治下的北平》,中国人民政治协商会议北京市委员会文史资料研究委员会编。北京出版社1987年出版,一册,401页。

为纪念"七七"事变五十周年,北京市政协文史资料研究委员会编辑了《日伪统治下的北平》一书,以"痛定思痛,居安思危"。

此书共收回忆性文章45篇。包括胡絜青的《沦陷之后》、刘叶秋的《思痛琐记》等对个人日常生活变化的回忆;张大中的《北平地下抗日斗争的回忆》、刘新的《战斗在敌伪广播电台》等关于地下斗争情况的回忆;孙金铭的《坚持对日斗争的陈垣校长》、侯仁之的《燕京大学被封前后的片断回忆》等关于学校、学人情况的回忆;张次溪的《白石老人二三事》、关其放的《忆蒋兆和先生的一件事》等关于文化界人物的回忆;贾兰坡的《"北京人"失踪的前前后后》、单士元的《沦陷时期的北平故宫》等关于日伪对文化侵略情况的回忆;迟子安、万永光的《吃"混合面"的苦难纪实》、关续文的《日寇统治下的石景山制铁所》等关于平民日常生活的回忆;马重韬的《齐燮元与华北伪军》、许宝骙的《记沦陷期间殷同二三事》等关于伪军、伪政府情况的回忆;马振山的《吃人的魔窟》、于东海的《日本南城宪兵队的罪行》等关于监狱情况的回忆。另附有《北平沦陷期间大事记》。

本书所收的都是回忆性文章，作者以亲身经历记录了日伪统治期间日军、伪军、伪政府残暴的罪行以及中国各党派、各阶层人民的英勇反抗。全书真实而生动，对研究日伪统治期间北京的政治、文化、社会生活等具有重要参考价值。

《日伪在北京地区的五次强化治安运动》

《日伪在北京地区的五次强化治安运动》，北京市档案馆编。北京燕山出版社1987年出版，上、下册，共610页。

北京市档案馆为纪念卢沟桥事变五十周年整理汇编了《北京市档案馆档案史料丛编》，此书是其中的一个题目。

本书所辑史料共分五个部分，收日伪在北京地区的第一次至第五次强化治安运动的有关文件，书中所辑材料来源于日伪时期华北政务委员会、北京市公署、北京市警察局和日本驻华军事机关的档案材料。另附录1946年国民党政府对日本侵略者于强化治安期间在北京地区所犯罪行的调查材料。

此书所收资料较为完整而系统，有些是过去鲜为人知的，这些都为深入研究日伪在北京地区的五次强化治安运动提供了极为可贵的参考，可说是填补了这段历史研究的空白。

《北平人民抗日斗争史稿》

《北平人民抗日斗争史稿》，王汝丰主编。北京大学出版社1994年出版，一册，418页。

王汝丰，教授，曾任中国史学会副秘书长、北京史学会副会长、中国人民大学历史系主任。有《戊戌维新变法运动》等。

全书分七章，依次为"帝国主义的侵略和北京人民的反侵略斗争"、"'九·一八'事变后北平人民的抗日爱国运动"、"长城抗战中的北平"、"华北事变与北平'一二·九'爱国运动"、"北平各界抗日救亡斗争的新高潮"、"全民族抗战的起点"、"八年抗战中的北平"。正文后有"大事记"。书中附图 2 幅。

本书是一部较系统地研究北京地区抗日斗争的学术著作,它全面而生动地论述了中国旧民主主义革命时期、新民主主义革命时期北京人民反抗日本侵略者的历史过程。既是一部水平较高的学术著作,也是一部很好的爱国主义教材,为研究北京地区抗日斗争史提供了可贵的参考。

本书为北京市哲学社会科学"七五"规划项目之一。

《侵华日军在北京地区的暴行》

《侵华日军在北京地区的暴行》,中共北京市委党史研究室编。知识出版社 1993 年出版,一册,235 页。

为"将侵华日军在北京地区的暴行存之于史,公之于众,以育后人",北京各区县党史办对日军罪行进行深入调查,并编写了一批纪实文稿,中共北京市委党史研究室选辑了其中的一部分整理成书。

此书共收纪实文稿 62 篇,包括《北平的"七三一"部队》、《石片惨案和龙潭血腥屠杀》、《日军在杜家庄施放毒气的罪行》、《我从二站惨案中死里逃生》、《日军在大兴暴行种种》、《吃人的狼狗队》等。书前有照片 10 幅。

此书的内容绝大部分来自于对当事人口述的记录、整理,极为形象、真实地再现了 1933 年至 1945 年日军在北京地区尤其是在北京郊县、乡村的种种暴行,为研究日伪统治期间北京的历史提供了最为生动的参考资料,同时也是开展爱国主义教育的好材料。

此书又有知识出版社 1995 年第二版,一册,230 页。

《没有硝烟的战场:
中国共产党领导的北平地下抗日斗争纪实》

《没有硝烟的战场:中国共产党领导的北平地下抗日斗争纪

实》，张大中、安捷主编。京华出版社 1997 年出版，一册，508 页。

为保存史料、缅怀在地下抗日斗争中牺牲的先烈、弘扬爱国主义精神，原中共北平地下党学委委员张大中、地下工作者安捷编辑了《没有硝烟的战场：中国共产党领导的北平地下抗日斗争纪实》一书。

书中前两篇文章《中国共产党领导的北平地下抗日斗争纪实》和《抗日战争时期中共中央晋察冀分局社会部在北平的情报工作》是全面性的论述。回忆录部分包括 52 篇文章，如钟子云的《平西情报交通联络站建立前后》、安捷的《燕京大学的中华民族解放先锋队》、李才的《抗战时期北平的两个地下情报组》、苏凡的《陆续，你永远活在我们心中》、程璧的《怀念吴维修烈士》等。另有三篇专题资料：《中国共产党领导的北平地下抗日斗争大事记》、《抗日战争时期中共北平地下党组织在学校的分布情况》、《抗日战争时期中国共产党向北平派遣地下工作者的情况》。附录部分收录了当时的一些文献资料，包括通知、指示、报告、书信。书前有照片 17 幅。

书中的许多材料来自杨伯箴、张大中、安捷组织编写的《抗日战争时期中共北平地下党斗争史料》，又增加了一些新的稿件。这些回忆录和专题资料都是由当年活跃在地下抗日斗争前线的同志撰写的，反映了战斗在敌人心脏的北平地下党与敌后抗日根据地坚持和发展敌后抗日战场的历史，为研究北平地下抗日斗争的历史提供了难得的参考资料。

《北平人民八年抗战》

《北平人民八年抗战》，荣国章、孔宪东、赵晋著。中国书店 1999 年出版，一册，275 页。《京华博览丛书》之一。

本书包括四章，依次为："北平全民抗战兴起"，记述 1937 年 7 月至 1937 年 8 月间北平各界人民支援二十九军、南口保卫战等情况；"反抗日伪统治发展抗日力量"，记述 1937 年 9 月至 1940 年 12 月间日本帝国主义在北平的殖民统治，平郊人民的抗日斗争，共产党、国民党开展的地下斗争等；"依靠人民群众战胜严重困难"，记 1941 年 1 月至 1943 年 12 月间日本侵略者推行的治安强化运动、北平地下党加强城市工作、北平民众的斗争等；"壮大抗日力量迎接抗战胜利"，记 1944 年 1 月至 1945 年 9 月间地下党、八路军的斗争等。书后附有大事记。

本书主要叙述了中国共产党领导的平郊抗日武装斗争和城区的地下斗争，同时也记述了国民党军队的"七七"抗战、南口抗战、地下抗日活动以及人民群众自发的抗日斗争，较为全面地反映了北平人民在抗日战争期间的斗争情况，为研究抗日战争期间北京的历史提供了有益的参考。

本书获北京市党史工作系统第四届党史征研优秀成果等奖。

《北京地区抗日运动史料汇编（1—6 辑）》

《北京地区抗日运动史料汇编（1—6 辑）》，中共北京市委党史研究室编辑。此书共六辑，前五辑由中国文史出版社分别于 1990 年、1990 年、1996 年、2000 年、1992 年出版，第六辑由北京燕山出版社于 2001 年出版。

为记载和纪念北京地区抗日斗争的光辉业绩，进一步加强对这一时期历史的研究，并揭露日本帝国主义的侵华罪行，中共北京市委党史研究室编辑了较为系统的史料汇编。

此资料汇编已经出版了六辑，第一辑：1931.9—1932.1；第二辑：1932.1—1935.8；第三辑：1935.9—1945.8；第四辑：平北抗日根据地史料专辑；第五辑：冀东抗日根据地史料专辑；第六辑：平西抗日根据地史料专辑。

本书所编辑资料的地域范围以目前北京市行政区划为限，时间自 1931 年 9 月至 1945 年 8 月，内容包括敌我友三方面的史料，有来自于档案、报刊资料的讲话、函稿、电报、决议、通讯、宣言等文献，也有当事人的回忆录。全书真实、全面、客观地反映了中国共产党领导下的北京地区广大民众的抗日斗争状况，为研究北京地区抗日运动提供了丰富而可贵的资料。

《北京第一监狱报告》

《北京第一监狱报告》，周占元编。北京第一监狱第三科民国三十年（1941 年）四月出版，一册，72 页

北京第一监狱前身为京师第一监狱、河北第一监狱。伪华北临时政府接管后改此名。

周占元于民国二十六年（1937 年）被任命为河北第一监狱（即北京第一监狱前身）典狱长，三年后他"忆及曩迹，忽忽三载毫无建树，缩短滋惭，爰辑斯编以作报告，亦《周礼》'月要岁会'之意云而"。

此书是北京第一监狱民国二十九年（1940 年）的工作报告，自一月起至十二月止。内容主要是简介、各种报表、工作情况等，包括沿革、面积构造与容颜、事务之分配及职员额数与其资历、监狱定额统计调查及管理、囚衣卧具及囚粮饮料、沐浴理发、清洁运动、医药、疾病及死亡、教诲、教育、作业、接见及书信之发受、常年经费。前有民国三十年（1941 年）周占元序。

此书为了解伪华北临时政府统治时期北京第一监狱的情况提供了有益的参考。书中还介绍了伪华北临时政府民国二十七年（1938 年）接管河北第一监狱，改称北京第一监狱的经过，有助于读者了解北京第一监狱的历史沿革。

《北京警察沿革纪要》

《北京警察沿革纪要》，蔡恂著。北京特别市公署警察局民国三十三年（1944 年）铅印本，一册，273 页。

任警员三十七年的蔡恂感于北京市警政设立四十四年来多有

变化，"若不及时蒐辑，则恐时远年湮，一代故实将有归于沦没者"，于是作书加以记载。

此书共八章："设置之变迁"，介绍北京市警政递嬗、警察官厅变迁的情况；"附属机关之兴废"，介绍警察附属机关包括保安机关、教育机关、救济与教养机关、卫生机关及其他各机关的兴废更替等情况；"警察官吏之增减"，记警察官吏职务设置及人数变化；"经费与薪饷之消长"，记经费、俸给、饷糈变化；"服制"，介绍在最初时期、巡警总厅时期、京师警察厅时期、公安局时期、警察局时期警察服制的变化；"历任之建树"，记述内外城工巡总局时代、内外城巡警总厅时代、京师警察厅时代、公安局时代、警察局时代历任官员的政绩；"组织及办事各章则"，录巡警总厅、京师警察厅、公安局、警察局章程。书前有当时警察局局长游伯麓序、作者自序及历任主官的照片。

此书详细记述了自清光绪二十六年（1900年）至中华民国三十二年（1943年）北京警察四十多年的变化情况，文字全面而具体，且配有大量的图表，是研究北京警察历史的主要材料之一。

《我们一致主张建都北平》

《我们一致主张建都北平》，丁作韶等著。民国三十五年（1946年）北平铅印本，一册，18页。

丁作韶（1903—1990），早年在法国学习法律，获博士学位，归国后曾任教于朝阳大学，兼《世界日报》总主笔及执行律师业务等，是当时平津公认的"三大律师"之一。后到台湾，任"国立成功大学"训导长、教授。

民国三十五年（1946年）十一月十五日，国民大会在南京开幕，会议以制定宪法为主要任务，平津文化界的人士认为"国都乃国际目力之所集，国人精神所系，岂可不慎重考虑，而作一劳永逸之计"，于是起草了一份关于应在何地建都的意见。

此书分四个部分：一、"国都之重要"，阐述建都位置的重要性及应从多方面考虑在何处建都；二、"南京西安武汉建都之得失"，从历史、经济、地理、气候等多方面分析在南京、西安、武汉建都的优劣，侧重对劣处的分析；三、"北平何以适宜建都"，此部分从历史悠久地势优越、交通便利经济繁荣、战略价值国防重镇、文化中心民族健康四个角度论证建都北平的合理性；四、"请定都北平"，总结前面的论证。

此份建议由丁作韶、丁履进等84名平津文化界人士提出，从世界地理、北平地势、交通、经济、战略地理、文化、气候等方面较为全面地论述了建都北平的合理性，是研究北京历史的重要文献。

《一年来之北平警政》

《一年来之北平警政》，北平市政府警察局编。北平市政府警察局民国三十六年（1947年）八月出版，一册，69页。

汤永咸在抗日战争胜利后第二年任北平警察局局长，就任一年后他将民国三十五年（1946年）八月至三十六年（1947年）七月一年间北平的警政分门别类撮要陈述，辑为专书，以"检讨过去之凡所设施，为省察将来之孰宜弛张"。

此书正文之前依次为汤永咸序言，北平市长、副市长、警察局主要人物和警界主要活动照片，北平市警察局管辖区域略图，沿革概要，北平市警察局行政组织系统图。正文部分是对民国三十五年至民国三十六年（1946—1947年）警察局事务的分类叙述，分为六类："业务"，记行政、司法、外事、治安、勤务方面的工作情况；"人事"，记述有关干部任用、长警考选等事务；"教育"，记关于警察、保安的教育、训练方面的事务；"经理"，记有关被服、粮秣、械弹等用品的管理、修缮等；"会计"，记预算收支和待遇变迁；"医务"，记保健、医疗等事务；"警员福利"，记为警员谋福利所进行的一些活动；"工作检讨"，从精神、生活、机构、人事、教育、勤务、装备、福利等方面说明工作的不足。书后有

《北平市警察局股长以上人员及各所属单位主管一览表》。

此书所提供的材料非常详细地反映了 1946 年至 1947 年北平警察局警政实施的状况和效果，是研究建国前北京警政情况的有益资料。

《北平三年　从惨胜到解放的一段旅程》

《北平三年　从惨胜到解放的一段旅程》，郭根著。知识生活出版社民国三十八年（1949 年）出版，一册，104 页。

郭根于民国三十五年（1946 年）夏被文汇报社派到北平进行采访，并在北平停留到民国三十七年（1948 年）冬。此期间他写了许多关于北平的通讯，后来这些通讯被结集出版。

本书分为上、下两集。上集收作者在上海《文汇报》发表过的通讯，自民国三十五年七月一日至民国三十六年（1947 年）五月七日共十七篇通讯。下集收作者以笔名在上海《创世》半月刊、《展望》周刊、成都《西方日报》、香港国新社发表的通讯十六篇，自民国三十六年十一月三日至民国三十七年十一月六日。书中还有附录一篇。

此书中所收的通讯反映了 1946 年夏至 1948 年冬北平历史的一面，真实再现了当时北平局势的发展。如《北平城里的民意》、《沉默的古城说话了》，报道了民国三十五年（1946 年）十月初国民党军队攻下张家口后民盟和文化界其他方面的反应；《古城的怒吼》，记叙了 1946 年 12 月 30 日北平学生的万人大游行；《桃花扇底看新陪都》，报道了民国三十七年（1948 年）初东北形势紧张、北平擢升为陪都后的新形势；《李宗仁在平与和谣》，报道了民国三十七年李宗仁到北平期间人们对他此行的种种猜测和分析。书中尤以对文化界的报道为多，如 1947 年 11 月 3 日的《北平新闻界的苦难》、1948 年 3 月 18 日的《奄奄一息的北平报界》等。

此书中的通讯真实记录了 1946 年至 1948 年北平的历史，生动形象地再现了这三年间北平的发展状况，涉及舆论界、文化界、曲艺界、政坛等各个方面，是北京史研究的珍贵历史资料。

《在北京地下斗争的日子里》

《在北京地下斗争的日子里》，刘志著、谭霈生整理。北京出版社1961年出版，一册，88页。

作者于1945年至1949年曾在北京地区参加地下斗争，此书是关于此期间情况的回忆录。

此书包括七个部分："到北平去"、"树倒猢狲散"、"油盐店里的'星星之火'"、"洋车工人的斗争"、"京西路上"、"铁甲列车上的一场斗智战"、"子夜里的斗争"。

此书记叙了作者在六必居酱园等油盐店的油盐工人中间，在洋车、三轮车工人中间开展地下斗争的经过，细致、形象、生动地表现了党的地下组织工作进行的情况，反映了地下工作者的机智勇敢、敌人的凶残狠毒、群众的革命热情，是对北京地下斗争史的形象讲述。

《北平地下党斗争史料》

《北平地下党斗争史料》，中国人民政治协商会议北京市委员会文史资料研究委员会编。北京出版社1988年出版，一册，914页。

1979年至1984年，北京市政协文史资料研究委员会编辑了《北平地下党斗争史料专辑》上、中、下册，也即《文史资料选编》第五、十、二十辑，后将之合为一册再版。

此书共收50篇文章，大多数是个人的回忆录，包括聂荣臻的《战斗在第二条战线上——怀念刘仁同志》、张启华等的《冲破黑暗迎接黎明——北平师范大学地下党斗争的一些回忆》、原北平电信局部分地下党员的《解放前北平电信工人的斗争》、吴佩申和何家栋的《北平中外出版社斗争记实》、崔月梨的《争取傅作义将军的经过》、原中法大学地下党部分党员的《解放战争时期中法大学地下党的斗争》、薛成业等的《策动国民党九十二军起义的追记》等，内容涉及解放战争时期北平各界的地下斗争情况。

此书中的文章绝大部分为当年北平地下工作者的回忆录，真实可靠，为研究北平地下党斗争史提供了难得的珍贵资料。

《北平和平解放前后》

《北平和平解放前后》，北京市档案馆编。北京出版社 1988 年出版，一册，516 页。

为庆祝北京和平解放四十周年，北京市档案馆于 1987 年 8 月着手汇编反映这一时期情况的档案史料，经过十七个月的查选、考证和加工，《北平和平解放前后》出版。

全书分九个部分，依次收迎接解放的史料 6 件、关于和平谈判的 15 件、关于和平接管的 18 件、关于改编军队的 17 件、关于建立政权的 12 件、关于整顿治安的 22 件、关于安定民生的 16 件、关于整理市容的 9 件、关于恢复生产的 14 件。书前登载照片 29 幅，书末附有北平和平解放前后大事记。

此史料汇编保持了原档案文件的原貌，逼真地再现了北京和平解放前后的历史面貌，所辑史料极为珍贵、生动，而且绝大多数是第一次公布于世，是研究中国革命史、中共党史、军队史、北京史不可多得的珍贵资料。

《平津战役》

《平津战役》，中国青年出版社编。中国青年出版社 1991 年出版，一册，150 页。

为迎接中国共产党建党七十周年，弘扬革命传统，中国青年出版社编辑出版了《青年革命传统教育系列丛书》，《平津战役》

是其中的一本。

本书收录了平津战役亲历者撰写的回忆性文章 11 篇，如聂荣臻的《在平津战役中》、刘亚楼的《伟大的胜利》、吴思玉的《新保安之战》、汤从列的《飞兵夺丰台》、莫文骅的《回师平郊》等，许多与北京有关。

此书中除《和平解放北平》为原国民党人士撰写外，其余文章作者都是当时人民解放军的高级将领。如刘亚楼时为东北野战军参谋长，吴思玉时为华北野战军第四纵队司令员，汤从列时为中国人民解放军第四野战军第四十二军第一百二十四师党委副书记兼政治部主任。他们曾亲自指挥或参加过平津战役，回忆文章所记的都是亲身经历，各自从不同侧面反映了当时人民解放军的战略、战策的制定，具体作战的情况。此书史料价值很高，可作为研究平津战役的重要资料。

此书未对作者当时身份予以介绍，是一个较大的不足。

《平津战役亲历记（原国民党将领的回忆)》

《平津战役亲历记（原国民党将领的回忆)》，中国人民政治协商会议全国委员会文史资料委员会《平津战役亲历记》编审组编。中国文史出版社 1989 年出版，一册，510 页。

本书主要收录了原国民党将领亲身经历平津战役的记录，按内容编排分六章，依次为"全战役概述"、"新保安战役"、"张家口战役"、"天津战役"、"北平和平解放"、"绥远战役"。书后有相关大事记、地图等附录。书前有相关历史资料图片 20 余幅及部分作者照片。

本书第五章"北平和平解放"部分收有回忆文章 16 篇，有时为傅作义和谈代表的周北峰的《北平和谈纪实》、时为马占山机要秘书的于鹤龄的《马占山与北平和平解放》、时任国民党北平市市长的刘瑶章的《我任北平市长的七个月》、时任国民党第九十二军中将军长的黄翔的《第九十二军在北平和平起义的经过》等。

此书收录的文章生动地记述了平津战役中国民党军队的军情、战况和政治斗争的情况，绝大部分是原国民党将领亲身经历的记录，真实可信，可供军事学家、历史学家和广大读者了解和研究这段历史并吸取军事和政治方面的经验。

《北平围城两月记》

《北平围城两月记》，徐盈记，中共北京市委党史研究室编注。北京出版社 1993 年出版，一册，164 页。

徐盈（1912—1996 年），原名徐绪桓，山东德县人。1931 年在北平参加左翼作家联盟，后一直从事新闻事业，新中国成立后曾任国务院宗教局副局长，第六届全国政协委员。留下的作品中已出版的有《抗战中的西北》、《当代中国实业人物志》等，小说集有《战时边疆的故事》、《前后方》等。

平津战役爆发后，北平被围，徐盈时任天津《大公报》驻平办事处主任，他用日记详细记录了当时北平社会各方面的情况。后来他将当年的日记整理成书稿，中共北京市党史研究院又对之进行了核实、考订、加注，并冠以"北平围城两月记"之名，将之作为《北京地区革命史·回忆录》小丛书中的一种出版。

此日记始于 1948 年 12 月 12 日，终于 1949 年 1 月 30 日，中缺 12 月 24 日，共 48 天，比较全面地记录了在此期间作者所看到听到的一切。如记北京大学教职员工及学生的动态、《大公报》在平全体员工的被禁闭、大炮对北平的轰击、逃难难民的状况、北平物价变化给人们生活带来的影响等，涉及到公用企业的状况、文化界的动态、国民党要员的活动、东交民巷使馆区的反应、北平城外新解放区的情况等当时社会的许多方面，是对当时历史的真实再现。全书文笔生动，哲理性强，是难得的反映北平被围情况的真实而生动的历史资料。

《北京的社团（一）》

《北京的社团（一）》，中国北京市委党史研究室编。知识出版社 1994 年出版，一册，370 页。

有感于近代史研究中关于社团研究的不足，中共北京市委党史研究室把社团资料的搜集和研究列入了课题，计划编写一套丛书。此书是其中的第一辑。

本书收有 22 篇文章，每篇都是对一个在五四运动前后至中华人民共和国成立以前曾在北京活跃过的社团的概述。这 22 个社团中，既包括从宗教慈善组织发展为进步青年团体的北京社会实进会，也包括对中国革命起了一定阻碍作用的中国新社会民主党；既有由作家组成的文学研究会，也有中国共产党领导的早期工会组织之一北京长辛店工人俱乐部；既有以陕西旅京青年知识分子为主的共进社，又有以云南早期共产党员为骨干的新滇社等。书中按社团成立的时间顺序依次对这些社团进行了介绍，包括社团的成立时间、宗旨、纲领、性质、人员构成、重要活动、发展沿革、作用及影响等。每篇概述之后还附有少量摘自当时报刊、书籍等的原始资料，如社团的总纲、章程等。

此书较为全面地介绍了近代较重要的北京社团，为研究近代北京历史，尤其是重要历史人物的活动、社会发展的状况、社团的作用等提供了极为有益的帮助。此书也填补了近代北京历史研究中对社团研究的空白。

《北京的社团（二）》

《北京的社团（二）》，中共北京市委党史研究室、北京市妇女联合会编。知识出版社 1994 年出版，一册，435 页。

此书是《北京的社团》丛书的第二辑，是北京妇女社团专辑。对 1919 年至 1949 年北京地区的主要妇女社团进行了介绍，每篇文章概述了社团的宗旨、纲领、成立时间、人员构成、重要活动、发展沿革、作用影响等，各篇后附录反映该社团情况的少数原始资料。书中所述的社团包括中国妇人会、中国妇女会、女子参政同盟会北京本部、中华民国家庭改良会、北京天足会、北京基督教女青年会、北京女学界联合会等。

此书基本描述了北京妇女社团的发展历程，填补了这一研究领域的空白，为研究妇女史学、北京革命史、北京妇女运动史等提供了新的、不可或缺的资料。

《北平和平解放前后》

《北平和平解放前后》，赵晋、王亚春、谢荫明著。中国书店1999年出版，一册，148页。

此书共十章，依次为"解放军挥师围平津"、"北平人民翘首盼天明"、"国民党军偷袭西柏坡阴谋破产"、"同心协力迎解放"、"统战工作建功勋"、"和平谈判息战火"、"威武雄师进北平"、"全面接管建基业"、"初步改造旧北平"、"新中国首都诞生"。另有大事记。

此书以翔实的历史资料为依据，全面记述了自平津战役至开国大典的重大历史事件，其中重点记述了北平和平解放的历史发展过程，包括在此过程中中共北平地下党的发展壮大、中国共产党统战工作的展开、三次北平和平谈判的具体情况、对北平的接管和初步改造等，为研究北平和平解放前后的历史提供了有益的参考资料。

《北京市重要文献选编．1948.12—1949》

《北京市重要文献选编．1948.12—1949》，北京市档案馆、中共北京市委党史研究室编。中国档案出版社2001年出版，一册，929页。

　　"为使各级干部了解建国以来市委、市政府领导北京市工作的决策和实施过程，满足历史研究人员、理论工作者研究北京历史的需要，让广大群众更好地了解北京市的发展历程"，北京市档案馆、中共北京市委党史研究室编辑了多卷本文献集《北京市重要文献选编》。《北京市重要文献选编 1948.12—1949》是此文献集的第一卷。

　　此书收录了 1948 年 12 月 13 日至 1949 年 12 月 31 日的文献共175 篇。其中 135 篇是 1949 年 10 月 1 日之前的。如《中共中央华北局对平津地下党在接管城市中应做工作的指示（1948 年 12 月 13日）》、《北平市人民政府成立布告（1949 年 1 月 1 日）》、《中央军委关于保护北平文化古城问题的指示电（1949 年 1 月 16 日）》、《北平市警备司令部成立布告（1949 年 2 月 2 日）》、《关于北平接管工作中的一些问题的报告要点（1949 年 4 月 3 日）》、《关于私营工厂工人代表座谈会和资本家座谈会的报告（1949 年 5 月 15 日）》等等。此书中的文献采用编年体按时间顺序排列，文稿大部分为首次公开发表，每篇文献末尾均有所据版本或稿本刊印的说明。

　　此书具有较高的文献资料价值，为研究北京历史尤其是政治史提供了较为丰富的参考资料。

宫廷史

小　序

　　在金代以来的绝大部分历史时期内，北京都是作为国家的首都而存在的，因而具有深厚的帝都文化积淀。研究北京历史，自然无法回避对北京宫廷历史的研究。

　　宫廷历史是北京历史中较为特殊的一部分。在民国以前，虽然没有专门系统的宫廷史研究著作，但在为数不少的书籍中，有对北京宫廷情况进行记录的大量文字，这些记录相对来说并非特别集中，但涉及了宫廷生活、制度、建筑、典籍、礼仪等许多方面，为研究北京宫廷史提供了难得的参考资料。对宫廷历史进行系统的现代研究大致开始于民国时期，20 世纪 80 年代后，学术界对宫廷史的研究呈现较好的发展势头，出现了不少专门的宫廷史著作，其中大部分是对明清宫廷的各方面进行研究的，这些著作成为北京地方史研究的有机组成部分。

　　宫廷史部分收要籍 55 种，大致包括以下几类：

　　一、记述明以前宫廷情况的书籍，如《焚椒录》、《元氏掖庭记》、《酌中志》、《宫庭睹记》、《明宫秘闻》等。这些著作各有特色，如《焚椒录》详细记述了辽道宗时期懿德皇后受冤一案的始末，为了解辽宫廷内部的斗争提供了可贵的参考资料；《元氏掖庭记》乃元代人记述元代宫廷状况之作，许多内容可以补正史的不足；《酌中志》记万历、天启两代的宫闱之事，作者的独特身份使书中所记皆有本原，可资考证。关于明代以前宫廷内部情况的记录现在并不多见，而这类记录又大多是时人对当时情况的记载，相对真实可靠，因而文献价值较高。

　　二、亲历者对清宫廷内部情况的记录，如《洋教士看中国朝廷》、《德宗请脉记》、《我的前半生》、《老太监的回忆》、《紫禁城的黄昏》等。这些书中的相关内容真实生动且大部分个人色彩浓郁，为北京宫廷历史研究提供了极为珍贵的原始资料。如《洋教士看中国朝廷》收录康熙至乾隆时期法国传教士从中国寄回的信件，记述了传教士在中国布教的情况以及他们关于当地政治、经济、文化以及社会民俗风情等的见闻；《德宗请脉记》详细记载了作者为光绪帝诊病过程的前前后后，为了解清宫请脉用药制度以及光绪皇帝的病情和死因等提供了难得的历史资料；《我的前半生》是末代皇帝溥仪对自己宫廷生活的回忆，许多内容都具有极高的史料价值。

三、有关宫廷礼仪、宫廷制度等宫廷中某一具体方面的资料汇编、杂著、研究专著等，如《庆典成案》、《钦定宫中现行则例》、《皇宫祈福》、《清代皇宫礼俗》等。这部分书籍有资料性的，有记述性的，有研究性的。如《庆典成案》汇集了清崇庆皇太后七、八旬庆典和乾隆皇帝七、八旬庆典时工部、礼部、内务府办理各项事务的档案；《钦定宫中现行则例》是清代内廷典礼事例的汇编；《皇宫祈福》是当代人的研究著作，从宫廷祈福艺术、环卫、防火、驯鹰、茶宴、演戏等方面系统而清晰地描述了清代宫廷祈福的方方面面。

四、现当代研究宫廷史的一些成果，如《清初三大疑案》、《清代宫廷史》、《清代宫史探微》、《清代宫史论丛》等。这些著作大多学术性较强，如《清初三大疑案》是民国学者孟森的论文集，作者运用第一手档案资料对有关事件进行了详细的考证，直至今日仍然对清代宫廷史研究具有重要的学术价值、资料价值；《清代宫廷史》是第一本研究清代宫廷史的专著，自创体例，脉络分明，对清代宫廷史研究具有开拓性的学术贡献；《清代宫史探微》是首届清代宫史学术研讨会论文的选编，作者多是从事清代宫廷史研究的学者，所收文章反映了当时清代宫廷史研究的水平，为读者提供了丰富可靠的资料和科学研究清代宫廷史的方法。

本部分还包括其他一些要籍，如关于宫廷生活的照片集《清代宫廷生活》等。

宫廷史类书籍分为明以及明以前的宫廷史和清代宫廷史两部分，每部分按成书时间的先后排列顺序。

（一）明及明以前宫廷史

《焚椒录》

《焚椒录》一卷，辽王鼎著。

辽道宗时期，耶律乙辛上疏称懿德皇后与伶人赵唯一通奸，道宗因此族诛赵唯一，并敕皇后自尽。王鼎因妇乳姬之女蒙哥是律耶乙辛宠婢，了解内情，又听萧司徒讲述事情的本末，感叹懿德皇后无辜被冤，于是写作此书，非常详细地记述了懿德皇后一案的始末。

此书记述了懿德皇后萧氏的生平经历，包括其出生的奇异、为妃为后时的受宠、诗文音乐等才艺的出色、被诬与赵唯一通奸的情况等。其中对懿德皇后被诬通奸的前前后后记述得最为详细：萧皇后曾作词《回心院》，"时诸伶无能奏演此曲者，独伶官赵唯一能之。而宫婢单登故重元家婢，亦善筝及琵琶，每与唯一争能，怨后不知己"，于是常向妹清子诬称皇后与赵唯一淫通。耶律乙辛知晓后命他人作《十香》淫词让单登欺骗皇后抄写，而后密奏道宗称皇后与赵唯一淫通。皇帝命令参知政事张孝杰与乙辛调查此事。最后族诛赵唯一，敕皇后自尽，并杀了推荐过赵唯一的长命。道宗还在皇后自尽后"命裸后尸，以苇席裹还其家"。后来乙辛又谋害了时为太子的萧氏之子。此书后有西园归老题、吴宽记、姚士粦跋、殷仲春《国语解附》。

此书对懿德皇后被诬的情况记述得十分详细，为了解辽代宫廷内部斗争提供了可贵的参考资料。

此书有《续百川学海》本；又，《宝颜堂秘笈》本（万历刻、民国石印）；又，《津逮秘书》本（汲古阁、影汲古阁）；又，《说郛》本（宛委山堂）；又，在《无一是斋丛钞》；又，《香艳丛书》本；又，在《历代笔记小说集成》中，河北教育出版社1995年出版。

《元氏掖庭记》

《元氏掖庭记》，又称《元氏掖庭侈政》，一卷，元末明初陶宗仪撰。

陶宗仪（1329—1417年），字九成，号南村，浙江黄岩（今浙江省黄岩县）人，著名文学家，有《南村辍耕录》、《南村诗集》等。

此书不分卷，主要记叙了元代宫廷内的宫殿建筑状况、饮食习尚、帝后生活等情况。前半部分集中记宫殿建筑状况，如记元内殿"朱砂涂壁，红重胭脂，栴檩华棁，金楣雕，务穷一时之丽"，细致而翔实。后一部分文字以反映元代皇帝后妃穷奢极侈的生活为主，尤详于顺帝时的情况，生动记述了顺帝与熊嫔、丽嫔、淑妃、凝香儿、程一宁等后妃的生活，其中也有对宫廷建筑、宫廷设置的介绍，如记顺帝对程一宁"宠爱日隆。改楼为奉御楼，堂为天怡堂"。此外，书中记述饮食习尚的文字虽不多，但较为详细，如"九引堂台，七夕乞巧之所。至夕，宫女登台，以五彩丝穿九尾针，先完者为得巧，迟完者谓之为输巧，各出资以赠得巧者焉"。

记载元代宫廷状况的文献历来所存不多，此书则是元代人记述元代宫廷状况，更显珍贵，而书中又非常详细地记述了元宫廷生活中的多个方面，许多内容可补正史之不足，更是为研究元代宫廷史提供了难得的参考资料。

此书有清顺治三年（1646年）委宛山堂《说郛》刊本；又，《续百川学海》本；又，《稗乘》本；又，《香艳丛书》本；又，在《历代笔记小说集成》中，河北教育出版社1994年出版。

《元代画塑记》

《元代画塑记》不分卷，元佚名撰。

　　此书起于元成宗铁穆耳元贞元年（1295 年），止于元文宗图贴睦尔至顺元年（1330 年），详细记述了元代宫廷艺术家从事雕塑、画像所用的工料。全书主要分为四个部分："御容"，专记宫廷画家奉命为皇帝后妃等绘制或织造画像的情况，包括仁宗延祐七年（1320 年）十二月十七日敕平章伯坚贴木儿等画仁宗皇帝及庄懿慈圣皇后御容等；"儒道像"，记画家奉命绘制道像和孔子像的情况，包括那怀奉敕塑三皇像、大德六年（1302 年）诸色府绘孔子像等；"佛像"，记画家奉命绘制道佛像的情况，包括武宗至大三年（1310 年）正月二十日敕虎坚贴木儿建佛像等；"杂器用"，记画家制杂物所用工料。

　　此书虽是记录宫廷画塑用料的流水账式文字，但读者可以从中获得为数不少的其他信息。如可了解历史上著名的雕塑家阿尼哥、刘元等在宫廷的艺术活动，可知道元代管理画塑人匠及工料的将作院、诸色人匠总管府、祇应司等机构的名称。这些是研究我国雕塑、绘画艺术史的重要史料，也是研究北京历史及元代宫廷史的可贵参考资料。

　　此书原载元《经世大典》中，明永乐间收入《永乐大典》，清光绪间，文廷式从《永乐大典》中抄出，民国五年（1916 年）被收入《广仓学窘丛书·甲类》第二集（姬佛陀辑），由上海仓圣明智大学排印，并题名为《元代画塑记》。1964 年，人民美术出版社据《广仓学窘丛书》本点校并重新排印，收入《中国美术论著丛刊》（与《寺塔记》及《益州名画录》合册）。

《酌中志》

　　《酌中志》，又名《酌中志略》、《芜史小草》、《皇明宫闱秘典》，二十四卷。明刘若愚撰。

　　刘若愚（1584—?），明万历至崇祯朝宦官。原名时敏，天启初目睹魏忠贤所为，改名若愚自儆。崇祯二年（1629 年），内直房宦官李永贞被诛，刘若愚连坐得罪，因痛恨无辜蒙冤，作《酌中志》以自明。

此书共二十四卷，依次为："忧危竑议前纪"、"忧危竑议后纪"、"恭纪先帝诞生"、"恭纪今上瑞徵"、"三朝典礼之臣纪略"、"大审平反纪略"、"先监遗事纪略"、"两朝椒难纪略"、"正监蒙难纪略"、"逆贤擅政纪略"、"外廷线索纪略"、"各家纪管纪略"、"本章经手次第"、"客魏始末纪略"、"逆贤羽翼纪略"、"内府衙门掌故"、"大内规制纪略"、"内板经书纪略"、"内臣佩服纪略"、"饮食好尚纪略"、"辽左弃地纪略"、"见闻琐事杂记"、"累臣自叙略节"、"黑头爰立纪略"。书前有作者自序。

《酌中志》详细记述了万历、天启两代的宫闱之事，包括皇帝、后妃、内侍的日常生活、宫中规制、内臣执掌、饮食、服饰等，全面而系统，许多材料正史中很难看到。如卷二所载万历三十一年（1603 年）"妖书"案的缉捕、审讯经过及"妖书"全文，是以往他书从未披露的。作者身为宦官的独特身份，使其所记皆有本原，可资考证，也使此书成为研究明代宫廷史的难得的第一手资料。

《酌中志》有明、清钞本多种，各钞本略有差异。现存明崇祯钞本二十四卷（藏于国家图书馆）；又有清道光二十五年（1845年）《海山仙馆丛书》本、《丛书集成初编》本等；又，明崇祯钞本《酌中志略》八卷（藏于北京大学图书馆），清康熙内府钞本《酌中志略》二十二卷（藏于故宫博物院图书馆）；又，《芜史小草》二十一卷，存有清钞本四册（藏于国家图书馆）；又，《皇明宫闱秘典》三卷，存有明崇祯十年（1637 年）序江东丁耀刻本六册（北京大学图书馆有藏），这是迄今所见最早的《酌中志》刻本；北京古籍出版社又有 1994 年的《酌中志》足本点校本。此外，《明宫史》（又名《明朝宫史》）、《内版经书纪略》实为此书的节略选编本。

《宫庭睹记》

《宫庭睹记》一卷，明憨融上人撰。

憨融上人，生平不详，书中注为"熹庙章皇后弟"。

此书包括条目不多，有"视朝"、"回宫"、"乾清宫"、"饮食"、"冠服"、"器皿"、"板舆"、"后妃服饰"、"宫装"、"管家婆子"、"太监宫女"、"宫女私亲"、"巡宫御史"、"朝冠之别"、"品砖"、"笏"、"巴巴"，主要记述了明季宫廷饮食起居等琐事。

此书是非常难得的研究明末宫廷帝王生活的历史资料。书中对明宫廷内的情况记述得十分详细，如"饮食"记内监预备膳食情景："光禄寺进膳单，每样牲口若干，香料若干，某物某物该用某法，某味合配某料，呈内庖太监随照单调和进御"；又记进膳情形："其器皿不必悉是牙盘，金银铜锡皆用，每进一味，又黄绢一端罩之盒盖，上用小曲柄黄伞一把，金铃数十，太监顶之而进……至上前跪，随用领巾藏其口鼻"。其他或记视朝时殿中设置，皇帝出见时司礼监、鸣鞭校尉等所行礼仪，群臣依班次上见情况等；或记皇帝冠服用料、花样、所饰龙的形态等，都十分详细。作者应对宫廷生活较为熟悉，并有极为细致的观察。

此书有清钞本，国家图书馆有藏。又有《明季史料丛书》本。

《定陵注略》

《定陵注略》十卷，明文秉撰。

文秉，字孙符，长洲人，明代大学士文震孟之子。有《烈皇小识》、《先拨志始》等书。

文秉在明亡后隐居山林，多有闲暇，借了许多神宗邸报浏览抄阅，并参以家庭见闻，编撰了《定陵注略》一书，以"俾览者炯然所以昭止水之鉴，凛驭朽之训也……以见大明门户渊源如此、门户之能亡国败家如此，后之谋国者取鉴乎此"。

此书共十卷。对神宗朝事进行了详细的记载。有关于神宗皇帝对政事处理情况的，如"圣明天纵"记载神宗皇帝之孝顺和对待太监之严格；有关于政治斗争的，如"江陵擅政"、"江陵夺情"、"江陵覆车"记述张居正专权的情况以及神宗皇帝与张居正之间的斗争；有关于内廷的某些状况的，如"内库进奉"记各处进奉银两的数量。书中许多内容都涉及北京的历史。

作者生活在明末，对政事有十分详细的了解，又参照了邸报等资料，对上疏、谕旨等多有收录，所记具有相当的真实性。

此书有清钞本，藏于国家图书馆；又，北京大学图书馆 1985 年扫描油印本；又，巴蜀书社 2000 年《中国野史集成续编》影印本。

《烬宫遗录》

《烬宫遗录》二卷，佚名撰。

此书撰人不详，据卷中所注的文字推测，为钱守俊所撰，他是虞山人，曾在长乐宫为官，明亡后在虞山致道观做道士。

此书分上、下两卷，专记崇祯一朝宫禁中事，以记崇祯的言行为重点。依书中所载，崇祯帝是"勤于庶政，不迩声色，用度节俭，宫廷严肃"之人，如书中记"上三日一视朝，漏鼓四下辄出御殿，廷臣多至后期"，"上持斋，近侍吴某捧大龙磁碗以进午馔，失足破于阶，声震响宫，正将治罪，上徐曰：勿问"等。书中还记载了崇祯帝与后妃之间的相处、宫中风俗等。此书中有些条目与《明史·后妃传》、《彤史拾遗记》、《玉堂荟记》、《酌中志》等书所记吻合，十分翔实。

此书对研究明代崇祯朝宫廷历史、风俗等有较为重要的文献价值。

此书有小嫏嬛福地校稽瑞楼《适园丛书》本；上海文明书局民国四年（1915 年）《说库》石印本；又，台北新文丰出版公司 1989 年《丛书集成续编》本。

《烈皇勤政记》

《烈皇勤政记》一卷，明末清初孙承泽著。

孙承泽（1593—1676 年），学者、藏书家。字耳北，一作耳伯，号北海，又号退谷、退谷逸叟、退道人、退谷老人等。原籍山东益都，世隶上林苑（今北京市大兴区采育镇）籍。富收藏，精鉴别。熟悉有明一代掌故。著有《庚子消夏记》、《己亥存稿》、《五经翼》、《尚书集解》、《九州山水考》、《学典》、《四朝人物略》、《畿辅人物志》、《研山斋集》等书四十余种以及《春明梦余录》、《天府广记》等北京地方史料。

此书主要记载了崇祯皇帝勤政的史实，记他下诏鼓励群臣上陈政事利弊，当群臣没有直言时他又虚心询问；记他准备另立新历法；记他对设科取士极为注意；记他命内阁查奏卹典等。书中还对谕旨、上疏有所收录。

此书对了解明崇祯朝政治史、宫廷史有一定参考价值。

此书有虞山张氏清嘉庆间《借月山房汇钞》刻本，国家图书馆有藏。

《思陵典礼记》

《思陵典礼记》四卷，明末清初孙承泽著。

作者介绍见《烈皇勤政记》篇。

此书主要记明崇祯皇帝所行典礼事宜。卷一所记大部分是关于登极仪制、经筵礼仪、太子降生、太子册封、东宫开讲、朝臣关系的，如"上登级临御，仪制久疏，鸿胪茫然不知也"、"崇祯十五年八月东宫端敬殿开讲，辅臣恭议增订讲义"等。卷二所记多是关于后妃、外戚、公主、驸马、宗藩的，如"光庙元妃郭氏在东宫时病故，及即位追封孝园"、"辛巳神宗女荣昌大长公主轩媖上疏请巡军护卫，旨许炤例拨四十名"等。卷三所记多与祭祀有关，如记"崇祯癸未孟春上时享太庙"、"崇祯十四年八月上欲考定乐律"等。卷四所记多关于膳品、用度、服饰、宫中用人情况等，如记"光禄寺开报皇膳每日三十六两"、"宫中选用妳子属礼仪房，俗称妳子房"等。

此书记载了明崇祯皇帝所行典礼的时间、缘由、大致情形等，为了解明末宫廷历史提供了较为真实可靠的参考资料。

此书有虞山张氏清嘉庆间《借月山房汇钞》刻本；又，上海博古斋民国九年（1920年）《借月山房汇钞》影印本，国家图书馆有藏。

《辽金元宫秘史》

《辽金元宫秘史》，知足老人撰。宏文图书馆民国十二年（1923年）出版，上、下册。

知足老人感于辽金元的统治者战胜汉族之后生骄傲之心，奢侈淫佚终致一败而不能补救，于是辑关于宫闱奇情异趣的内容，纂成此书，以作为"种族盛衰兴亡前车之鉴"。

此书共收245则条目，多是从他书中录出的辽金元宫廷之事，涉及十分广泛。有关于宫廷建筑的，如"燕京宫室之侈靡"记金代燕京宫室"皇城周九里，三十步"；有关于宫中设置的，如"七宝灯漏"记"《元文类》：郭公守敬于世祖朝进七宝灯漏，今大明殿每朝会张设之"；有关于饮食的，如"凉糕"记"酬节凉糕犹未品，内家先散小绒绦。注：重五节也，即今薄荷糕"，还有关于田猎的，如"金主之大开围场"；关于习俗的，如"生子不在宫中"；关于礼仪的，如"皇帝请客之异数"；关于帝后生活的，如"冠绝古今之淫主"等。前有民国十二年撰者自序。

此书是关于辽金元三代宫廷事务的摘录，材料来自于《辽史》、《契丹国志》、《虏廷杂记》、《中州集》、《资治通鉴》、《演繁露》等多种史书、文集、杂著等。撰者涉猎广泛，摘录又多注明出处，虽然内容排列似没有一定的顺序，但作为一本资料集，此书之全面、针对性强，仍十分难得而珍贵。

此书又在四川民族出版社2002年出版的《中国少数民族古籍集成（汉文版）》第十八册中。

《明朝宫闱秘史》

《明朝宫闱秘史》四卷，汤遯斥辑。上海中华图书馆民国八年（1919年）出版，一册。

汤遯斥，生平不详，据书前姚莹俊序言可知其为萧山西河（今属杭州）人，他"因毛氏旁搜远绍之作辑成《明朝宫闱秘史》"。

此书分四卷，卷一为洪武至成化时代宫闱史，卷二为弘治至天启时代宫闱史，卷三为崇祯时代宫闱史，卷四为崇祯时代宫闱史二、明宫宫闱杂缀。主要记述明朝宫闱中事，涉及帝后生活轶事、重要事件、宫中礼仪、宫中官制、岁时制度、娱乐情况、宫中器物、宫中食品等多个方面。事无巨细，凡与宫廷有关的，几乎都有记载。此书前有民国七年（1918年）姚莹俊、黄钺、何子俊等人的五篇序言，正文前有姚雨岩等的题词。

书中材料来自作者的穷搜博采，正史、野史、杂记、小说家言等都有涉及，内容虽显庞杂，但有些为研究明代宫廷史提供了十分有益的参考资料。

《明代宫廷杂录汇编》

《明代宫廷杂录汇编》，全国图书馆文献微缩复印中心编辑。全国图书馆文献缩微复制中心1990年出版，五册。

此汇编中共收录了十三种史料。

《皇明帝后纪略》，明郑汝璧撰。始于德祖（朱元璋之曾祖），迄于穆宗，记帝后在位的时间和生卒年月，对德祖等记其追尊时间。

《十二帝纪论》，明李维桢撰。记本朝人对自高皇帝（太祖）至庄皇帝（穆宗）的本朝帝王的评论，多为颂扬之词，其间也有持平之论。

《承天大志——大狩记》，不著撰人。记嘉靖十八年（1539年）

嘉靖帝至承天谒祭显陵事。

《经筵故事》，不著撰人。记明初经筵体制，较为简略。

《经筵日讲始末》，不著撰人。记嘉靖、隆庆两朝经筵之事。

《东宫讲谈》，不著撰人。简记太子时讲读故事。

《高庙看书》，不著撰人。记洪武帝看书的情况，颂扬洪武帝的勤政。

《永乐帝以后诸帝燕对》，不著撰人。记永乐至正德诸帝与大臣的燕对，为颂扬之词。

《燕对录抄略》，明李东阳撰。所记多为弘治朝事。此书为残本，原本记自弘治十年（1497年）三月至正德六年（1511年）八月间的奏对之词，此书记事仅至弘治十八年（1505年）八月。

《林居漫录抄略》，明武袁萃撰。此书所载多为朝野故实，往往引明初之事以证明季弊政，贬斥当世公卿大夫，议论颇有可取之处，也有一定的史料价值。

《乾清宫膳》，不著撰人。是万历朝宫廷月膳底账，记万历宫廷膳食物品数量和价格，是非常可贵的经济资料。

《杂录》，不著撰人。内容庞杂，有奏对、诗法对、田赋、草料等，多为经济资料。

《杂录》，不著撰人。专记嘉靖朝事，较为简略。

此书中收录了许多较难见到的史料，是研究明代宫廷史的极为珍贵的参考文献。

《明宫秘闻》

《明宫秘闻》，王春瑜主编。江苏古籍出版社1992年1月出版，一册，154页。

王春瑜（1937—　），江苏建湖县人，生于苏州。复旦大学历史系研究生班明清史专业毕业。现任中国社会科学院历史研究所明清史研究室研究员、中国作家协会会员。主要研究明代政治史、社会生活史，并研究清初王朝商业经营史、政治史、文化史。著有《中国反贪史》、《明朝宦官》、《明清史散记》等。

此书收入了12篇各自独立的文章，都是对明朝皇室、宦官等情况的介绍，其中绝大多数是对皇室进行记述的，如《永乐后宫惨案》（毛佩琦）记述永乐年间从朝鲜入选后宫的淑女们的遭遇，《修仙皇帝》（程德）记述明世宗嘉靖皇帝为修仙而做出的一系列荒唐行径。书中还有专门介绍明陵的文章《明十三陵遗事》（江丽、习之），十分详细地对十三陵各个陵墓的情况进行了分析，论述墓中埋葬人员情况，也对一些疑案进行了深入探求。书中所收的《明代宦官漫话》（栾成显）介绍了宦官的机构、职责、明代宦官专权的情况，并对当时官员、百姓的自阉这一社会问题进行了论述。

书中文章的作者都是研究明代历史的专家，其文章建立在真实可靠的历史资料基础之上，为研究明代帝后生活、宫廷历史等提供了丰富有益的参考。

《明代的宦官和宫廷》

《明代的宦官和宫廷》，温功义著。重庆出版社2000年5月出版，一册，418页。

宦官早在殷周时期就已经存在了，而明代是宦官用事最久也最盛的一朝。宦官的生活活动几乎都是在宫廷之中，了解明代的宦官活动的历史对研究北京宫廷历史有一定的帮助。

此书正文包括十八个部分，有"明代宦官的概况"、"从永乐到宣德"、"保卫都城与上皇回京"、"南内的禁锢和夺门"、"以勤政传称的明孝宗"、"崇祯铲除魏忠贤"等等。作者在前言部分还探源溯流，讲了宦官在明以前朝代的一些情况，如职责的演变、人员的来源、人们对于宦官的评价等。

本书讲述了明代各朝宦官的概况以及他们参与明代政治斗争的各种情况，为了解明代宫廷历史提供了有益的参考资料。作者对明代历史有一定的研究，又是《大公报》旧人，此书在占有一定材料的基础上对明代历史娓娓而谈，文笔较为生动。

（二）清代宫廷史

《万寿盛典初集》

《万寿盛典初集》一二〇卷，清马齐等奉敕纂修。清康熙五十六年（1717年）武英殿刻本。

马齐（1652—1739年），富察氏，满洲镶黄旗人，由荫生授工部员外郎，康熙朝累迁内阁学士、河督尚书、武英殿大学士，雍正初年改保和殿大学士，进太保，卒后赠太傅一等伯爵，谥文穆。

此书是为庆贺清圣祖玄烨六旬寿辰而奉敕编制的一部大型文献汇编。其内容包括：宸藻，康熙帝撰写的诏谕及文赋颂诗；圣德，对康熙帝孝德、谦德、保泰、教化的恭奉之词；典礼，有关贺诞过程中的朝贺、銮仪、祭告、颁诏以及敬老、庆贺；恩赉，朝廷对宗室、外藩、臣僚、耆旧的封赏以及蠲赋、开科、赏兵、恤刑的情况；庆祝，包括记述圣典的图记、外省大臣入觐、臣下贡献、瑞应等情况；歌颂，皇子、大臣、词臣及各类人物的颂词等六大部分。

其中第四十、四十一、四十二卷为《万寿盛典图》长卷，是由王原祁、宋骏业为总纂，组织内廷善画之供奉，分别绘记朝贺礼仪及臣民庆祝活动之场面的图卷。图前后相接，展开成一连绵长卷，所绘景致自北京西郊畅春园至故宫神武门，沿途园林城池、庙宇市廛、歌楼舞榭、銮驾仪仗、官员兵弁、市井百姓，纤毫毕具，惟妙惟肖。图由享誉当时的镌刻名工朱圭操剞劂，版刻十分精美。为今人考察清初的政治、经济、文化、典章、制度、民俗、风情、建筑、宗教等，提供了珍贵资料，对研究北京的城市历史地理，具有很高的文献价值。

《国朝宫史》

《国朝宫史》三十六卷，清鄂尔泰、张廷玉等编纂。

鄂尔泰（1680—1745年），西林觉罗氏，字毅庵，满洲镶蓝旗人。康熙三十八年（1699年）举人，授侍卫，后官至保和殿大学士、军机大臣，封襄勤伯。有《西林遗稿》。张廷玉（1672—1755年），字衡臣，号砚斋，康熙三十九年（1700年）进士，改庶吉士，授检讨，后官至保和殿大学士兼吏部尚书，封勤宣伯。有《传经堂集》。

清乾隆七年（1742年），清高宗浏览《明朝宫史》之后，感于明亡乃君王之过，下令内廷大学士鄂尔泰、张廷玉等纂修本朝宫史，以使"后嗣子孙，世世遵循。当其知所则效，知所警戒"。乾隆二十四年（1759年），又令蒋溥等详细校正，重新编辑，乾隆二十六年（1761年）又派于敏中等协助校录，乾隆三十四年（1769年）全书完成。

此书共三十六卷，分列六门，一至四卷为"训谕"，记世祖、圣祖、世宗、高宗的谕旨；五至十卷为"典礼"，记礼仪、宫规、冠服、仪卫；十一至十六卷为"宫殿"，记外朝、内廷、景山、西苑、雍和宫；十七至十九卷为"经费"，记铺宫、年例、日用、恭进、恩赐、吉礼例用、嘉礼例用、筵宴例用、钱粮例用；二十至二十一卷为"官制"，记条例、额数职掌；二十二至三十六卷为"书籍"，包括实录、圣训、御制、方略、典则、经学、史学、仪象、志乘、字学、类纂、总集、目录、类书、校刊、石刻。

本书对研究清代宫廷史有一定参考价值。全书汇编和记载了清乾隆二十六年（1687年）以前康熙、雍正、乾隆三朝有关宫闱禁令、宫殿园囿建置、内廷事务和典章制度、官修要籍的宫廷史料，详细系统，准确可靠。"书籍"一类中关于自然科学类的记载，比较罕见，尤为可贵。

此书完成后缮录三册，藏于清宫，后收入《四库全书》史部；

又，《六经堪丛书》本；又，东方学会民国十四年（1925年）铅印本；又，北京古籍出版社1987年7月版，一册，691页。

《国朝宫史续编》

《国朝宫史续编》一百卷，清庆桂等编纂。

庆桂，满洲镶黄旗人，章佳氏，字树斋，纳赀授员外郎，后至文渊阁大学士，加太保。

《国朝宫史》编成四十余年后，嘉庆帝于嘉庆五年（1800年）命大学士庆桂、王杰、董诰、朱珪、彭元瑞、纪昀等依据原书进行编纂续修，续书完成于嘉庆十一年（1806年）。

此书共一百卷。卷一至卷六为"训谕"，记高宗、仁宗谕旨；卷七至卷五十为"典礼"，记盛典、册宝、祭祀、勤政、宴赉、宫规、冠服、仪卫；卷五十一至卷六十八为"宫殿"，记外朝、内廷、西苑；卷六十九至卷七十一为"经费"，记尊藏法物、铺宫、恩赐事例、吉礼例用、嘉礼例用、筵宴例用、节省事例、支发事例；卷七十二至卷七十四为"官制"，记条例、额数职掌、额数职掌条例；卷七十五至卷一百为"书籍"，记实录圣训、圣制、御制、御题、鉴藏、钦定、方略、典则、经学、史学、志乘、字学、类纂、校刊、石刻、图像、图刻、图绘。前有庆桂等奏章三则及嘉庆回复二则。

《国朝宫史续编》按《国朝宫史》大门类编排，子目略有增加，篇幅则增加了近一倍，全书汇集了康熙二十七年（1762年）以后四十余年的有关宫廷的各种资料，是清乾嘉时期宫廷史料集大成之书。此书文献价值很高，尤其是"书籍"中的图像、图刻、图绘部分保存了许多其他书中很难见到的历史资料，十分珍贵。

辽宁省图书馆藏有清嘉庆十一年（1806年）内府钞本；又，有清钞本，藏于故宫博物院；又，民国二十一年（1932年）铅印本，名《清宫史续编》；又，北京古籍出版社1994年点校本，精装，上下册，1030页。

《庆典成案》

清光绪二十年（1894年）十月初十日，是慈禧太后的六十岁生日。早在光绪十八年（1892年），内务府等部即受谕为庆祝太后六十寿辰编辑成案以资借鉴，《庆典成案》即是工部、礼部、内务府为此编辑的。

《庆典成案》包括《礼部庆典成案》一卷，清礼部辑。此书是礼部根据所存本部则例、会典等档案中有关内容，辑出的崇庆皇太后七、八旬庆典和乾隆七、八旬庆典时礼部所办之事的有关档案。内容包括上徽号、进宝册、行大礼、特开乡会试、定彩服日期、举行筵宴、演乐章、调制词章、进奏书、表文、赐奖、祝寿、进贺等。此书有内务府光绪十八年（1892年）以后刻本。

又，包括《工部庆典成案》一卷，清工部编。此卷是工部据部存档案、皇朝礼器图及《大清会典》等书，辑出的崇庆皇太后七、八旬庆典和乾隆七、八旬庆典时工部所经办的各项事务。有内务府光绪十八年（1892年）以后刻本。

又，包括《内务府庆典成案》三卷，清内务府辑。本部分是内务府据本衙门所藏档案，摘出的乾隆年间崇庆皇太后的七、八旬庆典及乾隆七、八旬庆典成案档案。收内务府藏乾隆二十五年、二十六年崇庆皇太后七旬庆典时内务部奏案19件，乾隆三十六年崇庆皇太后八旬庆典奏案11件，乾隆七旬庆典奏案7件、八旬庆典奏案2件，乾隆四十四年谕旨一件、乾隆五十二年谕旨一件。此书有内务府光绪十八年（1892年）以后刻本。

此书所辑资料是研究清代乾隆年间宫廷庆典的重要参考。

《钦定宫中现行则例》

《钦定宫中现行则例》四卷。清光绪间官刻本。

此书四卷。卷一："训谕"，记清康熙十八年（1679年）至嘉庆二十五年（1820年）间有关内廷事物的训谕；"名号"，记后妃的称号；"御牒"，记宫中御牒之例；"礼仪"，记重大节日应行的礼仪、应进及应赐的物品；"宴仪"，记宴饮时应循的礼仪；"册宝"，记关于册宝的则例。卷二："典故"，记有关掌故；"服色"，记宫中女性服饰之例；"宫规"，记关于驾幸、应领宫女人数等的规定；"宫分"，记后妃等的宫分则例。卷三："铺宫"，记后妃等的铺宫应用则例；"遇喜"，记内廷遇喜应赏份额；"安设"，记安设物品的条例；"进春"，记皇太后、皇上前进春则例；"谢恩"，记谢恩时应循的礼仪；"钱粮"，记支取赏赐钱粮的程序数量等；"岁修"，记维修宫中设施时应循的程序、方法等；"处分"，记对违反宫规的太监女子的处罚。卷四："太监"，记对太监进行规定的上谕及关于各处太监人数、领银的规定等。

是书所辑有关清宫廷内部管理规则，对后宫人员的等级待遇与礼节，后宫的各项管理制度，太监的品级、待遇、名额、职责等，事无巨细，都有详细规定，是研究清代宫廷史的珍贵资料。

《洋教士看中国朝廷》

《洋教士看中国朝廷》，朱静编译。上海人民出版社1995年出版，一册，255页。

从18世纪初开始，法国开始编辑法传教士从各国寄回的信件，并以期刊形式予以出版。后来朱静编译了其中关于中国的一些主要、重要篇章。

此书共包括36篇西方耶稣会来华传教士的通讯，时间范围从1699年到1775年。书后附录《17—18世纪来华耶稣会传教士人名与中西文对照表》。

此书中的通讯报告了清康熙至乾隆时期传教士在中国布教的情况以及他们在当地所见的政治、经济、文化、社会民俗风情等方面的详细情况。通讯中有一半是传教士们对在北京的见闻的记述，反映了这段时期北京的历史、文化等状况，如1704年康熙朝时皇太子与神父的冲突、1727年葡萄牙大使晋见雍正皇帝的经过、1743年传教士王致诚在紫禁城见到的园林建筑、1770年乾隆皇帝的在全国范围内的禁教等。这些通讯侧重叙述传教士在京传教过程中所遇到的中西方文化的冲突，写信者在记述见闻经历的同时还时时针对所见所闻发表自己的见解和看法，对比东西方的各种差异。

此书中的相关内容为研究北京中西外交状况、文化交流情况、宫廷礼仪、社会习气、政治斗争等提供了极为珍贵的原始资料。

《德宗请脉记》

《德宗请脉记》，清杜钟骏记。

杜钟骏，字子良，江苏江都人，清末名医。

清光绪三十四年（1908年），时任浙江节署戎政文案的杜钟骏被推荐到京城为光绪皇帝诊病，他对此次诊病的过程进行了记录，因光绪庙号德宗，此书名为《德宗请脉记》。

此书详细记载了作者为光绪帝诊病过程的前前后后，从得知被推荐写起，至七月十六日首次到宫内诊病，至光绪临终前情景，叙述详细。作者态度恭敬，对光绪之病情，从面色、脉相到呼吸都有仔细的记录；对诊病之经过，从行礼、诊脉，到施药、受赏都有记述；对光绪临终前的病状、慈禧之病状，更是叙述得十分详瞻完备。

此书为了解清宫请脉用药制度以及光绪帝的病情和死因，提供了难得的历史资料。

此书有民国间京华印书局铅印本。还被收入中国社会科学出版社1984年版《近代史资料（总56号）》、四川人民出版社1999年版《落日残照紫禁城——清宫秘史纪实》等书中。

《皇室见闻录》

《皇室见闻录》，清富察敦崇辑。清刻本，一册。

富察敦崇，满族人，生平不详。长期居于京师，熟悉北京历史掌故和风土人情，著有《燕京岁时记》、《芸窗琐记》等。

此书主要分为五个部分，"忌辰单"，记清王朝从天命太祖高皇帝至光绪德宗景皇帝历代皇帝的名号及在位时间、陵墓名、忌辰及其各位皇后的陵墓名、忌辰，皇后为帝王生母者予以标出；"配享位次单"，记太庙东庑、太庙西庑自北而南配享的王公、王妃、大臣等的名单；"附赠五陪祀序"，记庚申（1920年）十二月二十九日作者所见五位陪祀者陪祀的情形及作者的感受；"辛酉元旦内廷礼节单"，记叙辛酉（1921年）元旦日皇帝、皇妃所行的各种礼节；"大婚补遗"，补充更正辽隐先生对大婚典礼情况的记述。后又有"大学士不知清宫"、"三御史"、"贤王直谏"、"辨诬"、"甲子考"数条笔记。

此书对研究清代宫廷史有较大价值，书中详细记载了末代皇帝溥仪在元旦所行的各种礼节，对了解清代宫廷礼仪有重要的参考价值。

《慈禧写照记》

《慈禧写照记》，又名《清慈禧太后画像记》，［美］卡尔撰。

清光绪二十九年（1903年），美国女画家卡尔进宫为慈禧太后画像，在宫中停留了八九个月。1905年，卡尔出版了根据这段经历写成的回忆录，书名《与中国皇太后在一起》。后来此书被译为中文。

此书记述了作者在1903年8月至1904年5月为慈禧太后画像期间在宫廷中的见闻经历。全书分三十五章，包括"予之觐见及在宫中之第一日"、"太后之真相茶会荡舟"、"皇后与嫔妃及其他贵妇人"、"大内筵宴"、"皇上万寿"、"宫监"、"颐和园中之园游会"、"大内之习惯"、"中国之宗教仪式"、"新年朝贺"等。

作者以细腻的文笔描绘了对于皇宫中的建筑、物品、风景、人物、礼仪的感官印象，为读者了解清代宫廷内部的多种情况提供了间接参考。书中价值最大的应是关于慈禧太后的描写，如记她对文艺戏曲的喜爱、对人对事的态度等。此外，书中对光绪帝万寿之礼的场景、光绪帝后的个性喜好、政治动荡对清廷的影响等的记述，也为读者了解当时的历史提供了真实生动的参考。此书可与《清宫二年记》参照阅读。

此书有陈霆锐译本《慈禧写照记》，上海中华书局民国四年（1915年）版、天津市古籍书店1989年版、珠海出版社1995年版。又有民国年间译本，名《清慈禧太后画像记》，分三十四章，较少见。

《清室外纪》

《清室外纪》，［英］濮兰德、［英］白克好司著，陈冷汰、陈诒先译。上海中华书局民国六年（1917年）出版，一册，188页。

白克好司（Edmund Trelawny Backhouse，1873—1944年），英国人。1898年以驻华使馆翻译学生的身份到中国，自1903年起任京师大学堂英文教习，执教十年。此后一直留居在中国。濮兰德（John Otway Percy Bland，1863—1945年），英国人，生于爱尔兰。1883年考入中国海关，任总税务司署总司录事司，著有《中国最近的事变和现在的政策》、《中国、日本和朝鲜》等书。

此书作者曾在中国停留，对中国的历史和当时的状况有一定了解。他们认为当时清室颠覆、少年维新党人学习西方是不良的发展趋势，于是写作了此书，希望通过对君主家庭情况的记述以探求政治弊端的源头。后来中华书局出版了此书的译本。

此书前为清世系表，记自始祖开始的清代帝王世系。第一至十章记顺治朝至光绪朝的历代宫廷内部斗争情况，主要侧重于为争夺储位、权力而进行的斗争，记载较为详细，其间也涉及与之有关的其他主要政治、战争事件等，其中第六章为"和珅"，专记嘉庆帝查办和珅的经过及和珅被查抄之物；第十一至十三章记庚子年拳乱余闻、论慈禧太后、监国摄政王。书前有陈冷汰序，作者自序。

此书取材较广，书中的内容来自于国史、朝廷御旨、私人笔记著述等，对宫廷内部的情景叙述得较为详细，虽然全书以储位、权力之争为线索，但其中穿插了许多御旨、诗文，也涉及了当时发生在宫廷内部及朝廷之中的其他事件，对研究清代宫廷史有一定的参考价值。

此书曾被中华书局多次再版；又，台北市文海出版社1972年《近代中国史料丛刊》本。

《清宫瞻览记》

《清宫瞻览记》，范瑞撰。稿本，一册。

宣统帝出宫之后，清室善后委员会准备在故宫设立图书博物馆，于是对清室财产进行了检点，作者奉命典司此事，并"率笔记之"。

此文记述了作者入故宫时的所见，对乾清宫、储秀宫、长春宫等各处情形进行了较为详细的描写，包括宫殿位置、房间设置、陈设物品等。

此书直接、客观、真实地记载了清帝出宫后故宫的状况，为研究北京宫廷历史提供了第一手的资料。

此书藏于国家图书馆。

《清宫史略》

《清宫史略》八卷，补辑一卷，金梁辑。民国二十二年（1933年）铅印本。

金梁（1878—1962年），瓜尔佳氏，字息侯、希侯，号东华旧史、小肃、东庐、瓜圃，晚号不息老人、一息老人。满洲正白旗人。世为杭州八旗驻防。光绪三十年（1904年）进士。官京师大学堂提调、内城警厅知事、奉天旗务处总办、内阁中书、奉天新民知府等，加赠少保衔，辛亥革命后曾任奉天省政务厅厅长等。有《清帝外纪》、《近世人物志》等。

金梁曾奉命入直，在摘抄《国朝宫史》及续编的基础上编辑《宫史录要》一书，以备官员参照。他在梁文忠所缮前编的基础上续录续编，后又"重加编次，尽去繁文，惟存事实"，"复取嘉道至光宣关于宫闱之事会见官书者择记大略"，并易书名为《清宫史略》，"于是有清三百年宫廷掌故汇于斯编，欲考清宫故事者，手此一卷，可以一览而尽知矣"。

此书正文分六门，依次为训谕、典礼、宫殿、经费、官制、书籍。"训谕"收"裁定内官"、"立铁敕"、"吴良辅"等58条细目；"典礼"收"太和殿视朝"、"御门听政"、"常日视事"等86条细目；"宫殿"收"外朝"、"皇城"、"紫禁城"等71条细目；"经费"收"铺宫"、"年例"、"日用"等9条细目；"官制"收"内监官制"、"钦定则例"、"处分则例"等4条细目；"书籍"收"实录"、"圣训"、"御制"等20条细目。"补辑"包括"秀女禁缠足"、"知不足斋"、"林清党犯阙"等60条细目。卷首为《谕辑宫史》、《重修宫史》、《宫史总目》、《续修宫史》、《宫史续修总目》。跋尾为《宫史录副》、《宫史修编录附》、《宫史录要》。书前有金梁甲子年（1924年）《清宫史略叙》及癸酉年（1933年）再识。摘抄的条目后注明出处，有的还附加按语对所记情况进行进一步说明。

《清宫史略》比之《国朝宫史》及续编文省事增，可使读者对有清一代的宫闱禁令、宫殿园囿建置、内廷事务、典章制度、官修要籍等有大致的了解。

《清初三大疑案》

《清初三大疑案》，孟森著。

孟森（1868—1938年），字莼孙，号心史。江苏省武进人。出身世家，获廪生。早年热心时务，到日本东京法政大学留学后曾任民国临时政府共和党执行书记和国会议员。后期专心学术，任北京大学教授，研究明清史，著有《明元清系通纪》、《八旗制度考实》、《清代史》等。

孟森比较重视对历史疑案的研究，"不欲随波逐流，辄于谈清故者有所辨证"，《清初三大疑案》是他研究历史疑案的成果。

此书包括孟森的三篇学术论文：《太后下嫁考实》、《世祖出家事考实》、《世宗入承大统考实》。《太后下嫁考实》一文，针对有关"太后下嫁"说的各种依据，根据王熙自撰的《年谱》一一予以驳难。《世祖出家事考实》以大量翔实的史实考证：顺治虽然皈佛，但确死于天花，终于帝位，并没有离宫出家。《世宗入承大统考实》一文认为康熙本拟传位给皇十四子允禵，是雍正伪造遗诏夺得皇位。

此书是孟森对清代历史疑案研究的一个结集，作者运用了第一手档案资料，对有关事件进行了详细的考证，虽然全书仅包括三篇论文，但依然对清宫廷史研究具有重要的学术价值、资料价值。

此书有民国二十三年（1934 年）铅印本；又，台北市文海出版社 1969 年影印本，在《近代中国史料丛刊》；又，巴蜀书社 2002 年版《清初三大疑案考实》，一册，172 页。

《清宫述闻》、《清宫述闻续编》

《清宫述闻》六卷，章乃炜编纂，或署章乃炜、王蔼人编纂。

章乃炜（1880—?），字唐容，浙江吴兴人。曾就读于上海南洋公学师范学院，辛亥革命后在北京供职近三十年，后为故宫博物院总务处第一科科员。

章乃炜在故宫博物院工作时，感于寻求清宫旧闻、秘闻虽比较困难，"然而私家记载有亲见亲闻者，虽不敢昌言，而一鳞一爪中，往往微露其意，寻绎推求，或可得其崖略云"，于是编纂了《清宫述闻》。此书成书后，章乃炜又编纂了续编，于北平解放前后编竣。

《清宫述闻》共六卷。卷一，总说，简述清代宫阙门宇状况，述禁垣，述皇城内紫禁城状况；卷二至卷三，述外朝，述午门迄宝和殿、午门左东华门内、午门右西华门内各处状况；卷四至卷六，述内廷，述乾清门迄顺贞门、东西六宫等处、景运门东、隆宗门西、神武门各处状况。正文前有孟森民国二十六年（1937年）序及《清宫述闻凡例》、《清宫述闻征引书目》。

《清宫述闻续编》六卷。卷一，述禁垣；卷二至卷三，述外朝；卷四至卷六，述内廷。各卷述《清宫述闻》未涉及的相关内容。

此书体例仿《日下旧闻考》、《槐厅载笔》二书，以宫殿门宇为纲，述清代宫殿旧制遗事，涉及清代历史、宫廷史、清宫机构、典章习俗、故宫沿革、帝后生活、宫廷人物及宫闱轶事等各个方面，内容非常广泛。所辑史料主要采自清代官方史志、谕旨、奏疏、起居注、实录、御制诗文、内府图籍档册、达官日记、年谱等，且注明出处，真实而可信。此书比以前的任何一本书都更为集中地反映了清代宫廷的风貌，是研究清代宫廷状况的珍贵资料。

《清宫述闻》有民国二十六年（1937年）铅印本，三册，署章唐容编；又，台北文海出版社1969年影印本（与《陪都杂述》合册），署章唐容著；又，北京古籍出版社1988年标点本，一册，421页，署章乃炜著；又，民国三十年（1941年）故宫博物院铅印本，署章乃炜、王蔼人编纂。《清宫述闻续编》有稿本，藏于故宫博物院图书馆。1990年紫禁城出版社出版了《清宫述闻（初、续编合编本）》，取消两书原有卷次，依次改为：卷一，述禁垣；卷二至卷四，述外朝；卷五至卷九，述内廷，署章乃炜、王蔼人编。

《清宫琐记》

《清宫琐记》，裕容龄著。北京出版社1957年12月出版，一册，85页。

裕容龄（1882—1973年），满族人，曾随身为驻法公使的父亲

161

裕庚到巴黎，1903 年回北京后曾进宫停留。她晚年时回忆自己在宫中的见闻经历，写了《清宫琐记》，连载于《新观察》，后成书出版。

此书共分 49 节，前八节从慈禧的身世写到庚子之乱，所记都为作者入宫前之事，是作者入宫后听人所说；第 9 至 49 节是作者入宫后的亲眼所见，所记多为宫中的日常生活状况、生活细节等。

本书所记简单朴实，真实生动。有关慈禧的记叙所占比例最大，主要记述了慈禧的外貌、性情、喜好、服饰、行事作风和她对光绪、光绪皇后、太监等人的态度，她日常生活的诸多细节等。此外还记述了满洲贵族间的种种关系，光绪皇帝的忧郁无助，宫中的礼仪、服饰等。书中所记虽多为宫中的日常生活，但对当时的政治状况也有一定的片段反映，如"中俄战争"、"日本公使内田太太求见"、"问'康'"等。此书前有清宫中的生活照片十幅，正文中有插图多幅。书后有商子工的《〈清宫琐记〉赘言》。

此书有助于读者了解清末皇室的历史及相关宫廷知识。但由于作者入宫时年纪尚小，书中的一些记载有常识性的错误，读者阅读时需要注意。

又，大众文艺出版社 2001 年版《清宫秘闻（第二卷）》有收。

《我的前半生》

《我的前半生》，爱新觉罗·溥仪著。

爱新觉罗·溥仪（1906—1967 年），满洲正黄旗人。清朝末代皇帝，1908 年 11 月至 1912 年 2 月在位。1932 年为伪满洲国执政，1934 年至 1945 年称康德皇帝。1945 年后入狱，1959 年大赦被释。后曾到全国政协文史资料研究委员会任职。

溥仪曾写过自传性材料，后来在编辑李文达的帮助下整理和补充了原稿，完成《我的前半生》一书。

此书共十章："我的身世"、"我的童年"、"紫禁城内外"、"在天津的活动"、"潜往东北"、"伪满十四年"、"在苏联"、"由疑惧到认罪"、"接受改造"、"新的一章"。

作为末代皇帝，溥仪有着不同常人的人生经历，在此书中，他非常详细地回忆了自己从幼年到做皇帝，到退位，到复辟登极，到成为日本人傀儡，到入狱接受改造，直到被特赦成为普通公民的过程。全书叙述生动形象，许多内容具有极高的史料价值。

此书的前三章主要记述了溥仪在北京的生活经历，绝大部分真实可靠，对研究清代宫廷史、政治史颇具参考价值。但因作者在退位时年龄尚小，所记也存在一定的史实错误，阅读时需要注意。

此书有群众出版社 1964 年版，一册，594 页；又，2005 年重印本，有部分内容增添；又，中华书局 1977 年版，一册，590 页。外文出版社于 1965 年将此书译成英文出版，英文本定名为《从皇帝到公民》。

《晚清宫廷生活见闻》

《晚清宫廷生活见闻》，中国人民政治协商会议全国委员会议文史资料研究委员会编。文史资料出版社 1982 年 9 月出版，一册，361 页。

从 1955 年到 1966 年，中国人民政治协商会议全国委员会议文史资料研究委员会征集了有关清末宫廷生活的资料 64 篇，并从中选取了 27 篇，编成此书。

本书根据所收文章的内容，分为六个部分，依次为：宫廷见闻类，收溥佳的《清宫回忆》、溥杰的《清宫会亲见闻》等 4 篇；反映统治者内部矛盾的，收恽宝惠的《清末贵族之明争暗斗》、载涛的《载沣与袁世凯的矛盾》等 6 篇；写帝王生活的，收岳超的《庚子—辛丑随銮纪实》、吴锡祺的《记溥仪出宫》等 3 篇；记述宫廷礼仪的，收溥佳的《溥仪大婚纪实》、杜如松的《民初修建清室崇陵和光绪"奉安"实况》等 4 篇；记述太监情况的，收李光的《清季的太监》、马德清等的《清宫太监回忆录》等 3 篇；回忆王府生活的，收溥杰的《回忆醇亲王府的生活》、溥铨的《我的家庭"庆亲王府"片断》等6篇。另有附录《清末贵族之生活》。

本书中的文章主要记述了晚清宫廷生活及统治集团内部矛盾，绝大多数是清皇室成员或接近清室者亲自撰写，且多为亲身见闻的第一手资料，内容真实可靠，为晚清宫廷史研究提供了极有价值的史料。

《逊清皇室轶事》

《逊清皇室轶事》，秦国经编著。紫禁城出版社1985年8月出版，一册，169页。

秦国经（1936—　），河南汝南人，明清档案专家，清史专家，中国第一历史档案馆研究馆员。主要学术成果除《逊清皇室轶事》外，还包括合编《清季中外使领年表》、《清代中央国家概述》、《中国第一历史档案馆馆藏概述》等。

从1912年溥仪退位到1924年被驱逐出宫，逊清皇室一直在紫禁城后半部生活，此书根据逊清王室在故宫留下的遗迹文物所形成的档案图籍，记述了逊清皇室轶事。

此书分为五辑：第一辑，记述退位后的逊清王室所经历的活动，如裁减内务府机构和官员、成立宗族生计维持会、策划请愿活动要求优待等；第二辑，记述与逊清皇室关系较为密切的一些人物的情况，如记袁世凯、张勋、吴佩孚、康有为、伊克坦、王国维与逊清皇室之间的交往等；第三辑，介绍与逊清皇室财产或居住处所等有关的一些情况，如内务府经费、抵押与拍卖古物、德日新殿大火、京西大宫山古迹被拆毁案等；第四辑，主要记述与礼仪活动等有关的一些内容，如溥仪婚礼、隆裕之死、珍妃的安葬等；第五辑，记述逊清皇室日常生活的一些情况，如进膳、剪辫子、骑自行车与坐小汽车等。书后附有《逊清皇室大事记》。书前有故宫旧藏照片、图片61幅。

此书对逊清皇室在紫禁城后半部暂住期间的种种情况有较为

详细的记述，为了解当时的历史提供了珍贵而难得的参考资料。

《清代宫廷生活》

《清代宫廷生活》，万依、王树卿、陆燕贞主编。商务印书馆香港分馆1985年出版，一册，327页。

为"使读者对中国最后一个皇朝的宫廷生活、进而对二千多年来中国传统帝制和皇宫生活状况，有具体而微的认识"，北京故宫博物院和商务印书馆香港分馆编辑出版了大型画册《清代宫廷生活》。

此画册分为十编，依次收入了关于典礼、政务、武备、巡狩、起居、服用、文化、宫俗、游乐、祭祀等方面内容的图片。每一编图片前有对相关内容的概括性说明。书前有清帝世系图，书后附录清代皇帝及皇后年表、图片索引等。

此书是第一部全面介绍清代宫廷生活的大型画册，收录了大量宫廷文物的图片，如顺治帝亲政诏书、建储匣、乾隆帝大阅甲胄、《射熊图》、顺治铁牌、皇帝衮服、雍正帝手书对联、万寿贡单等，许多是以往没有发表过的。这些生活用品、历史文物、文献典籍、宫殿设置图片，有助于读者对清代宫廷生活的方方面面有较为全面具体而感性的认识。

此书另有英文版、香港版、台湾版。

《清宫史事》

《清宫史事》，王树卿、李鹏年著。紫禁城出版社1986年12月出版，一册，328页。

王树卿，1984年至1998年曾任故宫博物院副院长。李鹏年，中国第一历史档案馆研究馆员。二人曾参加整理清代中央政府和宫廷档案的工作，接触了大量清宫秘档及历史文献，在此基础上，他们陆续撰写了清代宫廷史方面的论文，并在期刊上发表，后又辑成《清宫史事》一书。

此书共辑 16 篇文章，涉及清宫历史、内府制度等多个方面，按内容可分为七类：关于皇权承继的，如《清代的皇权斗争》；关于后妃册立的，如《清代皇后的册立》；关于帝后婚庆的，如《光绪大婚耗费》；关于王公典制的，如《醇贤亲王祠庙园寝》；关于宫中役膳的，如《清朝太监》；关于禁城轶事的，如《贞度门失火》；关于清宫档案的，如《明代档案库——皇史宬》。书前有图片九幅，正文中附图七十余幅。

此书中的文章多以清代档案史料和官修文献为依据，真实可靠，翔实具体。书中所附之图也是极为珍贵的史料，对研究清代宫廷史有重要的参考价值。

《老太监的回忆》

《老太监的回忆》，信修明著。北京燕山出版社 1987 年整理本，一册，104 页。

信修明，曾为清朝太监，在宫中生活近二十五年。他出宫后，常被问及宫廷旧事，又见街坊流传颇多失真，就据"目之亲睹，身之亲历"，撰写了《宫廷琐记》。他去世后，这些文字被整理成书，名为《老太监的回忆》。

信修明据自己的回忆，记述了自清道光年间至逊帝宣统时期宫中的有关政治、典章、生活、习俗、人物等情况，其中记述封建帝王、太后、大臣及太监、宫女们日常生活细节的内容尤多，如"道光皇帝俭朴"、"慈禧的起居"、"后宫之苦，前代无有"、"太监之源多出于饥民"、"所谓下屋"等。书中另有作者自述一篇，记述自己在宫中二十四年的感受。

此书是研究清代宫廷史的重要参考资料。因作者身份较为特殊，所记许多内容都是他书所不见，十分难得。书中所载大多真实可信，但由于著者所处地位低微，也有些记述可能与历史事实相悖。作者叙述时带有浓郁的感情色彩和个人感受，许多地方语气卑下，封建意识浓厚。

此书又有北京燕山出版社 1992 年点校本，一册，197 页。

《紫禁城的黄昏》

《紫禁城的黄昏》，〔英〕庄士敦著，陈时伟等译，马小军校。求实出版社 1989 年 3 月出版，一册，365 页。

庄士敦（Reginald Fleming Johnston，1874—1938 年），苏格兰人，早年就读于爱丁堡大学，曾获牛津大学文学硕士学位。后在中国度过三十多年，历任香港英总督私人秘书、辅政司和英租界威海卫行政长官等职。1919 年 3 月受聘为宣统皇帝的英文教师，在北京、天津之间跟从溥仪十三年。曾出版过七八种介绍中国情况的著作。

作者写作此书的主要目的在于，记述"满族统治下的紫禁城的黄昏时期"，并纪念与溥仪的友谊以及对溥仪和"被分割于长城内外的他的人民表示诚挚的祝福"。此书英文版于 1934 年在伦敦出版，溥仪为之亲笔题写序文。

除序言、尾声外，此书正文部分共二十五章，记述了作者在京期间耳闻目睹的各种事件。记述的重点是从中华民国成立之后的 1912 年初起，至 1924 年 11 月末代皇帝被逐出宫止作者的经历见闻，包括"1919—1924 年紫禁城的生活"、"暮霭中的皇室"、"阴谋与对策"、"御花园里的宾客"、"颐和园里的风波"、"夜幕降临紫禁城"等，并对此前以及此后的政治历史有所涉及。书前有相关照片等。

作为在辛亥革命之后唯一进入清朝帝后生活之中，并在紫禁城生活过的外国人，作者对皇室生活的内幕多有了解，书中对溥仪的接受西方思想和希望复辟、遗老旧臣的孤忠、各种势力的争斗等都有详细的描述，对西太后、袁世凯、康有为等风云人物也有记述或评论。此书对了解和研究晚清宫廷史具有极其珍贵的史料价值，加之叙述时文字生动，议论时个人色彩浓郁，又使全书显得通俗而有趣。

此书另有多种中译本：台北李敖出版社 1988 年版秦仲和译本，江苏古籍出版社 1990 版孟国祥等编译本，紫禁城出版社 1991 年版淡泊、思齐译本，珠海出版社 1995 年版众城等译本。

《紫禁城》

《紫禁城》，又名《紫禁城——红墙内的宫闱旧事》，汪莱茵、陈伯霖著。南开大学出版社 1989 年出版，一册，235 页。

为把紫禁城这一古建筑群系统而完整地介绍给读者，汪莱茵和陈伯霖合著了《紫禁城》一书。

此书十章，依次为"总说"、"前三殿"、"后三宫"、"养心殿"、"东西六宫"、"御花园"、"内廷诸事杂谈"、"宁寿宫"、"慈宁宫建筑群"、"皇宫内的祭祀建筑"。全书以宫殿立章，基本上以皇宫的前后地理位置顺序为线索逐章进行介绍，每章围绕一宫一殿详细介绍与之有关的宫殿建筑、兴建沿革等古建筑知识以及其中所藏器物的艺术价值，此外还兼及与这些建筑、器物有关的史事、掌故、人物活动等。书前有照片 19 幅及《故宫博物院平面图》。

此书作者利用在故宫博物院工作的地利之便，深入钻研文献，认真实地考察，把较为枯燥的古建筑知识与生动有趣的宫廷历史糅合在一起，详细介绍了紫禁城中的宫阙与瑰宝，为人们研究紫禁城的建筑、器物、史事、掌故、人物活动等提供了珍贵的资料。

《清代宫廷史》

《清代宫廷史》，万依、王树卿、刘潞著。辽宁人民出版社 1990 年 3 月出版，一册，648 页。

1979 年，故宫博物院研究室设立了宫廷历史组，将清代宫廷史作为一个专门课题进行研究，经过十年的时间，万依、王树卿、刘潞分段撰写了 50 万字的《清代宫廷史》。

此书分六章记述清代宫廷史："清朝宫廷的初建"，自入关前到福临死时；"宫廷典制逐渐完备"，自玄烨即位到胤禛之死；"鼎盛时期"，自弘历掌皇权到弘历的传位，"渐趋没落时期"，自颙琰亲政到道光年代；"没落时期"，自奕詝即位到同治中兴；"宫廷的没落"，自两太后二次垂帘听政到清代宫廷的覆亡。全书主要以皇帝及年号的更替来划分章节，以主要人物的生平为脉络，将宫廷内部的多个方面穿插其中，从纵向上探索清代宫廷演变的规律，从横向上阐述每个时期宫廷的人物、事件、宫苑、典制、宗教、习俗、文化、艺术等，经纬交织地展现出清代宫廷的风貌。书后附《清代宫廷史大事记》。

此书是第一本研究清代宫廷史的专著，自创体例，脉络分明，论述时较多注意阐述史实，并引用了一些史料的原文，且考证精审，辨伪严谨，对清代宫廷史研究具有开拓性的学术贡献。

此书又有百花文艺出版社 2004 年版，一册，597 页。

169

《宫女谈往录》

《宫女谈往录》，金易、沈羲羚著。紫禁城出版社 1991 年 4 月出版，一册，347 页。

20 世纪 40 年代初，金易、沈羲羚夫妇认识了一个汉姓何的老宫女，常听她讲述随侍慈禧前后八年的所见所感。后来，金氏夫妇应紫禁城出版社的请求，将老宫女的所谈写出，并在 1985 年至 1988 年《紫禁城（双月刊）》上 20 期连载，这些汇集成书，即为《宫女谈往录》。

本书共收 61 则，对老宫女在宫中生活的所见所闻有详细的描述，大致以宫女生活、慈禧起居、光绪轶事以及其他琐屑为线索，涉及宫女们的日常生活、所受苦难，并对慈禧的日常起居，包括睡觉、用膳等情况记述较详。书中有画像、照片 32 幅。书前有杨乃济序、作者前言，后有作者后记。

因讲述者身为宫女，对宫中情况有非常深入的了解，而此书作者又本着"述而不作，信而好古"的态度对与老宫女的谈话进行记录，这使得此书不仅内容丰富，翔实可信，而且叙述语言又极为生动细致、通俗有趣，是难得的了解清代宫廷生活的参考资料。但因讲述者观念陈旧，书中的一些思想并不可取。

此书有紫禁城出版社 1991 年版，一册，347 页；又，紫禁城出版社 2004 年版，上、下册，407 页。

《清代宫史探微》

《清代宫史探微》，清代宫史研究会编。紫禁城出版社 1991 年 7 月出版，一册，475 页。

1989 年，首届清代宫史学术研讨会召开，与会者提交了大量论文，其中的部分论文被选编成书，即为《清代宫史探微》。

此书共收 34 篇文章，论题涉及广泛，有经济方面的，如万依的《试论弘历的经济政策思想》、叶志如的《从人参专采专卖看清宫廷的特供保障》；有关于十三衙门的考证，如李鸿彬的《简论清初十三衙门》、江桥的《十三衙门初探》；有关于宫廷建筑的，如傅清远的《清代宫苑的乾隆建筑风格》、茹竟华的《紫禁城的亭子》。全书论题还涉及清宫典章制度、文物史迹、宫殿苑囿、宗庙陵寝、人物事件、图书档案、科技文化、军事警备、宗教信仰等多个方面。

本书的作者多是从事清代宫廷史研究的学者，其文章依据故宫博物院所藏的文物、文献资料以及实地考察，严肃探讨，详细论证，反映了当时清代宫廷史研究的水平，为读者提供了丰富可靠的资料和研究清代宫廷史的科学方法。

《故宫秘录》

《故宫秘录》，朱家溍等著。上海文化出版社 1991 年 12 月出版，一册，413 页。

朱家溍（1914—2003 年），字季黄，笔名贞吉，浙江萧山人。故宫博物院研究员、国家文物局文物鉴定委员会委员、中央文史馆馆员。朱家溍是宋代理学大师朱熹第二十五代孙，民国时期金石学家、文物收藏家、前故宫博物院专门委员朱文钧之子，1941年毕业于辅仁大学国文系，是我国著名的文物专家、明清史及戏曲研究专家。

此书共收有关故宫的随笔、散文、札记 72 篇，系从已发表于报刊的文章中精选而出，共分为六辑。"史迹感怀"，收泛谈故宫的文章，写不同时期不同人接触故宫时的感受，包括《故宫的启示》（赵其昌）、《深邃浩邈的艺术海洋》（陈大远）等；"宫殿细赏"，收谈故宫建筑的文章，侧重从细微处着眼，包括《宫门门钉》（语阙）、《藻井》（林京）等；"帝后烟尘（一）"，集中谈清代帝王、后妃、皇子、公主，兼及乳母、保姆等，包括《谈当皇帝》（宋振庭）、《清帝子女夭折多》（董桑）等；"帝后烟尘（二）"，主要纠正电影、文学作品、稗史、著作、文章中关于清史认识的谬误，包括《乾隆皇帝出生在哪里?》（万依）、《珍妃入宫经过》（朱家溍）等；"名流因缘"，记现代名人与故宫的因缘，包括《鲁迅先生与故宫博物院》（姜舜源、朱余仁）、《沈从文在故宫》（于善浦）等；"当代名师"，记修复、鉴定故宫文物的高手，包括《修复青铜器巨匠赵振茂》（童蒙）、《宫廷钟表医生马玉良》（张仲英）等。

书中的文章出自当代作家、艺术家、学者之手，叙掌故娓娓道来，考史实精审周密，从不同角度展现了明清宫闱的一些侧面，为研究故宫历史、文物、掌故等提供了可贵的参考资料。书中所附的 41 幅图片，部分为清宫旧藏，具有较重要的文献价值。

《紫禁城帝后生活》

《紫禁城帝后生活》，又名《紫禁城帝后生活（1644—1911）》，故宫博物院、中国旅游出版社编。中国旅游出版社 1992 年出版，一册，119 页。

此画册分为十节："朝会"，辑与举行朝贺仪有关的大量图片，包括太和门、皇帝卤簿中的"杏黄云缎秀莲花伞"和"双龙团扇"、编磬等；"大婚"，收与皇帝大婚有关的文物照片，如《光绪皇帝大婚图》局部、坤宁宫东暖阁皇帝大婚洞房内景、皇帝大婚时用的明黄缎彩绣百子被等；"祝寿"，收与祝寿有关的文物照片，如《万寿盛典图》、"宝典福书"印章、金胎红珊瑚壳的"福寿"桃式盒等；"处理政务"，收与日常政事处理有关的照片，如暖砚、硃谕、军机处等；"进膳"，收与进餐有关的照片，如雍正皇帝用过的银酒壶、多层食盒挑、水晶觥等；"冠服"，收帝后冠服照片，如皇帝朝袍、皇后朝褂、大阅甲胄等；"寝宫"，收有关寝宫的照片，如储秀宫东间内景、镶嵌挂屏、象牙席等；"琴棋书画"，收有关文化活动的文物的照片，如康熙皇帝书写的唐诗、天球仪、宫中常用的围棋等；"宫中演戏"，收与演戏有关的照片，如颐和园大戏台、戏衣、宫中演戏的写真册页等；"祀典宗教"，收与祭祀、宗教仪式有关的照片，如天坛、满文佛经、清西陵之泰陵等。画册还附有简明扼要的文字介绍。

本画册通过大量故宫博物院清代宫廷史迹文物陈列和帝后生活遗物的图片向读者生动、形象地介绍了清代帝后生活的状况，为研究清代宫廷史提供了珍贵的文物史料。

《明清宫廷疑案》

《明清宫廷疑案》，潘洪钢著。中国社会科学出版社 1992 年 12 月出版，一册，246 页；中国社会科学出版社 2004 年增订本，一册，272 页。

潘洪钢，湖北省社会科学院历史研究所研究员。

本书初版收 21 篇各自独立的文章，包括《明惠帝失踪案》、《永乐末年后宫惨案》、《清孝庄太后下嫁案》、《雍正帝继位疑案》、《天理教起义攻入皇宫案》、《同治帝死因之疑案》等。书后附有

《明代帝系表》、《清代帝系表》。再版时作者对原有文章进行了增删修订，又加入《明成祖生母之疑案》、《侍女苏麻喇姑之谜》等5篇文章。

此书有意选择了社会上流传较广、影响较大的明清主要宫廷疑案，对其流传情况及历史真相进行了介绍。书中的文章建立在占有大量历史文献资料、吸收史学界最新研究成果的基础上，为读者了解有关明清宫廷史提供了有益的参考，而生动的文笔、通俗的形式，又进一步增强了此书的可读性。

《满蒙联姻：清代宫廷婚俗》

《满蒙联姻：清代宫廷婚俗》，张杰著。辽海出版社1997年8月出版，一册，183页。

张杰（1954—　），辽宁省辽阳县人，辽宁大学历史系硕士毕业，现任辽宁大学历史系教授。主要著作有《书生乾隆皇帝》、《1644年中国社会大震荡》（合著）等。

此书是《清代文化丛书·风俗卷》中的一本。引言部分概括性介绍了满蒙联姻的大致情况。正文部分包括"四十万蒙古与三万满洲"、"明朝欲以'西虏制东夷'"、"努尔哈赤娶明安女"、"蒙古第一额附恩格德尔"等三十个方面的内容，较为明晰地叙述了清政权历朝皇族和蒙古联姻的状况。

此书视角新颖，作者比较敏锐地注意到了满清皇族与蒙古贵族之间的姻缘联系，从民族关系的特殊角度叙述了清皇室的婚姻历史，而全书又以丰富的史料为基础，为研究清代宫廷史、民族史、政治史提供了有趣而有益的参考。

此书曾获"北方五省优秀图书"奖。

《落日残照紫禁城——清宫秘史纪实》

《落日残照紫禁城——清宫秘史纪实》，庄建平编，章伯锋统编。四川人民出版社 1999 年 10 月出版，一册，440 页。

本书选编了《近代稗海》中关于清代宫廷的二十二种资料。其中包括龙顾山人辑的《南屋述闻》，主要记述嘉道以后军机处故事；祁寯藻的《枢廷载笔》，为道光二十二年（1842 年）初至二十三年（1843 年）春作者入直军机的部分日记；金梁的《光宣小记》，记光绪、宣统两朝事；恽毓鼎的《崇陵传信录》，记光绪、宣统间宫廷政争的内情，对慈禧太后专权及与荣禄谋废光绪帝、义和团活动记述尤详；毕永年的《诡谋直记》，记述戊戌变法前夜康有为等秘密谋划利用袁世凯包围颐和园，以乘机捕杀慈禧太后的有关情况，是研究戊戌政变史的重要的第一手资料；《荣相国事实记略》，记述光绪二十六年（1900 年）五月初一日至七月二十日京畿一带义和团活动情况及荣禄等王公大臣的态度；杜钟骏的《德宗请脉记》，记述杜钟骏等为光绪帝请脉经过；还包括《清末王公贵族生活》、《溥仪大婚纪实》、《让国御前会议日记》、《记隆裕太后之宣布共和及其逝世》、《冯玉祥迫宣统出宫记》等。

此书所收内容多为正史所不载，是研究清代宫廷史的珍贵参考资料。

《清宫帝后膳饮》

《清宫帝后膳饮》，郑志海、屈志静著。九州出版社 2000 年 8 月出版，一册，163 页。

郑志海（1936—　），河北唐山人，北京故宫博物院离休研究员，著有《北京紫禁城》等书。屈志静（1937—　），北京人，北京故宫博物院离休研究员。

此书作者首先对清宫帝后膳饮状况进行概述，然后分"御膳"、"御茶"、"御酒"三个部分对之进行具体介绍。"御膳"，介绍清宫皇帝膳饮管理机构、膳饮之物来源、帝后宫份、筵宴礼、筵宴名目、筵宴礼仪、筵宴等级、膳桌等级、节日筵宴及平日用膳食谱、帝后药膳等；"御茶"，介绍御茶房、茶库、贡茶、帝后用

174

茶、帝后用茶宫份、茶宴、皇帝试茗等；"御酒"，介绍皇帝用酒、清宫用酒、帝后酒膳等。其后是相应的日文内容，最后为图片博览。

此书以准确细致的文字和丰富清晰的图片介绍了清宫帝后膳饮的历史背景、文化来源、民族习惯、管理机构、等级制度等，为研究清代宫廷饮食文化提供了极为珍贵的参考资料。

《明清宫廷生活：六百年紫禁城写真》

《明清宫廷生活：六百年紫禁城写真》，刘毅著。天津古籍出版社 2000 年出版，一册，377 页。

刘毅（1964— ），天津人，南开大学历史学博士，曾任南开大学历史系主任助理、文物博物馆学专业主任，现任南开大学历史学院文物博物馆学系教授、系主任。

此书绪言部分介绍了明清宫廷生活的内涵、特点，并收入有关资料。正文分九章："华贵的冠服"、"壮丽的宫殿和苑囿"、"丰盛奢华的御膳"、"宝玺与车辂"、"庄严纷繁的祭祀"、"宣示威仪的典礼"、"皇族教育与宗教信仰"、"内廷生活撷谈"、"隆重的丧葬"，依次介绍了明清皇室的服饰、居住、饮膳、车辂仪式、祭祀、典礼、教育、宗教信仰、娱乐、丧葬等状况。

此书依托明清官书和各种笔记、杂著、当事人回忆、日记、档案等历史资料，名胜古迹和各类文物等实物资料，从物质文化、精神文化方面考察了明清时期的宫廷生活，为研究明清宫廷典章制度和皇室主要成员的生活方式提供了丰富的参考。

《清代宫史论丛》

《清代宫史论丛》，清代宫史研究会编。紫禁城出版社 2001 年 9 月出版，一册，554 页。

此书是关于清代宫廷史研究的论文集，文章按内容分四个部分编排。"人物评论",收研究宫廷人物的论文15篇,包括《论乾隆皇帝的士人化倾向》(刘潞)、《孝庄文皇后的晚年生活与丧葬》(黄晓萍)、《纪晓岚与避暑山庄》(蒋秀丹)等;"文化科技",收研究宫廷文化科技的文章13篇,包括《清乾隆时期宫廷掐丝珐琅器的制造与使用》(张荣)、《概述康熙朝大地测量》(刘宝建)、《清宫修史机构国史馆述略》(翁连溪)等;"丧葬祭祀",收相关论文9篇,包括《清代宫廷丧葬礼仪奠献述略》(苑洪琪)、《康熙皇帝的国丧大礼及其特点》(任万平)、《祭祀神帛》(宗凤英)等;"陵寝研究",收相关论文14篇,包括《关内外清陵建筑对比谈》(王成民)、《清代帝陵地宫棺椁位置初探》(訾慧)、《清代陵寝档案研究》(高换婷)等。

此书中所收论文涉及面广、学术价值高,为研究清代宫廷人物、文化、科技、丧葬、祭祀、陵寝等提供了可贵的参考。

《中国皇帝与洋人》

《中国皇帝与洋人》,郭福祥、左远波著。时事出版社2002年2月出版,一册,430页。

郭福祥,曾任职于北京故宫博物院保管部、宫廷部。左远波,故宫博物院紫禁城出版社《紫禁城》编辑部主任、副编审。

感于当时尚无一部系统整理皇帝与外国人之间故事的著作,郭福祥、左远波作了《中国皇帝与洋人》一书,以期比较准确地表现中国皇帝与外国人交往的历史原貌。

此书共分八章,逐章介绍宋以前的帝王、元朝皇帝、大明皇帝、崇祯与顺治、康熙帝、雍正与乾隆、从道光到光绪、慈禧太后等统治者与外国人之间的交往。

此书将散见于各种载籍的史料进行系统聚集,依时间顺序勾画出了中国皇帝与外国人交往的总体脉络,对他们之间的直接交往进行了深入浅出的描述及剖析。书中大部分内容都与北京历史有关,为研究北京政治史、科技史、外交史、文化史、宫廷史等提供了视角独特的参考。

《清宫旧影珍闻》

《清宫旧影珍闻》，左远波著。百花文艺出版社 2003 年 7 月出版，一册，384 页。

作者介绍见前《中国皇帝与洋人》篇。

此书是一部图文并茂的著作，分为七个单元，依次为"当国太后逸闻种种"、"哀世之君悲情故事"、"潜龙府邸显赫王爷"、"懦弱亲王监国摄政"、"宗室亲贵各树一帜"、"关门天子称皇道朕"、"太监宫女皇室家奴"，分别介绍慈禧太后、光绪皇帝、醇亲王奕譞、醇亲王载沣、其他宗室、宣统皇帝溥仪、宫中奴仆等人物以及有关的历史往事，时间截止到 1924 年清逊帝溥仪被驱逐出宫，重点突出清代晚期至民国早期的宫廷人物活动。

此书作者在参阅大量官修实录、四库典籍、文集笔记、珍密档案的基础上，以尘封的历史照片为依托，以照片中的鲜活人物为线索，以重大的历史事件为背景，系统深入地揭示了发生在照片背后的真实故事。书中的照片珍贵而全面，史料丰富而翔实，作者将清宫珍闻娓娓道来，使此书成为研究清代历史、宫廷史的重要参考资料。

《清代皇宫礼俗》

《清代皇宫礼俗》，支运亭主编，清代宫史研究会编。辽宁民族出版社 2003 年 8 月出版，一册，612 页。

支运亭，清史专家，原沈阳故宫博物院院长。多年致力于中国古代史、古器物学、陈列展示学、博物馆学的研究。

此书是一本关于清代宫廷礼仪的论文集，所收文章根据内容分为三类："宫史、典制研究"，收相关的文章 20 篇，包括《清宫礼仪档案略论》（邹爱莲）、《清代禁卫体系考述》（向斯）、《清代皇家狩猎制度与习俗》（李梅）等；"文物、文化研究"，收相关文章 21 篇，包括《清宫藏书源流》（齐秀梅）、《清代殿试》（李兴华）、《〈满汉合璧清内府舆地秘图〉刍议》（孙淑娟）等；"陵寝、宗教研究"，收相关论文 15 篇，包括《清帝崇信佛教与宫中佛事档案研究》（秦国经）、《浅析清陵石五供的演变》（徐光源）、《清代陵寝神牌》（方国华）等。

本论文集所辑文章的作者多是历史档案馆、博物院、文物管理部门工作人员，他们在查阅相关历史文献资料、对历史遗迹进行实地考察的基础上写出了相关论文。这些文章论述明晰、考证精良，有些还提出了十分新颖的观点，是当时清代宫廷史研究的最新成果。

《皇宫祈福》

《皇宫祈福》，毛宪民著。文物出版社 2003 年 11 月出版，一册，285 页。

毛宪民（1954— ），中央文化管理干部学院文博系毕业，先后在北京故宫博物院研究室、宫廷部工作，现为北京故宫博物院宫廷部馆员、中国清宫史学会会员。有《深宫消闲术》等。

此书包括九个方面的内容："宫廷祈求福寿艺术特点"，介绍某些宫廷祈求福寿艺术的特点；"宫廷皇帝卤簿仪象研究"，分析宫廷卤簿仪象的历史、清代皇帝卤簿仪象的来源以及使用特点和区别特点等；"宫廷环卫整理措施初探"，论述宫廷环卫管理状况以及环卫工匠稽查情况；"宫廷除溷与便器具考略"，考察宫廷除溷的处所、用具、用品等；"宫廷防火措置研究"，记述宫廷火灾情况，研究宫廷防火措施及制度；"宫廷乾清宫失火案综述"，论述乾清宫的失火、重建等情况；"宫廷驯养鹰鹞特点散谭"，论述宫廷鹰鹞的驯养和表演；"宫廷御茶特点与茶宴吟诗赏析"，记述与茶宴有关的内容；"宫廷演戏与帝后迷戏"，介绍有关宫廷演戏的一些情况。

本书从清代宫廷内的祈福艺术、环卫、防火、驯鹰、茶宴、演戏等方面系统而清晰地描述了清代宫廷生活尤其是宫廷日常生活的方方面面。作者长期在故宫博物院工作，对宫廷文物十分了解，同时又涉猎了大量历史文献、历史档案，并将实物与历史紧密结合，使全书富有较强的学术性、知识性，尤其是关于环卫、防火、驯鹰、茶宴的内容为他书所罕见，为人们了解宫廷日常生活的实际情况提供了可贵的参考。

《清宫档案揭秘》

《清宫档案揭秘》，李国荣主编。中国青年出版社 2004 年 5 月出版，一册，353 页。

作者简介见前《庚子事变清宫档案汇编》篇。

为了让历史贴近现实生活，中国历史第一档案馆的专家们编写了一套雅俗共赏的有关清代历史的社会科学普及作品——《清宫档案揭秘》。

此书包括二十三个相对独立的专题，如"清初第一疑案——太后下嫁"、"想当和尚的顺治皇帝"、"康乾巡幸下江南"、"拨开乾隆身世的迷雾"、"皇宫医案破解光绪猝死之谜"、"清代皇帝的衣食与寝居"、"真龙天子的医疗与保健"、"清宫秘档说战阵"等，都是民间广为流传的清代历史中传闻颇多的有关人物和事件。书前有照片 17 幅。

中国历史第一档案馆的专家们充分发掘了清代宫廷档案，根据翔实可靠的清宫秘档，进行了深入考证分析，使得书中的每个专题都针对人们感兴趣的问题，或列出材料，客观介绍并存疑，或深入分析，得出令人信服的结论。书中的清代宫廷档案资料大多比较难得，所配的大量插图也十分珍贵，加之整部书的语言鲜活生动，使此书成为科学性、趣味性都很强的一部作品，对研究清代宫廷史很有价值。

《慈禧与光绪——中国宫廷中的生存游戏》

《慈禧与光绪——中国宫廷中的生存游戏》，〔美〕何德兰著，晏方译。中华书局 2004 年 10 月出版，一册，239 页。

何德兰（Isaac Taylor Headland，1859—1942 年），美国美以美会教士，1888 年来华，任北京汇文书院文科和神科教习。他留华二十多年，又因妻子常到宫中行医，对宫中情况多有了解，于是依据自己的见闻写成此书。

此书共二十二章，主要可分为五个方面的内容。关于慈禧的叙述约占八章；关于光绪的约占四章；其余关于王公大臣、宫廷贵妇、格格福晋的内容各占有一定章节。除此之外，作者对晚清时期中国妇女的社交、疾病等情况、北京城的地理、社会上新式教育的普及等民情也有一定比例的叙述。书中还附有许多照片及相关插图。

此书对宫内许多情况有所披露，因作者无需顾忌，所记的一些详尽细节是前所未闻的。尤其可贵的是作者对慈禧和光绪进行了多角度、立体化的描述。这些都为研究清代宫廷生活提供了生动而珍贵的资料。

此书还有另一译本，名为《一个美国人眼中的晚清宫廷》，吴自选、李欣译，百花文艺出版社 2002 年版，一册，208 页。

《宫廷北京》

《宫廷北京》，秦华生、丁汝芹著。旅游教育出版社 2005 年 1 月出版，一册，244 页。

秦华生（1956— ），北京艺术研究所所长、中国戏曲研习社社长、中国戏曲研究会常务理事，著有《北京戏曲通史》、《清代戏曲发展史》等。丁汝芹（1945— ），女，北京艺术研究所研究员，著有《清代内廷演戏史话》、《乾隆朝查饬曲本事》等。

　　《宫廷北京》是《文化北京丛书》中的一种，全书依次介绍了辽代、金代、元代、明代、清代的宫廷文化，每一章下又分为若干具体的小节，比较全面地对宫廷生活中的许多方面进行了详细的叙述，如在"辽代宫廷文化"部分中介绍了辽南京粗具规模、辽代宫廷娱乐、辽文妃诗谏获罪、辽代宫闱奇冤、辽代宫廷音乐、辽代宫廷乐舞、辽金宫廷射柳等，涉及辽代宫廷内部的多个方面。

　　此书是一部较为系统全面地记述北京宫廷历史的书籍，内容通俗易懂，作者在论述时引用了一些史料的原文，使此书同时具有了保存资料的价值，为了解北京各王朝宫廷文化的历史提供了有益的参考。

文化史

小　序

　　文化史部分包括综合、文学、戏曲曲艺、美术工艺摄影、文化机关和学术团体、新闻出版等六类，共收录文献289部。

　　综合类12部，收录总论北京文化的著作。有全面论述北京文化的《北京文化综览》、《北京传统文化便览》等；有论述某一地区文化的《宣南文化便览》；有论述某一时期文化的《解放战争时期北平地下党斗争史料（文委）》、《解放战争时期北平第二条战线的文化斗争》；也有论述某一文化运动的《北方左翼文化运动资料汇编》。这类著作涉及北京文化的多个方面，因此列入综合类。

　　文学类97部，主要收录吟咏北京的诗词和研究北京文学的著作。这一类是按体裁分类的，有诗歌总集《人海诗区》、《历代咏北京诗词选》、《古燕诗纪》等；有描写宫廷生活的宫词，如《辽金元宫词》、《明宫词》、《清宫词》；有描述历史事件、政治生涯和个人经历的诗词，如《庚子都门纪事诗》、《驴背集》、《洪宪纪事诗本事簿注》、《南苑唱和诗》、《上斋纪事诗》等；有描写北京名胜古迹的诗歌，如《明十三陵小乐府》、《潭柘纪游诗》、《北京钓鱼台诗汇》、《万生园百咏》等；有描述北京社会风俗的竹枝词、打油诗，如《清代北京竹枝词》、《京华百二竹枝词》、《都门打油歌》等；有北京文学史研究著作，如《北京文学研究史料》、《沦陷时期北京文学八年》等。内容包括北京政治、经济、历史、风俗、名胜古迹等各个方面。北京题材的小说，有些在建筑、民俗、人情世故方面的描写超过研究专著，但因其总体上的虚构性，不列入文学类收录范围。

　　戏曲曲艺类116部，以戏剧为主，有总论北京戏曲的《中国戏曲志·北京卷》、《北京戏剧通史》等，有北京戏曲资料汇编《清代燕都梨园史料》及其子目，有戏曲演员的传记和影集《清代伶官传》、《伶史》、《名伶百影》等，有记录梨园轶事的《梨园佳话》、《京尘杂记》等，还有少量戏园、剧场、剧社的著作。北京题材的剧本不收录。曲艺类包括研究俗曲、皮影、电影等的著作，因不收录作品本身，所以这一类收书较少。

美术、工艺、摄影类19部，包括绘画、版画、笺谱、壁画、刻瓷、摄影等，因不收作品本身，只收研究著作，因而条目不多。

文化机关、学术团体类35部，包括图书馆、博物馆、档案馆等。其中图书馆为重点，有公共图书馆、学校图书馆，反映了近现代北京市图书馆事业的发展。

新闻出版类10部，主要是研究报刊、报社的著作。报刊本身归入《北京史料报刊资料类编》加以说明，工具书归入《北京文献工具书辞典》，故本编不再重复收入。

本卷的收录标准：

一、本卷收记录1949年以前北京文化史的文献，有些在时间上跨到1949年之后，如《北京电影业史迹》、《北京大学图书馆九十年记略》，有些在地域上超出了北京，如《古燕诗纪》、《全史官词》，因全书主要记1949年以前北京文化史的内容，且它书无法代替，故仍收入。内容涉及全国范围的，如《中国京剧编年史》、《中国京剧史》、《京剧史照》，记录北京的内容占一半以上，本卷仍收录；泛论中国文化史的著作，而北京地区内容太少的，则不收录。

二、有关北京文化史的单篇文章，如《燕京赋》、《北平赋》、《燕市百怪歌》；某部书中的一部分，如《愿学堂诗存》第十二卷《日下重游草》、《燕京掌故杂抄》中的《都门新竹枝词初集》，因文献价值较高，单独立目。

三、在研究同一对象的各书中，收其内容全面、概括性强的。如有关松坡图书馆的，有《松坡图书馆纪事》、《松坡图书馆十三年报告》至《松坡图书馆二十年报告》、《松坡图书馆概况》，本卷只收最后一种。

四、不同版本的书籍，收其内容最丰富的，对其他版本的不同之处加以说明。如《北平研究院概况》有1933年版、1948年版，还有1939年版《北平研究院十年来工作概况》，本卷只收

1948 年版。再如文学类中的宫词，有些书名相同，但因作者不同，取材不同，内容各异，本卷从史学研究出发，把有注释的尽量收入。

书目的排序以类相从，每类按由总到分、从先到后的原则排列，总论北京文化的综合类各书放在"文化史"之首。小类下把内容相近或体裁相同的放在一起，不再列类目。丛书的各子目紧随在丛书之后。

（一）综　合

《北京文化综览》

《北京文化综览》，丁守和、劳允兴主编。北京师范学院出版社1990年出版，一册，514页。

北京是中国的政治中心和文化中心。此书力图对北京文化的各个方面、各个领域做出比较完整系统的阐述和解释，以便读者了解北京文化的概貌。全书分十八章，有北京文化发展概说、文学、艺术、戏曲、语言、教育与科举、科学和技术、体育、医药卫生、新闻、刻书、宗教、民俗、文献典籍、文化团体、名胜古迹、文化名人、博物馆、图书馆、档案馆、藏书楼等。每项内容，基本上都上起远古，下迄近代，至1949年中华人民共和国成立。

参加此书编写的有北京社会科学院历史研究所、中国社会科学院近代史研究所、中国佛教协会、北京市委党校、中国人民大学哲学系、中央民族大学、北京师范大学、北京东直门中医医院等。在写法上注意原始文献和资料的应用，也尽量汲取已有的研究成果。各门类重视历史知识的介绍，以史的发展叙述事实，力求兼顾知识性、科学性、可读性。此书内容丰富、全面，是研究北京文化史的重要参考书，也是文化、教育、宣传部门的重要读物。对北京文化史感兴趣的普通读者，也可从此书中得到益处。

《北京传统文化便览》

《北京传统文化便览》，陈文良主编。北京燕山出版社1992年出版，一册，1379页。

从金代开始，历元、明、清三代，北京一直都是中国的政治中心和文化中心，它集中体现了中国传统文化的形态和特征，又具有鲜明的地方色彩。此书试图对北京传统文化进行初步的总结，提供全面而简明的知识。全书分历史沿革、燕山蓟水、典章制度、文物考古、城池宫阙、民族宗教、坛庙观堂、京腔土语、戏曲说唱、民间技艺、市井习俗、风味饮食、园林景观、府邸宅第、坊巷胡同、老字商号、一岁货声、旧京书业、学堂书院、日下报刊、科学技术、京华人物、地方文献、掌故传说等二十四类，每类下分若干小类，小类下再分词条，正文以解词的形式写成。如"市井习俗"类下分"育儿习俗"、"婚姻习俗"、"寿辰习俗"、"丧葬习俗"、"居住习俗"、"服饰习俗"、"交通习俗"、"岁时习俗"，"寿辰习俗"下有"过生日"、"做寿"、"拜寿"、"百寿图"、"寿堂"、"寿桃"、"寿面"、"送灯花儿"、"坎儿年"等九个词条。"京腔土语"类则是将北京俗语按其首字读音顺序排列。本书收词5000多条，每类力求全面，因而全书内容极为丰富。末附《北京历史文化大事系年表》，记事起于公元前865年，止于1949年中华人民共和国成立。溥杰为本书题签，阎崇年作序。本书既是北京传统文化方面的重要工具书，也可为了解、研究北京文化某些专题提供借鉴。

189

《中国文化杂说（四）·北京文化卷》

《中国文化杂说（四）·北京文化卷》，臧嵘、史明迅主编。1997年北京燕山出版社出版，一册，580页。

本书是关于北京文化的普及性读物，内容分几部分：一、人民教育出版社副编审邢克斌《北京的中轴线》，即北京概说，包括中轴线的形成、中轴线的中心——紫禁城、世界上最大的广场——天安门广场、中轴线的制高点——景山、古老繁华的前门地区、北京中轴线的南北两端；二、人民教育出版社马执斌《北京胡同漫话》，作者研究北京史多年，是《北京晚报》的经常作者；三、北京教育学院副教授王红《北京的园林》，作者主讲北京史；四、人民教育出版社编辑余桂元《北京的寺庙》；五、《首都师范大学学报》编辑部江建民、侯伟《北京的古塔》，作者亲自调查

220座北京古塔，判定方位，拍摄照片，可惜照片未用；六、人民教育出版社编审臧嵘、副编审史明迅《北京的名桥》；七、臧嵘、高等教育出版社副编审王宏凯《北京历史上的名人》；八、研究北京文化的专家谭伊孝《北京的宅院与故居》；九、首都博物馆刘高、杜翔《北京的会馆》；十、北京师范大学历史系马卫东《北京的老字号》；十一、高等教育出版社夏之民《北京的墓葬》；十二、首都博物馆叶舟、杜翔《北京文物杂说》。（作者单位、职称以编写时任职为准）

　　本书编写队伍庞大，内容丰富全面，如历史名人从黄帝、召公奭、乐毅、苏秦一直写到孙中山、鲁迅，为研究北京史提供了丰富的资料。但也有遗漏或舍弃，如北海有一组华贵的亭桥五龙桥，限于篇幅，名桥部分未能收入；北京阜成门外有郎世宁墓，墓葬部分漏收。

《神州轶闻录》

　　《神州轶闻录·文化篇》，周简段著。华文出版社 1991 年出版，一册，301 页。1998 年再版。

　　周简段（1916— ），广东开平人，香港作家联会会员。曾在广东、香港、山东、北京等地长期从事教育、侨务和新闻工作。著有《祖国与华侨》、《神州轶闻录》等。

　　周简段是香港著名文史作家，青少年时代在北京读书、工作、生活，对北京的名人轶事、名胜古迹、文物珍宝、文史掌故、民情风俗都非常熟悉。20 世纪 50 年代以后，他定居海外。自 1980 年 1 月起，开始在香港报刊上发表专栏文章，每日一篇，约千字左右，历时十年而不衰。他以古都北京为中心，系统地缕述京华旧日，细说当年，文笔优美，又具探源究始之功，披露了不少鲜为人知的重要史事，颇受读者好评。1991 年华文出版社请冯大彪分类选编其十年来的精粹文章，分《名人篇》、《文化篇》、《名胜篇》、《民俗篇》、《美食篇》出版。本书即其中的一种，内容分五个方面：一、戏曲影剧，其中有《"四大徽班"进北京》、《四大名旦的竞争》、《难以忘怀的"北京剧社"》等；二、文玩字画，有《古玩杂谈》、《故宫中的两组珍宝》、《漫话"北京皇宫花"》等；三、店堂文具，有《琉璃厂杂记》、《李福寿及其笔庄》等；四、学府书典，有《北京国子监》、《末科状元办学校》等；五、文苑逸趣，有《俞家四代人》、《作家说相声》等。共计120篇。书前有冰心、季羡林、冯大彪序。本书所记涉及整个神州大地，而北京占绝大多数，可谓北京文化概览。

《古都艺海撷英》

《古都艺海撷英》，北京燕山出版社编。北京燕山出版社1996年出版，一册，592页。《北京旧闻丛书》之一。

1985年，北京燕山出版社创办《燕都》杂志，专门介绍北京历史文物、人文掌故和社会生活，发表了不少根据亲见亲闻、个人记忆写成的好文章，受到各方面读者的欢迎，至1992年停刊。1996年，该社编辑《北京旧闻丛书》，分门别类地辑录《燕都》中的好文章，编出《京华古迹寻踪》、《古都艺海撷英》和《旧京人物与风情》三种。

本书收录文化艺术方面的文章194篇，内容涉及教育、科举、京剧、对联、子弟书、皮影戏、电影、小说、相声、书法、绘画、藏书、刻书、报刊、文具、书店等诸多方面。大多数为当事人的亲身见闻，也有一些后人的研究考证。作者中有很多名人大家，如著名史学家邓广铭、吴小如，文学家梁实秋、邓逸梅，文物鉴赏家朱家溍、史树青、单士元，戏曲演员袁世海、魏喜奎、王金璐，画家李燕，版本学家雷梦水，语言学家周祖谟，戏曲专家张次溪、翁偶虹等。这些文章大致以类相从，没有严格的系统性，但都与古都的历史文化有关，可读性强，非常吸引人。它为普通读者展现了一幅北京历史文化的画卷，研究者也可从中发现有用的资料。

《文苑撷英》

《文苑撷英》，北京市政协文史资料委员会选编。北京出版社2000年出版，一册，562页。《北京文史资料精华丛书》之一。

本书是从北京市政协文史资料委员会近二十年来编辑出版的《北京文史资料》、《文史资料选编》中精选而成的，收录从清末至1949年的北京史料。以历史当事人或见证人亲历、亲见、亲闻的回忆录为主，也有少量是通过采访调查整理而成的。本书所收文章分几大类：一是关于档案、图书的，有单士元《庭训琐记——我与初创时期的故宫博物院》、《清内阁大库档案流散记》、朱伟武《故宫明清文件档案流失的见闻》、萧新祺《朱启钤收藏古籍文物二三事》、雷梦水《书林散叶》、赵其康《北京图书馆变迁纪略》等；二是关于文人轶事的，如金丁《和鲁迅先生来往的几点印象》、李霁野《未名社的始末》、徐盈《解放前夕的北平文化界》、熊仲光《回忆嗣父熊十力》、钱秉雄《忆父亲钱玄同》、马本寅《回忆父亲马寅初》等；三是关于新闻事业的，如丁文舟《回族爱国报人丁宝臣》、汤修慧《一代报人——邵飘萍》、姜纬堂《记〈北京女报〉》、孙百里《〈华北日报〉停刊内幕》、赵玉明《北京广播事业发展概述》等；四是关于科技方面的，如黎诣远《我国现代机械工程学的先驱刘仙洲》、孙敦恒《记著名化学家曾昭抢教授》、陈遵妫《中国天文学会和北京古观象台》等。这些文章为研究北京近现代文化提供了新史料。

《宣南文化便览》

《宣南文化便览》，郑文奇主编。文化艺术出版社2002年出版，一册，299页。

本书是在中共宣武区委的领导下，由宣武区政协文史资料委员会、宣武区文化馆、宣武区作家协会共同选编的普及读物。郑文奇主编，李金龙任执行主编，参加编写的有三十余人。

全书内容分十三章：一、话说宣南，二、士人之乡，三、琉璃厂文化，四、宣南名胜，五、名人故居，六、会馆文化，七、梨园文化，八、天桥民俗文化，九、街巷道桥，十、名厂老号，十一、饮食文化，十二、教育今昔，十三、回族风情。

宣南一般指北京市区西南部的宣武区，此地区因在明代外城有宣南坊，故被人们称为"宣南"。这里曾是战国时燕都蓟城所在地，辽、金、元、明、清历代京都的一部分，有唐建法源寺、辽建天宁寺塔、辽建清真寺、金修太液池、明建山川坛等文物古迹五十余处；大栅栏自明永乐以来繁荣不衰，三十余家老字号蜚声海内外；古色古香的琉璃厂文化街、老天桥的民俗文化艺术，都久负盛名；著名的牛街回族聚集区，有国内外穆斯林向往的牛街礼拜寺。宣南是京剧的主要发祥地之一，很多梨园名家都曾居住在这里。由于清初以来实行"旗民分城而居"政策，宣南成为京师居民的居住区域，尤其是文人士子的聚居之地，有全国各地众多的会馆以及王士禛、孔尚任、纪晓岚、李渔、康有为、鲁迅等名人故居。为了让宣南文化更加深入人心，本书在编辑上力求浅显易懂、老少皆宜、生动活泼，涵盖面广，普及性强，是第一部全面系统地介绍宣南文化的通俗读物。

《北方左翼文化运动资料汇编》

《北方左翼文化运动资料汇编》，中共北京市委党史研究室、中共天津市委党史资料征集委员会编。北京出版社1991年出版，一册，694页，照片12幅。

1927年至1937年的左翼文化运动是中国共产党领导的反对帝国主义、封建主义的革命斗争的一个重要组成部分，是中国文化发展的一个重要阶段。以北平为中心的北方左翼文化运动是全国左翼文化运动的一个重要方面，在特定的环境下，形成了自己的活动方式和特点，积累了许多宝贵经验。

193

本书是北方左翼文化运动资料汇编，收集有关资料 180 余件。全书分七部分：一、概述，综论北方左翼文化运动的概况；二、历史文献，收录中国左翼作家联盟北方部、中国社会科学家联盟北平分盟、中国左翼戏剧家联盟、北平世界语同盟、北平文化总联盟、北平文化界救国会、中国文艺家协会、北平作家协会等左翼组织的纲领、宣言、简章等；三、报刊文选，摘录当时左翼刊物的发刊辞、编后语及有代表性的文章；四、回忆录，收录当事人回忆北平左翼文化运动、北平左联、北平剧联、北平作家协会、北平左联支部、北平左联南城区支部等左翼组织的文章，或回忆鲁迅"北平五讲"、郊祭李大钊情况的文章；五、报刊目录索引，是左翼人士所编的各种报刊的目录，如《青年思潮》、《北方文艺》、《北方青年》、《北平文化》、《当代木刻》等，从创刊到停刊，逐期抄录其目录；六、反动当局镇压左翼文化运动的有关文件，即审查、查禁进步书籍、刊物的通令、通告、密令等；七、大事记，编年记载 1927 年 4 月至 1937 年 7 月间北方左翼文化运动的大事。

本书用多种体裁辑录了北方左翼文化运动的重要资料，涉及北京、天津、河北、山东、山西等多个省市，其中北京占绝大部分，为研究北京党史、革命史和文化史提供了重要史料。

《解放战争时期北平地下党斗争史料（文委)》

《解放战争时期北平地下党斗争史料（文委)》，中共北京市委党史研究室编印。中共北京市委党史研究室 1993 年铅印本，一册，369 页，照片 10 幅。

中共北平市委文化工作委员会（简称"文委"）1946 年 6 月设立，后来北平市委撤销，由中共晋察冀中央局城市工作部直接领导。张文松任文委书记，委员只有曾平一人。同时中共冀中区党委北平工作委员会也建立文委，张青季任书记。1946 年 8 月，北平工作委员会并入中央局城工部，张青季参加了以张文松为书记的文委。1947年7月，文委并入学生工作委员会，成为其下属的一个委员会。文委的工作范围包括：一、新闻（报社、通讯社、美国新闻处北平分处）；二、出版（出版社、书店、刊物）；三、文艺（剧团及文艺界人士）；四、一部分上层民主人士的统战工作。

中共北京市委党史研究室从1986年开始收集解放战争时期文委在北平斗争的资料，邀请部分亲历过这些斗争的老同志座谈，并访问知情者，反复核实材料。有些老同志还亲自动笔撰稿。

本书收集反映解放战争时期文委在北平斗争的回忆文章。全书分三部分：一、回忆文章，有文委领导下的北平地下党在中外出版社北平分社、民主出版社，《国光日报》、《人民世纪》、《鲁迅晚报》、《平明日报》、《文艺大众》等十余种刊物以及在其他出版社、印刷所、报社斗争的情况；二、报刊资料，收录北平《解放》报、《人言周刊》当时登刊的文委的斗争文章九篇；三、附录，有《解放战争时期在北平文化战线上工作过的中共党员和与中共有工作关系的进步群众名单》、《在北平〈益世报〉做过地下工作的中共演员及进步群众补充名单》。

本书比较完整地揭示了文委在这一时期，通过新闻、出版进行斗争的情况，为研究党史和北京出版史、新闻史提供了丰富资料。

《何者为北平文化之灾》

《何者为北平文化之灾》，华南圭著。民国二十一年（1932年）铅印本，一册。

华南圭早年留学法国，学习土木工程，是法国巴黎公益工程大学第一位中国留学生。他娶了一位波兰女子为妻。学成回国后，曾担任京汉铁路总工程师。抗战期间，因拒绝为日本人工作，华南圭再次远走法国，直到抗战胜利。解放后，华南圭回国，担任北京都市计划委员会（即北京市规划委员会的前身）总工程师。给胡同铺上沥青，整治永定河等都是他的提议。

本书是 1932 年华南圭在清华大学讲演的底稿。此处所讲的文化是地理文化。作者认为北平如果城内无三海，城外无昆明湖，则毫无佳趣。三海、昆明之源皆在玉泉。"玉泉分散即是北平文化之灾"。由于开放水田的土豪营私舞弊，贪得水租的污吏食肉怠事，空口呼号的绅商和民众逐末忘本，造成玉泉河水的散失、泛流、蒸发、渗漏，致使北平文化濒临死期。为挽救北平文化，作者分析了玉泉河的流程，提出了整理方法。文章最后谈到北平地坛古树虫害无人救治及山西云冈石窟盗窃案无人过问，并附作者考察云冈石窟照片四幅。

今天北京的社会环境和地理环境已发生巨大变化，作者提出的方案早已不再适用，但注重水源和文化建设的关系的观点仍值得我们重视。

《复兴北京文化刍议》

《复兴北京文化刍议》，唐家桢著，桥川时雄、武田熙校正。东方文化事业总委员会 1937 年 12 月铅印本，北京市第一社会教育区民众教育馆 1938 年 5 月第二版，一册。

作者唐家桢，字伯枚，河北涿县人。河北保定莲池讲学院研究生，毕业后任中小学教员。"卢沟桥事变"后卖身投敌，出任北京市第一社会教育区民众教育馆馆长，兼伪"新民会首都指导部教育分会"常务员。著有《春雨集》、《孝经释义》，还编写小剧本《平安城》，译有《儿童恶习惯的分析》、《儿童智育经验谈》。校正者桥川时雄是一位著名的汉学家，对中国古典文学造诣颇深，著有《陶集版本源流考》、《文心雕龙校读》等，在日本占领北京时期，主持东方文化事业总委员会，主编《中国文化界人物总鉴》、《续修四库全书提要》等。武田熙系日本设立的文化侵略机构"日本兴亚院"的华北联络部文化局调查官，"前汉"组织（北平日伪政权）、"新民会"顾问。曾因盗运大尊龙门石窟佛像而臭名昭著。

本书是作者初任北京市第一社会教育区民众教育馆馆长时拟

定的一篇"刍议"，从宗教、教育、艺术、出版、保管五个方面提出"复兴北京文化"的建议，实际上是日本人建设"大东亚共荣圈"的文化宣言。如在教育方面主张加强礼仪教育，统一学生思想，反对以前"只知努力排外，不思敦睦邦交"；在艺术方面主张"创设影片公司，提倡礼让教育，振兴五常三纲"等。日军占领北京前，作者"人微言轻"，"身不履中山之行，口不道三民主义"，虽计划光大北京文化，不被当权者重视。"卢沟桥事变"后，唐家桢终于抓住机会，充当起日寇的代言人。

本书充满对日寇统治的赞美之词，其文化建设主张本无可取，但从中可以了解当时日寇的对华文化政策。

（二）文　学

《人海诗区》

　　《人海诗区》，清佚名编辑，北京图书馆善本组标点，陈高华校订。北京古籍出版社 1994 年出版，一册，1033 页。

　　此书是古代吟咏北京诗篇的选集，共收入从南北朝至清初五百多位作者的近两千首诗。全书共四卷，每卷分四门，卷一为都城、宫殿、桥闸、祠墓，卷二为苑囿、驿馆、园亭、坊市，卷三为畿甸、边障、山峪、水淀，卷四为岁时、风俗、寺观、杂咏。"人海"指北京人口众多，或指此书所收诗人众多。"诗区"的"区"通"讴"，即讴歌之意。这些诗篇，或讴歌北京的山河壮丽，或吟咏都城的雄伟嵯峨，或描绘园亭的幽静深邃，或歌颂燕赵古民的侠肝义胆，或记述当时的天灾人祸，或揭露官府的凶残暴虐。编者特别注意过去不被人重视的岁时、风俗、边障、山峪、水淀等，为我们了解北京历史提供了多方面的宝贵资料。

　　此书原稿现存国家图书馆善本部，没有编辑体例和序跋，十六门中只有六门有小序，书稿中有重出或虽列目录而尚未收入诗的情况，应该算作未定稿。注文中有"吾杭"字样，编者大约是乾隆初年的浙江人。原稿中有许多错字、脱句等。还有若干不是写北京的而收入此书，如元好问《出京》本指出汴京，书中被改名为《出金国门》，并加题注解释为北京；吴梅村《贺新郎·病中有感》乃抒发自己一生的感慨，不是咏北京的词，原编者改之为《阅演象所东阁大学士范梦章绝命词》，列在坊市门之末。中国社科院历史研究所的陈高华认真查对引用原书，校订全稿，做出校记，为读者阅读使用提供了极大方便。

《历代咏北京诗词选》

　　《历代咏北京诗词选》，张还吾主编。北京出版社 1996 年出版，一册，273 页。

此书是历代咏北京的诗、词、曲的选集，由香山诗社社友集暮年之余热，历经寒暑，在浩瀚诗海之中，选编而成。由于北京名称变换频繁，其管辖范围亦屡有变化，本集在主要选吟咏今北京市范围以内地区的作品的同时，也编选了少量吟咏历史上长期是北京辖地而现在划入其他省市的诗作。编选时限上自西周，下迄清末，共选 316 首。编选原则是强调思想性和艺术性，力求少而精，只求诗的质量，不看诗人名气大小，因此许多著名诗词大家的作品未能入选，一些著名景点也没有诗词选入。

与《人海诗区》相比，此书选诗的数量远远不及，但补充了清中期以后的作品。虽然数量不多，收录不全，但至少说明作者以及诗中提及的人到过北京。书中每个诗人都有小传，对作品中的人名、地名、历史典故还作了简略的注释，对研究北京历史有一定的参考价值。

《古燕诗纪》

《古燕诗纪》十卷，马钟琇编。味古堂民国四年（1915 年）铅印本，四册。

马钟琇，字仲莹，号箸羲，安次（今属河北廊坊）人。幼年师从刘钟英，少嗜诗歌。成年后嗜古如饥，聚书数十万卷，苦读不辍。清末捐资为比部郎中，又与诸名士相倡和。他见《畿辅明诗》、《畿辅诗传》虽录燕诗，但只限于明、清两代，前于此者没有专书，后于此者易归散佚，而清朝灭亡后自己赋闲在家，便就所见随手辑录燕地诗歌，或录自别集、总集，或采自地志、山志，或据朋好之所贻，或承师友所抄示，日就月将，集腋成裘，编成此书。

此书收燕地诗人之诗，从黄帝而下，迄于近人，凡三百余家，编为十卷，并叙作者爵里，略如诗话，各著于本诗之前。全书按作者年代顺序排列，并收当时在世者，其中第十卷分上、中、下，下半卷收马钟琇诗作。燕地包括今北京及附近的天津蓟县、河北文安、霸州、大城、东安、武清等地，书中收诗所咏也不限于北京。不过作者以北京及近郊区县为主，且元代以后咏北京之作渐多。此书是北京及附近地区的地方诗史，特别是还有详备的作者小传，为研究北京文学史提供了丰富资料。

《燕京赋》

《燕京赋》，清顾成天撰。清雍正间刻本，与顾成天《东浦草堂诗·金管集》合订一册。国家图书馆有藏。

顾成天，字良哉，号小厓，上海人。康熙举人。雍正年间朝廷抄蔡嵩家，得成天诗稿，中有咏皇城诗草，疑其语涉讥讽，索全集以进，有挽圣祖诗六章，雍正读之落泪，赐进士，授编修。官至少詹事。著有《离骚解》、《金管集》、《东浦草堂文集》等，还曾将乾隆青少年时所作诗文辑成《乐善堂全集》。

雍正元年（1723 年）五月，顾成天参加科举考试，有人嘱以燕京作赋，遂成此篇。本文从燕京地理形势写起，写到城郭之修建，宫阙之壮丽，景山、瀛台、玉河、西苑之山水、风景，庙社郊坛、旗籍耕藉之庄严，街市之繁华，特产之汇聚，各地土产之丰饶，外国之荒远和使节往来之频繁，京中人物之云集，生活宴乐之奢华，四郊名胜古迹之众多，最后歌颂清朝统治者的文治武功。句中加小注，对所咏之物进行描绘、说明，或注解典故。前有雍正二年（1724 年）张照、严民法序，后有雍正元年凌如焕跋。

此书保存了雍正初年和此前北京城的风貌，对植物、动物所记尤细，如"波斯之猫，拂菻之狗"，礼部仪制司的优钵罗花，居庸涧中的九节菖蒲等，甚至保存了顺治《御制修崇祯帝陵诏》、纪念明太监王承恩的《御制承恩碑文》，为研究北京史提供了较丰富的资料。

《北平赋》

《北平赋》一篇，陈宗蕃著。民国间小糊涂斋钞本，一册。有郭则沄序，崇彝跋。今藏国家图书馆。

陈宗蕃（1879—1954年），字莼衷，福建闽侯人。光绪三十年（1904年）考中进士，任刑部额外主事。后官费留学日本，在东京帝国大学学习法政经济。回国后在邮传部任职。辛亥革命后，曾返福州任教。1917年秋，任国务院参事。1938年后，主要从事讲学和研究工作。1949年后，在中央文史馆工作，1954年病逝。主要著述有《燕都丛考》、《淑园文存》及《新北京赋》等。

陈宗蕃光绪三十年（1904年）中进士后，即居京师，殚心于旧京掌故，有《燕都丛考》，风行海内，掇辑极详。后作《北平赋》，歌咏北平的历史与现状，尤注重现实。其考证北平历史，从《禹贡》冀州、颛顼时幽陵、尧时幽都、舜时幽州写起，建都又从辽之南京、燕京写起，写到历代建置沿革及士子云聚、商贾云集的盛况。饮食方面有京师人喜爱的"非时之鲜"，即暖火种植的黄瓜、茄子等，以及酒和器物崇尚。文化方面有什刹海会贤堂、南半截胡同广和居的吟诗。娱乐方面有汉调秦腔、乱弹杂剧之发展，评书、相声、吞刀、幻术、皮影、弹棋、蹴鞠、斗鸡等项目。社会发展方面，光绪二十七年（1901年）贵家始有电话，光绪三十一年（1905年）有电灯，之前的街市路灯均为同仁堂乐家所捐助；宣统之初设民政部，兴修马路；故宫、三海、社稷坛（中央公园）等开放，京师大学堂、大小学校开办，国立北京图书馆、松坡图书馆、历史博物馆等创立；北京最早的商场为东安市场，真光、平安开电影院之先，北平电车始于民国十年（1921年），公共汽车始于民国三十年（1941年）等。此书注释详赡，为研究北平提供了丰富资料。

《全史宫词》

《全史宫词》二十卷，清史梦兰撰。清咸丰六年（1856年）刻本，四册。

史梦兰，字香崖，直隶乐亭（今属河北）人。道光二十年（1840年）举人。曾国藩曾留其主保定莲池书院，李鸿章曾延请他参修《畿辅通志》。《清史稿》称他"于书无所不窥，尤长于史"。著有《迭雅》、《图书便览》、《畿辅艺文志》等。

此书是一部吟咏历代宫廷历史的咏史诗，从黄帝始，至明朝止，大自礼乐制度，小至服食器玩。每首都引古书原文作为注释，以正史为主，次及别史、杂史、传载志乘和稗官野史。遇事迹错出，互有异同，则或取详赡，或取简明，或因可以互证而彼此并录。注文只注本事，诗中引用古事，则不再注。全书按年代排列，每朝先列兴亡大略，在位皇帝、年号和主要事迹。因为北京曾是辽南京、金中都、元大都和明京师，此书第十八卷辽宫词36首、金宫词36首，第十九卷元宫词92首，第二十卷明宫词158首，都有描写北京的内容，为研究这几朝的宫廷史提供了丰富的史料。

此书有许乃普序，陶梁、焦友麟等题词，作者自序，徐士銮、张山、冯恕跋。

此书还有清咸丰六年（1856年）《止园丛书》本、同治间刻本、上海千顷堂1921年铅印本、1999年大众文艺出版社校注本、1999年中国戏剧出版社《私家藏书》本、2000年北京出版社《四库未收书辑刊》本。原稿今藏国家图书馆。

《辽金元宫词》

《辽金元宫词》，元柯九思等撰。北京古籍出版社1988年出版，陈高华点校，一册，164页。

此书收录历代诗人所作辽、金、元三朝宫词。全书分两部分：一、元代和明初人所作元宫词，包括元柯九思《宫词十五首》、《宫词十首》（附元王逢《题柯博士宫词后》），元萨都剌《四时宫词四首》、《春词》、《秋词》、《醉起》、《宫词》，元杨维桢《宫词十二首》，元迺贤《宫词八首》，元周伯琦《宫词》，元张昱《辇下曲》、《宫中词》，明朱有燉《元宫词一百首》，分别从《草堂雅集》、《雁门集》、《金台集》、《铁厓先生古乐府》、《近光集》、《张光弼诗集》、《宫词小纂》等七种诗文集中辑出。陈高华在点校时，对少数难懂的名词加了简单注释，对错字作了校正。二、清代诗人所作辽、金、元三朝宫词，包括清陆长春《辽金元三朝宫词》，清史梦兰《全史宫词》（辽金元部分）。陈高华对两位作者征引史料时所作的删节不加校补，个别影响文义者按原书改正，对人名、书名、篇名的错误作了校正。

诗中所述，或为亲身见闻，或得自他人转述，或征引有关记载，具有鲜明的北京地方特色，对研究辽、金、元三朝的宫廷历史、帝后生活、宫殿建筑、御园景色、古迹名胜、风俗习惯等，均有一定的参考价值。

《金宫词》

《金宫词》一卷，清陆长春撰。吴兴刘氏嘉业堂民国二十五年（1936年）刻本。《吴兴丛书》之一。

陆长春，字箫士，乌程（今属浙江湖州）人。道光二十四年（1844年）副榜贡生。客居嘉兴、苏州，所至知名。晚年教授里门，蛰居不出。著有《绿鹦仙馆诗文集》、《梦花亭骈文诗词集》、《香饮楼宾谈》、《辽金元三朝宫词》等。

此书描绘金朝宫闱逸事，命词典雅，音节和谐，词采新颖。每篇都有注释，内容取自《金史》、《大金国志》、《归潜志》、《挥麈录》、《清波杂志》等正史、杂史、笔记小说和宋、金、元人诗文集。北京是金朝的燕京，又称中都，金朝的全盛时期就定都于此。此书有近一半的诗歌是描绘北京的。如金和南宋联盟，与辽人争夺"幽云十六州"；辽太祖完颜阿骨打在燕京城南立《开天启祥睿德神功碑》；金主完颜亮迁都燕京，建巨阙，赐宴击毬，冬季围猎；金章宗为李妃在琼花岛建梳妆楼，宫女在太液池采莲，"燕京八景"确立；金章宗诗词优美，但荒于酒色，军中奏报由郑宸妃裁决，会宁陷失、平滦破坏都不知道；金宣宗时元兵临燕京城下，与金议和亲，燕京被焚，大火月余不绝。此书不仅吟咏宫廷遗事，还把有关金中都的资料收集起来，有利于北京史的研究。

此书还有 1988 年北京古籍出版社《辽金元宫词》本、1989 年台北新文丰出版公司《丛书集成续编》本。

《元宫词》

《元宫词》一卷，清陆长春撰。吴兴刘氏嘉业堂民国二十五年（1936 年）刻本，《吴兴丛书》之一。

此书是陆长春所著《辽金元三朝宫词》之一，描写元朝的宫廷趣事，尤详于宫殿制度、饮食、佛教和元朝的特殊风俗。如元世祖时宫城中建葡萄酒室，修琼花岛，设仙音院、仪凤司，徙江南乐工八百家于京师，在长春宫设金箓周天醮；元英宗时建紫檀殿；元宪宗之女下嫁高丽世子，以新制蒙古字颁布天下等；元大都宫殿有大明殿、棕毛殿、水晶殿、鹿顶小殿等。关于佛教的有元帝亲迎西藏喇嘛为帝师，下令翻译佛经、用金粉抄写佛经，皇帝、六宫都接受喇嘛秘密灌顶，元顺帝让宫女演奏佛教舞蹈《十六天魔舞》。关于饮食的有皇家"八珍"，奶茶、驼奶等各种奶制品，江南的奇花异果、荔枝等。这些诗歌都引《元史》、《故宫遗录》、《辍耕录》、《草木子》等正史、杂史和元、明人诗文集进行注释，为研究元朝宫廷史提供了丰富的资料。

此书还有 1988 年北京古籍出版社《辽金元宫词》本、1989 年台北新文丰出版公司《丛书集成续编》本。

《元宫词百章笺注》

《元宫词百章笺注》，明朱有燉撰，傅乐淑注。书目文献出版社 1995 年出版，一册，127 页。

朱有燉（1379—1439 年），明周定王长子，明高祖之孙。洪熙元年（1425 年）袭封周王，奉藩多暇，勤学好古，留心翰墨，集古名迹十卷，临摹勒石，名《东书堂集古法帖》。又制《诚斋乐府传奇》若干种，音律谐美，流传内府，传于后代。死后谥"宪"，后世多称周宪王。此书作于他在汴梁为周世子时，咏元季宫中遗事，还有其宫人夏云英所作三首。旧传本有钱谦益注，因不了解元朝典故和蒙古语言，故其注简陋，间有谬失。傅乐淑1936年在北京大学文科研究所读硕士时，研究元史，注意宫廷生活，参证此书，为之笺释，陆续发表在《禹贡》周刊。1986年重抄旧作，并加以补充。

此书收描写元朝宫廷生活的宫词103首，是根据钦赐的一老妪口述写成。此人是元朝皇后乳母之女，常居宫中，通蒙古书翰，熟悉宫中事。此书宫词所涉及的主要内容有元朝的三宫、棕榈殿，西域进贡的葡萄酒，欧洲天主教皇献马，平波（苹果）的输入，元武宗时太液荡舟，宫中赏牡丹、击毬、荡秋千、赌银钱、斗鹌鹑，携海东青狩猎，万寿山殿旁种青青豆（莎草）以提醒不忘草原，鲍天祐、关汉卿杂剧的流行，乐师入宫教乐，江南、高丽、河西（西夏）、女真和色目女子入宫，高丽奇氏中年封后，元朝的占卜、祈雨，由萨满教向佛教密宗的转变，元顺帝让宫女表演的《十六天魔舞》，上都避暑等。有很多是元朝所特有的。傅乐淑将诗中的典故一一揭出，旁征博引，补充了很多元朝宫廷生活的史料。

朱有燉《元宫词》还有清嘉庆间张海鹏《借月山房汇钞》本、1920年上海博古斋影印《借月山房汇钞》本、民国间上海医学书局影印本、1988年北京古籍出版社《辽金元宫词》本、1994年上海书店《丛书集成续编》本。

《宫词纪事》

《宫词纪事》一卷，明钱位坤著。秀水金氏梅花草堂民国间石印本，据临川李氏藏精写本影印，罗振玉题写书名。

钱位坤，字鹤樵，号大鹤山人，东吴（今属江苏）人。明崇祯年间曾任大理寺正。崇祯十七年（1644年）五月，福王立于南京，刑部尚书解学龙议定"从贼"之狱，定钱位坤为四等应成拟赎者，实则削职为民，永不叙用。次年（顺治二年，1645年）冬作《宫词纪事》。

《宫词纪事》100 首，写明末北都与南都宫廷之事，各 50 首。钱位坤称崇祯为先皇，写国母周皇后媲德周朝后妃，先皇无犬马之好，无声色之乐。写崇祯入继大统时，懿安皇后戒勿食宫中食，从周戚畹处做麦饼而食。写周皇后、田贵妃皆学江南装束，谓之苏样。写六月六日晒书，以皇史宬藏书为首。写选宫人，年幼者读《步天歌》。写执政陈述唐太宗故事，崇祯曰："朕才虽不逮，而羞称唐德。"写张宫人求出外，帝命戚畹收养，后嫁苏州陈仲卿。写东宫宫人推倒石狮子以为笑乐，惊田贵妃寝，几乎引起两宫矛盾等。此书作时《明史》尚未修纂，钱位坤以南明臣民的身份，凭自己的见闻来写明宫词，比较可信，对研究明朝宫廷史有参考价值。

此书还有清初刻本，国家图书馆有藏。

《宫词》

《宫词》一卷，清徐昂发撰。清道光间吴江沈氏世楷堂刻本。《昭代丛书》萃编第四十四。

徐昂发，字大临，昆山人。康熙年间进士，官编修。工骈体文，善诗。著有《畏垒山人诗集》、《乙未亭诗集》。

此书描写明朝宫廷的兴盛景象。如经筵的场面，皇帝阅稼，皇后采桑，为诸王选妃，宫中太监午时换牌，春节、上元、七夕、中秋等节日，宫中的百戏、农家戏、歌舞，后妃和宫女斗草、采萍，皇帝登万岁山、围猎，卫兵泛舟射柳，以及宫中的服饰、饮食等。有些是具体的人和事，有的则是普遍的繁华景象，立意与《东京梦华录》相同。有清韩菼序、杨复吉跋，汪琬、田雯、吴权等题诗。此书可供研究明代宫廷史参考。

此书还有清宣统年间上海国学扶轮社《香艳丛书》本、台北新文丰出版公司 1989 年《丛书集成续编》本。

《启祯宫词》

《启祯宫词》一卷，清高兆撰。清道光间吴江沈氏世楷堂刻本。《昭代丛书》萃编第四十四。

高兆，字固斋，号云客，祖籍福建侯官。康熙时人，与朱彝尊友善。工文翰，尤工小楷，也擅长行书。少遭丧乱，从江左还旧乡，布衣蔬食，采撷隐逸，辑《续高士传》。喜爱砚石，著有《端溪砚石考》。为诗超脱雄浑，接响盛唐，有数首被采入《全闽诗话》。

此书是吟咏明天启、崇祯宫廷琐事的宫词。关于天启朝事有官库发现南朝梁代印有"天启"字样的铜钱，魏忠贤与客氏为对食夫妻，赐客夫人印，赐客氏炙蛤蜊，宫中的女秀才，魏忠贤的权势和厂臣的势力，宫人学念经祝寿，宫妃争宠，中秋吃蟹，元夕鳌山，七夕乞巧，兔儿山登高，宫中养猫，伶官演戏，西苑荡舟，天启帝之病与死等；关于崇祯朝的有宫中佛道神像被送往外城，崇祯帝临虞世南帖，祈谷、藉田，煤山鹿鸣，皇子戴六瓣青纱冠，穿大布衣，崇尚节俭，皇帝因寇盗而斋居，皇子出阁等。书后有沈楙惪跋，称此书叙事与陈悰、王世贞、蒋之翘、徐昂发四家明宫词"不甚同异，而清辞丽句，骎骎乎欲驾而上之"。但此书没有注释，非熟于明宫掌故者难以读懂，是其缺陷。

此书还有清宣统年间上海国学扶轮社《香艳丛书》本、上海书店1994年《丛书集成续编》本、台北新文丰出版公司1989年《丛书集成续编》本。

《明宫杂咏》

《明宫杂咏》四卷，清毛遇顺撰。清道光十九年（1839年）龙潭老屋刻本，二册。

毛遇顺，娄县人，清朝诗人，卒于道光十八年（1838年）。为人诚朴，有古人风，不遇于时。熟悉明末遗事，著《龙潭老屋诗》若干卷，随笔所至，不为诗格所限，为泖东诗社之劲旅。从道光三年（1823年）夏开始，阅明朝野史数十种，随意吟咏，得诗四百余首，亲手加注，曰《明宫杂咏》。死前嘱其子毛以升，若有能力，锓板以公诸同好。其友夏璿、姜皋、丁繁培、李芳、张鸿卓、张清江、冯承辉等集资助刻，遂得问世。

此书以宫词形式，用七言绝句咏明朝十六帝三王之事，以事有错杂，词非一致，故称"杂咏"。所采诸书有一事散见而无舛异者，则据其详者；有两事判殊而可以类聚者，则合而为一；有一事诸书所载互有不合，则据其一，或再三递咏，注亦不厌其详。明代大事涉及宫闱者甚多，如明武宗之豹房以及后期的"三大案"、魏忠贤与客氏等事，《明史》只举大纲，欲知端委，不得不旁涉稗官野史。有些虽不免附会，但原原本本，可惊可愕可泣可歌者，此书皆取用参稽，以镜得失。此书凝聚了作者多年心血，可补正史之不足。

《明宫杂咏》

《明宫杂咏》二十卷，清饶智元撰。清光绪间刻本，六册。《湘渌馆丛书》之一。

饶智元，字珊叔，长沙人，生于同治间。幼而岐嶷，长遭家难，发愤于有用之学，遂通中外事务。负经世之才，博学好古，国家兴衰理乱之由，古今得失成败之迹，四塞九边之险扼形胜，欧洲岛国之兵略权谋，一一留心钩考，具有成书。稽览余闲，发为吟咏，所著《十国杂事诗》出，一时纸贵。后以有明一代宫政之肃超越前古，仿严遂成《明史杂咏》之例，著《明宫杂咏》。从光绪十七年（1891年）年秋起，历经两年而成书。

此书是歌咏明代宫廷的诗集。根据内容多寡，或两三个帝王合为一卷，或一个帝王占三四卷。其诗四言、五言、七言、古体、近体、律诗、绝句、乐府、歌谣无不备，其命意则褒贬、美刺、箴规、诰诫、讽喻、劝惩无不寓，其纪事则忠孝节烈、民生国计、琐语燕谭无不录，其搜罗捃摭之广则正史、杂史、外史、野史、逸史、稗史以及郡国志乘、私家著述、诗文集无不博采兼收。每诗自为之注。或一事而系一诗，或一诗而系数事、十数事。引用600种书，得诗800首，加上其继室张起凤、侧室胡淑、兄女饶运璜、饶运权、饶运琚，女儿饶运仪、饶运琪等八人诗，共 1000 余首。

明朝宫廷事件层出不穷，彤史（宫中女官）之书不外传，皇史宬中所记只记册封年月及后妃丧葬诸礼节，清朝用六十年的时间修《明史》，宫闱传闻，史例不备载，故时时散见于私家著述。饶智元将关于明宫的记述集中起来，为研究明宫史提供了极大方便。

此书收入 1987 年北京古籍出版社标点本《明宫词》。

《明宫词》

《明宫词》，明朱权等著。北京古籍出版社 1987 年出版，商传点校，一册，333 页。

朱权（1378—1448 年），明代学者、剧作家。朱元璋第十七子。商传，中国社会科学院研究员，著名史学家商鸿逵之子。

明朝近三百年间，宫廷中大量传闻轶事，给诗人们提供了极好的诗料。他们或出于耳闻目睹，或出于采撷搜寻，吟哦记述，给后人留下了很多具有珍贵史料价值的宫词。但大多散见于明清诸家诗文集中，有些过于零散，偶尔可检得一二首，有些又叙事重复，诸家之作，大同小异。商传选编十五种进行点校。

此书包括：一、明朱权《宫词》70 首；二、明黄省曾《洪武宫词》12 首；三、明沈琼莲《宫词》10 首；四、明朱让栩《拟古宫词》30 首；五、明王世贞《弘治、正德、西城宫词》共 44 首；六、明张元凯《西苑宫词》24 首；七、明秦征兰《天启宫词》100 首；八、明蒋之翘《天启宫词》136 首；九、明刘城《启祯宫词》33 首；十、清唐宇昭《拟古宫词》40 首；十一、清王誉昌《崇祯宫词》186 首；十二、清顾宗泰《胜国宫闱诗》45 首；十三、清程嗣章《明宫词》100 首；十四、清史梦兰《全史宫词》（明及明补遗）192 首；十五、清饶智元《明宫杂咏》473 首。其中第一、第二为洪武宫词，皆咏明代南京；后四种是通记明朝历史的，兼咏南京、北京，而以北京为主；其他几种分别记述明代一朝、二朝或一小段时间，皆咏北京。这些宫词有的用帝王、宫女之口吻写出，有些内容史学家谓其细碎不堪置喙，稗官家又因忌讳不敢濡毫，因此此书保存了十分丰富的明代宫廷资料。但此书收录不全，许多长篇明宫词未能收入。

《天启宫词》

《天启宫词》一卷，明秦征兰撰。清嘉庆十六年（1811年）刻《启祯宫词》本。

秦征兰，字楚芳，江苏常熟人，为明末诸生。崇祯十六年（1643年）冬写成《天启宫词》，描写天启朝宫廷生活。

天启朝正是魏忠贤、客氏独揽朝政之时，此书中的宫词也主要围绕他们与明熹宗、张皇后而写。全书收宫词100首，主要内容有魏忠贤进马，与客氏的私情，用人参奏太监王安，控制章奏，绝李妃食，侦探后宫与诸直房言行。客氏与张皇后的矛盾，过生日的奢侈，诽谤张后非张国纪所生。天启帝为做木工而请太监代批奏疏，在西苑上树捉鸟，失足裂裳破面，喜欢养猫，捉迷藏，采花草，坐冰床，做宫灯，演戏剧，做水盘，制水傀儡戏，长夜做游戏，操练女兵，不好女色。张后好静不好动，教宫人唐宋小词，做堆纱佛，因不乐与皇帝带领宫女操练而失宠。此外还写了宫中的乞巧、祭灶、养花、斗鸡、做法事等及太监王体乾、高永寿、诗人冯铨、信王（即后来的崇祯帝）、东李娘娘等人的事迹。

《明熹宗实录》成书于崇祯末年，备载冯铨侍奉魏忠贤之丑行。清顺治二年（1645年）诏修明史，以冯铨任总裁官，他趁机窃毁天启四年之卷，天启七年之卷亦缺失，因此描写天启朝宫廷生活的《天启宫词》有不可代替的史料价值。

此书还有嘉庆间虞山张氏《借月山房汇钞》本、民国九年（1920年）上海博古斋影印《借月山房汇钞》本，1987年又收入北京古籍出版社点校本《明宫词》。道光年间吴氏世楷堂刻《昭代丛书》本题陈悰撰。

《天启宫词》

《天启宫词》一卷，明蒋之翘撰。清道光十三年（1833年）吴江沈氏世楷堂刻《昭代丛书》本。

蒋之翘，字楚稺，浙江秀水布衣。家贫，好藏书。明末避盗村居，搜名人遗集数十种，辑成《甲申前后集》。又重纂《晋书》，校注《昌黎集》、《河东集》。崇祯十六年（1643年）三月写成《天启宫词》。

此书有宫词136首，主要写天启朝的宫廷琐事。比秦征兰《天启宫词》早数月成书，内容与之多有重复，诗文及注释均略逊于秦氏，但仍有其特点。如记魏忠贤每月怂恿明熹宗操练内兵，试红衣大炮；熹宗大婚，迎娶张皇后；熹宗喜欢放铳，善忘；《三朝要典》以三大案翻案成书；客氏辖制嫔妃，勒死、筑死宫女，而体肥畏热，皇帝赐冰不绝；魏忠贤枷死皇亲五人，在乾清殿内吃狗肉，请太监朗读文书；明熹宗因客、魏忤逆而怒骂咒恨。此书还描写宫女的装束、时尚等，保留了许多明末宫廷史料，可与秦氏宫词互补。

此书还有清嘉庆间虞山张氏刻《借月山房汇钞》本、1920年上海博古斋影印《借月山房汇钞》本、道光十一年（1831年）六安晁氏《学海类编》木活字本、1920年上海涵芬楼影印《学海类编》本、1914年上海国学扶轮社《香艳丛书》本、1987年北京古籍出版社《明宫词》点校本、2001年内蒙古人民出版社《中国历代禁书》本等。

《明宫词》

《明宫词》一卷，清程嗣章撰。清宣统三年（1911年）扫叶山房石印本，一册。

程嗣章，字元朴，号南耕，上元（今属南京）人。著有《明

211

儒讲学考》，对明儒宗派源流，授受关系，讲述甚明。康熙六年（1667年）夏，偶读毛奇龄《彤史拾遗记》、《武宗外纪》及诸家野史，随事拈韵，作宫词100首，每首各加小注，名曰《明宫词》。

此书主要写明朝后妃的事迹，如精女工、善记忆、生性节俭，辅佐明太祖得天下的马皇后；有女诸生之称，作《内训》，见六卿、翰林之妻，劝助成夫德，共理天下的明成祖徐皇后；贤淑仁孝，力保尚为太子的明仁宗不被废的仁宗张皇后；被废后退居长安宫，奉黄老，为仙姑的宣宗胡皇后；"土木堡之变"后，泣天卧地，坏股伤目的英宗汪皇后；英宗复辟后，被降为王妃，迁外王府，斋素事佛，二女亦不嫁，拒不交出玉玲珑腰带的景泰帝钱皇后；为人警敏，深得宪宗之宠，但无礼嫉妒，害死无数怀孕嫔妃的万贵妃；有娠而不敢令宪宗知，其子由太监窃养至五六岁始见宪宗的纪贵妃；对明神宗严加管教，笃信佛教的神宗李太后等。还有多首咏明武宗宠爱刘美人，带领南征，除去尚寝、文书房记录，遍游宫内，游戏市廛，召色目妇女入宫，剃度宫女，建宣府行在等事。此书对研究明朝宫廷史有所帮助。

此书还有清光绪二十年（1894年）石棣徐士恺刻《观自得斋丛书》本、民国三年（1914年）上海国学扶轮社《香艳丛书》本、1936年上海群学社《红袖添香室丛书》本、1987年北京古籍出版社标点《明宫词》本、1994年上海书店出版社《丛书集成续编》本。

《崇祯宫词》

《崇祯宫词》（上下编），清王誉昌撰，嘐嘐子评点。清光绪三十三年（1907年）嘐嘐子在日本东京铅印出版，次年出第二版，57页。

王誉昌（1634—1705年以后），字露湑，号话山，江苏常熟人。诸生。弱冠从钱陆灿学诗，不沾沾举子业，专心于诗，善于锻炼，一字一句，务极新巧，而骨干峻拔。其《含星集》由钱陆灿作序，另有《话山自选诗》。《崇祯宫词》百首尤脍炙人口。

宫词本来"体传绮丽，事写升平"，从王誉昌开始，以宫词记亡国之变。此书撰于康熙三十年（1691年）冬及三十一年（1692年）春夏间。分上下两编，记明崇祯朝十七年宫廷之事，以崇祯帝为主，以田贵妃、周皇后、长平公主、费宫人、王承恩等做陪衬。上编90首，记升平盛事，有崇祯潜邸之事，继承帝位的经过，除魏忠贤、客氏及其党羽，田贵妃与袁贵妃入选以及宫中的游戏、赏花、弹琴、剪纸、下棋、歌舞、春联、烟花爆竹和宫妃争宠等。下编96首，记衰亡惨状，有周皇后之死，田贵妃之亡，因农民起义军攻陷西安太子不庆祝生日，太监增多，费用加倍，狐妖及各种预示不祥的天象等，最后详记崇祯帝赐死后宫，剑斫公主，自缢煤山的经过。此书内容得之明代白发宫监，收集可能不算完备，但事实不容或诬，对研究明末政治史、宫廷史很有参考价值。但嘤嘤子校对不精，错字较多。

此书还有康熙三十年（1691年）刻本、民国间《虞山丛刻》本、1987年北京古籍出版社标点《明宫词》本、1994年上海书店《丛书集成续编》本。

《清宫词》

《清宫词》一卷，唯一居士辑。上海广益书局民国二年（1913年）铅印本，32页。

唯一居士姓名不详。此书收录描绘清代宫廷秘闻的宫词55首，第一至二十五首选自清吴士鉴《清宫词》，第二十五至三十首佚名作，这两种原有注释，选入时作了删节。第三十一至四十五首陶衰作，李孟符补注，第四十六至五十五首文道羲作，无注。作者及注者都是清末词苑名公，宫词内容涉及清宫秘史，如咸丰朝选秀女时摽牌子事，光绪时立大阿哥事，"庚子之变"珍妃死于宫内井中，孝庄太后下嫁多尔衮，顺治因宠妃死而出家五台山，康熙强娶庶妹及纳孔有德之女孔四贞，云南缪嘉惠女士以画笔供奉内廷等。有些未必可信，可民间流传很广。末附《清宫秘史》若干则，亦采自各家笔记，内容更荒诞无稽。

此书编辑时正值民国初建，清末以来的反清思想愈演愈烈，甚至有人不惜胡编乱造宫廷秘闻。不过有些宫廷事件学术界也有争论，此书则揭示出这些事件较早的提法，可供研究清史者参考。

《清宫词》

《清宫词》，清吴士鉴等撰。北京古籍出版社 1986 年出版，一册，196 页。

此书是有关清代宫词的汇编，收集清代宫词九种，包括吴士鉴《清宫词》84 首、魏程搏《清宫词》101 首、佚名《前清宫词》100 首、胡延《长安宫词》100 首、颜缉祐《汴京宫词》100 首、高树《金銮琐记》137 首、王小航《方家园杂咏纪事》20 首、杨芃械《清宫词》30 首、周大烈《颐和园杂题》10 首。附录七种描述宫禁旧闻的非宫词体的诗歌，有王闿运的《圆明园诗》、王国维的《颐和园词》、张怀奇的《颐和园词》、迈园老人的《宫井词》、邓镕的《颐和园词》、《清孝定景皇后挽词》、《崇东陵词》。这些作品都以清代宫闱为中心，兼及典章制度、掌故轶闻、风俗物产、里巷园林等。除吴士鉴《清宫词》总括整个清朝宫廷历史，内容采自官书和私家著述外，其他大多描述某个时期或某些历史事件，所咏清末史事多系作者亲身见闻，翔实可信。抛开其中的某些感恩颂德伤时怀旧之作以及个别歪曲农民起义的描述，此书为研究清史和北京历史提供的史料还是相当丰富的。

《清宫词》

《清宫词》一卷，清九钟主人撰。民国初年铅印本，一册。

九钟主人即吴士鉴，字公詧，号絅斋，浙江钱塘人。光绪十八年（1892 年）翰林，官至侍读。他感慨自唐、五代以至元、明，历代皆有宫词，满清入主中原二百六十八年，宫闱逸事，禁闼琐闻，民国流传反而减少。他总结出三个原因：一是康、乾以来文字狱酷于往代，海内学子不谈国故，沉溺于考据、训诂、音韵之学以免祸机。二是满汉不通婚姻，后妃宫女皆入关之豪族或蒙古王公之女，江南或齐晋汉族无由得知宫中之事。三是满洲士大夫不善记述，宫中见闻偶尔传说，积久遗忘。1912 年夏，作者隐居上海，采"官书之记载或私家之记述"，撰清代宫词 84 首，"至所见之世，尤皆身历其境，信而有征"。

此书记述清代宫禁旧事，从满族起源一直写到清朝灭亡。有关于国家命运的大事，也有宫廷生活的琐闻，每首都加小注。如顺治出家，豫通亲王娶昆山黄氏妇刘三秀，木兰围场和南苑行猎，康熙时立储制度的废除，雍正与兄弟之间的斗争，满族的抱见礼，北海的冰嬉，清宫的萨满教、佛教，升平署唱戏，慈禧的书法和隆裕的草书，王公贵族的拴婚、会亲，官窑的瓷器、瓠芦等。此书对宫廷的记述不可能面面俱到，却提供了罕见而真实的资料。

此书还有 1917 年上海扫叶山房石印本、民国间成都昌福公司铅印本，收入 1986 年北京古籍出版社标点本《清宫词》。

《清宫词》

《清宫词》一卷，魏程搏撰，李珍注。民国二十八年（1939年）铅印本，一册。

魏程搏，字莲裳，号息园，清末湖南湘乡人。作宫词百首，非仅描写宫廷琐闻，并对有清一代典章制度，一一露其端倪，使后世有所劝惩。其弟子李珍认为宫词比词雅健，比曲谨严，妍绵清丽，内容丰富，"乃缮写一通，而注其出处"，"有不知者，则就而问之"。

此书收宫词 101 首，从满族起源开始，写整个清代的宫廷见闻。有太后下嫁，顺治初生时异象，顺治绘画，减少宫中用度，后妃采桑养蚕，君臣联诗、钓鱼，宴蒙古诸王，乾隆时固伦公主下嫁和珅之子，嘉庆时庄静公主下嫁土默特贝子玛尼巴达拉，香妃事迹，乾隆建苏州街，召扬州女伶，慈禧宴请外国使节夫人、游农事试验场、在北海设市，慈禧隐私被慈安窥破以及毒死慈安，元旦赐"福"字，七夕祭牛女，腊八舍粥，八月二十六日绝粮纪念，祀神，礼佛，放烟花，演戏，选秀女等。有些注释与吴士鉴《清宫词》雷同，乃李珍转引者。此书内容丰富，可为研究清代宫廷史者借鉴。

此书还有北京古籍出版社1986年点校本。

《前清宫词》

《前清宫词》一卷，佚名著。上海中华书局民国四年（1915年）《清朝野史大观》本。

此书作者姓名待考。书名既云"前清"，当作于辛亥革命之后。书中写到宣统登极、民国建立，作者也应是清末民国时人。

此书主要写清宫琐闻，涉及清初、清中期，而以清末为重点。主要内容有献俘、宣赦时驯象驮宝瓶的朝仪，清帝祭天、祈谷、祈雪、祈雨，红锦被裹宫娥进御，清宫羊车，皇帝、王公、大臣冠顶服饰，南书房盛衰，御园十种葡萄，奏章译满文存副，南苑盛况，宫中养雀、养鱼、养鸽、斗蟋蟀、放风筝等，乾隆时《玉瓮歌》，银骨炭、冰窖、冰果、御膳规制，中秋节供兔神，先朝妃嫔刺绣谋生，成亲王书法，咸丰、同治的春药，慈禧在妙峰山为同治祈痘，同治大婚盛况和毅皇后事迹，慈禧扮观音照相、编小戏、画松，李莲英之姊为慈禧梳头，咸丰、慈禧的大烟瘾，西洋花露水、闹钟、咖啡、香槟、电风扇、电气灯、留声机、手风琴的传入等。此书虽写慈禧三次垂帘，六十、七十大寿因甲午海战、庚子事件而停办，但总体来说，写政治事件少，述宫廷琐事多。不过对研究清朝宫廷生活有参考价值。

作为《清朝野史大观》中的一种，此书有1981年上海书店影印本、1990年上海文艺出版社影印本、1994年江苏广陵古籍刻印社影印本，又收入 1986 北京古籍出版社点校本《清宫词》。

《金銮琐记》

《金銮琐记》一卷，清高树著。民国十四年（1925 年）石印本，一册。

高树，号珠岩老人，清朝末年一直任职内廷，任军机处章京、御史等，对当时朝政、掌故极为熟悉。1923 年冬，病中无聊，作宫词追记往事，并加小注。1925 年 3 月，命内侄与儿子誊清，又加以删汰，得 130 余首。朋友劝他排印出版，以就正四方，命名曰《金銮琐记》。这时高树已是 78 岁的老人，自称"老而善忘，遗漏多矣"，也可能有所隐讳。

此书以"宫词"的形式写出，每首七言四句，后面加注。每首记一事，多是朝廷掌故，涉及政治斗争、官员升免、贪污腐败、宫廷秘闻等，大多数是作者亲历，虽似野史，却都是事实。如某黑面虬须的车夫，奉辇热河，受慈禧宠眷，骤升黑龙江巡抚；徽班入宫演戏，不敢唱《四郎探母》，忌讳辽金往事；光绪被囚瀛台，民间传说坐水牢；某皇后作屋，用玻璃铺地，地下有池，养鱼种荷；李莲英死后，赃银三百万尚留宫中，太监争夺，被隆裕皇太后收入内库；祈年殿火灾后重修，官员贪污，六成用于工程，尚属清廉；八国联军入京，进清宫如入坦途，御马无人喂养，跳在房檐上，将青苔野草食尽；光绪三十二年（1906 年），袁世凯带兵入京，逮捕革命党，指鹿为马，大权渐入其手等等。这些记述对研究清末政治史、宫廷史都极为重要。作者对君主立宪、义和团、革命党都持反对态度，但以轻松幽默的口气写出，足资谈柄。

此书收入 1986 年北京古籍出版社标点本《清宫词》。

《方家园杂咏纪事》

《方家园杂咏纪事》一卷，原题王小航著。水东草堂民国十七年（1928年）刻本，一册。

王小航，名王照，字黎青，号水东，顺天宁河（今属天津）人。清光绪二十年（1894年）翰林，散馆后改任礼部主事、候补四品京堂，后罢职。曾参与"戊戌变法"，号称帝党。民国十六年（1927年）夏，偶与清史馆总纂王树枏（字晋卿）谈及光绪、慈禧、隆裕事，作随笔数篇，又作咏史诗二十首，因慈禧、隆裕的娘家都在北京朝阳门内方家园，故名《方家园杂咏》。后来以杂咏为纲，分纪各事于后，王树枏定其名曰《方家园杂咏纪事》。

此书记述清朝末年光绪帝与慈禧、隆裕之间的宫廷斗争。主要有光绪二十二年（1896年）隆裕带人砍伐醇贤王寝园白果树，隆裕胞妹与光绪堂弟载澍的家庭矛盾，戊戌变法失败的内幕，谋废光绪、立大阿哥载漪事，召义和团入京的经过，慈禧西逃前投珍妃于井中，肃王保护光绪逃亡，辛丑议和，太后回銮，光绪被严密监视、修八音盒，太监孙小胜谋刺光绪，肃王操练消防队以保皇帝，光绪之死与隆裕的关系等。作者认为官修史书如同《春秋》，自己私记事实、见闻，可比之于《左传》。作者叙事确实像《左传》一样精彩，不仅为清史研究者揭示了许多不为外人所知的宫廷变故，也为一般读者提供了十分有趣的读物。

此书收入1964年台北艺文印书馆《清末名家自著丛书》、1968年台北文海出版社《近代中国史料丛刊》第二十七辑、1986年北京古籍出版社标点本《清宫词》。

《清宫词》

《清宫词》一卷，杨芾械著。民国间铅印本；一册。

杨芾械，字瑟民，江苏宝山人。1929年游北京，作《清宫词》三十首，收入其《陋庵小草·燕游草》中。

1911年清帝逊位后，紫禁城之乾清门内为清宫，乾清门与午门之间，紫禁城的南半部及所属各大殿，皆入民国政府管辖范围。民国十三年（1924年），宣统帝出宫后，皇宫改称清故宫，不久又称故宫博物院。此书所咏都是作者在乾清门内所见者。如宣统出宫经过，乾清殿所藏的《古今图书集成》，天禄琳琅和五经萃室藏书，皇子们读书的上书房，交泰殿储藏的御用宝玺，坤宁宫之祭天跳神场所，皇帝大婚洞房，储秀宫内宣统大婚时西装照片，内奏事处已作陈列室，有吴可读尸谏原草，皇帝召见臣工的绿头签，宣统西文师傅庄士敦所居之曲流馆，二长街保存原貌的妃嫔居所，宣统淑妃四壁走廊绘有《红楼梦》图的长春宫，供有慈禧、隆裕像的翊坤宫，供有慈安太后神位、画像的福建宫，藏有乾隆诗文稿、古编钟、浑天仪的崇敬殿，乾隆为太上皇时的皇太殿，文渊阁所藏的《四库全书》，绛雪轩前的"太平花"等。此书描绘了清末至民国初年清宫的状况，可供研究清代宫廷史作参考。

此书收入 1986 年北京古籍出版社标点本《清宫词》。

《颐和园词》

《颐和园词》，王国维作，边敷文注。1983 年上海古籍书店影印《花随人圣庵摭忆》本。

王国维（1877—1927 年），字静安、伯隅，号观堂，又号永观，海宁人，著名学者。曾任通州、苏州等地师范学堂教习、学部总务司行走。清亡后携眷侨居日本。1916 年归国，以教授自给。曾任清华研究院国学导师。后投昆明湖自尽。长诗《颐和园词》古雅深沉，民国初年写于日本，借颐和园写清代兴亡史，诗中充满对清王朝及慈禧又赞颂又哀伤的没落之情。

边敷文原名清昌，一字太初，汉军正红旗人，清末官度支部主事。他对《颐和园词》的注作于袁世凯称帝失败之后，注释典故出处，补充清末史实，有助于对诗意的理解。如清代家法，太后用膳时，皇帝及皇后等侍立于侧，不赐坐，撤膳后则命皇帝、皇后等立而食之；慈禧晚年在北京设玉器店，凡司道以下官缺皆可贿买；玉铭以报效颐和园经费，放四川茶盐道；鲁伯阳夤缘李莲英报效巨款，得上海道；慈禧于大内贮积金银，命太监掌管，至其死时积聚三千万；又在颐和园设珠宝房，内外所供献者皆贮于其间。这些资料对研究清朝历史有所帮助。

此书收入 1986 年北京古籍出版社标点本《清宫词》。还有民国初年石印本、1915 年上海广益书局《古今文艺丛书》本，但无注释。

《宫井词》

《宫井词》，原题薖园老人著。民国六年（1917 年）铅印本，一册。

薖园老人即王景禧（1867—1932 年），字燕泉，号石荪，别号薖园老人。光绪十六年（1890 年）进士，授翰林院编修，兼国史馆协修，又任顺天乡试同考官。与康有为交往较深，戊戌变法失败后，出任济宁南池书院山长，又被派往日本考察教育，护送留学生。此后致力于教育事业，曾任齐鲁大学教授，创办山东优级师范专科学堂、山东高等农业学堂等。辛亥革命前曾任山东省咨议局副议长；北洋政府时期，曾任国务院秘书长，后在天津行医卖字为生。王景禧在金石、书法、文学等方面都有很高造诣，著作有《金石释文》、《知吾所好斋金石文史考》、《薖园诗存》等多种。

此书作于 1927 年秋。作者重游故宫，看到珍妃殒身之井，回忆庚子年（1900 年）慈禧西逃时，命太监以毡裹珍妃投井之事，抚事感时而作长诗《宫井词》，记述珍妃的身世。此诗曾经风靡京津，有人认为可以和白居易的《长恨歌》媲美。后有其子小隐识语，讲述珍妃入宫后的事迹。小隐还辑《说元室述闻》、《小三吾亭随笔》中对此事的记述和《光绪宫词》、《落叶词》对此事的歌咏，为研究清宫史提供了佐证。

此书收入 1986 年北京古籍出版社标点本《清宫词》。

《驴背集》

《驴背集》四卷，退庐居士编。南昌问影楼民国二年（1913

年）刻本，二册。

退庐居士，名胡思敬（1869—1922年），字漱唐，一字笑缘，晚号退庐居士。江西南昌人。光绪二十年（1894年）进士，后选取翰林院庶吉士，未几任吏部考功司主事。宣统元年（1909年）补辽沈道监察御史，转掌广东道监察御史。辛亥年（1911年）三月，南归隐居。将自己的藏书楼命名"江西私立胡氏退庐图书馆"，对外开放。著有《退庐疏稿》、《退庐文集》、《退庐诗集》、《退庐笺牍》、《驴背集》、《戊戌履霜录》等。

庚子之变，西太后携光绪西逃，他来不及扈从，挈室避居昌平。这段时间，曾孤身骑一蹇驴，微服入都，探问兵间消息，回去后记录下来。他又根据这些内容，写成诗歌，冠于每段之前，题名《驴背集》，取痛定思痛、毋忘在莒之意。

此书从义和团入京写起，记八国联军攻占北京，清兵如何抵抗，义和团如何抗击，清兵如何败退，王公大臣主战主和的分歧，立大阿哥事件的原委，清廷与洋人议和成功等等，庚子一年的大事，凡耳目所及者，都谱之诗歌。作者身任要职，能接触到留守北京的清廷高官，采集到重要的政治、军事情报，对事件的前因后果都很熟悉，又出于对国家之忠，对侵略者和腐败官吏之恨，秉笔直书，直斥当政者，因此此书有很高的史料价值。

此书曾收入翦伯赞主编的《中国近代史资料丛刊第九种·义和团》，1957年上海人民出版社出版；1990年北京古籍出版社又出校点本。

《庚子都门纪事诗》

《庚子都门纪事诗》六卷，卷首一卷，清延清撰。清光绪二十八年（1902年）铅印本，二册。

延清，字子澄，蒙古巴里客人。光绪末年任工部侍郎。庚子之变，被困北京，亲身经历义和团进京，八国联军攻陷北京，慈

221

禧太后携光绪帝西逃等事件。清廷与八国联军议和，延清幸免于难，他把这一年所写的诗辑为《巴里客余生诗草》。光绪二十七年（1901年）其子彭年石印出版，广为流传，被称为"诗史"。光绪二十八年（1902年），其友马子昭重印此书，易名为《庚子都门纪事诗》。

全书六卷，每卷一集，分别称为《虎口集》、《鸿毛集》、《蛇足集》、《鲂尾集》、《豹皮集》、《狐腋集》。《虎口集》写庚子五月，事变初起，情势紧急，自身如在虎口之中；《鸿毛集》写围城中的官民，轻如鸿毛；《蛇足集》是十一月前后的倡和诗；《鲂尾集》从十二月十六日起，写议和之后，年尾之事；《豹皮集》是《表忠诗》，表彰死难之士，其中有不少作者的知交、耆旧，也有虽百姓不满，一死不足以塞责，而见危授命，大节不亏之人；《狐腋集》是这一年用集唐诗的形式作的诗。作者身居要职，亲历庚子事变，关心国事民瘼，对当时的重大事件都有所记述，为研究庚子事变提供了重要资料。

《都门纪变》

《都门纪变》一卷，清富察敦崇撰。清光绪二十七年（1901年）刻本，一册。

作者简介见前《皇室见闻录》篇。

此书是描写庚子事变的纪事诗，共30首。从庚子年（1900年）九月二十四日起，有时一日数首，有时数日一首，至十二月止。仿清初诗人朱彝尊诗体，上平、下平每韵一首，按韵母东、冬、萧、尤、真、阳、鱼、文等顺序。从正阳门写起，依次为棋盘街、御河桥、六部、银库、翰林院、肃王府、武卫军、骑猪行、分疆界、占房屋、索货、攘鸡、吊殉难、高官游、捉人夫、哀金吾、顺天府、地安门、钟鼓楼、不关城、中秋、重阳、哀御园、盼回銮、柏林寺、救济会、盼俸饷、盼开议、新年等。以一个亲身经历者的身份，写出了八国联军在北京烧杀掳掠的情况和各阶层人物的心态。并在庚子除夕三更写道："此言皆实录，并无浮词。"后附《太平年代春日即事》四首及次年十一月二十八日《迎銮曲》一首。此书对研究庚子年间北京的历史有参考价值。

此书还有 1987 年北京古籍出版社《北京风俗杂咏续编》本。

《庚子秋词》

《庚子秋词》，清半塘老人著。民国十二年（1923 年）石印本，二册。

半塘老人即清末词人王鹏运（1849—1904 年），字幼霞、佑遐，号半塘、鹜翁，广西临桂（今桂林）人。同治举人，官至礼科掌印给事中。著有《半塘定稿》等，辑有《四印斋所刻词》。

清光绪庚子年（1900 年）夏天，义和团进入北京，反帝运动迅猛发展，清廷也被迫对外宣战，八国联军集于都门，慈禧、光绪仓皇西逃，在京士大夫奔驰星散。王鹏运仍闭户如故。朱孝臧学士、刘伯崇殿撰都因住所受八国联军侵扰，搬到四印斋。三人报国无门，抗敌无力，偶于书架上发现词牌百余叶，相约每晚拈二调，每调六十字，依韵作词。从八月二十六日至九月底，得词268 首，宋芸子检讨和词 3 首，依调编入，刘伯崇题为"庚子秋词"。从十月一日至十一月底，三人又作 313 首。两次分别编为甲卷、乙卷，皆"自写幽忧之作"。

徐定超当时居近半塘，晨夕过从，相与慰藉。他在此书序言中说："今三子者同处危城，生逢厄运，非族逼处，同类晨星，沧海澜颓，长安日远，从之不得，去之不能，忠义忧幽之气，缠绵悱恻之忧，有动于中而不能以自已"，故发之于词。这些词作主要写个人处在危难之中的感受，与《庚子都门纪事诗》相比，史料价值不大，但却是当事人内心感受的真实写照，对研究当时士大夫的心态有参考价值。

此书还有光绪间刻本。

《庚子事变纪事诗》

《庚子事变纪事诗》，清汪声玲著。清光绪二十七年（1902 年）稿本，折装，一册，现藏国家图书馆。

汪声玲（1866—1934 年），字筱岩，安徽旌德人。清光绪进士，曾任清武毅军文案，总理营务处。历任广西右江督剿、庆远知府、广州将弁学堂总办等职。民国年间任山东岱南观察使、福建省民政长、安福国会参议员、段祺瑞执政府顾问等。著有《芦杨剩稿》。

此书写作者在庚子年（1900 年）夏天"身在行间，备历艰险"的经历。从庚子六月十三日聂士成在天津阵亡写起，写到他的武毅军分别归马提军和冯统领节制。七月二十三日，京师危急，汪声玲以总理营务处随马步六营勤王，因两宫西幸，外人入都，援师未及，痛哭旋师。声玲创议扈驾，绕京北赴京西。九月六日收复被义和团占据的怀柔城，在怀柔、密云、平谷一带剿匪安民，擒斩匪首妖僧王天化、郑青云等。所率军队两次遭德军袭击，严阵以待，伏击德人，夺获刀枪旗帽洋马等。不随冯统领逃往古北口，冯氏所率军队仓皇出关，不成队列，被洋人追杀，溃不成军。九月十五日分统胡殿甲在下仓后路逼令各营跪接洋兵，反遭排击，死数百人。十二月初二，汪声玲改装入都，上禀销差，养病都门。

此书虽只有七律 3 首，但注释极为详细，并且是亲身经历，对研究庚子事变中清兵与义和团、八国联军的关系极有参考价值。

《庚子诗鉴》

《庚子诗鉴》四卷，补一卷，郭则沄著。民国二十九年（1940 年）蛰园刻本，三册。

郭则沄（1885—1947 年），字啸麓，号蛰云、龙顾山人等，斋名后脂砚斋，福建闽侯人。清光绪二十九年（1903 年）进士，翰林院庶吉士，出任浙江温处道。入民国后，历任北京政府政事堂参议、铨叙局局长、国务院秘书长、侨务局总裁等。著有《十朝诗》、《龙顾山房全集》、《红楼真梦》等。

此书写庚子事变的起源、发生、发展，从中总结治乱的教训。取材于《金銮琐记》、《桑海余闻》等记叙庚子事变的笔记、日记、诗词，抒其感喟，发为咏歌，共有七言绝句 500 首，每首后用散文体记述其事。1940 年刊刻流传。后见蜕厂《庚子日录》萃采笔记五十余家，又杂涉时贤纪事诸诗，因又续咏一卷，1941 年刊刻。作者庚子年为诸生，"躬遭而目击"义和团运动，他将庚子之乱归因于清政府对白莲教、青莲教、义和拳等民间宗教没有根本杜绝，但此书对义和团的发展、八国联军攻占北京等事记载极详，是研究庚子事变的重要参考书。

此书还有中国书店影印本、巴蜀书社 1993 年《中国野史集成》本。

《百哀诗》

《百哀诗》二卷，清吴鲁撰。北京古籍出版社 1990 年出版（与《驴背集》合册）。

吴鲁（1845—1912 年），字肃堂，号且园，福建晋江县人。光绪十四年（1888 年）中顺天乡试，十六年考中状元，官翰林院修撰。后曾典试陕西，督安徽学政，又充国史馆纂修、庶常、教习及撰文。光绪二十六年（1900 年）庚子事变，吴被举为军务处总办，困居北京。后主试滇南，提学吉林。光绪三十四年（1908 年），派在学部丞参上行走，兼充图书馆总校。宣统元年（1909 年）归故里，逾年故去。除《百哀诗》外，还著有《读礼纂录》、《蒙学初编》、《兵学经学史学讲义》、《正义研斋文集诗集》等。

此书写于八国联军入侵北京的庚子年（1900 年）及下一年。当时吴鲁居住在北京南柳巷晋江会馆，耳闻目睹了庚子事变的经过，"有足哀者，愤时感事，成诗百余首"。它以纪事诗的形式，用大部分篇章记述了庚子之变时发生在都城北京的史实，另有少数在天津地区和作者后来视学滇南途中的见闻。如对义和拳民在京津地区设坛习武，红灯少女大显武风以及义和团除害安民、拆铁路、烧教堂、围攻使馆的描写，八国联军的入侵及慈禧西逃、辛丑议和的情况，载漪、裕禄、荣禄、李鸿章、奕劻等一班大臣的活动，聂士成殉难，李秉衡捐躯，一些大臣遭戮，清兵击毙克林德，正阳门城楼及门外大栅栏民房、铺户遭焚，八国联军在都城抢掠烧杀，文物典籍散落拍卖，民生凋零，生灵涂炭等，都有详细描绘。吴鲁当时充任军务处总办，对内外军务比较了解，此书为研究义和团运动和八国联军攻占北京提供了翔实的资料。

《百哀诗》稿本誊清后，曾拿给友人阅示，友人怕招尤惹祸，对稿中直斥帝国主义和封疆大吏的地方，作了许多眉批。如有篇题目为《杀日该书记》，眉批云"改：日该书记遇害"；涉及端亲王、裕禄、荣禄、李鸿章、张之洞等王亲贵臣之处，眉批云："大吏之名不书则不生事，书之则招怨不浅。"吴鲁曾据此作了一些修改。吴鲁死后，其子吴钟善于民国元年（1912年）出版线装铅印本。1964年，福建省地方志编纂委员会主任张立在泉州古旧书摊发现原稿，1985年福建泉州志编纂委员会出版原稿的影印本。1990年北京古籍出版社出版的点校本，以稿本为底本，参校民国初年的排印本，纠正了许多错字，被吴鲁删削的部分文字用中括号进行了恢复。

《庚子国变弹词》

《庚子国变弹词》四十回，清李宝嘉著。上海世界繁华报馆清光绪二十九年（1903年）铅印本，六册。

李宝嘉（1867—1906年），又名宝凯，字伯元，江苏武进（今属江苏常州市）人，晚清著名小说家。著有《官场现形记》、《文明小史》等。先后创办《指南报》、《游戏报》、《世界繁华报》。庚子事变后，他搜集庚子、辛丑两年大事，每日编撰弹词十数行，开始连载于光绪二十七年（1901年）至二十八年（1902年）的《世界繁华报》。光绪二十八年十月，由报馆刊印成巾箱本六册。光绪二十九年又出第二版。

此书从清平县武举与天主教民冲突，官吏左袒教民，酿成武举复仇事件写起，中经义和团入京，八国联军侵华，慈禧、光绪西窜西安，直至李鸿章、庆亲王为全权大使与各国签订《辛丑和约》，两宫回銮为止，演述了庚子事变的整个过程，是弹词中第一部以社会历史为题材并表现反帝精神的作品。作品严厉谴责了利用义和团"闹事"的大臣官吏，抨击了八国联军劫掠烧杀的罪行，揭露了在国难当头"兵即是匪匪即兵"的官军暴行，表现了当时人民刀下残生、尸横沟壑的苦难生活。书中对光绪维新变法的失败表示惋惜，但对慈禧亦有谀词，颂扬李鸿章的外交，把义和团描写成一味烧杀抢掠的"匪人"，反映了作者的思想局限。

此书取材于中西报纸者十分之四五，得自朋辈传述者十分之三四，利用自己的理解弥缝铺排者占十分之一二。虽有少量颠倒错乱与讹传失实之处，仍不啻为了解庚子事变的可读之书。

此书还有1935年上海良友图书公司铅印本，收入1984年台北广雅出版公司《晚清小说大系》、1997年沈阳春风文艺出版社《中国近代珍稀本小说》。

《洪宪纪事诗本事簿注》

《洪宪纪事诗本事簿注》，刘成禺著。北京京华印书馆民国二十三年（1934年）铅印本，一册。

刘成禺，字禺生，武昌人。出国留学十余年。清末在日本江户，与孙中山、犬养木堂、曾根俊虎等谈论太平天国遗事，据东西书籍编译成《太平天国战史》十六卷。辛亥归国，任职于北京。1914至1917年，退居城南孙退谷故宅。当时袁世凯锐意称帝，内外骚然，朝野新谈，日不暇给。刘成禺将所闻见，随笔纪录，曰《后孙公园杂识》。后来转迁广东珠江，仿厉鹗《南宋杂事诗》，作咏史诗 200 余首，即《洪宪纪事诗》。后又详加注释。有章炳麟序，孙文跋。

此书从民国初年袁世凯准备称帝开始，写到袁世凯之死。每首诗后附长篇注释，有的是著者叙述事实经过，有的则是摘引他人的记述。当时国史馆虚置，被权贵把持，洪宪之事外人难知其详。《洪宪纪事诗本事簿注》逐日记载，细大皆录，成为研究洪宪事件的重要资料。

此书 1966 年被台湾文海出版社收入《袁世凯史料汇刊》，1997 年被山西古籍出版社收入《民国笔记小说大观》第三辑，宁志荣点校。

《话梦集》

《话梦集》一卷，何刚德撰。北京古籍出版社 1995 年出版（与《春明梦录》、《东华琐录》合册）。

何刚德（1854—1936 年），字肖雅，号平斋。福建侯官县人。清光绪三年（1877 年）进士，曾任吏部司务厅掌印，后升侍郎。历任京曹十九年，又外任江西建昌及江苏苏州知府。民国初年曾任江西省内务司长、豫章道尹，1922 年兼代江西省长，同年十月被免职，隐居上海。著有《春明梦录》、《郡斋影事》、《西江赘语》、《客座偶谈》、《家园旧话》、《平斋诗存》等。

此书是作者追怀往事的诗集。上卷收有《春明纪事》32 首、《郎潜纪闻》32 首、《郡斋忆旧》32 首、七言长诗《科举陈言》一首。下卷收有《叹旧怀贤诗》32 首、《榕荫堂感旧诗》24 首。其中写北京的有三种：《春明纪事》补充《春明梦录》之遗，记宫廷琐事，有宫殿、贡院、翰林院、太医院等及宫中所藏李白、杜甫、吴三桂、历代帝王小像等；《郎潜纪闻》记十九年为郎曹的经历；《叹旧怀贤诗》记生平所交结的名公巨卿、师友，有沈葆桢、郭柏荫、钱宝廉、薛福成、麟书、李鸿藻、徐桐、荣禄、翁同龢、张之洞等，每人有一个简传，诗内频加小注。这些诗所写的都是作者的亲身见闻，对研究清末北京的政治和风俗杂事都有重要价值。

此书还有民国十四年（1925 年）刻本。

《落叶集》

《落叶集》四卷，孙雄编。民国十五年（1926 年）铅印本，一册。

孙雄，原名同康，字师郑，号诗史阁主人。江苏昭文（今常熟）人。光绪二十年（1894 年）进士，官至学部主事，工诗文，并治考据。撰有《师郑堂集》、《眉韵楼诗话》、《旧京文存》等。

此书是描绘清朝末代皇帝溥仪被驱逐出宫事件的诗集。1924 年 9 月，第二次直奉战争爆发，冯玉祥被任命为"讨逆军"第三军总司令，出古北口迎战奉军。10 月 23 日，冯玉祥率部返回北京，包围总统府，迫使直系控制的北京政府下令停战，监禁总统曹锟。这就是当时震惊全国的"北京政变"。11 月 4 日，民国政府国务会议讨论并通过冯玉祥关于驱逐溥仪出宫的议案。5 日，正式下令将溥仪等驱逐出宫，废除帝号。当天下午 4 时 10 分，溥仪及其后妃和亲属被迫离开故宫，迁往醇王府。史称"驱逐溥仪出宫"。一时间在社会上出现了围绕这一行为合理与否的针锋相对的大辩论。思想守旧的孙雄作《落叶诗》十二首，"咏甲子十月初九日事"，即公历 11 月 5 日事，并寄往全国各地索求和诗。一时北京和外省的遗老遗少、政客名流、文人墨客纷纷寄来和诗，有人一和再和，有人只署隐名或别号，有的自加注语，解释典故，叙述时事。孙雄本想在 1924 年冬季印行这些诗作，在友人请求下，至 1926 年春才编定，共得诗 650 余首、词 2 阙。他按得诗先后为序，编成此书。这些诗词反复吟咏一个主题，抒发"亡国之痛"，虽思想落后，但对了解"驱逐溥仪出宫"事件和诗作者对这件事的态度有一定的帮助。为免纠纷，编者删除了注语，削弱了此书的史料价值。

229

《京华诗》

《京华诗》一卷，清汪楫撰。清康熙间刻本，一册。

汪楫（1636—1699 年），字舟次，号悔斋。安徽休宁人，侨居扬州。康熙十八年（1679 年）举博学鸿词科，授翰林院检讨。康熙二十一年（1682 年）作为清朝正使，赴琉球国（今日本冲绳）册封国王，宣扬清朝威德，离开时不受当地按例馈赠，国人建"却金亭"纪念。后任河南府知府、福建布政使。擅长作诗、书法。著有《中山沿革志》、《琉球奉使录》、《悔斋诗文集》、《山闻正续集》、《观海集》等。

此书是作者在京城任职时所作诗，多数为与友人的饮宴、祝寿、送友人赴任、归里诗，也有《平滇凯歌》6 首、《八月三十日上御瀛台赐翰林院诸臣鲜藕恭纪》8 首、《乾清门引见恭纪》、《太液池修禊恭纪二十韵》、《经筵恭纪》等政治诗，包括记述六月二十六日宣武门看洗象、丰台看芍药、天坛耕云山房看牡丹、永乐寺看钟、友人家看盆梅、观家乐，集万柳堂，游祝氏园，题友人所藏唐周昉《妃子出浴图》、唐寅《吴彩鸾写唐韵图》等诗。作者所交为相国、御史等高官，宋荦、毛大可等诗人，因此此书对了解康熙年间北京的官场、文坛有参考作用。

此书国家图书馆有藏。首都图书馆藏钞本《悔斋诗》，此卷为《悔斋三集》。有周亮工、王士禛、王岩等人序。

《燕台旅草》

《燕台旅草》四卷，清程虞卿撰。清嘉庆四年（1799 年）郑醴刻本，二册。

程虞卿，字赵人，安徽天长人。嘉庆十二年（1807 年）举人。有《水西闲馆诗》。徐世昌《晚晴簃诗汇》收其诗 9 首。

作者嘉庆四年（1799 年）入都，作诗多首。后因学习静坐，不再饮酒，无少年豪气，便将不忍焚毁的旧时诗作，编为四卷，称之为《燕台旅草》。

此书四卷，多为感怀唱和之作，也有咏时事者。如《悲笳行为跛丐作也》、《和梅荪先生游万寿山原韵》、《观梦禅先生画鹰歌》、《晓过金鳌玉蝀桥》、《出城东门感赋》、《幽州早行》、《太学观蒋衡书十三经石刻歌用昌黎石鼓歌韵》、《和郑亲王咏栏干原韵》、《即席呈豫亲王》等。还有系列组诗，如《西山揽胜》13首，咏西山退谷、石瓮山、玉泉山、香山寺、黄姑寺、卧佛寺等；《冬日京师八咏梧门先生课士题》8首，咏凿冰、采煤、烧坑、腌菜、调粥、糊窗、薰花、梦树等；《拟苏子由记园中草木十一首》，咏茶半香初之馆中的草木，即作者借榻之地。前附《都门唱和诗》一卷，乃铁保、沈初、法式善、阿林保、赵文楷、陈鸿绪、嵩龄等人唱和之作。此书对了解嘉庆年间北京的官场和风土人情有帮助。

《金台游学草》

《金台游学草》二卷，清方朔著。清道光间刻本，即《枕经堂全集》第七、八卷，又名《枕经堂诗钞》。

方朔，字小东，安徽怀亭人。道光二十五年（1845年）入都，经潘曾莹、潘曾绶兄弟介绍，被延主刑部侍郎斌良之澹园。作者少年玉立，诗得盛唐之雄，词得南宋之秀，古文、骈体苍坚瑰丽，攀汉魏而跻六朝。理学以南宋五家为宗，参观群书，博其理趣，而于周秦以来作者靡不悉其源流，旁及金石之文。

此书收其道光二十五年至二十七年（1845—1847年）在北京所作之诗，有《通州发车》、《上崇文门税务厅》、《题潘星斋太史曾莹小鸥波馆诗钞》、《过金鳌玉蝀桥》、《什刹海》、《骡车行》、《驴车行》、《与友人游陶然亭五首》、《窑台北望八首》、《暖炕》、《庙市》、《晓市》、《厂肆》、《善会戏》、《开沟》、《大通春泛》、《国学大成门内观石鼓作》、《重过富氏竹园》、《澹园二十四咏》，还有记游华真观、汇通祠、天王寺等，秋闱报罢，友人相慰，品玩书画，谒杨椒山先生祠，与瑞郡王、吴隽布衣、六舟上人达受宴集澹园，送驻藏大臣斌良起程，躬送良乡，另有《自良乡归过卢沟桥凭眺作》及《洗象行》、《花市》、《游冰窖》、《国学补种丁香花歌》、《六舟得怀素小草千文绢本墨迹，作拜素图，索予书首，走笔应之》等。其他有题诗、题画、题扇、赏花、游园林等作，对研究北京名胜古迹、文人活动有参考价值。

《都门唱和诗》

《都门唱和诗》一卷，清范志熙编著。木犀香馆清光绪十四年（1888年）刻本。

范志熙，字月槎，武昌人。三楚诗人，早为举人，誉满京都，为物望所归。数度入京参加科举，因侄子范鸣龢为考官，按例当回避，不能入闱考试。他曾任国子助教，号称经师。又画《仕隐图》以见意。同治二年（1863年）第二次未能参加会试，改官往扬州。三月八日作七律4首以感怀。当时约七十多人和诗，如何明、严辰、樊彬、康发祥等。其诗多咏回避事，兼叙友情，如张之洞诗讲到自己也因族兄任考官而回避；陈惟和诗4首，还讲到太学之藤花院、古槐、南学等。这些诗歌对了解北京的科举制度、国子学有帮助。

《南苑唱和诗》

《南苑唱和诗》一卷，清潘祖荫等撰。清同治十三年（1784年）刻本，一册。

同治十三年（1874年）农历八月二十七日，同治帝到南苑（在今北京永定门以南20里）行猎，潘祖荫以翰林院编修、户部候补侍郎身份扈从。同往者还有少寇周钰、庶子徐郙、侍读学士孙诒经、赞善大臣欧阳保极等。围猎是清王朝练兵的一种方式，对羁身朝务的大臣来说也是一次游玩的机会。此次围猎往返十日，潘祖荫赋诗纪行，又与同行者唱酬相和，共得诗 60 余首。主要是描绘南苑的建筑和风景，天子行宫、行帐的样式，围猎、校猎的情景，记述遇到风雨时的狼狈，把酒论诗、备尝野味的欢欣。这些诗歌比较完备地记载了清帝的一次围猎过程，为研究同治帝和南苑留下了重要资料。

《上斋纪事诗》

《上斋纪事诗》一卷，清高赓恩著。清光绪二十七年（1901年）傅宝书成都刻本，一册。

高赓恩（1841—1917年），字曦亭，天津北塘人。清光绪二年（1876年）丙子恩科进士，改翰林院庶吉士，三年馆散，授职编修。后充国史馆协修，奉旨在上书房行走，曾简放四川学政，充湖南正考官。奉旨授溥侗读，教习庶吉士，光绪二十六年（1900年）赏四品章京。尝入值弘德殿。晚年还乡后，迁居宁河芦台镇，草屋茅舍，布衣粗食。

此书是作者记述在上书房时见闻、掌故的诗，每首都有注释。所咏有雍正、乾隆年间的上谕、对联，有对管教不严官吏的革职，有上书房中的雍正《劝善要言》，皇子读书、休息情况，待师礼节，各种祀典和拜儒学的礼仪，慈禧对上书房各员赏赐所绘兰、菊，慈禧、光绪赐所书"福"字，作者随王公大臣游三海，清查上斋书库，任文渊阁校理，上书房的吃饭时间，吸烟、穿衣的规定，各员选出试学使、补放的情况。上书房又称"上斋"，是清朝教习皇子、皇孙读书处。此书以诗纪事，皆作者亲历，对研究清朝宫史、官制都有参考作用。

《日下重游草》

《日下重游草》一卷，清邵亨豫撰。清光绪十年（1884 年）琴川刻本，一册。

233

邵亨豫（1817—1883年），字汧生，江苏常熟人。清嘉庆二十二年（1817年）生于河南开封府，道光十九年（1839年）以太学生应顺天乡试，又寄籍顺天府宛平县。道光三十年（1850年）进士，改翰林院庶吉士，散馆后授编修，参与编纂《清宣宗实录》。咸丰年间曾任会试同考试官、赞善，河南乡试主考官、安徽学政。咸丰十一年（1861年）英军进攻北京，皇帝逃往热河，邵氏感愤得疾，因乞归养，经江西、湖北、河南，归隐于山东文登县。同治二年（1863年），以内忧外患之时非臣子泉石优游之日，间关跋涉，再至京师，上疏言吏治、军事等，又补赞善，充文宗显皇帝（即咸丰帝）实录协修官等。同治六年（1867年）又以国子监祭酒视学福建。后历任陕西巡抚、湖南巡抚、吏部左侍郎。著有《愿学堂诗存》二十二卷。

此书即《愿学堂诗存》第十二卷，写同治二年至六年作者重游京城之事。京城又称日下，故书名《日下重游草》。此书从《留别文登》写起，记途经宁海、烟台、黄县、寿光、滨州等地，二月十四日至京，移住庞宝生宅中，有销假、上书、充实录馆协修、养心殿除授原官、补授右中允、充补文渊阁校理、保和殿除夕筵宴侍班等公事，有送别友人去外地任官、与朋友游寺观菊、为友人题诗书画、收藏品，有从友人处索回咸丰十年（1860年）寄存书籍等、寄诗留在文登的家人，忆儿子周岁及自己生日等个人活动有感。虽只有81首诗，却描绘出一个清朝官员数年间的所作所为，为研究清末北京官场提供了一个典型的实例。《愿学堂诗存》第四卷《宣南偶吟草》27首，是作者第一次游京师时的诗歌，可作参考。

《戊戌诗存》

《戊戌诗存》一卷，陈止著。民国九年（1920年）刻本，一册。

陈止，字孝起，江苏仪征人。此书收作者戊申年至戊午年

（清光绪三十四年至民国七年，1908—1918 年）所作之诗，故名《戊戌诗存》，描写作者 41 岁至 51 岁间在北京的生活。有关政治的有记述清末禁卫军的《观镇兵成列》、宣统三年所作的《除夕记一岁之事》、《有建言崇陵宜速奉安者诗以许之》、《许忠愍公祠有槐树忽为大风所折》、《袁大总统哀词》等，记述宗教的有光绪末年《观达赖喇嘛人都感赋》、记述唐古特文刻经手的《古愚招游黄寺同树卿》等，还有描写杂技和戏曲的《中顶书所见各剧》、《客串》，有描写燕九（正月十九）游玩的《白云观短歌》、《觉生寺大钟》、《崇效寺看花》等。此外还有《除夕》、《人日》、《生日》等多首有关国际、国内政治及诗友倡和之作，对研究清末民初北京的政治和社会生活有参考价值。

《癸丑修禊集》

《癸丑修禊集》，又名《晋永和后二十六癸丑修禊诗》，梁启超编。民国二年（1913 年）铅印本，一册。

作者简介见前《戊戌政变记》篇。

戊戌变法失败后，梁启超流亡海外，民国二年才回到北京，招集当时的政客名流三十余人在万生园（今动物园旧址）修禊。修禊是三月三日这一天，在水边嬉游玩乐，以驱除不祥的活动。著名的王羲之《兰亭序》就是当时为修禊诸人赋诗而作的序，后世文人也喜欢在此日郊游赋诗，为文人雅事。当时与会者以王羲之《兰亭序》中的"群贤毕至，少长咸集，崇山峻岭，茂林修竹，清流激湍，映带左右，天朗气清，惠风和畅"三十二字分韵赋诗。还摄影留念，请姜筠画《畅观楼修禊图》，描绘当日情景。后来编成此册。

参加此次修禊并作诗者有梁启超、顾印愚、顾瑗、郑沅、徐仁镜、梁鸿志、王式通、李盛铎、陈士廉、郭则沄、姚华、杨度、姜筠、罗瘿公、夏寿田、易顺鼎、黄濬、关赓麟、袁思亮、杨增辉、朱联沅、唐思溥、陈庆佑、姜浩、林志钧、袁励准，未作诗者有罗家震、蓝公武、姚梓芳、谭天池、夏曾佑、黄孝宽、袁励翼、唐采芝、秦稚芳、时慧宝，未至而和者有陈懋鼎、饶孟任、陈衍、严复、陈宝琛、周宏业。这些人多为政客、文人，他们的诗或写景，或抒情，或忧国，对研究当时北京的政坛、文坛有参考价值。

《乙丑江亭修禊分韵诗存》

《乙丑江亭修禊分韵诗存》，关赓麟辑。民国十四年（1925年）铅印本，一册。

1925年（农历乙丑）三月三日上巳节，樊增祥、郭曾炘、王式通、梁鸿志、庄蕴宽、关赓麟等招集秭园诗社同人集于京师宣南江亭（即陶然亭），为修禊事。樊增祥等邀客109人，莅临者76人。用白居易《洛滨修禊五言诗》一首分韵赋诗，倾筋摄影，并请贺良朴、林嵩塑、李霈三人绘图，描绘当时的景象。诸人在画后签名而散。有当时未至而补赋者，共得诗词99首，汇集成册。

这次修禊人数众多，多为当时政府要员、社会名流、文人墨客，是一次空前的盛会。他们的诗，或歌咏当时的盛会，或描绘陶然亭的美景，或抒发对时事的感慨，也有人在题目或注释中写个人私事，也有人写未到的原因。前附合影一幅，绘画三幅，李绮序言称"摄真之镜，全现须眉"，但印刷时缩得太小，面目不清。侯毅题记一篇，记这次集会的始末，列莅会者名单和未莅会而补诗者名单。这些诗词虽称不上名篇，但综合起来，对当时的自然景象、社会生活、国事家事作了详细刻画，而他们的签名本身就说明其人此时都在北京，这为研究当时北京的文坛提供了重要资料。

《辛壬修禊诗草》

《辛壬修禊诗草》，王式通等著。民国二十二年（1933年）铅印本，一册。

1931年（农历辛未）三月三日上巳节，李宣倜、曹经沅等38人集于北京什刹海酒楼，修禊饮酒，以南北朝诗人颜延之《曲阿后湖诗》分韵赋诗。贺良朴、徐宗浩等作画描绘当时的情景，宝熙、邵章分别题《西涯禊饮图》，赵椿年作《辛未上巳十刹海修禊诗序》。1932年（农历壬申）上巳节，李宣倜等72人再集于什刹海会贤堂，用白居易《三月三日诗》分韵赋诗，绘图纪胜，陈宝琛为题"西涯修禊图"。两次都有未至而和者，辛未年共计44人，壬申年59人。这些诗作各按姓氏笔画顺序排列，编成《辛壬修禊诗草》。

两次集会，莅临者多是当时的社会名流、文人墨客。因1928年国民政府定都南京，官僚、史官举族南迁，所以两次修禊"人稀貂珥，客多鹤发"，其中不乏前清遗老遗少。他们的诗词，有的描写什刹海的美景，有的记述个人经历，有的抒发对世事的感慨，"已非复平日登临之乐，而聊为是以浇胸中之块垒"。这些诗词为研究当时北京文人的心态以及什刹海的人文地理提供了重要资料。

《江亭秋兴诗》

《江亭秋兴诗》，汪曾武等著。天津华新印刷局民国二十四年（1935年）铅印本，一册。

此书是1935年九月二十五日两批人游陶然亭所作的纪游诗。九月九日重阳登高，因风大未能成行，过后半月，杨寿枬约杨寿枢、赵椿年、汪曾武、陆曾炜、周学熙同游陶然亭。同日，陈三立（号散原）与其子陈彦和、袁思亮、赵祖壬、蒯若木、周学渊在便宜坊吃烤鸭，酒后也游陶然亭。两批人相遇，用亭中楹联"十朝名士闲中老，一角西山恨里青"分韵赋诗。未游而和者有陈中岳、俞寿沧、赵元礼、溥儒、溥儁、陈曾寿。陈三立因年老不能作诗，由汪曾武代作一首。汪氏与杨寿枢、周学渊也年逾七十。后来这些诗按韵编排，汇成此集。

这些游客都是当时北京的文人学者，他们的诗或描绘当日的美景，或讴歌附近的景观，或追溯陶然亭唐代以来的历史，或缅怀十年前上巳日76人在此修禊的盛会，或抒发对国家大事的感慨。这些诗篇对我们研究陶然亭的历史和这些社会名人的踪迹都有一定的参考价值。

《乐山回文》

《乐山回文》四卷，续咏一卷，清王嘉诚撰。清同治元年（1862年）北京眺远山房刻本，一册。

王嘉诚，字乐山。幼攻儒业，淡于进取，独好绘画、登临，数览京西名胜。中年为道士，以绘画、歌咏为乐。先在芦洲道院修道，又在房山县西三里之留台尖栖止，眺远山房即其室名。他闲时作回文诗数十首，以畅素怀。分为京西名胜、房山古迹、留台杂咏、芦洲秋兴四卷。除第四卷在咸丰六年（1856年）作，其余皆在咸丰十一年（1861年）新作。同治二年（1863年）又刻《续咏西山名胜》一卷。

此书共收诗78首，皆咏北京西郊和房山风景，如大房山、金朝陵、贾岛故里、百花山、西域寺、砖宫院等，每一首都有小注，注明其地理位置、所存古迹和独特风景。此书名为回文，实为七言律诗，与晋朝才女苏若兰回环婉转可读之诗不同，不过为研究京西名胜古迹提供了诸多线索。

《明十三陵小乐府》

《明十三陵小乐府》，凌启鸿著。北京云巢书屋民国十三年（1924年）铅印本，一册。

凌启鸿，字楫民，早年留学欧美。归国后，著有《云巢诗草》、《欧洲警察制度》、《欧美礼俗新编》、《英文违警罚法》等。他居住北京时，多次游览明十三陵，感慨朝代兴替，作乐府诗多首，汇成此书。

此书从明成祖长陵写起，依次为献陵、景陵、裕陵、茂陵、泰陵、康陵、永陵、昭陵、定陵、庆陵、德陵，最后是明崇祯帝思陵。每陵一篇，每篇先注明陵主的庙号、名字、在位年数、年号，正文写此帝在位时的主要事迹或宫廷变故。后加小注，用散文形式记述诗中所咏之事，并说明其前因后果。每篇长短不一，有的将小注加在篇中。注文或引正史，或引野史，有的还引用诗词、小说。如明宣宗宣德年间宫中竞尚促织之戏，就引用了吴伟业《宣宗御用饫金盆歌》、王士禛《池北偶谈》、蒲松龄小说《聊斋志异·促织》为佐证。此书虽只有 13 篇，却是一部简明的明朝政治史、宫廷史。不仅一般读者可以从中了解明史梗概，研究宫廷史、园林史的专家也可从中找到有用的资料。

此书还有民国二十二年（1933 年）上海明华印刷公司铅印本。

《东陵纪事诗》

《东陵纪事诗》一卷，陈毅著。民国二十四年（1935 年）铅印本。《乙亥丛编》之一。

陈毅，字诒重，湖南湘乡人，湘军将领陈湜之子。光绪二十九年（1903 年）进士。官邮传部参议。民国六年（1917 年）张勋复辟时，他也是一员健将，做了短短十天的"侍郎"。著有《魏书官氏志疏证》。

1928 年 7 月，军阀孙殿英以剿匪之名，赶走了欲图不轨的马福田，又以军事演习为借口，荷枪实弹进入河北遵化县清陵园，用了七天七夜，将乾隆、慈禧陵两座地宫打开，把棺木中葬宝洗劫一空，酿成了震惊中外的盗墓案。逃往天津张园的溥仪指使"内务府总管大臣"宝熙、耆龄、"侍郎"陈毅等去办理善后。宝熙著有《于役东陵日记》，耆龄著有《东陵日记》，陈毅则著有《东陵纪事诗》（原名《东陵道诗并注》）以记其事。陈毅所记最为详尽，不仅对盗墓本末胪载无遗，且于历朝掌故之嬗衍，地理之变革，博考详稽，多足匡前人之误。

此书所记东陵在河北，退位的溥仪在天津，但所记乾隆、慈禧事迹和作者个人事迹都发生在北京，因此此书是研究清史和清宫史的重要参考书。

此书还收入 1994 年上海书店出版社《丛书集成续编》第二十六册。

《潭柘纪游诗·南湖集古诗》

《潭柘纪游诗》一卷，廉泉撰，吴芝瑛编录。民国七年（1918年）铅印本，一册。

廉泉（1868—1931 年），字惠卿，号南湖，又号岫云、小万柳居士。光绪二十年（1894 年）举人，翌年在京会试时参与康有为的"公车上书"。他精诗文，善书法，嗜书画、金石，光绪二十二（1896 年）年任户部主事，次年荐升户部郎中。光绪三十年（1904年）冬辞职南归，移居上海，曾集股创办文明书局，引进珂罗版、铜版、锌版印刷技术。光绪三十三年（1907 年），其妻吴芝瑛好友秋瑾被害，他协助安葬，并建风雨亭、悲秋阁以志哀悼。辛亥革命后，廉泉隐居北平潭柘寺，民国三年（1914 年）在日本东京开设扇庄，介绍中国书画。民国二十年（1931 年）独赴北平潭柘寺养病，入寺为僧。同年 10 月 6 日，病逝于北平协和医院，安葬于潭柘寺旁。遗著有《南湖集》、《潭柘集》、《梦还集》、《梦还遗集》等。

光绪二十八年（1902 年），廉泉在潭柘寺养病八个月，作纪游诗 41 首，集古诗 48 首。吴芝瑛汲水煎药，调朱笔写《法华经》，并将廉泉诗编录成册。前附廉泉《潭柘养疴图记》，有绘图者秦宝瓒和盛宣怀题词。《潭柘纪游诗》吟咏潭柘山的青龙潭、浣花溪、帝王树、流杯亭、拜砖、雀儿庵、少师静室、怀远桥等名胜古迹，有对古迹的介绍，有寄赠友人之作，也有描绘当地民间疾苦的《苦疫行》、《跳秧歌》，对了解北京的人文地理和风土人情有参考价值。《南湖集古诗》集古人诗句写自己的身世、处境、心境，浑然天成，是文人游戏之作。

《东华尘梦》

《东华尘梦》，灵峰补梅翁著。乌程周庆云梦坡室民国八年（1919年）刻本，一册。

灵峰补梅翁即周庆云，南浔著名儒商，主要活动于杭州、上海等地，经营丝、盐，兼办教育，编辑方志，组织诗社。1917年有燕京之游，历汉皋，溯皖江，弃船登车，一路游玩，闰二月十五日到京，遍游北京城内外各个著名景点，四月初六绕道天津，乘轮船南归。每到一处，皆作诗纪游，编成《东华尘梦》。

此书是一部纪游诗集，其中关于北京的占四分之三。作者未到车站，先见卢沟桥，所见的城内景点有中央公园、天坛、先农坛、故宫、三海、国子监等，城外有十三陵、居庸关、陶然亭、农林试验场、小汤山温泉等，此外还有法源寺、觉生寺、万寿寺、五塔寺、崇效寺、白云观、香山、卧佛寺、西山八大处等。每到一处，留诗一首或数首，后有注释，注其历史沿革，或民国时的变革。如天坛隙地改为植物试验场，任人参观；国会纪念日，参、众两会议员各在天坛隙地植松柏一株，以竹签书名，以志纪念；先农坛正殿改为先烈祠，祀革命巨子。故宫文华殿、武英殿改为古物陈列所等。有趣的是，作者标注了许多公园的门费，如中央公园铜元十枚；故宫银元一枚；颐和园银元一元二角；昌平十三陵附近旅馆乘篼轿出游需墨银四枚，乘驴一枚；南海为公府办公地，不对外开放，有时设议员及家属游园会，可借票参观。这些记述对研究民国时北京的园林史颇有参考价值。

《京师城南游艺场并蒂莲征诗册》

《京师城南游艺场并蒂莲征诗册》，钟杞卿等著，樊增祥等评。民国八年（1919年）铅印本，一册。

　　北京城南游艺场位于永安路南先农坛外坛墙北门内，是一个集娱乐与商贸为一体的场所。由曾任督军的李准投资，聘国会议员彭秀康为总经理，于1919年正月初一落成。内有亭台楼阁，一池清泓，四周围满鲜花。六月的某一日，数十盆莲花盛开，皆为并蒂莲。此事迅速传遍京城，男女老少接踵而至，拭目争看，四座惊奇，一时称盛。游艺园主认为此为嘉瑞，关乎国运兴盛，发出告示，征集诗歌。由樊增祥、天琴书等进行评阅，选出100篇，结集出版。

　　这些诗歌有五言、七言，有古诗，有近体诗，还有词曲。其中被评为第一的是粤东新城水母湾继昌学校钟杞卿作的七言古诗《城南游艺场并蒂莲》，全诗48句，都是集唐、宋名句，还有长序一篇，是集萧统《文选》中的古文；第二是古郓女士刘德瑛绘图，右题刘德瑛、刘莹如七律二首；第三是冷庵的七言长诗。这些诗歌大多数认为莲开并蒂，象征国家兴盛，夫妻同心，也有人认为象征兄弟和睦，只有第七十四名余觉民认为当时南北失和，生民涂炭，戾气所感，物亦反常，本同一体，强自出头，斗艳争妍，识者哀之，并非祥瑞。这些诗歌反复歌咏同一事物，描述周详，又不免重复，但却是北京园林史上的一桩胜事，值得研究。

《北游吟草》

　　《北游吟草》一卷，黄端履著。民国二十四年（1935年）铅印本，一册。

　　黄端履在1935年夏被任命为国民政府行政院驻平政务整理委员会专员，5月28日乘火车从南京出发，中经彭城、泰山、沧州等地，抵正阳门东站。在北平逗留一月有余，官署清闲，每日寻幽选胜，记诸诗歌，得诗60余首，名曰《北游吟草》。

　　此书是作者游北平的纪游诗。1920年作者初游北平，勾留十多日，未记一字。这次吸取教训，特意记载，刻画出20世纪30年代北京各名胜古迹的风貌。如中山公园养金鱼数十大缸，多外间未见之种；"克林德坊"在一战后毁灭改建；北海芸豆卷独具风味，带机关徽章者可免购门券；隆福寺庙会商业、戏剧兴盛，护国寺庙残僧懒，而庙会中花市极盛；雍和宫欢喜佛奉命封闭，不允参观；孔庙大成殿仍陈列乾隆年间所制乐器，国子监则圜桥波竭，学舍苔封；北平世界书局惨淡经营，故宫宝物被人窃换，文华殿里欧美人展览其收购的中国文物；永定门外日寇炮声逼城等。这些都是当时北平特有的现象，为研究北京的政治史、文化史、园林史留下了珍贵资料。

《北京钓鱼台诗汇》

《北京钓鱼台诗汇》，赵金敏编。北京燕山出版社 1992 年出版，一册，124 页，有彩图。

钓鱼台地处阜成门外三里河迤西，花园村东南。800 年前是金朝皇帝的同乐园行宫，元代宰相廉希宪在这里修建万柳堂别墅，明代成为太监和皇戚的别墅。乾隆三十九年（1774 年）在此修建行宫，有养源斋、潇碧轩、望海楼。末代皇帝溥仪把这座园林赐给他的老师陈宝琛，成为游览之所。新中国成立后经过扩建，1955 年成为国宾馆所在地。中国历史博物院赵金敏女士研究北京历史多年，颇有建树。她以钓鱼台胜迹驰名中外，遍检群书，搜集有关歌咏钓鱼台的诗词，辑成此书。

此书收金、元至当代 50 人的诗词 95 首，每人都有小传，内容美富，见物见人，其中不少抄自中外罕见秘本。诗词作者金代有赵秉文、师拓，元代有王恽、赵孟頫、虞集等，明代有严嵩、冯琦、王嘉谟、袁宏道等，清代有朱彝尊、宋荦、钱载、弘历、永忠、翁方纲、李慈铭等，民国有陈宝琛、樊增祥、林纾、郑孝胥等，当代有林志钧、瞿宣颖、溥儒、启功等。后有赵金敏《钓鱼台小史》，前有邓小平、李鹏、钱其琛为钓鱼台题词，钓鱼台国宾馆朱贵玉局长序，启功题签。末附周愈绘养源斋、潇碧轩图，林纾、周树谟、陈衡恪、启功诗词墨迹，国宾馆各处照片 8 幅。此书是研究钓鱼台历史最完备的资料，可供研究园林史者参考。

《万生园百咏》

《万生园百咏》一卷，清阔普通武撰。益森公司清宣统三年（1911年）铅印本，一册。

阔普通武，字安甫，满族人。光绪年间任内阁学士，支持康有为变法，在戊戌变法时被任为礼部侍郎。后来任职青海。退休后以饮酒赋诗为乐，于帝京名胜无不游览，游则必纪以诗。光绪三十三年（1907年），三贝子花园改为农事试验场，东列珍禽奇兽，西植稼穑及花木之属，添建东西洋楼，凭票游览。1908年至1911年，作者每年必游一两次，于园中之风景及飞潜走兽，写成七言绝句百首。

此书描绘农事试验场附设的万生园（今动物园旧址）的景物，先写建筑风景，后写动物、植物。建筑有荟芳轩、青石桥、白石桥、海棠式亭、东洋阁、卍字楼、温室、西洋水法、育蚕室、五谷试验地等。动物园中有猩猩、鹤、孔雀、狮、虎、象、条马（斑马）、八蹄马、五腿牛、喷云虎、鼠等，植物园中有桃、杏、梨等。诗中偶尔加一些有趣的注释。书中有张元奇序，作者照片一幅。此书所咏虽然不全面，但可与《农事试验场全景》参读，对研究北京动物园、植物园的历史沿革有参考价值。

《燕游剩草》

《燕游剩草》，宗威著。唤民书局民国三十三年（1944年）铅印本，一册。

宗威，字子威，常熟人。民国初年入京，1933年冬去湖南讲学。在京十余年，参加关赓麟主持的寒山、秭园两诗社，与黄子晦、侯疑始合称"幕中三诗人"。又常常到郭家蛰园诗社参加比赛。京城文人登山临水，授简分韵，无会不莅，无篇不先成，诗艺大进。当时随笔抒写，不自爱惜，其儿辈掇拾而录存之。事过多年，频遭乱离，又多散佚。重加整理，附以师友唱酬之作，遂成《燕游剩草》。

此书记载了一个诗人在北京的活动轨迹。有游居庸关、长城、八达岭、十三陵的纪游诗，有咏书，咏画和咏皮夹、烟嘴、墨盒、网篮等旧物的咏物诗，有陶然亭、什刹海多次上巳节的修禊诗，有与叶恭绰、樊增祥等文人的诗酒唱和，有对护国运动、军阀混战的亲身经历，有寒山、稊园、蛰园的多次诗会，有对风花雪月的感喟，有中海、北海、南海的家庭游玩。这些诗歌为研究民国初年北京的文坛、政坛提供了丰富资料。

《北海闲咏》

《北海闲咏》，沈时敏著。北平震东印书馆民国二十一年（1932 年）铅印本，一册。

沈时敏，出身于清末同光年间北京著名的旅蒙商"外馆沈家"。原名沈凤，因自幼多病，曾寄名寺院中，法名慧智。自幼喜爱绘画，故取清代大画家王时敏的名字为字，成年后以字行。她在民国时期是一位颇具才赋的女学生，功课之余，常优游北海公园。与男女同学荡舟于北海之上，目前难写之情，言外不尽之意，信手拈来，托之诗歌。

全书分赛船、赛美、惊秋、赏月四类，从六月写到中秋，从日日赛船，写到南北方女生借赛船而赛美，借游玩而恋爱，写出了 20 世纪 30 年代北平女生的精神风貌。烫发、染发、亚美利号发卡、高跟鞋、薄丝袜、外语歌、团扇、跳舞、吃槟榔，描绘出当时女生的外表追求；耽于嬉游，崇拜北师大毕业生，仰慕孔武有力的抗日员，为国难当头而气愤，为官吏无能而失望，自夸第二花木兰，既渴望恋爱自由，又担心男生变心，刻画出当时女生的内心世界；仿膳坊的茶点、九龙壁附近的冰激凌、电灯照亮的不夜城、七夕望月、七月十五盂兰盆会、纪念抗日忠魂等，都是北海公园当时特有的情景。这些内容，无论对研究北京的教育和北海公园的历史，都有重要的参考价值。

《北京风俗杂咏》《北京风俗杂咏续编》

《北京风俗杂咏》，孙殿起辑，雷梦水编。北京古籍出版社1982年出版，一册，64页。

《北京风俗杂咏续编》，雷梦水辑。北京古籍出版社1987年出版，一册，258页。

孙殿起是清末民国间北京琉璃厂通学斋书店的主人，一生贩书，喜收清人诗集，随收随售，曾根据所贩书编成目录学著作《贩书偶记》。他见到所收诗集、笔记中有吟咏北京风俗之作，则随手录存，积累数百首。雷梦水以作者先后为序，编成《北京风俗杂咏》，多是清朝和民国初年记述北京风土人情、四时节令、名胜古迹和民间技艺的竹枝词，其中有阎尔梅、王鸿绪、查慎行、高士奇、蒋仁锡、梁同书、蒋士铨、赵翼、郝懿行、俞樾、樊增祥等大学者、大诗人的作品。

雷梦水是孙殿起的外甥，从十五岁起就在通学斋书店学徒，从业四十多年，从一个没有文化底子的青年变成一个熟悉版本源流、书林掌故的学者。他从经手的书帙中，继续抄录有关北京风俗的诗歌，编成《北京风俗杂咏续编》。收清代作者20家，民国初年作者数十家，其中有许多是比较罕见的，有些是没有印刷出版的，有些是几近失传的，也有许多长篇巨帙，如潘挹奎《燕京百咏》、观棋道人《京华俗咏》、富察敦崇《都门纪变》、樊彬《燕都杂咏》、夏仁虎《旧京秋词》、佚名《咏北京食物》等。这些诗歌描写北京的下层人民生活、反帝爱国运动、名胜文物、风味小吃、天桥艺人、鸦片烟馆和妓女等。雷梦水不仅有搜集之功，而且有保存之绩，为研究北京的社会生活和风俗提供了十分丰富的资料。姜德明序中称这些作品都是文学的、通俗的、写实的，富有生活气息，是路工所编《清代北京竹枝词》以后的一大成绩。

《清代北京竹枝词》

《清代北京竹枝词》，清杨米人等著，路工编选。北京古籍出版社1982年铅印本，一册，179页。

杨米人，别号净香居主人，安徽桐城人。清乾隆、嘉庆年间曾居北京。写过剧本《双珠记》。

此书汇集编选了清代北京竹枝词十三种，分别是：一、康熙年间孔尚任等写的《燕九竹枝词》90首；二、乾隆年间杨米人（别号净香居主人）著的《都门竹枝词》100首；三、乾隆、嘉庆年间佚名写的《燕台口号》100首；四、嘉庆年间佚名写的《都门竹枝词》80首；五、嘉庆年间得硕亭著的《草珠一串》（又名《京都竹枝词》）108首；六、嘉庆年间张子秋（自号学秋氏）著的《续都门竹枝词》100首；七、道光年间杨静亭写的《都门杂咏》100首；八、咸丰年间何耳写的《燕台竹枝词》20首；九、同治年间李静山编辑的《增补都门杂咏》；十、光绪年间暕西复侬氏、青村杞庐氏同著的《都门纪变百咏》120首；十一、宣统年间兰陵忧患生著的《京华百二竹枝词》120首；十二、宣统二年（1910年）吾庐孺写的《京华慷慨竹枝词》100首；十三、康熙年间李声振写的《百戏竹枝词》100首。这十三种书都是清代北京竹枝词的专集。

竹枝词本是描绘风土时尚的民歌，到了清代，内容日趋丰富，有的写政治活动，有的写名胜古迹，有的记反帝斗争，有的专写戏曲活动，仍以叙事为主。此书所收的北京竹枝词，为研究清代北京历史、政治、经济、文化艺术、生活风俗，特别是戏曲、曲艺、杂技等方面提供了丰富资料。其中有的作品污蔑劳动人民，或有色情描写，编选者作了删除。

此书据北京出版社1962年铅印本再版。

《燕九竹枝词》

《燕九竹枝词》一卷，清孔尚任等撰，清康熙三十二年（1693

年）宣城袁启旭刻本，一册。

古代京师以正月十九日为燕九之会。相传元代长春真人丘处机于此日仙去，此后远近道士皆于此日聚集在城西白云观，即丘长春修炼处，一时车骑如云，游人纷沓，上自王公贵戚，下至舆隶贩夫，无不毕集，希望一遇仙真。康熙三十二年的燕九会，孔尚任、陈于王、袁启旭、蒋景祁、陆又嘉、周兹、柯煜、王位坤、曹源邺等九人受陈健夫邀请，"走马春郊，开筵茅屋，命简抽毫，各为十绝句"（袁启旭序），用南北朝时诗人庾信"结客少年场，春风满路香"为韵。随后结集出版。

此书收竹枝词 90 首，反复吟咏北京燕九会的盛况，如凤阳花鼓、秧歌之盛，弹琵琶和百戏场的场面，烧香、礼仙的情景，儿童结伴放风筝的神态以及关于吃食的热闹场景，对了解清代北京的社会生活有很大帮助。

此书收入北京古籍出版社 1982 年点校本《清代北京竹枝词》。

《都门竹枝词》

《都门竹枝词》一卷，清杨米人撰。清道光十二年（1831 年）钞本，一册。

作者简介见前《清代北京竹枝词》篇。

《都门竹枝词》成书于乾隆六十年（1795 年），有绣佛斋主人、吴翯、李符清等题跋。此书仿"扬州竹枝词"，以里巷市井之语写乾隆年间北京城的社会现象，收竹枝词 100 首。如春节贴对联、福字、门神，放爆竹，擦玻璃窗，看北海跑冰，用红线穿压岁钱；元宵节灯市、火判；春天放风筝，听戏踏青，佳人头上插芍药；夏天卖奶酪、冰梅水、西瓜；中秋节"月饼高堆尖宝塔，家家都供兔儿爷"；冬天门前飘雪，屋内养花等。此书还写到宣武门前看象房，天乐馆杂耍，广和楼唱戏，丫髻山进香，白云观求签，朝鲜贡使的频繁，市场上的假字画、小绺（小偷），还特别描写时兴的服饰、名伶的生活、戏园看戏的情景和北京的各种小吃等，"凡京都诸人、诸物、诸事，无不曲肖其状"（李符清语），为研究乾隆年间北京的社会生活提供了丰富资料。

此书收入北京出版社 1962 年点校本《清代北京竹枝词》，1982年北京古籍出版社再版。

《燕台口号》

《燕台口号》一卷，清佚名撰。清道光年间钞本，一册。

此书不署作者，路工选入《清代北京竹枝词》（1962 年北京出版社出版）时，在《前言》中说"疑为查揆作"。查揆又名初揆，字伯揆，号梅史，浙江海宁人。查浦同族。生于乾隆三十五年（1770 年），卒于道光十四年（1834 年）。嘉庆九年（1804 年）举人，曾任顺天蓟州知州。著有《篔谷文集》、《菽原堂集》。

此书是记述嘉庆初年北京风土人情的竹枝词，共 100 首。作者看到明刘若愚《帝京景物略》、清朱彝尊《日下旧闻》等书详记燕京故实，本家查浦老人《燕台杂咏》40 首也多取古事，因此选择当时的"俗例方言及土物之猥细者，作口号若干首"（此书《引言》），并各加注释。如元旦风俗，正月供马粪娘，悯忠寺牡丹，丰台芍药，冬月在地窖烘开的"唐花"，咬春、填仓、熏虫、耍青等风俗，响盏、响竹等器物，南方水果的运入，广和楼戏曲和各种小唱、杂耍，红白喜事等，尤注重各种行业和生意，描绘出乾嘉盛世的景象，可供研究北京社会生活者参考。

此书收入北京古籍出版社 1982 年点校本《清代北京竹枝词》。

《都门竹枝词》

《都门竹枝词》一卷，清佚名撰。清光绪三十一年（1905 年）钞本，一册。

此书用轻松诙谐、略带嘲讽的笔调，描绘了清朝嘉庆年间京城出现的新现象。作者读到乾隆末年杨米人所作的《都门竹枝词》100首，认为对京城百态"已极该括"，仔细玩味，又觉得还有遗漏，于是搜集近日异事新闻，补成100首，分街市、服用、时尚、京官、候选、考试、教馆、胥吏、内眷、观剧十类，每类10首。脱稿后，考虑到"胥吏类"近于言公事，公事易招嫌疑；"内眷类"近于谈闺阃，闺阃接近轻薄，因此删去两类，只存80首。每一类都从不同方面极力刻画当时的社会现象。如"京官类"中写到一品官、御史、军机处官员、兵马司官员、外任京官。"考试类"从进京赴考一直写到名落孙山。"教馆类"写没有盘缠回家的举子潦倒京华，谋求教馆，受尽辛酸，不到三个月便被辞退的惨状。因为所写是当时人写亲眼所见的现象，所以真实可信，对了解当时的服饰、书法、戏曲、官场等都有参考作用。

此书国家图书馆有藏。首都图书馆藏本缺作者自序和"街市"类4首。此书还入北京古籍出版社1982年《清代北京竹枝词》，删"时尚"类一首、"街市"类二首。

《草珠一串》

《草珠一串》一卷，得硕亭撰。清嘉庆二十二年（1817年）刻本，一册。

嘉庆十九年（1814年）夏，友人为得硕亭带来《京都竹枝词》80首，不知何人所作，大半讥刺时事，不仅有伤忠厚之心，且恐蹈诽谤之罪。友人啧啧称善，得硕亭不以为然，立秋后陆续自作《京都竹枝词》108首，又命名曰《草珠一串》。取京城风土人情为草珠，以"名利"二字为线。全书分总起、文武百官、兵丁、商贾、妇女、风俗、时尚、饮食、市井、名胜、游览、总结等十二类，描写北京嘉庆年间的社会现象。如北京衙署如林、缙绅数千，部选和捐纳官吏时大家竞相奔走，在外城意气扬扬的官吏一入正阳门"便把威风意气藏"；八旗军、善扑营和新兵精神状态大相径庭，人参店、古玩店、缎号、银楼、瓜子店、苏松小饭店各有招揽生意之道；丧事扎棚，生儿吃喜，完结官司压惊，旌表、诰封时请女亲戚看戏，扇子上画鸦片鬼以拒鸦片，闲谈时评《红楼梦》以为消遣，成为一时的风俗时尚；非季节性的小黄瓜一条数金，满洲糕点、黄油、哈密瓜、山楂糕、奶茶、乳酪、冰核等成为北京的特色小吃；茶园中昆班、弋班、秦腔、沟曲、顽笑人以及市场上的假货、变相高利贷，构成北京市井画。此书描写比较全面，为了解嘉庆年间北京的社会生活提供了丰富资料。

此书收入1982年北京古籍出版社标点本《清代北京竹枝词》。

《都门杂咏》

《都门杂咏》一卷，清杨静亭著。清道光二十五年（1845年）刻本，一册。

杨静亭，名士安，潞河人，生平不详。

杨静亭曾著《都门纪略》，此书是为配合《都门纪略》而著的竹枝词，分风俗、对联、翰墨、古迹、技艺、时尚、服用、食品、市廛、词场十类，每类少则三四首，多则十几首，每首写一件事物，在形式上是竹枝词，在内容上与《都门纪略》互相补充。作者著此书有两个原因，一是他看到乾隆年间杨米人《都门竹枝词》、得硕亭《草珠一串》描绘京师风俗，纤悉具备，至道光年间，已有今昔殊尚之感；二是《都门纪略》成书后，友人再三怂恿，故有《都门杂咏》之作。

此书收竹枝词100首，或"歌咏太平，藉以鸣国家之盛"，或"于嬉笑之语隐寓箴规，游戏之谈默存讽谏"。通观全篇，讥讽多于歌颂。如《眼镜》中写赶时髦的人，"眼镜戴来装近视，教人知是读书人"，《瞎姑》中写弹琵琶的盲女，"却信人间重颜色，夜深犹插满头花"。同《都门纪略》一样，此书描绘京城的各种现象，为暂时来京的外省仕商提供生活指南。时至今日，则可作为我们研究道光年间北京社会风俗的重要参考书。

此书还有清同治三年（1864年）伴花斋刻本《都门杂咏》，清徐永年等增补；《伴花斋新增都门杂咏》，清盛麟等新增；又收入1982年北京古籍出版社标点本《清代北京竹枝词》。

《燕台竹枝词》

《燕台竹枝词》一卷，清何耳著。清咸丰年间刻本，一册。

何耳，号易山，安徽歙县人。咸丰年间曾居北京。此书描绘清末北京的各种事物，每首写一种，有太平鼓、烟儿爆、片子、羊车、冰床、皮耳朵、毛儿窝、风门、暖炕、窗糊眼亮玻璃、冷布、糊裱顶格、煤炉、甜浆粥、硬面饽饽、二两居、水饺、冰汤、柳木牙签、笔帽等，共20首，涉及衣食住行各个方面。有的事物现在已经失传，如烟儿爆、羊车、硬面饽饽等，有的则更发扬光大，如窗糊眼亮玻璃发展成玻璃窗，简单的片子发展成各式各样的名片。此书歌咏这些事物的早期情况，对研究清末社会生活有所帮助。

此书收入北京出版社1962年点校本《清代北京竹枝词》，1982年北京古籍出版社再版。

《都门纪变百咏》

《都门纪变百咏》一卷，清嶼西复侬氏、青村杞庐氏撰。清宣统元年（1909年）石印本，一册。

清光绪二十六年（1900年）三月，嶼西复侬氏游宣南，遇旧友，正依依不舍之际，忽然遇到义和团与天主教民冲突之事，由此八国联军进攻北京，京城变成战场。作者当时寓居紫禁城偏东地区，距东交民巷只有一里。每当夕阳西下，两军相持，巨炮雷轰，弹丸雹集，晨起理衾，时得遗弹。作者杜门息交，与友人杞庐氏每日以小诗自娱，根据当时见闻一起吟咏。积一月之久，得绝句百余首，略加诠次，编成此书。

此书是作者记述庚子事变见闻的诗歌，计120首。从光绪二十六年（1900年）三月传闻义和团入京师写起，一直写到此年六月八国联军攻占北京。所记有义和团焚拆琉璃河、长辛店一带铁路、电线杆，清廷派大臣刚毅招抚；义和团在京城设坛，令各家烧香供水，请神退神，念诵神咒，施行法术；诸王贝勒府第设立神坛，每坛大师兄与搢绅朝士抗礼；端王、庄王等依仗义和团，带人到户部尚书立山家搜查洋人，甚至入宫搜查皇上左右信奉天主教者。此书还讲到端王引义和团首领入见慈禧太后；义和团焚毁教堂，杀教民，攻打各国使馆；清廷对外宣战，三次电催李鸿章入京；江苏巡抚鹿传霖力主迁都之议，素恶洋人、为团民信服的李鉴堂忽持和议；慈禧以数百名少年太监短衣快枪作为护卫；肃王府被洋兵所占，古玩图书被焚；武卫军四出抢掠，被荣禄正法三十余人；官员宅第被劫，在前门外销赃，貂裘、珠宝都低价出手；存京师大学堂经费的道胜银行被毁，有人建议大学堂停办；都中讳言"洋"字，店中洋布改土布，洋药改土药，西洋书籍夜里抛弃。此书记洋人之事少，记义和团和朝中见闻多，为研究义和团的迷信色彩留下了极丰富的资料。

此书被收入 1982 年北京古籍出版社标点本《清代北京竹枝词》。

《京华百二竹枝词》

《京华百二竹枝词》，兰陵忧患生著。北京益森书局清宣统二年（1910 年）铅印本，一册。

作者遨游湖海，落拓半生，宣统元年（1909 年）来游京华，客邸无聊，日游街市，耳闻目睹，随笔一书，积少成多，写出竹枝词 120 首。作者"书囊而外一身轻"，只有弟子武邑刘凯燮追随左右。他不愿留名，自号兰陵忧患生。

此书由一个见多识广的外地人描绘清廷实行立宪以后北京出现的各种新现象，从政治、经济、军事等重大事件，到照相、剃头、看戏、小吃、人力车等生活琐事，是北京当时社会生活的真实写照。大事如宣统继位；醇亲王摄政；隆裕皇太后罢幸颐和园；

慈禧、光绪帝金棺出京先期屡次预演；慈禧死后一年，清宫中元节为她造大法船一只，在东华门沙滩地方焚化；清宫新增近卫军；广东富商张煜南捐巨款复兴海军等。小事如改良街道，树立牌楼，胡同改名，街巷修厕所，设济良所、劝工陈列所，张树桂的自开锁获专利，王麻子剪刀店装修门面，六国馆店盛极一时，妓院要交花捐，文明戏园出现，男女看戏分楼上楼下，北京出现经营洋纸的敬记庄等。诚如作者所希望的，"闲写竹枝词百二，可能当作采风篇"。这些记载对研究清末北京的社会生活有重要的参考价值。

此书收入北京出版社 1962 年点校本《清代北京竹枝词》，1982 年北京古籍出版社再版。

《京华慷慨竹枝词》

《京华慷慨竹枝词》一卷，原题吾庐孺撰。北京开智书局民国间石印本，一册。

作者宣统二年（1910 年）春在北京。当时北京处在辛亥革命的前夕，清政府实行立宪，建新内阁，处处呈现出新旧交替的混乱，实际上已处于风雨飘摇之中。作者在序言中说："仆本闲人，诗无佳句，未尝问俗，曷敢为词？今春风鹤满天，四郊多垒，抚膺三叹，慷慨生焉！"于是作竹枝词 100 首，描绘北京的社会变革，抒发对国计民生之感慨。所咏有议员、立宪、帝国统一党、东三省代表、巡警、御史、外务部、预算、教育普及、中央集权、国民军、新官制、弼德院、四国借款等政治问题，就连火车、自来水、电话、电线等新生事物也从政治方面进行品评，如咏人力车一首："短小轻盈制自灵，人人都喜便中乘。自由平等空谈说，不向身前问弟兄。"全书幽默诙谐，意旨偏激，刻画出清朝末年的各种怪现象。

此书还有宣统二年（1910 年）石印本，1962 年又收入北京出版社点校本《清代北京竹枝词》，1982 年北京古籍出版社再版。

《百戏竹枝词》

《百戏竹枝词》一卷，清李声振撰。北京古籍出版社 1982 年铅印本。《清代北京竹枝词》（十三种）之一。

李声振，号鹤皋，河北清苑人。康熙三十五年至四十五年（1696—1706 年）作《百戏竹枝词》，计 100 首，把在北京看到的 100 种民间伎艺，以竹枝词的形式逐一吟咏，每种伎艺还做一简要说明。所咏戏曲有吴音（昆腔）、弋阳腔（高腔）、秦腔、乱弹等，民间曲艺有琵琶伎、十不闲、鼓儿词、弹词、评话、宫戏、八角鼓、打花鼓、莲花落、口技、影戏等，杂耍有反腰、竖蜻蜓、扎高脚、舞索、刀山、飞刀、弄丸、舞冰盘、扇技、吞剑、吞火等，魔术有飞钱、鬼搬运、空中取酒等，游戏有踢毽儿、放风筝、调鹦鹉、斗鸡、放鸽、斗鹌鹑、斗蟋蟀、斗百草等。此书对清朝初年的民间戏曲曲艺搜罗齐全，为研究北京文艺史提供了丰富资料。

此书还有 1962 年北京出版社《清代北京竹枝词》本，据原稿本铅印。

《都门新乐府》

《都门新乐府》一卷，清汪述祖著。清光绪年间刻本，一册。《余园诗稿》之一。

汪述祖，字著林，安徽休宁人。他看到乾隆年间蒋士铨用乐府诗吟咏京城事物，感于后世风俗递变，时尚日新，光绪庚子年（1900 年）以来，见闻又异，于是选蒋氏未咏者，作乐府诗 8 首。其中《宾宴楼》描写庚子之变后重新红火的盛况，《醉琼林》描写饮宴的场面，《转球乐》介绍从西方传入的赌具，《料理馆》写日本女人经营的餐馆，《火车站》写北京火车的开通，《推土车》写平治街道、往城外运煤灰的车子，《纸烟摊》写从海外传入的吕宋烟，《机器井》写新兴的汲水设备。诗中既有对官僚贵族奢侈享乐、追逐名利的批判，又有对舶来品给百姓生活造成不良影响的担忧。诗中描绘的饮宴、奏乐、赌博等场面为研究清末社会生活提供了新材料。

《都门打油歌》

《都门打油歌》，清无名氏作。首都图书馆 1959 年钞本，一册。

此书著于清光绪二十年（1894 年），作者是一位满族人，在《娶亲》一诗的注释中有"吾旗俗"字样。他看到《都门杂咏》中绘风列俗，尚有未言及者，利用放年学（国子学或八旗官校）的时间，作《都门打油歌》61 首，以补其阙。

此书没有设类目，但内容以类相从，如描写科举考试的有《乡试》、《会试》、《覆试》、《传胪》、《录科》、《下第》、《候补》、《引见》等，描写风俗的有《拜年》、《庆贺》、《请客》、《祭祀》、《放定》、《过礼》、《娶亲》、《挂红》、《伴宿》、《送殡》等，描写节日的有《元日》、《上元》、《清明》、《端阳》、《七夕》、《中元》、《中秋》、《除夕》等，描写风景的有《西苑》、《西山》、《黄金台》、《玉泉山》、《卢沟桥》、《蓟门》、《燕墩》、《大钟寺》、《妙峰山》等，描写曲艺的有《莲花落》、《耍狗熊》、《戏法》、《火判》、《走马灯》等。后附《厂甸正月竹枝词十二首》。这些民歌大多通俗易懂，不易明了处皆加小注，为研究北京民俗提供了重要资料。

《京都新竹枝词》

《京都新竹枝词》一卷。民国二年（1913 年）老羞校印石印本，一册。

此书收竹枝词 160 余首，详细刻画了民国初创时北京的新现象。作者有窳盒、绮佛、湛墅、逸云、湛园、髯云、百里、索然、竹隐生、季佚、友石子、戎马书生、崭厂、萍影、孤竹愚盲等，每人三、四首至十几首不等。老羞校订出版。这些人当时都生活在北京，对这场政治变革极其熟悉，大概不便透露真实姓名，所以都用字号或绰号。

这些竹枝词涉及北京政治、经济、文化、民俗等各个方面。如宪法起草委员会设在天坛，天坛隙地被农林部辟作试验场，谭鑫培最近不登台唱戏，妓女假托女学生，章嘉活佛在北京举行法会，琉璃厂古玩业萧条，东西洋人大肆收购名人书画和元明版古籍，乾隆为香妃修建的宝月楼改为新华门，大总统居南海，北海、中海拟开公园，金鳌玉蝀桥开通，交通便利，其他还有纪念币、国务员、军队、女子剪发、临时营业场、古物保存所、参谋部、新仓政、电车、动物园等。这些作品对当时的演讲、党争等政治活动和不中不洋的新装束极力讽刺，为研究民国成立时北京的社会变革提供了鲜活的资料。

《故都竹枝词》

《故都竹枝词》一卷，黎承福等著。民国二十四年（1935年）铅印本，一册。

此书是1935年新年团拜，稊园、青溪两诗社的联合外课。共收诗250余首，作者38人，有郭则沄、关赓麟、陈伯达、张伯驹等著名诗人，每人所作多少不等，不限韵。主要描写民国十七年（1928年）国民政府迁都南京后北平的萧条景况。如极乐寺海棠甲天下，而其中的国花堂已濒颓圮；故宫博物院宝器南迁，古物被窃，无可观之物，而春末夏初士女尚多往观太平花；卫生局以不洁为由，禁止卖白薯及售汤锅担，数百人无活计，在火车站小巷头晒太阳；北京唐花衰落，丰台养花之地改种白薯；布业凋零，幌子上写着"老尺加一，白送一尺"；厂甸古玩业衰落；三海、颐和园游人稀少，空屋出赁等。其他如太庙开放，中南海辟为公园，北海的划船和冰嬉；两性学校之制实行，各大学府私选校花；跳舞场、女招待勃兴，东安饭店舞风最盛，后被官府禁止；白塔寺卖香面者聚集，故都裸体画出现，四大名旦不甚出演；公安局增设守望亭，路政井然有序；街市贴满国民党标语，乡人不解其意；第三次铁道部全国铁路沿线产品展在太庙开会，平绥馆设赛马场，平汉馆设临时小火车表演，千人围观。虽然作者随意吟咏，没有系统性，但其内容对于了解北京当时的社会现状有参考作用。

《都门新竹枝词初集》

《都门新竹枝词初集》一卷，清芝兰室主人著。首都图书馆1959年钞本，一册。

芝兰室主人生平不详。此书分市井、闺阁、歌谣、游赏、洋药、和尚、捐输、风俗八类，每类少则4首，多则10余首，别有起首4首，共73首。这些诗歌用幽默讽刺的手法，出神入化地刻画出清末北京的社会百态，有警世劝俗之功效。如"市井类"中讽刺迷信，"浊流谁肯挽狂澜，淫祀多缕述又难。独有妙峰尤显应，尿窝都是报恩单"；讽刺用结婚骗人，"笙歌依旧入兰房，秋后黄瓜味亦香。席卷一空无觅处，有名打虎赚新郎"；"闺阁类"中讽刺高跟鞋，"木头厚底号花盆"，"更向游人多处走，故将厚底响声声"；"风俗类"中讽刺纳妾，"素知少年惜红颜，纳宠翻教是老翁。发已斑斑情更切，床前立有肉屏风"。此外对韩家潭的娼妓，三河的老妈子，捐官贪污，和尚不守清规，吸大烟，妇女冶游，公子听戏，旗民短饷，典铺剥削，闺阃奢华等，都有细致描绘。

此书据中国科学院考古研究所藏《燕京掌故杂抄》一书抄录，对研究北京的社会风俗有重要的参考价值。

《王风笺题》

《王风笺题》一卷，清丁立诚撰，清徐珂笺。钱塘丁氏嘉惠堂民国九年（1920年）铅印本，一册。

丁立诚，字修甫，钱塘人。长期客居京师，前后九上公车。

宾朋诗酒之暇，喜钩稽遗闻轶事、里闾琐俗，作成诗歌。往往对世风之变易，朝政之得失，不免有所感触，寓讽于规，怨而不怒，有《诗经》、《离骚》之旨。其《王风》百首，辞意精妙，暗寓时事，盖有感于庚子之变而作。当时人争诵之。宣统三年（1911年），钱塘徐珂看到其题目两两相对，如《颁恩诏》、《递国书》、《舍佛豆》、《赐神糕》、《进黄鱼》、《洗白象》等，中有典故，未必尽人皆知，于是根据京师所闻为之注释，所不知者请教提学吴庆坻，吴庆坻转询之观察使杨钟羲、大令震钧。

此书描写清朝末年北京的政治、经济和社会生活，题目皆为三字，每首七言九句。如描写政治的《上海淀》、《宿直房》等，描写经济的《赶庙会》、《买黑市》、《派粮差》、《认钱票》等，描写科举的《小传胪》、《大教习》等，描写生活的《走天桥》、《游厂甸》、《开臭沟》、《送甜水》等，描写戏曲的《下戏园》、《听鼓词》、《反黄腔》、《落子班》等。徐珂的注释夹在每首诗与题目之间，只注题目，故名笺题，实际上已注内容。此书对研究北京的社会生活有所帮助。

此书收入 1967 年台北文海出版社《近代中国史料丛刊》第四辑。

《燕市百怪歌》

《燕市百怪歌》一卷，无名氏著。民国二十七年（1938 年）张江裁双肇楼铅印本。《京津风土丛书》之一。

此书收 100 首诗歌，用顺口溜的形式描绘民国初年北京的一百种怪现象，或三言、四言，或五言、七言。每首或两句，或四句、八句，其下注明是第几怪，所咏何物。如"乔乔皇皇，黍离是伤。共和国家，乃有满皇"（怪四，清室）。"小菜久推六必居，扁额乃是严嵩题"（怪七十一，六必居酱园）。此书所写涉及环境（如大风、黑土、土街、秽水池）、政治（如政客、官僚、穷部员、清室、北上门之早朝、讲演会）、教育（如骗人之学校、学生帽、流荡学生、女学生之装束、学生制服)、戏曲(如名伶、新半旧之戏园、戏迷、评剧家)、风俗(如旗民、鞑子、旗婆子、旗幼妇)、饮食(如摇头面、烙饼、肮脏锅、沙窝梨、大糖葫芦、硬面饽饽)、生活(如说穷词、卖破鞋者、卖估衣者、磨刀者、洒道夫、粪夫、煤球、煤夫、挑担、剃头匠、油盐店、洋货铺、眼药铺、中交票、铜子票、东安市场、劝业场)等,与《二十年目睹之怪现象》异曲同工。不过有些怪现象只攻一点,不及其余,如"劝业场,叫得响。野妓女,署场长"(怪七十三,劝业场)。有些本来不怪,作者写得怪,如"远看似鬼,近观非人。全身乌黑,惟有牙白"(怪五十,煤夫)。这些诗歌生动地描写出民国初年北京的社会生活。

《燕都杂咏》

《燕都杂咏》一卷,清樊彬著。张江裁燕归来簃民国二十八年(1939年)铅印本。《燕都风土丛书》之一。

樊彬,字质夫,号文卿(或作问青),天津诸生。道光五年(1825年)以誊录授训导,历官湖北远安、建始知县。癖嗜金石,工山水画,寿近九旬,喜吟咏,遗稿甚富,有《问青阁诗集》。

此书收五言诗约400首,歌吟北京的名胜古迹。全书大致按时间排列,从远古的黄帝一直写到清朝中期。每首咏一件史事,下有小注,注明事件的起因、经过、地点。如黄帝与蚩尤战于涿州之野,周武王封尧后代于蓟,秦人古长城在京城北百余里;周宣王石鼓,金人由汴京辇来,今在太学;燕昭王黄金台在今左安门外;汉蒯彻墓在广渠门外八里庄,冢前有井;相传汉武帝北巡至湿水,即今桑干河;悯忠寺旧有安禄山、史思明建二塔,今无,惟苏灵芝书宝塔颂犹存;望京村在今朝阳门外,金朝设置,用来接待各国使臣;元观象台旧在文明门外,今在崇文门内东南隅,铜仪为郭守敬造。此书细数北京城内及郊区的名胜古迹,如数家珍。虽然有些记述属于传说、神话,但对了解北京的历史、地理极有参考价值。

此书还有清光绪三十三年（1907年）长沙石耕山房刻本，1987年北京古籍出版社《北京风俗杂咏续编》本，又收入2003年扬州广陵书社《中国风土志丛刊》。

《旧京秋词》

《旧京秋词》，夏仁虎著。张江裁燕归来簃民国二十八年（1939年）铅印本。《燕都风土丛书》之一。

夏仁虎（1874—1963年），字蔚如，号枝巢，江宁（今南京）人。肄业于江阴南菁书院，清朝末年，曾在刑部、邮传部、农工商部任职。民国初年，任职财政部、国务院。抗日战争期间，先后执教于北京大学、北京师范大学。新中国成立后被聘为中央文史馆馆员。

此书作于1937年，收咏北京秋天风土人情的竹枝词20首。涉及面十分广泛，如旧京七月初各剧场都演《渡银河》，因当年各省洪流为患，舞台辍演；中元节前夕北海举行灯船盛会，倾城往观，女郎挤掉36只鞋子，公园登报招领；秋日在薄衣外加白绒短褂，为女士流行装；旧都人立秋吃"爆涮烤"、良乡栗子，至正阳门买蟹，还有北海仿膳之菱角糕、窝窝头；菊花未上时，有晚香玉、西番莲，今崇尚东来之大丽花；孟氏、岳氏养秋兰，骆氏、白氏养菊，今年争以昙花相观赏，其花极美，但朝荣午瘁，时人目为"花妖"；京人供兔儿爷、兔儿奶奶，养蝈蝈、金铃子，用赵子玉制蟋蟀盆，吃山里红、海兰察茔上梨、郎世宁园中枣。九月登高，昔人登天宁寺塔或陶然亭，今大学生多至煤山，游人皆登北海万岁山；用昆明湖鲤、津沽紫蟹、白而微甜之菊花所煮之"菊花锅"，为旧京食单之最雅者，而夜闻卖硬面饽饽，声最凄婉。作者以南方人写北京的秋天，所谓"羁人多感"，但所记内容对研究民国间北京的社会风俗有参考价值。

此书还有1987年北京古籍出版社《北京风俗杂咏续编》本，

又收入 2003 年扬州广陵书社《中国风土志丛刊》。

《张醉丐打油诗》

《张醉丐打油诗》，张醉丐著。北京华龙印书馆民国二十九年（1940 年）铅印本，一册，156 页。

张醉丐，真实姓名不详，北京人。清末在垦务局供职，崭露头角，三千同人皆以局中巨擘称之。善诙谐，喜交游，有燕赵慷慨之风。后来仕途失意，回北京，任职某报社，每日为其作打油诗。他笔耕半生，中年丧女，家居无聊，常以酒浇愁，自称"醉丐"。庄言谐语，皆托之于诗，所积逾万首。此书乃其选集。

此书收诗 500 余首，大多歌咏当时的社会现象或名人逸事。每段有一个题目，用散文记述事情原委，再附打油诗数首。一般四五首，意犹未尽者，则写五六首。内容涉及外省甚至外国，而北京占一多半。其中又以文化界、戏曲界居多，如章太炎、胡适，刻书家董康，京味小说家徐剑胆，雕刻艺人张志鱼，手指作画、脚趾作书的胡井伯，名伶新艳秋；政界则袁世凯、冯国璋、吴景濂、黎元洪等都入其笔下。这些资料对研究北京的政治、文化、艺术都有参考价值。

此书收入 1969 年台北文海出版社《近代中国史料丛刊》第三十四辑。

《顺天秋闱杂咏》

《顺天秋闱杂咏》一卷，清李鸿逵辑。李氏留余堂清光绪十七年（1891 年）刻本，一册。

此书乃德安李鸿逵在旧纸堆中检出，不知何人所作，不忍弃置，于是刻之以公同好。内容描写士子到顺天府参加会试的情形，形象逼真，确是过来人语。此书共收诗 26 首，从租寓、录科写起，中经投卷、买物、看牌、装篮、点名、赴搜、领卷、入闱、归号、封号、得题、出号、缴卷、出闱、归寓、二场、三场、散考、看文、听戏、吃东、传讹、决疑、候报，写出了参加科举考试的全过程。有些描写非常细致，如《租寓》，"奉旨黄旗插轿车"，"崇文门外过行李，观象台前好住家"，租房又怕臭虫，又怕狗咬；《装篮》写入考场所带之物，炭、纸、无字扇、不灰炉、深罐、薄壶等，每样都非常讲究，亲自检点；《吃东》写谁都不愿做东，怕掏钱，不敢说自己考得好。这些对了解科举考试和士子们的心理很有参考价值。

《妙香馆咏物全韵》

《妙香馆咏物全韵》，清铭岳著。首都图书馆 1959 年钞本，一册。

铭岳，字东屏，号瘦仙，姓苏完瓜尔佳氏，汉军正白旗人。道光十五年（1835 年）进士，官江苏记名道员。琴棋书画无一不精，画折枝花果极佳。尤善篆刻，有印谱传世。

此书是作者步入老年后回忆孩提时所玩的玩具而作的诗歌，共 30 首，每首都是五言十六句，所咏有纸鸢、不倒翁、影戏、竹马、击球、空中、泥钱、自行人、迎哥哥拜姊姊、太平鼓、鬼脸、火判、朴满、围棋儿、九连环、莲蓬人、皮老虎、泡戏、泥捏饽饽、婆婆车、老头儿背少妻、吹糖人、走马灯、琉璃脴栗、放爆竹、斗蟋蟀、翻毂、紫姑、毽子、兔儿爷等，共三十种。每种描写一种玩具，既描写这种玩具的形状、玩法，还引出许多寓意。有湖云甫序。此书据中国社会科学院考古学研究所《燕京掌故杂抄》抄录，对研究清代北京的社会生活有参考价值。

《燕门百菊咏》

《燕门百菊咏》一卷，清黄爵滋撰。清咸丰二年（1852 年）刻本，一册。

黄爵滋（1793—1853年），字德成，号树斋，江西宜黄人。他是道光年间进士，历任翰林院编修、鸿胪寺卿、礼部侍郎、刑部左侍郎，以敢于直谏而负时望。道光十八年（1838年）上《严塞漏卮以培国本》折，力陈鸦片之害，创议严禁。1840年，他奉命赴闽、浙查办禁烟，筹划海防，奏报厦门抗英战况，力主抗英。后因事落职。著有《黄少司寇奏疏》、《仙屏书屋诗录》和《仙屏书屋文录》。

此书是作者吟咏所植菊花的诗歌。京师寺僧多以种花为业，如天王、花之诸寺，卖菊至数千盎，别处也不少。黄爵滋暇时采购，定其品为雅品、仙品、神品、瑰品、丽品、倩品、逸品、异品等。每品又为之定名，如白玉枝、金佛座、方金印、水晶盘、冰壶、玉匙调红等，所记达121种。咸丰元年写成《燕门菊谱》，每种都描绘其形状、名称来历等。并且为每种菊花作诗一首，又命其子黄秩林和诗，又得99首，合而编成此书。黄氏所定名与流行的说法不一定相同，如云涛俗名黄金披玉，霓盖通名大桃红针，玉扇有黄白两种，玉女针又分大银针、桃红针、银红针、水红针数种。不过将这么多菊花品种一一罗列出来，反映了咸丰年间养花事业的兴盛，为北京园林史研究提供了重要资料。

《北京文学研究史料》

《北京文学研究史料》，《北京地区文学历史及现状》课题组编。北京燕山出版社1988年出版，一册，348页。

北京市社会科学研究院文学研究所从1983年正式决定，以较大的力量来从事北京地区文学发展的历史与现状的研究，拟用十年的时间来完成这一项目：一是搜集、整理出一套能够全面、系统地反映北京地区文学发展状况的资料；二是撰写出一系列研究北京地区作家、作品的专题论文和论著；三是编写出一部《北京文学发展史》。这项工作需要全国文学研究者的支持与帮助，因此该所特意编辑《北京文学研究史料》来吸收大家的研究成果。

此书是一部研究北京地区文学的论文集，内容可分四个方面：一、古今作家在北京的生活、创作与其他文学活动，如吕晴飞、娄程合写的《魏源在京文学活动纪略》，钱光培《诗人朱湘重返清华前后》，闻敏《吕荧在北平》、《骆宾基在北平》，吉扬《贾芝在北京》、《李星华在北京》、《朱蕴山在北京》、《于伶在北京》等；二、北京所出现的文学社团和文学报刊情况，如李明春《明代北京的两个文学团体》，萧阳、孟固《北平左联、北平作家协会纪事》，袁存礼《李大钊与〈晨钟报〉》等；三、各种文艺思潮在北京消长的情况，如张泉《"五四"前后马克思主义经典著作在北京传播的情况》、金戈《陈毅与徐志摩的交锋——关于〈纪念列宁〉与〈答徐志摩先生〉》等；四、有关北京文学的重要活动或资料目录，如高起祥《〈野草〉研究著述目录索引（1925年—1980年）》，甘海岚《老舍的曲艺活动及著作年表（1950年—1966年）》等。此书收论文31篇，收集的是重要而又为人们所忽视的文学现象，为北京文学发展史的研究提供了重要资料。

265

《京派文学批评研究》

《京派文学批评研究》，黄键著。上海三联书店2002年出版，一册，301页。《三联文博论丛》之一。

黄键是福建师范大学副教授，曾师从于北京师范大学程正民教授。此书是黄键的博士论文，是他三年博士学习期间勤奋钻研，专心做学问的成果。

全书共十章，前五章是对京派文学批评的总体论述，有对"京派"文学和"京派批评"的研究，京派文学批评的中国传统文化精神和西方文化影响，京派文学批评与左翼文学批评的比较。后五章是对沈从文、朱光潜、李健吾、梁宗岱和李长之等京派批评的代表人物的个案研究，既抓住他们的共同特色，又突出各自不同的个性，分析得比较到位和符合实际。作者十分重视实证研究，在此基础上得出准确、科学的结论和富有创见的学术观点，如把京派批评定位为一种走向自觉的审美批评，它与左翼批评既有对立和冲突的一面，又有相互补充、相互启迪和相互对话的一面；指出京派批评力图融合中西文化传统和批评传统，建构相对稳定和综合的批评范式。此书是文学批评方面的新作，为北京文学史的研究提供了丰富资料。

《沦陷时期北京文学八年》

《沦陷时期北京文学八年》，张泉著。中国和平出版社 1994 年出版，一册，399 页。

张泉，1949 年生，北京市社会科学院文学研究所研究员。主攻海外中国学（文学）、中国现代文学和比较文学。主要著作有《美国学者论钱钟书》（编译）、《被冷落的缪斯：中国沦陷区文学史》（翻译）等。此书是作者筹谋十载，突击三年才完成的科研成果，是北京社科规划项目。

此书是一部研究沦陷时期北京文学的专著，以诗歌、散文、小说和各种作家为研究对象。作者将这个时期的文学刊物划分为相对超脱的校园出版物、情况各异的民办刊物、报纸及其文艺副刊、文艺书籍的出版发行，介绍了主要的文艺社团、文艺口号、文艺论争，重点介绍作家，有堕入附逆的文坛名宿周作人，有名气的新进作家袁犀、梅娘、高深、马骊等，重新执笔执教的作家学人江寄萍、钱稻孙、商鸿逵、俞平伯、冰心、凌叔华、胡絜青、刘云若等，道路各异的校园作家毕基初、张秀亚、吴兴华、林榕、查显琳等。作者翻阅了北京市社科院图书馆、国家图书馆、首都图书馆的大量旧期刊，用史实证明沦陷时期的北京文学在一个相对封闭的环境里继续顽强地沿着"五四"新文学开创的道路迂曲生长，表现出鲜明的反日意向和情绪，汉奸文学由于为数极少和品格低落，没有对全局产生实质性的影响。此书研究的是中国现代文学史上被湮没时间最长的一个时期，既注意勾稽发微，抉缺补漏，在史料的发掘与考据上下功夫，又能广征博引，不落窠臼，在论史方面新见迭出，堪称是一部开拓性著作，为进一步研究沦陷区文学奠定了坚实基础。

《独入佳境：满族宗室文学》

《独入佳境：满族宗室文学》，张佳生著。辽宁人民出版社1997年出版，一册，218页，照片8幅。《清代社会文化丛书·文艺卷》之一。

张佳生是满族研究专家，1948年生，1982年毕业于辽宁大学中文系。写此书时任辽宁省民族研究所所长、《满族研究杂志》主编，兼辽宁大学满学研究中心和辽宁社会科学院满族研究中心特邀研究员，中央民族大学满学研究所特邀副研究员等，致力于民族文化尤其是满族文学的研究。著有《清代满族文学十论》等。

此书以系列短文的形式论述清代满族的宗室文学，既有对整体的概括，如《蔚为大观的清代宗室作家群》、《从尚武到尚文的变化》、《帝王对宗室文学的推进》、《皇子成才的摇篮——尚书房》、《造就宗室人才的基地——宗学》等，也有对具体文学家的记载，如《宗潢之秀岳端》、《以诗为性命的塞尔赫》、《允禧及其诗论》、《亲王诗人永思》等，还论述了汉族文人与宗室作家的关系。满族宗室文学以诗歌为主，兼有古文、笔记、子弟书等，是在入关后发展起来的，主要集中在北京，是北京文学的组成部分。此书对满族宗室文学的简要论述，为北京文学史的研究开辟了一个新领域。

《北京地域文学语言研究》

《北京地域文学语言研究》，张继华著。四川人民出版社1999年出版，一册，417页。

此书是一部北京文学语言发展史。分上下两篇。上篇是史纲篇《北京地域文学语言发展史纲》，分北京地域文学语言溯源、明代以前、明至清初、清中期、清末至民国、新时期等几个阶段论述北京文学语言的发展，特别介绍了关汉卿、王实甫、曹雪芹、李汝珍、文康、梁实秋、刘白羽、萧乾、老舍、苏叔阳、王蒙、刘心武、刘绍棠、王朔等人的语言成就、特点，并总结出北京文学语言的基本特征和发展趋势。下篇是语汇篇《北京地域文学语汇释例》，分别从曹雪芹《红楼梦》，老舍《骆驼祥子》、《四世同堂》、《茶馆》、《龙须沟》、《正红旗下》，刘心武《钟鼓楼》，邓友梅《那五》，刘绍棠《瓜棚柳巷》，王蒙《说客盈门》，浩然《苍生》，王朔《编辑部的故事》等小说中选择北京文学词语进行注释，为上篇的论述提供实例。此书从文学的角度记述北京语言的发展，兼顾文语和民语，讨论了政治、经济、文化、社会发展对语言的影响，是一部论证详实的语言史著作。

《荒原上的丁香：20 世纪 30 年代北平"前线诗人"诗歌研究》

《荒原上的丁香：20 世纪 30 年代北平"前线诗人"诗歌研究》，张洁宇著。中国人民大学出版社 2003 年出版，一册，363 页。《新生代学人文丛》之一。

此书是北京大学中文系中国现当代文学专业的博文论文，孙玉石教授指导，2002 年 5 月提交，原名《1930 年代北平"前线诗人"诗歌研究》。

此书论述 20 世纪 30 年代北平诗坛上以卞之琳、何其芳、李广田、林庚等人为代表的一批"前线诗人"的诗歌。他们接受西方现代主义诗潮的影响，融合中国传统诗歌的优长，在"传统的"与"现代的"、"本土的"与"外来的"诗学传统之间，努力实践二者的对接，取得了很大的成功。全书分五章：第一章从"历史氛围与社会环境"、"大学校园文化"和"文坛与诗坛"等几个方面，分析了外部文化环境对"前线诗人"诗歌的影响，并描绘了这一诗人群体的聚集和形成；第二章梳理"前线诗人"对西方现代主义诗潮的引进过程，重点考察对 T. S. 艾略特及其《荒原》的吸收和借鉴，结合古城北平的现实环境，创造了独特的"古城"意象；第三章考察"晚唐诗热"这一文学现象，从中透视"前线诗人"的美学主张、创造心态和艺术风格；第四章讨论"前线诗人"的"纯诗"追求与实践，用这一西方诗歌的理论范畴挖掘中国古典诗歌的"纯诗"传统，体现了他们对中西诗学的有意识的融合；第五章深入"前线诗人"的内心世界，通过对他们在作品中塑造的"地之子"、"寂寞人"、"荒街上的沉思者"等几类"自我"形象的分析，解剖了诗人们的独特心态、现实情怀。此书详细论述了"前线诗人"这一独特的文学群体，剖析了他们的诗歌和读者、文学批评家的观点，虽是文学评论，也可看作文学史，为中国现代文学的研究提供了重要资料。

《文学的北平》

　　《文学的北平》，梁实秋等著，叶步荣编。1980 年台北洪范书店出版，一册，206 页。《洪范文学丛书》之一。

　　上海《宇宙风》杂志在 1935 年推出一个"北平专号"，邀请许多和北平具有浓厚感情的作家执笔，京华烟云，风土人情，历历如绘。后来这个专号辑印成书，名为《北平一顾》，仍由《宇宙风》杂志社出版。受此启发，在台湾土生土长的叶步荣再加新的材料，为遥远的北平重新印一本散文集《文学的北平》，内容着重文学的趣味，不同于一般的风土志。

　　此书选录的大多是抗战前的作品，许多就是《宇宙风》的原文，如老舍《想北平》、知堂（周作人）《北平的好坏》和《北平的春天》、废名《北平通信》、郁达夫《北平的四季》、太白《北平的市场》、张玄《北平的庙会》、刘小惠《打小鼓的》、果轩《北平的豆汁儿之类》，其他选自《二十三年度中国文艺年鉴》、《人世间》、《论语》等旧期刊或个人文集。如梁实秋《北平的街道》选自《中国现代文学大系》（巨人版），朱自清《潭柘寺戒台寺》选自《你我》等。虽有几篇为 1950 年以后发表在台湾报刊上，但所描写的也多是抗战或更久远以前的北平。这些作品以散文家的笔触描绘了北京的春夏秋冬、气候、风水、风度、街道、园林、名胜、学府、书肆、市场、庙会、天桥、说书、车夫等，虽然文学意味极浓，但对北京的描写更传神，更逼真，是对民国时期北平的真实写照。

此书多次再版，至 1984 年已出第六版。

（三）戏曲、曲艺

《中国戏曲志·北京卷》

《中国戏曲志·北京卷》（上、下卷），中国戏曲志编辑委员会编。中国 ISBN 中心 1999 年出版，二册，1682 页，目录 34 页，彩图 162 幅，插图多幅。

此书为国家艺术科研重点项目，张庚主编，金和增为本卷主编。从 1983 年开始，原北京市戏曲研究所所长马少波、曾伯融先后进入编写《中国戏曲志·北京卷》的筹备阶段。1985 年胡沙任所长，并任本卷主编，组建了编委会、编辑部和京剧、昆曲、评剧、河北梆子、北京曲剧、舞台美术配图等几个编写组，组成了由专家、学者、专业和业余戏曲研究人员、各剧院（团）骨干力量相结合的普查、编写队伍，进行了访专家、问艺人、查档案、览文籍、寻遗迹、察实地的资料搜集工作，足迹遍及北京郊区的各乡镇及河北、天津等地，1988 年完成全书的框架提纲。1990 年金和增兼任戏曲研究所所长和本卷主编，1994 年完成初稿，初审后，又经过一年多的修改加工，将原定的 100 万字增为 200 万字，1996 年通过总编辑部复审。

此书是一部北京地方戏曲志，从辽代至 1982 年，分综述、图表、志略、传记四大部类。图表有《大事年表》和《剧种表》。志略分剧种、剧目、音乐、表演、舞台美术、机构、演出场所、演出习俗、文物古迹、报刊专著、轶闻传说、谚语口诀、行话、其他，以剧目、表演、机构三类最丰富。书后附有戏曲评奖、音像影片及海外演出名单，元、明以来从中央到地方各级政府的禁令、规定、指示、批示等。此书是北京戏曲的集大成之作。

《北京戏剧通史》

《北京戏剧通史》，周传家、秦华生主编。北京燕山出版社2001年出版，三册，1442页。

此书是北京市哲学社会科学"九五"规则重点项目，由北京市艺术研究所承担，有中国艺术研究院戏曲研究所、北京大学中文系、北京联合大学应用文理学院人文科学与管理系参加。主编者为北京市艺术研究所前任所长。从1996年开始，历时四年完成。全书分辽金元卷、明清卷、民国卷三卷，120万字。

此书是北京戏剧的一部通史，从辽杂剧、金院本、元杂剧、明清传奇，一直写到清中期之后兴起的昆曲、梆子戏、京剧和民国新兴的话剧，从剧本创作写到演员生平、戏曲演出、戏剧理论研究等，浓墨重彩地描绘出北京戏剧的瑰丽风姿，全方位地勾勒出北京戏剧从史前到1949年的发展轨迹，理论性地总结了北京戏剧衍变的规律。此书虽为北京地方戏剧专史，却丝毫不脱离中国戏剧史的宏观。它将全国戏剧总体发展作为大背景，详细记述了北京戏剧发展全程和独特风貌，凸现出北京戏剧在全国戏剧中的地位和影响。此书不仅借鉴吸收了前人的研究成果，还挖掘新史料，寻求新视角，提出了新的见解。如"辽金元卷"开辟专章，论说元大都杂剧的美学特征。"明清卷"首次对明代北京戏曲史进行系统的梳理，发掘出不少鲜为人知的史料，并以相当的篇幅，叙述明代北京的宫廷戏剧演出和清代宫廷的演剧活动。"民国卷"还设有专节论述民国年间的戏剧审查制度。每卷前附彩图数十幅，插图数十幅，有石雕、绢画、壁画、摄影、书影等。这些都体现出此书尊重历史、严谨求实的品格。它不仅涉猎广阔，而且在不少方面有创见，具有很高的学术价值。

《北京戏剧文化史》

《北京戏剧文化史》，李真瑜著。北岳文艺出版社2004年出版，一册，445 页。

李真瑜是北京师范大学中文系教授，主要研究元明清文学。1997 年他参加韩兆琦教授主持的"古代文学与北京文化"课题研究，此书是其北京戏剧文化部分。历时数年，几经改易，才完成此稿。

全书分三编：上编"杂剧为主，院本为辅——论金元时期北京的戏剧变化"，中编"南北消长，昆弋同台——明至清初北京的戏剧文化"，下编"花部为胜，京剧独尊——清中期至清末北京的戏剧文化"。附照片 13 幅，有颐和园德和园戏楼、光绪年间茶园演剧图、同光十三绝画像、正乙祠戏楼、故宫宁寿宫阅是楼大戏台等。

此书打破高校教学者以文体和文学为研究对象的限制，从戏剧学的角度研究北京戏剧，在剧作家之外，把戏剧形式的演化、戏剧艺人、戏剧舞台、剧场都纳入研究范围，着重讨论了金院本的演出，北曲杂剧的兴盛，杂剧家和艺人在大都的结社，宫廷演戏和民间演戏，昆腔、京腔、梆子腔、秦腔在北京的盛衰，还讨论了秧歌戏、西路评剧等小剧种，北京的戏曲学著作，车王府曲本的戏曲文化价值，区分了屠隆、徐渭、汤显祖、吴伟业、李渔等暂居北京的作家和关汉卿、马致远等北京地区的作家，表现出对戏剧文化的全方位解析。书中关于现存古代剧目的分析，对认识当时的剧坛面貌及当时戏剧所反映出来的社会内容有着重要的价值。

《中国京剧编年史》

《中国京剧编年史》，王芷章著。中国戏剧出版社 2003 年出版，上、下二册，1483 页。

王芷章（1903—1982 年），字伯生，河北平山人。北京孔教大学毕业，曾任保定民生中学教师、北平图书馆馆员、中央大学中文系教授、西北大学中文系副教授，曾与易俗社、三意社、狮吼剧团戏剧活动。解放后任西北文联教师、北京第二十三中学教师、中国戏曲研究院研究员。著有《清代伶官传》、《清升平署志略》等。作者从 1956 年到中国戏曲研究院，以全部精力编写《中国京剧编年史》。1965 年退休后，仍笔耕不辍，终于完成这部巨著，并在旧作《腔调考原》、《清代伶官传》基础上，进一步研究、补充，写出《中国戏曲声腔丛考》、《京剧名艺人传略集》等，附在该书之后。

此书内容起于清乾隆五十五年（1790 年）高朗亭在北京成立三庆徽班，止于 1919 年五四运动时期的京剧改良活动。逐年记述了京剧艺术自孕育、形成、演变直至鼎盛约一百三十年间的历史发展过程。每一年中著录：一、该年内出现的国家政治大事；二、该年内成立的或活动中的戏班的组成人员、演变脉络、演出剧目、艺术特色及其成就；三、在该年活跃的主要艺术家的生活和艺术活动；四、各年编演的剧目本事；五、京剧艺术界的组织管理机构（升平署、精忠庙、正乐育化会、梨园公会等）和各行当人员（鼓师、琴师、衣箱、容装、检场等）的活动情况；六、京剧艺术在音乐、舞台美术等方面的演变进程。书末附《京剧演员师承表》、《京剧主要演员、场面血缘表》及全书的人名索引。有马少波序，余从序，王维丽、李庆元后记。此书对人对事的记述力求详尽，还涉及当年北京城的社会图景、京剧艺人的生活状况，不仅对京剧史研究大有裨益，而且对社会科学、人文、民俗等方面的研究，都有重要的史料价值。

《中国京剧史》

《中国京剧史》，北京市艺术研究所、上海艺术研究所组织编著，马少波等主编。中国戏剧出版社 1999 年出版，四册，2853页，照片多幅。

此书是一部中国京剧的通史。全书分三卷：上卷写清乾隆五十五年至道光二十年左右（1790—1840 年）京剧的孕育形成，和道光二十年至民国六年（1840—1917 年）京剧的逐渐成熟。中卷写 1917—1938 年左右京剧的鼎盛时期，和 1938—1949 年解放区、国民党统治区、日军占领区京剧盛衰的不同情况。下卷写解放后京剧的发展，分 1949—1964 年京剧的黄金时代、1964—1979 年"文革"前后的京剧、1980—1996 年振兴京剧的新时期以及京剧在港、澳、台地区的发展和对世界戏剧的贡献。每卷都介绍这一时期的社会背景、文化背景、京剧发展轨迹、主要的生旦净丑演员、乐师、票友、剧作者、导演、教师、研究者等。每卷还附有演员和研究者画像、便装照、剧照、脸谱、戏装、戏台照片、舞台设计图、戏单、记载京剧的书影等。

此书 1982 年确定全书编写提纲，1984 年成立编委会，1990 年出版上卷、中卷，1999 年下卷出版时，又对前两卷进行了修订，终于形成一部贯通京剧形成、发展的 230 万字的巨著，是目前跨越时间最长、收录人物最多、内容最全面的一部京剧通史。由于京剧的产生、发展都以北京为中心，演员和研究者大多集中在北京，因此北京在此书中占有极大篇幅，此书也是一部关于北京戏曲的最完备的著作。

《中国京剧史图录》

《中国京剧史图录》，金耀章主编。河北教育出版社 1994 年出版，一册，253 页。

金耀章从 20 世纪 60 年代从事戏曲研究开始，就注意京剧史料的搜集、积累，惨淡经营三十余年，边整理，边学习，逐渐理清思路，才编成这本《中国京剧史图录》，自己也从一个外行变成内行。

此书将京剧分为四个时期：从乾隆五十五年至道光三十年（1790—1850 年）为第一个时期，即京剧的形成时期；从咸丰元年至宣统三年（1851—1911 年）为第二个时期，即京剧的发展时期，由民间进入宫廷，并向南方的上海等地发展；民国元年至民国三十七年（1912—1948年）为第三个时期，即京剧的改良时期，不仅演员组织发生变化，还出现了京剧时装新戏；1949年中华人民共和国成立以后为第四个时期，这个时期整理改编传统剧目，新编历史戏和现代戏，京剧在国内普及的同时也走向世界。此书用大量图片、书影、演员剧照，按历史顺序排列，附以少量文字说明。每个演员都有生平、籍贯、师承等概括介绍，凡京剧史上的著名琴师、鼓师、作家、票房、票友、科班、戏校，也都有图有文。这种图片有连续性，有整体感，生动形象地概括出京剧发展四个时期、二百多年的历史。此书中提及的人物和事件绝大部分集中在北京，为北京京剧史的研究提供了丰富的图像资料。

《京剧史照》

《京剧史照》，鲁青、杨祖愈等编。北京燕山出版社1990年出版，一册，295页。

此书是北京市哲学社会科学"七五"规则重点研究项目，由《京剧史照》课题组鲁青、杨祖愈、胡冬生、陆清杨、柏龙启等承担，1987年4月正式开题，经过两年的时间，在北京和外地广泛地开展挖掘、收集、精选、编纂工作，到1989年4月完成初稿。经有关专家审议论证，课题组两次加工修改，1989年12月定稿。

此书运用京剧艺术形象史料，系统地记述反映自清代同治、光绪年间京剧崛起以来一百多年的历史。共分六个阶段：一、1850—1917年左右是京剧的形成阶段，此前的1790—1850年为京剧孕育时期；二、1917—1937年为京剧的鼎盛时期；三、1938—1949年，由于日寇侵占华北，北京京剧舞台衰微；四、1949—1964年为北京京剧的新生和繁荣阶段；五、1964—1976年为京剧界继续探索并在"文革"中遭受灾难的时期；六、1977—1989年为振兴京剧的新时期。编者从收集到的5000余幅照片中筛选出1100余幅，按史编排，配以中、英文两种图片说明。卷首有对京剧发展历史的综述，每一阶段有对这一阶段的简述，最后有图版目录和演员小传。

此书以图片的形式展示灿如群星的京剧演员的艺术形象以及他们的扮相服饰、表演身段，表现京剧艺术的演变与发展过程，可与《中国京剧史》互为参补，是研究北京京剧发展的巨著。

《京剧二百年之历史》

《京剧二百年之历史》，〔日〕波多野乾一著，鹿原学人编译。北京东方时报馆、顺天时报馆民国十五年（1926 年）铅印本，一册，424 页，有图，附三江村人《剧话》、东邻《鞠部拾遗》、《京班规则》等。

波多野乾一是一位长期居住北京的戏曲专家，1924 年梅兰芳应日本东京帝国剧场社长大仓男爵邀请赴日巡回演出时，波多野乾一作为日方向导陪同前往。1933 年又与长野熏合作，将北京大公报社长王芸生《六十年来中国与日本》一书译成日文，更名为《日中外交六十年史》。1935 年又著成《支那剧及其名优》。鹿原学人曾留学日本，感叹此书编纂得法，系统井然，利用暑假时间，将此书译成汉语，又博探群籍，网罗百家，酌加增补，易名为《京剧二百年之历史》。

此书以洋洋 20 余万言的篇幅，从京剧的创成时代开始，梳理了二百年间京剧各种行当的诸多名伶先后继起、传承门派、艺术特征、擅长剧目的变化，并将这些变化与传人的身世、遭际、时迁事变编织在一起，构成了一部完整的演剧史。时人说这部书既显示出这位日本学者"致力之勤，用心之深"，又可以借助此书"研究我国社会状况，洞悉我历史民族性"（徐朗西序）。今天欲研究京剧的各种门派及其传人，此书仍有参考价值。

《京剧之变迁》

《京剧之变迁》，再版增订名为《再版增订京剧之变迁》，齐如山著。北平国剧学会民国二十四年（1935年）铅印本，一册。

齐如山（1875—1962年），戏曲理论家。河北高阳人。早年留学欧洲，曾涉猎外国戏剧，归国后致力于戏曲工作。1912年后经常为梅兰芳编排剧本，提出表演意见。1931年与梅兰芳、余叔岩等人组成北平国剧学会，并建立国剧传习所，从事戏曲教育。编辑出版了《戏剧丛刊》、《国剧画报》，著有《中国剧之组织》、《京剧之变迁》、《国剧身段谱》、《戏班》、《脸谱》等。曾在北平女子文理学院任教。1962年病逝于台湾。

此书原名《中国剧之变迁》，是应友人之请，为某日报所写。民国十六年（1927年），北平女子文理学院负责人将之付印，仓促出版，顿时销售一空。后因友人傅惜华为《南金杂志》、《北京画报》、《民言剧报》主笔，劝续写此文，乃又书若干则。国剧学会发刊《国剧画报》时，又续撰若干则。国剧陈列馆成立时，为引起国人对于京剧的兴趣，齐如山在傅惜华劝助下，将三次所作略加排列，编成《再版增订京剧之变迁》。

此书用随笔的形式记述北京数百年来京剧之变迁，每段记一事，少则三四十字，多则五六百字，内容涉及剧本、角色、戏目、戏班、唱腔、做工等，各归其类。重点在于变迁，大的方面有戏园、戏班的兴衰存亡，昆曲与皮黄的升沉，清廷对京剧的提倡与限制等，小的方面有正角、配角的演变，角色重要性的改变，剧场规矩的废除，甚至某一出戏、某一唱段、某一唱腔、某一装饰的变化；从时间上讲，有一二百年的变迁，有数年间的变化。从这些变化可以看出京剧发展的轨迹，因此此书可谓一部随笔形式的京剧史。

《京剧发展略史》

《京剧发展略史》，张镠子著。上海大公报社1951年铅印本，一册。

张镠子是民国年间的著名戏曲评论家，曾与同学胡适讨论旧戏存废问题，主张保存并改良旧剧。此书撰于解放初期，作者最初得到戏曲专家马彦祥和《大公报》主编王芸生支持，在其《周末影剧》栏中连载，刊登至第三节时，应马彦祥和其他读者要求，将全文另印单行本。

作者运用刚学会的辩证唯物主义观点，叙述京戏（即皮黄戏）形成和演变的具体情况，探讨它的内在意识和艺术组织，提出自己关于戏曲改革的意见。全书分六节，分别论述京剧构成的经过、京剧扩展的形势、京剧演变的概况、京剧意识的探讨、京剧艺术的估价、京剧改革的展望，从剧本内容、京剧人才、演员技艺、形象塑造、剧场演变等方面讨论了京剧的发展变化，涉及群众欢迎的热诚和票友、评论家的出现，京剧的向外发展和推陈出新问题。作者长期生活在北京，对北京的京剧演员和戏曲专家都非常熟悉，举例也以北京为主。此书本身就是一部京剧发展的历史，又为研究北京戏曲史提供了具体资料。

279

《百年梨园春秋》

《百年梨园春秋》，刘文峰、周传家著。中国经济出版社 2000 年出版，一册，529 页，照片多幅。《百年中国丛书》之一。

刘文峰，中国艺术研究所研究员，中国戏曲志编辑部主任，曾承担国家重点科研项目《中国戏曲志》的编纂出版工作，著有《山西商人与梆子戏》、《梨园英华》等。周传家，文学博士，曾任北京艺术研究所所长，现为北京联合大学应用文理学院教授，著有《李玉评传》、《谭鑫培传》、《戏曲编剧概论》、《中国戏曲故事》等。

此书用 30 万字的篇幅浓缩了具有 300 多个戏曲剧种的百年戏剧史，以史为纲，以人为本，突出主要剧种，撷取经典剧目，糅合要事、趣事。全书分四章：一、变革时期的梨园（1901—1936），写中国戏曲，主要写京剧的改良运动；二、战争岁月中的梨园（1937—1949），写沦陷区、国统区和解放区的戏曲发展状况；三、新中国成立初期的梨园（1950—1978），写新中国的戏曲改革方针和涌现出来的各种地方戏、样板戏；四、改革开放后的梨园（1979—2000），写各种剧种的发展和创新。此书虽写近百年的中国戏曲发展史，但第一章、第二章以北京的京剧为重点，从一个新的视角写出了京剧改良、创新、发展的过程，为北京戏曲史研究提供了新资料和研究角度。

《乾隆时期北京剧坛研究》

《乾隆时期北京剧坛研究》，陈芳著。文化艺术出版社 2001 年出版，一册，370 页。

陈芳是台湾的一位清代戏曲研究专家。于台湾大学中文系硕士毕业后，在学校教书，很快获取副教授证书。后来又考取辅仁大学中文博士班，此书即其博士论文。

此书论述乾隆时期（1736—1795 年）北京之"剧坛"，探讨北京戏曲剧种、声腔之发展，戏班、剧场之规模，演员之表演艺术，剧作家之创作特色，搬演剧目与时代、社会之互动及剧评家之剧观、剧论等各方面的内涵。全书共分五章：第一章，乾隆时期北京所流行之戏曲剧种与声腔，论述当时流行的昆曲、高腔、秦腔、徽戏、山东柳子戏、哈哈腔、老调、豫剧等；第二章，乾隆时期北京之剧团组织与剧场活动，论述宫廷剧团和民间戏班的剧场活动；第三章，乾隆时期北京之戏曲演员及其表演艺术，概述宫廷戏曲演员，详述民间戏曲演员之出身分布、擅长剧目、表演艺术；第四章，乾隆时期北京之剧作家及其剧作，主要评述了张照、周祥钰、邹金生、礼亲王永恩、蒋士铨、孔广林、徐爔、曹锡黼等八位剧作家的剧作；第五章，乾隆时期北京之剧评家及其剧学专著，主要记述了周祥钰、金德瑛、徐大椿、安乐山樵、铁桥山人等五人的剧学著作。作者遍阅曲籍资料，详考海峡两岸前辈时贤论著，终于完成这部内容详备的戏曲学专著。其导师曾永义在序中称她"开创了剧坛研究的范例"。

《清代内廷演戏史话》

《清代内廷演戏史话》，丁汝芹著。紫禁城出版社1999年出版，一册，289页，彩图9幅，插图十余幅，有文物专家、戏曲研究专家朱家溍题词。

丁汝芹，1945年生，1969年毕业于中国音乐学院，1973年分配到北京市文化局，1984年调入北京市艺术研究所，从事《中国戏曲音乐集成·北京卷》编辑和撰稿及戏曲音乐史研究、清代宫廷演剧史研究。

此书是作者数年间在中国第一历史档案馆、国家图书馆、首都图书馆、故宫博物院图书馆等处，查阅大量升平署档案、历史档案、戏曲曲本和有关资料，对照《清实录》、《清史稿》、《国朝宫史》等史书以及一些比较严肃的随笔、笔记，抄录了数十万字的资料编成。此书分两编，上编《清宫戏剧综述》，论述了清代内廷戏剧演出的管理机构、艺人的组成、演出形式、主要剧目、清宫戏台、戏装与切末、演出人物（太监伶人和民间艺人），是一部清宫演戏史。下编《各朝演戏史事》，从顺治至宣统，撷取历朝演戏的主要史实和趣事。

百余年来，民间野史流传着关于清代帝王看戏的种种轶闻，此书通过真实记载，还历史以本来面目，也给有关学者研究清代宫廷史和戏曲文化史提供了具有参考价值的资料。

《整理升平署档案记》

《整理升平署档案记》，朱希祖著。民国二十年（1931年）稿本，一册。藏国家图书馆。

朱希祖（1879—1944年），字逷先，一作逷先、迪先，浙江海盐人。早年留学日本早稻田大学，其间曾从国学大师章太炎受《说文》、音韵，并养成了深厚的文史功底。从1913年起，先后任北京大学教授、文学系和历史学系主任,清华大学、辅仁大学教授,1934年应中央大学之聘,至南京任中央大学史学系主任、教授,抗战后入川,任国史馆筹备委员会总干事、考试院考选委员,1944年病逝于巴中。

此书记述作者对1926年在北京宣武门外大街汇文书局所购升平署档案及一千数百册钞本戏曲进行整理的情况。它们是溥仪退出故宫时,由位于皇宫西南南府口升平署中的太监带出,售于小书铺的。作者所得为第一次售出者,其中档案较全,戏曲只有清廷自制大戏较全,其他为升平署演习曲本六七百种。此书分十章:一、升平署档案之来源。二、升平署之制度。三、升平署之沿革及地址,比较道光七年(1827年)之前之南府和之后的升平署。四、升平署档案之种类及数目,分甲、南府档案,自嘉庆至道光七年,仅十余册;乙、升平署档案,自道光七年至宣统三年(1911年),宣统四年(民国元年,1912)至十五年(1923年)则为私家记录,不可称为档案。档案分恩赏日记档、旨意档、恩赏档、花名档、差事档、钱粮档六类。第五至九章分别为演戏单、花名档、中和乐、钱粮处及档案房、大典礼等几种档案提要。十、档案间断之缘由,分析升平署成立前和咸丰末年、光绪庚子年档案间断的原因。升平署档案涉及近百年来戏曲之流变、名伶之递代以及清廷起居之大略、朝贺册封以及婚丧之大典,都可补官书之缺,此书为这批档案作一说明,是利用这些档案的门径。

此书还有民国二十年(1931年)北平燕京大学出版社铅印本,一册,39页。

《清升平署存档事例漫抄》

《清升平署存档事例漫抄》六卷,周明泰撰。民国二十二年(1933年)铅印本。《几礼居戏曲丛书》第四种。

周明泰(1896—1994年),字志辅,别号几里居主人,安徽至德(今东至)县人。民国七年(1918年)任北洋政府秘书,民国十一年（1922年）调任农商部参事，民国十三年（1924年）任内务部参事等职，后从事实业。他是著名戏曲专家和历史学家，1949年由上海移居香港，后定居美国华盛顿，闭门著述，潜心学术，著作甚多。民国年间曾编纂《几里居戏曲丛书》，第一种为《都门纪略中之戏曲史料》，第二种为《五十年代北平戏剧史材》，此书为第三种。

1932年冬，周明泰遍观北平图书馆所收海盐朱氏旧藏清升平署档案五百余册，其中有嘉庆年间南府之档案若干册，自道光七年改南府为升平署后历年的档案。作者翻阅之余，随笔迻录，略分门类，以成此篇。

全书共分六卷：卷一抄录元旦、正月初二日、灯节、燕九节、花朝、浴佛日、端午、七夕、中秋等各种节日升平署在宫中演戏的档案；卷二抄录皇太后万寿、皇上万寿、皇后千秋、大婚、皇子成婚、恭上徽号、册封后妃、皇上大丧等吉丧大礼时的升平署档案；卷三抄录南府官职钱粮、南府班次、外边学生接眷、外边学生病故、升平署官职钱粮等关于升平署组织的档案；卷四抄录开场团场及轴子戏、呈进提纲戏单、派戏、传差、帽儿戏及花唱、坐腔及清唱、请皇太后听戏、朔望承应等演戏活动的档案；卷五抄录十番学、中和乐、卤簿大乐、祠祭用乐、宫内祭神等升平署音乐的档案；卷六记述《劝善金科》、《升平宝筏》、《鼎峙春秋》等11部清宫大戏演出的情况。附录乐器折一、乐器折二、安设乐器次序单、存档释名详目等。此书为升平署档案内容整理出一个纲要，从中可以了解清宫演戏的大略，为进一步利用升平署档案提供了方便。

《清升平署志略》

《清升平署志略》，王芷章编。国立北平研究院史学研究会民国二十六年（1937年）铅印本，两册，623页。

作者介绍见前《中国京剧编年史》篇。

清代建国之初即有习艺太监，乾隆初年徽班、苏班等入京，京师戏剧大盛。清宫内则成立南府，专供演戏，历选苏、扬、皖、鄂各省伶工进内教演，至道光七年（1827年）改名升平署，迄宣统三年（1911年），计有二百年的历史，所自编与所演之戏，不下数千种。但其沿革事迹、制度内况，外间罕闻，官修《大清会典》、《宫中现行则例》等语焉不详，其他臣子杂记舛错悖谬，又不可凭。袁世凯为总统时，因扩充侍卫，占领升平署署址，将署中所有档案、戏具等移至景山、北海各处，太监等私自携取，售于书贾。史学家朱希祖在宣武门大街汇文书局买到升平署档案及钞本戏曲千有余册，稍加整理后，转让给北京图书馆。王芷章据以写出此书。此书从南府写起，一直写到升平署的成立和结束，偏重于制度沿革，还编有《职官太监年表》、《民籍学生年表》。欲研究清代戏曲之流变、名伶之递代、宫廷起居之大略、朝贺封册以及婚丧之大典，都可从此书中找到有用资料。

此书还有1991年上海书店影印本。

《清代燕都梨园史料》

《清代燕都梨园史料》三十八种，张江裁辑。北平邃雅斋书店民国二十三年（1934年）铅印本，十二册。续编十三种，北平松筠阁书店民国二十六年（1937年）铅印本，四册。

张江裁（1908—1968年），字次溪，初名仲锐，广东东莞人。约四岁时，随父入京，曾在北京志成中学读书，毕业于孔教大学。十六岁时曾只身走昌平，先后主编《社会日报》、《民国日报》。曾在北平研究院工作。新中国成立后，一度任北京师范大学历史系资料员。以研究北京史和北京民俗、戏曲著称。民国年间，作者有感于清代士大夫所著戏曲之书，皆应时而兴，后多散失，乃用七八年之力，遍寻北平各大小书铺、书摊，又得方问溪、王芷章之助，搜得乾隆、嘉庆以来的梨园著作38种，重加校订，由伦明介绍于邃雅斋主人董金榜，铅印出版。顾颉刚、郑振铎、黄复、宗威、郑裕孚、程砚秋、王芷章为之作序，赵元礼、孙雄等题词。

清代北京二百年来演戏之盛超过历朝，以往研究者只知着眼于剧本与剧作家探讨，忽略了舞台史或演剧史的一面，这方面的著作只有日本青木正儿的《支那近世戏曲史》，但见闻太狭，且有许多错误。张江裁此编为清代戏曲史的研究提供了丰富的资料，如著名藏书家叶德辉寻找多年才得到《燕兰小谱》的翻刻本，张氏反购得原刻本；作于咸丰四、五年（1854年、1855年）的《法婴秘籍》，同治末年已极为难寻，数十年后张氏反可获得。因此本编保存戏曲资料之功尤为巨大。

此书正编包括：1.《燕兰小谱》五卷，清西湖安乐山樵撰；2.《日下看花记》四卷，清小铁篴道人撰；3.《片羽集》一卷，清来青阁主人辑；4.《听春新咏》三卷，清留春阁小史辑；5.《莺花小谱》一卷，清半标子撰；6.《金台残泪记》三卷，清华胥大夫撰；7.《燕台鸿爪集》一卷，清粟海庵居士撰；8.《辛壬癸甲录》一卷，清蕊珠旧史撰；9.《长安看花记》一卷，清蕊珠旧史撰；10.《丁年玉笋志》一卷，清蕊珠旧史撰；11.《梦华琐簿》一卷，清蕊珠旧史撰；12.《昙波》一卷，清四不头陀撰；13.《法婴秘笈》一卷，清双影庵生撰；14.《明僮合录》二卷，清余不钓徒撰，清殿春生续；15.《增补菊部群英》一卷，清麋月楼主撰；16.《评花新谱》一卷，清艺兰生撰；17.《菊部群英》一卷，清邗江小游仙客撰；18.《群英续集》一卷，清麋月楼主撰；19.《宣南杂俎》一卷，清艺兰生撰；20.《撷华小录》一卷，清沅浦痴渔撰；21.《燕台花事录》三卷，清蜀西樵也撰；22.《凤城品花记》一卷，清香溪渔隐撰；23.《怀芳记》一卷，清萝摩庵老人撰；24.《侧帽余谭》一卷，清苕溪艺兰生撰；25.《菊台集秀录》一卷，清佚名撰；26.《新刊鞠台集秀录》一卷，清佚名撰；27.《瑶台小录》一卷，清王韬撰；28.《情天外史》二卷，清佚名撰；29.《越缦堂菊话》一卷，清李慈铭撰；30.《异伶传》一卷，陈澹然撰；31.《哭庵赏菊诗》一卷，易顺鼎撰；32.《鞠部丛谭》一卷，罗瘿庵撰；33.《宣南零梦录》一卷，清沈太侔撰；34.《梨园旧话》一卷，清倦游逸叟撰；35.《梨园轶闻》一卷，许九埜撰；

36.《旧剧丛谭》一卷，陈彦衡撰；37.《北京梨园掌故长编》一卷，张江裁辑；38.《北京梨园金石文字录》一卷，张江裁辑。续编包括：1.《云郎小史》一卷，冒广生撰；2.《九青图咏》一卷，张江裁辑；3.《消寒新咏》一卷，清铁桥山人、问津渔者、石坪居士撰；4.《众香国》一卷，清众香主人撰；5.《燕台集艳》一卷，清播花居士撰；6.《燕台花史》一卷，清蜃桥逸客、兜率宫侍者、寄斋寄生撰；7.《檀青引》一卷，清杨圻撰；8.《鞠部明僮选胜录》一卷，清李毓如撰；9.《杏林撷秀》一卷，清谢素声撰；10.《闻歌述忆》一卷，鸣晦庐主人撰；11.《北平梨园竹枝词荟编》一卷，张江裁辑；12.《燕都名伶传》一卷，张江裁撰；13.《燕归来簃随笔》一卷，张江裁撰。

此书还有 1965 年台湾学生书局《中国史料丛书》本、1988 年中国戏剧出版社铅印本、1996 年上海书店《民国丛书》本。

《燕兰小谱》

《燕兰小谱》五卷，清西湖安乐山樵著。北平邃雅斋书店民国二十三年（1934 年）铅印本。《清代燕都梨园史料》之一。

西湖安乐山樵即清人吴长元，字太初，浙江杭州人。曾"客居京师十余载，以著述自娱"。著有《宸垣识略》等。乾隆四十八年（1783 年）夏，萃庆部伶人王桂官（湘云）画兰，同人为诗唱和。作者余兴未尽，"征诸伶之佳者"，"或存或亡，所闻所见，悉为题咏。各志数语，品评以觇大概"。又加以名优侠事、传闻等，遂成书《燕兰小谱》。书前有作者《燕兰小谱弁言》、西塍外史《燕兰小谱题词》，书末有竹醉居士《燕兰小谱跋》。

此书分五卷，第一卷收作者和同人咏王桂官画兰的诗词，计诗 54 首、词 3 阕。第二、三、四卷记从乾隆三十九年（1774 年）以来京城有名的旦角，包括花部伶人 44 人，诗 94 首；雅部伶人 20 人，诗 44 首。共计得伶人小传 64 篇，诗 138 首。这三卷是全书的精华所在，无论是诗前小序、诗中夹注或诗的本身，都具有一定的史料价值。对花、雅部的兴衰交替、演变及班社、伶人、演出剧目等都详细记载。第五卷记当时的逸事新闻，有杂记18则、咏诗28首、杂感诗18首，"聊寓讽诫"。此书是研究清初至乾隆年间戏曲演变和发展的一部重要的史料集，对乾隆时代昆曲之演出及花部之兴起，诸如风靡京师的魏长生及其同辈的一批著名伶人，均作了如实的介绍，为近代戏曲史家必览之书。

此书还有清乾隆五十年（1785年）刻本、清宣统三年（1911年）长沙叶氏郎园《双梅影闇丛书》本。

《日下看花记》

《日下看花记》四卷，清小铁篴道人撰。北平邃雅斋书店民国二十三年（1934年）铅印本。《清代燕都梨园史料》之一。

清代各种声腔在京华称胜，作者翻阅当时人们关于优伶的纪录，"均未惬心"，于是自撰《判花偶录》一书。后犹恐弃兰服艾，舍玉怀珉，经与友人第园居士、餐花小史"互证旁参"，又"详加参改"，录成一稿，名之曰《日下看花记》。

此书记载了嘉庆初年都下各部，如三庆、四喜、春台、金玉、双和、霓翠以及流动京师演出的集秀、宝华、福成等部优伶84人，对其姓名、年龄、籍贯、所在戏班、所演剧目、容貌、演技等有所介绍，其中也包括梨园已故伶人魏长生、梨园旧人高朗亭等，共写有小序88篇、诗233首，并附录杂诗12首。书前有嘉庆八年（1803年）作者自序、题词，书后有餐花小史后序，群山玉樵《再续燕兰小谱序》等。从此书可以对嘉庆初年北京梨园演出情况及伶人阵容有一个大体的了解，是研究清嘉庆朝戏曲发展的史料。

此书还有清嘉庆八年（1803年）刻本。

《片羽集》

《片羽集》一卷，清来青阁主人辑。北平邃雅斋书店民国二十三年（1934 年）铅印本。《清代燕都梨园史料》之一。

来青阁主人姓氏、身世不详。因赴闱暂寓北京，嘉庆九年（1894 年）甲子科闱试后，"间有逢场歌酒之集，遇燕兰之最佳者，拟作小诗赠之"，遂戏集元好问诗，"得七言律诗四十首，赠诸名花，名《片羽集》"。

诗前列有所赠人姓名，其中题赠诸人 23 人，补赠一人，皆列其姓名、年龄、籍贯、所在戏班；嗣赠诸人 36 人，列其姓名、所在戏班。书前有陪尾山樵《片羽集叙》（集元微之诗文）、芙蓉山人《片羽集序》（集元遗山文），作者《片羽集自序》（集元遗山文）。此书纪录了嘉庆年间在京主要戏曲演员的情况。诗文虽为集句，但也较为形象地显示了诸演员的风采。

此书还有清嘉庆十年（1805 年）刻本。

《听春新咏》

《听春新咏》一卷，清留春阁小史辑，小南云主人校订，古陶牧如子参阅。北平邃雅斋书店民国二十三年（1934 年）铅印本。《清代燕都梨园史料》之一。

作者生平不详。小南云主人在此书中提到他于嘉庆十四年（1809 年）入都，即与留春阁小史共作花坛冶游。留春阁小史在《缘起》中说：曾"浪迹都门"，"见人题咏，艳羡辄生，无不心识而手录之"，其中咏优伶之作占十之五六，作者"爰取菊部诸郎为题赠所及者，犁为四部，各缀数言"，集成此书。

全书收徽部伶人 53 人及附录一人，西部伶人 12 人，别集伶人 20 人，诗共 217 首。诗文前有伶人小传，记其姓名、年龄、籍贯、登场时情景，诗文则多记其人之性情嗜好、杂技特长等。书前有小南云主人《听春新咏序》、天涯芳草词人《听春新咏弁言》、作者《听春新咏缘起》、红蕉馆主人岘仙氏及吴兴仲子《听春新咏题词》。书后有吴兴仲子《听春新咏跋》，谓："集中所录，皆关慧业"，即优伶在艺术上的成就。一般诗集谈昆曲、徽部较多，而此书的《西部》介绍了12位秦腔艺人在北京演出的情况，对于研究秦腔史和京剧的组成部分——西皮的形成，大有帮助。

此书有清刻本。

《莺花小谱》

《莺花小谱》一卷，清半标子定，判花人参。北平邃雅斋书店民国二十三年（1934年）铅印本。《清代燕都梨园史料》之一。

半标子又称艺香居士。此书作于嘉庆二十四年（1819年），选当时四喜部优伶十三人，分别参评为"文、婉、柔、丰、秾、娇、妍、稚、酣、纤、芳、浮、冶"十三绝，并以《黄莺儿》一首赞评之。在目录中分别注明每人的名号、籍贯。书前半标子《莺花小谱题情》、判花人《莺花小谱题词》，皆用数首词组成。半标子自叙谓"有佳人兮在空谷，宜名士之悦倾城。将种树以忘优，聊借花而写照"。俱为捧场之作，史料价值不大。

289

《金台残泪记》

《金台残泪记》三卷，原题华胥大夫撰。北平邃雅斋民国二十三年（1934年）铅印本。《清代燕都梨园史料》之一。

华胥大夫即清人张际亮（1799—1843年），字亨甫，别号华胥大夫，是一位爱国诗人和主张改革的思想家，福建建宁人。少有异才，品学兼优。道光四年（1824年）试拔贡第一，次年入都朝考，诗名传京师。因不满盐使曾宾谷满座谀客，投书责数百言。曾怒毁之于诸贵人，张由是负狂名，为朝贵所忌，每试辄不利。虽深观当时利弊，无荐之者，既不敢献策，复不敢著书，又遭家多难，顾影自悲，时常恸哭。故人恐其伤生，为征乐部少年清歌侑酒，以相嬉娱。张氏醉后又恸哭。道光八年（1828年）将归故里，偶理旧衣，见先时醉后泪痕犹在，为记一时之情，作伶人传10篇、诗59首、词3阕、杂记37则。因北京乃战国时燕昭王作黄金台招贤之地，故命名曰《金台残泪记》。

此书所记伶人有杨生、徐郎、吴郎等，加上合传、附传所记，共21人，多为安徽、苏州、扬州等南方少年。诗词也是歌咏这些人的事迹，杂记则杂述当时梨园之事，有时追溯到乾隆、嘉庆间。作者作此书本意是感慨当时诸公好士而无真识，讥其"好德不如好色"，客观上却保存了道光年间北京的戏曲资料。

此书还有清光绪间刻本、1917年上海扫叶山房《清人说荟》本。

《燕台鸿爪集》

《燕台鸿爪集》一卷，清粟海庵居士著，张江裁校录。北平邃雅斋民国二十三年（1934年）铅印本。《清代燕都梨园史料》之一。

粟海庵居士姓名不详，道光年间在北京，住宣南玉极庵。与伶人汪兰卿、郭宝岩、陈小芬、王菊仙、陈素霞、潘冠卿、张莲仿、赖榴海、范珊珊、李瑶卿、汪韵香等交往，或到梨园听其唱戏，或招至席间请其侑酒，或到彼住处听其唱曲。此书便是描述这些交往活动的诗歌。清朝禁止官吏狎妓，士大夫和文人墨客便把其柔情转向伶人。粟海庵居士不仅仅是欣赏这些伶人的才艺，日久生情，也有同性恋的嫌疑。诗中还提到落第士子刘梨仙与伶人杨曼卿（字双喜）的同性恋关系。所以张际亮为此书题词，在小注中说："君此稿不以示人，盖忧谗畏讥之意也。"此书是对伶人现实生活和当时社会风气的真实写照，对研究北京戏曲史，乃至对研究变态心理学都有参考价值。

此书还有清末刻本。

《辛壬癸甲录》

《辛壬癸甲录》一卷，原题蕊珠旧史撰。北平邃雅斋民国二十三年（1934年）铅印本。《清代燕都梨园史料》之一。

蕊珠旧史即清人杨懋建，字掌生，号尔园，别署蕊珠旧史。广东梅县人。道光十年（1831年）举人，官国子监学正。著有《留秀小阁诗词钞》。为人聪明绝世，17岁受知于阮元，肄业学海堂，精通天文、地理、图书掌故、中西算法、历代音乐。道光十三年（1834年）春闱已会试中魁，总裁阮元以其卷字多写《说文》，违例，填榜时撤去其名。懋建从此放荡不羁，竟以科场事遭戕。晚归粤东，主讲阳山讲席。

此书是辛卯、壬辰、癸巳、甲午四年（即道光十一年至十四年，1831—1834年）中作者居京师时所识伶人的传记。乾隆年间《燕兰小谱》，嘉庆年间《莺花小谱》，道光初年《听春新咏》、《日下看花记》等所记述的伶人，作者已多不认识，而所识者也半成老物。为记道光年间太平盛事，不致数十年后湮没，故作此编。作者在道光十六年（1836年）曾作《长安看花记》，只记当时活跃在舞台上的伶人，道光十七年（1837年）又作《辛壬癸甲录》，则是彼之前集。所记有林韵香、杨法龄、宋全宝、双桂、邱三林、桂喜、吴金凤、王常桂、庄福宝、张双庆、檀天禄、长春、庆龄、大五福等。作者夹叙夹议，笔力纵横，不仅描述伶人的事迹、轶事、家庭生活，还涉及春台、三庆、四喜、和春、嵩祝等戏班的兴衰，王府、官吏与戏剧的关系，鸦片传入北京的情况，为研究北京戏曲史提供了丰富资料。

此书还有清光绪十二年（1886年）上海同文书局石印《京尘杂录》本、1917年上海扫叶山房《清人说荟》本、1984年广陵古籍刻印社《笔记小说大观》本。

《长安看花记》

《长安看花记》一卷，清蕊珠旧史撰。北平邃雅斋书店民国二十三年（1934年）铅印本。《清代燕都梨园史料》之一。

作者简介见前《辛壬癸甲录》篇。此书作于道光十六年

（1836 年），是一部北京伶人传记。此书收录三庆、四喜、春台、嵩祝四部二十多位著名童伶，以记载风韵雅事为主，如私寓饮咏及与文人雅士的交往，也记录了道光中叶北京梨园的演出活动以及这一时期班社、伶人阵容及演出剧目的情况。如道光十六年，春台、三庆、四喜、和春、嵩祝"五部佳伶"，在孝顺胡同燕喜堂合为一班演出的盛况；仲云涧、红豆村樵、荆石山民所撰三部《红楼梦传奇》的演出情况。其他如道光初年四喜班旧人所组的集芳班，"非昆曲高手不得与，一时都中人士争先听睹为快，而曲高和寡，不半载竟散"；和春部的高腔，虽"犹习之"，但已经是"多作秦声"，"击刺跃掷"已成四部之冠，反映了昆曲的衰落和皮黄的兴起。陈玉琴因从者误触巡城御史车而被逮捕，并牵连他人，声名狼藉，被迫离京；小天喜不堪班主虐待，起而反抗，结果痛遭毒打，演出时"面皆肿，且有爪痕"；春台部的小清香"服阿芙蓉膏自尽"，则反映了伶人生活的悲惨。这些都是极宝贵的北京戏曲史料。

此书还有清光绪十二年（1886 年）上海同文书局石印《京尘杂录》本、1985 年台北明文书局《清代传记丛刊》本。

《丁年玉笋志》

《丁年玉笋志》一卷，原题蕊珠旧史撰。北平邃雅斋书店民国二十三年（1934 年）铅印本。《清代燕都梨园史料》之一。

作者简介见前《辛壬癸甲录》篇。其《辛壬癸甲录》、《长安看花记》已著录。道光十六年（1836 年），杨懋建作《长安看花记》后，一时诸伶都希望厕名《看花记》中，争请杨氏看其演出，品评色艺，冀得一言为重。道光十七年（1837 年）六月六日杨懋建在尺五庄与同人商榷编写体例，不久科场案发，因此搁笔。冬日在狱中命笔作《看花后记》。次年夏被遣南戍，道中无事，灯下取草稿增删移改，命名曰《丁年玉笋志》。

此书也是京师伶人传记，共 12 篇。其中金麟、小秀兰等，先已有传，前略而今详，翠香、福龄、爱龄，则直取本传移入。因为他们都是丁酉年（即道光十六年）的名伶，伶人以五年为一世，他们属于同一代人。此书对研究道光年间北京的梨园事迹有参考价值。

此书还收入清光绪十二年（1886年）上海同文书局石印本《京尘杂录》、1917年上海扫叶山房石印本《清人说荟》、1984年扬州广陵古籍刻印社影印本《笔记小说大观》。

《梦华琐簿》

《梦华琐簿》一卷，原题蕊珠旧史撰。北平邃雅斋书店民国二十三年（1934年）铅印本。《清代燕都梨园史料》之一。

蕊珠旧史即清杨懋建，简介见前《辛壬癸甲录》篇。他将道光年间伶人的传记写成《长安看花记》，又作前集、后集，釐为三卷。但旧闻轶事，旁见侧出，耳目所及，书缺有间。卢龙尉陈湘舟与杨氏过从甚密，每于午窗茶话，各举歌楼杂事，以资谈柄。陈氏比作者长十余岁，居京师三十余年，所述多嘉庆间事。成都安次香风流倜傥，又多才多艺，诸伶多从其学书画。他对伶人见闻尤广，且多能得其实。作者在宣南四川会馆访得安氏，日夕谈伶人事，记而备忘，积久成册。作者从道光十一年（1831年）以来，在外八年，走马看花，都如梦里，因效宋孟元老《东京梦华录》、清孙承泽《春明梦余录》，为此书命名《梦华琐簿》。其中以陈、安二君所述为主，而宾客席上发难解嘲，故纸丛残，只字片纸，凡有关梨园掌故者，一并采入。既有诸君高论，也有作者私见，随得而纂之，不复排比类次。后来杨懋建遭戍湖南，又对之加以笔削。

此书有戏园、戏班的兴衰聚散，有剧本、曲调的来历源头，有字韵、曲调的探讨，有关于伶人的奇闻轶事，有对梨园典故的考证、寻访。还有三官庙游寺、陶然亭修禊等文人韵事，伶人写真，小说《红楼梦》、《金瓶梅》、《品花宝鉴》中对戏曲的描写。此书包含着关于燕京梨园各方面的资料，确实如作者自言可为修

293

《伶官传》者作长编。

此书还收入清光绪十二年（1886年）上海同文书局石印本《京尘杂录》、1917年上海扫叶山房石印本《清人说荟》、1984年扬州广陵古籍刻印社影印本《笔记小说大观》。

《昙波》

《昙波》一卷，清四不头陀著。北平邃雅斋书店民国二十三年（1934年）铅印本。《清代燕都梨园史料》之一。

此书作于咸丰二年（1852年）。作者常在梨园中行走，"阅历既多，品题难已"，遂"描出群芳一谱"。此书为京师伶人的传记，所收有朱延禧、沈廷桢、周穉云、汤幼珊、杜堃荣、萧者香、陈黛仙、张蟾仙、金畹香等九人，分别以清、逸、艳、静、澹、俊、丽、洁、婉品之。先是对九人的品评及赞语，后分别介绍九人姓名、年龄、籍贯、性情、色艺等，并录相关流连赠答之作。书前有咸丰间罗浮痴琴生《昙波序》、作者《昙波自叙》及南国生、凤凰客等7人题词，后有南国生《昙波跋》。罗浮痴琴生称此书为"以热肠冷眼之思，为惜玉怜香之作"，而彭勉斋称之为"以跌宕之笔，写绮丽之辞，品藻论才，极妍尽态"，其实无非是一些士大夫，公余之暇，吟风弄月之作。当时正是京师雅部（昆曲）沉寂之际，留下的相关资料不多，此书可补其缺。

此书还有清咸丰间刻本。

《法婴秘笈》

《法婴秘笈》一卷，清双影庵生著。北平邃雅斋书店民国二十三年（1934年）铅印本。《清代燕都梨园史料》之一。

作者感于"向之为燕台花谱者，凭臆妍媸，任情增减"，有"论功犹有未平"，"逞笔何尝足据"、"蛇足之加，无当于事"等缺点，因此他决定别出心裁，按年龄大小收录童伶，遂成《法婴秘笈》。

此书共录 62 人，包括徐馥森、萧小兰、陈小琴、沈添喜、罗巧福、朱延禧等。按年龄由大至小排列，依次列每人名、字、籍贯、年龄、所在堂名。书前有咸丰五年（1855 年）作者自序，后有后记。此书内容简单明了，如作者所言"百花皆采"，"一字不加"，属目录性质。从后记看来，这仅仅是一部未完成稿，但仍有助于清咸丰间北京昆曲的研究。

此书还有清咸丰五年（1855 年）刻本。

《明僮合录》

《明僮合录》二卷，清余不钓徒撰，清殿春生续。北平邃雅斋书店民国二十三年（1934 年）铅印本。《清代燕都梨园史料》之一。

此书是余不钓徒《明僮小录》和殿春生《明僮续录》的合集。明僮，又称为伶官、优童、乾旦，即男扮女装唱演旦角戏者。余不钓徒曾在京师留居，对"舞衫歌扇"、"柳宠花骄"有所涉猎，他"爱就见闻所及，粗为梗概之陈"，遂成此书。主要记咸丰时作者于京都所见闻的僮伶张庆龄、徐棣香、张添馥、姚桂芳、沈宝玲、朱福保、吴双寿、范小金等八人，介绍其姓名、年龄、所属戏班、所演主要剧目等，并对其色艺进行品题。此书所记可使人们对咸丰时明僮状况有所了解，从其品评文字也可看出当时观众的欣赏取向。正文前有咸丰六年（1856 年）作者自序及并州挹翠主人、锡山晚晴庵主等人题词。

余不钓徒为《明僮小录》后，殿春生为使"知音者见求于盛时，悦影者流连于异日"，"爱乃广彼前闻，哀为续录"。记刘庆褒、梅巧玲、王彩琳、沈全珍、万希濂、郑秀兰、时小福等 13 人，对其姓名、籍贯、性情、特长、色艺等有所介绍。前有同治五年（1866 年）作者自序，鹅湖铸铁生、五亭旧隐题词。

此书还有清同治六年（1867 年）撷芷馆刻本。

《增补菊部群英》

《增补菊部群英》一卷，清麋月楼主撰。北平邃雅斋书店民国二十三年（1934 年）铅印本。《清代燕都梨园史料》之一。

麋月楼主原名谭廷献，字仲修，后改名谭献，字复堂，浙江杭州人。同治年间举人，后官安徽知县。晚归故乡，以著作自娱。

此书又名《群芳小集》，约成书于同治十年（1871 年），对当时菊部名伶徐小香、朱莲芬、梅巧玲、时小福等予以品评。序目中列 38 人，实际上只品评了 30 人，包括上品三人，逸品先声二人，丽品先声四人、继起六人，能品先声四人、继起四人，妙品先声四人、继起三人。各品先列所属演员艺名、姓名、字号，再概括各自的演艺、风姿，后以诗句进一步描绘。此书对了解同治年间北京梨园动态有帮助，但有缺漏，故同治十三年（1874 年）又有《群英续集》之作。书前有王诒寿和河阳生题词，书后并有姚华（字茫父）跋，另附有周作人、姚茫父复张次溪论及该书的信函各一件。

此书还有同治十二年（1873 年）刻本。

《评花新谱》

《评花新谱》一卷，清艺兰生录。北平邃雅斋书店民国二十三年（1934 年）铅印本。《清代燕都梨园史料》之一。

艺兰生，浙江苕溪人，同治十年（1871 年）九月被辟入都，光绪四年（1878 年）归乡。在京期间，为解"客中愁绪"，日与友朋出入梨园、私寓，"招邀胜友，荟萃吟朋，联雅集于梨园，寓深情于藻鉴"。此时恰逢菊部盛世，先后作《评花新谱》、《宣南杂俎》、《凤城品花记》（与香溪渔隐合作）、《侧帽余谭》，辑为《鸿雪轩纪艳四种》。

此书主要为20位戏曲演员作传，写伶人姓名、籍贯、所在戏班、色艺、性情等。所收伶人几乎皆为春台班、三庆班、四喜班演员。在对各人叙述评价后，还记述了众人对他们的赞语。此书对研究同治年间三大徽班主要演员的情况有一定帮助。卷首有同治十一年（1872年）铁花岩主序、同治十三年（1874年）香溪渔隐序，又有武林惜花老人、长白山人、武源梦蕉居士等18人的题词。

此书还有同治十二年（1873年）刻本、光绪年间《申报馆丛书》本。

《菊部群英》

《菊部群英》一卷，清小游仙客撰。北平邃雅斋书店民国二十三年（1934年）铅印本。《清代燕都梨园史料》之一。

小游仙客，又称小游仙馆主人，本名王小铁，江苏邗江人。曾在北京勾留十几年，"雅有征歌之癖"，自同治九年（1870年）、十年（1871年）后，"暇时留意梨园，旁咨博访，汇为上下两编"，其下卷先行出版，即为《菊部群英》。

此书前有作者同治十二年（1873年）自序及凡例十四则。全书搜录了当时的梨园弟子约170人，按住址编列各堂次序，按角色排列各班人名。各堂主人下注其名字、籍贯、出生时间、所属戏班、所饰行当、其堂住址等。各堂主人后列其主要演员，各演员注其名字、籍贯、出生时间、所属戏班、所饰行当及所演剧目中的具体角色。作者详细考订了清同治时期剧目上演及各堂号主要艺人情况，是对当时戏曲界的实录式反映。可惜上编未曾刊印，不知内容。

此书有同治十二年刻本。

《群英续集》

《群英续集》一卷，一名《群芳小集续集》，清廪月楼主撰。

北平邃雅斋书店民国二十三年（1934年）铅印本。《清代燕都梨园史料》之一。

作者简介见前《增补菊部群英》篇。

此书为《增补菊部群英》的续篇，作于同治十三年（1874年）。包括"沧海遗珠"4人，即《菊部群英》遗逸者钱桂蟾、乔蕙兰、张小芳、周素芳；"群英续选"11人，即姚宝香、茹喜瑞、朱蔼云、秦凤宝、陈芷芸、刘宝玉、谢宝云、李亦云、江双喜、李玉福、陈喜凤。作者为此15人每人赋七绝一首为赞评。还有"书后三绝句"，附录河阳生作《金缕曲》四阕及七绝三首，为周素芳而作。书后另有兰当词人所作后跋。此书所撰只是一些花坛艳词，"佩小史之风流，寓中年之哀乐"而已，史料价值不大。

《宣南杂俎》

《宣南杂俎》一卷，清艺兰生辑。北平邃雅斋书店民国二十三年（1934年）铅印本。《清代燕都梨园史料》之一。

作者简介见前《评花新谱》篇。

宣南系明代北京外城的坊名，可泛指京师地区。艺兰生辑其友人风怀篇识，录而存之，又因其所收兼容各种文体，遂名《宣南杂俎》。

此书收赋艳词人《梨园竹枝词》36首，艺菊叟、香溪渔隐、铁笛生、长洲进士、护花尉、西爽看霞客的酬答、像赞、题影、题壁等诗22首，惜花老人、麋月楼主、山阴道人所作词6阕，涛华潭主的《解嘲说》赋一篇，云间孝廉《答菊秋代索书扇启》骈文一篇，赋艳词人《论琴》一篇，护花尉《与香溪渔隐书》一封，香溪渔隐《覆护花尉》一封，无睡生《秦凤宝小传》、《姚宝香小传》两篇。此书所收材料都与戏曲演出有关，如《梨园竹枝词》中的《老斗》、《像姑》、《学戏》等诗直接摹写梨园情景，描写生动；护花尉与香溪渔隐的书信谈论对当时所见的戏曲资料的评价；

《姚宝香小传》是为伶人所作的小传。此书史料价值不大，但从中可以约见同治末年戏坛的一个角落。

此书还有光绪间《申报馆丛书》本。

《撷华小录》

《撷华小录》一卷，清沅浦痴渔撰。北平邃雅斋书店民国二十三年（1934年）铅印本。《清代燕都梨园史料》之一。

沅浦痴渔本名余嵩庆，字子澄，湖南武陵人。光绪二年（1876年）进士，为户部主事，后改官河南为知县，终于湖北知府任上。此书作于光绪二年（1876年）之冬，余嵩庆集当时15岁以上的梨园名伶李德华、刘润等15人，评定为逸、丽、能三品。又补充"继起之英菁"朱霭云、许燕春等10人，附录于后。作者系着眼于名伶琴棋书画等"韵事"，所谈的都是色容风致之类，谈艺事的不多，因此此书史料价值不大。

此书还有光绪二年（1876年）刻本。

《燕台花事录》

《燕台花事录》三卷，清蜀西樵也撰，张江裁辑。北平邃雅斋书店民国二十三年（1934年）铅印本。《清代燕都梨园史料》之一。

蜀西樵也即清人王增祺。同治十二年（1873年）入都，光绪二年（1876年）出都。此书记载其在京期间伶人的事迹，分品花、咏花、嘲花。这些伶人多是十几岁的少年。作者在自序中说，"人间真色要不当于巾帼中求之"，选笑征歌，伶人远胜青楼女子。当时人把伶人比作鲜花，经常互相比较，评选出花榜状元、榜眼、探花等。《品花》一卷就是作者对伶人色、才、艺、德等的品评。《咏花》是对伶人的歌咏，有戏班、戏园的对联，有伶人墙壁、扇面的题诗，有风流才子对伶人的歌赞、赠别、怀念之诗，其中也有作者自作，对联则多是伶人名字的藏头、藏尾诗。《嘲花》则是有关当时伶人的笑话或戏作的对联、诗词。

此书当时本是不登大雅之堂的游戏之作，却保留了同治末年至光绪初年北京伶人的丰富资料。如贵公子、士子们与伶人的交往，伶人私奔不成而自缢，伶人照相等，对研究北京戏曲史有一定的参考价值。

此书还有清光绪三年（1877年）上海申报馆刻本、宣统年间上海国学扶轮社《香艳丛书》本、1996年河北教育出版社《历代笔记小说集成》本等。

《凤城品花记》

《凤城品花记》一卷，清香溪渔隐撰，赋艳词人、艺兰生戏注。北平邃雅斋书店民国二十三年（1934年）铅印本。《清代燕都梨园史料》之一。

香溪渔隐姓名不详，清同治十年（1871年）九月与艺兰生等被辟入都，同治十三年（1874年）科举落第，次年春回苏州省亲。在京近四年，公余多暇，常与友人冲风冒雪，闹市买醉，邀男伶侑酒，觥筹交错。酒后抵掌谈时事，歌呼呜呜，泣下数行，旁若无人。此书记载他四年中与梨园弟子交往的过程。始而雪舫，曾谓非舫不醉；继而亦仙，也曾尊酒联欢，殆无虚夕。与两人绝交后，至激而不计妍媸，遍阅群伶，但只赏识艳仙、如秋、蓉秋三人。最后邂逅妙珊，三年不移情，直到落第南归。此书虽记梨园之人，却很少写登台演出之事，主要写自己与伶人的感情纠纷，透露出伶人的社会地位、家庭状况、生存状态和思想感情，描绘了清代士子们与伶人的不正常关系。京城又称凤城，作者把对伶人的赏评比作品花。此书通过对一个个案的详细描述，为研究梨园史和变态心理学提供了有参考价值的资料。

此书还有清光绪间《申报馆丛书》本。

《怀芳记》

《怀芳记》一卷，清萝摩庵老人撰，糜月楼主注。北平邃雅斋书店民国二十三年（1934 年）铅印本。《清代燕都梨园史料》之一。

萝摩庵老人，生平不详。曾在北京停留多年，因感于"所见菊部中风华出众，令人不能忘情者"甚多，遂进行纪录并加以品评，遂成《怀芳记》。

此书主要记述了作者所见所闻的京师伶人的情况。所记大致分为三类，一是作者于道光二十年（1840 年）至咸丰三年（1853 年）在京期间见闻的伶人，包括张金麟、张金兰、张三福、王长桂、范秀兰、夏天喜等 32 人，记其姓名、籍贯、师承、技艺、风姿、时人评价，有的还记述了其最终结局，相对详明；二是根据友人记载记录作者不在京期间活跃于京师的伶人，列目 8 人，简述其姓名、籍贯、时人的评价等；三是作者于同治九年（1870 年）回都后见闻伶人的记录，主要记梅巧玲、沈芷秋、陆小芬、李艳侬等 11 人的姓名、籍贯、师承、技艺、风姿、论者的评价，间有作者自己的看法、品评。后又有补遗部分，记陆金凤、松龄、旺儿 3 人，后两人被作者称为"流俗所深喜者"，虽与其他"爱身如玉"者不同，但"其精诣亦未可磨灭也"。正文间夹有糜月楼主（谭献）的注释，是对某些内容的补充说明，间或发表与作者不同的意见。此书提供了清道光至同治年间京师四喜部、三庆部、春台部的伶人情况，搜罗较广，记载较实，不受个人偏好的影响，颇有参考价值。

此书还有上海国学扶轮社 1914 年《香艳丛书》本、1915 年《古今说部丛书》本、1996 河北教育出版社《清代笔记小说》本等。

《侧帽余谭》

《侧帽余谭》一卷,清艺兰生撰。北平邃雅斋书店民国二十三年(1934年)铅印本。《清代燕都梨园史料》之一。

作者简介见前《评花新谱》篇。

艺兰生系浙江苕溪人,寓居京都六年,观戏赏艺,极尽娱乐。归乡后,回忆旧事,于光绪四年(1878年),"仿《酉阳杂俎》之编,踵《日下旧闻》之录",于平日"茶余酒后,意之所及,信手札记,凡得若干条",命名《侧帽余谭》。

"侧帽"系公暇之意,即公余杂谈。此书共录札记120则,其于酒肆戏园、私寓下处、习俗惯例、饮宴弈博、题咏赠答、伶人遭遇、论技品艺,凡与优伶生活有关者,几乎无所不包。书中记载当年京城一些著名艺人的声名、技艺、才华以及性格特点等。这些艺人多演唱昆曲而兼唱当时流行的黄腔等。书中还介绍搭班、堂会景况,评选"蕊榜"及雏伶盛行现象以及昆曲所处的渐衰状态。虽是零散记录,但对于了解同治、光绪年间北京的梨园动态,有一定的参考价值。书前有铁篴生叙,书后附海昌饭颙山樵为艺兰生所撰《鸿雪轩纪艳四种》(即《评花新谱》、《凤城品花记》、《宣南杂俎》、《侧帽余谭》)的题诗8首。

此书还有清同治十三年(1874年)上海《申报馆丛书》本。

《鞠台集秀录》

《鞠台集秀录》一卷,清佚名著。北平邃雅斋书店民国二十三年(1934年)铅印本。《清代燕都梨园史料》之一。

此书收录四喜班、三庆班、春台班三部优伶84人,包括绮春主人时小福、春馥主人郑秀兰、丽华主人沈芷秋等,各记其堂号、姓名、籍贯、所掌或所属戏班、主唱角色、传载何书、所主演过的主要剧目、剧中所饰角色等情况。书中在伶人称号之后注明寓所所在地，对伶人的排列主要依据他们的住址。此书作于光绪十二年（1886年），内容虽失之简略，但对研究同治、光绪间北京梨园情况有一定参考价值。

此书还有清光绪二十二年（1896年）刻本。

《新刊鞠台集秀录》

《新刊鞠台集秀录》一卷，清佚名著。北平邃雅斋书店民国二十三年（1934年）铅印本。《清代燕都梨园史料》之一。

此书成书于光绪二十四年（1935年）以后，收录此前北京的104个伶人，包括杏春主人宋福寿、韵晴主人夏景清、景秀主人李三宝、韵秀主人迟章久、敬华主人王福官、景芬主人张宝兰、怡云主人王瑶卿、颖春主人朱桂元等，按所住寓所排列，先列主人，后列大主人、二主人、该堂其他伶人，每人简要介绍所擅角色技艺、隶属戏班，大多数还列出擅长剧目。

此书名为《新刊鞠台集秀录》，所记的伶人在时间上较《鞠台集秀录》稍后，即使记同一个伶人，介绍也较前书简略。此书除继续辑录三庆、四喜部伶人外，主要辑录福寿部伶人，兼及玉成部。另外，部分伶人还注其在己丑（光绪十五年，1889）、壬辰（光绪十八年，1892）、甲午（光绪二十年，1894）、戊戌（光绪二十四年，1898）四届文武花榜的名次，可资研究北京戏曲史者参考。

《瑶台小录》

《瑶台小录》一卷，清王韬撰，张江裁辑。北平邃雅斋书店民国二十三年（1934年）铅印本。《清代燕都梨园史料》之一。

王韬（1828—1897年），原名利宾，字紫诠。江苏人。21岁时应英国传教士麦都思之邀，到上海墨海书馆任编辑，与艾约瑟、伟烈亚力等合译西学书籍。因清政府怀疑他上书太平军官员策划攻打上海，被通缉，34 岁避居香港，游历英、法、日等国。晚归上海，主办报纸，鼓吹变法。通经学、算法，又工诗、古文。著有《韬园文录》、《诗录》及小说多种。

此书是光绪六年至十六年（1880—1890）北京著名戏曲演员的小传。王韬友人暧姝轩主曾三至京师，遍观名伶，对所赏识者，分别赠以诗词，或五律、七律，或五绝、七绝，从一首至四首不等。王韬依次补足小传，分正编 16 人，续编 9 人，下编 12 人，共得 37 人。这些人都是当时北京的名角，书中为他们所作的传、赠诗，可供研究北京戏曲史者参考。

此书还有 1985 年台北明文书局《清代传记丛刊》本。

《情天外史》

《情天外史》一卷，清佚名编。北平邃雅斋书店民国二十三年（1934 年）铅印本。《清代燕都梨园史料》之一。

作者号情天外史，宦黔十载，颇有政绩，与当道不合，罢官归乡，督儿辈习举子业，送考京师。经过两年，儿辈有所成就，作者也年逾六十，耳聪目明，无所事事，遂遣兴梨园。

此书成书于光绪二十一年（1895 年），书中品评当时北京的 20 名京剧演员，分别称为神品、隽品、艳品、俊品、能品、异品、佳品、倩品等，每人记其所属堂号、姓名、年龄、籍贯、角色、所属戏班、所擅长剧目，再加几句评语，最后咏七绝一首。此书专门表彰天仙部，故以天仙部 10 人入正册，其他各班 10 人入续册。虽然天仙部角色初散入丹桂部，后散入鸿奎部，仍称其最初所属戏班。此书专选司坊中十六岁以下色艺俱佳者，科班名角、出师立堂者不在选评之列。因为天姿天籁，过时难保，十六岁以上者也不加论列。此书专为少年演员（即所谓"雏伶"）作传，在一定程度上反映了光绪年间京剧后进的状况，可为研究戏曲史者参考。但作者凭一己之见闻、喜好进行品论，点评未必公允，所见未必完备，如各徽班就没有收入，因此有一定的局限性。

《越缦堂菊话》

《越缦堂菊话》一卷，清李慈铭撰，张江裁辑。北平邃雅斋书店民国二十三年（1934年）铅印本。《清代燕都梨园史料》之一。

李慈铭，初名模，字式侯，后改今名，号莼客，浙江会稽人。生有异才，入资为郎，光绪六年（1880年）成进士，曾任山西道监察御史。平生治经史尤精，工诗与骈文，著有《越缦堂日记》等。张江裁选择其日记、文集中与梨园有关的部分，编成此书。

此书收日记21则，为同治、光绪间与朋友听戏，招伶人侑酒的内容。另有诗赋40多首，有对伶人的歌赞、挽词、赠词，有记述与朋友、亲人听戏、饮酒的诗作。这些都是作者亲历，有事可记，有感而发，真实可信，从一个侧面反映了伶人的社会活动。

《异伶传》

《异伶传》一卷，清陈澹然撰，张江裁辑。北平邃雅斋书店民国二十三年（1934年）铅印本。《清代燕都梨园史料》之一。

陈澹然，字剑潭，安徽桐城人。孤寒之士，不喜桐城派古文。自命太史公（司马迁），漫游南北二十余年，挟策卖文，谒诸侯卿相，喜言经世，而不为世用。极厌考据及六朝人文，诋翁同龢、张之洞，故常被二人门生倾轧。喜作伶人传记，故京师名伶都请为立传，馈赠颇多，人讥其放利。

此书是"伶圣"程长庚及其弟子简三、谭鑫培、汪桂芬等4人的传记。因记异人、异事、异闻、异论，故曰《异伶传》。如程长庚初登戏台，被座客嘲笑，键户坐特室，三年不出，出则一鸣惊人，人称"叫天"；他不喜人喝彩，甚至面奏道光帝禁止喝彩；恨鸦片入中国，忧太平军、捻军和回苗叛乱，为列强入侵而痛哭，演诸葛亮、刘基等开国贤豪，沉郁英壮，泣下沾襟；称训诂、词赋、古文、楷法、时文为无用物，聘洋教师为养子授外文。其他如简三之教儿子习儒业，不许观剧词，禁其徒交结士大夫，不乐为宫廷献剧；谭鑫培之对科举、新学、实业、士大夫的独到见解，教八子皆习优伶；汪桂芬之御道士装，不近女色等。此四人皆清代名伶，传记极多，此书把他们放在列强入侵，内乱不止，旧学与新学交替，王公贵族与封疆大臣、清流名士宴乐不止等社会背景下为之立传，记其独立特行之处，立论之高，独具只眼，可为研究戏曲史者参考。作者常在此人传中记彼人之事，笔法亦甚独特。

《哭庵赏菊诗》

《哭庵赏菊诗》一卷，附录一卷，易顺鼎撰，张江裁辑。北平邃雅斋书店民国二十三年（1934 年）铅印本。《清代燕都梨园史料》之一。

易顺鼎，字实甫，号眉伽，晚号哭庵，湖南龙阳人。五岁时随其父官齐鲁间，为捻军所掠，被僧格林沁救出送归，又受左宗棠赏重，称其为"天下才"。工诗词、骈文和联语，以举人捐资为户部郎，初入署即参尚书，由是名满天下。甲午战争时曾两度赴台帮助刘永福抗日。他自称"三十余年内，初为神童，为才子，继为酒人，为游侠"。所为诗"或古或今，或朴或华，莫能以一诣绳之"。

此书是歌咏伶人的诗词，因戏班被比作百花中的菊部，故称"赏菊诗"。如《贾郎曲》、《朱郎曲》、《万古愁曲为歌郎梅兰芳作》、《读樊山〈后数斗血歌〉作后歌》、《梅魂歌》、《小香水歌》、《中和三庆园女伶歌》、《观小叫天演〈珠帘寨〉作》、《鲜灵芝曲》、《葬花曲》等，多长篇巨制。也有与朋友观剧、召伶人陪酒、与伶人交游时的纪事诗、和诗、赠诗，所写多为北京名伶，间有上海伶人，或往来于北京、上海、武汉等地者，反映了戏曲演员的生存或生活状况，特别是反映了清末女伶的出现，如王克琴、孙一清、金玉兰、赛金花等，为研究北京戏曲史提供了一定的资料。附录部分是关于戏曲的随笔数则，也值得参考。

《鞠部丛谭》

《鞠部丛谭》一卷，罗瘿庵撰，张江裁辑。北平邃雅斋书店民国二十三年（1934年）铅印本。《清代燕都梨园史料》之一。

罗惇曧（1880—1924年），字㧑东，又号瘿庵，广东顺德人。康有为弟子。以举人纳资为直隶道候补，调邮传部郎中。民国后，先后任总统府秘书、国务院参议、礼制馆编纂等职。后愤于袁世凯复辟帝制而弃政攻文。在京日久，以能诗善书著名。晚好听戏，与王瑶卿、梅兰芳深有交往，慧眼识程砚秋，资其学艺，遂成名角。著有《太平天国战记》、《庚子国变记》、《瘿庵诗钞》、《鞠部丛谭》等。

此书是有关清末至民国初年北京戏曲的随笔。如堂会外串给银的多少，北京的京剧世家，著名演员的兴衰，名伶之间的合作与矛盾，演员与王公贵族、达官贵人的交往，大丧禁演后逐渐恢复的状况，女伶之入京与禁止等都有记载。其中多是北京名伶的奇闻逸事，为作者亲闻亲见亲历，还有澄清谬传之处，可供研究戏曲者参考。

此书还有1926年涉园刻本《鞠部丛谭校补》。罗氏所述，间有失实未尽者，阿迦居士据所知为作按语，版框上面还有老云（樊增祥）眉批，也是纠谬补缺。

《宣南零梦录》

《宣南零梦录》一卷，清沈太侔著，张江裁辑。北平邃雅斋书店民国二十三年（1934年）铅印本。《清代燕都梨园史料》之一。

沈宗畸（1865—1924年），字太侔，晚号南野。祖籍浙江，寄住广东。光绪间举人。少有才藻，以《落花诗》得名，人称"沈落花"。光绪元年（1875年）侍母入京，光绪二十年（1894年）中日战争爆发，奉父命携眷出京，光绪三十年（1904年）又复北来。"辛亥革命"后寄居都门，卖文为生。著有《便佳簃杂钞》，多载同治、光绪、宣统三朝掌故，珍闻轶事，有裨史料。

此书是作者晚年追忆梨园旧事的随笔。作者十岁入都，居京近四十年，曾与谭鑫培斗蟋蟀、赛马，招梅大琐侑酒，文采风流，一时无出其右者，对戏园、戏班、伶人极为熟悉。此书所记主要有谭鑫培、秦云华、秦云尚、杨忆侬、朱素云、汪桂芬等，谈到三庆班、四喜班最盛时代的收费标准，其父的新春同乡京官团拜戏单，还注释了杨静亭《都门杂咏》中的几首竹枝词。这些都可供研究北京戏曲史者参考。

《梨园旧话》

《梨园旧话》一卷，原题倦游逸叟撰，张江裁辑。北平邃雅斋书店民国二十三年（1934年）铅印本。《清代燕都梨园史料》之一。

倦游逸叟即吴焘，字子明，行四，人称吴四先生。云南昆明人。幼年随宦山东。同治九年（1870年）到北京参加科举，赁庑于内城，亲朋时约观剧，但有父师钤束，不能经常出城。光绪二年（1876年）中恩科进士，任职兵部。早晨入署办公，午后多偕友人观剧，一月中观剧之日过半。曾刻意研求程长庚、徐小香合演之某剧，又与同官兵部的孙春山相互推敲，闲则一起往三庆班听程、徐演戏，经过三四年，对程、徐声调皆能模仿。后来任职广东，改官畿辅，又擢任热河、吉林。二十年中三次入都展觐，暇则看戏。民国七年（1918年）卸任来京，觉得梨园风俗、人心与一切政治设施都已大变，因述歌场往事，名《梨园旧话》。

此书专述从前戏剧人才及歌场之盛，有对名伶程长庚、余三胜、张二奎、王九龄、杨月楼、谭鑫培、俞菊生等人的品评，有对昆曲、乱弹和小生、花脸、旦角、丑角、青衣等角色的论述，有对祝寿、团拜等堂会的记载，有对三庆、春台、四喜等大戏班的比较等，所记皆作者壮岁数年所亲历，对当时仍健在者，或早已出名而自己未研究者，都不加品评。作者以票友身份记同治、光绪间梨园旧事，值得研究北京戏曲史者参考。

《梨园轶闻》

《梨园轶闻》一卷，许九埜著。北平邃雅斋书店民国二十三年（1934年）铅印本。《清代燕都梨园史料》之一。

许九埜家居京师，接近梨园，少时课余之暇，经常看戏。耳濡目染，对戏剧奥窍颇窥门径。自离都门，不再研究戏剧。晚年偶忆往事，以72岁之高龄，在济南援笔录之，以供茶余饭后之谈资。此书记梨园事22则，多谈京师名伶之唱腔、唱法、做工、成名历程等，并互相对比、品评。其中涉及戏班、剧目、名伶轶闻等，对研究戏曲史有所帮助。

《旧剧丛谭》

《旧剧丛谭》一卷，陈彦衡著。北平邃雅斋书店民国二十三年（1934年）铅印本。《清代燕都梨园史料》之一。

陈彦衡（1868—1933年），字新铨，四川宜宾人。中国戏曲音乐家。清光绪时在北京从梅雨田学胡琴，对京剧老生、特别是谭鑫培的唱腔颇有研究。余叔岩、言菊朋等都曾受其教益。记录谭所演剧目十一种的工尺谱，编为《说谭》、《戏选》、《燕台菊萃》等书，后合刊为《谭鑫培唱腔集》（十种）。《旧剧丛谭》乃其绝笔。

此书以随笔形式写京剧，实为一部研究京剧的专著。书中所论内容涉及广泛，如皮黄（即京剧）的形成、派别、著名票友，打鼓、胡琴与唱戏的关系及著名乐工，演员的身段、做工、剧词、唱工、道白，演员的学识、渊源等内在修养，演员与听众的关系，清廷传差，外伶搭班，以具体演员为例探讨生、旦、丑、净、青衣等角色，还特别论述了丑角中的武丑，须生中的安工、衰派、靠把等。作者以戏剧专家身份论述京剧，不仅为研究北京戏剧史提供了丰富资料，也对京剧演员实践有指导意义。

《北京梨园掌故长编》

《北京梨园掌故长编》一卷，张江裁辑。北平邃雅斋书店民国二十三年（1934 年）铅印本。《清代燕都梨园史料》之一。

清代梨园人物盛极一时，名伶佳话散见于前人笔记中，没有人搜集整理，致使湮没弗彰。张江裁有志采集，但无暇实行，只将随手摘录汇为此编，希望同好宏此远业。此书所收有《钦定大清会典事例》和《钦定台规》中的"晓谕戏馆"，载康熙至咸丰间皇帝对戏馆的圣谕。有赵翼《檐曝杂记》中的"梨园色艺"，梁应来《两般秋雨庵随笔》中的"京师梨园"、"韵兰"，浮槎散人《花间笑语》中的"京师歌楼"，《秋坪新语》中的"假官骗"、"西川海棠图"，俞蛟青源《梦厂杂著》中的"蜀伶陈银遇盗记"、"玉儿传"，李登齐《常谈丛录》中的"米伶有名"，纪晓岚《阅微草堂笔记》中的"方俊官"，梁鸿志《爱居阁脞谈》中的"长生殿"等。每篇或一则，或数则，都从清人笔记小说中摘出。虽然收录颇不完整，但搜集之功不可没，不仅为戏曲研究者提供了一些资料，更重要的是提供了一条找资料的途径。

《北京梨园金石文字记》

《北京梨园金石文字记》一卷，张江裁辑。北平邃雅斋书店民国二十三年（1934 年）铅印本。《清代燕都梨园史料》之一。

张江裁在北平研究院史学研究会工作期间，一方面为《北平志》搜集资料，一方面利用业余时间，遍访梨园金石碑刻。此书即是其访求的结果。书中有《梨园馆碑记》、《重修喜神祖师庙碑志》、《重修喜神殿碑序》、《重修安庆义园关帝庙碑记》、《春台班义园记》、《潜山义园记》、《安苏义园碑》、《重修天喜宫祖师像碑记》、《梨园聚议庙会碑》，每块碑都记其所立地点，并详录碑文。末附梨园弟子在天宁寺和梨园新馆敬献的铁香炉、烛台、花筒、铁磬等，各记其形制、文字。这些资料是张江裁用一年多的时间，通过多次访碑，才找出来的，其间还得到王芷章、方问溪两人的帮助。如雍正十年（1732年）的《梨园馆碑记》，就是先后四次遍踏陶然亭附近的荒田野冢才找到的，因为正文已被磨去，改刻"陶然亭"三个大字。碑文上均署有各朝梨园捐助班名，对于了解历朝戏班之数量及伶人之间的互助互济有所帮助。

《消寒新咏》

《消寒新咏》一卷，清铁桥山人、问津渔者、石坪居士撰。北平松筠阁书店民国二十六年（1937年）铅印本。《清代燕都梨园史料续编》之一。

此书作于乾隆五十九年（1794年）冬至与六十年（1795年）春分之间，故题之为"消寒"。原书四卷，此本只有第一卷之提纲，并无吟咏，仅汇集当时苏州、扬州、安庆等地来京的七个戏班、18位优秀童伶，各记其姓名、所属戏班、角色、籍贯、擅长剧目，并比之以各种花鸟。书中比喻抽象，且属一家之言，但可了解这些伶人的风韵和技艺。此书的价值在于提供了乾隆后期昆腔外地班社在北京的演出情况，如苏州班有庆宁、万和、乐善、松寿、金声等部，扬州班有集秀部，安庆班有五庆部，以演出小旦、贴旦戏出名。从所列每人擅演的剧目中，可以看到当时流行的剧目，如《牡丹亭》、《长生殿》、《西厢记》等著名剧本及《背娃娃》、《捡柴》、《戏叔》、《着棋》、《烤火》等杂戏，从中可看出剧坛演变的趋势。

此书还有清乾隆六十年（1795年）所刻四卷本，第一卷《正编》著录18位名伶，第二卷《纪实》评述诸伶之表演艺术，第三卷《杂载》题咏《正编》之外的20多位演员，第四卷《集咏》为时贤题咏演员的诗文；又，台北传记文学出版社《平剧史料丛

刊》本，据《清代燕都梨园史料续编》本影印；又，1988年中国
戏剧出版社标点《清代燕都梨园史料续编》本；又，1986年中国
老年文物研究学会出版周育德校点本，据一卷本与四卷本重新标
点，并加目录。

《众香国》

《众香国》一卷，清众香主人撰。北平松筠阁书店民国二十六
年（1937年）铅印本。《清代燕都梨园史料续编》之一。

众香主人姓名不详，嘉庆七年（1802年）入京，酷好戏曲，
常游梨园，对当时伶人情况较为熟悉，题其室为"惜花轩"，自号
众香主人。此书作于嘉庆十一年冬至十二年夏间，收录三庆、春
台、和春、四喜、庆宁、双和、三多、三和、大顺宁等九部旦角
优伶79人，分为六部。其中"艳香"收鲁寿林、吴寿林、孙三喜、
章喜林等9人；"媚香"收陆双全、刘二元、袁福寿、王天喜、朱
麒麟等15人；"幽香"收张蟾桂、刘庆瑞、潘五福、王桂林、刘福
宝等11人；"慧香"收赵庆林、郝贵宝、朱天寿、谢祥福、张联喜
等8人；"小有香"收李绿林、许双喜、孙桂林、王如意、吴小禄、
韩金福等10人；"别有香"收顾长松、陆鉴桥、戴三官、韩四喜、
蔡三宝等16人。每一部分前有作者题词4首，列在每部之首的是
擅长昆曲者，殿后的是梨园老宿。每人名字下以小字注其字、当
时所属戏班，而后仅有数语叙述其容颜、技艺、性情、所演剧目
等。书前有嘉庆十一年（1806年）作者自叙及月府仙樵、黄蘖庵
主、四於漫士、二松居士等12人的题词。后附望仪馆主《悼落花
诗为鲁意兰作》及嘉庆十六年作者识语。

此书记载嘉庆年间梨园旦角，生动形象，可见伶人意态风范。
此时北京剧坛仍以昆腔为正宗，但昆、秦、徽腔争妍斗胜，互相
吸收，互相融合，正在孕育一个新剧种——京剧，此书史料颇能
说明问题。

此书还有清嘉庆十二年（1806年）刻本，国家图书馆有藏。

《燕台集艳》

《燕台集艳》一卷，全称《燕台集艳二十四花品》，清播花居士戏编。北平松筠阁书店民国二十六年（1937年）铅印本。《清代燕都梨园史料续编》之一。

播花居士姓名不详，道光三年（1823年）自序署名播花居士迦罗奴。他看到唐司空图《二十四诗品》，有仿其例作《续诗品》者，有广其例作《书品》、《画品》者，雨窗无事，从京师四喜、春台、三庆、嵩祝四个戏班中，戏拈24人，以技艺优劣为高下，小变体裁，著成《二十四花品》。书中有灵品、仙品、素品、高品、逸品等20品，每品一人，年龄都在20岁以下，另附20岁以上者4人，分别是奇品、妙品、名品、情品，共24品。每人都注明姓名、字号、籍贯、所属戏班、堂号，各有一句评语、一首词，评语取自《西厢记》，词则用宋词集句而成。品名与《二十四诗品》的雄浑、冲淡、沉着、高古等完全不同，但皆有出处，如灵品出自江淹《菖蒲赞》，仙品出自《宣和书谱》，就连自序也是集萧统《文选》，题词也是集唐诗而成。此书是一部文人游戏之作，同时也是戏曲史上的一部奇书，作者对清代四大戏班24名演员的评论，提供了嘉庆、道光间北京一些主要演员的点滴材料。

此书另有道光三年（1823年）刻本。

《燕台花史》

《燕台花史》一卷，原题清厘桥逸客、兜率宫侍者、寄斋寄生著。北平松筠阁书店民国二十六年（1937年）铅印本。《清代燕都梨园史料续编》之一。

此书又名《燕台花品》，是厘桥逸客、兜率宫侍者、寄斋寄生品评咸丰年间北京童伶的评语。此书有闲闲道人跋，称三位作者"才各纵横，性皆放诞"，或到梨园戏班听伶人唱戏，或在酒馆茶楼请歌童清唱，甚至将诗词遍书于绣帕罗裙。

此书共选出 24 人，每人用两字概括其特点，再以 12 句四言诗或一首七言绝句进行品评。如天寿、磬芳、蓬仙、玉磬、幼芙、梅五、金兰、天秀、秋霞、新保、连魁等还有小传，介绍他们的年龄、籍贯、身世、特长等，附三人的诗词一至三首。作者把这些 13 至 16 岁的稚伶比作鲜花，形容其"貌娟娟如好女"，"恣态横生，几令人忘为男子"，把对伶人的品评称为"花史"。这些评语虽多是风花雪月之作，涉戏无多，但与小传连在一起，对研究咸丰年间北京的戏曲史有一定的参考价值。

此本还有清咸丰九年（1859 年）刻本。

《檀青引》

《檀青引》一卷，附《檀青传》，杨圻撰。北平松筠阁书店民国二十六年（1937 年）铅印本。《清代燕都梨园史料续编》之一。

杨圻（1875—1941 年），初名朝庆，更名鉴莹，后名圻，字云史。江苏常熟人。以诸生应顺天乡试，名列第二，后纳粟为郎中，隶邮传部，后出使英国，旋外任新加坡总领事。清帝退位后返国，又入吴佩孚幕，抗战爆发后任国民政府行政院参议。有《江山万里楼诗钞》等。

杨圻 21 岁时游广陵，宴客平山堂，遇京师伶人蒋檀青，蒋弹唱后为杨讲述宫中之事，杨"悲檀青之与龟年同一流落也，乃为传而长歌之"，做《檀青引》一篇。

《檀青引》是一篇歌行体长诗，作者以蒋檀青在"庚子事变"前后四十年间从荣华富贵到卖唱为生的遭遇来记述咸丰、同治、光绪三朝的史实，涉及这一时期中一系列重大的历史事件，如太平天国运动兴起，"百二关河战火红"；"八国联军"入侵，"忽闻海畔夷歌起"；咸丰帝避难热河，"延秋门外黄昏路"；侵略者焚烧圆明园，"可怜一炬成焦土"；咸丰崩，同治立，"初闻哀诏在沙丘，已报新君归灵武"；太平天国失败，"湘淮诸将尽封侯"。全诗婉而多讽，对统治者有较强的批判。此诗前有《檀青传》，篇幅较长，记述檀青生平经历，对诗歌中涉及的史实有详细记载。后有汉阳易顺鼎跋，称此诗"煌煌巨制，包罗一代掌故，可作'咸丰外传'读"。

《鞠部明僮选胜录》

《鞠部明僮选胜录》一卷，清李毓如著。北平松筠阁书店民国二十六年（1937年）铅印本。《清代燕都梨园史料续编》之一。

李毓如，号了然先生，自同治九年（1870年）入京后，屡试不第，遂以"佣书卖画"度日。但被鞠部诸伶所看重，于童伶中，择其优者，"爱写风流之名字，为月旦之品评"，录之以为"鼓吹休明"。

此书分为两部分，"文题名十人"，录韵春孟小如、怡云果香林、景善张兰仙等；"武题名十人"，录云龢朱小芳、复春吴佩芳、韵秀吴宝奎等。每人标其年龄，有八字或十六字的评语。评语注重伶人的神态风姿，如评孟小如为"不丰而腴，不约而俏。秾纤得中，大方家数"。书前有作者自序，后有竺生小谢跋。此书客观记录了光绪二十四年（1898年）北京一部分男扮女装演唱旦角戏的明僮的状况，对明僮的评语着重感官审美，可见当时人们的欣赏心理，也反映了光绪时剧坛一代童伶的概况。

《杏林撷秀》

《杏林撷秀》一卷，清谢素声著。北平松筠阁书店民国二十六年（1937年）铅印本。《清代燕都梨园史料续编》之一。

谢素声，生平不详，浙江余姚人，主要活动于清末民初时期。

此书作于光绪三十年（1904年）。当时正是菊部兴盛之时，"桃李始芳"，"棠梨并植"，而童伶之间，也"稚龙挺秀，雏凤振声"。作者取"红杏枝头闹"、"一枝红杏出墙来"之意，作《杏林撷秀》。此书录朱幼芬、王佩仙、余小云、陆连芳、吴桂香、张秋霞、江芝芬、姚佩兰、罗小宝、姜妙香、王蕙芳、刘宝云，共计12人。每人介绍姓氏、字号、籍贯、容貌风姿、所擅声腔角色、观众的评价等，并加赞语。数十年后，作者又补述各人的踪迹和结局。书前有作者骈文自序。

《闻歌述忆》

《闻歌述忆》一卷，鸣晦庐主人撰。北平松筠阁书店民国二十六年（1937年）铅印本。《清代燕都梨园史料续编》之一。

鸣晦庐主人姓名不详，幼年曾随父游宦河南、广西，后奉母经上海回通州，时时往来于京通之间，留恋歌场，尤好谭鑫培之技艺，无剧不观，人称之为"谭迷"。宣统后，分发度支部当差。民国后，供职北洋政府，又与袁寒云等有交往。曾为谭鑫培作传，并将历年观谭所演戏单，装帧成册，请人题咏，亦皆辑录于此书之中。

此书以自传体，记述自幼至老，观看戏剧、结交伶人的经历。由喜欢学谭鑫培的十二红，进而思慕谭鑫培，在京任职后与谭氏交情最深，并结识陈德霖、梅雨田、梅兰芳等人，对京剧唱法颇有研究，对演员之间的竞争、矛盾知之甚详。此书对家庭琐事、个人经历、歌场细故等描写细致，对研究清末至民国初年梨园现状、舞台表演等很有参考价值。

《北平梨园竹枝词荟编》

《北平梨园竹枝词荟编》，张江裁辑。北平松筠阁书店民国二十六年（1937年）铅印本。《清代燕都梨园史料续编》之一。

此书收从各书中辑录的清代至民国初年有关北京梨园的竹枝词126首。有嘉庆十四年（1809年）《草珠一串》中的9首，嘉庆十八年（1813年）《都门竹枝词》中的15首，道光二十五年

（1845 年）杨静亭《都门杂咏》中的 10 首，咸丰三年（1853 年）芝兰室主人《都门新竹枝词》中的 7 首，同治三年（1853 年）伴花斋《都门杂咏》中的 11 首，光绪六年（1880 年）韩又黎《都门赘语》中的 5 首，光绪二十二年（1896 年）醉春山房主人《都门虫语》中的 8 首，王述祖《韩家潭词》中的 5 首，民国二年（1913 年）《最新京都竹枝词》中的 5 首，易顺鼎《天桥曲》中的 10 首，何剑威《续天桥曲》中的 10 首等。内容涉及戏班、戏园、演员、唱腔、观众、票友等各个方面，对昆曲、京腔的兴替，嘉庆以后一些地方小戏开始进京等，都有所反映。此书把散见于各书中的有关梨园的竹枝词集中起来，为研究北京戏曲史提供了方便。

《燕都名伶传》

《燕都名伶传》一卷，张江裁撰。北平松筠阁书店民国二十六年（1937 年）铅印本。《清代燕都梨园史料续编》之一。

清末民初，戏曲演出有较大发展，演员地位提高且英才辈出，然而百十年间没有专书记载这些演员，张次溪有感于此，"因旁征博采，掇拾旧闻，上溯道咸，迄于近今。咸为作传，以垂久远，名之曰《燕都名伶传》"。

此书共有演员传记 13 篇，即程长庚、杨隆寿、刘赶三、谭鑫培、时小福、汪桂芬、孙菊仙、陈德霖、时慧宝、王长林、汪笑侬、程砚秋、荀慧生诸位名演员的传记。每篇传记较为详细地记载了传主的生平，主要包括籍贯、出身、主要经历、演技、为人等，对已离世者还叙述了去世原因及身后境况，并对每位演员都给予了相应的评价。书前有 1936 年佟赋敏序、李大翀序。

此书中的人物传记数量虽不多，但所记都为其时戏曲界著名演员，且传文事博词约，评论精确，托旨深远，史料及文学价值都较高。同以往记录优伶的笔记相比，此书对伶人的态度有了很大转变，不再以"美色"为重，而转以名伶的技艺与个人道德为重。

《燕归来簃随笔》

《燕归来簃随笔》一卷，张江裁述。北平松筠阁书店民国二十六年（1937年）铅印本。《清代燕都梨园史料续编》之一。

燕归来簃是张江裁的书斋名。此书是张江裁有关戏曲方面的随笔25则。有谈梨园组织的"梨园馆"、"九皇会"，有研究戏园的"广和楼"，有记述陪酒歌伎的"小唱"，有关于戏曲专家的"余秋室"、"瘿公死事"、"鞠部丛谈"、樊增祥"燕子楼歌"，有关于演员的"徐小香"、"绿儿"、"梅家衍庆"、"梅孟联因"、（梅兰芳赴日本演出前）"缀玉轩话别图"、"梅母之殡"、"赠慧宝诗"、"蕙芳能画"、"刘喜奎娴词翰"、"谭伶风义"、（田际云）"请禁私寓"、（王瑶卿）"古瑁轩"、"米虹月鬻曲"、"唐采芝擅琵琶"，有专记演员绰号的"伶名小录"等。其中有考证史实，有记述时事，还有的是作者所亲历，为研究北京近代戏曲史提供了重要史料。

《道咸以来梨园系年小录》

《道咸以来梨园系年小录》，周明泰编。民国二十一年（1932年）铅印本，一册。

作者简介见前《清升平署存档事例漫抄》篇。

此书收集近人笔记小说中对歌场往事的谈论，或报刊中戏曲前辈对梨园掌故的记述，辑录了嘉庆十八年（1813年）至民国二十一年（1932年）北京戏曲界的资料。民国初年，谈戏之风未盛，作者见诸报端，喜其足资谈助，择其信而可征者，随手抄录，积少成多。后来谈戏之癖风靡一时，但多侈言往事，或得自传闻，以讹传讹，或向壁虚造，无中生有。为编梨园史者提供可资参考的资料，作者将往日所录者一一分年排列，并附以自己所知的梨园事实，编成此书。编者称此书叙事或文或俚，琐事偶有自相矛盾之处，皆因出处不同，不知孰是孰非，仍存其旧。在编排上，将主要演员系于生年，简述其生平、角色、出身、擅长剧目等，在卒年注明其卒。名气不大的演员，只在卒年为作简传，不系于生年。其他如戏班的成立、戏园的成立、票房的成立、著名堂会的戏目，或著名演员的个别事件，皆系于发生之年。

此书所记人物、事件不限于北京，但作者生活在北京，资料取自北京的报纸，所以此书内容绝大多数与北京有关，或是在北京出名的演员，或在北京科班出身，或出名后久居北京，大多数事件也发生在北京，因此此书是研究北京梨园史的重要参考书。

此书还有 1976 年美国西雅图市周肇良书画馆影印本，系增订再版，改名《京剧近百年琐记》，国家图书馆有藏。

《五十年来北平戏剧史材》

《五十年来北平戏剧史材》，刘半农、周明泰合辑。民国二十一年（1932 年）铅印本，六册。

作者介绍见前《道咸以来梨园系年小录》篇。

此书是《几里居戏曲丛书》第二种，分前后两编。前编是刘半农从琉璃厂购买的一册《戏簿》，内容是从光绪八年（1882 年）至宣统三年（1911 年）北京各个戏班演出的剧目，约有四十多家戏班子，数百出戏，有的还注明角色、服装。这部分影印出版，为研究清末戏曲史提供了很充分的史料。后附刘半农、周明泰据此整理出的《戏名表》，以戏名为主体，一班单演的列在一起，两班皆演的列在一起，以此类推，各在戏名下列出戏班名。下编是周明泰仿照《戏簿》的体例，根据报端戏目，把民国二十年间的重要戏目做了一个续编。后附《名角初演戏名日期表》。从光绪八年（1882 年）至民国二十一年（1932 年），共有五十多年，故全书命名《五十年来北平戏剧史材》。《戏簿》有的没有注明年代，有的顺序颠倒，续编则严格按年月编排。两编合在一起，为研究清末至民国北京戏曲史提供了一部重要参考书。

1976 年美国西雅图市周肇良书画馆影印出版《京剧近百年琐记》，附《六十年来京剧史材末编》，即作者补入 1932 年至 1944 年的重要戏目。

《清代伶官传》

《清代伶官传》三卷，王芷章撰。北京中华印书局民国二十五年（1936 年）铅印本，四册。

作者介绍见前《中国京剧编年史》篇。

清代伶官指供奉清廷的戏剧演员。此书以升平署档案为据，将清代伶官分为三卷记述，乾隆、嘉庆、道光三朝为上卷，咸丰、同治两朝为中卷，光绪、宣统两朝为下卷。上卷为南府时期，各伶皆来自苏州、扬州，专供内职，聚族而居，子孙相继，在城内住南府附近或景山之内，在圆明园则住太平村，门禁极严，与外界绝少往来，个人事迹无从搜集，所习为昆曲、弋腔，此书只收曾演主戏，可以断定为何项角色者。道光七年（1827 年）将乾、嘉供奉全部裁退，故升平署成立之初仅有太监伶人，但太监不属此书收录范围。咸丰末年由在京各班挑选乐工，或曰学生，或充教习。此时昆曲衰微，皮黄骤兴，选入各伶，所习非一。同治二年（1863 年）又全部裁退，只留 12 名。光绪九年（1883 年），为预备慈禧太后五旬大寿，再事挑选。这时北京戏剧十有八九属于皮黄，昆曲、弋腔、梆子仅有少数。演员事略者，本书多方征求，认真拣选，慎重去留，务期翔实可信。

此书记述清代伶官 296 人，连附传共 300 余人。在写法上仿照正史，言简意赅，末附子孙事迹，子孙在戏剧方面有成就者则单独立传。对传主演戏的时间、地点、所演戏名、所得赏赐，则不厌其详，这是利用档案的成果。演戏地点除咸丰时一度在热河外，其余全在清宫、圆明园、颐和园、中南海。此书资料丰富，附《北平图书馆藏清升平署曲目》一卷、《腔调考原》一卷，是研究清代戏剧史、宫廷史的重要著作。

《伶史》

《伶史》第一辑，穆辰公著。北京汉英图书馆民国六年（1917年）铅印本，一册。

穆辰公名笃里，号六田，博学多闻，性情慷爽。曾留学日本，精研法律，学成归国，投身于报界。性好戏剧，又熟谙著述，"仿迁史之体裁，记梨园之人物"，传至今日的有《伶史》一卷。

此书有"本纪"十二，"世家"二十，始于程长庚，终于许荫棠，对北京著名戏剧演员的身世言行"搜罗详尽，叙述精严"（刘韬伯序）。穆辰公在"凡例"中自言："此书以传纪体叙述近代名伶之事迹、言行，尤择其有关政治风俗者而特著之"，"纯自社会着眼，而于近代梨园之变迁、选色征歌之风气，尤为特特表出，以存一代之真相"。至于本纪、世家、列传各体，不从艺术划分，而从其声望、资格、品行、身世各点略示区别。本纪也是传记，并不像正史中的本纪那样编年纪事，世家所收则都是戏剧世家，子孙相传。

穆辰公修《伶史》，以优伶的历史作为线索，而关注的重点却是当时的政治气候、民间风俗，戏曲自身的发展特征和朝廷供奉制度对戏曲的影响等诸多的方面，因此此书具有文化史料的价值，可为研究北京戏剧史和北京文化史者参考。可惜只存第一辑，列传部分没有续出。

《燕京梨园史》

《燕京梨园史》，张次溪编。民国间剪报本，一册，92页。

作者介绍见前《清代燕都梨园史料》篇。

此书原本连载于民国十八年、十九年间（1928—1929年）天津某报，后来剪辑重订。从清代戏剧泰斗程长庚写起，一直写到当时最负盛名的梅兰芳，是清后期至民国间北京著名戏剧演员的传记汇编。此书在某些演员的传记后有评论文字，如在《郭宝臣传》后考证秦腔的来源，在《张云亭传》后论述昆曲的兴衰，在《吕月樵传》后评论武生的演技，在《李吉瑞传》后赞美其孝子的本色。在这些传记与评论中，北京昆曲、秦腔、京剧三大剧种的发展，京剧中各种流派的形成，戏曲世家的流传，各个演员之间的承袭与创新，各个戏班的聚散等，都被清晰地叙述出来。因此《燕京梨园史》就是燕京戏曲演员的历史，对北京戏曲研究极为重要。只是此书没有目录、凡例、序跋等，上述各方面内容又散见于个人传记中，使用时颇费检索之功。

《同光朝名伶十三绝传略》

《同光朝名伶十三绝传略》，金佩山撰，朱书绅编辑。三六九画报社民国三十二年（1943 年）铅印本，一册，70 页，有插图。有朱书绅、金仲仁序，景孤血图咏、翁偶虹像赞。

此书是为清代画家沈蓉圃所画《同光朝名伶十三绝》中 13 位名伶所作的传记。他们分别是在《群英会》中饰鲁肃的程长庚、在《恶虎村》中饰黄天霸的谭鑫培、在《雁门关》中饰萧太后的梅巧玲、在《探母》中饰杨延辉的杨月楼、在《彩楼》中饰王宝钏的余紫云、在《琴挑》中饰陈妙常的朱莲芳、在《采桑》中饰罗敷的时小福、在《群英会》中饰周瑜的徐小香、在《思志诚》中饰明天亮的杨鸣玉、在《探亲》中饰乡下妈妈的刘赶三、在《行路》中饰康氏的郝兰田、在《一捧雪》中饰莫成的张胜奎、在《空城计》中饰诸葛亮的卢胜奎。书前有梅兰芳、余叔岩、尚小云、程砚秋、马连良、荀慧生、程继先、时慧宝等人题词（影印），谭小培与其子谭富英、谭世英题词、王瑶卿《先外祖郝君兰田小传》（铅印），因又附《题辞名伶概略》。书中插有对帮助朱书绅影印《同光朝名伶十三绝》的余叔岩、言菊朋、迟子俊、萧长华、陈墨香等人的《志感》。因此所记名伶实倍于十三伶。此书所记人物皆有小像，是内容丰富的名伶传记。

《最近一百名伶小史》

《最近一百名伶小史》，又名《男女名伶小史》，顾曲周郎编。上海中外书局民国十年（1921年）铅印本，一册，56页。

顾曲周郎姓名不详，来源于三国时周瑜"曲有误，周郎顾"的故事。作者别号取此，当是一位精通音乐者。此书记载清末至民国初年的一百多位著名戏剧演员，从咸丰、同治年间的梨园元勋程长庚写起，一直写到当时活跃在戏曲舞台上的坤伶李雪芳、张淑勤、苏州妹等。体裁类似传记，有单传，有合传，但个人事迹少，对演员的学艺过程、演技进退、艺术地位的论述较多，又似戏曲评论。每人少则不足百字，多则数百字，可谓言简意赅。

此书收103位著名戏剧演员，将数十年来名伶搜罗殆尽。地域涵盖北京、天津、上海、奉天、广东、江苏、浙江等地，而以北京居多。作者以行家里手的身份评论戏曲，有褒有贬，有对演员自身进退的评论，有演员之间的对比，有在某个地区乃至全国范围内的评价，鞭辟入里，值得戏剧研究者参考。

《名伶世系表》

《名伶世系表》，宋凤娴编辑，张笑侠校订。民国二十五年（1936年）铅印本，朱印，一册。

此书是近现代88家戏曲演员的世系表。在编排上，每家占一页，每页分上下两格。上格为世系表，每代一行，子女系于父亲之下。每家两代至五代不等，视其与戏曲的关系而定，以最著名的一位列于右侧作为题名。如程长庚一家以第一代程长庚为名，马连良一家以第三代中马连良为名。下格从第一代开始，依次介绍每人的籍贯、名号、生辰、角色、婚配等。这一家族中偶有入仕、经商，或年纪尚幼的，也一一列明。

作者宋凤娴供职于北平戏曲研究社编辑部，与伶界很少往来，主要靠刊物、报纸的记载，或搜求各家红白喜事的请帖讣闻，再请教熟悉伶界的人士，才编成此书。其中大部分在 1934 年《天津商报》"游艺场"栏目发表过，又重加修改，并请戏剧学家张笑侠校订后，才正式出版。原打算第一集编入 100 家，由于调查困难，暂收 88 家。

此书所收名伶大部分与北京有关，或在北京出生，或在北京富连成、福寿班、正乐社等科班出身，或成名后来北京，或第一代供奉于清朝内廷、子女出京，或第一、二代在外地，子女入京。此书篇幅极小，但从家族的角度研究著名戏剧演员，是一部使用方便的参考书。

《名伶百影》

《名伶百影》，北京立言画刊社编。北京立言画刊社民国间铅印本，一册，64 页。

此书收京剧剧照 110 幅，分名坤伶、四大名旦、四小名旦、四大须生、合作之部、须生之部、名旦之部、武生之部、名须之部、小生之部、名丑之部等几类，除合作部外，其他各部都不重复。每幅剧照下都有一段文字，介绍该剧剧情，标明演员与所演角色。如《武家坡》中，侯玉兰饰王宝钏；《霍小玉》中，吴素秋饰霍小玉。这些剧照为研究北京戏曲史提供了珍贵的图像资料，也为了解京剧剧情提供了最简捷的途径。尤为可贵的是，此书中有较为少见的在《翠屏山》中陈少霖反串石秀的剧照、侯喜瑞反串杨雄的剧照；"便装之部"中，有王瑶卿、张云燕师徒的合影，郝寿臣退休时与其子郝德元（辅仁大学毕业）的合影，张君秋、赵玉露在福寿堂结婚时的合影，四小名旦之毛世来、宋德珠各自的结婚照。此外此书所插广告中，义盛成百货批发店广告部特制的吴素秋《人面桃花》剧照，怡生摄影室所照的喜彩莲便装近影，莲花牌万金油广告中李玉茹、侯玉兰的《二艳妇》剧照，更值得戏曲研究者注意。

《名伶影集》

《名伶影集》第二期第一集，戴朴生主编。北平朴生报社民国二十四年（1935年）铅印本，一册。

戴朴生是民国年间北京的一位新闻家，喜好交友，不问等级，待友仗义，不识者闻名求助，亦伸手相援。大家都佩其性，钦其名。戴朴生创设朴生报社，公余喜爱戏剧，多年为歌场护法，男女名伶多与之交往，他收藏戏装、便装照片数百张，早有刊行问世之意。报社总务主任张叔田又向梨园界遍发请柬，广为罗致。有人搜寻秘箧，以旧照相赠，有人竞斗新艳，以新照见惠，琳琅满目，美不胜收。戴朴生把旧藏、新集进行筛选，挑出数百幅，送制版局印刷，历时半载，方成此书。

此书收集清末至民国的男女名伶照片，有剧照，有便装照，还有余叔岩、时慧宝、程砚秋、言菊朋、朱素云等题扇，王瑶卿、新艳秋、杨小楼、梅兰芳、雪艳琴、时慧宝、婉评秋、杨菊秋等绘扇，王瑶卿、李万春等绘花卉，王又宸、杨小楼为此书题名，马连良题字，郝寿臣、荀慧生为戴朴生主编的《剧刊》题名。有余叔岩等著名演员的小传，一般二三十字。附梅兰芳《霸王别姬》、《云娘》、《文君当垆》剧本，程砚秋《玉堂春》剧本。此书内容丰富，便装照和女伶照片较多，为北京戏曲研究提供了珍贵的图像资料。

《梨园影事》

《梨园影事》，徐慕云编，徐筱汀助编。上海大东书局民国十七年（1928年）铅印本，一册，156页。

徐慕云（1900—1974年），戏曲史家。江苏徐州人。毕业于上海大同大学。20世纪20年代末，从事戏曲评论及戏剧史、京剧音韵研究，著有《中国戏剧史》等书。曾任上海戏剧学校教务长、中华国剧学校校长、中南戏剧学校教务主任等职，又主持"百代"、"高亭"等唱片公司的戏曲节目选录工作。作者喜爱收藏戏剧演员照片，积累十年，得百余帧，装潢成册，颇自珍秘。在友人建议下，重加整理，制成铜版，刊印流传，取名《梨园影事》。

此书将著名京剧演员分为须生部、红生部、武老生部、小生部、武生部、青衣部、花旦部、武旦部、老旦部、花衫部、正净部、副净部、武净部、文丑部、武丑部等十五部，每部按时间先后排列，每人选剧照或便装照一幅，也有选两幅或三幅的，下附小传。著名须生张二奎、余三胜、王九龄没有照片，只存小传。另附坤伶小影 14 幅、票界名宿小影 6 幅、名伶书画 15 幅。附录四种：一是高亭、百代、大中华诸公司所出版的京剧唱片选段的剧词；二是徐慕云所著的《剧谈》，介绍京剧常识；三是《捉放曹》剧本，带工尺谱和字母拼音；四是生、旦、净、丑各部统系表。这些演员十分之九在北京，为研究北京戏剧提供了丰富资料。此书不仅内容丰富，印制精美，还有张伯英等人的题诗，姬觉弥、袁寒云、刘海粟、吴昌硕、舒舍予等人的题赞，所用字体包括篆书、行书、草书、甲骨文，因此此书自身也是一件艺术品。

《霓裳艳影》

《霓裳艳影》，君平辑。上海有正书局民国五年（1916 年）影印本，一册。

此书收集清末著名戏剧演员的照片 150 幅，分名伶小影、女伶花影、新剧家三类，分别是 90 幅、32 幅、28 幅，其中剧照最多，也有便装照、合影照。著名诗人易鼎顺题词，罗瘿公题词并题写书名。易鼎顺题词中说，李龟年、杨龙友、李师师、李圆圆等都是梨园高手，"粉黛已销，丹青何在"。君平有感于斯，思传于后，于是将所收集的戏曲演员照片印刷出版，所谓"存什一于千百"，取名《霓裳艳影》。"霓裳"取自唐玄宗《霓裳羽衣曲》，又有白居易《长恨歌》"惊破霓裳羽衣曲"之意，所谓"板荡之朝（指清朝），天公每生尤物"。"艳影"形容其美不胜收。

此书所收新剧家（即话剧演员）主要集中在上海，名伶、女伶包括北京、天津、上海、广东，而以北京居多。这些照片存世稀少，印制精美，因此非常珍贵。只是说明文字太少，要区分哪些是北京的演员，还需要参考其他资料。

《燕京花史》

《燕京花史》，吴蔼航著。北京京华印书局清宣统三年（1911年）铅印本，一册，114页，有照片。

吴蔼航，桐城人。26岁入京师大学学医，次年义和团入京，"八国联军"攻陷北京，吴蔼航数次被缚，侥幸免死。毕业后投身报界，先后创办《迻报》、《京华报》、《京话广报》、《华林报》、《燕报》等，不幸同人以诽谤致祸，报社被封。吴氏爱国如炽，忧国如瘩，别号哑吭大郎、假老包。他看到光绪中叶士大夫耽于歌舞酣嬉，兵备废弛，"甲午海战"大败，"戊戌变法"失败，京城被"八国联军"洗劫。和议方成，都中又大兴土木，戏馆、球房、茗肆、饭庄反增一倍，妓院增至二百多家，妓女数千人。士民沉溺其中，当年流离惨状，消灭无影。为唤醒国人，又不敢秉笔直书国史，作者乃用十月之力，刺取妓院种种诡秘，辑成《花史》。

此书以传记的形式记述清末燕京名妓60余人。她们大多来自江南、西蜀，在北京成名，或成名后入京。每人都述其出身、家世及主要事迹，其中颇多组织赈灾的义举，不乏争取国权、路权的壮举，更多爱情专一反被遗弃的惨剧。这些人大多多才多艺，能歌善舞，既是名妓，又是名伶，如山海班的红宝、喜顺班的翠菱、天华班的金顺等。作者游京十余年，对所记人物颇熟悉，不足之处有淞滨醉蝶评论、补充。因此，此书可为清末京城妓女的信史。

《菊部赏花记》

《菊部赏花记》，刘东升著。民族出版社 2002 年出版，一册，686 页，有照片。

刘东升，1926 年出生于山西省襄陵县（今襄汾县），历任襄汾县民主区政府文教助理员、县委宣传干事、青委秘书等。20 世纪 50 年代初调至北京市戏曲编导委员会，任见习编辑、编辑等，参加《京剧汇编》的勘校、编审工作，共出一百余集 1000 余万字。后任北京市艺术研究所研究员。1988 年离休后，仍笔耕未辍。著有《生死怨》、《张飞闯帐》等剧本以及《优孟衣冠八十年》、《京剧表演艺术家侯喜瑞》等人物传记。

此书是刘东升戏曲研究的文集，是作者数十年笔耕的结晶。全书 50 万字，分理论评论、专访随感、遗闻轶事三大部分。专访中有 92 岁高龄的京剧净行表演艺术家侯喜瑞、昆曲表演艺术家马祥麟、京剧演员杜近芹、戏曲作家与脸谱收藏家翁偶虹、著名演员吴素秋等人，随感有布衣坤伶白玉薇、"红豆馆主"溥侗博通京昆艺术、醇亲王奕譞与北京昆弋腔艺术、梨园伯乐罗廮公等人之事；遗闻有程长庚、梅兰芳、徐小香、谭鑫培、吴素秋、尚小云、荀慧生、程砚秋、齐白石、余叔岩、萧长华、金少山等人的趣事。作者学问渊博，见识广阔，论点清晰，写史庄严，引文有据。写先辈艺术家的表演经验具体翔实，使读者如临其境，直观亲切；写趣闻轶事，避免猎奇，慎重选择，如匡正金少山曾饲养过的是幼豹而非老虎，认为猴子三儿仅会迎送客人，开门关门，而不提其烧大烟等事。这些文章大多数是写北京戏曲和演员的，是研究北京戏曲的重要著作。

《学戏和演戏》

《学戏和演戏》，侯喜瑞口述，张胤德整理，北京市戏曲编导委员会编辑。北京出版社 1961 年铅印本，一册，109 页。

侯喜瑞（1892—1983 年），字霭如，祖籍河北衡水，回族。京剧净角表演艺术家。他幼入喜连成科班，为该社最早成名的八大弟子之一，曾从李寿山学梆子老生，又从萧长华、韩乐卿学架子花脸。出科后拜黄润甫为师。光绪末年就与梅兰芳同台演出，后又加入梅兰芳组织的承华社。演过《穆柯寨》中的焦赞、《凤还巢》中的周公公，具代表性的有《战宛城》、《阳平关》中的曹操，《连环套》中的窦尔敦等。晚年执教于中国戏曲学院和北京戏曲学校，课余还口讲指划地述说他一生的表演艺术经验。北京市戏曲编导委员会指定专业干部为他记录整理成书。

此书介绍侯喜瑞一生学戏和演戏的经验。全书分五章，第一章讲述在喜连成科班学戏的经历；第二章讲架子花脸的基本功；第三章谈曹操戏，介绍《击鼓骂曹》、《长坂坡》、《战宛城》中的曹操，从脸谱画法到人物性格、表演动作、唱腔技巧，都一一说明；第四章谈《连环套》中的窦尔敦，有《坐寨》、《盗马》、《拜山》、《盗钩》、《被骗》几出，把历史背景、故事情节、人物性格，乃至一个动作、一句唱白都讲得很细；第五章杂谈其他京剧演员的事迹。此书是一个老演员向后人传道、授艺的著作，为京剧学生提供了一个成功的典范，同时也为京剧研究者提供了一个可供分析的个案。

《徐兰沅操琴生活》

《徐兰沅操琴生活》，徐兰沅口述，唐吉整理，北京市戏曲编导委员会编。中国戏剧出版社 1959 年出版，一册，127 页，照片13 幅。

徐兰沅是全国闻名的京剧胡琴家，有京都名琴师之称。光绪十八年（1892 年）出生于北京的一个梨园世家。祖父、父亲都演小生，兄弟五人中除三弟学小生、四弟学花衫外，他与二弟、五弟都学伴奏。徐兰沅 8 岁学戏，9 岁登台，先后学过小生、净、丑、青衣、老旦，但兴趣在音乐，曾向升平署教习方秉忠学笛子，向光绪教师沈宝钧、吴彩霞鼓师王景福、谭鑫培鼓师刘长顺学打鼓，胡琴则得自在梨园中的耳濡目染与勤学苦练及名家点拨。他先为吴彩霞拉胡琴，又进四喜班、春庆班、富连成，后来为谭鑫培、梅兰芳做琴师，终成名家。

此书记载徐兰沅的学琴和操琴生涯，共分十一章。其中一、家世和童年，二、拜戏曲音乐家方秉忠学文场，三、与谭鑫培操琴前后，四、跟梅兰芳操琴的二十八年，十一、回首当年老梨园等五章，不仅有个人自传，还讲述了许多戏曲家的逸事，如谭鑫培的父训与创造谭派，光绪帝学打鼓、演戏，刘赶三、钱阿四、任小凤、朱小元等剧坛四怪，为研究戏曲史提供了不少资料。五、漫谈胡琴，六、初学文武场者应注意的事，七、谈几个板的区别，八、胡琴过门的起头锣鼓杂谈，九、略谈吹打乐曲的分类，十、唢呐曲牌的实用谈等六章，则是讨论戏曲伴奏艺术，对演员和音乐家具有较高的参考价值。

1960 年中国戏剧出版社又出第二集，1963 年出第三集；1998 年出新一版，包括前三集。

《一代宗师：谭鑫培先生诞辰 150 周年纪念文集》

《一代宗师：谭鑫培先生诞辰 150 周年纪念文集》，吴江、周传家主编。京华出版社 1998 年出版，一册，437 页，肖像及照片 8 幅。

20 世纪初，梁启超就称赞京剧表演艺术大师谭鑫培："四海一人谭鑫培，声名廿纪轰如雷。"1997 年 12 月 12 日至 16 日，由文化部振兴京剧指导委员会、中国京剧艺术基金会、北京市文化局、湖北省文化厅联合主办的"纪念谭鑫培先生诞辰一百五十周年"活动在北京隆重举行，同时在武汉也有类似的活动。此书是这次活动的论文汇编，由当时的文化局副局长吴江、北京市戏曲研究所所长周传家主编。

此书收纪念谭鑫培、研究谭鑫培表演艺术的论文 42 篇，前言一篇，附录一篇。研究戏曲艺术必须以史实为依据，因此此书记述了有关谭鑫培及其门徒、相关人物的戏曲史料，如秦华生《晚清社会与谭鑫培盛名》讨论了慈禧太后喜欢谭鑫培演戏的社会原因和个人因素；刘玉来《谭鑫培艺事与人品浅析》记述了谭向北京的回族大侠李四把学武艺的过程及与大刀王五的交往；丁汝芹《谭鑫培清宫演戏》记述了谭在清宫演戏的过程和逸事；李崇祥《纪谭三题》谈到佛教特别是禅宗对谭氏艺术创新和人生观的影响；胡汉宁《江夏谭氏宗谱考》发表了对谭的籍贯、身世的新发现；梅京《谭鑫培收徒·灌唱片及其他》探索谭的师徒、师承关系，对堪称"大师遗韵，菊坛精典"的"七张半"唱片的真伪作了认真鉴别。这些都可为研究北京戏曲者参考。

《舞台生活四十年》

《舞台生活四十年》，梅兰芳著。中国戏剧出版社 1987 年出版，一册，721 页，有肖像。

此书是梅兰芳的一部个人回忆录。由梅兰芳口述，许姬传笔录，许源来与几位老朋友斟酌取舍，编整补充，最初在《文汇报》连载。此书从 1950 年梅兰芳在天津表演期间开始，由津而京，南北往来，只要有机会就写。经过一年，将发表的部分重加整理，1952 年由上海平明出版社印成单本，这便是此书的第一集。1954 年出第二集。续写的部分，有些曾在《戏剧报》、《文汇报》（香港版）连载，有些不曾发表过。1961 年梅兰芳逝世，文化部和中国戏剧协会准备结集第三集，以作为十项纪念活动之一。中经"十年动乱"，书稿遗失，再行收集，1980 年才由中国戏剧出版社出齐三集。1987 年出合订本。

此书记述 1950 年之前梅兰芳四十年的舞台生涯，以表演艺术为主，个人生活为次。生活部分是根据梅兰芳的记忆，事隔几十年，难免有时间颠倒、事实遗漏的地方，但大体还是比较有系统的，尽量采用编年的方式写。艺术部分遵循演技进化的系统，从开始学戏写起，一直说到最近演出的状况。这两部分有机地结合在一起，还附个人与师友照片多幅。梅兰芳生于北京，长于北京，在北京成名，虽然曾一度在上海和香港居住，但一生中大部分时间还是生活在北京。此书不仅记述了梅兰芳个人的历史，也涉及清末以来北京戏剧界的往事，是数十年中国京剧史的缩影。

此书还有 2000 年河北教育出版社《梅兰芳全集》本。

《梅兰芳》

《梅兰芳》，大型画传《梅兰芳》编辑委员会编，梅绍武主编。北京出版社 1996 年出版，一册，378 页。

梅兰芳（1894—1961 年）是中国戏曲艺术大师，杰出的京剧表演艺术家，又是一位爱国主义者和向海外传播京剧艺术的先驱者。为纪念梅兰芳百岁诞辰，进一步弘扬民族优秀文化，振兴京剧艺术，梅兰芳纪念馆利用该馆的千余幅图片，编成大型画册《梅兰芳》，力图用摄影纪录的形象来反映这位京剧大师所走过的光辉灿烂的艺术道路和光明磊落的生活道路。

全书分五部分：第一部分（1894—1913 年）"勤奋学艺，沪上成名"，纪录了诞生于北京梨园世家的梅兰芳早年的学戏过程；第二部分（1914—1932 年）"锐意革新，出访日美"，讲述了梅兰芳改革京剧，演古装戏、时装戏、提倡昆曲，并两次访日、一次访美，把中国戏曲向海外传播的事迹；第三部分（1933—1948 年）"访苏旅欧，蓄须明志"，记录梅兰芳访问苏联、考察欧洲及在抗日战争期间蓄须明志、不为敌伪演出的事迹；第四部分（1949—1961 年）"焕发青春，艺术精纯"，记述 1949 年后梅兰芳的演出和社会活动；第五部分"梅艺流芳，千秋永存"，讲述了梅兰芳的弟子、子女和各种纪念活动、故居开放等。此书以照片为主，每一部分下都有许多小题目，用中、英两种文字对这一专题进行说明。每一幅图也都有中、英文说明。此书经过长时间的酝酿和发掘整理，编入许多从未公开过的梅兰芳剧照，印制精美，全面而翔实地记述了梅先生的一生，并涉及许多著名京剧演员和编剧，是集历史性、科学性、艺术性为一体的精品。

《梅兰芳表演艺术图影》

《梅兰芳表演艺术图影》，梅兰芳纪念馆编。外文出版社 2002年出版，一册，149 页，照片多幅。

梅兰芳是 20 世纪杰出的戏曲艺术大师，他的表演艺术之所以为世人喜爱并广为流传，不仅在于唱腔、念白的声韵之美，更在于特有的形象、动作之美。他以深厚的艺术功力刻画和表演了丰富多彩的旦角人物，在剧中他的动作稳重、圆熟、周密、精确、自然，无论喜怒哀乐的表情、动静虚实的身段，还是千变万化的眼神，繁难复杂的手势，无不符合传统程式的规矩、剧情及人物内心情感的变化、剧中音乐唱腔服饰的整合和现代审美意趣的取向。早在 1936 年，北平国剧学会就出版了戏剧家齐如山所著的《梅兰芳艺术一斑》，载有梅先生作为旦角的各类标准身段及手势的照片，现已少见。以后梅兰芳请人拍摄过关于各类眼神运用的系列照片，但未出版。梅兰芳纪念馆曾翻拍上述珍稀照片并配文进行展出，受到戏曲专业工作者、戏曲爱好者的赞赏。应大家要求，该馆又整理部分馆藏史料，编辑出此书。

全书分四部分：一、梅兰芳传略及艺术生平，简述梅兰芳的一生；二、梅兰芳艺术成就及代表剧作，选择梅兰芳演出的代表剧目，分别介绍其剧情、编剧、演出的时间、背景、表演特点、艺术成就等；三、梅兰芳表演艺术，分身段、手势、眼神的运用、古装新戏的舞蹈等几个方面剖析梅兰芳的舞台艺术；四、附录《梅兰芳演出剧目》、《梅兰芳弟子姓名一览表》。此书每一部分都配有大量图片，无论对研究梅兰芳生平和京剧表演艺术，还是研究北京戏剧史，都提供了丰富的图像资料。

《梅兰芳全集》

《梅兰芳全集》八卷，梅绍武等编，河北教育出版社 2000 年出版，八册，共 4124 页，照片多幅。

梅兰芳（1894—1961 年）是举世闻名的中国戏曲大师，杰出的京剧表演艺术家。他生于北京一个梨园世家，8 岁学艺，11 岁登台。通过勤学苦练，博采众长，形成具有独特风格、大家风范的梅派艺术。他不仅是一代京剧泰斗，还是一个不向日本侵略者屈服的爱国艺术家、向海外传播京剧艺术的先驱者，他的表演受到日本、美国、前苏联等各国艺术家的赞赏。

此书 1 至 4 卷是文集，收录梅兰芳的回忆录《舞台生活四十年》、《东游记》、《我的电影生活》，由中国戏剧家协会收集整理的《梅兰芳戏剧散论》和组织编写的《梅兰芳演出剧本选》，附录王长发、刘华重新修订的《梅兰芳年谱》和姚宝莲、姚保瑄、宋培予编写的《梅兰芳剧作编年》。5 至 8 卷是唱腔曲谱集，收录梅兰芳 1930 年访美歌曲谱（影印）、梅兰芳 43 个剧目唱腔片断集、梅兰芳流派剧目荟萃、梅兰芳十出代表剧目曲谱、梅兰芳《穆桂英挂帅》曲谱演出本、梅兰芳《生死恨》曲谱演出本、梅兰芳唱腔选集音响整理本。每卷卷首插有各个时期的生活照、剧照和家人、师友、外国友人照片。此书是梅兰芳作品的集大成之作，它不仅展现了梅兰芳一生所走过的光辉道路，也为研究梅兰芳、研究中国戏剧的学者提供了丰富的资料。

《菊部丛谈》

《菊部丛谈》，张肖伧著。上海大东书局民国十八年（1929 年）铅印本，一册，220 页，有照片。

张肖伧，武进人，号蒨蒨室主。昔年在京城，每顾梨园盛如荼火，侧帽听歌，有不觉荡气回肠者。又尝留心社会，京师为首善之区，凡百事业，唯戏剧之优美为全国之冠。1925 年 5 月，暑夏长昼，颇厌尘嚣，回忆往事，而作此书。

此书分三部分：一、"燕尘菊影录"，记北京戏剧演员，分须生之部 82 人、小生之部 23 人、武生之部 34 人、旦角之部（老旦 8 人、衫子 32 人、昆旦 14 人、花旦 31 人、武旦 11 人）、净角之部 42 人、丑角之部 26 人。每类大略按其年辈为序，艺术高下寓于文中。伶人不分昆曲、乱弹、秦腔，见闻所及，纵笔记之，但艺属野狐者不录，名虽不彰而能守典型者录之。每人都注其姓名、籍贯、师传、艺术特点、擅长剧目，其精彩处及缺点、轶闻。二、"歌台撷旧录"，掇拾北京剧界轶闻遗史，自乾隆至民国，分段记录。取自《越缦堂日记》、《都门竹枝词》，或根据见闻，有慈禧、光绪皆嗜歌曲，光绪所写剧词及打鼓为第一，宗室能粉墨登场，设堂令戏提调等，自称挂一漏万，不求全面。三、"倩倩室剧话"，是作者所作的剧评。书前附名伶像片及剧照数十幅，包括已故名宿、当时艺家和陈彦衡、王君直、蒋君稼等票友，不收女伶及从未莅京登场者。此书是对北京戏曲演员的概述，为研究北京戏曲提供了丰富资料。

《北京刘喜奎近纪》

《北京刘喜奎近纪》，挈戡道人编著。民国四年（1915 年）石印本，上下两册，共 147 页。

此书纪述女伶刘喜奎在北京演出的情况。上册有挈戡道人《述刘》、《述刘补》，记述刘喜奎的身世和主要事迹。附考一篇，杂抄时人诸说，有阮元生《观刘喜奎剧有感》，非非《刘喜奎一身谈片录》、《续刘喜奎一身谈片录》，山阴挈戡道人《广刘喜奎一身谈片录》，非禅《梨园丛话》中对刘喜奎的记载，《刘喜奎之慈悲济世》，袁犀然之《刘伶传》。还有当时报纸对刘喜奎的报道，如讲述年近七十的天津富商华某欲娶刘喜奎一事的《老商想吃天鹅肉》、《刘喜奎出演堂会之原因》、《刘喜奎之魔力》、《刘喜奎提倡储金救国之传闻》、《刘喜奎诉讼了结》、《小香水大战刘喜奎》，阮沅荪《刘喜奎》、严慈观《刘喜儿歌并序》、松禅《上海报载拟覆女伶刘喜奎电文》、《北京国民公报纪事备考》等。下册有姜斋《与缪子君论刘喜奎》、张缪子《美人谈片》、挈觳道人《刘教丛谈》中的倡议、赞成、反对、商榷、质疑，司勋故里生蛮斛《刘教释隐》中的宣言、谰言、通信等。此书还收有咏刘喜奎的词选、诗选、竹枝词等。

女伶进京是民国初年的一件大事，反映了京剧花旦戏对老生戏的冲击，文人墨客、各大报纸、娱乐记者争相报道、评说。此书不仅是研究刘喜奎的资料汇编，也是民国初年北京戏剧界的写照。

《京师女伶百咏》

《京师女伶百咏》，燕石著。都门印书局民国六年（1917年）铅印本，一册。

作者燕石姓名不详，据自序称，其旅京三年，既非政客，又非商贾，自顾不能"旋乾坤而光日月"，又不屑于攘权攫利，所以不谋进取，独嗜剧成癖，往往夜以继日。大概是一个职位较低的官吏。在看过多位女演员的表演后，作者选择比较优秀的100位，为每人作七言绝句一首，下八字评语，并记其角色、演技、事迹，编成《京师女伶百咏》。

此书所收女伶以在北京演过戏者为限，未曾来京，或以前来京而作者未见者，或在京虽负盛名，而其人已死或已嫁者，不予收录。书中不仅有大栅栏、东安市场各大戏园，还有天桥、西直门、德胜门、齐化门等小戏园中的女伶。但去取之际，以个人评价为标准，难免遗漏或错收，在评论中弃短取长，多褒少贬，照顾大家的爱好。排在前边的小香水、小兰英、小菊芬为上选，以次递降，而以作者最喜爱的小翠凤、宋玉秋殿后。

此书描绘了民国初年戏剧女演员的总体状况，与当时报纸中所设"评菊"一门，道听途说，专记女伶花边新闻不同。但用词过于典雅，如评价小香水为"垂裳令主，辞辇贤妃"，小兰英为"处仲击壶，孟德横槊"，评刘喜奎为"巫女行云，洛妃乘雾"，诗为"男爱梅郎女喜娘，天仙化得美人妆。红颜薄命尤如叶，痛尔萱花陨北堂"，非饱读诗书且熟悉伶界掌故者，难尽解其中深义。

《日下梨园百咏》

《日下梨园百咏》，清醉薇居士撰。天津石印书屋清光绪十七年（1891年）石印本，一册。

醉薇居士姓名不详，钱塘人。其父曾用西昆诸戏为题，作试帖诗一百首，后来版毁书亡。醉薇居士受家庭熏陶，精通戏剧。光绪年间，京中崇尚湖广调（即二黄），京师梨园颇多名角。光绪十五年（1889年）、十六年（1890年），作者因参加科举考试，寓居都门，常约朋友纵观诸部所演戏曲。春闱报罢，出游天津，暇时将旧日所观情真理挚之剧，作成试帖诗一百首，名《日下梨园百咏》。

此书专收湖广调和乱弹，作者认为武剧专尚巧力，往往无理取闹，一概不收；《双湖船》一出是吴歈曲，京师少见，最近有几个小演员擅长此调，为不没其长，故附录之；《画眉》一出是昆曲，将要失传，也附入。目录中在戏名下注明角色姓名，当时名演员还注明堂名、字号。如《状元谱》下注"谭金福（即小叫天）"，《连升店》下注"刘宝山（即赶山）、百岁"，《卖胭脂》下注"颖华桂凤、乐安蓉仙"，颖华、乐安都是堂名（戏班名）。正文每部戏一首五言诗，每首十六句，描写剧情。当时人读此诗，即能联想到演员在台上演出时的动作、唱腔及剧情的感人。今天，则目录中的演员名、字号、戏班名，对研究光绪年间北京京剧的演出情况更有价值。

《燕都艺谭》

《燕都艺谭》，中国人民政治协商会议北京市委员会文史资料研究委员会编。北京出版社 1985 年出版，一册，411 页。

此书收集昆曲、河北梆子、评戏、相声、大鼓方面的史料八篇，有韩世昌《我的昆曲艺术生活》、王登山《戏曲艺术家李桂云》、侯宝林《我的自传》、侯永奎《我的昆曲舞台生涯》、许姬传《〈十五贯〉的艺术成就》、魏喜奎《一识鼓王，五学〈截江〉》和《艺坛姐妹——忆李再雯》、高凤山《艺坛沧桑话今昔》。除《〈十五贯〉的艺术成就》外，全都在《文史资料选编》里发表过，读者反应强烈。由于《文史资料选编》是内部刊物，印刷数量较少，而且早已售缺，故此书被重新编选、出版。

此书是北京市政协文史资料研究委员会所编《京剧谈往录》的补篇，所收大多是一些艺术家的传记，不仅记述了他们的艺术生活，而且反映了北昆、河北梆子等一些剧种的兴衰，是旧社会艺谭的缩影，具有浓厚的北京特点，可作为研究北京文化艺术史的重要史料。

《梨园话》

《梨园话》，方问溪著，北京中华印书局民国二十年（1931 年）铅印本，一册，130 页。

方问溪出身于昆曲世家。其先世为前清供奉将近二百年，至其祖父方星樵，对昆曲多所发明，久负重望。方问溪得其家传，以戏剧专家蜚声京城，著作丰富，大都发扬风雅，为有关我国戏曲之佳作。当年方星樵以昆曲名天下，弟子千人，雅集一堂，纵谈戏曲历史，足为文献之征。可惜伶工不注意文字，无人记述，方问溪时方髫龄，忽略听之，不知记忆。后来旧侣星散，方问溪追记往事，记叙老伶工口传，征考文献，衷列掌故，编成《梨园话》。

此书为北京戏剧界的专门术语汇编，按笔画顺序排列。原拟名《京班术语》，因涵盖面太小，天津商报馆的林小琴为更名《皮黄戏班术语》，但"八大拿"、"大衣箱"之类又不限于术语一门，最后作者定名《梨园话》。北京的戏剧从乾隆年间徽班进京开始，已有数百年的历史，戏剧界内部形成了自己的专门用语。这些术语隐晦、繁多，外行听之，茫然如坠五里雾中，研究戏曲者每引以为憾。此书条述晓畅，罗列详尽，为戏曲研究扫除了一大障碍。引文或举例时，每以北京戏剧为例，有时不惜连篇累牍，为北京戏剧研究提供了不少史料。

《梨园原》

《梨园原》，梦菊居士辑。北京民国七年（1918年）铅印本，一册，62页。

《梨园原》成书情况比较复杂。清嘉庆、道光间，出身江南书香之家的黄幡绰，因家贫弃儒习乐，入都后竟享大名，汇其生平心得，著成《明心鉴》。宛平庄肇奎（号胥园居士）佩服其志向，帮助考古证今，搜辑古代有关梨园的文献，经过数年，增补成《梨园原》。黄幡绰常以之授徒。他过世后，家人不知珍惜，其书被鼠啮蠹食，损失过半。徒弟龚瑞丰、俞维琛出游南省，数载归来，欲对其书加以修补，苦无文才，乃请叶元清（号秋泉居士）修补残缺，考正舛误，并撰述俞、龚二人学戏心得。后此书被视为珍宝，秘不示人。咸丰、同治间三庆班名伶卢胜奎独藏钞本，其弟子郑惠舫又抄一册，民国五年（1916年）至逸庵处求售，梦菊居士遇到，请逸庵代为买下，但遗漏甚多。民国六年（1917年）秋，梦菊居士偶游东晓市，又见钞本《梨园原》四页，正是前本所缺者。他请逸庵正讹考误，附录逸庵《梨园闲评》，铅印出版，遂成今本。

《梨园原》是一部论述戏剧演出、考证戏曲历史的著作，对研究戏曲史有一定的参考价值。可惜梦菊居士两次所得，仍不成完璧。倒是《梨园闲评》将当时二十年来的北京戏剧演员分为神品、精品、逸品、妙品、能品、上品，每人稍述简历，详记其擅长之戏，或他人不能演者，或他人演而不佳者，并述其如此品评的原因，更值得戏曲研究者参考。

《梨园佳话》

《梨园佳话》，王梦生编。上海商务印书馆民国四年（1915年）铅印本，一册，160页。

王梦生，清末著名戏曲音乐作曲家。此书是一部戏剧概论。全书分四章：第一章《总论》和第四章《余论》简述戏剧发展史、演唱方法及有关名词，如唱工中的嗓、调、腔、板、字，做工、武戏、乐工，演戏过程中的排场、行头、后台，与戏曲有关的名词科班、说戏、反串、票友、像姑等，各述其源流、沿革、趣事。第二章《诸剧精华》，点评当时的著名唱段，介绍其唱腔、唱法，评论各自的优点及介绍演唱时应注意的问题。第三章《群伶概略》是清朝至民国著名戏曲演员的简传，有叙有评，插入趣事。此章为全书的重点，所谓"梨园佳话"，主要指这一章。

此书所论戏曲基本上都是京剧，地域虽涉及津、沪、鲁、冀等，而以北京为主，所记演员大半是活跃在京城舞台上的名角，如苏班的葛四、杨三，京城的徽班世家，戏中泰斗程长庚，以京师为主、偶涉足上海的汪桂芬、谭鑫培，琴师梅雨田、陈彦衡等。因此此书也可谓是北京戏剧史，是研究北京戏曲的重要参考书。

《梨园轶话》

《梨园轶话》第一、二集，唐友诗辑。北京撷华永记印书局民国二十七年（1938年）铅印本，《放庐斋丛书》之一、二，分别是52页、80页。

唐友诗出身于北京一个官宦世家，从事新闻业，蜚声于时，以至于有人著书立说窃用其名。业余学唱京剧，能串演大场面，朋辈比之于郝寿臣、侯喜瑞。世传按摩术，运掌推拿，沉疴立起，东家邀，西家请，常常忙到深夜。民国二十七年夏，有感于当时北京剧界趋势已进入营业竞争之途，而艺术的研究似有退化之意，于是将二十余年来搜集的戏界见闻，辑成《梨园轶话》。

此书记述清末至民国间著名戏剧演员的奇闻轶事。作者写此书的目的，一是供读者聊解苦闷，二是借过去成名演员的事迹激励梨园弟子，所谓"借镜前辉，昭示来者"。所记内容零散，但为研究北京戏曲史提供了很多资料。

《梨园轶闻》

《梨园轶闻》，刘嵩崑著。北京燕山出版社1998年出版，一册，390页。

刘嵩崑是一个典型的"戏痴"，4岁就随父亲、哥哥一起出入戏园，由听戏发展到票戏，并登台演出，还攒戏单、买剧本、集戏书、购唱片、收剧照、拍照片，按类别、行当归类，剪贴，装订，分册，立档。又亲自走访艺术前辈、剧界挚友和京剧演员的家人一百多人，参考《北洋画报》、《申报》、《中国京剧史》、《清代燕都梨园史料》等书，经过半个世纪的积累，终于编成此书。

此书是作者五十多年听戏、演戏、研究戏剧的结晶，记述北京梨园的奇闻逸事。如《京剧的"第一"》、《同名演员与科班》以及对梅兰芳、尚小云、荀慧生等人弟子的统计，都是作者长期搜集整理戏曲资料的结果。写名伶逸事的著作从民国以来不计其数，作者在许多名伶故去之后再写这类书籍，增补了演员晚年生活和去世的时间、死亡原因，为研究者提供了更多资料。因此此书出版后大受欢迎，引用者极多。

《小生旧闻录》

《小生旧闻录》，何时希著。北京戏曲研究所1981年铅印本，一册，214页。《京剧史料丛编》之一。

何时希，上海人，青浦第二十八代名医、上海市人民政府参事、卫生部中医研究院特约研究员。自幼继承家业，是上海开业的中医师，担任三个中医学院、学校的教职，同时钻研戏曲，通晓皮黄，得姜妙香之真传。从 1947 年夏开始，每天抽空为上海的某些日报、周刊和戏剧期刊写戏剧方面的文章。1952 年重新整理，编成《梨园小征录》、《小生旧闻录》等。后来又根据记忆，续写补充，遂成今本《小生旧闻录》。

此书专门记述京剧生、旦、净、丑四行中的小生一行，即扮演青、少年男子的角色。作者以票友的身份，结交张荣奎、瑞德宝、金仲仁、顾赞臣、李蔬畦、江子诚、萧长华、姜妙香、赵桐珊等著名京剧演员，根据他们的讲述和自己的研究，记录京剧前辈小生的表演艺术，小生师承系统及流派，小生剧本、剧词的考证、商榷、修整以及一些有关小生一行的遗闻轶事。作者接触的艺人当时在上海，但大多数是从北京过去的，所讲多为北京京剧界的事情，因此此书对研究北京戏曲史有一定的参考价值。

《京尘杂记》

《京尘杂记》，孙履安著，江苏省剧团工作委员会编。江苏省剧团工作委员会 1957 年铅印本，一册，70 页。《江苏戏曲资料丛刊》之一。

孙履安是清末民国年间的一个名士，生长在北京，对北京风土人情非常熟悉。少时在家塾读书，课余以观剧为乐，久之与伶人相识，多所往还。又以独嗜丑角之戏，得罗寿山之指点，略知大概。息影吴门十余载，晚年衰弱多病，寂居无聊，因将在京所见所闻，偶有所忆，随笔记之，不分先后，不分段落，亦无体例。

此书纯记梨园之奇人逸事。如谭鑫培具绝艺而不自满，向山西梆子班老元红郭宝臣学《空城记》，所演《斩马谡》一出，纯摹元红，属于"内心表演"；下场之"老头钻被窝"，身段利落，天津票友王君直嘱作者暗中代问其中奥秘，被谭识破。光绪二十九年（1903 年）湖广会馆团拜，金秀山饰《群英会》中之黄盖，骄蹇不服之状，须发怒张之态，使人疑黄盖复生。程继仙为某王所赏，蓄之府中，后来与侧福晋有染，事觉潜逃。汪桂芬为女色常逃戏不演，张毓庭、刘鸿声二佳嗓皆耽于女色，一染恶疾，一亡性命。著名票友陈彦衡为了戏曲，竟辞云南知州之缺。金少山为某公司灌唱片，震破三四个灯泡，不得已而请其远立，才完成录音；他喜养动物，有猴子、狮子猫、巴儿狗、百灵、画眉等，甚至从香港买一乳虎（一说幼豹）而归。作者精通京剧艺术，一个动作、一个身段、一句唱词，其师徒继承、发明创造、伶人怪癖、各自优缺点，都能——道来。所记虽然零散，亦甚有趣，对研究北京戏曲史和伶人传记都有帮助。

《京剧前辈艺人回忆录》

《京剧前辈艺人回忆录》，苏雪安著。上海文化出版社 1958 年铅印本，一册，220 页。

清朝同治、光绪年间是京剧艺术的昌盛时代，苏雪安恭逢其末，看过许多好的表演，接触过一些有本领的老艺人。解放后，他把曾经见到听到的关于京剧表演艺术的东西记录下来，以供研究者做参考，或为爱好者做谈资。作者听京剧几十年，这里只举出 20 多出戏，30 多位演员，因为年代久远，有些印象模糊的就不再多说，当时观众常常能够见到，已有专家著文介绍的演员也不再赘述，此书只收作者记忆清晰而他人又较少论述的艺人。

此书是对京剧艺人和京剧艺术的介绍。共收孙菊仙、谭鑫培、李春来、何桂山、刘永春、龚云甫与谢宝云等 30 人，每人都从行当的角度介绍其基本情况，所擅长的剧目以及演此剧时的特点。书中还有几则关于艺坛轶事的片段杂录，附录在相应的演员之后。此书虽以记述表演艺术为主，但也保存了许多演员的个人事迹，并且都是作者亲身见闻，与其他著作不重复，这是此书的价值所在。

《京剧谈往录》

《京剧谈往录》，中国人民政治协商会议北京市委员会文史资料研究委员会编。北京出版社 1985 年出版。续编、三编、四编，分别由北京出版社于 1988 年、1990 年、1997 年出版。共 2207 页，每册都有照片。

此书是一套挖掘京剧史料和探索京剧艺术发展规律的专著，由一篇篇介绍演员生活、表演艺术和科班剧社的文章组成。在编选方面有几个特点：一是保持"三亲"（亲历、亲见、亲闻）特色；二是注意挖掘过去没有涉及的鲜为人知的史料；三是注意多写老一辈艺术家们的敬业精神、艰苦奋斗精神以及他们优秀的戏风、艺德，以针砭时弊。作者有演员本人、家人、朋友、徒弟，与演员交往较深的戏曲研究者等，还有人从香港、美国寄来稿件。撰述对象不仅有艺术大师、著名科班，还有本人虽没有在舞台艺术上功成名就，但培养了不少优秀演员的戏校老师，以及起着绿叶作用、把主角衬托得格外光彩生色的配角演员们。续编有冯牧序，四编有朱家溍序，每册都附有很多珍贵的照片。每编一出，都大受读者欢迎。此书以北京为主，偶收上海的演员和戏校，是研究北京京剧史的重要资料。

《京剧流派》

《京剧流派》，董维贤著。北京文化艺术出版社 1981 年出版，一册，311 页，照片 86 幅。

董维贤是一个对京剧有实践经验的人，他曾经是一个演员，和许多著名演员同台演过戏。他提据新中国成立后三十年间积累的资料写成此书。从 1966 年起搁笔数年，1973 年后又继续撰写，1981 年脱稿。为了叙述和评断的正确性，凡谈到某位演员的，只要本人还健在，都请本人审阅过，认为妥帖无误，才算完稿；对那些已故前辈演员的论述，尽量请一些熟悉掌故的人多方斟酌，绝不草草了事。

此书是一部研究京剧流派的书，分生行、旦行、净行、丑行四章，生行下分老生、红生、武生、小生，旦行分青衣、花旦、武旦、老旦，净行分铜锤、架子花脸、武净，丑行分文丑、武丑。在每个行当下逐个介绍其有名的演员，从清中期的"京剧泰斗"程长庚，一直写到"四大名旦"、"四大须生"，共85人。每人都先介绍其主要生平，在世时京剧发展的阶段、社会背景，对前辈艺人的继承和自己的创新，所擅长的剧目，主要弟子的继承、发展，或这一流派的消亡。遇到与流派问题有关的掌故轶闻，如演员出身贫寒、生涯坎坷、饱受摧残等，也酌情选入。作者对近代和现代的一部分艺术流派创始人及其艺术特征有直接感受的认识和较为真切的记忆，对距今稍远的一些人则根据间接材料或录音等，因此远略而近详。

此书所记演员几乎全在北京，可谓一部北京京剧流派史。

《三十年来伶界之拿手戏》

《三十年来伶界之拿手戏》，刘纯绘。清宣统间上海《图画日报》剪报本，一册。

《图画日报》是清末上海的一种画报，宣统元年（1909 年）八月创刊，次年八月停刊，每日一刊，每期固定 12 页，共出版 404期。设 12 个栏目，内容涉及建筑、行业、民俗、时事、戏剧、小说等。《三十年来伶界之拿手戏》最初在《图画日报》连载，大多为每期的第六页、第八页，偶尔在第五、第七页，后来剪辑成册。

此书以图画为主，描绘光绪初年至宣统年间在沪、申舞台演出戏剧的场面。每幅用人名、戏名作标题，附一段文字记述演员的主要经历、拿手戏、表演特点等。如"孙春恒之《请宋灵》"、"杨月楼之《八大锤》"、"小叫天之《当铜卖马》"、"十三旦之《新安驿》"、"王九龄之《定军山》"、"孙彩珠之《庆顶珠》"等。此书绘图精细，人物传神，服装、道具都绘制准确，只是人物面部形象有些雷同。在摄影技术没有发达之前，能将各戏中的精彩场面保留下来，实属难得。

此书虽然立足上海，但与北京有关的演员约占一半，有偶尔到上海巡回演出的，有在北京成名后去上海的，有在上海成名后又来北京的。同一出戏，舞台场景基本一样，因此在上海演出的场面也可供研究北京戏曲者参考。

《京都古戏楼》

《京都古戏楼》，周华斌著。海洋出版社 1993 年出版。263 页，图像 12 页。

周华斌，周贻白之子，著名戏剧理论家。1944 年出生于江苏无锡，1965 年北京师范学院中文系毕业。任北京广播学院教授、博士生导师。主要从事中国戏剧史及理论研究。著有《宋金元戏曲文物图论》（合著）、《古傩寻踪》、《中国戏曲脸谱》、《中国剧场史论考》等。

从 1988 年秋起，周华斌应北京市戏曲研究所之约，负责《中国戏曲志·北京卷》的戏曲文物古迹部分，历时五年。他结合文献检索，踏勘京城内外，在文化、文物部门的协助下，掌握了大量原始资料，其中包括百数十处古戏楼及演出场所。鉴于现存古典形式的戏楼、戏台，绝大部分已残破、改建、坍塌或濒临倒坍，有的被改为课堂、车间、仓库或宿舍，有的仅存台基、遗址、碑刻，具有传统民族特色的"戏楼文化"与戏俗已变得渐渐陌生。为保存"戏楼文化"的踪迹，作者将这番考察结果记录下来，加以考述，编成《京都古戏楼》一书。

全书以《中国早期剧场论》作为序篇，后面四章分别为《唐辽北京地区的俳优散乐活动》、《金元京都的乐楼及妓馆勾栏》、《明代京都演剧场所》、《清代京都演剧场所》，按时间顺序阐述唐辽、金元、明清时期的戏剧迹象和演剧场所。各章均选择重点文物古迹为典型详加考述。明朝初年以应天府（江苏南京）为都城，为求"京都古戏楼"的历史完整性，有关资料也插入。清代为此书的重点，分宫廷苑囿戏楼、王府私宅戏台、会馆演剧场所、酒楼戏园、杂耍场馆、乡村庙宇戏台六种类型进行论述。末章为《京都演剧场所旧迹一览表》，存与不存共列151处，以备查考。

本书从北京早期的俳优散乐写到清代的昆曲、京剧，从简陋的草台、野台、妓馆勾栏写到华美的戏楼、戏台，是一部内容丰富的北京剧场艺术史。其中乡村庙宇戏台因地域分散，记载较少，考察困难，因而这部分资料尤为可贵。

《北京老戏园子》

《北京老戏园子》，侯希三著。中国城市出版社1996年出版，一册，355页，有图、照片。

侯希三，1937年生于北京，1957年师范学校毕业，曾任通县河北梆子剧团文化教员，当过文化馆、图书馆员，后长期在剧场工作。业余时间潜心于中外电影史、戏剧史、剧场史的研究，著有《北京电影放映世家》、《"阿崎婆"传奇》等，在报纸上连载。

此书是关于北京戏园的论文集。作者从搜集整理近二百年来戏园史料的基本素材入手，访问故旧，调查故址，翻阅资料，从不同历史时期中选择出具有典型意义的演出场所，按开业的年代顺序排列，从建筑、设备、经营方式、名伶演出、天灾人祸及历史沿革等方面繁简不一地加以阐述和探讨。为展示京城戏园的概观，用《戏园拾遗录》加以补充。书中还介绍了北京新世界第一游艺场和城南游艺园两家综合娱乐场所，附录清宣统元年《戏场章程》、京师警察厅《重订管理戏园规则》、《北平市公安局管理剧场规则》。《戏园的衍进》一文对全书进行概括性的总结。书中部分作品曾在《文史资料选编》上发表，汇集时进行了修改和补充。

此书对北京的老戏园子作了比较全面的介绍，为北京戏剧史的研究填补了"戏园"这一块空白。

2003 年侯希三又著《戏楼戏馆》一书，是对此书的改编和补充，作为《文化百科丛书》之一，由文物出版社出版。

《清代以来的北京剧场》

《清代以来的北京剧场》，李畅著。北京燕山出版社 1998 年出版，一册，268 页，有照片。

李畅，中央戏剧学院教授。1949 年毕业于国立戏剧专科学校舞台设计专业。曾任中国舞台美术学会副会长、文化部剧场建筑顾问、国家大剧院专家二组（舞台技术）组长。参与天桥剧场、首都剧场、保利剧院、新长安大戏院等几十个剧场的工艺设计，或任技术顾问。曾担任《桃花扇》、《红灯记》等剧目的舞台设计，编写了《剧场与舞台技术》、《舞台机械》、《清代以来的北京剧场》等著作。

此书约 20 万字，共分三篇：第一篇考证清代剧场的分类，分宫廷剧场、府邸戏台、会馆饭庄戏台、庙宇戏台及野台子、商业性茶楼几部分，还论及清代剧场一些习俗民风等。第二篇介绍 1912 年至 1949 年的北京剧场，重点是民国时期的改良剧场，其中有些剧场至今仍然保留。第三篇介绍建国以来到 1998 年期间，北京所建剧场近五十年的沿革。作者对今后的剧场建设作了一些估计，并提出一些建议。

此书对清代以来的北京剧场作了完整、系统的论述，不仅为戏曲研究者提供了丰富资料，也可为北京文化建设管理者、剧场设计者提供了有益的参考。

《富连成三十年史》

《富连成三十年史（修订版）》，唐伯弢编著，白化文修订。北京同心出版社 2000 年出版，一册，264 页，有照片。

富连成科班是中国近现代最大最著名并且存在最久的京剧科班。清光绪三十年（1904年）在北京琉璃厂西南园建立，原名喜连成科班，由吉林商人牛秉坤（字子厚）出资，京剧老生叶春善任社长。招收十岁上下学生入科，坐科学艺七年，每三四年招收一批。1912年牛子厚破产，将科班转让给北京外馆沈家经营，改名"富连成"。1921年搬到虎坊桥。随着沈家生意的衰落和沈家经营的万荣祥银号1935年倒闭，富连成科班的不动产也被查封，学生和老师四散。此时叶春善逝世，叶家拿钱赎回戏箱行头，继续唱戏。20世纪40年代初，沈家将科班送与叶家经营。1947年至1948年之际，实在维持不下去，宣布解散。

此书成书于1933年，即沈家由于银号掌柜卷款逃跑而迅速崩溃的前夕。作者唐伯弢是沈家七爷沈秀水为给科班和自己扬名请来的戏剧专家。他研究戏曲多年，并到富连成作实地调查，盘旋社中详细咨询，年长者称之曰兄，年少者呼之为弟，据座长谈，能详人之所略。历时两年，将富连成的沿革、内部组织、规章制度、班中大事、总戏目、习艺日程、师生身世等，条分缕析，笔之于册。前有梅兰芳、张次溪、时慧宝、齐如山、夏钝汉等名家题词，中有虎坊桥之社址、广和楼前后台等照片及诸多师生的照片、剧照、合影。此书虽不是富连成完整的历史，但为京剧史、戏班史的研究留下了丰富的第一手资料。

此书脱稿时，日寇犯我榆关，燕都危在旦夕，作者无心再斟酌文字，预订者又屡函敦促，于是仓促付印，错字极多。再版时，由白化文对全书进行校点，纠正了明显的错字，把统一排在正文前的照片移到演员小传中，并补充了一些照片和原书出版后的一些情况。

此书底本即1933年北平艺术出版社筹备处铅印本。

《联友剧社纪念专刊》

《联友剧社纪念专刊》，联友剧社编。北京联友剧社民国二十七年（1938年）铅印本，一册。

联友剧社是北京河北省银行与钱银局同人组织的业余剧社，属票友会性质。由社长章晴荪热心指导，总干事姚博岩竭力推进，于1938年8月27日成立。当时北京在日本人控制之下，银行职员人数众多，精神苦闷，无正当娱乐。好静者唯恐静极无聊，好动者难免涉于是非场所。为调剂动静两者之心情，联络同事感情，在各机关都组织俱乐部的情势下，北京河北省银行遂有联友剧社之设。

此书是剧社成立五个月，准备在元旦放假时借新新剧场登台演出时出版的纪念册。内容有各界名流、京剧前辈和各位顾问的题词、赠语，有剧社同人的心得体会，有社长、总干事的照片，剧社成立时的合影，全体社员姓名和部分剧照，还保留了马连良、陈墨香、王瑶卿、尚小云、荀慧生等著名演员的墨迹。此书比较完整地提供了一个票友社团的资料，对京剧史研究极有价值。

《北京剧社社史资料专辑》

《北京剧社社史资料专辑》，北京市文化局党史资料征集办公室编。北京出版社1995年出版，一册，285页，有照片。《北京地区革命史回忆录》系列丛书之一。

北京剧社成立于1938年4、5月间沦陷时的北平，由当时滞留于北平的一批具有民族意识的职业演剧人和爱好戏剧的知识青年组成，在日伪统治的特殊环境中从事业余演剧活动。先后演出过据世界名著《干吗？》改编的《天罗地网》，曹禺名剧《雷雨》、《日出》，小仲马名著《茶花女》等。由于不少骨干奔向解放区、国统区，或到上海参加职业剧团，1940年间一度陷于停顿。1941年春刘祎（刘景毅）、陆熙（陆柏年）接办，1943年由地下党人陈朗（当时名绿弩）资助，又导演了阿英《群莺乱舞》、李健吾《云彩霞》等。陈朗兄妹三人与陆柏年先后去解放区，剧社转向对业余爱好者及大中学校剧团的辅导培训。"八·一五"抗日战争胜利后，北京剧社在地下党直接领导下，投入民主运动，又复排出《原野》、《雷雨》、《日出》，还与北大工学院北工剧团合演果戈里《钦差大臣》、莫里哀《悭吝人》。至1946年被国民党当局禁止，八年间，先后有400人参加，演出剧目16个。

此书是中共北京市委宣传部、市委党史研究室和北京市文化局的同志，从1992年开始，组织还健在的剧社成员，写出回忆录，搜集仅存的资料，编辑而成的专册。还附有社徽、社纲、社歌，整理出《北京剧社社员名录》（部分）、《北京剧社演出剧目资料》等。书前附剧照、演员肖像及戏单、说明书、报纸报道和广告的照片数十张。有张大中前言，曹禺题写书名。此书是关于北京剧社最完备的资料，可为研究北京戏曲史者提供参考。

《北京传统曲艺总录》

《北京传统曲艺总录》十六卷，傅惜华编。中华书局1962年出版，一册，1008页。

此书是一部北京传统曲艺目录，收录自元、明、清以来至解放前为止，曾经流行于北京的各种传统曲艺，分八角鼓、石派书、鼓词小段、莲花落、时调小曲五类。八角鼓类包括岔曲、牌子曲（单弦）、快书（连珠调），时调小曲包括马头调、西调、各种杂调和缺失调名的杂曲。所收各曲，除著录题名外，还以次标明作者姓氏，著录书目，曲艺总集、选集，或单行钞本、刻本、排印本以及收藏者、内容主题，以便于研究者查考。每小类都按题名（包括本名、别名、简名）的首字笔画排列。两本题名相同，内容文字或所用韵目完全相异者，则两本均收，并各注明别本，以免混淆。本编所收作品数千种，收藏者有中国戏曲研究院、首都图书馆、北京大学图书馆、梅兰芳缀玉轩、李啸仓寥钹庵、程砚秋玉霜簃、傅惜华碧蕖馆和阿英、日本长泽规矩也。

北京传统曲艺作品题材非常广泛，有以大众喜爱的小说、戏曲中的故事为题材的，有以清末和辛亥革命以后的时事和当时的社会生活为题材的，还有大量以歌咏爱情为题材的。本书将这些作品编成总目，并简单提示其内容，为研究民间文学史、曲艺文学史提供了极大方便。但子弟书、长篇鼓词、弹词，作者另编有《子弟书总目》、《弹词总录》，不再收入此书，使用时应当注意。

《北平俗曲略》

《北平俗曲略》，李家瑞著。上海文艺出版社 1990 年影印本，一册，190 页。

李家瑞（1895—1975 年），原名辑五，云南人，白族。我国现代著名民间文艺学家、文物考古专家。1922 年考入北京大学预科，1925 年师从刘半农，1928 年进入国立中央历史语言研究所，又积极帮助刘半农搜整《中国俗曲总目稿》。他调查本所所藏的"百本张"钞本三千多种、孔德学校所藏车王府曲本七百余种、故宫所藏升平署钞本俗曲一百余种、北平图书馆藏乌丝栏钞本俗曲数十种，将其研究心得编成《北平俗曲略》。经刘半农修改，又由熟悉北平歌曲戏剧的乐均士、曹心泉鉴定，1933 年由国立中央历史语言研究所铅印出版。此书即据此影印。

这是我国第一部系统研究北平俗曲的专著。收俗曲 62 类，分说书之属、戏剧之属、杂曲之属、杂耍之属、徒歌之属。每类都略有考证或叙述，并各附一实例。北平俗曲中北平原有的不多，大多是外省输入的，如从蒙古、热河输入的元人小令、倒喇、沟调等，从东北输入的打连厢、群曲、嘣嘣戏等，从山东输入的济南调、利津调、金钱莲花落等，从西部输入的秦腔、西调、四川歌等，从南方输入的福建调、南词、滩簧、扬州歌、湖广调等。此书所收以在北京唱过者为准。唱者以娼妓、优伶、歌童、盲女为主，组成档子、囤子、杂耍馆、落子馆等机构。此书对各种曲调的产生、流传及特征都做了缜密翔实的研究，内容丰富，史料翔实，为系统搜集、整理和研究流传于北京地区的民间曲艺和民俗材料做出了巨大贡献。

此书还有 1988 年中国曲艺出版社铅印本。

《北京皮影戏》

《北京皮影戏》，关俊哲著。北京出版社 1959 年出版，一册，97 页。

此书是一部论述北京皮影戏的专著。皮影戏在中国有一千年左右的历史，传到北京也有二三百年。从来源上分，有东派滦州影和西派涿州影。此书讲述了这两个派别在北京的历史、传统剧目以及在新中国成立后的发展，重点从皮影戏的音乐伴奏、影词、人物和动物造型、皮影戏人物的雕镂、皮影戏人物的色彩、影幕、动作和场面、效果、新式影戏人物的设计以及如何组织演唱等方面进行了论述，每一项内容都绘有插图若干幅。虽然这些内容与其他地区的皮影戏有共通的地方，但此书完全以北京皮影戏为例。它不仅为皮影戏爱好者和初学者作了一个概括的介绍，还有助于实际演出。

《北京皮影》

《北京皮影》，路景达刻绘，王逊序文，中央美术学院美术系编。人民美术出版社 1953 年彩印本，一册，18 张。

路景达，北京昌平县沙河镇人，1916 年出生于皮影世家。其曾祖路德成从清嘉庆十年（1805 年）起从事皮影艺术。路景达是第四代传人，为北京皮影造型的代表艺人之一，1957 年曾出席全国工艺美术艺人代表大会。他在雕镂皮影时，有意参考京剧脸谱和服饰，丰富了北京皮影的造型。

此书选取 15 出戏曲中的皮影人物，是路景达的代表作品。他们分别是《将相和》中的廉颇、蔺相如，《挑滑车》中的高宠、岳飞，《狮子楼》中的西门庆、武松，《白蛇传》中的小青、白娘子、法海、许仙，《宇宙锋》中的赵高、赵艳容，《金钱豹》中的金钱豹、孙悟空,《蜈蚣岭》中的王飞天、武松,《铡美案》中的包拯、陈世美,《五台会兄》中的杨延昭、杨延德,《穆柯寨》中的杨宗保、穆桂英,《单刀会》中的鲁肃、关羽、关平、周仓,《草桥关》中的铫期、马武,《断密涧》中的李密、王伯当。由于皮影人是在经过硝制刮薄后的羊皮或驴皮上雕镂、染色、罩油而成的平面人物,所以彩色印刷能反映皮影人的真实情况。这些传统人物都是皮影戏中的典型形象,可供皮影工作者和研究人员参考使用。

《影戏说:北京皮影之历史、民俗与美术》

《影戏说:北京皮影之历史、民俗与美术》,刘季霖著。日本好文出版株式会社 2004 年出版,一册,197 页,彩图 8 组,插图多幅。《中国都市艺能研究会丛书》之一。

刘季霖,1936 年出生于北京,满族人。曾任北京皮影剧团编剧、导演、美术设计,是中国民间文艺家协会会员、中国工艺美术学会民间美术委员会委员、中国舞台美术学会会员。先后创作、改编《飞夺泸定桥》、《三邻居》等皮影木偶剧本 56 本,多次参加全国、北京市的汇演和展览并获奖。著有《中国皮影戏》,编著《中国美术全集》第十二册和《中华民间艺术大观》中关于皮影的内容,撰写关于北京民俗、民间美术的文章多篇。2001 年由中国美术馆主办《皮影艺术家刘季霖藏品及作品展》,2002 年在炎黄艺术馆主办《中国美术馆馆藏刘季霖北京西派皮影藏品及作品展》。

此书是一部论述北京皮影的专著,在前半部分(第二、三、四章)阐述了皮影戏的由来、历史、艺术内容和文化意义,在后半部分(第五、六、七章)描述了皮影戏班社和演出的形态、皮影戏制作方法以及皮影人的特征。第八章"北京皮影剧本"更是从实践出发,充分体现了实际演出中的内容,有很高的资料价值和学术价值。第四章"影戏之音乐唱腔"的乐谱、第五章"皮影戏的演出与班社组成"和"堂会戏的演出"的部分,都是根据刘季霖亲身经历进行的具体、详细的记载,有些内容采用清史专家朱家溍、戏曲学家吴晓铃及其师路景达和其他前辈同行之说。此书所述不限于北京，有对中国皮影戏的总论，有山西、陕西影戏艺人的传说，还比较了陇西、青海、河南、湖北、湖南、台湾、广东、山东、滦州、辽宁、黑龙江等17种地方皮影，但都落脚于北京皮影，是一部内容丰富的北京皮影史。

《故都市乐图考》

《故都市乐图考》，齐如山编纂。北平国剧学会民国二十四年（1935年）铅印本，一册。

作者介绍见前《京剧之变迁》篇。

此书收录北京沿街肩担贸易的小贩所用的乐器。作者此前已将小贩叫卖时的吆喝，由元旦起，至除夕止，何时售何物，依次归纳，编成《北京货声》一书。但人声叫卖，有时嗓音不足，难达深院，则用一种乐器以作代表，统称"唤头"。久居北京者，一听其声，便知所售之物。在八音之中，以金、革为多，取其声宏，竹、木次之，丝最少，匏、土、石三种几乎不用。作者将水瓢、瓦盆、琉璃喇叭三种加入，凑足八音之数。全书收乐器40种，每种绘两图，一为乐器图，一为小贩用此乐器叫卖时的全图，下附文字说明，考证该器物的作用、来源等。

作者在跋中说：中国数千年来，乐器之多，大致有几千种，到清代应用者尚有几十种，民国以后，祭天祭庙之古乐全废，婚丧嫁娶又输入西洋音乐，吹鼓手之乐也将淘汰；北京小贩采用乐器最多，不过取其悠扬动听，却有保存古代文化之功，故特绘图以彰其美。现在北京成为现代化的大都市，已不见手拿唤头的小贩，此书则又有保存古乐之功。另外，此书惟妙惟肖地绘出民国时期小贩的装束、货担、器具等，对研究北京民俗也有参考价值。

《北京电影业史迹》

《北京电影业史迹》，田静清编著，杨海洲校正。北京出版社

1990 年出版上册，中国电影出版社 1999 年出版下册，共 492 页，照片多幅。

田静清出身于电影世家，从四五岁时起就接触电影，后来参加电影工作。一边工作，一边搜集电影史料。查阅了上千份报纸和杂志，走访了上百人，积十几年的辛勤劳碌，终于在晚年完成这部反映北京电影事业发展的史书。

此书是一部详于编年史、略于通史的北京电影简史。上册从 1900 年电影传入北京起，写到 1949 年北京解放，勾勒出北京电影业解放前近五十年的历史轮廓，为从事电影事业历史的研究者提供一些线索；下册从新中国成立前，写到 1988 年止，对各历史阶段北京电影事业的发展，提供一些基本概况。此书是北京电影业的历史，不是电影的某一行业、某一专业的历史，所以尽量照顾到银幕内外、舞台上下的各方面，比较全面地反映电影事业的形成发展及其综合性特点。选材和编著以科学性、可靠性、知识性为标准，注重第一手材料，不离开史实作抽象评论。遇到认识上有分歧的问题，采取客观介绍的办法，或诸说并存，或一说为主，兼及他说，不妄加褒贬。全书分八编十六章 85 节，配有大量电影院、放映者、电影器材、电影报道的照片和剧照，反映了电影传入北京后各个时期电影活动的情况，是北京电影史的开创之作。

（四）美术、工艺、摄影

《内府书画编纂稿》

《内府书画编纂稿》，清佚名撰。清稿本，十一册。

此书系清宫翔凤阁所藏书画目录，共 449 件。分卷、轴、册、经、幅、联、额七类，每类首冠宸翰，依次为唐、宋、元、明、清各名人及无名氏、方外、仕女。按年代排列，真迹、临本各按题款照录，刻丝、刺绣附于每类之后。每件作品都著录题名、作者、题跋、印章、绢帛、纸张质地等，"庚子兵灾"所造成的破裂脱落、污秽，均一一注明。缺字从阙，不进行补充。

此书虽是收藏目录，但目录中有乾隆等清朝帝王、皇子的书法、绘画，张照、邹一桂、金廷标、张宗苍等朝廷大臣的书法，郎世宁、冷枚、丁观鹏、王原祁、王翚等宫廷画家的绘画，嵇璜、董诰、赵元瑞、沈初荃、金士松、福康安、王际华、张照、蒋溥等大臣所抄佛经，从中可看出清宫内府书画收藏情况，对研究北京的书法、绘画有一定帮助。

《清代宫廷绘画》

《清代宫廷绘画》，聂崇正主编。上海科学技术出版社、商务印书馆（香港）有限公司 1999 年出版，一册，298 页。《故宫博物院藏文物珍品大系》之一。

清代宫廷绘画指清朝的宫廷组织职业画家专门为皇帝绘制的作品。顺治、康熙时属初创阶段，画家及作品都未形成规模和特色，数量及质量尚无可观；到雍正、乾隆时国力强盛，宫廷绘画发展到极点，画家数量大增，形成规整、细腻、华丽而又多少带有欧洲绘画风格的画风，所用的纸、绢、颜料和装裱都比较精致考究。嘉庆以后，清代宫廷绘画走上衰退的道路，直至清朝灭亡。

此书是清代宫廷绘画的选本，在题材内容上以纪实性绘画为主，在绘画样式上以"中西合璧"的画风为主，在时间跨度上则以康熙、雍正、乾隆三代皇帝为主，在此之外的山水画、花鸟画等，数量虽多，但没有多少创新，主要用于装饰宫殿墙面，此书没有重点选载。在图版的编排上，基本按照时间先后为序，在没有绝对年份的情况下，又照顾门类的一致、题材的相近或主副图之间的关系。此书不是清代宫廷绘画的编年史，但其选印的国画、油画、铜版画等都代表着清宫绘画的最高成就。这些画家对帝后、功臣肖像的描绘，对各种衣冠服饰、队列仪仗、武器装备、兵马阵式、城市建筑、车船桥肆、民族首领、边疆藩属等等的工笔刻画，又为研究清史提供了形象资料。

《前清十一朝皇帝真像》

《前清十一朝皇帝真像》，有正书局编辑。上海有正书局民国四年（1915年）珂罗版精印本，民国五年（1916年）再版，一册。

此书收清朝十位皇帝的画像11幅，分别为清太祖、清太宗、顺治、康熙、雍正、乾隆、嘉庆、道光、咸丰、同治，其中康熙画像有20岁、老年两幅。黑白印刷，大16开。这些画像皆为清朝宫廷画家所绘，既是写实，又能传神，反映了清代宫廷的绘画水平，为研究北京的宫廷绘画提供了资料。有正书局在民国初年将这些画像印刷出版，向社会公开，在当时也是一大创举。

《郎世宁画》

《郎世宁画》，［意］郎世宁画。国立故宫博物院1932至1935年影印本，五册。

郎世宁（Giuseppe Castiglione），意大利耶稣会士、画家兼建筑家。生于1688年（康熙二十七年），曾于耶那地方（Jenna）绘祀神像。康熙五十四年（1715 年）来华传教，至北京，被召入内庭，为画院供奉，曾参与增修圆明园事。历康、雍、乾三朝，卒于乾隆三十一年（1766 年），被旨恩葬于北京阜成门外。其画法参酌中西，善写生人物、花鸟，奕奕有神，尤善画马，作品如《百骏图》及《准噶尔所进名马》等图，而他于乾隆二十四年（1685 年）平定伊犁及准噶尔后绘的《武功图》，至今世界闻名。所画藏于内府，《石渠宝笈》初编、续编、三编所载共 62 件，此外还有清帝、后像多件。

此书分五集，第一集收绘画 23 幅；第二集收马、犬等 24 幅；第三集收花鸟 16 幅；第四集为《百骏图》，全图一幅，局部 14 幅；第五集收画 11 幅。每集都有《郎世宁传》。此书为珂罗版影印，虽系黑白印刷，足传神韵，是研究郎世宁绘画的最完备的资料。

《庚子纪念图》

《庚子纪念图》，清乌目山僧宗仰绘。清光绪二十七年（1901 年）铅印本，一册。

宗仰（1865—1920），俗名黄浩舜，法名印楞，别号乌目山僧。常熟人。早年在虞山清凉寺剃度，精究释典，攻诗画，旁及中西政治各书。继而云游南北，回江天寺任监院。光绪二十六年（庚子，1900 年），"八国联军"攻陷北京，国家危急，海内骚然，宗仰慨然有献身济世之志。翌年春，上海士人在张园集会，反对签订对俄密约，宗仰登台演说，悲壮淋漓。《辛丑和约》签订后，愤于国耻，绘《庚子纪念图》。后任中国教育会会长，参加同盟会、南社，与蔡元培、章太炎、孙中山交往，校刊《频伽精舍大藏经》。

此书有《庚子纪念图》一幅，所绘为"八国联军"的军舰靠近海岸，岸上有亭台楼阁，大门紧闭，空无一人。图无奇特处，但寓意深重。上有宗仰题词。另页有《自题庚子纪念图并序》，又有《征题庚子纪念图启》。题诗有墨稼主人的《哀燕京》、《哀陵寝》、《哀王孙》、《哀宫女》、《哀疆臣》、《哀京官》、《哀黎民》，题诗者还有叶寿叶、江东旧酒徒、城南寄庐、倚红桥主、潘飞声、龙山樵叟、可亭、王泮芹、潘需霖、化道者、樊少墨、爱•吾庐主人、徐肇英、公之鲁、惜秋生、秋柳词人等。还有周新民、三闾后人、嗜奇、尚湖散人序，颐琐室主跋。这些人多为上海人，其诗皆写宗仰画中"勿忘国耻"之意，对研究"庚子事变"造成的震动和影响有参考价值。

《北京民间风俗百图》

《北京民间风俗百图》，清佚名绘，王克友、王宏印、许海燕译。北京图书馆出版社 2003 年出版，一册，100 页。

此书收清末民间艺人所绘的北京风俗画 100 幅。有绘小商小贩及手艺人活动的，如剃头、卖茶汤、医道、箍桶、赶脚、卖豆腐脑图；有绘以卖艺为生的艺人活动的，如高跷、吞刀、要叉、唱大鼓、要碗、要猴、要耗子、要坛子图；有纯粹个人娱乐者，如踢毽、下象棋、放风筝、踢球图；还有的只是描绘一种社会现象，如广东妇人、汉官太太、驾双拐、摇车图等。描写工致，刻画逼真，全部彩色，每幅图右用简要文字进行说明，忠实地反映了清同治、光绪间北京民间生活的情状，不仅具有历史价值，还具有艺术价值。画中表现的事物现在大多数已失传，因此更具有史料价值。北京图书馆出版社再版时，对每幅图加现代汉语、英文说明，对几幅图文不符的地方也做出说明。

此书还有 1983 年书目文献出版社（北京图书馆出版社原名）版。

《北平笺谱》

《北平笺谱》，鲁迅、郑振铎编。荣宝斋等 1933 年彩色套印本，六册。

诗笺是印有诗、画，供人们写信用的一种信纸，印制精美的也是一种艺术品。光绪年间纸铺还只取明末画谱或前人小品雕镂制笺，宣统时林琴南山水笺为文人特作画笺之始。画家陈师曾所作笺画才华蓬勃，笔简意饶，又顾及刻工省其奏刀之困，为诗笺开一新境。稍后齐白石、陈半丁、王梦白等皆画笺高手，与刻工同力合作，使诗谱超越前人。然而在西洋印法盛行后，诗谱"迫于时会，荂落将始"。鲁迅、郑振铎为保存文化遗产，从琉璃厂的荣宝斋、清秘阁等处搜求诗笺，选出 330 余幅，请各纸铺重新印刷，编成《北平笺谱》。

此书选印荣宝斋、淳菁阁、松华斋、静文斋、懿文斋、清秘阁、成兴斋、宝晋斋、松古斋、荣录堂十家纸铺的诗笺，由各纸铺重新印刷。1933 年印 100 部，1934 年又印 100 部。有博古笺、花卉笺、山水笺、蔬果笺、古钱笺、罗汉笺、古佛笺、古彝笺、人物笺、动物笺、月令笺、指画笺、西域古迹笺、唐画壁砖笺等。画家有黄慎、戴熙、赵之谦、戴伯和、王诏、李伯霖、李钟豫、朱良材、王振声、吴观岱、冷香、缪素筠、尔康、林琴南、陈半丁、金城、姚华、齐白石、溥儒、马晋等。每幅笺都注明刻工，如荣宝斋的李振怀，淳菁阁的张启和，松华斋和清秘阁的张东山，静文斋的杨华庭，懿文斋的李仲武，成兴斋的杨文、萧桂，松古斋的张朝正等。书前有鲁迅序（天山行鬼魏建功书）、郑振铎序（郭绍虞书），书后有郑振铎《访笺杂记》，记述了从访笺到出版的全过程。此书是清末至民国初年北京诗笺的汇编，是中国印刷史上的瑰宝。

此书还有 1958 年荣宝斋复制本，改名《北京笺谱》，增许广平所作的再版说明。

《北平荣宝斋制诗笺谱》

《北平荣宝斋诗笺谱》，荣宝斋编。北平荣宝斋民国二十四年（1935 年）彩色套印本，两册一函。

荣宝斋初称"松竹斋"，是康熙十一年（1672 年）由一名姓张的浙江籍京官创办的文具店，主要营销纸、笔、墨、砚文房四宝。光绪二十年（1894年）改名荣宝斋，逐渐成为文人墨客与书画艺术家的聚会之地。它继承明代以来的彩色套印技术，以木版水印诗笺、画笺闻名中外。三十年来，积版盈千块，特别精美者200种。此书就是这200种诗笺谱的汇编，罗振玉、萧愻、雪斋题写书名，寿鑴序。内容有山水、人物、花草、鱼鸟等，都是当时的著名画家所画，以齐白石、张大千、溥儒为最多，其他有陈师曾、陈半丁、徐燕孙、李瑞龄、马晋、王雪涛、杨济川、汪溶等，还翻刻明代胡正言《十竹斋笺谱》多幅。

笺谱本是用来写信的，荣宝斋诗笺谱由勾描、刻版、水墨印刷三道基本工序完成，可将名人字画复制下来，以达到仿古"乱真"之奇效。因此它不仅是实用的信笺，还是可以欣赏的艺术品。此书不仅代表着当时传统印刷的最高水平，也代表着当时的绘画水平，可供研究印刷史、艺术史者参考。

《喜乐画北平》

《喜乐画北平》，喜乐绘。台北纯文学出版社1985年出版，一册，172页。

喜乐于1915年生于北京，从小喜欢画画。在内忧外患的时代长大，考上军校，穿上军装，抗战期间用他的画笔在工程师的绘图板上设计飞机。后来去了台湾，一直从事工程、机械方面的职业，画画只是业余爱好。从1981年开始，为其妻小民的短文配了120多张黑白插图，陆续在报刊上发表，读者反应强烈，誉为图文并茂，极受好评。后来选出62张，重新绘成彩色画，集成《喜乐画北平》。

全书分《中国建筑篇》、《市井风貌篇》、《胡同趣味篇》、《日常生活篇》、《季节民俗篇》，每篇都有一篇序言，分别是喜乐《为中国建筑艺术留纪录》、林海音《想念北平市井风貌》和《在胡同里长大》、梁实秋《北平的日常生活》、何凡《一个可爱的城市》，每篇有十来幅绘画，篇末有喜乐为每幅画写的说明。喜乐在北京生活数十年，去台湾后，仍与妻子一起回忆北平。他以惊人的记忆力，质朴细腻、俏皮而又富民风的笔法，把想念家乡的点点滴滴画下，并且配上生动诙谐的文章，将中国人的生活艺术、生命体验融入这些具有浓郁传统色彩的图、文中。梁实秋说："喜乐见闻广博，对于北平一切观察入微，以细微精确的画笔勾画出来。"台湾的语文老师甚至用他的画作教学参考。他画的走马灯、戏园子、炕上做女红、猴儿拉稀、耍耗子的、安定门城楼等，保存了许多已经消失了的事物，可为许多写老北京的文章提供形象资料。

《清代宫廷版画》

《清代宫廷版画》，翁连溪编著。文物出版社 2001 年出版，一册，294 页。

清代在宫廷内刻印了大量图书，很多书中配有插图，绘制者、镌刻者都经过精心挑选，其艺术质量之高，镌刻、刷印、装潢之精，内容之丰富，保存之完整，都十分罕见，在中国及世界版画史上占有重要地位。由于清代宫廷内府刊刻的版画作品多属奉敕制作，刷印量少，多藏于各大博物馆、图书馆，外界难得一见。故宫博物院图书馆翁连溪利用工作之便，将清代宫廷版画作品辑录出来，编成此书。

全书分两部分：一是翁连溪著《清代宫廷版画概述》，二是图版。图版又分两种：一是木版版画 32 种 164 幅，从康熙十三年（1674 年）至光绪二十二年（1896 年）。二是铜版版画 10 种 114幅，从康熙五十二年（1713 年）至道光十年（1830 年）。末附图版说明，对每种书的作者、主要内容、版画绘者、镌刻者、版式、出版时间、艺术特点、插图数量等都作了简要说明。这些版画有焦秉贞、沈喻、王原祁、王奕清、孙佑、沈源、郎世宁、王致诚、艾启蒙、贺清泰等著名宫廷画家的作品，有皇帝出行、庆典等长卷式图画，有西洋天文仪器的版画，有未毁于战火前的圆明园景色，有平定准噶尔叛乱、大小金川叛乱及乾隆末年平定台湾的战争场面。既有传统木刻版画，也有从西洋引进的铜版版画。此书虽是选印，但从中可以看出清宫版画发展的轨迹及版画的主要内容。由于此书用黑白印刷，不能完全反映版画的艺术成就，欲深入研究还需查阅原书。

《清内府藏刻丝绣线书画录》

《清内府藏刻丝绣线书画录》二卷，朱启钤辑，阚铎初校。无冰阁民国十九年（1930 年）铅印本。

朱启钤（1872—1962 年），字桂辛，号蠖园，贵州开阳人。曾担任过清末京师大学堂译学馆监督、北京内城巡警厅厅丞、东三省蒙古事务局督办等职，在北洋政府中当过交通总长、内务部总长、代理内阁总理。袁世凯死后，他退出政界，并遭通缉，次年被特赦，从此致力于经济活动和古建筑研究。1925 年创立中国营造学会。新中国成立后，被聘为中央文史馆研究员兼中国古代建筑整修顾问，并担任北京城多处修缮工作顾问。

此书是清内府所藏刻丝、绣线书画的目录。有些在清朝所编的《石渠宝笈》、《秘殿珠林》已有著录。民国初年，在朱启钤的建议下，将热河、奉天两行宫的宝物运抵北京，又有《古物陈列所书画目录》、《盛京故宫书画录》等，都兼收刻丝、绣线作品。此书是所有清宫所藏这两类作品的总汇，著录刻丝 402 种，依五代、宋、元、明、清各朝为序，分法书、释道图像、花鸟、花卉、翎毛、人物、山水七类；绣画 158 种，从宋至清，分类相同。每幅都著录质地、颜色、款识、印章、尺寸及在《古物陈列所书画目录》、《石渠宝笈续编》、《故宫物品点查报告》等书中的著录情况。此书著录有乾隆及彭元瑞、张照、金简等诸大臣的诗文、对联、绘画，有裴曰修之母裴王氏、蒋溥之妻蒋王氏所绣佛菩萨像，有许多与粤绣、蜀绣、苏绣齐名的京绣作品，为研究北京的丝绣艺术提供了方便。

《北京景泰蓝图案》

《北京景泰蓝图案》，北京市工艺美术研究所编著。人民美术出版社 1960 年出版，一册，111 页。

相传景泰蓝是明代景泰年间（1450—1456 年）在北京发展起来的一种金属工艺品，因釉彩多用蓝色，故称为景泰蓝。产品有花瓶、盘、碟、碗、杯、灯台等，分装饰品和实用品两类。所用图案有人物、花卉、草虫、走兽和吉祥图案等。这些图案最初是摹绘青铜器、瓷器上的图案，以后逐渐吸取民间刺绣、锦缎等工艺品上的图案。景泰蓝图案主要纹样简练朴实，线条豪放有力，色泽深厚典雅而富有民族特色和装饰性的风格。解放后，景泰蓝工艺品不断发展，艺术水平也有所提高。为了继承和发扬祖国艺术传统，北京市工艺美术研究所特在 600 余件图案资料中挑选出 100 余幅，编成此书。

此书分两部分，一是景泰蓝图案拓样，一是景泰蓝胎型图录。图案拓样中吉祥图案和花鸟图案最多，还有 4 幅人物图案。胎型图录中有周觯、汉尊、汉壶、花觚、花觚尊、圆肚瓶、肥观音瓶、葫芦瓶、鹤脖瓶、竹节瓶、海棠观音瓶、高盘、香炉等。前附明景泰年间的出戟方壶、清代的元形瓶和解放后的盖碗瓶、小罐照片。此书不仅可供从事景泰蓝工艺创作、生产的人员和研究工艺美术史的专家参考使用，它本身也是一件值得欣赏的艺术品。

《北京刻瓷》

《北京刻瓷》，北京市工艺美术研究所编著。北京轻工业出版社 1959 年出版，一册，12 页。

刻瓷是在瓷器上刻画出山水、花卉、鸟兽和人物的一种艺术。北京刻瓷始于清代，具有民族传统和独特的风格。此书分"概说"、"历史沿革"、"工艺过程"和"刻瓷艺术"四部分来介绍北京的刻瓷工艺，着重说明了刻瓷工艺过程中所用工具、对象、方法和艺术要求等，并特别对当时北京仅存的两位老艺人朱友麟、陈智光的技艺成就作了介绍。此书只有十多页，文字通俗易懂，并附实物照片4幅，适合刻瓷工艺作者和爱好工艺品、研究北京工艺史的人员阅读、学习和参考。

《北京法海寺明代壁画》

《北京法海寺明代壁画》，中国古典艺术出版社编辑。中国古典艺术出版社1960年出版，一册，92页。

法海寺是明代修建的一座密宗佛刹，位于北京西郊石景山模式口村附近的翠微山麓。明英宗朱祁镇的近侍太监李童首先倡议，向当时的官员、百姓、喇嘛僧尼募捐修建。宫廷的"工部营缮所"负责设计施工，从正统四年（1439年）动工，到正统八年（1443年）完工。当时大雄宝殿、伽蓝、祖师二堂、四天王殿、护法金刚殿、钟鼓楼以及云堂、厨库、寮房等，许多地方都画有光彩炳耀的壁画，曾吸引过无数香客和游人。时至今日，只有大雄宝殿本尊象的龛背和后殿门的两旁以及殿后的十八罗汉的身后还保存着壁画。此书收集的就是这些壁画。

法海寺后殿门两旁各有一铺，左铺16个人物，右铺19个人物，有女后、帝王、嫔从、侍女、四大天王、如意轮观音、不空羂索观音、比丘、韦驮、幼童、小鬼、夜叉、鱼精、狮子、狐狸、豹子、野猪等。佛龛背后有三铺，中铺画的是水月观音，周围有善才童子、韦驮、猊、鹦鹉、净瓶、清泉、绿竹和牡丹；右铺是文殊菩萨，左铺是普贤菩萨，身旁画着供养的信士、驯狮驯象的人。十八罗汉的背后画的是30尊如来、菩萨和两组乘云飞舞的飞天，下部以重色画着牡丹、莲花、月季、菩提树、芭蕉等花草。这些壁画技艺纯熟，工丽谨严，奔放洒脱，大量使用描金和沥粉贴金的方法，是成功的宗教画，可以和莫高窟、万佛峡、永乐宫等处的壁画相媲美，代表着明代北京民间绘画的最高成就。

另外，北京市法海寺文物保管所、中国旅游出版社合编的《法海寺壁画》（彩印本），1993年出版，可与此书合读。

《清代宫廷音乐》

《清代宫廷音乐》，万依、黄海涛撰文译谱。故宫博物院、紫禁城出版社、中华书局香港分局1985年出版，一册，168页。

万依（1925—— ），生于河北固安，祖籍山东聊城。曾肄业于京华美术学院音乐系、西画系，毕业于华北文法学院中文系。1978年调到故宫博物院，曾任故宫博物院研究室负责人、图书馆副馆长。主要从事明清宫史、清代宫廷音乐的研究。黄海涛（1946—— ），从事舞蹈音乐工作，对古典乐谱翻译有所研究。

此书分为四个部分："外朝音乐"，论述外朝音乐的沿革、外朝音乐各种乐队乐器的配备及用途；"内廷音乐"，介绍内廷音乐管理机构的沿革、内廷乐队中和乐与十番学、内廷乐队的任务；"乐曲、歌词、律制的探讨"，研究乐曲、歌词与律制；"乐谱选译"，收外朝音乐乐谱与内廷音乐乐谱百余首（段），均译为五线谱。书中还附有历史及实物图片。

此书是第一本有关清代宫廷音乐的专著。作者根据故宫珍藏的官方文献、档案、图片、乐器、乐谱等实物资料对清代宫廷音乐的制作进行了翔实的阐述，使读者可对清代宫廷音乐的沿革、制作等有一定的了解，同时作者还对许多以往存疑的问题给予了认真仔细的考证与分析研究，使全书在资料性、知识性之外也富有学术性。而书中的乐谱更是为研究清代宫廷音乐的专业人士提供了极为可贵的资料。

《故宫摄影集》（第一编）

《故宫摄影集》（第一编），清室善后委员会编。清室善后委员会民国十四年（1925年）印行，两册。

辛亥革命后，溥仪仍居宫内，一直与亡清残余势力勾结，图谋复辟，且以赏赐、典当、修补等名目，从宫中盗窃大量文物，引起了社会各界的严重关注。1924年，冯玉祥发动"北京政变"后，将溥仪逐出宫禁，同时成立"清室善后委员会"，以北京大学教授李石曾为委员长，聘请蔡元培、陈垣、沈兼士、俞同奎等十人任委员，接管故宫，对宫内文物进行清点。初步清点出的文物有117万余件，1925年公开出版二十八册的《清室善后委员会点查报告》。《故宫摄影集》即根据这份报告编辑。

此书是《故宫摄影集》的第一编，出版于1925年10月10日故宫博物院举行建院典礼之时。第一册是乾清宫的照片，第二册是交泰宫和坤宁宫的照片。每个宫殿先有一张全景，然后是内部各个局部摄影及家具、装饰、器物、书画、玺印等的照片。这些文物既有周朝以来的古物，也有清朝的珍宝。此书照片十之八九为点查物品时所摄，按《清室善后委员会点查报告》排列，保存了清代宫廷摆设的原样。特别是许多文物被运往台湾"故宫博物院"之后，这些照片更显得珍贵。

《故宫摄影集》（第一集内中路）

《故宫摄影集》（第一集内中路），故宫博物院工程课编。故宫博物院工程课民国间影印本，一册。

故宫博物院鉴于清室善后委员会1925年出版的《故宫摄影集》系于点查物品时搜集而成，取材编狭，且有与其他出版品重复者，故不再印行，而分别以各参观景点摄成一集。原计划以内中路乾清宫、交泰殿、坤宁宫等处为第一集，内西路翊坤宫、储秀宫、长春宫等处为第二集，外东路后皇极殿、宁寿宫等处为第三集，其未开放参观各处俟整理就绪后续行摄制。

此书即第一集，注重建筑风景及各殿内外之布置，并采入宫殿内的青铜器、古瓷、书画等照片。如交泰殿有全景图，还有殿内的商祖丁鼎、散盘器、新嘉量、闺媛周禧绘石榴、蒋廷锡绘岁寒三友图，浮碧亭有全景图和亭内的汉铜鼓、亭前的连理柏。这些照片摄制水平较高，保存了清宫的原貌，对研究清代宫廷史、艺术史和文物考古都有参考价值。

《中国北京宫殿摄影》

《中国北京宫殿摄影》，古物陈列所编。古物陈列所民国间珂罗版印本，一册。

古物陈列所设在故宫武英殿内，管辖范围为故宫乾清门以南的部分。民国三年（1914年）内务总长朱启钤呈明袁世凯，将奉天、热河两处行宫内所存各种宝器悉数运回，在武英殿西边建宝蕴楼，为藏储各种珍贵古物的库房，又将太和、中和、保和三殿，文华、武英两殿以及本仁、焕章、凝道、集义各配殿，分别修理，在殿内添造陈列柜格，将珍品摆列其中，标以说明，进行展览。后来又设立国画研究所，在文华殿设福氏古物馆，展示美国人福开森寄存的古物。1947年合并至故宫博物院。

此书是故宫各大宫殿的摄影集，包括天安门、太和门、太和殿、中和殿、保和殿、武英门、武英殿、端门、文华殿、东华门，每个宫殿一幅，只有太和殿分远景和近景两幅。此书用高26.5㎝、宽34.3㎝的厚纸珂罗版影印，代表了那个时代最好的摄影和印刷水平，宫殿的椽子、房瓦、彩绘、殿前的台阶、栏杆、香炉、地砖等等细节都清晰地显现出来，还有天安门前的街道、树木等，保存了民国时期故宫的真实风貌。

《北平光社年鉴》

《北平光社年鉴》（第一集、第二集），北平光社编。北平光社1927年、1928年影印本，两册。

民国七年（1918年），王缇庐、张子静、徐燕庭及光社社员钱景华、王琴希、吴郁周、汪孟舒等齐聚都门，各于服务政学之余，热心摄影，相约游览京畿名胜，如颐和园、北海、景山、天坛、先农坛、香山、西山及著名的崇效寺牡丹、法源寺丁香，留影纪念。初拟组织"照相同志会"，1923年冬定名为"北京艺术写真研究会"，为北京乃至全国最早的研究摄影的团体。后来同好日多，规模渐具，1926年改名"光社"，一方面固定研究会期，一方面筹备公开展览。从1924年，他们每年在中央公园举行一次展览会，1927年第四届展览会后出版第一期《北平光社年鉴》，次年又出第二期。

这两部年鉴是光社社员摄影作品的选集，有天然彩色片，有透明片。除了风景外，还有人物摄影、艺术摄影等，体现了那个时代的摄影水平。第一集有早期组织者陈万里序、后来加入者刘半农序；第二集有刘半农序，还有王琴希、刘半农的两篇研究摄影技术的论文。这两部书是中国业余摄影发展史上的重要文献。

（五）文化机关、学术团体

《北平学术机关指南》

《北平学术机关指南》，李文褀编。北平图书馆协会民国二十二年（1933年）铅印本，一册，354页。

北京市第一普通图书馆（今首都图书馆前身）馆长李文褀，在1932至1933年之间，经过两年社会调查，编出《北平学术机关指南》一书，以备中外人士咨询检索。

此书主要介绍民国时期北平的各种学术团体、协会、研究单位、博物院、陈列所、图书馆、大学、专科学校以及教育文化基金会、董事会等。对于各类学术机关都说明其地址、电话、沿革及成立年月、组织、现在会务概况、将来计划、负责人姓名、职员人数、经费、出版物等。对于各类学校也都说明其校址、电话、沿革及成立年月、组织编制、毕业年限、投考资格、报考手续、职员、经费、出版物等。此书内容丰富，便于查阅，是寻检北平学术机关的重要工具书。

《北京文化学术机关综览》

《北京文化学术机关综览》，李文褀、［日］武田熙合编。北京新民印书馆民国二十九年（1940年）铅印本，一册，350页。

李文褀于1933年编成《北平学术机关指南》后，因致力于图书馆事业，虽然北京文化学术机关屡有兴革，无暇重订。武田熙早在"卢沟桥事变"前就调查北京的文化学术机关及学者履历，后来成为新民会（汉奸组织）首都指导部的实际头目。两人都有重新调查北京文化学术机关的愿望，于是讨论收集范围、调查方法，利用业余时间，全力以赴，经过一年，完成此书。

此书是当时北京各种文化学术机关的总汇，分文化机关、社会教育、学校教育、附录四篇，共收文化教育机构1100余个。比《北平学术机关指南》范围扩大，内容增加数倍，可谓一部集大成之作。当时武田熙的目的是为日本人对北京进行文化统治提供方便，现在却成了一部内容完备的参考书。对于昔有今废的机关，此书依类存目，指示其在《北平学术机关指南》中的页码。因此必须两书合阅，才能了解北京文化学术机关的变迁。

此书分类不尽合理，如同是图书馆，学校图书馆归入第一篇《文化机关方面》，公共图书馆归入第二篇《社会教育方面》。同是香山慈幼院的组成部分，第五校归入中学校，幼稚师范学校归入师范学校，第四校农场归入职业学校，香山慈幼院小学归入小学校，而缺乏对总院的介绍。另外，此书还收录职业介绍所、慈善团体、各省旅京同乡会、武术团体、茶社、寺庙、医院等，实属滥收。

《文渊阁藏书全景》

《文渊阁藏书全景》，中国营造学社编制。中国营造学社民国二十四年（1935年）影印暨铅印本，三册。

文渊阁是清宫中庋藏《四库全书》的地方。民国初年，内务部总长朱启钤修缮文华殿时，曾摄取文渊阁藏书内景及陈设厨架几案实状。1920年奉大总统徐世昌之命影印《四库全书》，以沟通中外文化，还出访法、英、意、比、日各国，考察印书事宜，在巴黎将文渊阁藏书内景制成彩色版12幅，装册投赠各国皇室、学府。后因政局变动，《四库全书》没有印成。商务印书馆计划影印《四库全书》，也未成功，而在1935年据文渊阁钞本《四库全书》印成《四库全书珍本初集》。因影印本开本缩小，朱氏原拟用作书首的彩色版无法附入，于是另外印行。

此书包括文渊阁乾隆御笔题额、故宫文华殿东面全景、文华门、在文渊阁前面的文华殿、文渊阁外全景、文渊阁正面、文渊阁东侧面、文渊阁内部御座、文渊阁内部上层御榻、四库全书外函缩影、经史子集装潢缩影、展卷缩影，共 12 幅，皆巨幅彩印，贴在册页上。同时影印的有纪晓岚书《四库全书简明目录》、四库全书分架图、陆锡熊书《御制文渊阁记》、《文渊阁记》碑文拓片、文渊阁御制诗碑阴拓本，还有贮藏文源阁本《四库全书》的圆明园《文源阁记》残石拓本、文源阁地盘画样，朱启钤《后记》，刘敦桢、梁思成《清文渊阁实测图说》，附文渊阁实测图、黑白照片和文渊阁所模仿的宁波天一阁藏书楼照片。此书收录了各种关于文渊阁这座清代皇家藏书楼的文献，印制精美，不仅为研究清宫藏书提供了资料，其本身也是一件艺术品。

此书还有中国营造学社民国二十五年（1936 年）再版影印暨铅印本，三册。

《中华图书馆协会概况》

《中华图书馆协会概况》，中华图书馆协会编。民国二十二年（1933 年）铅印本，一册，110 页。

中华图书馆协会即现在的中国图书馆协会的前身，成立于1925 年。此前，北京、南京、江苏、上海、天津等地的图书馆协会先后成立，至于全国性的总会，则由中华教育改进社图书馆教育委员会决议，1925 年在奉天（沈阳）发起。1925 年 3 月美国图书馆协会代表来华，北京图书馆协会认为有必要提前组织全国图书馆协会，并着手准备。南京等地图书馆协会及梁启超、蔡元培、熊希龄等热心教育文化的 56 人，都参加发起。4 月 12 日，在北平中央公园来今雨轩开发起人大会，19 日在北京师范大学乐育堂开第一次筹备大会，并订下次筹备会在上海举行。当时上海也发起全国图书馆协会，并有十四省图书馆代表应召莅沪。两会合组，4 月 24 日在上海交通大学，次日在广肇公学开成立会，通过组织大纲，选举蔡元培、胡适等 15 人为董事，戴志骞为执行部部长，杜定友、何日章为副部长，中华图书馆协会正式诞生。6 月 2 日又在北京欧美同学会举行成立仪式，教育部次长、美国图书馆协会代表及本会董事部长梁启超、韦棣华发言，并发表《中华图书馆协会宣言》。该会最初在北平石虎胡同松坡图书馆第一馆内借屋三间，为总事务所，1927 年 3 月迁入北平北海图书馆，1931 年 6 月 15 日又迁入在文津街新落成的国立北平图书馆。

此书从沿革、组织、事业三方面，详细记述了中华图书馆协会的成立过程和业务开展情况，阐述了协会对图书馆事业的指导、促进作用，如对于分类、编目、目录组织的研究，对于图书馆教育的开展，对于图书馆的调查、书店的调查、期刊的调查、善本的调查、版片的调查等，从图书馆的外部环境、内部建设两方面指明了图书馆协会的发展方向。书后附有《中华图书馆协会职员表》和《中华图书馆协会会员表》。

《北平市图书馆一览》

《北平市图书馆一览》，赵福来编。民国三十七年（1948 年）油印本，一册，17 页。

此书是北平市图书馆协会对于本市各个图书馆的调查结果。中华民国成立以后，北京各种图书馆不断涌现。各馆藏书、设备、馆务、馆员等，大多数没有详细记载。为了弄清北京各种图书馆的现状，加强设备具有相当基础的大学图书馆与基础薄弱的中小学图书馆、民众图书馆之间的联系，使有协助与服务之处，北平市图书馆协会特派服务委员赵福来从事本市图书馆调查工作。赵福来不辞辛苦，几乎走访了全市所有图书馆，编成《北平市图书馆一览》，以供图书馆界参考使用。

此书共记载了本市 54 个图书馆，分公共图书馆、机关图书馆、专门图书馆、大学图书馆、中学图书馆、儿童图书馆六类。每个图书馆都记载其馆址、成立年月、联系电话、现任馆长、职员人数及各部门主任姓名、藏书种类及数量、所使用的分类法、编目方式、每月购书经费、馆舍建筑、办公设备、光线、开馆时间、每日阅览人数等。此书内容对当时民众利用图书馆和学者研究图书馆提供了极大方便。时至今日，此书中所记载的许多图书馆早已合并，不复存在，因此此书成为研究北京市图书馆发展史的重要资料。但诚如当时的国立北平图书馆馆长袁同礼在序言中所说，书中尚"有遗漏或未详之处"，此其不足。

《北京各类型图书馆志》

《北京各类型图书馆志》，张树华主编。北京燕山出版社 1993 年出版，一册，813 页。

此书是北京市哲学社会科学"七五"规划研究项目之一。该项目从 1986 年开始，对北京各类型图书馆进行了广泛调查，编成《北京各类型图书馆手册》，作为阶段成果，1987 年由北京燕山出版社出版。此后又调查了几百所图书馆，走访了北京图书馆界的专家、同行数十人，计算了几千个数据，历时四年，编成此书。参加编写的有张树华、沈仪琳、陈源蒸、李广建、王志刚、董焱等。

此书为专业性的志书，分三部分：第一编为第一部分，介绍北京地区图书馆的产生、发展及各类型图书馆的现状；第二编至第八编为第二部分，按系统介绍北京地区公共图书馆、高等院校图书馆、中国科学院系统图书情报机构、中国社会科学院系统图书馆、国家机关及所属科研机构的图书馆、工会图书馆（室）、中学图书馆（室）等七种类型的图书馆，每种类型先有一篇"略"，概述该类型图书馆的现状，然后介绍该类型中规模较大、能够起中心作用或某一方面有代表性的几个图书馆，最后附一个能够全面地反映该类型图书馆基本情况的统计表；第九编至第十二编为第三部分，从横向分析了北京各类型图书馆的藏书结构、读者服务、图书馆新建筑以及图书馆自动化的现状，并用大量图表反映出北京地区图书馆事业的进展情况和新的面貌。

此书是一部调查充分、内容翔实的图书馆志，为研究北京地区各类型图书馆的产生、发展和现状提供了系统、丰富的资料。但这个"现状"截止到1991年，此后各个图书馆的新馆建设、自动化发展以及由此带来的读者服务方面的变化、统计数据的变化，就非此书所能包括了。

《国立北平图书馆概况》

《国立北平图书馆概况》，国立北平图书馆编。国立北平图书馆民国十八年（1929年）铅印本，一册，24页。

国立北平图书馆（即今中国国家图书馆）起源于清宣统二年（1910年）学部在什刹海广化寺创立的京师图书馆，由缪荃孙、徐坊为正副监督。民国元年（1912年）5月，新政府教育部延聘江瀚为馆长，8月开馆。民国二年（1913年）在宣武门外设分馆。后因本馆位置偏北，房舍湫隘，一度迁至方家胡同前国子监南学，民国十七年（1928年）改名国立北平图书馆，以中海居仁堂及附近房地为馆舍。馆长几经变更。民国十八年经教育部提议，与北平北海图书馆合并，改组为北平图书馆，分别称第一馆、第二馆。

此书是国立北平图书馆的简介，分别介绍该馆的沿革、组织、建筑、经费、藏书、目录、出版、阅览，附录《国立北平图书馆历任馆长主任一览表》、《北平北海图书馆历任馆长主任一览表》。前附照片两幅，分别为《国立北平图书馆大门（宝华门）》、《国立北平图书馆礼堂（居仁堂）》。此书内容虽然简单，但对研究中国国家图书馆馆史、中国图书馆发展史仍有参考价值。

此书还有1934年铅印本，补充了1931年6月文津街新馆落成，第一馆、第二馆合并后的情况，附图改为国立北平图书馆正面全图、杂志阅览室和书库。

《北京图书馆馆史资料汇编》

《北京图书馆馆史资料汇编（1909—1949）》，北京图书馆业务

研究委员会编。书目文献出版社（今改名北京图书馆出版社）
1992 年影印本，两册，1390 页。

此书收集自 1909 年筹建京师图书馆（北京图书馆前身）开始，
至 1949 年中华人民共和国成立，四十年间有关北京图书馆（今称
中国国家图书馆）的馆史资料。包括清政府学部、北洋政府和国
民政府教育部的饬令、指令、训令；中华教育文化基金董事会、
国立北平图书馆委员会和筹备委员会有关图书馆馆务问题的重要
会议决议，董事会和委员会之间的往来信函；北京图书馆与各个
时期的政府部门、社会团体和社会知名人士之间就馆务问题往来
的公私函件；北京图书馆各个时期的重要馆务活动情况、章则、
会议纪要、统计资料及有关情况介绍；报刊上刊登的具有一定史
料价值的有关北京图书馆馆史的回忆和综述资料；1909—1949 年
之间的北京图书馆工作人员名录。全书分馆务活动资料、重要章
则及规定、统计资料、参考资料和工作人员名录等五部分，各部
分再按编年顺序编排。

此书是北京图书馆编写《北京图书馆史》工作中的一个项目，
为国内外研究中国近现代文化史和图书馆史提供了一部内容充实、
集中和系统的原始资料。为保持档案原貌，此书尽量采取原件影
印方式，更增加了资料的真实性。

《国立北平图书馆舆图部概况》

《国立北平图书馆舆图部概况》，国立北平图书馆舆图部编。
国立北平图书馆民国二十三年（1934 年）铅印本，一册，64 页，
照片 10 幅。

国立北平图书馆舆图部于 1929 年北平图书馆与北海图书馆合
并后成立，除将两馆旧有舆图集中整理外，还向各方征购新旧图
籍。至 1931 年 6 月文津街新馆落成，舆图设立专库庋藏，编目完
竣，公开阅览。所藏有清内阁大库旧藏地图 193 种，近购特藏地图
74 种，中文普通地图 2437 种，法国普意雅氏遗图及图稿 6000 余

幅，样式雷工程模型 74 具、工程图样说明 9213 张，并且仍在继续访购。

此书是对国立北平图书馆舆图部的介绍，分沿革、庋藏、访购、插架、分类、编目、阅览、编纂等八个方面，逐一说明。其中庋藏部分对该部藏品揭示较细，提到了极为珍贵的明及清初刻本、绘本，有长一二丈至三四丈者，其质量、数量在国内外图书馆中都属罕见。插架、分类、编目都有独创性，可供后人参考。编纂部分有该部所编《馆藏中文舆图目录》、《中国地图史料辑略》、《中国地学论文索引》，还有《馆藏清内阁大库及特藏地图目录》，此目录曾载于该馆馆刊六卷四号，并印有单行本，后来又加注图框尺寸，加入新购之图，特为再版，附刊于书后，占此书 41 页。此书详细介绍该部成立约三年的状况，对研究国家图书馆馆史、图书馆学和地理学都有参考价值。

《北平市立第一普通图书馆概况》

《北平市立第一普通图书馆概况》，北平市立第一普通图书馆编。民国二十四年（1935 年）铅印本，一册，24 页，有照片。

北平市立第一普通图书馆即现在首都图书馆的前身。民国二年（1913 年），京师图书馆分馆和京师通俗图书馆分别设立于北京宣武门外前青厂和宣武门内大街。分馆两次迁徙，后与通俗图书馆同租一院。不久又同迁至宣武门内头发胡同二十二号，即前清翰林院讲习馆旧址。1927 年 7 月，教育部令两馆合并，称为北平市立第一普通图书馆。由于军阀混战，经费不足，该馆勉强支撑，几陷停顿，1933 年以后才迅速发展。

此书最初编印于 1933 年图书馆事业蓬勃发展之时。为扩大宣传，1935 年再次修订印刷。此书记述了北京市立第一普通图书馆的沿革、组织、藏书状况、书本式和卡片式目录，所开设的阅览室及 1934 年度阅览人数，该馆所编的定期和不定期刊物，所推广的巡回图书、读书指导事业，所附设的民众问事处、民众问字处。

书后附录《本馆规则》、《本馆现任职员表》。还有照片 12 幅，本馆平面图一幅。

此书是对该馆进行的第一次全面介绍，是研究首都图书馆馆史的必要资料。所附的本馆全体职员摄影、公众阅览室、新闻阅览室、儿童阅览室照片、书库照片，不仅对研究本馆馆史非常重要，其所反映出的阅览桌椅、目录柜、书柜等，也为研究 20 世纪 30 年代图书馆设备提供了极其珍贵的图像资料。

《首都图书馆馆史》

《首都图书馆馆史》，金沛霖主编。北京市文化局、首都图书馆 1995 年铅印本，一册，345 页。《北京文化史资料选集》之一。

北京市文化局为了以史为鉴，以史育人，1991 年 8 月和 1994 年 2 月，先后以局党组名义发出《中共北京市文化局党组关于征集局属各单位"单位史"的通知》和《补充通知》。为完成这一任务，首都图书馆经过几年努力，在金沛霖馆长的领导下，由杨善政、石恩光、韩朴、向东、刘立河、常林等人编写，前任馆长冯秉文等同志大力协助，终于编成此书。

此书是首都图书馆 1913 年至 1992 年的馆史，从首都图书馆的前身——1913 年创办的京师图书分馆、京师通俗图书馆和 1916 年创立的中央公园图书阅览所写起。全书共分八章，分别是事业概况、党的组织、藏书建设、读者工作、书目咨询、业务研究与辅导工作、北京地方文献工作、图书馆专业教育，还附录《鲁迅先生与首都图书馆》、《"首图"分项年度统计（1913—1948）》、《"首图"（含北京市少儿馆）年度统计表（1949—1992）》、《"首图"馆名沿革及历任馆长表》。由于"首图"历史档案资料保存比较完整，编写者又是在首图工作多年的领导和业务骨干，因此此书编得真实、完整，立类确当，使用方便。它虽然是一部"内部资料"，却完整地再现了"首图"的发展历程，从一个侧面反映出各个相关时代的政治、经济、文化及有关人物的历史面目，为研究北京的图书馆史提供了一份厚实的资料。

《松坡图书馆概况》

《松坡图书馆概况》，松坡图书馆编辑。松坡图书馆民国二十九年（1940年）石印本，一册，32页。

松坡图书馆是为纪念反对袁世凯称帝，在云南首举义旗的蔡锷将军（字松坡）建立的图书馆。1922年秋由北洋政府拨给北海快雪堂和西城石虎胡同七号官房作为馆址，最初藏书有松社收购的清末著名藏书家杨守敬的一部分中文图书约2400余册，梁启超在北平欧美同学会组织的读书俱乐部收藏的外文图书约6000余册，还有尚志学会、亚洲文明协会捐赠的日文书籍两千余册。1923年11月开成立大会，公推梁启超为馆长，以北海快雪堂为第一馆，专藏中文图书，后檐建蔡公祠，奉祀蔡锷；以石虎胡同七号为第二馆，专藏外文图书。1924年6月1日第二馆先行公开阅览，次年10月第一馆也对外开放。该馆设图书、经理二部，有干事32人，维持员若干人，皆为名誉职，不支薪津。经费除以原有捐款为基金外，由维持员及干事随时捐募。1928年梁启超病逝，没有再推举馆长，由蹇季常、周印昆、林志钧、陈汉第等7人任常务干事，管理馆务。1929年蹇季常逝世后，两馆合并，第二馆迁移北海，将石虎胡同房屋呈准政府出售。1950年该馆并入北京图书馆。

此书是松坡图书馆自编的一部简介，分六部分：一、本馆成立之原始；二、组织沿革；三、图书及分类；四、经费；五、出版品；六、附录。对该馆作了比较全面系统的介绍。附录有梁启超的《蔡公略传》、《松坡图书馆记》，还有《本馆职员表》、《本馆简章及蔡公祠规约》、《本馆阅览规则》。最后还附有一份《二十八年份报告》，以表格形式列出每月的阅览人数、各项经费开支及全年收支情况。

此书成书于1940年，虽没有记载松坡图书馆的整个历史，但对于该馆的成立及其十八年的馆史作了准确记述，为后人研究这座民办图书馆提供了第一手资料。此书也是研究北京的图书馆史和北海公园历史的重要参考书。

《北平近代科学图书馆概况》

《北平近代科学图书馆概况》，北平近代科学图书馆编。日本昭和十二年（即民国二十六年，1937）铅印本，一册，64页。

北平近代科学图书馆是日本外务省"对支文化事业部"在北京创立的图书馆。日本早有在北京建立科学图书馆的建议，1936年7月才有具体计划并筹备进行，选出创立委员辻野朔次郎、大槻敬藏等，以山室三良为代理馆长，商借东厂胡同"东方文化事业总委会"内一部分楼房为馆址，12月开馆。该馆主要搜集近代日本先进的科学研究书刊、中国人翻译出版的日文书籍，兼收日本人文科学图书及中日各方寄赠书刊。初期有图书18819册、杂志及研究报告577种、新闻报纸38种。后来藏书有所增加，职员增至日方11人、中方25人、工友22人。

此书是该馆馆刊第一号的单行本，内容有《本馆成立始末》、《本馆开幕典礼主席致词》、《本馆统计》等，篇幅最大的是《本馆所藏中日各大学及研究所研究报告》和《本馆所藏杂志目录》，有日、中、英等各种文字。末附日文《事变中本馆日志》，记述"卢沟桥事变"的发展及这期间该馆的活动，起于1937年7月8日，止于8月10日。该馆声称为"中日两国文化提携"做贡献，实为日本文化侵略的一部分。

《北平市第一民众教育馆概况》

《北平市第一民众教育馆概况》，北平市第一民众教育馆编。北平市第一民众教育馆民国三十七年（1948年）铅印本，一册，28页，有照片。

该馆成立于1925年，由北洋政府内政部拨钟楼为馆址，经修缮后，10月10日正式开馆，由京兆尹薛笃弼委任王凤翰为馆长，馆名京兆通俗教育馆，内设图书、讲演、游艺、博物四部，平民学校一所。曾改称北平特别市通俗教育馆、北平市通俗教育馆、北平市市立民众教育馆、北平市第一社会教育区民众教育馆，先后隶属于北平市教育局、社会局，内部组织也几经变化。"卢沟桥事变"后，该馆因举办激发爱国思想、民族自卫的教材演讲、戏剧表演、陈列展览等，1938年被日本人勒令改称新民教育馆，三次遭到洗劫，1942年3月15日终被停办。日本投降后，北平市教育局积极筹划恢复该馆，1945年再次修缮，8月4日复馆。设总务、教育、生计、艺术、研究辅导五部，每部主任一人，干事三至四人，助理干事若干人。另设会计室、民教研究会、刊物编辑委员会。

此书是对北平市第一民众教育馆的简介，分别介绍馆史、钟鼓楼、设备、陈列、中心活动。如设备分语文教育，有图书馆、演乐胡同阅书报处、代笔问事处、儿童读书会、壁报、民众学校、民众识字班、妇女补习班；生计教育，分缝纫科、针灸科；健康教育，有运动场、民众诊疗所；电化教育，有电影院、电影晚会、巡回幻灯；娱乐教育，有国剧研究会、话剧团、民众游艺室。陈列有自然科学陈列室、卫生陈列室、体育奖品陈列室、史地陈列室、标准度量衡陈列室。辅导事业有民众商场、民众茶社，中心活动有青年节纪念、儿童节、国父史绩照片展览、生活图片展览、宪法模型展览、禁烟节、扫盲运动、通俗讲演等。前有当时馆长何继鏖前言，本馆及钟楼影院平面图，插图照片六幅。此书对研究民国年间的社会教育史有参考意义。但校对不精，错字太多，如日本人在民国三十一年（1942年）消解本馆，此书误作"三十五年"。

另外，民国十四年（1925年）出版的《京兆通俗教育馆纪实》记述该馆初创时情形，附有薛笃弼、王凤翰等有关人员和全体筹备员、各职员照片，馆中各部、室照片，共10幅，附各种规约、简章10种，可补充该馆早期资料。

《国立北京大学图书馆暨各学院图书分馆概况》

《国立北京大学图书馆暨各学院图书分馆概况》，国立北京大学图书馆编。国立北京大学图书馆民国二十九年（1940年）铅印本，一册，64页。

北京大学图书馆创始于清末京师大学堂藏书楼，当时政府调取江、浙、粤、赣、湘、鄂各省官书局刊本，采购中外新旧典籍，接受康有为强学会藏书、巴陵方氏赠书、外交部印赠《古今图书集成》，民国建立后又接受多宗私人捐赠，藏书极为丰富。1931年，北京大学收购东城区沙滩松公府遗址，1935年北京大学图书馆新馆在此建成，藏书移入。"抗日战争"爆发后，北大向云南迁移，北大图书馆和清华大学图书馆、南开大学图书馆在长沙组建了临时大学图书馆，继而在昆明组成西南联合大学图书馆。沦陷后的北京，由临时政府教育部总长汤尔和等组成国立北京大学总监督办公处，未南迁的师生组成国立北京大学文学院、理学院，北京农业大学、北京医科大学、北京工业大学等，分别改称国立北京大学农学院、医学院、工学院，受命于总监督办公处。未迁移的图书馆，停顿半年后，1939年1月改组为国立北京大学图书馆，文学院院长周作人兼任馆长，尚有藏书三十万册。

此书简要介绍了北京大学图书馆的沿革、松公府新馆建筑，1939年改组后的经费、现状、藏书、规章制度，附各种统计表及职员表，是对沦陷时期北京大学图书馆的概述。如清查南迁时未搬走的藏书、整理北京大学出版组旧存书籍、点收李氏木犀轩藏书，都是北大图书馆史上的重大事件。后附文、理、工、农、医各学院分馆简况，以表格的形式列出各分馆的地址、沿革及成立年月、建筑状况、组织及事务分配、阅览及开放时间、分类编目方法、藏书统计、阅览统计、职员人数及姓名、经费数目等。如欲研究沦陷时期北京大学及各分院图书馆概况，此书是一部不可或缺的重要参考书。

《北京大学图书馆九十年记略》

《北京大学图书馆九十年记略》，吴晞编著。北京大学出版社1992年出版，一册，209页。

从1902年京师大学堂藏书楼建立，到1992年，北京大学图书馆已建馆90周年。在当时庄守经馆长，王世儒、潘永年等同志的指导、协助下，吴晞编成《北京大学图书馆九十年记略》。国家图书馆馆长任继愈作序。

全书分五章，记述北大图书馆九十年的发展历程。第一章《初创阶段的北京大学图书馆》，介绍京师大学堂藏书楼的前身、创立、发展；第二章《走向成熟和完善的北京大学图书馆》，记述民国初年、五四运动前后、大革命前后、30年代初中期的北京大学图书馆；第三章《动荡中发展的北京大学图书馆》，记述西南联合大学图书馆和北平沦陷后的北京大学图书馆、胜利后的北京大学图书馆，还专节记载了学生自治会创办、中共地下党领导的"子民图书室"；第四章《走上社会主义道路的北京大学图书馆》，记述解放后至60年代中期及"文化大革命"期间的北京大学图书馆；第五章《新时期的北京大学图书馆》，记述"文革"之后图书馆的业务发展。附录18篇，有《北京大学图书馆历届领导人一览表》、《京师大学堂章程（节录）》及各个时期的书、报、杂志上对北大图书馆的记载。附李大钊照片一幅，各个时期的馆舍、阅览室、书库照片8幅。

此书描述了该馆九十年艰难、曲折、光荣的发展历程，揭示了社会背景、馆长个人对图书馆的影响，详述了李大钊、毛泽东等人与北大图书馆的关系，是一部内容丰富的北京大学图书馆史。

《国立清华大学图书馆一览》

《国立清华大学图书馆一览》，国立清华大学图书馆编。清华大学图书馆民国二十二年（1933年）铅印本，一册，64页。

国立清华大学图书馆系供清华大学师生读书参考的图书馆。始创于民国元年（1912年），馆址在清华园二院内，只有大房一间，小房两间，名清华学校图书室。1919年建筑馆舍，改称清华学校图书馆，1928年易名国立清华大学图书馆。1930年再次扩充。共分中、东、西三部，中部四层，东、西各两层，占地三万多英方尺，馆舍八万多英方尺，书库内钢铁书架分别购自美国、英国。全馆分事务、登录、中文编目、西文编目、参考、阅览、期刊等七股，馆员24人。有期刊、中文、西文、新闻纸、特种书等五个阅览室，可容600余人。

此书即《国立清华大学图书馆馆刊》第三种，是对国立清华大学图书馆的简介，分沿革、组织、图书及管理、出纳、书库、杂项、附则七章，附录《国立清华大学图书馆规则》、《发给书库证详细办法》。插图有全馆第一层、第二层平面图，中、西文目录卡片，普通图书出纳券、指定参考书出纳券、期刊出纳券、预约借书单、借期刊单等多种。因为此书的主要目的是让学生熟悉、使用图书馆，以"善其用而著其效"，故对图书及管理、出纳两项介绍尤细，对了解图书馆的工作流程、业务研究都有参考价值。今天则是研究图书馆史的重要资料。

《燕京大学图书馆概况》

《燕京大学图书馆概况》，田洪都编。燕京大学图书馆民国二十二年（1933年）铅印本，一册，29页。

燕京大学是1919年伯利夫妇在北京盔甲厂创办的教会学校，同时办有学校图书馆，存书仅二百册，馆舍不过一间。第二年迁入较大之室，第三年又得较大之图书室，合并相邻的两间，并辟三院之空房为汉文藏书室。1922年燕京大学迁入海淀之北部，即今北京大学所在地，1926年该馆暂借燕大女校适楼之一部办公，又经半载，新馆落成，始行迁入。

此书介绍燕京大学图书馆的沿革、建筑及设备、组织、藏书、经费、购书、分类、编目、目录、装订等。作为外国人在中国创办的大学图书馆，该馆有很明显的中西结合的特点。如同一大学分男校、女校，图书馆在两校之间。建筑为钢筋水泥结构的四层楼，仿文渊阁而参照西式。图书分类，中文采用裘开明所编之中文书籍分类法，以求与哈佛燕京学社、哈佛大学图书馆之中文书籍分类一致，西文则采用杜威十进分类法，西文编目据美国图书馆协会及国会图书馆等所编之条例。购书以教员、学生日常必需参考者为主，而又有三种特藏：一为西文东方学文库，收西方人研究中国及东方文化之书；二为毕业论文，毕业生需交两份，正本存该馆，副本存该生主修科所隶之学系；三为古书，有明本、清初刻本及钞本千余种。书前附图书馆全景图、中文书库图，第一层、第二层平面图。此书对研究大学图书馆史和图书分类、编目史有参考价值。

《国立北平师范大学图书馆概况》

《国立北平师范大学图书馆概况》，国立北平师范大学图书课、出版课编。国立北平师范大学图书课、出版课民国二十二年（1933年）铅印本，一册，22页，有照片。

国立北平师范大学图书馆是一个大学图书馆，始于清末优级师范之图书室。当时藏书甚少，且多分置各部预备室。民国六年（1917年）始设阅览室，该馆宣告成立。1922年新馆落成，1928年又改修西书库。1931年，优级师范与北平女子师范大学合并，该馆因亦改组。改组后的图书馆占地5400平方尺，共分两层，楼下为馆长及总务办公室、出纳处、编目室、日报室、杂志室、普通阅览室，楼上为特别阅览室及教职员研究室。东西书库各分四层，分别藏线装中文书、日文书、杂志、日报及英、法、德文书及外文杂志。全馆可容纳2000人。职员15人，除本馆正常业务处，还派人管理文学院及研究所阅览室。

此书是《国立北平师范大学图书馆丛刊》中的一部，也是最早出版的一部，编于改组后不久，馆舍重加修葺，阅览室及书库重新布置，书籍极力添购，图书馆事业蒸蒸日上之时。前附该馆馆长何日章序言，称图书馆的设备与管理直接影响着一个学校的研究精神和对于文化之贡献，但校内仍有不熟悉借书方法而不借书者，有不了解图书馆情形止步者，为使馆中无久束高阁之书，校中无束书不观之人，故编印《国立北平师范大学图书馆概况》一书，对该馆沿革、建筑、人员组织、购书、分类、目录编列、藏书数量、出纳等各方面逐一介绍。后附《普通规则》、《借书规则》、《提拨各系书籍杂志规则》、《发给借书证规则》、《转借北平图书馆书规则》及该馆照片 6 帧。

此书简明扼要，介绍全面，对当时的教职员和在校学生充分利用图书馆曾起到重要作用。时过境迁，今天的北京师范大学图书馆已今非昔比，因此此书也由一部实用的简介，变成研究该校馆史、校史的历史文献了。

《国立北平师大附属第一小学儿童图书馆概况》

《国立北平师大附属第一小学儿童图书馆概况》，儿童图书馆编。儿童图书馆民国二十四年（1935 年）铅印本，一册，20 页。

国立北平师大附属第一小学是一个有多年办学历史的学校，但限于校舍，困于经费，儿童图书馆因陋就简，未得到适当发展。1934 年秋，对儿童读物颇有研究的教员迟爱义，倡议扩大、充实儿童图书馆，乃于学校中区择一教室为馆址，置备书架桌凳，添购书籍杂志，用四百余元为开办费，十一月三日行开幕礼。但限于人力，一年以来，未能十分就绪。1935 年秋，该校聘王柏年管理此事，分类编目，釐订规则，历经两月，秩序井然。每月有 30 元购书费，从此全校 700 名儿童可充分利用图书馆。

此书介绍该馆之藏书、分类、编目、目录、图书排列、出纳、统计、指导和规则。作为小学儿童图书馆，该馆藏中文图书四千册，除少数为教职员参考书，大都为儿童读物，尤以文学、史地为多。还备有《幼童文库》、《小学生文库》、《新中国儿童图书第一集》、《儿童常识丛书》，中文杂志61种，北京、上海、天津日报四种。分类采用北师大图书馆何日章、袁涌进合编的《中国图书十进分类法》，但有关类目已作加添。开架借阅，除星期日及例假外，每天下午12点半至1点半、3点至5点，中高级部学生可自由入馆阅览、借阅。低级部教室每室置低级图书50册，每星期换一次，低级部学生不得入馆阅览。图书馆还在每班选优秀学生数名，组成图书馆服务团，维护阅览秩序。此书有孙廷莹前言和"丛书"、"杂志排列"、"学生准备到图书馆去"、"在图书馆中阅览"四幅图片，是研究儿童图书馆的重要史料。

《北京师范大学图书馆百年馆庆纪念册》

《北京师范大学图书馆百年馆庆纪念册》，北京师范大学图书馆编。北京师范大学出版社2002年出版，一册，111页。

从1902年京师大学堂师范馆的图书室算起，至2002年，北京师范大学图书馆已建馆一百年。为纪念百年馆庆，在百年校庆工作领导小组的指导下，该馆编成此书。

全书分《本馆概况》和《馆史记略》两部分。《本馆概况》概述该馆当时的现状；《馆史记略》是全书的重点，逐年逐月记述该馆发生的大事，从光绪二十四年（1898年）清廷准备建立京师大学堂开始，一直写到2001年12月。最后还附录了1919年李大钊《在北京高等师范学校图书馆二周年纪念会演说辞》及"我馆馆藏"、"读者服务"、"图书馆教育"、"学术研究"、"计算机技术"等五个方面的简要回顾。书前附1992年江泽民主席视察该馆、2001年北京市委副书记龙新民视察该馆的照片，各个时期的馆舍、书库、阅览室及合并到该馆的北平女子师范大学图书馆、北平辅仁大学图书馆照片，早期馆长冯陈祖怡、何日章照片，该校教授启功、赵光贤、郭预衡、刘乃和及校友张岱年等人的题词。此书为研究北京师范大学图书馆史提供了重要资料。关于 1933 年之前的部分，虽有《国立北平师范大学图书馆概况》一书，此书则在内容与图片方面作了补充，可供参考。

《中法大学图书馆概况》

《中法大学图书馆概况》，中法大学图书馆编。中法大学图书馆民国二十二年（1933 年）铅印本，一册，42 页。

中法大学是一所中国人创办的、准备与国际接轨的大学，原设于北京西山碧云寺。民国十二年（1923 年），校长李石曾倡立图书馆，捐中西文图书千余册，各教授、讲师也踊跃捐赠，遂辟室数楹，作为阅览兼藏书之所，定名西山图书馆。1925 年春，中法大学理科移至地安门外吉祥寺，称居礼学院，自设一所图书馆。同年秋，文科及陆谟克学院（医科）都移至东皇城根八棵槐，文科改称服尔德学院，随之而来的西山图书馆也改称服尔德学院图书馆。陆谟克学院接受褚民谊先生捐赠医书及生物学中西文书籍数百册，藏书也渐具规模。1929 年，中法大学购定蒙藏院旧址，扩充校舍，并于校址中央修建中西结合的中法大学图书馆新馆。1931 年 4 月新馆落成，汇集三学院图书馆藏书统一管理，总藏书十万余册，中文、西文都是文科占 50%，理科占 30%，医科占 20%，还有报纸、杂志、拓片及《乾隆版大藏经》一部。馆长由校长李麟玉兼任，另设正、副主任总理馆务，馆员十余人，分为中文部、西文部、阅览部，负责全馆的采编、出纳、保管等各项工作。

此书编写于新馆建成两年，各项工作刚刚走上正规之时。全书分三部分：一是中法大学图书馆概况，介绍该馆的沿革、组织、建筑、藏书等基本情况及购书、分类、排架、目录、检字、阅览、借阅等业务流程；二是进行事项，有图书采购的方向，建筑扩建的计划，日常工作的进行，图书管理及读者管理等；三是管理细则，有《购买图书收到手续》、《寄赠图书收到手续》、《杂志管理

389

手续》、《登记条例》、《编目条例》、《分类表》、《阅览室出纳处规则》、《中法大学图书馆阅览规则》、《中法大学图书馆借书之规则》等。附新馆照片6帧，老馆照片一帧。

此书不仅是对一所大学图书馆的简介，而且是对传统图书馆业务的全面描述，对当时的图书馆建设有重大指导意义。虽然今天图书馆已进入数字化时代，但其中的许多内容仍值得供鉴。

《北平协和医学院图书馆馆况实录》

《北平协和医学院图书馆馆况实录》，李钟履著。1933年铅印本，一册，66页。

北平协和医学院于1917年9月设立图书馆，兼收医学图书和普通典籍，屋宇二楹，藏书不过千卷。1920年才变成医学专门图书馆，对普通图书增加限制乃至停购，而医学书籍、杂志托美国波士顿医学院图书馆长代为采购，并获大批捐赠杂志，馆藏日益丰富，馆舍也逐渐增加。至1930年，藏书超过五万卷，人员由一二人增至十余人。1933年有主任、副主任、编目员、秘书各一人，助理员四人，练习生二人，工人三人。1933年初，由于编目部长章新民生病，该馆主任戴志骞夫人（MRS. T. C. Tai）托袁同礼物色替代人才，李钟履被推荐，从2月1日至7月31日，代职半载，觉该馆之行政管理及整理图书方法既简单新颖，又极周密精当，在副主任赵廷范帮助下编成此书，介绍于我国医学专门图书馆，以供仿效借鉴。

此书介绍了该馆的沿革、组织及行政、经费、藏书之范围、购书方法、登记、分类、标题、编目、庋藏方法、流通、参考事业、参考书籍、杂志管理法、现行杂志陈列法、装订、交换及捐赠图书、文件保存法等，对订书单、分类表、编目卡片、借书卡、流通统计单等都列图表详细说明。此书在当时是对一座学校图书馆的业务介绍，今天则是研究北京地区图书馆发展史的资料。

此书国家图书馆有藏，系中华图书馆协会惠赠。

《国立北平研究院概况》

《国立北平研究院概况》（民国十八年九月至三十七年八月），国立北平研究院总办事处编。国立北平研究院总办事处民国三十七年（1948年）铅印本，一册，42页。

国立北平研究院于1929年9月9日在北平成立。1927年由蔡元培、张人杰、李煜瀛建议，1928年随北平大学通过国民政府会议，1928年11月开始筹备，1929年以北平研究院名义，通过行政院会议，为独立学术研究机关。设立总办事处，先后成立物理学、镭学、化学、药物、生理学、动物学、植物学、地质学、史学等研究所，并与国立西北农学院在陕西武功合组中国西北植物调查所。"七七"事变后，该院在昆明设办事所，各研究所相继迁往云南，抗战胜利后又迁回。抗战前有职员200余人，此书成书时有职员154人、工役55人。

此书先列《本院负责职员及研究员》、《本院学术会议会员》两个名单，后分别介绍该院沿革与组织、抗战期间工作、复员情况、学术会议、总办事处及院务会议。下面分别介绍物理学研究所、镭学研究所等各研究所的成立经过、所址、组织沿革、各项设备、研究成果及现在工作情形等。该院汇集了当时中国一流的科学家，如物理研究所的严济慈、李书华、王大珩，镭学研究所的钱三强，通讯研究员李约琴（英国）、马衡、梁思成等，了解该院状况对研究中国学术发展史有帮助。

此书还有1933年铅印本和《国立北平研究院十年来工作概况》（1929—1939年），内容详略各不相同。

《北平故宫博物院图书馆概况》

《北平故宫博物院图书馆概况》，北平故宫博物院图书馆编。北平故宫博物院图书馆民国二十年（1931年）铅印本，一册，18

页，有照片。

北平故宫博物院图书馆成立于 1925 年。1924 年 11 月逊帝溥仪出宫后，次年故宫博物院成立，院中设古物、图书两馆，图书馆分图书、文献二部，陈垣任馆长，以寿安宫为馆址，故宫南三所为文献部办公之地。1926 年 4 月后一度停顿，1927 年双十节公开阅览。至 1931 年，除文渊阁《四库全书》、摛藻堂《四库全书荟要》外，其他各宫殿图书都集中至寿安宫，分别移送到善本书库、殿本书库、经部书库、史部书库、子部书库、集部书库、满文书库、杨氏观海堂书库、志书书库、重复书书库、杂书库，编目整理。

此书是对北平故宫博物院图书馆的简介，分沿革、馆址、目录、阅览、出版五部分加以介绍。附《本馆阅览暂行简章》、《历任馆长姓名录》、《本馆专门委员姓名录》、《本馆现任职员姓名录》、《本馆印行书籍提要》，另附本馆正门、文渊阁、摛藻堂、英华殿、宛委别藏、昭仁殿、殿本书库照片和宋刻本、宋活字本书影。无论对研究该馆馆史、北京地区图书馆史及清代藏书史，此书都有参考价值。

此书还有 1936 年铅印本，补充了 1933 年该馆重要书籍随故宫宝物南迁后的情况及 1935 年利用复本书设太庙图书分馆的情况，但对原书内容有删节。

《北平故宫博物院文献馆一览》

《北平故宫博物院文献馆一览》，北平故宫博物院文献馆编。故宫博物院民国二十一年（1932 年）铅印本，一册，20 页。

北平故宫博物院文献馆即今天中国第一历史档案馆的前身。1925 年故宫博物院图书馆成立时，分图书、文献两部，由副馆长沈兼士主持文献部事务，以故宫南三所为办公处，辟宁寿宫一带宫殿为陈列室，分类陈列宫中有关清代文献之文物、物品，收集宫中各处、军机处档案，整理编目。1927 年改称掌故部，1929 年改为文献馆，以故宫博物院理事张继、沈兼士为正、副馆长，延请陈垣、朱希祖、陈寅恪、傅斯年、齐如山、马廉、刘复等著名学者为专门委员，指导职员分别整理各项档案。并同时整理乾清宫、皇史宬、内阁实录库等处实录、圣训、起居注及升平署剧本、曲本、戏衣、切末，将宫中乐器集中一处鉴定音律，整理前清刑部档案，清史馆所有之文书图籍，内阁红本及实录两库档案，并择其重要者酌量出版。全馆分编纂、陈列、事务三部，陈列地址有皇极殿、宁寿宫、养性殿、畅音阁、阅是楼、神武门楼等。

此书是对北平故宫博物院文献馆的简介，分沿革、档案之整理、物品之陈列、编辑出版、职员表五部分。《沿革》后附《地址表》，分列本馆所属之办公处、库房、陈列所，又附《大事表》，逐年逐月记载本馆1925至1931年的大事。"档案之整理"分档案、实录、圣训、起居注、玉牒、舆图六类，分别介绍其原藏地、迁移地及整理情况。"物品之陈列"分图像、册宝、冠服盔甲、乘舆仪仗、乐器、剧本戏衣切末、模型七类，分别介绍其原存、整理、陈列情况。"编辑出版"分目录、丛书、定期刊物三类，如《文献丛编》、《史料旬刊》等。附《故宫博物院全图》、南三所、大高殿、内阁大库、皇史宬等照片，《满洲实录》等档案书影，玺印、编钟、盔甲等实物照片。此书对研究中国第一历史档案馆的沿革有参考价值。

《故宫五年记》

《故宫五年记》，吴景洲著。上海书店出版社2000年出版，一册，151页。《民国史料丛刊》之一。

此书原名《故宫博物院前后五年经过记》，最初连载于1929年10月创刊的《故宫周刊》，署名栗亭，实即现代文物鉴赏家、北京故宫博物院创办人之一吴景洲的笔名。吴景洲（1891—1959年），名瀛，又字景周、吹万等，江苏武进人。民国初年毕业于湖北方言学堂，曾在奉天辽阳任教，后供职北京政府内务部警政司。

1924 年由办理清室善后委员会聘为顾问，参与故宫博物院筹建，历任博物院维持会常务委员、南京国民政府接收故宫博物院委员、国立故宫博物院秘书等。1930 年初南下，历任中法大学教授、国防最高委员会秘书、行政院参议等。1948 年辞职，解放后任上海文物管理委员会委员，1955 年移居北京，将一生所藏二百余件文物字画无偿捐给故宫博物院。

此书从 1924 年 11 月北京摄政内阁明令废帝溥仪迁出故宫，作者受聘担任清室善后委员会顾问写起，以个人亲历与见闻为本，叙述了北京故宫博物院从筹建创办到 1928 年由南京国民政府派员接收的全部过程，分办理清室善后委员会时期、故宫博物院草创时期、维持时期、奉方管理委员会时期、南京国民政府接收时期等五个时期。除撮录许多有关文献函电和档案资料外，还披露了大量鲜为人知的史事。如溥仪出宫后，废清皇室在皖、奉军阀支持下与摄政内阁的明争暗斗，段祺瑞执政府对善后委员会查点工作的重重阻挠，北洋政府内部围绕清室充公产业所进行的争夺，奉系军阀入主北京后对故宫财产的垂涎，国民党中央政治会议就接收和续办故宫博物院议案的内部争议等。此书故事曲折，文笔活泼，为研究故宫博物院提供了丰富资料。上海书店出版社再版时又选录了有关的其他史料文字，以供读者参考。

《故宫博物院历程》

《故宫博物院历程（1925—1995）》，王树卿、邓文林著。紫禁城出版社 1995 年出版，一册，118 页，有照片。

故宫博物院自 1925 年 10 月创立，至 1995 年 10 月，已经走过七十个春秋。作为出现在中国大地上的第一座大型博物馆，它从创立之日起，就以其独具的特色轰动全国，名扬海外。七十年来，故宫博物院从筹建、创立到保存与发展，经历了一条坎坷曲折的道路。此书分四章介绍了这一历程。第一章"在逆境中创立与发展"，介绍创立经过，创立初期的艰辛与挫折，组织机构的确立与变化，各项业务的开展；第二章"抗战前后的维持与保护"，讲述故宫文物南迁与西迁，抗战时的南京分院与北平本院，抗战胜利后的复员，复员后的主要业务活动，战前维护与文物精品迁台湾；第三章"新中国成立后的振兴与繁荣"，包括组织机构的发展与变化，古建筑管理维修与庭园古树保护，藏品保管与文物鉴定，陈列展览更新与开放服务工作，专业队伍的培养与建设；第四章"历史新时期的调整与改革"，讲述"文革"之后的机构调整与领导人变动，职称评定与职称改革，管理体制的改革与发展，各项业务的恢复与发展，外事活动等。书前附江泽民、李鹏、赵朴初题词，毛泽东、周恩来、朱德、陈毅、邓小平、江泽民、李鹏、乔石、李瑞环、宋平、日本天皇与皇后、叶利钦等参观故宫的照片，插图有驱逐溥仪出宫的国民军总司令冯玉祥、京畿卫戍司令鹿钟麟、交泰殿文物点查前摄影、故宫博物院成立大会会场、清室善后委员会委员合影、故宫博物院维持员庄蕴宽、维持会会长江瀚、第三届理事会理事长蔡元培、善后委员会委员长李煜瀛、首任院长易培基、1954年院长吴仲超等照片。此书7.2万字，是一部故宫博物院的简史，对故宫博物院的历程作了系统的描述，提供了十分重要的文字和图片资料。

《古物陈列所二十周年纪念专刊》

《古物陈列所二十周年纪念专刊》，北平古物陈列所编辑。北平古物陈列所民国二十三年（1934年）铅印本，一册，126页，有照片。

北平古物陈列所创立于1914年，由内务总长朱启钤呈明袁世凯，将辽宁、热河行宫所藏各种宝器，陆续运往北京，派护军都统治格筹备其事，先将故宫外廷武英殿辟为陈列室，次扩充至文华、太和、中和、保和各殿。1928年北伐成功，国民政府内政部进行接收改组，1930年3月华北军事当局宣布脱离中央，平津卫戍总司令部暂行管辖，派员接收。1930秋，华北军事状态结束，该所归内政部、故宫博物院、沈阳故宫博物院分院会同接管，直到 1948 年与故宫博物院合并。

此书记述北平古物陈列所从 1914 年至 1934 年二十年的发展历程。全书共分四章：第一章为"本所二十年经过纪略"，此为全书的重点，分内务部创办管辖时期、内政部接收改组时期、民国十九年军事状态时期、三方面会同接管时期、现在状况，内容包括古物的保存、陈列、编目、鉴定以及"九一八"事变后古物移沪情况；第二章为"工作报告"，包括文书庶务、保管陈列、会计票券印品、消防保安等，还有接管柏林寺大藏经版、接管福开森寄托古物两项；第三章"专纪"，记该所二十周年纪念会事；第四章为"章则"，记载各种规章制度。还附《本所职员一览》。前附当时内政部部长、次长、司长，陈列所现任所长、委员、股长、历任所长等照片，纪念会中外来宾与全体职员合影，甘乃光、傅汝霖、卢锡荣、周肇祥题词，该所地图，并插有宋、元、明、清绘画照片数幅。此书内容丰富，是研究故宫博物院发展史的重要资料。

《北平故宫博物院古物馆概览》

《北平故宫博物院古物馆概览》，故宫博物院编。故宫博物院民国二十一年（1932 年）铅印本，一册，21 页，照片 8 幅，《故宫博物院全图》1 幅。

1925 年 10 月 10 日故宫博物院成立，下设古物、图书两馆。李石曾任该院理事会理事长，易培基为古物馆馆长，张继、马衡为副馆长。1926 年由庄蕴宽、俞同奎代理正、副馆长，修理西三所为办公处，成立事务、流传两课，传拓古代铜器。1927 年改任江庸为馆长，此年国民政府接收该院，任命易培基为故宫博物院院长，兼领本馆馆长，马衡为副馆长，设立专门委员会，延聘专门委员，分别审查各项书画、铜、瓷器物，准备发行专刊及定期刊物。

此书是对古物馆的简介，分别介绍沿革、办公室及陈列室、物品之集中（附提取联单格式）、物品之整理（附修裱规则）、物品之审查（鉴定）、物品之传拓及照像（附器物传拓规则）、目录及卡片（附卡片统计表及卡片格式）、编辑及刊物等。陈列室有雕刻、陈设品、文具、玛瑙、象牙、刀剑、古镜、烟壶、珐琅器、碑帖、景泰蓝器、郎世宁画、织绣品、乾隆珍赏物、宋元明书画、清瓷、古铜器、玉器等，是古物的重点。附录《本馆古物审查会专门委员表》、《本馆职员表》、《本馆传拓印谱、拓片及影印印谱、拓片表》、《本馆影印流传书籍表》。此书是北京第一部博物馆简介，对研究故宫博物院发展史及北京博物馆史有参考价值。

《我在故宫七十年》

《我在故宫七十年》，单士元著。北京师范大学出版社 1997 年出版，一册，549 页，图 15 幅。

单士元（1907—1998 年），著名古建筑学家，历史档案与文物专家。曾任国家文物委员会委员，故宫博物院副院长、顾问，中国紫禁城学会会长等。作者 1927 年起在故宫博物院图书馆文献部从事明清历史档案的整理、研究和编辑出版，成为我国历史档案学的早期开拓者之一，也是中国古建筑早期研究者之一。

1924 年底，18 岁的单士元以北京大学历史系学生身份，被推荐到清室善后委员会参加点查原清宫国宝物品，从此在故宫扎根，工作七十一年，为国家文物委员会委员、故宫博物院顾问。

此书是作者研究故宫档案、建筑的文集，是七十年来第一本比较详细、系统地反映他生平研究成果的出版物，分《清史档案研究》和《古建研究》两部分。第一部分收论文 26 篇，既有对清代军机处档案、清代内阁大库档案、清代实录、清代起居注、清代内务府档案等档案的接收、清点、编目情况的介绍，也有根据档案对某一方面资料的选辑及《清代秀女考》等考证文章。第二部分收研究紫禁城、太和门、三大殿、文渊阁等故宫建筑的文章 8

篇。由于作者从故宫博物院成立之日起，就一直在故宫从事档案整理工作，此书重点又是整理档案的札记、史料，因此客观详细地记载了故宫博物院整理明清档案的情况，为中国档案史、档案学的研究提供了重要资料。

《北京大学博物馆概要》

《北京大学博物馆概要》，北京大学博物馆编。北京大学1949年11月出版，一册。

1947年5月，北京大学有设立博物馆之议，1948年2月开始筹备。最初设在沙滩图书馆的后面，只有陈列室三间、参考室一间、储藏室一间，有古代器物、近代手工艺品，关于美术、考古的书籍，但都不系统。1948年曾举办"中国书画特展"、"中国漆器展"、"古铜兵器展"，展品大多从清华大学、北平研究院及私人收藏家借来。解放后，1949年4月14日迁入东厂胡同二号新址，先后成立瓷器室、铜器室、漆器织造及改良后的手工艺品的综合展览室和校史资料室。此年曾举办"手工艺特展"、"苗民刺绣图案展"、"小型图案展"（漆、铜、瓷、丝织品、建筑等）、"现代博物馆介绍展"、"普希金生平展"等。

此书是对北京大学博物馆的简介，分本馆的沿革、本馆的设备、本馆的新展三部分，附录北京大学博物馆专修科课程（1949年上学期）、北京大学博物馆委员会委员名单、北京大学博物馆工作人员名单。重点在第三部分，又分生物科学、地质矿产、工程模型、摆彝民族文物、历代陶瓷器、历代漆器等六节，前四节介绍极细，可作为科普教材。从所附《北京大学博物馆平面图》看，该馆还有照相室、图书室、图片室、教室等。书前有汤用彤序。

北大博物馆是我国筹备较早的大学博物馆，也是一所向社会开放的博物馆，此书对研究北大校史、中国博物馆史都有参考作用。

《中国第一历史档案馆馆藏档案概述》

《中国第一历史档案馆馆藏档案概述》，中国第一历史档案馆编著。档案出版社 1985 年出版，一册，208 页，照片 11 幅。

中国第一历史档案馆的前身是 1925 年 10 月成立的故宫博物院图书馆的文献部，1927 年 6 月改称掌故部，1928 年 10 月独立为文献馆。1951 年将原藏之明清图像、舆图、册宝、冠服、乐器、兵器等移交故宫保管部，改称档案馆。1955 年移归国家档案局领导，改称第一历史档案馆。1958 年改名为明清档案馆，1959 年并入中央档案馆，为明清档案部，1969 年又成为故宫博物院明清档案部，1980 年又由国家档案局接收，改为中国第一历史档案馆，下设管理部、编辑部、满文部、技术部、研究室、办公室等。

此书是对该馆所藏明清档案的介绍。1961 年工作人员用三个多月的时间，对所藏档案进行了调查摸底，编成《明清部所存档案介绍》。70 年代初又对清代各部院衙门的五十多个全宗档案进行了系统整理，1976 年写出《明清部所存档案介绍（增订本）》，但两次都只供内部参考。后来在增订本的基础上编成这部《概述》。全书共十六章，第一章《中国第一历史档案馆六十年工作概况》，介绍该馆的组织沿革及档案的形成、转手、接收、整理情况。第二章《明朝档案》，介绍为数不多的明朝档案。第十六章《舆图汇集》，介绍该馆所存零散舆图。第三至十五章为全书重点，介绍清代具有全宗档案的各部院衙门的历史沿革及其机构、职掌，全宗的档案情况及其内容。此书目的在于介绍该馆档案的主要内容和成份，以作为利用者入门的向导，实际上也是对该馆最详细的介绍。

《三十年代北京市的展览事业》

《三十年代北京市的展览事业》，钟少华著。1982 年铅印本，一册，16 开，10 页。

钟少华是北京社会科学院历史所研究员，口述史学者，在中国近代学术史和人类知识研究领域卓有成就。此书简介"七七"事变以前北京市所办的三类展览：一、科学技术展览，有天文陈列馆、通俗博物馆、地质矿产陈列馆、天然博物院、交通博物馆、卫生陈列室；二、历史文物展览，有故宫博物院、古物陈列所、历史博物馆、艺术陈列所、国剧陈列馆、通俗教育馆、梁任公纪念堂、礼品陈列所、欧美博物馆展览会、拓片展览、中日绘画联合展览会、古物陈列室；三、经济展览，有国货陈列馆、第三届铁道沿线物品展览会、市物产展览会。其中有长期举办的博物馆、陈列室，也有短期举办的展览会。每处都记其地址、负责人、所属单位、馆舍面积、展览内容、经费状况、出版物等。其中有些在民国初年就已经创办，一直延续到 20 世纪 30 年代，而大多数创办于 1928 年至 1936 年这段北京社会比较安定的时期。作者挖掘了大量现在已鲜为人知的展览单位，虽然有些介绍稍嫌简略，但对于研究北京的博物馆史仍然有很大帮助。

《一代宗师：纪念刘国钧先生 百年诞辰学术论文集》

《一代宗师：纪念刘国钧先生百年诞辰学术论文集》，北京大学信息管理系、南京大学信息管理系、甘肃省图书馆合编。北京图书馆出版社 1999 年出版，一册，528 页。

刘国钧（1898—1980 年）是我国著名的图书馆学家、教育家。1920 年毕业于金陵大学文学院，在该校图书馆工作。随后留学美国，在威斯康星大学哲学系、图书馆专科学校及研究院学习，获哲学博士学位。1925 年回国，任金陵大学图书馆主任兼文学院教授。1929 年编出《中国图书分类法》，由金陵大学图书馆、北平图书馆普及到全国。1929 年至 1930 年担任北平图书馆编纂部主任，负责《图书馆学季刊》编辑工作，同时在北师大兼课。1930 年重回金陵大学。抗战期间，随金陵大学迁往四川，主要精力转向哲学领域。1944年出任国立西北大学图书馆馆长，兼兰州大学哲学系教授。1951年开始在北京大学图书馆学系任教，担任图书馆学教研室主任、北京图书馆研究员等。著有《什么是图书馆学》、《图书馆目录》、《中国书史简编》等。

　　本书是"刘国钧先生百年诞辰学术研究会"征文汇编，约七十余篇，多是刘国钧的学生、晚辈和图书馆界同仁所撰。一是刘国钧的生平及有关的纪念性文章；二是论述刘国钧在图书馆理论、事业、教育、中国书史、目录学史、图书分类法及图书馆自动化等方面学术成就的论文；三是图书馆学领域论文的节选和提要；四是刘国钧著译系年目录。虽然刘国钧解放前在北京的时间并不长，但他对北京图书馆事业的影响极大，解放后更是长期在北京从事教学、研究、指导工作。本书所收论文对研究北京图书馆事业发展史极为重要。

（六）新闻、出版

《北京报刊史话》

《北京报刊史话》，黄河编著。北京文化艺术出版社 1992 年出版，一册，212 页。

此书初稿是作为《北京志》子目之一而编写的。1958 年 12 月，为庆祝国庆十周年，北京市委决定编纂《北京志》，下设 11 个小组，次年春天拟定出 40 篇子目。其中的《北京植物志》已经出版，《北京简史》出铅印稿，《北京文物志》等出打印稿。在"文革"中，《北京志》问题被列为北京市委的"罪状"之一，这项重大的文化建设工程不了了之。1981 年，文化艺术出版社的同志看到幸存下来的《北京报刊史话》书稿，认为其中有一些珍贵的新闻史料，有一定的参考价值。1983 年春，编者才下决心对此书稿认真修改，作为定稿出版。

此书介绍 1949 年以前北京出版的报纸。以"辛亥革命"为界分两篇，第一篇重点介绍清朝的《京报》，外国人在北京创办的《中西见闻录》，康有为、梁启超等在北京创办的《中外纪闻》，日本人创办的《北京公报》、《顺天时报》，君主立宪派和民主立宪派在北京创办的各种报纸；第二篇分民国初年、五四运动前后、第一次国内革命战争时期、第二次国内革命战争时期、抗日战争时期、第三次国内革命战争时期六个时期，先简述每个时期的政治背景，再分别介绍这个时期的主要报纸和主要期刊。此书作为一部史话，内容简明扼要，通俗易懂，为了解和研究北京新闻史的初学者提供了一定帮助。

《北京妇女报刊考》

《北京妇女报刊考》（1905—1949），北京市妇女联合会编。光明日报出版社 1990 年出版，一册，814 页。

此书是北京市妇女联合会研究室组织有关人员，对首都各大图书馆及个别外省市图书馆所藏北京妇女报刊进行调查研究的成果，由北京市社科院姜纬堂、北京市妇联刘宁元主编，妇联副主任熊玉梅审定。

此书收录 1905 年至 1949 年间研究、讨论妇女问题的北京报纸、刊物 110 种，还有 18 种尚待证实的列入《北京妇女报刊待访录》。所收范围限定为在北京编辑、出版的，从人文意义上讨论妇女问题、妇女生活与斗争的独立报刊，还包括：一、报纸的副刊、专刊；二、报刊的专栏、专页；三、期刊的专刊、专号；四、专门出版物。首列《总述》，论述这个时期妇女报刊的历程，析其特点，评其价值；继而采用专篇介绍形式，对 110 种北京报刊逐一进行考述，各篇以创刊时间先后为序。在写法上，每篇都列报刊名称、形制、起迄、沿革、篇幅、构成、编者、宗旨、背景、内容、特点、简评、实物藏所等项，报（刊、栏）头或封面形制除文字描述外，还附印照片。考述内容侧重其对妇女问题、时局的立场与见解，注重采写与编排方面的特点，少用撮述，尽量引用原文，并注明引文的篇目、作者、卷期，以便难见实物者引用。此书首次从总体和个体上，科学而准确地描述出 1949 年以前北京妇女报刊的基本面貌，是一部关于北京妇女报刊的资料性、工具性、知识性专著。

《京津新闻事业之调查》

《京津新闻事业之调查》，中华民国新民会中央指导部调查科编。中华民国新民会中央指导部调查科民国二十七年（1938 年）铅印本，一册，140 页。

新民会是"七七"事变后，日本参谋部与日本特务机关仿效伪满协和会而炮制的汉奸文化组织。此书是其中央指导部调查科为控制京津地区的新闻事业而作的调查报告，分《北京新闻事业之调查》和《天津新闻事业之调查》两篇。北京篇又分四部分：
一、北京之新闻社，在论述了北京新闻社的经营缺乏科学的认识、编辑与记者资格较低、编辑阵容贫弱、技术落后、民众阅读能力低、购买力贫乏等因素后，又论述了1937年前国民党统治下的北京新闻事业，和北京新闻事业之现状（即日本战领后的新闻事业）；二、北京之新闻通讯社，论述了中国及北京新闻通讯社的特征，事变前的国民党中央通讯社北京分社和一般的通讯社，沦陷后新闻通讯社的经营状况、编辑与记者；三、北京新闻事业之团体与检阅机关，记述了衡社、北京市记者公会、记者联合会等记者团体，北京新闻同业协会的成立、会员、成立宣言、职员，北京市新闻检查所的组织机构、工作概况，附报夫职业分会的成立；四、结论，总结北京新闻事业经营、经济和编辑资料的穷途，通讯社和记者活动的前途以及对北京新闻事业现状整理、统制方略。天津篇也是如此分析。

此书虽是日伪组织为统治京津地区的新闻事业而写的，但它对"七七"事变前后北京的新闻社、通讯社、报纸、杂志、编辑、记者、新闻团体都调查得非常清楚，并列大量表格进行说明，因此是一份内容翔实的调查报告，为我们研究北京的新闻史提供了丰富资料。

《抗日战争时期北平新闻事业》

《抗日战争时期北平新闻事业》，赵艳红著。中国人民大学新闻学硕士论文，谷长岭副教授指导，2003年6月提交，一册，57页。

"卢沟桥事变"爆发后，北平沦陷，从此北平新闻事业格局发生了前所未有的变化。日寇为了配合其迅速灭亡中国的计划，加强新闻宣传的攻势，采取没收或改组等方式夺取了北平原有的报纸和电台，日伪新闻事业在北平占据了统治地位。但抗日的宣传并没有被完全摧毁，爱国学生社团"海燕社"创办的《海燕》和平西抗日根据地的《挺进报》等油印小型报纸保存下来。妇女报刊也出现了前所未有的繁荣景象。此书试图通过对这一时期的原始报刊和资料的研究和分析，展示北平沦陷后日伪对新闻事业的控制和利用以及进步的新闻工作者在恶劣环境中利用新闻阵地为我抗日战争服务的情况。

全书分四章：第一章"日伪的法西斯新闻统制"，介绍日伪制定新闻法制、建立在华新闻宣传网和法西斯新闻机构的情况。第二章"日伪新闻事业"，介绍《新民报》、《武德报》、《实报》等日伪报纸，《国民杂志》、《妇女杂志》、《新兴》、《中国文艺》和《中国公论》等期刊，"中央广播电台"、华北广播协会、同盟通讯社"北支总局"等广播、通讯设施，并总结了日伪新闻事业的特点和影响。第三章《抗日报刊》，主要介绍《海燕》和《挺进报》。第四章"爱国新闻工作者的顽强斗争"，讲到《挺进报》的真实报道，也谈到打入敌人广播电台的地下党刘新、白羽、爱国人士孙敬修等人的斗争故事。此书第一次对抗日战争时期北平新闻事业的发展做出系统的梳理和论述，但有些方面的研究还稍显薄弱。

《解放战争时期北平的国民党报纸》

《解放战争时期北平的国民党报纸》，孙琪著。中国人民大学新闻学硕士论文，谷长岭副教授指导，2003年5月提交，一册，66页。

抗日战争结束后，国民党政府迅速派出大员对北平的日伪新闻事业进行"劫收"，并且很快就在北平建立起完整的新闻宣传网。初期，北平的国民党报纸曾有过迅猛的发展，但是随着内战的全面爆发和国民党在政治、经济、军事上无可挽回的颓势的到来，这些报纸也陷入了发展的窘境，不断萎缩。至1949年北平和平解放，北平的国民党报纸终告消灭。

此书系统论述了国民党报纸从创刊到消灭的过程。全书分六章：一、抗战结束后北平国民党报纸复兴的背景；二、解放战争时期北平主要的国民党报纸，介绍《华北日报》、《北平时事日报》（英文）、《北平日报》、《平明日报》、《明报》（即《纪事报》）、《北平新报》、《道报》、《北平时报》、《新生报》、《国民新报》等；三、主要报纸的新闻报道分析，主要论述了国民党直辖党报《华北日报》的新闻报道，"沈崇事件"和报纸的反应，"杨妹事件"（四川女孩九年不食而生）和各报的社会新闻版；四、主要报纸的言论立场分析，如《华北日报》社论随战争形势亦步亦趋，《平明日报》"墙头草"和"骂是爱"（揭露国民党腐败）的评论立场，其他报纸的"失语"（不评论）或"失身"（人云亦云）；五、《各报副刊和专栏建设》，论述各报的文学副刊、社会生活服务类副刊及专栏、综合性副刊等；六、"国民党报纸经营状况"，论各报在艰难中经营及党报的企业化经营。此书概括出解放战争时期北平国民党报纸的整体轮廓，为了解和利用这些报纸提供了方便。

《新民报社史》

《新民报社史》，新民报社社史编纂委员会编著。新民报社清算事务所民国三十三年（1944年）出版，一册，858页，照片多幅。

《新民报》是日本帝国主义奴化和麻醉中国人民思想的主要机关——新民会创办的，1938年1月1日创刊，系奉日本华北派遣军报导部命令接收和改组《世界日报》、《世界晚报》而成。该报社长是日本文化特务武田南阳，社长室下有徐日章负责的社论委员会，吴菊痴、陈重光先后负责的编辑局以及经理局、工务局、事业局等。每天出日刊两大张，晚刊一小张，还有《天地明朗》、《学生生活》、《回民》等副刊，日本《阵中新闻》一张，《儿童周刊》、《戏剧周刊》等七种周刊。1941年7月7日晚报停刊，只出日报一种。1944年4月30日，因中日决战在即，为节约开支，奉华北最高当局之令全部停刊。又经六个月，该社编出社史。

此书记述新民报社从创刊到停刊的全部历史。共分三章：第一章为前史，综合叙述《新民报》创刊的因缘与成果；第二章为本史，就《新民报》六年零四个月的工作实绩，依年月日分类摘述，材料或转录于本报的记事，或摘录于本报发表的文件，或抄用武田社长的手记；第三章记述《新民报》停刊后的善后事务。附录新民报社组织人事、各种规程、附属事业设备概况。还有新民会历任会长、新民报社全体成员和新民报社各历史时期的照片。全书16开，800多页，为研究北京沦陷期的报刊史、文化史提供了极其丰富的资料，也为研究抗日战争史提供了重要史料。

《实报恢复旧观后》

《实报恢复旧观后》，实报社编。民国二十七年（1938年）铅印本，一册，74页，有照片、插图。

《实报》是管翼贤1928年10月在北京创办的一张4开的小报，以"发扬党义"、"提倡民生"为宗旨，妥善处理与政治的关系，走市场化道路，尽量增加新闻容量，多方面迎合读者需求，还发表一些旧体小说、讥讽文章、滑稽小品等。1931年后发行量超过14万份，被称为"华北各报发行之首"。1931年"九一八"事变之后，《实报》曾经表现出抗日的色彩，但随着中国军事战场上的失利，《实报》的抗日报道渐无声息，不久开始鼓吹与日亲善的汉奸理论。"卢沟桥事变"后，因市面萧条，纸张缺乏，交通梗阻，《实报》被迫缩为8开小报，从此销量锐减。董事长潘燕生和董事会推选的社长何庭流另聘胡通海为该报副社长兼时闻通讯社社长，1937年11月20日恢复为4开，"排除共产思想，根绝国民党祸"，宣扬"中日亲善，共存共荣"的立场更加明显。

此书是《实报》恢复4开的纪念册。分论文、漫画、文艺三部分，论文皆为对《实报》恢复旧观的感想、希望，漫画也多围绕这一主题。前有《本报全体同人合影》，潘燕生、何庭流、胡通海肖像，王克敏、齐燮元、王揖唐、潘毓桂、李景铭等人题词（影印），书中插有社长室、编辑部、营业部、工务部、时闻社等各部门的照片。此书概述了《实报》创刊近十年的历史，为研究北京报刊史提供了资料。

《北平〈解放〉报始末》

《北平〈解放〉报始末》，中共北京市委党史研究室编，史建霖主编。中国书店2001年出版，一册，328页，有照片。

1946年2月，北平《解放》报的出版和新华社北平分社的创立，是在中共中央领导下，由北平军事调处执行部中共代表团叶剑英、李克农组织进行的。它是继重庆《新华日报》后，在国民党统治区公开发行的又一份中共报纸。社长徐特立未到任，由总编辑钱俊瑞代理报社和新华分社社长，主管全社。报社和分社人员合一，内部是一个机构，对外竖两块牌子。至5月29日被国民党北平当局查封，北平《解放》报仅发行三个多月的时间，但它在宣传中国共产党的主张、传播正义的声音、公布事情真相、反映人民心声等方面做了大量的、卓有成效的工作。为了保存文化、新闻事业中的宝贵资料，中共北京市委党史研究室在北平《解放》报、新华社北平分社史料编写组征集的材料基础上，组织编辑了此书。

此书以在北平《解放》报工作、战斗过的老同志分别撰写的回忆录和回忆文章为主，从不同角度回顾了当时激烈斗争和艰苦工作的各个侧面；《文献、报刊资料》部分选取了中共中央有关指示，《解放》报成立前后的申请、报告及该报上的重要文章；《要目索引》和《大事记》为读者运用和了解情况提供方便；有关国民党当局的一些报告、密函，作为附录，可供研究者参考。此书完整地讲述、反映了北平《解放》报从创刊到结束三个月的丰富、传奇的历程，是一部记述我党1946年在北平光辉斗争历史的优秀读物，保存了重要的北京新闻事业史料。

《中国大辞典编纂处一览》

《中国大辞典编纂处一览》，中国大辞典编纂处编。中国大辞典编纂处民国二十年（1931年）铅印本，一册，58页。

1919年，北洋政府教育部国语统一筹备会成立，按会员黎锦熙所提出的《国语研究调查之进行计划书》着手准备。因经费太少，此举无法积极进行。1923年国语统一筹备会第五次大会议决，由1920年第二次大会所组织之国语辞典委员会自行筹款，先设立国语辞典编纂处，从事材料之搜集。1928年中华民国大学院改组国语统一筹备会，又奉教育部令更名为"国语统一筹备委员会"，而国语辞典编纂处改名为"中国大辞典编纂处"，由国民政府拨北平中海前总统府（即居仁堂）之西四所为处址。其下设搜集部、调查部、整理部、纂著部、统计部。

此书是中国大辞典编纂处的文件汇编，包括《中国大辞典编纂处计划书》（经过概况、组织大纲）、《中国大辞典编纂处规程》、《中国大辞典编纂处董事会简章》、《中国大辞典编纂处搜集部委托工作章程》、《中国大辞典编纂处整理部包工简章》、《中国大辞典编纂处委托工作督理章程》、《中国大辞典编纂处出版合作章程》、《中国大辞典编纂处第三次报告书》，附录《董事表》、《职员表》。尽管计划中的《中国大辞典》由于经费不足、战乱频仍而没有编成，中国大辞典编纂处却出版了数部小型的字典、词典，整理出300多万张卡片。此书是对这一辞典编纂工作的记述。

《北京出版史志》

《北京出版史志》第一至十六辑，《北京出版史志》编辑部编。北京出版社1993年至2000年出版，十六册。

北京历史悠久，但有关北京出版方面的资料却较匮乏。北京出版社为了群策群力搜集、整理有关北京出版方面的资料，以期众志成城，最终编纂好《北京出版志》和《北京出版史》，预先出版了一种带有征集资料性质的论文集，即《北京出版史志》。

此书收集有关北京出版方面的论文，内容上限为北京出版事业的发端，下限至 1992 年底。凡属一家之言，只要资料翔实，言之有据，剖析透辟，言之成理者，都可采纳。能填补北京出版史空白及有新意、新材料、新见解的论文，或概括性强、信息量大，能提纲挈领地谈清某一朝代北京出版方面问题的文章，或某一方面从古至今的情况的论文都受欢迎。有燕京出版史事、古今出版机构、出版建置沿革、出版管理、京华出版苑、古今书肆谈往录、图书市场管理、图书发行、书肆记趣、书肆人物、古今名书店、出版大事年表等几个栏目，涉及出版、发行、销售、出版管理等几个方面。既有李致忠、杜信孚、雷梦水等版本学家作品，姜纬堂、田耕等著名学者的论文，也有青年作者的习作。

此书只出至第十六辑，又是作者自动投稿，不可能把北京出版史的所有问题都讲清楚，但确实汇辑了大量资料。即使《北京出版志》和《北京出版史》都编出，此书的作用仍不可代替。

经 济 史

小　序

　　经济关涉着衣食住行，与民生关系极大。自《汉书》以来的中国古代正史，都有专门的《食货志》记载当朝的经济制度及其发展演变情况，"食谓农殖嘉谷可食之物，货谓布帛可衣及金刀龟贝，所以分财布利通有无者也。二者，生民之本……食足货通，然后国实民富，而教化成"（《汉书·食货志》）。西学东渐后，尤其是马克思主义被引入中国之后，经济史研究吸收了新的研究方法和理论视角，取得了许多重要成果，如郭沫若等人根据经济基础来划分中国社会的发展阶段，其理论深度和创新性、系统性都是传统学者不可望其项背的。

　　自 20 世纪 80 年代以来，城市史研究已经成为史学研究中的一个热点。在这一热潮中，北京经济史作为北京史研究的一个重要分支，具有不可替代的价值和意义。作为五朝古都的北京，对全国有巨大的辐射作用，一部北京史实际上是整个中国历史的缩影。北京经济发展演变的历史既典型地反映了整个中国经济的发展与演变情况，又有受其自身地理环境、气候、民族融合、风尚习俗等因素影响而形成的独有特点。

　　古代中国有着发达的史学传统，关于北京经济史的资料散见于实录、档案等各类历史文献中。近代以后，随着社会的变革，各种新型的经济实体和经济管理机构应运而生，它们的章程、档案、工作汇报都具有重要的资料价值。此外，一些学者作的调查和专著也具有较高的学术参考价值。北京经济史研究的真正繁荣是在当代，尤其是 20 世纪 80 年代以后。此时期的北京经济史研究既有高层次的学术专著，又有钩沉辑佚的资料汇编等基础性研究，还有大量观点精辟的学术论文，研究的深度和广度都是空前的。

　　本卷选目，力图反映每个时期北京经济史的研究状况，并据文献存佚情况及笔者视域所及，共收录北京经济史料及研究专著 116 种。北京经济史类文献涉及广泛，按其研究内容，又分为：

一、经济通史；二、工业（附建筑工程）类；三、农业类；四、商业、税务、金融类；五、交通、邮电、市政类；六、统计资料。每类文献以内容相从，按成书时间先后为序。

在本卷收录的116种文献中，1949年以前的有83种。这部分文献除了少量的研究专著如《北京金融整理论》、《发展北平之根本政策》等之外，内容多为章程汇编、工作报告、统计资料、调查概况等，为我们研究北京经济史提供了可贵的第一手的资料和参考。尤为难得的是，本部分还收录了一部分非正式出版物，如北京大学图书馆藏原燕京大学经济学系的学士、硕士毕业论文，这些论文调查翔实，立论客观，有较高的参考价值。1949年以后的文献有33种，主要可分为：一、研究1949年以前北京经济史的学术专著，例如《北京古代经济史》、《北京农业经济史》、《走向近代的北京城》等，这类著作代表了北京经济史研究领域的重要成果和最新进展；二、经过严格的考证、筛选之后整理出来的资料汇编，如《日本对华北经济的掠夺与控制——华北沦陷区经济资料选编》、《清末北京城市管理法规》、《北京早期工业史料选编》等，这类文献为学术研究提供了可靠的参考资料；三、经济史普及作品，如《北京经济史话》、《老北京的商市》、《北京冶铁史话》等，它们虽为普及作品，但态度严谨，资料丰富，具有一定的学术价值。此外，还收录了少量的内部资料，如《北京金融史料》、《北京站志》等，这类文献史料丰富，对研究者不无裨益。

总的来说，解放前的文献保存下来的数量较少，搜寻起来存在一定难度，因而弥足珍贵。为方便读者利用，本卷以"广"为原则，细大不捐，但凡略有价值，即悉心录入，如《司巡须知》、《纳税须知》、《京师税务交涉须知》、《京师税务验货须知》等单行法规即为此类。解放后的文献数量较多，则根据其学术价值有选择地著录，例如关于北京老字商号的文献有十余种，本书则根据其史料是否丰富、论述是否深入等标准进行比较、鉴别，选择了三种文献著录。

（一）经济通史

《北京经济史话》

《北京经济史话》，杨洪运、赵筠秋主编。北京出版社1984年出版，一册，240页。

本书共收入58篇文章，内容涉及自来水、商业市场、老字号、庙会集市、风味饮食、旅店业、交通运输、煤炭、电力、纺织、火柴、钢铁、特种工艺、酿酒、养花、畜牧业、当铺、银号、钱庄、银行、洋行以及对外贸易等北京经济的方方面面，语言简明生动，较为全面地介绍了历史上北京经济发展的概况及其厚重的文化底蕴。书虽出自众人之手，但风格较为统一，对普及北京经济史知识、培养读者的热爱北京之情有一定的作用。

《北京经济地理》

《北京经济地理》，邬翊光主编，况鸿璋副主编。新华出版社1988年出版，一册，297页。

邬翊光，北京师范大学教授，曾任北京师范大学资源与环境科学系主任，土地研究中心顾问。况鸿璋，首都师范大学教授。

本书是《中国省市区经济地理丛书》之一，它系统地介绍了北京市的锦绣河山，丰富的自然资源，历史上的璀璨文化，新中国成立后经济及各项建设事业的巨大成就，工、农、交通运输业布局特点，城镇建设和布局变化发展，北京市庄严古朴和现代化建设和谐融洽的独特城市风貌以及未来宏伟的发展前景等。本书共分五章：一、总论；二、工业地理；三、城郊农业地理；四、交通运输地理；五、商业地理、旅游地理、城镇体系。

本书突出了北京的经济地理特点，引用资料数据真实可靠，对经济地理的现状给予了清楚准确的描述和实事求是的评价，并对其形成原因和今后的发展趋势作了科学的阐释。本书对北京国土开发、产业结构与布局的调整有一定的参考价值。

《北京经济史资料（近代北京商业部分）》

《北京经济史资料（近代北京商业部分）》，孙健主编；刘娟、李建平、毕惠芳选编。北京燕山出版社 1990 年出版，一册，788 页。

孙健（1925—　　），山东潍坊人。1949 年毕业于南开大学经济系，历任中国人民大学经济学教授、研究生导师，经济史教研室主任及河南大学名誉教授。主要专著有《资本主义以前社会经济制度》、《中国经济史——近代部分》、《中华人民共和国经济史》、《孔府档案选编（上、下卷）》、《中国经济通史》等。

本书是一本关于北京近代商业方面的史料集粹。内容以类编排，且添加了标题。主要包括：一、几个主要的商业区，收集了关于前门外大街、鼓楼、天桥市场、王府井大街等商业区的资料；二、主要商业行业，包括食品业、纺织商业行业、日用品商业行业、饮食商业行业、古玩玉器等商业行业、文化用品商业行业、粮食贸易业、木材贸易业、煤炭业、拍卖业、旧货业、服务业等方面的内容；三、贸易形式，收集了集市、庙会、百货业、小商小贩等资料；四、商业资本，包括北平市商业家数及资本数分类统计和旧京各行盈利情况；五、商业组织形式，包括工商会馆、同业公会、文物商会组织及旧商会历史和时事纪闻；六、日伪时期北京商业的衰落，收集了日本侵略者对经济的控制、掠夺及商业萧条的资料；七、北京商业的衰落，收集了日货充斥市场、商店亏损歇业及当时商况调查的资料；八、对外贸易，包括外贸概况、煤油市场、北京的洋行、洋货泛滥等内容。最后附有《1919年京师总商会众号一览表》。

本书的资料主要来源于首都图书馆《北京地方文献报刊资料

索引》中提供的北京解放前旧报刊、旧文献和档案材料，书中每一条目都标明了材料的出处。本书是北京哲学社会科学"七五"规划项目，系统地整理了北京经济史近代商业部分的资料，具有重要的参考价值。

《日本对华北经济的掠夺和控制
——华北沦陷区经济资料选编》

《日本对华北经济的掠夺和控制——华北沦陷区经济资料选编》，中国抗日战争史学会、中国人民抗日战争纪念馆编。北京出版社1995年出版，一册，1095页。

本书是《中国抗日战争丛书》之一。它以日本外交史料馆和国民政府行政院河北平津敌伪产业处理局的珍贵档案为主，配以部分当时的中日文历史资料，系统全面地揭示了日本帝国主义从1935年7月至1945年8月，对华北实施经济侵略的重要政策、计划、领导机构、国策会社与大财阀以及如何在华北迅速建立起庞大的殖民主义经济体系，并对华北的财富和资源进行疯狂掠夺与开采的内幕。全书共分十五章：一、日本对华北实行经济统治和掠夺的机构及重要政策、方针；二、华北伪政权的建立、辖区及重要经济政策法规；三、日本控制华北经济命脉的"国策会社"与大财阀；四、日本对华北交通港湾航运业的统治；五、日本对华北电力和通讯业的统治；六、日本对华北矿产业地统治和掠夺；七、日本对华北冶金产业的统治和掠夺；八、日本对华北盐产及化学工业的统治和掠夺；九、日本对华北棉产和纺织工业的统治和掠夺；十、日本对华北其他工业的统治；十一、日本对华北农业的统治和摧残；十二、华北沦陷区的内外贸易；十三、华北沦陷区的财政与金融业；十四、日本对华北民族工商业的摧残；十五、日本对华北劳工的掠夺与摧残。

编者在对发掘的档案资料进行初步研究和考证的基础上撰写了本书的序言，并在每一章前附以简短按语，对该章所属内容的特点、选材原则及材料本身加以概要地说明和评价，且注明了档案出处。本书是一本很好的研究抗战时期敌伪经济的史料，对现实的经济建设和对日交往亦有借鉴意义。

《北京古代经济史》

《北京古代经济史》，孙健主编。北京燕山出版社 1996 年出版，一册，377 页。

作者简介见前《北京经济史资料（近代北京商业部分）》篇。

本书通过史料反映了北京从远古到 1984 年之间的社会经济各方面发展演变的历史过程。全书分为三编：第一编，原始社会时期的北京地区，主要记述了旧石器时代、新石器时代的北京考古发现；第二编，奴隶社会时期北京地区的经济状况，主要记述了夏、商、周时期北京地区的经济文化和考古发现及其奴隶制生产和剥削关系；第三编，封建社会时期北京地区的经济发展，共分六章，是全书的主要部分，记述了自战国起特别是辽、金、元、明、清时期北京的城市建设、人口、农业、手工业、商业、交通以及邮政等内容。

本书从基本资料的搜集整理入手，系统、全面地反映了北京逐渐成为政治中心、文化中心的发展历程，准确地描述了北京地区经济发展和演变的历史，总结出了其经济发展的历史经验和规律，不仅在学术上属于填补空白的创新之作，而且在实践上可为北京目前正在进行的现代化建设提供历史依据。本书曾获北京市哲学社会科学优秀成果一等奖。

（二）工业（附建筑工程）

《直隶工艺志初编》

《直隶工艺志初编》八卷，周尔润编纂。北洋官报局清光绪三十三年（1907年）刊，铅印本。

光绪二十九年（1903年），周学熙创办直隶工艺总局（亦名天津工艺总局），该局先后开办了实习工场、植物园劝业会场、造纸铁工厂、高等工业学堂、劝工陈列所、教育品制造所等实业团体，奠定了中国北方现代工业的基础。本书即直隶工艺局案牍资料的整理编纂，编纂缘由为"今日工艺，非一人一家之私，计乃吾人衣食之根源，中国富强之基础，关系至为重要。爰命尔润等详加厘定，编辑付刊，以质当世。非夸工业之大观，实冀示提倡而资考证，后有赓续，此为先河，故定名为《直隶工艺志初编》"。

全书分为四类，每类又分为上、下。一、章牍类：包括章奏、禀牍、札饬示谕等，每一种文件录其最重要的一篇或两篇，以标明缘起而著录大概，又录其特别有关系者若干篇，余皆删去；二、志表类：包括直隶工艺总局、高等工业学堂、劝工陈列所、教育品制造所、实习工厂、管理种植园、劝业场、官造纸厂、劝业铁工厂、北京第一、二小学堂工厂等各场的总志、要略表、员司姓名表、经费统计表以及直隶各属工艺总志和要略表等内容；三、报告类：包括直隶各属县出产并报告情形和出洋游历报告、驻洋考察报告等内容；四、丛录类：各堂场的规章制度以及不能编入其他类的内容。

书中与北京经济有关的内容是其中的北京第一、二小学堂工厂的创办缘起、要略表、员工姓名、经费统计以及顺天府现属于北京的大兴县、良乡县、通州、昌平县、顺义县、密云县、怀柔县、房山县、宛平县、平谷县的土产、工产以及报告等，对研究北京近代早期工业史有一定的资料价值。

《平津工业调查》

《平津工业调查》，杜文思著。北平市立高级职业学校 1934 年铅印本，一册，122 页。

"工业救国，自属刻不容缓，而欲发展工业，则对于现在之生产情形，须先有充分之调查与了解，盖以有调查乃有新发明，亦以有了解而后新发明乃有实际。"（《序》）为此，作者对平津一带的大工厂进行了调查。

本书内容包括：前途堪虞之天津面粉工业；苟延残喘之天津纺纱工业；平津毛织工业调查；风雨飘摇之平津火柴工业；平津制革工业调查；渐具雏形之平津机器造纸工业；平津造胰公司调查；北平永增工厂调查；北平名产景泰蓝老天利官窑厂调查；日渐发达之天津搪瓷工业；平津玻璃工业调查；省立仅有的机器工厂农具制造所概况；天津中国油漆颜料公司调查；辅导工商业之河北省工业试验所；天津宏中酱油公司调查；经济凋敝声中天津利利工厂调查；北京市社会局的几个习艺救济机关。大凡各工厂之沿革、现状、出品、营业等情形，调查均较为周密。

本书态度严谨，内容丰富，为考查民国时期的平津工业状况提供了重要参考。

《北平市手工艺生产合作运动》

《北平市手工艺生产合作运动》，张光钰撰。中央合作金库北平分库、国际合作贸易委员会北平分会 1948 年铅印本，一册，70 页。

本书是《平库丛书》之一。抗战胜利后，北平市的手工艺日趋没落，影响所及，不但数百年来历代文化的结晶将因此失传，数十万平民生活和社会秩序的维持也将成问题，对国家的外汇收入也构成严重影响。所以,本着"提倡手工艺,不仅为了保存文化,增加外汇,此外如提倡合作事业,改善它的组织,换取机器增加生产,救济失业工人来安定社会,直接或间接对戡乱建国为功厥伟"的目的,北平市热烈开展了"拯救北平市特种手工业"的运动,本书即为推进此运动所作。

全书介绍了地毯业、刺绣、挑补花、珐琅、铜锡器、雕漆、料器、玉器、烧磁、牙骨刻、铁花、绒绢纸花、镶嵌、宫灯十三种手工艺,每一种都简明记述了它的源起、沿革、演进、生产程序、生产形式、成品介绍、原料产地、销售情况、从业工人等,还配有图片说明。另外在前言中论述了北平市特种手工艺之沿革及现状、没落原因、拯救步骤,在尾语中总结了北京特种手工艺的特点。

本书之前尚无关于北京市手工艺的系统书籍,因此它的出现具有填补空白的作用。本书资料全部来自于实地调查,文字表述简洁准确,分析、论述系统深刻,这些特点使其对于研究民国时期北京工商业具有了较高的参考价值。

《北平市工业调查(私营部分)》

《北平市工业调查(私营部分)》,北平市人民政府工商局编。北平市人民政府工商局民国三十八年(1949 年)铅印本,一册,120 页。

北平解放以后,工商局为了解工业情况,便于统一计划与指导,在 1949 年 5、6 月份,办理了全市的私营工业登记,并结合登记进行了全面的调查。本书是这次调查的资料汇编。内容包括:一、序言;二、北平市私营工业登记调查总结;三、行业调查:包括机器铁工业、金属品冶制业、织染业、针织业、毯业等 19 种行业,每一行业的调查涉及沿革、现状、产销状况(包括产品及其销售情形和原料及其来源)、劳资关系、目前的问题和今后的发展方向等内容;四、各项统计表,包括《北平市私营工业概况》、

《北平市私营工业解放前后变化情形表》、《北平市私营工业分布概况》、《北平市私营工业动力设备职工人数及资本总额分配概况》、《北平市私营工业动力设备工厂马力使用概况》、《北平市私营工业主要机器设备》等 14 个表格。

本书是解放后第一次对北平私营工业作的全面、可靠的调查，对于所调查的行业，除了统计数字外，还有专文介绍，从而进一步提高了资料的价值。本书在当时是拟定生产指导计划的依据，在今天是考察解放前后北平私营工业状况的重要参考。

《论中国封建社会后期北京的城市手工业》

《论中国封建社会后期北京的城市手工业》，汪文祥撰。1989年中国人民大学硕士毕业论文，打印本，一册，65 页。

自金代以后，北京由一个地方性城市一跃成为全国政治中心的首都，城市经济也获得了前所未有的繁荣。本论文研究了北京手工业，主要内容包括：一、封建社会后期北京手工业发展概况：简单回顾了封建社会前期北京手工业的发展概况，并主要论述了封建社会后期北京手工业的发展和进步；二、官手工业的发展演变：论述了其发展演变概况、官手工业机构、生产经营管理、劳动制度和剥削关系、官手工业作用评价；三、私手工业的发展：论述了其行业发展状况、手工业生产经营形式、手工业内部生产关系、手工业组织形式的性质和作用、商业资本和封建政权对私营手工业的影响。结束语：比较了北京手工业与西欧封建城市的手工业，概括出北京手工业存在着官、私手工业并存，私营手工业发展速度慢，手工业组织发展缓慢因而不能开出资本主义的特点，而且还将之与江南的城市作了比较，认为北京手工业发展的总体水平低于南方各城市。

本论文从手工业的角度揭示了北京城市经济发展的特征和内部规律，这对于整个中国封建社会后期经济发展的研究，无疑是具有重要意义的。

《北京早期工业史料选编》

《北京早期工业史料选编》，中共北京市委党史研究室编。北京出版社 1994 年出版，一册，492 页。

本书辑录了 19 世纪末到 1923 年这一时期北京地区近代工业的兴起以及工人生活、斗争状况的资料。全书包括综述、文献报刊资料（包括北京近代工业的出现、北京近代工人劳动、生活状况及自发的经济斗争、北京工人运动的兴起、中国共产党领导下的工人斗争）、大事记三部分，反映了在帝国主义和封建主义的双重阻挠下历经艰难和曲折发展起来的北京近代工业状况，并清楚地揭示了北京共产党组织与当时的工人阶级深刻的内在联系。

本书态度严谨，在选材上注意多角度、多层次，尽可能全面地收集了相关资料，并避免了重复。内容编排以时间先后为序，并对部分资料进行了归类，使其相对集中，方便阅读。北京早期近代工业发展较为缓慢，且规模较小，史料记载零散，因此本书具有重要的参考价值，对研究北京近代经济史及中国共产党党史都具有重要的意义。

《古月轩瓷考》

《古月轩瓷考》，杨歗谷编。北京民国二十一年（1932 年）铅印本，一册。

杨歗谷，现代著名博物学家和考古学家，在收藏鉴赏方面也是一代名家。

作者自序云："故宫古物自甲子陈列以还，几历九稔。顾每日中外人士观者，不知其几千百人。而此几千百人中不闻有崇论闳议发扬古物，讵皆未具眼欤？亦征逐不同，无暇及此欤？余独无似，记古月轩瓷并加考证焉。"此为作书缘起。

瓷品精进无过清代康、雍、乾之御窑，其中又以古月轩瓷为最煊赫，它的瓷胎样式、画工、选材、设色、题句、印章、年款无不为美术之上乘。本书记录了103种古月轩瓷器的样式、画案、题句、印章，其中有50多种为前人所未记。

本书保存了丰富的瓷品资料，具有一定的史料价值。

《琉璃窑赵访问记》

《琉璃窑赵访问记》，王柱宇撰。首都图书馆1961年钞本，一册。

"琉璃为我国历史上特有之工业产物，其质料多云无由取得，其烧制之法亦具有种种秘诀，欧美各国实不能企而致之也。有'琉璃窑赵'者，历来在清代皇室，承办该项琉璃工事，享专利权已十余世。个中秘诀，外人亦无由而知。""今中山公园之营造学社，正集合工艺学者，从事公开研究，以资发挥光大。但历来享专利权之赵氏后裔，则严守秘密，不肯尽量说明。"在这种背景下，世界日报记者王柱宇采访了该窑厂总经理人赵雪舫。

这篇访问记原载于1934年1月19日《世界日报》，介绍了赵氏家族历史、承办官窑之经过及波折、琉璃窑赵迁址、琉璃砖瓦的质性、封建王朝对琉璃官窑的管理制度、琉璃瓦件的制作方法、琉璃窑厂的工人状况、琉璃制品的销售等内容。虽没有透露琉璃窑赵的制作秘诀，但也为研究北京特种手工业史保存了丰富的资料。

《北京印刷局概况》

《北京印刷局概况》，北京印刷局编纂会编印。民国二十六年（1937年）铅印本。

北京印刷局，初名度支部印刷局，清光绪三十四年（1908年）在宣武区白纸坊设立，专门印制邮票、印花票、车票、公债票、官照、文凭、契尾、粮串、盐茶引、牙帖等有价证券，宣统三年

（1911 年）三月一日起开始印刷纸币。民国元年改称财政部印刷局，1928 年改称财政部北平印刷局，后改为北京印刷局。建国后称北京人民印刷厂（国营 541 厂），1988 年更名北京印钞厂至今，隶属于中国印钞造币总公司。

本书是对北京印刷局的简介，分沿革、组织、设备、出品、计划等几个方面。前附铁道部第三次展览会奖状、巴拿马赛会奖状、现任局长郑文轩照片。插图极多，有钢版雕刻《耕织图》一幅、北京国子监（琉璃牌坊）、天坛祈年殿、万寿山石舫、北京印刷局组织系统表、平面全图等，有机器雕刻五色套印花纹、网目铜版印品北海雪景，各种面额的钢版钞票、角票、印花税票样本，各车间、机械的照片等。该局产品有钢版、锌版、铜版、石印、铅印、电版，代表着当时中国印刷术的最新发展和最高水平，本书则是研究中国印刷技术发展史的重要资料。

《北平煤业竞争始末》

《北平煤业竞争始末》，李德荣撰。首都图书馆 1962 年据北京大学图书馆所藏燕京大学民国年间论文缩微复制，一册。

作者以 1929 年北平"煤业竞争"作为研究对象，是因为"从小处来说，煤为燃料之一，其关全城之安危者至巨，故其风潮之消长，对于北平居民，具有切肤之关系。从大处来看，此次北平煤潮的中坚，乃系开滦煤局。该局在我国的矿界中，首屈一指，……不过，此强而有势的煤矿，今竟有人敢于抗衡，这种出人意外的情形，能不令人注意？何况此次煤潮，不只限于北平一隅，凡有开滦分局的地方，例如上海、天津、旅顺、青岛等处，皆有同样的事项发生。开滦总局，对于应付各地之风潮，虽然手续不一，政策各异，不过关于大体上，约略相同。所以，研究北平的煤潮，正所谓举一反三的道理——明了了北平煤潮的内幕，与开滦对之所取的步骤，自然，对于他处煤潮的内容，也就洞若观火了。"（见导言）

本论文包括以下内容：一、导言；二、北平煤业小史；三、煤潮不发生在 1929 年之前的原因，分析了其中煤价、交通不便、政治、资本以及井陉管理欠佳等方面的原因；四、煤潮的原因，认为煤潮发生的远因是井陉产煤过多和北平是井陉的必争市场；近因是直奉大战后交通的恢复、井陉有特殊实力的援助、井陉管理方面打成一片以及与正奉煤矿的竞争等；五、煤潮的经过，描述了井陉方面在煤潮中的减价、联合他矿（如大同煤矿）、政治手腕的失败和利用煤贩的举动，开滦方面的放任主义、减低价格等；六、煤潮的结果：因平汉线上又有战事发生，煤潮暂告一段落；七、煤潮的影响，分析了煤潮对于他矿、开滦营业、井陉营业、社会的影响；八，结论，认为要想振兴经济，非有政府的援助不可，此外，如内战的停止、交通的恢复以及减少运费等等也都是切要的问题。

本论文全面细致地描述了 1929 年北平煤潮的原因、经过、结果以及影响，插入了大量的统计图表和第一手调查得来的数字资料，准确翔实，论述客观，且透过煤潮折射出了当时的经济运行状况，眼光敏锐，分析深入，对研究当时北平的经济情况有较为重要的参考价值。

《北京煤炭史苑》

《北京煤炭史苑》，潘惠楼著。煤炭工业出版社 1997 年出版，一册，193 页。

潘惠楼（1950—　），北京市房山县人，1990 年始专职从事北京煤炭史志工作。

本书是 28 篇有关煤业史料的文章汇集，内容涉及北京煤炭开发概况、京西斋堂地区采煤史、见证京西煤业的古建筑、煤业开采与风景保护、京西采煤业的税收、明清的京西采煤的政策、侵华日军对京西煤矿的掠夺、历史上煤矿工人的生活和斗争情况、北京采煤史上的事故、矿区文化积淀等。这些史料，有的已被编入煤矿志书及其他书中，有的虽未编入但具有较高的史料价值。作者本身在京西矿山生活工作几十年，耳濡目染矿区的兴衰起伏、人文逸事，因此对这些史料的整理纪录充满深厚的感情，使人读来兴味盎然。

《老北京冶铁史话》

《老北京冶铁史话》，关续文著。香港银河出版社2004年版，一册，280页。

关续文（1925—　　），历任首钢厂史采编副组长，现为北京史地民俗学会会员，北京文物保护协会、考古学会会员。

本书介绍了旧北京的冶铁业。内容分为：一、冶铁兴国寄语（商周—明清）；二、北洋军阀办铁矿场（1914—1936）；三、日本铁蹄下的经营（1937.7—1945.8）；四、国民党政府接管（1945.11—1948.12）。

本书作者经过数十年艰苦的采访，收集到了商周、燕蓟冶铁器具的出土以及首钢自北洋军阀办厂、日寇侵华掳掠到国民党政府接管等大量的文字、口碑、图片资料，并亲历许多历史事件，感受颇深。本书笔触流畅，史实翔实，文图并茂，具有一定的参考价值。

《北京近代建筑史》

《北京近代建筑史》，张复合著。清华大学出版社2004年版，一册，368页。

张复合（1947—　　），1970年3月清华大学建筑系毕业，留校任教；1992年1月获东京大学工学博士学位；现为清华大学建筑学院教授、博士生导师，中国建筑学会近代建筑史学术委员会主任委员。

本书第一次从样式研究的角度出发，以19世纪末至20世纪

30 年代的公共建筑为主要对象，探求了北京近代建筑历史的三个时期——"洋风时期"（19 世纪 40 年代至 20 世纪初年，约八十年）、"自立时期"（20 世纪 20 年代中后期至 30 年代中后期，约十年）、"动荡时期"（20 世纪 30 年代后期、40 年代，约十年），研究了四种建筑样式的演变："西洋楼式"（如基督教堂、颐和园清晏舫舱楼、畅观楼、六国饭店、农事试验场大门、清末陆军部衙署主楼等）、"洋风"式（如东交民巷使馆区、资政院、清末一些新式学校、清末铁路建筑、王府井大街、东安市场等）、"传统复兴式"（如北京协和医学院、燕京大学、辅仁大学等）、"传统主义新建筑"（如交通银行、仁立公司、北京大学地质馆等），并第一次涉及了北京近代建筑营造业，主要论述了其营造场和建筑材料业两方面。

本书综合了作者多年关于北京近代建筑史的研究成果，是一部具有学术代表性的著作，对城市规划和建筑设计人员、文物保护部门等吸取历史经验从事现代城市规划和设计、利用历史建筑等工作具有指导性作用，亦可作为了解北京建筑演进和城市变迁的读本。

（三）农业

《农工商部农事试验场报告第一期》

《农工商部农事试验场报告第一期》，叶基祯等编。北京 1909 年铅印本，一册。

1906 年，农工商部奏请以北京西郊乐善园为农事试验场，欲改进中国的农林园艺事业和果蔬品种，并搜集珍奇异兽，最后集农事试验、动物观赏和园林于一体。本书是农事试验场初创时期的工作情况汇报，报告的宗旨是"增广本国农民知识"。本书包括以下内容：一、本场章程；二、试验地土性分析表；三、肥料分析表；四、本场五谷栽培法，介绍了水稻、陆稻、麦、粟、黍、稷、玉蜀黍、蜀黍、荞麦、黄豆、豌豆等农作物的选种法、栽培法和收获法等；五、本场五谷试验成绩表，介绍了各种试验的成绩；六、本场蚕育试验成绩表。另，本书前有农工商部奏请成立农事试验场的奏折，结尾附有《本场执事人员衔名一览表》。

建立农事试验场是近代中国振兴农业思潮中一个重要的尝试，本书介绍了当时农事试验场的工作情况，普及了农业知识，并为我们今天研究中国农业近代化转型提供了丰富的资料。

《农商部中央农事试验场成绩报告》
（第二、三、四期）

《农商部中央农事试验场第二期成绩报告》，农商部农事试验场编。农商部农事试验场民国三年（1914 年）铅印本，一册。

晚清成立农事试验场以来，"畸重风景，徒供游览，虽开通风气，兴起农业之观念，此意未可厚非。然故事铺张，不崇其实，虽之名存而实亡"。民国政府力革此弊，注重试验，使各科室责有专归。本书记载了试验场各项部署概略及民国二年度的各种试验成绩。全书内容包括：民国二年度京畿气象表、树艺科成绩报告（包括食用植物类、特用植物类）、园艺科成绩报告（包括蔬菜部、果树部、花卉部）、蚕丝科成绩报告、化验科成绩报告、病虫害科成绩报告（包括：本场重要作物病害，如谷类病害、特用作物病害、果树病害、蔬菜病害等；本场重要作物害虫，如谷类害虫、蔬菜害虫等；本场植物病虫害之预防驱除；防除病虫害重要药剂配制法）。最后有附录：《家禽饲育成绩》、《民国三年度试验计划书》、《民国三年度树艺科试验计划表》、《民国三年度园艺科试验计划表》、《年中行事纪要》、《北京附近主要农产物一览表》。

《农商部中央农事试验场第三期成绩报告》，农商部农事试验场编。农商部农事试验场民国六年（1917年）铅印本，一册。

本书记载了民国五年中央农事试验场的各项成绩，正文体例略同第二期成绩报告，附录为：《重要农作物病虫害防除法简明表》、《果树重要病虫害防除法要略》、《作物虫害间接预防法》、《防除病虫害重要药剂配制法》、《农商部颁发各省征集植物病害及害虫部令》。

《农商部中央农事试验场第四期成绩报告》，农商部农事试验场编。农商部农事试验场民国十一年（1922年）铅印本，一册。

本书记载了中央农事试验场民国七年至九年（1918—1920年）的试验成绩报告，正文体例略同前书，为书前有插图，后有附录：办事通则及各项细则规则、职员一览表。

这些成绩报告保存了大量的农事试验场进行的各项试验结果、各种栽培技术及病虫害防治办法，对推动我国的农业技术发展起到了一定的作用。

《实业总署园艺试验场一览》

《实业总署园艺试验场一览》，实业总署园艺试验场编。实业总署园艺试验场民国三十年（1941年）铅印本，一册，68页。

农事试验场成立后，政局纷更，其事几致蹉跎荒芜。北平沦陷后，日伪政府根据实际财力、人力进行调整，集中致力于园艺、百谷，改称"园艺试验场"。本书是园艺试验场的工作汇报和推广计划汇编，共包括以下内容：一、本场概况，介绍了园艺试验场的沿革、宗旨、气候及土质、土地区划及面积、组织章程、办事细则、建筑物一览、职员一览和经费一览；二、果树，介绍了场内当时的果树苗木及以后果树试验工作进行计划大要；三、蔬菜，包括"本年度蔬菜普通栽培一览"和"今后蔬菜试验工作进行计划大要"；四、花卉及庭院，介绍了当时试验种植的花卉植物及之后的花卉栽培方针和试验工作大要，还介绍了庭院工作进行计划大要；五、农作物，介绍了当年的农作物栽培；六、动物园，介绍了园艺场中的动物；七、推广工作。本书虽为日伪政府编纂，但内容丰富，具有一定的资料价值，并对今天的农业试验工作提供了有益的借鉴。

《实业总署园艺试验场三十年度工作报告》

《实业总署园艺试验场三十年度工作报告》，实业总署园艺试验场编。实业总署园艺试验场民国三十一年（1942 年）铅印本，一册，146 页。

本书是园艺试验场自 1941 年 1 月改组一年来的工作情况汇报，包括总务股、技术股、推广股三部分，概述了各股一年所作的工作，书后附有本场规则和本场职员一览。本书保存了当时的气象资料、土壤情况调查、优秀品种培育及推广情况，其中的技术资料和技术推广模式对之后的农业工作具有一定的借鉴作用。

《前北平农事试验场成绩提要
（一九四六至一九四七年）》

《前北平农事试验场成绩提要（一九四六至一九四七年）》，

华北农业科学研究所编。华北农业科学研究所 1949 年铅印本，一册，78 页。

本书是前北平农事试验场于北平解放前已经编纂而未校印的稿件，为了检讨过去，策划将来，华北农业科学研究所将其印出以供参考。本书内容包括：一、麦作部分，介绍了小麦、大麦育种试验，小麦特种问题研究以及开封工作站麦作部分；二、棉作部分，介绍了棉花品种试验、杂交育种、美棉纯系育种及栽培情况、美棉病虫害防治试验、棉作研究及美棉良种保存及初步繁殖等内容；三、杂粮特作部分，介绍了粟、高粱、玉米、豆类、麻类、牧草等的品种培育及观察试验；四、生理试验部分，包括小麦耐寒性研究、作物耐旱性研究、作物耐盐性之研究及中国作物生态地理分布之研究；五、园艺部分，介绍了果树、茱类、蔬菜的育种和种植试验；六、土壤肥料部分，分析了土壤性状和施肥情况；七、农业化学部分，主要介绍了对乌头酸、麻籽油、柠檬酸的分析和研究情况；八、农业工程部分，介绍了农田灌溉、地下水调查以及农具使用调查情况；九、植物病虫害部分，包括病理和虫害两类内容；十、农业经济部分，研究了战时日人开发华北农业计划。

本书保存了大量的农业科技资料，对今天的农业科学研究不无借鉴，也是研究我国农业科技发展史的重要参考资料。

《京兆直隶棉业调查报告》

《京兆直隶棉业调查报告》，刘家璠调查编纂。农商部棉业处 1920 年铅印本，一册，118 页。

刘家璠，字琨圃，时任农商部技正上任事，民国八年（1919 年）奉农商部之命调查京兆直隶各地的棉产业概况，并撰成此书。

本书分"京兆"、"直隶"两编，各编前有总论，总论之下分别按所属地名分目，叙述各地概况、耕作情形、贸易状况等。前编"京兆"下分十三章，介绍京兆地区大兴县、宛平县、通县等

13 个县的棉产业；后编"直隶"下分三十章，介绍直隶省各县棉产业。附"直隶全图"、各地产棉标本照片、上海市场棉花平均市价表等。

本书资料翔实可靠，可供研究北京农业经济史参考。

《河北省棉产调查报告》

《河北省棉产调查报告》，河北省棉产改进会编。河北省棉产改进会 1936 年铅印本，一册，256 页。

河北省是全国重要产棉地，中央与地方从事棉产业的机关团体为促进全省棉产的改进，于 1935 年组织河北省棉产改进会，由孙玉书草拟改进大纲，主旨是在五年之内使棉产地增加一千万亩，细绒皮花增加四百万担。为了详细了解各地棉产概况，改进会派出调查组按县实地调查，以作实施计划的参考。自 1935 年 10 月至 1936 年 1 月，历时三个月，汇编成书，成为河北省棉产改进会特刊第一种。

这部调查报告按地域把全省划分为 20 个区，详细记录了各县的棉产情况。附"河北省棉产调查分区图"、各县棉产调查概况及巡经路线图。其中第一区为北平，包括大兴、宛平、通县、顺义、昌平等五县及北平四郊。书中相关内容为研究当时北京地区棉产状况提供了较为详细的参考资料。

《北平郊外之乡村家庭》

《北平郊外之乡村家庭》，李景汉著。中华教育文化基金董事会社会调查部 1929 年出版，上海商务印书馆印行，一册。

李景汉（1894—1986 年），著名社会学家、社会调查家。北京通县人。毕业于通县的协和学院，于 1917 年赴美留学，主修社会学。他以优异的成绩先后获得美国帕玛那大学学士、加利弗尼亚大学硕士学位，并在哥伦比亚大学从事研究工作，于 1924 年回国。

回国后，李景汉致力于社会调查工作。1926 至 1927 年间，李景汉指导燕京大学的学生对京郊挂甲屯等四村 160 户家庭进行调查，并于 1929 年出版了《北平郊外之乡村家庭》一书。

《北平郊外之乡村家庭》为《社会研究丛刊》第三种。采用了问卷法和比较研究法，对北京西郊 160 多个农村家庭生活进行了实情调查。分两部，第一部，挂甲屯村 100 家之社会的及经济的调查；第二部，黑山扈村马连洼村与东村 64 家之社会的及经济的调查。书中内容丰富，包括人口与家庭、家庭的收入、家庭的生活状况与支出、村民的其他状况如健康与卫生、教育与知识、风俗与习惯等。另有各种调查表 100 个。

此书以翔实的数据和精当的分析全面地反映了民国时期北京农村的生活，是我国最早关于家庭调查的文献资料，在国内外学术史上占有重要的地位。

《某村大农与小农农业经营之比较》

《某村大农与小农农业经营之比较》，孔祥莹撰。燕京大学民国二十九年（1940 年）法学院经济学系学士毕业论文，一册，57 页。

本文的研究动机为"大农制与小农制为农业上两大不同之制度，究以何者为宜，学者聚讼纷纭，莫衷一是。本文之目的，即在研究某一村庄中大农与小农之农业经营，实地观察其资本配置、垦种程度、作物分布、工作效率、作物产量、农场收入支出与盈亏等等，以为将来讨论大农制与小农制之一种参考。"

据此目的，本文用按表亲查法调查了清河镇燕大社会学系实验区附近的一个村庄的农业经营状况。全书分为：一、绪言，交代了本文之目的，调查之经过、方法，选样之经过，价格之计算等；二、某村之一般情形，介绍了此村庄的过去境况、土地、人口、农户、交通、气候、农作物等状况；三、某村大农之农业经营，介绍了资本、作物、劳力、副业、财政、运销等；四、某村小农之农业经营，细目同第三章；五、结论，从资本、作物、劳力、副业、财政、运销、农场经营等方面对大农与小农的经营进行了比较，最后列表总结。

本文插入了 46 个表格，用数字来表示调查结果，不仅简明准确，客观具体，而且极有说服力。本文为当时农业制度的探索提供了个案分析和第一手的调查资料，具有较高的史料价值。

《一个城郊的村落社区》

《一个城郊的村落社区》，廖泰初著。1941 年月 11 月铅印本，一册，86 页。

廖泰初，教育学家、社会学家。曾任燕京大学教育学系教授。1935 年燕京大学教育系与华北农村建设协进会合作，在"以学校为中心推动乡村建设"的宗旨下，进行乡建的尝试。廖泰初是主持燕大乡建工作的负责人之一。1938 年，燕大教育系在北京西郊阮村成立实验区，廖泰初与教育学系同学生活在阮村，搜集关于农民衣食住行的材料，通过三年多的调查与研究，撰成此调查报告。

本书除序言外分九章，即地境、人口、村治与外交、家庭、农业经济（上、下）、卫生、教育、结论等。其中"地境"、"人口"、"村治与外交"三章介绍该村概况，并说明村与村间、村与市镇及都市间关系；"家庭"一章叙述村民家庭生活各个方面；"农业经济"上、下二章着重论述土地、农产、长短工、家庭副业、灾害、金融、运销市集等情况；"卫生"介绍阮村生活卫生条件、生活习惯及医药设备等；"教育"一章介绍男女村民不同的受教育情况及村里的私塾、学校；"结论"综合地对阮村的各方面进行分析、总结。书中附阮村的地图和照片多幅。本书内容丰富，为研究当时城郊的村落生活保存了珍贵的资料。

《华北农业统计资料汇编》

《华北农业统计资料汇编》，华北合作事业总会调查科编。华北合作事业总会 1943 年铅印本，一册，39 页。

北平沦陷后，日伪加紧对华北农业物资的掠夺，企图用日本近代技术实施整体运营，"开发"华北的农业。把合作社当作农村经济的基层组织，试图强制把农民集中起来，这一方面便于管理，使农民和抗日力量隔绝开；另一方面利于农业的大规模开发，即对农村经济实行统制。1941 年 10 月，日伪当局颁布了《华北合作事业总会暂行条例》，12 月 16 日，伪政权在北平怀仁堂举行华北合作事业总会成立大会，办事处负责强制各地建立合作社。为解决日伪当局颇为头疼的粮食问题，他们寄希望于粮食增产。而"惟欲振兴农业，非由调查着手，难收综合计划之效"。所以，华北合作事业总会的调查科编纂了此书。

本书的内容包括华北农业的自然关系、土地关系、人口食粮关系、农业经济关系、劳动力关系、灾害关系、农业一般关系及其他。本书编纂虽由日伪当局组织，但是鉴于"此计划之实现，更非赖于有正确资料不能奏功"，网罗了关于农业经济名著及各处精确调查资料，分类汇编成册，所以具有较高的参考价值。

《平西村农事劳动研究》

《平西村农事劳动研究》，张宗颖撰。燕京大学民国三十六年（1947 年）法学院经济学系学士毕业论文，一册，46 页。

这篇论文是一个北平西郊种稻村落的实地研究报告，旨在叙述和分析平西村农事生产活动的人员是如何相互配合以达到其生产目的、劳动者是怎样的去工作、经营者如何去经营、投资者与经营者的关联以及此三者与地主的关系。全文主要内容包括："绪论"、"平西村生活一瞥"、"农田耕作"、"劳力使用的条件"、"劳力使用的制度化"、"平西村农事劳动制度的结构"、"农事经营与土地制度"、"劳营关系与劳资关系"、"劳营合作与劳资对垒中的平衡"、"两个经济圈"以及"今日之平西村"。

本文能够透过现象抓住问题的关键，进行深入地分析和研究，得出客观平允的结论，并试图从调查中总结出经济发展规律，从而提升了本文的深度和广度。

《北京农业经济史》

　　《北京农业经济史》，于德源著。京华出版社 1998 年出版，一册，337 页。

　　作者简介见前《明清之际北京的历史波澜》篇。

　　本书介绍了北京的地理环境、北京地区原始农业的起源，并介绍了从商、周开始一直到清代时期的北京地区的农业情况。全书共分十一章："北京地区的地理环境"、"北京地区原始农业的起源"、"商、周时期北京地区的农业"、"春秋、战国时期北京地区的农业"、"秦、汉时期北京地区的农业"、"魏、晋、北朝时期北京地区的农业"、"隋、唐、五代时期北京地区的农业"、"辽、金时期北京地区的农业"、"元大都的农业"、"明代北京地区的农业"、"清代北京地区的农业"，共 27 万字。书前有 6 幅插图。

　　本书重视农业与地理自然环境之间的密切关系，开篇就对北京古代的地理自然环境进行了详尽的考证和介绍，从而使得北京农业史的研究有了一个坚实的客观的物质基础。本书还注重运用考古资料，对农业生产工具进行了研究。由于农业生产受到自然条件的严重制约，本书对各历史时期不同性质的自然灾害对农业生产的影响进行了深入探讨。本书对北京地区原始农业起源的研究成果以及利用各时期地理志记载的在编人口以推测各时期农业经济发展水平的研究方法受到了学术界的重视。

（四）商业、税务、金融等

《直隶省商品陈列所第一次实业调查记》

　　《直隶省商品陈列所第一次实业调查记》，直隶省商品陈列所编。直隶省商品陈列所1917年铅印本，一册。

　　直隶旧指京、津以及河北省全部。直隶省商品陈列所，旧址位于天津，是天津最早的博物馆。其前身是清光绪二十八年（1902年）官办直隶考工厂陈列馆，设于北马路龙亭内。1906年改名为天津劝工陈列所，移至河北大经路公园内，1911年定名为直隶商品陈列所。民国元年冬，刚刚改建的直隶省商品陈列所所长严智怡，鉴于劝工陈列所的展品多已陈旧不堪，无法展现本省的实业现状，令实业人士及参观者不满，遂在实业司司长史履晋的支持下，决定撤掉旧展品，代之为全省最新、最全的商品。因此，组织调查员自1913年始调查并搜集全省各地的物品到天津展览。这次调查是直隶省第一次全方位的实业调查，也可说是经济普查。此次调查分全省为十个区分别进行，共派16名调查员，历时四个月完成，并根据调查数据统计编辑成此书。

　　此书内容分四部分：第一部分，序文、实业调查之历史、准备及得失；第二部分是十区的调查报告；第三部分是表格，计十区的物产表及直隶省人民生活状况表、货币交易现状表、商业交通现状、实业机关表、矿商表、矿团表等；第四部分是23幅地图，包括自然地图及物产、农业、矿产、实业分布、政治图、交通图等等。其中第九区报告书为京津两市的调查报告，北京部分包括总说、名胜古迹、种植业、畜养业、工业、手工艺制造业、商业等，每一类又详分细目，列表分类说明并注明销用情形。第九区物产图，将京津两市所有各类产品列表分别记述。

　　此书内容极其丰富、包括了直隶省工、商、农、林、矿等经

438

济生活的方方面面，具有较强的史料价值，是研究河北省及北京历史和经济史的重要参考书。所附大量图表更是直观地再现了民国时期河北及北京的面貌。

《京兆财政汇刊》

《京兆财政汇刊》，共八册，京兆尹公署编。京兆尹公署民国七年（1918年）铅印本。陈昌毂题写刊名。

京兆尹公署是北洋政府时期北京郊区及附近地区的行政机构。1914年10月，改顺天府为京兆地方，辖大兴、宛平、通县、昌平、顺义、密云、怀柔、房山、平谷等20县，设京兆尹公署。1915年9月28日改京兆为特别区，职权略同于行省，京兆尹由内务总长经国务总理呈请大总统简任。公署内设内务、教育、财政、实业四科，1917年4月增设财政厅，后又设政务厅，居间指挥各科；辖有巡防队、警备队等。北洋政府结束后划归河北省管辖。

民国初年，承前清积弊之余，而少完满之法律以继其后，财政凌乱驳杂，纷纭难治，为了鉴往知来，京兆尹公署编纂了此书。全书共分五编：第一编，赋税，十五章；第二编，会计，六章；第三编，银行，一章；第四编，货币，一章；第五编，公债，一章。

本书以法令为主要内容，不属于法令而与财政有关系者亦予附刊。它以时间为序分类记述了京兆财政进行之状况，内容广泛、权威，具有重要的史料价值。

《京师总商会成绩报告》

《京师总商会成绩报告》，赵怀青编。京师总商会民国七年（1918年）铅印本，一册。

京师总商会是商界的公共联合体，始设于清光绪三十年（1904年），原称公所，光绪三十二年（1906年）改设京师商务总会，以联络商情、提倡发展商业。入民国后，京城时局动荡，几遭变乱，商界各行深受影响，京师商务总会领导数十百行，共振商业，以应时艰。此报告即是总结京师总商会民国七年一月至十二月的工作事迹。

书分四部分，第一部分是陈承修、安迪生（京师总商会会长）序，总商会会长及全体干部合影；第二部分正文，详细记载了总商会的各种法令、训令、公牍，并介绍京师总商会的历史沿革；第三部分调查报告，对钱行商铺、工厂等行业的调查；第四部分是议案、统计表、决算表、预算表、附录等。此书资料性强，是研究民国时期京师总商会及北京商业史的重要参考书。

《二十五年来北京之物价工资及生活程度》

《二十五年来北京之物价工资及生活程度》，孟天培、西德尼·甘博著，李景汉译。北京大学出版部 1926 年铅印本，一册，104 页。

甘博（Sidny Gamble）是美国社会学家和经济学家，19 世纪 20 年代来到中国，同我国的社会学者孟天培、李景汉等一同致力于中国的社会调查，特别以生活在中国底层的工人、人力车夫等为调查对象，以了解他们的生活状况。1926 年，甘博、孟天培、李景汉等对北京市工人的生活状况进行调查，用英文写成，李景汉翻译，先发表在国立北京大学的社会科学季刊，后出版成书。

本书的调查以老店铺的旧账本为主要依据，参考以往的关于工人家庭费的调查报告，广泛收集资料，并按照统计学方法调查研究而成，调查 1900 年至 1924 年二十五年间的北京物价、工人工资等，研究北京工人的实际生活水平。调查共五章，第一章，物价；第二章，家庭生活费的分配及指数；第三章，铜元兑换；第四章，工资及实际工资；第五章，结论。附录二十五年来大事表。书中有 22 幅坐标图、13 幅表形象说明各种商品物价的变化。

本书是第一部对北京工人的生活水平的调查，资料翔实可靠，研究分析深入而精当，是社会学调查的典范，又是研究北京清末民国时期北京经济的重要史料。

《工商纪要》

《工商纪要》，河北省政府工商厅编。河北省政府工商厅民国十八年（1929年）铅印本，一册，222页。

本书是河北省政府周年纪念特刊，"十八年七月四日，省政府周年纪念印行特刊，各厅撮集其行政概要以实之"，工商厅成立最晚，犹在调查整理之期，"用将本厅一年内行政经过，举其荦荦大者，辑为《工商纪要》一卷，附入特刊。"

本书记录了当时河北省政府工商厅筹设各县工厂、商会改选改组、整理国货运动的情形，调查各县征收商号杂捐、各县度量衡器、各县钞票的情况和工商厅调节几次劳资纠纷的经过以及工商厅务会议议决案撮要、工商厅提出省府委员会议议决案汇录、工商厅收发文件统计。其中属于北京经济的资料是关于良乡、昌平、怀柔、平谷等地的相关情况记载。

此书编成之前，"我国工商事业，本无统系，迭经摧残，益为庞杂，而官府又无详细之调查，精确之统计。纵其有之，不出于虚造，即得之于传闻，恍惚迷离，莫可究诘"。而本书所记载内容，均出于调查，"于随时令各县调查而外，又复派员分赴各县实地调查"。所以准确翔实，可信度高，为研究当时北京郊县的工商情况提供了可靠的资料。

《繁荣北平计划草案（关于呈请中央部分）》

《繁荣北平计划草案（关于呈请中央部分）》，北平市筹备自治委员会编。北平筹备自治委员会民国二十年（1931年）铅印本，一册，12页。

国民党政府将国都南迁后，北平"地位为之一变，市面萧条，生计日绌。及今不图，必至衰落，故有亟谋繁荣之必要，亦有立致繁荣之可能。"(《上国民政府主席书》)本书即是在此背景下整理的呈请中央的繁荣北平计划草案。

本书提出了繁荣北平的必要性和可能性以及繁荣北平的目标，即：使北平成为真正的文化区、贵重工业区、良好住宅区。又列举了北平繁荣计划中除由市民自力可以举办及由市政府提契可以兴革者之外，与各院部如财政部、内政部、陆军部、铁道部、教育部、外交部等有关事项。本书内容在纸面上不可谓不周密详尽，但从当时中国的政治情势和财力水平上看，则是过于超前，难于实施。

《北平市工商业概况》

《北平市工商业概况》，娄学熙、池泽汇、陈问咸编纂。北平市社会局 1932 年出版，一册，696 页。

本书的编纂缘由在于"此种种工商情况，虽主管官厅、工商团体及私家著述，迄莫能缜密究讨，详举尽数，促成一种较有系统足资参考之记载，直使本市工商业之改良管理培植滋长之具体方案，无从着手，无时实现"。又适逢"中央迭令各省市汇报工商情形"，时任北平市社会局局长的娄学熙组织人力调查研究，秘书陈问咸、首席秘书池泽汇分任编纂，将近两年完成此书。

本书据北平市工商业的性质和范围，分为五编：一、特品：记载有关的艺术殊产；二、服饰，记载修容被体及其原料附品；三、饮食，包括食料药材；四、器用，包括金石电矿土木等产制之品；五、杂项，凡不属于他编者属之。末编之末，附以洋行、集市。书末有本书结论，共 165 业，每业依次记述其沿革、变迁、原料、产地、制造、品类、价值、用途、运输、销路以及顾主心理、购买能力、营业状态、负担情形、兴衰原因、振兴方法等。

此书编纂有很强的时代需求，即明确当时工商业实况，为中央制定经济政策奠定基础，所以一切资料均出自实际调查，翔实准确，简明扼要，涉及内容广泛全面，书末结论分析切当，这对于我们研究民国时期北平经济史具有重要的参考价值。

《北平生活费之分析》

《北平生活费之分析》，陶孟和著。商务印书馆 1933 年铅印本，一册，92 页。

陶孟和（1887—1960 年），原名履恭，字以行，中国著名社会学家。浙江绍兴人，出生于天津。主要从事社会经济调查与研究。1906 年毕业于南开学校第一届师范班，公费赴日本东京高等师范学校学习。1909 年赴英国伦敦大学，专攻社会学。1914—1926 年任北京大学教授，并一度任教务长，协助蔡元培革新北大。1926 年受中华教育文化基金董事会资助创建北平社会调查所并任所长。1934 年该所与中央研究院社会科学研究所合并后继续任所长。1934 年任中央研究院社会科学研究所所长。1935 年起为中央研究院评议会历任院士。1949 年以后任中国科学院副院长等职。

《北平生活费之分析》作于 1926 到 1927 年，原系英文出版，中文本由朱席儒翻译。采用家庭记账法调查了 48 户手工业工人家庭和 12 家小学教员的家庭生活费，共得 300 本家庭日用账簿，用于分析。书分九章：一、绪论；二、调查范围与步骤；三、名词之解释；四、工人家庭之普通情形；五、收入与支出；六、食品消费；七、住宅家具与衣服；八、人力车夫；九、小学教员。附录：《四十八家六个月内各种食品之消费量与所含之滋养料》、《十二家小学教员家庭一个月内各种食品之消费量与所含之滋养料》、《四十八家中两个家庭衣服用具调查表》。

此书从生活费着手，描写城市贫民生活，风格冷静、平实，堪称社会学者描述贫民生活的典范。此书是在国内采用家庭记账法调查工人家庭生活费的第一本书。采用日用账簿法进行调查在当时还是个创举，之后在各地的对生活费的调查，大都采用此方法，因此在方法上有较大贡献。此书是了解和研究民国时期北平市民生活情况的重要资料。

《北平市目前中心工作》

《北平市目前中心工作》，北平解放报编。北平解放报编1949年印行，一册，38页。

北平和平解放，中国共产党完成了各项接收工作后，把工作中心转移到了恢复与发展生产上，相关机构为此发布了一系列的决定、指示，作了一些报告，北平解放报也为此发布了相关社论。《北平市目前中心工作》一书即汇集了围绕当时北平市中心工作的一些文件、社论资料。

此书汇集了《中国共产党北平市委员会关于北平市目前中心工作的决定（1949年4月16日市委会通过）》、《中国共产党北平市委员会关于生产与工会工作的初步计划》、《中国共产党北平市委员会关于北平市公营企业机构及员工薪金问题的指示》、《北平军事管制委员会关于本市辖区农业土地问题的决定》、《解决市区农业土地问题发展城市生产与建设——5月31日北平解放报社论》、《北平军事管制委员会关于本市房屋问题的报告》、《合理解决城市房屋问题——北平解放报5月16日社论》、《北平市人民政府布告》及所附《北平市人民政府管理摊贩暂行办法》《北平市人民政府处理棚户暂行办法》、《整理摊贩秩序——北平解放报5月24日社论》。

这些材料真实地反映了中国共产党与北平市政府为恢复和发展城乡经济、建立新的经济秩序所作的努力。《关于北平市目前中心工作的决定》确立了当时北平市各项工作的重心：恢复、改造与发展生产，同时也要巩固革命秩序。其他材料反映了在此份决定后各方面所采取的具体方法，在解决生产与工会工作、公营企业机构及员工薪金问题、农业土地问题、房屋问题、摊贩棚户占地问题所采取的方法措施、所持的态度，都较为扎实可行，是反映中国共产党建国后经济建设的可靠资料。

《工农业商品比价问题调查研究资料汇编（1930—1955 年）》

《工农业商品比价问题调查研究资料汇编（1930—1955年）》，北京市工农业商品比价问题调查研究办公室编。北京市工农业商品比价问题调查研究办公室 1956 年印，内部资料，一册，788 页。

新中国成立初期，为了稳定物价，活跃市场，商业部指示各地对当时一些关系国计民生的重要商品价格进行情况调查，本书就是在这种历史背景下编纂出来的。其主要内容包括：三个历史时期（1930—1936 年、1937—1949 年、1950—1955 年）的主要商品价格和两个历史时期（1930—1936 年、1950—1955 年）的工农商品单项比价。此外，还研究了城市职工生活概况等。在内容编排上，全书分为统计图、指数及单项比价表、历史价格资料（粮食类、油品油料类、华纱布类、丝绸类、百货类、文化用品类、肉食蛋类、调味品及其他副食、水产海味类、干鲜果类、干菜类、鲜菜类、烟酒类、茶叶类、煤建类、五金机械类、交通电器类、化工染料类、石油类、木材类、新药类、药材类、畜产皮毛类、土产类、日用杂品类、农业生产资料类，每类内容分资料说明和统计图标）、附录。

这些资料中，1930—1936 年、1950—1955 年的价格部分主要来自私商旧账及各公司历年积累的价格资料，对所缺欠部分是采用推算、访问、座谈的方式整理的，经审查大体符合价格变化趋势；1937—1949 年的价格资料是从《北京历史价格资料汇编》中摘录的。经济情况及职工生活调查，大部分是从中国科学院、北京图书馆、中国人民银行、中国银行总管理处等单位历史资料上搜集来的，此外是组织人员到各部门访谈来的。这些资料大都真实可信，反映了一段历史时期内北京市场的物价状况，对研究当时的经济状况有着重要的资料价值。

《北京瑞蚨祥（典型企业调查资料）》

《北京瑞蚨祥（典型企业调查资料）》，中国科学院经济研究所、中央工商行政管理局资本主义经济改造研究室编。北京三联书店 1959 年 3 月铅印本，一册，310 页。

此书是中国科学院经济研究所、中央工商行政管理局资本主义经济改造研究室编辑的私营工商业社会主义改造资料之一。全部资料收集到 1958 年 8 月底，即初稿完成的日期。

全书分上、下两篇，上篇叙述解放前的瑞蚨祥，包括北京瑞蚨祥简史、企业内部的阶级关系、企业的组织和管理、业务经营、利润和利润分配，重点是企业的内部关系和对外关系。下篇叙述解放后的社会主义改造过程，这个过程又分私营时期和公私合营时期，重点介绍了私营时期的公私关系和劳资关系的变化。在公私合营时期，重点介绍了瑞蚨祥公私合营的经过以及合营后在业务经营和企业内部的统计管理方面的变化，这种变化反映了合营后生产关系的进一步改造。最后一章叙述了合营以后企业内部阶级关系的变化和对资产阶级分子的改造。

《北京瑞蚨祥》是有关近现代民族资本主义工商业的重要文献，对于研究北京经济史具有一定的参考作用。

《北京工商史话（1—4 辑）》

《北京工商史话（1—4 辑）》，中国民主建国会北京市委员会、北京市工商业联合会、文史工作委员会编。中国商业出版社 1987 年出版，四册。

本书收集和保存了带有北京地方特点的工商史料，主要介绍了新中国成立前后北京工商业与企业的发展经过及各行各业的经营特点和管理经验，包括北京的传统商业集市、名特产品、工艺、文物以及有关商品知识、地方掌故和轶闻趣事。同时还选编了一些具有代表性的人物志和个人创业史，还有少数资料反映了当时工商业的经营方法、某些行业如食品加工、花木种植等的操作工艺，可供研究现代工商经济史工作者和从事工商业工作者的参阅、借鉴。

《老北京的商市》

《老北京的商市》，张双林著。北京燕山出版社 1999 年出版，一册，250 页。

张双林，《中国工商报》副刊首席编辑，北京史地民俗学会副秘书长，曾著有《中国庙会大观》、《郁园随笔》等书。

本书是《老北京丛书》之一，共分为四章："有趣的北京商俗"、"丰富多彩的北京商业文化"、"百家行当汇北京城"、"燕市杂拾"，详细地介绍了老北京"商市"的状况、历史沿革和轶闻趣事。书中既有系统全面的概述，又有具体详细的细节及逸闻趣事，同时还融入了作者的见闻，从商业经济、民俗商业文化的视角展现了老北京的生活状况。

作为普及北京生活文化的读物，本书通俗易懂，语言生动有趣，例如标题全用七言，形象活泼。另外，书中 20 余幅形神兼备的插图增添了本书的趣味性、可读性。难能可贵的是作者对所写的每项内容和知识都作了考证、调查和采访，翔实可靠，尤其是对近年市井上流传的错误说法作了史实上的辩证，从而使本书具有了一定的学术参考价值。

《北京老字号》

《北京老字号》，侯式亭主编。中国对外经济贸易出版社 1998 年出版，一册，517 页。

北京目前可称得上是老字号的工商企业、店铺有 200 多家，本书记载了 160 余家，分为饭庄、商店、食品店、文物珠宝店、书店、影剧院、药店等几大部分，分别介绍了其开业年代、历史沿革、经营特色、掌故轶闻等内容，引用资料翔实，论述系统，可供经济学之探索、民俗学之研究、风物之介绍、旅游之向导。

《北京的商业街和老字号》

《北京的商业街和老字号》，王永斌著。北京燕山出版社 1999 年出版，一册，440 页。

北京的一些商业街和老字号不仅是社会经济中的重要现象，而且因为长期的历史积淀，又具有了重要的文化内涵。本书按区域介绍了老北京的著名商业街和老字号，全书共分为三卷：上卷：内城商业街和老字号，介绍了鼓楼、钟楼地区、什刹海地区、东四地区、隆福寺街、北新桥地区、西单地区、西四地区、新街口地区、王府井大街地区、东安市场、东单地区；中卷：外城商业街和老字号，介绍了前门地区、大栅栏、崇文门外大街地区、花市大街地区、宣武门外大街地区、菜市口地区、天桥地区；下卷：商品单一的商业街，介绍了旧货商业街、皮货街、文化图书街、干鲜果子街等商业街。其中对每一条商业街的介绍都包括了具体位置、发展历史、发展商业的条件、其中的著名老字号等内容。

本书既写了今天尚存的老字号，也写了不复存在的老字号，而且一改孤立的介绍老字号的写法，把老字号放在了商业街中去写，以便看清其发展的轨迹。它不仅写出了商业街和老字号繁荣发展的现象，而且也写出了其发展繁荣及衰落的原因。书中的资料许多来自于第一手的调查访谈，因此具有较为重要的参考价值。

《北京商业纪事》

《北京商业纪事》，齐大芝、任安泰著。北京出版社 2000 年出版，一册，125 页。

齐大芝，北京社会科学研究院副研究员，《北京社会科学》编

448

辑部主任。任安泰，曾与齐大芝合著过《近代中国民族工商业的发展道路》等专著。

本书是尹均科主编的《北京历史丛书》之一，它以时间为序介绍了自战国至 1949 年北京的商业发展情况，内容涉及历代的货币、商业区、商业行业、商人、集市、商人组织、税收等方面。全书共分九章：一、北方都邑的商业掠影；二、商业繁盛的东方大都；三、帝都市井风貌；四、富足的京师；五、潜移默化的变迁；六、时代大潮中的商界；七、北平商业的自由发展；八、沦陷期间的商民苦难；九、困境与希望。

本书作为普及北京史的读物，语言生动凝练，深入浅出地概括了每一个朝代北京商业中最具代表性的内容，富有启发性和感染力。同时，本书观点新颖，论证扎实，因而又具有一定的学术含量，某些观点在学界多次被称引。

《北京的老字商号》

《北京的老字商号》，尹庆民等编著。光明日报出版社 2004 年出版，一册，214 页。

迄今闻名遐迩的老字号，是古都北京商业发达的历史见证，它的发展与北京作为五朝首都的政治、历史、文化及地理交通环境都有着密不可分的关系。本书在尚存的老字号中选取了 39 家，分为药店茶庄、饭馆小吃、食品百货、文化娱乐四个部分，分别介绍了每家的艰苦创业史、精湛的技艺和产品特色以及独到的经营方式等内容。作为《北京文物古迹旅游》丛书之一，本书语言简明生动，读来趣味盎然。

《北平粮市概况》

《北平粮市概况》，张铁铮著。民国二十六年（1937 年）三月《社会科学》杂志第八卷第一期油印本，一册。

本书共分为六部分，第一，供给与需要，分析了北平市民的主要食料、北平粮食的供给状况、北平转运粮食的状况，其中附有《北平食粮经铁路运出运入数量表》；第二，交易场所，分析了北平的粮食交易市场及其历史沿革；第三，各运销机关的组织及活动，调查了粮食交易过程中的各组成分子：牙纪、粮栈业、米庄业、客粮店业、磨坊业、银行仓库以及粮业组织；第四，食粮运输，分析了铁路运输以及大车、驴驮运输粮食的状况，其中插有表格《火车食粮运价》、《大车食粮运价》；第五，近年食粮价格的变动，其中插有图表：《北平腹地食粮价格统计图》、《北平北口食粮价格统计图》、《两路食粮价格升迁百分比》、《两路食粮价格月差指数表》；第六，结论。

本书对北平的粮食市场进行了详细的调查，其中插了许多图表，既节约了文字，又使人印象深刻。本书资料丰富，调查深入，对研究当时的粮食市场以及整个经济史都有着重要的意义。

《北京平粜管理委员会报告书》

《北京平粜管理委员会报告书》，北京平粜管理委员会编。北京平粜管理委员会民国二十七年（1938年）铅印本，一册，96页。

卢沟桥事变后，交通阻塞，难民涌集，百物踊贵，尤其米粮市价一日数变，人心惶惧，不可终日。为安定时局，当局将商会前存平粜余款移作平粜基金，把北京地方维持会改组为平粜管理委员会办理，以资救济。共历时四月，动支基金12万余元，粜米及面共680余万斤，救济贫民93万余名。

本书反映了北京平粜管理委员会的工作状况，内容包括：缘起及概述、规章（包括：《前北京地方维持会救济贫民食粮平粜办法》、《前北京地方维持组织及预算》、《前北京地方维持会平粜管理委员会简则》、《投标须知》）、会议录、文牍、图表（会计、统计）、编余和附录。本书编纂于沦陷期，难免有夸美日伪政府用心的地方，对平粜的效果也有夸大的地方，但也一定程度地反映了当时的粮食供应情况，具有一定的参考价值。

《北平市民食调配委员会四月份工作报告》

《北平市民食调配委员会四月份工作报告》，北平市民食调配委员会编。北平市民食调配委员会民国三十七年（1948年）铅印本，一册，35页。

1948年由于国内战事扩大，国民党政府加紧征购军粮赋谷，各大都市的粮食供应十分紧张。2月27日粮食部制定出《粮食配售计划纲要》，决定依据1947年10月27日的中美救济协定，从3月1日起在北平、天津、南京、上海、广州五大都市实施全面配米。按规定：全市市民不论贫富职业，凡有户籍者每人每月可配食米15市斤，配售价格每月调整一次，比市价略低，但不得低于95%。北平市民食调配委员会自1948年3月8日至4月18日筹备就绪，它是负责北平地区各机关团体与居民食粮供应管理的机构。它的主要职责是负责指导各配售店办理配售业务、配购票证的分发管理、粮食的运输与贮存等。

北平市民食调配委员会自1948年4月19日开始美粉配售，到5月15日结束，本书是普配初期业务情况报告，内容包括：甲、配购证与配购票，记录了核发证票及其统计表等内容；乙、配售店，包括北平市民食调配委员会四月份各区配售店申请与审定比较图，城区、郊区配售店分布图，北平市民食调配委员会四月份察稽核检验工作统计图；丙、储库，包括北平市民食调配委员会美粉仓库容量表、北平市民食调配委员会四月份面粉收发存逐日比较表；丁、配粉价款（附袋皮价款），包括北平市民食调配委员会四月份配粉数量逐日比较表、北平市民食调配委员会四月份配粉收款逐日比较表、北平市民食调配委员会四月份售出面袋统计表；戊、组织与人事，包括北平市民食调配委员会组织表和编制员额；己、宣传，收入宣传工作实施概况报告表。

本书是中、英文对照，反映了特定时期的北平市民食调配委员会的工作情况、人事编制及当时的面粉配售状况，对了解、研究北平解放前夕的社会经济有着重要的参考价值。

《配售市民食粮章则汇编》

《配售市民食粮章则汇编》，北平市民食调配委员会编。北平市民食调配委员会民国三十七年（1948 年）铅印本，一册，46 页。

本书汇集了如下内容：一、中美救济协定；二、京沪平津穗五市配售粮食计划纲要；三、五市粮食配售会议决议案；四、行政院处理美国救济物资委员会工作纲要；五、京沪平津穗五市配售美国救济物资办法；六、北平市美国救济物资配售委员会组织规程；七、京沪平津穗五市民食配售通则；八、北平市民食配售暂行办法；九、北平市民食配售暂行办法实施细则；十、北平市民食调配委员会组织规程；十一、北平市民食调配委员会发证所组织办法；十二、承办配售市民食粮申请书；十三、承办配售市民食粮店号调查表；十四、保证书；十五、北平市民食调配委员会委托代理配售市民食粮合约；十六、配售店须知。本书保存了大量关于 1948 年粮食配售的资料，权威准确，对考察解放前夕的北京粮食供应情况、社会经济状况等都有一定的参考价值。

《南口经济概况——平绥路建设前后比较》

《南口经济概况——平绥路建设前后比较》，一册，陆家仪撰。系原燕京大学民国二十三年（1934 年）法学院经济系学士毕业论文。

南口原为居庸关南口之城堡，距丰台 54 公里，属昌平县。它北通绝塞之要道，行旅客商来往不绝，经此留宿进食，除旅店饭肆外，居民甚少。京张铁路通车后，南口车站成为要冲，而南口城渐冷落荒芜。平绥全线通车后，南口交通便利，客商云集，经济有了很大发展。

本论文比较了平绥路建设前后南口不同的经济面貌，内容包括：第一篇，平绥路建设前之状况，从南口的人口、农业状况、商业状况、交通状况、金融状况等方面进行了论述；第二篇，平绥路建设后之状况，论述了其人口、工人、农民、商人的生活状况，农业、商业、机厂、交通、金融、社会等方面的发展变化；结论：南口各方面的进步如人口增加、生活水平提高、文化进步等都是铁路建设的结果，并进一步提出今后的改良计划如设立农业教育、农具制造厂、农业银行等。

本论文从小题目入手，扎扎实实地调查了南口一地的经济变化，并进而得出具有普遍指导意义的结论，最后的改良措施也具有前瞻性和可行性，论据充分，论证合理，是一篇不错的毕业论文。其中保存的南口经济调查资料对今天考察清末、民初的经济变化具有一定的参考价值。

《北京前门、西便门、广安门站经济调查》

《北京前门、西便门、广安门站经济调查》，平汉铁路管理局经济调查组编辑。平汉铁路管理局经济调查组 1937 年出版，一册。平汉丛刊经济类第一种。

平汉铁路管理局经济调查组于 1933 年底开始派人员专门调查平汉铁路沿线各地的经济情况，以备铁路经济决策的参考和依据。调查分三步，第一步是以每站为单位的调查，即此编所集。此编资料收集历时三年，于 1937 年编辑成书。

此次调查以一站为单位，调查各站运出运入各种主要物品的产、运、销情形及该地金融、交通状况。调查方法是由各站及地方当局介绍娴熟各业情形的商人与调查员直接谈话，同一题目多方访谈，以获取可靠详尽资料。

此书分七章：序；编者导言；平汉铁路全图；平汉铁路地势模型图；各站货物运出吨数及进款比较图；各站客货运进款比较图；北平前门西便门广安门站经济调查。此项调查概述了北平的经济概况、北平站大宗货物的运入运出情况及北平的金融及交通状况，资料性强，是研究北京铁路经济的重要史料。

《北平市木业谈》

《北平市木业谈》，一册，王槐荫撰，民国二十四年（1935年）北平市木业同业公会铅印本。

王槐荫，字敬圃，时任北平市木业同业公会主席。

对于木商之情形，销量之多寡，出进口之比较，"莫论普通人不能深知，即久经业木者，亦不能道其究竟也"，"惜早年国家既无统计，人民乃墨守成规，只知经营无暇顾及其他，是亦木商之情形，无只字之流传，良可叹也"，于是著者编纂了此书。

本书共五章：一、旧都四十年来之木业；二、生料木厂之经营；三、北平木商之现在与将来；四、北平销售木料产地情况之调查；五、其他。此书介绍了北平木业今昔之兴衰、运销之多寡、产地用途以及中外之核算法，是第一部关于北平木业的专著，具有重要的史料价值。

《北平庙会调查报告》

《北平庙会调查报告》，王宜昌编。北平民国学院民国二十六年（1937年）铅印本，一册，72页。

"庙会"一词，实包含香火、香会或香市、庙市、市集四种意义。北平庙会，也分为香火、春场，庙市，市集四种，分布于城内的东北、东南、西南、西北。每到庙会开时，商铺林立，士女幢幢，热闹非凡，实为北平经济中一重要现象。因此，北平民国学院经济系三年级的学生在经济调查课程中实习时针对庙会作了调查，编成此书。

本书是"经济调查丛刊"之一，内容包括：庙会的词义、庙会的起源、庙会的历史、庙会的分布、庙会的场所、庙会的商业和最后的结论。本书系统地研究和说明了庙会在社会经济生活中的地位和作用。所记载的庙会商摊数，均以调查日之摊数为准，庙会的实际情形也以实际调查所见闻为准，他人之记载与传言均未记入，态度客观严谨，资料可靠，具有重要的参考价值。

《华北各级合作社便览》

《华北各级合作社便览》，华北合作事业总会编。华北合作事业总会民国三十一年（1942年）铅印本，一册，21页。

抗战爆发前，河北、山东等省农村的合作运动已经有了一定程度的发展。卢沟桥事变爆发后，这些合作社因战乱被迫停止活动。日本占领华北后，为大量掠取华北农村的棉花、粮食等军用物资，达到以战养战的目的，伪临时政府决定由"新民会"来接管这些合作社。太平洋战争爆发后，为进一步加紧资源掠夺，日伪又在1941年成立"华北合作事业总会"，其业务内容分为指导、金融、斡旋三项，着手普及各级合作社组织。

本书是华北合作事业总会根据各省、县及办事处的报告编纂的华北各级合作社情况便览，包括：一、省联及办事处，表格包括省联名、事务所在地、责任者职事名、电话号码、备考栏目；二、县联，收录了河北省、山东省、山西省、河南省、苏淮特别区的县级合作社，表格包括道名、县联名、所在地、下车站名、距离、交通机关及费用、理事长、常务理事、寄宿处或旅馆等栏目。本书保存了日伪时期华北各级合作社的准确资料，对了解研究沦陷期日伪对华北农村的经济掠夺有一定的参考价值。

《北平市庆祝第二十五届国际合作节纪念刊》

《北平市庆祝第二十五届国际合作节纪念刊》，北平市社会局合作室主编。北平市社会局合作室民国三十六年（1947年）铅印本,一册,31 页。

1945 年 10 月北平市政府奉国民政府行政院令接管日伪北京特别市社会局,内部机构调整为秘书室、第一科、第二科、第三科、第四科、第五科、合作室、视导室、专员室、人事室、会计室、统计室、技正室。其中合作室负责属于合作事业之接收整理及协办救济工作。

本书作为北平市社会局合作室编印的庆祝第二十五届国际合作节纪念刊,书前有李宗仁、何思源等的题字,主要内容包括:一、北平合作事业概况,记录了 1946 年初到 1947 年 6 月社会局合作室的合作行政、合作组织、合作业务、合作教育等工作内容的概况,还附有截至 1947 年 6 月 20 日的《北平市合作社统计表》;二、中央合作金库北平分库概况,内容包括概况、本库业务种类、本库半年来办理合作社存放款情形等;三、半年来的全国合作社物品供销处北平办事处,记录了其业务概况和实施近况;四、萌芽的平津工合(工业合作运动),记录了中国工业合作运动工作的筹划、推进及平津各社概况表;五、北平市合作社联合社业务概况,包括《北平市合作社联合社收入明细表》、《支出明细表》、《北平市合作社联合社民国三十五年度、三十六年度 1 月——6 月业务状况一览表》等。本书保存了抗战胜利后北平合作事业的大量资料,对于考察战后北平的经济状况、国民党政府的经济政策等都有着重要的参考意义。

《整顿京师税务章程、文牍汇编》

《整顿京师税务章程、文牍汇编》,京师税务监督公署编。京师税务监督公署民国九年(1920 年)铅印本,一册,359 页。

民国时期,北京崇文门税关的关税收入和规模在全国内地常居前列。民国二年(1913 年)、民国三年(1914 年)两年,崇文门关税征收机构称为北京商税征收总局。民国四年(1915 年)改称京师税务监督公署。民国五年(1916 年)十二月又改为监督京师税务公署；民国十七年（1928年）秋又更名为北平税务监督公署。

本书收录了自民国七年（1918年）十一月起至八年（1919年）十月的京师税务监督公署关于整顿京师税务的章程和文牍。内容包括：一、章程门，收录了章程规则条例和各种格式书样图说；二、文牍门，包括呈文类、训令类、指令类、批谕类、布告类、咨文类、函电类，所收文件后多附以他处原来及回复之文以备查考。书后附有例案撮要，凡一事之发生原因及经过情形与最后办法都一一述明，令人一目了然。另附入《监督京师税务公署崇文门税局民国八年份正税暨三加一附税收入统计比较表》、《监督京师税务公署左右翼税局民国八年份收入统计比较表》及相关文件。

本书所收录文件均以时间先后为序，翔实可靠，对今天研究民国初期税收工作规范化、法制化及内部监控监督情况提供了重要资料。

《京师税务法规》

《京师税务法规》，监督京师税务公署编。监督京师税务公署民国十三年（1924年）铅印本，一册。

本书的编纂目的是："非尚文也，盖公诸世也。欲使全国商民皆晓然纳税途径，莫之或欺。而岁入各款，即因之洞悉无遗。至经手员司，亦不得丝毫染指，且可启发商民乐输之美意也。"本书所收税务法规共分四类，一、通行法规；二、单行章制；三、单行规章；四、各种票照。所收均为当时实际执行的法规，之前规定而后没有实行的概不登载。

本书的编订不仅在当时起到了"纲举目张，庶便省览"的作用，而且也为今天考察民国时期税务法规制定情况保存了丰富的资料，并对现今的税务改革提供了借鉴。

《司巡须知》、《纳税须知》、《京师税务交涉须知》、《京师税务验货须知》

《司巡须知》、《纳税须知》、《京师税务交涉须知》、《京师税务验货须知》是监督京师税务公署为促进京师税务工作规范化而编印的一系列普及读本。其中《司巡须知》出版于民国十二年（1923年）八月，《纳税须知》出版于民国十二年（1923年）十一月，《京师税务交涉须知》出版于民国十三年（1924年）一月，《京师税务验货须知》，出版于民国十三年（1924年）二月。

《司巡须知》的主要内容包括：熟悉税则、详细估抽、留心货名、折合银价、宣布章程、按货填票、出门验照、细心查问、遵章抽取、切忌蒙蔽、早晚巡逻、严防偷漏、积极负责、恪守范围、妥慎稽查、祛除陋习、涓滴归公、最忌留难、毋稍蒙混、严禁串通、优待小贩、留心私运、巧取宜戒、和平待人。对税务司巡的职业道德、职业技能、工作流程用白话文作了简单的介绍，浅显易懂。

《纳税须知》的编订目的是：让大众了解税则，交税的时候不至于误会，且免于税务员司们舞弊。本书主要内容包括：工商税务须知、屠牲税须知、税契须知、铺地税须知，对这些税的税率、手续、税票、抽验方法等作了介绍。

《京师税务交涉须知》是关于征收洋商货税的介绍，主要内容包括：总论、洋商、子口单、税率、免税、罚办、结论。

《京师税务验货须知》，本书内容包括：验货员之品行、验货员之能力、验货员之责任、验货员验货之手续。

本套书本着裕国便民的目的，对税务工作人员的职责、道德、工作程序、收税依据和普通商民交税办法、手续等一一作了简明的介绍，普及了税务知识，也显示出民国时期规范税务的努力，对我们今天的税务工作实践有一定的借鉴参考作用。

《京师税务纪实》

《京师税务纪实》，监督京师税务公署编。监督京师税务公署民国十四年（1925年）铅印本，一册。

根据薛笃弼的序言，本书的编纂缘由是："条教规章，日有所出。岁月累积，因以益多。前曾刊《税务法规》一书，即其章制之一部也。余者皆无关宏志，然以精神之所寄，虽时移事移，每不能去之于怀。用复分别布局，都十四卷。自受事以迄离职，凡所签署，悉录之无遗焉，亦以存其迹耳。"

本书自民国十二年七月起迄十四年一月止，凡关京师税务办结事项概行编入，共分为十四类：一、整理计划，又分甲、乙二项，（甲）、革除弊端，包括关于剔除中饱及各种陋习等内容；（乙）、防止偷漏，包括关于取缔行栈、填设堵卡、限制免税等；二、厘定规章，内容包括修正税务规则及税务机关办事规则；三、划一税率，包括厘定税则、核定税率、限制估抽等项；四、用人标准，包括员司成绩优劣、举行黜陟等各项文件；五、教育办法，包括设立讲习所教育处以及教育员巡之一切章程办法等；六、查考办法，包括查验货税票照等项规则暨其办法等；七、赏罚办法，包括考成科罚各项章程及一切奖惩训令等；八、会计公开，包括每月实收实支表及逐月税收比较表；九、划一簿记（附各项表式），包括订定的各种新式簿记；十、划一公文程式，是关于订定的各种公文程式；十一、训诫员司，是关于勤勉规诫等文件；十二、会议规程（附记录），是关于会议规则及各项重要会议记录；十三、讲演纪要，包括各种讲演；十四、杂录，凡不隶上列各式而又未便略去者属之。

本书保存了大量民国时期税收工作资料，其中的税务人员管理、培养、考核等内容对今天的税务工作不无裨益，是研究税收工作近代化的重要参考资料。

《京师税务实收实支报告书》

《京师税务实收实支报告书》，京师税务监督公署编。京师税务监督公署民国十四（1925年）年铅印本，一册，9页。

本书保存了京师税务监督公署民国十四年四月份实收实支报告书、京师税务监督公署民国十四年四月份收支券别表、京师税务监督公署民国十三年度逐月税收比较表。具有一定的史料参考价值。

《北平税捐考略》

《北平税捐考略》，雷辑辉著。北平社会调查所民国二十一年（1932年）铅印本，一册，118页。

本书是《社会研究丛刊》的第十三种，其著作缘起为："吾国税捐制度，在统一专制时代，尚属完整，易资考究。自民国以还，战争频仍，军费激增，兼以割据形成，政令不一，于是苛捐杂税，层出不穷，而税捐制度，随之破坏紊乱。遂使二十年来，除外人经管之关、盐两税外，竟无一种税捐，迄今能令人得知其详情者。夫国人困于聚敛之呼声，早已充耳盈寰，关于苛杂之记载，亦已连篇累牍。然非笼统陈述，即系片断报告，求其能详尽查究，完列无遗者，不可一得。是民国税捐苛杂之真相，尚未清晰毕露，以言彻底改革，又岂可能？无怪历次之整顿计划，均难收显著效力！著者有志将民国以来税捐状况，详细调查加以整理分析，俾其结果能供民众对于吾国税制之改进上，作一主要参考依据。"

本书内容包括：一、绪论，说明了调查之困难、材料之来源、取舍之标准；二、国税，调查了崇文门常关税、平绥路货捐等九种税捐，每一种税捐都注明沿革、税率、收数；三、市税，调查了车捐、铺捐、市政公益捐等三十一种市税项目，每种税捐也都包括注明沿革、税率、收数三项内容；四、综述，论述了北平税捐种类与实施时期、北平国市两税之增减、北平之直接税与间接税、北平市民税捐之负担及北平市税捐制度。最后有附录《北平税务监督公署所属平门各局卡概况表》、《北平税捐新旧章则索引》等。

"欲明瞭其财政情形，则必自考究其税捐实况始"，因此，本书在当时有着极强的现实针对性和实用价值，而其中所调查之资料对我们今天研究民国时的财政税收情况有着重要参考价值。

《京奉全路税捐考》

《京奉全路税捐考》，王端甫、张石纯编。民国二年（1912年）钞本，一册。

本书调查了京奉全路各关卡、税局设置的地点、沿革、税率、征税情况等，后附《交通部路政司叶司长电》、《京奉铁路管理局职制草案》。本书对于考察当时京奉铁路运营情况、货物流转途径等都有重要史料价值。

《北平市牙行营业章程（附：施行细则）》

《北平市牙行营业章程（附：施行细则）》，北平市财政局编。北平市财政局民国二十四年（1935年）铅印本，一册，4页。

牙行是旧时居于买卖人双方之间，协助买卖双方成交而从中取得佣金的行业或个人，又称捐客、买卖介绍人或经纪人。本书收录了民国二十三年（1934年）十一月三十日北平市财政局颁发的《北平市牙行营业章程》和民国二十四年（1935年）三月十三日颁行的《北平市牙行营业章程施行细则》，具有一定的经济史料价值。

《北平市营业税征收章程附处罚章程》等

《北平市营业税征收章程附处罚章程》等，一函八册。共包括如下几种税收规章制度：

一、《北平市营业税征收章程附处罚章程》，北平市政府财政局营业税征收处编。北平市政府财政局营业税征收处 1935 年铅印本，一册。

二、《修正北京特别市公署财政局筵席捐征收章程》，北京特别市财政局编。北京特别市财政局 1939 年铅印本，一册。

三、《北京特别市房地转移规则》，编者不详。出版时间不详，一册。

四、《修正北京特别市铺地转移税章程》，编者不详。1940 年铅印本，一册。

五、《修正北京特别市田赋征收章程》，编者不详。1940 年铅印本，一册。

六、《北京特别市契税征收章程》，编者不详。1938 年铅印本，一册。

七、《修正北京牙行营业章程》，编者不详。1935 年铅印本，一册。

八、《修正烟酒营业牌照税暂行规章、施行细则》，编者不详。1935 年铅印本，一册。

本函所收录的税务规章制度都为单行本，轻便易携，对当时普及税务知识有一定的作用，且为我们今天考察抗战前后北京的税制提供了参考资料。

《北平市营业税特刊》

《北平市营业税特刊》，北平市营业税征收处编。北平市营业税征收处民国二十八年（1939 年）铅印本，一册，178 页。

民国二十年（1931 年）五月，在崇文门关税停征之后，北平特别市开征营业税，并为此成立了北平市营业税征收处，专门负责营业税征收。营业税征收处直属于北平市财政局。征收处下设总务、调查、征榷三股，分管营业税的征收、稽查与管理。

本书是北平市营业税征收处草创后编纂的，它汇集了"筹备以来各项法令文牍及章制规则"，"复以各类统计表册公文提要附益于后，凡所以示一定之步骤，以期上下共同遵守也"。

本书内容包括：一、言论，收录了关于营业税的演讲、研究论文及营业税征收处工作人员的工作态度的文章；二、章则，包括关于营业税的"市颁法规"、"处定章则""评议会章责"、"中央法令"；三、图案，收录了各类图表、统计、薄据；四、公文摘要，将政府关于营业税的公文摘要收入；五、筹备纪略，记述了北平市营业税征收处的筹备经过和筹备规则。

本书收录了大量可信的资料，对当时其他各地组办筹备营业税征收处具有一定的指导和借鉴作用，对我们今天研究民国时期北平税收机构的演变史、税收法规的制定、营业税的征收情况等都有重要的史料价值。

463

《北京市之铺底权》

《北京市之铺底权》，沈鸿勋著。北京民国三十年（1941 年）铅印本，一册，40 页。

沈鸿勋，律师，北京朝阳学院法学专业毕业，研究法学，成文法和习惯法兼重，故能卓有成绩。

本书是作者被聘为中央广播无线电台法律常识讲师后的数月之讲稿。它介绍了铺底权的概念、铺底权的性质、铺底权的取得、铺底权的存续期间、铺底主的权利义务、铺底权的消灭等内容。

铺底权是从铺房的租赁关系中产生的一种权力，始于清代中叶，民国以后，铺底权已遍布京城。司法判例认定，铺底权是物权的一种，一度作为房屋所有权的他项权利，可以转移或抵押。作者因为"铺底权在北京市，曾引发不少的纠纷"，所以广泛地搜罗资料，并参以己说，作了较为详细的讨论。内容系统全面，简明易懂，有很强的现实针对性，且有自己的研究心得在内。因此，

"不但铺房所有人及承租人应人手一编，即法学家亦应认为良好之参考资料也"（唐纪翔《序》）。

《民国时期北平市工商税收》

《民国时期北平市工商税收》，北京市档案馆编。中国档案出版社 1998 年第一版，一册，1296 页。

本书较为系统地收录了 1912 年至 1948 年间北平市税收情况的有关资料。全书分为机构管理和税种两部分。机构管理部分分为组织机构、组织管理、征收管理，反映了民国时期北平地方历届财税机构沿革嬗递的情况。税种部分辑录了流转税类（包括货物税、火车货税、营业税、特种营业税）、直接税类（包括所得税、遗产税）、财产行为税类（包括契税、印花税、烟酒牌照税、矿产税、牙税、邮包税、铺底转移税、牲畜税、屠宰税、车捐、房捐、地价税、交易税、基地税、营业牌照税、使用牌照税）、特定目的捐类（包括戏艺捐、附加捐、乐户捐、筵席及娱乐税、旅宿捐）及其他捐费类（包括杂捐、清洁费）共 29 个税种，内容包括各种税种的章程、条例、办法等，制定和修改的过程以及公布实施的情况，详细记述了民国时期北平地区税种设置的沿革变化情况。

本书资料均出于当时政府及税务部门的档案。所辑录的文件均为公布实施的正式文件，在货物税、营业税等国税中还采用了部分财政部、行政院的文件。所辑史料一般为原文著录，并做了必要的编辑加工，保持了历史原貌。史料编排在每一类税种下按档案、资料的时间顺序排列，对个别时间不详的章则，作了考证。总的来说，本书在广泛收集材料的基础上，作了科学的分类、整理、考订，去粗取精，去伪存真，内容翔实、准确、可信，为研究北京财税史提供了不可缺少的第一手资料，也为研究、完善当前的税收法制与征收管理起到了借鉴作用。本书曾获 2001 年中国档案学会第四次档案学优秀成果汇编类三等奖。

《维持京师市面意见书》

《维持京师市面意见书》，樊德光、郝登五撰。民国五年（1916年）铅印本，一册，4页。

民国五年，中国银行和交通银行停兑纸币，市面震动，人情惊慌，百物腾贵，银根枯竭，金融险象已达极点，全国商业命脉垂危。为调活金融，维持京师市面以安人心，作者拟定此书上陈政府。书中提出了借外款以助流通的对策，并提出由公家速拨大宗现款、分期交由总商会分发、选本京殷实银钱行号十家担任兑现的具体兑现办法，且附陈各区兑换所一元钞票换发铜元改良办法。本书反映了当时的金融停兑风波及由此引发的社会问题，具有一定的史料价值。

《北京金融整理论》

《北京金融整理论》，不著编者。民国七年（1918年）铅印本，一册，39页。

辛亥革命后，各省滥发纸币，金融紊乱。民国五年，中国银行和交通银行又停兑纸币，造成纸币贬值，物价飞涨，民不聊生。中国银行和交通银行在北京地区发行的纸币最多，因此北京受停兑之害最深。本书选取京钞为研究对象，论述了停兑后京钞之价格、京钞价格高下之原因、京钞停兑后所生之弊害、京钞之整理办法，末尾有结论。书中指出纸币飞涨的原因在于停兑、政局变化、银行人物进退、金融名义上之借款、奸商操纵以及报纸及各方面的破坏，并提出银行宜确定标的、慎重办法及恢复信用和政府应该大力扶持的解决办法。议论虽不无道理，但在银行自身投机取利、政局混乱的大社会背景下，徒有一番热情，却很难被当局实施。书中对当时金融业混乱的情况和社会病态的深刻描述，对于我们今天了解、研究民国初年北京的金融史有着重要意义。

《北平市救济商业贷款审查委员会工作报告书》

《北平市救济商业贷款审查委员会工作报告书》，北平市救济商业贷款审查委员会编。北平市救济商业贷款审查委员会民国二十五年（1936年）铅印本，一册，54页。

民国二十四年（1935年）冬，北平商业受世界经济不景气的影响，土货出口锐减，洋货价格日跌，货商无从牟利，且因国都南迁，消费萎缩，再加上奸商偷运现银出口等因素，备极艰难。年关将近，商铺欠账非清偿不可，当时预计无法度过年关的商号约有五千余家。为拯救这些商铺，国民党政府于民国二十五年一月十五日成立北平市救济商业贷款审查委员，由中央银行、交通银行等四行合凑500万元，对提出申请的商号经审查后办理救济贷款。委员会共工作十三日，审查申请书504件，核准贷款32万余元，在一定程度上缓解了北平的商业困境。

本书即北平市救济商业贷款审查委员会的工作报告书，内容包括：发起组织之经过、工作十三日、请求与核准贷款之分析、积极救济与消极救济、本会组织说明、贷款审查手续说明、贷款银行团放款手续说明、会议记录撮要以及附录：一、审查委员会章程；二、贷款规则；三、办事处办事细则；四、贷款申请书格式；五、文书股收发用各种文件格式；六、保管股用文件格式；七、呈冀察政委会请求备案文（附批令）；八、函北平市政府请备案文（附复函）；九、呈冀察政委会请转令法院特别通融加速办理登记过户手续文（附批令）；十、一月十六日致市商会函；十一、一月十七日徐主任书面谈话录；十二、全体职员名单。本书资料翔实准确，是我们了解、研究当时工商、金融状况的重要参考。

《平津金融业概览》

《平津金融业概览》，联合征信所平津分所调查组编。平津联合征信所平津分所民国三十六年（1947 年）铅印本，一册，617 页。

联合征信所于 1945 年 3 月由联合票据承兑所发起，四行两局联合组建于重庆，以调查工矿、贸易、交通、金融各业情形、培植工商信用、出版征信书籍为主要业务。抗战胜利后，联合征信所总部由重庆迁往上海，并陆续在汉口、南京、平津、北平、南昌、沈阳等地开设了分所或办事处。它曾经为当时的经济运行提供了丰富而宝贵的信息。

本书分为四篇，第一篇，天津金融业，篇前有概述，篇内分：甲、银行，又分为国家银行、省市及官商合营银行、商业银行，外商银行四目，附：银行商业同业公会；乙、银号钱庄，附：钱商业同业公会；丙、其他，包括信托业、保险业、典当业、证券行；第二篇，北平金融业，细目同第一篇；第三篇，外埠，分甲、石家庄银号业；乙、张家口银号业；第四篇，附录，分甲：法规；乙、其他，包括平津票据交换行号名录。每一金融机构分简史（包括该行、号、公司成立日期、发起人、筹备情形、资本演变事项）、地址、现在资本、负责人、全行号员生总数、存款总数及公积金七项。这些资料均以各行号填表或负责人面述纪录为准。本书内容非常丰富，为了解、研究当时平、津金融状况提供了宝贵的资料。

《北平一带小农工商之金融机关》

《北平一带小农工商之金融机关》，卓宜来撰。燕京大学研究院经济学系民国二十年（1931 年）硕士毕业论文，一册，302 页。

"资本与生产息息相关，吾人欲研究一国生产之状况及其兴衰之因蒂，非由研究资本之来源及金融组织为入手不可"，由生产方面观之，"吾国大工业少，而小工业稳然暗中掌握全国生产机关之大机矣"。"且吾国之银行界，间有投资于实业者，然大部分多与政府为交易，而与生产无直接之关系。是以我国之金融机关，其大部分实操于钱庄及一般小资产阶级之手也","由是研究生产界之兴衰及其资本之来源，不可不注意于此一般小金融机关"。此为本论文撰写之原因。

本书包括如下内容：第一篇，总论，在绪言里表明了本书研究小金融机关的原因、搜集材料之困难、本文讨论的范围，接下来论述了小金融机关应具之原则和我国生产界急需小金融机关之援助；第二篇，慈善性质之金融机关，分别论述了私人所设立的平民借本处——恒善贫民借本处、商人所设立之贫民借本处——溥益及同福银号、国家所设立之贫民之借本处的历史、性质及组织、放款之手续、调查及监督借户之办法、担保者之规定、借款期限及展期办法、放款实况等内容；第三篇，营业性质及互助性质之金融机关及放款者，分别论述了私人放债、打印子钱、摇会及写钱会、慈工合作商店的性质、放债方法及其利率、担保人并还本之办法等内容，并用大量篇幅论述了当铺，介绍了当铺创始及北平当铺之史略，股本，当铺与银行的往来，当铺之职员及内部之组织，质当之利率及放款规则，营业费用，当业总汇与各铺之关系，迁都后与未迁时之营业情形，铺中所用行话及山西人与此业的关系等内容；第四篇，中国华洋义辰会所设立之农村信用社，论述了总会与农村信用社之组织及其关系，合作事业发展实况；第五篇，通县农工银行，介绍了其内容和其放款之实况；第六篇，各种金融机关之比较，从组织、放款手续、利息、抵押品、借款额及借期、借款用途等方面进行了比较；第七篇，结论，认为小金融机关存在着组织不完备、放款范围小、无支部、资本过少、利率高、借款期限短等缺点，为补救计，应采用信用合作社集股之办法。

本书全面系统地调查了 20 世纪 20 年代北平一带小农工商之金融机关，内容广泛，资料翔实，论证客观严密，而且通过比较显示出小金融机关的发展方向，对当时的经济决策者不无参考作用，对今天研究民国时的金融状况也具有重要的参考作用。

《北平钱庄调查》

《北平钱庄调查》，朱丽来撰。燕京大学法学院经济学系民国二十一年（1932年）毕业论文。

钱庄是我国旧有的金融机构，在北平银行未创之初，北京金融之流转皆赖银号、票号、银炉、兑换所等金融机构。本文作者在对北京钱庄的四种主要类型：银号、票号、银炉、兑换所进行大量调查基础上，撰此论文。

书分目六章，一绪言；二银号；三票号；四银炉；五兑换所；六结论。分别详细阐述了银号、票号、银炉、兑换所的起源、组织管理、营业种类、发展状况、同业间关系等，对钱庄的起源作了考证，对钱庄的优缺点加以分析，并探讨了钱庄法等。书后附北京的各区的钱庄名单列表、北平银钱业同业公会章程。本文是在实地调查基础上做成，资料可靠，对研究北京金融史、北京经济史有一定参考价值。

《北京典当业之概况》

《北京典当业之概况》，中国联合准备银行编。中国联合准备银行民国二十九年（1940年）铅印本，一册，106页。

北平沦陷后，伪华北临时政府对北平金融强行"统制"，建立了伪中央银行中国联合准备银行，随后排挤中国法币，发行"联银券"统一华北的货币市场。太平洋战争后，又掠夺滞留在平津租界内中国政府的巨额白银，打击中国本土的民族金融资本，"整顿"北平的金融机构，实行严密的金融垄断。这种统治和掠夺，配合日本帝国主义的军事侵略和经济渗透，加剧了北平经济殖民地化的过程，给北平人民生活带来了深重的灾难。

本书是《庶民金融丛书》第一号，编纂原因是："典当业为调剂庶民经济之金融机关，与下层社会，关系至为密切，故其源流甚长，其组织亦与普通商业不同。顾吾国记载斯业之专著，尚属寥寥"。(《例言》)全书共分四章：第一章，典当业之起源及其历史，考证了典当业的起源、沿革以及"典当"二字之意义；第二章，北京典当实务概述，记述了典当业的组织、设备、管理、会计组织、书体、当物之种类、当物之估价、当物之销售、利息之计算、收当取赎及挂失以及营业季节、营业时间、职员待遇、北京当业同业公会等内容；第三章，北京典当业兴衰及现状，指出其衰落的原因和补救措施；第四章，典当业与北京市庶民之关系；最后有结论。

本书是关于北京典当业的第一部专著，系统完备，资料丰富，虽是伪银行组织编纂，但分析透彻，论述客观，是留心庶民经济的研究者重要参考资料。

《北京的中国银行（1914—1949 年)》

《北京的中国银行（1914—1949 年)》，中国银行北京分行、北京市档案馆编，主编吴恩芳。中国金融出版社 1989 年出版，一册，485 页。

本书是中国银行北京分行解放前三十五年的资料汇编。它以历史发生、发展为背景，以银行业务发展为主线，共分为四编，反映了解放前中国银行的经营状况。第一编，北洋政府时期中国银行北京分行的成立及发展演变（1914 年 9 月—1928 年 6 月)，主要记述了北京的中国银行成立背景及过程，并侧重记述了各项业务的发展；第二编，中国银行北平支行为向国际、国内汇兑专业银行转变的努力（1928 年—1937 年 7 月)，主要记述了北平的中国银行由中央银行性质向专业银行性质的各方面转变，表明其业务方针和重心的变化；第三编，抗日战争时期中国银行北平支行的业务削减及演变（1937 年 7 月—1945 年 8 月)，主要记述了抗日战争期间中国银行北平支行的业务削减及一度沦为伪中国银行总行，成为日本侵略者附庸的过程；第四编，解放战争时期中国银行北平支行的各项变化（1945年8月—1948年12月），主要记述了解放战争时期的机构及各项业务的恢复。

本书的资料主要来源于北京市档案馆近三千卷的北京的中国银行档案，这些档案内容丰富，保存完好，是北京的中国银行历史活动的真实记录，并且从未公布过。此外，还参阅了相关的历史书籍、杂志等。本书对收集到的资料按同一事件、同一类问题划分，并附之以标题，资料均标明出处，在每一章的前面还加了起提示作用的编者按语。本书整理资料的态度严谨客观，编排系统全面，对研究中国银行北京分行早期发展情况具有很高的参考价值。

《北京金融史料》

《北京金融史料》，中国人民银行北京市分行金融研究所、《北京金融志》编委会办公室编。1995年内部资料，十二册。

471

本书的编印目的是，"一是为了把资料系统地保存起来，二是为编写北京金融志提供素材，三是与兄弟省、市、区编写地方金融志进行交流，同时也为实际金融工作，金融理论研究和金融改革提供借鉴和参考"。全书共分为三部分，一、货币篇，包括北京的货币（附有：《北京现代化印钞厂》、《我国钱币铸造史的新证据——北京通县清代铸钱砖范考辨》、《建国40年以来北京出土古代钱币综述》）、边区货币与银；二、银行篇，收入了上海商业银行、新华银行、浙兴银行、国华银行、懋业银行、农工银行、中实银行、交通银行、中国银行等二十几家解放前银行的资料，这些银行都在北京开展过业务；三、典当、钱庄、票号、证券篇。

本书每类资料都分《简史》与《史料》两大部分。史料基本上是一些资料汇编，没有经过研究和考证，有重复和交叉的部分，且只限于金融业内部发展的资料，没有系统地联系与银行有关的外部重大政治和经济等问题。《简史》是根据资料整理的，实际上只是档案资料的摘要和综录。本书对研究北京金融史有一定的参考价值。

（五）交通、邮电、市政

《轨政纪要初编》

《轨政纪要初编》五卷，清陈毅辑。光绪三十三年（1907 年）邮传部图书统译局铅印本。

作者简介见前《东陵纪事》篇。

1906 年设立的邮传部，是清末新政的产物，它承担着建设和发展交通、邮电事业的重任，在铁路、航运、邮政、电政事业的发展和利权回收方面有不凡的表现，对中国历史的发展进程产生了很大影响。

清朝末年修建铁路之时，存在官办与商办的争议。官办是由政府出卖路权向外国列强借款，商办是由商股集成公司自办。"方卢汉招商之初，众贾迟回，率至改商办为官办。待粤汉废约以后，群情踊跃，又几欲尽改官办为商办"，"欲知官办铁道之利病，当首稽各国之合同；欲知商办铁路之利病，当首稽各章之章程"，于是邮传部将商部中的铁路档案，分类纂辑，印成此书。

"《轨政纪要》者，汇我国铁道章程合同而纪之。章程，盖法律之初基。而合同，又章程之别派也。"（《序》）本书收录了自铁路始兴之日至光绪三十三年冬这一时期内的章程、合同，其奏疏之关乎章程者尽附于后，共五十余种。

本书不仅在当时对修建铁路起到了指导明鉴作用，而且其收录的大量的章程、合同为编纂我国近代的交通史乃至整个经济史提供了宝贵的资料。

《轨政纪要次编》

《轨政纪要次编》三卷，陈宗蕃辑。邮传部图书统译局清宣统元年（1909年）铅印本。

作者简介见前《北平赋》篇。

此书亦为备修路政则例而作，收录了自光绪三十三年冬至三十四年（1908年）冬的章程合同五十种。章程标目务尚简明，如有原本标目太繁者，统题为办事章程，其原标各题一律改作分目以便检查。

中国铁路开始时皆为借款修建，故《初编》所收合同，其多数与章程相符。之后借款较少，章程比合同繁多，所以本书在体例上予以了变通，均按路司分科之名，以总务、官办、商办分为三类。其余体例仍仿初编，凡初编漏未及收者，亦量为补入。本书与《初编》相比，在体例上更为清晰，检索起来更为方便。

《京张铁路工程纪略》

《京张铁路工程纪略》，詹天佑撰，中华工程师学会编。中华工程师学会民国四年（1915年）铅印本，二册，下册为附图。

詹天佑（1861—1919年），字眷诚。原籍安徽婺源，生于南海。1872年赴美留学，为中国近代史上第一批官费留学生。1878年6月考入美国耶鲁大学土木工程系，学习铁路工程，获学士学位。1881年毕业回国。1905年后调任京张铁路总工程师兼会办、总办，主持修建京张铁路，另发明火车自动挂钩，为我国自行设计修建铁路之第一人。著有《铁路名词表》、《京张铁路工程纪略》、《华英工学词汇》等。

本书记载了京张铁路的起源、开办情况及工程事宜，共分为"分总纲"、"路线"、"轨道"、"土石"、"桥工"、"涵沟"、"山洞"、"房厂"、"水塔（附掘井）"、"栽种"十章。后附"京门支路"、"鸡鸣山煤矿支路"。

本书意在征实，故于当时章奏禀牍关系紧要者一律编入，与工程事宜均分类记载，且于记事外兼述学理，间列算式，以供浏览。本书不仅可以供当时的工程师参考，而且为后人编纂交通史提供了丰富的资料。

《京沪通航纪略》

《京沪通航纪略》，航空署编辑。京华印书局 1941 年铅印本，一册，33 页。

本书的编纂原因是："今商业飞航，在吾国方为创举，披荆斩棘，缔造艰难。国内既已前无师承，国外又难盲为取法。……尤不能不陈述其经过概情，以资将来借镜者也。"（《绪言》）全书内容包括：最初预定京沪航空线之计划、京沪航空委员会之设立（附《委员会职员名单》）、京沪航空线设置之必要、调查京沪航空线路情形（北京航站、天津航站、济南航站、徐州航站、南京航站、上海航站）、京沪航空线建筑工程之经过、航空管理讲习所之设立（附《航空管理讲习所规则》）、航空警察教练队之设立（附《航空警察教练队编制》）、国有航空线管理局编制通则、京沪航空线管理局之筹备（附《京沪航空线管理局编制专章》、《京沪航空线管理局筹备处简章》、《京沪航空线管理局筹备处职员名单》）、航空署与邮政总局订立合同之内容、维美式商用飞机之构造、测量京沪航空线各站经纬度以及京沪航空全线地图。本书保存了大量珍贵的资料，具有重要的价值。

《北平通航计划草案》

《北平通航计划草案》，北平特别市工务局编。北平特别市工务局民国间铅印本（舆图石印），一册，8 页。

古人曾就北京的水利通航进行过大量的实践活动，但自明季以来，张家湾以上的水运基本停止。民国时期北京交通流量激增，遂致水运之议重提。本书编纂的时代背景是："自铁道通运以来，河渠废弛，如人身之只具骨干脉络，而无津液之贯通，殊为遗憾。

其实航运性质，与铁道不同，载输价贱量重之货物，无需太速者，如煤斤粮食建筑材料以及粪土等类，运费低廉，为巨市必要之条件。以北平而论，此类货物，每日出入市区之吨量，必超千数，大半尚赖最劣方法，如大车驼脚，以维转运。运量有限，而运费实至巨，其影响及于货价与生活，而组织经济之发展，岂浅鲜哉！"

全书内容包括："通航之目的"、"路线之选择"、"渠深切面之决定"、"引水方法之研究"、"沉淀冲刷及清水之利用"、"工程之类别"、"第一步工作"。且附有《沟渠路线图》、《河渠剖面图》。

本书之议虽并未真正实现，但对于北京的城市基础设施建设，是一种有益的探索，亦为今天的北京交通、运输工作提供了思路与借鉴。

《中华民国二十年至二十二年路政概况》

《中华民国二十年至二十二年路政概况》，河北省第一省路局辑。民国二十三年（1934年）铅印本，一册，182页。

本书的编纂缘由是："第念彰往察来，古有明训。且省路局成立以来，迄无出版刊物，各界人士与路局管辖事务及历年进行情形，多未明瞭。经搜集各省图表及本省建设厅前拟建筑省路计划，并就笃生任事以来三年中经过事务，撮其大要，编为一帙，曰《路政概况》。既以策此日之进行，亦以资异日之考较。"（金笃生：《弁言》）

本书内容包括："河北省建设厅建设省路计划"、"规章（附各路票价表）"、"路线总图"、"各路里程表"、"各路概况表"、"行政纪要"、"车务纪要（附《车辆统计表》、《旅客统计表》）"、"工程纪要"、"测绘纪要"、"二十年至二十二年收支纪要"、"二十二年三月至五月特殊事项"，最后有附录：《接受第二省路局事务概略》、《各路特产名胜古迹表》。

本书反映了民国十七年（1928 年）国家完成形式上的统一后，各省汲汲于修筑公路以复苏经济，后又经军事破坏，原计划迭遭破坏的社会状况，而且保存了大量的公路管理制度、车辆旅客统计、工程测绘资料，对研究公路史、经济史、社会史有一定的参考价值。

《北京电车股份有限公司合同、章程、规则汇订》

《北京电车股份有限公司合同、章程、规则汇订》，北京电车股份有限公司编。北京电车股份有限公司编民国二十六年（1937 年）铅印本，一册。

1913 年，北洋政府开始提议组建北京电车有限公司。到 1921 年，北洋政府向法国借款作为官股，并吸收商股，筹办官商合资的北京电车股份有限公司。1924 年 12 月，第一条有轨电车线路正式开通。这条线路从前门至西直门，全长 9 公里，往返行驶有轨电车 10 辆，北京的城市公交事业由此起步。

本书汇集了北京电车股份有限公司的重要章程和合同，共包括：《北京电车合同》、《北平电车股份有限公司章程》、《北平电车股份有限公司董事会章程》、《北平电车股份有限公司组织大纲》、《北平电车股份有限公司办事规则》、《北平电车股份有限公司各处办事规则》、《北平电车股份有限公司职员支薪分红规则》、《北京电车公司职员考绩规则》。本书对于考察北京公共交通的近代化转变、电车股份有限公司的运营模式等都有着重要参考意义。

《北京交通史》

《北京交通史》，北京市公路交通史编委会编。北京出版社 1989 年出版，一册，220 页。

本书是《中国公路交通史丛书》之一。它记述了北京地区

1949 年以前的交通发展历史，共分为五章。第一章，古都北京的交通特征：军事重镇、五朝古都的地位使之成为交通枢纽和中心，内城街道纵横成棋盘，主要街道通过城门衔接干路辐射各地；第二章，驿站道路与桥梁，附有《北京地区古代主要桥渡表》；第三章，车舆驮骑，记述了自辽至清的车舆鞍辔及清末及民国时期的载人载货交通工具和新兴的交通工具——汽车；第四章，北京的水路交通；第五章，铁路、公共交通、公路运输、民用航空的创始和发展。

本书章目清晰，井然有序，系统地阐述了北京地区的自然地理与交通的关系，并阐述了交通发展与地区经济发展的关系以及与政治、军事、经济、文化等方面发展的关系，总结出了这一地区以往的交通规划、交通经营作用及其利病得失，可借以考求交通发展的规律，具有很强的实用价值。此外本书附了许多图表照片，还穿插了古代的有关诗文。

《北京站志（1901—2000）》

《北京站志（1901—2000）》，《北京站志》编委会编，主编郑群、孙玲、王丽娟。中国铁道出版社 2003 年出版，一册，506 页。

全书分为二十二篇："概况"、"建站"、"运输设施"、"新技术应用"、"机构"、"旅客运输"、"特种运输"、"涉外工作"、"安全生产"、"路风建设"、"经营管理"、"综合管理"、"环卫管理"、"多元经营"、"基本建设"、"职工教育"、"企业文化"、"中国共产党北京站组织"、"群众组织"、"人物"、"大事记"、"附录"。它们分别从不同的侧面和角度，客观地反映了北京站从最初作为帝国主义侵华产物，到最终成为共和国品牌站的发展历程，浓缩了 20 世纪北京铁路客运事业的百年发展历史。本书力求全面、客观、真实地反映历史本来面目，并附有 224 幅图片、162 幅表格，具有较高的可信度与参考价值。

《北京公路志》

《北京公路志》，北京市公路局编纂。文津出版社 1995 年出版，一册，292 页。

本书是《北京公路志》丛书之一，它记载了上起周、秦下至 1990 年 12 月 31 日的北京公路状况，全书包括：一、机构，介绍了机构沿革、历届领导人、职工队伍；二、路线，包括国家干线公路、市级干线公路、县公路、乡公路、专用公路；三、桥、梁及其他，介绍了桥梁、渡口、立交、隧道、环岛；四、科研技术，介绍了科研机构、科研成果、新技术推广、技术管理、学术活动；五、公路工程，包括公路勘察、筑路机械、材料工业、工程检测、公路工程公司；六、养护和管理，介绍了养护组织、方式、技术、管理及路政管理；七、绿化，包括绿化沿革、管理、路树栽植、苗圃及其科研成果；八、养路费，包括收费沿革、机构、收费规章、收费方式、养路费的收支；九、人才培养，介绍了公路人才的培养情况。最后附有大事记。

本书是第一部综合古今北京公路的专业志书，本着"详今略古、古为今用"的原则，严谨朴实地按时序综述了公路史实，述而不论，寓褒贬于材料的记载中，为各方人士了解、研究北京公路建设的历史提供了重要参考。

《老北京的出行》

《老北京的出行》，齐鸿浩、袁树森著。北京燕山出版社 1999 年出版，一册，287 页。

齐鸿浩（1952— ），北京门头沟区博物馆副馆长，文博馆员，擅长于文物考古研究，民俗研究、石窟寺艺术研究。出版过专著《老北京的出行》、《玉河拾遗录》。袁树森（1951— ），北京市文联民间文艺家协会会员，北京市文物保护协会会员，北京史地民俗协会会员，北京民俗协会理事，门头沟区政协文史委员，《门头沟区志》编辑。长年研究北京文史，出版过专著《潭柘寺》、《戒台寺》、《老北京的出行》、《范小人传奇》等。

本书是《老北京丛书》之一，这套丛书的特色是用北京话写北京人身边的事情，贴近百姓生活。本书着重介绍了从清朝末年到"文革"之前这百余年间北京交通的发展和演变的过程，描述了北京地区马路、铁路、水运的发展情况和各种交通工具如人力、轿子、三轮车、自行车、汽车、船、飞机的使用和演变史。透过老北京的出行，折射出了当时的政治、经济、文化、民俗情况。作为普及读物，本书图文并茂，语言简明生动，知识性、趣味性、可读性兼备，对于北京民俗的研究者和爱好者有一定的启迪作用。

《北京邮史》

《北京邮史》，马骏昌、周新棠、阎荣贵、宋福祥著。北京出版社 1987 年出版，一册，254 页。

本书记述了北京地区从周代一直到北京解放时之古代邮驿和近代邮政发展的历史。全书共分十章：北京古代的邮驿通信和民信局的产生、外国资本主义的入侵和北京邮政的试办、各资本主义国家对中国邮政权的争夺和北京邮政的正式开办、北洋军阀统治时期的北京邮政、从国民党接管到抗日战争爆发前的北平邮政（上、下）、抗日战争时期的北平邮政（上、下）、解放战争时期的北平邮政（上、下）。书后附有专题资料：《解放前北京邮局的邮政业务》、《解放前北京邮局的组织机构人事制度和工资制度》、《北京印制的邮票》。另外书中附有大量反映历史图景的插图。

本书是第一部系统反映北京邮政历史的著作，具有填补空白的作用，对于了解北京邮政沿革历史并进而为今天的邮政体制改革提供了一定的参考作用。

《北京邮政史料》

《北京邮政史料》，北京市邮政局史志办公室编，主编张志和。北京燕山出版社 1988 年出版，一册，424 页。

本书选录了从北京邮政正式开办（1897 年）至北平和平解放期间北京邮政经济、业务、局所、人员发展及邮政法规等方面的有关史料。共分为四部分，即中国（北京）邮政发展史料；从正式开办到邮政总局南迁的北京邮政；从邮政总局南迁到抗日战争胜利前的北京邮政；解放前战争时期的北京邮政。另外，将北京的民信局及部分邮政法规作为附录收入。史料编排按时间顺序，并尽量将内容上有一定联系的材料排在了一起。

由于邮政档案散失各处，一般读者不易搜集，更不便于集中阅读，所以本书的编纂对于社会各界了解或研究邮政发展历史并进而探索邮政发展规律有着重要的参考价值。

《京都市政汇览》

《京都市政汇览》，京都市政公所编。京都市政公所民国八年（1919 年）铅印本，一册，630 页。

京都市政公所是北洋时期负责办理京都市政的专门机构，1914 年 6 月正式成立，主要负责城市的总体规划和基础设施建设，如道路和沟渠的建造和维修等。该机构是中国近代市政管理机构的先驱，由此，中国的城市管理走向近代化。

"京都市政开办以来，倍极困难，草创经营，甫具规模。而进行之秩序，办理之内容，迄未昭示市民，致误会疑虑，时所不免，影响市政前途，良非浅显。"鉴于此，京都市政公所编纂了此书。

本书以统计汇报之体例，叙述了京都市政工所自民国三年（1914 年）六月开办至民国七年（1918 年）底所筹办的各项事业，每一项都详述其筹设之旨、沿革之由，附以章制图表。凡经议论而没有实施的，也按其性质分列专节，以供浏览。全书共分十七章："关于市政机关之设置事项"、"市政公所附属机关"、"关于保存市有财产事项"、"关于交通行政事项"、"关于劝业行政事项"、"关于卫生行政事项"、"补助市教育经费事项"、"关于补助救济经费事项"、"关于筹划市产事项"、"关于市区改正事项"、"关于市内房地转移事项"、"关于土地收用事项"、"关于建筑工程事项"、"关于测量事项"、"关于道路桥梁事项"、"关于沟渠工程事项"、"关于编辑事项"。本书保存了大量准确丰富的资料，是研究民国初年北京市政及其经济发展的重要参考书。

《治理京兆计划书》

《治理京兆计划书》，薛笃弼撰，京兆尹公署编。京兆尹公署民国十四年（1925年）铅印本，一册，92页。

薛笃弼（1892—1973年），字子良，山西运城人，山西法政学校毕业。曾任北洋政府司法部次长、国民政府甘肃省省长、民政部部长、内政部次长、水利部部长等职。中华人民共和国成立后任上海市政协常委、第二届全国政协委员。

民国十三年（1924年）12月，薛笃弼调任京兆尹，他感于京兆地区"重遭灾患，已历有年，百业未兴，庶政隳敝"，遂作了《治理京兆计划书》，以"因时因地，发挥所见，意在力行"。

此计划书分为概论、预备时期、施行时期、改进时期、结论五章。概论及结论是对计划书写作缘起的说明及对计划书内容的概括性说明等。其余三部分分别为作者准备在治理京兆地区预备时期、施行时期、改进时期所具体采取的措施。

此计划书详细而完备地计划了民国十四年（1925年）北京地区需要治理的方方面面，涉及北京内务、财政、杂税、教育、实业等，是研究当时北京地区各方面情况的有益资料。

《整理北京市计划书》

《整理北京市计划书》，张武撰。北京民国十七年（1928年）铅印本，一册，42页。

哲学博士张武"留欧之际，参观大小都市不下数十处。归国后，每至一市，辄作一市改造计划"，此书是关于北京市的改造计划。全书内容包括：都心及分区、改造区域、改造房屋、公园化之都市、交通、警察、卫生、防火、水、工商业发展政策、归农运动、救济贫民、婚丧制度、市财政及改造经费，书末附有：目前市面救济策。

在城市建设上，本书主张建立都心说，整个古城以同心圆式的向外发展，拆除城墙，以利交通，全面建筑西式房屋。他的意见基本上是大拆大改，只保护个别的古建筑，不保护古都的整个环境。由于把西方人所说的"城市病"经验照抄过来，且方案超出当时的财力，所以这个计划没有受到重视。

《发展北平之根本政策》

《发展北平之根本政策》，白陈群著。民国十八年（1929年）铅印本，一册，36页。

国都南迁后，北平一落千丈，市民生计困难。为繁荣北平市场，作者编著了此书。全书内容包括：一、总论，论述了北平之设备及其价值，北平工商业发展之可能，发展北平政策之主要精神、开放北平后之利益，开放北平以广招徕，自由港区之制度，自由贸易与发展新地之关系等内容；二、开放北平之标准办法，讨论了其税收问题、土地问题、工程问题及外人营业种类之限制、市参议会之设立等内容；三、结论，重新申明开放北平的观点。

本书提出注重工商业、开放北平、利用外资、尊重市民公意等观点，对研究国都南迁后的北京城市经济有一定的参考价值。

《京都市法规汇编》

《京都市法规汇编》，京都市政公所第一处文书科编译室编，民国十七年（1928年）重编，沈瑞麟题写书名。京都市政公所铅印本，一册，392页。

京都市政公所是北洋时期负责办理京都市政的专门机构，但由于事实上京师警察厅并未移交出其在卫生、交通管理等方面的权力，京都市政公所的工作仅限于京都市的街道修建和整修疏浚沟渠等，因此，由京都市政公所制定的法规主要集中这些方面，特别是房地法规。

本书所收录法规包括以下几类：总务类、交通类、卫生类、教育类、救济类、登记类、工程类、房地类、测绘类、建筑类、捐务类、编译类。它反映了民国时期法规制定情况，具有较高的资料价值。

483

《京都市法规汇纂（第一、二、三辑)》

《京都市法规汇纂（第一、二、三辑)》。京都市政公所第一处编。京都市政公所民国年间铅印本，一册。

本书共包括65项法规、简章，保存了当时关于公修道路、沟渠，自来水安装，建筑，公园、房地等的管理规定以及京都市工巡捐局、市政工所的相关资料。为研究北京近代化过程中城市管理的法律法规制定情况保存了重要资料。

《北平特别市市政法规汇编（1928—1929)》

《北平特别市市政法规汇编（1928—1929)》，北平特别市市政府辑。1929年线装铅印本，二册。

本书收录了1928年至1929年北平特别市市政府及附属机关颁

行的法律，共分为十类：总务、财政、土地、社会、工务、公安、卫生、教育、公用、自治。所收法规均注明公布、核准、修正日期，表明实施先后。本书对研究北京市法规建设历程提供了重要的参考资料。

《北平特别市建筑规章汇编》

《北平特别市建筑规章汇编》，北平特别市工务局编印。1930年铅印本，一册。

北平特别市工务局成立于 1928 年 8 月，隶属于北平市政府，其前身为 1914 年成立的内务部土木工程处。工务局的主要职责是管理全市工务事务，包括房屋、公园、公墓及体育场所等建筑事项，市民住房、道路、桥梁、沟渠、堤岸及其他公共土木工程，河道船政管理，广告、路灯管理等。

本书包括九种北平特别市建筑规章：一、北平特别市建筑规则；二、北平特别市建筑限制暨设计准则规程；三、北平特别市房基线规则；四、北平特别市整理步道规则；五、北平特别市汽油镑取缔规则；六、北平特别市土木技师执行业务取缔规则；七、北平特别市厂商承揽工程取缔规则；八、北平特别市工务局查工规则；九、北平特别市饮水井取缔规则。最后附有：北平特别市市民捐修道路奖励章程。本书反映了当时市政中对建筑的管理制度、管理方法、管理内容，从一个侧面折射出了当时的社会生活，对研究北京市政发展史、北京经济史以及对今天的市政管理都有一定的参考价值。

《北平市市政法规汇编》

《北平市市政法规汇编》，北平市政府参事室编。共三辑。

本书第一辑收录了 1928 至 1934 年的北平市政法规，分为正编（自 1928 年 7 月到 1934 年 6 月现行有效的法规）、补编（自 1934

年6月至年底的法规）、附编（虽经公布却未实施，亦未明令废止者）。正编分为十类：总务、社会、公安、财政、工务、教育、卫生、土地、公用、自治。

第二辑，收录了自1935年1月至1937年6月的市政法规，体例同第一辑的正编，唯"公安"类改名为"警察"。第三辑收录了自1937年7月至1940年10月底的法律，体例同前。

本书系统全面地收录了自1928年至1940年的市政法规，为研究民国时北平市政法规建设情况及其现代化转变提供了丰富的第一手资料。

此书由北平市社会局救济院印刷组于1934年、1937年、1940年印行。

《民国二十年二十一年份工务合刊》

《民国二十年二十一年份工务合刊》，北平市政府工务局编印。民国二十二年（1933年）铅印本，一册，384页。

本合刊取材自民国二十年（1931年）一月份起迄二十一（1932年）年十二月份底为止，共分为十二类：一、插图；二、行政，收录了工务局迁址、公用科归并社会局、管理广告之改革等内容；三、工程，又分为计划、实施（公路类、沟渠类、桥梁类、河道类、园林类、城垣牌楼及杂项）；四、测绘，收录了民国二十年、二十一年续测房基线名称等及路扶尺度之经过和测绘中南海公园、颐和园详图；五、取缔，收录了民国二十年、二十一年取缔内外城各区危险建筑一览表；六、登记，收入了民国二十年、二十一年注册厂商一览表等；七、法规，收录了一些交通、建筑管理规则；八、会计，收录了民国二十年、二十一年各项经费收支数目表；九、统计，共收入69种统计表；十、公牍，包括呈文、公函、命令、指令、布告、批示几类公文；十一、会议录，收入了七个局务会议记录；十二附录，收入北平市公务局职员录。

本合刊选辑材料，贵在翔实，凡两年间关于公务进行之种种状况，均就档案中分类搜集，编具图表，以供参考。因此，为我们今天考察民国二十年、二十一年的市政建设提供了重要参考。

《北平市沟渠建设计划》

《北平市沟渠建设计划》，北平市政府工务局编印。民国二十三年（1934 年）铅印本，一册，24 页。

"沟渠创办之初，虽可就市民需要及财力所及，举办局部之小规模建设，但设计时必须高瞻远瞩，作统系全市之整个计划，以适应市内沟渠全部完成后之情况"，此即为本书编纂之缘起。

本书是关于北京市政中沟渠建设的计划，内容包括：北平市沟渠建设设计纲要，北平市污水沟渠初期建设计划，北平市雨水沟渠整理计划，北平市沟渠建设费总计以及附录：征求北平市沟渠计划意见报告书。本书调查精确，研究缜密，为当时市政建设以及今天的城市规划都提供了有益的参考。

《日人侵略下之华北都市建设》

《日人侵略下之华北都市建设》，谭炳训著。民国年间铅印本，一册，30 页。

日本占领华北后，一方面谋以战养战，一方面为培植其侵略殖民之根据地，在华北沦陷区致力各项建设。故于平津沦陷之次年，即开始对对华北各大城镇就军事、政治、经济等方面作一番调查研究，先后制定所谓北京、天津、塘沽、济南、石家庄、太原、徐州、新乡等都市计划大纲，以为建设之张本。"为使国人明瞭日寇所编全部都市计划大纲内容、与建设实施起见"，作者编纂了此书。

本书分为两部分叙述，甲，计划大纲，将日寇所编的都市计划大纲择要节录，或录全文；乙，建设概况，略述了日寇在八个城市的建设实施概况。本书对揭示日本侵略者对华北的经济掠夺的罪恶、研究日伪统治时期华北的社会概况有重要的参考价值。

《光复一年之北平市政》

《光复一年之北平市政》，北平市政府编。北平市政府民国三十五年（1946年）铅印本，一册，50页。

本书是值民国三十五周年、北平市政府光复一周年之际编纂的。共包括如下内容：一、市区面积；二、社会，包括编整保甲、训练地方自治人员、查禁烟毒、筹建忠烈祠、整理公会、换发商业登记证、办理公司登记、调整劳资纠纷、整理民众团体、办理救济、调整救济机关、办理粮证、设立合作金库、成立合作社、筹办农贷、物价及工资调查与指数编制等内容；三、财政，包括废除苛杂、整理税制、推行公库制度、成立北平市银行；四、警察，包括筹办国民自卫团、调查民间抗战损失、加强消防减少灾害、整理交通、实施右行、整理市容、调查户口、查封敌产等内容；四、教育，包括整理原有机构、改订各校课程、举办小学校长训练班、整顿私立中小学校等内容；五、工务，包括铺修道路、整理沟渠、整理文物建筑、整理交通设施、管理市民建筑、整顿市容等内容；六、卫生，包括环境卫生、医药救济、预防治疗花柳病、调查训练接生婆、生命统计、实施卫生教育等内容；七、公用，包括整顿电车、整顿自来水、车辆登记、整理路灯、整理广告、接交日营工厂会社等；八、地政，包括土地测量、土地登记、规定地价、土地使用等内容；九、会计；十、人事，包括办理政审、设置人事管理机构、筹办训练、历行考绩等内容。本书反映了民国三十五年北平市政的各方面的情况，内容广泛，资料丰富，对研究战后北平城市管理概况具有重要的参考价值。

《北平之市政工程》（民国三十五年度）

《北平之市政工程》（民国三十五年度），北平市工务局编。北

487

平市工务局 1946 年铅印本，一册，16 页。

北平沦陷期间，日寇除了压榨市民，搜刮资源，实施奴化教育，以遂其以战养战的目的而外，无任何建设。日伪政府于 1938 年将北平市工务局改称北京特别市公署工务局，1939 年 2 月重新制定并公布该局组织规则，其性质仍为管理全市工务事务。1945 年 9 月日本帝国主义投降，同年 10 月 10 日国民党北平市政府接收日伪工务局及工务总督，重组北平市工务局，主管北平市的工程建设。并将原有下属机构及接收的机构调整为文物整理处、西郊新市区工程处、工程总队、车辆厂、材料厂、测量队、采石厂。光复后，国民党政府经费紧张，所以工程对象不得不选必需而急要的来做。此书即是对光复一年的市政工程作的简单介绍。

全书包括：一、铺修道路；二、整理沟渠；三、整理文物建筑；四、建设东西郊新市区；五、测绘市区工程地图；六、整理交通设施；七、建筑之管理与行政；八、整顿市容；九、都市计划直言；十、其他工程。本书为研究北平市政建设历史、抗战后北京社会状况提供了丰富的资料。

《北京古运河与城市供水研究》

《北京古运河与城市供水研究》，蔡蕃著。北京出版社 1987 年出版，一册，234 页。

蔡蕃，中国水利学会水利史研究会副主任。1979—1982 年就读于中国科学院、水利水电部水利水电科学研究院，中国水利史研究专业研究生。本书是在其硕士论文的基础上成书的。

本书在大量历史文献与现代文献资料基础上，经过野外实地踏勘寻访了七百余年来水利工程旧迹，从水利科技角度出发，对历史上北京的漕运和城市供水排水等方面取得的成就与教训进行了较为系统的研究和探讨。全书共分为五章：第一章，北京地区水资源概述；第二章，北京水资源历代开发和漕运概述；第三章，通惠河工程；第四章，通惠河的管理；第五章，历代城市供水与排水。最后有结语，并有附录：《北京水利大事年表》。

本书是从工程技术角度叙述古代北京水利兴衰的第一部专著，内容上多有创见。例如：对元代所修通惠河上游路线的详细推定，对运河上所建二十四闸位置的考证，下游闸坝在明清两代兴废的叙述等；尤其对坝河路线及七坝位置、形制的考订，澄清了几百年来的疑团；其余如对金口位置的论断、昆明湖作用的探索，城区排水沟渠体系形成的推测也都证据有力，观点新颖。书中还有大量作者手绘的图表，简明准确。本书为今后合理开发利用水资源，提供了历史借鉴。

《北京自来水八十年》

《北京自来水八十年》，周景印主编。1990年印行，一册，100页。

本书是北京自来水公司成立八十周年的纪念册。内容分为"领导题词"、"今昔纵横"、"我与'京水'"、"影丛撷英"四部分，共收入20篇文章。其中《前40年供水的回顾》、《前40年原地踏步走后40年技术换新颜》、《历经八十春秋话说供水业务》等文章对解放前北京市自来水供应情况、自来水公司发展史作了描述，具有一定的史料价值。

《近代化的北京城——城市建设与社会变革》

《近代化的北京城——城市建设与社会变革》，史明正著。北京大学出版社1995年11月版，一册，309页。

史明正（1963—　），北京人，毕业于北京大学历史系，美国哥伦比亚大学史学博士，加利福尼亚大学中国研究中心博士后。

这部专著的论述跨越年代，始自义和团运动爆发的1900年，中间经过满清王朝批准的"新政"时期，至北京不再作为中华民国首都的1928年结束。主要探讨了北京市政机构的发轫以及在这一时期北京市政府创议、协调的许多公共工程建设和三大公用事业（有轨电车公司、自来水公司和电灯公司）的发展。本书共分七章：第一章，北京市政管理机构的演化；第二章，道路铺设与城市规划；第三章，排放污水系统；第四章，公共空间；第五章，供水；第六章，电灯照明；第七章，城市交通。另外，书前有绪论，后有结束语。

本书是用当代西方史学观点研究中国历史的一个尝试，从某种意义上说，可以代表美国史学界对中国城市史研究的一些思路和方法，观点新颖，论据翔实，为国内的史学研究提供了有益的借鉴。

《清末北京城市管理法规》

《清末北京城市管理法规》，田涛、郭成伟整理。北京燕山出版社1996年影印版，一册，522页。

田涛，中国法律史学会理事，法律史文献学家，东方法律研究中心主任，研究员。主要论著有《田说古籍》、《大清律例》、《田藏契约文书粹编》等。

本书为20世纪初清朝政府实行"新政"之后1906年到1910年制定出的有关首都城市管理方面的一批法规。原书为钞本，计39种，每种订成一册，共装一函。整理后，全书分为六部分：一、道路交通法规，包括：改定清道章程、清道执行细则、管理地排车专则、管理大车规则、管理人力车规则、车辆夜行不燃灯处罚章程；二、医药卫生法规：厅区救急药品使用法、预防时疫清洁规则、卫生处化验所章程、卫生处化验所办事规则（抚卫生处化验所化验规则）、管理种痘规则、内外城官医院章程；三、饮食服务行业管理法规，包括：管理饮食物营业规则、管理牛乳营业规则、各种汽水营业管理规则、管理各种汽水营业执行细则、肉食品之预备及贮藏法、管理剃发营业规则、管理旅店规则、管理浴堂营业规则；四、市场管理法规，包括：内城官立东安市场营业规则、外城官立广安市场地租规则、外城官立广安市场管理规则；五、矫正收容法规，包括：创办京师内城贫民教养院章程、内城贫民教养院管理规则、外城初级教养工厂章程、外场中级教养工厂章程、外城教养女工厂章程、外城公立贫民养济院试办章程、外城贫民工厂章程、内城公立博济工厂初级章程、内城公立博济工厂中级章程、民政部习艺所试办章程、重定济良所章程；六、特种行业管理法规，包括：戒烟局章程、戒烟局管理规则、管理公私设立戒烟局所章程、管理娼妓规则、管理乐户规则。另外，书前有整理者撰写的序文：《中国城市管理走向近代化的里程碑——新发现的清末北京城市管理法规研究》。

因无"前绪可寻"，这些管理制度是在"贵参各国之程式，尤必度时世之所宜"的指导原则下制定出来的，它们吸收了西方的立法思想，肇开中国传统法制向近现代化演进的先河。它们不仅对研究清末历史、政治、法律、经济，甚至对了解当时社会生活及语言文化都具有较高价值，是研究北京城市发展史及近代市政管理的珍贵资料。

《北京规划建设纵横谈》

《北京规划建设纵横谈》，张敬淦著。北京燕山出版社1997年出版，一册，337页。

张敬淦（1928—　　），先后在北京市城市规划管理局和北京市城市规划设计研究院从事北京市排水规划、计划技术管理、科研管理、规划研究等工作，主编《北京规划建设》杂志并参与修订北京城市总体规划等工作。

本书从纵向和横向两个角度论述了北京城的规划建设。第一章、第二章从纵向讨论了北京城的变迁，明、清北京城的格局及其规划思想，清末帝国主义对北京城的蹂躏以及建国后北京城的规划历程；第三章，全国的政治中心和文化中心，论述了天安门广场、行政办公楼及教育科研基地和卫生、文化设施；第四章，北京经济的繁荣发展，论述了北京的工业特点、商业区、工业园区等内容；第五章，星罗棋布的居住区，论述了北京的住宅区；第六章，旧城的保护与改造，讨论了旧城改造问题；第七章，城市基础设施的规划建设，论述了水源、交通、环境、绿化的基础建设；第八章，四十多年来对北京规划建设认识的逐步深化，综述了建国后四十多年的规划思想；第九章，社会主义市场经济条件下北京规划建设面临的新问题，讨论了房地产市场、绿化隔离区、市区地下空间的开发利用等问题；第十章，迈向 21 世纪的北京城，展示了北京城新的城市规划。书后附有附录《北京市历年常住人口统计》、《各区（县）土地面积情况》、《1995 年北京、天津、上海、广州若干指标比较》、《北京与世界主要城市各项城市水平比较》等。

　　本书总结了四十多年来首都城市总体规划和建设实践中的基本经验教训，提出了改革开放和实行市场经济中面临的新问题，不仅可供学者研究，而且还可作为行政决策的参考。

（六）统计资料及其他

《北平市政府统计特刊》

《北平市政府统计特刊》，北平市政府秘书处第一科统计股编。共三册，其中第一册出版于民国二十三年（1934 年）一月一日、第二册出版于民国二十三年（1934 年）、第三册出版于民国二十四年（1935 年）一月一日。

本刊宗旨在于公布北平市政府编制的统计图表，以供行政参考和学者研究。其体例为：一、每号登载专文一篇，系统地介绍一种统计。其中之文字，主要偏重于统计之解说，而非统计之研究。第一号登载的专文为：《北平市人口统计》，第二号登载的专文是：《五年来本市岁入之分析》，第三号登载的专文为：《农业统计》、《小本借贷》。二、统计资料栏，这一栏中发表各种零碎的统计表，只具资料的性质，并未经系统的组织。三、附录，择要登载各种有关统计之文件。

本刊统计资料总之以精密无夸，期之以错综致用，为当时的经济决策和研究提供了基础资料，也是我们今天了解和研究当时的社会状况的重要参考。

《北平市政府警察局户口统计》

《北平市政府警察局户口统计》，北平市政府警察局编印。民国二十六年（1937 年）铅印本，一册。

编者以为，"户籍为社会情状之缩影，而户籍统计又为社会变动结晶，故谓户政为推行一切政治之基础可，即谓户籍异动为推行一切政治之表现，亦无不可"。"只以户政为警察本原，统计工作不容稍间，矧值变乱甫戢，其动态之考查，尤关切要"。本书为卢沟桥事变前后的北京市户口统计，因而显得尤为重要。

全书内容包括：卢沟桥事变前后户口比较，分区六月、八月户口比较表及说明，最近户口调查，分区特别登记人口数目表及说明，内外城特别调查户数表及说明，四郊清查户数表及说明，北平市政府警察局二十四年度户口统计图表（分为户口概况、教育、废疾蓄发缠足、浮动人口、户口移动、宗教、籍贯、街胡同巷夹道、年龄、职业、外侨户口状况、外侨职业、外侨宗教）、附编（外国人租房月别表、无约国及无国籍人请领居留执照月别表、无约国及无国籍人请领旅行护照月别表、查获毒品案件次数及种类表、汽车肇事月别表）。

本书详细记载了卢沟桥事变前后北京市的户籍及其变动状况，为研究当时的人口状况、社会变动等情况提供了准确翔实的第一手资料。

《市政府统计年鉴》

《市政府统计年鉴》，北京特别市公署秘书处编。北京特别市公署民国二十九年（1940年）铅印本，一册。

本书是关于1939年度北京一切行政的统计资料，内容共分为十一类：一、户口，7表；二、商业，24表；三、工业，3表；四、警察，9表；五、财政，5表；六、建设，5表；七、教育，5表；八、公用，6表；九、观光，3表；十、卫生，24表；十一、救济，8表。最后附有《北京特别市公署暨所属各机关职务简明表》。本书编纂于日伪统治时期，所列数字不可能精密无夸，但其大量资料毕竟来源于第一手的调查，所以具有一定的参考价值。

《北京市统计总报告（民国三十四年）》

《北京市统计总报告（民国三十四年）》，北平市政府秘书处编。北平市政府民国三十四年（1945年）油印本，一册。

本书共包括 209 幅统计表，3 附表。其中气象 9 表，土地 18 表，人口 61 表，政治组织 6 表，财政 11 表，附表 1，教育 17 表，卫生 13 表，工务 13 表，公用 14 表，附表 2，社会 21 表，警卫 26 表。每一幅表格都注明了资料来源，有的还有简短说明。本书为研究当时的气候、经济、政治、社会等状况提供了大量可贵的原始资料，具有重要的参考价值。

《旧政权时期北平基本情况》

《旧政权时期北平基本情况》，北京档案馆编。北京市档案馆 1958 年油印本，一册。

本书是根据北京市档案馆所藏的资料对 1935 年、1939 年、1942 年、1948 年的北京基本情况所作的统计。内容包括：一、自然、人口，主要内容有疆界地势、人口统计、出生率与死亡率、市民教育程度；二、伪北平市第一届参议会参议员（包括：党派、职业、学历）；三、财政，统计了 1948 年 1—6 月的市库支出；四、工商业，包括工厂、工人数，1933 年登记工人数及工资，商业户数和资本额，旅店和公寓概况；五、建设，包括：道路、下水道、河道、桥梁数，新建及维修道路统计，新建及掏挖下水道统计；六、公用，包括各种车辆登记，电车、公共汽车概况，自来水用户及售水量统计，用电户数与用电量；七、文化教育，统计了高等学校、中等学校、小学校、幼儿园概况以及在学失学青年与学龄儿童人数和游园人数；八、卫生，包括市私立医院诊所医疗设备，中西医人数调查，卫生局所属各院所门诊及住院人数，预防注射及接种人数，法定传染病患、死人数。

本书只是统计图表，很少文字说明及分析，但每一份图表都表明了资料来源，具有一定的参考价值。

教育史

小　序

从元朝忽必烈在北京建都起，北京除了是全国政治经济的中心，也逐步发展成了全国文化教育的中心。《北京历史文献要籍解题》"教育史"部分通过对北京教育史重要文献的解题，为读者展示北京教育的历史概貌，并帮助读者把握北京教育发展的历史脉络及其发展特点。

基于首都的特殊地位，北京在发展教育方面有着得天独厚的优势。在科举时代，有国子监、明清翰林院等文化教育的最高机构，到了近代则有著名的清华大学、燕京大学、辅仁大学等著名的学府汇集京城，反映出京城教育繁荣的史貌。历来反映和研究北京教育史的文献颇多，《北京历史文献要籍解题》"教育史"部分从中选收了 100 种较为重要的文献，这些文献所反映的内容从明清太学、国子监、书院、清末实施新政设立的各级各类新式学堂到民国时期北京的各级教育机构等，基本上反映了北京地区从明代至 1949 年解放前夕的教育发展状况。

在文献的排序上，首先按照文献反映内容的时间先后，将文献分为古代史部分、近现代史部分。古代史部分收录文献较少，主要选收了有关太学、国子监的文献以及研究北京科举、书院和清末设立的大学堂等的文献。这些文献，对研究中国古代教育管理、科举制度史、考试制度史具有重要价值。到了清末，清政府实施新政，以京师大学堂为代表的一批高等学府应运而生，这奠定了中国教育由传统向近代转型的基础，标志着中国新式高等教育的开端，而对此现象进行反映的文献较少，因此对所见的文献基本上都予以收录。

反映近现代北京教育史的文献较多，共 91 种。从清末兴办近代教育起，北京学校数量、学生人数有了缓慢的增长。1930 年前后，北平一地的高校数量几乎占全国的一半。因此研究北京近代教育史的文献对研究中国当时的教育状况和当前的教育都有重要价值。在这部分中，总体性、概括性研究、介绍北京民国时期教育历史的文献，放在"总论"目下。其余的文献分别置于高等教育、中等教育、小学幼稚园教育、职业教育、特殊教育、社会教育等目下。各类目下的文献按照出版时间先后予以排序。具体选收情况如下：

一、"总论"部分选收文献9种，除了《北京近代教育记事》、《北京回民教育史略》为研究专著外，内容多为统计资料和调查概况，为研究北京近代教育史提供了可贵的第一手资料和参考文献；二、"高等学校"部分选收关于北大、清华、辅仁大学等著名高校的54种文献。这些文献所反映的内容集中在校史、学校管理规则、学生学习生活及纪念年刊。其中反映北京教育界爱国主义活动专题的文献和反映畿辅大学、京师培根女校、北京中法大学等高校的文献，因为前者多是由当时亲历亲见者所写，内容详细，史料确凿，文献价值较高，对研究近代学生爱国运动有重要的参考价值，后者存世较少，极具史料价值，所以本文悉数收录；三、"中学教育"部分选收文献12种。其中六种文献概括性介绍学校概况；四种文献以期刊的方式反映学校在某个历史时期的状况；两种文献介绍某校训育及体育教育状况，这些文献运用不同的形式、从不同角度反映出民国时期北京中等教育的状况；四、"小学幼稚园教育"部分选收文献3种，介绍北京小学幼稚园管理及课程实施办法等；五、"职业教育"部分选收文献7种，分别为民国时期北京部分职业学校的概况；六、反映特殊教育的文献存世较少，笔者将所见两种文献全部收入，分别是《北平私立聋哑学校概览》、《北平聋哑学校特刊》；七、"社会教育"部分选收文献4种，内容涉及高校所办平民夜校、政府民众教育机构的发展概况以及关于民众识字教育的调查报告。

（一）古代教育史

《皇明太学志》

　　《皇明太学志》十二卷，明王材、郭盘等纂修。明嘉靖三十六年（1557年）国子监刻，隆庆、万历递修本，学苑出版社1996年11月影印本《太学文献大成》收录此书。

　　《太学文献大成》，首都图书馆编辑，丛刊共二十册，收入有关太学的文献十种，其中的第五、六、七册即《皇明太学志》。

　　太学即国子监，是国家最高教育行政机构和最高学府，同时还担负着藏书、刻书的职能。此书系明代学政史料中专记国子监之书，共十二卷，具体内容如下：一、典制两卷，目下有建学、祀先师、设官、官民生、生员巾服、经籍、仓库、官吏俸给、师生廪馔、赐予、器用、徒役、内外学舍、印信、官吏给由，说明太学的建制、祭祀孔子、生员、重要典籍的保管、器物等情况，并附以相关图片；二、谟训两卷，目下有敕谕、学规、诰敕、官箴、策问、敬一箴、五箴注，包括关于太学生、国子监诸生、国子监祭酒司业等的圣谕、太学学规、对于职掌太学官员的要求以及太祖高皇帝策问十六道等，附以《敬一亭图》；三、礼乐两卷，目下有临幸、春秋释奠、释菜、行香、诣庙、祀土神、岁暮各祀、朝贺、射礼、袭封衍圣公诣庙仪、进士释菜，内容主要是关于各种礼仪，比如皇帝亲临太学、祭孔以及其他各种祭祀、庆贺活动；四、政事两卷，目下有升监、厢仪、讲肄、考校、科举、惩戒、差遣、历事、查刷、事例、分守、稽验、官廨始末，这是关于太学学习的具体教学管理，注重从理论和实践两方面来考察学生的能力；五、论议两卷，目下有正庙祀、简师儒、广生徒、增科额、稽载籍、清资途、汰衰庸、革欺弊、明恤典等以及对太学现有规定的修正建议，如增删所祀之人、割除宿弊、师资的择定、扩招生员、修补重要典籍、严格考核贡生质量、择贡生中年老有疾之人归籍为民、明确对病亡贡生的抚恤等内容；六、人材两卷，目下有名德、简遇、职官题名、髦誉、甄除、科名、岁报，从多方面考察人才。

此书是较早的国子监志，介绍内容全面丰富，是有重要价值的历史文献。

《圣驾重幸太学录》

《圣驾重幸太学录》不分卷，明夏言等辑。明嘉靖年间刻本，1998 年书目文献出版社据明嘉靖刻本影印出版。

古代皇帝临幸太学，释奠先师孔子，目的是为展礼乐，宣德化，教导天下之人归于善。历代帝王无不以此为首务。此书即记述明朝皇帝临幸太学之事，目的是"使天下之士皆知皇上隆师重道之盛心"。书中记叙内容包括皇帝临幸太学的准备工作（如修饰庙学、预先择定吉日、更换太学坏旧器物）、临幸太学具体行程、官员讲学内容以及皇帝赏赐等。同时书中还将相关移文、奏牍及奉宣制词敕谕并讲官所讲经义、称贺表文等按日期先后缮录成篇。

此书对皇帝临幸太学的相关事宜介绍翔实全面，具有重要的史料价值。

《（钦定）国子监则例》

《（钦定）国子监则例》四十五卷，清瑞庆等纂修、果齐斯欢等增辑、汪廷珍等改纂。清道光十四年（1834 年）续增修刻本。

国子监，亦称国子学，简称国学，是我国元、明、清三代国家管理教育的最高行政机构和国家设立的最高学府，也是最重要的中央官府藏书处。《（钦定）国子监则例》就是关于监生的学习、人才的培养和选拔、监内藏书和档案卷宗的保管、借阅等的一套较完善的制度。

此书共四十五卷，从内容上可以分为十部分：一、卷一至卷六，有关祭祀、皇帝到辟雍讲学的各项事宜。二、卷七至卷十五，介绍绳愆厅。绳愆厅设满汉监丞各一名，掌管制定国子监监生的学规，并具有督察的职能。三、卷十六，介绍博士厅、经理。博士厅设满汉博士各一名，职掌训课并督察诸监生的学习。四、卷十七，介绍琉球学。此专指琉球子弟入国子监学习的管理及各项规定。五、卷十八至卷三十一，介绍典簿厅。典簿厅设满汉典簿各一员，职掌汉字奏折以及各衙门的档案，所管事务还包括文庙陈设、进士释褐等。六、卷三十二至三十三，介绍典籍厅。典籍厅设汉典籍官一员，负责书籍碑帖拓刻等的收藏。七、卷三十四至三十五，介绍六堂。六堂指率性、修道、诚心、正义、崇志、广业六堂，是监生日常学习之所。八、卷三十六至三十七，主要讲八旗子弟在国子监学习的有关事宜。九、卷三十八至四十四，介绍档房，主要负责清文奏折档案以及外藩来学者的事务。十、卷四十五，讲关于算学即数学方面的学习。国子监设助教一名，负责职掌诸生算决并考察教习课程。

503

此书是关于国子监的经典文献，对国子监的机构设置、教学管理都作了详细的介绍，为了解、研究国子监的各项制度提供了极为丰富的参考资料。

《钦定国子监志》

《钦定国子监志》，清文庆、李宗昉等修纂，清道光年间成书，有清道光十四年（1834 年）刻本流存，光绪年间据道光版补刻重印。另有学苑出版社 1996 年《太学文献大成》影印本以及北京古籍出版社 2000 年点校本。

此书的编排顺序依次是：奏折、表文、职名、原志凡例、总目、卷首、正文、引用书目。此书八十二卷，卷首二卷。其中庙志八卷，目下有庙志图说、建修、祀位图说，介绍清朝对孔庙的修缮及祭祀方面的礼仪，如确定祀位位次等；学志十卷，目下有学志图说、建修、员额、考校、甄用、乡试、五经博士、算学、勋荫、外藩入学，介绍了清朝有关太学生员、考试、课程设置等方面的规定；辟雍志六卷，目下有辟雍图说、建置、视学、临雍，重点介绍了清朝始确立的皇帝亲临辟雍讲学制度；礼志十卷，介绍亲诣释奠、遣官释典事例、释典（元明附）、释菜、释褐、告祭、献功、祭品图说，规定了在这些重大事件时的礼仪礼节；乐志六卷，介绍乐制、乐章、律吕表、舞节表、乐器图说、舞器图说；官师志八卷，介绍设官、典守、仪制、铨除、官师表、官师表（元明附）；禄廪志四卷，介绍恩赉、岁支、俸秩、廪给；金石志十二卷，介绍钦颁彝器、御碑、御制说经文石刻、御定石经碑、国朝石鼓、周石鼓、进士题名碑（元明附）、诸碑（历代石刻附）；经籍志二卷，包括赐书、书版；艺文志十四卷，内容包括奏议、应制进册（雍正二年、乾隆三年、乾隆五十年、嘉庆三年）、艺文志二卷，包括杂著、诗赋；志余二卷，包括纪事、缀闻。

国子监之志，始见于明代，如《皇明太学志》、《国子监通志》等；之后有清乾隆间修《国子监志》，《四库全书》收之；道光间修《国子监志》以及光绪年间据道光版补刻重印本《国子监志》。光绪年间所出之《国子监志》以"盛典应增辑也；体例应由旧也；原委应会归也；图说应详明也；考证应精核也；记载应叙次也"为增辑原则，为读者了解国子监的各种情况提供了丰富而较为全面的参考资料。

《京师公立愿学堂章程》

《京师公立愿学堂章程》，清京师公立愿学堂编。清光绪三十四年（1908年）重订铅印本，一册，38×2页。

清朝末年，受西方的影响，清政府对教育制度进行改革，废除科举，兴办新式学堂，这些措施促成了中国教育制度的巨大变革，清政府逐步建立起新的教育制度。京师公立愿学堂即是此时期建立的学校之一。该校为了体恤贫寒子弟求学，减免学费，但要求入学者必须出具家长所写愿书。本书所收乃该校的各项管理章程。内容共二十一章，包括立学总义、堂中各员、礼仪、讲堂、旷课、休息室、操场、考试、分数、禁令、值日生、鼓号生、学生保证人、访问学生、学生早餐、学生饭厅、入学散学、学外管理、参观、杂则等内容。书首有清政府所颁的《钦定教育宗旨》和《监督示》。

清政府颁布的学堂章程应该称得上是一场教育上的革新，它既吸收了西方的经验，又糅合了传统的做法，因此可以说新学校在形式上是近代的，但在具体运作中却弥漫着传统社会的气息。此书的史料价值在于有助于了解清朝末年这个特定历史时期新式学堂的具体管理方法、考证中国新式教育的历史发展。

《清代同文馆之研究》

《清代同文馆之研究》，孙子和著。台北嘉新水泥公司文化基金会1977年出版，一册，578页。本书为嘉新水泥公司文化基金会资助出版的研究论文第三百种。

孙子和（1931— ），河南省武陟县人。"国立台湾大学"法学学士、"国立台湾大学"政治学研究所硕士、博士。

清朝所设的同文馆是中国最早的官办现代学校，最初附设于总理各国事务衙门，是培养外语、科技、洋务人才的学校。同治元年（1862年）在北京设立京师同文馆，同治二年（1863年），上海设广方语馆，广州设同文馆。

对同文馆的研究论著较多，然本书作者认为"言者虽众，而语焉不详，且多讹误，文书记载亦有出入"，故在本书中作者对清代同文馆作了详细的考证。此书内容可分为四部分：一、绪论，概述当时国内外局势及中国对外关系之适应，并试举魏源等四人之思想与主张，以明远因；二、分述北京、上海、广州三地同文馆之设立、沿革、组织、得失，以明其近况；三、记述其他地方同文西学馆，说明同文馆制度在地方仿行之情形，但以其直接或间接与同文馆有关系者为限；四、结论，说明同文馆在学术、教育、外交、政治方面的成果，并对目前外交训练及译著工作阐述了作者自己的见解。

作者查阅了许多重要史料，如道光、咸丰、同治、光绪、宣统各朝实录、大清会典及事例、故宫博物院所藏宫中档、起居注等第一手资料，可谓权威丰富。本书对于全面认识"作为新学之滥觞，是学习西学西艺之摇篮，被认为是中国现代化之第一步"的同文馆是一部非常珍贵的历史文献。

《京师大学堂成立记》

《京师大学堂成立记》，罗惇曧1912年著。岳麓书社1985年出版的《清季野史》第三集选录该文。

罗惇曧（1885—1924年），字掞东，号瘿公，广东顺德人。清代作家。早年入广州万木草堂从康有为学习。以优贡生任邮传部郎中、京师大学堂编书局分纂。民国后任袁世凯总统府秘书、参议、顾问，因不赞成复辟帝制，退出政界。工诗文，著有《太平天国战记》、《中俄伊犁交涉本末》、《中日兵事本末》、《瘿庵诗集》等，并有《红拂传》、《文姬归汉》等京剧剧本。

《京师大学堂成立记》是罗惇曧1912年所写的一篇详细记载京师大学堂成立曲折经过的文章，反映出作者罗惇曧支持兴办新学的思想。文中记事起于清咸同之季曾国藩等请设制造局、立船政水师学堂，迄于戊戌变法请求废科举。其中记述了在京师大学堂的设立、主管官员的任用等问题上出现的新旧两派的斗争，这些斗争给大学堂的设立、发展带来了重重阻力。这段历史《国立北京大学校史略》、《北京大学校史（1898—1949年）》等书中都有提及，但皆为简单带过，此文记述较详，起到了补充史实的作用。

《北京的教育与科举》

《北京的教育与科举》，何力著。北京出版社2000年版，一册，

205 页。此书为《北京历史丛书》之一。

《北京的教育与科举》一书内容由五部分组成：一、北京古代的学校教育，介绍了北京地区从先秦到明清时期的学校教育；二、北京历代的科举考试；三、北京历代的书院，首先介绍了中国古代书院的产生与特点，在此基础上详细介绍了从元到清北京各书院的历史；四、北京近代教育的发展；五、近代北京的各级各类教育，从高等教育、中学教育、小学教育、幼儿教育、师范教育、职业教育和社会教育几个角度介绍近代北京教育的发展情况。

此书按照历史发展的脉络，对北京地区教育发展史进行了梳理，详细整理了从古代的科举考试到近代学校教育的发展历程，是研究北京地区教育史较有价值的参考资料。

《书院北京》

《书院北京》，俞启定编著。北京旅游教育出版社 2005 年版，一册，222 页。

此书为《文化北京丛书》之一。《文化北京丛书》的内容非常广泛，它既包括了宫殿、坛庙、寺观、园林、书院等有形的文化实体，又包括了历史掌故、民俗风情、宗教文化、戏剧、音乐、歌舞及商贾贸易、风物等无形的文化艺术；不但对北京的传统文化有一个系统的叙述，而且对这些文化进行了独到的解读。

俞启定，1948 年出生。北京师范大学教育学院教授，教育学博士，博士生导师。主要著作有《先秦两汉儒家教育》、《中国教育制度通史》、《北京古代教育史料》等。

《书院北京》一书，选取北京书院这个角度，研究北京地区从古代到民国时期的教育史。本书内容由九部分组成：一、最高学府——北京国子监（太学）；二、具有民族特色和特权的八旗学校；三、发达的北京地方官学；四、各类专门人才学校；五、书院与乡里教化；六、选拔人才的中心——北京的科举；七、走向近代化——晚清时期的北京教育；八、曲折发展——民国时期的北京教育；九、北京教育的未来。

此书为读者展示了北京教育的历史画卷，使读者能了解北京教育历史发展的基本线索，感受到作为首都的北京在教育方面的浓重特色和深厚的文化积淀。

（二）近现代教育史

总 论

《京师教育概况》

《京师教育概况》，中华教育改进社编。中华教育改进社总事务所民国十一年（1922 年）七月至十二年（1923 年）六月发行，一册，42 页。

此书为关于京师教育概况的调查报告，系根据中华教育改进社民国十一年的京师教育概况所作。总表中将京师各级学校划分为国立、公立、私立、教会及私人立几类，从学校总数、教职员数、学生数、全年经费数等几个方面进行比较，并且将民国十一年的资料列入，与民国十二年的情况进行比较。调查报告的结论以表格的形式表现出来，分别是：一、民国十二年京师教育概况总表；二、民国十一年与十二年京师教育概况比较表；三、民国十二年京师各学校概况分表。

此书保存了大量比较珍贵的原始数据资料，对研究民国十一年与十二年京师的教育发展情况有重要意义。

《北平特别市初等教育统计（民国十七年度)》

《北平特别市初等教育统计（民国十七年度)》，北平特别市教育局第三科编。北平特别市教育局民国十八年（1929 年）石印本，一册，91 页。

民国时期，北平作为一座有着百万人口的大城市，小学教育却不甚发达，内容尤欠完善，实有改革的必要。所以北平特别市教育局就其质与量两方面进行调查，以期了解状况，发现问题，作为扩充及改进的依据。本书即此次调查的成果，内容由三部分组成：一、插图，即各种摄影图片；二、图示，包括公私立学校学生情况、教职员情况的比较图共 40 个；三、表列，用列表的形式对公私立学校的相关情况进行比较，共有 39 个调查表。书末附表 9 个。

本书以民国十七年（1928 年）八月至十八年（1929 年）二月为调查期，而各种材料则截至十七年底。在编制体例上，将各种调查所得的散漫材料，利用表格形式整理排列出来，并将所要表明的事实与问题，用各种图形表示，且侧重于分析、综合、比较，来考察其变化及因果关系。调查范围为本市的学龄儿童、私塾、公私立小学及幼稚园，具体内容包括城郊各区公私立学校校数比较、学生数比较、各级学生百分比较以及有关教职员的相关情况比较和学生相关情况比较等。调查内容以市立小学校最为详细，次则为私立立案小学。书中表格，多以市立小学与私立小学相对立，以便于公立与私立学校之间的比较。

此书对当时北平市的初等教育情况作了非常详细的调查与比较，并在序言部分略举了几个此次调查所得之比较重要的问题，使得读者能更好地了解认识北平市的初等教育情况。

《社会教育》

《社会教育》，北平特别市教育局第三科编。北平特别市教育局民国十九年（1930 年）铅印本，一册。

本书是关于北平特别市教育局半年间社会教育尤其是成人教育进行情况的概要叙述。此书内容由两部分组成：图表及章则。"图表"部分收录了关于民众教育事项的各项统计表共 29 份，内容涉及了本市民众学校、教育机关、民众识字班等的位置图，民众识字班毕业学生比较图，本市市私立民众学校统计表等。"章则"部分是关于现行章则事项的汇集，包括民众学校办法大纲、民众识字班简章、民众茶社简章、实行民众补助教育案、市立民众学校管理暂行规程、本市工人补习学校简章草案以及为民众教育服务的各种公共设施的服务规则等内容。

社会教育是一种全民性的教育，包含终身教育、民众教育及补习教育等三大内容。此书借助图表与章则的形式对北平特别市教育局所开展的社会教育进行了客观反映，为了解民国时期的社会教育提供了一定的史料。

《北平市教育概览》

《北平市教育概览》，北平市政府社会局教育科编。北平市政府社会局民国二十二年（1933年）铅印本，一册。

本书原为北平市教育介绍专号，分上、下两卷，曾出版。其辑载内容，上卷为教育行政、中等教育，下卷为初等教育、社会教育。后为方便参考阅览，合订成册，并将书名改为《北平市教育概览》。在"教育行政"部分，说明了北平市教育行政机关之沿革及其组织、最近的重要工作以及教育经费等问题。"中等教育"部分，介绍了本市中等教育（包括初中、高中、职业学校等）的概况。"初等教育"部分，介绍了本市初等教育概况以及初等学校（包括各市立、私立学校）的情况。"社会教育"部分，从民众教育、图书馆及教育馆、特殊教育以及戏曲及电影等多个角度考察社会教育的方式及影响。

此书对当时北平市的教育情况介绍详细，分析细致，为研究当时北平市的教育情况提供了有价值的参考。

《北平市教育法规汇编》

《北平市教育法规汇编》，北平市社会局教育科编。北平市社会局民国二十二年（1933年）铅印本，一册，310页。

此书主要收录北京市各校、馆所适用的部颁及局颁的章程条例，这些章程条例截止日期为民国二十一年（1932年）十二月底，按其性质可分为教育行政、学校教育、社会教育及附录等四个版块。"教育行政"部分选取了民国政府教育部、北京市教育局颁发的有关教育宗旨、中小学学生考试、休假、毕业修业、训育、国民体育法、短期义务教育以及督学规程等内容。"学校教育"部分内容涉及私立学校、大学、专科学校、修正专科学校、职业学校、师范学校、中小学等学校的组织原则与规程、学生自治会组织大纲以及关于各类学校教员待遇、学校设备标准等事宜。"社会教育"部分辑录了北平市对各类私立学校、补习学校、民众阅书报处、民众茶社、电影检查法、社会团体、文化团体等社会教育机构的规范性文件。"附录"部分内容包括官吏服务规程、北平市政府各机关交代章程、捐资兴学褒奖条例等。所收录的各项规章制度，一律依据公布的原文，分别著明了"部颁"、"局颁"等字样，并依据该制度的内容来确定其先后次序。

此书对相关法规的收录比较全面，对研究当时北平市政府的教育政策、各级各类教育机构的管理办法以及对北京地区教育事业的促进作用等有较强的史料价值。

《北平市市私立中小学体育概况统计》

《北平市市私立中小学体育概况统计》，北平市社会局体育委员会编。北平市社会局体育委员会民国二十四年（1935年）印。

本书共收录了28个统计表，对北平市市私立中小学体育概况从行政组织、教员、教材、教具、体育建筑、图书、体育消耗等几个方面进行了比较。

体育教学作为学校教学中一个重要的环节，对中小学生的身体全面发展有很大的影响。通过此书可以了解政府方面、学校方面对体育教学的重视程度与推动体育教学所采取的具体措施，也可明了民国时期学校体育教学的发展情况。

《教育概况》

《教育概况》，北平特别市公署教育局第三科设计股编。北平特别市教育局民国二十七年（1938年）十月铅印本，一册，118页。

民国二十七年北京特别市教育局成立，决定出版《教育概况》为其辅行的刊物。此书是《教育概况》创刊号。书中主要内容有发刊词、插图、题词、论著、章则、补白等内容。插图包括当时市长余晋龢、市署秘书长吴承湜、前局长张鼎勋等九人的照片。论著部分有张鼎勋著《成立教育局之意义》、武田熙著《为中国教育界进一言》、杨荫庆著《教育名词辨》等文章。

此书出版于北平沦陷后日伪政权统治时期，题词与文章作者多是当时的亲日派。故书中内容有"在中日合作旗帜下，向前迈进，完成所谓时代的使命"、"中日亲善"的说法，提倡亲日，反对走亲英美、亲俄路线等。此书所反映的内容有着极强的时代性，对了解北平沦陷后日伪政权推行奴化教育、亲日教育具有重要的史料价值。

《北京近代教育记事》

《北京近代教育记事》，耿申等编。北京教育出版社1991年出版，一册，380页。

北京是享有盛誉的文明古都，是中国的首都，全国的政治经济中心，也是文化教育的中心。此书将北京近代教育历史分六个时期：一、北京近代教育的开端；二、清末兴学时期；三、北洋军阀统治时期；四、南京国民政府时期；五、日伪统治时期；六、解放战争时期。本书以大量翔实的史料，集中展现了北京近代学校教育由萌芽到发展的过程、历次爱国学生运动的发生和发展、日伪统治时期文化之都教育的衰败、解放前夕教育事业的凋零。这些丰富的资料和研究成果，对北京教育的研究起了重要的补充作用，同时，对当前教育事业的发展也提供了有益的借鉴和帮助。此书既是一部北京近代教育史的资料工具书，也是一部编年体的近代教育简史，为研究北京近代教育的发展提供了有益的参考资料。

《北京回民教育史略》

《北京回民教育史略》，刘东升著。北京市回民学校 1999 年出版，一册，192 页。

清末民初随着全国新式学校教育的兴起，回族也开始办自己的普通教育，开办了一些回民学校。而北京是较早创办回民教育的城市之一，其中小学的数量多，中学、师范创办较早，一直延续到解放以后，回民教育取得的成就在全国是突出的。在本书中，作者以文史资料的笔法，对从清末出现回民新式学校教育到解放后建立回民学院这一段北京回民教育历史的发生、发展以及办学特点，分小学、中学、师范三类作了系统的整理，其中主要篇幅用于介绍解放前的回民教育历史。

北京回民教育的历史，可以说是全国回民教育发展的缩影。此书作者刘东升亦曾长期从事回民教育，书中不少内容是他亲身经历过或认真核实过的。所以对于回民教育、回族历史的研究工作者来说，此书是很有参考价值的一部历史资料汇编。

高等教育

《发展北大计划大纲》

《发展北大计划大纲》，北京大学学生会编。北京大学民国十八年（1929 年）铅印本，一册，16 页。

此书编者有感于北京大学"历年受政治之影响，与暴力之摧残，元气大损，建树毫无"，于是广泛采集同学的建议，吸收欧美各大学的管理模式，为今后的学校发展制订了详细的计划，并测量划定校址，绘制成图，附于书末。

该发展大纲从校内组织（预科、本科、研究所三级）、教员薪金待遇、课程安排与要求、校址扩充、建筑（包括宿舍、图书馆、大礼堂、体育馆、大钟楼、气象台、无线电台、试验学校、校医院)、教学及实验设备、经费、各项建筑地址之分配及附图等多个方面，都提出了非常详细的改进措施。

此书内容涉及范围广泛，所拟计划详细，针对性强，通过此书可了解北大发展中所面临的问题及急需改进之处，对研究北大的校史有重要的参考价值。此书也体现出了北大学子殷殷爱校之心。

《国立北京大学示威运动专刊》

《国立北京大学示威运动专刊》，北京大学非常学生会编。北京大学非常学生会民国二十一年（1932年）铅印本，一册，124页。

"九一八"事变后，为了反抗政府对帝国主义一贯投降的政策，挽救中华民族的沦亡，北大学生二百余人组成示威团到南京示威，激起上海、南京、北平、西安、太原、杭州等地的学生运动，唤醒了数千万民众的声援支持。本书即是为纪念此次示威运动而出版的刊物。

书中共收录了22篇关于示威运动的文章，如《北京大学示威运动的意义及其前途》（编者）、《北京大学南下示威团代表团报告》（代表团）、《学生运动的纵横观》（田文彬）等。发刊词由中国著名经济学家千家驹撰写。

书中文章对北大示威运动的意义及前途作了深刻分析、对示威运动的经过有详细的记录。书中并有一些辛辣幽默的小短文，对南京国民政府对内实行新闻封锁政策、压制学生爱国运动、对外妥协、出卖国家利益的丑恶行径进行无情的嘲讽。

书中文章对学生爱国运动作了认真的记录与深刻的反省，是一部考察学生运动的发展意义及其不足的珍贵史料。

《国立北京大学校史略》

《国立北京大学校史略》，"国立北京大学志"编纂处编。北京大学民国二十二年（1933年）铅印本，一册。

此书是为纪念国立北京大学创校三十五周年纪念所出的刊物。书中对校史的追溯起于清光绪二十年（1894年）甲午战争失败，康有为、梁启超等设"强学会"，迄于民国二十二年（1933年）日军进犯，国运危急，其间共三十九年，详细介绍了国立北京大学建立、发展的过程。书中详述了国立北京大学先后由严复、蔡元培等著名学者执掌校政时的历史状况。尤其是民主革命家、教育家蔡元培出任校长，对学校进行了整顿和革新，贯彻民主原则，提倡思想自由，培养学术空气，延聘著名学者任教，使北大面貌焕然一新，奠定了北大在中国教育、学术、思想界的重要地位。书中还介绍了北大作为五四新文化运动的中心，积极参加了历次反帝反封建、反对国民党专制独裁统治的学生运动的情况。这些史实，对北京大学的校旨及办学精神作了很好的注解，同时也更好地展现了全校师生的爱国主义情怀。

此书内容翔实，语言精练，是一本了解北大悠久历史和光荣革命传统较好的参考资料。

《北京大学卅五周年纪念刊》

《北京大学卅五周年纪念刊》，北大学生会三十五周年纪念筹备会出版委员会编辑。北京大学民国二十二年（1933年）出版，一册。

此书系北京大学三十五周年纪念刊，是由北大学生会负责筹备的北京大学纪念文集。书中收录了北大师生所写的纪念文章，文章包括：《国立北京大学三十五周年纪念宣言》、《国立北京大学沿革概略》、《本校现时组织及设备状况简表》、《三十五周年过去了》、《北大自己对自己的看法》、《Kan PEI（干杯）ON PEITA'S THIRTY-FIFTH ANNIVERSARY》、《"老了想当年；穷了提方便"的北大三十五周年纪念》、《三十五年之回顾与展望》、《由"五四"、"南下示威"说起》、《三十五周年纪念感言》、《献给你

——我们的北大》、《平凡的北大》、《我们的北大》、《我所认识的北大》、《"北大老"》、《纪念声中哭绵昌》、《爱护北大的话》、《北大与中国》、《北大与现代文化》、《"五四"以后之北大世界语宣传运动》、《北大外景速写》等 24 篇。这些文章始终以"北大"为行文的中心，在字斟句酌中体现着对北大的热爱之情。蔡元培与蒋梦麟校长分别为该刊题词。

此书从决议到正式出版，只用了短短九天时间。在这本校庆纪念刊中，处处可见激进的言论，如斥责政府的无能又如在以筹委会名义发表的《纪念宣言》中追问在国运危急而政府又一再委曲求全的状态下，北大人纪念卅五周年校庆的意义何在等等，情感充沛，措辞激烈，北大学子爱国爱校之情溢于言表。

《国立北京大学总览（民国三十年度)》

《国立北京大学总览（民国三十年度)》，国立北京大学编。北京大学民国三十年（1941 年）铅印本，一册，124 页。

此书内容共分六部分：一、校徽；二、校歌；三、沿革，说明了现在之国立北京大学乃是于民国二十七年依据国立北平大学组织大纲，就前北京大学、北平大学，重新组织而成的，并分民国二十六年（1937 年）七月至三十年（1941 年）十二月改组以来和清光绪二十四年（1898 年）五月至民国二十六年（1937 年）七月改组以前两个时期介绍了国立北京大学校史；四、校历；五、章则，包括修正国立北京大学组织大纲、国立北京大学学则、大学评议会细则、行政会议细则、聘任委员会简章、学生生活指导委员会会章、各学院学生生活指导委员会分会会章、刊行大学记要办法、各学院院务会议议事细则、图书馆规程、附设农村经济研究所规程、附设内分泌学研究所暂行组织规程、附设内分泌学研究所评议会暂行章程、医学院附设中药研究所暂行组织规程、医学院附属医院组织规程、外国学生入学规则；六、课程，介绍了包括文、理、法、工、农、医等六学院的课程设置与安排。

本书反映了处于沦陷期这一历史背景下的国立北京大学概况。1940年侵华日军将入侵北平时成立的伪政权"华北临时政府"改称"华北政务委员会",在教育界继续推行其"中国日本化"的奴化教育。本书"章则"部分的"修正国立北京大学组织大纲"即是民国三十年四月八日华北政务委员会所公布的。关于学校假日记载有所谓"和平反共建国先烈殉国纪念放假一日"、"国府还都华北政务委员会成立纪念放假一日"等。在课程的设置上,各系课程中日文课乃必修课,且课时比重远远超过国文课。这些都明确暴露出日本在中国推行殖民地奴化教育的企图。

此书是反映日本在侵略中国时伴随其军事侵略而推行"中国日本化"的奴化教育的珍贵历史文献。

《北京大学子民图书室记实》

《北京大学子民图书室记实》,李庆聪、吴晞编。北京大学出版社1992年版,一册,245页。

子民图书室是1947年在中共地下党领导下、由北大学生自己创办的进步图书机构。1949年北平解放后,移交北京大学图书馆。虽然存在时间不长,但在特殊的时代背景下,它征集和传播进步书刊,宣传革命真理,团结教育青年学生,为中国人民的解放事业做出了贡献。

本书内容主要由四部分组成:一、北京大学子民图书室概述,系统介绍了子民图书室的历史背景、创办经过、发展道路、主要事迹和社会影响;二、回忆子民图书室,共收有19篇文章,主要由当年亲历其事的子民图书室工作人员撰写而成;三、子民图书室研究,收入研究论文2篇,代表了近年来子民图书室研究的主要成果;四、子民图书室文献汇编,收入了当年子民图书室的会议记录、工作总结、刊物、传单、文告和有关的报刊报道,绝大多数是从未公开发表过的馆藏文献。

本书对研究解放战争时期的中共党史、中国学生运动史、北平地区革命史和中国现代图书馆史有所裨益。

《今日的北大》

《今日的北大》，艾治平著。民国三十七年（1948年）七月版，一册，62页。

艾治平，民国三十四年（1945年）考入北大，民国三十六年（1947年）完成此书。

此书内容共分三部分，分别为：院系透视及其他（包括文学院等六个学院及图书馆、先修班、文科研究所等附属单位）、同学生活掇拾（五篇）、民国三十五年（1946年）三校入学试题及解答。在对各个院系作介绍的同时，作者着重强调了北大是一所注重在学理上下功夫的大学。北大聘请了许多当时的学者名人任教，如中文系系主任时由语言文字学专家唐兰代执行，任课教师有沈从文、游国恩、俞平伯、周祖谟等著名学者；西方语文学系系主任为朱光潜；哲学系任课教师有任继愈、容肇祖、汤用彤等名家；经济学系有教授周作人等；东方语文学系是中国有大学以来的一个创举，任课教师有季羡林等。北大素有开放之风，如政治学系每周六都会请教授或名流讲演，所讲内容与功课息息相通，如"将嘴挂在墙上的壁报"等，这也有助于培养北大人独立思考和追求真理的执著精神。

此书运用散文体的语言，从多方面介绍了北大，反映出北大作为一所著名的综合大学所具有的实力与魅力，为了解抗战前后的北大提供了一个生动的教材。

《北大一年》

《北大一年》，北京大学院系联合会编。北京大学院系联合会民国三十六年（1947年）铅印本，一册，75页。

此书以短文集的形式，记录了民国三十五年至三十六年

（1946—1947）这一学年中北大所发生的历史事件。具体篇目包括：《这就是北大》、《一年来的文艺活动》、《歌唱得更响亮》、《一年来的戏剧活动》、《生活剪影》、《北大的社团》、《一年大事记》等。这些文章反映了一年中北大师生携手互助、参加"抗议美军暴行"、"要求美军退出中国"的抗暴大游行活动、"反饥饿、反内战"示威游行、抗议政府非法逮捕等，反映出在时代的潮流中北大所惯有的对自由、民主的向往与执著追求以及团结互助的风气。书中还引用鲁迅的话与书中内容互为佐证："北大是常为新的、改进的运动的先锋，虽然很中了许多暗箭，背了许多谣言，而那向上的精神还是始终一贯，不见得弛懈"。

书中附有八幅照片，其中三幅是关于北大民主生活的照片："'二六'在民主广场"、"美国兵滚出去"、"反饥饿、反内战"；五幅有关北大校园建筑的照片：红楼（五四运动的司令部）、民主广场和灰楼、农学院、理学院、医学院。

此书从学生生活与学生运动的角度，反映了北大一学年中的历史，内容丰富，具有一定的史料价值。

《五四在北大》

《五四在北大》，北大壁报联合会委托风雨社编。风雨社民国三十六年（1947年）发行，一册，63页。

此书是为记录北大五四纪念周而发行的纪念册，书中内容包括三部分：一、五四在北大，共收录了8篇文章，内容包括介绍北大所举行的纪念五四运动的科学晚会、文艺晚会、历史晚会和经济晚会以及部分教授的演讲词、史料展览和返校节以及部分纪念文章等；二、壁报文摘，收录了摘自壁报中的4篇纪念五四的文章以及关于李大钊、傅斯年等人的传记；三、全文登载了反内战独幕广场剧《凯旋》剧本。

北大是五四爱国运动的策源地，五四精神也成了北大精神弥足珍贵的一部分。此书通过对北大五四周丰富纪念活动的介绍，使读者对五四与北大不可分割的联系有了更深入的了解。

《北大院系介绍》

《北大院系介绍》，国立北京大学讲师助教联合会编。北京大学民国三十七年（1948年）铅印本，一册，94页。

此书的编写有明确的针对性。本书编者认为市场上有些介绍北大的书籍，或错误百出，或不够详尽，尤其是关于各系真实情况的介绍更是如此。有鉴于此，此书编委会遂聘请熟悉各系情形的教员分别撰文，对各系作全面介绍。

此书校史追溯自1895年强学会的成立，到1947年北大成立工学院。院系介绍包括六个学院31个系，从院系建立、发展、课程设置、设备配备、教员名单等几个方面加以介绍，具体到各系，详略有所不同。

此书从内容上讲较以往同类书籍翔实可靠，有助于读者更详细地了解北大各系的真实情形。

《北大：1946—1948》

《北大：1946—1948》，北京大学学生自治会编。北大半月刊社1948年出版，一册，74页。

本书是有关北大自1946年复原后两年间的历史介绍。全书内容由三部分组成：一、北大两年，介绍了北大自复原后所发生的反美、抗日等爱国运动，反映出北大悠久的爱国传统；二、院系介绍，介绍了文、理、法、医、农、工共六学院及16系的历史和现状；三、北大动静，主要介绍北大同学的精神生活、学习生活等内容，如《北大人的精神粮仓》，介绍了北大的图书馆、孑民图书室和文化服务社。《生活素描》从衣、食、住几方面描绘了北大学子的校园生活图。

本书对处于特殊时期的北大历史，介绍详细，内容丰富，是了解北大历史较珍贵的历史文献。

《北京大学五十周年纪念特刊》

《北京大学五十周年纪念特刊》，北京大学编。北京大学民国三十八年（1949年）出版，一册。

此书为北京大学五十周年纪念文集。内容包括校图、胡适所写的北大五十周年纪念文章、纪念校史展览概要、校庆举办各种展览会及实验室开放一览、学术讲演概要、论文集目录等。校图部分选收了6幅该校地图，分别是国立北京大学文法学院、第四院、医学院、农学院、工学院、文科研究所的平面图。论文集共收有9篇回忆性文章，包括邹树文《北京大学最早期的回忆》、王画初《记优级师范馆》、俞同奎《四十六年前我考进母校的经验》、齐如山《记同文馆》、冯友兰《北大怀旧记》、熊十力《纪念北大五十周年并为林宰平先生祝嘏》、杨振声《北大在长沙》、罗常培《七七事变后北大的残局》、章廷谦《在昆明》，内容涉及"七七"事变后在北大发生的变故以及师生所表现出的爱国精神。

本书内容丰富，描写详细，对于了解北京大学的历史提供了珍贵的史料。

《北京大学学生运动史（1919—1949）》

《北京大学学生运动史（1919—1949）》，北京大学历史系《北京大学学生运动史》编写组编。北京出版社1988年4月第二版，一册，302页。

北京大学是一所具有光荣革命传统的著名大学，曾经是新文化运动的中心和五四运动的策源地，又是我国传播马克思主义最初的基地。中国共产党成立之后，北大的进步师生积极参加党领导的新民主主义革命，并为此做出了不可磨灭的贡献。《北京大学学生运动史》就是北大在这个伟大历史时期所参与历次学生运动的忠实记录，是北大历史系 1956 级部分学生在 1958 年作为教育革命实践而集体编写的。

本书内容共八章：一、光辉的五四运动；二、在反帝反封建旗帜下奋勇前进；三、与新军阀斗争；四、伟大的民族解放斗争的号角——"一二·九"运动；五、在抗日的烽火中；六、反内战、争民主的"一二·一"运动；七、爱国民主运动的新高潮；八、团结战斗到天明。

本书主要根据革命文献、报刊图书、民国档案和采访资料编写，通过丰富、翔实的史料和流畅的文笔，生动、具体地反映了以北大进步学生为代表的中国青年走过的光辉道路和他们的精神风貌。

《北京大学校史（1898—1949 年）》

《北京大学校史（1898—1949 年）》，萧超然等编写。上海教育出版社 1981 年出版，一册，328 页。

本书记事起于 1898 年，迄于 1949 年。书中内容按时间顺序分为七章：一、北京大学的前身——京师大学堂；二、民国初年的北京大学；三、北京大学在"五四"运动前后；四、北京大学在第一次国内革命战争的准备和进行时期；五、北京大学在第二次国内革命战争时期；六、北京大学在抗日战争时期和全国内战前夕——长沙临时大学、西南联合大学时期；七、北京大学在第三次国内革命战争时期。书首有北大珍贵历史照片 20 多幅，书末附表 6 个：一、1898 年至 1948 年北京大学历届负责人员名单；二、1902 年至 1909 年京师大学堂的机构；三、1910 年至 1912 年京师大学堂的机构；四、1919 年北京大学的教学行政组织机构；五、西南联合大学教学、行政机构；六、1946 年至 1948 年北京大学教学、行政机构。

此书内容丰富，资料翔实，是一部有重要价值的著作，为研究北大校史、北京学生运动史、革命史提供了重要的参考资料。

《蔡元培与北京大学》

《蔡元培与北京大学》，梁柱著。宁夏人民出版社1983年出版，一册，245页。

蔡元培，我国著名的民主主义革命者和杰出的教育家，于1917年至1923年任北京大学校长，而这段时间也正是北大发展历史上非常重要的一个阶段。此书正是从蔡元培与北大的关系这个角度，介绍了蔡元培任北大校长期间的事迹以及对北大的发展所起的重要作用。

本书内容分十部分，记述了蔡元培在北京大学任校长期间（1917—1923）锐意改革，整顿学校，创办研究所，开男女同校之先河，倡导平民教育，大量引进新派人物，改革学制，实行选科制，注意学理研究，融合中西文化，首创学生军，提倡研究，启迪新知，开创学术研究和思想自由的风气，发起进德会，站在新旧思潮激战的前线，积极支持五四爱国运动，反对军阀政府摧残教育等事迹。

蔡元培在北大进行的改革，具有重要的意义和深远的影响，在今天仍然具有借鉴意义。本书对蔡元培在北大的改革介绍得非常详细，对研究北大历史具有重要资料价值。

《北京大学与五四运动》

《北京大学与五四运动》，萧超然著。北京大学出版社1986年版，一册，391页。

五四运动是中国新民主主义革命的开端，是中国近代历史上划分新旧民主革命时期具有标志意义的重大事件。而北大不仅是五四爱国运动的策源地，还是新文化运动的摇篮和马克思主义传播的一个中心。此书选取了五四运动与北京大学的关系这一角度来对五四时期的历史作一叙述。

本书内容共有六章：一、五四时期以前的北京大学；二、新文化运动与北京大学；三、北京大学与五四爱国运动；四、北京大学与马克思主义的传播；五、一批共产主义知识分子和早期马克思主义者在北大的成长；六、北京大学与中国共产党的创立。

在五四运动爆发前后的短短几年中，北京大学从新文化运动的摇篮发展成为五四爱国运动的策源地，又进而发展成为马克思主义在中国早期传播的一个中心，并光荣地成为中国共产党的一个渊源地。对于这一历史进程，本书选用较丰富的材料，作了翔实的叙述，既力求交代清楚一些事件的源流本末，又对其意义作了适当的评估。对于当时活跃在历史舞台上、发挥过重要作用的一批北大或与北大关系密切的人物，本书也就其生平言行及其思想变化轨迹分别作了一些评介。

《红楼风雨：北大"一二·九"历史回顾》

《红楼风雨：北大"一二·九"历史回顾》，孙思白主编。北京大学出版社 1988 年 5 月出版，一册，278 页。

本书是部分北大老同学为纪念"一二·九"运动五十周年所作的献礼之一。北京大学是"一二·九"运动中有重要影响的学校之一。本书记述的是北大校园内广大青年学生和教职员工在这场伟大运动中的学习、生活、工作和斗争的情况。全书以运动的发生、发展到抗日战争爆发的历史过程为线索，把北大校园（包括沙滩地区）内发生的种种事件贯穿起来，夹叙夹议，作如实的记述。在记述中虽然也涉及到与运动有关的整体，但更主要的是集中描述北大的事件、人物以及斗争场面，借以反映出与兄弟院校不同的北京大学学生的特点：北大的传统、校风、北大的党团组织、北大学生会、学校当局的管理统治、广大同学的思想追求以及沙滩无学籍同学与北大的关系等等。

本书大量运用了当年亲身参加运动者的回忆（与此同时出版的有《北京大学"一二·九"运动回忆录》），真实生动，既是专业性的历史记述，也是一本通俗读物。读者通过本书可以从局部中获得对一二·九运动更具体切实的感受。

《北京大学创办史实考源》

《北京大学创办史实考源》，郝平著。北京大学出版社 1988 年版，一册，369 页。

郝平（1959—　），曾任北京大学党委常委、副校长，研究方向是中美关系史、中国近现代史。主要论著有《孙中山革命与美国》、《无奈的结局——司徒雷登与中国》等。

本书是为纪念北京大学百年校庆所著。作者以大量史实详细论证了北京大学的创办是晚清维新派与保守派多年斗争的结果，并回答了该大学创办初期引人深思的几个问题：慈禧太后在残酷镇压了戊戌变法后，为什么废除了几乎所有的变法措施，却单单保留了最具改革精神的京师大学堂？为什么该学堂有三个不同的建校章程，且均与光绪皇帝和慈禧太后有关？为什么说北京大学是中国近代的第一所国立大学？

此书共分十二章来研究分析以上几个问题：一、鸦片战争、维新思想与洋务运动；二、洋务派与保守派在京师同文馆上的激烈斗争；三、京师同文馆的发展；四、京师同文馆的遗产和影响；五、从强学会、官书局到筹办京师大学堂；六、戊戌变法与京师大学堂的正式开办；七、京师大学堂的整顿；八、光绪、慈禧与京师大学堂的三个章程；九、京师大学堂的课程设置与教学实施；十、京师大学堂的管理体制与规章制度；十一、京师大学堂的附属机构；十二、走向民主与科学；结束语：继往开来的中国近代第一所国立最高学府。此书论述清晰，文笔流畅，可读性强。后记部分有附录三：《京师大学堂教职员名单》、《京师同文馆大事年表》、《京师大学堂大事年表》。

本书作者在对史料深入分析的基础上，为几个引人思索的问题找到了答案，因此此书既具有史料价值，又为相关研究人员提供了一本较好的参考书。

《清华学校研究院缘起及章程》

《清华学校研究院缘起及章程》，清华学校研究院编。出版年不详，一册。

清华学校研究院成立于民国十四年（1925年），是清华第一个研究机构。本书收有清华学校研究院缘起和研究院章程。在缘起中介绍了设立研究院的缘由及目的。清华学校研究院作为清华学校的一部分，聘请宏博精深、学有专长之人，以培养研究高深学术的专门人才。"清华学校章程"对该院的设立宗旨、组织、科目、教授及讲师、学员、研究方法等作了详细规定。

该研究院虽然仅存在了四年，但是研究成果颇丰，对我国国学研究产生了极大影响。本书对该研究院教授及研究方法的介绍，对于今天的教育与学术活动极具参考借鉴价值。

《清华生活——清华十二周年纪念号》

《清华生活》，清华周刊社编。北京清华周刊社民国十二年（1923年）铅印本，一册，214页。

本书是为纪念清华大学建校十二周年而编辑出版的。序言部分介绍了编写目的，即"质直无饰地把清华学生的生活介绍给国内的人们"。卷首刊登有闻一多描绘清华园及清华精神的著名长诗《园内》。正文内容分四部分。第一部分介绍清华学生生活的背景，其中回顾了清华十二年来的历史，包括十二年来清华的教育行政、学生所受的训练、学生的课外作业；介绍了清华的环境、清华学生生活的实状。第二部分从多个角度反映了清华学生生活的方方面面，包括课室生活、图书馆生活、体育馆生活、课外作业生活、娱乐生活、假期生活等。第三部分介绍清华学生生活的派别，即把清华学子分为学者、文人、小政客、书虫子、运动员、服务者、

527

"自了"派、饕餮派等几类，分别介绍其不同的生活状态。另有三篇"我的清华生活"征文。第四部分清华学生生活的批评，以批判的眼光从学生生活与教育、清华生活、清华生活的今昔、清华学生与饮食男女几个方面介绍清华学子的校园生活。另附有三篇"清华学生生活的批评"征文。

本书以"质直无饰地把清华学生的生活介绍给国内的人们"为编写目的，故选取的内容丰富全面，资料翔实，是一部较有价值的著作。

《国立清华大学一览》

《国立清华大学一览》，国立清华大学出版事务所编。清华大学民国二十四年（1935年）铅印本，一册。

此书是1934—1935年度《国立清华大学一览》。内容包括"校史概略"、"章则"、"学程"三部分。"校史概略"分三期叙述了清华大学的历史，即留美学务处时期、清华学校时期和国立清华大学时期。"章则"部分收录了有关清华大学规程、校务会议、教务长院长系主任职权分际之规定以及其他一些具体的管理规定，如图书馆借阅图书规则、医院规程、本科教务通则、学生休学退学细则、研究院章程、国外研究生管理规程等。"学程"部分主要介绍了文、法、理、工4个学院16个系所开的课程，体现了清华大学中西兼容、文理渗透的教育传统。封二附该校民国二十三至二十四年度（1934—1935）校历。正文之前附"校图"部分，包括"国立清华大学平面全图"及多幅反映校园景观的照片。

此书内容丰富，资料翔实，是一部有重要价值的著作。

《清华大学校史稿》

《清华大学校史稿》，清华大学校史编写组编著。中华书局1981年出版，一册，499页。

本书是为纪念清华大学建校七十周年而编辑出版的。此书记事起于1911年，迄于1948年，将清华大学的发展历史分为四个时期，分别为：一、清华学校时期，记述清华学校成立的经过及其教育管理、改办大学和设立研究院的过程、经费、设备情况以及教职工学生概况、学生运动；二、初期的清华大学时期，记述改建大学的完成与发展，大学本科教育概况及经费、设备与教职工学生概况，各院系的教学与科学研究，抗日救亡学生运动；三、国立西南联合大学时期，记述西南联合大学校务概况，西南联大的教育概况及人事、经费、设备，各院系的教学与科学研究，清华大学办事处和清华研究院所、学生运动；四、复原后的清华大学，记述校务概况，各院系概况及学生运动。书首有该校珍贵史照30余幅，并另附《清华大学平面图》一幅。

本书记述清华大学从一所留美预备学校发展为国内外著名大学的过程，内容丰富，史料翔实可信，是研究清华校史、北京教育史的重要参考资料。

《清华旧影》

《清华旧影》，鲁静、史睿编。东方出版社1998年12月出版，一册，354页。

此书内容主要分三部分：一、校史沿革篇：收录了冯友兰、邓云乡、李济等人的7篇文章，介绍了清华大学的建立、成长、学生们自发组织的团体仁友会以及清华学术化、民主化等传统的形成；三、四十年代清华大学校务领导体制等清华大学历史；二、清华求学篇：主要是梁实秋、李济、季羡林等人所写的回忆在清华大学求学生活的文章共18篇；三、逝者如斯篇：共收21篇文章，为清华学子们追忆曾在清华大学任教、任职的著名学者，如梅贻琦、罗家伦、王国维、陈寅恪、吴有训、王力、雷海宗等。此书有季羡林所写序言，并有清华大学校歌。

本书叙述逻辑条理清晰，选录文献反映内容丰富，且多是名家手笔，因此，所提供的史料确实可信，是研究北京教育史、清华校史的重要参考资料。

《从清华学堂到清华大学（1911—1929）》

《从清华学堂到清华大学（1911—1929）》，苏云峰著。北京三联书店 2001 年 4 月出版，一册，367 页。

苏云峰，1933 年生，海南三亚人。1950 年赴台，1953 年毕业于台湾省立师范学校，1961 年毕业于美国哥伦比亚大学师范学院哲学暨社会科学系。曾任台湾"中央研究院"近代史研究所研究员。著有：《张之洞与湖北教育改革》、《中国现代化之区域研究——湖北省，1860—1916》等。

清华学堂系用美国退还超收庚款所创办，是在中国教育系统之外的一所新制留美预备学校，而后经过不断发展，回归本国教育体系，成为一所著名大学，在培养中国科学与学术领导人才及促进国家工商业现代化等方面，做出了重大贡献。

此书内容共分十章，分别论及清华学堂筹设经过与沿革，清华人事网络与权力组织之变革，校长人选、贡献与继承风波，经费、校舍与设备，中美教师素质与差别待遇，以西学为重的课程变革，学生素质与社会背景，校园生活。叙述详尽，所提出的问题发人深省。尤其第十章专论清华国学研究院，更是为研究汉学的国际学人提供了重要的参考文献。

《燕京大学》

《燕京大学》，燕京大学编。燕京大学民国二十二年（1933 年）铅印本，一册。

此书记录了燕京大学这所教会学校的成立过程、发展现状、未来的发展规划以及本校呈准教育部认可之经过，讲述了燕京大学的师生在"五卅"惨案、"三一八"案发生中的种种爱国表现；

并附有曾于 1925 年任校长的司徒雷登在美国霍布金大学中国问题讨论会上之演说词。另此书还附有 21 幅本校校景照片。通过此书可以了解燕京大学校史以及与所处社会背景之间的密切联系。

《燕大生活》

《燕大生活》，燕京大学编。燕京大学民国二十六年（1937 年）铅印本，一册，24 页。北平燕京大学丛刊之一。

此书从燕大学生的角度，通过燕大精神、燕大概说、校园、课外活动、学术研究、奖学金、校友组织、一个学生所见的燕大、新生入学等几个方面描述了燕大生活，展现了燕大学子追求自由、积极向上的精神风貌，体现了燕京大学"因真理得自由以服务"的校训。此书附有 38 幅反映燕京大学校景、学生学习、娱乐生活以及参加爱国运动的珍贵历史照片。图文互为佐证，内容丰富。

《燕大三年》

《燕大三年》，燕京大学学生自治会编。燕京大学学生自治会民国三十七年（1948 年）印，一册，111 页。

此书内容由五部分组成：一、学校一览，共收 9 篇文章，介绍了燕京大学校景、历史沿革、组织人事、图书馆以及校出版物等情况；二、院系介绍，介绍了包括四院 19 系及燕京大学研究工作的情况；三、我们是怎样生活的，共收 25 篇习作，由燕京大学学生撰写，从多方面反映了燕大学子丰富多彩、积极上进的学习生活；四、团结战斗迎接光明，收录了反映燕大学子争取自由和平、参加爱国运动的多篇文章；五、新校难，记录了国民党政府迫害进步学生，制造新校难的可耻行径。书中同时附有多幅照片，与所记历史事件相佐证。书首冠以燕京大学校训：因真理得自由以服务。

燕京大学是一所有着悠久的光荣革命传统的名校，通过此书可以了解解放前夕发生在燕大校园中学生的爱国、革命斗争，感受广大学子为自由和平不懈努力的精神。

《一二·九在未名湖》

《一二·九在未名湖》，赵荣声、周游编。北京出版社 1985 年出版，一册，263 页。

此书是由当年燕京大学参加"一二·九"运动的同学所撰写的革命回忆录。燕京大学是一所由美国教会在中国创办的大学，原有其自己的办学目的与宗旨，但在"九一八"事变后，燕大的爱国学生在党的指引下，利用学校学术空气活跃，言论、集会、结社比较自由以及有斯诺、夏仁德等同情中国学生运动的外籍教师任教的有利条件，积极开展抗日救亡运动，同北平各兄弟院校的学生一起投入轰轰烈烈的"一二·九"运动。本书基本上反映了燕大学生在"一二·九"运动中的主要活动和他们的精神面貌，为研究"一二·九"运动提供了部分史料。书首有多幅反映燕京大学学生参加爱国救亡运动的珍贵历史照片。

《燕京大学人物志》

《燕京大学人物志》，侯仁之主编，燕京研究院编。北京大学出版社 2001 年 4 月出版，两辑共两册。

燕京大学创建于 1919 年，是一所由美国教会在中国创办的高等学府。在燕京大学创办的三十三年中，众多的教师、职工、学生在学术上、事业上取得了优异的成绩。燕京研究院为了向世人介绍燕京大学校友的风貌，总结燕大办学的宝贵经验，为进一步研究燕大的历史提供宝贵的历史资料，特编辑了《燕京大学人物志》。

此书共分上、下两辑，第一辑是校友传记，刊出的人物包括燕京大学毕业的中国科学院院士、中国科学院哲学社会科学部委员、烈士、教职工和建校之初到 1932 年入学的学生；第二辑主要收录的是 1933 年以后入学的学生、附中附小学生、索引、历年入学的学生名单和后记。

此书在编辑过程中得到了海内外燕京校友、北京大学出版社和美国鲁斯基金会等机构的大力支持，收集了较为丰富翔实的资料，为研究燕京大学历届毕业学生的情况提供了珍贵有益的参考。

《辅仁大学》

《辅仁大学》，北京辅仁大学编。北平辅仁大学民国十九年（1930 年）铅印本，一册。

私立北平辅仁大学是罗马教廷在北京开办的一所著名的教会大学，也是天主教会在我国设立的第一所大学。此书介绍了辅仁大学的缘起、校董会董事、行政统系表、学则等内容。"学则"部分收录了辅仁大学学历、学制、入学资格、入学手续、入学试验、学科、试验学分及成绩分、毕业考试、缺席、休学、退学、奖惩、费用等方面的详细规定。书中附有各科系课程表。书首有辅仁大学校舍平面全图、新建筑校舍第一层平面图、校舍正面图、大门等多幅照片。

此书重点介绍了辅仁大学的学生管理制度，为了解、研究私立北平辅仁大学的学生教育与管理提供了详细的参考资料。

《北平辅仁大学教育学院概览》

《北平辅仁大学教育学院概览》，辅仁大学秘书处编。北平辅仁大学秘书处民国二十一年（1932 年）出版，一册，52 页。

北平辅仁大学自民国十八年创办以来就设有教育学院。教育学院分教育学系、心理学系及美术专修科三系。本书从历史沿革、建校目的、修业年限及学分、学生休学应注意之事项、选修专题研究办法、院外学生有志为中等教师者选修学程、导师制施行要则、各系课程之说明、各系组课程表（教育学系、心理学系、文学系、理学系、美术专修科）等几个方面对该校作了详细说明。书末附本院教育科学研究会章程。

此书介绍的重点在于教育学院的课程设置以及教学研究方法，重点明确，收录资料详细，具有一定的史料价值。

《私立北平辅仁大学一览》

《私立北平辅仁大学一览》，北平辅仁大学编。北平辅仁大学民国二十六年（1937年）铅印本，一册，173页。

此书系辅仁大学定期出版的刊物之一，每年中英文版本各出一本，此书是中文版。全书内容分十五部分，介绍了辅仁大学的创建及其概况。内容包括学历（即民国二十五年校历）、校史、学则、校董事会组织情况、经费来源、校委会组织办法、教员录、学生管理规则、院系及专业设置和课程安排、学位考试细则、特别研究工作以及北平辅仁大学微生物学实验室概况、辅仁出版刊物、中国公教美术、历年度毕业生录等。书名由陈垣题署。

此书比较全面地介绍了辅仁大学的发展情况以及各项管理制度，是了解、研究私立北平辅仁大学较有价值的参考资料。书中对学校的考试细则介绍尤为详细，反映了辅仁大学严格的教学和考试制度，这也是辅仁大学为什么能在短短二十多年的时间里就培养出一大批享誉海内外的杰出人才的重要原因。书中所提到的辅仁大学历届主校政者，如校长陈垣、校务长兼理学院院长奥图尔、教务长刘复、秘书长英千里、文学院院长沈兼士、教育学院院长张怀等，都是当时学术界知名之士。

《国立北平师范大学一览》

《国立北平师范大学一览》，国立北平师范大学一览编委会编。北平师范大学民国二十三年（1934年）铅印本，一册，444页。

此书内容可分为五部分：一、校史概略，介绍了 1931 年原北平师范大学和北平女子师范大学两校合并，成立新的国立北平师范大学的经过；二、组织大纲、本校学则；三、三院（教育学院、文学院、理学院）概况、研究所概况、科目学分比较表及各副科课程标准；四、图书馆概况；五、各科办事细则、各项统计表、会计科报告书、本校学生生活指导委员会工作记要、本校附属机关。书首有校徽图案、曾任该校校长的范静生所作校歌、1933—1934 学年校历以及多幅珍贵历史照片，书末有附录三：《师大平民学校概况》、《本校教职员一览》（附各种会议及各种委员会名单）、《在校学生一览》。

此书内容丰富，是研究国立北平师范大学较好的参考资料。

《国立北平师范大学平民学校一览》

《国立北平师范大学平民学校一览》，国立北平师范大学平民学校编。国立北平师范大学平民学校民国二十年（1931 年）铅印本，一册，158 页。

国立北平师范大学的平民学校是完全由师范大学的同学创办的、以"实施平民教育、养成健全国民"为宗旨的平民学校，是当时社会要求教育机会平等、普施平民教育呼声理论的实践成果。此书介绍了已有十二年校史的国立北平师范大学平民学校的详细情况，包括编辑大意、校训、校歌校史概略、历届级任姓名一览表、现行行政图、章程、课程标准、训育概况、体育概况、规程、最近设施概况、各种统计图表、师生一览、各项表册、编辑余谈等内容。

国立北平师范大学平民学校创办十二年来，经过师大同学不懈努力，得到了社会上的推崇、教育界的赞许，此书的编辑，满足了各界人士了解该校成功经验的要求。同时此书还起到了供研究中国教育史者参考、介绍本校简章、整理教学成功经验、整理校史的作用，是一部全面介绍平民学校校史的珍贵历史文献。

《国立北京师范大学一览（沦陷期）》

《国立北京师范大学一览（沦陷期）》，国立北京师范大学秘书处编。北京师范大学民国三十一年（1942年）铅印本，一册，243页。

抗日战争时期，日本在华北沦陷区实施军事、政治侵略和经济掠夺的同时，极力推行奴化教育政策，如推行封建复古教育，改变学校课程设置，修改教科书，强行普及日语教育等。此书反映了处于沦陷期的北京师范大学的情况。

此书主要内容包括校舍平面图两幅、沿革志略、行政系统图、校历、各种统计表九种、章则、课程标准（包括文学院、理学院和教育学院三院14个系的课程安排）以及附校概况。该校章则部分规定该校以依据中国传统之道德及东亚协同之精神养成中等学校师资为宗旨；训育方针之一为提倡我国固有之美德，领导学生思想入于正轨，为建设东亚新秩序之基础，根绝不良思想，以亲仁善邻之旨，谋东亚及全世界之和平。这些规定试图从思想上向青年学生灌输奴化教育，以配合其军事上对中国的侵略。在职员人数职别学历统计表中，可以看出全校有留学经历者为30人，其中留日者17人，有留学经历的193名教员中留日者128人。课程设置则把日语作为必修科，英法德语等为选修科，且日语课的比重远大于英法德语。

此书反映了沦陷期的国立北京师范大学的基本情况，同时也是日本在华推行奴化教育的历史证据。

《北京中国大学概览》

《北京中国大学概览》，中国大学概览社编。中国大学庶务科1922年出版，一册，79页。

北京中国大学于民国元年（1912年）由宋教仁提议创办，初名国民大学，民国二年（1913 年），与上海中国公学合并，改名为中国公学，民国六年（1917 年），因上海中国公学停办，遂与之分离，更名为中国大学。该大学以"应时势要求，教授高深学术，养成硕学通才"为宗旨，设大学部预科本科、专门部预科本科及附属中学。

此书编于民国十一年（1922 年），即建校十一年之际。本书内容由数十幅照片及文字说明两部分组成。照片部分内容丰富，涉及校旗、徽章、校景、学校创办人、各届领导职员、学生团体会员以及该校数次参加爱国运动的学生照片等。文字部分介绍了本校的历史沿革、本校暂行简章、大学部、中学部一览表、自王正廷任校长以来本校大事记、学生会大事记及各种姓名录和统计表。此书是了解当时北京中国大学情况较好的参考文献。

《北京中国大学十周年纪念册》

《北京中国大学十周年纪念册》，北京中国大学十周年纪念筹备委员会编。北京中国大学民国十二年（1923 年）铅印本，一册。

本书主要内容有：本校沿革，校史介绍（按照国民大学时期、中国公学大学部时期及 1917 年改为中国大学后三个时期说明不同时期的发展历史），建校十周年大事记，各项规程与各会纪要（包括董事会章程和本校现行章程及课程一览表、校规等），校费概况表，董事、职教员录及肖像，同学录，各种表册，毕业生生活调查表。书首有第七任校长王正廷所作序言、北京中国大学校歌及该校十周年成立纪念歌。书中还附有多幅珍贵历史照片，内容涉及校景及历届学校领导人照片。

此书比较详细地介绍了北京中国大学建校十周年的发展情况，图文并茂，尤其是校史部分以及大事记为相关研究人员提供了丰富、翔实的资料。

《中国大学学生奋斗史》

《中国大学学生奋斗史》，中国大学学生会编。中国大学学生会民国十二年（1923年）铅印本，一册，44页。

此书记述了中国大学的学生运动史。记述的史实起于民国八年（1919年）五四运动，迄于民国十一年（1922年）。书中记录的史实包括和全国的高等学校一起发起运动，支持中国代表拒绝在巴黎和会上签字；组织讲演股，作通俗的讲演以教育民众，鼓励抵制日货、提倡国货运动；专为贫苦而无力进学堂的国民组织"平民学校"；举行募款救济活动，如筹备"北五省赈灾游艺会"等；组织"校务促进委员会"，改善学校困顿的局面；学生民主选举校长事件等。

此书虽名为讲述中国大学的学生运动史，但书中很多内容都客观上反映了其他学校轰轰烈烈的学生运动，所以此书也可看作是反映民国时期北京高等学校学生运动的史料集。

《一九四零年之中大》

《一九四零年之中大》，北平中国大学编。北京中国大学民国二十九年（1940年）铅印本，一册。

北平中国大学创办于民国元年冬季。初名"国民大学"，宋教仁、黄兴先后任校长。此书主要介绍1940年中国大学的状况，内容由图片和统计表组成。图片包括多幅珍贵历史照片，反映了当时北平中国大学的校景、任教职员、毕业生、丰富多彩的生活与艺术活动以及编委会全体成员的组成。统计表内容包括教职员、在校生、毕业生通讯录。书首有中国大学校徽图和时任校长的何其巩所作序言。

此书主要介绍北平中国大学1940年的详细状况，对研究中大历史有一定的参考价值。

《北京民国大学一览》

《北京民国大学一览》，北京民国大学出版部编。北京民国大学消费社民国十三年（1924 年）铅印本，一册。

北京民国大学即私立民国大学，系 1916 年冬由蔡公时等人创设，1917 年 3 月正式开学上课，时分文、法、商三科。1920 年蔡元培曾任校长。

此书记事起于 1920 年 9 月，迄于 1924 年 8 月底。有顾维钧、江天铎、雷殷所作序言。书中主要内容有：该校历史沿革（包括建校九年大事记）、概况，学校组织管理大纲、学则概要、校董会章程，前任职教员、现任教职员、毕业学生、肄业学生情况统计表等。书首有多幅珍贵历史照片，如校门、前门、大礼堂、图书馆、学生宿舍、太平园，总董顾维钧以及其他董事会成员照片，并附有北京民国大学全图一张。

此书比较详细地介绍了北京民国大学的沿革发展情况，历史内容丰富，资料翔实。

《国立北京女子师范学院概览》

《国立北京女子师范学院概览》，北京女子师范学院编。北京女子师范学院民国二十八年（1939 年）出版，一册，203 页。

此书主要内容包括九部分：一、图表，有院徽、院平面图、各种统计表九种（经费收入、职员、学生情况）；二、行政志要和组织大纲；三、院历，记录了该校自民国二十七年（1938 年）三月五日筹备处成立至民国二十八年（1939 年）七月底的各项历史活动及安排；四、授课管理，包括各科组课程时数表及各学科教授宗旨；五、图书馆概况，内容有馆史、组织及各组事务之分配、经费、借阅图书规则及其他统计表；六、校医室概况；七、规章，包括各股室办事细则、职员及学生管理规定等内容；八、本院教职员录、本院学生名籍录；九、附属学校概况，包括附中及附小概况。

本书为研究国立北京女子师范学院提供了一定的史料。

《北京平大四周年纪念特刊》

《北京平大四周年纪念特刊》，北京平民大学学生会出版股主办。北京平民大学号房民国十五年（1926年）发行，一册，18页。

北京平民大学成立于1922年，在1926年平大成立四周年之际，又逢学生会改组，故出版该特刊以为纪念。此书为纪念文集，共收录了18篇文章：《纪念辞》、《向民众努力的第一声》、《平大之特色》、《志喜》、《我的礼物》、《平大之光》、《向新环境做去》、《我的纪念会》、《我要说的几句话》、《谈谈教育》、《对于吾校学生之我见》、《伦理学上一个重要的问题》、《时代病象与人们的缺点》、《新归去来辞》、《不守分的学生》、《心灵的寄托》、《海上的黄昏》、《编辑余谈》等。

通过此书可以看出处于特殊时期的北京平大学生的思想状况：对现实有清醒的判断，如申讨军阀混战、批判国民党等；但将中国的前途寄希望于知识阶级的努力，又有认识上的局限。

《畿辅大学概览》

《畿辅大学概览》，私立畿辅大学编。私立畿辅大学民国十五年（1926年）铅印本，一册，61页。

畿辅大学成立于民国十三年（1924年），由发起人关赓麟等捐资创办，属于私立大学。该校以培养交通专门人才为宗旨。此书主要内容有《本大学略史》、《组织大纲摘要》、《规章节录》、《现况一览表》、《董事姓名履历表》、《职员姓名履历表》、《现任教员一览表》、《学生分班一览表》、《学生分省一览表》、《学生人数递进表》、《民国十三年度至十五年上半年度预算表》、

《民国十三、十四两年度决算表》、《各科课程表》。书首有多幅珍贵历史照片（校旗、记章、校长、本大学职员全体合影、董事长、副董事长二、基金委员长、校门、礼堂、运动场、校景三、丙寅铁路管理特科毕业生合影）、组织统系表，书末有校舍平面图一幅。

此书从多个方面介绍了畿辅大学，内容丰富，是了解畿辅大学的珍贵历史文献。

《京师培根女校沿革志略》

《京师培根女校沿革志略》，京师培根女校编。京师培根女校民国十六年（1927年）铅印本，一册。

此书主要内容由缘起、图片和各项规章制度组成。在"缘起"部分，介绍了京师培根女校创办的经过，创始人校长英敛反对借"女子无才便是德"为由剥夺女性受教育的权利，遂提倡女子教育，以期实现"增高女子程度而为国家健全之分子"的目的，校舍及经费皆由校长英敛自筹。"图片"部分收有创始人校长英敛、董事长马相伯以及八幅毕业学生的照片。"各项规章制度"则记载了学校的章程、规则以及管理员、现任教员、离校教员、历年学生、历年毕业生、经费、历年捐款表、历年大事记等内容。

清朝末年中国的女性始获得入学受教育的权利，但女校的创办一直比较少。此书对京师培根女校的校史作了全面的介绍，对于了解该校的建立、发展以及具体的管理规定以及研究中国较早时期的女性受教育情况提供了重要的史料。

《国立京师大学校要览》

《国立京师大学校要览》，国立京师大学校编。北京京师大学校民国十六年（1927年）铅印本，一册，28页。

1927 年，奉系军阀统治北京时，借口经费紧张，且因为各大学科系重复设置，资源重复浪费，下令将京师九所国立大学合并，定名为国立京师大学校。时教育总长刘哲兼京师大学校校长。

本书从九个方面对国立京师大学校作了详细介绍：一、国立京师大学校组织总纲；二、国立京师大学校校务会议规程；三、国立京师大学校校长办公处规程；四、国立京师大学校附设中小学校及蒙养园组织纲要；五、国立京师大学校职员薪俸规则；六、国立京师大学校国学研究馆规程；七、学则纲要；八、职员表；九、国立京师大学校各科部及附设各校校址表。书首附有照片《国立京师大学校校长学长及秘书肖像》一幅。

本书主要对国立京师大学校的各项规章制度作了详细汇总，因此对于研究民国时期学校的管理章程、具体制度提供了较有价值的史料。

《北京中法大学居礼学院一览 （民国十六年至十七年度）》

《北京中法大学居礼学院一览（民国十六年至十七年度）》，北京中法大学居礼学院编。北京中法大学居礼学院 1928 年出版，一册，12 页。

北京中法大学居礼学院为北京中法大学数理化学科，设置有大学预科二年、本科三年和研究科一年。蔡元培曾任校长。此书主要内容包括本年度职员一览表、教员一览表、课程、学则等内容。课程部分介绍了预科一、二年级和本科一、二、三年级的课程设置。学则部分对学生的入学、纳费、学历、学生成绩考查、请假考勤、惩戒、奖励都有详细的规定。

此书重点介绍了中法大学居礼学院的详细情况，在研究中法大学校史时可作为《北平中法大学一览》的补充，具有一定的史料价值。

《北平中法大学一览》

《北平中法大学一览》，中法大学编。中法大学民国二十四年（1935年）铅印本，一册。

此书内容为民国二十四年中法大学的详细情况介绍，主要有校图、绪言、沿革、组织大纲、学则、校董会章程、毕业生资送留学简章、课程指导书（包括理学院、文学院、医学院三院八系）等。书首有多幅照片，反映了校景、学生学习生活、实验室、校办公厂等内容。

此书在绪言、沿革部分介绍了中法大学创建的目的以及历史沿革。民国六年（1917年），留学法国的李石曾、蔡元培、吴玉章等人以研究高深学术、养成专门人才、沟通中西文化，并注重实习，致力应用为宗旨，创办了法文预备学校，最初校址在西山碧云寺。1920年，原有法文预备学校，扩充为文、理两科，改称中法大学西山学院。北平中法大学正式成立并逐渐发展、壮大。到民国二十四年，中法大学共成立了研究部、大学部、中小学部、海外部及特设部。该校一直提倡"勤于工作、俭以求学"的精神，并在《毕业生资送留学简章》中规定，大学本科毕业生符合相关条件者，本校资送入本大学海外部里昂中法学院留学。

中法大学在中国教育界占有特殊的位置，一是中法大学为中国自主创办的教育机构，由中法人士所组织的校董会襄助；二是创办人抱一种高远之理想，有意识地取法国教育制度为蓝本，并参酌国情而有所改造，以求在中国实行一种新教育。此书较为详细地介绍了北平中法大学的种种情况，为研究北平中法大学提供了珍贵的参考资料。

《中法大学史料》

《中法大学史料》，《中法大学史料》编写组编。北京理工大学出版社 1995 年版，一册，375 页。

此书为《北京理工大学校史丛书》之一，详细介绍了中法大学的历史沿革、不同历史发展阶段以及在革命运动中的表现，内容共分七部分：一、中法大学沿革，包括中法大学概要、学校章程、历史沿革、组织大纲及本科毕业生资送留学简章；二、中法教育基金，介绍了中法教育基金委员会成立经过及现状、法国退还庚款经过；三、中法大学在昆明；四、中法大学海外部，介绍了中法大学海外部办学情况、有关里昂中法大学生活的回忆等；五、革命运动在中法，介绍了中法大学学生与"三·一八"、"一二·九"运动、"一二·一"运动、抗议美军暴行运动、"反内战、反饥饿"运动等；六、师生回忆录，收曾在中法大学任教的老师和中法大学学生撰写的 9 篇回忆性文章；七、校领导之著述，收文章 6 篇，分别由李石曾、李书华等撰写。

中法大学是一个包括幼稚园、小学、中学、大学和研究院的教育系统，本书搜集整理了很多有关中法大学的珍贵资料，虽缺乏有关中法商专、孔德中学、儒学研究馆的内容，但本书依旧不失为一部资料丰富的珍贵历史文献。

《私立北平协和医学院简章》

《私立北平协和医学院简章》，北平协和医学院编。北平协和医学院民国十九年（1930 年）出版，一册，36 页。

北平协和医学院原为协和医学校，该校创设于 1906 年，由美国公理会、长老会、伦敦布道会、美以美会、圣公会、伦敦医学会合办。民国四年（1915 年）定名为协和医科大学，民国十八年（1929 年）更名为私立北平协和医学院。

本书即为北平协和医学院（包括护士学校）的管理章程，内容包括医学院的历史沿革、组织、办学宗旨及设备、学生投考要求、在校具体管理制度和护士学校的概略、入学资格和在校具体管理制度。书末附表五：一、本学院学年历；二、本学院董事会；

544

三、本学院教职员一览表；四、附属医院职员一览表；五、护士科教职员一览表。

北平协和医学院为中国培养了大批杰出的医学人才，在现代中国医学史上，具有重要的地位。本书详细介绍了该校的各项规章，为研究北平协和医学院提供了较有价值的史料。

《国立北平大学一览（民国二十一年度）》

《国立北平大学一览（民国二十一年度）》，国立北平大学校长办公处编。北平震东印书馆民国二十一年（1932 年）出版，一册。

本书主要内容包括国立北平大学历史沿革、组织大纲、各项办事细则与工作程序、校长办公处职员录、学生统计总表、民国二十年度校历、院系介绍等内容。在历史沿革部分介绍了该校的历史，国立北平大学是民国十六年（1927 年）由九所国立大学（北京大学、法政大学、医科大学、农业大学、工业大学、师范大学、女子师范大学、女子大学、艺术专门学校）合并而成。初名国立京师大学校，民国十七年改为北平大学，该校实兼河北全省之教育行政。在院系介绍部分，书中共介绍了七个学院，即女子文理学院、法学院、医学院、农学院、工学院、俄文法政学院、艺术学院的情况，同时还附有各院平面图。此书书首冠有孙中山总理的遗像、总理遗嘱、中华民国教育宗旨、时主持该校各院系工作者的照片以及数幅校景图片。此书对研究北平大学的规模以及管理模式有一定的参考价值。

《国立北平大学工学院二十九周年纪念刊》

《国立北平大学工学院二十九周年纪念刊》，国立北平大学工学院秘书处编辑。北平大学工学院民国二十一年（1932 年）铅印本，一册，183 页。

此书内容有五部分：一、国立北平大学工学院民国二十一年度校历；二、二十九周年纪念之筹备，包括安排各级招待员以及纪念会程序单等；三、二十九周年纪念之实况，记述了纪念会的具体程序和各种纪念活动；四、第二十九周年之工学院，通过图表反映了工学院的现状；五、今后之工学院应有之设备，对今后工学院的发展提出构想。

书首有我国著名学者、诗人、书法家、时任校长的沈尹默题词以及校门、校徽、教职员像等内容。

国立北平大学工学院是国立北平大学最早创设的三个院系之一，是为学习西方科学知识而设，在成立之后培养了许多人才，本书介绍了本院成立二十九周年时的情况，为研究该院历史提供了有价值的史料。

《国立北平大学工学院年鉴》

《国立北平大学工学院年鉴》，国立北平大学工学院编。国立北平大学工学院民国二十五年（1936年）铅印本，一册，182页。

国立北平大学工学院创办于清光绪二十九年（1903年），后几经改组变革，至民国十八年（1929年）始定名为北平大学工学院。

本书是国立北平大学工学院1936年毕业学生所创办之毕业纪念号，主要内容由照片组成。内容涉及1936级（即廿五级）学生级史、级旗、级花、教职员、自己的园地、工厂生活、团体、体育及军训、学校生活等。其中"自己的园地"是一组精心设计的照片，配以生动幽默的文字说明，展现了一批生气勃勃、充满理想的青年形象。"工厂生活"、"体育及军训生活"及"学校生活"用图片的形式反映了廿五级学生认真参与工厂实践、体育及军事训练以及丰富多彩的学校生活。此书有曾代理校长的徐诵明为该刊题词"为国求贤"以及校长张贻惠所写序言。

本书只是选取国立北平大学工学院1936年毕业学生所经历的校内生活，内容比较单一，可作为研究该校校史的辅助参考资料。

《五四运动与北京高师》

《五四运动与北京高师》，北京师范大学校史资料室编。北京师范大学出版社 1984 年出版，一册，477 页。

北京高师是北京师范大学的前身，是一所具有光荣革命传统和优良学术传统的高校。在著名的五四运动和"一二·九"运动中都曾活跃着北京高师的学子的身影。同时她还培养了一批批出类拔萃的教育家和专家学者，为祖国的文化科学事业的发展做出了重要的贡献。此书即是以继承革命传统、总结办学经验、发扬优良学风、对青年学生进行革命传统教育和爱国主义教育为目的，对该校校史进行搜集整理的成果之一。

此书内容分三部分："纪实·回忆"，共收有 35 篇文章，主要由当年亲历五四运动的师生撰写而成；"人物传略"，收录了曾参加早期革命活动的北京高师教员（如李大钊、钱玄同等）和学子的传记共 21 篇；"社团·刊物"，收有介绍北京高师学生社团和自办刊物情况的文章共 45 篇。书首并附有多幅参加五四运动的高师学生以及五四运动历史画面的珍贵历史照片。书中作者大多是该校师生，所记或亲历其中，或耳闻目睹，故此书有重要的史料价值，对研究早期共产主义思想运动、中国学生运动史等有所裨益。

《北平文治学院及文治中学校要览》

《北平文治学院及文治中学校要览》，北平文治政治学院秘书处编。北平文治政治学院秘书处民国二十年（1931 年）印，线装，一册，35×2 页。

北平文治学院是民国十七年（1928 年）由著名清史专家萧一山发起创办，萧一山曾任院长。这是一所从小学到大学一贯制的新型学校，原计划在较短时间内培养具有文、史、政治素养的人材，以改变旧制学科分散，精力不易集中的弊端。此书分别从创办缘起、沿革述略、组织大纲、董事会章程等几个方面介绍了北平文治政治学院和北平文治中学校的概况，本书收有照片16张，涉及校景、人物、合影等。书末有列表三和附录一，列表内容为《董事一览表》、《教职员一览表》和《毕业学生一览表》，附录则是《北平报纸对于本院之社评》。

此书对北平文治学院及文治中学的介绍详细，为相关研究人员提供了较有价值的史料。

中学教育

《国立北京师范大学附属中学训育实况体育实况》

《国立北京师范大学附属中学训育实况体育实况》，国立北京师范大学附属中学编。国立北京师范大学附属中学出版，一册。

此书为北京师范大学附属中学在有关训育以及体育教学方面所制订的具体方针。该校训育工作，以"不尚压制而尚开导"为原则，制订了本校训育实施方法，具体分为学生操行修养标准、训话、家庭联络、学生自治会、校友会、童子军训练六项，体现出学校重视与家庭、学生自发的组织进行配合来开展训育活动的教育理念。该校还制订了体育教授之方针，本着"发达学生之身心，以养成健全之人格"的目的，从正课教授（教授要旨、教材选择、教授方法、课程标准）、十五分间体操、课外运动、运动会、身体检查等几个方面作了详细规定。反映出该校对增强学生的体质，提高学生的素质，促进学生全面发展的重视。

此书体现出学校对学生全面发展的要求与具体实施办法，是了解民国时期的中学教育内容的重要史料。

《国立北京师范大学附属中学校一览》

《国立北京师范大学附属中学校一览》，国立北京师范大学附属中学编。国立北京师范大学附属中学民国十五年（1926年）出版，一册。

此书主要内容由八部分组成，分别为：发刊词、组织大纲、学则、课程标准、训育实况、体育实况、各项细则、各项图表。在"发刊词"里，介绍了出版此书的原因及目的，说明此书是有感于之前教育章程的零星记载，遂集本校历年实行的教育方法以及前后经过二十次会议讨论的成果而成，书中所记的学校组织原则、教育教学管理办法等都是经过了教学实践的检验，为其他学校管理者及相关研究人员提供了良好的借鉴资料。此书反映了国立北京师范大学附属中学在教育事业上独立、审慎、研究的科学态度，为研究我国早期中学教育提供了比较有价值的史料。

《国立北京师范大学附属中学校成立第四十周年纪念特刊》

《国立北京师范大学附属中学校成立第四十周年纪念特刊》，国立北京师范大学附属中学编。北京师范大学附属中学中华民国三十年（1941年）铅印本，一册。

该特刊由14篇文章组成。内容包括中学教育与师资、附中之今昔以及国文科、英语、中学地理、高中生物学教学的相关问题，阐述师资质量与国家教育盛衰之间的关系，强调启发式教育。书中还介绍了该校体育概况、本校图书馆现状、理科实验室现状及将来扩充计划、劳作部现状等，体现了附中全面育人的教育方针。书末有补白及五个附录，内容有藤村名誉教授讲演稿、高中文实分科意见书、历年聘任教职员姓名录及历年毕业生姓名录。

国立北京师大附中与中国新式教育的发展有着极为密切的关

系，是中国新式教育发展的一个重要组成部分。通过此书可以了解师大附中的一整套科学的办学指导思想，更好地认识师大附中在中国教育史上的地位与作用。

《京师私立汇文中学校一览》

《京师私立汇文中学校一览》，京师私立汇文中学校编。京师私立汇文中学民国十六年（1927 年）铅印本，一册，139 页。

此书主要内容包括：校史、本校插图之一斑、校历、董事、职员、教员、现行组织、现行学则、课程（课程简表）、学生省份统计表、学生名录等内容。

在校史部分介绍了该校的历史沿革以及办学特色：京师私立汇文中学肇建于清同治十年，最初系美以美会于北京崇文门内设立的蒙学馆，后经历 1888 年的"怀理书院"、1904 年的"汇文大学堂"，1918 年汇文大学部与华北协和大学合并成立"燕京大学"后，至 1926 年学校始定名为"京师私立汇文中学"。"现行组织"就校内的董事会、校长、各处、科系、会议等作了详细说明。"现行学则"规定本校以实施中学全人教育为宗旨，取三三制，并对办学宗旨、学制、升学、学科与学分、考试及成绩评定、学年、学期、入学规程、告假、缺课、退学、转休学、毕业、奖惩、费用、校规、课外作业等各项规定都有详细介绍，对课程设置有明确规定。此书并附表二：《学生省份统计表》、《学生名录》。

此书对私立汇文中学的办学特色、学校组织、学生管理办法都有明确详细的说明，对研究汇文中学这所著名的私立中学提供了较有价值的史料。

《北京汇文学校年刊（一九二七）》

《北京汇文学校年刊（一九二七）》，北京汇文学校 1927 年年刊编委会编。北京汇文学校 1927 年铅印本，一册，148 页。

此书为北京汇文学校 1927 年年刊，采用中、英文双语编辑而成。书中内容主要由照片组成，包括：校史介绍、本校前任各校长、校景、教职员、高级部、初级部、学生团体、体育活动、学校生活。书中校史介绍内容与《京师私立汇文中学校一览》一书的校史介绍同。汇文学校高级部的学生参与了多次爱国运动，如五四纪念活动、"五卅"、"三·一八"等。"学生团体"中收了十余个学生团体的纪念照片。

此书照片内容丰富生动，可以使读者了解汇文中学丰富多彩的生活、积极上进的精神面貌。

《汇文年刊》

《汇文年刊》，北平私立汇文中学校编。北平私立汇文中学民国二十五年（1936 年）铅印本，一册。

此书是 1936 年汇文年刊，编者从多个角度选取了丰富的材料来反映当时汇文中学的发展状况。书的主要内容可以分为五个方面：一、本校校史介绍；二、各类图片：包括校景图片和校领导照片、毕业生照片（并附有毕业生的临别赠言）、丰富多彩的学生生活如军训、宗教生活、音乐生活、体育生活以及学生的美术摄影作品；三、大家的文学苑地，收录 34 篇文章，文章表现出汇文学子对纷乱时事的担忧、对前途的迷茫等带有时代气息的情绪；四、本校现行组织大纲、本校现行学则一览；五、表格：本校学生班级人数统计表、本校教职员、本校全体同学地址录。书首有北平汇文学校全图一幅。

北平私立汇文中学是一所教会学校，以培养知贯中西的人才为目的，授课内容中西掺半。此书对研究汇文中学有一定的史料价值。

《北平私立大中中学校一览》

《北平私立大中中学校一览》，北平大中中学校编。北平私立

551

大中中学校民国二十一年（1932年）铅印本，一册。·

北京私立大中中学校成立于民国十三年（1924年），初名大中公学，是光大中山主义的简称。民国十八年（1929年）秋，改名为大中中学。该校是由少数关心社会事业并有志教育者发起并协助维持，并以"造就革命人才、养成健全国民"为宗旨的私立学校。

此书从校史志略、简章、学则、组织系统图、各项行政规程、有关教务、训育、图书馆及其他各项则例和课程大纲等几个方面介绍了北京私立大中中学校的情况。"校史志略"部分将校史分为初创时期、艰危时期和稳定时期，介绍了学校的成立与发展。"行政规程"部分收录了该校有关董事会、校务会议、主任会议、全体教职员会议、教务会议等章程、训育委员会组织大纲和教务课、训育课、事务课、注册股、图书股、仪器股、体育股、会计股、庶务股、文牍股、斋务股办事细则。"教务则例"和"训育则例"详细规定了有关考试、请假、奖惩的细则。书末附表六：一、职员一览表；二、教员一览表；三、历任职员一览表；四、图书仪器表；五、各项重要表册；六、各项统计表，包括各年级成绩统计表、历年学生人数比较表、家庭职业比较表等。

此书内容丰富，为了解北京大中中学这所私立学校提供了详细的史料。

《北平西北公学一览》

《北平西北公学一览》，北平西北公学编。北平西北公学民国二十三年（1934年）铅印本，一册。

北平西北公学是具有回族特色的普通中学，学校建成于1928年，初名北平清真中学。1930年3月改名为西北公学。学校以培养体格健全、智能全面、具备升学能力和职业能力者，造就开发西部基本人才为宗旨，是为解决当地回民子弟升学问题而创建的私立学校。

《北平西北公学一览》一书，主要从校史述要、各项规章制度、教务、训育、体育、事务几方面介绍了北平西北公学的创立发展以及管理情况。正文之前有插图、题词、校徽、证章、纪念章、校训等内容。插图部分收有总理遗像遗嘱、学校创办者的照片、多幅反映校景、校园生活的照片。题词部分收录了当时政界要员为该校所写题词，如蒋介石、于右任、宋子文、张学良等。书末附表四（立案董事姓名一览表、教职员姓名一览表、毕业学生姓名一览表、各级学生姓名一览表）及马故董事长所撰纪念册序。

此书与《北京回民教育史略》都是反映北京地区回民教育的重要历史文献，对研究民国时期北京已成系统的新式回民教育提供了有益的参考。

《四存校刊》

《四存校刊》，四存中学编。四存中学民国二十一年（1932 年）出版，一册。

北平市私立四存中学成立于 1921 年 1 月 10 日，学校以清代河北学者颜习斋、李恕谷写的《四存编》命名，取"存学、存性、存人、存治"之意。现北京八中的前身。《四存校刊》一书是为记载学校成立以来复杂而又有借鉴价值的历史而创刊的。

此书的主要内容包括：一、发刊词；二、影片（包括时任校领导者的照片、校景以及学生合影）；三、八字校训；四、校歌；五、校史概况沿革；六、论著：内容涉及四存学校成立经过及改进方案及学校教育与都市教育之优劣等方面；七、张荫梧任校董时在纪念会上的多次讲演录；八、专载，收录了四存学校的各项管理规章制度；九、图表，有校址图、有关学生的各项情况调查表；十、文艺，收录了颜习斋先生祠堂碑记、四存桥碑志以及爱国学生所作的表达抗日救国之志的诗歌等。

此书反映了民国二十一年时四存中学的面貌，保存了一些历史资料，对研究四存中学的历史有一定的史料价值。

《北平私立中国学院附属中学概览》

《北平私立中国学院附属中学概览》，中国学院附属中学出版部编。北平中国学院附中民国二十三年（1934年）铅印本，一册。

北平私立中国学院附属中学成立于民国十九年（1930年）。此书所记内容共分七部分：一、沿革；二、行政组织大纲，内容包括行政组织条例和教务课、训育课、事务课办事细则等；三、学则（附奖励学生条例）；四、教务概况，包括课程标准、用书、教员、课程进度表、教室日志、聘请教员规约等；五、训育概况，包括训育大纲和学生学习、生活管理细则等；六、事务概况，包括事务课表册、1933年度各项支出、收入比较图。书首有照片（校长近影、主任近影、全体职员合影）与校长王正廷所作序言。书末附高初中历年毕业生一览与校址平面图一幅。

此书内容丰富，是全面了解北平私立中国学院附中的较有价值的历史文献。

《北平西北公学教务概况、训育实况、体育概况》

《北平西北公学教务概况、训育实况、体育概况》，张肇基等著。北平西北公学民国二十三年（1934年）铅印本，一册，72页。

此书是为北平西北公学第一届毕业典礼纪念而刊印的书，内容包括北平西北公学训育实况、教务概况、体育概况。

"训育实况"部分主要介绍了该校的体育方针及标准、训话方式、自治指导、家庭联络、请假条件、寄宿办法、重要表册等内容。该校训育以教育为方针，确认三民主义为训育活动唯一的中心，同时因该校以回民子弟为主体，训育宜依据该民族吃苦耐劳、冒险勇敢、团结服从诸精神并使之光大，以期实现使学生负起开发西北、复兴民族、救国建国责任的最高理想。鉴于此种教育理想，该校对训育标准、训话方式等方面都有详细的规定，使学生通过积极的训育养成终生受用的良好习惯。"教务概况"介绍了该校"三三制"的学制、初、高中两部的课程设置、教授预定进步表、教授口志及教室日志、考察成绩法、升留级标准以及重要表册（包括考核表、成绩表等）。得当的体育对儿童的发展有莫大的好处，该校自建立以来，在体育方面虽不能尽善尽美，但在提倡普及体育及增置设备方面也无时不在努力，期望以良好的训练助成教育。"体育概况"介绍了该校从身体方面、精神方面、普及方面所制定的训练目标、对课内的教授练习、课外活动的作业要求以及学校现有的设备，同时这部分还提出了对未来的希望。

本书对该校训育实况、教务概况、体育概况的介绍颇为详细，内容丰富，是一部反映该校历史面貌的珍贵历史文献。

《私立北平辅仁大学附属中学概况》

《私立北平辅仁大学附属中学概况》，辅仁大学附属中学编。北平大学附属中学民国二十五年（1936年）铅印本，一册。

此书是全面介绍私立北平辅仁大学附中概况的文献，主要内容有：一、缘起，介绍辅仁大学附中成立的缘由及经过；二、本校行政组织系统表、组织大纲；三、学则与课程编制；四、各科教学纲要，是指1935年各科教员所拟订的教学方法纲要，包括公民、体育、国文、英文、数学、物理、历史、音乐等十五科、童子军训练纲要（附童子军设备要目）和军事训练纲要以及附各科作业指导办法；五、学生学业考核办法，包括学业成绩考查及缺课扣分办法和操行考查；六、学生学习、生活管理，包括教导实施办法大纲、学生管理办法、各项规则；七、学生课外研习会组织大纲，附研习会简章。此书内容丰富，资料翔实。书首有校徽图案。书中共有插图十三幅，反映学生丰富多彩的学习、生活场景。书末附表七：一、建筑及设备统计表；二、民国二十四年度职教员资料统计表；三、离校教职员一览表；四、职教员姓名录；五、历届毕业生姓名表；六、在校学生姓名录；七、本校民国二十四年度各年级教学用书一览表。

本书对北平辅仁大学附中作了详细的介绍，内容丰富，资料翔实，具有较高的研究价值。

小学幼稚园教育阶段

《京师童子军办法》

《京师童子军办法》，京师学务局编。京师学务局民国六年（1917年）铅印本，一册，26页。

中国的童子军组织成立于民国元年（1912年）。民国六年，北京京师学务局召集各学校校长及体育教师，在局里设立了"北京童子军委员会"，制订童子军组训大纲，成立了北京的童子军组织。此书内容即京师学务局编写的有关京师童子军活动的具体实施办法，涉及童子军的编制、资格、职权、服装、用具、徽章、旗帜、课程、愿词、规律、礼节、口令、教练、经费等诸方面。全书记录翔实，是了解北京童子军组织的重要文献史料。

《香山慈幼院发展史》

《香山慈幼院发展史》，熊希龄著。北京香山慈幼院民国十六年（1927年）铅印本，一册，100页。

熊希龄（1870—1937年），近代维新派人物，字秉三，湖南凤凰人，光绪进士。积极参与维新运动，曾在清末出任官职。民国成立后，历任财政总长、热河都统、国务总理兼财政总长，因不满袁世凯独裁统治，先后辞去财政总长及国务总理之职。退出政界后，专心致力于社会福利和教育事业。修治水利，赈济灾黎，收养灾童，驰名中外的香山慈幼院即由他开静宜园所建，收容因水灾无家可归的儿童"并施以相当之教育"。

此书从"机关成立之原因"、"制度组织之沿革"、"教育方针之决定"、"总分各院之制定"、"向外发展之计划"五个方面记述了香山慈幼院的发展史及日常事物，主要介绍了香山慈幼院成立的原因、制度组织的沿革、教育方针的制定及所属分院的情况；院内设幼稚园、小学、师范，推行"学校、家庭、社会"三位一体的教育体制，除予以适当的教育外，还教以谋生之工艺。书中还按照不同时期具体记述了慈幼院的教学课程、考试制度及办法、奖惩制度等。

香山慈幼院是一所具有社会福利性质的机构，将全国各地数以千计的孤贫儿童收留起来并辅以教育，客观上为社会培养了有用之才。因此本书对研究民国时期的社会教育与福利事业发展有重要的价值。

《幼稚园小学具体课程实施方案》

《幼稚园小学具体课程实施方案》，北平市社会局幼稚园小学具体课程编订委员会编。北平市社会局幼稚园小学民国二十二年（1933 年）铅印本，一册，192 页。

此书内容为北平市社会局幼稚园小学具体课程编订委员会所编定的关于课程标准及实施办法的详细规定，包括该课程标准编订之缘起与经过述略，北平市社会局幼稚园小学具体课程编订委员会规程及其组织、工作及其经过，北平市社会局施行部颁幼稚园小学课程标准办法，北平市小学校对于推行部颁课程标准应行注意事项，北平市社会局幼稚园小学具体课程编订委员会会议记录，北平市社会局幼稚园具体课程实施方案，北平市社会局小学具体课程实施方案。书首有插图两幅，为北平市社会局幼稚园小学具体课程编订委员会全体委员摄影、北平市社会局召集市立各小学校长报告幼稚园小学课程编订经过大会摄影。

此书作为较少的反映民国时期北平幼稚园小学教育的史料之一，具有一定的史料价值。

职业教育

《北京农业专门学校一览》

《北京农业专门学校一览》，北京农业专门学校编。北京农业专门学校民国六年（1917 年）印行，一册，138 页。

北京农业专门学校是民国初年建立的一所设有林科的高等农业大学，其前身是京师大学堂的分科——农科大学，1914 年 2 月，北洋政府教育部将农科大学改组为独立的"国立北京农业专门学校"。本书对北京农业专门学校的概况分十二章作了详细介绍，内容包括：一、学年历；二、沿革志略，以大事记的形式介绍了该校自清光绪三十一年（1905 年）设农科大学起的校史；三、部令；四、校则；五、管理规则；六、职务规则；七、会议规则；八、农场规则；九、职员姓名录；十、学生姓名录；十一、毕业学生姓名录；十二、图表。书末有附录二：一、参观规则；二、北京农业专门学校校友会简章。

北京农业专门学校以培养农业专门人才为宗旨，在当时培养出了许多农业方面的专家。此书对研究中国的农业科学教育及其相关管理、了解北京农业专门学校提供了一定的史料，有一定的参考价值。

《税专同学会成立十五周年纪念特刊》

《税专同学会成立十五周年纪念特刊》，北平税专同学会纪念特刊编辑部编写。北平税专同学会纪念特刊编辑部民国十五年（1926 年）发行，一册，234 页。

北平税务专科学校诞生于中国内外交困的历史背景下，为关税自主、收回海关行政权，必须培养税务专门人才，故设立。本书是为纪念北平税务专科学校同学会成立十五周年所出版之纪念文集，适逢该校成立十八周年纪念，故此书又是校庆纪念刊物。本书以纪往、述今、策来为宗旨，内容可概括为七部分：一、本刊弁言、陈校长国庆日演说词、同学会今后之策略、同学会十五年来经济状况、留学问题；二、关于税务专门学校，介绍了该校的过去与将来；三、关于税专同学会，介绍了同学会的发展历史及活动；四、关于税专学生，记述了税专学生参加的爱国运动；五、小说、戏剧；六、同学会第十五次成立纪念庆祝纪事；七、一月以来之校闻、通讯、报告等。

此书所收文章的内容记述了税专成立同学会成立十五年的历史，为了解税专学校历史、学生运动史提供了一定的史料。

《北平税专廿周年纪念特刊》

《北平税专廿周年纪念特刊》，税务专门学校特刊委员会编。税务专门学校特刊委员会民国十八年（1929年）印，一册。

北平税务专科学校诞生于中国内外交困的历史背景下，为培养税务专门人才而设立。在税专成立廿周年之际出版的该特刊，既有总结历史的意义，同时又有讨论时政、规划未来的重要价值。本书内容共三部分：一、序言，收有王正廷、冯玉祥等人写的序文6篇；二、正文，收录27篇文章，论述内容涉及税专学校历史、税专学校成立的时代意义与历史意义、我国在关税方面面临的困境以及未来的出路等，这些文章紧密结合当时的国内形势，有针对性地提出一些颇具价值的解决策略，这也是学子们忧国爱国思想的体现；三、附录，附表二，分别是：本校现任职教员一览、校内外全体同学录。

北平税专的成立有极强的时代意义，此书内容对此亦有深刻的反映，是研究我国税务专科教育重要的历史文献。

《北平平民职业学校汇刊》

《北平平民职业学校汇刊》，北平平民职业学校编。北平平民职业学校1929年8月铅印本，一册，70页。

北平平民职业学校是为促进平民教育、解决贫民生活与救济失学青年而开办的职业学校，创办于1928年。为使社会明了该校内容，故编印此书，以介绍该校各个组成部分、实施概况与扩充计划。

本书内容包括：一、插图，选取了多幅反映学生游艺、实习生活的照片；二、引言、平职沿革志略；三、计划，即对于今后北平平民职校的发展所作的计划；四、专论，收录3篇探讨职业教育的论文；五、文艺，收录学生作品22篇，抒发离校感言、学习体会等；六、法规，所收法规为北平平职组织大纲、学则、教务处办事细则等。书末附表三：一、教职员一览；二、毕业学生一览；三、现在学生一览。

该校是为促进平民教育而开办的职业学校，本书通过丰富多彩的内容充分展示了学校所取得的成果，同时书中还收录了探讨职业教育以及对未来的展望等论文，对研究民国时期的职业教育具有重要的研究参考价值。

《国立北平师范大学乡村教育实验区计划大纲》

《国立北平师范大学乡村教育实验区计划大纲》，北平师范大学编。北平师范大学民国二十二年（1933年）出版，一册，18页。

北京师范大学以研究如何改进乡村教育之道复兴乡村社会为目的，设立了乡村教育实验区。本书从七个方面制定了该实验区发展的大纲，内容包括：一、设立主旨；二、实验要项，针对实验区的教师训练方法、教材与教法以及教育普及方法等进行研究；三、施教区域及事业范围，划定事业范围及所从事的固定事业；四、人才训练，即设立乡村师范班训练从事乡村儿童与成人教育事业之人员；五、乡村民众教育目标及标准；六、组织系统，包括具体组织与职员任务；七、预算表。该组织大纲于民国二十二年9月28日校务会议通过。

北平师范大学乡村教育实验区的设立，是学校教学实践活动的一个组成部分，客观上则起到了在农村扫盲的教育效果。此书记述了当时农村教育的状况，具有一定的史料价值。

《北平市立体育专科学校概览》

《北平市立体育专科学校概览》，北平市立体育专科学校编写。北平市立体育专科学校民国二十五年（1936年）出版，一册，88页。

北平市立体育专科学校是民国二十三年（1934年）北平市政府为造就合格体育师资所设立之专科学校。在学校管理、学生管理方面都制定有严格全面的规定。故在本校开办不久，出席世运会及国内各种运动会，颇有成绩，得到各方赞许。

本书是对该校总体情况的概述，内容包括：校史介绍、组织大纲（附系统表）、学则、体育师范科简章、教职员服务规则、教务课训育课事务课办事细则、管理规则、课程教学时数表、教务实施国术教学训育实施方案、操行成绩考查方法等。书首有多幅历史照片，书末列有各种统计表，包括设备价值、体育设备一览表及其他各类统计表。

体育教学是学校全面教育中必不可少的一方面，然而反映北平市体育教学内容的文献却很少，所以此书为相关研究人员提供了很重要的史料。

《师范教育特刊：
第五届师范教育运动周辅导小册》

《师范教育特刊：第五届师范教育运动周辅导小册》，北平市政府教育局编。北平市教育局第二科第二股民国三十五年（1946年）出版，一册，38页。

从民国三十一年（1945年）起，国民政府将每年3月29日至4月4日定为推进师范教育运动周。民国三十五年北京首次举办师范教育运动周，除举办展览会、座谈会、师范教育广播等节目外，还征求有关师范教育的专论。在运动周结束后，便将这些极有价值的文章收集成册，即为此书。此书由英千里撰写序言，阐明此书产生的背景及意义。书中主要内容由包括论著和统计表两部分。论著收录了有关师范教育的专论共7篇文章；统计表4份，内容涉及北平市市私立小学及幼稚园教员、毕业学生、新生情况。

此书反映了民国时期北平师范教育的发展状况、存在的问题以及有关乡村教育的发展情况等，对于了解民国时北平的师范教育有一定的史料价值。

特殊教育

《北平私立聋哑学校概览》

《北平私立聋哑学校概览》，北平私立聋哑学校编。北平私立聋哑学校民国十八年（1929年）印，一册，20页。

北平私立聋哑学校是民国八年（1919年）由杜文昌创办，专门教育一般聋哑儿童，使其具有普通知识及能直接与人谈话，使其能自立谋生的学校。此书介绍了北平私立聋哑学校的发展概况。主要内容包括10幅珍贵历史照片（反映师生合影、课堂教学场景、名人为该校题字）；反映本校教职员情况和本校决算的表格；学校现状，如学生一览、本校设备、管理、教授、本校简章等。同时还记录了来宾参观和各界人士捐款的情况。书首有孔祥熙为此书所作的题词。书末附图介绍了专为无力缴纳学宿费的学生设立的职业科，供贫寒学生入厂半工半读维持学业。

特殊教育是完善的教育系统不可缺少的组成部分，然而反映这方面历史的文献较少，所以此书和《北平聋哑学校特刊》对反映我国特殊教育的发展及成就提供了珍贵的历史资料。

《北平聋哑学校特刊》

《北平聋哑学校特刊》，北平聋哑学校编。北平聋哑学校民国二十一年（1932 年）铅印本，一册。

本书是以介绍该校建校来学校大概情形、展示聋哑儿童受教育后的成果为目的而编辑出版的。

书中有顾颉刚所作序言。正文主要内容有："本校近况答客问"、"本校历年大事记"、"本校历年入校学生比较表"、"本校学生籍贯统计表"、"本校学生纳费比较表"、"本校近二年捐款表"、"本校近二年决算表"、"本年春季到校参观之团体"、"本校学生会职员录"。同时还刊登了多幅学生书画作品、12 篇学生习作、学生所作的谜语、漫画等。书首是北平聋哑学校多张珍贵历史照片。书末附全国聋哑学校调查表。

此书全面展示了该校创办十几年来所取得的成就，为研究我国的特殊教育提供了珍贵的历史资料。

社会教育

《北京民国大学平民夜校校务报告》

《北京民国大学平民夜校校务报告》，北京民国大学平民夜校编。北京民国大学平民夜校民国十四年（1925 年）出版，一册。

北京民国大学平民夜校成立于民国九年（1920 年），以对失去教育机会的平民进行培训，使他们能够获得独立自营知识与技能为宗旨。该校附设于北京民国大学校内。

本书为北京民国大学平民夜校工作报告。内容共有六编：一、平校全体摄影和校长、教务长对于创办该校的奖语；二、历略，即北京民国大学学生会平民夜校成立五年来的历史沿革；三、本校半年来之大事记；四、章程，包括大纲、组织及职权、学制、入学休学退学及奖惩规则等内容；五、平校体育会简章及图书馆规则；六、表览，收了 18 份表格，对本校的组织系统、经费支配、学生家庭职业、学生考勤情况、本校学生人数年龄等作了比较。另外还对本校收藏图书的情况也作了整理。

平民夜校主要针对失学的平民进行技能教育，是对正规学校教育的重要补充与完善。此书对研究平民学校提供了有价值的史料。

《北平市第一民众教育馆概况》

《北平市第一民众教育馆概况》，北平市第一民众教育馆编。北平市第一民众教育馆民国三十七年（1948 年）出版，一册，28 页。

北平市第一民众教育馆诞生于民国十四年（1925 年），是从事民众教育、推进社会教育工作的机构。本书对北平市第一民众教育馆成立二十余年来的情况作了详细介绍。

本书内容包括前言、本馆及钟楼影剧院平面图、馆史、钟鼓楼考暨照片、设备、陈列（附照片）、中心活动事业等。"馆史"部分介绍了北平市第一民众教育馆自民国十四年（1925 年）以来的历史发展。该馆先后经历了以下几个阶段：民国十四年的"京兆通俗教育馆"；民国二十年（1931 年）"北平通俗教育馆"；民国二十一年（1932 年）"北平市第一社会教育区民众教化馆"；"七七"事变后日伪当局接收，1938 年鼓楼被改为"北京第一社会区新民教育馆"；后因与日伪所要求的奴化教育不相适应，被停办，并且该馆自民国十四年建立以来数十年苦心搜集的陈列品也被侵华日军悉数破坏；抗日战争胜利之后，1946 年鼓楼重新办起教育馆，更名为"北平市第一民众教育馆"，钟楼恢复影院等。因该馆建于钟鼓楼，所以本书对钟鼓楼也进行了考证并附有相关照片。"中心活动事业"部分对该馆的设备以及陈列也有详细的说明。

民众教育馆作为民国时期民众教育的机构，在民众教育、推进社会教育工作方面起了重要的作用，其本身就具有一定的研究价值，本书则通过对北平市第一民众教育馆概况的介绍，为相关研究人员提供了丰富的史料，具有较高的文献史料价值。

《教育部失学民众注音识字教育 北平市表证区总结报告》

《教育部失学民众注音识字教育北平市表证区总结报告》，北平市表证区编。北平市表证区民国三十七年（1948 年）铅印本，一册，122 页。

此书是民国三十六年（1947 年）教育部在北平开展失学民众注音识字教育、扫除文盲活动的总结报告。书中内容包括《扫除文盲实验工作报告》、《"注音符号十八课"编辑前后》、《平市四郊冉村的注音识字班》、《我的几点意见》、《关于注音识字教材》、《表证区办事处的工作概况》、《本区所属注音识字教育推行社概况》、《舆论对于本区工作的批评》等。全书对于扫盲活动教材的选用、教学方法的改进、活动所取得的成绩以及舆论影响都作了详细的叙述，是了解民国时期政府推行平民教育活动的珍贵历史文献。

民国二十四年（1935 年），教育部在印刷刊物时，创制了一种"注音国字"，就是每个字的右边，用注音符号拼好该字的标准读音。这本小册子，就采用这种印刷方法，所以本身就是一本识字教育的教材。

《平郊一个社区教育的调查》

《平郊一个社区教育的调查》，薛素珍撰。燕京大学 1948 年钞本，一册。

薛素珍，1947 至 1948 年间就读燕京大学法学院，主修社会学。当时政局动荡，内战正炽，我国教育上存在诸多问题，尤其是儿童失学现象十分严重，作者为调查研究我国儿童的教育问题，特以北京城郊一个社区，即位于燕京大学东门外的小社区——成府为对象，作详细实地调查，以期找出一些教育上的问题。调查范围是成府社区内沟沿胡同、新胡同、薛家胡同等七条胡同，计194个家庭，以访问调查等形式收集资料，制定图表，撰成此调查报告。

全书分六章，一、绪论；二、成府区之社会状况；三、成府与附近社区之儿童教育状况；四、成府儿童与失学状况；五、成府民众对于教育之态度；六、成府的儿童教育问题与解决办法。本书具有一定资料性，对于研究民国时期的教育有一定参考价值。

韩　朴　主编

北京历史文献书目索引集成

北京

历史文献
要籍解题

下

中国书店

目　录

（上册）

（下册）

文物考古

小　序

北京地区是古人类较早的生息繁衍地之一，也是世界上建成较早并延续至今的历史文化名城。北京所拥有的丰富历史遗迹和古代遗物，成为历代研究者不断发掘与探索的对象，不但具有重大的学术价值，而且具有十分重要的现实意义。

北京的考古发掘与文物遗存不仅是北京历史文化的见证，也是推动北京地方史深入研究与发展的重要实物依据。因此，文物与考古史是北京史研究的重要方面，这一领域的研究著作则是北京历史文献中不可或缺的部分。

中国古代的考古之学，肇始于北宋时期的金石学，发展至明清，已有许多著述流传，被视为中国考古学的前身。现代意义的中国考古学，大约开始于20世纪初的北京。1920年前后，当时的北京政府聘请外国学者，与外国学术机构合作开始进行考古工作，之后陆续在北京等地区发现了多处古人类文化遗址，引起学术界的轰动，影响最大的即为周口店"北京人"遗址的发掘和研究。

北京还是中国最早建立考古和文物研究机构的城市。1922年，北京大学国学门成立考古学研究室，著名学者马衡担任研究室主任，他主张"有组织、有计划地大规模发掘"，以打开"更精确、更复杂的地下二十四史"。1923年，考古学研究室还成立调查机构——"古迹古物调查会"，开创了中国现代考古学的先河。1929年，北平研究院史学研究会成立。中国学者开始了围绕文献记载的线索寻找古人类遗迹、重建中国上古史的漫漫之路。这一时期，中国现代考古事业从无到有，聚集了一批专业人才，积累了经验，取得了丰厚成果，为中国考古事业的发展奠定了基础。同时还出版了众多考古研究著作，如裴文中的《周口店洞穴层采掘记》（1934年）等。这些著作为中国的考古事业提供了理论指导。

伴随着现代考古事业的诞生和发展，北京的文物保护工作也相应地发展起来。1928年，中华民国政府设立了文物管理机构"中央古物保管委员会"，设立北平分会、江苏分会和浙江分会等下属机构，1929年，机构又从南京迁至北平团城办公。中央古物保管委员会成立后，进行了大量有关古建筑、古墓葬、古遗址的调查，发表了多种具有价值的考察报告。1935年，该会编辑出版了《古物保管委员会工作汇报》，直至抗日战争爆发后才停止。中国现代研究和保护古代建筑的专业学术团体——中国营造学社，也于1929年创办，社址设在北平中山公园内。学社下设法式和文献两组，法式组主任梁思成，文献组主任刘敦桢。两组分别进行古建筑的实地调查研究和文献资料的收集整理工作。在极其困难的条件下，学社对全国重点古建筑进行认真的调查研究，发表了一批具有极高学术价值的调查报告，并出版了《中国营造学社汇刊》和《清式营造则例》等重要文献。学社还为清华大学创办了建筑系，与清华大学合办了中国建筑研究所，奠定了新中国古建筑学的基础，为中华人民共和国培养了第一代古建筑研究和保护人才。

1935年，北平成立了中国现代从事古建筑维修保护与调查研究的专门机构"北京文物整理委员会"，于1935—1937年间修缮重要古建筑二十余处。

新中国成立后，北京考古工作又陆续有了许多大大小小的新发现和研究成果问世，包括古人类遗址、历代城垣及其他建筑遗址、古代墓葬等等。相关的著述和资料也不断地出现。

本编选录了以上各时期、各方面关于北京地区考古发掘与文物保护的重要研究专著60余部，大至分为文物和考古两部分。这些文献所涉及的考古与文物内容，其时间远至石器时代，近至民国时期的文物遗存，其中也包括新中国成立以来的重要考古发掘和发现。文献主要包括下述各类：

一、金石类文献。金石著录与考证是中国古代考古学萌芽时期的文献，也是记录文物遗存的重要文献。北京的文物遗存主要指保存在地上的文物古迹，包括金石、古建、古器物等等。现存较早的文献则主要是记述北京历代碑刻的书录。本编收录了明末至清代各时期、民国至新中国成立后关于北京金石著录与考证的文献23部，最早的著作为清代学者顾炎武记述北京历代碑石的《京东考古录》。对于近年来出版的反映现存文物状况的重要金石书录、综录、图录等，也择要收录。对于记述和著录北京现存古籍、古玩字画的文献，其内容不涉及北京历史的，则未收入。

二、故宫文物文献。故宫是明清两代之皇宫，收藏着为数可观的珍贵文物，是北京现存文物最为集中和最富价值的部分。其中不仅保存着中华文化的众多精品，而且也映像出历史的变迁。本编收录记述故宫文物的目录、图录、摄影集等文献8部。

三、文物保护类文献。文物保护是北京久已有之的课题，自民国初期，对文物的保护和修缮工作即已经开始。但相关的文献专著并不多，本编收录《古物保管委员会工作汇报》等4部文献。

四、记述北京市重点文物及各区县文物的文献。本编收录各时期出版的北京重要文物图录和门头沟等区县文物专志以及皇家园林文物等文献共计15部。

五、考古发掘报告及综述。本编收录《周口店发掘记》等从民国初年至新中国成立以来的考古专著、研究综述等文献近20部。从中可了解中国考古学研究在各个时期的重要成果。

六、论文集及文物考古专刊。收入《燕文化研究论文集》、《北京文物与考古》等文献3部。

文稿的排列，以类相从。首先是文物类，其后为考古类。文物类置前，主要考虑其中包含成书于清初的早期文献，如《京东考古录》等，是现存最早的北京古代考古文献之作。文物类中大致分为文物古迹、出土文物、地方文物、金石、故宫文物、园林文物、文物保护、综合等几部分。考古类中依次分为古人类遗址、城市考古、古墓及综合类文献几部分。同一类文献条目的排列，则主要以成书年代先后为序。

相对于北京史其他各类文献而言，在考古与文物类文献中论文较多，而专著相对略少，尤其是考古类专著。因此，对于所能见到的考古类重要专著，本编悉数收录。对于反映北京重要文物遗存的文献，本编也尽量收录，以期读者得以综观本研究领域的诸多成果与历史概貌。

（一） 文物

《京东考古录》

《京东考古录》一卷，顾炎武撰，清刊本，线装一册。

顾炎武（1613—1682 年），江苏昆山人，生于明末，清初时曾漫游南北，期间多次拜谒明陵，周行边塞等处，足迹遍及京郊各地。本书对北京至山海关一带的历史地理问题做了考证，共分 23 篇。其中涉及北京地域内的史地考证包括《考蓟》、《补注汉书二燕传》、《考金陵》、《辨一统志密云之误》、《辨一统志杨令公祠之误》、《考庐师山》、《考契丹所得十六州》、《考长城》等。全书篇幅不长，但记述了北京历代碑石，辨明了史书中的一些疑误，对于研究北京史地，具有一定的参考价值。

本书初版于清乾隆年间，有清乾隆、嘉庆、道光、光绪等多种刻印本流传，并有北京出版社 1962 年标点本、北京古籍出版社 1980 年重排印本。

《潞城考古录》

《潞城考古录》二卷，刘锡信撰，清刊《畿辅丛书》本，线装一册。

刘锡信，清代康乾时期著名学者，通州人。本书所记多为通州潞河地区史迹，包括城垣、王公府第、园林、水系、先贤人物、石刻考古等。如其中有记述通州古长城遗址的文字："州城（指通州）西北四里有古长城遗址，迤北接顺义。南近通惠河北岸而止。逾河而南，间存一段，其址又变，而东西横亘，再南为州西门外，通京师大路掘断者。询之土人，亦云"。此书内容丰富，不拘体例，随考随记。其中考证通州潞河地区石刻文物者也不在少数，如《石罗汉年代考》、《金石遗文》等。

作者遍考相关史传、志乘、笔记、杂文，将潞河地区的史事、地理、人物、金石等记载汇为一编，对研究通州潞河地区文物、古迹有条分缕析之功效。

此书另有 1985 年中华书局版《丛书集成初编》本。

《京兆古物调查表》

《京兆古物调查表》，民国政府内务部编，民国八年（1919 年）印铸局铅印本，线装一册，34 页。

本书是民国政府内务部以其下发文物调查表的反馈内容为依据，汇集成书。编排以区县为顺序，录各区县之金石、祠宇、陵墓。金石部分依据《（光绪）顺天府志》所载，录碑额、撰书者及年月；祠宇、陵墓则根据志载祠祀冢墓各类搜集，记录其地点，并考志乘史传所载，介绍文字大多片言只语但言简意赅。全书共收录古物条目 570 余条。

此书所录，基于政府调查行为，广泛而周密，涉及京郊各区县古物。又由于调查时间较早，记录了一些后来毁于战火的古物情况，对研究北京古物源流具有一定帮助。

此书另有北京图书馆出版社 2004 年重印本。

《燕京访古录》

《燕京访古录》约成书于 1930 年，张次溪著。

张次溪，名江裁（1908—1968 年），初名仲锐，广东东莞人。其父张篁溪是康有为的学生，曾与秋瑾等人一起留学日本。张次溪 4 岁随父至京城，在北京读书，毕业于孔教大学。他曾先后主编过北京《社会日报》、《民国日报》，后入北平研究院，参与《北平志》的编辑工作。张次溪以研究北京文献和北京民俗而著称，他曾编辑过《清代燕都梨园史料》、《清代燕都梨园史料续编》、《北平史迹丛书》、《燕都风土丛书》、《中国史迹风土丛书》等重要北京民俗文化丛书。新中国成立后，在北京师范大学历史系任资料员。

本书所记内容，多为张次溪追录其师沈太侔口述。沈太侔久居京城，曾著《春明采风志》、《东华琐录》等书，精于燕京掌故闻见之学。书中考述燕京遗迹九十余处，其中或废或存，多为前人未经著录、时人所未见闻者，如《昊天塔》、《铁碑碣》、《铁拐葫芦》、《古城铁砖石匾》、《后悔迟碣》、《明朝木底居遗址》、《金甲土地祠》、《一步三座庙》、《铜马座》、《勾栏女像》、《菜市天狗》、《明代帝子胡同事迹》、《莲花盒》等。由于书中内容多为其他著述所未及，因而时常被研究相关内容的论著引用，成为重要的北京史学文献。

书中内容最初刊载于《玲珑画报》，1934 年结集由中华书局出版。书首有张次溪自序，介绍本书成书经过。本书还曾被收入张次溪所辑《京津风土丛书》中。

《古物保管委员会工作汇报》

《古物保管委员会工作汇报》，古物保管委员会编，民国二十四年（1935 年）五月大学出版社出版，一册，32 开，186 页。

"中央古物保管委员会"于 1928 年在国民政府行政院设立，后改隶属教育部，专管计划全国古物古迹保管研究及发掘等事宜，在北京北海团城办公。

古物保管委员会委员多为当时考古界知名人士，主任委员为张继，成员有朱家骅、蔡元培、马衡、翁文灏、胡适等。委员会下设北平、天津、江苏、浙江分会，主任委员分别是马衡、严季聪、陈去病、朱家骅。

本书是古物保管委员会成立六年的工作报告。内容为古物保管委员会从成立以初至民国二十四年期间对古物、古迹的研究与保护成果。其中包括古物保管委员会对外商走私中国古物案件的调查、各地古迹发掘报告及学术研究成果，尤其以北京地区的古物古迹为多，因为当时的北平分会取代了民间性质的北平文物临时维护会，对战乱中的北平文物重点予以保护。

本书内容主要包括：

一、委员会办公地——北平团城的景物；

二、条例及细则，包括该会组织条例，北平分会组织条例、办事细则，文物登记细则及浙江分会、天津分会组织条例；

三、经办条案始末，刊有扣压捉拿中外偷盗文物案始末 7 篇，考古发掘报告 2 篇、保护古物名胜始末 2 篇；

四、调查报告，载有对全国各地文物古迹的调查报告 25 篇，其中包括北平的黄寺、柏林寺藏经板、报国寺、善果寺、西山石佛寺、大宫，明长城及其他一些陵墓、寺院、寺塔、碑刻的调查报告。最后是工作大事表（1928 年 9 月至 1934 年 10 月）。本书还附有部分文物古迹的图片，也具有十分珍贵的史料价值。

《旧都文物略》

《旧都文物略》，署北平市政府秘书处编著发行，初版于 1935 年，精装 8 开，284 页。主编实际上是汤用彬，编辑彭一卣、陈声聪，编审陈宝书等，这些人都是民国时期著名的学者。

本书是一部从文物史角度系统介绍旧北京古都风貌和文化传统的综合性文献。书中共分十二门："城垣略"，记城垣沿革、内外城、宫城等。"宫殿略"，记故宫、三大殿等；"坛庙略"，记天坛、地坛、先农坛、太庙、雍和宫等；"园囿略"，记中山公园、北海、颐和园等；"坊巷略"，记内外城街巷、胡同；"陵墓略"，记十三陵、历史人物坟墓、僧人浮屠等；"名迹略"上、下，记内外城及郊区名胜古迹百数十处；"河渠关隘略"，记城郊河渠、长城、居庸关等；"金石略"，记石经、石鼓、名笔等；"技艺略"，记建筑、雕刻、景泰蓝、制灯、象生花朵等；"杂事略"，记礼俗风尚、生活杂事、戏剧评话、市井琐闻等。每篇前各冠小序，简述要义。正文引证史料详实，叙述事物变迁条理明晰，时而夹引诗文，以为史证。每一略中皆有大量摄制精良的照片，共300余幅，从中可见"七七"事变前之北京风貌，弥足珍贵。照片中的景致事物，很多今天已不可见。另有旧都疆域总图和各区域平面图。此书最初是为导览北平而编辑，但全书内容丰富，图文并茂，文字精炼，虽个别溯源性考证不完全准确，就总体而言，可称是北京史书佳作。它不仅是一部内容丰富的文物志书，亦可视为一部北京史志，对于研究北京历史，特别是城市发展史，具有重要参考价值。

此书曾多次再版。1986年7月书目文献出版社根据1935年本点校重印再版，1999年北京古籍出版社据1935年本影印，2004年1月华文出版社再版。

《北平庙宇通检》

《北平庙宇通检》二卷，索引一卷，许道龄编纂，顾颉刚署端，民国二十五年（1936年）九月国立北平研究院史学研究会出版，二册。

许道龄，字寿棠，广东东莞人，近代历史学家，国立北平研究院史学研究会研究员。他精于北京掌故，著有《北平庙宇通检》、《北平庙宇碑刻目录》等专著。

本书是作者从《帝京景物略》、《燕都丛考》等十六部重要北京历史文献中所著录的庙宇辑录汇编而成。全书分为上、下两编，内外城庙宇属上编，四郊庙宇属下编，书后附有索引。书中详细记录了北京内外城各区和郊区曾见著录的庙宇近千处，每条均记庙宇名称、地址、见于著录文献的名称及卷页、沿革史略等。

编者在例言中称，本书是为编辑《北平庙宇志》和供一般人士之检索而做，但《北平庙宇志》并未成书，因此本书是著录北京历史上各区域庙宇兴建和遗存最为详实的文献，对于研究和检索北京各地的庙宇及其历史沿革，具有重要的参考价值。

《华北古迹古物综录》

《华北古迹古物综录》，兴亚宗教协会编，1942年印刷，32开，一册。

兴亚宗教协会是日本侵华时期在北京建立的宗教组织。日本人出于控制中国的目的，对占领区的文物古迹进行了极为详细的调查，本书即根据调查结果编辑。全书分为八篇，记述河北、山东、山西、河南、江苏等省和北京、天津、青岛三个特别市的古迹古物。有关北京的内容分别见于"北京特别市"和"河北省燕京道"部分。"北京特别市"部分33页，"河北燕京道"部分9页。其中记录了当时北京城内和北京郊区县的大小文物古迹，大至坛庙，小至器物等。每一文物古迹，依次记其名称、地址、年代、历史及现状、有关文献、保管者等。书末有《分类索引》，分为风景、建筑、陵墓、金石、陶器、美术、礼器、兵器、植物、杂物等类。此书虽为日本人编辑，但对于了解日本占领时期北京文物古迹的遗存情况，有重要的参考价值。

书末另附录《古迹古物关系法规》，包括"现行法规"一则和"参考法规"七则。对于研究日本侵华时期的文物管理政策有一定的参考价值。

《北平文物必须整理与保存》

《北平文物必须整理与保存》，梁思成著，1948年北平文物整理委员会铅印本一册，32开，11页。

梁思成（1901—1972年）是我国著名的建筑学家、教育家和古建研究专家。也是中国建筑文物保护的先驱者。1948年12月解放战争中北平围城之时，解放军曾请梁思成绘制了北平文物地图，以备在攻城时避开这些文物。北平和平解放后，梁思成再度应邀为解放军编制了《全国重要建筑文物简目》，以为南下作战时文物保护之用。

本文是梁思成关于文物保护的一篇论文，独立印刷成册。文章分析了北平作为古代大都市的艺术价值和历史价值，列举了民国二十四年（1935 年）成立故都文物整理委员会以后的运作机制与整修古建筑与文物的事迹，甚至包括日伪时期的伪政府对古建筑的修缮。批评了对古建筑修葺"应该缓办"的观点。论证了北平文物古建筑修缮的重要性与紧迫性，并呼吁对北平文物整理不应再踌躇犹豫，应立刻付诸行动。文章阐述的内容与观点都具有重要的历史文献价值。

《北京岭南文物志》

《北京岭南文物志》，蔡廷锴、叶恭绰等合编，北京广东会馆编印，1954 年铅印本，一册，32 开，86 页。

蔡廷锴（1892—1968 年），广东罗定人。曾任国民革命军师长、国民政府委员兼第一方面军总司令，1949 年后任民革中央副主席等职。

叶恭绰（1881—1968 年），广东番禺人，字誉虎，自号遐庵，清末举人，毕业于京师大学堂仕学馆，擅长诗词书画，精于考古鉴赏。民国时期叶恭绰曾任北京政府交通部次长、总长兼交通银行经理、北京国学馆副馆长等职。叶恭绰于 1950 年由香港回到北京，历任政务院文教委员会委员、中国文字改革委员会常委、中央文史馆副馆长和中央国画院院长等职。

编辑本书缘于 1953 年北京市政府整理各省会馆财产之调查，叶恭绰、张次溪都参与了此事。在此基础上，张次溪编辑，叶恭绰制定体例并校订，而成此书。书中收录自明代以后三百余年间北京各时期广东会馆中广东籍乡人名士旅居北京的事迹文献，分为碑记、石刻、联匾、先达手迹等几部分。碑记部分包括在京广东各会馆修建碑记、名人墓碑、名人故居记、名园记等。石刻部分包括广东名人诗联额帖、碑刻。联匾部分包括广东名人书写之对联、匾额。先达手迹部分包括广东名人手迹。书后附《梁鼎芬捐赠京师广东学堂藏书记》、《北京广东省各会馆主附产所在地址表》（1953年12月调查）。书首有蔡廷锴序，书末有叶恭绰跋。

本书汇集了自明代万历年间起至1954年前后北京所有广东会馆的历史沿革和相关经济文化状况，对于研究岭南人物在京的活动和广东各会馆的历史沿革具有重要参考价值。

《北京出土文物》

《北京出土文物》，天戈著，1980年7月北京出版社出版，一册，32开，86页，《北京史地丛书》之一。

本书介绍了1949年至1980年北京地区出土的历史文物精品，内容是根据北京地区古遗址、古墓葬的发掘报告、勘察资料和研究成果综合整理而成。其文物年代从周口店"北京人"石器时代的远古文明开始，截止到明代北京城和它的文化遗存，依照时代的顺序，精选有历史、科学和艺术价值的文物逐一做简要的介绍。其引用的资料，除少数未发表者以外，大部分见于《文物》、《考古》两种刊物中。作者以介绍这些文物为线索，对北京的历史做了一个概括性的回顾。虽然某些论断带有推测的成分，但本书对研究北京的历史文物仍有一定的参考价值。

《北京历史文化名城的文物保护》

《北京历史文化名城的文物保护》，北京市文物事业管理局编，1988年北京燕山出版社出版，一册，大16开。英汉对照图册。

北京市文物事业管理局曾举办"北京历史建筑保护与城市规划"图片与模型展览，在此基础上，参加了1987年4月在英国伦敦召开的国际会议，之后又到世界各国巡展，受到各国观众的欢迎，因此将展览内容编辑成册。展览的参与者有吴良镛、赵师愈、陈志华、王屹、吴梦麟等著名的建筑学家、城市规划专家与文物专家。图册包括北京市城市规划图、四合院保护与新建模型图、北京市的文物保护区域图等图片。说明文字为中英文对照。本书反映了 20 世纪 80 年代末期北京市城市规划和文物保护区域的概貌。

《北京文物》

《北京文物》，北京市文物事业管理局编，1990 年 7 月北京燕山出版社出版，一册，大 16 开，181 页，画册。

本书作者依时代顺序将北京历史上有代表性的文物及文物所在地的景观等内容汇为一编，上起石器时代，下至明清与近现代。从周口店的石器，到商周钟鼎、玉石器物、碑刻字画，均以选录。画册还重点收录了北京有代表性的城垣宫殿、建筑园林图片。图版共 238 幅。书后附有北京市文物保护单位分布图，文物保护单位、博物馆一览表等。

限于出版时代，画册略显简略，后附的资料亦有过时之嫌，但仍反映了 20 世纪 90 年代以前北京文物遗迹的历史概况，具有一定的参考价值。

《北京东城文物建筑》

《北京东城文物建筑》，北京市东城区人民政府组织编辑，仲建惟主编，北京朝华出版社 1997 年出版，一册，16 开，126 页。

本书由东城区人民政府责成东城区规划建筑委员会和东城区规划局编辑。主编仲建惟是北京市东城区规划局局长，副区长，还曾主编《东城区规划志》和《北京市东城区地名志》。

编者参阅了谭伊孝所著《北京文物胜迹大全·东城区卷》等十余部专著，并聘请了北京市文物研究所的陈平撰写文稿。

全书图文并茂，书中包括位于东城区的 76 个国家级、市级文物保护建筑的摄影图片共 300 余幅，介绍文字 5 万余字以及部分区级文物保护建筑的图片及全区文物保护单位一览表。

通过此书可以了解东城区内每一处文物建筑的来历、演变、布局与特色等既往与现实情况。其内容不拘于文物建筑本身，而是深入到建筑的发展史中，对于研究相关文物建筑的发展历史和现状具有一定的参考价值，是一部雅俗共赏的读物。

《房山历史文物研究》

《房山历史文物研究》，杨亦武编著，1999 年 11 月奥林匹克出版社出版，32 开，370 页。

杨亦武，1982 年毕业于北京师范学院，在房山从事教育工作，业余时间致力于房山地方文化的研究。他 1993 年调至房山区文化文物局文物科工作，1996 年承担北京市社科九五规划项目《房山历史文物研究》。

该书共 30 万字，包括 34 个研究子题，数百张图片，是作者研究房山地方史志的专著。在他编写此书的过程中，考察研究了房山地区众多文物遗址。书中介绍了房山区 150 多项重要的文物、古迹及相关历史事件。其中如金代帝陵、房山云居寺石经、金门闸与清代永定河水患治理等都是分量较重的部分。另外对房山贾岛遗迹、景教遗址十字寺、山后八军考辨等存世资料甚少的遗迹也做了进一步考察。此书对于了解和研究房山地区的历史文物具有重要的参考价值。

《门头沟文物志》

《门头沟文物志》，北京市门头沟区文化文物局编，北京燕山出版社 2001 年出版。一册，412 页，有照片。《北京文物志丛书》之一。

门头沟区文物资源丰富，既有戒台寺、潭柘寺等对北京历史文化产生过重要影响的古寺庙，也有历尽沧桑、保存完整的明清村落，还有记载着京西革命斗争史实的遗存。这些文物不仅构成了门头沟历史发展的脉络，而且见证了北京历史发展的轨迹。

《门头沟文物志》共十一章，68 万字，记述了上自石器时代，下至 1949 年的历史文物遗存及现状。内容包括古代建筑（寺庙、古村落与旧居、会馆、别墅、戏台、茶棚、教堂、过街楼、古塔、道路、桥梁、长城、关隘等）、遗址、墓葬、造项、碑刻、煤业文物、近现代文物、文博机构、文物修缮与挖掘及附录、馆藏文物。共收入各类文物图片 300 多幅。附录十篇：《文物保护单位一览表》、《文物普查统计表》、《寺庙名录》、《碑刻名录》、《墓葬名录》、《文物大事记》、《古迹辑佚》等，全面介绍了门头沟区的文物遗址和文物修缮、发掘过程。

本书是北京市哲学社会科学"九五"重点规划项目，也是北京出版的第一部区县文物志书。

《平谷文物志》

《平谷文物志》，北京市平谷区文化委员会编著，2005 年民族出版社出版，302 页。这是继《门头沟文物志》之后，北京地区第二部区县文物专志，也是北京市哲学社会科学"十五"重点规划项目之一。

本书编辑历时三年，编写者主要是多年工作在第一线的平谷文物工作者。其中有关篇章还聘请了中国历史博物馆研究员、青铜器专家李先登和中国科学院地质与地球物理研究所研究员周昆叔编写。书稿由柴福善统稿。最终由中国历史博物馆研究员孔祥星、北京市文物局研究员齐心、中国人民大学清史所教授黄爱萍、北京市社科规划办王新华和李建平等专家对志稿多次进行研究和审定。

该志分为总论、上宅文化、刘家河商墓葬、古遗址、古墓葬、古建筑、石刻造像、近现代遗迹、重要文物、文物管理、大事迹、附录等篇章。全书共计 30 万字，包括照片、碑拓图片等 200 多幅。

书中全面记述了平谷地区文物的历史与现状，对于了解平谷地区文物的概况具有重要的参考价值。

《寻访北京的古迹》

《寻访北京的古迹》，阿南史代著，赵菲菲等译，2004 年 8 月五洲传播出版社出版，一册，20 开，330 页。

该书作者、历史学家阿南史代女士是日本籍美国人，1944 年生于美国，大学主修东亚历史地理，毕业后作为教师讲授东亚历史、艺术史、佛教史。她 1970 年入日本国籍，其夫是日本人，曾任日本驻华大使。本书是她用长达二十年的时间研究北京的历史遗迹、古村落、古树和宗教胜地撰写而成，并附有 400 余幅照片。书中记录了她在北京寻访古迹的经历，其中有相当一部分照片为北京留下了珍贵的历史图像资料，具有较高的史料价值。阿南史代通过对古庙、古寺、古墓、古御苑中古树的寻查和研究，了解了古树的现状以及与古迹的关系；通过对石佛、石碑、石塔、石兽、石柱、石雕、石径、石墙、石桥、石洞的寻查和研究，体察到中国古代的思想生活、历史传统、艺术风貌的演进状况；通过对古河道、古井、古泉、古水关、古水堰、古水域的寻查和研究，了解了水与北京发展的关系和历史。她对辽代的遗迹更是研究得深入细致。

该书写作视角新颖，以外国人的不同视角与思维方式反映了北京的历史风情与面貌，图文并茂，极富阅读性，从中可以触摸到北京发展的历史脉络。

《京畿金石考》

《京畿金石考》二卷，孙星衍撰。

孙星衍（1753—1818 年），字渊如，又字季仇。江苏阳湖（今武进）人。乾隆间进士。官翰林院编修、刑部主事、山东督粮道。

他一生治学广泛，于经史百家、金石碑板等均曾涉猎。工篆隶，精校勘，擅诗文。所撰另有《寰宇访碑录》等书，还曾编刻《平津馆丛书》、《岱南阁丛书》等。

孙星衍曾在京畿一带考察古迹，驰马荒郊古刹之间，搜寻遗文故物。之后对照宋代金石诸书和家藏直隶石刻，一一编录，撰成此书。书之上卷记述乾隆年间顺天府所属大兴、宛平、良乡、永清、固安、通州、昌平、顺义、密云、怀柔、涿州、房山、平谷等二十四州县所存金石目录，并加以考证，考述刻立时间、地点、文献记载等。下卷考述正定府碑目。其中凡未见碑刻以及传闻失误者，则记其史料来源。本书上卷共收录碑、记、经幢360余目，是现存记述北京地区文物、古迹较早的重要参考史料。

本书有清道光间《惜荫轩丛书》本、同治间《滂喜斋丛书》重刻本、光绪十二年行素草堂刊本（1886年）等版本传世。另有中华书局1985年重印《丛书集成初编》排印本等版本流传。

《畿辅碑目》

《畿辅碑目》二卷，附《畿辅待访碑目》二卷，樊彬撰，民国二十四年（1935年）十月河北博物馆铅印本，线装一册。

作者简介见前《燕都杂咏》篇。

樊彬不仅辑录散见于通志图经、诸家著述的碑目，而且花费极大精力寻访各地碑刻。他不辞辛劳，踏遍林间山野，广寻未见著录的金石碑刻。其言"不有记载，将使日就淹没，重为可惜"，"近代出土又时有见闻，其埋弃榛莽间者更不知凡几"，道出了樊彬对即将埋没之碑刻的惋惜以及辑录此书的背景和目的。

此书所录碑刻，上迄周秦，下至清季，涵盖京、津、冀等地，凡有记载之碑目，共计1500余种。书后又附《畿辅待访碑目》两卷，为旧籍所书，世鲜传本者，补所未备，亦有 500 余种。书末有姚彤章跋，叙述此书借抄、刊印经过。樊彬所作《问青阁吟稿》及《津门小令》均刊行过，独此碑目有莫友芝所作序，是写本存世，后国立北平研究院史学研究会曾借抄成书，民国二十四年（1935 年），河北第一博物院常务董事会拟议排印入本院画报以广流传，因成此本。莫友芝是清代著名学者、诗人，喜藏书，博学多通，尤精版本目录之学。《畿辅碑目》得到莫友芝的青睐，亦可见此书的意义与分量。

畿辅金石，自古即留存众多，足与中原等地争富，至清代新出土者愈多，独具载史、存史、证史的作用。但此前并无详备著录。樊彬此书，填补了这一空白，对后人研究京、津、冀等地的金石碑刻具有极为重要的参考价值。

《京畿冢墓遗文》

《京畿冢墓遗文》三卷，罗振玉校录，民国间上虞罗氏刊本。

罗振玉（1866—1940），浙江上虞人。罗振玉初名宝钰，后改名振玉，字式如，又字叔蕴、叔言，号雪堂、永丰乡人，晚号贞松老人、松翁。十五岁举秀才。清光绪十六年（1890 年）在乡间为塾师并著书。光绪二十二年（1896 年）与蒋斧等在上海创立农学社，开办农报馆。嗜古如命，从殷墟甲骨、汉晋木简、墓志铭文，到宫中所藏历代图书、历史档案，乃至珍宝、钱币等，他都有系统的研究，并撰写了许多学术价值颇高的专著。

本书记录京畿地区自魏、北魏、齐、隋唐、宋、辽、金墓志九十余件，记录碑拓尺寸、文行、书体，并录碑文。一般而言，史籍未记载的古代家族史事，往往在墓志中有比较详细的记载，这是墓志史料最重要和独特之处。因此这些文献对于研究北京古代史具有不可替代的参考价值。

此书另有江苏古籍出版社 1998 年影印《中国历代碑志丛书》本（第十四册）。

《北平金石目》

《北平金石目》，国立北平研究院史学研究会编辑，民国二十三年（1934年）国立北平研究院铅印本，线装一册，130页。

国立北平研究院筹备、建立于1929年，下设史学研究会，主要从事《北平志》、《北方革命史》、《清代通鉴长编》的编纂和地方考古工作。为了编辑《北平志》，国立北平研究院从民国十九年（1930年）开始，对北京市内庙宇所存碑刻分别进行记录、画图、照相、捶拓，凡钟鼎、炉磬、云板、碑碣、经幢、造像、墓志等，皆在传拓之列。内外城之园林、衙署、会馆、坟墓以及私家所藏金石就所得者均录之。但北京郊区不在此列。全书按朝代顺序编排石刻目录，并著录碑之原名及题额、撰人、书者、年月、所在地等，共记录碑石1200余通。书后附有金石所在地区区域表，包括北平旧行政区划之内一至外五区，以便检索。书中许多碑刻今已不存，故此目录作为北京城区碑刻史料具有相当重要的参考价值。

《北平庙宇碑刻目录》

《北平庙宇碑刻目录》，张江裁著，民国二十五年（1936年）六月国立北平研究院总办事处出版课铅印本，一册，16开，104页。

作者介绍见前《燕京访古录》篇。

此书是张次溪在国立北平研究院工作时编著，整理记录了北平研究院于民国二十年（1931年）前后所拓北平内外城庙宇中所存之碑碣文字。目录分为内城篇和外城篇，不包括四郊庙宇。排列顺序以庙宇为单位，庙宇名下详注地址、碑碣，又录额题，撰书人，年月及校刻者，间有考略。

该目录首有庙名笔划索引，利于检索。本书比较完整地保留了民国时期北平的庙宇碑刻资料。

《首都图书馆馆藏金石拓片目录（初编）》

《首都图书馆馆藏金石拓片目录》，一册，16 开，首都图书馆编，1959 年首都图书馆油印本。

本目录由首都图书馆地方文献组编辑，共收录首图馆藏北京金石拓片 1414 件，与《北平金石目》、《北平庙宇碑刻目录》所著录的为同一批文献。这些拓片的拓印时间在 1930 年至 1934 年间，是国立北平研究院为了编辑《北平志》而对北京市内庙宇所存碑刻进行的基础资料工作。碑石所在地点大部分在北京城区，郊区仅有妙峰山、温泉等少数几处。

该目录按照金石所在地点和内容分类，分为庙宇、官署、陵墓、行会、其他。前四类都以碑刻所存地点的名称（陵墓用墓主姓名）排列，其下再依年代排列。会馆、题咏类文献数量不多，故未再行分类。每款目录均著录顺序号、金石题名、题额、撰书人、年代及所在地点等项，有些略加注释。书后附索引。

该目录全面反映了首都图书馆馆藏北京地区金石拓片的概况，为专业研究者提供了一部内容详细、检索便利的工具书，是了解北京地区碑刻收藏情况的重要参考文献。

《北京满文石刻拓片目录》

《北京满文石刻拓片目录》，北京图书馆善本特藏部、故宫博物院明清档案部合编，20 世纪 70 年代油印本，一册，16 开，293 页。

故宫博物院明清档案部即今中国第一历史档案馆。本目录所收满文石刻拓片包括北京图书馆、首都图书馆、北京大学图书馆、中国社会科学院历史研究所图书馆、民族文化宫图书馆及中央民族学院图书馆等六个单位的藏品，共计 642 件。石刻拓片著录其顺序号、碑名、撰书人、年代、首题、题额、所在地等。排列以时代先后为序，无年月可查者列于最后。书后附有按汉文拼音字母顺序排列的拓片索引，以方便检索。

本目录拓片名称以汉文名称为条目，而辅以满文原名和汉语拼音对照于下，令查找和研究相当便利。

《明清以来北京工商会馆碑刻选编》

《明清以来北京工商会馆碑刻选编》，李华编著，文物出版社1980年6月出版，一册，32开，207页。

李华，中国人民大学研究员，多年从事清代经济史的研究工作。1961年他曾对北京工商业会馆遗址进行普遍考察，访得明季以降有关碑刻近200块。经过挑选、整理、文字标点，1964年付排，后因故中辍，直至1980年面世。

全书共收录90余件较有价值的碑文，其中明代2件、清代71件、民国24件，涉及四百间会馆、公所乃至公会的广泛内容，重点是清代北京的工商会馆，如颜料会馆、梨园会馆、煤行、猪行、米面业公会等所立之业界行规碑刻及新修、重建等历史渊源递嬗，每碑标目下均录有存放地点情况。书首有作者前言一篇，详细叙述了明清时期北京工商业行会的发展历史、沿革、规模、种类、经营特色及作用等，是具有相当学术价值的研究论述。书后附《未收碑刻目录》，计38种，亦记录碑刻的存放地点等资料，供研究者参考。

明代至民国间，北京的工商业出现较大发展，而历尽沧桑保存下来的众多碑碣，往往具有相当重要的学术价值，一向为研究者所重视。工商会馆的设置，在当时的北京社会生活中，有着不容忽视的作用，但文献记载寥寥，语焉不详，有关碑刻便成了极重要的原始资料。读者从此中可以清晰地了解北京工商会馆的兴衰与嬗变。

《明清进士题名碑录索引》

《明清进士题名碑录索引》，朱保炯、谢沛霖编辑，1980年上海古籍出版社出版。

本书是一部检索明清两朝人物史料的工具书，书中包括两部分内容：一是"明清进士题名碑录索引"；二是"历科进士题名碑录"，即"明清进士题名碑录"，共收录明清两朝进士51624人。

明清进士题名碑立于北京孔庙内，其中存有明永乐十四年（1416年）至崇祯十六年（1643年）题名碑77座，清顺治至光绪间题名碑118座。题名碑记载了历代进士的姓名、籍贯及名次，是研究明清科举制度的珍贵实物资料。

编者参照前人所著《明代进士题名碑录》、《国朝进士题名碑》等文献，搜集各方资料加以整理编辑，而成这部索引，为研究与检索明清进士提供了一部简便实用的专门索引工具书。

《房山云居寺石经》

《房山云居寺石经》，中国佛教协会编，文物出版社1978年4月出版。一册，8开，142页。

房山石经是北京市房山县石经山石刻佛教经典的简称，石经始刻于隋唐，续刻于辽、金、元、明、清，历时一千余年，共镌刻佛教典籍1100多种、3500余卷、15000余石，分别藏于石经山九个洞内和云居寺南塔前的地穴中。

本书收录了房山石经中有重要价值的碑刻66通，原刻影录，后附图版说明，对碑刻的形制、内容、镌刻者及重要价值做了简要的说明。书后附《房山云居寺石经简目》，对经名、卷数、译撰者、刻经年代、原编帙号、所在洞次均一一罗列，极具研究和参考价值。

《房山石经题记汇编》

《房山石经题记汇编》，北京图书馆金石组、中国佛教图书文物馆石经组编，书目文献出版社 1987 年 8 月出版。一册，16 开，632 页。

房山石经题记是附刻在经石上的说明文字，记录了刻经的目的、数量、时间、内容、施主、镌刻者、书写者、提点人员姓氏等信息，对研究石经及佛教大藏经的刊刻有重要参考价值。

房山石经及其题记的记述，各时代多有记载，如明初周忱《游小西天记》、清朱彝尊《日下旧闻考》、清末民初叶昌炽《语石》、王毓霖《房山游记汇编》等都有记述。日本人冢本善隆的《房山云居寺与石刻大藏经》，对云居寺和石经也有所研究。但系统地整理石经及其题记是在 20 世纪 50 年代至 60 年代以后。本书最初的稿本是北京图书馆金石组在 20 世纪 50 年代末、60 年代初由曾毅公主持、王巽文等人参加编撰的，共汇集题记 6000 余则，抄成八册。1983 年，中国佛教图书文物馆石经组参与重行整理复核，纠正错谬，补充缺漏，1987 年交书目文献出版社正式出版。

本书共收入碑刻和题记 6800 余条，大体可分为两个部分：第一部分是唐至民国碑刻和题记 110 余条；第二部分为诸经题记 6600 余条，其中《大般若波罗密多经》题记约 900 余条，其他石经题记 5700 余条（唐代 200 余条，辽金 6000 余条，元、明、清 100 余条）。题记写作时间最早的是唐贞观二年（628 年），最晚的在民国时期，上下一千三百年，虽出自佛教信徒之手，但内容涉及社会生活的诸多方面。对于研究石经刊刻缘起及大藏经的刊刻经过、特别是辽代《契丹藏》的刊刻情况具有重要的参考价值，为学术界提供了一部内容十分丰富的史料汇编。

《北京图书馆藏北京石刻拓片目录》

《北京图书馆藏北京石刻拓片目录》，徐自强主编，1994 年 4

月书目文献出版社出版。一册，16开，617页。

本目录主要收录了北京图书馆所藏有关北京地方的石刻拓片共6340条，内容十分丰富。其中包括：镌制整套的儒、释、道石经拓片，题名、题字拓片，庙碑、会馆、碑刻及墓碑，反映各时期办学情况和教育体制的条文，各类型画像、造像，反映世俗生活、修路、凿渠及各种杂刻，诗词歌赋、楹联等艺文类石刻。以朝代统计，先秦2种，汉18种，晋2种，北魏3种，北齐5种，隋3种，唐67种，宋2种，辽70种，金39种，元89种，明1150种，清3542种，民国702种，中华人民共和国549种，无年月97种。以类别区分，墓碑2182种，墓志270种，庙宇2097种，会馆、行会172种，教育64种，题名碑282种，释道经107种，造像和画像143种，题名和题字160种，杂刻476种。

早在20世纪50年代初期，北京图书馆金石组就开始系统收集北京地区的石刻拓片，1964年，在曾毅公的组织领导下，完成了对资料的整理和目录的编辑工作，编成初稿三卷。70年代后，北图金石组在此基础上按类分编，又补充了一些新的资料，并编制了题名索引，同时还收录了一些1949年以后新立的石刻，如八宝山革命公墓的一些墓碑，为使用者提供了一部内容丰富、检索便利的石刻拓片目录。本书是全面了解北京地区碑刻情况的重要文献。

《北京市志稿·金石卷》

《北京市志稿·金石卷》，吴廷燮主纂，于杰等点校整理。1998年北京燕山出版社出版，一册，20开，656页。

吴廷燮（1865—1947年），江苏江宁（今南京）人，号向之，室名景牧堂。清光绪年间举人，史表专家，曾任民国清史馆总纂。他生平纂辑甚富，有《历代方镇年表》、《东三省沿革表》等。

《北京市志稿》是日伪统治北京时期官修的一部较为全面的北京地方史志。此书不仅广泛搜集了前代的文献资料，而且保存了大量的民国时期史料，在北京方志文献中占有非常重要的地位。其中第九部分《金石卷》包括七类，即太学、寺观、故宫、廨署、祠庙、名迹、陵墓。内容考订详实，仅校勘用参考书即达百部。书中有些条目纠正了前人的一些谬误，如"元国子监先圣庙碑"的刻立时间，修正了《顺天府志》、《畿辅碑目》中所录之误。

该书是全面了解北京金石碑刻的重要参考文献。

《北京文物精粹大系》

《北京文物精粹大系》，《北京文物精粹大系》编委会、北京市文物事业管理局编，梅宁华、陶信成主编，2000年北京出版社出版，文物摄影集。其中包括石雕卷、古钟卷、陶瓷卷、造像卷、石刻卷、家具卷等分卷。

"石雕卷"一册，大16开，277页，主编韩永。书中共选录新石器时代、汉、唐、宋、元、明、清及民国时期的石雕精品150余件。所选石雕以北京地区各博物馆、文管所、古寺庙及文物保护单位内所藏文物为主，另有部分散存的石雕。有关石雕的名称，则以文物单位认定的学名为准，有些同类型的石雕，冠以地名、年代或人名、序号，作为区别。全书内容按时代先后排序，每物一图，图文对照。文中对石雕文物的名称、年代、原存放地点和现存放地点都有介绍，部分还有流传经过和相关内容的叙述。书前有韩永撰写的《北京地区石雕艺术》一文，对北京地区的石雕和本书内容做了概述。书后附有《北京石刻艺术博物馆简介》。

"古钟卷"，一册，大16开，284页，主编全锦云。全书包括古钟、编钟与铃、外埠藏品几部分，各部分以年代顺序排列，共选录西周、汉、唐、宋、元、明、清至民国时期的古钟130余件。所选精品均为北京地区各博物馆、文管所、古寺庙及文物保护单位内的文物藏品。考虑到铃与钟的发展关系，本书还收录了部分编钟与铜铃，以便读者对古钟文化有一个比较全面的了解。关于钟、铃的年代，大部分古钟都有年号记载，一些早期的铜铃及没有年代款的古钟由大钟寺博物馆的专家确定了一个大致的年代。本书后附有图版的文字说明，对所收古钟进行了详尽的解释。书前有全锦云撰写的《北京古钟文化纵谈》，一文，作为概述，对古钟的发展历史和古钟文化作了比较系统、全面的阐述，可资借鉴。

"陶瓷卷"主要展示元以前陶瓷器，除北京地区历年出土的精品外，还精选部分具有较高水平的传世珍品，其中出土的陶瓷器122件，传世的陶瓷器71件。

"造像卷"收入中国明清时代卷轴佛教造像绘画作品165件，其中明清绘画121件、清代唐卡44件。所收绘画作品选自首都博物馆，唐卡作品选自雍和宫和首都博物馆。

"石刻卷"依北京石刻的特点及价值分为摩崖、刻石、墓志、刻经等六大类别。书中共选录石刻257种，拓片及照片369幅，项下系以简要说明。

"家具卷"选录了辽、金、明、清各个时期的家具122件（套），对各个家具附图版说明文字，对于家具名称、年代、质地、原存地及现存地均有介绍。

《清室善后委员会点查报告》

《清室善后委员会点查报告》六编，二十八册，清室善后委员会编印。

1924年，冯玉祥发动"北京政变"，将废帝溥仪逐出宫禁，同时成立清室善后委员会，接管故宫，对宫内文物进行清点。清室善后委员会委员十人，均为教育、文化、军政界名流，以北京大学教授李石曾为委员长。摄政府还指定绍英、载润、耆龄、宝熙、罗振玉五人为清室代表。清室善后委员会的任务主要是：会同军警长官与清室代表办理查封接收故宫古物、审查区别公私物品并编号公布、保管宫殿古物等。同时，清室善后委员会举行第一次会议，通过了《点查清宫对象规则草案》，就点查与监察人员的组合、点查登记编号造册等手续，作了详尽规定，又规定及时发布点查报告，公开一切，以正视听。

1924 年"办理清室善后委员会"对故宫文物逐宫逐室地进行了清点查收，事竣后整理刊印出《故宫物品点查报告》，即《清室善后委员会点查报告》，共六编二十八册，记录了故宫重新进行整理编号的文物，统计出 9.4 万余个编号、117 万余件文物。其中包括青铜器、玉及石质雕刻、古代印玺、法书名画和碑帖、古代陶瓷器、丝织刺绣品、漆器、珐琅器、金银器、竹木牙质雕刻、文房用具、明清家具等。本书是了解故宫文物的重要参考文献。

《宝蕴楼彝器图录》

《宝蕴楼彝器图录》，容庚编，民国十七年（1928 年）二月燕京大学哈佛燕京学社珂罗版印制，二册，线装，16 开。

容庚（1894—1983 年）字希白，号颂斋。广东省东莞县人，生于书宦之家。1922 年经罗振玉介绍入北京大学研究所国学门，后成为著名的古文字学家、金文专家，长期任教于广东中山大学。

本图录收录盛京故宫旧藏彝器，皆《西清续鉴乙编》所著录。后故宫成立古物陈列所，盛京故宫旧藏彝器都转入北京故宫，原器共 798 件，所长周肇祥命成立古物鉴定委员会鉴定真伪。民国十八年（1929 年），作为委员之一，容庚整理古物照片及记录，选九十二器，凡有文字或形状异、花纹佳美者，作《宝蕴楼彝器图录》，所选器物均照相并拓印其花纹，著录其铭识、尺度、考释等。其形制、大小、轻重、色泽、权度等无不一一列释，权度以权度制造所所订为准。器之年代不易确定的，以文字的发展形状确定，并在凡例中举例说明。

原《西清续鉴乙编》所著录多有舛误，而作者一一校订。且古文字功底深厚，所作鉴定诚为确论。后作者又作《武英殿彝器图录》，与此书可互补。

《内府藏器著录表》

《内府藏器著录表》二卷，附录一卷，罗福颐撰，民国二十二年（1933年）墨缘堂石印本，线装一册。

罗福颐（1905—1981年），字子期，又署紫溪、梓溪，70岁后自号偻翁，浙江上虞人。古文字学家，近代著名金石学家罗振玉之子。他自幼秉承家学，研究文物考古面极广，对玺印、古文字以及清廷史料、古代官制、甲骨、汉简、古尺度、古量器、镜鉴、银锭等都有所研究。曾任职于奉天博物馆、北京大学文科研究所、文化部文物处、故宫博物院等。

本目录表效仿王国维《金文著录表》体例，将故宫内嘉道以后贡入的钟鼎彝器、见于敕撰《西清古鉴》、《西清续鉴》、《宁寿鉴古录》等著录者，汇为一编，通为一表。其中曾见私家著录的，注明见某书，曾归某氏；原书款识辨认有疑问的，则注疑字在杂记栏中。敕撰的四种文献共收录4000余器，本书淘汰了无款识及镜、泉印文的，余1179器。

本表著录器名、字数、行款、著录、杂记等，间有作者的考证，为研究金文提供了极有学术价值的资料，同时也是故宫珍藏彝器的重要检索性目录。

《武英殿彝器图录》

《武英殿彝器图录》，容庚编著，民国二十三年（1934年）二月燕京大学哈佛燕京学社珂罗版印制，线装二册。

作者简介见前《宝蕴楼彝器图录》篇。

本图录收录民国时期内政部北平古物陈列所所藏古器物。民国三至四年（1914—1915年），民国政府调奉天、热河行宫古物陈列于故宫太和、文华、武英三殿，成立古物陈列所。所长周肇祥组织成立古物鉴定委员会鉴定真伪。容庚精于青铜器鉴别，民国十八年（1929年），作为鉴定委员之一，容庚整理宝蕴楼古物92器，制作照片并记录，作《宝蕴楼彝器图录》，由燕京大学哈佛燕京学社印行。次年，又从851件古器物中选取100件，作《武英殿彝器图录》。所选器物均照相并拓印其花纹、文字，著录其尺寸、颜色、外观、铭文等情况。开创了拓印铜器花纹的先例，为花纹形式的研究提供了很有价值的参考资料。

本图录收录虽不是全部器物，但重要的如颂壶等皆收录其中，珂罗版印刷也十分精美、清晰。作者纠正了前人著录彝器吉金图只重花纹不重文字的做法，使本图录在研究上更有参考价值。本书是检索查阅故宫文物彝器的重要文献。

《故宫清钱谱》

《故宫清钱谱》一卷，黄鹏霄撰，民国二十六年（1937年）铅印本，线装一册。

黄鹏霄是燕京大学教授，民国间曾在故宫工作，整理清代钱币多年。他依据参考文献记载，将故宫所藏之祖、母、样钱，按时间顺序编排，辑撰成此书。

故宫所藏清钱，多数是京省各局进呈内府之正品，本书所载，即是民国初年宫中所存，汰去重复，共284品，依朝代顺序，汇影成谱。所选之钱，除祖、母、样三种外，还有专备内廷赏赐用大制钱及市场流通的平常品，或有同文同值而兼备数种式样，如铜质不同、大小有别、书体互异者，一并列入。每钱均著录类属，如祖钱简注祖字，并对其形制、沿革详加考释，注释以清代官修史籍及各省志乘为准。本书仅录机铸有孔制钱，其后的银元铜币未收。咸丰朝官票宝钞，因是当时之币种，亦附其后。

本书是一部颇为详细的清代制钱图样文献，其中考证与注释皆有据而不妄言，对研究清代币制具有重要参考价值。

此书另有1994年中央民族大学出版社点校本。

《国宝》

《国宝》，朱家溍主编，商务印书馆（香港）有限公司 1983 年出版，264 页。

作者简介见前《故宫秘录》篇。

本书为故宫博物院历史文物摄影集，所介绍的 100 件历代文物艺术珍品，是从故宫一百多万件藏品中精选出来的。其内容包括青铜器、书法、绘画、瓷器、玉器、漆器、珐琅、木器、织绣等众多门类。每类文物除有专文论述外，每件藏品随图版都有数百至千余字的说明。堪称故宫所珍藏文物最为真实、精美的记录。

此书 1983 年在法兰克福国际书展中被列为本年度一流图书，中国领导人赠送外国元首的礼品中也常有此书。1996 年上海书店再版，2006 年北京三联书店又再次出版。

《故宫珍藏人物照片荟萃》

《故宫珍藏人物照片荟萃》，刘北汜、徐启宪主编，1994 年紫禁城出版社出版，一册，大 16 开，328 页。

刘北汜、徐启宪都是故宫博物院的研究人员。刘北汜曾任《紫禁城》杂志和《故宫博物院院刊》主编。徐启宪则长期从事明清史的研究工作。

故宫旧藏人物照片及其他照片数量极多，其中人物照片，除 1929 年后出版的《故宫周刊》、1980 年后出版的《紫禁城》等少数报刊披露过一小部分外，绝大部分未曾发表过。1990 年 10 月，紫禁城出版社把当时能够收集到的旧藏人物照片 413 幅，请溥杰、溥任、朱家溍等专家进行鉴定，汇集出版。随着故宫旧藏人物照片的不断发现，又清理出 300 多幅十分珍贵的照片，编者从中挑选出 294 幅，加上紫禁城出版的照片共 535 幅，编辑成本书。

书中将慈禧、溥仪、后妃、载沣等人物照片单独排列，提供了多幅慈禧太后、光绪后妃、溥仪、婉容、文绣等鲜为人知的形象资料。其他还有太监、宫女、民国政要、戏剧人物、八国联军、清朝军队、故宫职员等人物。书中配有中、英、日三种说明文字，印刷十分精致。

这些照片具有相当重要的史料价值，对于研究清朝历史及民国人物以及清宫服饰等都是极为重要的珍贵史料。编印这本书，也是意在为文史学界、戏剧电影界提供有关晚清与民国人物的形象、服饰、妆扮、建筑、摆设等方面的真实资料。

《颐和园文物菁华》

《颐和园文物菁华》，北京市园林局颐和园管理处编，高大伟主编，五洲传播出版社 2000 年出版，一册，16 开，139 页。中英文字说明，彩色精印图集。

颐和园是世界文化遗产，著名的皇家园林，园藏文物二万余件，作为晚清最高统治者重要的政治和生活场所，颐和园是中国封建王朝最后一个皇家文物群落遗存处。本书编者高大伟是颐和园副园长，从事颐和园的管理和研究工作。

本书收录部分颐和园园藏文物珍品，分为铜器类、玉器类、瓷器类、家具类、杂项类，对了解颐和园遗存文物的概况具有重要参考价值。

《北京园林文物精华》

《北京园林文物精华》，北京市园林局编，耿刘同主编，2001年五洲传播出版社出版。一册，8 开，176 页。

耿刘同是北京市园林局颐和园管理处的高级工程师，多年从事中国古代园林的研究。北京园林大部分属于清代皇家园林坛庙，因而留存了为数可观的皇家文物。

本书收录北京园林所藏文物 135 件，是从北京各园林上万件藏品中精选出来的，集中反映了北京园林文物的精华。这些文物上起商代，下至明清，文物门类涉及广泛，包括青铜器、瓷器、玉器、书法、绘画、金银器、漆器、珐琅器、木器、织绣、佛像等，甚至于龙旗也有收录。所录皆为各门类中的代表性精品，如商代的父癸鼎、汉代的羊尊、明代的永乐大盘等，皆为国宝级文物。书后附有图版说明，对文物形制与源流详加叙述。

图片摄影精美，很好地表现了原器物的质感、光泽与内涵。对于直观地了解和认识北京园林文物的概况，具有重要的参考价值。

《明清帝后玺印》

《明清帝后玺印》，郭福祥著，2003年1月国际文化出版公司出版，16开，一册。

郭福祥为故宫博物院副研究员，毕业于吉林大学考古系博物馆专业，一直从事文物库房管理，研究范围包括帝后玺印、钟表、宫廷史等，此书为其研究故宫玺印的成果。

明清两朝帝后玺印存世近五千方，本书收录明清皇帝、后妃留存的宝玺、庙号谥号册宝、铁券、符牌实物四百余件。配图百幅，说明文字15万余字，从明清帝后玺印的形制、内容、与政治、经济、文化、宫史的关系等诸方面进行了探讨。本书是全面反映明清帝后玺符制度的第一部大型图集，填补了宫廷文物图录中的空白。此书既有华贵精美的实物彩照，又有作者的研究论述，对于读者认识明清帝后玺印，研究明清两代印章艺术，鉴定古书画真伪等均有参考价值。

《在北京的藏族文物》

《在北京的藏族文物》，黄颢著，1993年8月民族出版社出版。一册，16开，116页。

黄颢，1933年生于北京，1959年毕业于中央民族学院语文系藏语班。中国社会科学院民族研究所副研究员、藏族史研究组组长，有译著《贤者喜宴》、专著《活佛转世》等多种著作。

本书叙述了元、明、清以来藏族文物在北京的基本情况。作者以寺庙和建筑为单位，对41个北京的藏传佛教寺庙和建筑以及与之相关的宗教绘画、雕塑、壁画、书法、石刻、藏经等进行了详细的阐述，许多文物都是第一次在世人面前披露，而且行文叙述过程中又加入了作者的考证。每一段文章都有实物图片插入，图文共赏，读来饶有兴致。

由于篇幅所限，作者只选取了一些代表性的文物加以叙述，而未能将在京藏族文物一一揭示，但仍然给读者提供了一个较为全面的概况。

《中国音乐文物大系·北京卷》

《中国音乐文物大系·北京卷》，主编袁荃猷，1996年11月郑州大象出版社出版。一册，8开，292页。

《中国音乐文物大系》选取各地区有代表性的、能够反映我国古代音乐发展水平的文物精品，编成各省分卷。北京卷收录北京地区与音乐有关的文物，以图文词条形式，逐件说明、考释。书分乐器和图像两类。乐器类以"材质"、"种类"下分二、三级类目，如铜器、玉器、陶器等，如钟、鼓、瑟、箫、笛等，每种乐器下注明时代、藏地、考古资料、形制文饰、音乐性能及文献要目等，这些乐器今皆存藏于各大博物馆如故宫和中国历史博物馆内。图像类以音乐的形象资料为主，如彩陶上的音乐文饰、古代书画、壁画上的音乐场景和器物、经幢、塔基上的音乐花纹等，古籍中有关音乐的记载也收录其中。

本书是国家"七五"社科重点项目，图板摄影十分精美，文字说明详尽、数字准确，是关于北京音乐文物的权威之作。

本书另有地震出版社2001年重印本。

（二）考古

《周口店洞穴层采掘记》

《周口店洞穴层采掘记》，裴文中著。民国二十三年（1934年）实业部地质调查所、国立北平研究院地质学研究所铅印本。《地质专报》乙种第七号。一册，16开，68页。

裴文中（1904—1982年），河北省丰南县人，史前考古学、古生物学家，中国科学院学部委员。他1927年毕业于北京大学地质系，1928年参加北京周口店遗址的发掘工作，1929年成为发掘现场负责人。1929年，裴文中发现第一个完整的中国猿人——"北京人"头盖骨化石。其后留学法国，师从法国考古学家步日耶专攻旧石器时代考古学，1937年获巴黎大学博士学位。回国后历任中国地质调查所技正，新生代研究室研究员，中国科学院古脊椎动物与古人类研究所研究员，中国社会科学院考古研究所研究员，北京自然博物馆馆长等职。其主要论著有《周口店第一地点之肉食类》、《周口店山顶洞文化》、《中国旧石器时代的文化》、《旧石器研究》等。

本书是裴文中为普及周口店洞穴开采相关知识而作。书中记事叙史，忠实客观，通俗易懂，对周口店早期工作的每一重大事件、重要化石，乃至对一些重要遗物发现的经过都有周详的记载，融知识性、趣味性于一体。由于周口店发掘工作是在美国洛克菲洛基金会的资助下进行的，所以此前大部分文献都是用英文写作和发表的。本书是较早的一部用中文写作，介绍周口店考古研究的专著。

《震旦人与周口店文化》

《震旦人与周口店文化》，叶为耽著，民国二十五年（1936年）上海商务印书馆铅印本。一册，32开，140页。

叶为耽在民国二十二年（1933年）曾经写过一本考古学专著《北京人》，出版后得到了丁文江和翁文灏的指导，准备再版时加以修订。同年夏天，叶氏北游燕赵，蒙翁文灏、杨锺健、裴文中招待，得以参观周口店的发掘，并亲眼目睹了裴氏在周口店"上店"发现的人类遗骨及文化遗物，于是在前书的基础上，重加修正为本书。

本书分为五章：一、震旦人探寻之经过；二、震旦人之发见与其时代；三、震旦人之体制的特征；四、震旦人与人类之起原；五、周口店文化与中国之旧石器时代。详细介绍了周口店北京猿人的发掘经过、北京猿人的特征和史前文明。书中附有插图18幅，对周口店北京猿人的头盖骨、下颚、牙齿与相应的现代人和猩猩的头盖骨、下颚、牙齿等作了比较，并对在捷克发现的装饰物、广西武鸣发现的刻花纹石器等作了比较研究。本书序中对"北京猿人"、"中国猿人"、"震旦人"等提法作了一些界定，认为用"震旦人"的提法较为科学，当然亦是一家之说。此称法的由来是古代印度称中国为"Cinisthana"，佛典中译作"震旦"，因此称为"震旦人"。

本书是较早的系统介绍和论述周口店北京猿人的著作之一，虽带有一定的普及性，但也不乏学术论证。

《中国猿人》

《中国猿人》，贾兰坡著，1950年7月上海龙门联合书局出版。一册，32开，139页。

贾兰坡（1908—2001年），我国著名的考古学家、古人类学

603

家、地质学家，中国科学院资深院士、美国国家科学院外籍院士。曾参加世界闻名的古人类遗址周口店的发掘工作。

本书综合介绍了中国猿人——北京人遗址发掘和研究的成果，是一部较为通俗的考古学专著。书首有裴文中序和著者自序。书分八章，主要叙述了周口店发掘的经过、周口店化石堆积之地质概论、中国猿人化石之研究、中国猿人的文化、与中国猿人伴生的动物群、中国猿人生活状况等。书中绘有大量插图，形象生动地展示了对于周口店北京猿人遗址的发掘与研究，总结归纳了此前关于周口店遗址研究的概况。

《"北京人"的故居》

《"北京人"的故居》，贾兰坡著，1958年北京出版社出版。一册，32开，51页。

作者简介见前《中国猿人》篇。

本书共分四个部分，分别介绍了"北京人"遗址的发掘、发现和研究，并根据研究成果，描述了原始人类的生活情景和远古的自然环境，同时还介绍了周口店附近的其他具有代表性的化石地点以及1949年以后的建设和发掘情况。本书前附有四十幅珍贵的图片，大多是作者和当时的发掘学者所拍摄。书中所附的发掘地形图，也多引用裴文中等学者所绘。书后还对房山"北京人"陈列室的陈列情况作了介绍。

本书是贾兰坡撰写的一部普及性知识读物，书中甚至有如何去周口店猿人遗址的乘车路线和发车地点。文章通俗易懂，而又颇具学术性。其中关于1949年后的"北京人"遗址研究和发掘情况，是首次向世人通报，对于研究解放初期考古工作的学术动态和成果，具有参考价值。

《周口店发掘记》

《周口店发掘记》，贾兰坡、黄慰文合著，天津科学技术出版社 1984 出版，223 页。

贾兰坡 1935 年接替裴文中主持周口店发掘工作，并取得了重大成就，除发现大量的石器和脊椎动物化石外，还发现了三个比较完整的北京人头骨化石。这些发现轰动了中外考古学界，成为中国古人类学研究史上重要的里程碑。

本书是贾兰坡与他的学生、考古学家黄慰文合著。贾兰坡在书首题语中说，此书为纪念北京人第一个头盖骨发现五十五周年和怀念对周口店工作做出了重大贡献的中外考古学家而作。书中对周口店发掘和研究的历史过程作了较为详细的叙述，全面反映了这段考古学历史的概况，包括众多中外学者所参与的工作和研究成果。作者在写作过程中翻阅了大量历史资料、信件、照片等，对于许多从未公布的资料，重要部分进行了摘录。书前有 80 余幅历史照片，真实记录了当时发掘工作的场景和参与工作的重要人员。此书是系统介绍周口店发掘史的重要文献，出版后在国际上产生了极大影响，被译为多种文字。英译本名为 *Story of Peking Man*，被美国斯坦福大学人类学系采用为教科书；日文译本名为《北京猿人匆匆来去》。

《北京猿人遗址综合研究》

《北京猿人遗址综合研究》，吴汝康、任美锷、朱显谟等合著，科学出版社 1985 年 1 月出版。一册，大 16 开，267 页，图版 29 页，附图表 5 张。

吴汝康院士是国际知名的古人类学家，中国科学院古脊椎动物与古人类研究所研究员，在人类学研究方面，先后对蓝田猿人、北京猿人等做过系统研究。

任美锷，地理学与海岸科学家。南京大学教授。他曾通过哺乳动物和孢粉等化石研究及测年数据，描绘了北京猿人洞的古地理环境以及北京周口店猿人洞发育与古猿人居住、迁徙的关系。

朱显谟，著名土壤学家，中国科学院学部委员。他从事国土整治方面的科学考察和研究，曾到周口店北京猿人遗址地区考察。

本书是 1978 年以后对北京周口店猿人遗址进行多学科综合研究的成果。参加撰写和定稿工作的有数十人。全书分为八个部分：地层、古人类、动物化石、孢粉、岩溶洞穴、沉积环境、古土壤、年代学，收录论文 16 篇。对过去半个世纪以来有关北京猿人化石研究的资料进行了初步的整理和总结。第一次系统地发表了周口店猿人洞鸟类化石的研究成果。年代学的研究采用了裂变迳迹、铀系、热发光、氨基酸和古地磁等方法。

这些研究是在前人工作基础上的继续，系统总结了这一地区自然条件和古人类文化的背景。论文既相互独立，又互相关联，互相补充和相互论证。通过本书，可以对北京猿人的各个方面有一个比较系统而科学深入的了解。

《元大都》

《元大都》，首都博物馆编，1989 年 6 月燕山出版社出版。一册，大 12 开，134 页，画册。

本画册分十个部分，内容包括元大都城的规划与布局，大都城的设计者和建设者，大都城的街道、坛苑、民居，政治、经济生活，大都的水利、漕运、仓储，科技成就，宗教及其艺术，文化生活，与世界各国的文化交往等方面。此书将元大都历史风貌以图文并茂的形式展现在读者面前，勾勒出了元大都生动的生活画面。

画册是在 1987 年秋首都博物馆举办的《元大都历史陈列》基础上，由赵其昌、张宁主持编撰的。其中还收入了 1949 年以后新出土的元代墓葬、遗址与文物史料。图片新颖，黑白图版主要是北京市文物研究所提供，彩版和图表则为专门拍摄和制作。书后附大事记与参考书目。

本书综合了古籍书影、文物实物照片、航拍总图、手绘彩图与图表为一体，比较形象全面地还原了元大都的历史风貌。

《北京大葆台汉墓》

《北京大葆台汉墓》，大葆台汉墓发掘组、中国社会科学院考古研究所编，1989 年 12 月文物出版社出版。一册，16 开，155页，图版 88 幅。另见《中国田野考古报告集〈考古学专刊〉》丁种第三十五号。

北京大葆台汉墓为西汉燕王（广阳倾王刘建）的墓葬，其发掘工作从 1974 年 8 月至 10 月底、1975 年 3 月至 6 月，分两期进行。大葆台汉墓早已被盗，但是劫余的随葬品数量仍很可观，其中很多器物都具有较高的工艺水平，体现了二千多年前工匠的高超技艺，是研究西汉中晚期的政治经济和物质文化发展的珍贵资料。报告对汉墓中的黄肠题奏、梓宫、便房及墓葬的发掘过程进行了详细的叙述，并根据实物做了详尽的考证，对出土的铜器、铁器、丝织品、冠带、附葬饰品及车马都进行了细致的描述与论证。

《北京的墓葬和文化遗址》

《北京的墓葬和文化遗址》，郭开宇著，光明日报出版社 2004年 9 月出版，一册，32 开，252 页。

本书叙述了北京地区历代帝王陵寝、名人墓地的概况及考古发掘成果，介绍了周口店北京猿人遗址、西周燕国古城、琉璃河燕国墓葬、元大都、宏伟的地下宫殿等文物古迹。本书是北京市教委人文社会科学研究计划项目成果。读者可以通过此书对北京地区的重要墓葬和文化遗址有一个初步而系统概括的了解。

《地下北京》

《地下北京》，秦人编著，2005 年 3 月中国书籍出版社出版。

《彩色人文北京系列》之一。一册，16开，212页。

本书通过近200幅精美图片与生动的行文及简洁配图的版式相结合，详尽介绍了有关北京的考古经过及丰硕成果，勾勒出历史文化名城北京的发展沿革。全书以时代为序，自石器时代至明清时代。书中所配图片实景多为近年所摄。所配图表和局部文物细节，使人读之既有历史感，又有直观的认识。本书是一部生动精彩、可读性强的考古科普读物。

《北京考古四十年》

《北京考古四十年》，北京市文物局研究所编，1999年北京燕山出版社出版。一册，16开，221页。

本书是对1949至1989年四十年间新中国时期北京文物考古工作成果的重要总结，内容按照考古对象的年代分为旧石器时代、新石器时代、青铜时代、商周、明清几部分，叙述了新中国成立以后的考古发现。其中包括大量第一手资料，如延庆地区东周时期代表山戎文化的百座墓葬及文物，对考察中原民族与北方民族的交流史提供了极可珍贵的实物资料。

本书由侯仁之作序，对书的价值作了概括性的介绍。

《北京考古集成》

《北京考古集成》，苏天钧主编，北京出版社2000年出版。

本书为北京地区考古成果论文专著集成，汇集了北京地区各时期、各类型的考古研究文献，收录了散见于各种报刊的考古发掘报告、文物研究论文、考古文物资料、学术论著等。研究和记述对象上起石器时代，下至清代，全面反映了1949年以来北京地区考古工作的发展与成就，具有较高的文献价值和学术价值，为北京文物考古史研究提供了一部相当便利的文献资料集成。

本书主编苏天钧是北京市社会科学院研究员。作者历时17年，广为搜求，缀集成书。

全书共十五卷：第一卷，综述，主要包括综合论述 1949 年以来北京文物考古工作的论文专著 120 余篇，如《近几年来的北京文物工作》、《建国以来北京市考古和文物保护工作》等文章；第二卷，石器时代至隋唐，包括论述对史前时期考古发现的论文专著 110 余篇，内容涉及《北京人头骨化石出土始末》、《北京人及其遗址》等；第三卷，石器时代至隋唐，主要包括《论燕国形成年代与燕都蓟城方位道里》、《论东周燕国青铜器》等论文专著 80 余篇；第四卷，石器时代至隋唐，主要包括《延庆军都山地带东周山戎文化考古新成果》、《北京市新发现的燕国铜器》等 150 余篇论文；第五卷，北京地区宋辽时代考古成果论文专著集成。包括《永定路发现辽墓》、《北京市大兴县辽代马直温夫妻合葬墓》等 110 余篇文章；第六卷，北京地区金元时代考古成果论文专著集成。包括《近年来金中都考古的重大发现与研究》、《金陵初探》等 150 余篇文章；第七卷，北京地区明清时代考古成果论文专著集成。包括《明代的北京城垣》、《故宫雨花阁探源》等 130 余篇文章；第八卷，北京地区明清时代考古成果论文专著集成。包括《明十三陵的砖》、《昌平县明十三陵主神道》等 170 余篇文章；第九卷，北京地区明清时代考古成果论文专著集成。包括《历代帝王庙初探》、《北京的南药王庙》等近 230 余篇文章；第十卷，镇江营与塔照，内容为该地区考古报告，包括地貌与文化堆积的划分、新石器时代、商周时代、结语以及插图和图版 136 幅；第十一卷为《琉璃河燕国墓地北京大葆台汉墓》的发掘报告；第十二卷讲述的是北京市地方史，包括《北京历史的开端——原始时代》、《北京建城之始——燕蓟遗迹》、《北半部中国的政治中心——金中都》、《末世王朝的都城——清代北京》等八编内容；第十三卷收录定陵考古报告，包括十三陵概况、定陵的营建、出土器物、梳妆用具等内容；第十四卷介绍了北京的名胜古迹、京都胜迹、燕都典故以及北京名匾；第十五卷包括新中国文物法规选编，地上文物、地下文物、博物馆等文物工作手册以及北京四十年的考古情况。

全书 1600 余万字，考古内容丰富，从石器时代至清代均有所涉及。既有人们熟知的北京周口店古猿人遗址、琉璃河燕国墓地、北京大葆台汉墓，又有人们感兴趣的京都胜迹等，是一部内容丰富的北京考古学论文文献集成。

《北京文物与考古》

《北京文物与考古》六辑，北京历史考古丛书编辑组、北京市文物研究所编辑，1983—1994 年北京市文物研究所、北京燕山出版社出版。16 开，六册，每辑一册。

第一辑，北京历史考古丛书编辑组编，1983 年非正式出版物。

第二辑，于杰主编，北京历史考古丛书编辑组、北京市文物研究所合编，1991 年由北京燕山出版社出版。

第三、四辑，1992 年、1994 年北京市文物研究所编，齐心主编，北京文物研究所出版。

以上各辑分别收录论文 20 余篇，内容主要涉及北京的文物考古发掘记录与考古论文，四辑中还有北京考古学会成立专页和金中都建城八百四十年特稿。文章皆由文物考古领域的专家学者撰写，有些文章附有大量的考察报告和考古图表，较有参考价值。

第五辑，为齐心主编，北京燕山出版社 2002 年出版。内含 38 篇关于文物与考古的文章。即《近年来北京考古新成果》、《2000 年—2002 年基建考古成果》、《从北京转年遗址的发现看我国华北地区新石器时代早期文化的特征》等。

第六辑，为北京市文物研究所编辑，北京民族出版社 2004 年出版。内容主要考古调查发掘简报、学术论文等，其中包括《东胡林人及其遗址》、《平谷县龙坡遗址发掘简报》等文章。

本书实为不定期连续出版物，其所收录的文物考古专题文献，对研究北京的文物与考古具有很重要的参考价值。

《燕文化研究论文集》

《燕文化研究论文集》，陈光汇编，1995年7月中国社会科学出版社出版。北京市文物研究所科研系列丛书之三。一册，16开，436页。

本书是北京市文物研究所召开燕文化国际学术研讨会后，将有关燕文化研究方面的论文汇编而成。编者从330余篇大会论文中精选出45篇，分"总论"、"都城考"、"铜器考"、"燕币考"、"兵器考"等五个部分，展现了专家学者对燕国文化及重要历史事件的研究成果。

书后附有"燕文化研究资料索引"，汇集了1950年至1995年2月间中国学者关于燕文化的各类专著和专论、综论及有关考古发掘资料的篇目，以备检索。

书前有齐心对丛书的总序和陈光的《燕文化研究的历史与现状》一文，对燕文化研究的脉络进行了梳理。

《燕文化国际学术研讨会会议论文》

《北京建城3040年暨燕文化国际学术研讨会会议论文》，大会论文集，16开，油印本。

本书为"北京建城3040年暨燕文化国际学术研讨会会议"大会论文集，首都图书馆北京地方文献中心收藏。其中包括论文35篇，论文的内容主要是古燕国建国考证和商周文化论证，代表了与会专家学者近年来有关燕文化的研究成果，具有较高的学术价值。

此书另有《北京建城3040年暨燕文化国际学术研讨会会议专辑》，北京燕山出版社1997年出版。但首图收录的这些论文有些是作者的稿本复印件，有作者修改论文的痕迹，因此对了解作者的写作过程有所帮助。

社会生活

小　序

　　广义的社会生活包括社会的政治生活、经济生活、文化生活等各个领域，涵盖面非常广泛。按照本书的结构安排，本卷专收综合论述北京社会生活的专著及研究、整理、记述风俗、宗教、卫生和社会救济等方面的重要著作，具体分为城市生活、风俗、宗教、饮食与休闲娱乐、卫生和社会救济类等五类。而专门研究北京的政治、经济及文学艺术等的，则不在本卷所收范围之内。

　　城市生活类选收 26 种，主要是综合研究北京历代城市生活全貌的专著以及民国以来记录、描述北京城市生活百态的笔记、杂著。

　　社会生活史属于专门史，在史学研究中占有重要地位，但在中国起步相对较晚，还处于开拓的阶段，现在所见的研究北京城市生活的专门著作都是 20 世纪 90 年代以后出版的。但在古代文献中对北京城市生活状况进行记录则早已有之。

　　城市生活类的收录重点是近年来有关北京城市生活的研究成果，如属于北京市哲学社会科学"八五"规划项目的《北京城市生活史》、属于北京市社会科学院重要课题的《近代北京的社会生活》和《康乾时期北京人的社会生活》，这几部书是北京社会生活专史研究的代表，不仅具有较强的学术性，而且富有启发性和感染力，阅读性很强。

　　除上述科研课题以外，本类收录 20 余种民国以来以记录描绘北京城市生活为主要内容的著述和文集，有民国时期出版的描绘社会百态、世情风貌的《都门趣话》、《燕市货声》，有据北京民俗专家金受申为《立言画刊》"北京通"栏目撰写的文章而选编的《北京通》、《老北京的生活》，有文人学者回忆老北京生活的文集，如《燕京乡土记》、《北京话旧》等，也有专记城市生活中某个方面的专著如常人春的《老北京的穿戴》、崔普权的《老北京的玩乐》等。另有《北京风俗问答》一书，以问答形式讲述北京的见闻，书名中虽有"风俗"二字，但内容五花八门，包括北京城市生活的各个方面，故亦纳入此类中。

风俗、礼仪类收录重要专著 29 种。

风俗的涵义很广，涉及社会生活的各个方面。这里所收的是专门研究北京岁时风俗、礼俗以及庙会习俗等内容的专著。

记录北京风俗的历史文献相当丰富，而北京风俗研究成为专门的学术活动并出现专著的时间，则大约在清代。本类收入清代记北京风俗的专著有 3 种，包括潘荣陛《帝京岁时纪胜》和富察敦崇《燕京岁时记》、《京都风俗志》，这些书一般篇幅不大，但是史料性较强，可供研究北京民俗的学者考证。以记北京风俗为主的笔记类书籍收录《燕京杂记》、《燕台笔录》两种，均成书于清晚期，对于研究北京风俗很有价值。

民国时期是北京风俗研究较为活跃的时期，一是以北京大学、中山大学的学者为中心，在二三十年代，运用西方的民俗学理论和研究方法，对北京的民俗进行了大量的搜集、整理、研究，如顾颉刚等到北京妙峰山进行民俗调查后所作《妙峰山》等；二是一批有关北京风俗的史料汇编，如张江裁的北京史地风俗著作及他所编辑的六大丛书，是研究北京风俗的代表作。本卷对这些著述也收入大半。

当代著述重点收录了常人春、赵兴华、常瀛生等人的著作，这些书在研究叙述清代北京风俗的基础上加入了对民国时期北京风俗的记载和研究，并且进一步对北京地区满族、汉族及蒙、藏风俗的差异加以对比，具有相当的学术性和阅读性，既适用于学者，也适用于一般读者。

宗教类收录了以研究论述佛教、道教、伊斯兰教、天主教等宗教在北京的发展为主要内容的史籍，选书 22 种。

对宗教的探究在中国有着漫长的历史。北京自古就是多民族聚居之地，民众的宗教信仰也呈现多元化特点，而关于北京地区宗教信仰的专著或是与宗教相关的文献也是相当丰富。

本卷收入佛教类 7 种，其中《佛教与北京寺庙文化》以佛寺、佛像、佛事为重点，详细介绍、略加评论，融知识性和可读性于一体；《雍和宫志略》是第一部系统地介绍雍和宫的专著，内容丰富，研究视角独特，在旧体例的基础上有重大创新。

道教类4种，其中《东岳庙七十六司考证》是有关东岳庙七十六司研究的最早也是最完整的著作之一；《新编北京白云观志》系统地记述了白云观的历史与现状，是研究白云观的资料汇编。

天主教（基督教）6种，其中《北京基督教发展述略》填补了系统论述北京天主教发展过程的空白。

伊斯兰教3种，其中《伊斯兰教与北京清真寺文化》详细介绍了伊斯兰教在中国和北京地区的传播和发展等情况，揭示了北京清真寺文化形成原因及发展规律；《冈志》第一次记录了牛街地区回族人民聚居区的形成与发展状况，涉及地理状况、人物传记、宗教活动、经济活动和政治事件等各个方面。

综合性著作3种，其中《华北宗教年鉴》记载华北各界宗教组织的历史，对于研究华北沦陷史及研究中国宗教史的学者有重要的史料价值；《北京的宗教》通过大量历史资料阐述了各界宗教在北京地区的传播历史。

饮食与休闲娱乐部分收录关于北京地区饮食文化与花、鸟、鱼、虫等娱乐文化的文献14种。

在漫长的古代社会里，关于饮食文化及文化休闲的笔记性文字汗牛充栋，但由于不登大雅之堂，专门性著述则相对少见。即便是进入民国以后，有关著作也仅有寥寥数种。直至20世纪80年代中期以后，饮食休闲文化的研究才出现了一个高潮。

民国以前关于北京饮食方面的著述很少，本类仅收元代忽思慧著的《饮膳正要》，这是一部介绍饮食卫生与营养的专著，也是世界上现存最早的关于饮食卫生与营养学的完整专著。解放以后的著作收常人春《老北京的吃喝》等两种。

在北京，花鸟鱼虫玩赏是传统的民间休闲娱乐方式之一，相关文字散见于各种记述北京民情风俗的文集中。"草木虫鱼"之书在明代以前较少，而在清代时则大量涌现，反映了八旗制度所孕育出的独特文化现象。本类只选录了十余种有代表性的专著。民国间于照所著几种关于养鸽子、种兰花的书籍，本类悉数收之。而养蟋蟀的书相比之下数量稍多，本类收录7种，主要是北方养家所著，如《斗蟀随笔》、《鱼虫雅集》等，其中较重要的是当代学者王世襄编辑的《蟋蟀谱集成》，收辑历代蟋蟀谱17种，是研究中国文化的重要书籍。

卫生和社会救济类选书20种。

民国以前关于北京地区卫生类的书籍数量很少，相关内容多散见于官修史书中，此类书本卷仅收清代任锡庚著《太医院志》一种。

社会救济是指国家和社会对因各种原因无法维持最低生活水平的公民给予无偿救助的一项社会保障制度。中国近代史上的国家济贫制度形成于20世纪初，关于这方面的文献资料数量较多，而关于个人或民间组织兴办慈善事业的相关记述则更为多见。

本卷所收关于社会救济的文献资料包括慈善救济和灾异救济：一、慈善救济方面的文献收录了民国时期出版的记录民国慈善史的专著，如《北京慈善汇编》、《京师公益联合会纪实》、《北平特别市社会局救济事业小史》等，均是比较珍贵的史料，对于研究民国慈善事业史较为重要。二、灾异救济方面收入了民国以来重要的记载灾异救济的专著，涉及全面，其中包括记载具体灾荒的救灾史实，如《民国六年京畿水灾善后纪实》；也有研究中国历代灾荒救济的史书，分量较大的是综合记载北京历史上的灾异及救济史实的书，如民国时期出版的《中国历代天灾人祸表》及20世纪90年代以来的《北京地区历史地震资料年表长编》、《北京历史自然灾害研究》、《北京历史地震资料汇编》、《北京历史灾荒灾害纪年：公元前80年—1948》等，这些书是近年来对北京历史灾害的最新、最全面的论述，可供中国古代救灾史研究者使用，也可作为研究古代政治、经济等方面的参考工具书。

（一）城市生活

《北京城市生活史》

《北京城市生活史》，吴建雍、王岗、姜纬堂、袁熹、于光度、李宝臣等合著。开明出版社 1997 年第一版，一册，467 页。

本书著者为北京市社会科学院历史研究所专职研究人员。全书共六部分。正文五章，分别是："辽金时代北京城市生活"、"元大都北京城市生活"、"明代北京城市生活"、"清前期北京城市生活"、"近代北京城市生活"，论述了北京城区的城市建制、社会结构、人口、家庭、民族、社区、物质生活和精神生活、民情风俗。书末附《北京城市生活史料文献概况》。

《北京城市生活史》在研究手段和撰写方法上进行了新的尝试。作者们广泛地借鉴、运用了城市史、社会学、民族学、文化人类学等多学科的理论和知识结构，博采正史、野史、文集、笔记、方志、档案等文献资料，史料丰富，从而使北京城市生活的演变轨迹更加清晰。探索北京习俗的源流并揭示其积累的过程，这是与以往单纯记载老北京生活的著述的一大不同之处。本书另一个显著特点即书末以附录的形式，详细介绍关于北京史的文献材料，并评价它们的史料价值，使本书具有较强的学术性，也为读者进一步研究提供了方便。

《北京城市生活史》是第一部系统地论述北京城市生活史的专著，也是研究北京城市生活史的代表作，对于了解与弘扬北京优秀传统文化有着重要的学术和现实意义。

本书是北京市哲学社会科学"八五"规划项目。

《康乾时期北京人的社会生活》

《康乾时期北京人的社会生活》，富丽著。北京出版社 1999 年出版，一册，145页。

富丽，女，1943年生，辽宁省沈阳市人。北京社会科学院副研究员。1966年毕业于中央民族大学历史系满文班。曾在吉林社会科学院、中国历史档案馆工作。1979年调至北京社会科学院工作。长期从事北京史、少数民族、社会、宗教、满学等方面的研究。

1999年，北京社会科学院编辑《北京历史丛书》，通过20个选题将北京三千多年的历史加以浓缩，突出北京史中若干个重大事件、重要人物及各个时期的社会生活状况，此书即是其中之一。

《康乾时期北京人的社会生活》论述了清朝康熙至乾隆时期北京人的政治生活、经济生活和文化生活。全书分三章：第一章，北京人的政治生活，重点对北京的宗教政策和市民的宗教生活加以叙述；第二章，北京人的经济生活，简述了北京旗人的生计、北京人的农业生活和商业生活；第三章，北京人的文化生活，介绍了北京市民的衣食住行、文化娱乐、婚丧、宗教祭祀及岁时风俗等。

本书论述严谨，史料翔实可靠，文字简明扼要，是了解清代盛世北京社会生活的重要参考书。

《近代北京的市民生活》

《近代北京的市民生活》，袁熹著。北京出版社2000年出版，一册，144页。北京社会科学院编辑的《北京历史丛书》之一。

袁熹，北京市社会科学院历史所研究员。

全书介绍了近代北京各个社会阶层的生活状况和生活特点，展现了新旧社会交替时期，旧的等级制度逐渐衰败，封闭的生活走向开放，人们的衣食住行及精神生活、文化生活、人际关系诸方面的变化。全书分三章：一、城市居民的兴衰变迁；二、衣食住行话变化；三、精神生活的新特点。

此书是论述北京近代城市生活的重要著作，具有较强的学术价值，而且文风简明生动，为读者了解近代北京的市民生活提供了丰富的参考。

《宣南士乡》

《宣南士乡》，吴建雍、赫晓琳著。北京出版社 2000 年出版，一册，103 页。北京社会科学院《北京历史丛书》之一。

吴建雍，1959 生，1981 年毕业于中国人民大学清史研究所，现任北京市社会科学院历史所所长、研究员，北京历史研究会副会长。从事清史、北京史研究。

清初起，北京宣武门以南形成一个以汉族朝官、京官以及士子为主要居民的社区，人们习惯上称之为"宣南"。《宣南士乡》记述了清代居住于宣南一带的汉族仕宦的生活状况。书分四部分：一、宣南士乡的形成和演变，记宣南士乡的划分、名园巨宅的兴废、会馆的兴起及宣南社会功能的完善；二、宣南士人的生活，记宣南士人的居室、环境等；三、宣南的儒风士俗，记宣南士子的文酒之会、宣南学风、士乡正气；四、宣南士子与朝鲜文人，记述了宣南士子的对外交流。

本书透过对北京宣南这一特别的社区生活的描写，再现了清代汉族士宦的文化生活、政治生活，全书史料丰富，对研究北京生活及政治、文化有相当的价值。

《都门趣话》

《都门趣话》，大雷歗公编辑。撷华印刷局 1916 年出版，一册，152 页。

作者曾于 1915 年到北京，他"辄取见闻之稍涉谐谑者，拉杂书之，岁月侵寻，久而成帙，虽贩蛙卖鼠不足成家，而借镜窥形或能贬俗"。

此书共收趣话 95 则，涉及民国初年北京的各种社会情况，有关于戏曲界的"女伶足"、"古装跳舞会之趣闻",有关于人物轶事的"黎菩萨"、"袁大公子谈禅",有关于当时风尚的"都人迷鲜之写真诗"、"北京之夜花园",有关于女界(妇女)情况的"女子请愿团"、"女公子之自由"等等。书前有作者自识。

书中对当时社会状况、社会风尚的反映比较广泛,且记述生动形象,对研究民国初年北京的各种社会情况很有益处。

《京师居家法》

《京师居家法》,清单树珩著。北京开明书局 1918 年铅印本,一册,62 页。

单树珩,原籍山西山阴县,清末民初间居于北京。

此书针对北京当时的生活习惯、经济特点和不良风气等总结了维持家庭生活的原则和方法。凡十章:"总论"、"家规"、"居住"、"饮食"、"衣服"、"仆役"、"消耗"、"储蓄"、"会计"、"结论"。此书讲治家之法,持家之道,以简明的文字告诫世人,致富之道不外乎"勤俭"二字,提倡去惰、戒奢、持正等原则。

此书规模较小,讲述了市民的持家之道,从侧面展示了清末民初时北京中等家庭的生活概况、生活方式及思想观念,对今人了解老北京人的生活有一定帮助。

《北京风俗问答》

《北京风俗问答》,〔日〕加藤镰三郎著。日本东京大阪屋号书店 1924 年铅印本,一册,222 页。

加藤镰三郎,生卒年不详,日本人。民国时期在北京留学,他把对北京的社会生活、风土人情的全面深入了解编写成稿,带回日本,于 1924 年出版。

全书一百章,以两人交谈的形式,描述、评议了北京社会生活的各个方面，如军队、警察、医院等行业的不良风气，寻常巷陌的所见所闻，新式婚礼，时尚，各行各业。主要章目："贺新居落成"、"北京之警察"、"拆城问题"、"谈相家"、"牛奶黑幕"、"人贩子林立"、"北京之白吃团"等。本书特别注意社会的病态和时尚，从中也反映了民国政府成立以来普通百姓日渐困窘、难以为继的生存状态。因为是对话结构，书中夹着淳厚的京味口语，语言保留着正宗的北京话。本书不仅再现了民国时期的北京旧貌，也为研究北京地方语言的变化提供了可贵资料。

《北京人力车夫现状的调查》

《北京人力车夫现状的调查》，李景汉著。《社会学杂志》1925年第二卷第四期，首都图书馆静电复印本，一册，20页。

作者简介见前《北平郊外之乡村家庭》篇。

李景汉关注社会底层的人民生活，为了解城市最为贫苦的人力车夫的生存状况，他于1924年11月至12月对北京人力车夫进行了实地调查，此文即是调查的部分成果。

本调查通过与人力车夫谈话、调查人力车厂、访问车夫家中情形等途径，详细调查了人力车夫劳动与生活情形、他们的过去与现状及电车创办以后的打算等。本书揭示了生活在社会最底层的人民的生存状况，为研究中国社会问题提供了有益的资料。

《燕市货声》

《燕市货声》，又名《一岁货声》，闲园菊农编。1938年《京津风土丛书》本。

蔡绳格，字省吾，号闲园菊农。清末时期北京人。本八旗世家，出身将门。生性淡泊，自题所居为"闲园"，擅长工笔花卉，自幼酷爱莳花艺草，曾先后手植各种花木六七百种，白描列谱者五百种。他尤嗜菊花，曾取园中佳种，一一为之写生，积存四册，题曰《闲园菊谱》。蔡绳格治北京风土之学，著述甚丰。

货声，一名市声，亦即商贩叫卖的吆喝声。作者认为通过街头货声，可以"辨香味，知勤苦，纪风土，存节令"，所关民俗者甚大，于是以时间为序，详细介绍十二个月的种种叫卖声，尤其对于过年过节叫卖应时食品的"吆喝声"，收集得更完备。其全年通行的货声以及百工技艺，店铺叫卖等，附列于后。此书用文字记叫卖声之字与调，确为别出心裁，实开后来民俗学研究之先河。本书书前有蔡氏光绪丙午年（1906年）《序》及《凡例》，首冠《蔡省吾先生遗像》及李霈撰《蔡省吾先生事略》。

此书原名《一岁货声》，收入《金台杂俎初集》。张次溪收入《京津风土丛书》，后改为《燕市货声》。

《燕市贾贩琐录》

《燕市贾贩琐录》，张大都编。中国风土学会1943年《中国史迹风土丛书》本。

张大都，即张江裁，初名涵锐，又名仲锐，字次溪，笔名燕归来簃主人、肇滨、张大都、张四都等。生于广东省东莞县，久居北京。20世纪30年代初毕业于北京孔教大学。先后主编北京《社会日报》、《民国日报》。曾在北京研究院史学会从事北京史籍的整理研究工作。新中国成立后，曾任北京师范大学历史系资料员，以研究北京和北京民俗而著称。一生著作颇丰，其所撰著、编纂、整理、校勘的有关史地民俗、梨园旧闻、人物传记等文稿共计201篇。其中影响较大的著作有《清代燕都梨园史料》、《北京近百年社会变迁史》、《北京见闻录》、《北京琐志》、《北京岁时志》、《北京庙宇碑刻目录》、《次溪野录》诸书。

本书记载的是"擅一技"以谋生的小营业，如"卖药的"、"说大鼓书的"、"唱戏的"、"吹糖人的"等，大多只列名目，不作说明，个别的条目作了解释，如："雨来散（逢夏间城厢道旁搭一席棚卖茶，遇雨即散)"等。末有《燕市货声拾遗》，记录了小贩的叫卖声，如"卖西瓜的"等以及民间杂技、曲艺如"弄蛇"、"唱莲花"等表演前拉拢观众的套曲。生动准确，独具眼光，可以让人一窥当时北京普通人的日常生活场景。

《燕市商标荟录》

《燕市商标荟录》，闲园菊农编。1943 年《中国史迹风土丛书》本。

作者介绍见前《燕市货声》篇。

所谓"商标"，指的是旧京经济活动中所使用的招幌、牌匾、广告等有关商品或商家的特别标志。本书根据商标使用的行业、环境、内容、形式，分为"各行贾肆"、"蹿节赶集"、"贾肆别称"、"一字商标"、"二字牌幌"以至"六字牌幌"、"告帖告牌"、"杂志各类"等目。虽仅为文字记录，没有图绘，但内容相当丰富，为研究民国时期北京地区商标状况提供了珍贵难得的参考资料。此书即《金台杂俎初集》卷七《燕市商标》之翻版，而于书名加"荟录"二字。

《北京各行祖师调查记略》

《北京各行祖师调查记略》，刘佳、崇璋合撰。钞本，一册。

本书分四章介绍酸梅汤摊、大馇饽铺、农园、茶馆四个行业的起源，包括创始时间、创始人物、创始原因等，并记载了一些有关的民间传说。同时，对这四个行业所用器具的样式、结构、花纹、使用特点都有详细的描述，并绘图说明。此书在对北平各行祖师进行调查的基础上而成，虽然规模较小，但其记载有一定的资料性。

《北平会馆调查》

《北平会馆调查》，张孝祈撰。1936年燕京大学法学院社会学系学士毕业论文。吴文藻、杨开道评阅。

会馆是各地在京的官吏为扶助本乡士子进京赴考而倡议设立的同乡组织，原有慈善性质，后来逐渐从事一些经济活动，并形成较大规模。民国时期北平会馆林立，有省馆、郡馆、邑馆诸称。作者选择会馆作为毕业论文的研究方向，并克服重重困难，收集材料，撰成此文。

本文分六章：一、会馆之沿革；二、北平会馆区位上的分布；三、北平会馆之经济结构；四、北平会馆之组织；五、会馆之功能；六、会馆与其他会社之关系。附录八条，包括作者对论文写作修改经过的记述和北平会馆状况的调查表、北平各区所有会馆一览表等。

民国时期对于会馆的研究，不仅史籍中记载甚少，社会学者也鲜有涉及，《北平会馆调查》弥补了这一空白，因其是在实地调查的基础上完成，所记载的资料数据翔实、可靠、珍贵，对于今天研究北京史的学者具有重要的参考价值。

《鲁迅与北京风土》

《鲁迅与北京风土》，邓云乡著。文史资料出版社1982年出版，一册，236页。

邓云乡（1924—1999年），学名邓云骧，山西省灵丘县人，生长于北京。1947年毕业于北京大学中文系。1953年到华东，后长期任教于上海电力学院。邓云乡精研明清史，又是著名的红学家和民俗学家，他关于北京民俗的著作有《鲁迅与北京风土》、《红楼风俗谭》、《北京四合院》、《水流云在杂稿》、《皇城根寻梦》、《云乡话食》等。

此书是介绍北京风土掌故的随笔文集。书分五章，分别是："厂肆志略"、"厂甸风貌"、"酒肆谭乘"、"名胜散记"、"生活杂摭"。以《鲁迅日记》中所记之有关北京风土者为纲，对北京风土加以介绍，或记叙其始末，或说明其情况，或描绘其环境，将鲁迅在北京生活时之风土情况重现于文字中，忠实地再现了鲁迅生活的年代北京的面貌，使读者加深了对北京风土的了解。

此书另有1986年中华书局版、1992年河北教育出版社再版。

《北京话旧》

《北京话旧》，翁偶虹著。天津市百花文艺出版社1985年7月出版，一册，205页。

翁偶虹，生于1910年，原名翁麟声，笔名藕红，后改偶虹。我国著名戏剧艺术家。生于北京。1930年受聘任教于中华戏剧专科学校。1935年被聘为中华戏剧专科学校戏曲改良委员会主任委员。翁偶虹先后为程砚秋、金少山等演员以及中华戏曲专科学校、富连成科班编写剧本。一生共编写（包括移植、整理、改编）剧本一百余出。

此书是翁偶虹关于旧京风物的散文集，收入《烟画》、《烟壶》、《烧砖艺术》、《影戏》、《评书与戏曲》、《合作戏》、《逛庙会》、《消夏四胜》、《春节杂戏》、《春节话旧》、《漫话中秋节》、《货声》等12篇文章，其内容多与戏曲相关，以回忆往事的形式，将老北京的风土民情、市井文化、乡土艺术，如数家珍地奉于读者。文字古朴、语言形象、颇具功力。书中还配有大量图片插图，直观地再现了老北京的风物，使读者如临其境。

《燕京乡土记》

《燕京乡土记》，邓云乡著。上海文化出版社1986年出版，二册，687页。

作者介绍见《鲁迅与北京风土》篇。

邓云乡的先人曾在北京为官，自小受家人影响，对京华旧事很感兴趣。他曾为新闻单位撰写专栏外稿，专谈北京风土民俗，后在此基础上重新编写了一些有关燕京风土的文字，汇为一书，名为《燕京乡土记》。

此书是作者对故乡北京的回忆性散文集，记叙北京的风土民情。作者联系历史变迁和生活经历，结合回忆和文献材料，对京城岁时习俗、名胜古迹、市井生活、艺苑掌故、饮食风尚等方面都有描述。全书文笔清新隽永、朴实淡雅，叙事翔实、引人入胜，对于了解北京掌故、史实考证、民间轶闻很有价值。

上海文化出版社1986年版的《燕京乡土记》内容按类分四部分，依次为："岁时风物略"、"胜迹风景谭"、"市廛风俗志"、"饮食风尚录"。每个标题下是若干篇散文。书前另有图片24幅。正文前有顾廷龙、周汝昌、陈兼与序，文后有作者后记。

《燕京乡土记》出版后，作者在原书基础上修改、增补，编成《增补燕京乡土记》一书，篇幅较前书增加一倍，在原书"岁时风物略"后增加"岁时风物补"12类39篇，在"胜迹风景谭"后增"胜迹风景补"八类28篇，在"市廛风俗志"后增"市廛风俗补"十类28篇，在"饮食风尚录"后加"饮食风尚补"七类13篇，另新增"艺苑风烟补"四类18篇。书前有图片24幅。正文前有作者《自序》，柳存仁《巴黎·北京·乡土记》，邓云乡著《〈增补燕京乡土记〉序》。由中华书局1998年出版，二册，814页。

此书又有河北教育出版社2004年版，二册。内容包括"岁时风物略"、"胜迹风景谭"、"市廛风俗志"、"艺苑风烟"四部分。"艺苑风烟"部分为上海文化出版社1986年版所无，而原"饮食风尚"一章，此本另编入《云乡话食》一书。

《老北京的生活》

《老北京的生活》，金受申著，北京市政协文史资料研究委员会、东城区政协文史资料征集委员会编。北京出版社 1989 年 12 月出版，一册，424 页。

金受申（1906—1968 年），原名金文佩，后改名"受申"，满族镶黄旗人。1906 年生于北京，20 世纪 20 年代开始写书，在报刊上发表诗文，1938 年创办《立言画刊》周刊，金受申成为主要撰稿人，其经营的"北京通"栏目影响日著，至 1945 年该刊停办时，共发表二百多篇文章，时人遂以"北京通"称金受申其人。新中国成立后，入北京文联工作。著有《〈古今伪书考〉考释》、《北京的传说》、《老北京的生活》等。

金受申自 20 世纪 30 年代起，开始在北京的报刊上发表文章，介绍近代北京的遗闻轶事，如为《正报》撰写"北京通"，为《全民报》撰写"新京物语"，为《新民报》写"馐余琐记"等专栏，并为《立言报》写有关北京风物的文章。1938 年，《立言报》改为《立言画刊》周刊，金受申乃主要撰稿人，陆续撰写了 100 多个题目共 200 多篇文章，总名之"北京通"，记述北京的风俗掌故，描写北京实际生活。"北京通"栏目影响很大，时人遂以"北京通"称金受申其人。

《老北京的生活》选收"北京通"文章 120 多篇，经整理成 37 个题目，分列为"四季时令"、"婚丧礼俗"、"吃喝忆旧"、"消遣娱乐"、"旧京百业"、"下层剪影"六部分，并根据文章内容重新厘定了题目。这些文章形象生动地记述了民国时期北京的风俗掌故、社会生活，保存了不少珍贵的历史资料，是研究北京历史和民俗的有益参考。

《都市丛谈》

《都市丛谈》，原题逆旅过客撰。

据考证，逆旅过客即是《燕市积弊》的作者庄荫堂，亦名庄荫棠，清末民初人，原籍江苏武进，长期居于北京，曾一度为报纸撰稿。他在 20 世纪 20 年代末一直为报纸撰写稿件，所写文章多记述北京社会民俗。《都市丛谈》一书应是1927年前后他刊载在报纸上的文章的合集。

此书共83篇，都是有关北京旧时社会与民俗的记述与评说，如"罢灯"记灯节时商贾云集、妇女群游的热闹景象，"贴靴"揭露北京市面上的一种骗人方法，所记翔实而生动。书中最具特色的是关于戏剧、曲艺、杂技的记录，其篇目较多且记述相当出色，具有专业史料的参考价值，如"单弦曲词"记当时单弦曲词主要的表演艺人及具体表演方法，"八角鼓"记述八角鼓的渊源及演唱情况，"什不闲"记当时的演奏乐器等。本书和其姊妹篇《燕市积弊》都对旧时的不良事物和陋习有一定反映与揭露。

此书有1940年北京隆福寺街文奎堂石印本，书名页题署为"逆旅过客编辑·梅花馆主校正"，前有富阳赵贞信序。此后有北京古籍出版社1995年版的校点注释本（与《燕市积弊》合册）。

《燕市积弊》

《燕市积弊》三卷，庄荫棠（原题待余生）著。

作者庄荫棠介绍见前《都市丛谈》篇。庄荫棠以"待余生"的笔名陆续在《北京新报》上发表了一些文章，后这些文章被结集成书，即为《燕市积弊》。

《燕市积弊》共84篇，记清末民初北京商界的行业旧状，多数记的是店铺、行业、作坊中坑蒙拐骗的手腕，如卷一记钱铺、药铺、估衣、桅厂、金店等处常见的欺诈手段，反映了当时社会的不良现状。

本书所提供的社会史料是其他书中很少涉及的，而这些都是作者经过实际体验及观察后的记述，具有较高的史料价值，书中所记的店铺、行业，有的是现在已经消失了的，相关记述就显得更为珍贵。作者记述民情风俗详细确切，语言生动活泼，可读性极强。全书对当时社会弊端的揭露批评较为深刻，有一定思想性。

今所见的《燕市积弊》三卷，卷一是1913年5月印行的《白话中国公报》剪报本（有徐仰辰序），卷二、卷三是 1909 年 7 月下旬至 9 月中旬印行的《爱国报》剪报本（有丁国珍序），两书卷首都署名"待余生"。此书虽是全书，但也是由两种在时间和印行者上并不相同的印本组成的配合本。现又有北京古籍出版社 1995 年版的校点注释本（与《都市丛谈》合册）。

《老北京的穿戴》

《老北京的穿戴》，常人春著。北京燕山出版社 1999 年出版，一册，265 页。《老北京丛书》之一。

常人春，1933 年生于北京，满族。民俗学专家，中国民间文艺家协会民俗工作委员会顾问，中国民俗学会会员、北京民俗学会会长。对于北京的岁时节年、婚丧嫁娶、庙会集市、宗教信仰、戏曲杂技等民俗无不精通，被誉为"北京通"。常人春长期收集研究民俗资料，著有《老北京的风俗》、《红白喜事——旧京婚丧礼俗》、《老北京的穿戴》、《近世名人大出殡》等。

《老北京的穿戴》记述了清代到新中国成立初期北京地方服饰演变的历史。分二十章，分别是"总论"、"清代官服"、"旗袍和马褂"、"应节依制"、"中山装"、"西装"、"工装"、"农民装"、"宗教性服饰"、"礼仪性服饰"、"寿衣"、"戏装"、"囚衣"、"估衣"、"童装"、"新装走向"、"鞋"、"帽"、"头型发式"、"饰物"等。

本书分门别类地对北京服饰的发展、特点、演变进行了系统的叙述，资料丰富，包括不同身份、不同场合的人的服饰特点和讲究，集中反映老北京人的"服饰文化"。

《老北京的居住》

《老北京的居住》，白鹤群著。北京燕山出版社 1999 年出版，一册，267 页。《老北京丛书》之一。

白鹤群，1945 年生，满族，吉林永吉人，北京史地民俗学会常务理事。著有《北京的会馆》、《香山脚下话旗营》、《老北京的居住》、《京都胜迹》、《燕都说故》、《春明叙旧》等十几部书。

《老北京的居住》重点讲述了老北京人的居住情况。全书分九章：一、居住地域的变迁；二、人口的三次聚集；三、居住住宅与街道；四、居住的几种特殊形式；五、北京居住的管理；六、传统的建筑形式；七、北京其他的居住形式；八、居住拾杂；九、附录。

本书在简要概述了北京城的历史变迁之后，详细描绘了老北京独具特色的建筑风格，从王公贵族的深宅大院到四合院、三合院，到小院、大杂院、胡同等，特别是京城中那些与人的生活密切相关的居住特色及习俗，再现了老北京人千姿百态的众生相，体现了浓郁的京城民风。除了讲述老北京人居住的基本状况外，附录中还记录了北京历史名人的居所及各王府的情况。

本书不仅是了解老北京市民生活的重要参考书，而且是一部充满趣味、引人入胜的读物。

《老北京的玩乐》

《老北京的玩乐》，崔普权著。北京燕山出版社 1999 年出版，一册，303 页。《老北京丛书》之一。

崔普权，北京民俗专家，北京民俗专业委员会秘书长。《老北京的玩乐》分为健身、娱乐、休闲、雅好四篇及附录。本书不仅记叙了传统的北京娱乐形式，如放风筝、赛马、武术、狩猎、打灯谜、弈棋、听京戏、看杂耍等，也介绍了随着西方列强入侵而传入北京的娱乐形式，如玩怀表、玩自行车、照相、看电影，听电匣子，最后附"赌场、烟馆和妓院"一章，简要介绍了旧京赌场、烟馆、妓院等情况及解放后改造的经过。

本书再现了清末到解放初期，北京地区不同社会阶层的人的休闲娱乐习俗，揭示了达官贵人、皇亲国戚及普通百姓在社会变革和动荡之中生活方式的演变，是研究北京城市生活史的重要组成部分，对于了解老北京人的生活方式和社会状况有一定的价值。

《北京通》

《北京通》，金受申著。北京大众文艺出版社 1999 年出版，一册，631 页。

作者介绍见前《老北京的生活》篇。

从 1938 年至 1945 年，金受申为《立言画刊》"北京通"栏目撰稿二百多篇，记述清末民初北京的社会生活，"想用一种趣味化的文字，描写北京的实际状况"，后来，他这些旧作被整理，其中一部分被编辑成《北京通》一书。

本书共收录十二方面的文章 83 篇，其大类依次为"北京的风光"、"北京的四季"、"北京的风俗"、"北京的吃喝玩乐"、"北京的童戏"、"北京的宠物"、"北京的曲艺"、"北京的行业"、"北京的手工业"、"北京的作坊"、"旧京琐谈"、"旧京积弊"。主要记述了北京市井风情，可与《老北京的生活》、《金受申讲北京》参照阅读。

《京都叫卖图》

《京都叫卖图》，〔美〕康斯坦特（Constant. S. V）著，陶立译，陶尚义绘，北京图书馆出版，2004 年出版。一册，100 页。

《京都叫卖图》，原名 *Calls，sounds and merchandise of the Peking street Peddlers*，曾用英文发表于 20 世纪 30 年代。作者塞缪尔·维克多·康斯坦特（Samuel victor constant）是一位久居北京，对中国民俗很有研究的美国人。康斯坦特中文名康士丹，1924 年至 1936 年前后在北京生活，曾任职于美国驻华公使馆。1936 年，康斯坦特获华文学院文科硕士，学位论文即这本《京都叫卖图》。

陶尚义，生于 1930 年，别名陶宝良，江苏无锡人。擅长书籍装帧设计、插图。他参考原图和有关资料，用白描手法重新绘制了《京都叫卖图》插图。

《京都叫卖图》中英文对照，按春、夏、秋、冬四季排列，描绘了清末民初北京街头流动商贩售卖货品、拉揽生意的方式，内容繁杂、共录 97 种不同货品的叫卖图，包括小吃、蔬菜、儿童玩具、日用品以及街头杂耍等等，每种叫卖图首先描绘叫卖的声音，然后介绍这种商贩的行头、所卖货品的制作、特点等。每种叫卖声均有音标，声调，有的特殊曲调还用五线谱记录。而每一条配以彩色绘图，惟妙惟肖，栩栩如生。

本书文笔通俗流畅，幽默风趣，大量典故考证翔实。并附有部分珍贵的历史资料，图、文、声并茂，再现了清末民初北京街头的风土人情。

《京都叫卖图》在北美可见三个版本，其一为 1936 年硕士论文打字稿，现藏美国加利福尼亚州西方学院图书馆；其二为 1936 年北京驼铃出版社排印本，藏加利福尼亚州立大学伯克莱区图书馆；其三为 1993 年美国珍藏版，限量发行 200 册，美国约四十所图书馆藏，均入珍宝室。书目文献出版社（即北京图书馆出版社）1994 出版了此书，2004 年再版。

《金受申讲北京》

《金受申讲北京》，金受申著，杨志良选编。北京出版社 2004 年出版，一册，155 页。《北京通丛书》之一。

作者介绍见前《老北京的生活》篇。

《金受申讲北京》选辑了金受申记述北京民俗的文章 20 多篇，分"流年似水"、"口福无边"、"雅俗杂述"三大类。"流年似水"描绘北京岁时风俗，如过年、吃春饼、登高与泛舟、养秋虫、溜冰等；"口福无边"记北京的饮食民俗；"雅俗杂述"记北京古玩市场和玉石业的情况及小市、货郎、儿童娱乐。书中配合着文字内容安排有 100 余幅照片。全书图文并茂，为了解老北京市井上的风土民情提供了有益的参考。此书可与《老北京的生活》、《北京通》参照阅读。

《老北京的玩艺儿》

《老北京的玩艺儿》，于润琦编著。中国文联出版社 2006 年 1 月出版，一册，148 页。中英文对照。《品味北京》丛书之一。

于润琦，中国现代文学馆研究员。

玩艺儿，北京俗语，就是玩的东西，指玩具、游戏、杂耍娱乐等传统的民间游艺形式，老北京的玩艺儿具有浓厚北京地方特色。

本书将老北京 34 种玩艺儿尽收其中，详细描述了每种玩艺儿的起源、发展、流行以及玩法与乐趣所在。所录的老玩艺儿有拉洋片、拍洋画、耍咕、丢丢、放风筝、糊屁帘儿、兔儿爷、捏面人儿、鬃人儿、磕泥包、饽饽、吹糖人儿、噗噗噔儿、耍猴儿、耍耗子、灯笼、放爆竹、拨浪鼓、踩高跷、滋水枪、踢毽子、蹴球、抽陀螺、拌空竹、冰床与冰车、斗蛐蛐、养蝈蝈、养鸟、养鸽子、卖小金鱼儿、绢花绢人、草编、刀马人儿、泥塑脸谱等，每种玩艺儿配若干老照片和插图。

本书以图文形式专述老北京的玩艺儿，在民俗学著作中尚属少见，而且图文并茂、生动活泼，是一部雅俗共赏、既有相当的趣味性又有较高资料性的读物。

（二）风俗礼仪

《帝京岁时纪胜》

《帝京岁时纪胜》一卷，清潘荣陛撰。

潘荣陛，字在廷，号东岩居士，北京大兴县人。雍正九年（1731 年）秋开始在清廷任职。雍正十一年（1733 年）冬，任职于史馆，于是有机会博览内府所藏图书，经过辛勤摘抄，所积资料日益增多。乾隆十一年（1746 年），潘氏辞官，归居故里，将所经历之事记录成帙，著有《工务纪由》、《月令集览》、《昏仪便俗》、《读礼须知》、《旷怀闲草》等书。

此书是专门记述北京清代岁时风物的书籍。全书以月份为序，自正月至十二月，依次记述北京地区的节令、风俗、景物、庙会、杂戏、时品、禁忌等。

此书特点，一是内容丰富，所记皆为作者耳闻目睹或亲身经历，资料翔实可信；二是文笔隽美，情感毕现，对研究清代北京的社会生活和岁时风物均有重要史料价值。

《帝京岁时纪胜》初刊于乾隆二十三年（1758 年），民国年间张江裁编辑《北平史迹丛书》收入此书（1937 年北平研究院史学研究会铅印本，与明张爵《京师五城坊巷胡同集》合册），1961 年北京出版社将此书与清富察敦崇《燕京岁时记》合册，出版标点排印本，1981 年北京古籍出版社据之重印。

《京都风俗志》

《京都风俗志》一卷，清让廉撰。

让廉，生平不详。

本书主要介绍了清朝时期北京地区的岁时风俗。自正月初一子时起至腊月三十除夕夜，按时间顺序概述了一年中各个节日的由来以及民众、商肆、寺观及官府的节日活动。叙事简约。卷末附《旧京琐记引》。此书在北京民俗史上占有重要地位，是研究北京岁时民俗的必备参考书籍。

此书有清光绪二十五年（1899年）钞本，国家图书馆、首都图书馆有藏。北京古籍出版社1981年出版、2001年再版。另张江裁编《京津风土丛书》中收入此书，书名为《春明岁时琐记》。

《燕京岁时记》

《燕京岁时记》一卷，清富察敦崇撰。

作者简介见前《皇室见闻录》篇。

他于光绪二十六年（1900年）写成《燕京岁时记》一书，自称此书"无非风俗、游览、物产、技艺四门而已，亦旧闻考之大略也。"

此书条目排列以时间为序，自正月至十二月，依次记述其时北京的风土、名胜、物产和技艺，并将岁时游览胜地一一予以介绍。书中时有作者按语，为考证与评价之文。书末有作者跋。

岁时而记游览，似属于例不合，但作者在跋文中说明"各处游览多有定期，亦与岁时相表里"。全书从实录写，语言生动活泼，富于文采，内容丰富，翔实可信，对研究北京的岁时风物、社会生活等均有重要史料价值。

此书有光绪三十二年（1906年）文奎堂初刻本；又，1961年北京出版社据原刻本标点排印一册（与《帝京岁时纪胜》合册）；又，1981年北京古籍出版社据1961年北京出版社排印本重新排印一册。此书另有法文和日文译本。

《燕都古迹古典杂记》

《燕都古迹古典杂记》，不著撰人。钞本，一册。

本书条目排列以时间为序，自三月至十月，依次记述其时北京的名胜古迹、岁时风俗和历史掌故。所记名胜古迹有戒台寺、万寿寺、西顶、妙峰山、鬐山、北顶、都城隍庙、南顶、瑶台、中顶、什刹海、钓鱼台等。所记风俗有换季、舍绿豆、榆钱糕、彩丝系虎、过会、染指甲、洗象、扫晴娘、冰胡儿、丢针、荷叶灯、法船、盂兰会、放河灯、兔儿爷、摊子、添火、走马灯等。对历史掌故的记述多是在条目之末提及。

书中记事较为简略。对研究北京的岁时风物、社会生活等有一定史料价值，有些内容可补同类书籍如《燕京岁时记》等的不足。

此书有钞本，首都图书馆有藏。

《京师前代功德祠祭礼》

《京师前代功德祠祭礼》，不著编者。1917年油印本，一册。

民国政府成立后，鉴于祭祀先祖功德祀典久付阙如，为树立社会道德观念，教化国民，政府拟订功德祠祭典，分别奉祀前代及民国之有功德者。由内务府编订礼制，祭有功德于民者，谓之"崇德"。崇德报功仿日本"神社"之制，分别拟设京师与地方之前代功德祠及京师功德祠。本书即记京师与地方功德祠的祭祀礼制、祭祀条例。

本书内容分四部分：一、京师前代功德祠祭礼；二、各地方前代功德祠祭礼；三、京师功德祠祭礼；四、各地方功德祠祭礼。京师前代功德祠祭前代帝后凡有功德于民者，自远古太昊伏羲氏至清朝九帝；各地方前代功德祠祭前代各地守土名宦、本地乡贤、忠义孝弟等凡有功德于本地者；京师功德祠与各地方功德祠分别祭当代京师及地方有功德于民者。有功于民者，在京师"国祭"，由国费祭祀，在地方"公祭"，由地方费祭祀。四章分别记录了各功德祠按木主身份分类其名位序列及祭祀条例，政府致祭礼仪程序等。书中最后附"说明书"，详细记载政府成立此祭典的意义，功德祠的性质、种类，祭所，木主，祀典，祭日，祠产保管等具体事项。

原书（疑为民国政府内务府原编）无统一题名，此题名取自第一章标题。

此书国家图书馆有藏。

《妙峰山》

《妙峰山》，顾颉刚编。1928 年 9 月国立中山大学民俗学会铅印本，一册，266 页。

此书是对妙峰山进香情况的调查报告。妙峰山位于北京西北郊，主峰山顶有"碧霞元君祠"，供奉着碧霞元君等五位娘娘，于每年农历四月初一至十八日开放，是华北规模最大的朝圣庙会。1925 年，顾颉刚、容庚、容肇祖、孙伏园、庄严等对妙峰山香会进行了详细的调查和带有研究性的记录。几位调查者从不同的学术角度出发，对香会作出了多学科的分析，顾颉刚将其编为《妙峰山进香专号》，在《京报副刊》上陆续刊登，共六期，以后由中山大学语言历史学研究所结集为《妙峰山》一书，1928 年 9 月出版。

全书包括《妙峰山的香会》（顾颉刚）、《碧霞元君庙考》（容庚）、《妙峰山进香者的心理》（容肇祖）、《朝山记琐》（孙伏园），《妙峰山的传说》（俞琴）等 26 篇文章。其中，以顾颉刚的《妙峰山的香会》最为详细，对香会的来源、香会的组织以及明、清两代和本年的香会情况都有细致的考察和研究。这次妙峰山香会调查，是中国首次有组织、有目的、有计划的民俗学田野作业，开创了我国民俗学田野调查的先河。本书也就成了中国民俗学调查的开山之作。书中保存了大量有关妙峰山香会的第一手资料，为宗教学、社会学、心理学、民俗学、美学、教育学等学科的研究提供了鲜活的材料。

1988 年上海文艺出版社据该本影印出版此书。

《妙峰山进香调查专号》

《妙峰山进香调查专号》,魏建功等编。《民俗》杂志社 1929 年铅印本(第六十九、七十期合刊),一册,155 页。

1929 年 5 月 17 日至 19 日(即民国十八年农历四月初九至十一),燕京大学、北京大学、清华大学、中山大学组成"一八妙峰山进香调查团",成员有魏建功、顾颉刚、朱佩弦、周振鹤、白涤洲等 13 人,至北京妙峰山考察庙会风俗,归后编辑了《妙峰山进香调查专号》。

本书大部分是"一八妙峰进香调查团"成员的文章。书中以香客的角度记述了游览妙峰山的所见、所闻、所感及由此引出的金石学和民俗学等学术上的研究。主要有:罗香林《碧霞元君》、周振鹤《王三奶奶》、容媛《游妙峰山日记》、朱佩弦《妙峰山圣母籤的分析》、白涤洲《魔王老爷的传说》等,并附颉顾刚《妙峰山琐记序》、奉宽《妙峰山琐记自序》,转载孤血《社火概谈》,书首附调查团成员照片及妙峰山香会的照片,末附天行《西山金石目》。

此书是民国时期专家学者研究妙峰山庙会的第一手材料,全面而生动,对学界影响颇大,对于研究北京民间宗教、民间文化具有重要的资料价值。

《北平岁时志》

《北平岁时志》十二卷,张江裁纂。国立北平研究院史学研究会 1936 年铅印本。

作者介绍见前《燕市贾贩琐录》篇。

《北平岁时志》是记述北京岁时风俗的志书。体例依宗懔《荆楚岁时志》,以月为纲分十二卷,各卷再按节分目。每卷先总说,后"诸家",逐日附载,末为"杂事"。所采诸家即辽金以来谈北平风物之书，择其记述当地岁时风俗的按日分条叙述；"杂事"记本月之事。卷末附引用书目。此书是研究北京岁时风俗的重要史料，展示了每个节令在不同史籍的记载，从中可以看出北京岁时风俗的嬗变。

此书有顾颉刚题名，林志钧、郭家声序。

又有1972年台北东方文化局影印本两册、1985年台北文海出版社影印本两册。

《北平风俗类征》

《北平风俗类征》，李家瑞编。商务印书馆1937年出版，上、下两册，共493页。

作者简介见前《北平俗曲略》篇。

本书是作者根据古代史书、方志、笔记、民间俗曲等材料汇编而成的类书。书中把所辑录的材料按性质分为十三部：一、岁时；二、婚丧；三、职业；四、饮食；五、衣饰；六、器用；七、语言；八、习尚；九、宴集；十、游乐；十一、市肆；十二、祠祀及禁忌；十三、杂缀。每一部材料下面又分若干小类，所有材料按时间顺序编排，条理清晰，一目了然。它是我国现代第一部较为详细而系统地搜集北平民间风俗的类书，保存了大量有关北京风俗的资料，为民俗学和民间文艺学的研究提供了丰富、翔实、可信的直接或间接材料。书末附有《征引书目》便于检索。

1986年上海文艺出版社据此版影印，为《民俗、民间文学影印资料》之一。

《北京庙会调查报告》

《北京庙会调查报告》，王宜昌等编。北平民国学院1937年铅印本，一册。《经济调查丛刊》之一。

此书是北平民国学院主持经济调查的王宜昌和经济系学生在

对北京七大庙会进行三个月实地调查后撰写的调查报告。

调查报告分八章，分别是"庙会的词义"、"庙会的起源"、"庙会的历史"、"庙会的分布"、"庙会的场所"、"庙会的商业"、"结论"等，书首有插图二十幅。本书简明扼要地介绍了民国时期北京庙会的状况，侧重于庙会经济，为中国社会经济研究者提供了一部分资料。虽稍嫌简略，但以现代科学的角度对庙会这一古老事物进行全面研究，并提出明确系统的认识，此书当为滥觞之作。

《京津风土丛书》

《京津风土丛书》，张江裁辑。丛书。双肇楼 1938 年铅印本，一函一册。

作者介绍见前《燕市贾贩琐录》篇。

《京津风土丛书》17 种，内容涉及北京历史名胜、岁时风俗、商业等方面。子目包括《北京形式大略》、《燕都名胜志稿》、《旧京遗事》、《燕京访古录》、《琉璃厂书肆记》、《北京崇效寺训鸡图志》、《大兴岁时志稿》、《宛平岁时志稿》、《春明岁时琐记》、《燕市货声》、《燕市负贩琐记》、《燕市百怪歌》、《津门百咏》、《天津杨柳青小志》、《东莞袁督师后裔考》等。《京津风土丛书》为研究北京民俗文化提供了丰富的资料，历来在学术史上占有重要地位。

《北京市婚嫁寿丧之礼俗》

《北京市婚嫁寿丧之礼俗》，北京市公署编。北京市公署 1941 年 8 月铅印本，一册。

本书是日本占领北京时期北京市公署编印的，为中日双语读物。封面题名"北京市婚嫁寿丧礼俗"、"北京市冠婚葬祭祝事一般样式"，前者为中文书名，后者为日文书名。有中日对照序文，照片一幅。

此书第一部分是中文，记录当时北京婚嫁礼（包括新式和旧式两种）、祝寿、贺年、贺节、弥月、迁居、宴会仪式、丧葬等礼俗，详细介绍了婚嫁礼、丧葬礼的程序样式。第二部分译成日文，并对部分名词加以注释。本书有一定资料性，对于了解民国时期北京的婚丧礼俗，了解旧式与新式礼俗并存时期的市民生活有一定参考价值。

此书国家图书馆有藏。

《北京礼俗小志》

《北京礼俗小志》一卷，蔡绳格著。1943年铅印本。张江裁主编《中国史迹风土丛书》第一辑。

作者介绍见前《燕市货声》篇。

此书详述北京家庭的礼仪。家庭大礼，首为婚丧，次为千秋、弥月等。此书重点述婚礼和丧礼的礼仪内容、程式经过，略讲弥月礼、千秋礼、庆贺礼、吊慰礼等。弥月礼指落草、满月、十二天、百禄等育儿礼俗。千秋礼即过生日的习俗。庆贺礼是庆祝迁居、受职、挂匾、开市、收徒、过继、谢师、谢神、祭天、祭神、开光、善会、贺排等事。吊慰礼是指救急、压惊、起病、暖疼等礼俗。

此书是研究北京礼俗的重要资料。

《北京岁时志》

《北京岁时志》一卷，蔡绳格著。1943年铅印本。张江裁主编《中国史迹风土丛书》第一辑。

作者介绍见前《燕市货声》篇。

《北京岁时志》记清代北京岁时风俗。按时间顺序，自农历元旦始至除夕辞岁、接神，概述一年中各个节令的风俗及相关饮食、寺庙坛观的民间活动等。

《燕京旧俗志》

《燕京旧俗志》,韶公辑。原载北京《晨报》。

韶公,生平不详。

本书记北京的风俗民情与生活百态。前列总目,计十五篇:"岁令"、"礼俗"、"官秩"、"商情"、"街市"、"饮食"、"服饰"、"生计"、"娱乐"、"慈善"、"江湖"、"诈诡"、"盗匪"、"刑狱"、"变乱"。可谓洋洋大观。而此钞本则仅为"岁令篇",自"元旦"起,至"妙峰山"止,末言"尚有四十七则未写",显为不全之本。

现存第一篇"岁令",目次与正文略有参差,按正文依次为:"元旦"、"拜年"、"打春"、"接财神"、"五显财神庙"、"小开市"、"祭星"、"曹老公观"、"厂甸"、"火神庙"、"大钟寺"、"逛灯"、"吃元宵"、"逛白云观"、"放盒子"、"接姑奶奶"、"瞧打鬼"、"添仓"、"太阳宫"、"龙抬头"、"蟠桃宫"、"清明上坟"、"江南城隍庙"、"东岳庙"、"铁塔"、"舍缘豆"、"黄花鱼"、"藤罗饼与玫瑰饼"、"看牡丹"、"海鲫鱼"、"妙峰山"。

此书虽然只残存"岁令篇"三十一章,记录节令从春节至四月初妙峰山庙会,然而其内容很丰富,笔触生动,除介绍清代至民国北京诸节令习俗、禁忌、饮食、活动、庙会以外,对部分节令还叙述了其起源、历史、传说、掌故、轶事等,具有相当的资料性和阅读性,对于研究清代及民国北京史有一定参考意义。

中国科学院考古研究所藏 1927 年钞本两册,国家图书馆藏四册剪报本《燕京旧俗志》,首都图书馆据 1927 年钞本复抄两册。

《春明采风志》

《春明采风志》,原题沈太侔、恫叟、邵哲民等编。钞本(抄自 1921 年《春明报》),一册。

沈太侔,名宗畸,号南野,广东番禺人,生于晚清,光绪间任职礼部，熟于京师掌故。恫叟、邵哲民等生平不详。

1921 年，北京《春明报》增设"北京风俗"一栏，由沈太侔、恫叟、邵哲民等编稿，此书即抄自 1921 年《春明报》。前有序"采风缘起"，记作者 1921 年应《春明报》邀请，为"北京风俗"专栏著此书经过。继列《春明采风志总目》，称："都门旧俗，耳目所及之尚者，略分二十类，不妨走笔志之。"所列则仅有十八类，即：岁时、家庭、饮馔、衣装、婚寿、丧祭、言动、交际、品物、器具、营业、游览、书籍、技能、玩艺、江湖、杂剧、散志。今所存钞本，仅四卷，计：卷一岁时、卷四衣装、卷五婚寿、卷六丧祭。

卷一岁时，未题撰者，概记各月节令；卷四衣装，恫叟撰，分类记不同身份、年龄的四季服装；卷五婚寿，待晓庐撰，记婚嫁贺寿等喜庆习俗；卷六丧祭，待晓庐撰，记丧祭及吊慰的习俗。以核总目，知所脱应为：卷二家庭；卷三饮馔。至于"丧祭"以下是否写出及"丧祭"以前是否皆曾刊登，因《春明报》不存，已难检核。据今存四卷看，所写内容颇为详实，尤注意于细枝末节的描述，确为精通北京风俗之行家，因而极具价值。

此书中国社会科学院考古学研究所图书馆有藏。

《老北京的风俗》

《老北京的风俗》，常人春著。北京燕山出版社 1990 年出版，一册，356 页。

作者介绍见前《老北京的穿戴》篇。

《老北京的风俗》是常人春第一部民俗著作，曾荣获第二届中国北方文学奖一等奖。

本书记述了清末民初北京地区的民俗，由于清代以后北京地区主要居住的是满、汉两族，故本书重点叙述的是北京满、汉两族人民的风俗、习惯，略言蒙、藏。

全书分四部分，即"庙会"、"传统年节"、"喜庆"、"丧葬"。"庙会"编分两章，按每月定期开放和年节定期开放两类分别介绍了北京三十八处庙会的情况；"传统节年"编分十五章，详记北京15个主要节日的风俗；"喜庆"分十二章，记老北京结婚、庆寿、洗三、百日、抓周等喜庆习俗；"丧葬"编分九章，按丧事的程序叙述丧礼的过程和形式，特别介绍满、汉、蒙、回等民族的丧礼特点、差别，编后简介国葬、公葬和贫葬等。

本书史料丰富、真实可信，记载极为详尽，文笔自然流畅，是具备知识性、资料性的参考读物。

《红白喜事：旧京婚丧礼俗》

《红白喜事：旧京婚丧礼俗》，常人春著。北京燕山出版社1993年出版，一册，439页。

作者介绍见前《老北京的穿戴》篇。

1990年常人春著《老北京的风俗》一书出版，书中有一部分专记旧京婚丧礼俗。此书在其基础上进行充实、修定，成为一部系统完整地反映老北京婚丧礼俗的专著。

本书主要记叙自清末以来至民国时期的以北京为中心的北京婚丧礼俗。反映了聚集在北京地区的汉、满两大民族，包括清代满、汉、蒙二十四旗的婚丧礼俗。书分上、下两卷，上卷为婚嫁礼俗，下卷为丧葬礼俗。每卷各章节原则上按照旧时礼仪程序的前后顺序排列。

此书是研究老北京婚丧礼俗的纪实之作，以平实自然的笔触再现了旧京婚丧嫁娶的原貌，而且资料全面，对了解和研究北京史的读者具有重要的参考价值。此书曾荣获1993年度北京文教类图书奖三等奖。

《市井风情：京城庙会与厂甸》

《市井风情：京城庙会与厂甸》，郭子升著。沈阳辽海出版社

1997 年出版，一册，236 页。《清代社会文化丛书·风俗卷》。

郭子升，1921 年生，河北省高邑县人。中国博物馆学会、中国文物学会会员。

本书由 43 篇文章组成，记述了老北京的庙会及与庙会有关的风物、行业，描绘了清代至民国时期北京的风俗画卷。书中对随庙会的发展而产生的一些行业做了特别介绍，如棚铺业、纸扎铺、鸽市、乞丐组织等，并详细介绍了琉璃厂文化街的历史现状以及遍布京城的小市，从不同侧面展现了旧京的风貌。书前附老照片若干幅。

本书是了解北京庙会习俗及庙会文化的通俗读物。

《北京庙会史料》、《北京庙会史料通考》

《北京庙会史料》，北京市东城区园林局编。北京燕山出版社 1999 年出版，一册，296 页。

《北京庙会史料通考》，李鸿斌编纂，北京市东城区园林局汇纂。北京燕山出版社 2002 年 10 月出版，一册，413 页。

《北京庙会史料》是记述北京庙会的史料汇编，记明清两朝京城及大兴、宛平两县的庙会，全书记庙会 44 处，引用书包括元代以来的方志、典志、笔记和民国时期的报刊以及 1949 年后的专集等。

书分五章：第一章，概述，辑录史籍中综述北京庙会的史料；第二章，各述，按庙会名称列出各史籍中的记载；第三章，调查报告，收 1922 年志平的《旧历新年中北京庙会的调查》及 1943 年王秉成的《从经济方面分析北京的庙会》；第四章，50 年代新编《北京志》关于庙会的记载。附引用书目和报刊，有照片多幅。

2002 年，东城区园林局将本书进行增补调整，重新出版《北京庙会史料通考》，内容扩充了一倍，字数由 12 万增加至 24 万。此书是一部系统而全面的研究传统庙会的专著，全书记述庙会 50 处，超过以往权威著述中所记 36 处，编排合理，全书分三章：概述、各述、调查报告，所有史料按形成年代排列，最早的是元代东岳庙和白云观开庙设市，最晚的是 1948 年人民政府在妙峰山举办庙会，时间跨度六百年，脉络清晰。在史料的选择上注重相关的统计，带有较强的直观性。此书资料全面丰富，使用方便，是兼有学术价值和实用价值的研究成果，是研究北京庙会和北京民俗的重要工具书。

《老北京庙会》

《老北京庙会》，赵兴华著。北京中国城市出版社 1999 年出版，一册，290 页。《北京史话》之二。

赵兴华，1937 年生，1962 年毕业于北京林业大学。中国风景学会、北京园林学会、中国科普作家协会会员。主要著作有《绿海泛舟》、《北京园林史话》等。

本书分上、中、下三篇，分别记述明清以来老北京的庙会传统习俗和宗教观念。上篇讲述庙会的起源、种类、历史；中篇分别叙述各大庙会的风俗人情、商贸、娱乐、饮食等；下篇收集整理历代文人学者记述有关庙会的诗文集。作者以大量的第一手资料和鲜为人知的轶闻趣事，全景式地向读者介绍老北京的庙会。

本书内容丰富、资料翔实，是研究北京民俗和北京文化的重要参考书，而且文风朴实，通俗易懂，语言具有浓厚的京味特色，也是一部阅读性很强的读物。

《北京的庙会民俗》

《北京的庙会民俗》，习五一著。北京出版社 2000 年 1 月出版，一册，159 页。北京社会科学院历史所编《北京历史丛书》之一。

习五一，1951 年生，女，汉族，湖北省丹江口市人，中国社科院世界宗教研究所研究员。

在北京，佛教与道教的庙会活动历史悠久，至明清之际，逐渐形成以宗教祭祀为主导，兼及商贸集市和游艺等多元化的复合形态。此书系统介绍了古都庙会文化的源流、变迁、模式、庙会的宗教祭祀以及庙会的集市、游艺活动等，重点介绍了庙会的历史、佛教道教的宗教祭祀、明代以后庙会集市的发展，为研究北京的庙会习俗提供了有益的参考资料。

《老北京的年节》

《老北京的年节》，常人春、陈燕京著。中国城市出版社 2000 年出版，一册，371 页。《北京史话》丛书之一。

常人春介绍见前《老北京的穿戴》篇。陈燕京，1954 年生，从事北京史地民俗研究。

本书系统地记述了清末至 19 世纪 50 年代北京地区的岁时风俗。以岁时的自然为序，由正月至腊月，共分十二部分，每月编为一章，每章记本月所属的节日，包括祭祀、人情往来、游览娱乐、时令饮食等，再现了生活在北京的满、汉两大民族的风俗画卷。本书对一些节日的由来、民间传说、文史掌故、风俗特征等做了大量的收集、整理和展现，对有些民俗现象作了理论性的阐述，具有一定学术价值。

本书内容丰富，资料翔实，考证精到，叙事详尽生动，而且文风朴实，有浓厚的古都风韵，京味语言，通俗易懂，是集历史性、知识性和资料性于一体的通俗读物。

《喜庆堂会：旧京寿庆礼俗》

《喜庆堂会：旧京寿庆礼俗》，常人春、张卫东著。学苑出版社 2001 年 10 月出版，一册，267 页。《兔儿爷老北京史地民俗丛书》之一。

常人春介绍见前《老北京的穿戴》篇。张卫东，1968 年生于北京，北方昆曲剧院老生演员，致力于昆曲研究。

本书重点介绍了清代中后期至民国时期北京的寿庆礼俗和堂会礼俗。寿庆礼俗是人生礼俗重要的一部分，祝寿庆典除了宴会便是办戏曲堂会演出。堂会一般只用于寿庆，是为寿庆添彩助兴的，因其是红喜事中的盛举，故谓之喜庆堂会。喜庆堂会是当时戏曲界在社交当中的一种演出形式，包括戏剧、曲艺两大类。本书不仅对贫寿、童寿、冥寿等不同形式的寿庆及其筹备、程式、礼节讲究等，而且对两类堂会的组织、剧目安排、内容、礼仪等都作了系统的介绍。此外，此书还介绍了酬神堂会、团拜堂会、妓院开市堂会等。书中附有喜庆堂会上专用的传统唱词。

此书为研究清代中后期至民国时期北京的寿庆礼俗和堂会礼俗提供了丰富的参考资料。

《北京风俗》

《北京风俗》，陈师曾绘。北京出版社 2002 年 12 月出版，一册，92 页。

陈师曾（1876—1923 年），名衡恪，字师曾，号槐堂、朽人、朽道人、道子等。江西义宁（今修水）人。其祖父为曾参与戊戌变法的晚清名臣陈宝箴，其父陈三立为近代著名诗人，弟陈寅恪为著名学者。陈师曾曾留学日本，1913 年至北京，致力于美术教育，擅诗文、书法、篆刻，尤工绘画。

《北京风俗》册页，封面上是陈师曾自署"北京风俗"四字，卷首为金城篆书"风采宣南"、程康隶书"北京风俗"，其后是陈师曾的水墨人物画 34 幅。这组画大约画于 1914 至 1915 年前后，即陈师曾来北京后的两年。画的左下角是陈师曾的文朋画友题诗、题词。《北京风俗》册页所画多是北京市井里巷人物，题材包括普通劳动者和穷苦市民的生活、旧京的红白喜事和民间娱乐、封建遗老遗少穷愁无聊的情状、讽刺时政等，笔简而意工，真实描绘了北京风情及下层人民命运。《北京风俗》册页开辟了现实主义人物画的新篇章，至今在近代人物画史上仍然占有重要地位。

陈师曾逝世后，他的好友姚华于 1925、1926 两年中为这部册页填词 34 阕，编为《姚茫父题陈师曾画北京风俗图》，与原画同时付印。1926 年，《北洋画报》开始连载《北京风俗》。陈师曾的册页在他逝世后辗转相传，后藏于中国美术馆。姚华的题词为李一氓所藏。20 世纪 80 年代，北京古籍出版社据李一氓建议，出版了《北京风俗画》，惜乎印数很少，现在已经很难见到。2002 年，北京出版社重新出版了此书，并续朱家溍和刘征跋各一篇及刘曦林《陈师曾的〈北京风俗画〉》一文。

《北京礼俗》

《北京礼俗》，崔金生著。北京文物出版社 2003 年出版，一册，243 页。

崔金生，1937 年生，北京人。原是旋活手艺人，受老舍影响，操笔为文，从容不迫。1959 年起发表各类作品 600 余篇。现为中国作家协会、中国诗学会等八家学会会员，北京工人老作家联谊会副会长兼秘书长，北京宣武作家协会监事长。

本书为《文化百科丛书》之一。记老北京的礼仪风俗。书分五章："礼仪风俗"、"家庭礼仪"、"生育礼仪"、"婚姻礼仪"、"丧葬礼仪"，系统而简明地介绍了各类礼俗的情况和变化，记载了相关的轶闻趣事。书前绘插图。

本书语言简洁，文风朴实，内容丰富，是了解老北京礼仪民俗的通俗读物，并且具有一定实用性，对于今天人们学习相关的礼仪知识有借鉴价值。

《老北京与满族》

《老北京与满族》，爱新觉罗·瀛生著。北京学苑出版社 2004 年出版，一册，302 页。

爱新觉罗·瀛生，名文莲，满族，辽宁省新宾满族自治县人，

651

北京文史馆馆员。1922 年生于日本，清太祖努尔哈赤之十三世孙，启字辈。1945 年北京大学农学院毕业，曾任教于燕京大学、北京农业大学、镇江农业机械学院。

清代以来满族大量移居北京后，满族习俗与北京固有习俗相互影响、融合，形成了独具特色的北京民俗文化。本书对老北京的衣食住行、体育、娱乐、戏剧、曲艺、婚丧、喜庆、年节及器物、语言等与满族有关的方面，作了细致的介绍和分析。全书二十二章，包括以下几方面内容：一、语言，介绍了北京话中的满语词，与满族习俗有关的歇后语、俗语和童谣；二、婚丧风俗，介绍了满族婚俗中的女真传统、及满汉合璧的婚仪、丧仪、育儿风俗；三、饮食，介绍了老北京的饮食与满、蒙、回族的渊源以及满族风味的饮食；四、行业，介绍了老北京的旧俗与行当；五、介绍满族传统体育活动；六、介绍了《红楼梦》、《儿女英雄传》中的满族习俗。

本书内容丰富，通过介绍满汉不同的习俗来源，从多个方面展示了清代以来居住在北京的汉人和满人的生活，既有一定的学术性，也有相当的趣味性，是集知识性与资料性于一体的读物。

《京都香会话春秋》

《京都香会话春秋》，隋少甫、王作楫著。北京燕山出版社 2004 年 6 月出版，一册，306 页。

隋少甫，民间艺术家。1920 年生于北京，出自于香会世家，其父隋星甫是清末宫中"内八档"会中兵部杠箱会的杠箱官。11 岁时拜奎世峰为师，学习车技，后又拜京城四大前引之一景荣学习会规，1940 年任"万里云程踏车老会"会头，解放后成为中国杂技团首批车技演员，现为北京民间文艺家协会会员。王作楫，民俗专家。1939 年生于北京，1956 年拜金受申为师，学习老北京的风俗。现为北京民间文艺家协会会员。

香会即民间花会，是民间喜闻乐见的自娱自乐的形式，汉代

称之为"百戏"，宋元时称"社火"，明代定名为"香会"，并开始
兴盛起来，清代是北京香会发展的高峰。本书即全面而系统地介
绍了香会的起源、发展，香会的组织、会规和走会通例，老北京
香会的历史、文会和武会的形式特点，北京各地庙会与香会、与
香会有关的民间传说、趣事杂谈等。

　　有关香会的文章多有面世，然而未见全面记述香会的专著，
本书弥补了这一空白，是关于香会研究的是不可多得的民俗史料。
此书内容极为丰富，而作者所记几十年的亲身经历，叙述生动形
象。书中更有大量插图和照片，直观介绍了香会的套路，书后附
武会配曲唱段。此书为后人研究民俗文化提供了不可或缺的翔实
史料。

《京都礼俗》

　　《京都礼俗》，文安主编。北京中国文史出版社 2005 年月 1 月
出版，一册，206 页。

　　本书为《老北京文化丛书》之一。由 17 篇记述老北京礼仪风
俗的文章组成，这些文章选自全国政协文史系统编辑出版的文史
资料，作者有溥杰、刘仲宸、常人春等，文章包括溥杰《清宫的
风俗习惯》、刘仲宸《旧北京婚俗》、张琦翔《旧式婚礼和丧仪》、
唐友诗《丧葬风俗》、王永斌《老北京的喜轿铺》等，内容涉及宫
廷风俗，婚丧风俗、生育习俗、宗教礼俗等诸多方面，多是作者
亲历或亲闻，资料性强，文字朴实生动，引人入胜。

　　本书浸透着浓郁的旧京遗风，读之不仅可使人了解京都市民
生活，也可进一步领略老北京的风情。

《民俗北京》

　　《民俗北京》，宋卫忠著，旅游教育出版社 2005 年出版，一册，
212 页。《文化北京丛书》之一。

宋卫忠，1969 年生，首都师范大学历史系副教授，历史学博士，从事北京民俗生活史的教育研究工作。

《民俗北京》介绍了清代至民国时期老北京人的风俗生活，内容包括饮食、服饰、居住、交通、礼俗、岁时风俗、庙会、娱乐休闲等八个方面的内容，不仅对各类进行了系统的传述，而且配以大量的图片，直观地再现了老北京人生活的原貌。本书资料丰富，内容全面，文字通俗，是一本阅读性较强的读物，也适合初涉北京民俗研究的学人使用。

（三） 宗教

《勅建弘慈广济寺新志》

《勅建弘慈广济寺新志》三卷，清释湛祐纂，清释然丛编辑。

释湛祐，自称别室天孚和尚，三韩金氏子，出身名门，自幼家道中落，13岁在广济寺出家。湛祐苦读经书，深究佛法，著有《勅建弘慈广济寺新志》。释湛祐圆寂后此书由广济寺监院然丛编辑，清康熙四十三年（1704年）刊行传世。

此书是一部记录广济寺历史沿革的志书。共设十个类目：御制弘慈广济寺碑文、御书匾额供奉大殿、建置图、碑铭颂、传记序、赋赞跋、尊宿、塔院、下院、题咏。

本书追溯了广济寺的发展历史，详细介绍了清代广济寺的建筑格局，保留了大量的相关文献，还记述了喜云慧大师、满月清法师等九位师傅的生平轶事等。此外，书中还有一幅弥足珍贵的广济寺全盛时期院舍鸟瞰图，为研究广济寺的历史提供了不可多得的史料。

此书现有清康熙四十三年（1704年）大悲坛刊本；又收录于白化文等主编的《中国佛寺志丛刊续编》，南京古籍出版社2001年版。

《潭柘山岫云寺志》

《潭柘山岫云寺志》二卷，清神穆德撰，释义庵续修。清光绪年间本。

本书上卷为神穆德编纂。在此志之前原有钞本旧志，今已佚，神穆德在旧志的基础上参考他书编纂而成。其总目为："主山基宇"、"梵刹原宗"、"中兴重建"、"历代法统"、"行幸颁赐"、"名胜古迹"（附诗）。

下卷为释义庵续修。光绪九年（1883年）义庵云游至岫云寺，受法叔慈云大师之托，续修寺志。其所续为该寺中兴第五代至第十七代律师之传记。作者"详询尊宿，博访遗闻，据事直书，不假修饰"，使得这些传记较为客观。

全书内容丰富，资料翔实，展现了潭柘山岫云寺的历史沿革和地理环境等。由于潭柘山在北京历史上占重要地位，该志对研究北京历史、文化、地理、宗教等方面有重要的参考价值。

《燕京开教略》

《燕京开教略》，〔法〕樊国梁著。北京救世堂光绪三十一年（1905年）铅印本，三册。

樊国梁（Alphonse·Favier），法国传教士，原名法维埃，中文名字樊国梁，1862年25岁时来到中国。1901年义和团进攻北京时，樊国梁任北京西什库天主堂主教，他致信法国公使，建议外国军队保护在京的外国人和教堂。在法国公使建议下，各国公使决定联合进军中国，镇压义和团活动，八国联军侵华战争开始。战争间，樊国梁勾结八国联军进行烧杀抢掠。

本书是一部专门记载天主教在京兴起、发展的历代沿革史的著作。全书分为上、中、下三篇，上溯自西汉元寿二年（公元前1年）天主耶稣降生，下至清光绪二十一年（1895年）近两千年间天主教在中国的传播和演变历史，略记中国历代王朝的兴衰，尤以记载清代帝王的史事、传教活动、北京各教会内务以及天主堂院的兴建营修为多。书中附图。

此书是中国天主教史重要著作。为中国天主教史学者习用，具有重要的史籍及史料的价值。

《白云观志》

《白云观志》，〔日〕小柳司气太著。东方文化学院东京研究所

1934年铅印本。

小柳司气太（1870—1940年），日本学者，1894年修业于东京帝国大学文科大学汉学科，对中国道教颇有研究，著有《白云观志》、《道教概说》等。他1931年来中国考察，多次走访白云观，通过实地调查和文献研究，在中国道士的帮助下，1934年编成《白云观志》，且附录《东岳庙志》。

本书是第一部系统记述白云观的专志。前有作者自序、14幅图片和东岳庙平面图。正文共七卷，分别为：卷一白云观小志、卷二白云观纪事、卷三诸真宗派总簿、卷四白云观碑志、卷五东岳庙志、卷六东岳庙七十六司考证、卷七补汉天师世家。附录《白云观调查报告》。书中内容非常丰富，包括白云观的历史沿革、宗教活动，以及道士生活、经济状况、道家谱系、历代方丈、道士小传、历史旧闻等等。此外，还详细记述了东岳庙的现状和历史沿革。

本书收集了大量道教方面的历史资料包括照片图纸、石碑拓本、口述传说等，为研究北京宗教史提供了重要的参考。书中还记载了不少与道教相关的民俗活动，如"燕九"等，对研究北京民俗也有一定的价值。

此书有江苏古籍出版社2000年影印本，一册。

《雍和宫导观所刊物》

《雍和宫导观所刊物》，蒙藏委员会驻平办事处编。雍和宫导观所1934—1937年出版，三册。

1933年蒙藏委员会对雍和宫的陈设和器物等做了彻底盘查，并将佛像、法器、古物、建筑等拍成照片陆续刊出。前后共三册，每册分摄影和文字两大部分。

第一册于1934年出版，摄影部分以雍和宫佛像和法器的照片为主，共20余幅。每幅照片后都附录文字，简要解释各物的名称和意义。文字部分有雍和宫碑文、清高宗坐禅图解、大宝广博楼阁说明。此外还对佛像、经卷、法器、古物、供器进行了说明，使读者对西藏黄教有进一步的认识。

第二册于 1935 年出版。继第一册后，蒙藏委员会又将雍和宫内的殿宇僧舍及附属建筑详细勘丈绘制成图。还按照盘查雍和宫的办法对其余喇嘛庙也进行了清查，并将其中的佛像、古物等择要摄影，放在本册摄影部分出版。复将北京、河北各寺庙的沿革附载于后，供阅览者参考。

第三册于 1937 年出版。本册收录了雍和宫、普度寺、护国寺等处的佛像法器照片 20 余幅。文字部分将西藏黄教之由来，达赖班禅之世系，雍和宫各部之组织、四学之概况、各庙喇嘛之待遇、殿宇佛仓僧舍之建筑以及导观所之沿革择要刊载。

读者可以通过此书对以雍和宫为主的北京喇嘛寺庙有全面而直观的认识。此书对研究宗教史、古建筑史等方面的学者也有重要的参考价值。

《北平教案始末记》

《北平教案始末记》，北平市回民各团体临时联合会编。北平市回民各团体临时联合会 1936 年印行，一册，29 页。

民国二十五年（1936 年）三月，北平《全民报》、《世界晚报》等刊载了污辱伊斯兰教的文字，北平市回民愤而捣毁《全民报》报馆、《世界晚报》报馆，由此引发纠纷，这就是所谓的"北平教案"。此书是当时教界对外说明此事件真相的出版物。

此书将"北平教案"事件的经过、处理办法、善后措施、各地穆斯林声援情况及一些重要发言内容汇辑整理。此书内容录自《全民报》、《时言报》、《世界晚报》、《公民报》等报纸中的相关报道，又加以小标题，从"侮辱文字首次出现"、"时言报复布其后尘"，到"光明正大代表出头"、"五千人之壮烈游行"，到"全体大会接受调解"、"各处代表来平慰问"、"隆重严肃祈祷大会"等，真实反映了当时历史状况。书中还配有照片数张。

本书为读者了解抗日战争前中国穆斯林的社会状况，并进而了解当时北京穆斯林的社会团体及其活动情形提供了真实的参考资料。但此书在收录相关报刊材料原文时没有注明标题，略显缺憾。

《东岳庙七十六司考证》

《东岳庙七十六司考证》，刘澄圆编。1936年东岳庙铅印本，一册。

东岳庙创建于元代，是北京著名道观之一，是北京城及其邻近地区规模最大的民众集会场所。庙内供奉的是以泰山神东岳大帝为首的诸神，相传最多时达三千余尊。七十六司是东岳大帝统辖下的审判机关，即"地府判官"，是掌管人间善恶福祸，因果报应，生死轮回的冥府之神。

刘澄圆，民国年间善士。刘氏幼年失怙，身世不幸，于是"发大同主义之心"，为的是"补鬼神护法之不足，补教育法律之不足"，他参考古今典籍，根据各司匾额上的名称，花了两年时间用白话文编写出各司职务的考证材料，将说明写在木板上，钉挂在各司门前。1919年，东岳庙住持华明馨出资，将木板上的说明文字印刷，出《东岳庙七十六司考证》一书。民间传抄，以作劝善之书，为的是"普通人正心修身"。

本书依次详细记录了七十六司的涵义和具体职能，以警人心。书中还有东岳大帝本纪以及泰山府君、三茅真君等道教仙人的传记。书末附《东岳庙碑文目录》。

此书是有关七十六司研究的最早的最完整的著作之一，采用白话文的形式，通俗易懂，为研究北京宗教史提供了重要的参考。本书题目虽为"考证"，但实为解释，且由于作者文化水平有限，以致书中措辞、用字、语法甚至断句上每多错误，但对民俗研究者来说，却是一本不可多得的资料。20世纪30年代初，日本学者小柳司气太将此书收录在由东京东方文化学院1934年出版的《白云观志附东岳庙志》。1939 年，北京大学《民俗丛书》第四十六卷，叶郭立诚夫人的《北京东岳庙调查》也将其收入。

本书分别于 1919 年、1932 年、1933 年、1936 年四次印刷，共 5200 部，但流传至今的版本不多。现首都图书馆藏有 1936 版，一册。

《华北宗教年鉴》

《华北宗教年鉴》，兴亚宗教协会编。兴亚宗教协会 1941 年铅印本，武田熙发行，一册，712 页。

1938 年 12 月 16 日，日本政府在东京成立"兴亚院"，作为对华侵略的最高行政管理机构，专门处理在华所遇到的政治、经济及文化问题。次年 3 月 10 日，又分设了华北、蒙疆、华中、厦门四个联络部。"兴亚院"华北联络部设在北京。"兴亚院"不仅对华进行经济上的掠夺，而且进行文化上的控制，下属兴亚宗教协会是负责华北地区宗教管理的组织，负责人是华北联络部文化局调查官武田熙。兴亚宗教协会成立后对华北的宗教各界组织进行调查、管理、研究，并出版了一系列研究中国宗教的丛书，本书即其中之一。

《华北宗教年鉴》记载华北佛教、道教、喇嘛教、回教、基督教等各宗教组织的历史，时间止于 1940 年，全书 11 篇，前七篇分别记佛教、道教、喇嘛教、回教、基督教、日本在华宗教、其他宗教的历史大事，各篇中所著录之宗教，均详记其略史、大事记、各地重要团体、信徒生活状况、寺院表、仪注规约、经典艺术以及布教方法、社会事业等诸项内容。第八篇至十一篇记载宗教慈善团体、宗教界名人小传、宗教界出版目录及统计图表、宗教管理机关。

《华北宗教年鉴》是日军侵华战争时对我国进行文化侵略和奴化教育的又一证据，对于研究华北沦陷史及研究中国宗教史的学者有重要的史料价值。

《雍和宫志略》

《雍和宫志略》，金梁编纂，牛力耕校订。中国藏学出版社1994年出版，一册，434页。

金梁（1878—1962年），字息侯，浙江余杭人，满族，清光绪进士。工书法，擅篆刻。1908年掌管沈阳故宫文物时，与人合作将沈阳故宫翔凤阁所藏书画辑成《盛京故宫书画录》，于1913年自序成书。曾任《清史稿》（关外本）校对。此外还著有《光宣小记》、《近世人物志》等。

本书是第一部系统地介绍雍和宫的志书。全书共分十一章，分别介绍了雍和宫的创始，雍和宫喇嘛的组织、管理、教育、待遇等方面的情况，雍和宫的建筑、佛像、碑石、古物，雍和宫的各种礼俗如腊八粥、龙须面、跳布札、烧"线亭子"等以及雍和宫的开放经过。

作者本人曾管理过雍和宫，其中不少资料都是其所见所闻，故本书在资料方面有他书不可比拟的优势。从内容上说，本书内容丰富，研究视角独特，有独到的见解，"其中对于佛教、佛像，尤发前人所未发"。书中的一些宗教隐私和宫廷内幕，也是他书中不多见的。从体例上说，此书在旧体例的基础上有重大创新，"既采新义，亦守旧章，文必记实，语无虚设"。从语言上说，本书通俗易懂，引人入胜。对于研究北京的宗教、民俗以及清代的宗教政策等都有较大的帮助。

本书原为稿本，又名《雍和宫志》，1994年校订成书，由中国藏学出版社出版。

《北平寺庙调查》

《北平寺庙调查》，秋生编撰。原作曾于1929年6月7日起连载于《北平日报》，1961年首都图书馆抄录成册。

这是一部记述北京庙宇寺院历代沿革的书籍。民国间北平市社会局等有关机构对北平寺庙古迹进行调查，作者借此机会亲往查视，并广泛搜集古书旧籍的记载，撰成小史。同时，将其每日发于《北平日报》，续载 12 篇。

本书辑录名寺古刹约 70 余处，其中以内、外城庙宇为多，兼及少许四郊之名寺。如：太庙、真武庙、凝和庙、宣仁庙、明显庙、关帝庙、观音庙等皇城内庙宇；有位于南城的长椿寺、善果寺、报国寺等；有以塔命名的寺庙，双塔寺、法塔寺、铁塔寺、五塔寺、白塔寺（非妙应寺）；也有以庵、宫等取名的朝天宫、万寿宫、太阳宫、天庆宫、蟠桃宫、显圣宫、慈悲庵、松筠庵及广济庵等。所录的每个条目下注明了该寺庙所在地点，概述营建与兴修之年代以及庙内的建筑设置，古迹存佚等情况。此书记载简略，但仍可为考证北京寺庙之变迁提供一定的史料。

《北平东岳庙调查》

《北平东岳庙调查》，叶郭立诚编著。台北东方文化书局 1970 年影印本，一册，《国立北京大学中国民俗学会民俗丛书》之一。

北平东岳庙位于朝阳门外大街路北，此庙为东汉时我国道教创始人张道陵第三十八代后裔张留孙筹资兴建，建成于元至治三年（1323 年）。东岳庙是东岳大帝的行宫，是我国道教两大派系之一的正一派（又称清微派）在华北地区第一大道观。东岳庙自元代以来香火一直旺盛，备受皇室重视，累朝修葺，在民间远近闻名，影响很大，成为京都一大古庙，是北京人最喜爱的圣地之一，也成为北京社会生活的重要场所。相传三月十五日为东岳大帝的诞辰，自三月十五日至三月二十八日因祝贺大帝诞辰而形成的庙会，延续数百年。1939 年，叶郭立诚夫人一行六人，在庙会期间对东岳庙进行调查，并完成《北平东岳庙调查》一书。

《北平东岳庙调查》记述了东岳庙的沿革、修建经过、宗派与道录司及神户、现状及有关东岳大帝的传说、职能、七十六司的分析，并对民间百姓对东岳庙的种种信仰、东岳庙的香会组织等均详细加以介绍。书中重点研究了七十六司的起源和职分。叶郭立诚在分析各司职能的基础上，划分各司执掌范围，并进行了归类。她的分类比较全面，而且合理。

《北平东岳庙调查》是研究中国道教文化与北京民俗生活的重要史籍，资料丰富翔实，分析深入，论证精当，尤其是关于七十六司的研究，对于研究道教道义、戒律、伦理思想、冥府组织，都具有极其重要的意义。

《冈志》

《冈志》，一册。旧钞本。

今北京宣武区牛街地区，明时称其地为"岗儿上"，为北京城中之回族聚居区，《冈志》是专写"岗儿上"情况的志书。

此书未署作者，据钞本中的一段评论，作者应为赵士英。赵士英（约1678—约1737年后），回民，世居北京，世代为医。康熙年间入太医院供职，在康熙末年可能已升为御医。雍正八年（1730年）被提升为太医院院使，不久被免职，后又降为左院判。

现存《冈志》分二十章：图考、星野、建置沿革、疆域、形胜、风俗、寺宇、街巷、人物、儒林、隐逸、名师、灵征、武勇、技巧、烈女、教礼仪（议）、灾异、食物、杂志。其中"图考"、"食物"、"杂志"三章，有目无文。目录正文前有小引。

此书是我国旧方志中唯一的一部街道志，也是第一部城市回族聚居区志。虽为残本，而且所述比较简略，但极为珍贵。本书详细记述了牛街及附近35个胡同的名称，是我们已知这一时期对于该地区的胡同名称记录最全的资料。此书第一次记录了牛街地区回族聚居区的形成与发展状况，涉及地理状况、人物传记、宗教活动、经济活动和政治事件等各个方面，其中以清初的宗教和社会生活为主。书中最丰富、最有价值的部分是人物传记，共收录人物约80个，涉及各行各业。书中对于伊斯兰教的宗教活动记载也十分详细。

此书成于雍正初年，一直在回族民众中秘传。20 世纪 50 年代，刘仲泉据回族乡老古少宸所存钞本抄录、补充、续写完成了《北京牛街冈上礼拜寺志草稿》，此本的再钞本现藏于首都图书馆；另有张次溪家藏沈凤仪抄录的另一《冈志》钞本。1990 年，北京市民委民族古籍整理小组将上述两种《冈志》合编为《北京牛街志书——冈志》一书，由北京出版社正式出版。

《北京牛街》

《北京牛街》，刘东声等编。北京出版社 1990 年出版，一册，215 页。

牛街是北京城内一条历史悠久的回民聚居街道。本书是专门记该街道历史沿革的志书。1985 年北京市宣武区政协文史资料委员会发出《关于征集与牛街地区回民有关的文史资料》的启事，共搜集到 30 多万字资料。许多著名的专家学者都撰写了重要资料。此外还参考已故的市政协委员马祝三多方搜集的资料，经久居牛街的同志调查核实，由刘东声等人撰写成此书。全书分沿革、经济、政治、宗教（清真寺）、教育、医药、民俗七部分记述牛街的历史变迁。所用资料以辛亥革命前后为时间上限，到解放初期为止，其中大多是资料提供者亲身经历，较为翔实可信。

此书对于研究北京的地方史、宗教史、民族史都有一定的参考价值。

《北京的宗教》

《北京的宗教》，姜立勋、富丽、罗志发主编。天津出版社 1995 年出版，一册，408 页。

《北京的宗教》系北京市哲学社会科学"七五"规划研究项目"北京的宗教"最终研究成果，由北京市民族事务委员会姜立勋、罗志发和北京市社科院富丽等人编写,由北京市社会科学院的富丽、姜纬堂、王岗分别执笔完成。

《北京的宗教》一书,通过大量历史资料阐述了佛教、道教、伊斯兰教、天主教、基督教和东正教在北京地区的传播历史,在各历史阶段执政者对各宗教的态度和政策,各宗教对社会产生的影响,特别介绍了新中国成立后党和政府对宗教的政策,各宗教在社会变革中的演变等。此书分六篇:第一篇,宗教的起源;第二篇,北京的道教;第三篇,北京的佛教;第四篇,北京的伊斯兰教;第五篇,北京的基督教;第六篇,北京的宗教工作。前五篇下按宗教发展的历史阶段列若干章、节,记各宗教的发展变迁。

本书是一本雅俗共赏的学术性著作,它既适于宗教工作者和研究者的需要,又可供具有大学以上文化程度又对宗教问题感兴趣的读者阅读。

《藏传佛教古寺雍和宫》

《藏传佛教古寺雍和宫》,常少如主编。北京燕山出版社 1996年出版,一册,169 页。

本书是继金梁所著《雍和宫志略》之后,又一部既对雍和宫历史进行深刻研究,又具有时代特点的专著。全书共分七章:第一章,雍和宫概略;第二章,雍和宫改为喇嘛庙;第三章,建筑及陈设;第四章,佛像;第五章,雍和宫的组织机构和宗教活动;第六章,历史名人及其贡献;第七章,文物。最后附大事年表。全书从各种角度介绍了雍和宫发展的历史,比较全面地阐述了雍和宫所蕴涵的历史文化。此外还对雍和宫的宗教活动及其发展历史进行了细致的研究。它和以往介绍雍和宫的书籍不同,是一本资料丰富,学术性较强的专著,也是一本高品位的旅游指南。此书对专家学者、宗教信徒和旅游爱好者都有较大的帮助,对了解和进一步研究雍和宫的历史、宗教、文化、建筑、艺术等都有较高的参考价值。

《佛教与北京寺庙文化》

《佛教与北京寺庙文化》，佟洵主编。中央民族大学出版社1997出版，一册，370页。

佟洵，女，1945年生，满族，北京市人。北京联合大学应用文理学院历史学教授，北京联大民族与宗教研究所所长，中国宗教学会理事。主要从事北京史、北京宗教文化的教学与研究。编著《基督教与北京教堂文化》、《伊斯兰教与北京清真寺文化》、《北京清真寺文化画册》等著作，发表学术论文数十篇。主持北京市教委项目《伊斯兰教文化研究》、北京市社科规划项目《北京宗教文化研究》。

本书内容分三部分：一、佛教产生、基本教义及对中国的影响；二、北京地区寺庙与部分名僧；三、佛教小知识。以佛寺、佛像、佛事为重点，详细介绍，略加评论。本书记述生动、文词优美，融知识性和可读性于一体，将一幅佛教文化的长卷展现于读者面前，既为北京佛教寺庙的游览者提供了借鉴，又为北京地方史和宗教史的研究者提供了资料。

《北京基督教发展述略》

《北京基督教发展述略》，陈月清、刘明翰著。首都师范大学出版社1998年出版，一册，240页。本书系北京市哲学社会科学"八五"规划项目成果。

本书以简明的笔触，按史实的顺序，评价了基督教，包括天主教、基督新教和东方正教各教派在北京初传、盛行和发展嬗变的基本过程，时间起自公元635年（唐贞观九年），迄于1949年。全书分六章：一、基督教的传入与元代汗八里的"也里可温"；二、明末清初天主教在北京的传播和发展；三、近代北京基督教的发展；四、传教士与北京教会的文教活动；五、东正教在北京；

六、北京基督教的教堂及教徒生活习俗。书后附大事记。

本书对基督教在各个历史时期的传播情况、产生的作用和影响，写得层次分明，观点明确，资料丰富，叙事有据，填补了系统论述北京天主教发展过程的空白，是当代天主教史研究的重要成果，很有阅读价值，同时本书揭露了帝国主义利用宗教侵略中国的罪行，是一部进行爱国主义教育的教材。

《基督教与北京教堂文化》

《基督教与北京教堂文化》，佟洵主编。中央民族大学出版社，1999年，一册，370页，《宗教与寺庙道堂文化丛书》之一。

作者简介见前《佛教与北京寺庙文化》篇。

本书是北京联合大学所属北京学研究所和燕京研究院的研究课题，由佟洵、苟振茹、杨靖筠、余三乐、汪开云、赵之恒、左芙蓉等共同撰稿，佟洵统稿。

全书分五部分："绪论"、"基督教在中国的传播与发展"、"著名的传教士与信徒在北京地区的活动"、"北京地区的教堂和传教士墓地"、"基督教文化拾零"。

全书从教堂、墓地、传教士与教会学校、著名信徒等基本事实出发，将之与特定的历史条件联系起来考察，探寻并系统整理了基督教的传入和北京教堂文化形成与发展的规律，并对基督教传播过程中中西方文化的冲撞与相互吸收进行了总结。本书资料丰富、翔实可靠，具有较强的科学性与学术性，同时论述生动，文词优美，可读性强，是一部研究北京宗教庙堂文化的力作，获北京市第六届哲学社会科学优秀成果二等奖。

《早期西方传教士与北京》

《早期西方传教士与北京》，余三乐著。北京出版社2001年出版，一册，399页。

余三乐，1948年5月生于上海，从事明史、近现代史和中西文化交流史的研究工作，著有《孙承宗传》等，与人合作著有《历史遗痕》、《栅栏——北京最早的天主教墓地》、《基督教与北京的教堂文化》等。

本书是一部关于耶稣会士与中西文化交流的专著。全书分十七章，以北京西方传教士墓地滕公栅栏和正福寺为线索，通过叙述部分墓主利玛窦、邓玉函、汤若望、南怀仁、白晋等西方传教士的生平事迹，论述了从明万历到清乾隆二百年间在北京发生的中西文化交流的事实和耶稣会士所起的作用和贡献以及传教士墓地在近代政治斗争中经历的变迁。书前导言《17—18世纪的北京——中西文化交流的中心》叙述了自1601年利玛窦进入北京以来两个世纪间"西学东渐"的史实，并对北京成为中西文化交流中心的原因进行了宏观的探讨和分析，是一篇学术研究之作。书中重点记录了17—18世纪来华的西方传教士所做的大量工作，明确肯定了他们在中西文化交流中的功绩；对北京传教士墓地的变迁，修复利玛窦墓地的经过和耶稣会士的碑文，记载详尽，是研究中国天主教史的重要资料。

本书论点明确、材料丰富、文笔流畅、可读性强，既是一部中西文化交流史，又是一部耶稣会士的传记汇编，对于研究中外关系史、天主教史、和中西文化交流的读者很有实用价值。

《新编北京白云观志》

《新编北京白云观志》，李养正著。宗教文化出版社2003年出版，一册，766页。

李养正（1925— ），湖北省公安县人。1949年毕业于武汉大学。曾任中国道协研究室主任、《中国道教》杂志主编等。1987年由国家宗教局专业技术职称评审委员会评定为宗教学研究员，1990年任中国道教学院副院长、教授。致力于道教研究与教学工作，著有《道教识略》、《道教基本知识》、《当代道教》等。

白云观，北京著名道观，本书是专记其兴衰沿革的志书，内容包括：史志、殿堂志、神像志、戒律志、醮仪与庆典志、道范清规及执事榜文志、玄门人物志、诸真宗派志、珍闻与轶事志、与港澳台道教界的友好往来及外事志、文物景物趣事志、艺文志、碑铭志等。重点记述了作者四十五年来在白云观中的所见所闻，包括近五十年来白云观的变迁以及闻之于老道长们远及清代的史话。

本书系统地记述了白云观的历史与现状，广泛搜集了与其相关的史料并进行归纳，保存了大量珍贵的历史文献，是研究白云观的资料汇编，也为北京宗教史、社会史、民俗史古建筑学、文化艺术的研究提供了重要的参考。

《伊斯兰教与北京清真寺文化》

《伊斯兰教与北京清真寺文化》，佟洵编著。中央民族大学出版 2003 年出版，一册，463 页。

作者介绍见前《佛教与北京寺庙文化》篇。

《伊斯兰教与北京清真寺文化》是北京市教育委员会"九五"规划项目《北京伊斯兰教文化研究》的研究项目成果之一，佟洵及课题组成员对北京 68 所清真寺进行实地调研，搜集大量文献资料、碑刻，共同完成了这部著作。

《伊斯兰教与北京清真寺文化》详细介绍了伊斯兰教在中国和北京地区的传播和发展、北京地区的清真寺和阿訇的活动、与此相关的重大历史事件以及伊斯兰宗教文化的具体表现，总结了北京清真寺文化形成原因及发展规律。

本书分四部分：第一部分，伊斯兰教在中国的传播和发展，论述了伊斯兰教的产生、发展、教派、经典、教义和礼仪、主要节日和纪念日、生活习俗、伊斯兰教在中国的传播、中国的伊斯兰教派和经堂教育、伊斯兰教在北京地区的传播和发展、伊斯兰教传入中国的历史特点；第二部分，北京的清真寺，记北京 28 处清真寺的历史和现状；第三部分，北京清真寺碑文，录29篇清真寺的碑文。正文前绪论概括北京清真寺文化的悠久历史、形制、特征及北京清真寺文化对北京传统文化的影响。书前附彩色照片。

　　本书是研究北京伊斯兰教、清真寺文化的重要成果，对北京宗教研究、北京民族和人口研究都有重要的学术意义。

（四）饮食与休闲娱乐

《饮膳正要》

《饮膳正要》三卷，元忽思慧撰。上海商务印书馆 1934 年影印本。

忽思慧，一译忽斯慧、和斯辉，生卒时间不详。蒙古族（一说为回回人）。我国古代著名营养学家。忽思慧于元仁宗延祐年间（1314—1320 年）选充饮膳太医，负责宫廷里的饮膳调配工作。他对各种营养性食物和滋补药品及饮食卫生、食物中毒都有深入研究，他结合自己的实践，参阅诸家本草、名医方术、民间饮食，于文宗天历三年（1330 年）编撰成《饮膳正要》。参加编撰的还有常普兰奚、耿允谦、张金界奴、拜住等。

《饮膳正要》用汉文编写，全书三卷：卷一记述了益寿、妊娠、哺乳、饮酒应注意的卫生事项和禁忌的食物，还记录了营养疗法的食谱 94 种；卷二介绍以食物为主料的汤煎补品、矿泉水、服饵、食疗诸病的佳肴，共介绍饮膳方 238 种。尤其是介绍了许多蒙古族食品如马奶、奶食、牛羊肉、牛骨髓等，还介绍了食物利害、食物相反和食物中毒及急救办法。卷三，以单味药为条目，介绍了 230 种饮膳食物（附图 168 幅）的性味、良毒、功效主治、宜忌等。

《饮膳正要》继承总结了以往食物疗法的一些成果，又从营养卫生的角度出发，制定了一般饮食卫生法则，特别列出了儿童、孕妇和哺乳期妇女的食谱和饮食禁忌。此外，书中还着重研究了在膳食中加入了各种性能的中药以后，对人体机能和不同疾病的效能。这些可贵的经验发现，比欧洲人早五百多年。这部极具科学价值的书，不仅是我国，也是世界上现存最早的完整的饮食卫生与营养学专著。

《饮膳正要》成书于元代，于明景泰间重刻，传本极稀，藏于日本东京静嘉堂文库，前有景泰七年（1456 年）序；1930 上海中华学艺社据以影印，1934 年上海商务印馆重印，卷首有原序（元忽思慧等序、明景泰序）、张元济跋。此外还有日本移录明成化刻本。

《北京小吃》

《北京小吃》，陈莲生、朱锡彭著。北京图书馆出版社 1998 年出版，一册，139 页。《京城琐谈》第一辑。

作者陈莲生，长期从事饮食工作，在北京清真回民餐馆"南来顺"任经事达三十多年，对北京小吃的来历和工艺有很多了解。20 世纪 90 年代与本书另一作者朱锡彭一同主持宣武区烹饪学会工作。二人于 1997 年开始收集资料，撰写本书。

本书记录了以回汉为主的小吃 100 余种，记各式小吃的制作原料、制作方法、口味特点，并节录了古籍中相关记载，叙述有关的传说及轶闻。书后附一篇研究性文章《北京小吃探源及小吃市场的兴衰》。

本文资料丰富，文笔自然流畅，是了解北京饮食习俗和北京市民生活的通俗读物。

《老北京的吃喝》

《老北京的吃喝》，周家望著。北京燕山出版社 1999 年出版，一册，257 页。《老北京丛书》之一。

周家望，1971 年生，现为北京民间文艺家协会会员，《北京晚报》记者。周家望多年从事民间文学创作和研究工作。《老北京的吃喝》于 1998 年完成。

本书介绍了老北京的饮食文化。全书十一章，分别是："御膳龙筵"、"钟鸣鼎食"、"公府美馔"、"旗人佳味"、"京城庄馆"、"市井吃喝"、"百姓饮食"、"清真名肴"、"饮食与名人"、"素食崇尚"、"帝都佳酿"。

本书以历史沿革为纵线，上溯晚清，下至新中国伊始，不仅介绍了老北京各大菜系的发展、各具特色的食品的由来及演变、也描绘了上至皇族、公府，下至贫民百姓的各阶层人的饮食习俗及有关饮食的轶闻，书中既有系统全面的概述，也有具体的描述和作者的见闻。内容丰富而生动，使读者真切地透过饮食文化这个窗口，去审视和关照老北京人的生活状态和社会心态的变迁，是一部阅读性强的通俗读物。

《四生谱》

《四生谱》，清金文锦撰。四种。同文堂康熙五十四年（1715年）刻本，袖珍本，一函八册。

子目四种，即鹌鹑论、黄头志、画眉解、促织经。

"鹌鹑谱"述鹌鹑的蓄取法、斗势、笼养法、出笼调训、回法；"黄头志"记黄头鹭的相法、斗法及养法等；"画眉解"记画眉的品相色样及养法；"促织经"记蟋蟀的相法、养法、斗后养法等；"四生谱"总结了我国古代人民饲养昆虫及鸟类的经验和知识，是中国古代动物学的专著。

此书另有清康熙五十五年（1716年）经纶堂、文经堂多种刻本及维新堂重刻本。作者姓名或题"金文锦撰"或题"金先生著"或不著一字。序末署名或为"下厂"、"小厂"、"小广"，据王世襄考证，金文锦号"下厂"、"小厂"、"小广"乃书坊随意翻刻时所致。

此书国家图书馆有藏。

《养鸽记》

《养鸽记》，于照原著，非飞译编。书目文献出版社 1993 年铅印本，一册，134 页。

此书原名《都门豢鸽记》，于照（1889—1959 年），满族，字非厂、别署非闇，又号闲人、闻人、老非，山东蓬莱人，生于北京。著名的工笔花鸟画艺术家。于照生于书画世家，早年为贡生，1912 年入师范学校学习一年，1913 年至 1943 年从事美术教育。1935 年任故宫古物陈列所附设国画研究馆导师。1949 年后，先后任北京新国画研究会副会长、中央美术学院美术研究所研究员、北京中国画院副院长等职。于照 46 岁时开始研究工笔花鸟画，起步虽晚而成就斐然，到 20 世纪 40 年代其名声与张大千不相上下。于照在创作绘画作品外，尚有画论《中国画颜色的研究》、《我怎样画工笔花鸟画》等，园艺学、鸟类学著作《都门养鸽记》、《都门艺兰记》、《都门钓鱼记》等。于照于绘画之余，勤于创作，是北京报界的活跃分子。

此书与《都门艺兰记》、《都门钓鱼记》一样，先在《晨报》上连载，后辑成书。

这是一本介绍养鸽经验的书，分五章："原鸽"、"鸽的豢养"、"鸽的孵雏"、"鸽的训练"、"附录"。作者自小酷爱养鸽，于北京鸽市中见识了许多名贵鸽种，并把刚刚传入中国的生物学应用于养鸽，在北京观赏鸽的鸽种形成及饲养、训育方面颇有探讨。作者久居北京，深谙北京的社会经济、风土人情、俗语俚词。此书不仅介绍了养鸽的专业知识，而且还描绘了清末民初北京社会中与鸽相关的种种事物，如鸽迷对鸽的迷恋，鸽佣鸽贩的阴谋伎俩，鸽市上的鸽赛、鸽笼赛，空中的鸽群大战以及邻里间的"过死"、"过活"等民俗，虽写养鸽经验，却反映出了老北京的政治、经济、社会等方面的面貌。全书文笔生动、描写细腻，既有专业价值，又有文学价值，还有资料价值，是一本知识参考书，也是业余消遣书，对于了解和研究生物学、市场学、民俗学以及民间语言学的学者则是必不可少的。

本书原于 1928 年晨报出版部出版，为《晨报丛书》之一。

《都门钓鱼记》

《都门钓鱼记》，于照著。晨报出版部 1928 年铅印本，一册，32 页。《晨报丛书》第三十种。

作者介绍见前《养鸽记》篇。

书分四章："鱼类"介绍北京玉泉河产鱼的种类、各类鱼的特征习性及适用的鱼饵；"用具"介绍鱼竿、鱼钩、鱼线等用具之功用；"钓法"讲钓鱼之天时地利因素、钓鱼的技巧方法；"珍闻"记北京东南、西北两处钓鱼地的差异及钓鱼轶闻。

此书讲钓鱼知识读物，读之亦可了解当时北京的民情民风。

《北京花事特刊》

《北京花事特刊》，天津铁路局编辑。天津铁路局民国年间铅印本，文义印刷局印刷，一册，124 页。《天津铁路局旅行丛刊》之一。

此书介绍了北京地区花木的种类、栽培、花期、花事掌故等，并由此反映元代以来北京的民风民情。内容分九章，分别是："北京之观赏花"、"北京之掌故花"、"北京之园艺花"、"北京之堂花"、"北京之像生花"、"北京花事岁时志"、"花月令"、"课花简法"、"北京花事识小录"。各章附花卉的摄影图片。

"北京之观赏花"记中央公园、法源寺、崇效寺、法华寺、普济寺、故宫、中南海公园、北海公园、什刹海、乐善公园、颐和园、大觉寺、丰台、西山等十四地栽培的各种观赏花，详细介绍各花种之特点、花期并描绘花季时景况；"北京之掌故花"记元明清时史料记载的花事掌故；"北京之园艺花"介绍北京园艺花之种类、栽培法；"堂花"记冬季时以烘焙使之开放之花，此章参考史籍及古诗词中有关的堂花记载，介绍堂花的栽培技艺；"北京之像生花"记北京仿制的纸花、绢花等工艺品的手工业生产概况；"北京花事岁时志"记史料中所载与花有关的岁时风俗；"花月令"以十二月为序，记各月花事；"课花简法"简记栽花的方法。

此书是介绍北京花木的书，又透过花事展现了北京古代至近代的民风民情，专业性强，引用史料丰富完备，对于了解和研究植物学的学者及研究北京民俗的学者极有价值。同时此书又具旅游指南性质，便于爱花赏花的人士按图索骥去寻访，而描写花事盛况的行文生动优美，读之有如临其境之感，故此书又可做文学作品读之。

《都门艺兰记》

《都门艺兰记》，于照著。晨报出版部 1928 年铅印本，一册，46 页。《晨报丛书》第三十一种。

作者介绍见前《养鸽记》篇。

《都门艺兰记》是一部专门介绍在北京地区栽培兰花的书。书分八章："类别"、"忌讳"、"制土"、"灌溉"、"施肥"、"调护"、"分盆"、"除虫"。作者鉴于自古以来介绍艺兰著作多偏为南方，而难有北京艺兰之书，遂在自己养植兰花的过程中，研究总结出一套适应北京苦寒气候的艺兰方法，编撰成书。书中详细介绍了北京地区兰花的种类特点、制土和制肥的方法和准则，特别提出了根据一年 24 个节气施以不同的灌溉方法，并根据北京四季寒温变化分明适当调护，忌入过暖花房以及春兰与秋兰不同的分盆之法等等。

此书是实用性的科普读物，对于今天养兰的人仍有可借鉴意义。

《燕城花木志》

《燕城花木志》一卷，蔡绳格著。张江裁拜袁堂 1943 年铅印本。《中国史迹风土丛书》第一辑。

作者介绍见前《燕市货声》篇。

《燕城花木志》记北京常见的花木如桃花、玫瑰、芍药等30余种植物的品性特点及栽培之法。

《虫鱼雅集》

《虫鱼雅集》二卷，清拙园老人撰。光绪三十年（1904年）排印本。

拙园老人姓氏行实待考，当为久居北京的养蚕家。书首自序中述，自幼即喜好秋虫文鱼，庚子年因疾告退后，于庭院中凿池蓄水养鱼，日以虫鱼为闲中一乐。

本书分述蟋蟀与金鱼，第一卷记蟋蟀，第二卷记金鱼。此蟋蟀谱为清末民初北方蟋蟀谱之代表作。内容包括"秋虫源流"、"秋虫总论"、"养虫浅说"、"秋虫杂志"、"相虫"（十二则）、"养虫八法"、"虫中四忌"、"秋虫六要"。"秋虫总论"简要叙述北方各产地；"色相"记下许多北京蛐蛐把式（受人雇用代为照管蟋蟀之专业养家）的经验见闻；"养虫八法"述南方和北方把式所常用手法；"秋虫六要"中记载了北京特有的"敲盆助阵"斗法。这些均未见他谱述及，即为本书之特色。

王世襄编《蟋蟀谱集成》亦录收此书。

《蟋蟀谱》

《蟋蟀谱》一卷，清梦桂撰。天绘阁清光绪二年（1876年）活字本，20页。

此书序末题"康熙五十三年岁次甲午夏月吴门梦桂月攀氏序于金台揽秀轩中"，扉页题"光绪二年新镌"、"天绘阁发兑"，有"聚珍堂印"图章。作者姓名不详，梦桂、月攀乃其字及号，苏州人，客居北京。

本书是现知最早之北方体系蟋蟀谱，目次分31节，记蟋蟀产

677

地、品相、养法等。文字多出自作者亲自调查，是其有价值处。

此书国家图书馆有藏。1993 年王世襄辑《蟋蟀谱集成》收入此书。

《蟋蟀谱》

《蟋蟀谱》十卷，卷首一卷，李大翀辑。1931 年石印本。

李大翀，号石孙，辽东义州人，曾居天津，为北方养家。作者自幼喜欢蟋蟀，每于初秋捕取蟋蟀，择优选胜而蓄养，作者将长期养虫的心得和经验与家藏蟋蟀旧谱相为印证，并将家藏旧谱加以删减，纂辑成此书，其资料来源主要是明清南方诸家《经》、《谱》。

卷首集古题词。卷一盆考、用具；卷二论说；卷三至卷十分别记蟋蟀的伺养、产蟋蟀地志、斗法、形体、品相等内容。其中数卷为歌诀形式。书首绘盆图十幅。全书可供秋虫爱好者学习参考之处虽不多，但其收集有关文献较多，而其出版年代较近，故颇为人知，有一定影响。

本书另有民国年间稿本，十卷，卷首一卷，稿本，绿丝栏，钢笔书签题《蟋蟀谱稿本》，李氏妻徐百诗题书名页书名；版心题"义州李氏湘砚斋侍儿叶眉手抄书"，书签钤"义州李大翀原名辟甫字石孙"印。

1993 年王世襄辑《蟋蟀谱集成》收入此书。

《斗蟀随笔》

《斗蟀随笔》一卷，恩溥臣撰。民国年间稿本。

恩溥臣，满族，参加蟋蟀斗局时报字"克秋"，近代北京著名养虫家。

《斗蟀随笔》实际上是一本近代北方养家之"功虫录"。书中记清光绪二十一年（1895 年）到民国二十九年（1940 年）的四十六年间，全国斗蟋决出的"功虫"，计有 26 只。因《斗蟋随笔》的手抄本发现时已残缺，人们能读到的功虫只有 21 只，其中山东虫占 17 只，宁阳县独占 8 只。作为一县之地，宁阳在全国当是无出其右。恩溥臣记蟋蟀色相，咬斗特征，不及秦子惠详尽，于每虫生活习性，三秋变化，更少述及，故《斗蟋随笔》可供秋虫爱好者学习参考之处，不及《功虫录》众多，但每次咬斗，对局者某家某虫，无不备列。经统计，全书述及之养家报字的约有 70 人之多，蛐蛐把式亦近十人，虫贩十余人。本书记述了清末民初北京与秋虫有关之主要人物，可观北京当时的民俗民情。

1993 年王世襄辑《蟋蟀谱集成》收入此书。

《蟋蟀谱集成》

《蟋蟀谱集成》，王世襄纂辑。上海文化出版社 1993 年影印本，一册，1512 页。

王世襄，号畅安，祖籍福建福州，1914 年 5 月 25 日生于北京。学者、文物鉴赏家。燕京大学研究院毕业，获硕士学位。抗战胜利后，任职于国民政府教育部，负责清理追还抗战时期被敌伪劫夺之文物。1947 年任北京故宫博物院古物馆科长。新中国成立后任故宫陈列部主任。曾受到政治斗争冲击，后彻底平反。曾任文物博物馆研究所（后改为文物保护科学技术研究所、古文献研究所、中国文物研究所）副研究员和研究员、中央文史研究馆馆员等。

王世襄研究的范围很广，涉及书画、雕塑、烹饪、建筑等方面，他对工艺美术史及家具，尤其是对明式家具、古代漆器和竹刻等有独到研究。主要作品有《髹饰录解说》、《明式家具研究》、《北京鸽哨》、《锦灰堆》等。2003 年 12 月，王世襄获得荷兰克劳斯亲王最高荣誉奖，成为第一位获得这一旨在鼓励艺术、思想交流的国际大奖的中国人。

《蟋蟀谱集成》收入有关蟋蟀专著，上起传世最早之本，下至

1949 年以前之作，共 17 种。为保持旧籍原貌，所收各书均影印，在每种书前撰提要，介绍其作者及内容。

17 种书后是"存目"、"待访"、"附录"。附录一记当代有关蟋蟀专著目录，附录二是作者撰写的文章《秋虫六忆》。书前和书末附有 40 余幅珍贵图片。《秋虫六忆》是作者回忆 20 世纪 30 年代在北京养蟋蟀的阅历经验，描绘了盛行于北京民间的斗蟋蟀的民俗画卷，浸透着浓郁的旧京风情，行文生动优美，感情深挚，同时也具一定资料性。

本书集我国历代蟋蟀谱之大成，是研究中国文化的重要成果，为广大研究者必备，也为广大蟋蟀爱好者所应用和鉴赏。

（五）卫生和社会救济

《太医院志》

《太医院志》一卷，清任锡庚撰。1923年石印本。

太医院名称始自金代，是管理全国医药、医学教育，同时承担宫廷医疗服务的机构。元、明、清三代太医院均建在北京。清代太医院设在正阳门东江米巷，即后来东交民巷西口附近，辛丑之变后，东交民巷划为各国使馆区，太医院迁出，1902年落址于地安门。

任锡庚，字修如，北京人，清代医家，光绪年间任太医院掌印御医，兼上药房值宿供奉官。著有《难经笔记》、《医宗简要》、《太医院志》一卷。任锡庚20岁时入太医院，历光绪、宣统两朝，他在太医院二十六年间，于清朝历代档案、《大清会典》、《古今图书集成》等书中辑录关于太医院的记载，简编成册，后因迁址遗失过半，此书即据残稿编撰而成。前有张仲元序。

《太医院志》分三十三目，即职掌、官名、学位、品级、额缺、殊恩、特简供奉、内直供奉、外直供奉、驻署、办公、医学、制药、随扈、随侍、特派差务、奏派差务、咨派差务、征取、考试、升迁除授、章服、俸禄、考满、京察、衙署公所、先医庙制、昭穆次序、祭礼略、圣济殿、药王庙、铜神、土地祠。此书是清代太医院的重要史料，是研究清史的重要参考书。

《癸巳顺天灾赈奏疏》

《癸巳顺天灾赈奏疏》，佚名编。清光绪间钞本，一册。

本书录清光绪年间孙家鼐等大臣禀报京直水灾灾情的奏疏及光绪帝谕旨。时间自清光绪十六年（1890年）六月至清光绪二十年（1894年）正月。光绪十六年（1890年）五月至六月，京师连降大雨，永定河决堤，畿南一带遍成巨灾，爆发北京百年来最严重的一次水灾。至光绪末年，京师地区连年均遭水患。本书各奏疏陈述当年的水灾详情及救灾放赈措施。书以行书抄成，内附一散页，系楷体原稿。

《民国六年京畿水灾善后纪实》

《民国六年京畿水灾善后纪实》二十二卷，督办京畿一带水灾河工善后事宜处编。民国年间铅印本。

1917年夏秋，京畿一带连降大雨，河流暴涨至决口，京津河北一带103个县遭受重大水灾，受灾难民达数十万人。北洋政府派熊希龄负责督办京畿一带水灾河工善后事宜，并在北京石驸马大街成立办事处，于天津成立分处，本书即记录此次水灾的善后救济史实。

熊希龄（1870—1937年），字秉三，湖南省凤凰县人，近代政治家、社会活动家。1894年补应殿试，成进士，朝考后授翰林院庶吉士。1897年助湘抚陈宝箴推行维新新政，1898年戊戌政变后被革职，后经赵尔巽保举，重被起用。主要从事练兵、办学、办报、办实业和立宪活动。民国成立后，历任财政总长、热河都统、国务总理兼财政总长。后退出政界，专心致力于社会福利和教育事业，创办驰名中外的香山慈幼院，同时还积极投身于抗日救亡运动。1937年底，上海沦陷，熊希龄抵香港，因劳累而突发脑溢血逝世，终年68岁。

书分二十二卷，分别是：机关组织、水灾状况、善后计划、筹募经费、查赈区划、冬赈、春赈、义赈、平粜、赈衣、运道、路电免费及税关免税、修复堤埝工赈、生计善后、灾民教养、灾后筹防、耕种筹备、预算及决算、奖惩、补赈、结束。

本书详细而系统地记载了京畿水灾善后的经过，资料性强，对研究北京灾害史、北京慈善事业史有重要的参考价值。

此书有民国年间铅印本，十册，线装，国家图书馆有藏。

《京师筹办天津水灾急赈会征信录》

《京师筹办天津水灾急赈会征信录》，京师筹办天津水灾急赈会编。1917年铅印本，一册，342页。

1917年7月至9月，京畿一带遭遇洪水灾害，天津受灾民众达十多万人，天津和全国各地采取各种方法赈灾救济。北洋政府于9月成立了京师筹办天津水灾急赈会，并向社会各界募捐，以救天津百姓于危急之中。此书即是记录京师天津水灾急赈会施赈的始末，暨收放各款的数目辑为征信录。此书为了解1917年京师筹办天津水灾急赈会的情况提供了难得的历史资料。

《北京拯济极贫京旗生计维持会第一次报告》

《北京拯济极贫京旗生计维持会第一次报告》，京旗生计维持会编。京旗生计维持会1922年铅印本，一册，线装，38页。

北京拯济极贫京旗生计维持会成立于1920年秋，发起人是柯劭忞、罗振玉等。北京旗人生计问题始自辛亥革命后，旗人失去京饷，生活日渐贫困，而无谋生之力者常十室九空、饥寒交迫，至1920年前后，京城更有旗户因生路断绝而合家自尽之事。柯劭忞、罗振玉等人为筹拯救之措，各倾力捐款、募集资金成立本会，于该年10月开始施放急赈，至次年4月结束，受救济的贫民包括内城十区、外城、远郊区、东西陵、密云等处。本书即记录此次赈济事实。

书分六部分：一、本会纪事；二、本会收款；三、本会用款；四、本会收去记录；五、本会简章；六、会员名录。前有柯劭忞、罗振玉序言。

本书记录了民国时期北京慈善救济事业的一个方面，同时也从侧面反映了民国以后北京旗人的生存状况，有一定史料价值。

《北京慈善汇编》

《北京慈善汇编》，刘锡廉编辑，张英麟审查，徐炽昌校对。北京基督教青年会服务股 1923 年铅印本，京师第一监狱印刷，一册，130 页。

刘锡廉，京兆安次（今河北安次县）人，民国时期任北京基督教青年会总干事，京师公益联合会总务股主任。

北京基督教青年会致力于社会服务，为发展北京慈善事业，1919 年始，组织调查员，历时四年调查北京全城各慈善机关团体，辑成此书。

《北京慈善汇编》分五章，分别是："调查慈善机关之经过"、"北京慈善事业调查表"、"北京内外城慈善机关一览表"、"北京慈善事业之一斑"、"征文稿件"。调查采用表格式，分内城十区、外城十区两部分，详细记录了各式慈善机关的地名、门牌、名称、电话、主任姓名、宗旨、现状、创办年月等事项，并按善举的主办事务分门别类，统计内外城各区域的慈善机关总数，总计内城 227 处，外城 149 处，合计 376 处。此调查的慈善机关涵盖面广，包括所有团体或个人凡具备慈善性质或接近慈善性质的，无论中外公私设立、临时或永久、亦无论事业大小，均调查记录。并重点介绍部分慈善机关如中国华洋义赈救灾总会、中国红十字会总会、北京基督教青年会等慈善机关的概况、章程，附照片多幅。

此书资料丰富、全面而翔实，是民国时期珍贵的史籍，是研究民国时期北京慈善事业史必备的重要的参考书，也是研究北京史的重要参考资料。

《京师老弱临时救济会报告书》

《京师老弱临时救济会报告书》，刘锡廉编辑，徐炽昌校对。京师老弱临时救济会 1923 年铅印本，京师第一监狱印刷，一册，166 页。

刘锡廉介绍见前《北京慈善汇编》篇。1922年组织成立北京市公益联合会，任总干事。直奉战争期间，承北京市公益联合会会长汪燮之嘱，救济战区灾民。继而于1922年11月创办京师老弱救济会，以帮助京畿老弱病残得度寒冬。会址暂借东城无量大人胡同36号。此报告成书于1923年。

此书分目如下：序文、开成立会纪实、会内之组织、招募贫民办法、筹设第一院、第一院开幕记事、贫民入院手续、院内组织、第一院职员录、第二院介绍、第二院职员录、募款办法、款项之结束、捐助款项芳名录、捐助赈衣物件芳名录、善后办法、库存物品家具单、两院贫民花名一览、北京慈善建议。

此书详细记录了京师老弱救济会的创办经过、组织结构、章程等，资料丰富，并附有照片、图表等，是研究民国时期北京慈善救济史的重要参考资料。

《京师公益联合会纪实》

《京师公益联合会纪实》，刘锡廉编辑，徐炽昌校对。北京公益联合会1924年铅印本，京师第一监狱印刷，一册，286页。

1922年春，直奉战争开始，北京时局震荡，为团结京中各慈善团体的力量共谋挽救时局，北京基督教青年会刘锡廉、刘芳等发起招集京中所有慈善团体，于1922年4月24日，成立京师公益联合会，推举汪大燮为会长，借华洋义振会救灾总会为会所（位于无量大人胡同）。此书成于1924年，记载两年来会务情况。

此书详细记录了京师公益联合会在成立后两年间为京兆地区遭受兵灾及虫旱灾的难民贷款、放款、赈粮及收容难民的经过。书分五部分：本会各董事职员玉照、序文、开会成立记录、会内之组织、历办事务。历办事务主要有九项内容：保卫妇孺、发放急赈、掩埋尸体、弭兵计划、贷款济贫、变更会制、冬赈事项、出纳报告、助款芳名录。本书记载详备，是记录北洋政府新时期北京慈善事业史的重要史籍，对了解和研究北京民国史亦有一定参考价值。

《北平特别市社会局救济事业小史》

《北平特别市社会局救济事业小史》，管欧编辑。北京特别市社会局编辑 1929 年 6 月出版，北平特别市社会局第一习艺工厂印刷，一册，116 页。

1928 年，民国政府首都南迁，北京市改名北平特别市，1929年 4 月北平特别市社会局成立后，由赵正平负责北平市慈善救济事业，此书即叙述北平特别市社会局成立两个月以来的救济事业的工作。书前有赵正平序。

此书详细分析了首都南迁后北京的社会问题、市民贫困原因，并针对原有慈善救济团体的种种弊端及社会失业贫困人口激增、民不聊生的现状，提出一系列改革计划，如对原各慈善机关进行改组重编，按性质分别建立以收养为主的救济院、以教授技能为主的习艺厂、正式工厂等三级机关，使老弱无力者得到专门待遇，而有习艺、劳动能力的人逐步自立，以达到救济之根本目的。三级救济计划的改革与实施，使公署慈善机关得到有序统一的规划和良性发展。

书分目十一章，第一章至第五章叙社会局对原有公立救济团体进行改革的原则和具体办法，包括机关重组、重编受救济者、待遇条件的提高等；第六章分述各机关的条件待遇改进的实际情况及增设儿童部医院；第七章记慈善工厂产品的推销；第八章叙救娼与废娼事业；第九章叙对贫寒文人及特殊人员的救济；第十章叙社会局对其他慈善团体的扶助；最后两章叙资金保管及今后计划。

此书记叙翔实，分析精透，史料价值高，所附各救济团体的照片更是十分珍贵。

《民国六年京畿水灾善后摘要录》

《民国六年京畿水灾善后摘要录》，熊希龄著。1931 年铅印本，一册，204页。

熊希龄介绍见前《民国六年京畿水灾善后纪实》篇。

1931年，全国十七省发生水灾，熊希龄将旧刊《民国六年京畿水灾》及《河工纪实》两书邮寄各省以供参考，因《水灾纪实》仅存一部，卷帙太多，再版不及，故择其重要者编成摘要付印，分赠各省筹赈机关及慈善团体。

书分二十一章，即机关组织、水灾状况、善后计划、筹募经费、查赈区划、冬赈、春赈、义赈、平粜、赈衣、赈煤、路电免费及税关免税、运道、修复堤埝及工赈、生计善后、灾民教养、灾后筹防、耕种筹备、预算及决算、补赈、结束。

《北平育婴堂概览》

《北平育婴堂概览》，王之相编。北平育婴堂1932年铅印本，一册，106页。

北平育婴堂成立于1917年，北京各界士绅鉴于北京城内外弃儿渐多，且多为外国慈善团体收养，本国并无相当机关，遂由京师总商会担任创办育婴堂，会长陈遇春。1928年，育婴堂由朱子桥接办，并迁往西安门内养蜂夹道红十字会医院南院新址。至1932年，经过几年规划改善，育婴堂规模稍具，条件好转，将本堂文书统计资料编辑成书，以答谢对育婴堂慷慨捐助之人士。

书详细介绍了育婴堂的历史沿革、规章、育婴堂养育设施的改进经过、关于收养儿童的统计、经费、公函等。书中有大量图片，包括本堂董事会、主办人员肖像，育婴堂房舍、收养儿童照片、儿童生活卫生条件的照片等，是相当珍贵的资料。

《北平市社会局妇女救济院概况》

《北平市社会局妇女救济院概况》，北平市社会局妇女救济院编。北平市社会局妇女救济院 1933 年铅印本，一册，112 页。

北平市社会局妇女救济院是以教养兼施救济无告妇女及抚育孤苦幼儿为宗旨的慈善机构，成立于清末，初名"内城贫民教养院"，1918 年改设妇女习工厂，先后均隶属于京师警察厅，1928 年，首都南迁，北京改为北平特别市，本院隶属于市政府，社会局改组本院。伍崇敏就任院长，1933 年组织同人编辑此书，以供留心慈善事业者。

本书分为八部分，分别是插图、本院略图、本院纪略、现任职员姓名表、章则、收容人口姓名、各项一览表，详细记录了北平社会局妇女救济院的历史及现状。书前有数任社会局长、院长毛伍崇敏肖像及大量救济院学习生活图片。此书为了解、研究北平市社会局妇女救济院的基本状况提供了难得的参考资料。

《中国历代天灾人祸表》

《中国历代天灾人祸表》十卷，陈高佣撰。上海暨南大学 1939 年铅印本，十册。《国立暨南大学丛书》之三。

陈高佣，上海国立暨南大学史学教授，1935 年起与文学院及史地学系学生一同开始编纂此书，历时四年，编成此书。暨南大学校长何炳松为之作序。

本表按年记述历代天灾人祸之史实，包括历代的水、旱、雹、风、虫、地震等自然灾害和战争、兵乱等，记事上起秦王政三年（公元前 244 年），下迄清宣统三年（1911 年），以年为经，以事为纬，每代各附统计图表四种：一、天灾人祸比较图；二、各种天灾百分比图；三、各种人祸百分比图；四、天灾人祸关系图。本表主要根据正史材料记载而统计，所记史实，皆节录所据书籍原文，表末附录近年来各家所著关于研究中国历代天灾人祸的论文。关于北京历史上的灾害，见于本书各章相关记载。

本书篇幅繁重，材料丰富充实，凡例缜密，编制新颖，是研究中国社会史、经济史、民族史、政治史、水利史、气候学等必要的工具书和参考书，在史学上占有重要地位，同时对研究自然灾害和防灾减灾的机构具有较大的实用价值，也是研究北京灾害史的重要工具书。

《平津两市善后救济调查报告》

《平津两市善后救济调查报告》，撰者不详。1945 至 1949 年间钞本，一册，线装，45 页。

本书是 1945 年日本侵华战争结束后，民国政府有关机构对北京、天津两市的善后、救济事宜的调查报告。分两部分，一、北平市善后救济调查报告，22 页；二、天津市善后救济调查报告，23 页。

《北平市善后救济调查报告》分三章：一、总论，介绍北京自然环境、人口，详细列举北京市内、市外交通运输情形；二、本市受战争影响善后救济所需物质，分条细述沦陷期日军对北京的建设与破坏概况及战后救济所需物质；三、结论，总结北京战时在人口、物质方面未受巨大损失，而城内外一切文化机关所受创伤严重。

本书是研究北京沦陷期历史及战后重建工作的第一手史料，具有一定参考价值。

此书国家图书馆有藏。

《北平托儿所之研究》

《北平托儿所之研究》，陈性男撰。燕京大学法学院社会学系 1947 年 6 月学士毕业论文，一册，60 页。评阅者赵承倍、关瑞梧。

本文是对民国后期北平的托儿所状况所进行的调查和研究。全文分五章：一、绪论，介绍北平托儿所概况及本文之方法；二、托儿所的行政及设备比较；三、儿童状况的比较；四、儿童的教养；五、结论，分析总结了北平托儿所存在的困难与问题，提出了对托儿所的建议。文中附 36 幅图表，详细记录了北平托儿所教育、教养、日常生活、经费、职员等事项，本文有一定资料性，对于研究民国时期北平的教育和慈善事业具有一定参考价值。

原文藏于北京大学图书馆，首都图书馆藏有 1962 年缩微复制胶片。

《北京香山慈幼院院史》

《北京香山慈幼院院史》，北京香山慈幼院院史编辑委员会编辑。北京市立新学校、北京香山慈幼院校友会 1993 年印行，一册，428 页。

北京香山慈幼院建于 1920 年，是一所专门培育各族孤贫儿童的学校。其创办人是爱国教育家、慈善家熊希龄。学校前身是1917 年为收养京畿水灾灾童而设立的"北京慈幼局"，1918 年水灾平息后，为安置无人认领的灾童，熊希龄经过两年筹划在香山静宜园建立慈幼院。香山慈幼院经历了民国时期、抗战时期，几经发展、变迁，进入新中国后，组织结构和性质都发生了改变。60年代中期更名为"立新学校"，即现在北京市立新学校。1988 年，北京香山慈幼院校友会成立，并从开始收集资料编写院史，初稿和第二稿由耿蓬勃、董辅祯执笔完成，并广泛征求意见，用时三年。1993 年，成立编辑委员会，编辑完成此书。

此书共分十章：第一至第三章记香山慈幼院的创办人熊希龄生平、创办香山慈幼院的经过和建院初期的情况；第四至六章记述办院宗旨和教育方针和发展时期的香山慈幼院；第七章至八章记载抗日战争时期及抗战胜利后的香山慈幼院；第九章回顾 1920年至 1948 年的办学；第十章记香山慈幼院在解放以后的变迁。

此书内容丰富、资料翔实，对于研究北京慈善史、教育史、研究香山慈幼院历史的读者具有重要价值。

又《香山慈幼院院史》，北京市立新学校、北京香山慈幼院校友会编辑，耿蓬勃、董辅祯执笔，1990 年 3 月油印本，可与之互相参照。

《北京地区历史地震资料年表长编》

《北京地区历史地震资料年表长编》，地震考古组编印。北京市地震地质会战办公室1997年铅印本，一册，104页。《北京市地震地质会战研究成果汇编》之一。

本书主要分两部分：第一部分《北京地区历史地震资料年表长编》，记载了自公元294年3月（即晋惠帝元康四年二月）起至1957年间发生在北京及北京周边地区的地震。对史籍记载的地震详附原文节录，并说明震级、震中、受灾人员伤亡情况、地震对建筑的破坏程度、引发的其他自然灾害等。附《北京市地区大地震目录》、《北京市地区未编目的大地震》、《北京市地区小地震目录》《北京市地区分区、县地震目录》。第二部分《北京地区历史大地震震前和震后自然异常现象资料年表》，记公元1056年（辽道宗清宁二年、宋嘉祐元年）至1730年（清雍正八年）间北京及周边地区发生的水灾、旱灾、日食、风沙、冰雹等异常的自然现象。书后附地图《北京地区历史地震分布图》、《康熙十八年地震北京城区破坏建筑位置图》、《雍正八年地震北京城区破坏建筑位置图》及部分地震破坏程度图等。

本书是北京地区历史上地震资料的大全，是研究北京地震和北京地区自然灾害的重要工具书。

《北京历史地震资料汇编》

《北京历史地震资料汇编》，王越编。北京专利文献出版社1998年出版，一册，186页。

王越，北京科普作协会员。1965年毕业于北京师范学院地理系。先后任北京右安门二中地理教师、副校长，丰台外经委副主任，中国人民警官大学科研处副处长，北京市地震局宣教中心主任。现为中国地球物理学会科普委员会副主任、中国地理学会科普工作委员会委员、北京市地震局政策研究员。编著《地理知识问答》、《中国市县手册》、《甲骨文之谜》、《遇到地震怎么办》等。

本书收编了晋惠帝元康四年（294年）至1997年的北京历史地震资料。汇编按原始资料记载的地震发生时间顺序编排，在每条资料后均注明引用书籍、资料来源。附录载1960—1976年北京地区三级以上地震资料。

本书信息量大，资料可靠，查阅方便，对北京市有关部门进行防震减灾决策、开展减灾工作、提高全社会防灾减灾意识等，具有较高的使用价值。

《北京历史灾荒灾害纪年：公元前80年—公元1948年》

《北京历史灾荒灾害纪年：公元前80年—公元1948年》，于德源编著。北京学苑出版社2004年出版，一册，217页。

于德源，北京社会科学院历史所研究员。

本书以年代为序，辑录、考证了北京及周边地区历史灾荒、灾害资料，始自西汉元凤元年（公元前80年），止于1948年。辑录的资料范围以北京地区历史上发生的水、旱、风、雹、霾、蝗、地震、瘟疫、泥石流等为主，资料取自二十四史"本纪"、"传"、"五行志"和明清实录，并以县志、金石、文集、笔记、类书、档案为补充。明清两代扩大到每年的雨、雪始降期等。目次分七部分：一、两汉至唐；二、五代、辽代；三、金代；四、元代；五、明代；六、清代；七、民国。

本书内容丰富、全面，综合研究价值大，对于了解和研究北京历史灾荒灾害，加强人们的减灾、防灾意识意义重大，同时，本书也为社会科学工作者和自然科学工作者探究自然灾害的规律，总结历史经验教训，为建立灾害预警信息系统提供了确凿的资料依据。

历史人物

小　序

　　历史，从某种意义上讲，也就是历史人物的活动史。正是一代代风流人物涌现，才演绎了中国历史的奇丽壮阔与丰富多变。这些人物身上浓缩了华夏数千年的风雨历程，展露出民族的振兴与衰亡。也正是基于这种史观，中国古代史学家自司马迁始，多用纪传体来反映一代的政治、经济、文化制度和历史事件。对历史人物行状的叙写，历来属于史书中不可或缺的部分。进入20世纪，中国的历史更加斑斓多彩，人物传记的创作也空前繁荣。不同阶层、不同行业的群体，都以自己的价值标准遴选出各自的代表人物为其树碑立传。官僚、政客、文人、学者、科学家、工匠……都被载入史册，大大地突破了"二十四史"皆为帝王史的格局。

　　传记之美，贵在"实录"，即不虚美，不隐恶，不为尊者讳，不为强者讳。"实录"要求有丰富的史料、统驭鉴别材料的史才、把握历史规律的史识及完美表达的史笔。一部具有"实录"精神的传记，是史，是诗，读之使人睿智明达。如正面人物，传主大都大浪淘沙，艰难玉成，给人启迪和智慧；如反面人物，传主则在历史的潮流中沉浮，顺之者昌，逆之者亡，反映历史的规律……

　　北京地区在元明清三代乃至近现代历史上，一直是全国政治、文化中心，许多著名的人物都曾在这个舞台上活动过，他们与发生在这里的重要历史事件有着密切的联系。搞清这些人物活动的情况，对了解北京地区乃至全国的历史发展进程将大有帮助。北京又是一个有着独特气质和审美情调的文化古城，它孕育出了北京人身上特殊的"京味儿"。北京地区的人物尤其是文化人物的立身行事，折射出了北京文化的独特魅力，在他们身上，北京文化变得生动可感。北京又是具有光荣革命传统的城市，无数革命者、进步人士为民族解放、人民幸福、祖国昌盛，在这里英勇战斗、流血牺牲，他们可歌可泣的光辉事迹，值得我们载之于史、传之于后。

为此，我们在编辑《北京历史文献要籍解题》时，专门遴选了一批在北京地区活动过并有一定影响或有突出表现的人物的传记、年谱类著作或文稿加以介绍。所收录文献基本按照传主所处年代先后为序，力求使所选书目具备以下要素：以史实为依据，史料可靠翔实；用历史唯物主义的立场、观点、方法，全面、准确地表现和评价历史人物的生平事迹、思想言行等；对人物形象，事件背景、经过的叙写生动感人，有一定的史料价值。另外有些文献，本身不能算作严格的史传，但由于成书较早，相对而言也保留了部分史实，具有一定的参考价值，如《安禄山事迹》等，因此也酌情收录。

所收传主范围以与北京地区的关系紧密为原则，尽量兼顾各个领域的代表人物。但由于北京在历史上政治中心的特殊地位，在北京生活、活动过的历史人物不胜枚举，我们只能选择其中有代表性的部分，难免有疏漏之处，敬请读者谅解。

《安禄山事迹》

《安禄山事迹》三卷，唐姚汝能撰，曾贻芬校点。上海古籍出版社 1983 年 9 月版，一册，102 页。

姚汝能曾官华阴尉，余事不详，所撰《安禄山事迹》，《新唐书·艺文志》著录三卷，见缪荃孙辑《藕香零拾》、《唐开元小说六种》等书。

安禄山，营州柳城（今辽宁朝阳南）杂胡人，是唐玄宗后期"安史之乱"的主要角色。天宝初，安禄山为平卢（今辽宁朝阳）节度使，后又兼范阳（今北京大兴）、河东（治今山西太原）节度使，领有重兵。多次至长安，为玄宗、杨贵妃所宠。天宝十四载（755 年）冬，安禄山于范阳以奉密旨"讨国忠"为名起兵叛乱。至德二载（757 年），安禄山为子安庆绪所杀，年约五十余岁。"安史之乱"是唐王朝由盛转衰的重要转折点。

本书叙安禄山一生的经历，包括始生、遇宠、构乱、僭号、被杀及安庆绪、史思明、史朝义的事迹，兼有议论，"较正史记述颇详"。上卷记述安禄山出生至受宠于唐玄宗，起自长安三年（703 年），迄天宝十二载（753 年）；中卷记述安禄山起兵发动叛乱事，起天宝十三载（754 年），迄天宝十四载（755 年）；下卷记述安禄山僭号、被杀以及安庆绪、史思明、史朝义等败灭，止于宝应元年（762 年）。书后附录了新旧唐书中与安禄山有关联的历史人物传记，包括唐玄宗、杨贵妃等人物。有缪荃孙跋。

记载安史之乱的史籍多已失传或残缺，此书作为完帙，历来受到史家重视。作为隋唐五代时期保存至今的唯一一本北京地方历史文献，此书在北京史研究中具有重要意义。

此书另有清钞本，国家图书馆有藏。又有《丛书集成续编》本、《郋园全书》本、《学海类编》本。

《耶律阿保机》

《耶律阿保机》，李锡厚著。吉林教育出版社 1991 年 9 月，《中国少数民族文库》本，一册，178 页。

耶律阿保机（872—926 年），契丹可汗。公元 916 年建立契丹（辽）王朝，成为历史上的辽太祖。辽朝有五个都城，北京是其中最南一个，故称南京。阿保机不仅推动了契丹及北方各民族的发展、进步，同时也为密切北方各民族与汉族的联系，为日后中国统一的进一步巩固和加强做出了贡献。

全书共分八章，分述契丹崛起、汗位转移、平定内乱、称帝建元、征服漠北、尝试南进、征服渤海、未竟之业。书后附录耶律阿保机年谱和主要参考书目。本书首次较为具体地将耶律阿保机的事迹呈献给读者，对普及历史知识有一定意义。

《金世宗传》

《金世宗传》，刘肃勇著。三秦出版社 1987 年 2 月出版，一册，164 页。

金世宗完颜雍（1123—1189 年），女真名乌禄，为金朝五世皇帝，年号大定。他是金太祖完颜阿骨打的孙子，三太子完颜宗辅的儿子。他统一了东北、华北、蒙古等地方，建都于中京（今北京）。今日北京的卢沟桥即金世宗公元 1188 年下令修筑的。

金世宗是金朝九帝中有作为的一位皇帝，登位之初，即用强有力的手段，在短期内取得稳定金国局势的重大成效；在宋金对峙局面形成后，主动退让，消弭紧张关系，终在大定五年（1165 年）正月签订宋金"隆兴和议"，使宋金南北和平共处几十年，为长江两岸的各族民众造福非浅。

本书共分十三章："英雄后代"、"东京留守"、"称帝辽阳"、"率兵进京"、"审时度势"、"安边保境"、"重建王业"、"整饬吏治"、"发展经济"、"倡导文明"、"出巡上京"、"内宫私事"、"英主谢世"。书前有前言，书后附录《金世宗年表》。本书内容丰富，资料翔实，思路清晰，文笔简洁，是读者了解历史人物的较佳途径。

《文天祥传》

《文天祥传》，万绳楠著。河南人民出版社 1985 年 3 月出版，一册，377 页。

文天祥（1236—1283 年），原名云孙，字宋瑞，又字履善，号文山。吉州庐陵（今吉安县）人，南宋杰出的民族英雄和爱国诗人。文天祥在宋末奋力抗元，被俘至元大都（北京）后，囚禁于兵马司土牢近四年时间，于 1283 年就义于柴市。

本书共分十章："文天祥的诞生与成长"、"为'法天不息'，实现公道与直道之政而斗争"、"第一次起兵抗元"、"'不是谋归全赵璧，东南哪个是男儿'"、"第二次起兵抗元"、"'万里行役'"、"'楚囚一杯水，胜似九霞卮'"、"文天祥的爱国思想剖析"、"文天祥在文学上的成就"、"关于文天祥的传记与祠祀"。附《文天祥事迹编年》。

此书在丰富文献资料的基础上，用传、论、考相结合的方法，对民族英雄文天祥的生平事迹，特别是对他的哲学、政治思想和文学成就作了全面系统的、富有创见的考证和论述。其中对文天祥在大都（燕京）三年多的事迹也作了详细介绍。本书对于研究南宋末年的历史、哲学和文学，对读者进行爱国主义教育，都具有参考价值。

《郭守敬》

《郭守敬》，潘鼐、向英著。上海人民出版社 1980 年 4 月出版，一册，219 页。

郭守敬（1231—1316 年），字若思，顺德邢台（今河北邢台）人，我国元代杰出的科学技术专家，具有多种学识和才能，在地形测量、机械构造、仪器制作、农田水利建设、河道工程修建以及算学与天文历法等方面，都取得了辉煌成就。郭守敬主要生活在大都（北京），并在北京开挖通惠河，将昌平及西山一带泉水汇引入昆明湖内，改善了当时的漕运。

本书介绍了郭守敬一生所从事的工作和他在生平事业上所取得的成果。共分五章："蒙古汗国的兴起及郭守敬早期对河工与农田水利的规划"、"元初的改历及新天文仪器的大量创造"、"太史院司天台的建立与大规模天体测量的实践"、"新天文数据的测定与推算及授时历的编制"、"著名的通惠河的开浚及郭守敬的暮年"。本书对普及历史知识、自然科学知识都有一定的作用。

《关汉卿研究》

《关汉卿研究》二辑，《戏剧论丛》编辑部编辑。中国戏剧出版社 1958 年、1959 年先后出版。

关汉卿，元代杂剧作家。是中国元杂剧创作的代表人物，主要活动在大都（今北京）。有关关汉卿生平的资料十分缺乏，只能从零星的记载中窥见其大略。

《关汉卿研究》共分两辑，收集了当时在报刊上发表的有代表性的一些论文。其中有陈毅同志为关汉卿戏剧创作七百年纪念大会的题词，郭沫若、郑振铎、马少波、吴晓铃等所写的纪念关汉卿的文章。为了执行"百花齐放、百家争鸣"的政策，便于大家深入研究参考，本书也收集了一些观点不尽相同的论文以及少量资料性的文章。

《永乐皇帝大传》

《永乐皇帝大传》，毛佩琦著。辽宁教育出版社 1994 年 8 月出版，一册，483页。

明成祖朱棣，是明太祖朱元璋第四子。洪武三年（1370年）封为燕王，镇守北平。1399年他从侄子建文帝手中夺得帝位。永乐四年（1406年），他下令营建北京城，是紫禁城的奠基人。

本书分上下两篇："通往帝座之路"和"一代雄主"。上篇两章："骁勇的燕王"、"百折不挠"，记述了朱棣出生、受教、被封、脱颖而出；介绍了建文帝、姚广孝与袁珙及"奉天靖难"的战事。下篇三章："开创与守成之间"、"逆命者必歼除之"、"欲远方万国无不臣服"，记述了朱棣登上皇帝宝座后的重要作为，包括标榜儒家政治理想、对东北地区的经营、对西域的经营、"五出漠北，三犁虏庭"、迁都北京、派郑和下西洋、修《永乐大典》等等。本书书末为余篇"魂断榆木川"和附录《朱棣年表》。

朱棣承袭了朱元璋开创的制度，并把它置于更巩固的基础之上，虽无开创之功，却走了关键性的一步，成为明朝历史上的关键人物，也成为中国历史上一个重要人物。由于永乐皇帝是明王朝迁都北京的第一个皇帝，对北京史影响巨大，本书对北京史的研究具有重要意义。

《于谦全传》

《于谦全传》，一名《于少保萃忠传》，一册，明孙高亮著。浙江人民出版社1981年版，苏道明校注本，248页。

于谦（1398—1457年），字廷益，浙江钱塘人。明代著名军事家、政治家，"土木之变"后，于谦拥立朱祁钰为帝，率军民保卫北京城。英宗复辟后以"谋逆罪"于天顺元年（1457年）将于谦杀害。成化二年（1466年），宪宗皇帝特诏追认复官，将其故宅改为忠节祠。

于谦是一位杰出的政治家和军事家，一位不可多得的民族英雄。于谦留在历史上的最大功绩，莫过于公元1449年击退瓦剌入侵，使明廷转危为安的保卫京师之役。在这一战役中，他的指挥才能和临事决断的气魄得到高度的发挥。后人评价说:"当年天子已蒙尘,今外安危寄此身。"土木堡之役,英宗被俘,五十万大军全部覆灭,明廷元气大伤,形势十分危急,留下京都一带"疲卒不满十万",且有盔甲者仅占十分之一。上下震恐,人无固志。迁都之议,甚嚣尘上。于谦力排众议,认为京师是天下根本,一动则大势去矣。他临危受命,毅然担负起保卫京师、捍卫祖国的重任。

本书是写于谦一生事迹的章回小说,共四十回,记述了于谦一生的重要活动。本书作者与于谦同里,在收集传说和史料的基础上撰成此书。前十四回叙事零散浅薄,十四回之后叙事有史家之美,故而对研究于谦生平有一定的参考价值。

《徐光启》

《徐光启》,王重民著。上海人民出版社 1981 年出版,一册,190 页。

徐光启(1562—1633 年),字子光,号元扈,谥文定,上海徐家汇(今属上海市)人。他是明末著名的科学家,在数学、天文、历法、军事、测量、农业和水利等方面都有重要贡献。万历年间,他在北京与意大利传教士利玛窦等合译了《测量法义》、《测量异同》、《勾股义》等著作,是第一位把欧洲先进科学知识尤其是天文学知识介绍到中国的近代科学的先驱者。有《农政全书》传世。

本书按年代顺序分为六个时期,依次叙述了徐光启的一生,包括他读书、应试、科学研究、仕宦,和仕宦期间继续科研、著书、练兵制器、抗敌御侮、修改历法、改良农田水利等各个方面的活动与事迹。共分七章:"徐光启的家庭出身和少年时期"、"徐光启读书、科举、科学研究和与贫困作斗争的时期"、"徐光启在翰林院学习和在家守制时期的科学研究工作"、"徐光启服官时期的科学研究工作和练兵工作"、"徐光启退休时期的农业科学研究工作"、"徐光启第二度服官时期中的修改历法、守卫京师与入阁"、"徐光启的科学思想"。书后附录《徐光启大事年表》和《徐光启译著简目》。本书对北京科技史及近代中西文化交流史的研究都具有参考意义。

《戚继光》

《戚继光》，虞裴明著。江西人民出版社 1983 年 10 月出版，一册，90 页。

戚继光（1528—1587 年），字元敬，号南唐，后又易号孟诸，祖籍山东。他不仅是一名杰出的军事家，也是一位爱国的民族英雄，在保卫祖国海防、反对外来侵略的历史上，写下了光辉的篇章。嘉靖二十九年（1550 年）秋天，戚继光入京会试，正值鞑靼可汗俺答大举进犯。俺答可汗率军越宣府，走蓟门，攻破古北口；接着大掠怀柔，围攻顺义，长驱通州，进迫北京。这就是历史上所谓"庚戌之变"。戚继光被任命为督防九门的总旗牌官。他英勇地参加了京师保卫战。隆庆二年（1568 年）戚继光受任总理蓟州、昌平、辽东、保定练兵事务，领导边兵加固长城，增筑敌台。编写《练兵实纪》一书。

全书分八部分："将门有子"、"走上抗倭前线"、"镇守宁绍台三府"、"训练戚家军"、"浙江平倭"、"转战福建"、"北守长城线"、"壮心暮年"。附录《戚继光生平大事年表》。本书对北京军事史的研究具有重要意义。

《张居正改革》

《张居正改革》，萧少秋著。求实出版社 1987 年 5 月出版，一册，230 页。

张居正（1525—1582 年），字叔大，号太岳，江陵人。嘉靖二十六年（1547 年）进士。隆庆元年（1567 年）任吏部左侍郎兼东阁大学士。隆庆时与高拱并为宰辅，为吏部尚书、建极殿大学士。

他前后柄政十年，实行了一系列改革措施，收到了一定的成效。死后为宦官张诚及守旧官僚攻讦，被抄家。天启时，恢复名誉，予葬祭。有《张太岳集》、《书经直解》等。

全书共分八个章节："十六世纪的明王朝——一座摇摇欲坠的大厦"、"为圣朝除弊政的努力"、"逐步稳定的政局"、"治国之要，吏治为先"、"整顿学政，培养人才"、"居安思危，安定边陲"、"整顿财政，国富民安"、"政坛风波，人亡政息"，全面记述了当时的社会危机、昙花一现的世宗初政、百废待兴的隆庆政局。张居正改革历时十年，内容十分丰富。他运用经筵、日讲等方式教育年幼的神宗，向神宗灌输自己的思想，妥善处理和宫廷实权人物李太后、宦官冯保的关系，争取到了他们的支持，"宫府一体"，实现了最高权力中枢宫廷和相府间的稳固合作，从而保证了改革的顺利进行。整顿吏治，整顿学校，大力选拔人才，实行检查公文落实情况的考成法，大大提高了国家机构的办事效率，使之成为能够有效推行改革的工具。实行清丈土地，推广一条鞭法等措施，缓和了财政危机，促进了社会经济的发展。张居正曾任北京国子监司业，一生为官基本上没有离开过北京。本书对北京政治史的研究具有参考意义。

《嘉靖以来内阁首辅传》

《嘉靖以来内阁首辅传》八卷，明王世贞撰。毛元仪万历四十五年（1617年）刻本。

王世贞（1526—1590年），字元美，号凤洲，又号弇州山人。太仓（今属江苏）人。明代诗文家、史学家。著有诗文集《弇州山人四部稿》、《弇州山人续稿》、《读书后》等。明朝不设宰相，但嘉靖以后，内阁首辅就是实际上的宰相。本书辑录了杨廷和、张璁、夏言、严嵩、高拱、徐阶、张居正、申时行等人的言行政绩，加以品评臧否，意在总结君臣共事之道，揭示得失利弊。认为权臣妨害君权，重臣为君所倚。所以，"权臣者，天下不可一日有；重臣者，天下不可一日无。"

本书对明代中期北京历史研究有一定的参考价值。

《李贽评传（修订本）》

《李贽评传（修订本）》，张建业著。福建人民出版社 1992 年
11 月出版，一册，268 页。

李贽（1527—1602 年），字宏甫，号卓吾，又号温陵居士，泉
州晋江人。他是明末王学左派的中坚人物，提出"童心说"等一
系列具有启蒙意义的新思想，是明代后期杰出的思想家、文学家，
也是我国历史上最具有代表性的狂狷之士。李贽晚年寄寓到北京
通州的朋友马经伦的家中，从事《续藏书》的著述。死后葬于通
县北门外马氏庄迎福寺侧。重要著作有《藏书》、《续藏书》、《焚
书》、《续焚书》、《说书》及批点《水浒传》、《西厢记》、《拜月亭》、
《琵琶记》等。

本书是在 1981 年 6 月初版的基础上修订而成的，共分九部分：
"时代、家世和青少年时期"、"二十五年的仕宦生活"、"在黄安、
麻城与理学家的斗争"、"在龙潭潮芝佛院和《初潭集》的编纂"、
"在龙潭湖芝佛院和《焚书》的印行"、"在山西和《明灯道古录》
的著述"、"在南京和《藏书》的出版"、"不幸的晚年和《九正易
因》的完成"、"李贽在中国思想史上的地位及其影响"。附录一
《李贽生平自述》："卓吾论略"、"高洁说"、"自赞"、"感慨平生"、
"《焚书》自序"。附录二《有关李贽传记资料》。

本书引用了大量资料，排比其年代事实，考订其思想变迁，
言之有物，确凿有据。另有《一代狂狷》（代前言）和后记。

《泰西儒士利玛窦》

《泰西儒士利玛窦》，林金水、邹萍著。国际文化出版公司
1999 年 12 月出版，一册，254 页。

利玛窦（1552—1610 年），明末来华意大利耶稣会士，字西泰。生于马塞拉塔城，年轻时在罗马学习法律，并加入耶稣会，继续学习天算、哲学、神学。万历十年（1582 年）被派赴澳门，后至肇庆学汉语。万历二十九年（1601 年），献自鸣钟、《坤舆万国全图》于明廷，获准留居北京传教。在华期间服儒衣冠，向士大夫讲授西学。并将"四书"译成西文，寄回欧洲，使孔孟之书，得以在西方流传。他是一位卓越的中西文化交流的先驱，编译著作有《交友论》、《几何原本》、《测量法义》、《天主实义》、《勾股义》等，著有《利玛窦中国札记》。

本书系余太山主编的《中外关系史知识丛书》之一，共分十章：自豪的洛雷图少年、拓荒苦旅（上）；磐石初开、拓荒苦旅（下）；帝都遗梦、放眼中华；一个柏拉图式的世界；天儒之间、"中国神灵"、西风初度（上）；利玛窦与中国天文学、西风初度（中）；利冯窦与中国数学、西风初度（下）；利玛窦与中国地理学；乘风九万里，东西天地宽。书后列《参考书刊目录》。本书对于研究明代中西文化交流史及当时北京文化概况具有一定的参考意义。

《汤若望传》

《汤若望传》，李兰琴著。东方出版社 1995 年 4 月出版，一册，193 页。

汤若望（1592—1666 年），德国人。明天启二年（1622 年）由澳门进入中国传教。1631 年奉召任职历局，与徐光启等天文学家合译历书一百四十余册，赐名《崇祯历书》。入清后，汤若望将之改编成百卷，以"西洋新法历书"进呈，为我国近代大规模译介西方科学知识之始。顺治二年（1645 年）被任命为钦天监监正，顺治十二年（1655 年）受封为通政使，晋一品，封赠三代，成为当时天主教会最显著的象征。汤若望在中国渡过四十余年岁月，主要居住在北京，为一卓越的神学家和历史学家，并精通天文历算之学，是继利玛窦之后又一位沟通中西文化的先驱者，对我国传统文化和欧洲近代科学文化的交流做出了重大贡献。

本书共分八章："欧洲岁月"、"造炮小史"、"传播西学"、"交游中士"、"清天子与洋'玛法'"、"中荷初交中的'通事'"、"传布教义"、"冤狱与昭雪"。有前言"重悼芳踪"；附录《汤若望生平年表》、主要参考书目、档案资料。

此书是第一部由中国学者写的汤若望传记。作者不但收集了有关汤若望生平业绩的大量中外史料，而且多次访谒汤若望生前在中国以及青少年时期在德国的活动场所，并拜访汤氏后裔，获得了许多感性印象和第一手材料，从而使这部传记别具特色。本书对北京历史上的中外文化交流及宗教活动研究具有重要意义。

《魏忠贤传》

《魏忠贤传》，韩大成、杨欣著。人民出版社 1997 年 11 月出版，一册，338 页。《中国历史人物传记丛书》之一。

魏忠贤（1568—1627 年），明河间肃宁（今属河北）人。万历时入宫为宦官，熹宗即位，升为司礼秉笔太监兼提督宝和三店。密结大臣为援，以犬马声色媚帝。天启三年（1623 年）掌东厂印。与熹宗乳母客氏勾结，排斥异己，专权擅政。大臣被罢逐者数十人，凡不附己者一概斥为东林党人，并杀杨涟、左光斗、魏大中等。自内阁、六部，四方总督、巡抚，遍置死党，在北京乃至全国广建生祠，时有"九千岁"之称。思宗即位后，自缢死。

全书共分十五章："生活的时代"、"环境与身世"、"入宫"、"喋血内廷"、"插手政府"、"六君子之狱"、"七君子之狱"、"魏党遍置要位"、"严刑酷法"、"掠取兵权"、"冒功掠财"、"钳制舆论"、"招摇挥霍"、"可耻下场"、"余论"。本书介绍了明朝政治体制的特点、万历中后期的政局，记述了魏忠贤可耻的一生：从一个文盲无赖升任秉笔太监并兼管东厂、捕杀魏朝、缢死王安、迫害后妃、网罗党羽、害死杨涟、左光斗等，颁布《东林党人榜》、大兴文字之狱、毁天下书院，直至权倾朝野，最后阜城自绝。书后附录三：《各地生词表》、《钦定逆案》、大事记。本书对明末北京的历史研究具有参考意义。

《崇祯皇帝大传》

《崇祯皇帝大传》，张德信、谭天星著。辽宁教育出版社1993年12月出版，一册，485页。

崇祯皇帝名朱由检。明朝末年，政治昏暗，财政枯竭，军事衰败，内外交困。崇祯皇帝也曾励精图治，梦想中兴，但终于无力回天，以至自缢煤山，结束了劳而无功的一生。本书共分七章："从信王到皇帝"、"中兴之梦"、"现实与理想的矛盾和冲突"、"两大忧患与对策（上）——皇太极南侵与朱由检的自救"、"两大忧患与对策（下）——李自成入京与朱由检自缢"、"朱由检的家庭生活与信仰"、"一个逝去的影子——后崇祯时代"。附录：《崇祯皇帝朱由检年表》、《崇祯朝内阁阁臣简表与传略》。前有绪论，后有后记。本书对明末北京的历史研究具有重要意义。

《崇祯五十辅臣传》

《崇祯五十辅臣传》，亦名《崇祯五十宰相传》。清曹溶撰。旧钞本。

曹溶（1612—1677年），字洁躬，号秋岳，又号倦圃老人。浙江秀水人。明崇祯丁丑进士，官监察御史。入清官至户部侍郎，出为广东布政史。著有《静惕堂集》四十四卷，《四库总目》及《粤游草》、《倦圃莳植记》、《刘豫事迹》等并行于世。

明代自胡惟庸以后不设丞相，入阁办事者称辅臣，俗称相国。崇祯在位十六年间，辅臣竟至五十人。本书分年表一篇，起天启七年（1627年），终崇祯十七年（1644年）。列传六篇，分述五十辅臣事迹。前有序，后有论。指出明末政局的特点：人主"求治太急，轻于用人。始则失之不明，继且失之不慎；破格而终于痼，推诚而伏以奸。用舍进退之间，几乎惟日之不足，迨炀灶燎原之后，国破家亡，同归于尽"。本书作于清初，对明末北京史的研究具有重要意义。

本书北大图书馆藏旧钞本、宣统三年上海国学扶轮社出版《张氏适园丛书》本。

《袁崇焕学术论文集》

《袁崇焕学术论文集》，阎崇年、吕孟禧三编。广西人民出版社 1989 年 12 月出版，一册，315 页。

袁崇焕（1584—1630 年），字元素，广西藤县（祖籍广东东莞）人，明万历进士，后官至兵部尚书、蓟辽督师，所以人们一般都尊称他为袁督师。崇祯二年（1628 年），后金兵打到北京，袁崇焕火速从防地宁远率兵入援，列车于广渠门外，以众寡相差十三倍之兵力，背城血战，最终击溃后金兵的进犯。可悲的是，昏庸多疑的崇祯帝竟中了后金皇太极的反间计，将忠心为国的袁崇焕处死。袁崇焕墓地、祠庙和传说中的故居，均在北京广渠门一带。袁崇焕是明末抗击后金南侵的爱国将领，保卫北京的民族英雄，是中国历史上杰出的军事家。

本书收录了 27 位作者的 24 篇关于袁崇焕的论文。如：李鸿彬的《袁崇焕与宁远》、朱清泽的《袁崇焕指挥宁远大捷的高超艺术》、王兆春的《西洋大炮和宁远保卫战》、常华《李济深、柳亚子、蔡廷锴与袁督师在京故迹》等，从不同的角度论述了袁崇焕一生的重要史实。

《李自成大传》

《李自成大传》，晁中辰著。山东人民出版社 2000 年 3 月出版，一册，571 页。

李自成（1606—1645年），陕西米脂县人。明末政治腐败，民不聊生，农民起义风起云涌。在众多的农民起义军中，李自成领导的农民军脱颖而出，成为最强大的一支，并最终攻入北京，推翻了延祚近三百年的明王朝。但是，李自成的大顺政权并未建立起稳定的统治，他只控制了北京四十天，在清兵入关后仓皇撤离，从此一蹶不振，很快走上失败的道路。

全书共分十三章："李自成的家世和青少年生活"、"揭竿而起"、"协同反明"、"流动作战"、"巧与官军周旋"、"辗转入陕和当闯王"、"连遭败绩、伺机再起"、"挺进中原、攻占洛阳"、"三打开封、建立襄阳政权"、"定鼎长安、明王朝奄奄待毙"、"李自成进军北京"、"李自成入京及其军政措施"、"从山海关到九宫山"。附录：《关于李自成结局问题的争论》、《李自成结局问题的由来和发展》、《四十年来历史疑案追踪》。

本书作者通过实地考察，力求通过对李自成一生的客观描述，既不隐恶，也不扬善，将一个真实的李自成奉献到广大读者面前，纠正了许多人看小说形成的偏见。本书对研究中国农民起义史、明末北京的政治风云等都有一定的参考意义。

《明宰相世臣传》

《明宰相世臣传》一卷，罗继祖编著。民国二十五年（1936年）墨缘堂石印本。

罗继祖（1913—2002年），字奉高，改甘孺。汉族，祖籍浙江上虞。罗振玉嫡孙，吉林大学古籍研究所教授，书法家、古文献学家。本书辑录明代35位著名宰相的后人在明末清初社会大动荡的历史过程中的事迹，各为小传，意在表彰节义，昭示来人。有罗继祖自序。本书对北京政治史的研究具有重要意义。

《畿辅人物考》

《畿辅人物考》，孙奇逢著。清同治八年（1869年）兼山堂刻本。

孙奇逢（1584—1675年），字启泰，号钟元，直隶容城人。他在明季以节侠闻，后隐居河南辉县之百泉山——即夏峰，在夏峰躬耕讲学终老，门生子弟遍天下，所以学者称为夏峰先生。他在明清两代被荐举十数次，屡蒙诏书特征，但始终不出。他不像晚明人空谈心性，是很切实办事的人，且注重文献，著有《理学宗传》二十六卷，记述宋明学术流派；又有《中州人物考》、《两大案录》、《甲申大难录》等书，皆为有价值之史料。

《畿辅人物考》成书于顺治五年（1648年），乃"二百余年未梓之书"。同治八年（1869年）由其九世孙世玫搜集刊印，郑元善、武汝清、张葆谦等多人为序。畿辅是指今北京市、天津市和河北省大部分地区。全书分为理学、经济、节义、清直、方正、武功、隐逸、补遗八卷，收入有明二百七十七年来畿辅人物三百多位，每位传主后面多有孙奇逢的评价或议论。其中许多属于今天的北京历史人物，如明代的北京，有一位豪放不羁的文人张诗，自称为昆仑山人。从《畿辅人物考》可知：此人"初学举子业于吕柟，继学诗文于何景明，声名籍籍"。一生完全无意于功名，而以诗、古文的创作自许。当时的人们称赞他"不狂、不屈、不惰、不骄，春风不足融其情，醇醪不足味其况"。他的生活状况是："所居一亩之宅，择隙地种竹。每遇风雨飘萧，披襟流盼，相对欣然命酌。"他所作的文章，"雄奇变怪，览者不敢以今人待之"。他的书法"得旭颠、素师遗，人谓悬之可以驱鬼"。本书对北京史研究具有重要参考意义。

《畿辅人物志》

《畿辅人物志》二十卷，清初孙承泽著。清顺治十五年（1658年）刻本。

作者简介见前《烈皇勤政记》篇。

《畿辅人物志》成书于顺治十五年（1658年），二十卷，记载了明朝京畿地区 108 位著名人物的事迹资料。孙承泽在自序中说：他们"或生自土著，或徙自他方，代不乏人。惟是世代变迁，志铭残缺，其人既往，实行渐埋，桑梓至有昧其姓名，传闻多有失真者，则后生何仰焉？"其中属于北京的历史人物如宛平董伦、大兴茅大芳、平谷黄绶等多人，对研究北京历史人物有重要参考价值。如在北京的历史人物中，明代通州李三才，《明史》载"三才才大而好用机权"，"性不能持廉，以故为众所毁"。而孙承泽的《畿辅人物志》却记载了他的许多重要事迹，如反对当时征收矿税的办法，并且积极支持东林党人，其身世是"先世自临潼移居京师，卜宅城东之张家湾"，遂为北京人。这些记载完全可以补正史之不足，具有较高的史料价值。

《皇父摄政王多尔衮全传》

《皇父摄政王多尔衮全传》，周远廉、赵世瑜著。吉林文史出版社 1986 年 7 月出版，一册，488 页。

爱新觉罗·多尔衮（1612—1650 年），是我国历史上一位杰出的政治家和军事家，是满族历史上做出了巨大贡献的代表人物之一，也是清王朝唯一在生前获得皇父摄政王称号、死后被尊为成宗义皇帝的宗室王公。尽管他只活了不到四十年，却经历了我国封建社会末期"天崩地陷"、剧烈变革的时代，并在政治舞台上扮演了重要角色。本书共分八章："孤儿弱主"、"旗主贝勒"、"和硕睿亲王"、"辅政亲王"、"马上得天下"、"为大清王朝奠基"、"错综复杂的矛盾斗争"、"短暂而声名显赫的一生"。各章之下又分若干小节，详细记述了多尔衮所处的时代和他一生的功过是非。有前言、后记和《多尔衮年谱》。此书虽带有部分"阶级斗争"的历史烙印，但较为全面详尽，对明末清初北京的历史研究具有重要意义。

《顾炎武》

《顾炎武》，卢兴基著。上海古籍出版社 1985 年 7 月出版，一册，116 页。

明末清初是一个动荡的年代，社会生产遭到了极大的破坏，但在文化思想上却促进了自由思想的抬头。理学在上层建筑领域的统治地位开始动摇，一些具有民主主义因素的思想家和爱国学者涌现出来，开始了一个启蒙思想的新时期。顾炎武就是其中的代表人物。顾炎武出生于明万历四十一年（1613 年），字宁人，学者称他为亭林先生。位于宣武区广安门内大街报国寺内西院，是清顺治年间顾炎武在北京时的住所，以后成为后人纪念他的顾亭林祠。他在学术上有深厚造诣，在经学、文学和音韵学等几个领域，尤其有突出的贡献，奠基和开创了清代学术。

本书共分十二个章节介绍顾炎武的一生：少年时代；在危机四伏的明末社会中；家国之哀痛；江南抗清的壮丽诗篇；流转吴会间；北游；"穷经待后生"；史家之歌唱；终老于西北；渊深朴茂的艺术风格；几篇优秀的文学性散文；现实主义的文学主张；顾炎武的影响。本书对明末清初北京的历史研究具有重要意义。

《康熙传》

《康熙传》，蒋兆成、王日根著。人民出版社 1998 年 7 月出版，一册，471 页。

康熙皇帝（1654—1722 年），姓爱新觉罗，名玄烨，是顺治帝（即福临）的第三个儿子。在他任内，除鳌拜、平三藩、下台湾、北击俄罗斯、平定噶尔丹之乱，开创了康乾盛世。

本书详细叙述了康熙的帝王生涯，突出介绍在极其复杂的形势下，康熙为稳定局势，发展经济，保卫边疆，采取的一系列措施。共分十二章："幼童登帝位，少年显英才"、"运筹帷幄灭三藩"、"治郑之间时战时和，剿抚兼施终统台湾"、"黑龙江上下之一河一溪，不可稍弃之于俄罗斯"、"三次亲征，平定噶尔丹之乱"、"扶持达赖、班禅，整治西藏"、"重视经济与民生"、"严吏治，辨赏罚，源清则流清"、"选专才，亲指挥，潜心治黄淮"、"理学治国"、"尊教徒，学西方，重国格"、"多嗣的家庭和康熙离世"。本书对明末清初北京的历史研究具有重要意义。

《清初学人第一：纳兰性德研究》

《清初学人第一：纳兰性德研究》，刘德鸿著。中国社会科学出版社 1997 年 9 月出版，一册，450 页。

纳兰性德（1655—1685 年），原名成德，避太子保成讳，改性德；字容若，号楞伽山人。正黄旗满洲人，大学士明珠长子，生长在北京。幼好学，经史百家无所不窥，谙悉传统学术文化，尤好填词。康熙十五年（1676 年）进士，授乾清门三等侍卫，后循迁至一等。随扈出巡南北，并曾出使梭龙（黑龙江流域）考察沙俄侵扰东北情况。康熙二十四年（1685 年）患急病去世，年仅 31 岁。纳兰性德去世后，被埋葬在今北京海淀区上庄皂甲屯。

本书分四章，每章若干小节详细介绍了纳兰性德的传奇一生，包括："纳兰性德的先世及清初的叶赫人"、"纳兰性德之父明珠的政治生涯"、"纳兰性德的思想与业绩"、"纳兰性德的配偶、恋人、后嗣与亲属"。本书对清初北京满汉文化融合的历史研究具有重要意义。

《雍正传》

《雍正传》，冯尔康著，人民出版社 1985 年 9 月出版。

雍正皇帝胤禛（1687—1735 年）是清兵入关定鼎中原后的第

三代皇帝。后世围绕其继位、暴死等事件传说甚多，多谬不实。其为政方略遭人非议处亦多，但他在位十三年（1722—1735年），勤于政务，任用贤才，励精图治，在文治武功方面，都不愧一代英主之名。历史上的"康乾盛世"，实离不开雍正承前启后的作用。他敢于革除旧弊，办事雷厉风行，是康乾盛世的有力推进者，是促进清朝历史发展的政治家。

本书试图通过对雍正的研究，概括雍正生活时代的社会历史，说明它的状况和特点，探索中国封建社会进程中一个阶段的发展规律。因此，本传记不仅包括主人公雍正的历史资料和叙述，还包含当时的制度、事件、相关历史人物的材料和叙述。全书共分十四章：储位斗争的胜利者；"雍正改元，政治一新"的指导思想；迭兴阿、塞、年、隆诸狱；改革赋役，整顿吏治；实行重农抑末的政策；围绕士人的矛盾和政治斗争；军机处的创建和奏折制度之确立；改革旗务和处理满汉矛盾；西南改土归流与西北两路用兵；惴惴于民间的反抗运动；对外关系与对外贸易政策；文化思想与政策；用人、待人和宠臣；才识、性格与作风；生活、辞世与政治的延续；总结：雍正和他的时代。附录：《雍正年表》、《康熙皇子表》、《雍正皇子表》、引用书目。本书态度严谨，史料丰富，论证扎实，对清史及北京地方史研究具有重要的学术参考价值。

《乾隆》

《乾隆》，钱宗范著。广西人民出版社1986年1月出版，一册，192页。

乾隆，名爱新觉罗·弘历（1711—1799年），是清代中期的著名君主。他执政六十年，又做太上皇三年。为了巩固和发展统一的多民族封建国家，他平定内乱、抗击外来侵略、捍卫国家的领土完整和主权；在经济上减免赋税、兴修水利、屯田开荒；并注意发展学术文化，编纂《四库全书》，为清代"康乾之治"全盛局面的出现做出了重要贡献。

本书是介绍乾隆这一历史人物的通俗历史读物，共分十一个部分："乾隆所处的时代"、"扫平准噶尔叛乱加强西北边防"、"消灭大小和卓木叛乱巩固回疆统"、"反击廓尔喀侵略改革西藏制度"、"两征金川推行改土归流"、"六巡江南促进满汉联合"、"乾隆加强政治统治的措施"、"乾隆的社会经济政策"、"乾隆在学术和思想上的贡献"、"乾隆的对外政策"、"乾隆的历史地位"。附录《乾隆年表》。有后记。本书语言浅显，叙述历史事件生动有趣，对普及历史知识起到了一定的作用。

《曹雪芹与北京》

《曹雪芹与北京》，曾保泉著。中国妇女出版社 1993 年 9 月出版，一册，259 页。

《红楼梦》所写的内容，与作者的家世、遭遇有着很直接、很密切的关系。《红楼梦》中用多种方法反映了曹家的不少史实，因此，研究《红楼梦》，不能不探讨曹家家世，亦离不开探讨《红楼梦》作者曹雪芹的身世生平。曹雪芹主要生活于北京，《红楼梦》写作也是在北京，曹雪芹的亲友也多是在北京，直到凄凉地逝世也是在北京。但有关曹雪芹的生平，史传中很少记载。本书通过一些笔记、诗话、诗集中的零星记载，以脂砚斋为代表大量的批语中零星透露出的一些曹雪芹生平及曹家身世的材料以及近年发现的弥足珍贵的有关曹家的清代档案，参以民间传说，经过审慎的考究，探讨了曹雪芹与北京的不解因缘。全书共分为：举家返京；燕市生涯；庐结西郊；巨星陨落；红楼京迹。最后是后记。关于曹雪芹的资料极为匮乏，因此本书的写作难度可想而知，作者探赜索隐，钩沉致远，尽力拨开曹雪芹身上的一些迷雾，在一定程度上使曹雪芹的身世、形象，更加明了于世人。

《纪晓岚年谱》

《纪晓岚年谱》，贺治起、吴庆荣编。书目文献出版社 1993 年 6 月出版，一册，236 页。

纪晓岚（1724—1805）是中国文化史上有重大贡献的文献学家。他自幼勤学苦读，31 岁中进士，入翰林院。此后主要生活在北京。纪晓岚 50 岁时，主持编纂了在中国文化史上具有里程碑意义的《四库全书》；晚年著成《阅微草堂笔记》二十四卷，鲁迅先生给予"隽思妙语……后人无夺其席"的评价。纪晓岚以才学过人著称，工诗赋，尤擅对联，堪称楹联宗师。

本书逐年全面地记录了纪晓岚的一生，前有李瑞昌序；后有附录：《纪氏三代简表》、《家世》、《有关人物简介》、孙犁《关于纪昀的通信》和后记。本书态度严谨，资料翔实，是研究纪晓岚生平的可靠参考，对北京的历史文化研究也具有参考价值。

《和珅评传》

《和珅评传》，冯佐哲著。中国青年出版社 1998 年 1 月出版，一册，362 页。

和珅（1750—1799 年），原名善保，字致斋，满洲正红旗人，姓钮钴禄。他精通四种语文：清文（即满文）、汉文、蒙古文、西番文（即藏文）。和珅于乾隆四十一年（1776 年）擢御前侍卫，受命在军机大臣行走，授总管内务府大臣。一二十年间，升御前大臣、议政大臣、领侍卫内大臣、步军统领，同时兼吏、户、兵三部尚书，集行政权、财权、兵权于一人之身，结党营私，贪赃枉法，祸国殃民。清王朝之由兴到衰，由强到弱，由鼎盛走向衰落，乾隆后期和珅弄权的二十年是一个转折点。和珅主要生活在北京，如今的恭王府即其府邸。

本书是在作者所著《贪污之王——和珅秘史》的基础上，进行修订、增补，重新出版的。全书共分十个章节："和珅出生前的清代社会"、"和珅出身、家世与青少年时期"、"奔驰在飞黄腾达的道路上"、"拉帮结伙、打击异己"、"插手文化事务"、"贪污之王"、"挟太上皇以令皇帝"、"可悲的下场"、"和珅家产知多少"、"和珅的后世"。最后是结语和《和珅经历大事年表》。有前言和后记。

作者试图通过剖析和珅以探索清朝乾隆帝统治后半期历史发展的总趋势，认为有关和珅的大量史料在他获罪后已被人有意销毁，仅靠正史、档案，今天已很难勾勒出和珅一生的全部历史。因此试着参用一些野史、笔记及他本人所作的诗词，用科学分析的方法，去伪存真，去粗取精，写出他的真实历史。在写作过程中，对一些前人尚未解决的问题作了必要的考证和诠释。对清史研究有一定的学术参考价值。

《满汉名臣传》

《满汉名臣传》八十卷，乾隆时敕撰。北京琉璃厂的京都荣锦书屋刻袖珍本，八函八十册。

本书成书于乾嘉之际，是最早的清代名臣传记汇编，包括满洲名臣传四十八卷，汉名臣传三十二卷，其中满人正传 639 人，附传 139 人，汉人正传 279 人，附传 28 人，通共 1085 人，几乎囊括了清朝开国期到乾隆朝的所有著名的满汉大臣。全书详列传主籍贯、出处、事功，是研究清代前期历史和北京历史人物的重要参考文献。《满汉名臣传》与《清史列传》有四百多篇相同，但是成书要早得多，它初版于乾隆末嘉庆初，编辑者不详，书上署有"依国史抄录"字样，显然是根据清国史馆大臣列传稿本抄录的，经有心人编辑并刊刻行世。因为国史馆修成的传记稿本，史官不得携带回家，但后来可以偷着抄录，有的人就抄出一些，传到馆外，故有被编辑刻印的可能。由于它成书早，抄录原稿的时间早，讹误较少，更接近于国史馆原著，是宝贵的清朝前期人物传记资料。

《道光传》

《道光传》，冯士钵、于伯铭著。辽宁教育出版社 1992 年 3 月出版，一册，429 页。

道光皇帝（1782—1850 年），名爱新觉罗·旻宁（年号道光，庙号宣宗），是清王朝入主中原后的第六代皇帝，是一个值得研究的历史人物。他在位期间，中国社会性质发生了急剧变化，从这一点上讲，道光是整个中国封建社会历史上绝无仅有的帝王。道光执政三十年，做了不少事情。他在惩治贪污、整顿吏治、治河通漕、清厘盐政、开通海运等方面，也有或多或少的成绩。道光一生中最大的政绩，是平息回部张格尔的骚乱，巩固了新疆的稳定。他三十年的皇帝生涯，算是勤政，也算是节俭。但道光皇帝禁烟运动失败，鸦片战争失败，签订丧权辱国的《南京条约》，他要承担相应的历史责任。

本书除序言和后记外，总分十章："承袭帝位"、"整饬吏治"、"理财杜弊"、"巩固边陲"、"厉禁鸦片"、"前哨战斗"、"鸦片战争"、"鸦片战后"、"镇压起义"、"评估道光"。附录"道光纪事表"。

本书将道光放在风云激荡的近代史漩涡中，全面地反映了鸦片战争前后中国社会的急剧变迁，对道光帝的一生及其治国得失，提出了自己的见解。难能可贵的是，作者以强烈的忧患意识，深邃的哲学眼光，深沉地道出了晚清社会闭关自守导致综合国力每况愈下的痼疾所在。本书是清代帝王传记的一部力作。

《国朝畿辅诗传》

《国朝畿辅诗传》六十卷，清陶梁编。红豆树馆道光十九年（1839 年）刊本。

陶梁，字凫芗，长洲人，进士出身，曾任翰林院编修、日讲起居注官、国史馆提调、直隶清河道暑按察使司按察使、知大名府事，可谓"入侍禁林，出典大都"。陶梁在京城及京畿生活二十三年，鉴于南方人传记比北方人多，特写此书，以便为北方人立传。所写的是畿辅各种类型人员，有达官、学者及隐逸。他在《凡例》中说："是集虽主选诗，义在存人。"作书之旨，是通过其人之诗以保存其人的历史。具体做法是为被选中的人作小传，选录其若干诗赋，如卷三十陈德荣传云："字廷彦，号密山，安州人，康熙五十一年进士，官安徽布政使，有葵园诗集四卷。"下录《测海集》、《随园诗话》等书关于陈氏的评论，再下去辑录陈氏诗25首。诗和传并列，为读者提供直隶诗人的传记。全书收录清初至道光初年京畿人物数百人之多。有道光三年（1823年）陶梁自序、凡例和分卷目录，是研究北京历史人物和北京地区文化的重要参考文献。

《国朝先正事略》

《国朝先正事略》六十卷，清李元度著。岳麓书社1991年5月出版。

李元度（1821—1887年），字次青，一字笏庭，自号天岳山人，晚年更号超然老人。湖南平江人。道光二十三年（1843年）举人，咸丰后入曾国藩幕府。

本书是清代人在清代完成的一部综合性人物传记，共六十卷，收同治以前的清代人物1100多人，分为名臣、名儒、经学、文范、遗逸、循良、孝义七类。其中多有北京地方人物。全书取材范围广，记叙征引详，保存了较多的原始资料。各事迹皆采自私家传志、郡邑志乘，间及说部，仍正以《国史列传》，不免稍失之繁。本书既以"先正"为名，其选录和评价人物的标准则是封建统治阶级所认为的表率。因而，今天看来，书中不少传主不一定是重要人物，而有些历史上起过重要作用的人物，如农民起义的领袖、有代表性的少数民族人物、才能卓越的妇女以及科技工艺能人等，却很少记载。本书是研究清代北京历史人物的重要参考文献。有曾国藩序、作者自序和凡例若干条，书后附有传主人名索引。

此书有同治五年（1866 年）李元度朱刻本、文瑞楼本、四部备要本等。岳麓书社 1991 年铅印本，此本以同治五年（1866 年）李元度的朱刻本为底本，并与文瑞楼本、四部备要本等相互参订。

《德龄忆慈禧》

《德龄忆慈禧》，德龄著，顾秋心等译。中国广播电视出版社1996 年 4 月出版，一册，292 页。

德龄（Der Ling，1886—1944 年），1886 年生于武昌，童年在荆州、沙市度过。9 岁起随父亲赴日本和法国留学，接受了一套比较完整的西方教育。1903 年春随父返回北京，觐见慈禧，深受喜爱，成为慈禧的"御前首席女官"（The First-Lady-in-Waiting），照料慈禧起居。同时作为她的私人翻译陪同参加各种外交会晤，给她选译外国新闻等。1905 年，其父在上海病逝，德龄出宫，从此再也没有回到慈禧的身边。

德龄写作本书是有着特殊的资历的。裕庚，满族正白旗人，在当时的中国可以称得上是最进步的政府官员之一。他让自己的女儿们接受了西方教育，这在当时的满族官员中几乎是前所未闻的。本书的作者德龄女士在法国完成学业，回国后，成了慈禧太后的第一宫廷命妇，这本书就是以她这一期间的经历写成的。她的这一身份使她获得了一个独特的视角，能够对这位统治了中国将近半个世纪的女人做出独特的观察与评价，对慈禧太后所有的规矩、习俗以及宫廷所特有的气氛，都以一位满族妇女亲聆目见的亲切性，一一展现在我们面前，因而使我们得以从一个侧面了解到这位近代中国不平凡的女性。

《光绪传》

《光绪传》，孙孝恩等著，人民出版社 1997 年 8 月出版，一册，

514 页。

　　光绪帝自幼年进入清宫始，就处于矛盾漩涡之中。在其所经历过的重大中外战争尤其是甲午中日战争中，他作为一国之君，坚定地站在维护国家、反击侵略的一边，体现了中华民族不畏强暴的英雄气概。甲午战争后，在民族危机急剧深化的岁月，光绪帝又毅然支持变法图强，发动了震动中外的"戊戌变法"运动，绘制了一个革新中国的宏图。在此之间，光绪帝创造性地把以康有为为首的维新派振兴国家的要求付诸实践，为古老的祖国提供了一次走向近代道路的历史机遇。他的政治生命，是与"戊戌变法"相始终的。综观光绪帝短短的一生，他可谓是近代中国统治阶级上层的爱国者、失败了的改革者、历史悲剧的扮演者。

　　本书共十二章："即位"、"在内争外患中成长"、"'亲政'"、"甲午起战云"、"乙未之辱"、"何去何从"、"不做亡国之君"、"变法更新绘宏图"、"崎岖的维新之路"、"转机"、"变法夭折"、"壮志未酬"。最后是结语和后记。本书对光绪帝及时代背景进行了深入的剖析，具有较高的学术价值，同时又有可读性，是目前较好的帝王传记。

《谭嗣同传》

　　《谭嗣同传》，王建华著。安徽人民出版社 1997 年 8 月出版，一册，290 页。

　　谭嗣同（1865—1898 年），出身于清末一个官宦之家，著名的"戊戌六君子"之一。作为思想家和社会活动家，谭嗣同被人们称为"晚清思想界彗星"。他以运动、变化的世界观建立维新运动的理论基础，把哲学思想与改良主义政治思想紧紧融为一体。他要把封建社会里中国人的精神生活，由愚昧、盲从引向自觉的道路；他要唤醒窒息在封建伦理下面的人性，他为新兴资产阶级找到了精神武器。戊戌变法失败后，他本来完全可以逃走，但他对梁启超说："各国变法，无不从流血而成。而我中国未闻有因变法而流血者，此国所以不昌也。有之请自嗣同始。"从容就义于北京菜市口。

全书共分十章："家世与少年勤学"、"十年漫游"、"甲午风云"、"北游访学"、"候补官的日子"、"湖南新政"、"奉诏进京"、"辅佐新政"、"风云突变"、"去留肝胆两昆仑"。附《谭嗣同思想评述》。本书力图从谭嗣同一生走过的道路和其他多方面的活动，着力反映出他的思想形成和发展过程，并注意捕捉那些足以反映其内心世界和性格特征的生动细节，表现了19世纪末叶向西方寻求真理的先进的中国人的顽强性格，学术性与可读性兼具。

《梁启超传》

《梁启超传》，王勋敏、申一辛著。团结出版社1998年7月出版，一册，319页。

本书为陈来胜主编的"中国文化巨人丛书：近代卷"之一。梁启超（1873—1929年），字卓如，号任公，别号饮冰室主人，广东新会人，后期主要生活和活动在北京。梁启超是中国近现代史上的重要人物，戊戌变法的主要发起人之一，中国近代著名的政治活动家、启蒙思想家、资产阶级宣传家、教育家、史学家和文学家。

本书作者力图深入到梁启超的内心世界，并竭力了解他所生活的时代和他所处的特定环境，描绘他的博大、伟岸、俊逸和多姿。全书共分八章：第一章，风华正茂：南海潮声、童子秀才、少年举人、康门高足；第二章，初搏政坛：公车上书、舆论先行、尽瘁"时务"、百日维新；第三章，搏击中流：日本初度、武装勤王、激扬文字、文界革命、呼唤"新民"；第四章，宪政大潮：大洋彼岸、回归改良、政闻社兴衰、宪政的灵魂；第五章，与狼共舞：武昌起义之后、荣归故国、政海弄潮、司法总长；第六章，护国之帅：愤对时局、南下反袁、迫袁下台、再入内阁；第七章，不懈求索：巴黎和会、欧游心影、"联省自治"、巡回讲学；第八章、归宗学术：大哉学术、深沉史识、问道佛学、伟人去矣。书后是《梁启超简谱》、主要参考书目和后记。本书在全面展现梁启超一生的政治追求和学术追求的基础上，对许多有争议的问题进行了颇具新意的探讨，言之成理，令人信服。

《戊戌变法人物传稿》

《戊戌变法人物传稿》九卷，汤志钧著。北京中华书局 1961 年铅印本，两册。

作者简介见前《戊戌变法史》篇。

《戊戌变法人物传稿》是一部有关戊戌变法运动的资料书，写于 1948 年至 1955 年。上编六卷，下编三卷，收 76 人。汤志钧在序中说："书中人物大体上按着他们不同的政治态度，归类排列。""只将该人物在戊戌变法运动时期的政治活动作了一些必要的阐述。""按照他们在这个运动里所起的作用给以适当的评价，而未能将他们的全部历史进行细致地分析。""此外，另将比较重要的学会、报刊的负责人和撰述人以及'政变'发生后被株连的人物等列表作为附录，以供参考。"此书是研究戊戌变法和北京历史人物的重要参考文献。

《中国变法维新运动和康有为》

《中国变法维新运动和康有为》，〔苏〕齐赫文斯基著；张时裕、梁昭锡、吕式伦等合译。三联出版社 1962 年 11 月出版，一册，384 页。

全书分十四章，全方位地考察了 1894 至 1895 年中日战争前夕的清帝国的内政外交、社会政治经济状况，论述了变法运动发生的深刻历史根源，分别探讨了康有为的变法理论根据、有组织的变法维新运动的兴起、保国会的发起、百日维新中维新派的纲领、康有为与各方面人士的关系、与守旧派的斗争以及 1898 年 9 月 21 日的宫廷政变、列强对变法的态度。齐赫文斯基认为："1895—1898 年中国的变法维新运动整个说来是具有进步性质的,因为这个运动为资本主义在国内的发展扫清了道路。"同时又说,变法维新运动的失败明显地证明了维新派所选择的道路,即企图通过皇帝的权威"自上而下"在国内进行改革的道路是错误的,"和劳动群众隔绝的变法维新运动,对国家在十九世纪末所面临的一切问题,都不能切实地加以解决"。这反映了苏联学者对近代中国维新运动的基本看法。

《畿辅同官录》

《畿辅同官录》,北洋官报局编。北洋官报局印制于清朝末年。

《畿辅同官录》是清末在畿辅地方任过官职或获取过一定学位的各地人氏的花名册。一般以原籍省别为单位,如畿辅河南同官录、畿辅江苏同官录等,以官职大小学位高低为顺序,如总督、布政使、河道、进士、举人等。人物条下注明年龄、籍贯、三代履历、领授职衔及学位的年份等,是研究清代吏治及畿辅地方人文历史不可多得的材料。

首都图书馆地方文献部现存《畿辅同官录》两部:光绪三十年（1904 年）刊本一函四册;宣统三年（1911 年）刊本一函六册。前者有袁世凯的批示,后者有陈夔龙的序文。书中收录了包括直隶、顺天、热河现任、候补及盐务、河工司法人员的简历。各州县以下凡五贡出身者亦一律甄录。

《大清畿辅先哲传》

《大清畿辅先哲传》四十卷,徐世昌撰。民国六年（1917 年）天津徐氏刊本。

徐世昌（1855—1939 年）,字卜五,号菊人,自称退耕老人,又号水竹村人。天津人，出生于河南，远祖为浙江鄞县绕虎桥村人。穷困潦倒之际在开封结识了袁世凯，在袁世凯的资助下实现了封建知识分子"朝为田舍郎，暮登天子堂"的梦想，清末曾两次出任军机大臣。辛亥以后，于1918年任北洋政府大总统；1922年被曹锟逼迫下台，隐居津门，以著述自娱。

本书分名臣、名将、师儒、文学、高士、贤能、忠义、孝友八门四十卷。附以列女传六卷，分为母仪、贤孝、节义、贞烈、才艺五类。本书"发幽光，阐潜德，有清一代畿辅先哲大半具于是编"，是研究清代北京地区地方历史和人物的重要参考书。

此书有1993年8月北京古籍出版社点校本。

《清代七百名人传》

《清代七百名人传》，蔡冠洛编著。中国书店1984年6月出版，共三册。

蔡冠洛，字丐因，号可园。他是弘一法师的弟子。他早年留学日本，毕业于帝国大学。归国后历任浙江省立五中、春晖中学、省立六中、省立二中等校教师。后来进入上海世界书局任编辑。

本书乃蔡冠洛于1936年7月在上海编著完成。编者有感于《清史列传》"非显官不加详也"的过简、《先正事略》的狭隘、《碑传集》的庞杂，决定"不衷一姓之私言，不囿于位望之尊卑，罗三百年之人物，揭橥其事功学术，以待后人之评骘，名曰《清代七百名人传》。"上起清初，下迄清末，跨度二百六十余年，共收713人。分为六编：政治、军事、实业、学术、艺术、革命。其中包括部分北京地方的历史名人，对研究北京历史人物有参考价值。书后附有《清代名人地域分配表》可资检索。

《严复评传》

《严复评传》，杨正典著。中国社会科学出版社1997年10月出版，一册，434 页。

严复（1853—1921 年）是中国近代著名学者和启蒙思想家，被誉为"寻找救国救民真理的先进中国人"。他的一生，跨越了从太平天国革命到中国共产党成立近七十年的时间，亲历了自洋务运动到五四运动的许多重要历史事件。1912 年 5 月，京师大学堂改名北京大学，严复出任北京大学第一任校长。从思想启蒙的角度看，严复有两个历史性贡献为人所难及：一是他借生物进化论鼓吹中国变法图强所起的作用；二是他翻译了许多西方学术名著，广为介绍西方近代各种思想学说。这两件事深刻影响到了中国近代社会思想与学术文化的发展。

本书全面系统地评述了严复的生平及思想学术。全书共分八章，对严复的政治思想、美学思想、文化思想、哲学思想、历史观点、伦理思想、教育思想、逻辑思想、翻译理论与特色等分章做了深入分析，提出了自己独到的见解。

《罗振玉评传》

《罗振玉评传》，罗琨、张永山著。百花洲文艺出版社 1996 年 12 月出版，一册，220 页。《国学大师丛书》之一。

罗振玉（1866—1940 年），字叔蕴、叔言，号雪堂、贞松，考古学家。祖籍浙江，1906 年应诏入京，步入晚清仕途。1909 年任北京大学农科监督。曾在北京发现"龙骨"，进而发现了殷墟甲骨。他在法人伯希和的北京住处发现敦煌残卷，利用职权查封敦煌石室残余文献，并在宣统二年（1910 年）将这批文献运回京师图书馆。罗振玉治学有方，擅长考古，研究的领域很广泛，从殷墟甲骨、汉晋木简、墓志铭文，到宫中收藏的历代图书、历史档案，乃至珍宝、钱币等，都有系统研究，撰写了许多价值很高的专著。

本书分八章："家世"、"植基古学的青少年时代"、"开拓现代农学"、"究心教育"、"殚力国学"、"甲骨学的奠基人"、"敦煌学的最早倡导者"、"罗振玉与王国维"。最后是结束语、罗振玉学术活动编年、主要参考书目和后记。本书对罗振玉的学术生涯和著述方面几个带有开创性的领域作了介绍,比较深入地论述了罗氏在学术上的成就,对他一生的学术事业作出了恰当公允的评价,对正确认识他在 20 世纪前半叶的学术发展史上的地位有一定贡献。

《一代学人王国维》

《一代学人王国维》,钱剑平著。上海人民出版社 2002 年出版,一册,522 页。

王国维(1877—1927 年),字静安,号观堂,浙江海宁人。一生由教育、哲学、文学、到国学,兴趣不断转向,在所涉及的领域均有非凡的建树。他的《人间词话》在文学理论、文学批评史上的地位和作用都是不可替代的;他的《红楼梦评论》堪称现代"红学"的开山之作;他的《宋元戏曲史》树立了戏曲史的界碑;他对甲骨文、汉晋木简、敦煌学的研究贡献巨大。1927 年在颐和园昆明湖投湖自尽。

本书共分八章:"走上初学之路"、"人生问题日往复于吾前"、"教育改革的先行者"、"唶哲学暌隔之文字"、"颇为自负的文学道路"、"埋首史地甲骨文字"、"最后五年的北京生活"、"一代学者之死"。书后附录《王国维学术著述简表》。有作者后记。本书是"为还社会一个真正的王国维而尽自己努力",积十年之功而成。此书除对王国维有一个全面介绍外,对王国维与罗振玉的关系、自沉昆明湖的原因等方面有较深刻的探究,如认为王国维的自杀主要因为严重的精神抑郁症,可成一家之言。

《爱新觉罗·溥仪传》

《爱新觉罗·溥仪传》,孙喆甡著。华文出版社 1990 年 11 月出版,一册,374 页。

爱新觉罗·溥仪（1906—1967 年），清末代皇帝。1908 年登位，年号宣统。辛亥革命爆发后，于 1912 年 2 月退位。1924 年，废除皇帝称号，出宫。1934 年在侵华日军策划下当上"满洲帝国皇帝"。后被苏军俘获，1959 年特赦。1964 年任全国政协委员、文史研究馆馆员，1967 年在北京病逝。著有《我的前半生》。

本书作者早年即跟随溥仪左右，对清末民初社会的风云变幻，多有观察。至伪满时代，更是亲身经历，耳闻目睹溥仪的生活与经历。故书中对溥仪具有传奇色彩的一生——从皇帝到公民以及其艰苦思想改造过程，都有详尽记叙。本书共三编二十四章。第一编，在紫禁城：溥仪的家族世；溥仪的出身家庭——醇亲王世家；紫禁城的黄昏；袁世凯的复辟丑剧；昙花一现的复辟梦；宫廷内的组织和制度；毓庆宫的读书生涯；宫廷内的特殊人物——太监；溥仪的宫廷生活。第二编，从天津到伪满：初离紫禁城；"张园"里的小"朝廷"；投靠日本；走上卖国之路；"满洲帝国"成立；傀儡的丑剧；关门称霸；弟妹们的婚姻；一"后"二"贵人"——三个牺牲品；傀儡末日；在苏联战俘营。第三编，走向新生：梦醒；改造；新生；最后的旅程。附录《溥仪年表》。

本书结合溥仪一生中的经历，对各个历史时期所发生的重大事件多有收录。书中所辑史料尤多，再经作者反复印证与细致核对，翔实可靠。对研究溥仪的生平经历有所裨益，对读者了解清末及北洋政府时期的历史有所帮助。

《赛金花其人》

《赛金花其人》，孙震编。重庆出版社 1987 年 8 月出版。

赛金花（1872—1936 年），原籍安徽，其先世于太平天国时迁居苏州，遂为苏州人。她出生在一个贫苦的家庭里，沦落风尘，一生经历坎坷。前清状元洪钧为赛金花的美色所倾倒，以白银千两为其赎身，纳为妾，赴北京上任。后随洪钧出使俄、德、英、荷等国。洪钧死后，赛金花被迫重操妓女旧业。后与戊戌变法、八国联军入侵北京等重大历史事件有过一些关联，受人关注。穷困而死，葬陶然亭，齐白石为她题墓碑。本书分以下几大部分："编者的话（代序）"、"赛金花小传"、"赛金花自述"、"赛金花的晚年"、"赛金花之死"、"赛金花故事编年"。附录：《赛金花与小说〈孽海花〉》、《樊增祥的前后〈彩云曲〉》、《赛金花生平事迹与传说》、《对于赛金花的评论》。本书是研究北京历史人物和北京地区风俗民情的重要参考文献。

《袁世凯全传》

《袁世凯全传》，王钦祥、辛学明著。青岛出版社 1996 年 8 月出版，一册，499 页。

袁世凯（1859—1916 年），字慰庭，号容庵，河南项城人，是中国近代史上赫赫有名的北洋军阀鼻祖、中华民国大总统，风云一时，叱咤中国政坛。1911 年辛亥革命爆发，袁世凯逼迫清帝退位，被推举为中华民国首任总统，在北京就任。1915 年 12 月宣布恢复帝制，建立中华帝国，并改元洪宪。随即被迫宣布撤销帝制，恢复民国。1916 年 6 月 6 日死于北京。

本书共十六章："乱世投胎，乳臭未干闯世界"、"坐镇朝鲜，十二年风云建奇功"、"操练新军，志士血块垒进身台阶"、"抢先改革，功过参半野心狂"、"砍瓜切菜，黑掌横扫两位重臣"、"仓皇逃命，'养寿园'中遥控北洋军"、"卷土重来，吴禄贞血溅司令部"、"逼宫索印，茶馆里飞出三颗炸弹"、"连哄带骗，北京城大宴革命党"、"元勋飞血，国民党人誓师讨袁"、"强选总统，测好风水谣想登龙廷"、"白狼军起，大总统为日本严守机密"、"权集一身，尊孔祭天复古官制"、"群魔竞舞，十四省将军请速正大位"、"'两推两让'，赶制龙袍听风声"、"雄兵叠起，帝制取消老命暴亡"。有附录四：《袁世凯小站练兵武卫右军序列》、《袁世凯统治时期政府首脑更迭简目表》、《袁世凯家族世系》、《袁世凯子女谱系简表》。本书是研究清末民初政局和北京历史人物的重要参考文献。

《孙中山与北京》

《孙中山与北京》，黄宗汉、王灿炽编著。人民出版社 1996 年 7 月出版，一册，608 页。

孙中山先生是中国民主革命的先驱，是领导人民推翻封建帝制、创立民主共和制度的卓越领袖。北京自元明以来一直是我国的政治中心、中央政府所在地，北京政局直接制约和影响着全国的变化和发展。孙中山在充满坎坷与艰难的革命一生中，曾三次来北京。孙中山的革命生涯始于北京，终于北京。他的革命一生与北京有着特殊的关系。1894 年孙中山第一次到北京，使他走向革命；1912 年孙中山第二次到北京，是为巩固共和而斗争；1924—1925 年孙中山第三次到北京，成为伟人的最后日子。

本书以记述伟大的革命先行者孙中山先生三次北京之行为主，兼收与此活动有关的资料。孙中山逝世后的治丧以及送殡等有关资料，亦酌情收录。首条列大事记，其次在按语中辑录这些活动的史料，并适当加以注释或考证。所据资料，均详细注明出处，如书名或报刊名称、篇名、作者、卷数、出版时间、出版单位、版次等。本书按时间顺序记述，起于 1894 年，迄于 1929 年，分五大部分："首次莅京"、"二次莅京"、"三次莅京"、"治丧纪事"、"移灵纪实"。前有凡例和前言，后有后记。本书是研究孙中山与当时北京各界人物关系的重要参考文献。

《民国大总统黎元洪》

《民国大总统黎元洪》，全国政协文史资料委员会、湖北省政协文史资料委员会等合编。中国文史出版社 1990 年 8 月出版。

黎元洪（1864—1928 年），湖北黄陂人。1916 年 6 月，袁世凯死后，黎元洪以副总统继任总统。

本书力求较全面地反映历史，如黎氏的出身，投身水师学堂和在清朝从管轮到协统的经历，武昌起义被推为湖北军政府都督，北上任副总统、大总统的情景以及晚年寓居天津和从事经营活动等情况。附录：《黎元洪年谱》、《黎氏族谱》、《关于黎元洪的家世及族谱》。本书作者多是有关历史事件的亲历者、当事人或见证人，如武昌起义时首先发难的工程八营总代表（起义后任鄂军第五协统领）熊秉坤，率领清朝海军舰队起义的舰长汤芗铭，袁世凯之孙袁家宾等。他们将亲身经历和见闻，写得具体、生动、翔实，是难得的珍贵史料。

《北洋灵魂——徐世昌》

《北洋灵魂——徐世昌》，郭剑林著。兰州大学出版社 1997 年 3 月出版，一册，437 页。

徐世昌（1855—1939 年），字卜五，号菊人，原籍直隶天津，出生于河南省汲县。北洋军阀统治时期多次出任国务卿，1918 年 10 月至 1922 年 10 月任北京政府大总统。本书著者认为：徐世昌是近代中国社会开明的当权派，是推翻旧时代的先行者，是近代中国的政治活动家、经济学家、教育改革家和新儒学家。综观徐氏一生，从小站练兵、改革军制到参加强学会、主张变法、改革政治、经济；从举办清末新政到使东三省旧貌换新颜；从制定民初一系列法规，实行法制到推进民初实业发展；从反对帝制、反对复辟到认可民主共和，等等，举凡近代中国政治、军事、经济、教育、外交、文化等方面的重大举措，包括袁世凯施行的各种新政策、新法规，无一不包含着徐氏的"斡旋运数，挽救危亡"的思想和行动。本书以七十三个章节的篇幅介绍了徐世昌的一生。书后附录《徐世昌大事年表》。本书是研究北洋军阀历史和北京历史人物的重要参考文献。

《八日儿皇帝——张勋复辟丑史》

《八日儿皇帝——张勋复辟丑史》，王健元编。吉林文史出版社 1986 年 4 月出版，一册，110 页。《晚清民国逸史丛书》之一。

"辫帅"张勋是清末民初时期北洋军阀之一，在中国近代史上大名鼎鼎。1917 年 7 月 1 日，张勋在北京复辟，演出了共和时代的丑剧。本书生动地再现了张勋复辟丑剧上演的前前后后，形象地刻画了北洋军阀、无耻官僚政客、废帝小朝廷和遗老们的种种丑态，可谓入木三分。列强的卑鄙阴谋，广大人民的苦难，也跃然纸上。

原作者署名瑜寿，1951 年初上海《亦报》少量刊行，今经编者加以修订，并附上陈文运的《复辟之役马厂誓师亲历记》、叶恭绰的《参加讨伐张勋复辟之回忆》、苏惕鳞的《复辟之役中的亲身经历》等回忆录。

《冯国璋年谱》

《冯国璋年谱》，公孙訇著。河北人民出版社 1989 年 1 月出版，一册，197 页。

冯国璋（1857—1919 年），字华甫，直隶（今河北）河间人。冯国璋号称"北洋三杰"之一，是直系军阀首脑，清末民初政治舞台上的风云人物。他多年雄踞南京，1917 年张勋复辟后，冯国璋任代理大总统，从南京来到北京，入居新华宫。研究冯国璋，既有助于揭示直系军阀兴衰的历程，又有助于透视清末民初扑朔迷离的政局。

本书以详细可靠的史料为依据，按照年月日顺序，将冯国璋毕生的言行作为一个不可分割、浑然一体的发展过程加以粗线条的勾勒，浓淡相宜，重在叙事，寓评论于叙事之中，使传主的形象清晰地映现在读者面前。所叙述事实都以冯国璋的演说、谈话、公牍、函电及报纸杂志的报道为依据。纪事稍偏重下列四个时期：1895 年至 1910 年，是他从事近代军事教育研究、改革和创办军事学校及为清政府筹划国防事宜时期；1911 年至 1913 年，是他充当清朝及袁家政权"功臣"，率军镇压辛亥革命和"二次革命"时期；1914 年至 1916 年，是他督促坐镇江南，联络南方，反对袁世凯称帝时期；1917 年至 1918 年，是他当选为副总统及代理总统反对张勋复辟，反对段祺瑞"武力统一"时期。纪事或详或略，根据资料价值而定，其电函、演讲及谈话较为重要又足以反映某一特定事件者，则酌量节录或径录其全文。书后附录《冯氏壹支家谱》（节录）、《冯国璋事状》、《冯国璋的后代们》。

《段祺瑞传》

《段祺瑞传》，程舒伟著。黑龙江人民出版社 1997 年版，一册。

段祺瑞（1865—1936 年），字芝泉，安徽合肥人，"北洋三杰"之一，后为皖系首脑。前清时，任统制、提督、军统、湖广总督等职；民国后，任陆军总长、参谋总长、国务总理、参战军督办、边防督办、中华民国临时执政等职。段祺瑞执政府旧址，在今东城区张自忠路 3 号，原名铁狮子胡同。

段祺瑞是北洋军阀的巨魁，是袁世凯小站练兵时的主要将领和骨干，参与了北洋新军的创建。辛亥革命前后，他几乎成了直接控制北洋军和中央军事的最高指挥官，很自然地成了北洋军阀的领袖人物。他几度出任总理，后来又成为民国执政，即使他在下野期间，仍能呼风唤雨，控制、操纵政局，是一个贯穿于北洋军阀统治时期的代表人物。

本书全面介绍了段祺瑞的一生，资料翔实，持论客观，学术价值较高，是研究北洋军阀历史的重要参考文献。

《吴佩孚传》

《吴佩孚传》，蒋自强、余福美著。山东人民出版社 1985 年 4 月出版。

吴佩孚（1874—1939 年），字子玉，山东蓬莱人。在中国现代史上，他曾因是"二七"惨案的刽子手而遭到公众的谴责，但在他的晚年，有过一段不被日军利诱的历史。吴佩孚势力败亡后，长期蛰居北平，1935 年拒绝参加汉奸策动的华北自治活动。"七七"事变后，拒不出任日军策划组织的北平维持会会长职。1939 年 11 月，因拒做汉奸，死在日本人手中。本书分八章："当兵谋生"、"乘机崛起"、"武力争霸"、"骄横专断"、"一败涂地"、"回光反照"、"彻底垮台"、"可悲结局"。附《吴佩孚大事年表》。本书是研究北洋军阀历史和北京历史人物的重要参考文献。

《冯玉祥与北京政变》

《冯玉祥与北京政变》，张洪祥、杨琪著。河北人民出版社 1998 年 8 月出版，一册，272 页。

冯玉祥（1882—1948 年），字焕章。安徽巢县人。14 岁入伍当兵。1911 年武昌起义后，曾参加滦州起义。他受孙中山革命思想影响，拥护共和，主张革新。1917 年进兵北京，参加平定张勋复辟。他倾向广东革命政府，孙中山对他寄予厚望，认为冯玉祥是北方革命事业唯一的适当人才。冯与吴佩孚矛盾很深，第二次直奉战争爆发，吴佩孚命冯玉祥任第三路军总司令，开赴热河前线作战。1924 年 10 月 22 日，冯玉祥得知吴佩孚在前线大败，便率部秘密从前线返回北京，囚禁了曹锟，并迫使曹锟下令免去吴佩孚职务。冯玉祥主持军政会议，决定成立中华民国国民军，脱离直系军阀，电请孙中山北上讨论国家大事，将溥仪驱逐出故宫。同时，冯玉祥在南方直系势力的威胁下，又把皖系头子段祺瑞请了出来，以抗直系。段祺瑞与张作霖勾结排挤冯玉祥，推段祺瑞为中华民国临时政府总执政。11 月 24 日，段祺瑞在北京正式成立了北京临时执政府。接着段祺瑞政府宣布取消国民军名义，任命冯玉祥为西北边防督军。1925 年初，冯玉祥离开北京去张家口任职。

本书分六部分："一个'叛逆者'的成长"、"在军阀混战中求生存"、"有职无权的陆军检阅使"、"静悄悄的北京政变"、"'一着错，满盘输'"、"冯玉祥重振军威"。本书是研究北洋军阀演变的历史和北京地方历史人物的重要参考文献。

《曹汝霖传》

《曹汝霖传》，贾熟村著。浙江教育出版社 1988 年 1 月出版，一册，188 页。

曹汝霖（1877—1966），字润田，上海人。早年赴日本留学，1911 年春任清政府外务部副大臣。辛亥革命后改任律师。袁世凯时任外交次长，1915 年和陆徵祥一起奉袁命同日本谈判，签订了丧权辱国的"二十一条"。1916 年后任北洋军阀政府交通总长、财政总长。1919 年五四运动中，北京学生一致要求惩办亲日派卖国贼曹汝霖、陆宗舆、章宗祥等三人。北京政府被迫将三人免职。抗日战争时期，曾任伪华北临时政府最高顾问、华北政务委员会咨询委员。1949 年逃往台湾，后去美国。本书分六部分："家世、学业"、"官运亨通"、"大权在握"、"飞黄腾达"、"以官经商"、"穷途末路"。书后附大事年表。本书是研究五四运动和北京历史人物的重要参考文献。

《辜鸿铭传》

《辜鸿铭传》，严光辉著。海南出版社 1996 年 12 月出版，一册，382 页。

辜鸿铭（1857—1928 年），名汤生，字鸿铭，号海滨读易者，晚年自号"东西南北老人"。祖籍同安，生于马来西亚槟榔屿，10 岁时被义父母布朗夫妇带到英国苏格兰上学，成为中国完成全部英式教育的第一人。后入德国莱比锡大学，其后赴法学法文，通晓中、英、德、法、俄、日、马来、拉丁以及希腊等多种语言、文字。后被聘为北京大学教授。五四运动时，与林琴南等一起反对白话文运动。1928 年在北京病逝。辜鸿铭自幼经历坎坷，性格高傲、倔强、偏执，愤世嫉俗，喜欢"立异以为高"，好作惊人语。在向西方弘扬中华文明的同时，把纳妾与留辫子都当作中国国粹。虽然在政治上一贯顽固守旧，但却是一个有骨气的爱国者。

本书分上下两篇介绍了他的一生。上篇为：东西南北人，包括：生在南洋；学在西洋；婚在东洋；仕在北洋·幕府二十年；仕在北洋·京都北京。下篇为：古今中外说：执教北大·牛刀杀鸡；恩恩怨怨·看破看透。尾声：帝国的最后一根辫子，附：《辜鸿铭年谱》。本书是研究北京教育史和教育界历史人物的重要参考文献。

《詹天佑传》

《詹天佑传》，茅家琦、高宗鲁著。江苏古籍出版社 1987 年 11 月出版，一册，106 页。

詹天佑（1861—1919 年），字眷诚，原籍安徽省婺源县（今属江西省），出生于广东南海。我国杰出的爱国工程师、铁路工程专家。美国耶鲁大学土木工程和铁路专业毕业。1888 年在当时的中国铁路公司任工程师，完成了从塘沽到天津的铁路铺轨任务。后来又建成了滦河大桥。1894 年，英国工程研究会正式接纳詹天佑为会员。1905 年清政府任命詹天佑为修建京张铁路的总工程师。詹天佑出色地完成了任务，尤其是京张铁路关键工程居庸关山洞和八达岭山洞的相继打通，令国内外工程界人士极表敬佩。京张铁路的建成，是詹天佑一生事业的顶峰，使他誉满中外。

本书分十个章节："童年"、"留学美国"、"归国"、"投身祖国铁路建设"、"埋头苦干的十五年"、"一生事业的高峰"、"誉满中外"、"奔走于张绥、川汉粤线上"、"鞠躬尽瘁"、"近代杰出的爱国工程师"。附录《詹天佑生平大事年表》、后记。本书是研究北京铁路史和科技界历史人物的重要参考文献。

《蔡元培传》

《蔡元培传》，唐振常著。上海人民出版社 1985 年版，一册。

　　蔡元培（1868—1940年），是我国近代著名的民主革命家和教育家。蔡元培出身科举，为清末翰林学士，但是，他没有成为清朝统治的维护者，而于19世纪末20世纪初接受了西方资产阶级民主思想，毅然走上了反清革命的道路，成为辛亥前后的政治活动家之一。五四运动时期他任北京大学校长，反对北洋军阀，同情学生爱国运动，赞美"劳工神圣"，是当时进步思想界的领袖人物之一，对五四运动做出了积极的贡献。蔡元培作为中国近代最重要的资产阶级教育家和中国教育改革的先驱，为我国文化教育事业的发展作出了不可磨灭的贡献。

　　本书共分十五章，对蔡元培一生的主要行状作了深入的研究。第一章，家世和教养，介绍蔡元培的先祖、双亲和家庭背景；第二章，在科举道路上，记述蔡元培从6岁至16岁科举中试的情况；第三章，思想一变，介绍蔡元培关心时局，留心西学，思想为之一变；第四章，委身教育，记述蔡元培离开翰林院回故乡绍兴，先后在绍兴、嵊县、诸暨、杭州、上海等地从事教育的经历，对他教育实践中所表现出来的改革思想作了分析；第五章，昌言革命，记述蔡元培担任中国教育会会长和爱国学社总理期间的革命活动；第六章，同盟会前后，叙述了1905年蔡元培加入同盟会前后的政治活动；第七章，四年老学生，介绍蔡元培欧洲四年留学生涯；第八章，民国教育总长与壬子迎袁；第九章，去官求学由德而法；第十章，兼容并包，孕育新北大，本章四万余字，是全书分量最重的一章，对蔡元培孕育新北大的艰难历程作了较为详尽的叙述；第十一章，"君子难罔以非其道"，叙述1920年10月蔡元培赴欧考察教育及学术研究机关的情况；第十二章，"于我多恕词"，以史学家的正直和求实精神，记述了蔡元培在1927年4月国民党右派的"清党"运动中的表现和态度；第十三章，科学事业培育者，叙述蔡元培创办中央研究院的过程；第十四章，行在民主自由，这是周恩来挽蔡元培联语，是对蔡元培一生言行的历史总结，可谓确论；第十五章，寂寞晚年，叙述了蔡元培去世前数年的情景。

　　全书取材宏富，考辨精审，在史料的取舍、论点的确立上都取得了不少突破。如第五章"苏报案"中"吴稚晖告密"一说，由于章太炎的说法，几乎成为铁案；秋瑾之死，胡道南告密说也颇流行。本书广征博引，使得这些史实真相大白，这是对历史人物负责的态度。为尊贤亲者讳是传记中的通病，本书则无此疵，对蔡元培在"清党"运动中的态度，人们曾三缄其口，经作者实笔写明以后，历史人物思想探索过程中的复杂性得以凸现。有了这一环，蔡元培参加中国民权保障同盟在他思想发展史上的意义才能得到清晰的说明。本书在上海市哲学社会科学优秀成果（1978—1984 年）评选中，获得优秀著作奖。

《杨度传》

《杨度传》，何汉文、杜迈之著。湖南人民出版社 1979 年 8 月出版。

杨度（1874—1931 年），字皙子，号虎禅师，湖南湘潭人，是中国近代史上一位著名的政治活动家和思想家。杨度是中国近代历史上一个极富争议性的人物。他才华卓绝，抱负不凡，年轻时参与公车上书，后来又支持袁世凯称帝，在北京成立"筹安会"，反对共和，鼓吹帝制。洪宪王朝崩溃后，转而帮助孙中山。到了晚年，又与共产党有密切联系，在他身上几乎集中了中国近代历史上种种错综尖锐的矛盾，有救国之心而所托非人，空怀博学宏识而把握不到时代脉搏。杨度的悲剧，也是中国近代艰难崛起之路的一个缩影。

本书分十三个章节："青少年时期"、"留学日本"、"金铁主义"、"宪政编查馆"、"辛亥革命中的活动"、"等待时机"、"为袁世凯复辟帝制造舆论"、"筹安会"、"昙花一现的'宪政协进会'"、"恶梦的终结"、"通缉中"、"学佛论佛"、"走上光明大道——加入中国共产党"。有引言、后记。本书记述的许多历史事件都为作者亲历，故真实生动，是研究中国现代历史上北京历史人物的重要参考文献。

《鲁迅在北京》

《鲁迅在北京》，陈漱渝著。1978 年 12 月出版，一册，172 页。

鲁迅（1881—1936 年），原名周樟寿、豫山、后改字为豫才，1898 年去南京求学时改名周树人，鲁迅是他的笔名。浙江绍兴人。中国现代著名的文学家、政治评论家、新文化运动的重要领导人、左翼文化运动的旗手。从 1912 年 5 月至 1926 年 8 月，鲁迅在北京生活和战斗了十四年。这一时期，是鲁迅的世界观发生根本转变的酝酿时期。在这十四年的峥嵘岁月里，鲁迅成长为文化新军的最伟大和最英勇的旗手。鲁迅不仅在思想文化战线建树了丰功伟绩，而且直接投身于大规模的群众斗争，从中受到教育，汲取力量，在思想上和政治上跨出了新的步伐。与此同时，鲁迅还为发展中国的社会教育事业、培养和造就革命青年，付出了艰辛的劳动，取得了卓越的成就。这一时期在鲁迅一生中占有十分重要而独特的地位，鲁迅直至逝世前还无限深情地说他"很喜欢北平"。

本书共分九个部分："鲁迅与通俗教育研究会"、"鲁迅北京时期与文艺社团的关系"、"鲁迅北京时期与一些报刊的关系"、"鲁迅在北京的教学活动"、"鲁迅与女师大学生运动"、"鲁迅与'三·一八'惨案"、"鲁迅两次返京片断"、"鲁迅在北京住过的地方"、"鲁迅北京时期活动简表"。有作者后记。本书的大部分资料取自于首都图书馆的地方文献部，是研究中国现代历史上北京文化界人物的重要参考文献。

《李大钊传》

《李大钊传》，朱志敏著。山东人民出版社 1998 年 4 月出版，一册，522 页。

李大钊（1889—1926 年），字守常，河北省乐亭县人，中国最早的马克思主义者和共产主义者，是中国共产党的主要创始人之一。早年入天津北洋法政专门学校学习政治经济。后东渡日本，入早稻田大学。日本向袁世凯提出灭亡中国的"二十一条"后，他积极参加留日学生总会的爱国斗争，起草《警告全国父老书》，通电全国，成为举国闻名的爱国志士。俄国十月社会主义革命的胜利极大地鼓舞和启发了李大钊，他先后发表了《法俄革命之比较观》、《庶民的胜利》和《布尔什维主义的胜利》等文章和演说。1920年3月，李大钊在北京大学发起组织马克思学说研究会。10月，北京共产主义小组建立。1921年中国共产党成立后，李大钊代表党中央指导北方的工作，在极端危险和困难的情况下，领导党的北方组织坚持革命斗争。1927年4月6日，奉系军阀张作霖勾结帝国主义，闯进苏联大使馆驻地，逮捕了李大钊，28日绞杀于西交民巷京师看守所内。

本书详细记述了李大钊光辉的一生。全书共分八部分："家世与童年"、"法政六年"、"留学岁月"、"回国办报"、"在北京大学"、"接受与传播马克思主义"、"参与创建中国共产党"、"献身国民革命"。后附：李大钊年谱简略、参考书目、后记。有张静如序。本书富有独到见解、学理性很强，观点新颖，是研究北京史与中国共产党诞生的重要参考文献。

《邵飘萍传略》

《邵飘萍传略》，旭文编。北京师范学院出版社1990年8月出版，一册，187页。

邵飘萍（1886—1926年），名振青，笔名飘萍，浙江金华人，著名记者，《京报》创始人。邵飘萍故居位于宣武区骡马市大街魏染胡同，是邵飘萍1916年后在北京的住所，《京报》馆旧址。本书共分九部分："少年时期"、"开拓报业"、"'五四'名将"、"多得内助"、"以俄为师"、"中共挚友"、"致力统战"、"'五卅'运动"、"舍命之战"。附录"邵飘萍同志生平活动年表"。书中有人大常委会副委员长严济慈《在纪念邵飘萍诞辰一百周年大会上的讲话》

代序。本书比较系统地介绍了中国新闻界杰出的开拓者、最早传播马克思主义的知识分子之一邵飘萍。因有关邵飘萍生平的文字记载很少，所以本书可作为了解邵飘萍烈士事迹的一个很好的途径。

《胡适传》

《胡适传》，白吉庵著。人民出版社 1993 年 3 月出版，一册，507 页。

胡适（1897—1962 年），原名嗣穈，学名洪骍，字希疆，后改名胡适，字适之。安徽绩溪人，现代著名学者，蜚声海内外。胡适因提倡文学革命而成为新文化运动的领袖之一。他兴趣广泛，作为学者，他在文学、哲学、史学、考据学、教育学、伦理学、红学等诸多领域都进行了研究。曾历任北京大学教授、北京大学文学院院长、北京大学校长、台湾"中央研究院"院长等职。

本书共分十二章："家世和少年时代"、"上海求学"、"留学美国"、"北大任教（上）"、"北大任教（下）"、"环球旅行"、"避居上海"、"任北大文学院长"、"弃教从政"、"出长北大"、"流亡海外"、"回到台湾"。附录包括：《胡适年表》、主要参考资料、后记。书有胡适的学生、我国著名的历史学家胡厚宣先生所作之序。

本书以流畅的笔法，再现了胡适昔日的风貌，所记不但包括其政治主张、思想倾向、学术建树，而且还将其生活情趣、思维方式及交友，特别是在台湾的晚年生活生动地表现了出来。书中发掘了不少鲜为人知的材料，并纠正了以往一些出版物有关胡适记载的错误。

《宋哲元》

《宋哲元》，吕伟俊主编。山东大学出版社 1989 年 5 月出版，一册，344 页。

宋哲元（1885—1940年），字明轩，山东乐陵人，国民党一级陆军上将（追赠），抗日名将。北京武卫右军随营武备学堂毕业，历任团、旅、师、军长、方面军总指挥、集团军总司令、战区副司令长官等职，并先后兼任热河、陕西、察哈尔、河北省长、平津卫戍司令兼北平市长、冀察政务委员会委员长。原属冯玉祥的西北军，由于他治军严谨，作战勇敢，被誉为西北军的"五虎将之一"。后任二十九军军长，1933年长城抗战中取得"喜峰口血战大捷"，轰动了全国；1937年7月7日，打破蒋介石"不准抵抗"的禁令，在卢沟桥畔打响了全国反击日寇的可贵的一枪！

本书共分六章："家世与青少年时期（1885—1907年）"、"从军与初期军事生涯（1907—1926年）"、"誓师、主陕、反蒋（1926—1930年）"、"任二十九军军长，开始独立走上政治舞台（1931—1932年）"、"主政察哈尔与长城抗战（1932—1935年）"、"崛起为华北军政首脑（1935—1937年）"、"英勇抗战，死而后已（1937—1940年）"。附录一《宋哲元生平年表》；附录二"宋哲元亲属情况"。本书资料翔实，论述客观平允，是研究卢沟桥事变的重要参考文献。

《张自忠》

《张自忠》，林治波著。昆仑出版社1999年1月出版，一册，207页。《中华名人丛书》之一。

张自忠（1891—1940年），字荩忱，山东临清人，是中国军队在抗战中牺牲的职务最高的将领，也是第二次世界大战反法西斯阵营中战死的最高军队将领。"七七"事变后，接替宋哲元代理冀察政务委员会委员长兼北平（今北京）市长，备受舆论责难。张自忠本着"我不跳火坑谁跳火坑"的态度，忍辱负重，与敌周旋。平津沦陷后，潜回南京，出任第五十九军军长，调往徐州，在第五战区司令长官李宗仁指挥下对日军作战。1940年5月，兼第五战区右翼兵团总司令，亲临前线指挥作战，不幸在战斗中牺牲。

本书详细记述了张自忠不平凡的一生，是研究卢沟桥事变的重要参考文献。

《赵登禹将军》

《赵登禹将军》，中国人民抗日战争纪念馆编，张承钧、赵学芬主编。北京出版社1992年6月出版，一册，248页。

赵登禹（1898—1937年），字舜诚、舜臣。中国国民党抗日将领。山东菏泽人。1914年投第十六混成旅冯玉祥部当兵，历任排、连、营、团、旅、师长。后随宋哲元入晋，1933年率部参加长城喜峰口抗战，因战功升任第一百三十二师师长，1937年"七七"事变爆发，任北平南苑前线总指挥，与二十九军副军长佟麟阁指挥南苑驻军英勇抵抗。赵登禹右臂中弹负伤。佟、赵率部向城南大红门转移时为日军包围，二人壮烈殉国。国民政府明令褒扬，追赠赵登禹为陆军上将。抗战胜利后，何基沣奉冯治安之命到北平将赵登禹将军和二十九军抗日烈士的忠骸迁葬于卢沟桥畔。1946年3月，北平市政府和各界人士在八宝山忠烈祠为赵登禹等举行隆重的入祠仪式，并将西城区从崇元观往南至太平桥的一段马路更名为赵登禹路。中华人民共和国建立后，被追认为革命烈士。本书是赵登禹的女儿赵学芬及其战友、挚交，多方寻找搜集、回忆整理有关赵将军的文献资料，把55年来能收集到的有关赵登禹将军的文稿集中整理，汇为一集，约六十篇，用以纪念这位为中华民族的独立自主而慷慨捐躯的英烈。

《华北官僚群像》

《华北官僚群像》，每日译报社编译。民国二十七年（1938年）铅印本。

本书系"英商每日译报社"出版的《每日译报社丛书》之一，是不同作者所写文章的合集，分上下篇。主要反映1937年日本发動全面侵华战争后，华北主要是平津地区组建傀儡政权"临时政府"过程中的人和事。如上篇：《吴佩孚访问记》记述日本企图策动吴佩孚出山的史实；《"临时政府"三巨头画像》介绍汉奸王克敏、汤尔和、董康三人的简历及对日态度；《华北官僚群像》介绍了齐燮元、朱深、王辑唐、江朝宗、高凌蔚。下篇《"临时政府"扮演经过》、《"冀东政府"的始末》等，介绍了当时华北伪政权的产生经过。全书共十三篇文章，作者主要是日本人和英、法人，"比较阅读，当更增兴趣。"编者是持讽刺和嘲笑的态度的，在《编辑后记》中写道：在所谓"中华民国临时政府"成立之后，国内外的外文报章杂志上曾登载过许多描述这"新政权"建立经过的种种情形和粉墨登场的各文武旦丑的过去"光荣事迹"的文章，现在择优翻译，辑成一册。此书有一定的史料价值。

北京历史文献要籍解题

745

《傅作义传略》

《傅作义传略》，蒋曙晨著。中国青年出版社 1990 年 11 月出版，一册，330 页。

傅作义（1895—1974 年），字宜生，山西荣河人。傅作义是一位抗日名将、追求进步的国民党员。辛亥革命时参加太原起义。后在阎锡山部下任方面军总司令、绥远省政府主席。参加长城抗战，领导绥远抗战。1937 年以后在山西、绥远与日军作战八年。抗战胜利后，参加反共内战。1947 年被蒋介石任命为华北"剿总"总司令。1949 年 1 月，他响应中国共产党提出的"停止内战，和平统一"的主张，毅然率部在北平接受解放军和平改编，使古老的文化故都完好地归回人民，二百万市民的生命财产免遭兵燹。这一义举对中国人民革命事业的胜利，做出了重大贡献。同年秋，又赴绥远促成和平解放。新中国成立时，任政府委员、水利部长，后任国防委员会副主席、全国政协副主席。

本书共分十五章："从学童到将军"、"苦守涿州"、"中原大战前后"、"初燃抗日烽火"、"和八路军并肩抗战"、"率部入套"、"绥西无战事"、"被拴在内战的战车上"、"华北风云巨变"、"北平和平解放前夕"、"揭开历史的新篇章"、"促进绥远和平起义"、"在开国之初"、"人民的部长"、"致力祖国统一事业"。本书是研究北平和平解放历史的重要参考文献。

《何思源：宦海沉浮一书生》

《何思源：宦海沉浮一书生》，王强、马亮宽著。天津人民出版社 1996 年 1 月出版。

何思源（1896—1982 年），山东菏泽人。1915 年，他以优异的成绩，考入前身为京师大学堂的北京大学预科，后转入哲学系，并担任学生班长。在五四运动中参加了游行示威，冲砸过曹汝霖公馆。后以官费留学欧美，攻读政治经济学、哲学。1928 年任山东省教育厅长。1944 年任山东省主席。1946 年 11 月，就任国民党北平最后一任市长，是北平任期最短的一位市长，只干了 18 个月就被国民党罢了官。北平和平解放前夕，他为和平解放北平而奔走呼号，并向傅作义将军进言，劝他对蒋介石丢弃幻想，与共产党和谈。1948 年 4 月，华北七省市议会推他为和平谈判首席代表。国民党特务为了破坏和谈，对他下了毒手，在锡拉胡同何公馆屋顶安装了两枚定时炸弹，何思源一家六口，一死五伤。何思源头部和手臂缠着绷带，忍着伤病，毅然走向人民解放军四十一军前沿阵地，为北平历史性的和平解放做出了巨大贡献。本书共分五部分："求学的岁月（1896—1926）"、"宦海波涛（1927—1936）"、"抗日救国（1937—1946）"、"甘心九死为和平（1946—1949）"、"夕阳无限好（1949—1982）"。附录：何思源生平事迹与著作简谱。有何思源女儿何鲁丽序言和著者后记。本书是研究北平和平解放历史的重要参考文献。

《北京烈士传（第一辑）》

《北京烈士传（第一辑）》，中共北京市委党史资料征集委员会编。1988 年 9 月北京出版社出版，一册，253 页。

从 1919 年五四运动到现在，北京的许多革命烈士，为了中国人民的解放，为了社会主义建设，献出了他们宝贵的生命。他们有的是在战火硝烟中血洒疆场；有的是在敌人的刑场上英勇就义。本辑共收录 37 位新民主主义革命时期革命烈士的传记，这些烈士都曾在北京地区战斗过并有突出贡献，他们或者是在北京地区牺牲，或者原籍是北京市。本书以烈士牺牲先后为序加以编排，资料翔实，内容生动感人，是对今人进行革命传统教育、理想教育的生动教材。

《齐白石的一生》

《齐白石的一生》，张次溪著。人民美术出版社 1989 年 8 月出版，一册，248 页。

齐白石（1864—1957 年），我国 20 世纪著名画家和书法篆刻家。湖南湘潭人。原名纯芝，字渭清，后改名璜，字萍生，号白石，别号借山馆主者、白石山人、寄萍老人等。他出身于农家，做过木匠，其诗、书、画、印兼及其人品，堪称五绝。历任北京国立艺专教授、中央美术学院名誉教授、北京画院名誉院长、中国美术家协会主席等职。1957 年逝世于北京。1963 年诞辰一百周年之际，被公推为"世界文化名人"。出版有《齐白石画集》、《齐白石作品集》、《白石诗草》、《白石印草》、《齐白石作品选集》、《齐白石作品集》等多部作品。

本书主要是据齐白石自述写成，主要包括：出生在贫农家庭、勤劳正直的家风、多病的幼年、祖父教他识字、学画的开始、砍柴牧牛不忘读书写字、学做木匠的波折、龙山结社、避乱北游、定居北京、画到如今不值钱、全国都知老画家、空泣思亲血、讲坛生涯、门虽设而常关、是不为非不能也、刻持拓印、三百石印斋、晚年的幸福生活、崇高的荣誉、身后为哀荣。著者张次溪之父与齐白石有同门之谊；是两代四十年的世交，所述翔实生动，

747

丰富传神，有较高的史料价值。

《速读中国现当代文学大师与名家丛书·老舍卷》

《速读中国现当代文学大师与名家丛书·老舍卷》，景戎华主编，蒋泥编著。蓝天出版社 2003 年 10 月出版，一册，271 页。

老舍（1899—1966 年），原名舒庆春，字舍予，满族人，出生于北京，是地道的老北京。他的作品主要以北京的社会生活为背景，文化意味最浓，又最经得起时间的考验，在现代中国文学史上无愧为最杰出的文学大师。老舍一生创作了近千万字的作品，包括长篇小说、中篇小说、短篇小说、散文、话剧、京剧、曲剧、歌剧、相声等等。

全书共分四章："老舍小传"、"选文与赏析"、"方家评说"、"作品年表"，着重介绍了老舍的《想北平》、《我这一辈子》、《离婚》、《骆驼祥子》、《四世同堂》、《正红旗下》、《茶馆》等作品，并辑录了汪曾祺的《老舍先生》、舒乙的《舒乙眼中的老舍》、吴福辉的《今日老舍的意义》、苏雪林的《幽默作家老舍》等方家评说，为读者进一步深入了解老舍及其作品提供了方便。

《我的父亲梅兰芳》

《我的父亲梅兰芳》，梅绍武著。天津百花出版社 1984 年 6 月出版，一册，283 页。

为纪念梅兰芳诞辰九十周年和逝世二十四周年，梅兰芳的儿子梅绍武在把历年来所写的 18 篇回忆文章裒集为《我的父亲梅兰芳》之后，又增写了 12 篇，共 30 篇，辑成新版《我的父亲梅兰芳》。这本书的特点是真实性强，表现在无论是他自己的回忆（如《在香港沦陷的日子》），还是采访的实录（如《和王琴生先生的一次谈话——忆父亲的表演艺术及其他》），都质朴平实，不加夸饰，真实可信。尤其是其中记述梅兰芳和国际间文学艺术界人士交往的几篇文章，所引资料丰富翔实，称得上是有据的信史。书有吴晓铃序，梅绍武后记。

《我的父亲梅兰芳》（续集）

《我的父亲梅兰芳》（续集），梅绍武著。天津百花出版社 2004 年 7 月出版，一册，305 页。

此书是作者 20 年前出版的《我的父亲梅兰芳》的续篇。书中追述了梅兰芳赴日、美、苏访问演出时的盛况以及他与众多国际文艺界人士的交往，如梅兰芳和高尔基、日本戏剧之父坪内逍遥等知名人士的会晤等。还记述了梅兰芳与国内众多文化名人如胡适、丰子恺等人的往来。本书提供了大量珍贵的史料和照片。

《梅兰芳全传》

《梅兰芳全传》，李伶伶著。中国青年出版社 2001 年 12 月出版，一册，635 页。

全书共分五章：第一章"初出茅庐"，叙述了梅兰芳的家世、童年和早期舞台成就；第二章"显山露水"，叙述了梅兰芳赴上海、日本演出的巨大成功，与齐白石、泰戈尔等中外文化名人的交往，排演《霸王别姬》；第三章"名闻遐迩"，叙述了梅兰芳访美、结识卓别林，创办"国剧学会"，荣膺"四大名旦"之首；第四章"偃旗息鼓"，叙述了梅兰芳抗战期间避居香港，蓄须明志，解放初决定留在大陆；第五章"柳暗花明"，叙述了梅兰芳解放后重回北京，成为政府官员，政治地位的提高，加入中国共产党，全力打造绝唱《穆桂英挂帅》和病逝北京。

梅兰芳是名满天下的京剧大师，本书是第一部梅兰芳全传，著者对以往有关传主的语焉不详的生平、尚未了结的公案作了挖掘、考证和分析，尤其是关于鲁迅对梅兰芳的态度究竟如何，提出了自己的观点。书中有大量珍贵照片，有谢蔚明、梅绍武序和作者后记。

《梅兰芳画传》

《梅兰芳画传》，王慧著。作家出版社 2004 年 8 月出版，一册，255 页。

此书是为纪念梅兰芳诞辰 110 周年而作。全书共分 24 个章节，以大量历史照片结合简练的文字叙述，全景式地描绘了梅兰芳传奇的一生，从 1894 年出生于北京前门外李铁拐斜街梅姓梨园世家，到 1961 年 8 月 8 日病逝于北京阜外医院，安葬于北京西郊万花山。资料丰富，行文简洁。所有图片均由梅家后人梅绍武先生、屠珍女士提供，更显其可贵。书后附有《梅兰芳大事年表》。师永刚以《稀世之人》为题作序，认为"梅兰芳是这个时代的一位稀世之人，也是这个世界最后一位可以以男身演化女性情感的大师"，"梅兰芳的出现，是动荡时代中国的一个奇迹"。

《京华奇人录》

《京华奇人录》，舒乙编。北京出版社 1992 年 12 月出版，一册，411 页。

舒乙（1935 年—　），老舍先生的儿子。曾任中国作家协会会员，现代文学馆副馆长、馆长，第九届全国政协委员。他对北京史地文化颇有研究。

本书是众多作者所写的众多奇人的合集。舒乙在序中指出："奇人，是与众不同的人，有奇才的人，出类拔萃的人，总之，是有专长、有造诣、有突出贡献的人，在某一时期，他们都曾是赫赫有名的，甚至是风靡一时的人物。"此书所收文章的作者也都是当代名家。如书中有汪曾祺的《金岳霖先生》，张中行的《坚信笃行的佛学家熊十力》、《辜鸿铭》，吴小如的《张醉丐先生二三事》，邓友梅的《印象中的金受申》，沈彭年的《回寄水兄》，舒乙的

《宗月大师》等。体例、风格不求统一，小至两三事，大至写成一个小传，必得真有其事，亲眼所见。所收录的奇人差不多都是快被人们遗忘了的，不一定都是北京人，凡和北京相关的，对北京产生过影响的都收。"着重写这些奇人高尚的民族气节，为国争光的刻苦精神以及他们富于传奇色彩的生动事迹"，对了解旧日北京的奇人奇事很有帮助。

历史地理

小　序

地理环境是影响人类历史发展的重要因素之一，二者相互促进、相互制约。北京是一座古老而富有活力的城市，在其漫长的历史发展过程中，地理环境起到了不可忽视的作用。北京地处华北腹地，"北枕居庸，南襟洛河，右拥太行，左环沧海"，地理位置扼要，自古就是我国的战略重地。周口店北京猿人的生存与繁衍取决于远古时期北京地区优越的地理环境。北京城址的变迁以及城市结构的形成更与北京的地理环境密切相关。金、元、明、清先后在此建都与其优越的地理位置关系极大。

历史地理学是一门交叉学科，其研究对象是整个人类历史时期地理环境变迁及其规律，具有历史学和地理学的双重属性。近年来，有关北京历史地理的研究已经成为北京史的重要组成部分，取得了显著的成就。在整理和发现大量相关史料的同时，还涌现出一大批高质量的学术专著。本卷对北京历史地理方面的史料和专著做了认真的梳理，共精选出"方志"、"通论"、"城垣街巷、郊区村镇"、"名胜古迹"、"游记与游览指南"、"水利、地质及其他"六大类，300 余条。

"方志"类主要收录涵盖北京的地区总志和当今北京市所辖地区的州县志、村镇志以及编纂方志的相关资料和研究专著。

"通论"类收录从综合角度研究北京历史地理的专著。有研究北京城市发展变迁的《北京城市历史地理》等 10 余条。

"城垣街巷、郊区村镇"类主要是介绍北京城墙、街巷的文献，共 30 余条。有关北京郊区村镇的资料附录于此。

"名胜古迹"类条目占全卷的三分之一强。北京历史悠久，名胜古迹不胜枚举，本类条目选择首先注重全面，尽量使现存与湮没的名胜古迹都有相应的文献资料。在全面性的基础上再考虑条目的进一步筛选。例如在很多介绍陶然亭的文献中，本类选择了《陶然亭公园志》，主要因为它系统而全面地介绍了陶然亭公园的历史和现状，并收录了丰富的史料，是研究陶然亭的首选专著。

"游记与游览指南"类以游记为主，也收录了几部比较有代表性的游览指南。游记是对旅途经历和见闻的记述，在历史地理学研究中具有相当高的史料价值，是研究北京地方史不可缺少的资料。此外，历史旅游在京城越来越受关注，对于相关文献的需求也与日俱增，为此本卷专列"游记与游览指南"一类，共收录条目40有余。在记述同一地点的游记中，选择内容丰富、客观性强的，相同条件下名人所作的游记优先。所选游记大多是专门游览北京及周边地区的，但也有特例。例如《马可波罗游记》中介绍北京的篇幅不是很大，但它是研究元代北京地方史的珍贵参考资料，其他文献很难替代。

"水利、地质及其他"类，包括水利、水文、地质、灾害等。这方面的文献不多，收录了《永定河志》、《北京地区地震史料》等30余条。

本卷六大类的条目排序，依照由总到分、由古到今的原则。总论该类内容的文献排在前面。大类之下分论北京各地区、各名胜古迹等内容的书籍分列其后，内容相同或相近的放在一起，再按照所记内容的时间先后排列顺序。

（一）方志

《北京方志概述》

《北京方志概述》，冯秉文主编。吉林省地方志编纂委员会、吉林省图书馆学会 1985 年出版，一册。《中国地方志详论丛书》之一。

冯秉文，曾任首都图书馆馆长，对北京历史文献素有研究，在任期间组建了首图北京地方文献部，为北京地方文献的藏书建设作出了贡献，曾主编《北京方志概述》、《全国图书馆书目汇编》等。

本书主要介绍北京方志的源流、编纂情况及其史料价值。全书共分四部分：一、北京市概况及其建置沿革；二、北京志书修纂史略，概述了从先秦到撰写此书之前，北京方志的修纂情况；三、府志概述，详细介绍了元代的《析津志》、《（万历）顺天府志》、《（康熙）顺天府志》、《（光绪）顺天府志》、《日下旧闻考》等；四、县志分述，包括大兴县、宛平县、房山县、昌平县、通县、顺义县、怀柔县、密云县、延庆县、平谷县。对于京郊各县县志，又分述其概况、建置沿革、修志经过、县志概述等。

本书系地总结了以往北京方志的纂修情况，为编写新方志提供了重要的参考。

《析津志辑佚》

《析津志辑佚》，卷数不详，元熊梦祥撰，北京图书馆善本组辑。

此书是至今为止所发现的最早的北京志书。

熊梦祥，字自得，号松云道人。今江西丰城县人。元末，以茂才异等荐为白鹿洞书院山长，授大都路（治今北京市）儒学提举，崇文监丞。久居大都，注意府库秘籍，亲身调查研究，撰有《析津志》、《释乐书》等书。

《析津志》又名《燕京志》或《析津志典》，因北京在辽代曾经称析津府，故名。其部分内容收入了《永乐大典》中的《顺天府》部分，原书早已失传。现存佚文都直接或间接出自《永乐大典》。清光绪十二年至十四年（1886—1888年），缪荃孙从《永乐大典》中摘抄出相关部分，此本现存于中国国家图书馆。国家图书馆善本组根据多家佚文编辑成《析津志辑佚》，1983年由北京古籍出版社出版。

全书分为城池街市、朝堂公宇、台谏叙、工局仓廪、额办钱粮、太庙、祠庙仪祭、寺观、河闸桥梁、古迹、大都东西馆马步站、人物、名宦、学校、风俗、岁纪、物产、属县等门。内容丰富，涉及范围广泛，是研究北京元代政治经济、文学史地、城市发展等的重要资料。

《（康熙）畿辅通志》

《（康熙）畿辅通志》四十六卷，清于成龙修，清郭棻纂。清康熙二十一年（1682年）刊本。

于成龙（1617—1684年），字北溟，山西永宁人。明崇祯间拔贡，清顺治末年出仕，历任知县、知府、直隶巡抚、两江总督、湖广总督等，以为官清廉著称。郭棻，字快圃，河北清苑县人，顺治九年（1652年）进士，官至翰林院侍读学士，著有《学源堂文集》。

全书共四十六卷，内容分为：图、星野、建置沿革、疆域、形势、山川、城池、学校、兵制、公署、古迹、户口、田赋、风俗、帝后、封建、职官、选举、名宦、流寓、人物、艺文、杂志。这部志书修纂时间较短，从体例到资料方面都有所欠缺，而稗官小说却较多，因此为后世所轻。但作为第一部河北及北京部分地区的总志，仍有一定的参考价值。

《（雍正）畿辅通志》

《（雍正）畿辅通志》一百二十卷，清唐执玉等修，清陈仪等纂。清雍正十三年（1735年）刊本。

唐执玉（1669—1733年），字益功，江南武进人。康熙四十二年（1703年）进士，授浙江德清知县，官直隶总督。陈仪，字子翙，号一吾，康熙进士，官侍讲学士。在天文地理，河湖水利方面，陈仪造诣颇深，著有《直隶河渠志》、《陈学士文集》。

由于康熙年间的《畿辅通志》疏漏颇多，雍正七年（1729年），朝廷下令重修，十一年（1733年）成书。全书一百二十卷，三十一类，分别为：诏谕、宸章、京师、建置沿革、形胜、疆域、山川、城池、公署、学校、户口、田赋、仓廒、盐政、兵制、关津、驿站、河渠、水利营田、陵墓、祠祀、寺观、古迹、风俗、物产、封爵、职官、选举、名宦、人物、艺文。卷首冠图18幅。此书内容丰富、体例完备，尤以人物、艺文为详，对前志中的错误和疏漏予以纠正和补充。有文渊阁四库全书本。

《（同治）畿辅通志》

《（同治）畿辅通志》三百卷，清李鸿章修、清黄彭年纂。清光绪十年（1884年）刻本。

李鸿章（1823—1901年），字子黻、渐甫，号少荃、仪叟，安徽合肥人。道光二十七年（1847年）年进士，曾任两江总督，湖广总督，直隶总督等，是清末最有影响力的重臣之一。黄彭年，（1823—1889年，一作1823—1890年），道光二十七年（1847年）年进士，官江苏布政使。

全书正文三百卷，卷首一卷，有纪、表、略、录、传等体裁，分十八门记述：帝制纪、府厅州县沿革表、封建表、职官表、选举表、舆地略、河渠略、海防略、经政略、前事略、艺文略、金石略、古迹略、宦绩录、列传、识余、叙传。据叙传云，此志之修纂，乃招集笃学之士，相与讨论；广征群籍，凡群经清史以及圣训、"三通"、一统志及诸省、郡、县志书、诸子百家文集杂著，靡不甄录。又檄郡县采访，月以册闻，然后条区类别，分授纂编。

此志书内容广博，资料丰富，考证翔实，体例较为完善，是当时有名的志书。有宣统二年（1910年）石印本，上海商务印书馆1934年影印本，1984年河北人民出版社重印本。

《顺天府志》

《顺天府志》，缪荃孙抄编。北京大学出版社1983年出版，一册，93页。

缪荃孙（1844—1919年），字炎之，晚号艺风老人，江苏江阴人，近代著名学者、方志学家、教育家、目录学家，一生著作浩繁。创办南京高等学堂、江南图书馆、京师图书馆。辛亥革命后任国史馆纂修、清史馆总纂。主纂《顺天府志》、《湖北通志》、《江苏通志》、《续修江阴县志》等。著有《艺风堂文集》、《艺风堂藏书记》、《艺风堂读书记》、《艺风堂金石目》、《碑传集补造》、《续国朝碑传集》等。

本书为缪荃孙于光绪十二年（1886年）自《永乐大典》四千六百五十卷顺天府七至十四卷抄出。《永乐大典》内顺天府共二十卷，时仅残存八卷，作者抄录时称之为《顺天府志》，今仍之。内容为：卷七顺天府寺、院、阁、塔、宫；卷八户口、田赋、额办钱粮等；卷九名宦；卷十人物等；卷十一至十四为顺天府属县宛平、大兴、永清、固安、香河、顺义、怀柔、良乡、昌平、东安等之建置沿革、县境、城池、军屯、关隘等。

北京大学图书馆与北京大学出版社对其进行了整理和校对，于1983年出版。本书虽系残本，却辑录了《析津志》、《大元一统志》、《舆地要览》、《图经志书》、《太平寰宇记》等书有关北京的资料，为研究明初及以前北京的历史提供了珍贵的资料。

《（万历）顺天府志》

《（万历）顺天府志》六卷，明沈应文、明张元芳等纂修。明万历二十一年（1593 年）刻本。

沈应文，字征甫，浙江余姚人，隆庆二年（1568 年）进士，万历二十一年任顺天府府尹，官至吏部尚书。张元芳，福建闽县人，监生，万历十九年（1591 年）任大兴县县丞。

书前有顺天府府尹谢杰、沈应文和府丞谭希思的序言各一篇。卷一地理志，首列金门图、畿辅图，分分野、沿革、疆域、形胜、风俗、山川、古迹七目；卷二营建志，分城池、公署、学校、坛社、邮舍、寺观、创造七目；卷三食货志，分户口、田赋、徭役、马政、经费、物产六目；卷四政事志，分历官、职掌、名宦、祠典、武备五目；卷五人物志，分选举、功烈、节孝、乡贤、隐逸、流寓、仙释七目。卷六艺文志，分碑刊、题咏二目。前人多贬斥其内容过于简略，但它的资料价值相当可贵。例如卷三食货志，用了府志六分之一的篇幅，详细记载了截至万历二十一年（1591 年）明代户口、田赋、徭役、马政、经费和物产，为研究明代后期北京的赋税制度、社会状况、经济生活提供了第一手资料。此书是现存最早的保存完整的北京方志，为后世修志提供了重要借鉴。

现有 1959 年中国书店据明万历二十一年（1591 年）刻本影印本。

《（康熙）顺天府志》

《（康熙）顺天府志》八卷，清张吉午等纂修。清康熙二十四年（1685 年）钞本。

张吉午，生卒年月不详。镶蓝旗人，贡士。康熙二十一年（1682 年）任顺天府府尹。

本书大概于康熙二十四年（1685年）成书，原稿八卷，存二至八卷。分为地理志、建置志、食货志、典礼志、政事志、人物志和艺文志，凡五十三目，每志有小序，概述编纂该类的宗旨、缘由及主要内容等。本志记载了明万历以来至成书之时，近百年北京地方的史实。内容虽多有疏略，但其资料价值非常重要。比如食货、典礼、政事等志中，记载了有关北京户口、田赋、经费、徭役等的统计资料；艺文志中的奏、疏、议、论对清初政事，诸如文字狱、科场弊端等多有所揭露和抨击。此志为研究明末清初的北京政治、经济、社会状况提供了不可多得的资料。

《（光绪）顺天府志》

《（光绪）顺天府志》一百三十卷，清周家楣修，清张之洞、缪荃孙等纂。清光绪十二年（1886年）刻本。

周家楣（1835—1886年），字小棠，江苏宜兴人，清咸丰九年（1859年）进士，选庶吉士，散馆，改礼部主事，充总理各国事务衙门章京。清光绪四年（1878年）任顺天府尹，兼总理各国事务衙门大臣。

张之洞（1837—1909年），字孝达，号香涛，直隶南皮人，同治二年（1863年）进士，曾任翰林院侍讲学士、内阁学士、山西巡抚、湖广总督等职，是清末洋务派的首领，在政治、军事、文化等方面都有建树。著有《张文襄公集》等。

缪荃孙生平见前《顺天府志》篇。

光绪五年（1879年）十月开局编纂《顺天府志》，十一年完稿，十二年刻。全书共一百三十卷，分为十志六十九目。卷一至卷十八为京师志，包括图、城池、宫禁、苑囿等；卷十九至三十五为地理志，包括图、疆域、山川、城池等；卷三十六至卷四十八为河渠志，包括户口、物产、田赋等；卷四十九至卷五十三为食货志，包括户口、物产、田赋等；卷五十四至卷六十四为经政志，包括官吏、仓储、漕运、矿厂、盐法、钱法、典礼、学校、营制、驿传；卷六十五至卷七十一为故事志，包括时政、兵事、学派、祥异、杂事；卷七十二至九十为官师志、包括传、前代守土官表等；卷九十至卷一百二十一为人物志，包括先贤、杂人等；卷一百二十二至卷一百二十六为艺文志，包括纪述顺天事之书，顺天人著述；卷一百二十七至卷一百二十九为金石志，包括御碑、历代金石；卷一百三十序志，包括序录、志例、引用书目。

编纂工作亦相当严谨，张之洞修志"略例"称此志编纂原则以"典核"、"征实"为主旨，多纪实，少空文，引书须"用最初者"。书中征引内容必注明出处，这是此志的最大长处之一。全书吸取了前代修志的经验教训，体例完备，内容广博、引用书目中记载其征引古今典籍、金石拓片等多达843种。它是一部北京地方志书中集大成之作，是研究北京历史、地理、经济、文化等最完备的史料。

特别值得一提的是编入卷一百二十二"艺文志一"里的《纪录顺天事之书》，收录了上起周之《燕春秋》，下迄清《（光绪）昌平州志》，历代所修北京地方志和有关北京史志的专书229种，对北京史志的研究提供了按图索骥的便利。

此书还有清光绪十五年（1889年）重刻本；又，1987年北京古籍出版社点校本。

《清末北京志资料》

《清末北京志资料》，张宗平、吕永和译。北京燕山出版社1994年出版，一册，602页。

本书是清末日本北京驻屯步兵委托在京日本学者编纂的北京志书。此书共三十九章，264节，以记当时情况为主，定稿于1907年7月，所记内容也截止到此。书中所用材料绝大部分是编纂者实地调查所得或是当时搜集到的资料。

本书最大的特点在于它所记内容的全面性。凡例中说："本书之目的在于收罗有关北京之一切事项，以使读者能对北京有一般

763

之认识"，"收录时着眼点在于不求范围狭小详尽，而求虽或粗略，但要广泛"。因此，清末北京社会的政治、经济、军事、外交、文化、教育、城建、风俗等诸多方面尽被收录。其次是它记述问题的整体性。记述某一制度、某一机构、某一事件的现状时，既分析其发展脉络，也顾及它与相关方面的联系，使读者对其有全方位的了解。本书的突出作用在于它详细记述了清末，特别是义和团运动后至1907年这段时间北京的变化，弥补了以前北京地方志中的空白。此书对研究20世纪初的北京，特别是对了解和研究北京的社会全貌，提供了不少可供参考的资料。

1908年12月日本东京博文馆用日文发行，名为《北京志》，1994年张宗平，吕永和等人将其翻译成中文，改为现名，由北京燕山出版社出版。

《大中华京师地理志》

《大中华京师地理志》，林传甲撰。中国地学会民国八年（1919年）铅印本，一册，310页。

林传甲（1877—1921年），字归于，号奎腾，福建闽侯人，在教育、地理、文学方面都多有建树。其在中国地学会发起编《大中华地理志》，并被推举为总纂，著有《福海归程记》、《湖南驿程记》、《中国文学史》等。

此书为"大中华地理志"系列著作之一。分24篇，160章。第一篇总论；第二篇天象；第三篇山川；第四篇建置；第五篇气候；第六篇物产；第七篇政治；第八篇军事；第九篇经济；第十篇民治；第十一篇民事；第十二篇宗教；第十三篇教育；第十四篇实业；第十五篇交通；第十六篇中城；第十七篇内城；第十八篇外城；第十九篇禁城；第二十篇四郊；第二十一篇会馆；第二十二篇使馆；第二十三篇外纪；第二十四篇结论。

本书名为"地理志"，实则不局限于自然地理，兼及经济地理、人文地理等，还增加了发明、物质、建筑、回教、东正教、种族、言语等大量新内容，全书"于学古者十之三，得于见闻而好问者十之七"。作者重视实地调查，"调查全城，无微不至，博征约取"。所用材料既有《帝京景物略》、《宸垣识略》、《日下旧闻考》等古书，也有当时的杂志报纸、政府公告、北京指南、近人京华游览记等。此书写于民国初年，正是中华民族内外交困之际，书中充满了作者强烈的救国热情，故此书注重实用，总以"关系国家利病地方治安者为最要"，"考辩琐谈"之类概不收录。

此书考证精细、门类齐全、材料弘富、实用性强，为了解民国初年的北京城区，提供了丰富的材料。

《大中华京兆地理志》

《大中华京兆地理志》，林传甲撰。中国地学会民国八年（1919年）铅印本，一册，320页。

作者简介见前《大中华京师地理志》篇。

本书是《大中华地理志》之一，此书出版之前，作者曾撰《大中华京师地理志》，记北京城区内之事，同年撰此书，记述的地域范围包括今天的北京郊区县以及天津、河北与北京邻近的区县，共20个。各县之后列"钜镇"、"模范村"。凡例中云："旧志莫重于《顺天府志》，但二十县志尚未完全，新闻莫重于《京兆公报》，尤详于教育实业，此外参考书报繁多，仍折中于最近之调查"。各县的经纬、沿革、山脉，已记于前者，本书不再重复。"地势"一节详细记载，尤注重水利水患。"物产"一节"比官书详数倍，皆得之于京兆地方之父老兄弟，务求详实"。

与旧方志相比，此书是一部记载京兆各县最为详细的专著，为研究京郊各县的政治、经济、地理等提供了丰富的参考资料。

《河北通志稿》

《河北通志稿》，王树枏等纂修。河北省地方志编纂委员会办公室整理点校，燕山出版社 1993 年出版，三册，1063 页。

1931 年河北省政府成立通志馆始修方志，至 1937 年抗日战争爆发，因战乱辍止，王树枬、瞿宣颖、张国淦、贾恩绂等先后主持修纂。前后历时七年，但未能定稿正式出版。编者们边撰写边刊行了一部分。1982 年，河北省地方志编纂委员会办公室根据铅印本、手稿本等六种版本整理点校成书，由燕山出版社于 1993 年正式出版。

经整理的《河北通志稿》共三册。第一册地理志，有河北省全图、河北省沿革图稿、县沿革表、气候、地质、水道、水道述略、关隘、古迹、封爵。第二册经政志，有官制（职官表）、赋税、制用（财政预算表）、恤政（仓储表）、交通、交涉、通商、警政、教育、水利；民事志，有风土、方言；食货志，有农工商矿渔、盐务、物产、矿产。第三册文献志，有爵谥表、宦绩、元列传、明列传、艺文、金石、旧志源流。书首有《河北通志》序和凡例，书后附录志料、《河北通志》目录及张国淦《河北通志》手抄目录。

此书残缺不全，并由于阶级和时代的局限性未记载某些重大历史事件，但其价值却不容忽视。在体例上，本书采用新旧两种体例分别记录新旧内容，"截然分道、各不相犯"，与前志相比颇有新意。此志还进一步反映了"详今略古"的原则，部分旧志中已经充分记载的内容，略而不述，避免了大量重复。全书在内容上具有鲜明的时代特点，增设了官业、交涉、司法、自治、农业等新篇目，对 20 世纪初至 30 年代后期河北现代社会生活的记述非常详细，保存了大量有价值的史料，这一点他书难以替代。当时河北省所辖的大兴、宛平、通县、昌平、顺义等县今属北京市，故此书对研究民国时期北京史也有重要的参考价值。

《河北省各县概况一览》

《河北省各县概况一览》，河北省民政厅编。河北省民政厅民国二十三年（1934年）铅印本，一册，260页。

1932年魏鉴任河北省民政厅厅长，任职两年后，"欲周知各县概况、苦无简易之方，因饬所司，从事调查，填列简表，举夫土地、面积、疆界、区划、山川、田亩、乡镇、闾邻、户口、租赋、教育、警卫、水利、交通、物产、工商、仓谷、救济，以及医院、司法、名胜古迹之属各就县之实况，括以数字，附以图表，汇为一编，义取简赅，取便检校，颜曰：《河北省各县概况一览》"。此书简要介绍了河北各县政治、经济、文化等概况。当时河北省包括今天北京的大兴、房山、昌平、顺义等区县，因此本书为了解民国时期北京郊区的概况提供了参考。

《北京市志稿》

《北京市志稿》，吴廷燮总纂，夏仁虎、夏孙桐、朱彭寿、瞿宣颖等分纂，于杰、陈汉玉等点校整理。1998年北京燕山出版社出版，十五册。

作者简介见前《北京市志稿·金石卷》篇。

《北京市志稿》是民国时期官修的一部较为全面的北京地方史志。由于历史的原因，志稿修纂仅完成了体例拟定、资料搜集、书稿誊录等前期工作，并未出版，留下手稿一百五十七卷，约四百余万字。1986年起，这部原稿被列入北京市哲学社会科学"七五"规划研究项目，经编辑出版委员会整理、点校，1998年由北京燕山出版社正式出版。

《北京市志稿》分别记北京的前事、建置、民政、度支、货殖、文教、礼俗、宗教、名迹、金石、艺文、人物、职官、选举。整理时为照顾各册篇幅大致均衡，将此书分为十五册。需要指出的是，此志中所指北京市的范围仅相当于现在的北京市城区和一部分近郊区，应予以注意。

本书在体例方面沿袭了传统的修志体例，但也有所创新，全书民国以前取材为转录原始文献和档案资料。在文体上保留了文献原貌，民国时期的已采用半文言文或白话文，反映了新旧交替时代的文风变迁。

《北京市志稿》在内容上主要有以下几大特点：一、此书研究重点放在光绪以后至民国二十年，弥补了这一时段历史研究的空白；二、此书比较客观地反映了北京的历史；三、此书取材广泛，内容丰富，保存了大量民国时期的史料，其中官方调集的档案资料尤为珍贵，有着其他同类文献无法比拟的价值；四、书中增添了先前北京志书中不曾见到的新内容，比如"民政志"中载有北京自宣统年间至民国二十一年（1932 年）的户口数目，历年外侨的国别等；"建置志"中载有北京的马路修建，沟渠尺丈以及自来水、电车、环城铁路等。

此志书在北京方志文献中占有非常重要的地位，有非常重要的资料价值。

《（康熙）大兴县志》

《（康熙）大兴县志》六卷，清张茂节修，清李开泰纂。

张茂节，江苏沭阳人，拔贡，康熙十二年（1673 年）任大兴县知县，十五年离任，十九年复任。李开泰，字子如，康熙丙午（1666 年）科顺天乡试解元。

此志是现存唯一的一部大兴县方志，其体例仿《（康熙）顺天府志》，共六卷。第一卷舆地，有分野考、沿革考、形胜考（附疆域）、山川考、风俗考，古迹考；第二卷营建，有城池考、坛壝考、学校考、公署考、里社考（附坊市）、邮舍考、寺观考、津梁考；第三卷食货，有户口考、徭役考，田赋考、经费考，物产考；第四卷政事，有名宦考、职官考、武备考；第五卷人物，有乡贤考、人才考、节义考；第六卷艺文，有文集考、诗集考。书首有张茂节撰《大兴县志序》、凡例、目录、《帝京图略》、《天文图》、《京城图》、《大兴县城东里社图》、《大兴县城南里社图》、《学宫图》、《大兴县治图》等。由于此志成书仓促，且无前志参考，故难免有不少缺漏之处。陈光贻编《稀见地方志提要》认为："观其所记京城景物，不免滥载，且与宛平县事，亦有溷杂，然于都城佚事，赖此保存"。本书在沿革、风俗、田赋、户口等方面记述颇为详细。人物考篇幅最多，约占全书一半；其次为艺文，约占全书四分之一。总体上说，此书保存了丰富的大兴地区经济、政治、文化等方面的材料，是研究大兴历史不可缺少的重要典籍。

现有清康熙二十四年（1685 年）刻本，中国国家图书馆、中国科学院图书馆有藏；首都图书馆又存民国间钞本。

《河北省大兴县事情》

《河北省大兴县事情》，陈佩编辑。新民会中央指导部民国二十八年（1939 年）铅印本，一册。地方事情调查资料第八号。

"新民会"是抗日战争时期日伪在华北沦陷区成立的与伪政权"表里一体"、"翼赞"政府的"教化"傀儡组织。1937 年 12 月在北平成立，1938 年新民会成立"中央指导部"，并在华北各地、各阶层设立分部，管理地区事务，进行青少年奴化训练和教育，组织新国民运动及治安强化运动，实施户口调查，组织捐献飞机及捐献物资等活动。"新民会"中央指导部在河北各县的分部负责对本县进行社会调查，此书即是地方事情调查之一。

本书仿地方志，分十一章，记载了大兴县的历史沿革、县政官吏、地方风俗、地方制度、财政、商业金融、治安交通、教育宗教、卫生等内容。附《大兴县实体农村调查统计表》、《大兴县地图》。此书是北京沦陷期的产物，其中有不少反动的观点，但它记载了日辖时期大兴县的政治经济各方面的史实，有一定资料性和参考性。

《（康熙）宛平县志》

《宛平县志》六卷，清王养濂修，清米汉雯、李开泰等纂。清康熙二十三年（1684年）刻本。

王养濂，顺天籍，陕西汉中人，康熙二十二年（1683年）任宛平知县，倡修《宛平县志》。

米汉雯，宛平人，明代著名书画家米万钟之孙，顺治进士，书画继承其家法，人称"小米"，著有《始存集》。李开泰，顺天府举人，曾纂《大兴县志》。

卷首为凡例和修志人员姓氏。卷一地理，记分野、沿革、疆域、形胜、风俗、山川、古迹、坟墓；卷二营建，记城池、坛壝、学校、公署、里社、邮舍、寺观、津梁；卷三食货，记户口、徭役、田赋、经费、物产；卷四政事，记历官、名宦、武备；卷五上、下，皆记人物；卷六艺文，记纶音、奏议、古文、今文、诗草。

《宛平县志》仿《（康熙）顺天府志》，体例较为完整，每卷目次后都有小序。全书人物、艺文二卷所占比重最大。记叙了众多与宛平有关的历朝官吏、文人名士等，收入了大量宛平人所撰和记述宛平的诗文、奏议等，其中不少内容为此志所特有。比如清杨允长的《宛平沈令尹传》，详细地记载了沈榜其人，并评介了《宛署杂记》，这对研究沈榜其人其书大有帮助。"地理"、"营建"二卷对了解清前期及以前的北京史地有一定的作用。比如，书中第一次提到了"燕京八景"这一称谓，还列出了宛平八景。"食货"一卷，总共16页，记载过于粗略。但总体上说，此志对了解宛平名胜古迹、历史人物、风俗掌故等有很多参考价值。

此志清康熙二十二年（1683年）始修。另有民国年间挹芬楼抄本；上海书店2002年版，在《中国地方志集成》之《北京府县志辑》第五辑。

《河北省宛平县事情》

《河北省宛平县事情》，卞乾孙编辑。中华民国新民会中央指导部1939年4月出版，一册，320页。地方事情调查资料第三号。

"新民会"介绍见前《河北省大兴县事情》。此书即是"新民会"中央指导部各县分部进行社会调查的成果之一。

此书十二章，第一章总说，介绍了宛平县的历史、"七七"事变后的形势、县政及官公吏等；第二章以后依次为：地志风俗、地方制度、财政、治安警察、产业、工业、交通、商业及金融、教育及宗教、社会事业、卫生等，有《宛平县图》。全书为了解宛平的历史和实况提供了难得的参考资料。

《（万历）房山县志》

《（万历）房山县志》八卷，明马永亨修，明黄榜纂。此书有明崇祯十五年（1642年）刻本残本七、八两卷，中国国家图书馆有藏。

卷之七为文章上卷，包括明洪武二年（1369年）正月加封城隍显祐伯诏书、姚广孝神道碑、元人魏必复房山县建学记、重建文庙碑记、房山乡贤名宦祠记以及各县尹去思碑等；卷之八为文章下卷，有房山县新建樵楼记、重修仪门记、房山县新建石城记等。卷末附有以"房山八景"诗为主的诗集。

此志是现存最早的房山志书，虽然文字不多，却为研究房山早期的历史提供了必要的参考。

《（康熙）房山县志》

《（康熙）房山县志》十卷，清佟有年修，清齐推纂。清康熙四年（1665年）刻本。

佟有年，字孚六，辽东宁远县拔贡，早年即寓居房山，曾任房山知县。修本志时万历《房山县志》尚存，为此次修志提供了参考。本志在体例和类目上有所变更，共十卷二十八类。卷首附有房山城郭、山川名胜图五幅，画工精细、标识清晰。卷一记凡例、沿革、形胜、绘图等；卷二记城池、坊市、里甲、乡村等；卷三记公署、学校等；卷四记建官、例贡等。上述内容非常简略，沿革、形胜等目尤甚。卷五诏记、卷六至八碑记、卷九纪略、卷十诗集。其中诗文、碑记约占全书二分之一。本书汇集了大量资料，史料价值较高。

《（康熙）续房山县志》

《（康熙）续房山县志》，一卷，附杂诗，清罗在公等修纂。清康熙三十七年（1698年）刊本。

罗在公，四川省营山县举人，清康熙三十年（1691年）任房山知县。

正文分积贮、公署、陵墓、关梁、禁革、坊市、寺观、官宦、烈女、碑记、杂诗。本志增加了康熙三年（1664年）以后的内容，也有对旧志的考订，很大一部分内容记罗在公在任期间的政绩。

此书成于康熙三十七年（1698年），与康熙四年（1665年）《房山县志》的重印本合订一册。

此本中国科学院图书馆有藏。

《（乾隆）房山县志》

《（乾隆）房山县志》，又名《大房纪胜》，一卷，清张世法纂。清乾隆四十一年（1776年）写刻本。

张世法，字鹤泉，湖南湘潭人，乾隆二十八年（1763年）进士，乾隆三十八年至四十二年（1773—1777年）任房山县知县。本书并非县志，实际上是张世法个人的诗文集。卷首有序二。正文为《皇上平定两金川遣令卿致祭金陵记》等文13篇。《录尹大廷尉致祭金陵原韵》等诗21首。此书资料价值不大，后人也很少引用。

《（咸丰）房山志料》

《（咸丰）房山志料》一卷，清高骧云等修纂。清咸丰元年（1851年）漱琴仙馆刻本。

高骧云，字逸凡，浙江山阴县举人，咸丰六至七年署房山知县，后又历保定、怀柔诸县事，撰有《漱琴室存稿》一书。

此书是高骧云任房山知县时，对房山西部山区进行调查后，为其所撰写的专辑志料，系《漱琴室存稿》子目之一，卷端题"养恬斋笔记定本"。作者云："房邑旧有志，惟西山阻深，图籍不具。今蹊径渐通，外诱易入，固圉之义，亦守土所当知也，作岭西图。""且疏其山川、村落、要隘、蹊径，用备稽察。"本书还纠正了不少旧志中的讹误。如"大安山在县西北八十里，见《畿辅通志》谓北八十里误也"。

全书采用笔记的形式，条理不甚清晰，但内容相当丰富，囊括了房山的各个方面。作者不辞劳苦亲自踏勘，为后人留下了很多珍贵的第一手资料。如高骧云曾亲自下矿井调查，写有诗曰"曳筐臀下黑，灼灯头上红"，这是对当时煤矿工人的真实写照。无怪乎《（光绪）顺天府志》评其为"最为有用之书"。其资料价值颇高。此志还对房山的建置沿革、河流山川、营田水利、探窑采煤、风土人情等进行了不同程度的介绍和考证。

此本北京师范大学图书馆、首都图书馆有藏。

《（民国）房山县志》

《（民国）房山县志》八卷，廖飞鹏等修，高书官纂。民国十七年（1928年）铅印本。

本书卷前有序六、续修姓氏、凡例、目录及地图七幅：房山在京兆位置图、房山县山脉来源图、房山县图、房山县近郊村落图、房山县城区图、房山县公署图、房山县圣庙图。正文八卷。

卷一至卷三为地理，包括疆域、山脉、河流、乡村、交通、物产、古迹、陵墓、祠庙、寺观、金石，其中"山脉"一目记载最详，突出了房山境内多山的特点；卷四政治、官职；卷五礼俗、实业；卷六选举、人物；卷七至卷八艺文。

本书补充和完善了房山旧志中所缺失或记载不详的内容。例如，旧志中记房山的建置沿革"秦汉以前无考，唐宋以后亦多惝恍之词"，本书则广览史籍、详加考证，并且注明出处。又如，大多方志都列金石目，独房山旧志缺失，此书增添之。此外还增添了实业、交通、自治等新内容，反映了时代变革。"实业"类中，农业、矿产、商业等记载甚详，保存大量珍贵资料。艺文二卷所收"皆有关风土及人物之作，其余陶写闲情者概从割爱"，去芜存菁，资料价值更高。

本志是内容最丰富，体例最完备的一部房山县志，是研究房山地方史必要的资料。

《（康熙）良乡县志》

《（康熙）良乡县志》八卷，清李庆祖修，清张璟纂。

李庆祖，字景福，号五龙，奉天铁岭人，康熙十年（1671年）任良乡县知县。张璟，字光仲，号天弓，良乡县人，顺治三年（1646年）举人，官至江西道监察御史。

此志修于康熙十二年（1673年）。卷首有序三及张璟《重修良乡县志凡例》，由此可知此志编纂经过。此志是在今已亡佚的明代良乡旧志的基础上增补而成，共八卷，依次为：舆地志，包括地图、星图、疆域、沿革、山川、风俗、城池、里屯、村店、市集、古迹；赋役志，包括户口、田土、赋额、徭役、邮政；官师志，包括名宦、宰职学职、倅职，杂职；人物志，包括乡贤、孝义，附耆老、流寓、选举、武功、封赠、恩荫、成均、吏椽、贞烈；纪幽志，包括坛壝、祠庙、招提、丘垄；物产志，包括谷类、药类、蔬类、货类、木类、果类、瓜类、花类、兽类、禽类、鳞类、虫类、介类；武备志，包括官属、军旅、公署；機祥志，记灾异；艺文志，包括碑记、传、志、铭、议、书、词、诗。目录后附有《文庙图》、《县治图》、《县境图》。陈光贻的《稀少见地方志提要》评此书"所志图说谨而确，志田赋典而法，田分三则，赋亦有三则，分目简要。志人物，不以所喜者饰之，所恶者掩之；公而无私，务从核实。志艺文，选录有体。凡关于经济有堪为仪型者取焉，绪次亦得体裁。其他门类，亦皆记载慎严，详简得当，可称典详核实之书"。由此可见，此志体例较为完备，记录较为严谨，又是现存最早的《良乡县志》，其价值更加珍贵。

现中国国家图书馆藏康熙十二年（1673 年）此志钞本一至七卷。

《（康熙）良乡县志》

《（康熙）良乡县志》八卷，清杨嗣奇修，清见圣等纂。清康熙四十年（1701 年）刻本。

杨嗣奇康熙三十九年（1700 年）任良乡知县时，见康熙《李志》"字多鱼鲁，残缺未备"，于是延请邑内饱学之士"且俾乡耆里老，访辑四境轶事，有关政教风化者添入简末。相与参互考订，讹者正之，繁者芟之，缺者补之"。全书共八卷，类目与前志相同。书首附图中增加了《县衙图》。因是时距《李志》完稿仅二十八年，新增内容不多。仅"官师"、"赋役"、"機祥"等志略有增补，重要的是增加了县衙所存档案资料。此志修纂时间仓促，故多有不足之处，缪荃孙《（光绪）顺天府志》贬其为"文笔冗沓，编次凌乱，乘之下者"。但在前志或佚或残的情况下，此志仍然是了解早期良乡历史的重要资料。

《（光绪）良乡县志》

《（光绪）良乡县志》八卷，清陈嵋、范履福修，清黄儒荃等纂。清光绪十五年（1889 年）刻本。

考光绪七年陈崛曾重修《良乡县志》，但未曾付梓。此志是以其钞本为基础，增补而成。如凡例云："陈志无全书，迄今八年所宜搜采增辑者益多。邑宰范公深虑其废失，则一邑之文献无徵，因急于葳事，未及设局探访，并无专司，零星邮寄京师，其间重复错杂，校核殊难。凡四阅月而告成。"本志体例与旧志相同，唯卷首增"宸翰"目，收录清朝历代皇帝诗文。内容上增加了康熙三十九年（1700 年）之后良乡境内的事迹。艺文志所增内容最多，保存了大量史料。赋役志记述相当详细，充分反映了良乡地处京畿重地赋役繁重的特点。官师、人物二志由于所需资料于清道光十四年（1834 年）水灾中均已佚失，内容过于简略。修纂此志时文献不足，时间仓促，疏漏不少。但康熙三十九年至光绪十五年（1700—1889 年），将近一百九十年之间仅有这一部《房山县志》，因此其资料价值也不可忽视。

《（民国）良乡县志》

《（民国）良乡县志》八卷，周志中修，吕植、见之深纂。民国十三年（1924 年）铅印本。

周志中，字华萱，奉天省新民县付贡，民国十年（1921 年）九月任良乡知县。此志卷端有序六，凡例、目录等。体例上因循旧志，略有更新。本志将冠于卷首的"宸翰"移入艺文志，艺文志则"有关于世道人心或有关于地方事迹者方为录入，余概从略"。本志为了适应时代发展，增加了清末民初的议会、劝学所、警察所、铁路、商务等新内容。卷首有附图五幅：《京兆良乡县地图》、《县城图》、《学宫图》、《清行宫图》、《县公署图》。"旧志各图仅举大概间有疏略，今就测绘家详细合境全图更正之余，亦悉为确访标识名目以便观览"。本志在旧志的基础上增加了新的内容，为研究清末民初的房山提供了参考资料。

《河北省良乡县事情》

《河北省良乡县事情》，卞乾孙编辑。中华民国"新民会中央指导部"、中华民国"新民会中央总会"1939 年铅印本，一册，310 页。

本书系根据良乡伪新民会的调查统计资料编辑而成的。共十二章，章下分节，节下分项。其类目编排，与方志大同小异。其内容约 90% 以上都是数字的调查统计资料，比较清晰地反映了这一时期有关良乡县社会、自然等各个方面的情况。书前冠有《良乡县新舆图》一幅。

此书反动观点显著，但只要能去伪存真，有所批判地取其资料，还是不失为一本有用之书。

《（嘉靖）通州志略》

《（嘉靖）通州志略》十三卷，明杨行中纂辑。明嘉靖二十八年（1549 年）刻本。

明嘉靖二十四年（1545 年）汪有执任通州知州，他认为通州地位显要不可无志，遂请通州人杨行中修纂州志，嘉靖二十五年（1546 年）始修，嘉靖二十八年（1549 年）成书。杨以"蒐采于往昔者漏遗实多，掇拾于闻见者疑信相袭"，故名其志为《通州志略》。

全书记载范围包括通州及其所辖三河、武清、漷县、宝坻四县。卷之一舆地志；卷之二建置志；卷之三漕运志；卷之四贡赋志；卷之五至卷之七官纪志；卷之八兵防志；卷之九礼乐志；卷之十人物志；卷之十二物产志和丛纪志；卷之十三艺文志。共十三卷，十一志，七十六目。卷首有杨行中序，卷尾有汪有执后序。每卷下各有小序，简要叙述该卷内容，"目下事有应言者亦略具数语"。此志是现存最早的一部通州地方志，虽然内容简略，但资料价值较高，是研究明代及以前通州历史必不可少的材料。比如，卷一舆地志的"古迹"目中有关长城的记载，是证明通州于明代中晚期仍有北齐长城的稀有资料之一。

现有明嘉靖二十八年（1549年）刻本，为海外孤本，收于日本尊经阁文库。中国国家图书馆和首都图书馆有其复制件。中国书店2007年校点本。

《（康熙）通州志》

《（康熙）通州志》十二卷，清吴存礼修，清陆茂腾纂。清康熙三十六年（1697年）刊本。

吴存礼，字谦之，号立庵，今辽宁省锦州人。康熙三十五年擢知通州。官至江苏巡抚。陆茂腾，字震则，江南长洲人，贡生，颇有才学，为《通州志》编纂。

卷首为《大清一统志》总裁、礼部右侍郎兼翰林院掌学士韩菼等六人序言，其后为吴存礼自序，并附志图考。全书共十二卷，依次为封域、建置、漕运、田赋、礼乐、兵防、官纪、选举、名宦、人物、祲祥杂志、艺文。卷下一百零二目。明万历年间艾友芝《漷县志》的内容，除人物志列入其中外，其余皆详附各条之下。本书是国内现存最早的一部《通州志》，在编纂体例和内容事迹等方面都较为完备，为后来通州志的修纂奠定了基础。此志保存了大量明末清初通州的地方史料，有明显的地方特色。例如，通州为水陆要冲，兵防尤为重要，旧志中缺少此条，本书特编一卷以作补充。总之，它是研究这一时期通州政治、经济、地理等方面非常珍贵的资料。

《（雍正）通州新志》

《（雍正）通州新志》九卷，清黄成章等纂修。清雍正二年（1724年）刻本。

黄成章，字子达，四川绵竹县人，举人，康熙五十五年（1716年）任顺义知县，雍正元年升通州知州。黄成章曾修《顺义县志》颇有修志经验，在忙于政务之余，亲自寻碑谒石，走访乡间，查阅典籍，而成补志九卷，题名《通州新志》。他续录了吴存礼《通州志》以后的科第人物、乡贤名宦等事迹，并增补了部分前贤诗文，删削了一些忠节奏疏。至于星野、沿革、山川、礼乐，兵防等，吴存礼修《通州志》所录已颇为详尽，无容复赘。

《（乾隆）通州志》

《（乾隆）通州志》十卷，首一卷，末一卷，清高天凤修，清金梅纂。清乾隆四十八年（1783 年）刻本。

乾隆四十三年（1778 年），江苏长洲人高天凤任通州事。他认为《吴志》“往迹成规，敷陈略具，窃计后此八十余年珥笔未备也”。乃于乾隆四十五年（1780 年）主持修志，命知县金梅为编纂，以吴存礼修《通州志》为基础，参考黄成章《通州新志》，正旧增新，于乾隆四十六年（1781 年）完稿，四十八年（1783 年）刊刻成书。全书分十卷，卷首恭载恩泽、宸章，以下十纲，分别为封域、建置、漕运、赋役、学校、官师、选举、人物、风土、艺文，杂识、逸事附卷末。道光十八年（1838 年），知州李宣范鉴于高天凤《通州志》已所存无几，故整理校正补刻刊行。此本在内容上与“高志”大致相同，只于卷首英廉序后，诸序之前，增加了何耿绳和李宣范的两篇《补刻通州志序》，叙补刻因由始末。

《（光绪）通州志》

《（光绪）通州志》十卷，首一卷，末一卷；清高建勋修，清王维珍纂。

高建勋，字星槎，山东章邱人，同治十二年（1873 年）任通州知州至光绪八年（1882 年）。王维珍，字莲西，天津人，前通政使司副使。

光绪四年（1878 年）秋，为修《畿辅通志》，顺天府檄所属郡县各续新志。通州知州高建勋延请前通政使司副使王维珍秉笔续修《通州志》，光绪五年（1879年）成书。是志为《（乾隆）通州志》的续修，其卷目与其大致相同，部分条目后有新附加子目。如本志将卷二"局所"目，改为"局所粥厂"并附以"水局救生船"。又如卷五"书院"目，本志在"书院"后附以"文社"。此志补充了自乾隆《通州志》以后至光绪四年近百年来通州的地方史料，使通州史事大都接续下来。总之，此志是内容最丰富、体例最为完整的通州志，为研究通州地方史提供了必要的参考。

现有清光绪五年（1879年）刻本，清光绪九年（1883年）陈镜清等增刻本以及1941年铅印本。

《通县编纂省志材料》

《通县编纂省志材料》不分卷，何绍曾、刘鸥书等纂修。二册。

本书是为河北省编纂《河北省志》而采集的资料，并以此为基础编纂续修《通县志》，但因长城抗战爆发而终止。《通县编纂省志材料》分为上、下两册。上册包括疆域、气候、人口、物产、实业、行政、教育、风土八门四十六目；下册包括人物、通县庚子殉难记、著述书目、艺术、金石、大事记、通县辛亥革命始末记、表类八门二十五目。此书基本具备县志雏形，较为系统地记载了清末至1931年通县各方面主要情况。本书体例较旧志有所突破，所记内容比旧志更为丰富、实用性更强，保存了十分珍贵的史料，为我们了解通县民国初期的情况提供了重要依据。

此书有民国二十一年（1932年）油印本。2002年通州区史志办公室以此书为依据再次整理印刷，命名为《民国通县志稿》。

《民国通县志稿》

见《通县编纂省志材料》。

《通县概况一览》

《通县概况一览》，通县公署总务科编。通县公署总务科民国二十七年（1938年）铅印本，一册，60页。

本书是一部以图表的方式记述通县概况的专著。全书有县全图、城关图、警察配备图、学校配备图等共七幅。表格占主要篇幅，分别记载了通县的沿革、位置、面积、气候、主要乡镇、山脉、河流、名胜古迹、乡镇、户口、县署组织、历任县长知事姓名、行政系统、警务组织、自卫团组织、外侨、邮电机关、慈善团体、学校统计、社会教育、宗教团体、库款收入、县款收入、县公署岁入预算、县公署岁出预算、铁路、公路、桥梁、城池、河防水利、凿井、自来水、农作物、果木、家畜、商业、工业、特别工业、移输出入、林业、渔业、棉业、卫生、娱乐。

本书条理清晰，内容简洁，一目了然，为了解民国时期通县的概况提供了简明而丰富的材料。

《通县志要》

《通县志要》十卷，金士坚等修纂。通县公署国民三十年（1941年）铅印本。

1939年通县县长金士坚请徐白等人续修县志，"撮其行政大端，旁及诸贤孝节义，与夫建置、文教、风土等项足资采访者，提要钩元，名之曰《通县志要》"。《志要》收录了光绪五年（1879年）以后至1940年前后的通州事迹人物。总体来说，此志内容简略，史料不多，但其关于河流水系记载稍详，并绘有彩色水系图、堤防图以及其他几幅彩色地图，此为其他通州志所未见者，颇为珍贵。

《潞阴志略》

《潞阴志略》不分卷，清管庭芬纂修。

管庭芬（1797—1880 年），字培兰，浙江海宁人，清末知名学者。他于道光年间应京兆之试，寓于从兄管嗣许通州官署，嗣许委托庭芬编写此书。

潞阴县始置于辽代，后称潞州、潞县，清顺治十六年（1659 年）并入通州。现在通州区潞县镇一带。本志是现存唯一一部潞县志书，全书分十九类，依次为：沿革、川源、堤防、村集、城池、衙署、铺递、寺观、桥梁、坊表、古迹、学校、冢墓、人物、风俗、物产、文咏、灾祥、逸事。因其门类不全，故名《潞阴志略》。

本书记事颇为严谨，所引资料皆注明出处。所用材料除《畿辅通志》、《长安客话》、《潞城考古录》等书籍外，有不少是作者亲自调查、反复考证所得，内容较为丰富。本书与官修志书不同，非常注意记述民间生活，反映百姓疾苦，较为生动地反映了潞县的社会风貌，具有很高的史料价值。

现有清道光十一年（1830 年）钞本，民国间钞本等。

《（隆庆）昌平州志》

《（隆庆）昌平州志》八卷，明崔学履纂。明隆庆元年至二年（1567—1568 年）刊本。中国国家图书馆有藏。

昌平于明正德年间升州，最早的志书是崔学履纂的《昌平州志》，明隆庆元年刊本。崔学履，昌平县人，生卒年不详，嘉靖二十九年（1550 年）进士，此后几经升迁，官拜尚宝司少卿。此志书共八卷，十二个分志，160 个题目，约十万字。体裁颇为简约，卷前仅列形势、城郭二图。此书结束了昌平州无志的历史，使后续者有辙可循。

《（康熙）昌平州志》

《（康熙）昌平州志》二十六卷，首一卷，附艺文补遗一卷，清吴都梁修，清潘问奇纂。

吴都梁生平事迹不详。潘问奇，字云客，河南新郑县人，廪生。本书首为康熙十二年（1673年）徐化成序，次为潘问奇所写之凡例。全书共分十八类，记载昌平的祀典、灾祥、名宦、人物、科贡，山川、形势、风俗、物产以及艺文等等。与前志相比，内容更加丰富，体裁更加完备，考证更加精详。

现存清康熙十二年（1673年）澹然堂刻本，残存第二至第二十六卷。

《（光绪）昌平州志》

1.《（光绪）昌平州志》十二卷，不著撰者。

此书有清光绪年间钞本，残存八卷，现中国国家图书馆有藏。卷二建置志，凡目十：行宫、城池、公署、学宫、驿站、辅司、坛庙、官舍、关隘、津梁；卷三，此卷何志未详，仅在天头书卷目，且仅载文一篇，为明人刘一麟《城隍庙记》，篇幅很短，仅一页，又用朱笔通篇删去；卷四祀典志；卷五灾祥志、物产志；卷六田赋志；卷八兵志；卷十一选举志，系明清两朝进士、举人、贡生、武进士的人名录；卷十二艺文志。

2.《（光绪）昌平州志》十八卷，清吴履福修、缪荃孙纂。

吴履福（1817—1887年），号受兹，安徽泾县人。道光朝举人，同治十一年（1872年）任昌平州知州。

缪荃孙介绍见前《顺天府志》篇。

全书计十八卷，共二十二目。依次为皇德、舆图、土地、山川、大事表、职官表、选举表、道里、风土、祠庙、伽蓝、冢墓、会计簿、学校、衙署、营卫、物产、列士、列女、艺文、丽藻、序录。大事表以年为经，以事为纬，系统地记载了一州的大事、兵事、灾祥等。此志内容赡博，体例完备，是历代志书中的上乘之作，为北京史研究提供了丰富的资料。

此志光绪五年（1879 年）修，十二年（1886 年）刻本，又民国二十八年（1939 年）铅印本，又 1989 年北京古籍出版社据以上两版本点校重印本。

《昌平外志稿》

见《昌平外志》。

《昌平外志》

《昌平外志》六卷，清麻兆庆纂修。光绪十八年（1892 年）榆荫堂藏版刻本。

麻兆庆（1835—1900 年），字余斋，别号巩华旧友，榆荫主人，昌平贯市西邨（观石村）人。光绪五年（1879 年），兆庆应邀修昌平志，因对志书建置沿革等条的考证不满，离开志局，自己撰写《昌平外志》，光绪十八年（1892 年）刊行，又于二十一年（1895 年）补刻。

本书初刻本卷首为《古今昌平地异图》及《山川古城图略》。正文六卷，分别为"地理沿革考"、"地理纰缪考"、"河渠考"、"金石记"、"新志（按：指光绪《昌平州志》）校勘记"、"新志拾遗记"等六卷，约 8 万字。补刻本增加了《昌平外志补》，计十条，2000余字。

本书对光绪《昌平州志》进行了校勘和拾遗，修正了新志中的部分讹误，补充其遗缺。对昌平自战国以来的地理沿革进行的考订是全书的精华部分。作者生于昌平，长于昌平，对该地颇为熟悉，并亲自踏勘、寻碑访古、博览全书，所得材料甚为丰富，既有亲身经历，也有历朝正史、会典、明清旧志、祠碑、经幢等等。此书考证精深，与其他志书颇有不同的是，作者还提出了自己的许多看法，很有学术参考价值。总之，此书是研究昌平及其邻近地区历史的珍贵资料。

现有清光绪二十一年（1895年）增刻本。

《昌平外志》还存有三部钞本，分别为：

一、《昌平外志稿》不分卷，清麻兆庆纂修。光绪九年（1883年）钞本。北京大学图书馆有藏。

二、《昌平外志稿》不分卷、附补稿一卷、校勘记一卷，清麻兆庆纂修。清钞本。国家图书馆有藏。1963年据南京大学图书馆藏缪氏艺风堂本传抄。

三、《昌平外志稿》六卷，清麻兆庆纂修。清钞本。北京大学图书馆有藏。

三部志稿内容基本相同，略有出入，记昌平的建置沿革、地名考证、河道考辨及有关修志的来往信函等，可以和《昌平外志》相互参考，广其论证，补其不足，有一定的参考价值。

《（康熙）顺义县志》

《（康熙）顺义县志》二卷，清韩淑文纂修。清康熙十三年（1674年）刻本。

此书是现存顺义县最早的一部较为完备的志书，分上、下两卷。上卷为：分野志、沿革志、疆域志、山川志、形胜志、城池志、风俗志、土产志、公署志、学校志、职官志；下卷为：选举志（下列进士、选贡、武科三目）、田赋志、人物志、祀典志、艺文志。本志沿革志部分记载颇详，从"黄帝都涿鹿之阿"始，直至明正德讫。历代变迁记述多引证出处并指出当时地理方位。除此之外，内容大多比较简略，但体例较为完备，保存了不少重要的顺义地方史料。比如形胜志中的《顺义县志图》、《顺义境图》是至今所见到的最早的顺义县图。

《（康熙）顺义县志》

《（康熙）顺义县志》四卷，补遗一卷，清黄成章纂修。

作者介绍见前《（雍正）通州新志》篇。

全书分疆域、建置、形胜、田赋、秩官、人物、艺文七门。本志"博稽前人未及详者"，"广搜前志未曾载者"，增加了不少新的内容。比如疆域志中添加了"旗庄"，为前志所未有。其最突出的是"艺文"部分。韩淑文《顺义县志》"艺文"部分仅收记文三篇，本志收录奏议、碑记、诗文等70余篇。此书内容丰富、考证翔实，为了解明末清初顺义县的政治、经济、风俗等提供了宝贵的资料。

现有清康熙六十一年（1722年）刻本；又民国四年（1915年）汤铭鼎据清康熙六十一年刻本铅印本。

《（民国）顺义县志》

《（民国）顺义县志》十六卷，首一卷，李芳、杨德馨等纂修。

本书是现存顺义县志书中流传较广，内容卷帙较为丰富的一部，共十六卷，依次为：疆域、建置、交通、气候、行政、赋役、建议、教育、物产、实业、金融、风土、人物、艺术、金石、杂事。卷首附录图17幅，影片9面及序言、凡例等。此志在体例上与旧志有很大区别，其将教育、金融、实业等单独列目，给予充分的重视，反映了鲜明的时代特色。另外各卷中共列表格11幅，除传统的《历代职官表》外，增设了《近年金融行情表》、《民国二十年度地方款岁出概算表》等。在内容上相当丰富，所取材料既有古代典籍、各种档案文献，还有不少实地采访所得的资料。总之，此志书为研究顺义县政治、经济、军事、文化等方面都提供了丰富的材料。

现有1933年铅印本；又1998年北京图书馆出版社重印本。

《顺义县县志材料》

《顺义县县志材料》不分卷，李芳、杨德馨纂修。

《顺义县志》修志馆馆长兼编纂员杨德馨在《顺义县志序》中说："六月一日开馆，假孔庙以为地址，参省会而定目次，按期采访，分类汇编，甫二月而志料成。"本书可能就是杨所说的"志料"。全书分十六个部分，依次是疆域、地理、气候、人口、物产、实业、行政组织、教育、金融、风土、人物、艺术、著述、金石、故事、外侨。全书叙述相当简略，但可以将其与县志相互参照，对研究顺义地方史有一定的价值。

现有1959年传抄民国二十年（1931年）稿本，藏于上海图书馆。首都图书馆有传钞本的复制胶卷。

《河北省顺义县事情》

《河北省顺义县事情》，中华民国"新民会中央总会"编。中华民国"新民会中央总会"1940年铅印本，一册，150页。

新民会介绍见前《河北省大兴县事情》篇。新民会中央指导部在河北各县的分部负责对本县进行社会调查，此书即是地方事情调查之一。

《河北省顺义县事情》目录共分十一章：一、总论；二、地志风俗；三、地方制度；四、财政；五、治安警察；六、产业；七、商业、金融；八、交通、通信；九、教育、宗教；十、社会事业；十一、卫生。各章下又共分31节50项31目。其政治观点十分反动，但还是记载了沦陷时的顺义县财政、金融、交通、物产等各方面情况的调查材料。全书共有45个调查统计表，除反映县公署和新民会各组织情况外，还有《县男女人口、各区所属乡村一览表》、《一九三八年和一九三九年岁出岁入一览表》，反映农户、耕地、作物、肥料、农具、农产物产地分布、产量、消费、农民生活等有关农业统计表 17 幅之多。另外还有反映牲畜、商户、货品移动及学校等方面情况的调查表。此书提供了顺义县在日伪统治期的情况，有一定参考价值。

《（万历）怀柔县志》

《（万历）怀柔县志》四卷，明史国典修，明周仲士纂。明万历三十二年（1604 年）刻本。

史国典，南直溧阳人，选贡。明万历二十九年（1601 年）任怀柔知县，上任之后着手县志的纂修工作。他聘请顺天府学教官、蜀人周仲士总纂此志。当时未见前志，所以本志参考一统志、各府县旧志以及存遗残简"次第考之，纪往迹述近事，谙土著、询方舆，为卷者四、为纲者八，为目者三十有奇"。卷之一为地理志、宫室志；卷之二为赋役志、职官志；卷之三为人物志、兵戎志；卷之四为灾祥志、艺文志。此志虽然内容简略，但已初具规模，对该县的社会、政治、经济、军事等各方面的情况，都作了一定程度的记述。本书是现存最早的怀柔县志，为后人了解怀柔明代及其以前的历史，提供了宝贵的资料。

《（康熙）怀柔县志》

《（康熙）怀柔县志》，又名《怀柔新志》八卷，清吴景果修，清潘其灿纂。

吴景果，字半淞，江苏吴江县人。康熙五十二年（1713 年）任怀柔知县。潘其灿，吴江县人，事迹未详。此志是在万历旧志的基础上增补而成，所记事迹截至清康熙六十年（1721 年）。全书共八卷二十三目。卷一记建置、星野、疆域、城垣、山川、关隘、廨宇和学校；卷二记行宫、道路、里社、庙宇、祠墓、风俗和灾祥；卷三记官师、科贡和人物；卷四记赋役、物产和杂缀；卷五至卷七为文；卷八为诗。本志主要特点有三：一、怀柔为康熙皇帝巡幸热河的必经之路，本文详细记述了皇帝巡幸给怀柔带来的灾难；二、有关红螺寺、丫髻山的庙会本志记载也颇为详细，其他志书中很少提及；三、本志的"赋役"、"诗"、"文"等部分有不少文字反映清初多次圈地、百姓颠沛流离的惨状。此志体例已经较为成熟，内容相当丰富，为研究怀柔的地方历史提供了重要的参考资料。

现有清康熙六十年（1721 年）刊本；又民国二十四年（1935年）钟丽文据康熙刻本之仿印本，内容与其相同但缺页甚多。

《（康熙）密云县志》

《（康熙）密云县志》十八卷，清耿继先、赵弘化等纂修。清康熙十二年（1673 年）刻本。

赵弘化，山西寿阳人，进士出身，康熙六年（1667 年）知密云县。

据考证，万历六年（1578 年）密云县知县张世则曾修《密云县志》，今已亡佚。赵弘化修志时仍可得见，但已残缺不全，于是"谋于太学暨诸弟子员，考订事实，疏类分门，始于天文，继以地理，终以人事，凡为纲者三，为目十有八，阅两月乃克就绪。所谓淆者清，谬者正，缺者备，繁者简也。书成，将授诸梓。"

本志卷首有张世则旧序、编者自序、凡例十二、目录、疆域图序，并附《本县全图》、《旧城图》、《新城图》、《县治图》以及修纂者姓氏。正文十八卷，以旧志为基础，以顺天府总册为准，内容比前志丰富。此书保留了旧志内容，增加了大量万历六年以后的新材料。此外还增添了不少旧志记载不详的内容。如"灾祥"目中，旧志只记载了"近事"，而本志则考证到宋元时期。又如，"古迹"目中列十一处，明永乐年间被沙漠侵吞的古迹，也附录其名。本志还对旧志的偏颇之处做了修正，如"艺文"目中只保留与密云有重要关系的诗文，删掉了那些无关紧要的文章。本志在体例上也较有特色，全书共分为天文志、地理志、人事志三大部门，每门下再列有关子目，条理更为清晰。

本志是现存最早的密云县志，为研究密云早期的政治、经济、文化等提供了珍贵的材料。

《（雍正）密云县志》

《（雍正）密云县志》六卷，清薛天培修，清陈弘谟纂。

薛天培，字子因，云南建水县人，康熙乙未（1715 年）科进士，五十七年（1718 年）授密云县知事。薛天培重视县志修纂工作，与陈弘谟共同修纂此志。全书共六卷，以旧志为基础增补而成。本志增补内容丰富，立目细致，序言中云："凡此邦上自行宫、桥梁、道路、堂粤、亭阁、宸章、宝翰，焕日星而发山谷之光者恭纪之。其边臣之硕画，文人学士之讴吟，一一收罗，悉登记载。至其城池、驿堡随时变更，风土人物不无屡易，一切注明，俾后之观者展卷如指掌焉。"本志所增补的材料中有两方面值得注意：第一方面是此志相当重视与皇帝相关的事迹。第一卷中设纪恩、北巡两目，详细记述了皇帝巡幸热河以及皇帝对密云的一些善政；第四卷中又专列谕制、诰敕、疏略、议奏四目，歌颂皇帝对密云的恩德；"艺文"门有清帝和陪臣巡视密云县时所撰的诗文。第二方面是关于密云县在明代时的边防材料，本志保存了大量已经湮没的明代边防史料。

本志搜罗内容繁多，且缺乏考证、分析，难免有粗滥之处。但是总体上说，此书为研究密云的地方史提供了丰富的资料。

现中国国家图书馆藏有清雍正元年（1723 年）簧山堂刻本，有残缺。

《（光绪）密云县志》

《（光绪）密云县志》六卷，附诗文一卷，清丁符九、赵文粹等修，清张鼎华、周林等纂。清光绪七年（1881 年）刻本。

本志是由三任密云知县和三位文人，前后八年修纂而成。卷首有目录，督梓和校字者姓氏，修纂者姓氏，赵、周、丁三人的序言。丁序中清楚地讲述了本志的修纂缘起。正文有六卷，"列为三纪、二图、图说四、有图无说者六、表三、考三，政略一，事略五"。此志在体例和内容上都有创新。以往旧志大多按时间先后叙事，本志打破了常规。职官考、学校考、赋役考三门中；先列当朝之事，详今略古，重点突出。"沿革"一门先列沿革表，后述沿革考。表中将历代变化简要罗列，考中再就重点问题详细考证，点线结合，重点突出、内容充实。在内容方面，此志续录了雍正元年以后密云县的事情，也补充了一些旧志中缺失的内容。本志认为旧志舆地图，"不合新格"，因而经考察后又重新绘制，共绘制了城池，衙署、汛堡、营镇、行宫等15图。此志是一部优秀的密云方志，为研究密云的政治、经济、文化等提供了丰富的资料。

《（民国）密云县志》

《（民国）密云县志》八卷，首一卷，臧理臣等修，宗庆煦等纂。北京京华印书局民国三年（1914年）铅印本。

民国初年，虽距光绪"丁志"成书仅三十余年，但"洎庚子而后，事例繁兴，辛亥以还，更张益剧，则增订之役，尤不可缓"。为适应社会变迁，前密云县知县臧理臣主持续修《密云县志》。全书共"地理、政事、人物、艺文四大纲，四纲之中，分为十三门，析为二十四类，都为八卷"。此志去掉了旧志附于卷首的"巡幸"、"皇恩"、"宸翰"三门。"灾祥"之说，近于谶纬，亦予摒削。保留了旧志中有用部分，特别增补了民国成立后的新兴之事。书中详细记述了新政中已取得成绩的学堂、议会、警务、商会四事。卷四"学校考"目中叙述了民国之后，教育改革的情况。"议事会"、"警务"、"商会"三目中分别记叙了这三种机构成立的原因、时间、组织、章程、人员名额及其设址。作者认为"矿产、林业为生利根本，亦可考土脉之丰瘠，详为记载，以备采用"，

"矿产"一目,详细介绍了密云的矿产资源以及开发利用的状况。这在以前的方志中比较少有。

此志无论在体例、内容上都是一部承上启下的县志,为研究新旧社会交替时期的密云提供了丰富的历史资料。中国书店2009年校点本。

《(民国)密云县志》

《(民国)密云县志》,王缙等修,武锦等纂。日伪密云县公署民国二十七年(1938年)铅印本,八册。

这是一部日伪时期出版的密云方志,全书分总说、地志风俗、地方制度、财政、警察治安、原始产业、工业、交通、商业及金融、教育、宗教及文艺、社会事业、卫生、司法等十三章。此志具有浓重的侵略色彩。卷首除总纂武锦的序言以及凡例、修志缘起之外,还有日本人川木定雄的日文序和日文凡例五条。书中还有大量的反动史料,歪曲事实。但它还是有不少可取之处。全书内容丰富,分类细致,记载详细。例如"人物"一门内,本志增加了文苑、艺术家、著述家三类;"风俗"一节中列民生、礼俗、歌谣、方言四项;"礼俗"项内又分婚礼、结婚、丧礼三目;"歌谣"中分时令、天象、家庭、社会人事、卫生、药、农事七方面收辑。"图文并茂、简洁明了"是此志最大的特色。书中附录了不少照片、表格、平面图、地图,约占本书的三分之一。有些章节直接绘图列表来说明内容。

此书是一部较为完备的密云志书,有较强的史料价值。

《密云概况》

《密云概况》,密云县公署总务科汇编。日伪密云县公署总务科民国二十八年(1939年)铅印本,一册,40页。

本书是一部以图表的方式记述密云县概况的专著。全书有县全图、城关图、警察配备图、学校配备图等共七幅。表格占主要篇幅，分别记载了密云县的沿革、位置、面积、气候、主要乡镇、山脉、河流、名胜古迹、乡镇、户口、县署组织、历任县长知事姓名、行政系统、警务组织、自卫团组织、外侨、邮电机关、学校统计、社会教育、宗教团体、库款收入、县款收入、县公署岁入预算、县公署岁出预算、铁路、公路、桥梁、城池、河防水利、凿井、农作物、果木、家畜、商业、工业、移输出入、林业、棉业、卫生。

本书条理清晰，内容简洁，一目了然，为了解民国时期密云县的概况提供了简明而丰富的材料。

《（康熙）平谷县志》

《（康熙）平谷县志》三卷，清任在升修，清李柱明纂。清康熙六年（1667 年）刻本。

任在升，字金明，山西安定县人，康熙五年（1666 年）任平邑知县。李柱明，河北曲阳县人，康熙六年（1667 年）任平邑教谕。

考平谷县志，创于明隆庆六年（1572 年），再修于万历二十年（1592 年）。是时，万历志已佚。任李二人在隆庆《平谷县志》的基础上，"谬以校勘，责诸不慧而订其简蔓，正其得失，易鄙俚为雅驯"。

全书分为六类：地理、国赋、秩官、选举、人物、艺文。凡城池、公署、邮驿、乡社、学校、坛庙、桥梁、古迹、坊市括于"地理"。户口、土产、惠政入于"国赋"；秩官、选举仅列表；人物简略，故实寥寥；"艺文"分诗、文二目。此志虽然卷帙不多，但它是现存的第一部平谷志书，为研究平谷早期的历史提供了不可或缺的资料。

现中国国家图书馆、中国科学院图书馆有残存上、下二卷。

《（雍正）平谷县志》

《（雍正）平谷县志》三卷，清项景倩纂修。清雍正六年（1728年）刻本。

此志的类目及其安排，完全与《（康熙）平谷县志》相同。在内容方面，增加了康熙六年至雍正六年之间平谷的事迹，但数量不多。

《（乾隆）平谷县志》

《（乾隆）平谷县志》。清朱克阅增补。清乾隆四十二年（1777年）刻本。

此志体例与前两志相同，内容上更加充实，对五十年来的"文武职官、恩拔岁贡、籍贯姓名、任事考授年月补而增之"。如"秩官制"中"职官"，增加明清知县多人。此外，在"寺观"、"坛庙"、"桥梁"等目中也略有增补。此志对了解清中前期平谷的政治、经济、地理等方面有重要的参考价值。

《（民国）平谷县志》

《（民国）平谷县志》四卷，王沛修，王兆元纂。北京中华印刷局民国十五年（1926年）铅印本。

王兆元，字济时，自号适性山人，毕业于京兆自治研究所，从1916年起，一直负责总纂《平谷县志》。1920年王沛任平谷县长时，为兆元修纂县志创造了有利条件，使其得以编成四卷本《平谷县志》。此志在体例上基本沿袭旧志，略有调整，还为适应社会变革，增加了"新政志"一类和"选举志"中"军官"一目。其在内容上所增甚多，除增加了乾隆以后的各项事迹外，对旧志的内容也有所增补。全县地理图采用新法绘制，比例为十万分之一，标明山川、河流、道路、城镇等等，并有图例说明。

此志对反映清末民初社会交替时期的平谷有重要的参考价值。

《（民国）平谷县志》

《（民国）平谷县志》六卷，李兴焯修，王兆元纂。

李兴焯，字复一，山东陵县人，国立北京大学毕业，1933年任平谷县长。省府重修县志明令下达后，李兴焯延请前修志局王兆元总纂其事，王将其1931年所编，并未付梓的《平谷县志料》重新厘定，又增辑到民国二十三年（1934年）的各项事迹，共六卷。卷一地理志，记沿革、疆域、市乡、面积、山脉、河流、交通、古迹（关隘附）、名胜；卷二经政志，记城署、学校、书院、仓储（惠政附）、职官、赋税、警察、自治、会计、农林、商会、保卫、党务；卷三社会志，记户口、民生、礼俗、宗教、方言、氏族、灾异；卷四物产志；卷五人物志，记科第、中学以上毕业、人才（列传附）、武功、善迹、列女、流寓、宦绩；卷六艺文志，记文类、诗类、金石、志余琐记。全书共有八册，每册封面有各级官员题词，正文前有附录历代《平谷县志》的序言及本书作者李兴焯、王兆元等撰写的序共8篇。此外还有人物、书画、平谷县古迹风景照片16幅，全县地图和县城全图各一。

此志取材广泛，今古并蓄，内容丰富，体例完整。较之前志，这部《平谷县志》无论从内容，还是从体裁上都是最为完整的一部，为研究平谷地方史提供了丰富的材料。

现有民国二十三年（1934年）天津文竹斋铅印本。1988年平谷县地方志编纂委员会办公室据此本加以标点校勘，重新铅印。书首有韩牧平《重印民国二十三年〈平谷县志〉序》。

《平谷县志料》

《平谷县志料》六卷，王兆元纂修。修志局民国二十年（1931

年）钞本。

本书是为修《河北通志》所提供的材料。全书分为两大部分：第一部分为《平谷县志料》，第二部分为《平谷县大事记》。第一部分卷首有平谷县地图一幅，风景、石刻、书画、照片共 12 张。体例上有所突破，增加了区域、交通、气候、人口、实业、财政、教育、金融、风土等类目。原有的类目中也增添了不少新的内容。

第二部分采用编年体形式，叙县内大事，包括历史沿革、修城池记、人物以及民国以来出现的自治、教育、农村、财政、商会、党务等方面的内容，提纲挈领，条理清晰，为研究平谷各方面的发展历史提供了简明扼要的资料。

全书体例新颖、资料丰富，可以同《平谷县志》互为参照，对研究平谷历史有重要的资料价值。

此书清华大学图书馆有藏，首都图书馆有缩微胶片。

《隆庆志》

《隆庆志》十卷，卷首一卷，明谢庭桂原纂，明苏乾续编。

谢庭桂，字时芳，山西蒲州人，因"章奏过多"获罪，谪居隆庆，明成化十一年（1475 年）应知州李蕑邀请，纂修《隆庆志》，同年书成。谢庭桂以《大明一统志》为主，并参考《怀来县志》及己所见闻，分门汇别，诠次成编，共十六卷，是为《（成化）隆庆州志》，此本今已佚。其后数十年，苏乾等人续修州志。苏乾，字体健，隆庆州人，弘治十五年（1402 年）进士，历官兵部主事、员外郎、山西右参议等官。苏乾等人将"旧志所有者则存其事而翦其芜，所未有者则开其端而著其迹"，并将旧志调整成十卷，分别为地理、官署、食货、职官、文事、武备、人物、宫室、恩命、艺文。卷九后附谢、苏二人序各一篇。修纂此志时，文献匮乏，故在山川、河流、屯堡、烽燧等方面记录较为详细；政治、经济、人物等部分相当疏略。但总体上说，它作为现存最早的延庆志，为研究明代延庆地方史提供了宝贵的资料。

现有明嘉靖二十八年（1549年）刻本，宁波天一阁藏；又1962年上海古籍书店影印本。

《（顺治）延庆州志》

《（顺治）延庆州志》九卷，增补一卷，清迟日豫修，清程光祖纂。

此志基本上沿袭嘉靖《隆庆志》的体例，略有调整。内容上补充了嘉靖后延庆的事迹。前志在政治、经济、人物等方面由于资料缺失记载颇为简略，本志弥补了这一不足。人物志增补最为明显，"知州"增23人，"守备"增10人，"岁贡"增66人，其他各条目都有增加。又如，"户口"目增加了万历四十一年（1613年）、四十六年（1618年）和顺治十年（1653年）三次人口统计数字；"财赋"增加了万历四十一年、四十六年和顺治七年（1650年年）的三次统计。现有清顺治十年（1653年）刻本。

康熙十九年（1680年）郡庠廪生于嘉祯、郎星、武激扬、贾弘超等四人，承州守袁公之命，补修县志。包括：食货：户口（财赋附）；文教：官职、宦绩；人物：岁贡、应例入监、吏员；灾祥；艺文。此次增补了顺治十七年（1660年）至康熙十九年（1680年）二十年间事迹，仅人物部分较多，灾祥、户口等都增加有限，补成一卷，与重印顺治十年本合为一部。

《（乾隆）延庆州志》

《（乾隆）延庆州志》十卷，首一卷，清李钟俾修，清穆元肇、方世熙纂。

李钟俾，字世万，号谨斋，福建安溪人，雍正五年（1727年）进士，雍正十三年（1735年）任延庆知州。此志是流传最广的一部延庆州志。体例上，此志将前志的52目，改为28目，纲目虽然减少，但是内容没有遗漏，体例更为简要合理。其在内容上考证精细，名贤古迹等"非确有所据者概不敢录"。"有附以己意者以小字缀于左"，有助后人研究。本志对户口、边防等与州务攸关之事记述颇为详细。如"边防志"，作者引证史书和旧志，历数参将官军数目和征战情况，并分别叙述各要塞、四界、形势以及边墙、城、驻防、军器、炮位和墩台等情况。如此详细的记载，前志未见。本志的"户口"、"城池"、"公署"、"儒学"、"坛壝"等项，详今略旧，重点突出，反映了当时的社会状况。李钟倬在序言中评此志"载人必徵诸素，履文必取其切当，山川必纪其扼要、军制必极其详明"。

与旧志相比，本志是一部内容丰富、体例完备的延庆方志，为研究延庆政治、经济、军事等方面提供了必要的史料。

现有清乾隆七年（1742 年）刻本；民国二十七年（1938 年）又据此本铅印，内容未改，只在卷前增加地图一幅及名胜古迹和关隘等照片 20 幅，改名为《延庆县志》。

《（光绪）延庆州志》

《（光绪）延庆州志》十二卷，前一卷，末一卷，清屠秉懿、何道增等修，清张惇德等纂。

本志修纂时间，先后共十年。卷首有序四：光绪五年（1879 年）何道增《重修延庆州志序》、光绪七年（1891 年）荣恩序、光绪七年胡振书序和同治十年（1871 年）屠秉懿《延庆州志稿序》。卷首一卷，记诏谕、临幸、宸章。卷末一卷，分识余、附录、订讹。正文十二卷，分别为舆地志、赋役志、学校志、经政志、职官志、选举志、人物志、列女志、艺文志、古迹志、杂稽志。全书不仅增加了乾隆至光绪初百余年内延庆的历史资料，也对体例进行了调整。此志最突出的特色就是书中有多幅表格，有沿革表、村镇表、田赋表、职官表、科目表、例仕表等。以图表方式记事，简洁明了、脉络清晰。如"沿革表"分为：朝代、统部、州郡、州境，"以世代为经，州境为纬，作沿革表，凡援据各史地志注之于下，庶足以资考镜"，延庆全州的历代沿革跃然纸上。又如"职官表"内，明永乐前分：纪年、驻节、防御、刺史和判官；永乐后按：纪年、隆庆州知州、附永宁知县、东路参将和南山路参将，并按文职和武职分别记载；"职官表"中清代部分则分：纪年、知州、州判、守正、乡学训导、巡检和吏目。"裁设之异同，官职之缺失"一目了然。卷末的"订讹"一节，纠正了不少旧志中的讹误。总体上说，此志内容丰富，体例完备，考证精详，是一部很有价值的延庆方志。

现有清光绪七年（1881年）刻本；又民国七年（1918年）重印本。

《延庆州乡土志》

《延庆州乡土志》不分卷，清佚名纂修。稿本。

本书的内容分为以下各类：历史（本境建置年代、未置本境以前历代所属及名称沿革，既置本境以后历代所属及名称沿革）、政绩录（兴利、去害、听讼）；兵事录、耆旧（事业）、学问（附名宦祠祀，附录名宦传、乡贤传、节孝传）、人类、户口、民族、宗教、实业、地理（本州及分区、道路）、物产、商务。全书虽然篇幅不长，但是语言简洁，内容较为丰富。本志还增加了一些新的类目。如"宗教"类，记述了延庆的宗教状况；"商务"类中，详细记载了延庆特产的产销情况。这些内容都在旧志中不多见。本志记事至清光绪三十二年（1906年），比较真实地反映了延庆州的政治、历史、文化、经济、风土、物产等各方面的大概情况，具有较强的资料性。

此书有稿本，一册，藏于中国国家图书馆。

《延庆卫志略》

《延庆卫志略》不分卷，清李士宣修，周硕勋纂。清乾隆十年

（1745 年）钞本。

本书是专记京城重要关隘——延庆卫的志书。延庆卫原为居庸关守御千户所，把守居庸关口一带。乾隆十年秋，圣驾巡狩多伦诺尔，由宣府度居庸回銮。守备李士宣嘱周硕勋增定卫志。周"含毫吮墨，博访故老，搜罗载稽，提纲挈领，类分十二，补旧志所未逮"。

全书分纪事、关隘（兵防附）、巡幸、山川（古迹附）、屯堡（建置附）、地丁（盐引附）、经费、学校（风俗附）、人物（选举附）、驿站、仕宦、艺文等，共十二类。总体上说，本志体例粗糙，内容简略，但它详细记述了居庸关一带的地理环境和赋役情况，对于了解这一地区的历史提供了一定的参考。

中国科学院图书馆和国家图书馆都藏有清乾隆十年（1745 年）钞本。中国书店 2008 年校点本。

《永宁县志》

《永宁县志》六卷，明李体严、明张士科纂修。

永宁县即今延庆县永宁镇，明永乐年间置隆庆州，设永宁县，该县乃京城防御系统中的军事重镇。

在永宁知县李体严的主持下，儒学教谕张士科参照《大明一统志》、《延庆志》、《九边志》等编纂成《永宁县志》。本志体例和大部分内容仿延庆志，共六卷。卷一舆地志：沿革、星野、疆域、形胜、山川、城池、屯堡、风俗、要害、古迹、八景、灾祥；卷二建置志：县署、学校、仓场、惠政、武署、公署、寺庙等；卷三食货志：户口、军丁、田赋、屯田、马政、物产等；卷四秩官志：文职、武职、宦绩等；卷五人物志：王侯、甲科、乡科、岁员等；卷六艺文志：疏奏、论、碑记、序、祭文等。卷首附永宁境图。

此书内容比较简单，时代和地域特色也不是很强，但其乃现存唯一的永宁县志，对于研究该地区的历史有独特的作用。

现有明万历三十六年（1608 年）刻本，卷五、卷六原缺。

《北京西郊成府村志》

《北京西郊成府村志》不分卷，金勋著。民国二十九年（1940年）稿本。

金勋（1883—1976年），满族人，出生于营造世家，精通绘事。生长于北京西郊，留心村俗。因成府村较其他西郊村落更为系统、完整，故作《北京西郊成府村志》。

成府村位于今中关村科技园区的腹地，清代曾为乾隆第十一子成亲王寓园所在地，地名亦因此称为"成府村"，在圆明园遭毁之前，曾盛极一时。此书共分75节，分别记述了成府村的沿革、地方治、教育、体育、宗教风俗、太平鼓与空钟、庙会、风筝、新春年节、花炮、衣冠、靴鞋、旗汉妇人服装、庙宇、除夕、膏药会、太平鼓词秧歌会、桿上包月、医药之属、顶香看病、献花及蔬菜、宝局、端阳节、嫁娶之风俗、生子弥月等。全书内容丰富翔实，真实生动，"可记录之事，不厌其详，一一述之，由开创成府村起，至成府后来演变改革为止"。由于作者先辈曾承担圆明园、长春园的建筑工程，其本人也非常熟悉西郊园林建筑，所以对西郊园林宅院的描写更为细致深入，是本书中最有价值的内容之一。

总体上说，此书体例不全，纲目不清，文字也不甚考究，但它是迄今为止发现的唯一一部北京村镇旧志，具有非常高的资料价值。

此书稿本藏于中国科学院图书馆。

《古北口志》

《古北口志》，（日伪）热河省公署古北口办事处编。著者民国二十三年（1934年）自刊油印本，一册。

古北口位于北京市密云县，是重要的军事要隘，素有"燕京门户"之称。

本书是一本日伪机关编写的有关古北口的资料性书籍。其沿袭志书的编纂体例，但文字上比志书通俗简要。全书记述了古北口的沿革、地志、人口、行政、交通、商业、金融、农产、教育、风俗、古迹。其中尤以记其沿革为详，详细记载了古北口的险要地势和其历代重要的军事地位，一般志书很难达到。此书生动地反映了日伪时期古北口的社会经济等方面的状况，如书中讲该地"流行五种货币，即满洲国币、日本金票、中国银洋、中国钞票、中国铜元"；又如书中详细记录了1934年2、3月份之间往来外人的统计状况。

此书对于研究日伪时期古北口的政治、经济、文教等方面有重要价值，也为研究北京地区的军事史、交往史以及抗日战争史提供了宝贵资料。

（二）通论

《北平考》

《北平考》五卷。不著撰者姓名。

本书未著撰者，因其所记内容仅到元末，疑此书为元末明初人辑录。

全书共五卷，卷一为唐尧、周、燕、汉、后汉、晋、魏、隋、唐；卷二为辽；卷三为金；卷四为元。卷一至卷四为自古至元正史中有关北京记事的汇编。卷五无标题，内容为山川，是正史中关于北京山川记事的汇编。

本书内容为有关北京地方和宫殿沿革的材料，除少数引自于《礼记》、《尚书》、《水经注》外，其余皆为从历代正史中辑录。远溯尧舜，按朝代编到元末为止，尤以辽金元三代最详，且此三代资料中关于宫殿部分的史料最重。如卷四即辑录了大明殿、明殿、玉德殿、宝慈殿、慈福殿等数处宫殿的材料。本书体例严明，辑录者以时代为次，在每一朝代下列地名，然后列材料出处，然后照录史书中的相应材料，对北京古代地理研究具有重要的史料价值。

《北平考》有钞本二册，中国国家图书馆藏，此本无目录、序跋、题字，第一页有黄叔琳等人收藏章，1963 年北京出版社据此本首次排印出版（与《故宫遗录》合册）；又，1980 年北京古籍出版社重新排印本（与《故宫遗录》合册）；又，台北洪氏出版社 1982 年版（与《故宫遗录》合册）。

《北京建置谈荟》

《北京建置谈荟》，瞿宣颖著。北京广业书社 1925 年铅印本，一册。

作者简介见前《北平史表长编》篇。

本书是《北京历史风土丛书》之一，作者利用古代典籍，并结合实地调查，考证了古今北京形势、历代建筑、城门名称、城垣建筑的沿革以及金元明三代宫阙概况、明代以来宫禁沿革大略等等。书中还较为详细地介绍了北京内外城的街巷胡同、桥梁寺观、名胜古迹等。同时对老北京的风俗掌故、城市管理等也有所提及，为研究北京的城市发展史提供了参考资料。

《燕都丛考》

《燕都丛考》，三编，陈宗蕃编著。

作者简介见前《北平赋》篇。

陈宗蕃在京师居住前后近三十年，后感于朝市之盛衰，达官贵人之得丧，遂"网罗近事，续春明之旧梦，补日下之琐闻"，成书《燕都丛考》。

此书第一编五章，依次为沿革、城池、宫阙、苑囿、坛庙，附鼓楼、钟楼；第二编七章，第一章为内城总说，第二至七章分别记内一区至内六区各街市；第三编六章，第一章为外城总说，其余为外一区至外五区各街市。全书由正文、附注及按语三部分组成。各编依次附有宫阙图、苑囿图及内外城分区地图等。书末附引用书目。

此书记述北京城区历代沿革、宫殿苑囿、坛庙寺观、街巷胡同、衙署府邸、名人故居、风俗人情等内容，重点记述北京城区街巷胡同的变迁，其中包括街巷名称演变、位置、沿街衙署、掌故、传说轶闻、现状等，是迄今所见记述民国时期北京城区街巷胡同变迁最为详尽之书，具有重要史料价值。全书记事约截止到民国二十三年（1934年），共引各类书籍报刊二百余种，取材广博，体例严整，且注重调查考证。

此书第一编初版于1930年，修订再版于1935年，书首有林志钧序、瞿宣颖序以及陈宗蕃自序；第二、三编分别出版于 1930、1931 年，皆为作者自刊；又有北京古籍出版社 1991 年点校本，689 页。

《燕京形势》

《燕京形势》，螺冈居士著。民国间天津义利印刷材料局铅印本，一册。

此书是作者对燕京形势进行分析的一篇长文。

作者称"燕京星分箕尾，地居上游，民俗朴素，土地深厚，汉为要郡，唐为重镇，形象以为尽龙，占者以为王气"，而后从畿甸地脉、王气所在、古今建都之地的久暂兴废之故等角度论述北京的山川形势，并同吴越、河南、成都、临安等地进行对比分析，指出北京是古今建都之地。书后有陶庐老人王树枏的识文。

此书从舆地角度对北京形势进行分析，气势磅礴，征古论今，内容多为他书所未论及或与他书所论并不相同，为分析北京的地理形势提供了角度独特的参考。

《历史地理学的理论与实践》

《历史地理学的理论与实践》，侯仁之著。上海人民出版社 1979 年出版，一册，463 页。

作者简介见前《北京史话》篇。

此书是侯仁之教授的学术论文集，共收入 24 篇论文。书中按研究问题的性质，将所收论文分为四部分：一、历史地理学的理论探讨；二、沙漠的历史地理考察；三、城市的历史地理研究；四、其他。其中有关北京历史地理的论文有：《关于古代北京的几个问题》、《元大都城与明清北京城》、《北京旧城平面设计的改造》、《天安门广场：从宫廷广场到人民广场的演变和改造》、《北京海淀附近的地形、水道与聚落》、《北京都市发展过程中的水源问题》等。本书对北京城的起源、城址的变迁、城市发展的特点及其客观规律、北京历代水源的开辟等重大问题做出了系统的科学阐述，为北京旧城的改造、城市的总体规划及建设作出了重要贡献，具有很强的现实意义。

《北京历代建置沿革》

《北京历代建置沿革》，尹钧科著。北京出版社 1994 年出版，一册，338 页。

作者简介见前《北京郊区村落发展史》篇。

作者自始至终参加了《北京历史地图集》的编绘。本书弥补了《图集》无法反映北京政区变迁全过程及其细节的缺憾，是至今为止研究北京建置沿革最详细的一部专著。全书共四章。第一章概述历代地方行政制度及其演变，作为全书的背景；第二章为全书的主体部分，全面、系统地论述了历代北京市的建置沿革，对于有争议的问题，进行了细致的考证；第三章对每个区县的建置沿革分别进行系统的缕析、考述和总结，最后以图示的形式概括该区县的建置变化；第四章在第二、三章的基础上归纳出北京历代建置沿革的五大特点，并对这些特点形成的原因作了深入全面的分析。

此书为北京史地的研究和今后北京行政区划的调整提供了重要的参考。

《北京历史人口地理》

《北京历史人口地理》，韩光辉著。北京大学出版社 1996 年出版，一册，365 页。

韩光辉（1947— ），山东省泗水县人，北京大学环境学院教授，主要从事中国人口历史地理、城市历史地理等方面的研究。

本书是一部探索自辽建陪都至新中国诞生之前北京人口地理

的专著。全书在探讨城市和区域建置沿革、历代户籍制度、户口构成的基础上，系统研究了辽金元明清与民国时期北京城市和郊区的人口规模及其演变特点与机制、人口迁移与古代北京城市人口控制措施和人口分布等人口地理问题。作者翻阅大量典籍，广泛涉猎资料，采用历史地理学、人口地理学、历史学、数学、社会学、经济学等多种学科的研究方法，灵活运用史料，去伪存真，获得了一系列重要的学术性突破。例如，在元大都城没有直接户口统计记录的情况下，作者运用大都城市设置弓箭手的数目等间接信息推算户口规模，有较高的可靠性。又如，作者从探讨北京地区历代行政建制和北京城市行政管理制度入手，弄清了北京城市户口的隶属关系，得出金、元、明、清与民国时期北京的城市户口均不包括附郭京县的重要结论，并详细指出金中都和元大都时期的城市户口隶属于城市警巡院、明朝北京城市户口分属于五城、清北京内城户口属于京师八旗、外城户口属于五城。本书在内容、方法、理论等方面都有重要的突破，总结了历史经验，为北京史研究开辟了新的途径。

《北京城——营国之最》

《北京城——营国之最》，朱祖希著。本书有中国城市经济社会出版社 1990 年版，中国城市出版社 1997 年增订版，一册。

朱祖希（1938— ），浙江省浦江县人，1955 年考入北京大学，现为北京地理学会副理事长、北京史研究会理事，长期从事北京城市发展史研究工作，著有《北京城——营国之最》、《北京城演进的轨迹》等。

本书是一部研究北京城市建设发展史的专著。全书记载了北京城原始城址的确立、历史演进轨迹、城墙、格局、北京城的继承和改造以及燕山长城和他的关隘等。再版时，增补了"京城第一要津——卢沟渡口"一节，并对前书的某些地方作了修改和补充。书中对北京的城墙和格局的介绍所占篇幅最大，详细记述了北京城墙的缘起和演变，重点研究了明代北京城墙的规制和特色以及德胜门箭楼的情况。作者从北京城的结构、道路、宫苑、坊巷、四合院等几方面详细论述了元代以来北京的城市格局。

全书条理清晰、论证合理，为了解、保护、建设北京城提供了重要的参考。

《北京城的起源与变迁》

《北京城的起源与变迁》，侯仁之、邓辉著。北京燕山出版社1997年出版，一册，181页。

本书是一部讲述北京城发展历程的专著。全书共八章，分别为："北京平原周边原始居民点的诞生"、"北京建城之始"、"北方的军事重镇"、"向全国政治中心过渡"、"大汗之城——元大都"、"明代的帝王之都"、"最后一个封建王朝的都城"、"新时代的北京城市建设与规划"。

北京是一座历史悠久的文化名城，它从原始时代"北京人"的居住地，逐步演化成为华北平原的居民点，经历了各个朝代的更迭，其始终以它特有的城市地位和城市作用在中国的历史发展进程中发挥积极的影响。作者从地理环境的影响这一角度出发，详细阐述了北京城发展的历程。此书研究方法独特，语言通俗易懂，使读者从环境变迁的角度认识北京。此书无论对北京史的研究，还是对于今天的环境保护都有重要的意义。

《北京古代交通》

《北京古代交通》，尹钧科著。北京出版社2000年出版，一册，186页。

作者介绍见前《北京郊区村落发展史》篇。

本书是《北京历史丛书》之一，共五部分：一、陆路交通，主要讲述了从先秦到清末北京与外地联系的主要干道、京城内街巷以及清末铁路的兴建情况；二、水路交通，介绍了以漕运为中心的京城水道的兴衰过程；三、交通工具，分别记述了"御用交通工具"、"官用交通工具"、"民用交通工具"、"新崛起的现代交通工具"；四、邮传驿站，概述古代北京的邮政状况，其中有《元明清北京驿递略图》一幅及《明初顺天府急递铺一览表》、《清初顺天府各州县邮舍表》、《清代顺天府境内驿站一览表》、《清代顺天府境递铺一览表》；第五部分总结历史上北京交通的特点。

此书研究角度新颖、论证清晰、结论精辟，向读者展示了古代北京交通的发展历程，为新时代北京城市交通的发展提供了参考。

《故都变迁记略》

《故都变迁记略》十卷，附录一卷，余棨昌撰。

余棨昌（1882—1949 年），字戟门，祖籍浙江绍兴，生于北京。早年留学日本，东京帝国大学法科毕业，是近代中国法学的开创人之一。著有《民法亲属编》、《实用司法令辑要》等。

本书共有十卷，主要从名称、城垣、旧皇城、大内、西苑、内城、外城、郊坰等方面记述了从清末光绪庚子变乱后至 1937 年卢沟桥事变为止这一时期内古都北京的变迁。书中所记街巷胡同皆以当时名称为准，其下注旧名。记名胜古迹和名人宅第时，其后附录与之相关的诗歌笔记和遗闻轶事，以证其变迁。古都内发生的忠孝节义之事与其坊巷有关者，无论何代，一律记载。

本书内容丰富翔实，为研究民国时期北京历史提供了大量的可靠资料。

现有 1941 年铅印本，出版者不详；又，陈克明校勘，黄利人标点整理，北京燕山出版社 2000 年校点本。

《北京城市历史地理》

《北京城市历史地理》，侯仁之主编。北京燕山出版社 2000 年出版，一册，539 页。

作者简介见前《北京史话》篇。

本书是一部从历史地理学的角度系统研究北京城的著作。全书分为十章。第一章，城市出现以前（新石器时期）北京地区的人类活动；第二章，蓟燕分封与北京早期城址的确立；第三章，秦汉至隋唐时期北京地区的城邑；第四章，辽金元时期北京城的规划与建设；第五章，明清时期北京城的规划与建设；第六章，城市职能建筑分布；第七章，城市商业与市场分布（元明清时期）；第八章，各时期北京城市人口；第九章，北京的对外交通；第十章，城乡关系；第十一章，清代宣南的士人文化。在内容上，全书内容广泛，研究精细，资料翔实，图文并茂，较为全面、生动、细致地反映了北京城的历史风貌。在方法上，书中将所研究的问题，按历史年代进行了系统的论述以及横向的总结，具有开创性。

本书不仅对一些北京城市史研究的重要问题进行了总结，也为今后的研究指出了方向。它是研究北京历史地理的必要参考书之一。

《古代北京城市管理》

《古代北京城市管理》，尹钧科等著。同心出版社 2002 年出版，一册，648 页。

作者简介见前《北京郊区村落发展史》篇。

本书是研究论述古代北京城市管理的第一部专著。作者按照辽南京、金中都、元大都、明北京、清北京的先后顺序，从六个方面系统论述了辽南京、金中都、元大都、明北京、清北京的古代城市管理的体制、制度、法规、措施、效昊及其经验教训等。这六个方面是：城市规划，市政建设，户籍、人口和民政管理，工商税务管理，社会治安管理，文化教育管理。作者的研究角度新颖，填补了北京史研究和北京城市研究的一大片空白。

全书内容丰富，资料翔实，层次分明，论证清晰，语言简洁，注释规范，对于进一步认识和加强现在北京城市管理有重要的参考作用。

本项目为国家自然科学基金项目，并获北京市社会科学理论著作出版基金资助。

（三）城垣街巷、郊区村镇

《辽金京城考》

《辽金京城考》，周肇祥撰。民国年间出版，一册，8页。

周肇祥（1880—1954年），浙江绍兴人，号养庵，别号退翁，清末举人，毕业于京师大学堂。近代著名书画家、鉴赏收藏家，曾任北京古物陈列所所长，在京主办中国画学研究会。著有《琉璃厂杂记》、《辽金京城考》、《辽金元官印考》、《退翁墨录》等。

本书主要研究辽金时期北京的城池沿革。作者梳理了北京从唐代到金代的城池变迁，名称更易等。主要考察了辽南京及金中都皇城、内城、大城的方位四至，城内建置等，详细记述了城门的设置与变化，并对悯忠寺、昊天寺等名胜也进行了考察。作者久居北京，熟悉京城地理掌故，对辽金遗址进行了实地考察，还结合大量文献资料，纠正了以往史料中的一些不实之处，是研究北京城市发展史的重要参考资料。

《元大都城坊考》

《元大都城坊考》，王璧文著。中国营造学社1936年出版，一册，52页。为《中国营造学社汇刊》第六卷第三期。

本书主要记述元大都的平面配置与市坊分布。全书共五节。一、简述元大都从古至今的历史沿革；二、介绍大都平面配置的概况；三、记述大都城的制度、结构和位置等；四、分别介绍宫城的位置、制度、宫城外周垣及宫城外夹垣；五、坊市，根据《日下旧闻考》所引《元一统志》及《析津志》中所述坊名列一表格，记每坊的位置和取名意义，并介绍坊市中可考证者的沿革和现状。书中有北平市内外城平面图和大都城遗址照片十多幅。

812

此书考证翔实、条理清晰，对研究元大都的城市格局有重要的参考价值。

《京师坊巷志稿》

《京师坊巷志稿》二卷，清朱一新撰。

朱一新，字蓉生，浙江义乌人。清光绪二年（1876年）进士，选庶吉士，授编修。官至陕西道监察御史，因直言遭贬后任广东广雅书院主讲。朱一新博览群书，一生著作颇丰，代表作有《汉书管见》、《京师坊巷志》、《佩弦斋文诗存》、《东三省内外蒙古地图考证》等。

此书是介绍清代北京坊巷的志书，是由清光绪十一年（1885年）《顺天府志》之《京师志·坊巷门》稿本整理增补而成。全书分上、下二卷，分别记内外城坊巷、官署、寺观、王公宅第、会馆，桥井皆随地附入。书中记录了坊巷的名目、位置、隶属、变迁、地名由来、街巷变迁以及相关的历史掌故、琐文轶事、诗词杂文等。书首有朱氏自序。

作者学识广博、注重调查。此书参考价值较高，为后人修志和研究明清城市地理提供了重要史料。此外，有关清代会馆的情况，此书记载最为详细，为这方面研究提供了宝贵资料。

清光绪二十三年（1897年）葆真堂刻本二册；民国初年，刘承幹将其收入《求恕斋丛书》，因"兵燹沧桑，朝市非昔"，刘承幹"考其未确者，补其已佚者"，撰《京师坊巷志考正》附后；又1962年北京出版社铅印本一册；1982年北京古籍出版社重印本一册。

《京师街巷记》

《京师街巷记》，林传甲编。琉璃厂武学书馆1919年铅印本，一册，54页。

作者介绍见前《大中华京师地理志》篇。

本书为京师内左一区半日学校师生进行街巷胡同调查活动后所记实录。全书按当时的行政区划排列，分别记述城区内各街巷的方位、四至、名称的由来和沿革、住户情况以及街巷内的名胜古迹、历代衙署、民间团体、名人故居、河流沟渠、桥梁道路、风土人情、旧闻掌故等等。书前有林传甲《京师街巷记总序》。所记大多为作者亲身调查，资料可靠、内容丰富，对研究民国初年北京的城市状况有重要的资料价值。

《北平市自治区坊所属街巷村里名称录》

《北平市自治区坊所属街巷村里名称录》，北平市筹备自治委员会编。北平市筹备自治委员会 1932 年铅印本，一册，662 页。

国民政府迁都南京后，北京改成北平特别市。全市划分为内城六、外城五，郊区分为东西南北四郊，共 13 个自治区。此书是一部各自治区的地名录。每个自治区都记其面积、坊数、间数、邻数及区公所地址。每坊又记其面积、公所地址、所辖街道胡同或村里名称及该坊的分界地点。共计街巷 3284 条，村里 1849 个。书中所记自治区、坊、街道胡同皆按顺序排列，便于读者查阅。此书是了解民国时期北京城乡建置和街道名称的工具书。

《北平街巷志》

《北平街巷志》，马芷庠辑。北平经济新闻社 1936 年铅印本，同年 6 月增修再版，一册，86 页。

马芷庠，江苏东台人，客居北平甚久，从事新闻工作二十余年，对于北平的风土人情、名胜古迹、旧都掌故等，知之甚详。

本书是一部 20 世纪 30 年代北京街巷、胡同名称录。编者为避免因袭前人旧作，历经十月，踏遍城郊考察，并分送内外城郊各县署、邮政局，详为审核。最后，将内城、外城、各郊区街巷名称，包括新建街巷和更易名称的内外城门、关厢村庄等逐一收录。全书共分四部分，第一部分"城郊沿革"，略记旧京内、外城区及四郊之沿革。其余三部分记内城六区、外城五区、东西南北四郊。全书以街巷名称首字笔画多寡排列顺序，便于检索，以下注明其所在地点，位置，有胡同名称相同者则按警区次序记载，所录街巷名称皆以当时名称为准，不录旧名。书前附有《北平街巷名称简略表》、《北平内外城十一区界临图》以及街景照片等。

全书考证精细，记述简略，对研究北京的街巷名称有一定的参考价值。

《北京街衢坊巷之概略》

《北京街衢坊巷之概略》，北京特别市公署编。民国间北京特别市公署铅印本，一册，26 页。

本书是一部记载旧时北京街巷的官修专著。卷首有"管辖制度之沿革"、"街衢述略"、"坊巷述略"。正文分 11 部分，依次记述内城六区、外城五区的街巷状况。每部分先列出该区平面图，后附区内标志性街景图片，加以点缀，再以当时区制为准，述其管辖源流、形式变动、名称由来等，间有历史掌故者则夹注于地名之下。

此书图文并茂，简明扼要，为研究民国时期北京的街巷提供了参考资料。

《北京街道的故事》

《北京街道的故事》，北京出版社编。北京出版社 1958 年出版，一册，155 页。

本书是一部有关北京街道的故事集。全书共收录 48 篇文章，其中一部分文章已先期在报纸上发表过。书中内容大致可以分为三部分：第一部分记北京的新旧变迁，有《年轻的白广路》、《六铺炕的变迁》、《东交民巷散记》等；第二部分主要记名人故居和祠庙，有《于谦祠》、《阅微草堂》、《康有为的汗漫舫》等；第三部分主要记名街名市，有《法源寺前后街》、《延寿寺街》、《天桥谈往》等。

书中作者都是久居北京，熟悉旧京掌故之人。所记内容大多是其亲身经历或亲耳所闻，真实生动地勾画出一幅幅旧京历史画卷，对了解老北京的城市风貌、社会生活等方面有一定的参考价值。

《京师五城坊巷胡同集》

《京师五城坊巷胡同集》不分卷，明张爵撰。

此书是现存最早的关于北京城市街道布局的专书，成书于明嘉靖三十九年（1560 年）。作者将所见到的公署所载五城坊巷和时俗相传的京师胡同都收入书中。全书记述了明代五城（即中城、东城、西城、南城和北城）33 坊的名称、方位、牌铺以及各坊的胡同，所记街巷胡同约 1170 条。书末附录京师八景、古迹、山川、公署、学校等。书首有嘉靖三十九年（1560 年）作者自序以及总图一副。全书文字简约，条理清晰，为研究北京城区的街道坊巷胡同提供了有价值的参考文献。

本书自清代以来，一直"深藏内府"，民国九年（1920 年）南林刘承幹《求恕斋丛书》将其重刻，即"求恕斋丛书本"；又，民国十一年（1922 年）南林刘氏求恕斋刊本一册；又，民国二十六年（1937 年）北平研究院史学研究会刊本一册；1962 年北京出版社铅印本一册；又，1982 年北京古籍出版社根据北京出版社 1962 年版重印本一册；又，2001 年北京古籍出版社第二版。

《北京的胡同》

《北京的胡同》，翁立著。北京燕山出版社 1992 年第一版，一册，285页。

翁立，1950年生于北京，曾任《中国广播影视》杂志社副社长，中影广告公司经理，现为中国电影集团发行放映公司副总经理兼《中国电影市场》杂志社社长、主编。

本书叙述了北京城胡同形成、发展及其命名的由来历史。全书共分四章。第一章"话胡同"，讲述了"胡同"一词的由来和北京胡同的概况；第二章"北京胡同的形成"，从北京城的演变进程看胡同的形成；第三章"北京胡同的名称"，讲了胡同的起名和名称的分类；第四章"胡同的发展"，简单介绍了新中国成立后北京胡同的发展。书末附《北京老城区（1949年以前）新旧胡同对照表》和《北京老城区分布示意图》。

本书从格局与变迁、趣味与风情、历史与传说、人事与环境、既往与现实等多角度对北京的胡同进行了全方面的研究，使读者对其有整体的认识。本书行文流畅，语言生动，极具感染力。它是一本兼具有知识性和趣味性的普及读物。

本书初版即掀起了世人对北京胡同的强烈关注，前三版已发行十万余册，并被译成日文在日本大阪《国际大学学报》上连载。著者亦曾应邀为驻京的各国大使，文化参赞等百余人讲授"北京的胡同文化"。

《北京街巷图志》

《北京街巷图志》，王彬、徐秀珊著。作家出版社2004年出版，一册，327页。

王彬（1949— ），1982年毕业于首都经济贸易大学，中国作家协会会员，鲁迅文学院研究员，致力于中国传统文化与北京地方文化研究以及散文创作。徐秀珊（1955— ），现供职于北京市西城区委党史资料征集办公室，致力于北京地方文化研究。二人合编《北京老宅门》、《胡同与门楼》、《北京地名典》等。

817

本书是一部记述北京街巷变迁的图文集。以往有关北京街巷的书籍，只是从名称的角度介绍街巷流变，《北京街巷图志》首次从城址变迁、城市规划与建设的角度，对北京街道与胡同进行系统研究，分别介绍了北京市区内街巷在西周、战国至唐、辽、金、元、明、清、民国、当代等时期里的发展和变化。附录《1949年后北京城里主要街道牌楼的拆除时间》、《消泯的胡同》，二文表达了作者对京城胡同被破坏的态度。

此书研究角度新颖，既从宏观的角度分析了西周到当代胡同的变迁，又从微观的角度研究一条街道的形成过程、一个胡同的变迁等。书中有320幅珍贵的北京街巷胡同的图片，大多是作者亲自拍摄，也有流传下来的老照片，使读者对北京街巷有更直接的认识。全书文字清晰、内容丰富、图文并茂，具有很强的可读性和较高的资料价值。

《京师地名对》

《京师地名对》二卷，清巴哩克杏芬辑。清光绪二十七年（1901年）刻本。

巴哩克氏，女，蒙古镶白旗人。她将京师地名以对联的形式零星手录，天长日久，汇集成书。巴哩克氏死后其兄将书稿加以整理，又从《日下旧闻》、《宸垣识略》等书中择选地名新颖有趣者百数十条一并增入，刊刻成书。

是书分为天地、天文时令、地理宫室、人伦、身体、古迹、鬼神仙佛释道、禾稼蔬果草木、鸟兽鳞介昆虫、服饰用物、珍宝（五行八音类附）、饮食（薪煤炉灶附）、数目、方位、干支、卦名、颜色、虚字、叠字等二十类，每类中的次序，都按诗韵编排。共收录地名一千余条，条下有注释，指明具体位置及有关掌故。

本书编写方式新颖，颇有趣味，对研究北京地名史也有一定的参考价值。

《北京地名志》

《北京地名志》，[日] 多田贞一撰，张紫晨译。书目文献出版社 1986 年出版，一册，187 页。

本书是一本专门研究北京地名的专著。它是据新民印书馆 1944 年 9 月出版的日文原书翻译而成。章节目录均按原书次序，正文个别部分作了位置调整，省略了原序文和作者前记。书中对北京地名的发生、更易、变迁等都有阐述和说明。其中最重要的内容是作者将北京地名分为："地形与景物、虫鱼鸟兽名"、"人名及集团名"、"建筑物名"、"庙会、店铺及市场名"、"街巷的形状及区分名"、"缘语、佳名及其他"等六类，分别解释地名的由来。书中对与地名相关的生活风貌也有很多记述。

本书对于了解北京的地理、历史、风俗、民情等，都有重要的参考价值。书中列《北京地名表》，书后附有《北京内外城略图》也可供读者参考。

《北京街巷名称史话——社会语言学的再探索》

《北京街巷名称史话——社会语言学的再探索》，张清常著。北京语言文化大学出版社 1997 年出版，一册，505 页。

张清常（1915—1998 年），当代著名的音韵学和语言学家。1934 年毕业于北京师范大学中文系，19 岁考入清华大学研究生院，师从赵元任、罗常培、朱自清、杨树达等名家宿儒。毕业后曾经在浙江大学、西南联合大学、南开大学、清华大学、北京师范大学、内蒙古大学、北京语言文化大学任教。早年致力于语言、音乐、文学三者关系的研究，卓有创见。后长期研究汉语语音史、词汇史，尤多贡献。主要著作有：《中国上古音乐史论丛》、《语言学论文集》、《战国策笺注》、《胡同及其他——社会语言学的探索》等。

本书是一部从社会语言学角度研究北京地名的专著。全书共九章。分别讲述了北京这个名称的来历及变化、北京区县名称的来历及演变、北京街巷名称的语言结构、北京地物名称的命名、从辽金元到现当代北京街巷的命名，北京街巷名称的改变以及街巷数目发展的变化。此书以北京街巷名称为资料，吸收了地名学若干有益的成分，注意语言与历史、地理、民族、文化等方面的关系，推动了社会语言学的深入研究，在北京史研究领域具有重要的创新意义。

《北京城门调查》

《北京城门调查》，［日］名仓编。（伪）北京市公署 1943 年出版，稿本，折图，一册。

本书是伪北京市公署技术官名仓对北京城门进行调查后所绘制的大样图案，包括内城九门、东便门及新辟之长安门、启明门（即后来之复兴门、建国门）。后附前门、哈德门、西直门、顺治门、永定门、彰仪门、齐化门等七门的说明文字，述各门之名称、建筑特点及有关史事等。

本图册绘制的城门图均为实测，虽不包括北京的全部城门，但其史料价值颇高，是研究北京城门的重要资料。

此本首都图书馆有藏。

《琉璃厂书肆记》

《琉璃厂书肆记》不分卷，清李文藻撰。

李文藻（1730—1778 年），字素伯，号南涧，清代著名藏书家。山东益都人，乾隆二十六年（1761 年）进士，官至桂林府同知。乾隆三十年（1765 年）李文藻进京谒选，寓居京师五月有余，其间他每日涉足琉璃厂，几乎走遍所有书肆，作《琉璃厂书肆记》一文。

本文勾画了乾隆年间琉璃厂街道的大体状况，重点介绍书肆，详细记载了各家书肆的名称、方位、店主、经营情况以及书肆内古籍专家的情况、书肆里所卖的书及其内容价值等。本文为研究琉璃厂的变迁以及北京文化史等提供了重要材料。

《琉璃厂书肆后记》不分卷，清缪荃孙撰。

清缪荃介绍见前《顺天府志》篇。他非常关心清代掌故的收集工作，1914 年，清史馆成立，缪荃孙任总纂。在这一时期，作《琉璃厂书肆后记》一文。

本文记述了作者同治六年（1867 年）进京到 1911 年辛亥革命之前四十多年间琉璃厂的书肆情况。其时距李文藻《琉璃厂书肆记》已有一百四十余年，当年李氏笔下的书肆大多已不存在。与乾隆年间相比，琉璃厂已经呈现出衰败的景象。本文对研究清末北京的文化变迁有重要的资料价值。

后人将两篇文章合印，现有民国十四年（1925 年）陈氏慎初堂铅印本；又在《京津风土丛书》第一册，民国二十七年（1938 年）双肇楼铅印本。

《琉璃厂书肆后记》

见《琉璃厂书肆记》。

《琉璃厂杂记》

《琉璃厂杂记》，周肇祥著。北京燕山出版社 1995 年出版，一册，232 页。

作者介绍见前《辽金京城考》篇。

本书是作者在琉璃厂及京、津等地搜求古董书籍的随笔，也记述了他游山访古的内容，较为翔实地介绍了诸多珍贵文物的流传情况。全书文字清醇，内容丰赡，事皆亲历，是研究北京地区文物流传的重要参考资料。

《厂甸变迁考》

《厂甸变迁考》不分卷，傅芸子撰。钞本，一册。

傅芸子（1902—？年），满族，北京市人，戏曲学家。曾任《京报》记者，《北京画报》、《国剧画报》主编。熟悉旧京掌故，著有《正仓院考古记》和《白川集》等。

本书内容原载于 1929 年 2 月 15 日《京报》。主要记述厂甸的发展历史。厂甸在辽代称海王村，到了清初成了北京人的游览之地，后改为市集，渐有书画古董展示会的性质。每到新春，众多收藏家将所藏珍品，"陈列于案头通肆，任人观览"。书中概述了从清初到作者所在时期，厂甸的兴衰变迁。重点介绍了海王村公园所卖的儿童玩具、火神庙的古玩玉器、土地祠的金石书画等。本书还介绍了世人对玉器和书画等物喜好的变化。现存专门系统介绍厂甸变迁的史料很少，所以本书篇幅不大，但价值较高，是研究北京文化史、风俗史等方面的重要资料。

此书钞本首都图书馆有藏。

《琉璃厂小志》

《琉璃厂小志》，孙殿起辑。北京古籍出版社 1982 年第一版，一册，524 页。

孙殿起（1894—1958 年），字耀卿，号贸翁，河北省冀县人，著名版本目录学家。孙氏书商出身，1919 年创办通学斋书店，著有《贩书偶记》、《贩书偶记续编》、《丛书目录拾遗》、《琉璃厂小志》、《清代禁书知见录》等。

琉璃厂是北京著名的文化商业街，主营古董字画、古籍善本、文房四宝等，名扬海内外。本书是专记此处的地方小志。全书共六章：第一章为"概述"，包括琉璃厂沿革考、琉璃窑史料五则、燕中书肆、琉璃厂店、琉璃厂坊肆匾额录等；第二章为"时代风尚"，附琐记；第三章为"书肆变迁记"，附古玩业、其他行业；第四章为"贩书传薪记"，附古玩字画等业；第五章为"文昌馆及火神庙"，附慈仁寺书市、杂事诗辑、琉璃厂附近之名迹等；第六章为"学人遗事"，附访书琐记。书首有《琉璃厂示意图》。书末附录《琉璃厂书画题跋汇编》、《海王村所见书画录》、《海王村游记》。

本书最主要的价值在于保存了大量原始材料。作者在琉璃厂贩书数十年，熟悉此处的情况和变迁，并重视资料收集。书中所辑录内容相当丰富，它们有的摘自书刊，有的是作者亲身采访所得，还注明资料出处，方便查考。此书是研究琉璃厂沿革的重要资料，为北京文化史、社会史等方面的研究提供了极好的参考。

《琉璃厂史话》

《琉璃厂史话》，王冶秋著。生活·读书·新知三联书店 1963 年出版，一册，64 页。

王冶秋（1909—1987 年），文物学家，作家，是新中国文物事业的主要开拓者和奠基人之一。建国后曾任文化部文物局局长、国家文物局局长。主要著作有《青城山上》、《狱中琐记及其他》等。

本书是一部系统地介绍琉璃厂变化沿革的专著。全书以时间先后为序，共分四部分，从辽代海王村、明代琉璃窑厂、明末大明门和城隍庙以及清初慈仁寺的书摊、新春厂甸、四库开馆，一直记到从"甲午"到"辛亥"、帝国主义的掠夺、古玩业的恶性发展、珍本秘籍的流失以及解放后的新生与迅速发展。其中以记述琉璃厂书肆和书业的兴衰为重点，兼及古玩业的发展历史。

本书语言流畅，文字简洁，是了解琉璃厂历史的首选著作之一，也是研究北京文化史的重要参考资料。

《天桥一览》

《天桥一览》，张江裁、赵羡渔合编。北京中华书局 1936 年出版，一册，118页。

本书专记天桥地区的社会风貌。全书不分章节，先略述从明永乐年间至民国初年天桥的历史变迁及其现状。着重记录了20世纪30年代天桥的社会百态，其中包括布摊子、估衣摊、旧鞋摊、木器摊、瓷器摊等货摊，酸梅汤、秋梨汤、豆汁等风味小吃以及商场、店铺、茶楼、戏园、书馆、落子馆等场所，还有各类娱乐项目、天桥地区民间艺人、三教九流人物、江湖骗术等等。书后附录了从各种史籍中摘录的有关天桥的文字。书首有《天桥地图》，齐如山、王伯龙两位先生的序言以及多位名人题词。天桥是全北京普通百姓聚集的休闲娱乐场所，可以充分表现北京的民间风俗。本书记天桥之事丰富、全面、深入，为研究天桥地区平民文化乃至北京风俗提供了重要的资料。

《北平天桥志》

《北平天桥志》，张江裁撰。国立北平研究院总办事处出版课1936年铅印本，一册。

张江裁（1909—1968年），字次溪，广东东莞人。是我国著名的曲艺史家、民俗学家，以研究北京文献和北京民俗而著称。一生著作颇丰，其所撰著、编纂、整理、校勘的有关史地民俗、梨园旧闻、人物传记等文稿共计二百零一篇。其中影响较大的著作有《北平岁时志》、《清代燕都梨园史料》、《北京近百年社会变迁史》、《北京见闻》等。

本书是一部关于老北京天桥地区的志书。记述和考证了天桥的沿革及界域，民俗活动，酒楼的兴盛，天坛道院，灵佑宫灯市，正阳门至天桥之街市在乾嘉光宣及民国时期的兴衰，水心亭的建造与景致，特产龙须菜益母草，金鱼池当时的状况，天桥街头艺术等等。书中引用文献除了《天咫偶闻》、《藤荫杂记》、《香祖笔记》等私人笔记，也有《金吾事例》、《大清会典》等官方文书，保存了不少与天桥相关的史料，对研究天桥地区以及北京的发展史有一定的参考价值。

《天桥商场》

《天桥商场》，秋生撰。钞本，一册。

本书原载于1930年的《北平日报》，是一部有关民国年间天桥商业的社会调查报告。书中先简单介绍了天桥的地理状况，列出该地各类商铺的统计数字。主要叙述天桥商业、娱乐业的内幕以及各种江湖骗术。其中包括：估衣铺、鞋摊、布摊、钟表摊、古董摊、洋货摊、换钱摊等货摊生意火暴的原因及其谋取不义之财的方法，烧酒摊、臭油行等食品摊位对卫生的危害，相声双簧、文武戏法、坤书大鼓、什锦杂耍等娱乐项目的兴衰，卖布头的、卖野药的以及江湖术士骗人的手段。本书关注的视角较为独特，是研究民国时期北京下层民众社会生活的重要史料。

此书钞本首都图书馆有藏。

《闲话西郊》

《闲话西郊》二卷，白文贵著。出版者不详，一册，87页。

本书是一部有关北京西郊的旅游笔记。全书分上、下两卷。作者在自序中说："访残碑於寺僧，问荒墟於野老，阮墩谢墅往往得闻。且王孙别业，大姓坟园，村舍农居，接连不断。游钓既频，遂多默识，虽昔之所谓东雉、西勾、丹稜沜杳不可寻，九十九淀、嵝兜桥了无定所，而名园巨刹废圮不久者尚留印相，未尽模糊。追而述之，庶於畿甸文物不致久而湮没，可举一而反三。近如白衣庵之农事巍楼、蓝靛厂之飞行机场，间亦不乏新筑。泚笔志其颠末，聊备他日修志者之刍荛，岂第流连景物，徒供郊游之助哉！"

本书主要记述了西郊的河湖水利、名胜古迹、园亭别墅、寺庙道观、市肆街巷等几方面，还提到了西郊庙会、王孙公子的"走车走马"等民间活动，并详细介绍了华北农事试验场、西郊飞机场、万生园等地，显示出了时代特色。作者在西郊实地勘查，并引用《宸垣识略》、《帝京景物略》、《旧都文物略》等文献，还收入了各处的掌故传说、碑帖、诗文等，所书文字较为翔实可信。

本书对研究北京的环境史、风俗史、水利史等都有一定的参考价值。

《海淀古镇风物志略》

《海淀古镇风物志略》，王珍明主编。学苑出版社 2000 年出版，一册，262 页。

2000 年海淀区政府相关部门，以著名历史地理学家侯仁之为顾问，联合北大城市与环境系、考古系，清华大学建筑系师生，开始了对海淀镇历史风貌、自然环境景观的调查和资料挖掘、整理工作。此次调查为逐渐消失的海淀镇留下了大量珍贵资料。区政协将部分资料汇编成《海淀古镇风物志略》一书，于 2000 年 12 月由学苑出版社出版。

全书共七章，分别介绍海淀镇的历史沿革、园林宅院、胡同庙宇、知名人物、工商教育、医药卫生、民俗风情等。卷首有侯仁之撰写的序言《海淀镇与北京城》，还有多幅古旧地图和大量名胜古迹照片。

全书装帧精美，图文并茂，内容丰富，具有较高的史料价值。此书在研究海淀古镇的历史、开发西郊园林区的旅游资源以及建设中关村科技园区等方面都有重要的参考价值。

（四）名胜古迹

《燕都名胜志稿》

《燕都名胜志稿》一卷，明曹学佺著。民国《京津风土丛书》本。

曹学佺（1574—1646年），字能始，号石仓，福建闽侯人，明代著名学者。曾著有《大明一统名胜志》。

此所谓《燕都名胜志稿》即是此书中"京师"部分摘录而成，简要记述了北京城的沿革以及高梁河、西山、香山、天寿山、国子监石鼓、太医院铜人等京城名胜。

本书没有固定体例，文字也很简略，但其中有些是其他书中不多见的内容，如书中记"大湖在府治西四十里，广袤十数亩，二泉涌出冬日不冰，南流入洗马沟，与玉渊潭、燕家泊诸水汇为西湖"。此书可以作为同类书籍的参考，有一定的资料价值。

《帝京景物略》

《帝京景物略》八卷，明刘侗、于奕正撰。

刘侗，字同人，号格庵，湖北麻城人。崇祯七年（1634年）进士。工诗文，著有《龙井崖诗》、《雉草》等。于奕正，字司直，宛平人，崇祯初秀才。著有《天下金石志》、《朴草诗》等。

这是一部记述明代北京山水、园林、风俗、掌故等内容的私家志书。全书共八卷，列目一百二十九，每篇末都附有景物诗。卷一"城北内外"记太学石鼓、文丞相祠、水关、定国公园等；卷二"城东内外"记于少保祠、吏部藤花、泡子河、观象台、成国公园等；卷三"城南内外"记关王庙、药王庙、金鱼池等；卷四"西城内"记首善书院、天主堂、石灯庵等；卷五"西城外"

记高梁桥、极乐寺、白石庄、真觉寺等；卷六"西山上"记香山寺、碧云寺、洪光寺、卧佛寺等；卷七"西山下"记西堤、功德寺、玉泉山等；卷八"畿辅名胜"记狄梁公祠、刘司户祠、九龙池等。可见此书内容丰富，资料翔实。作者在序言中说，书中所记述的地方，如果没有去过，他们就分头去看，回来相互汇报，"事有不典不经，侗不敢笔；辞有不达，奕正未尝辄许也"。可见，书中所记内容都是作者辛勤考察，反复推敲的结果，内容基本可信。

此书具有较高的史料价值。从事历史学、民俗学、宗教学、思想史、历史地理等方面研究的学者，均可从中找到相关史料。

此书刻于明崇祯八年（1635 年），十六册，现国家图书馆有藏；又，明崇祯年间金陵弘道堂藏版刻本二十册；又，清乾隆年间纪昀删金陵崇德堂刻本六册；又乾隆三十一年（1766 年）金陵崇德堂刊本四册；又 1957 年上海古典文学出版社铅印本；又 1963 年北京出版社据张次溪先生所藏崇祯八年（1635 年）原刻本点校铅印本一册，又 1982 年北京古籍出版社据 1963 年本重印，又 2001 年北京古籍出版社据 1982 年本重印。

《唐土名胜图会》

《唐土名胜图会》，［日］冈田尚友等编绘。六册。

"唐土"指中国。此书原是描绘我国清朝的版画集，按照出版者的意愿共出六集，但最后是否出齐不得而知。目前流传较广的只有初集。

初集的主编者及绘制者是冈田尚友（1737—1812 年），字子德，号玉山，是大阪地区的著名画师，也是木刻能手。

初集共六卷，专记京师、直隶部分。卷一京师大内；卷二皇城；卷三内城；卷四外城和苑囿郊坰；卷五保定府、永平府、河间府；卷六天津府、正定府、顺德府、广平府等直隶省所属九府六州。卷首有大内总图。前四卷属于北京范围，详细记载了京师的宫廷苑囿、典章制度、坊巷胡同、名胜古迹、山水园林、岁时风俗等等。

全书图文并茂，多以图为主，除山川名胜、苑囿寺院外，对典章制度、人物故事、器物风俗等等也用图画表现，内容包罗万象。

本书的文字部分比较可靠。它参考了《天下舆地各省全图》、《宸垣识略》、《钦定大清会典》、《钦定万寿盛典》、《日下旧闻》、《顺天府志》等五十一种中国书籍，以此为依托，内容较为可靠。但本书所绘图画准确性较差。它所参考的文献中有图的书不过《钦定万寿盛典》、《三才图会》等寥寥数部，这些图本身就有不准确的地方。再加上作者都没到过中国，没有任何实地调查，错误更是不可避免。比如在《午门朝参之图》与《午门内九殿门之图》两图中，把大内的午门、太和殿等等形象统统画错了。因此我们不宜强调本书的史料价值。但是书中版画刻工精细，线条流畅，形式多样，具有很高的艺术价值。

此书有日本文化二年（清嘉庆十年，1805 年）刊本；1985 年北京古籍出版社根据该本影印，书后附有中文图解和目录。

《京城古迹考》

《京城古迹考》不分卷，清励宗万撰。

励宗万，字滋大，号衣园，直隶静海（今天津市）人。康熙六十年（1721 年）进士。雍正年间充日讲起居注官，督山西学政，迁国子监司业，后因事夺官，十年起鸿胪寺少卿，迁至礼部侍郎，调刑部。乾隆元年（1736 年）又遭罢免，乾隆七年（1742 年）再起侍讲学士，累迁至工部侍郎，调刑部。十年复夺官，后又复起，乾隆二十四年（1759 年）卒。生平工书画，好诗词，著有《衣园遗稿》、《青箱堂集》等，曾任《皇清文颖》副总裁。

本书是作者奉乾隆皇帝之命调查核实京城内外名胜古迹后，所写的调查报告。作者在卷首简明扼要地记述了历代北京城的建置沿革。在正文中，作者将京城分为东、西、南、北四城。根据历代志乘和近人文集杂著中所记，详择采辑，按籍访核。所记古迹：东城七处、南城十处、西城十九处、北城十处，共计四十六处。记述每一古迹时，先引用前人著作，描绘出此处的发展沿革，最后写对其实地调查的结果。作者非常重视调查考证，力求翔实。此书内容丰富，保存了大量资料，是研究乾隆年间北京名胜古迹不可或缺的资料，也是研究北京城市发展和古迹变迁的重要史料。

本书成于清乾隆十年（1745 年）。现有励宗万之子励守谦于乾隆年间的钞本，藏于国家图书馆；1964 年北京出版社据谢国桢藏励氏稿本点校排印本（与《日下尊闻录》合册）；1981 年北京古籍出版社据 1964 年版重印本（与《日下尊闻录》合册）。

《北京名胜汇谈》

《北京名胜汇谈》不分卷，无名氏编。民国初年石印本，一册，472 页。

本书是一部民国年间的文化旅游指南。作者主张在游览中得到益处，故编写此书介绍北京名胜古迹的沿革和相关史事，试图达到惩恶扬善、教化世人的目的。本书所介绍的古迹包括：黄金台、法源寺、白云观、天宁寺、白塔寺、隆福寺、崇元寺、东岳庙、蟠桃宫、金鱼池、野凫潭、国子监、鼓楼、观象台、南顶碧霞元君庙、景山、西苑等处。记载的史事涉及京城各方面，如讲观象台时提到了北京漕运，讲鼓楼时提到了北京城址的变迁，讲东岳庙时提到了北京道教历史等。

全书内容丰富、文字通俗易懂，对北京史的研究有一定的资料价值。

《京西名胜汇编》

《京西名胜汇编》，胡迺庸辑。民国十七年（1928 年）石印本，出版者不详，一册。

本书是介绍京西名胜古迹的专集，共四十章。每章介绍一处，依次为静宜园、碧云寺、玉皇顶、卧佛寺、宝胜寺、来远斋、宝相寺、宝谛寺、福慧寺、八大刹、颐和园、耶律楚材墓、毓春园、刚丙墓、青龙桥、静明园、高水湖石坊、桂芳碑、黑龙潭、董四墓、西苑、景泰陵、量水台、象鼻子沟、一溜边山府、庐师山、香山、碉楼、蓝靛厂、七真洞、潭柘寺、戒台、苏州街、巴沟、万寿寺、五塔寺、乐善寺、依虹堂、高梁桥、利玛窦墓。介绍如静宜园、八大刹这类规模较大的景点时，章下分节。本书作于20世纪20年代，主要记述京西名胜当时的状况，多为作者亲历，对已经湮废的古迹也有所提及。书首序言中说此书所记"京西名胜之景，翔实无遗"有些言过其实，但此书确实比较全面地展示了京西风景名胜的全貌，对今天研究北京西部地区的历史地理、环境变迁等有重要的史料价值。

《故都胜迹辑略》

《故都胜迹辑略》，侯仁之编。燕京大学历史系1940年铅印本，一册，66页。

作者简介见前《北京史话》篇。

本书是民国年间北大、清华两校历史系学生考察北京名胜古迹后所做的调查报告，后经侯仁之整理出版。

全书以介绍庙宇为主，共有佛刹、道观、回寺、喇嘛寺、坛庙五部分。详细介绍了卧佛寺、碧云寺、天宁寺、法源寺、白云观、东岳庙、广仁宫、火德真君庙、清真寺、雍和宫、白塔寺、黄寺、天坛、太庙、大高玄殿等庙宇的历史与现状。

此书资料翔实，考证精细，具有较高的史料价值。

《燕城胜迹志》

《燕城胜迹志》一卷，蔡绳格撰。

作者简介见前《燕市货声》篇。

本书主要介绍民国初年北京城内的名胜古迹和某些重要文物，包括正阳石马、崇文铁龟、德胜石碣、朝阳谷穗、阜城梅花、右安花畦、西直折柳、西便白羊、神木等。

全书文字相当简单，但作者的视角比较细致，记载了不少北京城的细微之处，故有一定的资料价值。

此书被收入《中国史迹风土丛书》第一辑。

《西关志》

《西关志》三十二卷，明王士翘撰。

王士翘，字民瞻，江西安福人，嘉靖十七年（1538年）进士，官至巡按直隶监察御史。嘉靖二十六年（1547年），他任西关御史时编纂此书。

本书是一部记述京畿重要关塞的志书。所谓西关，指京师迤西而南，包括居庸关、紫荆关、倒马关和故关。此志四关分别撰写，居庸关十卷、紫荆关八卷、倒马关七卷、故关七卷，凡三十二卷，每卷首有图论各一篇。本书详细记载四个长城关口的地理环境、历史沿革、风俗物产等，重点记述了军马、墩台、边情、摆拨、草场、教场、屯堡、章疏等长城防御之特殊军政事务。此志写于明中后期内忧外患的动荡年代，目的在于为防守边关提供参考，因此编纂非常严谨，所用材料主要是实地考察资料和档案，并经过编者的取舍、加工和评论，价值较高。本书是研究明代北京的边关地理和军事防务的珍贵资料。

本书于嘉靖二十七年（1548年）已完成初稿，后有所增补。现有嘉靖二十七年（1548年）序刻本，万历四十年（1612年）序刻本，1991年北京古籍出版社标点本。

《四镇三关志》

《四镇三关志》十卷，明刘效祖等纂。

刘效祖，武功左卫人，嘉靖进士，官至陕西按察使。

本书是一部明代边政专志。四镇指蓟州（驻三屯营，今河北迁西西北）、辽东（驻广宁，今辽宁北镇，隆庆后移驻辽阳）、保定（驻紫荆关与浮图峪）、昌平（驻昌平，今北京昌平）；三关指紫荆（河北易县西北）、居庸（北京昌平县西北）、山海（河北秦皇岛市境）。本书撰于明万历二年（1574 年），成书于明万历四年（1576 年）。凡十卷：建置考：图画、分野、沿革；形胜考：疆域、山川、乘障；军旅考：版籍、营伍、器械；粮饷考：民运、京帑、屯粮、附盐法；骑乘考：额役、兑给、互市、胡马、赔补；经略考：前纪、令制、杂防；制疏考：诏敕、题奏、集议；职官考：部署、文秩、武阶；才贤考：勋劳、谋勇、节义；吏部考：外夷、入贡、入犯等。此书门类较为齐全，记述详略有度，重点介绍边防地理，尤以昌、蓟二镇为详。其在明代边政志书中是较为详细的一部，为研究明代北京地区的边防提供了丰富翔实的参考资料。

现有明万历四年（1576 年）刻本、万历六年（1578 年）增刻本、1991 年全国图书馆文献缩微复制中心据明万历四年刻本影印本。

《（重修）居庸关志》

《（重修）居庸关志》十卷，明王士翘原本，张绍魁增修。

《西关志》成书六十余年后，其"山川之险易"，"风土之盛衰"早已时过境迁。明万历十四年（1586 年）张绍魁增修此志，续录了《西关志》成书之后至万历十四年这段时间居庸关的变化，并加"制敕"目，放在第一卷，其他诸卷顺次排序。

此书现存已非常稀少，1968 年台湾成文出版社据明万历十四年（1586 年）钞本影印，收录于《中国方志丛书》。

《居庸关地理沿革考》

《居庸关地理沿革考》，薛志鹏撰，一册。

本书是一部考证居庸关地理沿革的专著。作者从《昌平志》、《延庆志》、《四镇三关志》、《东田集》、《大清一统志》、《昌平山水记》、《方舆纪要》等古籍中，摘录出记载居庸关的文字，书中也有一些记录当时情形的内容，简要考证了居庸关及其附近地区的地理环境、沿革变迁等。书中引文大多不录出处，故资料价值不甚高，但其从不同角度展示了居庸关的地理沿革，所以有一定的参考价值。

本书脱稿于 1929 年，现有首都图书馆 1961 年钞本。

《明长城考实》

《明长城考实》，华夏子著。档案出版社 1987 年出版，一册，313 页。

本书是迄今为止最权威的有关明代长城及保存状况的调查报告。1984 年春，董耀会、吴德玉和张元华三人历时两年徒步走完明长城，沿途详细调查记录，写成《明长城考实》，以"华夏子"署名。

全书先简述明朝以前历代修筑长城概况、明朝修建长城的历史背景、明长城的建置沿革，接着按照路线顺序分段详细考察长城遗址状况，并将所记录的材料与历史文献相印证。卷首有大量实地拍摄的图片，书末附录长城沿线石碑碑文。书中有平谷、密云、怀柔、延庆等地所辖明代长城的史料，为研究北京地区的长城提供了大量的第一手材料，具有很高的史料价值。

《八达岭长城古诗咏》

《八达岭长城古诗咏》，徐红年编。北京出版社 1990 年出版，一册，141 页。

本书是一部描写八达岭长城的古诗选集。全书收录了唐至民国，描写八达岭、居庸关、关沟、弹琴峡与仙枕石、岔道、八达岭外等处的古诗将近 100 首。作者还为它们作了注释和介绍。这些古诗有边塞诗、山水诗、哲理诗等，内容相当丰富，对了解八达岭、居庸关一带的历史沿革、风土人情、掌故传说、自然风貌等有一定的资料价值。

《司马台长城》

《司马台长城》，晋宏逵主编，北京市古代建筑研究所、密云县文化文物局合编。北京燕山出版社 1992 年出版，一册，264 页。

晋宏逵，1948 年出生，北京市人。1982 年北京大学历史系毕业。曾任北京市文物研究所副所长、北京市古代建筑研究所副所长等职。2002 年 4 月任故宫博物院副院长，负责古建筑保护、维修工作，在中国古代建筑考古与历史研究方面颇有成绩，主编出版有《司马台长城》，参编出版有《中华传统文化大纲》等书。

本书是对司马台长城考察、维修工作的记录和经验总结。全书共七章。第一章主要介绍该段长城的修建经过和地理位置，介绍司马台长城建筑的主要类型有边墙、附墙台、空心敌台以及营垒等；第二至四章详细阐述了它们的建筑形态与特色，并推定出其建筑的年代；第五至七章分析了司马台长城的建筑工程技术，并提出了西 4 台至东 4 台的保护计划以及修缮设计与施工策略。附录修缮清理过程中发现的其他遗物。书中还有《司马台长城地形图》、《长城建筑实测图》、《司马台长城保护规划平面图》等图，并附大量照片。

本书文字叙述详细，图纸测绘精密，照片皆为实地拍摄，为司马台长城的研究与修缮工作提供了丰富的第一手资料，对长城史的研究有重要贡献，曾获北京市社科研究成果一等奖。

《居庸关长城》

《居庸关长城》，刘燕山编著。北京出版社 1998 年出版，一册，

835

103 页。

本书是一部研究居庸关长城历史的通俗读物和资料集。全书简要记述了居庸关的沿革、战略地位以及古代建筑布局、历代大事记等。书中摘录了历代描写居庸关的诗词五十余篇，这些诗词感情真挚、见解独到，从不同的角度反映其历史风貌，对于研究居庸关以及长城的历史有一定的资料价值。

《燕都名园录》

《燕都名园录》，韩溪著。首都图书馆 1961 年钞本，一册。

本书原载于 1938 年北京《新民报》，是一部系统介绍北京私家园林的专著。作者将北京城总体上分为东、西、南、北四城，并分别介绍区域内的著名私家园林，如亦园、宜园、适景园、半亩园、湛园、抱瓮亭、述园、祝氏园、且园、月张园等等，主要包括园林的所在位置、建造年代、兴衰变迁、园林主人及其情况、园林的内部构造和造园特色等。书中引用的资料主要有《帝京景物略》、《日下旧闻考》、《宸垣识略》、《天咫偶闻》、《燕都丛考》等，多为今日所常见，故本书的资料价值不大，但其将诸多私家园林资料汇集一处，为研究北京园林史和城市发展史等提供了一定的参考。

《北京西郊宅园记》

《北京西郊宅园记》，焦雄著。北京燕山出版社 1992 年出版，一册，260 页。

本书列述北京西郊著名私家园林的历史沿革、人物轶事及其造园艺术，着重宅园布局和造园艺术手法等。全书未列章节，先略述中国宅园发展概况，接着按时间顺序分别介绍京西诸园，有南安河古花园遗址、金章宗西山八大水院、勺园、西山退谷、自得园、承泽园、李莲英宅园、紫竹院、钓鱼台等五十余处。作者翻阅典籍，广泛搜集和挖掘资料，又寻拓碑石，走访故老，获得了很多珍贵的口述史料，经系统整理、几经修改才成就此书。

此书保存了大量有关京西园林的重要史料，具有较高的学术价值，对于继承和发扬北京历史文化遗产起到了重要作用。此外，书中还收入了很多民间的传说趣闻，增加了可读性。

《北京名园趣谈》

《北京名园趣谈》，陈文良、魏开肇、李学文著。中国建筑工业出版社 1983 年第一版，约 30 万字，插图 300 余幅。1994 年第二版，一册，387 页，此版作者增补了约 12 万字，插图 125 幅。

本书主要向读者介绍了明清两代的北京名园，包括社稷坛（中山公园），西苑（中南海），琼华岛、太液池（团城、白塔山、北海），什刹海（前海、后海、西海），天坛（天坛公园），陶然亭及外城诸园，养源斋（玉渊潭钓鱼台），长河沿岸，勺园（米家园），畅春园，圆明园、长春园、万春园，清漪园（万寿山、昆明湖），静明园（玉泉山）、静宜园（香山公园）、八大刹（西山八大处）。书中介绍了这些名园的位置、规模、变迁、主要景点、历史掌故、趣闻轶事等等。书首有乔匀序。

此书图文并茂，比较全面地展现了北京园林文化的内涵。全书还比较注重"趣"字，文题相合，妙趣横生，很能吸引读者。它是十余年来有关北京园林文化研究的具有代表性的成果，对于熟悉老北京的风土民俗，了解清代帝后的生活细节有一定的价值。

《北京奇迹》

《北京奇迹》，金梁编。1958 年油印本，一册，出版者不详。作者简介见前《雍和宫志略》篇。

此书一名《旧京奇迹》，共分十二章，主要介绍北京名胜中之奇异者，如天安门红灯、五凤楼、乾清宫地下迷宫、火坑金窖、旧太庙寝殿、社稷坛拜殿、土城、老墙根、前门、三石桥、石钟楼、天坛皇穹宇回声、雍和宫欢喜佛及大佛、北海永安寺石狮、极乐世界、什刹海、通惠河、大观园、动物园四不像、颐和园水旱十三门、长廊西湖景、德和园戏台、宝云阁铜殿等等。书末附《北京奇食》（一名《北京味》）。

书中所提到的奇迹有的早已湮没，有的到今日已经面目全非，本书详细记述并解释了这些奇迹的奇特之处，对更好地了解北京的历史地理、社会风俗等有一定的参考价值。

《北京古建筑》

《北京古建筑》，城乡建设环境保护部中国建筑技术发展中心建筑历史研究所编。文物出版社 1986 年出版，一册，255 页。

本书采用概述和图版两种方式，分城市、宫殿坛庙、园林、住宅、宗教建筑、陵墓六类介绍北京的古建筑。全书以图片为主，收录北京市区以及郊区属县的古建筑照片共 282 幅。其中，大部分照片都是现存的建筑或遗迹，也有少量曾经重建过的重要古建筑的原貌。如 1860 年被毁后的清漪园废墟、未遭 1889 年雷火焚毁前的天坛祈年殿等照片，均是非常珍贵的历史资料。书中文章对所收录各建筑物的历史、现状、建筑特点等方面作了简要、通俗的介绍。文中内容都根据历史文献进行了核对和考订，并吸收了前人的研究成果，具有较高的参考价值。全书图文并茂，内容丰富，图片精美，读者通过阅读此书，可以对北京的古建筑有一个非常形象的了解。

需要指出的是，该所曾在 1959 年编过一部《北京古建筑》，由文物出版社出版，当时所选内容仅限于市区和近郊区。本书是根据此书增补而成。两书可以互为参考。

《北京文物胜迹大全·东城区卷》

《北京文物胜迹大全·东城区卷》，东城区文化文物局组编。北京燕山出版社 1991 年出版，一册，347 页。

本书介绍了北京市东城区的名胜、史迹、坛庙、学宫、衙署、祠堂、庵观、寺院等共 321 个单位。分别介绍了它们的地点、建筑形制、沿革以及某名胜古迹所涉及的人物、事件、传说等。此书撰写过程中，从文献资料、现有档案及相关学术著作中采录了大量的材料，具有一定的学术价值。全书文字简洁，语言流畅，阅读此书可以对东城区的名胜古迹有大致的了解，此书也有一定的检索作用。

《元大都宫苑图考》

《元大都宫苑图考》，阚铎著。营造学社 1930 年出版，一册，118 页。

阚铎（1875—1934 年），字霍初，号无冰，安徽合肥人，毕业于日本东亚铁路学校。著有《红楼梦抉微》、《金石考工录》等。

本书主要考证元大都宫苑的建置沿革，共十节。第一节"绪论"，主要评价记载元大都宫苑的书籍和舆图的不同价值；第二节"宫阙制度"，记京城和宫城及其内部宫苑的方位四至和结构布局，多以列表的形式表现；第三节"诸作及铺设"，记宫苑内陈设、制作工艺等；第四节"太庙及社稷坛"，记太庙、社稷坛、郊坛、先农坛及其内部建筑的位置、楹数、规格、形式、建造年月等；第五节"工料之特色"，介绍营建宫苑所用石材、玉材和各种珍贵材料以及角楼的建筑特色；第六节"经始设计之工师名匠及工官"，介绍也黑迭儿、李郝宁等八位建造者的生平事迹；第七节"河流"，记通惠河、瓮山泊等与宫苑有关的河湖；第八节"宫殿佚名"，收录未列于上文表内的宫殿；第九节"与辽金制度之比较"；

第十节"余录"。书首附《元京城图》、《元兴圣宫图》、《元太庙图》、《元社稷坛图》及作者自序，书末附《中西纪元略表》。书中穿插图表多幅，方便读者阅读。

本书主要从建筑艺术的角度考察元代宫苑，研究视角广泛，内容丰富，为研究元代建筑史、宫廷史等提供了重要的参考。

《元大都宫殿图考》

《元大都宫殿图考》，朱偰撰，民国二十五年（1936年）九月商务印书馆铅印本。一册，32开，55页，《故都纪念集》第一种。

朱偰（1907—1968年），浙江海盐县人。著名历史学家朱希祖之长子。曾任南京大学经济系主任、教授，著名经济学家。著有《元大都宫殿图考》、《明清两代宫苑建置沿革图考》、《金陵古迹图考》、《匡庐纪游》等。

朱偰为保存北京文献，于民国二十四年（1935年）在故宫博物院院长马衡的支持下，将故宫、景山、大高玄殿、太庙、皇史宬等处摄影五百余幅，准备撰写《北京城阙宫殿苑囿坛庙图考》一书。作者认为北京的宫阙制度自元代起粲然大备，故先撰写此书5万余言，为《故都纪念集》之始。全书共六章。第一章"导言"，指出了元代宫阙对后世的影响及后世难以企及之处，强调其研究价值；第二章"史料之选择及其批判"，列举了古今文献中所记元代宫阙制度的优缺点，强调了进一步研究的必要性；第三章"元大都故城考"、第四章"元宫城之四至及诸宫之地点"、第五章"宫殿坛庙分叙"，分别考证了元大都城、皇城的建置沿革以及各大宫廷苑囿的结构和布局；第六章"结论"，总结了元代宫殿的特点。

本书采用实地考察与文献资料相结合的研究方法，对元代都城及宫殿进行了开创性的系统研究和论述，纠正了不少前人著作中的错误，是研究元代宫廷史、建筑史、城市史的重要参考资料。

《故宫遗录》

《故宫遗录》一卷，明萧洵撰。

萧洵，生卒年月不详。江西吉水人，洪武年间任工部主事。明灭元之后，命大臣毁元朝宫殿，作为工部主事的萧洵奉命从事此任务，得以游历元故宫，遂作《故宫遗录》。

此书仅 2600 余字，但记述元宫面貌甚详，作者以游历所见为次序，移步换景，凡所游历，皆一一记载，包括千步廊、灵星门、周桥、崇天门、文武楼、大明殿、弩头殿、延春堂、文思小殿、紫檀小殿、玉德殿、宜文殿、秘密堂、鹿顶小殿、清宁宫、后载门、观星台、瀛洲圆殿、方壶殿、吕公洞、金露殿、玉虹桥、明仁宫、西前苑、水晶二圆殿、嘉禧殿、懿德殿、光天殿、隆福殿、沉香殿、宝殿、兴圣宫、小直殿、仙桥、日月宫、礼天台、流杯亭、延华阁、端本堂、棕毛殿、仁慈殿、金殿、翠殿、花亭毡阁等，较为完备，景物描写也夹杂其中，元灭亡以后大都的宫阙实况得以在此书中保存。此书卷首署"庐陵虎溪萧洵编"，书首有吴节序及赵琦美序。

本书是元明以来书籍中记述元朝宫殿最全面的一种，曾被《日下旧闻·补遗》及《日下旧闻考》全文收录，记述虽有疏误，仍是研究元代宫阙制度最重要的资料。

此书有清彭氏知圣道斋钞本（彭元瑞校并跋）、李少轩钞本、《龙威秘书》本、《知不足斋丛书》本、《丛书集成初编》本等。1963 年北京出版社据《知不足斋丛书》本标点铅印（与《北平考》合册），自此，《故宫遗录》始有单行本流传于世；1980 年北京古籍出版社根据 1963 年北京出版社本重新排印本（与《北平考》合册）。

《日下尊闻录》

《日下尊闻录》五卷。本书作者不详，成书年代不详。由于文中有"高宗纯皇帝（乾隆帝）"和"皇上（嘉庆帝）"字样，可以推断作者是嘉庆时人。

本书主要记载清代北京的宫廷苑囿。记录了每处宫苑的名称、位置、掌故以及有关的楹联匾额、诗文等，其中以乾隆皇帝所撰诗文为主。兼录名胜古迹，山川河流，还涉及"御门"、"亲耕"、"耕猎"等典制礼仪之类。体例独具匠心，摘取宫苑斋馆名称、匾额和诗题作为标目，按末字分上平、下平、上、去、入五声排列。卷一一二七条，卷二一三一条，卷三五十一条，卷四八十一条，卷五六十二条。全书共收清代宫苑、楹联、匾额、诗文等四百五十二条。本书内容丰富，是从事清代园林史、宫廷史、文化史等方面研究的重要资料。

此书有清道光年间刻本二册；又清咸丰二年（1852年）安和轩刊本二册，又清同治三年（1864年）刻本四册；清光绪十七年（1891年）同文书局石印本二册；又，民国十四年（1925年）广业书局铅印本一册，在瞿宣颖辑《北京历史风土丛书》第一辑；又1964年北京出版社标点铅印本一册；又，1981年北京古籍出版社据1964年北京出版社标点本重印本一册（与《京城古迹考》合册）。

《明清两代宫苑建置沿革图考》

《明清两代宫苑建置沿革图考》，朱偰著。上海商务印书馆1947年出版，一册，118页。

作者介绍见前《元大都宫殿图考》篇。

本书考述了明清两代北京城宫苑的建置沿革及宫阙制度。书后附明代宫禁图、清代宫禁图。全书共四章，第一章述明代之建置；第二章为明崇祯朝之皇城及宫阙制度；第三章为清代之建置；第四章为民国以来之兴废。清代宫苑多承袭明代，而且规模不及明代，所以，本书重点讲述了明代的宫苑建筑。是书纲举目张，条理清晰，并附有图表多幅，表述更为直观。

材料上，博采官方著作和私人笔记之长处，内容相当丰富。作者居北京二十余年，宫廷苑囿，无不遍览，所到之处悉心考察，再以文献相印证，纠正了不少前人著作中的错误。本书是研究宫廷史、建筑史的重要参考资料。

此书 1947 年由上海商务印书馆出版；1990 年北京古籍出版社据 1947 年版重印。

《清代内廷宫苑》

《清代内廷宫苑》，天津大学建筑工程系编。天津大学出版社 1986 年出版，一册，169 页。

本书是从建筑学的角度研究清代宫廷内花园的专著。故宫内具代表性的花园有：御花园、建福宫花园、慈宁宫花园和乾隆花园。本书编者对这四个花园进行了实地考查与测绘对宫廷内苑的造园特点及其手法作了初步探索，指出其特点和不足。在测绘中，对御花园、建福宫花园、慈宁宫花园采用了传统的方式。在测绘乾隆花园时还进行了新的尝试，按照各进庭院建筑物几个方向外观的立面和剖面绘制成图，更好地表现出了建筑物之间的关系。全书以照片和测绘图为主，辅以说明文字，向读者展示了内廷宫苑的全貌，为研究北京的园林古建提供了重要的材料。

《北京宫苑名胜》

《北京宫苑名胜》，上海商务印书馆编。商务印书馆 1914 年摄影本，一册。

本书是一部民国初期有关北京宫苑名胜的摄影集。书中照片包括：宫殿全景、太和殿外、海晏堂、海晏堂内、紫光阁、金鳌玉蝀、瀛台、人字柳碑、蕉园、水云榭、堆云积翠、琼岛春荫、铜台、景山、云辉玉宇、万寿山一览、乐寿堂、玉兰堂、排云殿、清晏舫、铜牛、十七孔桥、钓台、玉带桥等 24 张照片。每幅照片附说明文字一段，简要介绍该处的历史与特色。

此书中照片质量较高，为北京宫苑的研究提供了直观的资料。

《故宫摄影集》

《故宫摄影集》，清室善后委员会编。清室善后委员会 1925 年出版，两册。

本书主要收录故宫建筑和文物的照片，两册合订，收摄影作品 99 幅。第一册为乾清宫摄影 53 幅；第两册为交泰殿坤宁宫摄影 46 幅。书中有"正殿西部之图书集成"、"明瓦砚"、"清高宗仁宗宣宗等诗文集"、"御制左传诗"、"交泰殿内之藻井"、"青玉龙纽讨罪安民之宝"、"白玉交龙纽天子之宝"等珍贵照片，对了解故宫的建筑特点和文物状况有重要的参考价值。

《故都宫影》

《故都宫影》，巫慎钦编辑。上海青白编辑社 1931 年影印本，一册，140 页。

故宫改组为博物院后，端门、午门到乾清门之间谓之前部，归内政部古物陈列所管理。自乾清门至神武门之间谓之后部，归故宫博物院管理。本书收后部照片 140 余幅，包括乾清门、交泰殿、坤宁宫、钦安殿、文渊阁、皇极殿、宁寿宫、养性殿、乐寿堂、颐和轩、太极殿、体元殿、长春宫、建福宫、翊坤宫、体和殿、储秀宫、丽景轩、漱芳斋、重华宫、养心殿、景山等处的全景及局部景观。每幅照片下附简要说明文字。卷前有故宫平面简图一张。

读者可以通过此书了解上世纪初故宫的概貌。

《北京宫阙图说》

《北京宫阙图说》，朱偰著。上海商务印书馆 1938 年铅印本，一册。

作者介绍见前《元大都宫殿图考》篇。

此书是一部考察北京宫阙沿革和现状的考古专著。全书共分十章。先讲述皇城及紫禁城沿革，再分叙其现制，重点考证了城门之变化。此后，以外朝和内廷为中心，由近及远，分别介绍十二宫、御花园、养心殿、慈宁宫、宁寿宫、景山、皇史宬等宫阙苑囿的建置沿革与现状。书中有紫禁城角楼、前三殿平面图、万春、千秋二亭平面图等 9 幅插图，并有多张位置示意图，图文并茂、条理清晰。书首有各宫、门、全景及苑囿的照片 28 幅，是 20 世纪 30 年代北京宫阙的真实再现。

本书利用了明清两代正史、历朝实录、明清两朝会要以及多种相关历史地理文献，资料丰富、考证翔实。此书首次出版于抗战时期，对启迪民众的爱国之情有着重要意义。如今，也为研究宫廷史、建筑史、城市史等方面的学者提供了宝贵的参考资料。

本书有北京古籍出版社 1990 年据 1938 年版重排本，一册，111 页。

《紫禁城建筑研究与保护》

《紫禁城建筑研究与保护》，于倬云主编。紫禁城出版社 1995 年出版，一册，513 页。

本书收入了关于故宫建筑的学术论文和其他文章计 50 篇，包括宫城与规划、朝寝与技艺、园林与环境、文献研究与测绘制档、保护与维修、机构沿革与队伍建设、保护原状与古为今用七组。第一至四组文章是以研究为中心而收辑的；第五至七组文章，则分别从不同角度反映了保护紫禁城宫殿建筑的各项工作。

本书是集体劳动的结晶，融合了多位专家学者和技术人员的科研成果，兼采众长，理论与实践并重，对紫禁城宫殿建筑的科学研究、维修保养、保护与利用等方面作了全面、系统的回顾和总结。此书对深入了解和保护紫禁城建筑有重要的参考价值，为从事古建筑研究的学者提供了借鉴。

《都门名胜：三海》

《都门名胜：三海》，寄蜉辑。民国年间钞本，一册，书签题《知耻斋丛抄》。

本书首先记述了太液池被称作"三海"，又被划分为北海、中海、南海的历史渊源，简要介绍了三海的大致情况。其后采用移步换景的方式，分别介绍了南海、中海、北海所属各景点的建造年代、建筑特色、地理环境、历史事件等。对研究民国年间的三海有一定的参考价值。

本书首都图书馆有藏。

《三海见闻志》

《三海见闻志》，适园主人著。北京京城印书局1930年铅印本，一册，46页。

"三海"为南海、中海、北海的合称，是京城内著名皇家园林之一。民国后，三海中的北海辟为公园向游人开放，南海、中海被民国政府占用。作者家住附近，常往来其间，对三海景物非常熟悉，唯恐胜迹年久湮废，后人将无从知晓，故作《三海见闻志》一书。

本书主要记清代将近三百年之间三海的兴衰变迁。全书共三卷，依次为"南海"、"中海"、"北海"。每卷中以记作者见闻为主，详述三海的建筑格局、景物配置、掌故传说等，并以《春明梦余录》、《日下旧闻考》、《金鳌退食笔记》等为参照，"考其兴废之迹，详其递嬗之原"。三海被民国政府接管后，南海、中海成为民国总统办公之地及居所，书中对民初历任总统的行居皆有记载。本书层次清晰，对三海的描述较为详细，此外还保存了大量相关的匾额、诗文等，对今人了解三海有一定的参考价值。书中内容

"得之亲见者半，得之传闻者亦半"，故其不少文字有待考证。

本书成于1924年，1925年后事也陆续有所添加。

《北海公园景物略》

《北海公园景物略》，北海公园事务所编。北海公园事务所1925年铅印本，一册，64页。

本书是一部有关北海公园的资料集。全书共九节，其中"北海纪要"、"永安寺记"、"阐福寺记"三节，乃从光绪《顺天府志》中摘录，整体介绍了北海公园的沿革，并注明每处景点的存废情况等。"修建白塔碑文"、"白塔山总记暨四面记"、"修建阐福寺碑文"三节分别描述了以白塔为主的一些重要景点的历史渊源和主要特点等。"北海旧闻丛载"是从历代文献中摘录出的北海史料；"北海各殿宇联额汇录"汇集了北海各殿宇的楹联匾额；"北海开放建设公园志要"记录了北海向游人开放的经过。书后附《北海静心斋记》、《募修北海琼岛启》。

全书内容相当丰富，为研究北海公园的历史提供了大量有价值的资料。

《北海沧桑史》

《北海沧桑史》，老鹤撰。首都图书馆1961年手钞本，一册。

本书原载于1935年1月21日《世界日报》，以时间为先后顺序，介绍辽金、元、继元之后、元末、明清、清末不同时期北海的变迁概况。作者引用《辍耕录》、《明宫史》、《故宫遗录》、《金鳌退食笔记》等大量文献，并结合实地考察，详细记述了北海的自然环境以及亭台楼阁等人工景点的变化沿革。书中重点介绍了今天我们所熟知的琼华岛、太液池等地，还记载了一些与北海相关的奇闻轶事。

本书对了解北海的发展历史有一定的参考价值。

《圆明园四十景图咏》

《圆明园四十景图咏》，中国圆明园学会编。中国建筑工业出版社 1985 年出版，一册。

《圆明园四十景图咏》为清乾隆九年（1744 年）宫廷画师沈源、唐岱奉命绘制的圆明园四十景分景图，为绢本彩色，诗图并列，有汪由敦楷书乾隆帝所作四十景题咏。本图册原存于圆明园，1860 年英法联军抢掠烧毁圆明园时被劫，存于法国巴黎国家图书馆。1928 年程演生从该馆摄得画图及题咏照片，并于同年出版单行本。此画册系据我驻巴黎使馆人员于巴黎国家图书馆所摄照片影印，并增加新绘制的《圆明园四十景位置图》及各景平面图，对乾隆诗词中的典故及词语择要作了注释。

四十景图画风稳健、笔墨工妙、色彩绚丽，具有极高的绘画艺术和历史文物价值，其所绘建筑、泉石等景观，皆实地取材，采用写实风格，是后人管窥圆明园旧时胜景最直观、最形象的珍贵史料。在原图已被掠走的情况下，此画册为了解和研究圆明园的修建及其造园艺术提供了珍贵的资料。

《圆明园四十景诗》

《圆明园四十景诗》，又名《圆明园图咏》，二卷，清孙祐、沈源绘，清高宗题诗，清鄂尔泰、张廷玉等注。

《圆明园四十景诗》与《圆明园四十景图咏》相似，以乾隆帝御制四十景诗为主体，有鄂尔泰、张廷玉等人所作注释。前有雍正帝御制《圆明园记》、乾隆帝御制《圆明园后记》。所附《圆明园四十景图》为墨线白描图，由孙祐、沈源合绘。这部圆明园图咏将园中四十处主要景点详尽绘出，并注明每处的方位及建筑特点等，为从事圆明园研究的学者提供了极为珍贵的资料。

现有清乾隆年间内务府刊本、光绪十三年（1887 年）天津石

印书屋石印本；河北美术出版社 1987 年据光绪十三年石印本影印
出版本。

《圆明园考》

《圆明园考》，程演生辑。中华书局民国十七年（1928 年）出
版，一册。

本书是一部圆明园史料集。全书收录了雍正御制《圆明园
记》、乾隆御制《圆明园后记》、鄂尔泰、张廷玉等《御制圆明园
图诗注》、陈文波《圆明园残毁考》、王壬秋《圆明园宫词》等以
及《宸垣识略》、《清稗类钞》、《焚天庐丛钞》等书中有关圆明园
的部分。所记内容包括圆明园的兴建、宫殿、建筑、规制、沿革、
园内活动、咸丰年间火烧圆明园以及该园被劫掠的历史资料等，
内容相当丰富，为研究圆明园的历史提供了重要的参考资料。

849

《圆明园遗物与文献》

《圆明园遗物与文献》，中国营造学社编。中国营造学社 1931
年钞本，一册。

1931 年中国营造学社与北平图书馆在中山公园联合举办"圆
明园遗物与文献"展览，为此编写本书，以备参会人员参考。

全书大致有三部分。一、圆明园遗物文献展览略目，此次展
览的内容有太湖石、石刻、石料、砖石、烫样等遗物和图纸、工
程则例、记载、外文资料等文献。二、毛澄《西园引》并序，本
文写于光绪三年（1877 年），记其游览圆明园的所见所闻，其中记
载了老太监的回忆。三、向达撰《本次展览的旨趣》和《圆明园
罹劫七十年述闻》，后文原发表于《大公报·文学周刊》，全文主
要记述了圆明园建筑与西洋传教士的关系；圆明园被焚毁的原因
和经过，痛斥了侵略者的罪行；当时所见关于圆明园的各种资料；
保存该园遗址的意义等。

本书将当时所见重要的圆明园资料，简要列目，以方便读者利用，所录文章都具有较强的学术和资料价值，是圆明园史研究较为重要的参考资料之一。首都图书馆有藏。

《圆明园欧式宫殿残迹》

《圆明园欧式宫殿残迹》，滕固编辑。上海商务印书馆 1933 年影印本，一册，15 页。

本书是一本有关圆明园遗迹的照片集。书中有圆明园欧式宫殿残迹照片 14 幅及长春园平面图一幅。其中"谐奇趣南面"、"谐奇趣南面远景"、"谐奇趣左翼之八角亭"、"方外观正面斜景"、"海晏堂西面"等 12 幅照片为德国人奥尔末所摄，平面图也是他所绘制。此人于 1867 至 1879 年间旅居北京，这些照片就在此时所摄。奥尔末去世后，其夫人将底片转赠给柏林工科大学专攻中国建筑的布尔希曼教授。1930 年，寓居德国的滕固将其翻拍，1933 年由商务印书馆刊出，书名是《圆明园欧式宫殿残迹》。此组照片是现存最早的一组圆明园残迹照片，具有非常高的史料价值。此外，书中还有时人拍摄的"大水法"照片一幅，翻印法维哀《北京》一书中"大水法正面侧翼之一门"照片一幅，也有很高的资料价值。

《圆明园残毁考》

《圆明园残毁考》，陈文波撰。首都图书馆 1961 年钞本，一册。

本文主要考证圆明园被毁的原因和经过以及其后的情况。作者查阅中外文献，搜集民间传说，并亲自访问守园老人，从多种角度考证了圆明园被烧毁的原因和经过。有关该园被毁的原因，作者既看到了鸦片战争后中国节节败退这一较深层次的原因，也指出了"汉奸作祟"、"扣押英使"等表面原因，甚至还有"园内畜养汉女导致大乱"这类趣史。至于毁园经过，文中记载更多，但作者认为焚掠时间以 1860 年农历八月二十二至二十五日更为合理，并且当地人也参与了抢夺过程。作者还记录了该园被毁之初的惨状和管理制度，并详细描述了五年之后圆明园四十景遗址中可考证者的状况。

全文虽然文字不多，但资料价值不可忽视。

《圆明园》

《圆明园》，王威著。北京出版社 1980 年出版。

本书是一部较早的系统研究圆明园的专著。全书共五章，分别为："圆明园的兴建"、"全盛时期的圆明园"、"第二次鸦片战争与圆明园的焚掠"、"同治年间重修圆明园的经过"、"圆明园再劫和现存的遗迹"。作者对该园作了实地考察，并结合大量中外文献了解它原来地形的变化、建筑物的遗址、河流的分布、假山叠石的堆积等情况。所以本书内容比较充实，考证比较细致，较为全面地反映了圆明园的修建、发展、鼎盛、停滞、破坏的全过程。此书既为研究圆明园的学者提供了参考，也是一部了解圆明园的通俗读物。

《圆明园资料集》

《圆明园资料集》，舒牧等编。书目文献出版社 1984 年出版，一册，409 页。

本书是以国家图书馆收藏的有关圆明园的文献为基础，以其他单位的材料为补充，所编辑成的资料集。共收入《"万园之园"——圆明园》、《圆明园景物纪略》、《圆明园纪事书札》、《圆明园的控诉》、《圆明园碑志》、《圆明园残毁考》、《圆明园诗词》等二十余篇文献资料。涉及到了圆明园的景物、建筑、历史、掌故以及帝国主义毁园暴行等，还选录了一部分有关圆明园的笔记和诗歌。书末附有《圆明园大事年表》和《圆明园文献目录》。

本书为研究圆明园的学者提供了有价值的资料，也是开展爱国主义教育的好材料。

《圆 明 园》

《圆明园》，圆明园学会筹备委员会（后正式改成中国圆明园学会）编。中国建筑工业出版社 1981 至 1992 年先后出版。本丛书是一套圆明园史料和学术论文集。先后共出版五集。

《圆明园·第一集》，圆明园学会筹备委员会编。中国建筑工业出版社 1981 年出版，一册。

本书是纪念圆明园罹劫 120 周年专号。全书收录了《圆明园的整理保护与四化建设》、《圆明园的遗址与现状》、《圆明园与北京西郊园林水系》、《圆明园的兴建及其造园艺术浅谈》等十余篇论文，并有《圆明园考》、《同治重修圆明园史料》、《西书中关于圆明园的记事》、《圆明园被焚资料择录》等史料以及何重义、曾昭奋绘制的《圆明、长春、绮春园三园总平面图》和一张 20 世纪 30 年代初期的圆明园图。

《圆明园·第二集》，圆明园学会筹备委员会编。中国建筑工业出版社 1983 年出版，一册。

全书收录了《从同治重修工程看圆明园建筑的地盘布局和间架结构》、《圆明园学术研究与资料汇编》、《圆明园中的戏台》、《圆明园遗址整修初探》、《圆明园的建筑彩画》、《法国枫丹白露中国馆中的圆明园遗物》等论文以及《圆明园匾额》、清五朝《御制集》中的圆明园诗、《圆明园四十景图咏》、《原中法大学收藏之样式雷圆明园图样目录》、《巴黎东方博物院展览圆明园玉印》等史料。

《圆明园·第三集》，圆明园学会筹备委员会编。中国建筑工业出版社 1984 年出版，一册。

本书收录的学术论文有《圆明园西洋楼评析》、《长春园园林建筑》、《长春园的复兴和西洋楼遗址整修》等。史料有：清五朝《御制集》中的圆明园诗、圆明园与英使马戛尔尼、圆明园兰亭八柱、圆明园乾隆皇帝"种松"及"土墙"诗碑、安佑宫的石麒麟、雨果怒斥当年英法侵略军劫掠焚烧圆明园的罪行等，特别辑录了长春园西洋楼铜版画 20 幅图片。此外本书还收录了一些园林、古建筑及风景区研究的文章，如《清漪园史略》、《金代北京地区园林志略》、《黄山风景名胜区规划探讨》等。

《圆明园·第四集》，中国圆明园学会主编。中国建筑工业出版社 1986 年出版，一册。

本书收录了《中国圆明园学会成立特辑》和圆明园西洋楼遗址整修规划方案讨论会会议论文。此外，此书主要研究论文和资料有《圆明园及其属园的后期破坏例举》、《圆明园兴建史的几个问题》、《圆明园大事记》、《圆明园各殿座匾名表》、《圆明园图咏》等。本书"园林研究"部分还收录了《自怡园》一文。

《圆明园·第五集》，中国圆明园学会主编。中国建筑工业出版社 1992 年出版，一册。

本书大量篇幅收录了清张若霭绘制并手书的圆明园四十景图和乾隆四十景诗词以及对四十景图的简介。本书还包括多篇研究论文，其中较为重要的有：《圆明园遗址的保护和利用》、《绮春园园景评论和整修建议》、《圆明园里的舍卫城》、《梅石碑考》、《众流竞下汇圆明》、《清五帝御制诗文中的圆明园史料》、《山高水长、烟火奇观》等。

本套丛书收录了大量珍贵的圆明园史料和诸多极富学术价值的研究论文，具有非常高的资料和学术价值，是研究圆明园所必备的参考资料之一。

《圆 明 园》

《圆明园》，中国第一历史档案馆编。上海古籍出版社 1991 年第一版，两册，1680 页。

此书是一部关于圆明园的档案史料汇编。分上、下两编。上编收入了以内务府奏销档、奏案为主的 513 件档案。下编收录了乾隆二十一年（1756年）穿戴档、乾隆三十六年（1771年）至乾隆四十六年（1781年）圆明园等处帐幔褥子档、乾隆四十二年（1777年）圆明园放花炮档、乾隆四十八年（1783年）正月膳底档、内务府黄册中有关圆明园的档案三篇、《钦定总管内务府现行则例》中的圆明园专册、圆明园内工则例之花果树木价值、雷氏档案以及内务府造办处各作成做活计清档。附录圆明园大事记。

全书所录内容包括圆明园的历史地位和作用、它的修建和管理过程以及各时期的景观状况、皇帝在园内的衣食起居以及重要政治活动、圆明园被焚及之后被破坏的状况、同治重修圆明园经过、民国时期圆明园的管理等等。此书为圆明园研究提供了大量原始资料，也为清代宫廷史、园林史、政治史等方面的研究提供了重要的参考。

《万寿山名胜核实录》

《万寿山名胜核实录》，吴质生撰。著者自刊，一册，32页。

作者曾读逎夫著《万寿山名胜沿革录》，见其有不少疏漏之处，于是参考《日下旧闻考》、《御制诗集》等书并加以实地调查，补其缺略，正其谬误，著《万寿山名胜核实录》。

全书较为详细地介绍了万寿山及其附近的名胜古迹。分山前路八大处、山前路六小处、山后路之各处、园外各名迹四大部分。考证了各处名胜的方位、形制、沿革、建筑之初的意义、之后的事迹、御制诗文联额等。关于园内外各处及诗文内之事迹句义者则附录于本条之后，以证其事迹句义之梗概。书首有作者自序、原例、增例、杨小欧《颐和园赋》、《万寿山之沿革》、《昆明湖之沿革》、《颐和园之沿革》。书末附录乾隆皇帝御制颐和园内外古今体诗。万寿山为清代皇家禁苑，私人著述中极少提及，清高宗《御制诗集》对其有详细的记载，但其卷帙浩繁不易查阅，作者不厌其烦择出200余首，为本书提供了重要材料。

《万寿山名胜核实录》一书资料丰富、条理清晰、考证翔实，对研究颐和园和其附近的名胜古迹有重要的参考价值，同时也是一本很好的旅游指南。

现有斌兴印书局 1920 年铅印本、和济书局 1921 年铅印本、著者自刊 1927 年铅印本。

《颐和园》

《颐和园》，北京市颐和园管理处、中国人民大学清史研究所编。北京出版社 1978 年出版，一册，32 页。

本书是一部较早的系统研究颐和园的专著。全书分别介绍：该园前身——清漪园兴建的背景、过程以及破坏经过，慈禧挪用海军军费建颐和园以及她在园内骄奢的生活和反动政治活动，解放后颐和园的变化，园内的设计和施工状况及其杰出的园林艺术。此外还对园内玉澜堂、乐寿堂、佛香阁等主要景物进行了简要介绍。

此书是颐和园管理处的工作人员和多位清史专家根据历史文献、实地考察和前人的研究成果，精心编纂而成，虽然篇幅有限，但对研究颐和园的历史与现状有一定的参考价值。

《中央公园记》

《中央公园记》，朱启钤撰。

作者简介见前《清内府藏刻丝绣线书画录》篇。

中央公园是中山公园的原称。本文是 1925 年朱启钤先生为 1924 年中央公园扩建所写的碑文，记述了公园兴建的原因、过程和建成时的状况等。全文不足一千字，但很具史料价值，是研究该园创建始末的重要资料。原石藏中山公园，首都图书馆藏民国年间拓本，经折装，一册。

《北平中山公园风景集》

《北平中山公园风景集》，北平市中山公园事务所编。北平市中山公园事务所 1935 年发行，一册。

本书是一部民国时期中山公园摄影集。该园创建于 1914 年，始称中央公园，1918 年改称中山公园。书首有朱启钤撰"中央公园记"拓片和该园全图。本书共有花圃、喷水池、习礼亭、柏树林、古槐、社稷坛棂星门、社稷坛、芍药、中山堂、水榭及桥厅、四宜轩前荷塘等照片 24 幅，并附简要说明文字。书中照片印刷精美，质量颇高，为研究民国时期中山公园的历史提供了生动直观的材料。

《中央公园二十五周年纪念刊》

《中央公园二十五周年纪念刊》，中央公园委员会编。中央公园事务所 1939 年发行，一册，254 页。

中央公园即现今的中山公园。本书主旨在于纪念中央公园创建和经营者的功绩。全书共十一章。第一章"创办之经过"，记该园的建立动机、筹款经过和开放章程等；第二章"施工次第"，记民国三年至二十八年（1914—1939 年）之间园内各项建筑工程；第三章"章制撮要及人事变迁"，收录各项规章制度和本园董事会历届常任董事名录；第四章"本园景物历史的说明"，简要说明园内各名胜的历史沿革和当时状况等；第五章"风景摄影"，收本园风景照片近六十幅；第六章"花事节季及花鸟鱼之种类"，记园内四季花事和花鸟金鱼的种类，并附花鸟鱼的繁殖方法；第七章"艺文金石书画"，汇集了各类中央公园史料；第八章"历年收入概说"，以各种图表的形式记录本园历年收支概况；第九章"现势统计"，为当时园内各项情况的调查报告；第十章"董事题名"；第十一章"余记"，记园内举办的各种集会。

本书编纂细致，每章都询诸"历事最久躬与其役者"，内容丰富翔实，对研究中山公园的历史有很高的资料价值。

《中山公园志》

《中山公园志》，中山公园管理处编。中国林业出版社 2002 年出版，一册，343 页。

本志是一部记载中山公园由明、清皇家社稷坛到中山公园演变历史的资料书。全书包括概述、大事记、志、附录四个部分，以志为主，志的正文共四篇十三章 58 节，上限为明永乐十八年（1420 年）社稷坛建立，下限为 1994 年 12 月 31 日。第一篇"社稷坛"，记录明清时期社稷坛的建筑规制、祭祀活动、礼仪乐舞等；第二篇"中山公园"，记述了其从祭祀场所到公共园林的转变经过以及园内的建筑设施、花木培植、动物饲养和文体活动等；第三篇"管理经营"，主要记载机构设置、人事变迁、管理事项及相关的制度、规定等以及各项商业服务和生产经营活动；第四篇"艺文书画金石"，收录了从明清至建国后，有关社稷坛或中山公园的诗、词、赋、记、联、书画和碑帖器物等。书中还穿插大量相关照片，其中有的拍摄年代较早，非常珍贵。

此书内容丰富，图文并茂，资料翔实，比较全面系统地介绍了中山公园的历史与现状，对其保护和利用提供了重要的参考。

《北京动物园志》

《北京动物园志》，北京动物园管理处编。中国林业出版社 2002 年出版，一册，404 页。

本书是记述北京动物园的历史沿革和现状的专志。本志记事年限为清光绪三十二年（1906 年）至 1994 年。全书共有三部分：第一部分记述该园前身——农事试验场的地理位置、管理机制、景区建筑、动植物、文娱活动、场院所管理以及与农事试验场的历史密不可分的人物；第二部分记述新中国成立后北京动物园的建设发展；第三部分为附录，简略记述农事试验场的前身——乐善园和继园的情况，并收录了乾隆十二年（1747年）至清光绪三十二年（1906年）间描写两园的诗文。书中还穿插大量珍贵的历史照片。

此书比较全面真实地反映了动物园的历史发展过程，为研究该园的历史提供了丰富的史料。

《北京植物园志》

《北京植物园志》，北京植物园管理处编。中国林业出版社2003年出版，一册，385页。

本书是一部记述北京市植物园历史和现状的专著。上限为唐代贞观年间卧佛寺建成，下限为1994年底。本志首以凡例、概述、大事记统括全书，继而为专志部分，共五篇。第一篇"植物园"，记述园内各类花草树木、温室苗圃和樱桃沟自然保护试验区等；第二篇"科研科普"；第三篇"人文景观"，详细记述了卧佛寺、樱桃沟、曹雪芹纪念馆等景点的建筑格局和景色特点等；第四篇"服务管理"；第五篇"艺文"，收录了从金章宗时期至现代描写卧佛寺和樱桃沟的诗文。后设附录，深化主题并保存重要的原始材料。各章节中还插入了大量图片，图文并茂。

此志较为全面真实地反映了植物园的发展历史，也保存了不少相关史料。

《北海景山公园志》

《北海景山公园志》，北海景山公园管理处编。中国林业出版社2000年出版，一册，464页。

本志记述了北海公园及景山公园的历史和现状，历史上限为辽代会同元年（938年），下限至1994年。全书以专志为主，兼及概述、大事记、图、表、照片等。专志部分共五篇十八章，内容包括建筑景观、陈设、石刻、匾联、字画、皇室及佛事活动、绿化与基础设施、园林管理与活动等。此书内容丰富，视野广泛，从不同的角度展现了北海景山公园的历史与现状。在史料的选择上，绝大部分史料取自各历史时期的档案，部分取自相关古籍和近代名人专家学者的著作，也有建国后的调查报告。

阅读此书可以较为全面细致地了解北海景山公园，从事历史、地理、古建等研究的专家学者也可从中获得有用的史料。

《陶然亭公园志》

《陶然亭公园志》，陶然亭公园志编纂委员会编。中国林业出版社 1999 年出版，一册，286 页。

859

本书是一部记述陶然亭公园历史和现状的专志。该园以清代名亭陶然亭为中心而建，并因以为名，而陶然亭则又建在始创于元代的慈悲庵内，是故《陶然亭公园志》的上限为慈悲庵始创的元代，下限是 1994 年。本志首以凡例、大事记，概述统括全书，继为专志，共八章。第一章"园林景观"，记公园内以亭为主各景点的状况；第二章"革命纪念地"，记园内的革命活动和主要景点"高石墓"等；第三章"名胜古迹"，除详记现存的历史风景名胜外，对于已经湮没的名胜，也一并予以收录；第四章"文物"，收录与陶然亭相关的石刻、匾联、出土文物等；第五章"绿化美化"；第六章"公园管理"；第七章"人物"，介绍与该园历史密不可分的名人；第八章"艺文"，汇集了大量相关的诗词、散文等。书中还穿插多幅珍贵的照片，图文并茂，比较全面真实地反映了陶然亭公园的历史发展过程，也为研究该园的历史和北京南城的历史风貌等提供了丰富的史料。

《什刹海志》

《什刹海志》，什刹海研究会编。北京出版社 2003 年出版，一册，491页。

《什刹海志》是一部新编景区专志。此书选取侯仁之的《什刹海与北京城址的演变》、《什刹海记》、《什刹海在北京城市建设中的古往今来》三篇文章，作为总述。

全书共分十二篇。第一篇，地理、名称和行政归属的演变；第二篇，水利漕运；第三篇，农工商、交通运输；第四篇，文学艺术；第五篇，文教、科研、体育、卫生；第六、七篇，名胜古迹；第八篇，街巷；第九篇，民俗民风；第十篇，景区规划建设与管理；第十一篇，旅游；第十二篇，人物。后附大事记。

本志从1995年开始撰写，邀请十几位专家学者进行收集资料，调查研究，撰写初稿，校对史实，理顺文字，规范体例，组织初审、评审、终审以及出版、印刷等项工作，历时八年，六易其稿，终成是书。全书纂修严谨、内容丰富、研究视野广泛，从不同方面记述了什刹海地区自然和人文的历史与现状，以水为主线，突出什刹海"海"的特色。本书对研究什刹海的历史与现状，进一步保护和开发什刹海有重要的作用。

《西山》

《西山》，庄俞编。商务印书馆1919年影印本，一册。

庄俞（1876—1938年），字百俞，又字我一，别号梦枚楼主。江苏武进人。中国近代出版家、教育家。著有《我一游记》、《应用联语杂编》等。

本书是一部西山风景摄影集，为《中国名胜》丛书的第十四种。共收录相关照片30幅，其中包括：卧佛寺山门、卧佛寺大殿、碧云寺山门、碧云寺内行宫旧址、香山寺、静宜园宫门外全景、静宜园内见心斋、大悲寺、灵光寺、三山庵等。每幅照片下附简要说明文字。本书为了解民国初年西山的风景名胜提供了生动直观的材料。

《西山名胜记》

《西山名胜记》，田树藩著。中华书局 1936 年铅印本，一册，80 页。

田树藩，字介卿，晚年称澹园老人，山东乐陵人。1910 年毕业于京师大学堂译学馆，曾在外务部就职，1928 年国民政府南迁之后，避居西山脚下，对西山名胜相当熟悉，故作《西山名胜记》。

全书共四章。第一章"八大处"，详细描述了其三山、十二景、二十七别墅以及附近风景名胜和各种营业；第二章"香山"，对静宜园内各景点以及附近碧云寺、卧佛寺、玉皇顶、大觉寺、黑龙潭等景点作了详细的介绍；第三章"万寿山"、第四章"玉泉山"，分别介绍了玉澜堂、乐寿堂、排云殿、裂帛湖、玉泉趵突等景点。书前冠有西山名胜区全图和以西山风景为主的 26 幅照片。有些章节后附有《名胜存废一览表》。全书注重纪实，比较真实客观地反映了当时西山地区的地理环境、历史沿革、旅游路线及趣闻轶事等。也介绍各处的建筑、碑刻、诗文、楹联。书中所附照片是了解当时西山的珍贵材料。

本书对研究西山的历史以及西山风景区的旅游开发都有重要的参考价值。

本书先后出版两次，1935 年中华书局铅印本只有前两章；1936 年再版时增入玉泉山、万寿山两章。

《雪泥鸿爪：西山北麓胜迹》

《雪泥鸿爪：西山北麓胜迹》，朝曦撮记。首都图书馆 1961 年钞本，一册。

本书原载于 1938 年 11 月北京《新民报》，是介绍北京西山北麓名胜古迹的旅游笔记，共 38 条。第一条"释西山北麓"，说明本书所记的地理范围是"南讫乎西北旺、西北终于妙峰山、北与明陵南口相接、东抵京绥路线所在之平原"。以下每条记一处西山胜迹，依次为：西北旺、亮甲店、穆桂英点将石、黑龙潭、十八盘、石窝、显龙山、城子山等37处。

书中记述的内容多是作者亲自踏勘所获，也有当地人的传说，由于文献缺乏极少考证。作者于1928年后长期旅居西山，1938年写成此书，此书为研究这段时间内西山北麓的地理、人文环境提供了参考。

《西山八大处》

《西山八大处》，包世轩著。华文出版社2002年出版，一册，194页。

包世轩，1951年生，北京大学分校历史系毕业，主要从事北京史地研究，于北京地区佛教史研究着力最勤，已发表相关论文、调查报告五十余篇。

八大处指北京西山的八座寺院，它历史悠久、在佛教史上占有重要的地位。本书是专门对其进行研究和介绍的专著。全书分别记述了长安寺、灵光寺、三山庵、大悲寺、龙泉庵、香界寺、宝珠洞、秘魔崖的历史沿革、建筑格局、主要名胜、文献资料、佛教高僧以及重大佛教活动等。作者不但从历史的角度对八大处进行了全面细致地介绍，而且从佛教历史和教理、教义方面对其进行了深入研究。此外，还收录了不少与佛教有关的民间传说和历史文献等。全书资料丰富、考证翔实，对研究北京佛教史和西山地区的风景名胜有一定的参考价值。

《香山风景》

《香山风景》，香山慈幼院摄影。香山慈幼院1922年影印本，一册，47页。

本书是一部民国时期的香山风景摄影集。共有照片40余张，包括：红光寺故址、重阳亭、观音阁故址、重翠庵故址、静室故址、西山晴雪碑、森玉笏、太和宫、玉乳泉、绿云舫故址等。照片所拍摄的一些景物现已湮没，本书为了解20世纪20年代的香山风貌提供了丰富而珍贵的材料。

《香山名胜录》

《香山名胜录》，吴质生著。北平斌兴书局1934年铅印本，一册。

这是一部记录香山及附近地区名胜古迹的专著。本书共五部分，即：香山之沿革、静宜园之沿革、园内二十八景、二十八景外之各处，附园外各名迹。书中概述从金世宗建永安寺至清乾隆建静宜园的香山历史沿革，详细描绘了静宜园二十八景的现状和变迁。静宜园二十八景之外，本书对园内的西山晴雪、梯云山馆、重阳亭、宗镜大昭之庙、眼镜湖、观音阁等名胜景点，也进行了详尽地描述。本书最后还记载了园外的部分著名古迹，如：碧云寺、卧佛寺、演武厅、梵香寺、法海寺、香界寺、大悲寺、证果寺、潭柘寺、戒台寺、万安公墓等。书中引用了大量诗文楹联。关于园内外各处及诗文内之事迹句义者则附录于本条之后，以证其事迹句义之梗概。如："勤政殿"，附录静宜园女校及万松野人之梗概；"丽瞩楼"，附录香山慈幼院及董事会当时与前任会长等梗概；"学古堂"，附录兰亭董其昌及学古于训之梗概；"香山寺"，附录永安寺之梗概。

此书多为作者亲自踏勘所得并证之以清高宗题咏，考证精细，内容丰富，是研究香山历史等方面的珍贵史料。书首附照片二十余幅，是了解香山及其附近名胜的鲜活史料。

《香山公园志》

《香山公园志》，香山公园管理处编。中国林业出版社2001年出版，一册，492 页。

本书是一部记述香山公园历史和现状的专志。全书以专志为主，兼及记、考、录、图、表等。专志部分共六篇。第一篇"自然环境"，记述香山的山川水系、气候特征、动物植被等，阐发自然景观以及构成人文景观的自然条件；第二篇"名胜古迹"，主要根据文献资料考证静宜园、香山寺、红光寺、来青轩等古迹的兴废沿革；第三篇"碧云寺"，详细描述了碧云寺内各古迹的建筑格局和建筑特点；第四篇"艺文"，精选一部分有关香山的诗词、散文、歌曲、楹联、匾额、石刻、书目、舆图等；第五篇"旅游"，记述建国后香山的旅游服务设施、文化活动和游人情况等；第六篇"管理"，记述从清初静宜园到建国后园内景点的增添与修整以及各项管理机构和相关制度。

此志条理清晰、内容丰富、文字朴实简洁，全面系统地展示了香山公园的历史和现状。书中所用资料，大多数采用有关古籍和档案，部分选自近代有关香山的书籍和回忆录等，资料相当充实，对于研究香山的历史，开发旅游资源有重要的资料价值。

《玉泉山名胜录》

《玉泉山名胜录》，吴质生著。北平斌兴印书局 1931 年铅印本，一册，20 页。

玉泉山为京西名山之一，清康熙十九年（1680 年）借玉泉山势设澄心园，此后玉泉山为皇家禁地，百姓难以驻足。康熙三十一年（1692 年）易名静明园，乾隆年间扩建，形成了静明园十六景。1914 年静明园向游人开放，作者著《玉泉山名胜录》以备游览之资。

本书概述玉泉山简史和静明园的变迁，详细描绘了静明园十六景的现状与历史沿革，包括裂帛湖光、翠云嘉荫、玉泉趵突、云外钟声、玉峰塔影、峡雪琴音、竹炉山房、芙蓉晴照、廊然大公、圣因综绘、绣壁诗态、溪田课耕、清凉禅窟、采香云径、风篁清听、镜影涵虚及其所属的斋馆楼阁、寺庙等。同时收辑了十六景外各处和园外名迹。如：甄心斋、涵漪斋、妙高寺、落伽洞含经堂、南无西方极乐世界、安养道场及界湖楼、影湖楼、功德寺、明景皇帝陵、金山宝藏寺等。书中还附录了清圣祖御制《玉泉赋》和清高宗御制静明园内外古今体诗数十首。

此书为了解玉泉山静明园及其附近名胜古迹提供了较为丰富的参考资料。

《房山风景》

《房山风景》，京汉铁路管理局调查课编。京汉铁路管理局1915年铅印本，一册。

本书是一部民国时期房山地区的摄影集。全书共收入照片41张。有周口店车站、周口店福胜煤窑、上方山孤山口村落、上方山兜率寺、西域云居寺、麦家河、万佛堂等风景照片。还拍摄了小西天石洞经版、御碑亭内御碑等，碑文清晰可见。书内照片质量较高，对了解民国年间房山的自然风光有重要的参考价值。

《大房山》

《大房山》二集，蒋维乔编。上海商务印书馆1921年铅印本，一册。

本书是一部有关京西名胜的摄影集，为《中国名胜》丛书中的第十六种。大房山位于房山区西北部，是太行山余脉，为京西名胜，最著名的山峰为上方、石经二山。1919年作者携友共游大房山，将沿途各景点拍成照片，并编辑成此书。

全书共有55幅照片，分两集出版。第一集拍摄的景点有：接待庵、天王洞、云梯、一览亭、兜率寺、华严洞、锦绣峰、普陀崖、天柱岩、摘星坨等；第二集有：白龙潭、观音说法台、十八罗汉、观音洞、一斗泉、旱龙潭、西峪寺、千佛洞、石经堂下藏经洞、云居东峰及宝塔、香榭庵等。本书照片拍摄非常清晰，每幅照片后附录作者对该处景点的简单介绍。此外，作者还撰写了旅行须知和游览日程附录书中。

与同时代的同类摄影集相比，此书收录的照片最为丰富，为研究大房山的风景名胜和开发旅游资源提供了珍贵的资料。

《房山石经》

《房山石经》，中国佛教协会、中国佛教图书文物馆编。华夏出版社 2001 年出版，三十册。

《房山石经》是北京市房山区石经山和云居寺石刻佛经的简称，是我国现存规模最大的石刻佛教大藏经，始刻于公元七世纪初叶的隋代，历经唐、辽、金、元、明各代，绵延一千余年。中国佛教协会从 1956 年开始对房山石经进行全面的调查、整理和研究，其后将所整理成果刊印成书，名为《房山石经》。此书共三十册，第三十册为"房山石经总目录"、"房山石经品目"、"房山石经五十音顺索引凡例"、"房山石经五十音顺索引"等。其余卷册收集了现今所发现的从隋唐至明代的房山石经。

房山石经不仅是佛教文化的珍贵宝库，也能折射出社会生活的许多方面，为研究北京地区历代的政治、经济、文化以及社会风俗等方面提供了宝贵资料，具有极高的史料价值。

《妙峰山琐记》

《妙峰山琐记》四卷，奉宽著。

妙峰山位于北京西北部，是北方有名的圣山，香火很盛。本书是一部介绍妙峰山和妙峰山香会的专著，共分四卷介绍妙峰山：第一卷记述从德胜门、西直门到阳台山一路的风物；第二卷记登山道路——中道和中北道；第三卷记登山道路——南道、滴水岩、北道和中南道；第四卷记妙峰山情形、灵感宫、五元君、各处茶棚和朝山社火。作者踏遍妙峰山，寻访古迹，一碑一碣都不放过，还亲自朝山，参加香会，所记内容生动翔实。全书记载了妙峰山的地理、古迹、风俗、道路、庙宇、风景、村庄等等，事无巨细，皆详细记录，内容相当丰富。作者考证极其精详，一字不苟，引用书证物证数百种，纠正了一些方志及传说中的谬误。书尾有魏建功先生为本书整理的引用书目，方便读者查询，并加入了许多插图。本书有重要的史料价值和学术价值，是研究妙峰山的重要著作。

现有《妙峰山琐记》稿本，藏于国家图书馆；又，国立中山大学语言历史研究所 1929 年铅印本。

《妙峰山指南》

《妙峰山指南》，金禅雨编。名胜导游社 1936 年铅印本，一册，19 页。

本书是指导人们来妙峰山游览和进香的指南。全书共十章，先记述作者从文献中摘录的考证妙峰山、碧霞元君、妙峰山碧霞元君庙及庙内碑文等方面的资料。从第七章开始，介绍进香路线、车费、进香过程、拜香方法等。书后附《进香指南》、《进香须知》。书前有照片及游览图。此书内容简洁，介绍了很多妙峰山香会的细节，对研究北京的宗教、民俗等有一定的参考价值。

《天坛纪略》

《天坛纪略》，内政部北平坛庙管理所编。内政部北平坛庙管理所 1932 年铅印本，一册，50 页。

本书是一部专记天坛历史沿革的书籍。全书分七部分介绍天坛。一、区划，记圜丘和祈谷两坛的方位四至；二、建筑，详细介绍了坛内圜丘、祈谷坛、祈年殿、斋宫等处的建筑格局；三、沿革，简要介绍天坛沿革；四、祀典，详细介绍各项祭祀的过程和陈设等；五、古迹，记载了祈年殿井、明代松柏、凿池藏冰等；六、轶闻，记载了祈年殿火灾、登坛脱鞋、禁止唾涕、革除道士、更制祭器、制备钟磬；七、金石，记斋戒铜人、时辰牌、七星石等。书后附《天坛祭器说明》，介绍天坛祭器 16 种；《天坛乐器说明》，介绍祭天时的乐制两种和其他乐器 24 种。

本书对于研究天坛的旧貌及历史沿革有一定的参考价值。

《明清天坛史料》

《明清天坛史料》，单士元编。中国营造学社 1935 年铅印本，一册，28 页。

作者简介见前《我在故宫七十年》篇。

书中对明代南京天坛和北京天坛的制度变迁和名称区别、清代北京天坛的规制以及光绪朝祈年殿之烧毁及重建作了翔实的记载。并列表对明、清天坛的坛殿及其所用砖瓦进行了详细的比较。书前冠有天坛殿宇图九幅。作者在明清两代历史及建筑方面造诣颇深。所以，本书史料丰富、内容翔实，对研究天坛的历史和明、清的古建筑史都有很高的参考价值。

《天坛公园志略》

《天坛公园志略》，金梁、刘振卿著。作者自刊油印本，一册，73 页。

金梁介绍见前《北京奇迹》篇。

全书共九章。第一章"前言"；第二章"天坛的建筑"，记述了天坛的位置、坛内旧有建筑、圜丘坛各建筑位置次序和沿革等；第三章"天坛内的科学古迹"，介绍圜丘台上的"亿万景从"、皇穹宇的"人间私语，天闻若雷"和"传声墙"三处；第四章"天坛内神化式的古迹"，记甘泉井的天泉、明代冰窖和雩坛、七星石、天文柱等；第五章"天坛内的文物"，介绍天坛的祭器与乐器；第六章"天坛内帝国主义者侵略的遗迹"，介绍天坛内八国联军的总部、火车站和"洋破烂摊"；第七章"天坛内外史料"，记与天坛相关的轶事；第八章"天坛内特产"，介绍天坛内特产的四种药材和龙须菜；第九章"结论"。

此书在体例上没有一般志书系统，但其内容丰富而有特色，记录了不少他书中不多见的内容，对研究天坛的历史有一定的参考价值。

《天坛公园志》

《天坛公园志》，天坛公园管理处编。中国林业出版社 2002 年出版，一册，369 页。

本志是一部介绍天坛公园的专著，由概述、大事记、专志、附录组成，辅以图表、照片，以志为主。概述部分，简要记述了天坛作为皇家祭坛的历史及作为公园开放的管理和保护情况。大事记，汇集了明永乐五年（1407 年）至 1994 年之间天坛大事。专志部分，分建筑、园林、文物、管理四篇，详细记述天坛的各处建筑、迁移古建、花卉树木、园林景区、各种文物、经营管理、古建工程、公园建设、重要活动等。附《明清两代维修天坛年表》、《清代天坛全图》等图表多幅。并附祭天典礼仪程、祭天祀典、乾隆南郊述志诗释等。

在编纂过程中，编写人员查阅了大量的古籍、档案及相关资料，并进行了认真细致地研究、考证。全书内容丰富、资料翔实、体例清晰，对研究天坛的历史和现状有重要的参考价值。

《京兆公园纪实》

《京兆公园纪实》，刘骥著。1925 年出版，出版者不详，一册，52 页。

869

京兆公园在东城区安定门外，是清地坛旧址。1925年，京兆尹薛笃弼将地坛辟为公园，名"京兆公园"。

本书介绍了该园建园的缘起、筹备经过以及园内"世界园"、"公共体育场"、"共和亭"、"通俗图书馆"、"农林事务所"等主要景点。附录园中墙壁书绘的名言警句和各项规则等。

由于京兆公园在北京的文教体育等方面都起过重要作用，所以本书对于研究北京史有一定的参考价值。

《地坛史略》

《地坛史略》，王仲奋著。北京燕山出版社1998年出版，一册，212页。

王仲奋原名子林，原籍浙江东阳，主要从事工业、园林与古代建筑工作，著作有《地坛》、《地坛史略》、《中国名寺志典》和《中国名窟名洞志典》等。

本书是一部专门研究地坛历史沿革的专著。全书共七章。第一章"祀典"，简明有序地介绍地坛祭祀的制度和过程等；第二章"名人祀方泽坛诗选"，收录了乾隆皇帝祭方泽坛诗8首和明刘士骥、清施润章陪祀方泽坛诗各一首；第三章"建筑"，介绍地坛的建筑特点和总体规制，分别考证了坛内各建筑的沿革及功能等；第四章"管理机构设置及俸禄"，介绍明清至解放后地坛管理机构的情况；第五章"历帝御批、旨谕及文稿"，主要收录明清至今谕旨、奏折、账册等官方文件；第六章"文物"，介绍地坛内重要文物；第七章"古籍疑问考证"，收《地坛斋宫创建年代考》和《帝王诣地坛亲耕籍田考》二文。书后附《北京地坛大事年表》、《调查统计表》等。全书十万余言，并附有插图、照片、拓片等资料。

此书内容丰富，图文并茂，比较全面生动地展现了地坛的历史，对地坛的保护与利用以及古建筑研究等都有重要的参考价值。

《北京地坛史料》

《北京地坛史料》，北京市档案馆、北京市东城区园林局编。北京燕山出版社 1998 年出版，一册，260 页。

全书分"更定经典"、"明代地坛"、"清代地坛"、"中华民国时期地坛"和"中华人民共和国建国以来地坛史料"五编，收录了自明嘉靖九年（1530 年）地坛始建到 1997 年间的地坛史料，包括正史、典志、方志、类书、笔记以及相关档案等等，分门别类，分条分款，一一编排收录。全书引用的史籍和报刊资料达 35 种之多。书首还附录了从明清会典中摘录的地坛图以及古今地坛照片 50 余幅。

全书资料丰富，内容详实，较为全面地反映了地坛的历史，不仅为从事地坛研究、利用与开发的学者以及古建筑等方面的研究者提供了丰富的资料，从保存历史文献来说，也有重要的作用。

《太庙考略》

《太庙考略》，张国瑞编。故宫博物院 1932 年铅印本，一册，30 页。

这是一部记述太庙（今北京市劳动人民文化宫）历史沿革的专著。全书根据《清宫史》、《大清会典》、《国朝耆献类征》等书籍中的记载，对太庙前殿、中殿、后殿的建筑规则、祭祀仪制等作了详细的说明，并介绍了殿内所供奉的帝后、王公牌位。书后附光绪朝祭祀祝文和乾隆朝太庙时飨乐六章、祫祭乐六章、四孟时飨诗五首。本书对于考证太庙的历史变迁有一定的资料价值。

《孔庙国子监纪略》

《孔庙国子监纪略》，内政部北平坛庙管理所编，内政部北平坛庙管理所 1933 年出版，一册。

这是一本记述北京孔庙、国子监历史沿革、金石古迹的书。书中对孔庙、国子监的区划、建筑、沿革、祀典、金石、古迹、轶闻、词藻等均有记载。如书中记有十种周器、周代石鼓、明清碑亭等金石；大成殿联匾、古槐、古柏、元镂板等古迹；刘藻《临雍礼成恭纪》、吴苑《石鼓歌》等词藻。书前冠有孔庙和国子监图，书中有孔庙正位、配位、哲位及两庑祭器陈设图。本书对研究孔庙、国子监的历史具有一定的参考价值。

《北京寺庙历史资料》

《北京寺庙历史资料》，北京市档案馆编。档案出版社 1997 年出版，一册，737 页。

本书选录了民国时期北平市政府有关寺庙的管理条例、监督条例、登记规则、训令等。书中主要内容是 1928、1936、1947 年市政府组织的三次登记寺庙的记录。其中 1928 年登记寺庙 1631 处，1936 年 1037 处，1947 年 728 处。登记每处寺庙的名称、地点、建立年代、庙产情况、法物情况等，并在书后编有 1928 年、1936 年寺庙登记索引，以便读者查找。

此书是一部比较全面地反映北京寺庙概况的史料汇编，介绍了解放前北京的寺庙状况。

《上方山志》

《上方山志》五卷，卷末一卷，清释自如纂。

释自如，俗姓武，顺天大兴人。6 岁入上方山，长期居住山中，至书成时已五十余年，对山中情况颇为熟悉，苦于该山无志，踏遍全山，寻碑觅碣，参阅典籍，遂成此书。

上方山位于北京房山区，是北方著名的风景胜地之一，本书是现存最早的上方山志。全书共五卷。卷一名胜，记山、峰、石、顶、台、岭、梯、峪、洞、泉、桥、亭、路；卷二人物，记高僧、信善、长老、耆旧、执事、都管；卷三建署，记寺、庵、殿、阁、洞台等；卷四文部，记本朝帝王钦赐匾联、历朝文人诗赋碑记、历朝禅师塔铭并序；卷五物产，记果木、草药、野蔬、禽、兽、山花。卷首有吴仁敌序。卷末有作者自序和跋，附多篇上方山游记。

本书体例完备，条理清晰，内容丰富，是现存第一部上方山志书。

现有清乾隆二十九年（1764 年）文殊殿藏版刻本、清光绪三年（1877 年）翻刻本。

《上方山志》

《上方山志》十卷，溥儒辑。上方山兜率寺民国十六年（1927年）刻本。

溥儒（1887—1963 年），姓爱新觉罗，字心畬，号西山逸士，北京人，满族，清道光皇帝曾孙，恭亲王奕䜣之孙，贝勒载滢次子。早年留学德国，获柏林大学天文学博士学位。擅长汉儒训诂之学，精通诗文书画。著有《四书经义集证》、《尔雅释言经证》、《寒玉堂论画》等。

本志是记上方山的专志。本书以清释自如纂《上方山志》为基础增补而成。全书共十卷，卷一山水；卷二儒释；卷三考工；卷四碑碣；卷五物产；卷六至卷十艺文；卷末附补遗。"山水"、"考工"两卷比较详细。"山水"卷分别记载了上方山的山、峰、峪、洞、陀、岭、岩、台、石、泉、溪、潭、田等。"考工"卷记述了上方山的寺、院、殿、阁、堂、室、庙、门、园、井、梯、庵、亭、桥等。"艺文"篇幅最大，约占全书的三分之二，记载了大量有关上方山的诗文。

全书体例完备、内容丰富，为研究上方山的历史发展、开发当地旅游事业提供了重要的资料。

《白带山志》

《白带山志》十卷，卷首一卷，溥儒辑。

作者介绍见前《上方山志》篇。

白带山，又名石经山，位于北京房山区境内。本书是一部记述白带山的专志。共分十卷：卷一：山水；卷二：缁释；卷三：考工；卷四：碑碣；卷五：物产；卷六：艺文一，碑铭（隋——辽）；卷七：艺文二，碑铭（辽——明）；卷八：艺文三，记；卷九：艺文四，碑铭（清）；卷十：艺文五，诗。书末还附录：《长安客话》、《房山县志》、《房山游记》、《日下旧闻考》、《帝京景物略》等书中有关白带山的资料。书中除记载了白带山的自然和人文环境外，还搜集整理了大量资料，如唐贞观二年残石、唐王璇石浮图铭、唐田义起石浮图颂等都非常珍贵。总体上说，本书是石经山和房山石经的资料汇编，具有重要的史料价值。

本书有民国三十七年（1948年）刻本，书首有作者自序、周叔伽及纯山序；1989年中国书店据此本，由杨璐点校重印，为《中国名胜志丛书》之一，书首有侯仁之《〈中国名胜志丛书〉序》、周绍良重印《白带山志》的说明。

《北京四合院》

《北京四合院》，王其明著。中国书店1999年出版，一册，137页。

王其明（1929—　），女，北京人，1951年毕业于清华大学营建系。曾任中国建筑工程部建筑科学研究院建筑理论及历史研究室建筑师，后执教于北京建筑工程学院建筑系。现任北京大学考古系中国建筑史专业外聘教授及博士生导师。多年来致力于建筑理论及建筑史研究，著有《浙江民居》、《北京四合院》等。

本书主要从建筑方面研究北京四合院，共九章，分别为："概说"、"产生北京四合院的环境背景"、"北京四合院的形成与发展"、"组成北京四合院的单体建筑"、"北京四合院的类型"、"北京四合院的绿化与花园"、"北京四合院的设计与施工"、"北京四合院住宅的使用"等。书末总结了北京四合院的特色和建筑成就。

作者久居北京，对四合院做了细致周密的调查，建筑理论知识丰富，此书条理清晰，内容丰富，是一部研究北京四合院的入门书籍，也为保护、修复和重建北京四合院提供了重要的参考。

《北京四合院建筑》

《北京四合院建筑》，马炳坚著。天津大学出版社 1999 年出版，一册，265 页。

马炳坚，1947 年生，河北安新人，高级工程师，注册建筑师。从事中国古建筑施工、设计、研究、教学、办刊三十余年，成绩显著。现为北京市古代建筑设计研究所所长，《古建园林技术》杂志主编。著有《北京四合院建筑》等。

本书是一部讲述北京四合院的建筑专著。全书涉及四合院的历史、文化、格局、风水、空间、构造、装修、装饰、设计、施工、保护、修缮等各方面的内容。其最大特色就是将四合院建筑及其构造作为重点，对正房、厢房、宅门、垂花门、影壁等极有特色的部分，详细介绍；对四合院的装饰和家具陈设也作了文化内涵上的揭示。

此书不但内容丰富，文笔流畅，还选用了大量照片和墨线图配合文字内容，图文并茂，真实生动。它能帮助四合院文化爱好者更好地认识四合院，还能帮助专业技术人员和学生学习和了解四合院，对四合院的设计、营造、保护、维修也有着重要参考价值。

《北京四合院》

《北京四合院》，邓云乡著。人民日报出版社 1990 年出版，一册，182 页。

作者简介见前《鲁迅与北京风土》篇。

本书是一部记述北京四合院的随笔。主要内容包括："四合院的类型以及变化"、"四合院的细部和缺点"、"四合院的配件、施工、花木"、"四合院的四季生活"、"有名的四合院"、"旧京房产交易与出租"、"四合院的现状和未来"、"四合院与文学艺术"等。作者知识丰富，从历史、民俗、建筑、文学艺术等方面写出了北京四合院所凝聚的深层内涵，以四合院为视角展示了不同时代北京的城市生活。全书文笔流畅通俗易懂，有很强的可读性，是了解北京四合院的知识性读物。

《北京门墩》

《北京门墩》，〔日〕岩本公夫著。北京语言文化大学出版社1998 年出版，一册，98 页。

门墩是中国老式住宅四合院中用来支撑正门或中门的门框、门槛和门扇的石头。它是四合院建筑的组成部分之一，也是一种精美的石刻工艺品。

本书是一部以北京门墩为研究对象的专著。全书分文章和照片两大部分。其中照片占很大比重，再现了各式各样北京门墩的真实形象。文章部分为《北京门墩石雕艺术初探》一文，记述了北京门墩的构造、起源与演变过程、各部分名称、象征意义以及作者对门墩的杂感等。由于作者是日本人，该文章有中、日两种文本。书后附《北京旧城内门墩类型分布表》、《北京旧城内门墩分布示意图》。

此书选题新颖，研究细致，为更深层次地研究北京的历史与文化提供了借鉴。

《前明十三陵始末图说》

《前明十三陵始末图说》，刘仁甫辑。1915 年作者自刊本，一册，46 页。

本书先讲述了明成祖选定昌平天寿山为陵地的经过，后分别记述明十三陵的修建过程、地理、形胜、建筑规制、残存状况、陵墓主人和陪葬人等。书后有清朝历代皇帝谒陵祭文以及相关的谕旨、禁令、条例等，也有描写各陵的诗文、题词、楹联等。封面题《前明十三陵始末记》。书中有石印陵图一幅。

此书对研究明代的陵寝制度有一定的资料价值。

《明长陵修缮工程纪要》

《明长陵修缮工程纪要》，北京市政府工务局编。怀英制版局1936 年铅印本，一册，58 页。

1935 年，当时的北平市政府曾经进行过一次明长陵修缮工程。本书是这次工程的施工经过报告，包括查勘的经过、从简修缮的办法、恢复旧观修缮办法、厂商勘估经过、招标及定标经过、工程进行情形以及开工时与昌平县政府接洽情形、为品级台伐树与昌平县政府接洽情形等。此外，还有修缮前后工程摄影、长陵的平面图、裬恩殿的详细构造图等。书后附录《明十三陵概况》和《保管十三陵刍议》。

此书内容丰富，记述详细，各图之绘制虽然未必十分精确，但是对于长陵是一个比较确切的记录。阅读此书，为研究长陵的建筑格局、修缮情形等提供了重要的史料，对今天古建修复工作也有一定的参考价值。

《定陵发掘亲历记》

《定陵发掘亲历记》，庞中威著。学苑出版社 2002 年出版，一册，249 页。

庞中威，河北曲阳县人，1933 年出生，1955 年在中国科学院考古研究所工作，1957 年初，调至定陵工地进行发掘工作。作者最大限度地收集了散落各处的原始档案文献资料，并结合自己与当年一同挖掘地宫的同事的亲身经历，整理加工成《定陵发掘亲历记》一书。

此书 15 万余字，有几十幅图示及原始文献影印图，讲述了定陵发掘的始末，揭露了很多鲜为人知的故事，资料翔实，史实清楚，为研究明代的政治、经济、手工业及社会生活等提供了丰富的资料，更是研究明代帝王丧葬制度的第一手资料。

《重续歙县会馆录》

《重续歙县会馆录》，明徐世宁等编，清徐上镛重录。清道光十四年（1834 年）刊本，两册。

歙县会馆建于明嘉靖三十九年（1560 年），是最早的徽商会馆，也是北京最早的会馆之一，原为商馆，清初改为试馆。明徐世宁编《歙县会馆录》；清乾隆四十一年（1776 年）徐光文编《续修录》，析原录为"会馆"、"义庄"二编，并各补记事实，原录为《前集》，续修录为《后集》；道光十四年（1834 年）徐上镛又依二编的体例，补充事实，编成《新集》，故称《重续录》。

本书主要记录了明清时期歙县会馆、义庄的房屋修建、增置田产以及公议条规、捐输姓氏、乡会科目等。此书时间跨度大、内容丰富，比较全面地反映了歙县会馆的兴衰，是研究北京会馆史的重要资料。

值得一提的是，续修和新集的作者，都是原编者的后裔，亦可称佳话。

《北京湖南会馆志略》

《北京湖南会馆志略》不分卷，袁德宣编。北京湖南会馆民国十三年（1924 年）铅印本。

全书主要内容分五部分。一曰缘起，记湖南会馆、义园、旅京湘学校的建设始末；二曰传记，有陈恭节公列传、李文正公墓碑记、麻刀胡同湖南义园记、湘军忠义祠记等；三曰序启，收录了部分与会馆有关碑版传志的遗文；四曰章程，详细记述了会馆各项章程；五曰纪录，详细列举了馆有财产及历年改订会馆规模与历届委员干事的姓名。书首有湖南会馆图、畏吾村李文正公墓图等。

此志介绍了湖南会馆的发展概况，保存了大量会馆资料，对这方面的研究有一定的史料价值。

《永新旅京同乡会刊》

《永新旅京同乡会刊》，永新旅京同乡会编。永新旅京同乡会民国十五年（1926 年）铅印本，一册，172 页。

本书是江西永新旅京同乡会所编的会刊。卷首附永新会馆平面图，其后依次记录了会刊缘起、馆规、同乡会简章、职员姓名、登录房契、登记证书、永新旅京题名录、会务撮要等。

《北平福建泉郡会馆志》

《北平福建泉郡会馆志》，许其田编。福建泉郡会馆民国二十八年（1939 年）重印本，一册，6 页。

本书详细记述了北平福建泉郡会馆的日常事务，包括：福建泉郡会馆记、馆务报告、泉郡会馆及所属各邑馆章程、住馆细则、泉郡同乡调查表、泉属旅平同乡住馆请求书等。同时，该册还附有泉属各馆实景照片和同乡聚会照片多幅，可更直观地了解泉郡会馆及所属各邑馆当时的情况。

《闽中会馆志》

《闽中会馆志》四卷，李景铭编。闽中会馆民国三十二年

（1943 年）铅印本。

本书是记述福建省在京会馆的志书。全书所计共二十二馆，包括：福建会馆；福州、福州新馆、漳州、漳州西、泉郡、延平、延邵、建宁、邵武、汀州等十一府馆；龙岩、永春二州馆；龙溪、晋江、仙谷、漳浦等八县馆。每会馆分沿革、古迹、规约、文词、古物、事实、轶闻遗事七门介绍。本书除介绍各会馆的沿革历史外，还保存了大量相关的史料。如事实门，详细记述当时会馆情形，还揭露了一些乡人不明的会馆内幕；轶闻遗事门，收录了从文献记载或乡人传说中得来的掌故旧闻和同乡名人传略等。

全书资料丰富，叙事详尽，"所引书籍必载作者姓名、所述轶闻必详传者姓氏"，对研究民国时期福建省各会馆的状况有重要的参考价值。

《安徽会馆志》

《安徽会馆志》二十六卷，李景铭编。民国三十二年（1943年）铅印本。

本书是一部专记民国年间安徽在京各类会馆的志书。所记会馆分省、府、州、县四类。计省馆一，为安徽会馆；府馆七，包括安庆会馆、徽州会馆、池州试馆、庐州会馆等；州馆三，包括广德会馆、泗州试馆、六英霍会馆；县馆十九，包括桐城会馆、潜山会馆、望江会馆、怀宁会馆、休宁会馆、绩溪会馆等；州县合设馆一，为和含会馆。本志仿《闽中会馆志》体例，略有改动，分沿革、古迹、规约、文词、古物、事实、考证七门。其中沿革、古迹、文词、古物、事实五门，均亲自搜讨，爬剔抄录，故史料价值较高。规约一门，有原来保存下来的，有抄录自旧志的，有抄自警局的，不免有些阙略。考证一门考证了与会馆有关的文献，包括传志、碑传、各家记载、遗闻轶事、诗词等。该门类所用文献，无暇广搜，又不精于选取，疏漏在所难免。各馆志首端附列名人目录，便于读者查阅。

总体上说，此志内容丰富，体例完备，是会馆志中的精品，是研究安徽会馆发展历史必不可少的资料。

《北京安徽会馆志稿》

《北京安徽会馆志稿》，王灿炽纂、北京市宣武区档案馆编。北京燕山出版社 2001 年出版，一册，488 页。

王灿炽（1938—　），福建省永定县人，1963 年毕业于南京大学历史系。现任北京社会科学院研究员、北京市政协常务委员等，是北京史志专家。主要著作有《北京史地风物书录》、《燕都古籍考》等。

全书共八卷，分别介绍了北京安徽会馆的沿革、馆舍、房产、经费、规章、古物、石刻、故迹等。

本书收录了大量档案史料、历史照片以及相关文献资料，其中会馆档案多为宣武区档案馆最新发现，为研究安徽会馆的历史与现状提供了大量的第一手资料，具有很高的参考价值。

《北平湖广会馆志略》

《北平湖广会馆志略》，内题《北平湖广会馆志略正编》，四卷，石荣暲编纂。1945 年出版，出版者不详。

北京湖广会馆是湖南、湖北两省旅京人士为联络乡谊而修建的，主要用于接待来京赶考的举人和在京等待任命的官员，还有同乡寄寓或岁时聚会的功能。本书是记其发展历史的专志，共四卷。卷之一有：本馆平面图、甲申团拜摄影、沿革、典礼、创建续修诸公列传、职员题名；卷之二有：木刻、石刻、祠宇、故迹、规章、经费、义地、房产、像片；卷之三有：诗、艺文一；卷之四有：艺文二、文、杂记、附捐款题名。本书概述了自清嘉庆十二年（1807 年）至民国三十四年（1945 年）该馆的兴衰变迁和重大事件，简要介绍了创建续修人员的生平，如张居正、刘权之、何凌汉等。

　　本书搜集了大量与湖广会馆相关的史料,有得于故老流传,也有取之于旧籍记载,内容相当丰富;并且形式多样,既有诗文杂记又有图片摄影、石刻碑帖。它是研究北京会馆史的重要参考资料。此外会馆所在,历来就是达官名流多宅之地,如今湖广会馆更是北京一大名胜,因此本书对研究北京名胜古迹也提供了一定的参考。

《北京的会馆》

　　《北京的会馆》,汤锦程著。中国轻工业出版社1994年出版,一册,175页。

　　汤锦程,原名汤锦诚,笔名汤学良,祖籍江西临川,1955年出生于北京,现任学会刊物《东方龙》主编、北京影视艺术学校顾问、中国文物学会会馆专业委员会会长等。

　　此书共六章,分别介绍了北京会馆产生的背景,兴衰变迁,对社会的贡献以及祭神敬贤的宗法制度、戊戌变法、新文化运动与会馆的关系等。并附《北京的会馆地址新旧地名地址对照表》、《北京的工商会馆(部分)地址新旧地名对照表》、《各省自治区直辖市驻京办事处地址》。

　　本书内容丰富、研究视野开阔,能使读者更好地认识会馆产生的背景、会馆的性质、作用等方面的内容。

《北京的会馆》

　　《北京的会馆》,胡春焕、白鹤群著。中国经济出版社1994年出版,一册,386页。

　　白鹤群(1945—　),吉林永吉人,满族,巴雅拉氏,北京史地民俗学会会员、中国文物保护学会会员。胡春焕(1949—　),女,河北安新人,北京诗词学会会员。

据《辞海》的"会馆"条云："同籍贯或同行业的人在京城及各大城市所设立的机构，建有馆所，供同乡同行集会、寄寓之用。"此书主要是作者对北京各区的会馆所作的调查记录，包括："北京的会馆综述"、"会馆在各区县的分布"、"各省在京会馆简述"、"工商会馆简介"、"北京诸会馆对联辑选"等七部分。

本书是一部系统研究北京会馆的专著，资料丰富，考证精详，使人们对明、清、民国时期的会馆以及会馆现状有了整体的、更深层次的了解，也为从事北京史研究的专业人员提供了不可多得的史料。

《北京会馆档案史料》

《北京会馆档案史料》，北京市档案局编。北京出版社 1997 年出版，一册，1417 页。

本书是目前研究北京会馆最丰富的史料集，辑录了 1915 年至中华人民共和国成立后有关会馆的档案史料，共七部分：一、会馆法令，选辑了历届政府管理会馆的有关规定；二、会馆管理，收录各项会馆规章制度；三、会馆财产，反映各馆财政状况和规模；四、会馆调查，反映了民国末年和解放初北京会馆的总体状况；五、工作报告，主要反映了会馆结束时的工作状况；六、会馆碑文，共 55 条；七、会馆楹联，共 42 条。本书材料来源，主要是北京市档案馆馆藏，少部分选自有关会馆志和宣武区文物科。每件材料末尾均标明出处，馆藏档案则标明"全宗号——目录号——卷号"或"全宗号——卷号"。全书共 115 万字，所包含的资料非常丰富，是研究北京会馆的必备参考书。

《北京园林史话》

《北京园林史话》，赵兴华著。中国林业出版社 2000 年出版，一册，188 页。

作者简介见前《老北京庙会》篇。

全书共分十章，第一章概述了北京园林发展历史及其特色，从第二章起比较详尽地记载了北京园林从战国时代燕国的台观宫苑，到元、明、清历代发展的历史，以及新中国成立后四十多年来北京园林绿化进程，并进行了详细的论述。

本书所研究的园林不但时间跨度大，前后两千多年；而且种类繁多，包括皇家园林、内廷宫苑、私人宅院、寺庙陵园等。这有利于读者对北京园林产生整体、系统的认识。此书是了解北京园林历史的入门著作之一。

《北京历代城坊、宫殿、苑囿》

《北京历代城坊、宫殿、苑囿》，于德源著。首都师范大学出版社 1997 年出版，一册，251 页。

作者简介见前《明清之际北京的历史波澜》篇。

本书是一部介绍北京建城以来三千年间城市变迁的专著，主要考察了周初的燕都、东周至汉代的蓟城、唐代的幽州城、辽南京（燕京）城、金中都城、元大都城以及明清北京城的城坊、宫殿、苑囿等方面的历史。全书所研究的时间跨度很大，因此更能准确地把握城市变迁的规律，作者在本书最后提出了北京古代城址变迁与北京水系的关系，值得关注。此书对研究北京城市发展史以及新时期的北京城市规划都有一定的参考价值。

《宣南鸿雪图志》

《宣南鸿雪图志》，王世仁主编，北京市宣武区建设管理委员会、北京市古代建筑研究所合编。中国建筑工业出版社 1997 年出版，一册，541 页。

"宣南"指北京宣武门外以南地区，是北京传统文化中心之一，有"宣南士乡"之称。本书是一部全面记录宣南文化史迹的巨著。此书主要内容分为五个部分：一、宣南重要史迹分布图；二、宣南现存史迹位置图；三、宣南现存典型史迹简介；四、宣南部分史迹实测图；五、宣南部分史迹照片。书首有序二：吴良镛的《在有机更新中保护历史的镶嵌》、刘敬民的《宣南文化与跨世纪的宣武》。还收有王世仁撰写的《雪泥鸿爪话宣南》和已故北京文史专家叶祖孚先生撰写的《宣南旧事杂记》两篇文章。全书依靠现场调查，并以历史文献相印证，将区内重要名胜古迹从不同角度一一绘图在册，并作了详细的介绍，还收录史迹照片 524幅，保存了大量的史料，为研究宣南地区的文物古建和宣南文化传统提供了丰富的材料，具有较高的检索价值。

《东华图志》

《东华图志》，陈平、王世仁主编，北京市东城区文化委员会编著。天津古籍出版社 2005 年出版，两册，共 1569 页。

东城区是北京市中心区之一，文物资源数量丰富，分布集中。《东华图志》是一部全面记述北京东城文物史迹的图集。此书记录了东城区境内有据可考的史迹 2000 余处，标注了遗迹 5000 余处，介绍重要文物古迹 400 余项，收纳了近现代照片 1000 多张，历史地图 13 张，平面图 246 张，位置图 139 张，实测图 816 幅，还收录了介绍东城史迹变迁的文史资料 37 篇，总计达四十余万字。

此书遵循一重历史、二重实存、三重考证、四重特色的原则，编纂者们查阅了 31 种共计数百册的历史书籍，搜集了大量的文字材料，还向各单位收集了大量的历史图片和测绘图纸。这些图纸，都经过了严格的审核修改和技术处理。在拥有材料的基础上，编纂者们对东城区的文物史迹进行了现场调查、核实、拍照、记录和测绘，考证其历史及特点，确保在编撰过程中准确无误。在此过程中还发现了一批先前未被重视的珍贵文物建筑，如宝泉局东作厂、镶白旗觉罗学等，避免了这些文物古迹湮没于市政建筑之中。

全书资料丰富、考证精细、体例统一、结构严谨，描绘了东城区的历史变迁，保存了东城区文物古迹的面貌，此书的出版不仅为研究北京史的专家学者提供了丰富的资料，也为关注东城区历史文化的爱好者提供了参考。

《北平历史上平民游赏地纪略》

《北平历史上平民游赏地纪略》，金受申著。首都图书馆 1961 钞本，一册，41 页。

作者简介见前《老北京的生活》篇。

封建时代的北京城市规划很少考虑平民百姓日常休闲的公共空间，本书则是一部专门记述北京历史上平民百姓休闲娱乐场所的著作。主要包括安定门外上下龙二水、红桥、满井、二闸、城东北著名野茶肆（包括北窑、麦子店、六铺炕、三义口四处）、金鱼池、高亮桥、葡萄园、菱角坑、积水潭、虾米居、鸡鸣馆、柳浪庄、万柳堂等。作者依次介绍了每一游赏地的所在方位、自然风光、游览特色、兴盛时的状况以及当时的变化等。书中还涉及北京的风物特产、文人生活、风味饮食、民间曲艺等诸多方面。比如，记载了阜成门弯桥上游产的大青虾，柳浪庄的莲花白酒，葡萄园中文人雅士的棋会、诗社、谜语社，金鱼池金鱼的种类和饲养方法等等。这些昔日的胜迹，到作者所在年代大多已经日渐荒芜，到了今日更是面目全非。本书对其所做的记载，为我们了解老北京人的休闲娱乐提供了重要的参考，还对北京历史地理、社会风俗等方面的研究有一定的价值。

本书原载 1935 年 5 月 22 日至 27 日《华北日报》。

《新春北京风景线》

《新春北京风景线》，（伪）华北政务委员会总务厅情报局编。（伪）华北政务委员会总务厅情报局收发室 1944 年发行，一册，

51 页。

　　本书主要记录了抗日战争胜利前夕北京人的春节活动。包括《新春的信号》、《在娱乐圈内》、《游赏的胜地》、《香客如云的庙会》、《市场巡礼》、《特别风景线》、《北京的上元节》等文章。全书记载了糖瓜祭灶、逛庙会等春节习俗，看电影、逛北海、游故宫等娱乐项目以及丰富的节日商品等等。

　　此书所展现的北京城是一片繁荣祥和的景象，明显是大肆为敌伪统治粉饰升平。但除去此种政治色彩，全书观察细致，语言流畅，不失为北京春节风俗的文学描述。

（五） 游记与游览指南

《马可波罗游记》

《马可波罗游记》四卷，〔意〕马可·波罗撰，陈开俊等译。福建科学技术出版社 1981 年铅印本。

马可·波罗（1254—1324 年），意大利著名旅行家，是现今所知第一个游历中国和其他亚洲国家的欧洲人，留下了著名的《马可波罗游记》。全书包括"从亚美裴亚到大汗上都途中的见闻"、"忽必烈大汗和他的宫廷西南行程中各省区的见闻"、"日本群岛、南印度和印度洋的海岸与岛屿"、"鞑靼诸王之间的战争和北方各国的概况"四卷，描写了沿途国家和地区的风土人情、社会状况等。其重点部分则是关于元朝的叙述，而其中又有较大篇幅是对元大都（今北京）的描述。书中比较详细地记述了元大都的宫殿苑囿、城垣街巷、百姓生活、治安管理等等。由于作者的商人身份，书中非常重视对元大都的物产和商业的描写。此外还有对永定河以及卢沟桥的记述。

本书不仅在地理学史、亚洲历史、中西交通史等方面有着重要的历史价值，也是研究元代北京地方史的珍贵参考资料。

此书自问世以来被翻译成各种语言，流传甚广，我国学者根据不同版本翻译的译本也有十种以上。其中最早的是魏易译《元代客卿马哥博罗游记》，北京正蒙书局 1913 年铅印本。

《蓟丘集》

《蓟丘集》四十七卷，明王嘉谟撰。明刻本。

王嘉谟（1559—1606 年），字伯俞，号弘岳，顺天（今北京市）人。明万历十四年（1586 年）进士。出任行人司行人，迁礼科给事中，累官布政使，官至四川参政。

《蓟丘集》是王嘉谟的个人文集。王嘉谟一生酷爱旅游，故文集中有大量写景记事游记，其中有不少描写北京地区地理状况的诗文。比如《丹棱沜记》中有"帝京西十五里为海淀，凡二。南则觭于白龙庙，又南凑于湖；北斜邻崚峋河，又西五里为瓮山，又五里为青龙沜。河东南流入淀之阳。延而南者五里，旁与巴沟邻，曰丹棱沜。沜之大以百倾……盖神皋之佳丽，郊居之选胜也。"这是对西郊水域最早的记载。

由于明代有关北京史地的资料较少，此书的价值就更显珍贵，屡次被《日下旧闻考》等引用，是研究元明时期北京历史地理的重要参考资料。本书采用笔记体的形式，文章次序比较零乱，获取材料时较为困难。

此书国家图书馆有藏。

《山行杂记》

《山行杂记》一卷，明宋彦撰。

宋彦，华亭人，生平不详，大概为明中晚期人。

本书以游览路线为顺序，记载了玉泉山、香山等地的自然风光以及园亭楼阁、寺庙古刹等，较为详细地描写了西湖（即昆明湖）的秀丽景色。书中记述碧云寺、妙应寺、金山寺等寺院的文字占很大比重，反映了明代西山多寺院的状况。本书内容丰富、文字流畅、引人入胜，再现了明代西山地区自然、人文环境，是研究北京历史地理的重要参考资料。

现有明亦政堂镌陈眉公普秘笈本、明万历泰昌间宝颜堂秘笈本，国家图书馆有藏；又，民国十一年（1922年）上海文明书局石印本；又《四库全书存目丛书》影印本史部第251册。

《昌平山水记》

《昌平山水记》二卷，清顾炎武撰。

作者简介见前《京东考古录》篇。

《昌平山水记》分为上、下两卷，上卷记明十三陵和昌平。下卷主要记述昌平州所属的顺义、密云、怀柔三县。依次记述了长陵、献陵、景陵、裕陵、茂陵、泰陵、康陵、永陵、昭陵、定陵、庆陵、德陵及崇祯陵（思陵）的地理位置、陵寝规制、当时状况等。两卷分别记述了昌平和所属三县的建置沿革、风景名胜、文物古迹、自然地理、古城关隘、民间习俗等诸多方面。

此书考证详明，条理清晰，内容丰富，是研究昌平以及顺义、怀柔、密云等地历史地理的重要史料。

存清刻本一册；又，清光绪年间钞本，保存在《傅氏钞校书》，抄本第三至四册，国家图书馆有藏；清光绪十一至三十二年（1885—1906年）朱氏槐庐家塾刻本一册；清光绪十四年（1888年）青浦席氏扫叶山房刻本一册；1917年京绥铁路管理局铅印本一册；1962年北京出版社据《顾亭林先生遗书汇辑》本标点排印本一册（与《京东考古录》合册）；又，1980年北京古籍出版社据1982年北京出版社标点本重新排印一册（与《京东考古录》合册）。

《我的北京花园》

《我的北京花园》，〔英〕阿奇博尔德·立德夫人著，李国庆、陆瑾译。北京图书馆出版社2004年出版，一册，274页。

本书是一位在中国居住二十年，从事写作与女权运动的英国作者的游记。书中分"我家花园"、"两宫回銮"、"官员等级"、"皇族葬礼"、"西山诸景"、"京叭金鱼"、"温泉明陵"等二十二章，描述了1900年至1902年间作者在北京短暂居住并在周边旅行时的见闻与感想。作者不仅生动细致地描写了北京及其周边的名胜古迹、园林宅院、自然风光等，还以一种全新的视角讲述了北京的社会风俗。本书最具特色的内容在于详尽地记述了八国联军侵华这一特殊时期北京的社会生活和历史事件。

此书采用笔记的形式，内容非常丰富，涉及北京的历史、地理、风俗、文化、教育等多方面，对于北京史的研究有一定的参考价值。

《京绥游记》

《京绥游记》，周颂尧撰。1924年铅印本，一册。

本书记载了民国十二年（1923年）作者从绥远到北京一路游览的所见所闻，详细描写了京绥铁路沿线的路况、物产等。书中记载了作者游览故宫、雍和宫、城南游艺园、琉璃厂、白云观、农事试验场、京城名人故居等地的经过，讲述了作者对北京商业、交通、治安、民众风貌等方面的印象。作者从外地人的视角观察北京，重视的内容与北京人不同。比如书中详细描写了北京人力车夫的悲惨生活，又记北京警察"除前门一带外，大半缺乏精神……京师之警察可为汽车之附属品"。作者还评价北京的地理位置"历代均能以此控制中原……形胜优于全国，又有京汉、京绥、京奉三大干路以利交通"。

此书与一般游记不同，不重写景抒情，而重视游览之地的经济交通，记述北京尤为细致，为研究民国时期北京的社会经济状况提供了参考。

《新北京指南》

《新北京指南》，邱钟麟编，撷华编辑社编辑。撷华书局1914年出版，四册。

本书分两编。第一编名《新北京》；第二编名《新北京指南》。第一编含：天象、地理、共和成立、宪法、议院、公署、官制、服制、礼制、清皇室、国旗、附录，共十二类；第二编含：教派、会社、军防、警察、学务、报馆、会馆、栈店、使馆、市廛、营业、服饰、饮食、存古（即名胜、古迹、文物等）、风尚、梨园、乐户、慈善、卫生、杂录，共二十类。本书成于民国初年，具有鲜明的时代特色，非常重视京城内的新生事物。如此书认为内城、故宫、三海形胜无关仕商，概从简略，对内外城新开的孔道详细注明以志焕然一新之盛。书中收录了各项新颁布的规章制度，皆按原文照录，未加增减，参考价值较高。"营业类"专载久已著名及最新发轫的事业。书中还穿插服饰、旗帜等图片多幅，力求图文并茂。

　　此书内容丰富，取材广泛，除会典志书外则依各项公报、各大报纸以及名人著述，并注重实地调查，详细地反映了新成立的民国的各个方面，是一部全面了解社会变革时期老北京历史的重要参考书籍。

《燕京纪游》

　　《燕京纪游》，张肇崧撰。民国三年（1914 年）铅印本，一册，432 页。

　　本书是一部民国初年记述北京风景名胜的游记和诗歌汇编。全书比较详细地记述了作者游览颐和园、孔庙、三海、雍和宫、陶然亭、圆明园遗址、香山、十三陵、西山等处的所见所闻。此书采用笔记的方式，系统性较差，但记载了一些其他书中不多见的内容。如书中比较详细地记载了惠山、怡春诸园遗址的情况。又如书中非常生动地记述了京西煤矿的开采状况，是研究北京工业史发展的珍贵资料。此外，有关北京社会风俗和民间生活的记载，书中也多有提及。本书为了解民国初年北京的山川名胜和社会风俗等提供了不少有用的资料。

《直隶省京华游览记》

　　《直隶省京华游览记》，庄俞等撰。商务印书馆 1916 年铅印本，一册，149 页。

作者介绍见前《西山》篇。

本书为《本国新游记》第一集，是一部北京以及周边地区的游记汇编。全书有《京华游览记》（包括京师图书馆、农事试验场、孔子庙国子监、雍和宫、什刹海、陶然亭、地坛、天坛、先农坛、万寿山昆明湖、北海、西山、玉泉山、太和殿、武英殿）、《游颐和园记》、《游西山记》、《居庸关游记》、《八达岭纪游》、《十三陵游记》、《张家口旅行记》、《北戴河游记》、《盘游小草》、《直隶口外游记》等十篇。卷首冠简明地图，末附旅行须知二篇：《北京指南》与《铁路价目表》，并插入照片多幅。

本书比较生动细致地展现了这些名胜古迹的自然风光、游览路线、轶闻趣事等，对研究北京地区的历史地理以及开发旅游资源有重要的参考价值。

《北游随笔》

《北游随笔》不分卷，孙承惠撰。铜江孙氏民国十六年（1927年）铅印本，与《北游续咏》合印。

《北游随笔》是作者于1914至1920年间寓居北京所撰的随笔，以杂咏为主，兼有游记和杂志。《北游续咏》为1921至1927年即作者77岁到83岁之间所作诗文。

两书所录诗文皆兴之所至，信手拈来，真实地表达了一位老人对民国初年北京世事变迁的看法。书中记载了北京名胜古迹、奇闻轶事、政治事件等等，内容丰富，是研究北京史较有价值的资料。

《京兆游记》

《京兆游记》，王文濡编。中华书局民国九年（1920年）铅印本，一册。

本书是一部北京游记汇刊，为《新游记汇刊》第一册。全书收集了清末民初描写北京的游记 25 篇。其中包括《京华纪游》、《公府游记》、《游琼岛记》、《北海游记》、《游北海记》、《清宫览古记》、《太和殿武英殿游览记》、《雍和宫游记》、《白云观游记》、《万生园游记》、《颐和园游记》、《西山游记》、《游玉泉山记》、《游昌平明陵记》、《居庸关八达岭旅行记》、《大房山记游》等。

本书为方便旅游，所选文章以实用为主，文字佳否次之，比较真实详细地反映了老北京的自然风貌、名胜古迹等方面的情况。

《仰遹居游记》

《仰遹居游记》，陈诜撰。民国十四年（1925 年）铅印本，一册。

此书是一部民国时期的游记汇编，共收录《妙峰山纪游》、《西山纪游》、《戒坛潭柘纪游》、《香山纪游》、《西郊纪游》、《东郊纪游》、《南北郊纪游》、《十三陵纪游》、《汤山纪游》、《房山纪游》、《山塘纪游》、《鸳湖纪游》、《西湖纪游》、《越中纪游》14 篇，其中绝大多数都是描写北京地区的游记。书中所记内容皆是作者游览过程中的所见所闻，内容非常丰富，包括北京的村庄寺庙、山川河流、名胜古迹、古树名木等，为了解民国时期北京地区的地理状况、自然风景等提供了丰富的资料。

《实用北京指南》

《实用北京指南》，徐珂编。上海商务印书馆 1920 年版、1921 年再版、1924 年增订三版、1926 年增订四版，一册。

徐珂（1869—1928 年），字仲可，浙江杭县（今杭州市）人。光绪举人，为《辞源》编辑之一。著述甚多，有《清稗类钞》、《梦湘呓语》、《纯飞馆词》等。

本书是民国前期最有影响的北京指南之一。内容分十编：地理、礼俗、宗教、法规、公共事业、交通、实业、食宿游览、古迹名胜、地名表。首有北京风景画 24 帧。地名表前冠《北京内城简

894

明地图》一幅，后为检字索引。增订本于《地名表》后加《新旧地名对照表》，以记最新变化。

本书之所以产生重大的影响，不仅因为其出版者是声名显著的商务印书馆，编者为清末民初著名学者，更是由于此书体例和内容都注重实用，颇具利用价值。本书在体例上编排得体，章节清晰，便于阅读和查阅。在内容上更是较他书详细，有关北京之事无论巨细，悉录书中，其中介绍实业的篇幅就多达 188 页，仅"羊肉铺"就用两页来介绍。民国初期北京之一切情形，皆可从中窥见一斑。此书在当时是一本备受关注的旅游指南，今天仍是研究北京史的重要参考资料之一。

《燕北游览小志》

《燕北游览小志》，黄金波撰。民国二十五年（1936 年）铅印本，一册。

本书内容分七个部分。一、过居庸关，主要记居庸关名称的由来和其险要山势；二、登八达岭，记作者一行登八达岭的艰苦经过和周边的地理环境；三、南口吊战场，记述南口名称的变迁，凭吊直奉战争南口之役的悲壮场面；四、谒明陵，记明十三陵的地理环境和存废情况；五、宿昌平，介绍了昌平城内的名胜古迹，如县立通俗图书馆、狄梁公祠、银山等处；六、汤山试浴，细致地介绍了汤山温泉的历史和现状；七、故都半日记，记游览故宫、天坛等处的情形。书前附长城、明陵、天坛等风景照片 7 幅。

本书游览路线较长，凡"燕北胜迹之稍稍著人耳目者，得其大凡"，对研究民国时期北京地区的名胜古迹有一定的参考价值。

《简明北平游览指南》

《简明北平游览指南》，金文华编辑。中华印书局发行，一册，70 页。

本书是一部民国时期的北京游览指南，为一簿册，分16项，说明甚简。全书简要介绍了北平内外城之沿革、气候、公署、交通局所、学校及公共机关、报纸、著名律师、著名医生、各行商号、名胜古迹、冶游处所及相关知识、交通状况等。书中有《明陵核实记》一文。

全书篇幅不大，但从政治、经济、文化等各方面勾画出了北京的全貌。它是了解民国时期老北京概况的首选书籍之一。

此书似因简要而颇有市场，屡次重版，从1931年第一版起，最迟者见有民国二十四年（1935年）第六版。

《西郊游记》

《西郊游记》，许兴凯著。北平师范大学1934年出版，一册，42页。为《国立北平师范大学乡村教育实验区民众小丛书》之一。

此书是一部记述北京西郊地区社会、自然风貌的游记。全书共分为九部分。第一至三部分记作者冬天游览西郊的情况，包括从香山到温泉、黑龙潭上、汤山洗澡；第四至第八部分记西山避暑，包括从温泉到大觉寺、金仙庵到妙峰山、滴水崖前、山僧说佛法；第九部分记妙峰山朝顶进香。

本书生动再现了20世纪30年代北京西郊冬日和夏季的自然风景、私家宅院、香山附近和汤山的温泉、妙峰山的宗教活动、山区平民的生活等诸多方面，还记载了不少当地的民间掌故、歌谣等，是研究北京环境史、社会史等的重要资料。

《最新北平指南》

《最新北平指南》，田蕴瑾编。上海自强书局1935年出版，一册。

本书是一本民国年间的北京游览指南。全书分为15篇，即：

"北平剪影"、"胜迹摘要"、"平市地名一览"、"风俗"、"游览须知"、"娱乐"、"出版事业"、"机关团体学校"、"艺术介绍"、"街头素描"、"商业汇集"、"违警罚法"、"社会工艺组织之记实"、"卫生"、"拾遗"。其中"地名一览"占最大篇幅，次为"胜迹摘要"，二者几占一半。

本书特别注意北平胜迹的由来、各娱乐场的情形以及有关北平古今考、风俗之类，每涉及此叙述较详。此书名为《最新北平指南》，对当时的最新事迹非常关注，比较具有时代特征。本书的特点在于反映市井生活甚为详细，如"街头素描"犹如一幅幅历史画卷生动地刻画出老北京的街头生活。

此书曾一再重版，今见民国二十七年（1938年）新增第八版，称为《最新北京指南》。

《燕京纪行》

《燕京纪行》，孙宝田著。民国二十四年（1935年）石印本，一册。

本书记载了1935年旧历四月，作者一行在北京十余天的经历。详细记载了作者游览太庙、中山公园、天坛、雍和宫、北海、北平图书馆、故宫博物院、农事试验场、国子监、颐和园、香山静宜园、西山八大处等名胜古迹的所见所闻。

本书采用旅游日记的形式撰写，系统性不强，作者又非久居北京之人，对京城也不甚了解，但记录了他书中少见的内容。如书中所记："平市洋车最多而价亦最廉。行十余里外，仅付银元一角，足见此处贫人之多，生活之艰。"又如书中记录了1935年在太庙举行的物产博览会"将所有国货，胥陈列于斯。庙之正殿以及两庑又成劝业场矣，观其制造精良，足驾舶来品之上。若能精益求精，价值从廉，则将来之发达宁有量耶。"本书所记各景点皆为作者亲历，并加以考证，有一定的真实性，对研究20世纪30年代老北京的风貌有一定的参考价值。

《燕都名山游记》

《燕都名山游记》，李慎言著。北新书局1934年铅印本，一册，154页。

本书是一部以名山为侧重点的北京游记汇编。全书分为"万寿山颐和园"、"玉泉山静明园"、"由七十二府到玉皇顶"、"香山静宜园"、"由狮子窝至演武厅"、"由石景山到长辛店"、"由黑龙潭到七王坟"、"由妙峰山到桃源村"、"汤山"等九部分。共有游记四十余篇。作者参考《顺天府志》、《春明梦余录》、《天府广记》、《北平指南》等新旧典籍，先简略介绍各景点的历史沿革，后主要记述作者游览名胜的所见所闻。所记内容虽以名山为主，也收录了静宜园之教育、门头沟之煤矿、妙峰山之香会以及有关先哲时贤的趣闻轶事等。

全书文字通俗易懂，对了解民国时期北京地区的自然风貌和人文景观以及开发旅游事业都有一定的参考价值。

《北平导游概况》

《北平导游概况》，北平市政府编。北平市政府民国二十五年（1936年）铅印本，一册。

本书是一部民国时期的简明北京游览指南。全书将北京景物分八部分介绍，分别是一、城垣，记内城、外城；二、故宫，记禁城、宫殿、景山；三、坛庙，记天坛、先农坛、孔庙、清太庙、大高元殿、堂子、雍和宫、黄寺；四、公园，记中山公园、中南海公园、北海公园、颐和园；五、城郊名迹，记国子监、观象台、钟鼓楼、什刹海、积水潭、崇效寺等二十三处；六、汤山，记行宫浴池，后湖；七、十三陵，记长陵和其他诸陵；八、长城，记居庸关和青龙桥。书后附录《市府文物整理计划》。此书简要介绍每处景点的地理位置、历史沿革、建筑规制、主要特色等。阅读此书可以比较全面地了解 20 世纪 30 年代老北京的旅游概况。

《我一游记》

《我一游记》，庄俞著。上海商务印书馆 1936 年出版，一册，270 页。

介绍见前《西山》篇。

本书是作者游览京沪杭等地所作的游记汇编。全书共载游记五十余篇，其中大部分篇幅都是记北京风景名胜。《京华记》记载游览京师图书馆、农事试验场、孔子庙国子监、雍和宫、什刹海、陶然亭、地坛、天坛、先农坛等地的经过。《旧都新记》记载游览中山公园、故宫博物院、古物陈列所、景山、南海、北海、玉泉山、颐和园等处的经过。还有《戒台潭柘记》、《居庸关记》、《十三陵记》、《北京看花记》等。

此书所记北京风景名胜非常详细，还记载了不少旧京的风土人情和轶闻趣事等，对了解民国时期北京的自然和人文风貌有重要的参考价值。

《北京景观》

《北京景观》，（伪）北京特别市公署社会局观光科编辑。北京特别市公署 1939 年版，1940 年订正再版，一册。

本书是一部官方编写的北京导游书籍，共收录风景名胜图片近百幅，包括大同云冈石窟图片一组。其中通州燃灯塔、汤山温泉、清真寺等照片较为少见。每处景点都辅以说明文字，简要叙述其位置、沿革和特点等。此书在同类书籍中内容较为丰富，为了解民国中后期北京的自然人文景观提供了生动而丰富的资料。

《游燕小记》

《游燕小记》，〔日〕井上钢太郎撰。东京井上氏此君草庐 1940年铅印本，一册。

本书是一部日本人撰写的北京游记。全书记述了作者入京后游览北京名胜古迹的见闻。主要包括紫禁城、故宫博物院、国子监、北海公园、景山、琉璃厂等地，介绍了这些名胜的建筑特点、建筑结构及内饰等内容。对当时北京的风土人情和社会状况也有所提及。

全书文字不多，但其从日本人的角度看沦陷时期的北京，有一定的参考价值。

《北平旅行指南》

《北平旅行指南》八卷，马芷庠著，张恨水审定。

马芷庠介绍见前《北平街巷志》篇。

张恨水，（1895—1967年），现代著名作家，原名张心远，江西广信人。著有长篇小说《金粉世家》、《春明外史》等。

本书是一部介绍北京旅行知识的通俗性专书。共八卷，从旧都沿革概略、名胜古迹、食住游览、旅行交通、工商物产、文化艺术、公共团体、社会公益、风土习俗等方面详细介绍了 20 世纪 30 年代的老北京。此书以游览为中心，介绍名胜古迹最为详细，不但考证溯源，而且叙述了当时的存留状况，约占总篇幅的百分之七十。书中某些史料的记载较他书详细。如卷二所记著名的中西饭馆、咖啡馆、娱乐场所、浴堂等，反映了旧京的饮食文化及大众生活；卷四所记北京各类工商物产，为研究北京经济史提供了翔实的资料；卷五所记大学、专门学校、中学、小学之设立以及沿革、学生人数、校长姓名等，对研究北京教育史大有帮助。

全书内容丰富，语言流畅，并附大量珍贵的铜版照片，图文并茂，真实生动。此书在当时几次再版，是一部热门畅销书，对于今天研究北京的名胜古迹和历史文化仍有重要的帮助。

本书有经济新闻社 1935 年版，经济新闻社 1938 年增订本；又，新华书局 1941 年版，改名为《北京旅行指南》；又，1997 年燕山出版社据 1935 年版重排本，书名改为《老北京旅行指南》。

《京沪平津行》

《京沪平津行》，云实诚著。前锋报社 1947 年出版，一册，108 页。

本书是《前锋报》社长云实诚游览南京、上海、北京、天津等地的记录。书中详细记述了作者游览北海公园、颐和园与碧云寺、中山公园与太庙、景山、天坛、地坛等地的经历。其中《建都问题》一文，列举出南京、上海、北京、广州、武汉等地做首都的优缺点，最后主张定都北京；《平津的文化新闻界》一文，对两地的文化新闻事业做了描写；《南京·上海·北平·天津与广州》一文，精辟地归纳出它们的总体特征。作者眼光犀利、文笔生动，除去名胜古迹之外，对北京的工商业、文化界、民间风俗等方面都有翔实的报道和评论。书中还将北京与各大城市相比较，使读者对当时的北京有横向的认识。本书是一部认识民国末期老北京的优秀书籍。

《古人笔下的北京风光：古代北京游记今译赏析》

《古人笔下的北京风光：古代北京游记今译赏析》，张散主编。中国旅游出版社 1992 年出版，一册，178 页。

本书在众多描写北京的游记中选出四十余篇，文章上始南北朝，下迄晚清，历时一千四百余年。作者既有当朝天子、文武大臣，也有普通文人和外地游客。风格各异，表现手法多样。所叙内容包括：山水风光、古迹遗踪、宫苑建筑、城垣街巷、岁时风俗、林泉野趣等。每篇游记均有今译、原文、赏析三部分，方便读者阅读。

此书是了解北京风景名胜历史的优秀读物，也具有一定的史料价值。

《燕楚游骖录·甲编》

《燕楚游骖录·甲编》二十卷，京汉铁路管理局编辑。民国间出版铅印本。

本书是一部记载京汉铁路沿线北京及河北地区历史、地理沿革的书籍。全书共二十卷，卷一至卷四为顺天府北京；卷五与卷六为房山县；卷七良乡县；卷八涿县；卷九新城县；卷十涞水县；卷十一与卷十二为易县；卷十三至卷二十依次为定兴县、容城县、安肃县、清苑县、满城县、完县、望都县、唐县，共一府十四县。此书采用方志体例，其中顺天府北京记述最为详细，分别介绍了京师的沿革、历代都邑、京城、边墙、山水、隄梁、历代政绩、武事、寺观、宫室苑囿、祠墓、陵寝、物产、风俗、丛谭、金石等。其余各县根据不同的特点略有调整。本书引用的史料相当丰富，正史类有《辽史》、《金史》、《元史》、《明史》等；志书类有《析津志》、《大金国志》、《元一统志》、《明一统志》以及历代县志等；专著类有《日下旧闻考》、《帝京景物略》、《春明梦余录》等；笔记杂著类有《天府广记》、《燕都游览志》、《王文恪集》、《长安客话》、《山行杂记》、《燕山丛录》等；此外还有以清乾隆御制诗为主的大量诗文。

本书史料的搜集面比较广，内容也相当丰富，虽然甚为零散，但对研究北京及周边地区的政治、经济、文化、地理等具有一定的参考价值。

北京历史文献要籍解题

《雍和宫游览指南》

《雍和宫游览指南》，雍和宫编辑。民国十一年（1922年）石印本，一册。

雍和宫原为雍正皇帝潜邸，乾隆年间改为藏传佛教寺庙，1916年向游人开放，因宫内殿阁众多，工作人员编此书专为游人引路。本书概述了雍和宫以及喇嘛教的沿革、介绍宝坊和昭泰门，并将各宫殿分为十六处，各处佛像物品、御笔额联分录于后，依次为：天王殿、温度孙殿、雍和宫、额木奇殿、永祐殿、东配殿、法轮殿、昭佛楼、万福永康延宁三阁、绥成楼、雅木得克楼、菩萨殿、关帝殿、西配殿、扎宁阿殿、参尼特殿。书首附《雍和宫全图》、《雍和宫碑文》。

903

《海王村游记》

《海王村游记》不分卷。陈孝威撰。

陈孝威，自称寂园叟，江苏江浦人，清末著有名的文物专家，著有《陶雅》、《瓷学》、《海王村游记》等。

"海王村"为北京著名文化街——琉璃厂的旧称。本书记载了作者所见所闻的金石玉器、古董字画等，并记述了大量相关知识。因所记内容大多来自海王村，故此书名《海王村游记》。

全书内容非常丰富，记载了不少珍贵文物，为研究清末北京文化、文物史提供了宝贵的资料。

现有清宣统二年（1910年）刻本；又有1917年铅印本，是日本人田中庆根据刻本择要抄录本。

《长城明陵游记》

《长城明陵游记》，李慎言著。北新书局1934年铅印本，一册，

62页。

本书是1934年4月作者游览长城及明十三陵所作的游记。本书先简要记录从西直门到青龙桥车站一路上的景观。接着详细叙述游览八达岭、居庸关长城以及明十三陵的过程，作者比较细致地描写了这些风景名胜的自然风光、地理环境、轶闻趣事以及当地人的生活状况等。此外，还记述与长城明陵相关的重要历史事件。书前有长城明陵风景图片六幅、作者肖像两幅。书后附《到清华去》一文。全书写实与抒情相结合，具有一定的文学价值和资料价值。

《颐和园导游》（增订本）

《颐和园导游》（增订本），许星园主编，朱竹坪编辑，金哲公校订。颐和园事务所1947年出版，一册，90页。

本书是一部民国时期的颐和园导游书。在此之前，本书曾有初稿，因仓促出版，于掌故考订多有缺略，编者重加考证增订成此书。于"湖河之疏浚注泻，官守之变置，堤岸桥梁之建筑，与夫一堂一斋之称名，征诸旧籍，参以所见，凡有意义可寻，均予增记"。

此书先介绍颐和园略史和官守。其后分前山、后山、谐趣园、南湖、沿堤、各桥六部分依次介绍颐和园各景点，分别介绍每处的名称由来、建筑格局、景观特点、历史变迁以及用途等，记载非常细致。乐寿堂玉澜堂两处为光绪皇帝所居，记之特详。书中将颐和园乾隆朝创置之意与末季重葺的情况相互比较，鲜明地表现出这座皇家园林的巨大变迁。由于玉泉山静明园与颐和园关系密切，故附录于后。本书内容丰富，考证精细，比较全面细致地展示了当时颐和园以及静明园的全貌，对研究两处的历史、开发旅游资源有非常重要的参考价值。

《简明万寿山游览指南》

《简明万寿山游览指南》，民国年间出版，一册，32页。

本书是一部民国年间出版的颐和园游览指南。此书首先概述从清漪园初建到颐和园开放这段时期内万寿山昆明湖之沿革。其后，分山前路之八处、山前之六小处、山后路之各处、园外之各名迹依次介绍万寿山及附近的各景点。分别介绍每处的名称由来、建筑格局、景观特点、历史变迁以及用途等。书中穿插佛香阁、无量殿、宝云阁等处照片十余幅。书后附万寿山各处对联录要。

全书虽然文字简洁，但是比较全面地反映了当时颐和园的概貌。此外，作者的观察比较细致，记载了一些他书中不多见的内容，如延年井、西海等，对研究颐和园的历史有一定的参考价值。

《增订故宫图说》

《增订故宫图说》，国立北平故宫博物院编。国立北平故宫博物院1936年铅印本，一册，60页。

本书是民国时期有关故宫的游览指南。当时故宫的参观路线分为中路及内东路、中路及外西路、外东路、内西路。本书依此顺序简要介绍了每路可以参观的景点，其余暂时不记，每路各附平面图并插入实地拍摄的照片30余幅。书中还有《各路陈列室一览表》、《景山图说》、《太庙图说》、《参观人须知》、《修正优待团体参观暂行办法》、《图书分馆阅览暂行简章》、《本院出版物目录》等。

全书文字简洁，图文并茂，为研究民国时期故宫的历史提供了生动的资料。

《故宫导游》

《故宫导游》，故宫博物院编辑。故宫博物院 1944 年发行，一册，38 页。

本书是一部民国时期的故宫旅游指南。全书按照当时开放的路线依次介绍各景点。分别记述了每处的位置、功能、建筑特色、掌故沿革等。其中对各宫殿处所的掌故沿革介绍最为详细，皆取自载籍中信而有征的内容。景山、太庙两处的说明，附列本编之末。书中还有《故宫博物院内东路及外东路开放路线图》、《故宫博物院中路及西路开放路线图》。

此书在诸多的故宫导游书籍中是比较严谨细致的一部，对了解民国末年故宫的情况及其掌故沿革有一定的参考价值。

《房山纪游》

《房山纪游》不分卷，陈诜著。民国十三年（1924 年）铅印本，出版者不详。

本书是作者于 1924 年 5 月同几位朋友一起游房山的游记。本书以时间先后为顺序，记载作者游览过程中的所见所闻。内容较为丰富，包括村庄、寺庙、碑铭石刻、河流瀑布、石花洞、云水洞、石经、石材、动物、树木等，它是了解房山自然环境、地理状况、风景名胜等方面的重要资料。

《游西域云居寺日记》

《游西域云居寺日记》，陈兴亚著。北平京城印书局 1932 年出版，一册，20 页。

云居寺位于北京西南房山区境内，距市中心 70 公里，是我国著名的佛教寺院，也是北京重要的风景名胜之一。本书是一部民

国时期游览云居寺的日记体游记。该寺以佛像、石经山藏经洞、唐辽塔群最为著名，故本书对其描写非常细致，

本书对于了解云居寺石经在当时的保存状况以及当地的自然和人文风貌有一定的参考作用。

《房山游记》

《房山游记》，李书华著。北平禹贡学会民国二十五年（1936年）铅印本，一册，46页。

李书华，字润章，河北省昌黎人，国际知名的物理学家和教育家，平生酷爱旅游，作有《游西陵记》、《游黄山记》、《房山游记》、《天台山游记》、《雁荡山游记》、《陕游日记》六篇游记文章。

《房山游记》是作者与友人游览房山的游记，共分六章，讲述了作者六日的行程。全书记述了周口店、上方山、云水洞、云居寺、石经山等名胜古迹，并插有地图和图片多幅。书中还介绍了周口店北京猿人化石采掘的情况。本书与其他游记不同，除描写风景之外兼有考证，比如书中考证了西域寺的沿革和房山石经刻制的起因经过等。此书由顾颉刚校阅，张江裁整理稿件，李至广绘制地图，夏纬英代订红叶植物名称。

全书文字严谨，考证精细，学术性较强，是研究民国时期房山地理状况和自然风景等方面的重要参考资料。

《房山游记汇编》

《房山游记汇编》，王毓霖编。中原书店1937年铅印本，一册。

这是一部明清及民国时期上方山游记的汇编。其中明人七篇，有周忱的《游小西天记》、徐渭的《上方山记》、袁宏道的《游红螺崄记》、曹学佺的《游房山记》、刘侗、于奕正的《上方山》、《云水洞》、《石经山》；清人五篇，有费密的《游上方山记》、李礼芯的《题上方山记游》、谢振定的《游上方记》、鳞庆的《游上方山

记》、释自如的《上方山记》；民国九篇，有蒋维乔的《大房山游记》、吴其辕的《上方山纪行》、傅增湘的《游房山红螺崄记》、周肇祥的《重游上方山及红螺崄记》、陈兴亚的《上方山游记》；李书华的《房山游记》、尹赞勋的《北平附近的一大奇迹》、法国蒲意雅的《记石经山西峪寺》和《记上方山》。所辑游记，不重辞华，唯取其记载翔实、有裨考证者，或全收，或节录。明代各家游记，因时久远，数量稀少较为珍贵；清人各记写景述事已极明确；民国各家所记尤为缜密。比如蒋氏记云水洞景，详列其名，历言其状；李书华于详记游程外，并记其岩质，统计经石，分别列表，更述猿人之迹，纯属学术探讨；尹赞勋的《北平附近的一大奇迹》除记事之外，还说明云水洞地质时代，洞之成因，并引欧洲各石洞之形状作比较。书后附录日本人太田喜久雄《华北之地势与地质》、《房山西峪云居寺碑目》和《房山游览路程图》、《上方山云水洞》、《石经山西域寺》三图。

本书对了解上方山地区的地理环境、地质水文等提供了宝贵的资料。

《游山专号——房山》

《游山专号——房山》，《艺林月刊》编辑。《艺林月刊》发行所1930年出版，一册，40页。

本书汇集了江安傅沅叔（增湘）、绍兴周养庵（肇祥）、吴兴徐森玉（鸿宝）、长汀江翼云、建始周立之、泰县凌直支（文渊）六先生，先后游百花、莲花诸山，所作游记题名诗篇。全书计游记六篇，诗作、题名、感赋56首，照片、碑刻拓片36幅，反映了房山境内百花山、莲花山、大寒岭、黑龙关村等地的自然、人文、地理情况。

1933年《艺林月刊》又将傅沅叔、周养庵等人于1932年游览房山红螺三崄的游记、诗词等刊印发行，名《幽燕奥室》，为《游山专号》第四卷。此书主要反映了华严洞、玉斗泉、红螺寺等地的秀丽风光。

两书作者都是文化界颇有影响的著名学者,且性好游览,足迹遍天下。每篇文章都笔墨精练、文采飞扬,集知识性和文学性于一身,为研究民国时期房山历史地理的重要参考资料。

《西山纪游诗》

《西山纪游诗》不分卷,汪文柏撰。清康熙四十年(1701年)序刊本。

汪文柏(约 1662—1722 年),字柯庭,浙江桐乡人,学问渊博,工诗善画,好收藏书法名画,是清初著名的藏书家。

作者于康熙四十年(1701年)游览西山,作纪游诗多篇,后将其编刻成是书。全书比较详细地记载了作者游览慈寿寺、皇姑寺、翠微峰、杏子口、秘魔崖、灵光塔、尸陀林、宝珠洞、深雪堂、香山寺、玉泉山、卧佛寺等处的所见所闻。

此书采用笔记的形式,所记内容并不全面,但却有不少他书中少见的材料。如《香山寺和雪峰作》一诗,详细记载了香山寺的破败景象。又如,《碧云寺》一诗,细致地描写了魏忠贤等明代宦官坟墓的情况。本书为研究清初西山的风景名胜提供了重要的史料。

《游西山记》

《游西山记》,原题清晓斋书。清光绪二年(1876年)写本,两册。

本书是清光绪二年(1876年)七月作者携友人同游西山后所作的游记。全书以游览路线为先后顺序,记载了作者游览西山的经过,游览景点以西山八大处为主,即长安寺、灵光寺、三山庵、大悲寺、龙泉庵、香界寺、宝珠洞、正果寺等八处。

作者对西山并不熟悉,书中记自然风光和地理环境较为细致,极少有考证的内容，所记景点的名称也比较模糊。

此书首都图书馆有藏。

《西山纪游》

《西山纪游》，谭新嘉撰。民国间稿本，一册。

谭新嘉，浙江嘉兴人，现代著名学者，早前留学日本，精通版本目录学，著有《嘉兴谭氏家谱》、《嘉兴谭氏遗书》、《梦怀录》等。

本书是作者1918年9月24日，即夏历八月二十日游览玉泉山、静明园、碧云寺、卧佛寺等地的经过。书后附玉泉山考。此次时间仓促，所描写的西山风景并不细致，但本书记载了此次游览的具体时间，几时几分到某处，几时几分离某地都详细记录，具有鲜明的时代特色。

此书国家图书馆有藏。

《西山游记》

《西山游记》不分卷，周大封撰。民国年间铅印本，一册，182页，封面题《周知玄西山游记》。

作者于1919年农历五月初八至初十与好友同游西山，本书是记这段行程的游记。凡"踪迹所至，记以道里，附以村墟，率尔成篇"。西山以禅刹、洞府居多，作者共游览禅刹十三处，介绍了它们的历史渊源、逸闻趣事以及周边的自然地理环境等。其中潭柘寺、戒台寺、西峪寺、极乐峰、上峰山等为西山名胜，是好游人士必至之处，有关这些地方的描写也更为详细。书中对于翠微、卢师、潭柘等西山主要山峰的景色描写也非常细致，作有诗文多篇。本书除写景之外，还记录了浑河沿岸的农田水利和门头沟煤矿等。

全书内容丰富，观察细致，为研究民国初年西山地区的地理环境、风物历史等提供了较为重要的资料。

（六）水利、地质及其他

《皇都水利》

《皇都水利》不分卷，明袁黄撰。

袁黄，字坤仪，号了凡，浙江嘉善人。明万历十四年（1586年）进士，授宝坻知县。后七年，擢兵部职方司主事。后因事罢官回籍，专心研究天文历法、河渠水利、屯田赋役等事。著作有《宝坻劝农书》、《历法新书》、《了凡纲鉴易知录》、《皇都水利》等。

本书开篇"论建都当兴水利"，强调水利对都城的重要作用。接着将与京城相关的"各水源流附列于左"，包括：北易水利、南易水考、二易合考、涞水考、卫河考、白河考、卢沟河考、滹沱河考、大通河考。作者详细考证了上述河流的源流、河道变迁、相关水利工程等方面的内容。书末开田御寇、畿内田制、开田赏功、沿海开田、调停谤议等诸论从实际情况出发，提出了各项发展北方水田、缓解漕运压力、巩固明朝统治的建议。卷首附《皇都众水图》。

作者曾任宝坻县令，对京畿水利颇为关注，故本书内容丰富，可信度较高，是研究北京及周边地区水利史的重要资料。值得一提的是书中简要介绍了京城附近可以开水田之地，这为研究北京环境变迁提供了参考。

本书现有明万历三十三年（1605年）建阳余氏刻了凡杂著本，国家图书馆有藏；又，齐鲁书社 1996 年影印本，在四库全书存目丛书编纂委员会编《四库全书存目丛书》史部第 222 册。

《潞水客谈》

《潞水客谈》一卷，附录一卷，明徐贞明撰。

徐贞明，字孺东，江西贵溪人。生年不详，明万历十八年（1590年）卒。明隆庆五年（1571年）进士。曾任浙江山阴县知县、工科给事中、尚宝司丞。任工科给事中之时，徐贞明就曾上疏，开发京畿水利，"被谪时至潞河，终以前议可行，乃著《潞水客谈》以毕其说"。

全文论述了北方兴水利的14条好处，驳斥了反对意见，并经过详细论证，建议充分利用河流、湖泊、泉眼等水源，发展北方水田，缓解东南地区漕运压力。作者还给出了比较切实可行的具体办法。此文仅约5700字，却简要概述了北方地区尤其是京畿地区的水利状况，对研究明代北京及其周边地区的水利有一定的参考价值。

现有明万历刻本，宁波天一阁文物保管所有藏；又，清咸丰元年（1851年）南海伍崇曜粤雅堂刻本，在《粤雅堂丛书》初编第二集，国家图书馆有藏；又，1984年江苏广陵古籍刻印社影印本，1995年再版；又，四库全书存目丛书编纂委员会编《四库全书存目丛书》史部第222册，据天一阁文物保管所藏明万历刻本影印。

《通惠河志》

《通惠河志》二卷，明吴仲撰。

吴仲，字亚夫，号剑泉，江苏武进人，正德进士。嘉靖初任巡按直隶监察御史，官至处州府知府。

《通惠河志》是一部记载明代中期通惠河改建工程的专志。通惠河即元代郭守敬主持开凿的人工运河，属于京杭运河的一段。明初此河曾一度湮废，明嘉靖六年御史吴仲建议重浚，朝廷批准，七年完工，工成遂著此书，奉旨刊行。全书共两卷。卷上有通惠河源委图、通惠河图，并依次为通惠河考略、闸坝建置、公署建置、修河经用、经理杂记、夫役沿革、部院职制。卷下为奏议、碑记。它是现存最早的北京河渠专志，所存史料丰富翔实，对研

912

究北京水利史、经济发展史有重要的参考价值。

《通惠河志》始刻于明嘉靖十二年（1533 年），有：明嘉靖三十七年（1558 年）刻本，汪一中等人对此书考定再版，书首有汪氏所撰序文；又，明隆庆五年（1571 年）刻本；又在 1941 年郑振铎先生所辑《玄览堂丛书》第三十六至三十九册；中国书店以《玄览堂丛书》中的影印明刻本为底本，对《通惠河志》进行了校勘标点，1992 年出版，书后附元明清三代《通惠河文献摘录》以及《四库全书总目·通惠河志提要》。

《直隶五道成规》

《直隶五道成规》五卷，清工部颁。清乾隆八年（1743 年）工部刻本。

五道即清河道、永定道、通永道、天津道、大名道。清乾隆初年，直隶河道所行做法成例均有浮多，故乾隆八年（1743 年）决定根据各河道特点重新颁定河工用料规格和单价的规定。书中规定不同河段土质不同，挖取的工价不同。工人按工种不同，也有不同工价。此外，对物料验收、保管和消耗，另有专门记录和核查制度。

此书对研究北京水利史有一定的资料价值，也为现代北京的河道治理提供了借鉴。

《永定河志》

《永定河志》十九卷，卷首附录一卷，清陈琮纂修。

陈琮（1731—1789 年），字国华，号蕴山，清代治水专家，官至永定河道台。

此书是现存最早的永定河专志，成书于清乾隆五十四年（1789 年）。卷首附谕旨纪、宸章纪、巡幸纪，收录清朝历代皇帝的谕旨、御制诗文、巡视河工等。全书内容主要分五部分：一曰

"图"，包括永定河简明图、永定河源流全图、永定河屡次迁移图、沿河州县分界图；二曰"表"，包括两卷职官表；三曰"考"，包括古河考、今河考、工程考、建置考；四曰"奏议"；五曰"附录"，包括古迹、碑记。

作者长期管理河工，任永定河道台多年，治理河务之余，广泛收集古今有关永定河的资料，悉心考证校订，编成此志。此书记述了永定河的历史变迁、水旱灾害状况以及历代治河的功绩与教训等，并收录了谕旨、奏议、碑帖等与永定河相关的史料，较为全面地展示了永定河历史全貌，是一部极有价值的史志。

现有清乾隆五十四年（1789 年）钞本，北京大学图书馆有藏；又，清乾隆年间钞本，存十二卷，国家图书馆有藏；又在续修四库全书编纂委员会编《续修四库全书》史部第 850 册。

《永定河志》

《永定河志》三十二卷，卷首附录一卷，清李逢亨纂修。清刊本。

李逢亨（1744—1822 年），字垣斋，号培园，陕西平利县人，清代治河专家。曾任永定河南岸同知、河间府知府、永定河道东河总督等职，前后从事与永定河务有关的职务达十五年之久。

这部《永定河志》成书于嘉庆二十年（1815 年）前后，卷首附《诏谕》一卷，此后则将具体内容分为八门：一曰"绘图"，包括永定河源流全图、六次改河图和沿河州县分界图；二曰"集考"，包括永定河河源、两岸减河、流河淀、河源分野、河源河道及历代河防等；三曰"工程"，包括石景山工程（则例、桥式）、南北岸工程、疏浚中泓（则例、闸坝式）、三角淀工程（疏浚下口、则例）、修守事宜等；四曰"经费"，包括岁修抢修疏浚、累年销案、兵饷、河淤地亩、防险夫地、柳隙地租、苇场地亩、香火地亩、祀神公费、香灯银（附书吏饭银）等；五曰"建置"，包括碑亭、行宫、祠庙、衙署等；六曰"职官"；七曰"奏议"；八曰

"附录"，包括古迹、碑记和治河摘要等。

本书在体例上大致与陈琮纂修的《永定河志》相仿，加以调整，比其更加系统。内容上，"绘图"、"集考"、"工程"、"经费"等部分多因袭前志，无甚多创新；"职官"、"奏议"等部分增加了不少清乾隆五十四年（1789 年）以后的内容。总体上说，本志是对陈琮《永定河志》的调整和补充。

现有清嘉庆间刻本，国家图书馆有藏；又，清刊本，首都图书馆有藏。

《永定河续志》

《永定河续志》十六卷，卷首附录一卷，清朱其诏纂修。

朱其诏，江苏宝山人，监生出身，字号及生卒年不详，曾官永定河道。

《永定河续志》，成书于清光绪六年（1880 年），其内容体例大致依照旧志。《自序》云："谕旨仍恭录简端，其绘图、工程、经费、建置、职官、奏议、附录七门，沿旧例。"与前志相比，本书有自己的特点。例如，书中绘图仿照当时著名地理学家李兆洛《大清一统舆地全图》"按分计里"的方法，重新绘制。又如本书将编纂重点放在防汛方面，某些"非防汛所急"之地，忽略不计。总体上说，较之前两部《永定河志》在编纂体制方面，有了进一步的完善。

现有清光绪七年（1881 年）刻本；清光绪八年（1882 年）重刻本。

《畿辅安澜志》

《畿辅安澜志》五十六卷，清王履泰撰。

王履泰，江苏吴江人，嘉庆时因献出此书受到皇帝的嘉奖，发北河效用。关于此书的作者，历来有赵一清、戴震以及戴剽窃赵或王剽窃戴等争议。学术界比较倾向于：王剽窃并增删戴稿是事实，书名王履泰所定。

本书成于清嘉庆十二年（1807 年），是一部记录此前北京及其周边地区河渠水利的专著。全书分 24 篇，考证了永定河、桑干河、唐河、沙河、滋河等 24 多河道。每篇又分 11 门，分别为"溯其源流则曰原委、寻其旧迹则曰故道、旁及余水则曰附载、捍御有方宣泄有资则曰堤防、工有险易汛有专属则曰工汛、以通津梁则曰桥渡、以利疏浚则曰修治、以资工料则曰经费、以重管辖则曰官司、以报功德则曰祠庙、以资稼穑则曰水利；如篇有不备则阙之事可散见则略之，而不拘于一例也"。

此书特点大致有三：一、内容丰富，所用资料包括古今地理典籍、史志方志、档案碑帖等等；二、考证精详，若古书今志中有讹误者，皆为辨正；三、条理清晰，全书所记河道纵横交错，内容广博浩繁，却能纲举目张，有条不紊。

本书考证的河道中，永定河、榆河、清河、潮河、白河、大通河等都流经北京境内；桑干河、滦河、蓟运河等都与北京有重要的联系。所以此书是研究北京水利史的重要参考资料。

现有清嘉庆十三年（1808 年）武英殿聚珍本；清光绪二十五年（1899 年）广雅书局刻本；又，在续修四库全书编纂委员会编《续修四库全书》史部 848 至 849 册。

《畿辅水利四案》

《畿辅水利四案》四卷，附录一卷，清潘锡恩撰。清道光三年（1823 年）刻本。

潘锡恩（1785—1866 年），字芸阁，安徽泾县茂林潘村人。清嘉庆十六年（1811 年）进士，选庶吉士，授编修，继为武英殿纂修、国史馆协修。历任光禄寺卿、经筵讲官、汉中正漕官、江南河道总督、漕运总督等。其主持治河工程多有建树，道光二十四年（1854 年）兼漕运总督，得十年无患。潘锡恩一生著述丰富，有《汉书地理志补注》、《乾坤正气集》等，与俞正燮等合编《续行水金鉴》，还参与纂修《大清一统志》等。

本书主要有四部分，分别为畿辅水利初案、二案、三案、四案。作者从清代的皇帝上谕、历朝实录、朱批奏折、先臣章疏内，摘录出"吁谟宏远，擘画精细"者，并"取前人论说有助经理者附焉"。书中主要记雍乾两朝之事，内容相当丰富，包括河流走向、营田水利、筑堤建坝、疏浚河道等等。书后附录一卷，有圣谕三道以及从文献中抄录的有关畿辅水利的文章。因清代官书的写作向来较为严谨，故本书为研究清代畿辅水利提供了较为可靠的参考资料。

《畿辅河道水利丛书》

《畿辅河道水利丛书》，十册，清吴邦庆辑。清道光四年（1824 年）刊本。

吴邦庆，字霁峰，顺天霸州人。清嘉庆元年（1796 年）进士，选庶吉士，授编修。历任鸿胪寺少卿、山西布政使、湖南巡抚、河东河道总督等，熟悉河漕事务，辑《畿辅河道水利丛书》。丛书内容如下：

《直隶河渠志》一卷，清陈仪撰。

陈仪（1670—1742 年），字子翙，顺天文安人，清代著名水利专家。康熙五十四年（1715 年）进士，改庶吉士，散馆授编修。官至翰林院侍讲学士，充霸州等处营田观察使。本书是其经理营田时所作。全书记载了海河、卫河、白河、淀河、东淀、永定河、清河、会同河、中亭河、西淀、赵北口、子牙河、千里长堤、滏河、宁晋河、凉水河等二十余条直隶境内主要河流的河道变迁、水旱灾伤、营田水利等。陈仪身为水官多年，于水性地形颇为熟悉，所以记载当时形势的内容较多，考证沿革的文字较少。本书对了解清前期北京及其周边地区河渠的状况有重要的参考价值。

《陈学士文钞》一卷，清陈仪撰。

此书收录了陈仪所撰有关河道水利的文章八篇，包括《直隶河道事宜》、《文安河堤事宜》、《请修营田工程疏》、《与天津清河两道咨》、《后湖官地议》、《四河两淀私议》、《永定引河下口私议》、《治河蠡测》。由于陈仪致力于畿辅地区的河道水利多年，所以本书所录文章对研究北京地区的水利史有一定的参考价值。

《潞水客谈》，明徐贞明撰（另有文）。

《怡贤亲王疏钞》一卷，清允祥撰，清吴邦庆编。

允祥（1686—1730年），康熙皇帝第十三子，世宗继位封怡亲王，死后予谥曰"贤"，故又称怡贤亲王。雍正年间允祥长期奉命总理畿辅水利事宜，颇有成效。本书抄录其经营水利时的奏疏十余篇，有《敬陈水利疏》、《请设营田专官事宜疏》、《请磁州改归广平疏》、《敬陈畿辅西南水利疏》、《请设河道官员疏》、《敬陈京东水利疏》、《恭进营田瑞稻疏》等。附《李光地请开河间府水田疏》、《李光地请兴直隶水利疏》。

《水利营田图说》一卷，清陈仪撰，清吴邦庆补修。

清雍正年间，设京东、京西、京南和天津等营田四局，大力发展畿辅地区的水田。陈仪撰《水利营田册说》主要记载营田经过和实效。吴邦庆认为此书有说无图，终未尽善，便"取诸州县舆地计里开方成图37幅，其营田坐落村庄细为胪列"，成《水利营田图说》。

《畿辅水利辑览》一卷，清吴邦庆撰。

本书是吴邦庆从历代典籍中抄录的有关水利的文章，包括宋何承钜《屯田水利疏》、元虞集《畿辅水利议》、明汪应蛟《海滨屯田疏》、董应举《请修天津屯田疏》、左光斗《屯田水利疏》、张慎言《屯田疏》等。对了解北京地区的水利史有一定的参考价值。

《畿辅水道管见》一卷，附《畿辅水利私议》一卷，清吴邦庆撰。

本书记载了永定河、北运河、南运河、清河、子牙河五道畿辅地区主要河流的沿革与当时状况。全书虽然文字不多，但对研究清后期北京的河道水利提供了资料。又著《畿辅水利私议》，表达了作者对整治河渠的观点，因篇幅不多，附录于后。

《泽农要录》六卷，清吴邦庆撰。

本书是专论畿辅地区泽地农业的专著。全书共六卷，讲述了授时、田制、辨种、耕垦、树艺、耘耔、培壅、灌溉、用水、收获等。每章前有作者引言，是作者的实践心得，对了解北京地区的农业有一些参考价值。

《畿辅水利议》

《畿辅水利议》不分卷，清林则徐撰。

林则徐（1785—1850 年），字元抚，又字少穆，晚号俟村老人，福建侯官人。清嘉庆十六年（1811 年）进士，入翰林院为庶吉士，授编修，累迁至湖广总督。道光十八年（1838 年）钦命为钦差大臣，赴广东查禁鸦片。后被遣戍伊犁，释回，病死途中。他是晚清著名的政治家、民族英雄，也是一位水利专家。

本书是道光十二年（1832 年）林则徐任东河河道总督时所撰，是有关京城一带的水利计划蓝图。书首有作者自序，其后为标题十二："开治水田有益国计民生"、"直隶土性宜稻有水皆可成田"、"历代开治水田成效"、"责成地方官兴办无庸另设专官"、"劝课奖励"、"缓科轻则"、"禁扰累"、"破浮议惩阻挠"、"田制沟洫"、"开筑�压田地计亩摊拨"、"禁止垦碍水淤地"、"推行各省"。书中阐明了林则徐的治水理念，突出了他"重水利，轻漕运"的思想，强调"有水皆可成田"，甚至沿海碱卤之地也可变成良田。并且提出了兴修水利、发展稻田、缓解漕运压力、根除漕政弊端等方面的相关建议和具体办法。

此书取宋至清诸家水利专著、汉唐以来各史志及作者多年经验汇聚而成，材料丰富，书之有据，为研究北京周边地区的河渠水利、地理环境等提供了参考。

现有清光绪二年（1876 年）三山林氏刻本，附《林文忠公事略及国史本传》；又，清光绪三年（1877 年）三山林氏刻本。

《直隶五河图说》

《直隶五河图说》一卷，黄国俊撰。民国四年（1915 年）铅印本。

民国二年（1913 年），内务部令直省凡河道所经地区，切实调查绘图贴说，以图制定根本救治河道的计划。黄国俊受命负责此事，召集技术人员前后两年编写成此书。

本书收录民国四年（1915 年）秋季，直隶河道测勘处绘《直省河道平面总图》、《各河大横线剖面总图》、《五大干河剖面总图》等三图。并有《直隶五干河汇津达海图说》、《永定河图说》、《大清河图说》、《子牙河图说》、《南运河图说》、《北运河图说》等文。此书三图，均采用近代方法绘制，勘测细致、比例合理、标注清晰，五大河"地势之高下，水流之疾徐，河道之广狭"均能知其大概。本书文字部分，议论甚详，考证浩博，记述了直隶五大干河的河道变迁、汇津达海、水势涨落、脉络分合以及疏浚之法、勘测之工等等。全书图文互证，内容清晰，为当时治河者了解直隶河道局势、因病施方提供了重要的参考资料。其对北京水利史的研究，至今仍有较高的资料价值。

本书另有民国二十八年（1939 年）石印本，又称《重印直隶五河图说》。

《直隶河防辑要》

《直隶河防辑要》，于振宗编。民国十三年（1924 年）铅印本，一册。

作者搜集畿辅志乘，网罗数载见闻，辑成此书，共六章。第一、二章为历代及前清管河员司考；第三章记民国后管河机关之改组及经费之规定；第四章总论各河水系概况和各河受病原因；第五章收录了直隶河防每年例办各项要政；第六章为直隶河防大事记。

此书内容较为丰富，为研究民国时期北京的河防水利提供一些参考资料。

《永定河疏治研究》

《永定河疏治研究》，张恩祐编。老成印书馆 1924 年出版，一册，116 页。

本书主要研究永定河河防事务、河道受病原因以及历代变迁情况。共十一章，其中有"永定河的源流、历代之变迁、支流"、"河防之概要"、"永定河河务局的官制及经费"、"每年例办各项要政"、"河防联合会之组织"、"顺直水利委员会整理永定河计划大纲"、"永定河治本治标办法之我见"、"永定河之水利"等。第十一章"结论"，阐述其治河观点，详细介绍了"植柳"这一治河方法。附永定河源委支流总图等。

此书内容虽然比较简单，但条理清晰、重点突出、观点明确，对了解永定河治河工程的概况大有帮助。

《顺直河道治本计划报告书》

《顺直河道治本计划报告书》，顺直水利委员会编。1925 年铅印本，一册。

1917 年华北发生大水灾，1918 年顺直水利委员会在天津成立，主要负责海河、黄河流域的水利行政。本书是该委员会编制的治河报告书。卷首记述了顺直水利委员会成立起源、组织和财政状况。正文共七部分。一、流量测量，记录直隶各大河的最高水位、洪水量、河流挟淤以及直隶雨量统计；二、地形测量，详细记录了测量直隶地形、水准的经过和结果；三、已成之治河防水工程，记永定河堵口工程，北运河部分挽归故道等已经完成的水利工程；四、直隶河道之概说，记气候与河道的关系；五、直隶省内之河系，记蓟运河、北运河、永定河等河道状况；六、治水问题，记直隶各大河性质相同点、造林、蓄水池等；七、整理各河计划，记整理各大河的计划。并附图表 38 张。

全书主要记 1917 至 1925 年之事，考证精细、内容丰富，对研究该时段北京地区的水利史和新时期北京市进行河湖整治有重要的参考价值。

《京畿除水害兴水利刍议》

《京畿除水害兴水利刍议》，武桓撰，张雅南、侯光陆校。新新印书局 1926 年铅印本，一册。

武桓，直隶香河县人，他对顺直水利委员会的治河计划不满，所以撰写本书，提出自己对京畿地区除水害兴水利的看法。全书共十八章，大致可以分为四部分。第一至三章，讲水、水害和京畿河务的现状；第四至七章，讲京畿水害的情形、原因、关系以及除水害的方法；第八至十五章，记录了京畿水利的著名论说和水利成效，提出了兴水利的方法、机关、经费、机会等，并针对疑难问题进行了解答；第十六至十八章，讲京东河道问题形成的经过和与京畿水利相关的因素。书中附《京畿河道图》等三幅大图，封面有四言诗。

作者生长于京东地区，对当地情况颇为熟悉。所以，他指出的京畿水害形成的原因，较为精辟、全面，尤其是对人为原因的分析，非常透彻，为他书所少见。他还严厉批评了顺直水利委员会只重视海河流域、不顾及京东地区的治河计划，在实地考察、系统分析的基础上，提出了系统的治河方法，包括整理河道、改组治河机关、抓住时机等等，颇具可行性。此书对研究京畿地区水利史和当今整治河湖都有重要的参考价值。

《顺直河道改善建议案》

《顺直河道改善建议案》，熊希龄撰。民国间北京慈祥印刷工厂石印本，一册。

作者简介见前《香山慈幼院发展史》篇。

顺直水利委员会于1918年成立，专门负责华北地区的河道治理工作，1928年改组。会长熊希龄将本会历年办理情形，综括其重要而附述其所见，编成是书。本书共甲、乙两部分。甲篇为"治标工程"，有"三岔口截直工程"、"北运河培堤工程"、"附带永定河堵口工程"等；乙篇为"治本计划"，有直隶五大河河道的改善计划、河道治理的经验教训、河道变迁的隐患等。

此书是对顺直水利委员会多年工作得失的概括性总结，并且指出了不足，提出了改善方案。它为北京水利史的研究提供了资料，也为今天治理北京河道提供了经验。

《京畿河工善后纪实》

《京畿河工善后纪实》十六卷，顺直水利委员会编。编者自刊铅印本。

1917年京畿、直隶一带发生大水，直隶五大河流（永定、大清、子牙、南、北运河）泛滥成灾。当时有19000个村庄被淹，635万余人无家可归。为整治河道泛滥，1918年成立了顺直水利委员会。本书汇集了1919年冬至1928年熊希龄在顺直水利委员会督办河工时的重要案卷。全书八册，分十六卷，有组织、筹备、测量、堵筑、补助、特工、春工、监防、民工、疏浚、勘查等，内容丰富，卷帙浩繁。

此书为研究民国时期的北京河防提供了重要的参考资料，给今天的河湖整治、抗洪救灾工作也提供了一些借鉴。

《玉泉源流整理大纲》

《玉泉源流整理大纲》，北平市工务局编。北平市工务局1929年出版，一册，12页。

正文页书名题《北平特别市工务局玉泉源流之状况及整理大纲计划书》，内有泉源及分流、水量汇集及分配之大概、管理事权之统一、目前之整理工作等四章。书末附北平河渠略图，卧佛寺、碧云寺、香山泉源及石沟图，玉河上游形势图等四幅。

玉泉山泉水是北京最重要的水源，京城各大水系都与其有密切联系。本书分析了玉泉源流水量的近状和分配情况，并介绍了高水湖、昆明湖、长河、萧家河、护城河、积水潭等玉泉分流的状况，最后还提出了一系列的整理方案。此书为研究 20 世纪 20 至 30 年代北京的城市水系提供了宝贵的资料，也为今天整理北京水资源提供了借鉴。

《永定河治理工程计划书》

《永定河治理工程计划书》，孙庆泽编。永定河务局 1931 年出版，一册。

本书是作者任永定河务局局长期间编写的治理该河的计划书。作者先分析永定河支流、干流的河流概况。后提出了四种治河方案，力主放淤灌田易水患为水利的治河策略。一、维持现状，内分为：堤埝加高培厚、堵筑旧决口、裁弯取直、修补卢沟减坝；二、治标计划，内分为：建筑挑水坝顺水坝堰坝、建上游水库、疏浚三角淀河漕；三、治本计划，内分为：造林、筑坝、改道；四、水利计划，内分为：开渠、灌溉、放淤。书中还附图表 20 余幅。

本书是对顺直水利委员会所做工作的补充，并弥补了其工作中的不足，对整治永定河有较高的参考价值。

《永定河治本计划》

《永定河治本计划》，华北水利委员会编。华北水利委员会 1933 年铅印本，四册。

1918 年北洋政府在天津成立顺直水利委员会，1928 年改组为华北水利委员会，有众多知名水利专家参与其中。本书是该委员会制定的治理永定河的计划书。

全书共七章，分别为"永定河及其流域之形势"、"永定河之水灾与其治导之沿革"、"治本计划之根据——水象"、"拦洪水库"、"下游之整理"、"泥沙之处理"、"结论"。书中还附有大量图表，采用当时先进方法，精心绘制。

与以往治河专著相比，此书所占有的资料最为丰富翔实。华北水利委员会的技术人员前往上游实地调查，历时三月，行程六百公里，关于永定河各支流形势、流域内之情形、泥沙之来源、水库灌溉水力等等，均有详尽之报告。又采用该委员十余年来的水象记录以及大量历史资料，作为本计划的根据。本书在占有充分资料的基础上，提出了一系列"效用最大，阻力最小，经费最省"的治河计划，主要项目有：拦洪工程、分洪工程、减沙工程、河道整治等。该计划还十分重视勘测研究，提倡模型试验，以提高治河功效。由于抗日战争爆发，该计划未及全面实施，但其作为最早的全面、系统、彻底地治理永定河的蓝图，对今天北京市进行河湖整治及永定河开发利用都有重要参考价值。

《华北降水量》

《华北降水量》，吴树德主编。建设总署 1940 年铅印本，四册。

本书是记录民国时期华北地区降水量的统计表。1939 年，天津测候所收集整编了华北地区 130 个常年雨量站、28 个汛期雨量站截至民国二十八年（1939 年）的降水量资料。每雨量站分刊一小册；汛期站凡二十处，合刊一小册。分装四卷。第一、二卷所列各站，当时仍继续观测；三、四卷所列各站，已于"七七"事变后中止。此外，总汇各卷精奥之处而总汇一卷。每卷详列各站的统计情况，并附以各河系统流域图、逐月全年雨量同深线图、各站每月平均雨量图、索引等项。因各站记录年限，参差不齐，不足表现正规的变化，又拟《华北降水量之研究》一文，略示其概况。

尽管此书并不能全面地表现华北地区的降水量分布，但在同类资料紧缺的情况下，其仍然是研究北京气候史的珍贵资料。

《直隶五大河源流考》

《直隶五大河源流考》一卷，不著撰者姓氏。民国年间铅印本。为《河务季报》第九期。

本书主要考察北运、永定、大清、子牙、南运五河的源流脉络，蓟运河源流附后。全书依史例分为纲目，以正源正流为纲，别源支流为目。其最注重考证各河之流域及水道变迁，因"各河别流所受诸水为河流所从出"，故记载也非常详细。除此之外，所有考据均从略。本书所据资料均取近人所著，如直隶河道勘测处所测《五河汇津达海图》、直隶警务处绘图局所测《直隶全图》等。全书考证详细、准确，是研究北京地区河道源流的重要资料。

《华北区水文资料》

《华北区水文资料》，水利部水文局编。水利部水文局 1954—1956 年出版，二十册。

新中国成立后，水利部水文局按流域或大行政区分册刊印了1949 年以前的水文资料。共分十二册：第一册，滦河流域、河北沿海、潮白蓟运河流域水位、流量、沙量；第二册，海河流域干流、水位、流量、沙量；第三册，海河流域北运河水系水位、流量、沙量；第四册，海河流域永定河水系水位、气象；第五册，海河流域永定河水系流量、沙量；第六册，海河流域大清河水系水位、流量、沙量；第七册，海河流域子牙河水系水位、流量、沙量；第八册，海河流域南运河水系水位、流量、沙量；第九册，滦河流域，河北沿海、华北内陆、潮白蓟运河流域、海河干流、海河流域北运河水系、南运河水系、山东沿海，降水量、蒸发量；第十册，海河流域永定河水系降水量；第十一册，海河流域大清河水系降水量、气象；第十二册，海河流域子牙河水系降水量。

本套丛书提供了大量有关北京地区的水文资料，为研究现代北京水利史提供了丰富的资料。

《水和北京——城市水系变迁》

《水和北京——城市水系变迁》，李裕宏著，方志出版社 2004年 9 月出版，1 册，118 页。

作者李裕宏是北京市市政工程管理局高级工程师，北京水利学会专家，多年从事北京水利、水系的研究。此书从保护、建设京城水系出发，以北京水系历史文化为切入点，系统地阐述了京城水系的功能与效用、兴衰与变迁，并对京城水系未来的发展提出构想。全书史料丰富，既对千百年来京城大小河湖水道进行了历史的、系统的回顾，又为今后北京水利规划、建设与管理提供了可贵的参考借鉴。

《北京市地质矿产史料辑录》

《北京市地质矿产史料辑录》，北京地质学院、北京市地质局合编。北京地质学院 1961 年油印本，一册，59 页。

本书是对历代史料中有关北京地质矿产部分所作的资料辑录，共分九部分，依次为：黑色金属、有色及稀有金属、贵重金属、非金属、煤、泥煤、岩石、矿物、地震、温泉。资料主要来源于历代方志和时人著作。此书对了解和进一步利用北京地区的矿产资源有一定的实际意义。

首都图书馆有藏。

《北京地区地震史料》

《北京地区地震史料》，贺树德编。紫禁城出版社 1987 年出版，一册，331 页。

贺树德，1942 年出生，毕业于西北大学历史系，任北京市社会科学院历史研究所研究员。从事北京史、北京地震史及明清两代中外关系史的研究。

此书是《北京史研究资料丛书》之一，是在《中国地震资料年表》（1956 年版）中有关北京地区地震资料的基础上进行辑录、复校、增补、改编而成的。本书所编地震史料的地域范围，以今北京市行政区划为主，为了照顾史料的完整性，将河北省和天津市所辖诸县的地震史料也酌情辑入。本书所记时间范围起自西汉，迄于 1976 年。全书采用年表体裁，按地震发生的先后顺序排列史料，每个年表中又分地震时间、地点、情况、史料来源，并加"注"和"按"，共为五项。条理清晰，方便读者查询。

此书史料来源丰富，包括实录、档案、正史、方志、笔记、诗文、碑刻、调查材料等。所录资料经过严密考证，仔细甄别，为北京通史、北京自然灾害史、北京地震学和北京地震史研究提供了可靠的参考。

《王恭厂大爆炸：明末京师奇灾研究》

《王恭厂大爆炸：明末京师奇灾研究》，耿庆国等主编。北京地震出版社 1990 年出版，一册，200 页。

明天启六年（1626 年）北京宣武门内王恭厂大爆炸是世界三大自然之谜之一，一直就受到各界的广泛关注。本书是 20 世纪 80 年代及以前对这场奇灾研究成果的总结。

全书共四部分。第一部分"王恭厂灾史料辑录及其评述",辑录了灾情史料和相关评论;第二部分"王恭厂灾考证",收录了大量有关王恭厂古今地理、灾异发生时间及伤亡情况、破坏情况、火药情况等方面的考证文章;第三部分"王恭厂灾成因研究",汇集了这场灾异成因的不同说法,包括火药自身爆炸说、陨石坠落说、天然气引爆说、飓风致灾说、隐火山地内热核强爆说等;第四部分"明末京师奇灾研究综合论述"。

本书是自然科学和社会科学工作者通力合作的结果,内容丰富,研究视野广泛,展开了学术争鸣。此书对北京的历史、地理、地质、自然灾害预测等方面的研究都有一定的参考价值。

《北京地震考古》

《北京地震考古》,北京市文物工作队编。文物出版社 1984 年出版,一册,164 页。

1976 年唐山地震后,原国家文物局组织地震考古组对京津唐地区进行地震考古工作,本书是该项工作的成果之一。

全书共五部分:"北京地区历史地震资料年表长编"、"公元一〇五七年北京地震"、"公元一四八四年北京地震"、"利用古地面探索八宝山断裂带的活动形迹"、"关于历史地震烈度的划分问题——唐山地震古建筑震害调查的启示"。书中辑录了晋惠帝元康四年(294 年)至解放初期北京地区的地震史料,为后人的研究提供了方便。

作者在地震灾区、长城内外广泛地进行了调查研究,并查阅大量古代史籍,终于取得了开拓性的新成果。从学术上说,这种古代史籍与实地考古相结合的研究方式,在当时有重要的创新意义,也值得今天从事历史、地震、考古等方面研究的工作人员借鉴。从现实意义上说,它对于研究历史地震和现代北京地区发震机制、预测北京地区的烈度区划以及与国计民生密切相关的地震预报和防震、抗震工作,都有重要意义。

《北京历史自然灾害研究》

　　《北京历史自然灾害研究》，尹钧科、于德源、吴文涛著。中国环境科学出版社 1997 年出版，一册，400 页。

　　本书是对北京地区自然灾害的总结。全书共五章。分别介绍了两汉、隋唐、辽金、元、明、清时期北京地区发生的自然灾害。每章开头先简略介绍该时期北京地区的建置沿革，接着综述这一时期自然灾害的特点和规律，对水旱灾、地震、冰雹、大风、尘暴、虫灾、瘟疫诸灾害进行了研究。最后介绍防灾、赈灾措施，其中以水旱灾害研究为主。此书研究范围广，时间跨度大，在此基础上总结出的规律更为准确、科学。所以，它不仅对北京减灾防灾工作有重要意义，而且对全国各历史时期自然环境变迁，特别是气候变迁的研究有重要意义。另外，作者在第三、四、五章中分别设计了元代大都地区和明清北京地区的《自然灾害总表》和《水（旱）灾简要年表》，形象地展现出了北京地区的自然灾害的发生和发展规律，使读者可以对其有较清晰的整体印象。

舆

图

小 序

舆图之名，源于"天地有覆载之德，故谓天为盖，谓地为舆"，所以古人把地图称为舆图或舆地图。如今"舆图"一词，通常指1949年之前绘制、印刷的中外地图。

我国的舆图绘制历史悠久，种类齐全，内容丰富，与文字史料相比，它能更直接、更形象地反映不同历史时期的自然环境与社会生活空间。

各地的舆图都具有浓郁的地域文化特点。北京历史悠久，文化绵长，前人留下的大量富有鲜明地域特色的舆图，为北京地区历史文化的研究提供了丰富的信息，历来受北京地方史研究者的广泛关注。

本卷收录了从诸多北京舆图中精选出的70余种中外文地图，形式上包括单幅地图和图集，未收入古籍中的插图。舆图内容的时间范围主要是明清两代和民国时期，并按其所反映的空间范围分为城区图、城郊图、区域总图、区域图、专题图五类。

第一部分城区图，专收历代北京老城区地图，例如驰名中外的《乾隆京城全图》。第二部分收录《京师四郊地图》、《北平特别市城郊地图》等十幅北京城郊地图。第三部分区域总图指直隶、顺天、京兆等涵盖北京的区域总图，既有《直隶全省道里总图》、《京兆地图》等单幅区域总图，也有《京兆二十县分图》等地图册。第四部分区域图，包括区域图、分区图、各风景名胜图等。第五部分专题图及图集，包括旅游、陵寝风水、河道、交通、工商等专题地图；此外，本部分还收录三部今人编辑的北京历史地图集供读者参考。

本卷选目原则突出一个"要"字，兼顾"特"、"全"二原则。"要"就是选择最具有北京地方特色，最有史料价值的。例如在多幅民国初年的北京城区图中，本卷选择了1913年《实测北京内外城地图》，因为它是民国政府成立后测绘的第一幅北京城图，直观地展示了民国初年北京的城市变迁。"特"就是要收录一些有特色的地图，尽管有时地域性或史料性并不是很高。例如，《河北省各县物产图》并非专门介绍北京，但包含北京在内的物产图为数不多，所以收录卷中。"全"就是要在抓重点的基础上，兼顾内容和时间跨度上的全面。例如《旧北京一九四九年城区地图》绘制于1976年，并非严格意义上的舆图，但其专门绘制了1949年北京城的情况，可以说是北京舆图的一个终结篇，所以破格收录。本卷还酌情收录一些与北京密不可分的名胜古迹图幅，例如《避暑山庄全图》，它们对北京史研究有很强的补充和印证作用。本卷前三部分，均以时间先后排列条目。后两部分仍以时间先后顺序为主，相同区域或专题的条目放在一起。

（一）城区图

《北京城宫殿之图》

《北京城宫殿之图》，一幅。原图 99.5×49.5cm，木刻墨印。藏于日本宫城县东北大学。1981 年中国国家图书馆据该藏本复制，100×50cm。

本图是现存最早的北京地图，绘于明嘉靖十年至四十年（1531—1561 年）间。图中出现了明嘉靖十年（1531 年）建成的"历代帝王庙"；嘉靖四十一年（1562 年）奉天殿、华盖殿、谨身殿改称皇极殿、中极殿、建极殿，而此图仍保留原名，因此可知其绘制于明嘉靖十年至四十年之间。图上还注"万历当今福寿延"字样，可知其在明万历年间刊行。

本图采取中国古代地图常用的缩绘手法，将北京城的宫殿衙署、街区道路、河道湖泊等垂直投影绘于图上，基本上可以表现出明代北京城的结构和布局。各建筑物均绘其正面图形，并标注名称，一目了然。值得一提的是图内绘出自海子湖（积水潭）向西南接通北沟沿的一条河道，明确了沟沿的上源。本图对研究明后期北京城的历史面貌提供了珍贵的资料。

《清雍正北京城图》

《清雍正北京城图》，作者不详。雍正年间绘制，手绘墨线本，75×47cm。原图现存于英国国家图书馆。

本图无图名，也不记作者和绘制年代，经初步推断应是清雍正年间所绘，因此命名。本图采用传统的形象画法绘制，所绘街道之详细程度与《宸垣识略》中木刻本地图相似，主要表示街道分面，兼及重要官署庙宇。图中皇城内少有记注，紫禁城内全属

935

空白。本图的特点是西直门大街横桥北上游渠道，与德胜门水关内湖泊相连一段，十分清楚，弥补了乾隆十五年（1790 年）内务府实测京师全图之缺，尤其对研究北京城区水域的变迁有重要价值。

《乾隆京城全图》

《乾隆京城全图》，原图无名称。纸本，墨线勾绘，局部施淡色，系经折装册页式本，上下十七排，每排由左、右、中三册组合，共五十一册，合成图为 14.0×113.03 米，比例尺 1∶650。北京第一历史档案馆有藏。

本图完成于乾隆十五年（1750 年），由内务府大臣海望任总管，宫廷画师、意大利人郎世宁及中国画师沈源为技术总指导，历时五年绘制而成，一直珍藏于内务府之中。1935 年北京故宫博物院文献馆清理内务府造办处舆图房藏图时将其发现。1940 年故宫博物院以《清内务府藏京城全图》为名，将其以 1∶2400 的比例缩印出版，散页函装，共一函 208 页，附《排列图》。同年，日本兴亚院华北联络部政务局调查所也将本图缩印出版，改比例尺为 1∶2600，命名为《乾隆京城全图》，十七册，册页装订，附解说及索引。

本图是现存年代最早的一幅按比例尺绘制的北京舆图，综合运用了测量学、舆图学、投影几何学、建筑工程学等多种技术手段，内容翔实、比例准确，精确而形象地绘出了北京的城市布局、城垣街巷、宫殿苑囿、坛庙衙署、王府民宅等。由于本图比例尺非常大，细微之处以致房屋间数均可辨，是进行北京史地考证的重要依据。

由于 1940 年出版的两种版本已年代久远，字迹晦暗，破损较重，故北京市古代建筑研究所、北京市文物事业管理局资料中心以故宫出版的《清内务府藏京城全图》为蓝本，日本兴亚院出版的《乾隆京城全图》为参考加摹再版，称《加摹乾隆京城全图》，

1996 年由北京燕山出版社出版。此版本经过加工后较前两图清晰，并另作地名表、地名索引和分类索引，使用更加方便。但其在加摹过程中某些细节可能与原图有出入，利用时应多加留意。

《首善全图》

《首善全图》，一幅，清丰斋制。清嘉庆年间刻本，109×64cm，单色。中国国家图书馆有藏。

本图所绘范围包括京师内外城。据考证它为嘉庆时民间绘制的京城地图，皇城、紫禁城内及诸王府图上均为空白。本图比例上有些失调，外城部分过大。但本图基本上保持了嘉庆年间京师大小街巷名称与布局，对研究该时期北京的城市布局等有一定的参考价值。

937

《精绘北京旧地图》

《精绘北京旧地图》，佚名绘。清嘉庆年间纸本彩绘，220×185cm。英国国家博物馆有藏。

本图采用平、立面相结合的形象画法，城市轮廓比例较为准确，展现了清中期北京城街道胡同、河湖水系的分布以及宫殿苑囿、王公府第、仓场衙署等建筑的位置。本图的特点在于用不同颜色、不同标志详细绘出城内八旗各营的分汛栅栏，内容翔实。此图为研究清中期北京的城市概貌，尤其为研究清代京城八旗驻军控制地区的分布提供了比较准确的资料。

《北京内外城全图》

《北京内外城全图》，一幅。清道光年间绘制，绢地彩色手绘本，239×180cm。中国国家图书馆有藏。

本图是现存最早的绢地手绘北京城全图，尺幅阔大、内容丰富、字体工整、色彩鲜艳，具有很高的文物价值。

本图采用平面、立体相结合的形象画法展示了道光年间北京城的宫殿苑囿、城墙城门、王公府第、衙署寺庙、河湖水渠、街巷胡同等的位置和分布情况。其中河湖、水渠均采用平面方法绘制，着浅绿色，紫禁城、皇城和内城的城墙、城门、门楼及部分寺观、塔院则采用立体写景法描绘。街道、胡同绘得非常详细，且标注名称。图上侧重八旗各旗营戍守分布状况，绘出了各旗营的戍守位置，弥补了史籍记载之不足，是研究清代八旗制度难得的史料。

《北京内外城全图》真实地反映了清代中期北京的地理概况，是北京城市发展史上一幅重要的地图。

《京城内外首善全图》

《京城内外首善全图》，清谈梅庆绘制。一幅，木刻本，62×53cm。原图藏于大连市图书馆。中国国家图书馆据大连市图书馆藏木刻本复制。

本图绘制年代不详，由于图上的"西什库"已不在蚕池口，可知此图不早于清光绪十六年（1890 年）；又由于图上仍标有"詹事府"，可知此图不晚于清光绪二十八年（1902 年）。本图采用平面和立体相结合的形象画法，非常详细地注记了城内街道、胡同以及衙署、坛庙等，图四周还注各城墙以及天坛、先农坛等地的长度。本图为研究清末北京的城市布局、街巷胡同等提供了直观的材料。

《最新北京内外首善全图》

《最新北京内外首善全图》，一幅，作者不详。清光绪末年自强书局出版，单色石印本，62×41cm。中国国家图书馆有藏。

本图与清谈梅庆绘《京城内外首善全图》基本相同，增绘了铁路和外国使馆区，反映了清末社会动荡下北京城市格局的变迁。

《最新北京精细全图》

《最新北京精细全图》，一幅。北京集成图书公司 1909 年出版，彩色，76×52cm。

本图采用传统的形象画法绘制，系清末较为精细的实测北京地图之一，其特点在于将城内的皇城、官署、王府、寺庙、学堂、居民地、外国使馆等用不同颜色标绘，重点突出。

《实测北京内外城地图》

《实测北京内外城地图》，一幅，内务部职方司测绘处绘制。内务部职方司测绘处民国二年（1913 年）印刷，彩色套印，115×100cm，比例尺 1：8500。中国国家图书馆有藏。

本图系民国政府成立后测绘的第一幅北京城地图，与清末各家地图相比，内容更为丰富，测绘更为精细。其尺幅阔大，图上标有方格网，每一方格代表一平方华里。全图采用形象画法，内容详细准确，设计了 32 种图例，不仅绘出了城垣、水道、湖泊、桥梁、牌楼、铁路等历史景观，学校、医院、寺庙、水井等也都标注清晰。本图比较重视新事物的表现，直观地展示了民国初年北京的城市变迁，为后人研究提供了大量资料。

《最新北京详细全图》

《最新北京详细全图》，一幅，出版者不详。民国年间出版，彩色套印，56×52cm，比例尺 1：17500。首都图书馆有藏。

本图绘制于 1916 年之前，以附表的形式反映了民国初年北京城内 379 处会馆的位置，为研究会馆这种北京特有的文化现象提供了参考。

《京都市内外城地图》

《京都市内外城地图》，一幅，内务部职方司测绘处编制。京都市政公所1918年出版，彩色套印，120×102cm，附北京水平石标一览表一册，比例尺1∶8000。中国国家图书馆有藏。

民国十七年（1928年）迁都南京以前，北京又称京都市。本图系民国政府成立后官方第二次实测编绘的详细地图，反映了北京在行政、交通等方面的变化。比如图中绘出1915年底通车的环城铁路、由京师大学堂改名的北京大学等。图中还标出了以大沽口海平面为基点算起的北京水平石标81处，并绘有红色水平等值线。

《京师内外城详细地图》

《京师内外城详细地图》，一幅，京师内外城二十区警察署测绘。京师警察厅总务处民国十七年（1928年）发行，彩色套印，160×138cm，比例尺1∶6000。

本图的主要特点有五：一、本图按1∶6000的比例尺绘制，纸幅巨大、容载内容多，比以往各种京师地图详细；二、本图将地面、户数、人口及警察布置，还有平均每一机关每一巡察员负责保护若干户、若干人逐一说明，以补绘画所不及；三、本图不仅详细绘制了与警事有关的事项，与军事有关事项本图亦详列无遗，还分警区设色，以特殊符号突出表现奉军大元帅府、北洋政府院署、部署，以警用符号表示警察厅、署、分住所、派出所等；四、学校、图书馆等与文化有关者，本图亦详细标注，可为学界指南；五、本图将邮箱、信筒、井、自来水、电车道站等项详细标识，水平石标、会馆、旅馆等项另行列表。

本图测绘细致、标识清晰、内容详尽，是研究北洋时代末期城市特征的珍贵参考资料。

《最新北平全市详图》

《最新北平全市详图》，一幅。北平建设图书馆 1930 年出版，彩色套印，77×52cm，比例尺未注。

本图是北平特别市改名北平市后绘制的，内容有所更新。附北平街巷更名表、北平官署学校、游览处所、公寓旅馆名称地址、会馆以及电车站等一览表。本图标识比较详细，为研究该时期北平的基本状况提供了参考。

《北平市内外城分区地图》

《北平市内外城分区地图》，一幅，安仙生编绘。民国二十二年（1933 年）五月刊行，彩色，106×77cm，比例尺 1：10500。

本图详细地反映了 1932 年后，北平内外城市政建设及街巷名称变化的新情况，绘制极精，为以前同类地图所不及。附北平市内外城各区改名街巷一览表。本图为研究北京街巷名称变迁提供了重要的参考。

《实测北平市内外城地形图》

《实测北平市内外城地形图》，一幅，北平市政府工务局测制。北平市政府工务局 1937 年刊行，彩色，180×170cm＋测制说明 1 页，比例尺 1：5000。现藏于中国国家图书馆。

本图系民国年间比例尺最大的一幅北平市实测地图，严格按照三角纲、导线、水准、地形的程序详细成图，绘制极为精细，历时两年测制，1937 年刊行。本图按 1：5000 的比例尺绘制，故篇幅较大，容载内容丰富，树木、芦苇、矮树墙等均标识清晰，游览场所与文化有关者详细测绘，其余简略。图中还附有内外城总面积和各区面积以及内外城三角纲图。此图为考证民国时期北京城区的地形地貌、行政区划等提供了可靠的依据。

《北京市内外城全图》

《北京市内外城全图》，一幅，北京特别市公署卫生局编绘。北京特别市公署卫生局民国二十七年（1938 年）刊行，红蓝套印，79×54cm，比例尺 1∶15000。中国国家图书馆有藏。

本图是一幅北京地区的医学地理图。底图为蓝色，用红色标示出内六区、外五区各区界，着重标出与卫生事业有关的公署、医院及清洁班所在位置等。本图是研究民国时期北京城市卫生的重要资料。

《北京市街地图》

《北京市街地图》，一幅，马德增书店编辑。马德增书店 1944 年发行，彩色套印，108×75cm，比例尺 1∶10000。

本图是沦陷时期一幅比较详细的北京街市地图。附有《西郊新市街全图》、《颐和园形式图》、《四郊名胜图》、《北支要图》以及京城各名胜简介。

本图用日文介绍北京名胜。小标题为：北京的观光、紫禁城、古物陈列馆、故宫博物院、太庙、中央公园、景山、西苑（中南海）、北海、万寿山（颐和园）、西山（玉泉山）、卢沟桥、天坛、九坛八庙、燕京八景。本图有较重的侵略色彩，但其绘制精细，当时日本在京的各种机构的标注尤为详细，比较突出地反映了北京城市的变化，是研究日伪时期北京城市格局的重要史料。

（二）城郊图

《北京城郊地图》

　　《北京城郊地图》，一幅，〔德〕驻扎天津测量部制。德国参谋处清光绪三十三年（1907 年）刊行，彩色，74×67cm，比例尺 1：25000。

　　本图是一幅由德国人绘制的实测北京城郊地图。全图将内城分为紫禁城、皇城、满城，外城注为汉人的城，并用连续线形符号表明当时基本保留的元大都城墙遗址。图中全面采用图例符号表示纪念碑、瓦窑、塔、牌楼、坟、城门、门壁、大理石栏等地物。全图用不同的颜色表示不同的区域，比如皇家园林及坛内绿地着绿色，河流湖泊着蓝色，城垣街巷着粉色。主要地名采用汉字、拉丁文和德文对照方式。本图绘制精细、印刷精美、图式规范、标注清晰，是一幅具有较高欣赏和使用价值的清末北京城郊地图。

《实测京师四郊地图》

　　《实测京师四郊地图》，一幅，内务部职方司测绘处编制。内务部职方司测绘处 1915 年出版，单色，92×120cm，比例尺 1：32600。

　　本图是一幅民国初年的实测北京地图，地域范围包括外城及四郊。本图采用现代绘图方式，但也保留了中国传统的绘图特色。图中西山地区采用自然地形图方式绘制，标有等高线；其余部分采用行政区划图绘制。本图篇幅较大，容载量多，测绘精确，为研究民国初年北京的地理情况提供了重要依据。

《北京附近二万五千分一图》

《北京附近二万五千分一图》，27 幅，北京陆军测量局制；参谋部制图局民国十年（1921 年）出版，彩色，每幅 36×46cm＋接合表 1 张，比例尺 1：25000。

本图册所绘范围是北京旧城及临近城郊地区，子目为：北京、万寿山、蓝靛厂、狼垡、军庄、三家店、卢沟桥、木灰厂、清河镇、新房、东坝镇、小红门、孙河镇、房山县、坨里、马驹桥、张家湾、葛渠村、王庄、鲁疃、通县。由于受技术条件和时代特点所局限，本图绘制和印刷都相当简陋，宫禁、三海、东交民巷等区域都没有街道和水域的细节表示。但是本图册有较强的时代性，比较详细地标注出新兴的政府机构、工矿企业、交通设施等，对研究民国初年北京城郊状况有一定的借鉴。

《北平特别市区域略图》

《北平特别市区域略图》，一幅，北平特别市市政府技术室绘制。民国十七年（1928 年）刊行，彩色，62×68cm，比例尺 1：100000。

本图是国民政府南迁，北京改为北平特别市后所绘制的北京城郊图。图中绘出了新旧四郊界线，重新划定的北平特别市区域北至沙河镇、东北至孙河镇、东坝镇，东南至青云店，西至三家店。四郊的村镇、铁路、公路等标绘也较详细。本图为研究北平作为特别市这一时期的地理概貌提供了直观的资料。

《北平特别市城郊地图》

《北平特别市城郊地图》，一幅，北平特别市公安局编制。北平特别市公安局民国十九年（1930 年）出版，彩色，92×123cm，比例尺 1：35500。中国国家图书馆有藏。

　　本图所绘范围包括北京城及其四郊，附北平城郊各区现住人口疏密状况图、北平城郊各区设置巡警、长官疏密状况图。图上绘出了城郊四区的地势、水系、村镇、道路等，并详细标出了四郊的派出所、守望岗等。本图对研究民国时期北京城郊的人口分布以及治安管理等有重要的参考价值。

《北平附近地图》

　　《北平附近地图》，存 20 幅，［法］普意雅制。民国十九年（1930 年）出版，彩色，每幅 37×52cm，比例尺 1：25000。中国国家图书馆有藏。

　　《北平附近地图》为法国工程师普意雅编绘的地图集，每幅地图取幅中一地名作为本幅地图副题名。现存 20 幅，分别为：北京（南）、北京（北）、南苑、坨里、长阳村、卢沟桥、戒台寺、门头沟、八大处、清河镇、黑龙潭、李家桥、璧村、妙峰山、孙河镇、东坝、枣林庄、通州、花园、马驹桥。每幅地图采用经纬线画法，都有中法文对照，绘制精细，标注清晰，部分图绘有等高线。

　　这 20 幅图为研究民国时期北京周边地区的地理概貌提供了重要的素材。

《北平四郊详图》

　　《北平四郊详图》，一幅，王华隆编。最新地学社 1934 年刊行，彩色套印，70×91cm，比例尺 1：45000。

　　王华隆（1894—1967 年），字阶平，辽宁黑山人。主要从事边疆问题研究，曾任奉天省通志馆编纂、东北大学教授等职，著有《东北地理总论》、《蒙古调查记》、《人文地理学》等。

　　本图是一部民国时期主要供游览使用的城郊地图，地域范围包括京师内外城和东西南北四郊。附《颐和园图》、《北海公园全图》、《故宫博物院全图》、《北平四郊名胜详图》。著名文学家钱玄同为其题名。本图与 1915 年内务部职方司测绘处编制的《实测京师四郊地图》相似，但测绘更精细，详细绘出了城郊四区的水系、村镇、学校、道路以及名胜古迹、文化娱乐场所等，为研究民国中期北京的历史尤其是郊区的地理情况提供了参考。

《最新北平四郊图》

《最新北平四郊图》，一幅，白眉初编。北平建设图书馆民国二十六年（1937 年）二月发行，彩色，73×97cm，比例尺为 1∶44400。

白眉初（1876—1940 年），名月恒，河北卢龙人。曾任北京师范大学历史地理部主任、地理学教授等职。著有《近代二十四蕃建撤考略》、《外蒙始末纪要》等。

本图绘制范围包括北平内六区、外五区以及东西南北四郊。附颐和园、故宫、北海以及北平附近图。全图绘制精细，标注清晰，对研究该时期北京城郊的概况有一定的参考价值。

《北京都市计划要图》

《北京都市计划要图》，一幅，建设总署都市局编绘。建设总署都市局民国二十八年（1939 年）刊行，单色，88×121cm，比例尺 1∶50000。

本图是一幅日伪时期的北京城市规划图，所绘制范围东至通县县城，南至南苑陆军驻扎所（保留地），西至门头沟下苇甸，北至沙河镇。城市规划主体范围东至高井、高碑店，南至马家堡、分钟寺、十八间房一线，西至老山、鲁谷、吴家村，北至圆明园遗址、土城遗址。本图将北京的现状与规划采用不同的颜色分层表示，形象地反映了日伪时期避开旧城，在东郊和西郊建立新城的城市规划思想，它是日本侵略者在政治、经济、文化等方面全面侵华的见证，也是研究北京城市史不应忘记的资料。

《北平市现状图》

　　《北平市现状图》，一幅。约于 1946 年绘制，单色晒印本，38×57cm，比例尺 1：100000。

　　本图是一幅抗日战争胜利后绘制的北京城郊地图，所绘范围包括市区及四郊，以四郊为详，细致地标注出交通、村镇、名胜等内容。本图反映了八年抗战之后，北京城郊的巨大变化，是研究 20 世纪 40 年代末北京城市发展特征的重要资料。

（三）区域总图

《直隶全省道里总图》

《直隶全省道里总图》，一幅。清康熙年间绘本，一幅分切 9 张，74×74cm。原图藏于台湾"中央图书馆"，中国国家图书馆有摄影本。

此图包括清初直隶全省范围，采用传统的形象画法。河流绘双线，主支分明。府、县、村镇等居民地均夸大表示，绘有城墙、护城河、城门楼等。城内及四周均有文字，详细说明城郭建筑及四至里程。图上各地比例不等，故其精度不高。但本图注重相对位置的表示，绘制精细，是清初道里图的代表作之一。

《直隶全省舆地全图》

《直隶全省舆地全图》，一册，徐志导编绘。保定府署清同治元年（1862 年）石印本。

本图是一册直隶省地图集，开卷为全省总图以挈其要，东西南北路厅图和府、直隶州图，凡 22 幅。末附《直隶河道全图》、《北省海口全图》。此图集为清咸丰九年（1859 年）所绘，《直隶河道全图》为同治元年增补，凡 22 幅。

本图刊行四十余年后，裴季伦等人据原图详细临摹，有所增补，增加了《北洋铁路图》等，凡 26 幅。1904 年中东局刊行，石印本。

本图先后两版均采用传统绘图方法，内容较为简略，但其为研究清后期北京及其周边的地理状况提供了依据。

《京兆二十四州县详图》

《京兆二十四州县详图》，一册，赵宏绘制。民国年间出版，二十五幅，晒印本，每幅 33×38cm。

本图以《顺天府属总图》开篇，其后为大兴、宛平、涿州、良乡等二十四州县详图。全图采用传统方法绘制，也有现代色彩，比如标注出各州县所处的经纬度。每幅图中附四至范围文字说明。总图比例尺五十里方，县图比例尺十里方。本图对了解清末民初北京周边的地理状况和行政区划有一定的参考价值。

《京兆地图》

《京兆地图》，一幅，清直隶警务处绘制。1915 年经界局出版，彩色石印本，252×237cm，一幅分切 24 张＋图幅接合表一页，比例尺 1：1000000。

本图据清光绪三十四年（1908 年）直隶警务处绘图局绘本复印，它的绘制运用了中国传统地图画法，在平面位置上画出表达对象的简要轮廓并着以颜色，比较形象地表现出京兆地区的山川、河流、地形等。其中有京城图以及今属北京的昌平、顺义、怀柔等县地图，对研究北京史地有参考价值。本图内容受传统思想影响较深，仍标注出各县风水禁地的范围。

《京兆二十县分图》

《京兆二十县分图》，一册，京兆尹公署内务科自治课制。民国六年（1917 年）刊行，单色墨印，54×35cm，比例尺 1：100000。

北洋政府统治时期，曾经制定新省区，顺天府改为京兆地方，所领二十县中大兴、宛平、良乡、房山、通县、平谷、怀柔、顺义、密云、昌平十县在今北京市境内。本图册共 35 幅，首冠各县图说和京兆所属自治区及城镇村户口分县一览表。图说分叙各县地理、道路、物产、名胜、风俗等。

《京兆直隶分县详图》

《京兆直隶分县详图》，一册，亚新地学社编译。亚新地学社1922 年出版，12 幅，彩色套印，每幅 37×25cm。

本图册共分 12 幅：《京兆直隶总图》附《京兆直隶位置图》；《北京城图》附各省会馆基址；《京兆之北幅》包括大兴、宛平、良乡、通州、三河、平谷、顺义等地；《京兆之南幅》包括固安、永清、安次、香河、霸县等地，附《北京西郊图》、《涿县城图》、《天津街市图》；《津海道南幅》包括天津、宁河、青县、南皮等县；《津海道北幅》包括昌黎、丰润、乐亭、遵化等地；《保定道北幅》包括清苑、满城、定兴、高阳等地；《保定道南幅》包括正定、无极、武强、新乐等地；《大名道南幅》包括大名、广平、邯郸、南乐等地；《大名道北幅》包括邢台、赵县、沙河、巨鹿等地，附《邢台县城图》；《口北道》附《察哈尔图》。

各图包含地域不同，比例亦不同，较为全面地表现出民国中期直隶的地理概貌，为研究今天北京市的历史地理状况提供了依据。

《京兆直隶图》

《京兆直隶图》，一幅，童世亨编绘。上海商务印书馆民国十五年（1926 年）出版，彩色套印，80×52cm，比例尺 1：1000000。

童世亨（1883—1975 年），字季通，上海嘉定县人，清光绪二十五年（1899 年）入上海南洋公学就读。袁世凯任命山阴朱正元测绘山东、直隶、奉天三省沿海地图。童世亨应试相从，走遍胶州、青岛、威海、烟台等地，又航海至旅顺、大连、天津及北京等处，考察风土人情，周览地貌海相，从此确立精研地理之志，编绘地图十余种。

封面题名：《京兆地方直隶省明细全图》，1917年初版，1922、1924、1926年三次再版。附《天津商埠图》（1∶75000）、《京师西北附近图》（1∶50000）。

本图测绘较为精细，清晰地反映了直隶地区的地理面貌，为研究民国时期北京及其郊县的地理概况提供了参考。

《河北省分县图》

《河北省分县图》，131幅，河北省政府建设厅测量处制。民国二十至二十三年（1931—1934）制图者刊印，单色，图廓不等，比例尺1∶100000。

本图册是20世纪30年代初所测绘的河北省分县图，每县各具一图，共131幅。各图附该县的历史沿革、地理状况、经济物产等。当时的河北省包括，今属北京的通州、顺义、怀柔、密云等区县。这批图内容丰富、绘制较精细，对研究北京郊县经济、地理等方面的发展变迁有一定借鉴意义。

《冀东分县图》

《冀东分县图》，22幅，（伪）冀东防共自治政府建设厅1936年制，图廓不等。

本图册将冀东二十二县分别制图，依次为昌黎、三河、宝坻、通县、蓟县、抚宁、昌平、平谷、宁河、遵化、玉田、香河、顺义、怀柔、密云、卢龙、滦县、临榆、迁安、兴隆、丰润、乐亭。其中多数图中附该县沿革和地理志，简要记述其面积、人口、教育、物产、工商、交通、山川、名胜古迹等概况。本图对了解日伪时期北京郊县的历史状况提供了有益的参考。

《河北全省分县详图》

《河北全省分县详图》，一幅，王华隆绘。1939年出版，出版者不详，彩色套印，88×72cm，比例尺1：7600000。

作者介绍见《北平四郊详图》篇。

本图是一部沦陷时期的河北省全图。附天津全图、保定清苑县城详图、北海名胜图、北京四郊名胜详图、颐和园形势图。图中海域绘制比较清晰，标出了大沽口、老龙头两海口至旅顺、大同江、仁川、釜山、长崎、烟台等地的距离。

本图还有1928、1936、1937年版，与该版略有不同。

（四）区域图

《北京皇城宫殿衙署图》

《北京皇城宫殿衙署图》，一幅，作者不详。清康熙年间绘本，238×178cm，现藏于台湾"中央图书馆"。

本图未注作者和时间，据内容推断为康熙年间绘制。本图是一幅清初的实测北京皇城地图。其所绘范围南起大清门，北到地安门，东起东安门，西至西安门。比较清晰地表现出清初皇城内的宫殿、官署、民房、街道、河渠等。内容十分详尽，是研究清初北京皇城布局的重要资料。

《北平特别市内外城各自治区 新编自治街区域分图》

《北平特别市内外城各自治区新编自治街区域分图》，十幅，北平特别市筹备自治委员会制。北平特别市筹备自治委员会民国十九年（1930年）双色石印本，图廓不等，比例尺1∶6000。

民国十八年（1929年），在北平市长何其巩的号召下，北平特别市筹备自治委员会正式成立，拟定将全市城郊划分为15个自治区，即内城六区、外城五区、四郊四区。城区以五百户为单位编为一个自治街，郊区五百户左右编排为一个自治村。本图是该委员会按照此设想绘制的北京城市区域图。内城一至六自治区图六幅，外城一至五自治区图四幅（其中外一及外二区合为一图），各图明显标绘出自治区辖境、新编各自治街管界及其街巷胡同等，直观地反映了民国中期北平自治管理设想的具体化程度。此图还附北平特别市全市各自治区略图。

《旧北京一九四九年城区地图》

《旧北京一九四九年城区地图》，一幅，北京市地质地形勘测处 1976 年绘制。一幅分切 12 张，194×175cm，比例尺 1∶5000。首都图书馆有藏。

本图是建国后绘制的一幅旧北京地图。本图地域范围包括北京内外城及周边小部分地区，按 1∶5000 的比例尺绘制，纸幅既大容载内容亦多，坟地、水井、土堆、树木、水田等都标识清晰，为研究解放前夕北京地理状况提供了详细的史料。

《最新袖珍北京分区详图》

《最新袖珍北京分区详图》，十四幅，时仲华编绘。民国三十一年（1942 年）故都舆地学社出版，彩色折图。

民国十九年（1930 年），北平特别市改称北平市，为行政院直辖市。内城分六区，外城分五区。此套《最新袖珍北京分区详图》即反映了当时的分区状况。

本图册有北京四郊名胜图、外五区内六区图各一、西郊游览路线图、颐和园名胜图等共计 14 幅。本图册的特点是小而精。各图以实测图为依据，以各种最新出版的图书为参考并加以调查校正，精心编制而成。内容非常丰富，凡机关、学校、医院、教堂、寺院及娱乐场所一一收入，公共汽车路线、电车路线及大小站名均用红色套印以示明显。图后附地名检查表、京师城关简称表、街巷地名典等。

本图为研究民国后期的北京历史提供了丰富的参考资料。

《宛平县图》

《宛平县图》，一幅，宛平县建设局制。1944 年发行，彩色石印本，60×66cm，比例尺 1：150000。

本图是一幅民国时期的宛平县地图，所绘内容包括今丰台、大兴、昌平等地。本图绘制比较详细，图例 31 种，标识出县内的铁路、城垣、乡镇、山脉、学校等。附宛平县沿革、面积、户口、教育、物产、工商、交通、山川、名胜古迹。

《河北省燕京道大兴县地图》

《河北省燕京道大兴县地图》，一幅，大兴县公署建设科绘制。民国三十二年（1943 年）八月石印本，单色，65×48cm。中国国家图书馆有藏。

1940 年汪伪政权在北京设置伪河北省燕京道，辖通县、大兴等 15 个县。本图就是该时期的一幅大兴县地图。图上有图例 27 种，绘制出该县的河流、警备路、电话线、铁路、火车站、乡镇、学校等。并附地理志略记大兴的沿革、面积、气候、人口、物产等。

《昌平州舆地图》

《昌平州舆地图》，一幅。清末绘本，彩色，46×99cm，五里方。中国国家图书馆有藏。

此图采用传统的形象画法，以山川为经，村落为纬，其道里计之以格，格方为五，斜为七，其疆域注于八方而犬牙相错之处画以界限。所绘范围大致为昌平州境，根据绘图需要有所取舍。

《顺义县全图》

《顺义县全图》，一幅，顺义县党务指导委员会训练部编。顺义县党务指导委员会训练部民国十八年（1929 年）四月石印本，彩色，40×55cm。

本图所绘范围包括当时的顺义县全境。图例15种，详细绘制出顺义的城治、集镇、桥梁、道路、山脉、乡区农会、村落、河流等，内容丰富，较为直观地反映了民国时期顺义县的地理和行政概貌。

《通县全图》

《通县全图》，一幅，通县公署民国二十七年（1938年）绘制。单色，68.7×38.7cm，比例尺1∶100000。中国国家图书馆有藏。

本图所绘范围包括通县县城及所辖地区，详细绘制出铁路、公路、村大道、旧村路、河流、干河、学校、寺院等。图中附地理志略简要记述通县的沿革、面积、人口、教育、物产、工商、交通、山川、名胜古迹。

本图内容十分丰富，标注地名详细，对研究日伪统治时期通县的历史概貌有一定的参考价值。

《明十三陵图》

《明十三陵图》，一幅，清中期绘制，彩色绘本，119×240cm。中国国家图书馆有藏。

明十三陵分别为长陵、献陵、景陵、裕陵、茂陵、泰陵、康陵、永陵、昭陵、定陵、庆陵、德陵和思陵。图中标绘出13个陵墓的位置、所葬皇帝庙号及其在位年数。

《十三陵图》

《十三陵图》，一幅，清光绪末年马绥权绘制，彩色绘本，68×134cm。中国国家图书馆有藏。

图中标绘出13个陵墓的名称、方位和所葬皇帝名讳、年号及在位年数。本图可以和清中期绘制的《明十三陵图》互为参考。

《静宜园全图》

《静宜园全图》，一幅，陈安澜绘。民国九年（1920 年）发行，74×103cm，比例尺 1：2500。

静宜园位于北京香山，是著名的皇家园林，始建于清康熙年间。1860 年遭英法联军焚毁，1918 年在其故址上建香山慈幼院。本图可以清晰地看到香山慈幼院的校舍情况。道路、房屋、月台、石阶、门碑、桥梁、岩石、塔、牌楼、水、水草等也都标注清晰。旧地名皆加括号，以视区别，地名有中英文对照。

《北平中山公园全图》

《北平中山公园全图》，一幅，北平中山公园事务所绘。北平中山公园事务所民国二十四年（1935 年）石印本，44×29cm，比例尺 1：5000。

本图是一幅中山公园导游图。图中不仅详细绘制出社稷坛、新民堂（中山堂）、通俗图书馆、监狱出品陈列所等主要景点，而且用 35 种图例清晰地标注出公园内的花木、河流、山石、马路、信筒、水龙头等。全图内容丰富，标注清晰，是了解 20 世纪 30 年代中山公园全貌的重要资料。

《京师西北附近名胜及马路图》

《京师西北附近名胜及马路图》，一幅，作者不详。约于 1920 年绘制，单色墨印，70×40cm，比例尺 1：100000。

本图范围东至朝阳门，西至门头沟，南至丰台，北至十三陵，较精确地绘出了境内地势、交通、园林、庙宇、陵寝及村庄等。由于北京的旅游景点多集中于西北部，故本图对于研究民国时期的京城旅游资源有重要的参考价值。

《圆明园、绮春园、长春园三园地盘河道全图》

《圆明园、绮春园、长春园三园地盘河道全图》，一幅，清雷思起、雷廷昌父子绘制。彩色纸本，275×215cm，故宫博物院有藏。

雷思起，"样式雷"六世。雷廷昌，"样式雷"七世。"样式雷"是对清代二百多年间主持皇家建筑设计的雷姓世家的誉称。始祖雷发达，字明所，江西建昌人，清初与堂兄应募赴京。其子孙继承祖业，先后承办了三海、圆明园、颐和园、静宜园、承德避暑山庄、清东陵和西陵等重要工程的设计。

据考证本图于清同治年间绘制，是重修圆明园时的勘测规划图。此图篇幅宏大，清晰壮观，绘制精细，色彩分明，以不同的颜色表示河渠湖泊、山石丘陵，水着绿色，山着黄色，景群景点以墨笔标绘，且标注非常详细。本图的绘制工艺和详细程度在圆明园图中比较罕见，是研究圆明园历史以及修复和开发圆明园的珍贵历史资料。

《五园三山及三营地图》

《五园三山及三营地图》，一幅，清常卯绘。清光绪二十三年（1897年）绘制，彩色绘本，96×171cm。中国国家图书馆有藏。

清代是北京西郊园林的全盛时期，经过清朝历代皇帝的大力经营，形成了以五园三山（五园为：畅春园、圆明园、颐和园、静明园、静宜园；三山为：万寿山、玉泉山、香山）为主的园林群，1860年遭英法联军焚毁。此图绘于1897年以后，但基本上反映了五园三山焚毁前的旧貌。作者运用传统的缩绘手法，五园三山以及外三营（健锐营、精捷营、火器营），还有周边地区的山水、村舍、道路、树木等都跃然纸上。本图绘画技术一般，但对研究北京西郊园林的历史有重要的参考价值。

《实测圆明园、长春园、万春园遗址形势图》

《实测圆明园、长春园、万春园遗址形势图》，一幅，北平市政府工务局测制。北平市政府工务局民国二十五年（1936 年）发行，彩色套印，100×140cm，比例尺 1：2000。

圆明、长春、万春（同治年间试图重修圆明园时，将绮春园改称万春园）三园统称为"园明三园"，1860 年被英法侵略军焚毁。本图是北平市工务局经刨土搜基测绘成的圆明园地图，详细地展示了河湖、山石和建筑等，所标注的名称也比较准确，对了解圆明园盛期的情况有重要的参考价值。但本图毕竟是圆明园被毁七十年后的遗址实测图，难免存在不足之处。

《避暑山庄全图》

《避暑山庄全图》，一幅，清钱维城绘。乾隆年间绘制，彩色绘本，142×224cm，中国国家图书馆有藏。

钱维城（1720—1772 年），字宗盘，号幼庵，又号稼轩、茶山，江苏武进人。乾隆十年（1745 年）状元，官至刑部侍郎，供奉内廷。为画苑领袖，善画山水花卉。

避暑山庄又名热河行宫，位于承德市北郊山谷盆地中，历经清代康雍乾三朝大力经营，是现存规模最大的皇家园林。紧邻山庄的外八庙是中国现存最大的皇家寺庙群，是凝聚了汉、蒙、藏等多民族建筑风格和艺术的古建筑宝库。避暑山庄和外八庙在清朝的历史上曾起过重要的作用，素有"第二个政治中心"之称，与北京有密切的关系。

本图绘于避暑山庄的鼎盛时期，生动地绘出了避暑山庄与外八庙及附近山水胜景的全貌。作者采用形象画法，将诸多内容汇于纸上，并以红、黄签分别标出康熙四字题名的三十六景和乾隆三字题名的三十六景。本图画工精细，色彩绚丽，是研究避暑山庄历史的重要参考资料，对研究北京的园林古建有很高的借鉴价值。

《颐和园图》

《颐和园图》，一幅，北平市管理颐和园事务所绘制。北平市管理颐和园事务所民国二十三年（1934 年）发行，彩色套印，45×70cm，比例尺 1：2000。

本图图例清晰，绘制工整，并附全园形势图和南湖岛图，对研究民国时期颐和园的概貌有一定的参考价值。

（五）专题图及图集

《畿辅义仓图》

《畿辅义仓图》，六册，清方观承编制。乾隆十八年（1753 年）刻本，线装，一百四十四幅，每页两面为一图，版框 23×32cm。

方观承（1698—1768 年），字遐谷，号问亭，又号宜田，安徽桐城人。清代治水与植棉专家。乾隆七年（1742 年），授直隶清河道，后历任按察使、布政使、山东巡抚、浙江巡抚、直隶总督。总督直隶二十年，重视治水、兴修水利以及棉花生产，著有《述本堂诗集十八种》、《述本堂诗续集》、《薇香集》、《燕香集》、《问亭集》等。乾隆十一年（1746 年），乾隆皇帝谕令各地政府劝导民间，捐储粮食，建立义仓，以备赈济。直隶地区大规模地建立了义仓。本图集详细显示了直隶省义仓的分布情况。图的方位上南下北，计里画方，每方五里。每个州、县、卫各绘一图，详细登录大小村庄和义仓，共计 39687 座村庄和 1005 座仓库，并记录各村至义仓的里程。

本图为研究清代北京及周边地区的仓储救济工作提供了宝贵的资料。

《永定河图》

《永定河图》，一幅，清招锡恩测制、朱其诏刻。清光绪六年（1880 年）绘制，一幅（分切两张），墨印设色，134.4×68cm，比例尺 1∶45000。中国国家图书馆有藏。

本图是一幅实测永定河图，图上详细绘制出永定河两岸的堤工以及汛界、村庄的位置，并附"志"和"记"。另有一图在本图卢沟桥至永清县段图上，加朱线表示光绪十九年（1893年）南上汛合龙后河流之形势及个别决口、漫口位置。两图相互比较对于研究清末永定河的河防工程、河道变迁等有很高的参考价值。

《永定河全图》

《永定河全图》，一幅，永定河河务局技术科制。民国十四年（1925年）晒印本，单色，85×242cm，比例尺1：57600。中国国家图书馆有藏。

本图是一幅永定河工程计划图。图上详细绘制出该河两岸的堤坝、汛界、闸口以及北京城和沿岸各县城、村镇的位置等。此图尺幅巨大，绘制详细，是研究民国时期永定河之河道走向、水利工程等方面的重要参考资料。

《京城内外河道全图》

《京城内外河道全图》，一幅。清光绪十六年（1890年）彩绘本，73×85cm。中国国家图书馆有藏。

这是一幅清末的北京水道专题图，详细绘制出京城内外的河湖沟渠、桥闸津梁等。它是研究清代北京水系的重要参考资料，为如今勘探北京城西部地下河床走向等水利工程提供了可靠依据。

《京师城内河道沟渠图说》

《京师城内河道沟渠图说》，今西春秋编。建设总署1941年刊行。中国国家图书馆有藏。

本图册有《京师城内河道沟渠图》、《北京内外城清代沟渠现位置想定图》、《乾隆代北京河道沟渠图》三幅，详细标识出京城河道沟渠的状况，其余从略，为研究京城水系的变迁提供了重要的参考资料。

《京师内城巡警总厅所属各区派出所巡查路线图》

《京师内城巡警总厅所属各区派出所巡查路线图》，十册，京师内城巡警总厅编。京师内城巡警总厅 1909 年刊印，绘本，29×31cm。中国国家图书馆有藏。

光绪三十一年（1905 年）京师设立内、外城巡警总厅专管北京警务。下面各设十区。内城巡警总厅所辖十区略相当今天东城、西城二区。外城巡警总厅所辖十区略相当今天崇文、宣武二区。

本图是内城巡警总厅所属十区派出所的巡查路线图。图中用虚线与箭头重点描绘出各派出所的巡警巡查路线、注明巡查时间和派出所所在位置。其余内容较为简单，以黄色底色填充城区范围，仅标出街道、水系、城墙等基本要素。图上反映出当时内城划分十个警区 135 段。内城左分厅划分四区 58 段，右分厅划分四区 59 段，中分厅（皇城内）划分两区 28 段。它是研究清末北京内城警区划分、警力分布、治安管理等方面重要的参考资料。

《北京外城区巡逻路线图》

《北京外城区巡逻路线图》，一册，不著编者。民国年间石印本，32×29cm。首都图书馆有藏。

清光绪三十一年（1905 年）京师设立内、外城巡警总厅专管北京警务。下面各设十区。内城巡警总厅所辖十区大致相当今天的东城、西城二区。外城巡警总厅所辖十区大致相当今天的崇文、宣武二区。这种内外城各设十区的建置一直延至民国初年。

本图是外城巡警总厅所属十区派出所的巡查路线图。图中重点标注各段的界地、派出所地址和巡逻路线。其余内容较为简单，仅有街道、城墙、重要场所等。图上反映出当时外城划分十个警区 138 段。外城左分厅划分五区 65 段，右分厅划分五区 73 段。它是研究民国初年北京城警区划分、警力分布、治安管理等方面重要的参考资料。

《北平邮务区舆图》

《北平邮务区舆图》，一幅。民国二十四年（1935年）刊行，彩色，128×99cm，比例尺1：450000。中国国家图书馆有藏。

1913年，全国以行省划分邮务区，北平邮务区主要管辖今北京地区以及河北、河南、天津等地的一部分，此外还管辖蒙古、绥化、察哈尔各区。

本图绘制范围是北平邮务区主要管辖区。详细标注出各地的邮务管理局、一二三等邮局、邮寄代办所、村镇信柜以及各类邮班路线、民船邮路、轮船邮路、汽车邮路等。附北平管辖蒙绥察各区邮局图。

本图不仅反映了北京以及华北地区民国时期的邮政状况，也反映了此地当年政治、经济、交通发展的一些状况。

《河北省各县物产图》

《河北省各县物产图》，一幅。河北省立第一工厂1929年绘制，彩色石印本，42×31cm。

本图是一幅民国时期河北地区的经济地图。本图绘制非常简单，只绘有省界、县界、县治、铁道、长城。图中标注各县特产，制造品用红色，天然品用绿色。例如图上标出顺义产白河鲤鱼，房山产硬煤、果脯等。本图对于研究北京及周边地区的经济状况有一定的价值。

《北京商工案内地图》

《北京商工案内地图》，一幅，［日］山田广著。北京商工案内社1939年出版，彩色套印，71×50cm。首都图书馆有藏。

本图是一幅沦陷期间日本人绘制的北京经济地图。本图侧重表现北京的工商铺户，以附表的形式反映了民国后期京城内的学校、机关、新闻社、银行、会社、书局、药局、旅馆、饭店、医院、印刷所等达 300 余处之多。此图为研究北京经济史提供了生动直观的参考。

《北京官衙会社商店案内图》

《北京官衙会社商店案内图》，一幅，［日］后藤势一著。华北邦人案内社 1942 年出版，彩色套印，80 × 73cm。首都图书馆有藏。

本图是一幅日本人绘制的北京经济地图。此图侧重反映日本人在京开办的工商铺户，每个日本人开的商店等均用红字标出。图下附商店会社速检表，以笔画多少为先后顺序，以便检索。还附有《北京邦人官衙会社商店案内一览》详细介绍日本人在北京所设商店会社的地址名单。图中还将著名商店会社的照片附列纸上。本图为研究沦陷时期日本在北京的经济状况提供了真实的材料。

《北平名胜游览地图》

《北平名胜游览地图》，一册，邵越崇编纂。复兴舆地学社民国三十七年（1948 年）出版。

《北平名胜游览地图》是一部北京游览地图集，共有地图六幅，分别为：北平内外城游览图、故宫图、北海公园图、中南海公园图、万寿山详图、北平四郊名胜图。每幅图后附录各名胜的详细情形，以备游客参考。本图册为满足游览需要，对街巷不予详载。

本图册既有游览全图也有专门景点地图，详略得当，可以比较方便地了解民国时期北京的游览状况。

《各省铁路交会北京图》

《各省铁路交会北京图》，一幅。1912 年绘制，彩色绘本，42×21cm。中国国家图书馆有藏。

本图是一幅民国时期的北京铁路路线图。本图绘制较粗略，仅简要绘出了京汉、京奉、京张、津浦铁路交汇于北京的形势，对于了解民国初年北京的交通状况有一定的价值。

《北京历史地图集一集》

《北京历史地图集一集》，侯仁之主编。北京出版社 1988 年出版，一册。

本书是一部反映北京历史地理变化沿革的地图集，共收录地图 81 幅，包括历代政区沿革图、城市变迁图、园林陵寝图以及必要的现代图，并附 7 万余字的文字说明和 80 万字的《北京历史地图集地名索引》。本图集以现行北京市辖区为制图区域，时间跨度巨大，自有文字记载以来直至民国。全书以金代至民国时期的城区演变为主，这一时期除城区图之外还有专图，如元明清的宫殿、明清皇陵、清代苑囿等。本书是在充分利用和详细考订文献资料以及大量野外考察的基础上编绘而成，全面、系统、科学地再现了以城区为主的北京历史地理风貌，具有很高的资料和学术价值。

《北京历史地图集二集》

《北京历史地图集二集》，侯仁之主编。北京出版社 1997 年出版，一册。

作者简介见前《北京史话》篇。

本书是《北京历史地图集一集》的姊妹篇。全书共分三大部分。首先编绘了现代北京政区以及有关地貌、水系、土壤、植被诸图幅，以便参考；第二部分称为"总图（一）"，共有三组图，从旧石器时代一直过渡到新石器时代，其中新石器时代重要的遗址和遗存的分布图是全集的核心部分；第三部分称为"总图（二）"，共有三幅图，即"北京地区农业萌芽"、"环境考古图"和"北京地区和周围地区文化关系示意图"。

全书内容相当丰富，大体上表现了距今一万年前至四千年前北京地区人类活动与地理环境发展演变。凡是本书中有关遗址和遗存的各图，都是根据近年来的实地发掘和考察研究的结果，具有较高的科学性。与《一集》相比，本书图件绘制精美，还有许多文物图片，使其增添了文物价值和艺术价值。

据悉《北京历史地图集三集》正在编制之中，它将与前两部成为一个有机整体，更为全面地表现从远古到现代北京地区人地关系的变化发展。

《北京历史舆图集》

《北京历史舆图集》，李诚、王炜等主编。四册。外文出版社2005年出版。

本书收录首都图书馆藏北京地图750余幅，上自宋代，下迄民国。全书分为四卷。第一卷为区域总图、北京城图及域内分区图；第二卷为北京郊区、郊县（畿辅）地图；第三卷为外文图及风景名胜地图；第四卷为专题地图，内容包括交通图、水系图、工程图、市政建设图、历史沿革图。

本图集大量图幅是由首都图书馆所藏珍贵舆图翻制而成，承载了大量北京历史上的自然、社会和人文信息，对于研究北京历史、地理、文化、风俗乃至水文、地貌变化等方面有着巨大的理论价值和现实意义。

笔记 杂著 史料

小　序

　　历史资料的发掘、整理和出版，关系到历史学科的盛衰。北京史研究者对古籍文献进行有计划的整理，并通过学术论文、读档随笔、史料汇编、史料便览等形式搜集了许多北京历史文献资料，为北京史研究提供了极为坚实的文献基础。本部分收录的就是关于北京历史的笔记、杂著以及比较专门的北京历史文献资料集。

　　笔记是一个产生于古代的文体概念，是一种随笔记录的文体，本部分所涉及的笔记主要是指以记掌故、轶闻为主的历史纪闻。这些笔记不拘体例，内容庞杂，但大多以记载者的亲历亲闻为主要特征，记事较少忌讳，具备较高的史料价值，有些内容可以与正史互相参照。

　　杂著主要指考证类的考辨笔记，这一类著作以论说、考证为主，大多是撰者在记录亲历亲闻之后，对这些事物或文字记录进行考证、论说，并由此得出一定的见解。

　　这里所说的史料主要指相对系统的历史资料，包括古代学者搜集、编排的历史资料，也包括现当代研究者根据一定目的整理出的北京历史资料。

　　相对于专门性的北京史研究著作，如《北京史》、《北京通史》等，本部分所收的笔记、杂著类书籍对北京历史的记录大多并不十分集中，也很少宏观的论述，但多是极尽囊括之能事，有关北京的天文地理、朝政典章、城市建筑、诗文书画、人物逸事、三教九流……凡能用文字记载下来的，几乎都能在这类书中找到。这些记录虽然往往是零散的，但就史料的价值而言，有些极为难得，在正史和其他书籍中很难见到。而经过整理汇编的史料集则具有较强的系统性，能够集中反映北京历史的某个或某些方面，为北京史的研究提供了极大的便利。本部分也包括了部分现当代学者研究北京历史的专著或论文集，这部分著作针对的多是北京历史的某个或某些具体方面，和通论部分所收的概括性、全局性的研究著作并不相同。

这部分共收笔记、杂著、史料115种，大致包括以下几类：

就其内容而言，有些系统性相对较强，为研究北京史的某一专门问题提供了有益的参考。如《翰林记》、《客窗偶谈》、《枢垣记略》等。其中《翰林记》主要记述明代前期、中期的翰林掌故，尤其是系统而具体地对翰林学士制度沿革进行了记述，为研究明代翰林学士制度提供了基本史料；《客窗偶谈》详细记述了明代东厂和锦衣卫的情况，为研究明代北京厂卫制度提供了难得的参考资料；《枢垣记略》及其续编全面汇载了自清雍正年间直到清光绪二年有关军机处的各种资料，是研究清代军机处情况的有益参考。

有些是对某一历史事件的叙述。如《北行日录》以日记体记录作者跟从试吏部尚书汪大猷出使金国的过程，相关部分重点记述了作者在金中都的见闻以及使节入贺的礼仪，为研究宋、金关系史以及北京历史提供了重要的参考资料；《南宫旧事》记述了清光绪乙未年（1895年）殿试的整个过程，是研究清光绪朝科考的珍贵历史资料；《故宫盗宝案真相》真实地记录了故宫博物院成立的经过和所谓"盗宝案"的真相，还收录了大量与之有关的文件、信函等资料，对了解当时的历史具有极为重要的价值。

有些内容则相对零散、芜杂。如《长安客话》、《三垣笔记》、《养吉斋丛录》、《行素斋杂记》等。其中《长安客话》书成于明万历末，是仅存的几种明人北京地方文献之一，对研究明代北京地区历史变迁、地理沿革、风土人情具有重要价值；《养吉斋丛录》主要记述清同治以前朝廷、宫室的典章制度以及皇家宫殿苑囿，简明、完整、信实；《行素斋杂记》重点记述清代军机旧闻、典制制度、官制沿革、宫廷掌故及人物事迹等，也涉及了不少关于满洲世族、科考情况、服饰定制、京师物产、历史名胜等方面的内容。这些书真实地反映了当时的历史。

本部分也收入了部分现当代学者的著作。如《清代内务府》、《北平》、《三十年闻见录》、《近代京华史迹》等。其中《清代内务府》较为深入地研究了清代内务府这一内廷服务机构的产生、发展、确立、完善、消亡的情况，是一部研究清代内务府的专书；《北平》真实生动地反映了 20 世纪 30 年代作为普通城市的北平的状况，可为研究当时北平的交通、社会生活提供一定的参考；《三十年闻见录》记录了作者在 20 世纪初到 30 年代中期的见闻。这些著作或记述，或考证，或论述，都为北京史研究提供了一定的资料。

笔记、杂著、史料类书籍最大的使用价值在于它们的资料性、文献性。本部分在收录这些著作时重点选取有代表性的；学术价值高的；曾在历史上产生过较大的影响的；在特定历史时期具有开创性的；虽在当时没有引起人们注意，但在今天具有实际应用价值的。同类内容的书籍基本按成书时间进行排列。

973

《燕丹子》

《燕丹子》三卷。

此书撰人无考，《隋书·经籍志》不著撰人姓名，《旧唐书·经籍志》题燕太子丹撰。成书时间不详，最早见于《隋书·经籍志》"小说家"的著录。孙星衍认为"作在史迁、刘向之前"；胡应麟认为"出于应劭、王充之后"；鲁迅则说"审其文词当是汉前书"。

《燕丹子》卷上讲述燕太子丹在秦做人质，不被礼遇，归国后立志复仇。太子丹与傅麴武商议"欲收天下之勇士"刺杀秦王。麴武则认为应先合从连衡他国再做图谋。太子丹不听。麴武就向他推荐了田光。卷中讲田光评价太子门客夏扶、宋意、武阳等人都称不上是勇士，并告诉太子丹他所知道的荆轲乃"神勇之人"，可成大事。田光向荆轲转达太子丹之意后，吞舌而死。卷下讲荆轲至燕，受太子丹礼遇。后太子丹催行，荆轲来不及等其他人到来，只好带上樊於期头出发。至秦，图穷匕现。秦王请求听琴而死，借机逃脱。荆轲受创，倚柱笑骂而死。

《燕丹子》内涵丰富，结构完整，情节奇幻，有"古今小说杂传之祖"之称。它是现存最早的北京地方文献，在北京文学史上具有重要地位。

此书传本甚少，《四库全书》从《永乐大典》中辑出列入小说家存目。后孙星衍从纪昀处传得钞本，此本先后被刻入《问经堂丛书》、《岱南阁丛书》、《平津馆丛书》。中华书局1985年点校的《燕丹子》是迄今所见较好的版本。

《乘轺录》

《乘轺录》一卷，宋路振撰。

路振（957—1014年），字子发，永州祁阳（今湖南祁阳西）

人。淳化进士，后授大理评事，通判汾州，徙徐州，后又为太子中允、太常丞、太常博士、左司谏、知制诰等。有文集二十卷。

北宋大中祥符初年，路振出使契丹，归来后撰写了《乘轺录》。

《乘轺录》主要记述大中祥符元年（1008 年）路振使辽的见闻。从大中祥符元年十二月四日记起，记述使团途经新城、六屏山等地到达幽州，又经顺州、虎北口等处，最终到达契丹国的过程。其间记述了沿途的一些见闻，包括辽朝的城垣宫殿、饮食风尚、典章制度、当朝人物、民间生活等，重点记述了在幽州和契丹国的见闻，其他则较为简略。

此书中的相关部分记述了作者在幽州地区的见闻，有关于城垣城门情况的，如"幽州幅员二十五里，东南曰水窗门，南曰开阳门，西曰清音门，北曰北安门"；有记街市景象的，如"居民棋布，巷端直，列肆者百室。俗皆汉服，中有胡服者，盖杂契丹、渤海妇女耳"；有叙述人民生活状况的，如"服田之家，十夫并耨，而老者之食，不得精凿"；有记辽朝迎接、宴请宋使者盛况的，如"遣副留守秘书大监张肃迎国信。置宴于亭中，供帐甚备。大阉具馔，盏斝皆颇璃，黄金扣器"，"九日，虏遣使置宴于副留守之第。第在城南门内，以驸马都尉兰陵郡王萧宁侑宴。文木器盛虏食，先荐骆糜，用杓而啖焉"等。这些都为研究辽幽州的历史风土等提供了重要的参考。

此书在《指海》（道光本、景道光本）第九集；又，有清咸丰间南海伍崇曜《粤雅堂丛书续集》刻本；又，《十万卷楼丛书》本；又，在《丛书集成初编》；又，民国二十五年至二十七年（1936—1938 年）上虞罗继祖墨缘堂《愿学斋丛刊》石印暨铅印本。

《北行日录》

《北行日录》二卷，宋楼钥撰。

楼钥（1137—1213 年），字大防，自号攻媿主人。宋代明州瑾县（今浙江省宁波市）人。隆兴元年（1163 年）进士。历官太府、宗正寺丞、温州知府，同知枢密院院士、大学士等。有《攻媿集》。

南宋乾道五年（1169 年），值宋金复合，每年节日遣使相贺之际，楼钥以书状官的身份跟从试吏部尚书汪大猷出使金国，庆贺正旦。他留心观察，详细记录沿途见闻，成书《北行日录》。

此书上、下两卷，以日记体记录作者出使途中的每日见闻，从乾道五年（1169 年）十月初由杭州出发记起，到乾道六年（1170 年）三月六日回杭为止，记述途经汴京、津延、中都等地的情况，包括天气、行程、道里、城郭、史迹、人物、风俗、饮食、物产、典章等。

此书在上卷的后部分和下卷的前部分重点记述了作者在金中都的见闻以及使节入贺的礼仪。有关于入中都时情景的，如"入城，道旁无居民，城壕外土岸高厚，夹道植柳甚整"；有对内城进行描绘的，如"宣阳门内街分三道，中有朱栏二行跨大沟为限，栏外植柳"；有关于金宫主殿景观的，如"大安殿十一间，朵殿各五间，行廊各四间，东西廊各六十间，中起二楼，各五间"；有关于宫中乐队情况的，如"乐人大率学本朝，惟杖鼓色皆幞头红锦帕首鹅黄衣紫裳，装束甚异。乐声焦急，歌曲几如哀挽，和者尤可怪笑"。

此书所记为作者亲见亲闻，真实可信，为研究宋、金关系史以及北京历史提供了重要的参考资料。

此书有清乾隆道光间长塘鲍廷博《知不足斋丛书》刻本；清光绪八年（1882 年）岭南芸林仙馆《知不足斋丛书》刻本；又，1968 年台北广文书局影印本（与《北狩行录》合册）。

《揽辔录》

《揽辔录》一卷，宋范成大著。

范成大（1126—1193 年），字至能，号石湖居士，江苏吴县

（今苏州）人。绍兴二十四年（1154年）进士，官至参知政事。

南宋乾道六年（1170年），范成大受命出使金国，索取河南陵寝之地，改订受书之礼。他将沿途见闻感受详尽地记录下来，写成笔记体史书《揽辔录》。

此书现存一卷，为节略本。记载了作者从宋、金分界的泗州进入金国直至金国统治中心燕山的全部行程，记述了所经历的府、县、镇、山、河的名称以及府、县、镇之间的距离里程、名胜古迹、城垣宫殿、物产、生活风尚等。

书中对于金中都的景象记录得十分详细，有关于城门城垣的，如"缘城过新石桥，中以杈子隔绝。道左边过桥，入丰宜门，即外城门也"；有关于宫殿建筑的，如"端门之内，有左右翔龙门，日华、月华门"；有关于内廷布置的，如"两楹间各有大出香金狮蛮，地铺礼佛毯，可一殿"；有关于内廷人物服饰的，如"卫士二百许人，贴金双凤幞头，团花红锦衫"；有关于中都营建历史的，如"炀王亮始营此都，规模多出于孔彦舟，役民夫八十万，兵夫四十万，作治数年，死者不可胜记"等。

此书中所记中都见闻，是研究金朝宫殿建筑、城市规划、典章制度、历史人物、名胜古迹等方面情况的极其珍贵的史料。

现存《揽辔录》节略本有：《三朝北盟会编》炎兴下帙一百四十五；黄震《慈溪黄氏日抄分类》卷九十七（耕余楼刊本）；《说郛》（宛委山堂本）卷六十五，（商务印书馆本）卷四十一；《宝颜堂秘笈》普集（明万历本、民国石印本）；《续百川学海》己集；《稗乘》；《知不足斋丛书》第二十三集《石湖纪行三录》（清乾隆至道光本、景乾隆至道光本）；《丛书集成初编·史地类》。又，《范成大笔记六种》，中华书局2002年点校本。

《北辕录》

《北辕录》一卷，宋周辉著。

宋淳熙四年（丙申，1177年），即金大定十七年，周辉跟随待诏制敷文阁张子政等人贺金世宗生辰，此行他写了记载出行经历的《北辕录》。

此书一卷，记载了作者从南宋淳熙四年（1177年）正月七日起，到四月十六日止往返九十六天中的见闻感受，包括在泗州、虹县、南京、相州、新乐县等地的路途见闻。

此卷的后半部分记载了作者在燕地的经历。所记较为详细，如见到卢沟河的河水"色黑而浊，其急如剑"；如记入城时，"初入端礼门，次入南门，次入丰宜门，次过龙津楼"；如记贺金世宗生辰的前后过程，其中尤详记二月二十九日宋使入廷时的情况，包括拜见的过程、卫士的装束、宫廷内器物的设置、宫殿的样式等。这些都为了解当时北京的情况提供了真实、难得的历史资料。

此书有明《历代小史》刻本、明《百川学海》刻本、明嘉靖二十三年（1544年）云间陆氏俨山书院《古今说海》刻本。

《辍耕录》

《辍耕录》，又名《南村辍耕录》，三十卷，元末明初陶宗仪著。作者简介见前《元氏掖庭记》篇。

本书是一部元人笔记小说。所记内容以元代为主，宋代为次，少数涉及到宋代以前，包括元代的典章制度、文物古迹、风俗掌故、风景名胜、小说戏曲、科学技术等等，多为作者耳闻目睹之事，保存了丰富的史料，生动地展示了元末的社会生活，具有很高的史料价值和学术价值。书中记载了许多与元大都相关的史料，如卷九"万柳堂"、"漱芳亭"，卷十二"连枝秀"，卷十七"旃檀佛"等。其中卷二十一记述了元大都的宫阙制度，包括各处建筑的名称、位置、朝向、规模、样式、装修、彩绘等等。王剑英《萧洵〈故宫遗录〉考辨》云："《辍耕录》所记大都宫阙制度，为史官虞集根据《将作所疏》即工部奏疏而成的撰述。……可以断定这篇《宫阙制度》是元文宗天历初建奎章阁以前的宫阙建筑实况，很可能即是《经世大典》的原稿或原文，是一篇极为详尽严肃的官方记录。"此书是迄今为止所发现的记载元大都宫殿园池最为详实可信的材料。

现存明万历三十二年（1604年）玉兰草堂刻本；明崇祯间虞山毛氏汲古阁刻本；清光绪十一年（1885年）上海福瀛书局刻本；1915年上海商务印书馆铅印本；1959年中华书局铅印本，在《元明史料笔记丛刊》；1985年中华书局铅印本，在《丛书集成初编》；1998年文化艺术出版社铅印本，一册，427页。

《宛署杂记》

《宛署杂记》二十卷，明沈榜纂修。

沈榜，字子登，岳州临湘（今湖南省临湘县）人。由举人历任内乡、东明、上元、宛平县知县，户部主事等职。

明万历十八年（1590年），沈榜升任顺天府宛平县知县，在任三年，因感于"乃县故无志，而掌故案牍，又茫然无可备咨询"，于是"杂取署中所行之有据而言之足征者，随事记录，不立义例，不待序次，聊识见闻，用备掌故"，从而修成《宛署杂记》一书。

全书二十卷。以"日月光天德，山河壮帝居。太平无以报，愿上万言书"诗句二十字为序而标分卷目，包括圣谕；县始、分土、署廨、古墨斋；职官；山川；铺舍、街道；地亩、人丁、徭赋、力役；黄堡仓；宫庄；马政；奶口、三婆、土工；驾相、养济院；税契；铺行；经费；人物；民风；恩泽；寺观；志遗。附：《燕说》（按：日本尊经阁文库所藏《宛署杂记》已佚《燕说》一文）。书首有顺天府府尹谢杰《宛署杂记叙》，沈榜《自序》，书末有万历壬辰吴楚材《宛署杂记序》。

《宛署杂记》名为"杂记"，起因于其在编纂形式上的"不立义例，不待序次"，实际上就其内容和作用而言，应是一部优秀的宛平县志书。作者对宛平社会经济情况的记述最为详尽，如卷十五所载宛平担当坛庙、陵园、行幸、宫禁、各衙门、考试等经费的情况即长达四、五万字。书中所收资料来自作者的广泛搜求，许多摘录自官方档案，难得、可信、稀见，如卷一"圣谕"、卷十"奶口"、"三婆"、"土工"等都十分罕见。此书对方志体例也多有创新，如在第五卷所列的"街道"、在第十七卷"民风"中单列的"方言"，都是以往志书所不见的。沈榜还将自己忧国忧民之思，寓意于"微词"之中。

此书成书后一直稀见，后出现于东京前田侯家尊经阁文库，为"宛平县县丞黄维中、泾阳刘凰翔、主簿古越刘谐校正，典史新安方乐舜同校"本。中国科学院图书馆收藏了此书胶卷，1961年北京出版社据此胶卷点校铅印。1980年北京古籍出版社据北京出版社原书重新排印出版。1992年，此书被列入中国科学院所编《稀见中国地方志汇刊》，由中国书店影印出版。

《长安客话》

《长安客话》八卷，明蒋一葵著。

蒋一葵，字仲舒，号石原。原籍晋陵（今江苏省常州市）。万历二十二年（1594年）任广西灵川县县令，后升任北京西城指挥使等职。有《尧山堂外纪》等。

蒋一葵任京西城指挥使期间，曾"到处走荒台断碑，苔封藓锁，披拭扪摸……凡散现于稗官野史，若古迹，若形胜，若奇事，若名硕，吟咏累日月，即蔚然成帙"，著成《长安客话》。

《长安客话》记明代北京一带的掌故旧闻。全书分八卷。卷一、卷二为"皇都杂记"，包括：皇都、皇城、禁苑、都市、歌咏、人物、奇事、食货、畿闉、公宇、方言、俗习、制尚、诗说；卷三、卷四为"郊坰杂记"，包括：名山、名寺、名迹、名诗、桥梁、形胜、陵寝、游谒；卷五、卷六为"畿辅杂记"，包括：驿馆、碑墓、山河、雄镇、山川、津梁、形胜、古迹；卷七、卷八为"关镇杂记"，包括：关、镇、台、城、路、岭、峪、口、城、堡及塞外诸夷。书首有陆元学撰《长安客话序》，书末附张三光《蒋石原先生传》。

此书成于万历末，为仅存几种明人北京地方文献之一。所记范围甚广，遍及当时的京师顺天府的城区、郊坰、畿辅和关镇，内容涉及历史掌故、建置沿革、古迹、形胜、奇事、方言、习俗、物产等，且收录了许多与之有关的诗歌。作者注重调查，于居官闲暇之时，不辞辛劳，亲访古迹，并将调查所得与文献资料相印证，所记虽较为简略，但许多资料都十分难得，对研究明代北京地区历史变迁、地理沿革、风土人情具有重要价值。

此书有明刻本八卷，国家图书馆有藏；清钞本八卷，国家图书馆有藏；清光绪盛氏思惠斋刻本八卷；清顺治间李际期宛委山堂刻本一卷（清代多次重修），在《说郛》；又，1960 年北京出版社点校铅印本，一册，166 页；又，1980 年北京古籍出版社据1960 年北京出版社原书重新排印本，一册，180 页；又，1994 年上海书店出版社《丛书集成续编》本。

《翰林记》

《翰林记》二十卷，明黄佐撰。

黄佐，字才伯，号泰泉。广东香山县（今中山市）人。正德十六年（1521 年）进士，选庶吉士。嘉靖初，授编修。历官南京国子祭酒，少詹事。有《礼典》、《乐典》、《南雍志》等。

此书共二十卷，226 条，主要记述明代前期、中期的翰林掌故。所记始于洪武，迄于正德、嘉靖间，涉及面非常广泛，如卷一中"官制沿革"记翰林院之建立时间以及不同时期的人员设置，"印信"记印信的样式；卷四中"文华殿考艺"记永乐后明朝皇帝在文华殿御试的情况；卷十七、十八录翰林院官员题名等等。

此书记述明代前期、中期的翰林掌故较为详细，尤其对翰林学士沿革、制度的记述既系统又具体，为研究明代翰林学士制度提供了基本史料。书中还对宫廷内部以及文渊阁的情况多有涉及，如卷六中"侍游禁苑"记翰林人员游内苑，卷六中"入直"、卷十六中"车驾幸馆阁"记文渊阁情况等，卷十二中"收藏秘书"载奉天门东庑失火情况。这些都为研究明代北京史、宫廷史、文化史等提供了丰富的参考资料。

此书现有《四库全书》本，《岭南遗书》本及《丛书集成初编》本。又，辽宁教育出版社 2003 年版《翰学三书》（一）。

《万松阁记客言》

《万松阁记客言》一卷，明陈吴才撰。

此书共收 20 则，大多是关于北京情况的记录。其中有关于京师岁时风俗的，如"清明日都下人出郊嬉游，或至高门大刹以蹴鞠为戏"；有关于社会生活的，如"盛夏于水风林荫处制冷食寒酒，昼夜酣饮以为避暑"；关于都人俗语的，如"京师人谓百事遂意为风利"；有关于楼阁建筑的，如"齐政楼在海子东岸，名取齐七政八之义"、"凝翠楼在高粱河南"、"中心阁在都城之中，故名"等。

此书所记为明朝时北京的情景，当初原有的一些事物，如齐政楼、凝翠楼等现在已经发生了变迁，这些记录为研究明代北京历史、建筑史等提供了十分难得的历史文献资料。

此书有《丛书集成初编》本（与《冷赏》、《奇子杂言》合册）。

《旧京遗事》

《旧京遗事》不分卷，明史玄撰。

史玄，字弱翁，江苏省吴江县人。能诗擅文，常与吴易、赵涣相唱和，号为"东湖三子"。明亡，他抱郁而终。

史玄身处明末，对先时的太平有所记忆，对当时的动荡颇有感怀，因此缅怀故都旧事，写下了记录旧京情况的《旧京遗事》。

《旧京遗事》是研究晚明历史和北京历代宫苑史的重要史料。全书主要记述明万历以后直至崇祯末年北京的宫阙规模、帝后生活、典章制度、城市建置、辅臣轶闻、九门税课、民情风俗、岁时果品等，许多记录很有价值，如对京师额兵数量的记录，对西四牌楼行刑情况的描写。作者还时夹按语述及历代情况，以对所述内容进一步补充说明。客观记述描写之外，作者还时时将自己的感慨杂于其间，如称"追想神宗盛年，如东城老父述开元、天宝间事矣"，因而此书在清代曾被列为禁书。

东莞伦明曾得其稿本，此书又有钞本，曾为张次溪所藏；又，民国十八年（1929 年）天津北洋广告公司据张次溪所藏钞本首次排印；又，民国十八年（1929 年）北平待晓庐刊本，中国科学院图书馆有藏；又，民国二十七年（1938 年）双肇楼《京津风土丛书》铅印本；又，1986 年北京古籍出版社点校铅印本（与《旧京琐记》、《燕京杂记》合册）。

《三垣笔记》

《三垣笔记》三卷，附识三卷，明李清撰。

李清（1602—1683 年），字映碧，一字心水，南直隶兴化（今江苏属县）人。崇祯四年（1631 年）进士，历官刑、吏、工科给事中，大理寺丞等。明亡后隐居。有《南渡录》、《南北史合注》等。

李清曾在崇祯十一年（1638 年）入刑垣，崇祯十五年补吏垣，崇祯十七年掌工垣，他将此期间的闻见记载下来，以"志十年来美恶贤否之真"，"无偏无党以立言"。

此书正文三卷，卷上、卷中记作者于崇祯朝时的见闻，卷下记作者在弘光朝时的见闻。附识三卷，前两卷是对崇祯朝事的记录，后一卷是对弘光朝事的记录。另有附识补遗及附志附录。书后有全祖望跋、刘承幹跋。

此书真实记录了崇祯、弘光两朝各方面的历史情况。其中对崇祯皇帝的言行、性格、行事记录较多，如"上寄耳目于锦衣卫，称为心膂大臣，托采外事以闻"，"上为边警日深，督抚不能驱剿，任其焚掠，言之出涕"等；而对李自成攻打京师的情况也有记载。此书本书部分是作者亲身目击的事实，真实性无可置疑，附识部分则得于作者的耳闻，真实性尚待进一步考证。此书记录全面，持论公允，为研究崇祯朝北京时事、朝章、典故、人物等提供了可贵的参考。

此书钞本有傅以礼校的三卷本（国家图书馆有藏）；商务印书馆所藏的四卷本；又，国粹学报社民国元年（1912 年）《古学汇刊》铅印本；又，吴兴刘氏嘉业堂民国十六年（1927 年）刻本；又，中华书局 1982 年点校本，一册，253 页。

《燕京记》

《燕京记》，清顾森辑。民国二十八年（1939 年）北平燕归来簃铅印本，一册。

顾森，昆山人，生平不详，又题云葊氏，此书是他于乾隆二十一年（1756 年）所辑。

《燕京记》是对燕京历史的记述，时间上起传说中的黄帝，下至明崇祯十七年（1644 年）五月初二日清军入城，作者从《尚书》、《礼记》、《经典释文》等书籍及各种史书中搜取关于燕地情况的记录并按时间顺序将之编排整理，梳理成一部清之前燕京的历史，内容涉及建置沿革、政治、经济、军事等多个方面。正文后附记城郭，记辽太宗会同元年（938 年）至明嘉靖四十三年（1559 年）燕京城门情况；另附各门路径去向，记各城门路径情况。

此书是清人所辑的关于燕京历史的资料集，具有较高的史料价值。

此书向来没有刊本，至民国二十八年（1939 年）张次溪得此稿，将之刻入《燕都风土丛书》。

《春明梦余录》

《春明梦余录》，"春明"，原是唐都长安一城门名，后作为京城或都城的通称；"春明梦余录"即为记述北京旧事、旧迹之书。七十卷，明末清初孙承泽撰。

作者简介见前《烈皇勤政记》篇。

孙承泽辞官后到北京西山著书立说，自称退翁，"营退谷以见志"，因感于"明史未有成书，久或失实，纂述《春明梦余录》"等书。

此书共七十卷，约100万字，共分十四门，"是书首以京师建置、形胜、城池、畿甸；次以城防、宫殿、坛庙；次以官署；终以名迹、寺庙、石刻、岩麓、川渠、陵园。"（《四库全书总目提要·春明梦余录提要》)。其中官署一门四十卷，占全书二分之一强。书中记述明代典章制度沿革用力最勤，而以记万历、天启、崇祯三朝尤为翔实。体例则兼有政书、掌故、方志的特点。

此书就卷帙之浩繁来讲，是清初学者所撰北京历史著作中字数最多的，就内容之丰富而言，也是清初私家著述中极为罕见的。书中材料为作者亲身闻见，多取自实录、邸报、上谕，许多明人奏疏、文牍及崇祯朝疏牍也多因此书的记录而得以保存。本书是研究明代历史以及北京历史的珍贵资料，特别是对于明代典章源流迁革、中央机构职掌和北京地理人文研究均有较高的史料价值。

此书有清钞本二十册（宋宾王校并跋），国家图书馆有藏；又，清乾隆间内府刻本（乾隆敕辑《古香斋袖珍十种》之一)；又，江苏广陵古籍刻印社1990年9月据光绪间刊本影印本；北京古籍出版社1992年12月点校本；上海古籍出版社1993年7月据文渊阁《四库全书》本影印本。

《天府广记》

《天府广记》四十四卷，明末清初孙承泽撰。

作者介绍见前《烈皇勤政记》篇。

孙承泽老病告休后，到北京西山著书立说，纂述了《春明梦余录》，书成十三年后，他又编撰了《天府广记》一书。

此书四十四卷，《光绪顺天府志·艺文志·纪录顺天事之书》著录："是书以京畿事分类编辑，凡建置、府治、学宫、城池、宫殿各一卷，坛庙四卷，官署二卷，其中仓场、漕务附户部，选举员附礼部之类，又各以所属系录人物二卷，名胜、川渠、名迹、寺庙、石刻、陵园各一卷，赋一卷，诗三卷。"

本书是研究明及明以前北京历史的珍贵资料。全书内容丰富，涉及北京的城市历史、地理沿革、人物掌故、明官署的职掌制度等，对许多稀见资料记载详明，搜罗广博，文献彰著。此书按志书体例编排，实是一部大型的都邑志书，较之《春明梦余录》有所增补、删减，并对人物、艺文有所偏重。

国家图书馆藏有此书四十三卷钞本，有朱彝尊序；又有北京师范大学藏四十三卷钞本，有李蔚、王熙所作序；又有北京出版社 1962 年点校本，二册，721 页；又，北京古籍出版社 1982 年根据北京出版社 1962 年本重新排印本，二册，788 页。

《客窗偶谈》

《客窗偶谈》一卷，清陈僖撰。

此书署保定陈僖蔼公著。陈僖，字蔼公，河北省保定人，著有《燕山堂集》等。

著者认为，明朝的厂卫"借朝廷耳目之名为诸奸射利之数"是导致明朝灭亡的一个主要原因。他声称有世居京城的人向他谈过厂卫的情况，他将之分例汇编，"以为将来之戒云"。

此书一卷。分两方面进行记述。一是东厂："建置"，记其建置沿革情况；"职衔"，记官员的职务；"衙体"，记衙署情况及对犯人用刑情况；"胥役"，记胥役的称号、人数、服饰情况；"统摄"，记掌管事宜；"营求"，记职位的谋求；"态度"，记东厂的傲慢、无赖；"罗织之法"，记刑拷、诬扳、敲诈等罗织之法；"差拨奏报之法"，记每月差拨奏报的程序；"信物"，记信牌的大小、样式等；附录的"宫中进身"，记中官的入选和品秩。一是锦衣卫："官制"，记锦衣卫的官衔、品秩、人数；"衙门"，记镇抚司官员的情况；"行事异同"，记厂卫的区别；"官役进身"，记官役的出身、进身情况。

此书非常详细地记述了明代厂卫制度的情况，为研究北京历史提供了难得的参考资料。

此书有《昭代丛书》本。《丛书集成续编》本。

《稗说》

《稗说》四卷，清宋起凤撰。

宋起凤，字来仪，号弇山，又号紫庭、觉庵。直隶广平人，后跟随父亲到了京师。历任灵丘知县、罗定知州。喜欢游历，以著述自娱，有《诗说》、《北京风俗记》、《觉庵诗词》等。

此书始作于清康熙十一年（1672年）秋初，完成于康熙十二年（1673年）秋末，共四卷，所记有明末清初朝野遗事、掌故轶闻、传说故事等。其中有较多关于北京历史掌故的内容。如卷一中"万历疑案"、"张湾道人"、"厂灾"等，卷四则多记明末北京的宫殿建筑、园林胜迹以及风俗掌故，有"内外朝仪"、"太庙"、"殿试传胪"、"金狮子门"、"太液池"、"万岁山"、"内库"、"御马监"、"万寿宫"等。

宋起凤在明崇祯初年因其父与御马监友善，常随父出入禁苑，耳闻目睹宫中秘闻。《稗说》中所记的北京宫殿建筑、内外朝仪、园林胜迹、风俗掌故等多为其他记北京历史的书所不载，是研究明代宫廷历史的重要参考资料。

此书未见刻本传世，有稿本或康熙间旧钞本，曾为谢国桢所藏。中国社会科学院历史研究所明史室据此书进行编排，收入江苏人民出版社1982版《明史资料丛刊（第二辑）》中。

《池北偶谈》

《池北偶谈》二十六卷，清王士禛著。

王士禛（1634—1711年），字子真，一字贻上，号阮亭，又号渔洋山人。山东新城（今桓台）人。顺治十五年（1658年）进士，出任扬州推官，官至刑部尚书，后来罢官。乾隆间补谥文简。有《阮亭诗钞》、《带经堂全集》、《渔洋山人精华录》等。

《池北偶谈》二十六卷，分为四类。"谈故"四卷，记叙清代的典章、科甲制度、衣冠胜事，间及古诗；"谈献"六卷，主要记述明中叶以后至清初名臣、畸人、烈女等事；"谈艺"九卷，评论诗文，采撷佳句；"谈异"七卷，记述神怪传闻故事。

此书涉及北京历史的内容较多。如"谈故"中"八旗开科"、"满洲乡试"等条记顺治、康熙时乡试、会试制度；"殉葬"条记清初"八旗旧俗，多以仆妾殉葬"，后经御史朱裴奏准予以禁止。此书还有几处专述清世祖福临的书画，如记西山新法海寺有一巨碑，"刻'敬佛'二字，笔势飞动，世祖御笔也"；京城西善果寺，有世祖赐弘觉禅师的御书"洞房昨夜春风起，遥忆美人湘江水。枕上片时春梦中，行尽江南数千里"等。

此书是一部很有价值的笔记，为研究北京历史、文化、制度、宫廷等提供了丰富的参考资料。

此书有清康熙间刻本；又，上海慎记书庄清光绪二十二年（1896年）石印本；又，中华书局1982年点校本，二册，634页。

《北游录》

《北游录》九卷，明末清初谈迁撰。

谈迁（1593—1657年），原名以训，字观若，明亡后更名迁，字孺木。浙江海宁人，明诸生，明末清初著名史学家。有《国榷》、《枣林集》、《史论》等。

清顺治十年（1653 年），谈迁为进一步校补厘订《国榷》，应弘文院编修朱之锡聘，携稿赴京，探求公私著述，访询故明遗老。在旅京期间，他撰写了日记体笔记《北游录》。

《北游录》全书共九卷，约 30 余万字。卷一"纪程"，为作者顺治十年（1653 年）自嘉兴北上到京师期间的日记，共 126 则；卷二"纪邮上"、卷三"纪邮下"，为作者顺治十一年（1654 年）至顺治十三年（1656 年）南归前在京的日记，共 667 则；卷四"后纪程"，为谈迁顺治十三年（1656 年）离京返家期间的日记，共 107 则；卷五"纪咏上"、卷六"纪咏下"，为作者北游期间所写诗作，共 170 首；卷七"纪文"，为作者北游期间所撰写的 41 篇文章；卷八"纪闻上"、卷九"纪闻下"，是作者北游期间所撰的见闻笔记，305 则。诸"纪"之首均有"小序"一篇，概述此"纪"的主要内容，并抒写个人感触。书首有朱之锡序及作者自序。

此书是研究北京历史的可贵资料，书中有日记、诗歌、赋、序、书、传记、笔记等多种文体，内容也包罗万象，十分丰富。有对气象变化的记载，有对园林山水、名胜古迹的描绘，有思慕亡明的诗文，有对典章制度、遗文轶事、风俗人情、历史掌故的记载，其中许多记载来自谈迁所见的邸报和公文等政府档案材料。邓之诚对此书评价很高："今观此录，随事访问，盖欲订苍茫间事，求一代文集甚勤，则十五朝之史，犹有待于蒉辑也。"

此书有清钞本六卷、民国钞本六卷，藏于国家图书馆；又，中华书局 1960 年 4 月点校本，1 册，440 页；又，河北教育出版社 1996 年影印本，1 册，528 页。

《日下旧闻》

《日下旧闻》四十二卷，附补遗，清朱彝尊辑，清朱昆田补遗。朱彝尊（1629—1709 年），字锡鬯，号竹垞，浙江秀水人，康熙中举鸿博，授检讨，后入值内廷，因病归家。著有《曝书亭全集》等。朱昆田（1652—1699年），字西畯，一字文盎，朱彝尊之子，国子监生，擅长诗歌创作，有《笛渔小稿》。

《日下旧闻》是朱彝尊晚年在京谪居时所作，"日下"是京都的意思，"日下旧闻"即"京都旧闻"。他感于古都北京"故老沦亡，遗书散佚"，精心搜讨各种文献典籍，编纂了此书。后朱彝尊又命其子昆田补充阙遗，附在各卷卷末。

此书全书约40余万字，共四十二卷。卷一：星土、世纪；卷二：形胜；卷三至卷九：宫室；卷十至卷十八：城市；卷十九至卷二十四：郊坰；卷二十五至卷三十五：京畿、侨治；卷三十六至卷三十七：边障；卷三十八：户版、风俗、物产；卷三十九：杂缀；卷四十至四十二：石鼓考。本书卷首有朱彝尊自序及姜宸英、徐元文、高士奇、张鹏、冯溥所作序各一篇。书末有王原跋文一篇。

经过朱氏父子的亲身调查，详细考证，此书征引了1600多种前人著作中关于顺天府的材料，并逐条排比，采辑渊博，记载详备，由此成为清代私家编纂的大型北京历史文献资料选集，具有极为重要的史料价值。

此书现有清康熙二十七年（1688年）秀水朱氏六峰阁原刊本二十四册；又有民国初年刊本二十册（附补遗）。

《金鳌退食笔记》

《金鳌退食笔记》二卷，清高士奇撰。书名中"金鳌"二字，指西苑金鳌玉蝀桥而言。

高士奇（1645—1704年），字澹人，号瓶庐，又号江邨、竹窗。浙江钱塘县（今余杭县）人。以诸生供奉清内廷，被康熙帝所宠幸，官詹事府少詹事。因被弹劾，曾解职归里，后来复召入京，任礼部侍郎。有《左传纪事本末》、《江村消夏录》等。

高士奇曾"赐居太液池之西，朝夕策马过金鳌玉蝀桥"，在"退食之顷，偶访囊时旧制"，后感于"老监已尽，遗迹渐湮，无以昭我皇上卑宫室、约苑囿之俭德"，于是"纪其兴废，而复杂以时事，欲见昭代之盛，存为太平佳话也"。

此书共二卷。卷上记述西苑太液池、瀛台、乐成殿、紫光阁、芭蕉园、玩芳亭、承光殿、琼华岛等处景物，并附录其纪恩诗作；卷下记述大高玄殿、藏舟浦、雪池、迎翠殿、两海神祠、左临海亭、右临海亭、清馥殿、腾禧殿、玉熙宫、大藏经厂、万寿宫、柏木厂、亲蚕殿、西花房、牲口房、西什库等处景物。此书卷首有徐乾学序，卷上之首有高氏自序。

书中所记，包括西苑皇家御园的历史沿革、主要建筑、掌故轶闻、赐游纪实、园圃风光、宫廷习俗等，主要来自作者的亲身经历与见闻，比较可信，是研究明清宫苑史以及北京历史的重要资料。加之作者文才很高，全书文字生动活泼，使人有身临其境之感，可读性很强。不过，此书虽然征信载记，但仍有误引之处。

此书有清康熙间刻本（朗润堂藏版）二册；清刻《说铃》单行本一册；又北京出版社 1963 年点校本一册（与《明宫史》合刊）。

《燕台笔录》

《燕台笔录》一卷，清项维贞辑。

项维贞，嘉兴人，生平不详。

清康熙三十七年（1688 年）春试，项维贞遭点额将归之际，"朱彝尊辑《日下旧闻》垂竣，而以风土志属贞，贞即信宿于古藤书屋录此数纸"。

此书乃项氏摘录各书中有关燕地风土的内容辑录而成，是一部专记燕地风土之书。书中的材料来自《考工记》、《管子》、《史记》、《汉书》、《蔡中郎集》、《隋书》、《昌黎集》、《松漠纪闻》、《北京岁华记》、《燕都游览志》等史书、文集及其他著作，主要记燕地人文特点、社会习气、民间风俗。书中各条以类相从，涉及从古燕国直到当时的情况。有关于民风的记录，如"燕俗愚悍少虑，轻薄无成，亦有所长，敢于急人，燕丹子遗风也"（《汉书》）；有关于社会风气的摘录，如"京师阉竖多于缙绅、妇女多于男子、倡伎多于良家、乞丐多于商贾"（《五杂俎》）；有关于宫廷风俗的，如"腊月二十四日祭灶后，宫眷内臣穿葫芦景补子蟒衣"（《芜史》）；有关于民间风俗的，如"夏至日谓之朝节，妇人进彩扇以粉脂囊相赠遗"等。此书对研究燕地古今风俗具有重要参考价值。

此书有清道光十一年（1831年）六安晁氏《学海类编》木活字本；又，中华书局1985年《丛书集成初编》本；又，河北教育出版社1996年《历代笔记小说集成》影印本。

《巡城琐记》

《巡城琐记》一卷，清陆毅著。

陆毅，字干迪，号匪莪，太仓人，康熙间任江西新建县知县，后官至陕西道监察御史，协理山西道事，奉命巡视北京中东两城。著有《宜丰笔记》、《西台纪略》、《北庐诗钞》等。

陆毅曾在京为巡防御史，"以京朝官身任地方，以风纪之司与贩夫匹妇絮语堂阶，谋及井闾"，后来对之有所记录，写成此书。

此书不分卷，所记内容大致可分两个方面，一是作者在巡城时的所见所感，多关于京师风俗，如记"五城风气不一，惟中城最嚣而清"、"衙役逢朔望点卯"，"都城百物涌贵"、"冬三月设厂煮饭赈济灾民"等；一是对所处理的讼案的记录，个别记录后还附有作者的相应疏稿，记录讼案的文字对京城民风习俗等方面的状况也多有涉及，如谈"中城地稠密，最多火灾"、"京师地势高亢，凿井为艰"、"京棍骗财鬼蜮百出"、"山左饥民乞食京师者甚众"等。正文前有作者小序，后有作者跋文。

此书中的记录都是作者亲见亲闻，极为真实生动地再现了清康熙年间北京社会生活的多个方面，为北京史研究提供了难得而可贵的历史材料。

此书现有清康熙四十三年（1704年）贵已堂版刻本；又，清光绪十三年（1887年）陆毅七世孙寿朋等重刻本；又，清光绪三十一年（1905年）铅印本。

《人海记》

《人海记》二卷，清查慎行撰。

查慎行（1650—1727年），字悔余，原名嗣琏，字夏重，号查田、他山，晚又自号初白庵主人。浙江海宁人。康熙三十二年（1693年）举人，四十二年（1703年）进士，特授修编，后兼武英殿修书总裁，后为武英殿校勘官。有《敬业堂集》、《周易玩辞集解》等。

查慎行于六十四岁引疾归家时，已客居京师三十年，"其间耳目闻见，随手缀录，零丁件系，不下数百条，雪窗检点，裒集成卷"，又根据苏轼的"惟有王城最堪隐，万人如海一身藏"诗句，将书定名《人海记》。

此书分上、下两卷，共390多条。主要记载了明清史事掌故、北京风土物产、南明政治轶闻以及作者在内廷侍从和塞外随驾时的见闻。

此书具有很高的史料价值，是北京地方史和宫廷史研究者经常征引的一部笔记。全书记述北京史事掌故、朝廷制度、名胜古迹、风俗习惯、地方物产的内容很多，如"汉官给俸"、"满汉兵饷"、"吏兵月选"、"贡士阅落卷"、"本朝内监数目"、"石经山藏经"、"月光木"、"圣祖论医"、"圣祖算学"等。作者对明代史事记述较多，对清帝恭敬有加，对朝廷弊端有所揭露。书中大多数条目字数不多，但也有少数较为详细，篇幅较长，如"甲申京师之变"、"南渡三疑案"等。

此书有清道光六年（1826年）钞本，国家图书馆有藏；又，清咸丰元年（1851年）海昌张氏刻本四册；又，北京古籍出版社

1989 年版，一册，134 页。

《京师偶记》

《京师偶记》一卷，清柴桑著。

柴桑，昆山人，应于康熙朝在世。他到京师停留了一段时间后和友人们谈起南方人在京师"毕竟何如"，遂作此书。

此书不分卷，主要记述了作者在京师的见闻，涉及风俗、时事、风景名胜、古迹、人物轶事、社会生活等，如记京师自正月到十二月的民间风俗、贵戚遇丧礼时款客用品、丙子年正月天子为元元祈福、丰台芍药之盛、于成龙任直隶巡抚时曾于大道筑长墙、京师气候、宫中以蓝宝石为耳饰等。这些记述都较为简短。作者在记述京师风俗时还时时将之与南方的相应状况予以对照，突出北京的特色。书中结尾部分有一大段文字是议论性质的，论述南人不应到京师的理由，如京师贫富悬殊、老米难吃、烧煤有毒、风沙迷人、胡同难辨等等。

此书有清光绪十七年（1891 年）上海著易堂《小方壶斋舆地丛钞》铅印本；又，北京广业书社民国十四年（1925 年）《北京历史风土丛书（第一辑）》石印本，国家图书馆有藏。

《畿辅见闻录》

《畿辅见闻录》不分卷，清黄可润著。

黄可润（？—1764 年），字泽夫，号壶溪。福建龙溪（今龙海）人。乾隆四年（1739 年）进士，乾隆十一年任无极知县，乾隆十五年（1950 年）后相继出任大城、宣化知县和口北道三厅理事同知，先后在畿辅二十余年。有《壶溪文集》、《无极县志》等。

黄可润"备员畿辅七载"后作《畿辅见闻录》，自称作此书是缘于"总制桐城方公娴于水利，一时属员咸知要求，因从轮蹄所及，证以古今图籍，久之又久，偶有所见，爰识之以俟知者质焉"。

此书不分卷，前有乾隆十九年（1754年）官献瑶序、林枝春题词、庄有恭序、蔡新序、作者自序。书后有乾隆十九年黄立隆跋。

此书所记多与水利、地理有关，记畿辅各处水泽源流、合聚情况、各处宽度以及山脉走向等十分详细，并将所见与以往诸书所记相互参照，进行考证；记筑城墙之法、风沙之患、种树之法、开井之法、土质状况也十分详备，且根据畿辅各处的实地情况认真分析，并因地制宜探讨解决方法；书中还对乡兵情况、留养局设置、赌博恶习、士子之风、保甲之法、直隶丧礼多有记述，为研究清乾隆年间北京附近地区的山脉、河流、民风、民俗等提供了可靠而生动的参考资料。

此书有清乾隆十九年（1754年）刻本二册，国家图书馆有藏。

《日下旧闻考》

《日下旧闻考》，原名《钦定日下旧闻考》，一百六十卷，清于敏中、英廉、窦光鼐、朱筠等奉敕纂修。

于敏中（1714—1779年），字叔子，一字重棠，江苏金坛人，官至文华殿大学士兼户部尚书，著有《素余堂集》等。英廉（1707—1783年），字六计，号梦堂，一号竹井老人，本姓冯，内务府包衣，汉军镶黄旗籍人，官内务府大臣、刑部尚书、正黄旗都统、直隶总督、东阁大学士，并加太子太保。窦光鼐（1720—1795），字元调，号东皋，山东诸城人，历督河南、浙江学政。著有《省吾斋诗稿》、《省吾斋文集》等。朱筠（1729—1781年），字美叔，一字竹君，号笥河，顺天大兴（今北京市）人，乾隆进士，官至翰林院侍读学士，著有《笥河文集》等。

清乾隆三十八年（1773年），高宗下令以朱彝尊的《日下旧闻》为基础，对其"逐一确核"，有误及遗漏之处"悉行分类胪载"，编定《日下旧闻考》一书，"使天下万世，知皇都闳丽，信而有征，用以广见闻而供研炼。书成后，并即录入《四库全书》，以垂永久。"

此书完成于清乾隆四十七年（1782年），共一百六十卷，约160余万字，包括星土、世纪、形胜、国朝宫室、宫室、京城总记、皇城、城市、官署、国朝苑囿、郊坰、京畿、京畿附编、户版、风俗、物产、边障、存疑、杂缀。书前有题词二首、参与编撰等人名单、凡例及表文。

此书以乾隆现制为准，大体沿用《日下旧闻》体例及编次目录，新增"国朝宫室"、"京城总记"、"皇城"、"国朝苑囿"四门，附"侨治"于"京畿"门之后，"石鼓考"于"官署"门"国子监"条下。各门所征引资料分别冠以"原"、"补"、"增"标记，以示为朱彝尊原辑、朱昆田补遗、馆臣新增，并依原例间或附加按语，新增的"臣等谨按"主要为考证之文。

此书在《日下旧闻》的基础上删繁补缺，考订讹误，篇幅大幅度增加，内容和体裁较原书翔实精赅。全书抄撮引用图书约两千种，是迄今所见清代官修的规模最大、编撰时间最长、内容最为丰富、考据最为翔实的北京史志文献资料选辑，是研究北京掌故史实的重要参考文献。

此书有清钞本三十六册，一百一十卷，国家图书馆有藏；又，清乾隆间武英殿初印本四十八册；北京古籍出版社1981年标点铅印本，8册，2615页。

《宸垣识略》

《宸垣识略》十六卷，清吴长元编著。

吴长元，字太初，浙江仁和（今余杭县）人。生平不详。

清乾隆间吴长元客居北京十余年，以著述自娱。他在为公卿士大夫雠校秘册之余，又留心掌故。时值《日下旧闻考》刻印颁行，吴氏读后以为此书卷帙浩繁，难以查阅，于是"综括其大纲，参之以所掇拾"，撰成"为游览而设"的《宸垣识略》。

此书分为十六卷。卷一：天文、形胜、水利、建置；卷二：

大内；卷三、卷四：皇城；卷五至卷八：内城；卷九、卷十：外城；卷十一：苑囿；卷十二至卷十五：郊坰；卷十六：识余。书首有邵晋涵序及余集序，另有《宸垣识略例言》13 则。书附图18 幅。

《宸垣识略》是一部记载北京历史沿革、名胜古迹、衙署府邸、名人故居、各省州县会馆等方面情况的有较高学术价值的著作。此书虽依据《日下旧闻》及《日下旧闻考》而编撰，但仅记北京城近郊，并不涉及顺天府内其他地区。全书胪列城市，条析坊巷，杂载寺观，间征轶事，杂录歌诗，言简意赅，条理分明。吴氏又根据考查，对《日下旧闻》和《日下旧闻考》进行增补、纠正、质疑。凡考证文字，皆加"长元按"三字，旁征博引，考据翔实，有较高的史料、学术价值，如其汇编的《北京会馆名录》即是迄今所见北京历史上最早的会馆名录。此书还可看作是一部内容丰富，简明实用的旅游指南，所附 18 幅地图，应是北京历史上最早的北京旅游图。

此书有清乾隆五十三年（1788 年）池北草堂刊本八册，应是初刻本，地图附各卷中；又，清咸丰二年（1852 年）藻思堂刻本八册；又，清光绪二年（1876 年）刻巾箱本八册（北京宝林堂藏版），地图在书首；又，北京出版社 1964 年铅印本，一册，315页；又，北京古籍出版社 1981 年根据北京出版社 1964 年本重新排印本，一册，350 页；又，文海出版社 1972 年《近代中国史料丛刊》影印本，二册。

《簷曝杂记》

《簷曝杂记》六卷，续一卷，清赵翼撰。

赵翼（1727—1814 年），文学家、史学家，字云松，号瓯北，阳湖（今江苏武进县）人。乾隆十五年（1750 年）举人，后任内阁中书，入直军机。乾隆二十六年（1761 年）进士，授翰林院编修。后在广西、广东、贵州等地任职。有《二十二史劄记》、《瓯北诗话》等。

此书共六卷，续一卷。卷一、卷二是作者对在北京经历的记录；卷三、卷四是作者对在广西、云南、广东、贵州经历见闻的记录；卷五、卷六是作者的读书笔记；续卷是对前六卷内容的补充。

本书前两卷对清乾隆间朝廷政事、京城风俗人情、物产饮食、人物轶事等都有描述，对研究北京历史颇具参考价值。卷一主要记军机处有关掌故、宫中庆典、热河行围场面及蒙古风俗等，如"军机处"、"廷寄"、"庆典"、"大戏"、"木兰杀虎"等，或记军机处的变迁、职能，或记宫廷礼仪风俗，或记军事演习，都具有重要的史料价值。卷二记京城中一些显宦名人的轶事、作者殿试及主考武闱文墨的情况，如"傅文忠公爱才"、"殿试送头卷"、"武闱"、"西洋千里镜及乐器"、"梨园色艺"、"京师偷拐之技"等，或记载文人行迹、科举考试，或记社会风貌、奇闻轶事等，都是对当时状况的真实反映。

此书有清刻本，国家图书馆有藏；又，清宣统间上海有正书局铅印本，二册；又，上海商务印书馆民国四年（1915年）铅印本，一册；又，台北文海出版社1973年《近代中国史料丛刊》影印本（与《无事为福斋随笔》合册）；又，中华书局1982年铅印本（与《竹叶亭杂记》合册）。

《水曹清暇录》

《水曹清暇录》十六卷，清汪启淑著。

汪启淑（1728—1800年），字秀峰，又字慎仪，号讱庵，安徽歙县人。著名藏书家、篆刻鉴别家。曾任工部郎中、兵部职方司郎中。著有《焠掌录》、《讱庵诗存》等。

汪启淑一直专意撰述，在北京任工部都水清吏司郎中时，在公务之暇写了许多见闻随笔，成书《水曹清暇录》。

此书共十六卷，756条。内容涉及北京的历史掌故、衙署执掌、古寺梵刹、运河水闸、街道胡同、名胜古迹、名人轶事、传说故事、民间谣谚、奇闻异事、风俗习惯、诗词作品、医药偏方等。正文前有乾隆五十七年（1792 年）钱大昕序，后有乾隆辛丑（1781 年）翟槐跋。

本书是研究清代北京历史的重要文献。全书以北京故实为主，内容广泛，关于名胜古迹记载较多，如"文信公祠"、"太医院古铜人"、"白云观长春宫"、"怀柔县红螺山"等，有的简明扼要，有的较为详细；关于北京社会风貌的记载也不少，如"燕台新月令"、"佛灯往来"、"挡子"、"庙市"、"会馆"等，可见当时社会情况；书中对政事掌故、典章制度的记载虽数量不多，但都比较确切，如"都水司"、"营缮司"、"吏部铨政"、"街道厅"等，可与官书相印证。书中还收录清人诗词近 200 首，反映面广，艺术价值较高。

此书有清乾隆五十七年（1792 年）飞鸿堂初刻本，为作者自刻。又，北京古籍出版社 1998 年点校本，一册，255 页。

《藤阴杂记》

《藤阴杂记》十二卷，清戴璐撰。

戴璐（1739—1806 年），字敏夫，号菔塘，一号吟梅居士。浙江归安（今湖州市）人。乾隆二十八年（1763 年）进士。历任都察院给事中、工部郎中、太仆寺卿。晚年任扬州梅花书院山长。戴氏生平酷爱文史，学识广博，著有《吴兴诗话》、《石鼓斋杂记》、《秋树山房诗稿》等。

此书是一部记载清代北京掌故旧闻、名胜古迹、风土习俗的笔记。全书共分十二卷，卷一至卷四杂记清代掌故、衙署旧闻；卷五至卷十二记述北京外城（包括中城、南城、东城、西城、北城）以及郊坰的里巷琐闻、名人轶事、名胜古迹、园林寺院等。

卷首作者自序称："余弱冠入都，留心掌故，尝阅王渔洋《偶谈》、《笔记》等书，思欲续辑。于是目见耳闻，随手漫笔。及巡视东城，六街踏遍，凡琳宫梵宇，贤踪名迹，停车谘访，笔之于书……见《旧闻考》、《宸垣识略》已载者，悉去之。"

作者长期在京为官，久居宣南，熟悉里巷故实、文人轶事，所记或耳闻目睹，或亲身调查，内容翔实可信。戴氏还将大量时人游宴题咏的诗句录入书中，不仅保存了诸多名篇佳句，而且以诗存史，别具一格。此书是研究北京史难得的重要史料。可与《日下旧闻考》、《宸垣识略》互相补充。

此书有清嘉庆元年（1796 年）原刻本四册，国家图书馆有藏；又，清光绪三年（1877 年）吴兴会馆刻本二册；又，在王文濡编辑《说库》，民国四年（1915 年）上海文明书局石印本二册；又，在瞿宣颖编辑《北京历史风土丛书》，民国十四年（1925 年）北京广雅书社石印本，二册；又，北京古籍出版社 1982 年铅印本，一册，118 页；又，上海古籍出版社 1985 年铅印本，一册，144 页。

《陶庐杂录》

《陶庐杂录》六卷，清法式善撰。

法式善（1753—1813 年），姓乌尔济氏，字开文，又字梧门，号时帆，蒙古正黄旗人。本名连昌，清高宗将其改名法式善。乾隆四十五年（1780 年）进士，历左庶子、国子监祭酒、侍讲学士等。有《槐厅载笔》、《存素堂诗集》等。

此书共六卷，主要记载明清典章制度及社会经济情况，包括清代前期人口、财赋、户部库藏银两、铸钱数目，元、明、清学官姓氏，历代户口、财政、纸币、西北水利，还记载了明清两代的图书目录和文献资料。

此书中对于京城的藏书状况记述较多，如记"乾隆十一年建三希堂于内殿旁。贮王羲之《快雪时晴》、献之《中秋》、王珣《伯远》三帖"，记"舆图房隶养心殿造办处。中外臣工所进图式，存贮于此"，记"南熏殿藏古帝后像，凡轴七十有五"等。也有对北京其他方面情况的记述，如记"雍正四年二月壬申，颁赐在京各衙门御书匾额"各匾额的具体文字，记"京师庙寺，向惟慈仁寺土地庙药王庙数处"等。这些内容虽占全书比例不大，但依旧为研究北京历史文化提供了有益的参考。

此书有清嘉庆二十二年（1817年）刻本，国家图书馆有藏；又，文海出版社1969年影印本，在《近代中国史料丛刊》第三十五辑；又，中华书局1959年校点本，在《清代史料笔记丛刊》，一册，209页。

《清秘述闻》

《清秘述闻》十六卷，清法式善撰。

作者介绍见前《陶庐杂录》篇。

法式善自乾隆四十六年（1781年）始，历官检讨、四库书馆提调官、起居注官、办事翰林官，此其间对"史氏之掌记"、"秘府之典章"、"司衡之特命"、"试题之钦颁"、"玉掌故事，前辈风流，与夫姓字里居，迁擢职使，益得朝稽夕考"，并于闲暇之时"一一私缀笔端"，后"分年编载，事以类从"，因清秘堂为翰林院办理日常事务之所，于是书名《清秘述闻》。此书与《槐厅载笔》被合称为"科名故实二书"。

此书共十六卷，一至八卷为乡会考官类，述顺治二年乙酉科乡试至嘉庆四年己未科会试乡会试考官姓名、籍贯、履历和考题以及会元与三鼎甲、解元的姓名、籍贯；九至十二卷为学政类，记顺治元年至嘉庆四年各省提督学政的姓名、籍贯、履历；十三至十六卷为同考官类，记顺治三年丙戌科会试至嘉庆四年己未科会试顺天乡会试同考官的姓名、籍贯、履历。书前有朱珪《科名故实二书序》、翁方纲《科名故实二书序》、王苏《清秘述闻序》及法式善《清秘述闻自序》。

此书材料真实可信，为研究清代科举与教育制度提供了较为系统的参考资料。

此书有清嘉庆年间刻本，国家图书馆有藏。又，中华书局

1982年点校本（《清秘述闻三种》上），一册，521页。

《槐厅载笔》

《槐厅载笔》二十卷，清法式善撰。

作者介绍见前《陶庐杂录》篇。

法式善作《清秘述闻》后，"复博采科名掌故见于官书及各家撰著，是资考据者，仿朱检讨《日下旧闻》之例，厘而录之"，因此书完成于槐厅，于是题书名为《槐厅载笔》。

此书共二十卷。分十二门。依次为：规制二卷，记有关科考的一些规定；恩荣一卷，记皇帝对试官、考生、翰林院官员、海内名宿等的恩遇；盛事二卷，记与科考有关的一些盛事；知遇一卷，记士人的受知；掌故三卷，记有关科举的掌故；纪实二卷，记有关举行考试的一些情况；述异一卷，记奇闻异事；炯戒一卷，记可给人警戒或鉴戒之事；品藻一卷，记科举之士的才藻；梦兆一卷，记有关科举之梦；因果一卷，记奇异之事；咏歌四卷，记关于科考的诗作。书中的材料都是从他书中辑录出来的，均注明出处。此书前有作者自序、例言、征引书目。

此书引用书籍四百余种，包括史书、志书、日记、年谱、诗文集、杂著，资料来源广泛，所记上自清初，下至嘉庆，一百五十年间的科名故实足备掌记，对研究北京科举的历史有一定参考价值。

此书有清嘉庆间刻本，国家图书馆有藏；又，台北文海出版社1969年《近代中国史料丛刊》影印本，一册，716页。

《啸亭杂录》、《啸亭续录》

《啸亭杂录》十卷，《啸亭续录》五卷，清昭梿著。

昭梿（1776—1829年），自号汲修主人，又号檀樽主人，清太祖第二子代善六代孙，授散秩大臣，袭礼亲王爵，后被削爵圈禁，获释后任宗人府候补主事。曾纂辑《礼府志》，有诗文 200 余篇，已散佚。

昭梿喜好读书、交游，与满族亲贵、文武大臣、名儒宿学、市井优伶接触不少，他将得于见闻、考察的材料编辑下来，成书《啸亭杂录》。后来又作了《啸亭续录》。

《啸亭杂录》十卷，《啸亭续录》五卷。全书记述了清道光初年以前政治、军事、经济、文化、典章制度、民族关系、遗闻轶事、社会习俗、文史考证、诗文评论等，并表现了作者较强的思想倾向。

本书内容丰富，保存了许多与北京有关的宝贵史料。如"王公降袭次第"、"内务府定制"、"汉人用满缺"、"御前大臣"等，记载典章制度及其变革详细而完备，是难得的历史资料；如"图文襄用兵"、"癸酉之变"、"超勇亲王"等，记录历史真实可信，可补史书之不足或与正史相参照。书中还记载了许多人物的遗闻轶事，且有较强的艺术性。

此书有清钞本《啸亭杂录》十卷，《续录》三卷，国家图书馆有藏；又，清光绪间申报馆铅印本《啸亭杂录》十卷，《续录》三卷；清光绪六年（1880 年）刻本《啸亭杂录》八卷，《续录》二卷；清光绪二十七年（1901 年）扫叶山房本《啸亭杂录》八卷，《续录》二卷；又，中华书局 1980 年版《啸亭杂录》，一册，556页，含正录十卷，续录五卷。

《燕京杂记》

《燕京杂记》不分卷。

此书不著撰人，因书中提及朱彝尊故宅时言"百余年来已易数主"，疑撰者应为嘉庆或嘉庆后人。《小方壶斋舆地丛钞》本署为"顺德·著"，作者应为广东顺德人。

本书主要记述了清代北京地区的岁时节令习俗、驯象状况、房舍构造、街道沟渠、遗址古迹、士人风尚、游乐饮食、城市风气、风景名胜、蔬果食品等。

此书作者为京外人，以新奇之眼记在京城的耳闻目睹、亲身感受之事。书中许多记载来自作者的生活见闻，如记北京的风沙"尘氛埃影，冲天蔽日"，水"有甜苦之分"，"贫家无隙地，衾枕之外，即街道矣"。书中许多条目的记载十分详细，如记"京师房舍墙壁窗牖俱以白纸裱之"时，详细说明了顶棚构造、裱糊匠工艺、玻璃纸亮度、裱糊时间间隔。作者还在记述的同时时发感想，如他用不小篇幅记述北京仆役、妇人等人的种种不良风气后，评价仆役"其贱莫过于京师，其恶莫甚于京师，奸诡变幻，寡廉鲜耻，未可穷述"。全书虽较为琐碎庞杂，但生动详确，颇为可信，对研究北京地区的社会风俗、市井生活极富参考价值。

此书有《申报馆丛书·续集》本、《小方壶斋舆地丛钞》本，国家图书馆有藏；又，北京古籍出版社 1986 年点校本（与《旧京遗事》、《旧京锁记》合册）。

《恩福堂笔记》

《恩福堂笔记》二卷，清英和撰。

英和（1771—1840 年），满洲正白旗人，索绰络氏，字树琴，号煦斋，幼名石桐，别号粤溪生，晚自称霄叟。乾隆五十八年（1793 年）进士，授编修，官至户部尚书协办大学士，兼翰林院掌院学士。因事系狱，流放，后被释。

英和历事三朝，闻见广博，晚年居住在西山，应弟子所请，将前人言行、昭代掌故等记录整理为两卷，因其室名恩福堂，此书即名为《恩福堂笔记》。

此书上、下两卷。共记事 146 则。"首纪恩遇，次序先德，次诵师说，或胪列典章，或评骘诗文书画"。正文前有道光十七年（1837 年）英和"霄叟自识"及自述家事之《述事赋》，后有他的弟子叶绍本、穆彰阿、姚元之、徐松、彭邦畴、许乃济、祁寯藻共同署名的跋语。

此书内容丰富，记载了不少清代的典章制度及旧京的掌故轶闻。书中对典章制度记载较多，如记国初入直制度、白塔信炮章程、入军机而不许看摺奏、内廷行走与懋勤殿行走出入门不同等，都很有资料价值。书中还记载了许多人物如纪文达、刘文清、汪文瑞等的遗闻轶事，所记作者经眼的字画碑帖等藏品也为数不少。

此书有清钞本，清道光十七年（1837年）刻本，国家图书馆有藏；又，上海古籍出版社1985年《瓜蒂庵藏明清掌故丛刊》本，一册，159页；又，北京古籍出版社1991年点校本（与《恩福堂诗抄》、《恩福堂年谱》合册），前有点校者所编目录。

《恩福堂年谱》

《恩福堂年谱》一卷，清英和编，清奎照、奎耀补编。

作者介绍见前《恩福堂笔记》篇。

此年谱主要是英和自编，记英和自乾隆三十六年（1771年）出生至道光十九年（1839年）病重期间的事情，而道光二十年（1840年）英和临终前数月的行事，则由其子奎照、奎耀补编。

此谱记谱主每年所经历之事，其中对他的家世、仕历、所受到的宠遇记录得尤为详细。年谱还涉及到许多当时较为重要的事件，如嘉庆九年西陵赞礼郎清安泰控告内务府大臣盛住事，嘉庆十一年奉旨查办吉兰泰盐池事，道光五、六年奏请改海运漕粮事等。英和历事三朝，闻见极为广博，其年谱所记之事许多可与史书相参照或补史书之不足，为了解当时的历史提供一定的参考。年谱中抄录的一些谱主本人的奏章、诗作以及皇帝的批奏等，也具有一定文献价值。

此书有清道光间刻本，国家图书馆有藏；又，北京古籍出版社1991年点校本（与《恩福堂笔记》、《恩福堂诗抄》合册）。

《都门纪略》

《都门纪略》二卷，清杨静亭编辑，李南圃校正。

　　杨静亭，名士安，潞河人，生平不详。有感于外省仕商到京城后往往裹足不前，"所虑者不惟道途多舛，亦且坊肆牌匾真赝易混淆"，杨静亭编写了《都门纪略》，以使客商"不必频相顾问"。

　　此书上卷题《都门纪略》，前有图一幅，文字内容分为十门："风俗"载仕商在京需要注意之事；"对联"记一些店铺对联，都是以字号、堂名、地名嵌入者；"翰墨"记客商能够看到的店铺的题字；"古迹"记除雍和宫、南北海等禁地之外一些名胜古迹的外观位置情况；"技艺"记客商容易见到的技艺；"时尚"记风行的事物；"服用"记客商所习用的物品；"食品"记京都著名食品；"市廛"记较有名的市场的位置；"词场"记当时有名的戏班的情况，前有序文介绍词场的形成。下卷题《都门杂咏》，录诗作，按照上卷门类分为相应的十类。书前有道光二十五年（1845年）杨静亭序。

　　书中是记述旧时京都古迹、器物、时尚、工商、饮食、市肆、庙会、会馆、戏曲、诗作等多方面内容的杂记，对研究清道光间北京状况有很大参考价值。

　　此书有清道光二十五年（1845年）原刻本，后有多种增续本，陆续增入"都门会馆"、"路程辑要"等内容，书名也有《都门汇纂》、《朝市丛载》等多种。

《佳梦轩丛著》

　　《佳梦轩丛著》，清奕赓著。

　　奕赓，别号爱莲居士、墨香书屋主人、鹤侣主人，曾任宫廷侍卫六年。

　　民国二十一年（1930年），燕京大学图书馆购得稿本11种，据考应为奕赓所作，因书中有"佳梦轩"之名，故将之总称《佳梦轩丛著》。

　　《佳梦轩丛著》包括十一种著述，共二十一卷。

　　《东华录缀言》六卷，是作者读《东华录》时所作的读史随笔。前有作者清道光二十四年（1844年）序言。

《清语人名译汉》二卷，记 1061 个满族人名的汉语写法及满文意义。前有作者道光二十四年（1844 年）序言。

《歌章祝词辑录》二卷，上卷辑在祭祀坛庙及宫廷典礼时所奏乐章的歌词，下卷辑祭祀天、地、太庙、堂子、五岳、五镇、四海、四渎等处各神的祝词，其中祭堂子神的仪式和祝词是研究满族风俗的极好资料。

《谥法续考》一卷，按得谥者生前爵位官职录自清初至道光王公贵族、大小官员 394 人。前有作者清道光二十五年（1845 年）自序。

《本朝王公封号附异姓公侯伯》一卷，先概述王公封号的演变，再按爵次高低分别记录清受封为亲王、郡王、贝勒、贝子、异姓王、公侯伯者 133 人。

《封谥繙清》一卷，《补遗》一卷，列清代帝王陵号、年号的满语音译，就亲、郡王之封号、谥号、谥字逐一记录满语音译。

《侍卫琐言》一卷，记录了清代的侍卫制度以及作者本人的值班备差薪俸收入，具体生动，较《啸亭杂录》等书中的相关内容更为详尽。前有作者清道光二十五年（1845 年）自序。

《管见所及》一卷，《补遗》一卷，记作者平时耳目见闻 149 则，包括官制、兵制、旗人习尚、时事民谣等，史料价值极高。

《寄楮备谈》一卷，记事 162 则，主要记典章故实，所记御制枪炮之名、旗营绿营武具之名等，都为寻常记载所不及。前有作者清道光二十六年（1846 年）自序。

《煨栭闲谈》一卷，记事 48 则，记朝野诸事。

《括谈》二卷，记事 135 则，较为广泛，包括房山石刻、历代钱法、民风国典、植物俗称等。

此书是作者留心文史，随手而成之作，内容十分丰富，为研究北京的宫廷制度、官制、兵制、旗人习尚、时事民谣、名胜古迹等提供了价值极高的史料。

此书有燕京大学图书馆民国二十四年至二十七年（1935—1938 年）铅印本，前有民国二十四年（1935 年）田洪都序；又，北京古籍出版社 1994 年雷大受校点本，一册，417 页。

《鸿雪因缘图记》

《鸿雪因缘图记》，三集六卷，清麟庆著文，清汪春泉、陈郎斋、汪惕斋等绘图。

麟庆（1791—1846 年），字见亭，满族人，金皇室完颜氏后裔。嘉庆十四年（1809 年）进士，授内阁中书，累官至两江总督。有《凝香室集》、《皇朝纪盛录》、《河工器具图说》等。

麟庆自幼受世家文化教育，博览能文，又生性喜好探求历史旧事，搜寻名人遗迹，于是乘任官之便，随时记述在各地的见闻，著成一书，又请人绘图，并由苏轼"人生到处知何似？应似飞鸿踏雪泥"的诗意，书名为《鸿雪因缘图记》。

此书分三集，每集二卷，共有记 240 篇，图 240 幅。全书以图文并茂的形式记述作者生平见闻，对他到过之处的山川、名胜、古迹、风土、民俗、河防、水利等"靡不博考"，真实地反映了清道光年间广阔的社会风貌。每集正文前有作者小像、赞语、小像自题。

此书提供了许多有价值的各地地方文献资料，其中第三集自"金鳌归里"后，大多是关于北京的记述。如"半亩营园"、"戒台玩松"、"净业寿荷"、"宝藏攀桂"、"碧云抚狮"等，记述了北京的山水名胜；"五福祭神"、"引河抢红"等，记述了北京的风土民俗，都是不易得到的材料。作者以记叙事，以图绘形，图文互证，形象地保存了许多北京地方史料。

此书有清道光二十七年（1847 年）扬州刻本，六册；清光绪五年（1879 年）上海点石斋石印本，六册；又，1984 年北京古籍出版社影印清道光二十九年（1849 年）扬州刻本，加标点，三册。

《竹叶亭杂记》

《竹叶亭杂记》八卷，清姚元之撰。

姚元之（1776—1852年），字伯昂，号荐青，又号竹叶亭生，晚号五不翁，安徽桐城人，嘉庆十年（1805年）进士，选庶吉士，授编修，累迁内阁学士。曾在工部、户部、刑部任职。

姚元之"官京朝数十年，每就见闻所及"，即有所记录，遂成书十万余言，他的后人对遗稿进行了整理，即为《竹叶亭杂记》。

此书共八卷，312则。卷一主要记帝王生活、内廷礼仪、宫廷风俗、国朝制度、朝廷掌故等，如记坤宁宫祀竈之礼、圆明园正月十五放和盒风俗、御用时宪书写本样式；卷二多记科考掌故、器皿宝物等，如记新进士朝考、京师宴客器皿；卷三记满洲习俗、奇闻轶事，如记满洲跳神、贡院大蛇、天主堂状况；卷四记书籍，如记太学石经、武英殿书籍等。

本书以杂博见长，文字描述略嫌拘谨，但相关内容为北京史研究提供了丰富的资料。

此书有稿本，藏于国家图书馆；又，清光绪十九年（1893年）刻本；又，台北文海出版社1969年《近代中国史料丛刊》影印本（与《豫乘识小录》合册）；又，中华书局1982年《清代史料笔记丛刊》本（与《簷曝杂记》合册）。

《听雨闲谈》

《听雨闲谈》，清桐西漫士编。

桐西漫士，生平待考，因书中有"本朝国手首称范西屏"及"道光乙酉"字样，疑其为嘉庆、道光间人。

此书不分卷，主要记述清初开国及康、雍、乾三朝宫廷掌故。书中前部分主要记载了清代宫廷仪式、典章制度等情况，如清帝后轶事、军政制度、内府制度、祭祀制度、对待文士情况、宗室配养情况、宫殿苑囿建置、御膳房恭备分例、太医院煎调、京营兵数、文化建设。后部分记载了元末以来的名人逸事、器物玩好等，如书肆情况、士人喜好变化、工艺美术等。其中除记器物玩好及文人轶事的内容对京师之外情况有所涉及外，其余都是有关北京的文献资料。

因作者对内廷情况非常熟悉，此书内容较为可信。书中对宫廷掌故、朝廷情况的记述大多简明扼要，但也有较为详细的，如对上元节观烟火场面的描绘、对坤宁宫祭祀情况的记述、对御膳房恭备分例数字的记录。书中关于名人逸事、工艺制品的文字则雅洁可喜。

此书有清钞本一册，书中有徐康题识校语，书后有其跋文，写于清光绪七年，此本后为黄永年收藏，又赠予谢国桢，谢将其收入《瓜蒂庵明清掌故丛刊》影印（与《燕程日记》、《石湖櫂歌百首》合册），上海古籍出版社 1983 年出版；又，台北文海出版社 1987 年影印本（与《南阜山人斆存稿》合册）。

《乡言解颐》

《乡言解颐》五卷。清道光三十年（1850 年）刊巾箱本。

此书旧本不题撰人，自序末署"翁斋老人"，据考证，作者为李光庭，号朴园，宝坻人，生平经历不详。

作者晚年"追忆七十年间故乡之谣谚歌诵，耳熟能详者……念之于口而笔之于书"，以便能使后辈了解乡俗、乡言。

此书五卷，分为天、地、人、物四部。卷一天部收天、日、月、星等天文事物；卷二地部收地、山、水、泥等地理事物；卷三人部收人、形体、言语、婚姻等人文事物；卷四、卷五物部收物、造室、消寒、新年等情态事物。每卷都以乡言俗语及生活见闻等来证明解释事物。书前有道光二十九年（1849 年）作者自序及道光三十年（1850 年）作者题句。

此书作者用平易无华的语言将乡里方言俗语、生活习惯、农工技艺、市肆物品等，信笔写来，不加琢饰。作者所居距北京不远，当地许多风气都与北京相同，如卷四中所记的"造室十一事"、"消寒十二事"、"新年十事"、"市肆十事"、"杂物十事"、"庖厨十事"、"食物十事"等都与北京相通。书中也有直接描述北京情状的，如卷三之"优伶"，以骈体记述北京大栅栏及宝坻剧场戏班、伶人、剧目；卷五之"骨董十五事"，多记在作者在琉璃厂肆流连所见之古物。这些都为研究清乾隆末至道光年间的北京社会生活提供了丰富的资料。

此书又有中华书局1982年《清代史料笔记丛刊》点校本（与《吴下谚联》合册）。

《金吾事例》

《金吾事例》十一卷。清多罗定郡王载铨编。清咸丰间刻本。

多罗郡王，是清代封爵之一。乾隆时，弘历赐封第一子永璜为定亲王，他的子嗣世袭封号，绵德、载铨等都曾为定郡王。

咸丰元年（1851年），多罗定郡王载铨署步兵统领，感于署中的执掌条例"所有应行应记者阙如也，大半出于胥吏之手，洵不足以资考据，又何能有所遵循"，于是将其署自设立始二百余年间的例案章程详查、汇集、删纂，编成一书，因步兵统帅相当于汉执金吾，因此书名《金吾事例》。

此书共十一卷，目录一卷，正文收清初步兵统领衙门设立以来的例案章程共300条，分设官、章程、缉捕、岁入四类。"设官"上、下两卷，主要收关于官员设置数额、待遇、应遵循的纪律等条例，包括"步兵统帅两翼总兵养廉"、"官员告假销假"、"皇城内委协尉二员"等条；"章程"六卷，主要收衙署各部门日常及执行某特定任务时应遵循的章程等，如"设立衙署"、"禁止京城内外不准开设赌局"、"奏明当卖取保章程"等；"缉捕"上、下两卷，收官员在缉捕时的有关章程、奏折等，如"兵部记过章程"、"会议严禁匪棍"、"中营三十三村处分"等。"岁入"一卷，是对收入以及支出情况的记录，如"房租银两"、"五营利银"、"监犯口粮"等。

步兵统领衙门负责京师地区的防卫，此书为研究清代步兵统领衙门各方面的情况提供了难得的参考资料。

1011

《花甲忆记——一位美国传教士眼中的晚清帝国》

《花甲忆记——一位美国传教士眼中的晚清帝国》，〔美〕丁韪良著，沈弘、恽文捷、郝田虎译。广西师范大学出版社 2004 年 5 月出版，一册，330 页。

丁韪良（1827—1916 年），美国传教士，1850 年到中国传教，后开办学校，曾被任命为京师同文馆总教习，在中国生活了六十二年。

作者在中国生活多年后写了自传体的回忆录，描写他所见到的中国人及其生活，希望中国读者可以看到作者"对他们国家富有同情心的描述以及同样坦诚的批评"。

此书分两个部分，第一部分为"在中国南方的生活"，包括十三章，记述了作者自 1850 年 4 月 10 日出发赴华到 1859 年初离开宁波这段时间内在中国南方的见闻经历；第二部分为"在中国北方的生活"，包括十五章，记述作者自 1859 年初启程进京后在中国北方尤其是北京的经历见闻，主要记京师同文馆的情况、著名清朝官员的轶事、中国与外国之间的关系等。书中注释较为详细，并附有 71 幅插图。

此书的第二部分大多是对作者在北京经历见闻的记述，有对名胜古迹的印象，有与清廷人物的交往，有对历史事件的记录等。因作者身为同文馆首任教习，书中对同文馆情况的记述最为详细，又因他与总理衙门大臣们毗邻而居，对一些官员的情况十分了解。作者对当时中国的政治状况也十分留意，对清王朝的腐败有深刻的认识，对中国外交情况颇多记录，并有自己的见解。

此书最早于 1896 年在美国纽约、英国爱丁堡和伦敦同时出版；伦敦的弗莱明·H. 雷维尔出版公司分别于 1897 年、1900 年出版其第二版、第三版；台北成文社于 1966 年出版第三版重印本；1910 年上海的基督教文献学会出版此书的中文节译本；广西师范大学出版社于 2004 年 5 月出版由沈弘、恽文捷、郝田虎翻译的中译本。

《听雨丛谈》

《听雨丛谈》十二卷，清福格撰。

福格，姓冯，字申之，内务府汉军镶黄旗人，英廉曾孙。咸丰五年（1855年）以惠州通判留僧格林沁山东军中，司理营务兼总行营发审案牍，后升山东莒州知州。

本书共十二卷，计197则，多记典章制度。书中有关于八旗掌故的记载，如"八旗原起"、"内旗旗鼓与八旗汉军不同"、"直省满缺巡抚考"；有对官制情况的记述，如"翰林学士"、"步兵统领"、"京尹京县品级"；有关于官员服饰的，如"黄马褂"、"执事人服色"、"皮裘"；有关于内廷情况的，如"尚书房"、"颁胙"；有关于京师祭祀习俗的，如"纸钱"、"祭墓日期"、"专道"；有记京师物产的，如"取灯"、"鰟"等。所记详细而真切。

本书作者熟悉清代掌故，书中对八旗制度、内阁官制、考选科目出身以及顶戴服饰等都有涉及，尤详于满洲情况，所记真实可靠，为北京史研究提供了丰富的参考资料。

此书有清钞本六册，国家图书馆藏；又，中华书局1959年汪北平校点本，一册，227页，在《清代史料笔记丛刊》；又，台北文海出版社1971年影印本，一册，237页，在《近代中国史料丛刊（第69辑）》；又，河北教育出版社1996年影印本，一册，600页，在《历代笔记小说集成》。

《养吉斋丛录》

《养吉斋丛录》二十六卷，余录十卷，清吴振棫编纂。

吴振棫（1792—1870年），字宜甫，号仲云。浙江钱塘人，嘉庆十九年（1814年）进士，选庶吉士，授编修。任云南大理府知府、山东登州府知府等职，后官至云贵总督。

吴振棫见闻很广，为官之余，喜欢涉笔成文，所记多是掌故，写成《养吉斋丛录》一书。

此书主要记述清同治以前朝廷、宫室的典章制度以及皇家宫殿苑囿，包括宗室、官制、衙署、宗学、经筵、祭祀、坛庙、科举、庆典、岁时风俗、巡幸、围猎、宫殿、苑囿、编纂出版、服饰、御膳、贡品、俸禄、玉玺、教坊等。以记事为主，内容以类相从，每类下条举件系，以便查阅。

此书内容丰富，所记的许多资料、掌故是他书未详载或与他书有异的，如所记清初圈占民地亩数、清初理藩院公文处理、嘉庆年间白莲教起义首领名单和镇压部队名单等。全书体制严谨，不发议论，所记内容多有所本，制度先后变化则记述其沿革发展，以己意撮录相关内容的，多数书明出处，间有所闻异辞的则附为考证或存疑。

作为了解清代典章制度的资料，此书简明、完整、信实。缪荃孙推崇其"择精而语详"。

此书只有清光绪年间刻本，前有清光绪二十二年（1896年）十月谭献叙，国家图书馆有藏。后北京古籍出版社于1983年将其整理出版，一册，372页。

《枢垣记略》

《枢垣记略》十六卷，清梁章钜编撰；续撰二十八卷，清朱智续撰。

梁章钜（1775—1849年），字闳中，又字茝林，号茝邻，晚号退庵，福建长乐人，嘉庆七年（1802年）进士，任军机处章京、员外郎、巡抚兼署总督等职。朱智，字茗笙，浙江钱塘人，咸丰元年（1851年）举人，任工部主事、太仆寺卿、兵部右侍郎等。

雍正年间设立军机处后，一直没有载稽故实的书籍，梁章钜任军机处章京时，"傺直余闻，翻阅旧档，辄思辑为一书。"在道光三年（1823年）撰成此书，因为军机处在唐宋名为枢垣，于是此书名为《枢垣记略》。到光绪元年（1875年）时，朱智又奉恭亲王奕訢之命续撰了此书。

此书梁章钜编撰本共七门十六卷，依次为训谕一卷、除授二卷、恩叙三卷、规制二卷、题名三卷、诗文三卷、杂记二卷，记叙有关军机处的上谕、军机处的规制、历任军机大臣及军机章京名单以及有关军机处及其人员的诗文和轶事。此书以道光二年（1822 年）为下限，每类按年月日顺序排列，许多条目后加有按语。

此书朱智续撰本为二十八卷。依次为训谕一卷、除授四卷、恩叙七卷、规制二卷、题名五卷、诗文七卷、杂记二卷。取材上接道光二年（1822 年），下至光绪元年（1875 年）十二月。除规制、杂记外都有补充，体例上有较小的改动。

此书较全面地汇载了有关军机处的资料，是研究清代军机处情况的有益参考。

此书梁章钜编撰本有清道光九年（1829 年）刻本二册、清道光十五年（1835 年）刻本四册；全本有清光绪间刻本；中华书局1984 年点校本，一册，349 页。

《燕都琐记》

《燕都琐记》，善卿记。清光绪元年（1875 年）钞本，一册。

此书就内容上看可分为两部分，前一部分主要记述清代国家机关如理藩院、都察院、翰林院、起居注馆、詹事府、国子监、钦天监、侍卫处、銮仪卫、内务府、文渊阁、顺天府、南苑、八旗、总理各国事务衙门等各衙署的沿革、典制、职掌等，较为简略，主要是对《大清会典》的笔记摘录，也有少量补充性的内容。后一部分依次记北京各处的军队驻扎情况、武职封典、命妇封号、刑罚律例、京城地区的建筑设置，刑部四股管辖区域、四股分管事宜、刑部各官缺额、本部吏役人等数目、五城察院及司坊衙门坐落地方、本部各司处掌管事宜等，较为简略。

此书为研究清代国家机关沿革、典制、职掌以及北京军队驻扎情况、建筑设置等提供了有益的参考，虽较简略，但可补《大清会典》的不足。

此书首都图书馆有藏。

《郎潜纪闻》

《郎潜纪闻》，清陈康祺著。

陈康祺（1840—?），字均堂，号槩园居士，浙江鄞县人，咸丰十年（1860 年）进士，官至刑部员外郎。居京十年后任江苏昭文县知县。罢官后侨居苏州。

此书是作者"官西曹时纪述掌故之书也"，他希望在清朝内忧外患交集之时通过此书来"默究天人"，"印证失得"。

《郎潜纪闻》有初笔、二笔、三笔、四笔。初笔十四卷，696则；二笔又称《燕下乡脞录》，十六卷，610 则；三笔又称《壬癸藏札记》，十二卷，415 则；四笔又称《判牍余沈》，十一卷，270则。全书记清代掌故，大致可以分为文苑士林、宦海官场、典章制度、社会状况、圣君隆治、奇闻趣事等。作者在京仕宦十年，对北京的情况较为了解，因此书中关于北京的记述较多，如"同文馆"、"咸丰八年科场案"、"京官乘舆"、"京师官场之称谓"、"翰林苑禁忌"、"皇史宬之建置"等条目都为了解晚清北京的官场、宫廷、书籍、建筑等情况提供了较为丰富的资料，但书中关于北京的内容不够集中，所记也有与史实不符之处。

此书初笔有清光绪六年（1880 年）琴川初刻本，二笔有光绪七年（1881 年）暨阳初刻本，三笔有光绪九年（1883 年）吴门初刻本；前三笔另有宣统二年（1910 年）上海扫叶山房石印本；又，中华书局 1984 年点校本，1997 年重印本，二册，874 页。四笔向无刊本，中华书局 1984 年据钞本出版点校本，一册，189 页。

《醉梦录》

《醉梦录》二卷，清遐龄撰。清光绪间石印本。

遐龄（1826—1887年），清宗室，号菊潭，晚号菊潭老人。与父亲、弟弟同为奉恩将军。是清末满族诗坛"探骊吟社"的重要成员，著有《岭云斋诗草》。

作者晚年回忆自己的一生，感慨颇多："宦途则寸功未进，难报天恩；人海则正事无成，深惭祖德。遂至邀游酒国，燕息睡乡，而朽木难雕之诮，仆岂知乎哉！"他将平生"凡所见闻，皆一一笔之于书，命之曰《醉梦录》"。

此书杂记作者见闻经历，其中多记北京事迹，内容较为丰富。有关于市井风貌的，如"红绒毯"记京中妇女争尚此种装饰，"过年"记壬戌（1862年）六月京师瘟疫时人们的恐慌；有关于轶事传闻的，如"石狮枪眼"记御桥之南石狮的传闻，"剥皮亭"记某旗员的丑恶无耻及捐职纨绔子弟的无能，"奇艺"记一满人的微雕技艺。书中还有一些天文气象、诗句对联等内容。作者在记事之外时而发表自己的评论。此书前有作者癸未（1883年）自序、光绪乙酉（1885年）上浣子义启明序。

此书对晚清北京的风俗、传闻、社会风貌有一定反映。

《石渠余纪》

《石渠余纪》六卷，清王庆云著。

王庆云，字雁汀，谥文勤，福建闽县人，道光九年（1829年）进士，历任编修、顺天府尹、户部侍郎、两广总督、工部尚书。

王庆云曾长期担任户部侍郎，"通知时事，尤究心财政，穷其利病，稽其出入"，他将自己毕生从事财政工作的经验笔录汇编成《熙朝纪政》，定稿后名为《石渠余纪》。"石渠"是内廷、王朝的代称。

此书共六卷，87篇，包括"纪节俭"、"纪赈贷"、"纪荫子"、"纪科道"、"纪裁十三衙门"、"纪立内务府"、"纪库"、"纪漕粮"、"纪制钱品式"、"纪户部局铸"、"纪关税"、"纪市舶"等等，作者对所分各门类的情况分别进行了详细的叙述。

此书的内容主要来自于作者对实录、会典、通考、上谕、奏折及大量财政档案资料的辑录，详细而准确，作者还时加按语，并记录了不少关键性数据，更为难得的是，有些"纪"的内容补充涉及了以往朝代此门类的源流变迁情况，有时还加上对撰者在职期间所遇之事的记述，这些都为研究清代政治经济各门类的发展沿革提供了系统而全面的历史资料。

此书有清钞本；清光绪十四年（1888年）宁乡黄氏刻本；清光绪十六年（1890年）龙氏刻本；民国二十三年（1934年）王孝绮刻本；又，北京古籍出版社1985年点校本，一册，326页；《熙朝纪政》有清光绪二十四年（1898年）石印本，上海书局清光绪二十八年（1902年）铅印本。

《北行日记》

《北行日记》一卷，清薛宝田撰。

薛宝田（1815—1885年），字心农，江苏如皋人，出生于名医世家，"以明经司铎上元者有年……中年改官盐曹，备员两浙，医道盛鸣于时"。

光绪六年（1880年），薛宝田应旨赴京为慈禧太后治病，在清宫当值多日，返家后，他"爰述仰被恩礼之加，旁及山川、道里所经，系以月日，为《北行日记》一卷，以志荣遇云尔"。

此书一卷，共收从光绪六年（1880年）七月十三日己卯至十月二十一日丙辰的98则日记。书前有谭锺麟、德馨、孙家谷、惠年、俞樾等人序言以及题词六篇，题诗二首。

本书为研究晚清宫廷状况提供了可贵的资料。作者记述了自七月十三日己卯从浙江启程至十月二十一日丙辰返家期间每一天的感受和见闻，包括沿途风光、京都交游、皇宫见闻、诊病用药、京师风物、所作诗文等。其中从七月二十九日到十月初一日的日记是作者在京师的见闻感受，而从八月初五日到九月十九日的43则日记则是对治疗慈禧病况过程的记载，包括切脉十五次，处方二十余帖，从病因病机、病理病状，到辨证论治、处方用药等都有详细描述，是一份完整的清宫病案史料。日记中对皇宫建筑、果品绮宴、宫廷仪仗有所描述，对慈禧的"垂帘听政"有所涉及。书中也透露出作者的忠君思想。

此书有清光绪七年（1881年）刻本。又，河南人民出版社1985年校注本，一册，138页。

《越缦堂日记》

《越缦堂日记》，清李慈铭记。广陵书社2004年影印本，十八册。

作者简介见前《越缦堂菊话》篇。

李慈铭在四十年的时间里写成了数百万言的日记。他去世后，遗留日记手稿70余册。民国九年（1920年）时存64册日记稿的后51册被影印出版，名为《越缦堂日记》，至民国二十五年（1936年），其余13册又被影印出版，名为《越缦堂日记补》。其余手稿于1988年影印行世，名《郇学斋日记》。至此，李慈铭去世时日记始以完璧面世。但据《越缦堂日记壬集序》记载推断，李慈铭从1846年到1848年还有近三年的日记。

《越缦堂日记补》是李慈铭咸丰四年（1854年）三月十四日至同治二年（1863年）三月三十日期间的日记（中间有短暂辍记和毁失）。《越缦堂日记》是李慈铭同治二年（1863年）四月初一日至光绪十五年（1889年）七月初十期间的日记（中间有短暂辍记）。《郇学斋日记》记事起自光绪十五年（1889年）七月十一日，迄于光绪二十年（1894年）正月初一日（中间亦有辍记）。这些日记记载了作者自咸丰四年（1854年）三月十四日至光绪二十年（1894年）正月元旦四十年间的所见、所闻、所感，其中除对天气情况、日常生活、朝野见闻、朋踪聚散、人物评述、古物考据、书画鉴赏、山川游览、北京等地社会风貌的详细记录外，还包括大量读书笔记。

作者自咸丰年间入京后，绝大部分时间一直在北京居住，因此日记中关于北京的记述较多，尤其是晚年的日记，对京师内事情的记述更是十分详细，如所记光绪十五年（1889 年）天坛祈年殿大火、十六年（1890 年）城郊特大水患、十八年（1892 年）庆和戏院聚众械斗等，多可补史志之阙漏。

此日记为研究晚清北京历史提供了丰富、广泛、真实、有益的参考。

《越缦堂日记》有北京浙江公会民国九年（1920 年）影印本，五十一册。《越缦堂日记补》有上海商务印书馆民国二十五年（1936 年）影印本，十三册。《郇学斋日记》有北京燕山出版社 1988 年影印本，九册。2004 年广陵书社整理影印出版了当时发现的完整的李慈铭日记，名为《越缦堂日记》，十八册。

《翁同龢日记》

《翁同龢日记》，又名《翁文恭公日记》，清翁同龢记。

翁同龢（1830—1904 年），字声甫，号叔平，晚号松禅，江苏常熟人。咸丰六年（1856 年）状元。先后为同治、光绪帝师。历任户部侍郎，都察院左都御史，刑、工、户部尚书，军机大臣，总理各国事务衙门大臣等职。光绪二十四年（1898 年）戊戌政变后被革职。卒后四年诏复原官，追谥"文恭"。

翁同龢有写日记的习惯，他从咸丰八年（1858 年）督学陕西至光绪三十年（1904 年）病死以前，每日必写日记，从来不曾间断。

《翁同龢日记》，起自咸丰八年六月二十一（1858 年 7 月 31 日），迄于光绪三十年五月十四（1904 年 6 月 27 日），记叙了此期间作者的思想、活动及许多重要历史事件。

翁氏曾为"两朝帝师，十载枢臣"，一生经历了许多重大历史事件。他的日记从侧面反映了晚清四十七年间的历史。其内容涉及军国大事、外交交涉、政治经济、文化教育、宫闱秘事、社会风情、治学论文、品评书画、朋僚交游、家庭生活以及刑部的审理狱讼、工部的陵寝工程、户部的度支奏销等，包罗极广，巨细无遗。此书内容丰富，叙事言简意赅，真实确切，被誉为晚清三大日记之一，对研究北京政治史、经济史、文化史、宫廷史、社会生活等都有重要史料价值。但据考证，翁氏在戊戌罢归后，曾对日记中关于戊戌变法和维新派的记录进行过删改。

此日记有原稿本，为其后人所藏；又，上海商务印书馆民国十四年（1925 年）影印本《翁文恭公日记》，四十册；又，台湾商务印书馆 1973 年影印本《翁文恭公日记》，十册；又，中华书局 1989 年至 1998 年点校整理本《翁同龢日记》，六册，3680 页，书末收《军机处日记》。

《翁文恭公军机处日记》

《翁文恭公军机处日记》两卷，清翁同龢记。

作者介绍见前《翁同龢日记》篇。

翁同龢第一次入直军机处后，曾在记日常日记之外，专门另写日记记录军机处事务，此日记后被称为《翁文恭公军机处日记》。

此日记分上、下两卷。所记起自光绪九年二月初一（1883 年 8 月 9 日），迄于光绪十年三月十一（1884 年 4 月 6 日），其间有间断。

此日记应是为了备忘而作，每日仅将军机处所收到的封奏、电报、所奉谕旨依次排列，并摘录出这些文件的要点。所记虽较《翁同龢日记》简略，但其特殊的内容在其他书中很难见到，对于研究清代历史、清代北京政治史极有参考价值。

此日记有原稿本，藏于北京大学图书馆；又，燕京大学图书馆民国二十八年（1939 年）影印本，二册；又，天津古籍出版社 1991 年《北京大学图书馆馆藏稿本丛书》据北京大学图书馆馆藏稿本影印本（与《筹夷丛牍》、《成山堂公牍》合册）。

《同光间燕都掌故辑略》

《同光间燕都掌故辑略》，瞿宣颖辑。世界书局民国二十五年（1936年）铅印本，一册，72页。

作者简介见前《北平史表长编》篇。

《同光间燕都掌故辑略》是一部关于清同治、光绪年间北京掌故旧闻的资料汇编。全书共七部分，依次为：宫苑、名胜、庙宇、园林、第宅、陵墓附祠祀、故事。书中所录内容均引自李慈铭的《越缦堂日记》、翁同龢的《翁文恭公日记》、王闿运的《湘绮楼日记》。这些文献现今都保存较好，所以本书的史料价值不大，其价值在于将散见于三书之中有关北京的史事分门别类汇于一处，为欲了解北京地区风景名胜、风俗掌故等的读者提供了方便，也为专门研究北京史的学者提供了参考。

《朝市丛载》

《朝市丛载》八卷，清杨静亭原编，清李虹若增补。

杨静亭简介见前《都门杂咏》篇。李虹若，名象寅，字以行，河南大梁（今开封一带）人，光绪间寓居京师。

李虹若在京居住数十年，感于"初入都门者宜茫乎若迷也"，于是在杨静亭《都门纪略》一书的基础上"重加厘定，冗者删，缺者补，名曰《朝市丛载》"，以使读者"上可以知神京之掌故，下不至受奸民之欺蒙"。

此书共八卷。卷一为例言、品级、衙署、斋戒、忌辰，记清代官制品级、京城文武满汉衙署所在地、祭祀斋戒日期和清代历代帝后忌辰日；卷二为国朝鼎甲录，记自顺治丙戌年（1646年）至光绪丙戌年（1886年）科考一甲三名二甲一名者字号、籍贯；卷三为会馆、客店、庙寓、堤塘，记京师行馆、会馆、客店、庙寓、堤塘，简注地址；卷四为风俗、行路、路程、风暴，记京师习俗、行路、京都至外各省路程及各月行船官避暴风日期；卷五为汇号、宴会、文具书画、服用、食品，记故都工商汇号、宴会、服用饮食等老字号店铺；卷六为翰墨、市廛、寺观、京都八景、古迹、时尚、戏园、戏班，记有关故实；卷七为都门杂咏，为关于都门的一些对联、诗作等；卷八为鞠台集秀录，收集当时部分坤伶名角，记其籍贯、工行、所在戏班及演出剧目等。

此书是《都门纪略》增续本中影响最为广泛的一种，向人们展示出清代北京社会的一个剖面，为研究清代社会、北京历史和民俗学提供了可贵的资料。将它与《都门纪略》参照，可看出时代的发展变化。

此书有清光绪十二年（1886 年）京都松竹斋刻本；清光绪十三年（1887 年）京都懿文斋刻本；又，北京古籍出版社 1995 年整理点校本，一册，176 页。

《清秘述闻续》

《清秘述闻续》十六卷。清王家相、魏茂林、钱维福、陆润庠等撰。

王家相（1762—?），字宗旦，号艺斋，江苏常熟人，嘉庆十四年（1809 年）进士，官至河南南汝光道，有《茗香堂诗文集》。魏茂林（约 1725—1795 年），字笛生，又字宾门，福建龙岩人，嘉庆十四年（1809 年）进士，历任内阁中书、宗人府主事、刑部郎中。钱维福，字涤香，浙江嘉善人，官至同知。陆润庠（1841—1915年），字凤石，江苏苏州人，同治十三年（1874 年）状元，任工部侍郎，官至大学士。

清嘉庆二十五年（1820 年），王家相因《清秘述闻》书成后又经过了十科乡会试，于是取冯晋鱼舍人自嘉庆五年（1800 年）至嘉庆二十五年（1820 年）的记载，订讹补阙，编成续书八卷。后来魏茂林又增辑辛巳道光元年（1821 年）后至丁酉道光十七年（1837 年）前的情况五卷。这十一卷续书又被钱维福得到，合并为八卷，并进行了考订、增辑，使所记内容下延至光绪十三年（1887 年）。

此书十六卷。卷一至卷八为乡会考官类，卷九至卷十二为学政类，卷十三至卷十六为同考官类。其中卷一、二、九、十三为王家相撰，卷三、四、十、十四为魏茂林撰，均由钱维福校订。卷五、六、七、八、十一、十二、十五、十六为钱维福撰，陆润庠校订。书有光绪十四年（1888 年）陆润庠序、道光元年王家相识、道光十七年魏茂林识、光绪十三年钱维福跋。

此书虽是多人先后撰成，但体例全部仿照《清秘述闻》，记事上接法式善之书，下止光绪十三年。其中考官、同考官都是从嘉庆五年庚申科乡试记起，至光绪十二年（1886 年）丙戌科会试为止；学政类自嘉庆五年起，至光绪十三年止。全书为研究清代科举与教育制度提供了较为系统的参考资料。

此书有清光绪十四年刻本；又有中华书局 1982 年点校本（《清秘述闻三种》中），一册，第 523 至 952 页，此本附有钱维福的《清秘述闻补》。

《清秘述闻再续》

《清秘述闻再续》三卷，清徐沅、祁颂威、张肇棻撰。

徐沅，江苏吴江人，光绪二十九年（1903 年）经济特科进士。祁颂威，山西寿阳人。张肇棻，武昌人。

《清秘述闻续》成书后十余年，徐沅因感于"自后尚未有赓续编辑者"，与祁颂威"复从光绪十四年戊子科乡试起至光绪三十年甲辰恩科会试止，依梧门司成旧例分类续辑，本朝一百十二科主司爵里与夫鼎魁春秋诸元，约略大备，世有考科举掌故者，庶有取于兹编"。

此书分三卷：乡会考官类、学政类、同考官类。体例全仿

《清秘述闻》，为研究清代科举与教育制度提供了较为系统的参考资料。

此书有清光绪间油印本，国家图书馆有藏；又有中华书局1982年点校本（《清秘述闻三种》下），一册，第955至1035页。

《艺风老人日记》

《艺风老人日记》，清末民初缪荃孙记。

作者简介见前《顺天府志》篇。

此日记记载了缪荃孙自光绪十四年（1888年）三月至民国八年（1919年）十月三十二年间的日常生活，主要包括学术和交游活动，如访求摹拓金石、鉴识版本流传、刊行古籍丛编、对史传方志进行定目编纂，与张之洞、王先谦、李慈铭、罗振玉、张元济、傅增湘等人的交往等。该日记所记载虽是个人活动，但缪氏本人的独特身份、经历使日记中的有关内容成为难得的历史资料，如关于京师图书馆的创立、在京师图书馆见到伯希和出示敦煌文献的记录等，这些都为研究北京文化史、学术史、教育史提供了珍贵难得的参考资料。

此日记有稿本，按年分册，现藏于北京大学图书馆；又，1986年北京大学出版社影印本，共十册，其中《艺风老人日记》八册，是对稿本装订集配后的影印，书后附录缪荃孙自编年谱及夏孙桐所著《缪艺风先生行状》，另两册为《艺风老人日记·人名索引》、《艺风老人日记·书名索引》。

《行素斋杂记》

《行素斋杂记》二卷，清继昌著。

继昌（？—1908年），姓李佳，字莲溪，汉军正黄旗人。光绪间进士，曾任军机章京、道员等，后官至甘肃布政使，署安徽巡抚。

继昌于清光绪十九年（1893 年）六月"奉先母那拉太夫人讳而家居"，"因忆见闻所及者，拉杂书之，洎甲午戛然成帙"，光绪二十一年（1895 年）春二月，因其父去世，又续作此书，后来"造病起服阕，此事仍不肯辍，日久遂积为数巨卷"。

此书共二卷。重点记述清代军机旧闻、典制制度、官制沿革、宫廷掌故及人物事迹等，也涉及了不少关于满洲世族、科考情况、服饰定制、京师物产、历史名胜等方面的内容，对《藤阴杂记》、《郎潜纪闻》、《枢垣记略》等书的相关记载多有补充说明或辨证。书中还收录、摘录了部分奏疏、谕旨。书前有己亥（1899 年）十月作者自识，辛丑（1901 年）蔡乃煌序。

作者曾供职军机处，熟谙清廷及各省政情，对清政府中枢机构的情况、掌故细节非常了解，书中所记多属耳闻目见，史料价值很高，为了解清代北京的历史提供了有益参考。

此书有清光绪二十七年（1901 年）湖南臬署刻本，二册，国家图书馆有藏；又，上海书店 1984 年影印本；又，台北文海出版社 1985 年《近代中国史料丛刊》影印本（与《安乐康平室随笔》合册）。

《昌平遗记》

《昌平遗记》，清荣恒撰。清光绪三十二年（1906 年）石印本，一册。

荣恒，生平不详，据书前所署，应字心庄，出生于 1850 年前后，四川人。他在光绪二十年（1894 年）到昌平任知州，历时不足两年。后来检点旧牍，"得昌平任内禀示数纸，视之居官应如此"，于是在天津将之印出。

此书包括荣恒在昌平任上所写的呈文九件，告示三件以及在怀柔任上写给父亲的家书一件。卷首有唐则玙序和作者自序。

此书主要记载了荣恒在昌平任上所采取的一些行政施措，从这些呈文、告示中，读者可从侧面对清光绪二十年前后昌平经济、生活的状况有一定的了解。如在光绪二十年十一月二十八日的呈文中，荣恒记他"巡查北山至九渡河一带，见民间所食，大半杏叶，略拌杂粮充饥，其中冻饿死者，不乏其人"，在光绪二十一年二月二十日的呈文中荣恒又记"卑州额设孤贫银六十一两二钱……实领银五十二两四钱，向分四季散发，惟所放人数多寡不一，历久渐成故事"。

《南宫旧事》

《南宫旧事》一卷，清末民初魏元旷著。民国二十二年（1933年）《魏氏全书》刻本。

魏元旷（1855—1933年），江西南昌人。原名焕奎，字斯逸，号潜园、潜园逸叟，又号蕉盒。光绪二十一年（1895年）进士。官刑部浙江司正主稿。著有诗集、文集、词钞等，合为《魏氏全书》。

魏元旷在光绪二十一年（1895年）参加了进士考试，并对自己在京参加考试的情况予以了详细记录，写成《南宫旧事》一书。

此书十分详细地记述了作者参加科举考试的情况，正文部分记考试前后的情景，按语部分对一些细节加以详细说明，并记录作者当时的状况和感想。全书从光绪乙未年（1895年）三月初六日光绪帝任命考试总裁记起，直至一切与考试有关的事物结束，从最初的会试到后来的殿试，从小传胪到大传胪，从向皇帝谢恩到拜请座师等，都有细致的描述。大至记述三场考试、复试、殿试的具体过程，如"初八日进头场，黎明击鼓启闱，分四路点名"；小至描绘考试所用纸张的大小、样式，引见时礼部堂官递上的绿头签上的标记等，如记殿试时的题纸"卷长一尺四寸，白宣七层，凡八开，每开十二行，红阑格，行二十二字"，可谓事无巨细，几乎没有遗漏。

此书极为细致、生动地记述了有关清光绪乙未会试、殿试的具体情况，为研究光绪朝科考提供了极为珍贵的历史资料。

《西曹旧事》

《西曹旧事》一卷，清末民初魏元旷著。民国二十二年（1933年）《魏氏全书》刻本。

作者介绍见前《南宫旧事》篇。

此书一卷，详细而完备地记述了作者在刑部期间的见闻。主要侧重两方面的内容，一是对刑部位置、人员设置等情况的记述，包括刑部在京师的具体位置、刑部各部门在刑部大厅内所处位置、各部门的职责、各部门人员设置、不同官员的职责等；一是对刑部处理各种案件具体情况的记述，包括刑部朝审的情况、死罪定案后的处理程序、死刑执行时的具体过程、京师内城外城案件各由何处处理、宗室案件如何处理、非死刑犯如何处置等。另外还记述了其他有关刑部的情况，如衙门膳食用银数量、刑部掌印的贪婪、刑部改为法部的时间等。

此书作者身在刑部任职，所记来自他的实地考查和耳闻目睹，真实、详尽、具体，为研究清光绪朝刑部的位置、职责、案件处理等情况提供了极为生动而真切的资料，具有极其重要的文献价值。

《天咫偶闻》

《天咫偶闻》十卷，清末民初震钧（原题曼殊震钧）撰。

震钧（1857—1920年），满族人，姓瓜尔佳氏，字在廷，自号涉江道人，汉姓名唐晏。曾任江苏江都县知县、京师大学教员、江宁八旗学堂总办等职。著有《庚子西行纪事》、《渤海国志》等。

清末政治腐败，世事动荡，震钧寄情书画，潜心著述。因"世居京师，习闻琐事"，于是"依类条次，都为一编"，于光绪二十一年（1895年）至光绪二十九年（1903年）撰成《天咫偶闻》

一书。

此书共十卷，卷一：皇城；卷二：南城；卷三：东城；卷四：北城；卷五：西城；卷六：外城东；卷七：外城西；卷八、卷九：郊坰；卷十：琐记、自叙。其中内城部分即卷二至卷五是全书重点，篇幅占三分之二强。

《天咫偶闻》是一部记述北京地区历史、地理、文化、典章和风土人情的著作，对研究北京的历史风土有重要的参考价值。全书内容丰富，对历史掌故、典章制度、衙署府邸、名人故居、坛庙寺观、名胜古迹、文献典籍、人物传记、园林山水、风俗习惯、名土特产、工匠绝技、遗闻逸事、四季灾异等都有涉及。"可以绳《梦华》、《梦粱》二录之前踪者"。书中记叙多为作者亲历、亲见、亲闻，也有不少来自其他文献的记载，所记偶有误差，但绝大多数都难得而可信。

此书有清光绪三十三年（1907年）甘棠转舍刻本，八册；又，台北文海出版社1968年影印本，一册，668页，在《近代中国史料丛刊》第二十二辑；又，北京古籍出版社1982年校点本，一册，224页。

《北京纪闻》

《北京纪闻》，〔日〕冈本正文编译。

本书共收200个条目，对清末北京社会实况有简略的记述，如"俄建大楼"、"马戏得赏"、"商部将迁"、"创建公司"、"白昼抢劫"、"请设京局"、"军机奏对"、"物价腾涌"、"学界风潮"等，内容涉及政治、经济、军事、文化、外交、市政、工商、风俗、交通等方面，还包括一些劫盗、酗酒、鬼魂等社会奇闻。文字采用汉语文言与白话对照的方式。

此书所录内容原为登载在当时报纸上的短小新闻，这些新闻对清末社会实况反映真切，所用的语言词汇富有时代特色，是了解清末北京社会实况的有益资料。

此书初版由东京文求堂书店于日本明治三十七年（1904年）发行，前有冈本正文识；又，明治四十年（1907年）订正再版，一册，228页；又，大正六年（1917年）第三版。

《雪桥诗话》

《雪桥诗话》正集十二卷，二集八卷，三集十二卷，余集八卷，杨钟羲撰集，刘承幹参校。

杨钟羲（1865—1940年），原名钟广，戊戌政变后改名冠姓为杨钟羲，字子勤，号留垞、雪桥等。祖籍辽阳，世居北京，先世隶属于满洲正黄旗，乾隆年间奉命改隶汉军。光绪十五年（1889年）进士，入翰林，散馆授编修，后历官至江宁知府。辛亥革命后寓居上海，后曾回京、东渡，殁于北京。

杨钟羲一生不废读书，在寄居上海的两年间，"抱彼黍之恸，致维桑之恭"，就所见论清朝一代的诗歌，撰集成书，因祖茔与文天祥《过雪桥琉璃桥》诗中所写之地相距不远，因此书名《雪桥诗话》。

此书正集十二卷。所收各条以时间先后为序，名为诗话，"大抵论诗者十之二三，因人及诗、因诗及事，居十之七八"，"而朝章国故，前言往行，学问之渊源，文章之流别，亦略可考见"。前有甲寅（1914年）缪荃孙序、沈增植序、孙德谦序、刘承幹序。

此书正集按时间顺序记述清代掌故，其中较多论述了满族诗人及其作品，内容多为其他书籍所无，保存了不少近代诗文资料和文坛掌故。书中论列了许多八旗文献，对纳兰性德、法式善、英廉等八旗名家的作品都有详赡的记载，对很少为人所知而有一定成就的作家如鄂貌图、裕瑞等也有涉及和介绍，可以说清中叶以前的八旗诗人略备于此。书中还保存了不少北京风土史料，如卷三所载的《京师竹枝词》、卷八所记的宫廷冰嬉情况等。杨氏对诗歌、诗人进行的评论大多比较客观公允。

此书二集八卷，三集十二卷，余集八卷，与正集体例相同。

此书是记述清代朝章国故、经济民生、风俗物产、旧闻轶事、学术渊源、艺术流派、满人轶闻佚作的一部纪事体诗话，为研究北京历史提供了丰富而珍贵的参考资料。

此书有《求恕斋丛书》本；又，文海出版社 1975 年《近代中国史料丛刊续编》影印本；又，北京古籍出版社 1989 年版《雪桥诗话》，一册，601 页；1991 年版《雪桥诗话续集》，一册，556 页；1991 年版《雪桥诗话三集》，一册，556 页；1992 年版《雪桥诗话余集》，一册，570 页。

《新燕语》

《新燕语》二卷，清末民初雷震述。

雷震，吴江人，生平不详。

此书上、下两卷。共收 69 条内容，主要是对清末以及民国时期燕地历史、政治、风俗、传闻等的记录，有关于实事政治的，如"三政党"记当时的主要政党宪政实进会、宪友会、辛亥俱乐部，"资政院"记资政院的筹备、建立情况；有关于都门风俗的，如"祭马王"记每年六月二十三日"都城内外骡车夫皆醵钱以祭马王"，"元夜游"记都门旧俗元夜出游的情况；有关于名人故居的，如"古藤书屋"记渔洋山人故居；另外，"实录一炬"记宣统三年《光绪实录》付印后未装订而被焚，"水晶宫"记溥仪建水晶宫失德等，这些都对北京史研究有一定价值。

此书有一些在其他书籍中很难见到的内容，对了解清末以及民国时期北京社会生活的许多方面很有益处。书中部分内容也见于《都门识小录》中。

此书有上海广益书局民国二年（1913 年）《满清稗史》本；又，新中国图书局民国二年（1913 年）《满清稗史》再版本。

《都门识小录》

《都门识小录》，又名《都门识小录摘录》，一卷，蒋芷侪辑。

都门，指京都。此书是对京都琐事的记录。

此书收录了许多关于北京的资料，涉及面十分广泛。有关于地理的，如记"地安门内之景山，一名煤山。天安门内之广庭，一名炭海，恰与作对"；有关于建筑沿革的，如"护国寺为元时脱脱丞相府，内有土殿无砖石，元建筑物也。相传脱脱死后，奉敕即其府建庙，在今庆王府西偏"；有关于社会状况的，如"都中自今正以来，正城内外，盗贼横行，赴厅报案者，日有所闻"；有关于社会新闻的，如"大理院推事李方，前娶英国妇拍尔利为妻，现在顺天府尹衙门，呈请离婚事，为吾国前此所未闻"；有关于旧时情况的，如"旧例钦天监每年二月初一日进次年历样，十一月初一日颁历于百官。其进呈御用者，有上位历、七政历、月令历，又上吉日十二纸，每月粘一纸于宫门"；有关于新出现的事物的，如"外城电话，机关初不甚灵捷，自改良后，消息益多阻碍，居人苦之，屡诘电话局，迄不得其要领"等等。对照他书，此书内容应多是撰者摘抄所得。

此书将他书中关于北京的内容摘录集中，反映了清朝末期北京社会生活的某些侧面，为研究北京历史提供了生动的参考。

此书有成都昌福公司民国九年（1920年）铅印本。另外还被收入多种书籍中，如北京古籍出版社1999年版《悔逸斋笔乘（外十种）》、岳麓书社1985年版《清季野史》。

《北京繁昌记》

《北京繁昌记》，〔日〕中野江汉著，王朝佑译。"支那风物研究会"1922年铅印本，一册，118页。

中野江汉，中国民俗研究家，生于福冈县，1906年担任《九州日报》驻华特派员，后任《京津日日新闻》北京支局主任等。

中野江汉于民国四年（1915年）秋到北京，"最感困惑者，即无日文之北京指南……结局不得不求诸中国人自身之著作……进而为实际上北京事物之调查"，作者花了七年的时间，成《北京繁昌记》一书。

此书为日本支那风物研究会出版的《支那风物丛书》中的一本。王朝佑翻译此书，"在使国人知所警惕，刻自振拔，俾国家日进于富强之域。"

此书分十三个部分，依次为景山、数字之城壁、驼铃、文天祥祠、谢叠山祠、松筠庵、七间楼、墨盒儿、伪物店、雍和宫、欢喜佛、喇嘛之奇药、北京之佛像店。作者在记述每一处景物事物时，常叙述与之有关的古今之事，且有时将之与日本有关事物进行对照，并时时夹杂个人感触在内。书中记雍和宫的文字占全书比例最大，对雍和宫之起源、清朝之怀柔蒙藏以及雍和宫的碑、殿、楼等都有介绍，作者尤其留意其中的各种佛教建筑与陈设，对佛像的数量、摆放位置、样式、色彩等都有极为准确生动具体的描写。此外，作者对民间风物也较为留意，如记驼铃、墨盒儿、伪物店，在"北京之佛像店"中，还详细记述了当时北京佛像店的数量、店名、佛像的画法、价格等。

此书记述北京风物详细而真切，对研究民国时期北京宫殿、物产、风俗有重要参考价值。

《春明梦录》

《春明梦录》二卷，何刚德著。

作者简介见前《话梦集》篇。

何刚德晚年时，回忆"七十年来身世经历，耳目所接触"，"偶得一鳞半爪，辄琐琐记之"，"分为《春明梦录》、《郡斋影事》、《西江赘语》、《客座偶谈》、《家园旧话》五种"。后经友人怂恿，将《春明梦录》刻印，"非敢言问世也，亦藉以志世变已耳"。

《春明梦录》共两卷，杂记作者在京任官的经历与见闻，多是关于宫廷掌故、风俗、人物轶事的内容。正文前有壬戌（1922年）冬《平斋家言序》。

此书是一本具有一定史料价值的笔记。书中对清末一些重大历史事件的记述，如捕肃顺、穆宗立嗣、中东战役、袁世凯立宪、戊戌政变等，具有较高的史料价值。书中叙述清官员内部矛盾及清科场之弊的文字比例很大，还涉及了太监制度、宫中工程、德宗与孝钦不和、外交部建立缘起、京官清苦、官员制度、八旗制度、满人风俗、京师十库、皇陵工程、奉旨驰驿等。此书内容真实可信，作者落笔较少禁忌，又夹议夹叙，娓娓道来，令人如临其境。

此书成于民国十一年（1922年），有民国十二年（1923年）刻本一册，国家图书馆有藏；又，山西古籍出版社1997年版点校本（与《客座偶谈》合册）；上海古籍书店1983年《清代历史资料丛刊》本（与《客座偶谈》合册）。

《梦蕉亭杂记》

《梦蕉亭杂记》二卷，陈夔龙著（原题庸庵居士撰）。

陈夔龙（1857—1948年），字筱石，号庸庵，别号庸庵居士，贵州贵筑（今贵阳）人，清光绪十二年（1886年）进士，官至直隶总督。辛亥革命后蛰居上海租界。张勋复辟时，被溥仪任命为弼德院顾问大臣。著有《水流云在轩图记》、《松筹堂诗存》等。

陈夔龙六十八岁时回忆往事，以笔记体裁记述一生经历见闻，"前此一生之经历，暨耳所闻、目所见，虽无可述，亦有足资记忆者，爰成随笔若干条……名曰《梦蕉亭杂记》"。

此书共二卷，不分章节，不按岁序，对清末，尤其是光绪朝的政治、经济、文化、教育等制度情况都有记述。多记北京掌故，其中记义和团运动、辛丑条约、戊戌变法、辛亥革命较多；而记戊戌政变、八国联军入京、签订辛丑和约、慈禧西行及返京等都有第一手资料。作者还记述了当时的官场情况及有关人物，如载漪、荣禄、李鸿章、奕劻、翁同龢、袁世凯等，并于清末党争暗潮、政局演变、时人动向等也有涉及。正文前有乙丑（1925年）冯煦《梦蕉亭杂记序》。

作者长期在京为官，此书作为其回忆录，所记多为本人亲历之事，或得之亲友转述，较为真实可信，对研究晚清北京历史很有益处。不过因作者思想陈旧，书中有些议论需要鉴别、取舍。

此书有民国十四年（1925年）初刻本二册，国家图书馆有藏；又，台北文海出版社 1971 年《近代中国史料丛刊》本（与《李文忠公（鸿章）事略》合册）；又，上海古籍出版社 1983 年《清代历史资料丛刊》影印本。

《京华春梦录》

《京华春梦录》，陈莲痕撰。上海广益书局民国十四年（1925年）铅印本，一册，162 页。

陈莲痕，字燕方，莲痕为其别署。吴门（今苏州）人。民国时俗小说作家。

陈莲痕于己未（1919 年）冬开始写作此书，中断一段时间后，又于辛酉（1921 年）增入了一些以往见闻，而成书，初名《京华梦录》，又易名《京华春梦录》，交给《世界小报》连载，后来印为单行本。

本书共八章，依次为：掌故，记京华教坊的一些情况；冶例，记京华教坊冶游所循常例；雅游，记社稷台、厂甸等游览之地；香奁，记时人衣服装饰；丽品，记当时负有盛名的曲院；谐趣，记作者熟人的趣事，多与曲院有关；轶事，多记壬子（1912年）兵燹、丙辰（1916 年）丁巳（1917 年）国变时曲院中的轶事；琐记，杂记都门歌曲、旅馆、烹调法、茶肆、白话新剧等。

正文前有姚民哀、许瘦蝶、姚赓夔等十人的题词。书前有甲子（1924年）程瞻庐、顾明道、程小青等七人的序及作者自序，后有作者跋文。

此书"雅游"、"琐记"部分所记内容对研究北京社会风俗很有参考价值，其余部分主要记述曲院中事，文笔时涉不雅，但也可从中考察到当时的某种社会取向。民国时期北京的笔记杂著中，如此书以声色为主且全面系统的，并不多见，就民俗与社会生活史料的角度来讲，此书应当受到研究者的重视。

《蕉廊脞录》

《蕉廊脞录》八卷，清末民初吴庆坻撰。

吴庆坻（1848—1924年），字子修，一字敬疆，浙江钱塘人。清光绪十二年（1886年）进士，改翰林院庶吉士，后历任至资政院硕学通儒议员。有《悔余生诗》、《补松庐文录》等，曾参与修纂《杭州府志》。

《蕉廊脞录》是吴庆坻寄托"故君亡国，飘摇风雨之悲"的作品。此书在他生前尚未定稿，死后由其长子士鉴整理分类，刘承幹校阅、作序，并刻印行世。

此书共八卷，分八类：国闻，主要记同治至清末政事；里乘，专记浙江省人物逸事与名胜古迹；忠义，记所谓忠、孝、节、义的人；经籍、金石、书画，记作者见过或收藏的书籍、金石、书画；嘉言，主要辑录了清人家戒家训；杂记，记杂事。有些条目下，作者加有按语。

此书是记述清末历史的笔记中史料价值较高的一种，其中"国闻"部分占两卷，是全书的重点所在。此两卷以记清统治集团的矛盾与斗争为主，如"张之万被参劾案"、"不准垂帘听政论"、"奕訢奕譞意见之深"、"荣禄倾陷沈桂芬"、"崇绮等谋废立"，另有少量对灾异、宫殿、名胜的记载。作者所采用的资料，或直接抄自上谕、奏折，或转录于当时人的日记、结集，或得自参与者之口，十分可信，为清代北京政治史研究提供了许多有价值的参考资料。

此书有民国十七年（1928年）吴兴刘承幹《求恕斋丛书》刻本，四册；又，台北文海出版社1969年《近代中国史料丛刊》影印本，一册，496页；又，中华书局1990年点校本，一册，265页。

《东华琐录》

《东华琐录》，清末民初沈太侔撰。

作者简介见前《宣南零梦录》篇。

沈太侔早年久居京师，对当地的掌故见闻有所记述，晚年将这些旧稿刊在《时报》上。他病逝三年后，友人朱滁秋将这些文字整理为《东华琐录》一书。

此书一册，共88则，多记晚清旧京遗闻掌故、里巷民俗。前有民国戊辰（1928年）黄复、杜岑、胡世钦、张江裁、傅芸子、朱滁秋序。后有顾醉黄《奉题〈东华琐录〉应滁秋属也》、王蟫斋《题〈东华琐录〉》、丹徒君姚素增祺倚声《调寄百字令奉题滁秋社兄编沈丈南野遗著〈东华琐录〉》。

此书杂记北京掌故，或记风景名胜，如昆明湖长堤、西黄寺、大能仁寺；或记里巷风俗，如灯市的演变、岁时庙会情景、畿南瓜市景象；或记人物轶事，如载振上疏乞罢斥、张之洞偏爱樊增祥寿词、慈禧宠李莲英之妹；或记世风变化，如西风渐进后新学书籍日盛、名流雅士酷爱化装照相、咸同之际士大夫好尚；或述掌故轶闻琐谈，如京师地名的变迁、姚少师画像、刑具之名。作者在书中还对政治等问题发表自己的看法，如谈庚子之变的原因、赞扬战争中的奇杰等。此书为研究北京地区的名胜、风俗、政治等提供了丰富的参考资料，同时也有一定的文学价值。

此书有天津北洋广告公司图书部民国十七年（1928年）铅印

线装本。又，北京古籍出版社 1995 年点校本（与《话梦集》、《春明梦录》合册）。

《光宣小记》

《光宣小记》，金梁著。

作者简介见前《雍和宫志略》篇。

"九一八"事变后，金梁曾到天津"闭户养疴，不问世事"，后来"偶返故都，检旧箧，得昔年日记数册，皆光、宣间所笔记，遂择有关朝章国故者撮录成编，题曰《光宣小记》"。

此书共收短文 105 则。记载了作者于清光绪、宣统年间在京、奉两地任职时的亲历亲见、亲闻亲感，始于甲辰（1904 年）春北上应试，终于辛亥（1911 年）冬避地大连。内容涉及城市建置、朝政国故、科举制度、科考经历、内廷官署、各色人物、历史事件、旧时风俗、内阁官制等，涉及北京的较多，涉及奉天的仅占一小部分。正文前有癸酉（1933 年）秋作者"自叙"。

本书为研究清代历史提供了真实而丰富的资料。作者以较多文章记载了自己参加科举考试过程中的见闻，对研究清代科举较有价值。书中还记载了一些历史事件，如"炸弹"记清大臣去外国考察临行前遇炸弹，"废科举"记科举废止经过，多为他书没有详细记载的。书中记人物较多，如李姚琴、肃亲王、张文襄、李莲英、袁项城、想九霄，包括皇族、大臣、权贵、太监、优伶等，涉及面较广。

此书有民国二十二年（1933 年）铅印本，书后有金梁、孙龙志、龙喜、龙言等谨识；又有上海书店出版社 1998 年版《民国史料笔记丛刊》本（与《清帝外纪》、《清后外传》合册）。

《都门怀旧记》

《都门怀旧记》一卷，魏元旷著。民国二十二年（1933 年）

《魏氏全书》刻本。

作者介绍见前《南宫旧事》篇。

作者称作此书是因为"自通籍于京师不常厥居，然十七年间旧迹有不能忘者，所谓情随事迁，感慨系之矣"。

此书一卷，所记内容分四个方面：一是"朋交数过从者"，记作者友人，包括友人姓名、籍贯、履历、在京居住地等；二是"游览之迹"，记作者游览过的风景名胜的具体情况，涉及拈花寺、大护国寺的牡丹、颐和园的宫殿、昌平十三陵等；三是"士大夫好尚之正"，记文人好尚，包括琉璃厂诸寺、书画、授琴者等；四是"宴乐盛于昔时"，记京师各处的热闹景象，如记入夜内外城灯火密如繁星，都人宴客时"每家座头数百皆满，烹烩刀砧之声达于远近"。

此书所记生动翔实，为研究清末北京名胜古迹、社会风气、风俗提供了难得的历史资料。

《都门琐记》

《都门琐记》一卷，魏元旷著。民国二十二年（1933 年）《魏氏全书》刻本。

作者介绍见前《南宫旧事》篇。

作者称作此书是由于自己长期在北京居住，"人情于所久居其间风物每不能忘，况帝都之胜哉？非若西京邺中之作，聊与谈旧事也"。

此书对作者在京期间的所见进行了记录，主要涉及植物、水果、菜肴、说唱艺术等。记花卉，记京师常见菊花、石榴、晚香玉等的颜色、种植方法等，并说明"种花厂皆在外城西南数里，买花在西城上土地庙"；记水果，记北京市场上藕、梨、桃等的形状、颜色、味道等，并说明"果子市在前门东，每八月十三四两夜列灯火如昼，出诸果陈列，充溢一市"；记菜肴，记各处较有名的菜肴，如福兴居的吴鱼片、厚德福的葡萄鱼、正阳楼的羊肉等；

记酒，记白甘、玫瑰露、五加皮等；记各种说唱、表演艺术，如大鼓书、二黄、高跷、白蜡杆等。

此书为了解清末民初北京的社会生活提供了真实、生动的参考资料。

《异辞录》

《异辞录》四卷，刘体智撰。

刘体智（1879—1963 年），字晦之，晚号善斋老人，安徽庐江人，曾任户部郎中、大清银行安徽总办等，1962 年任上海文史馆馆员。有《辟园四种》等。

作者在"国变之后，寄迹沪上，闲居课读，辄为排比往迹，旁贯异闻，究学甄微，无所不至"，"大抵国史有忌讳，有迎合，或不免曲笔"。因不满于官书正史的记录，故书名"异辞"。

此书为四卷，共收 363 则，多是对清同光以后朝廷政局状况、官吏将帅之遗闻轶事、各种京师掌故的记录，包括镇压太平军、捻军以及中法镇海之役、中日战争中的若干内幕等。书中关于北京历史的内容较多，如"同治见西洋各国使臣"、"甲午都中联语"、"李文田黜康有为"、"迎接亨利亲王典礼"、"京谚以舆夫状军机大臣"等，许多为其他史书中所不见。这些内容或来自作者之父清季官员刘秉璋的日记，或来自作者的亲眼目睹，或来自朝中士大夫的讲述，大多较为真实可信，是研究北京历史的可靠参考，但也有少数内容因作者误记，有不实之处。

此书有民国间《辟园史学四种》石印本，国家图书馆有藏；又，文海出版社 1968 年《近代中国史料丛刊》影印本，一册，490 页；又，上海书店 1984 年影印本；又，中华书局 1988 年《清代史料笔记丛刊》点校本，一册，255 页；又，山西古籍出版社 1996 年《民国笔记小说大观》点校本，一册，248 页。

《旧京琐记》

《旧京琐记》十卷，夏仁虎撰。

作者简介见前《旧京秋词》篇。

夏仁虎自清光绪二十四年（1898 年）入京后，一直在京师居住，活动于政界，自称"多习鄙事"，"时获逸闻"，"岁月滋多，胸臆遂积"，于是"暇则趋录，著之简编"，成《旧京琐记》一书。

此书十卷，依次为俗尚、语言、朝流、宫闱、仪制、考试、时变、城厢、市肆、坊曲。正文前有作者《旧京琐记引》及《发凡》。

《旧京琐记》是近世笔记中的上乘之作。此书内容广泛，对同光以来清季北京的名胜古迹、掌故轶闻、风土民情、市街坊巷及晚清仪制、宫廷、科考都有记载。许多都是难得的第一手资料，如卷三关于"清流"的记载、关于"在昔京朝官最清苦"的记述。书中所记多来自"琐闻逸事、里巷俳谈"，而不取虚构之事，详细可信，且非常生动，是研究北京民俗、社会生活的有益参考。

此书有民国间刻本；又，北京古籍出版社 1986 年点校铅印本（与《旧京遗事》及《燕京杂记》合册）；辽宁教育出版社 1998 年《近世文化书系》本（与《枝巢四述》合册）。

《道咸以来朝野杂记》

《道咸以来朝野杂记》不分卷，崇彝撰。北京古籍出版社 1982 年出版，一册。

崇彝，姓巴鲁特，蒙族，字泉孙，号巽庵，清末任户部文选司郎中。著有《选学斋书画寓目笔记》等。

本书是记述清道光、咸丰以来直至 20 世纪 30 年代北京掌故和风土人情的笔记，对帝系宗支、政局典制、园林第宅、寺庙古迹、

1041

节令游览、里巷琐闻、市井风俗、人物轶事均有叙述。特别需要指出的是，此书对于清代的文官褒奖、题缺格式、选缺格式、京察大典，引荐仪注等的具体叙述较为珍贵，可补官书记载之不足。作者还细致地记述了近百年来北京居民的饮食起居、服饰车马、婚丧礼仪、市肆贸易、戏曲技艺等，这些很有价值的资料，是对这一时期北京社会面貌的真实再现。

作者手稿原为邓之诚所藏，中华书局曾据以录副。石继昌曾迻录一份，并进行标点，北京古籍出版社1982年即以此钞本印行。

《清代内阁大库散佚档案选编
（奖惩、宫廷用度、外番进贡）》

《清代内阁大库散佚档案选编（奖惩、宫廷用度、外番进贡）》，大连图书馆文献研究室、辽宁社会科学院历史研究所编。天津古籍出版社1992年出版，一册，366页。

本书内容选自大连图书馆馆藏清代内阁大库散佚档案满汉合璧文本，包括雍正、乾隆、嘉庆、道光四朝共186件题本，分三类，其中奖惩类81件，宫廷用度类94件，外番进贡类11件。档案按类系年，汉字标点。每件根据内容摘要加标题，标题下署朝、年、月、日，本首所注批红放在正文后，每件均注明原件文种及类别排号。书前有编译者前言。

本册所选奖惩类档案记载了清雍正至道光朝官员所受奖惩情况、皇帝的吏治措施，反映了当时国家庶政状况、内务府的行政效率，且涉及面极广，价值很大，如雍正六年（1728年）六月二十一日允禄等为议曹頫骚扰驿站罪的题本是迄今国内发现的关于曹頫骚扰驿站获罪史料中最完整的原始档案，是关于曹雪芹家世档案史料的新发现。书中所收宫廷用度类题本数量最多，包括咨取户部物件数目、出入存剩米粮数目、办买菜蔬用过银两数目、出入剩余盐斤数目等内容，反映了雍正至道光朝社会经济发展的情况，为研究当时的宫廷经济提供了难得的史料。

本书是研究清史尤其是宫廷史的第一手珍贵资料。

《清代内阁大库散佚满文档案选编：
职司铨选、奖惩、宫廷用度、宫苑、进贡》

《清代内阁大库散佚满文档案选编：职司铨选、奖惩、宫廷用度、宫苑、进贡》，辽宁社会科学院历史研究所、大连市图书馆文献研究室、辽宁省民族研究所历史研究室译编。天津古籍出版社 1992 年出版，一册，397 页。

本书选编大连图书馆馆藏清代内阁大库散佚满文档案汉译文，包括顺治、康熙、雍正、乾隆三朝共 214 件本，其中康熙朝的为 210 件。档案分五类：职司铨选类 2 件，奖惩类 50 件，宫廷用度（宫廷用度、皇商）类 67 件，宫苑类 7 件，进贡（外番进贡、官员进贡）类 88 件。档案按类系年，每件根据内容摘要加标题，标题下署朝、年、月、日。本首所注批红放在正文后，每件均注明原件文种及类别排号。书前有编译者前言。

本书是研究清史尤其是康熙朝历史的第一手珍贵资料。所收档案反映了清代政治、经济、文化乃至社会生活的方方面面。其中宫廷用度类记载了康熙朝宫廷所用器物、盐粮、开支银两等，是研究清代宫廷经济的难得史料。宫苑类中的一些档案反映了圆明园、畅春园的建筑、修缮、管理及费用开支等情况，对研究清代皇家园林规模、皇宫建筑、手工业及生产发展水平十分有益。职司铨选类中的康熙十六年（1677 年）十月二十八日噶鲁等为遵旨会议总管内务府下衙署更名给印的题本详细记载了总管内务府下各衙署的职能及更名的起因、过程，可补清代官书之不足。

《清恭王府折档汇编》

《清恭王府折档汇编》。全国图书馆文献缩微复制中心 2004 年影印本，三册，1348 页。

恭王府是至今北京保存得最完整的清代王府。其前身为乾隆宠臣和珅的宅第，和珅获罪后，宅第入官，清咸丰帝将其赐予六弟恭亲王奕訢，因此称为恭王府。奕訢，在同治光绪两朝曾经把持清政府的内政外交大权，是清末举足轻重的历史人物。

本书收恭王府总银及各库、司房折档及恭王府内外各行折档，二书均为王府折档原件，开本不一，大部分折档钤有王府管事官福泰、恩惠、德林等人的花押。

本书以翔实具体的第一手资料，真实记录了清光绪二十四年（1898 年）至宣统三年（1911 年）恭王府的经济状况，并且折射出恭王府人员组织、人员编制、人数、薪俸、等级制度等状况。由于恭亲王及其王府在北京历史上占重要地位，故此书对于研究清末北京的文化、经济等有重要的参考价值。

《清内务府档案文献汇编》

《清内务府档案文献汇编》，国家图书馆分馆编。全国图书馆文献微缩复制中心 2004 年影印本，九册。

此书汇编了清内务府档案文献。其中第一册汇编了《雍正十一年总管内务府事务等题奏》、《同治年间内务府与户部交涉款项成案（大婚典礼拨款在内）》等，反映了清代特设专管清室皇家事务机构内务府，对于宫内典礼、仓储、财物、工程、畜牧、警务、刑狱等事务的负责情况及与清代财政分属的另一机构户部之间的财政关系等。第二至六册收录了《内务府掌仪司呈堂稿》，记述内务府关于典礼等事务的资料，并收录《做钟处钟表细数清册》。第七册收录《皮库堂行薄》、《关帝庙并各殿座留用陈设档》、《内务府派办杭州织造缎绸各项清册》等，反映了内务府的财政情形、经费的实际用途等。第八册、第九册收录《内务府掌仪司承应各项香会花名册》、《内务府公函底稿》，前者记载了当时香火盛况，册内标有清代呈报掌仪司香会花名册底，录有秧歌、花鼓、舞狮等 12 项献技种类等。

内务府为清代特设专管清皇室日常起居生活等事务的机构，此书中所收的资料对研究清代内务府职责、晚清宫廷状况、晚清财政、民间社会生活等方面具有很大的参考价值。

《掌故丛编》

《掌故丛编》，故宫博物院掌故部编。中华书局 1990 年影印本，一册，972 页。

《掌故丛编》是故宫博物院图书馆掌故部（中国第一历史档案馆的前身）为"资史材、征实录、广轶闻"而编辑出版的月刊。从 1928 年 1 月至 1929 年 11 月共出版了 10 期。自 1930 年易名《文献丛编》，出版至 1937 年 4 月，又刊出 36 期。后中华书局将之影印成书。

此书中所收的史料来自故宫所藏宫内档案、军机处内务府档案，包括《乾隆八字》、《世祖谕旨》、《圣祖谕旨》、《钦定宫中现行则例》、《年羹尧摺》、《鄂尔泰摺》、《徐述夔诗案》、《王锡侯字贯案》、《王沅爱竹轩诗案》、《嘉庆八年仁宗遇刺案》、《英使马戛尔尼来聘案》等各种奏折 28 份，另有《李秀成谕李昭寿文》、《李秀成招降赵景贤文》、《太平天国文件》、《禁书目录》、《西征随笔》等档案。主要是抄录文献原文，考辨或说明原委处则附以按语。书前有傅增湘序、民国十七年（1928 年）许宝蘅题词及凡例，还有相关人物及文件的图片。

书中所载文献主要涉及有清一代历史、学术、政治、外交等诸多方面。其中大部分对北京史、宫廷史研究具有较高的资料价值。

《清季总理衙门研究》

《清季总理衙门研究》，吴福环著。台湾文津出版社 1995 年出版，一册，523 页。

吴福环（1950— ），山东人，华东师范大学历史系博士毕业，新疆大学教授，任新疆大学中亚文化研究所所长，新疆大学副校长等。著有《新疆地方史简明读本》、《新疆历史三十六问》等。

吴福环在攻读博士学位期间，感于在中国近代史研究领域内总理衙门研究被长期冷落，于是选择了总理衙门研究作为论文题目，后来又在博士论文的基础上进行修订，成书出版。

此书分为十章："庚申'抚局'与总理衙门的建立"、"'洋务内阁'——总理衙门的机构与职能"、"在政争漩涡中升沉的总理衙门大臣"、"洋务人才的进身之阶——总理衙门章京"、"一架高速运转的机器"、"进两步退一步：对中国近代化的双重作用"、"妥协与抗争：外交方针的两面性"、"40年——一条'马鞍型'的发展道路"、"选择与扬弃：在传统与西学面前"、"总理衙门在中国近代史上的历史地位"。

此书考察了晚清总理衙门的建立过程、机构沿革、职能变迁、人员构成、运转情况等，展示了总理衙门的全貌，在历史档案、官方文书、私家记述的基础上展开论述，并宏观地评价了总理衙门在中国近代史上的地位，填补了国内外学术史的空白。

此书又有新疆大学出版社 1995 年版。获新疆第四届优秀社科成果三等奖（1998 年）。

《清代内务府》

《清代内务府》，祁美琴著。中国人民大学出版社 1998 年出版，一册，315 页。

祁美琴，蒙古族，中央民族大学博士，中国人民大学清史研究所副教授。

祁美琴在攻读博士期间，以《清代内务府》为题撰写了博士论文，并在参加工作后对之进行了修改补充，出版成书。

本书分十一章，绪论叙述了历朝内务府的演变、经费来源的特点，第一至十章依次论述了满族早期社会的特点与内务府产生的历史背景、满族早期社会的包衣与内务府的关系、清初内务府及其与十三衙门的关系、清朝内务府机构的确立与完善、清代内务府的经费来源、清代内务府的经费支出、内务府皇庄、内务府与江南三织造、内务府官与内务府包衣人、清代内务府的历史地位。书后附有《畿辅皇庄分布一览表》等表格。

本书是目前唯一一部研究清代内务府的专书。它较为深入地研究了清代内务府这一内廷服务机构的产生、发展、确立、完善、消亡的全过程，其中对内务府经费支出的叙述分析了内务府的各项开支情况，对内务府皇庄状况的研究叙述了内务府皇庄这一特殊土地类别的经营运行状况，书中对内务府与其他相关机构的关系也进行了细致的探讨，这些对研究清代北京地区的经济状况、清代宫廷服务体系的变化和功能都有重要的参考价值。

《历代班禅与雍和宫》

《历代班禅与雍和宫》，黄崇文著。民族出版社 2001 年、2004 年出版。

黄崇文（1941—　），天津人，河北文化学院毕业，一直从事文物与博物馆研究工作，现为北京市雍和宫管理处研究室副研究员、北京博物馆学会会员。编有《承德胜景》等书。

为继承和发扬历代班禅爱国爱教的优良传统、了解雍和宫在维护祖国统一和民族团结方面所起的重大重用，黄崇文编撰了《历代班禅与雍和宫》一书。

此书分五章："'班禅额尔德尼'封号的形成和完善"、"六世班禅大师与雍和宫"、"九世班禅大师与雍和宫"、"十世班禅与雍和宫"、"十一世班禅大师与雍和宫"。各部分紧紧围绕班禅与雍和宫之间的关系，通过对在雍和宫发生的大量历史事件的记述，阐述了中央政权和西藏地方政权之间的密切关系。书前有照片多幅，书后附录《藏传佛教活佛转世制度的由来》等两种，附表《班禅大师世系传承表》等两种。

此书著者在编撰过程中查阅了有关文献、史料，参考了最新的研究成果，前三章集中介绍了六世及九世班禅大师一生的经历以及他们在雍和宫的活动。其中记六世班禅大师与乾隆皇帝等在雍和宫的活动甚详，如记乾隆皇帝金瓶掣签制度的实施、乾隆九年雍和宫被改为大型藏传佛教寺院、六世班禅多次莅临雍和宫、六世班禅与雍和宫总堪布章嘉若必多吉的亲密友谊等，使读者得以详细了解雍和宫在清代以及中华民国时期在中央政权和西藏关系中所起的重大作用。

《大清王府》

《大清王府》，文安主编。中国文史出版社 2004 年 1 月出版，一册，363 页。

为反映真实而鲜活的历史，中国文史出版社决定出版以"亲历、亲见、亲闻"为特色的《清末民初系列丛书》，《大清王府》是其中的一册。

此书包括 25 篇介绍清朝王府的文章，有对王公、王府情况进行概括性介绍的，如《清朝宗室王公概况》（溥雪斋）、《大清王府》（溥杰）、《内蒙古王府内况》（达瓦敖斯尔）；有对某一亲王生平事迹进行介绍的，如《端王载漪》（毓运）、《摄政王载沣》（载涛）、《肃亲王善耆的复辟活动》（宪均）等；有对某一宗室王府具体情况进行描述的，如《规模宏大的礼亲王府》（王铭珍）、《醇亲王府的生活》（溥杰）、《精美幽致的庆亲王府》（软世玮）等；有对蒙古王府以及蒙古亲王的情况进行介绍的，如《那王府四十年的沧桑回忆》（曹宽）、《达理扎雅与罗王府》（罗永寿、张文第、张世杰）等，涉及面广泛，涉及人物事件众多。

此书中所收的大部分文章出自与清朝王府关系密切的人，或为王府后裔，或曾在王府中生活。文章有的是他们自己所写，有的是根据其叙述进行整理的。书中涉及到的历史事件和人物生平事迹真实可靠，对人物的介绍评价较为客观，对王府建筑发展的叙述也符合实际，这些都为研究清代王府的有关情况提供了难得的历史参考资料。

《燕京今古琐闻录》

《燕京今古琐闻录》。民国间铅印本，一册。

此书收入了90余则关于北京各方面历史情况的琐记，有关于城市建置沿革的，如"北京五朝建都之历略"、"北京名称变易及经过时日表"；有关于城市建筑的，如"大高殿之略历"、"宏庙之略历"；有关于街巷胡同的，如"三里河街之略历"、"百花深处之略历"；有关于教育科举的，如"南学之略历"、"清季时鹿鸣宴与鹰扬宴"；有关于各行业情况的，如"双线行之考略"、"北京匠皮行缝绽会之考略"；还有关于各种市井生活的，如"收生姥姥略历"、"昔年丧仪之种种取闹"、"清季澡堂之歌诀"等。

此书内容较为驳杂，许多条目虽然未注明来源，但不难据其文字查寻出处，全书应是杂抄众书而成，但也有不可考者。所载一些市井生活内容，可备欲了解北京历史生活者参考。

《北平一顾》

《北平一顾》，陶亢德编辑。上海宇宙风社民国二十五年（1936年）出版，一册，247页。

陶亢德（1908—1983年），现代作家、编辑家，浙江绍兴人，曾任《论语》、《人世间》、《宇宙风》等杂志编辑。

陶亢德任《宇宙风》杂志编辑时，组织了"《宇宙风·北平特辑》征文"活动，后将所收到的稿件进行编辑，成为《北平一顾》一书，作为《宇宙丛书》（一）发行出版。

此书由41篇文章组成，包括周作人的《北平的好坏》、老舍的《想北平》、废名的《北平通讯》等。全书涉及面较广，如有关于天气气候的《北平的气候》(朝英)、《北平的四季》(郁达夫);有关于北平学校文化情况的《古城古学府》(钟杙)、《西郊两大学》(任浩);有关于北平社会生活的《北平的庙会》(张玄)、《北平的土药店》(金容)等,虽是当时人的散文随笔类作品,但为今天研究北平的气候、风俗、文化、建筑等提供了生动而真实的参考资料。

《北平夜话》

《北平夜话》,钱歌川(署名味橄)著。上海中华书局民国二十五年(1936年)出版,一册,136页。

钱歌川(1903—1990年),原名慕祖,自号苦瓜散人,又号次遐,笔名歌川、味橄、秦戈船。湖南人。散文家、翻译家、语言学家、文学家。曾赴日、英学习,后曾在中国的武汉、东吴、台湾等及新加坡等地执教。有《钱歌川文集》等。

作者曾到北平一游,返回后自觉"仿佛心里将北平的故事装的太多了,非写点出来,不能安枕",于是写作了此书。

此书包括10篇文章,写出了作者对北京的初步印象,如《飞霞妆》写对北平风沙的印象,《帝王遗物》记皇室名园胜地的情况,《爱的教育》写当时北平的学风,《游牧遗风》记天桥居民的生活。

作者以湘人身份写北京情况,往往能从细微小事中看出不同寻常的意义,加之笔调轻松、文字生动,为人们了解北京的气候、饮食、民俗、古迹等提供了感性较强的资料,此书在当时曾有较大影响。

此书有上海中华书局1935年版,1936年再版;又,台北新文丰出版公司1978年版,一册,136页;又,河北教育出版社1994年版,一册,79页。

《北平》

《北平》，倪锡英著。上海中华书局民国二十五年（1936年）出版，一册，162页。

此书是《都市地理小丛书》中的一本，这套丛书是当时为中等学校学生学习地理而编写的。

本书分十个部分："故都北平"，记述北平的历史沿革；"北平形势概述"，记述北平周围山、河流、交通、城区形势；"故宫一周"，记述故宫宫殿的状况；"三海"，记述北海、中海、南海的状况；"北平城郊胜迹志"，介绍天坛、地坛、日月坛等十处的情况；"颐和园（上）"、"颐和园（下）"，介绍颐和园九区的景物；"长城访古"，介绍长城周围交通状况及十三陵状况；"西山揽胜"，介绍西山十处著名山岭的状况；"北平生活印象"，介绍北平人的生活状况。

此书中的"古都北平"、"北平生活印象"两部分较有特色。前者对中华民国成立后北平建置沿革的情况有较为详细的介绍。后者记述生动，将北平与上海、南京对比，描述其生活的便利、舒适；将北平居民的生活归为六种：逊清的遗老的生活、满清旗人的生活、民国以后退休官吏的生活、当代掌握有政权的官吏们的生活、文人学子的生活、普通市民的生活，并对北平的市民装束、住所、街道有所介绍。全书描述生动、具体，饶有风趣。

本书虽在当时为中学生地理补充读物，但真实生动地反映了20世纪30年代作为普通城市的北平的状况，可为研究当时北平的交通、社会生活提供一定参考。

《北京史话（上编）》

《北京史话（上编）》，黄萍荪编辑。子曰社1950年出版，一册，124页。

黄萍荪，曾任杭州《越风》杂志编辑、《东南日报》南平版特派员兼福建省教育厅秘书等。

作者称所以写作此书是因为，"我们要记载人民世纪的肇始，使后来者知道其先人创业之艰辛，同时，也要解剖这封建堡垒中的残骸，才能格外认识那艰辛的可贵。"

此书收有多篇文章，其中《从帝王之都到人民之都途中一瞥》（莪公），记从辛亥革命前夕到调和南北时期北京的历史；《五四运动经过的真相与再认识》（五知），论述五四运动的过程和五四时及当时的评论；《东交民巷与帝国主义》（江声），指出东交民巷研究的重点并叙述其地理沿革；《北京的科学运动与科学家》（胡先骕），介绍北京高校及研究机构科学工作者的成就和研究过程；《故宫最后一幕话剧之演出》（陈诒先），记述张勋复辟；《北府财政史话（一）》（朱偰），介绍北洋政府财政史；《"北府内阁"丛论（中）》（吴铭），记述自段祺瑞内阁至吴世昌内阁期间的北洋政府内阁交替情况。

此书中所收文章反映了1911年满清被推翻到北京解放这段时间的历史，包括政治、经济、财政、外交、文化、教育、交通等各个方面，是研究此段时间北京历史的真实而有益的参考。

《故宫盗宝案真相》

《故宫盗宝案真相》，吴景洲著。文史资料出版社1983年出版，一册，226页。

作者简介见前《故宫五年记》篇。

20世纪30年代初，故宫博物院院长易培基被控从故宫盗宝，吴景洲时在故宫博物院工作，因帮助易培基洗清罪名被牵连二十六年之久，后来他于1948年整理旧稿，"以纸笔代喉舌，留待将来"。他去世后二十余年后，此书出版。

此书叙述了从1924年底到1947年期间故宫博物院成立的经过和后来的所谓"盗宝案"的前因后果以及作者在此期间的见闻感

受。全书共 62 个小标题，从 1924 年驱逐溥仪出神武门决议写起，记述成立清室善后委员会、谣传盗宝、成立故宫博物院、盗宝案翻案及挽回、古物馆副馆长失踪、易培基反诉、缺席判决、寅村弃世、大赦与抗议等情况，所记非常详细。

此书作者从当事人、知情者的角度真实记录了故宫博物院成立的经过和所谓"盗宝案"的真相，不仅对复杂的人、事记述得十分详细，还收录了大量与之有关的文件、信函等资料。虽叙述中有较多的个人情感色彩，但所记真实可靠，对了解当时的历史具有极为重要的参考价值。

《三十年闻见录》

《三十年闻见录》，朱德裳著。岳麓书社 1985 年出版，一册，231 页。

朱德裳（1874—1936 年），湖南湘潭人，字师晦，自号九还，清光绪二十九年（1903 年）以乡试第一选为留日官费生，回国后入政界，曾先后在清政府民政部和民国政府交通部任职，著有《续湘军志》、《诸子系统论》等。

此书是作者晚年回忆之作，应是信笔写来，作者去世后多年，此书才被整理出版。

此书共收 141 则，记录了作者在 20 世纪初到 30 年代中期的见闻，主要是对当时政界各种情况的记录，其中许多都与北京历史有关。如"北京中日公司"揭露其名为贸易公司实为帝制机关的实质；"国民议会"记国民会议运动发起的真正原因；"宪法稿"记杨度在筹安会邀集同人为宪法草案事；"北京侦探时代"记二次独立失败后北京的警察厅、军政执法处、宪兵司令部都成为侦探机关；"朱淇及清末迄民国二十年北京报界概况"以北平资格最老的新闻记者朱季箴的生平为线索，详细记述了北平报业的发展情况等等，反映了当时政界的方方面面。

书中的记载大多真实可靠，为研究清末民初北京史、政治史提供了难得的参考资料。

《古红梅阁笔记》

《古红梅阁笔记》，张一麐著。上海书店出版社 1998 年版，一册，102 页。

张一麐（1867—1943 年），亦作一麟，字仲仁，号公绂，别署红梅阁主、心太平室主人等，江苏吴县人，清末特科进士，入袁世凯幕府，民国后历任袁世凯大总统府秘书长，政事堂机要局长，国民参政会第一、二、三届参政员等。有《心太平室集》、《古红梅阁集》等。

此书共 50 条，以个人履历为线索，分条记述了作者在政坛的所见所闻，其中有一些关于北京状况的，如"保国会"记戊戌年康有为开保国会有关事宜，"政变述闻"记各种关于戊戌政变的说法，"入京应试经济特科"记经济特科设立的沿革，"朗润园风波"记朗润园厘定官制诸事等等。书后有《五十年来国事丛谈》及黄炎培等介绍或纪念作者的 11 篇文章。

此书作者自 1903 年入袁世凯幕府后，得到袁氏赏识，亲身参与了许多政治事件，书中关于北京政治状况的记录虽然在数量上所占比例不大，但其独有的史料价值不可忽视。

《典守故宫国宝七十年》

《典守故宫国宝七十年》，那志良著。紫禁城出版社 2004 年 1 月出版，一册，215 页。

那志良（1908—1998 年），字心如，北京宛平人，于 1925 年 1 月到故宫工作，其后一直与故宫文物献相伴六十九年，他在晚年回忆自己的生平经历，编写了此书。

此书包括八个部分："进入故宫初期"，记述了作者到故宫之初参与办理清室善后委员会的见闻经历；"故宫博物院成立初期"、

"故宫博物院鼎盛时期",记述作者在故宫博物院成立初期以及发展鼎盛时期的见闻;"文物南迁时期",记"九一八"事变后故宫文物南迁时的情况;"疏散后方时期"、"胜利还都",记故宫文物疏散到西南地区时期以及后来运回南京、北京两地的情况;"运迁台湾",记故宫文物精品 1948 年 12 月被运往台湾后的情况;"个人研究工作",是作者对自己研究成果的总结回顾。

此书前四个部分集中记述了作者在北京故宫工作期间的见闻经历。作者作为故宫的工作人员曾参与了故宫文物的点查、保管、整理等工作,不仅对清室善后委员会点收文物的情形、故宫博物院成立的经过、故宫文物南迁时的准备十分了解,也对当时围绕故宫文物所发生的许多历史事实较为知晓,如溥仪迁出故宫以前文物的大量外流、"复辟文证"的发现、易培基盗宝案检查情况等,这些都为了解故宫历史提供了极为难得的历史资料。书中所附的大量历史人物照片和文物精品照片也十分珍贵。

《近代京华史迹》

《近代京华史迹》,中国人民大学清史研究所林克光、王道成、孔祥吉主编。中国人民大学出版社 1985 年 7 月出版,一册,503 页。

1982 年至 1983 年,中国人民大学清史研究所举办了为期一年的全国高等院校中国近代史教师进修班,临毕业之际,进修班成员对近代北京史迹进行调查研究,写了一些文章,后经修改补充,汇成一集。

本书收入记述近代北京史迹的文章 46 篇。包括孔祥吉的《太和殿的晚清风雨》、《清代刑部与刑部监狱》,林克光的《从仪鸾殿到居仁堂》、《松筠庵与公车上书》,王道成的《颐和园修建年代考》、《颐和园内永和轮》,马永山的《瀛台仙境变囚笼》、《辛亥滦州革命先烈纪念园》,吕英凡的《邸园精华恭王府》、《清代太医院》等。此书前有图 5 幅,正文中共有插图 71 幅。

此书作者对所记的革命史迹、宫殿苑囿、衙署府邸、名人故居、梵寺古刹、会馆商号、茶楼酒肆、陵墓坛庙等进行了大量的调查研究，又查阅了有关清宫档案、图书册笈，访问了皇族后裔、耆年宿学，因此书中大多文章资料较为翔实可信，论点也颇有新意，有重要的学术价值，为研究北京史提供了有益的资料和参考。

《北京人谈北京》

《北京人谈北京》，侯仁之主编。地质出版社1986年出版，一册，146页。

作者简介见前《北京史话》篇。

中国国际广播电台曾希望组织一组稿件，采取"炉边闲话"或"促膝谈心"的写法，以"北京人谈北京"的总题目播出，此书即是其全部的稿件。

书中共收近40篇文稿，出自班武奇、朱祖希、尹钧科、王灿炽等九位专家、学者之手，涉及北京历史、建筑、风景名胜、街巷等多个方面，有描绘北京地貌地形历史的《大地沉浮小议》，有介绍北京城市发展沿革的《北京城的发展》，有根据现代遗迹分析历史状况的《北京城墙寻踪》，有对北京元明清三代道路格局进行介绍的《北京的道路》，有描绘石经山，介绍其历史、分析石经价值的《小西天——石经山》等。

此书中的文章以历史材料、现实状况为依据，描述生动形象，论述有理有据，为研究北京地理、城市发展历史、城市格局、历史遗迹、街巷胡同等提供了有益的参考。

《京华感旧录》

《京华感旧录》，李克非著。江苏古籍出版社1986年出版，一册，297页。

李克非长期居住在北京，在抗战期间即撰写诗文，"文革"后他整理旧稿，并将在海外及港澳华文报刊上发表的小品文纂辑成编，即为此书。

此书共收122篇文章，其中绝大部分是关于北京的记述。全书或记政治状况，如"武昌起义时的北京"、"袁良被逐前后"；或记梨园掌故，如"杨小楼演猴戏"、"马连良对'行头'的改革"；或记旧京风俗，如"昔日北京白事"、"漫忆当年七月七"；或记名人遗事，如"萍水相逢百日间"、"张伯驹收藏《游春图》的经过"；或记民风民俗，如"豆汁、焦圈、马蹄烧饼"、"敲糖锣与捏面人"；或记名胜古迹，如"闲话北京中山公园"、"海波寺街访古"等等，涉及面十分广泛。

此书所记为作者的亲历亲闻，真实可靠，加之描绘记述时文笔简练，娓娓道来，又时有富于情感色彩的个人见解，使此书成为研究北京历史、文化、习俗、古迹等的生动、独特的参考资料。

《京华感旧录》

《京华感旧录》，周简段著。南粤出版社出版，五册。

作者简介见前《神州轶闻录》篇。

周简段曾在香港《华侨日报》副刊上刊载了一些北京感旧类的文章，后将之结集成书，即为《京华感旧录》。

此书分五辑出版。"人情篇"，共收145篇短文，以评介近代北京各社会层面的人物为主，涉及帝王、政治名人、文化界人物、军阀、官僚、太监等，如《王国维死因离奇》、《"二太子"袁寒云》；"掌故篇"，收144篇文章，谈北京文史掌故，涉及宫廷禁苑、街巷城池、行业变迁等，如《三十年代的西单市场》、《北京最早的航空》；"风土篇"，收142篇文章，记述北京的民间风俗、市井特产等，如《昔日的"燕九节"》、《中元北海看河灯》；"艺文篇"，收120篇文章，记述与北京文苑、体坛、梨园有联系的人与事，包括《中国古代的"最高学府"》、《北京剧场的变迁》等；"名胜篇"，收106篇文章，是对旧京名胜古迹的介绍、凭吊、感怀，包括《北京的钟楼》、《牛街礼拜寺》等。

此书内容丰富，文笔活泼，为了解北京历史提供了丰富而生动的资料。

南粤出版社于1987年1月、7月、9月出版此书的前三辑，于1988年5月出版后两辑。

《故宫沧桑》

《故宫沧桑》，刘北汜著。紫禁城出版社1989年出版，一册，209页。

刘北汜（1917—1995年），原名刘慧民，字北汜。吉林省延吉市人，西南联合大学历史系毕业，抗战胜利后任上海《大公报》编辑，解放后曾先后为上海、天津及北京版《大公报》主编文艺副刊。后来到北京故宫博物院研究室及紫禁城出版社工作。有小说集、散文集多种。

1986年，为对故宫博物院建院六十一年来不同阶段的历史进行回顾，刘北汜写作了《故宫沧桑》一书。在此书出版前，部分章节即被《中国建设》连载。

本书共分为十二个部分："北京城风云突变　'逼'逊帝溥仪出宫"、"段祺瑞扬言干预　'善后会'赶办善后"、"孙文怒斥清遗老　博物院筹建就绪"、"故宫博物院成立　草创期历尽艰辛"、"易培基出任院长　经亨颐诋毁故宫"、"受弹劾院长辞职　举专家马衡继任"、"古物南迁避侵略　抗战军兴再西迁"、"沦陷期横遭劫掠　古物所并入故宫"、"庆解放锐意图新　上正轨百废俱兴"、"稀世珍宝汇故宫　海外赤子向北京"、"歹徒盗宝落法纲　堵塞漏洞保安全"、"十年动乱幸无恙　六十院庆再攀登"。书中附有大量照片。

本书记述了故宫博物院建院六十多年来在不同历史阶段的情况。主要参考资料是故宫博物院建院以来档案、抗战胜利前故宫博物院历年编印的工作报告、《故宫周刊》及其他相关书籍，内容真实可靠，加之作者文笔生动，遂使此书成为研究故宫博物院历史的重要而可读性强的参考资料。

《故宫札记》

《故宫札记》，单士元著。紫禁城出版社 1990 年出版，一册，304 页。

作者简介见前《我在故宫七十年》篇。

作者曾在清室善后委员会及故宫博物院工作几十年，他在工作之余写了许多关于清代历史及宫殿建筑的文章、札记，后来将其中的若干篇选出，汇为《故宫札记》。

本书中所收文章有《清宫秀女》、《皇帝起居注》、《清礼王府》、《明代营建北京的四个时期》、《从皇宫到博物院》、《宫廷建筑巧匠——"样式雷"》等，内容涉及清宫史事、掌故、宫苑建制、宫廷礼仪等各个方面，从清宫秀女、清帝起居注、文字狱案、谋刺摄政王载沣案，到清宫禁忌、陋规、奴仆买卖、官媒、肉刑等都有独到见解及剖析，文章具有较高的学术、史料价值。

《琐记清宫》

《琐记清宫》，魏建功等著，刘北汜选编。紫禁城出版社 1990年出版，一册，186 页。

为纪念故宫博物院建院六十五周年，紫禁城出版社选辑了1915 年到 1945 年发表在国内报刊、书籍上的一些与故宫有关的文章，编成此书。

此书共分为四辑，第一辑收我一的《太和殿、武英殿游览记》、来季赓的《文华殿参观记》等 4 篇文章，都是关于紫禁城前半部情况的；第二辑收李玄伯的《溥仪出宫情形》、魏建功的《琐碎的记载清故宫》等 8 篇文章，都是关于紫禁城后半部情况的；第三辑收孤云的《清代宫殿命名》、故吾的《金阙珍闻》等 5 篇文章，涉及面较广。第四辑收袁震的《北平宫殿池囿考》。

此书中所收的文章都是在故宫开放之初的三十年间撰写的，多数作者或曾参观游览过故宫、或曾参与过清室善后委员会对故宫的接收工作，对当时故宫的情况十分了解。虽然他们的文章中也有个别不尽符合事实之处，但多数都叙述真实可靠，考证周密详尽，至今对研究故宫历史、建筑、文物、清代典章制度、人物、掌故以及古物陈列所、故宫博物院的历史仍具很大的参考价值。而又因时过境迁，一些文章中所涉及的有关建筑、陈设的情况今天已不能看到，这些资料就显得尤为难得而可贵。

《北京历史漫步》

《北京历史漫步》，〔日〕竹中宪一著，天津编译中心译。中国文史出版社 1991 年出版，一册，211 页。

竹中宪一（1946—　），日本长崎县人，日本早稻田大学文学部毕业后执教于日中学院，1978 年应聘到北京外国语学院任教两年，1981 年后在"中国日语教师培训班"任讲师四年八个月。

竹中宪一在高中时期就对中国十分向往，后曾先后到北京任教六年多的时间，在此期间，他考察古迹，记录见闻，写成《北京历史漫步》一书在日本出版，后来此书被译为中文。

此书共分六个单元："寓于胡同中的近代史"，主要记北京胡同中的近代名人故居；"明、清两代的馨香氤氲"，记明清两代一些著名人物的故居、陵墓、祠等；"民间的传说"，记与民间传说有关的一些古迹；"街头史话"，记北京街头的一些历史传说；"古寺、名胜"，记北京市内的坛寺庙类名胜古迹；"郊外的古迹"，记京郊的古迹。作者一般先讲述与某地有关的历史或传说，然后记叙自己考察此地的经过。

此书作者主要以 1979 年至 1986 年的《北京日报》、《北京晚报》登载的有关北京纪事为基础，加以实地考察，用生动流畅的文笔记录了北京的社会风情，阐述了北京街道的变迁，评论了北京的古代风貌。作者笔下所记录的一些历史遗迹目前已经面貌改观，因而此书为研究北京的名人故居、陵墓、寺庙等名胜古迹提供了真实生动且十分珍贵的参考资料。

《北京历史上今天》

《北京历史上今天》，董志新主编。北京出版社 1991 年出版，一册，372 页。

《北京日报》自 1981 年 8 月 1 日起开辟了《北京历史上今天》栏目，向读者介绍北京历史上发生的重要事件。此栏目连续办了六年，共刊载文章两千余篇。后来，这其中的 365 篇被汇编成册，单行出版。

本书所收文章按日编排，每日一篇，每篇四五百字，介绍历史上当日所发生的一件重要事件，每件事都有发生的时间（年、月、日）、地点、事件的过程及结果。文章的作者多为历史研究者、爱好者，也有历史事件的目击者、参与者。

此书取材广泛，涉及从 294 年到 1958 年间北京的政治事件、典章制度、经济生活、名胜古迹、文化活动、历史人物等多个方面，兼容并包，雅俗共赏。如"1 月 6 日"下记 1914 年此日"文津阁《四库全书》运抵北京"，"2 月 28 日"下记 1854 年此日"银荒，铜价高，清廷铸铁钱"，"6 月 29 日"下记 1942 年此日"暴风骤雨突袭北京城"等。书中所收文章多为以史料为主体的叙述性文字，带有历史的新闻性，资料来源可靠，对历史事件的具体细节有一定描述，许多内容鲜为人知。

本书从一定程度上反映了北京历史的概貌，是化历史为新闻的尝试，为研究北京历史提供了生动、有趣、真实的参考资料。

《北京往事谈》

《北京往事谈》，中国人民政治协商会议、北京市委员会文史资料研究委员会编。北京燕山出版社 1992 年出版，一册，427 页。

为满足读者需要，较集中和较全面地反映老北京的特色，北京市政协文史资料委员编辑了专辑《北京往事谈》。

本书收有 49 篇文章，其中 40 篇为首次发表，9 篇为《文史资料选编》中发表过的，但收入时又经过了重新整理和订正。文章主要记述北京的往事和古老风貌，有关于饮食业的，如《饭庄》、《风味小吃》；有关于交通的，如《旧京交通面面观》、《我的车夫生活》等；有关于住宅的，如《四合院》、《公寓》；有关于民间艺术的，如《戏园》、《评书》；还有关于金融、庙会、技艺、货声、娱乐、不良社会现象等。书前有照片 17 幅。《吆喝声》一篇中还有简谱。

此书对旧北京各种社会实况的记录多鲜明、形象、生动，对北京史研究很有参考价值。

《燕都旧事》

《燕都旧事》，叶祖孚著。中国书店 1998 年出版，一册，287 页。

叶祖孚（1928—1998 年），上海松江人，燕京大学新闻系毕业，曾任北京市政协文史资料委员会副主任、北京史地民俗学会副主任等。著有《北京杂忆》、《北京风情杂谈》等。

作者曾应邀为《宣南鸿雪图志》一书撰写了三十余条文史掌故，他去世后，其友人在这些文章的基础上又进行增补，将之结集出版。

此书收介绍宣南文史的文章 94 篇，大部分记述了新中国成立前宣南的情况，主要分为五个专题："故人"，收35篇，包括《赛金花史料初探》、《林白水的遗嘱》、《林则徐在宣南的足迹》等；"旧地"，收24篇，包括《孙承泽与孙公园》、《长椿寺与浙寺》、《八大胡同妓院旧址一瞥》等；"老店"，收15篇，包括《北京人市》、《琉璃厂杂忆》、《老字号天蕙斋鼻烟铺》等；"梨园"，收8篇，包括《北京戏院沧桑》、《忆昔戏院叫好声》、《观众与演员》等；"拾零"，收12篇，包括《北京的酸梅汤》、《从前北京人是怎样用冰的》、《宣武门外蟋蟀店》等。

作者对北京历史文化研究具有高深造诣，书中的文章来自作者的亲身探访和严谨考证，叙事脉络清晰，记人鲜活生动，为研究北京宣武区历史文化提供了可靠、生动的参考资料。

《北京旧闻》

《北京旧闻》，卢群点校评说。古乐轩出版社2003年出版，一册，219页。

《点石斋画报》是中国近代出版的大型综合性画报，发表过丰富多彩的社会新闻画和民俗风情画。今人选辑画报中关于北京历史生活的一些内容，成书《北京旧闻》。

此书选辑了198幅图画，都是人们茶余饭后喜闻乐知的有关北京的社会新闻，有关于皇室礼仪、宫廷生活的，如"万寿盛典"、"禁军合操"；有关于朝官情况的，如"日使宴宾"、"宫门谢恩"；有关于民风民俗的，如"别岁"、"妙峰香市"；最多的则是传闻轶事，包括"和尚窃物"、"伶人获盗"、"中西济美"等。

此书一页一图或两页一图，线条精美，人物形象逼真，每图上方配以一段文字或诗句，标题多用琅琅上口的四字句。全书通过图文结合的形式反映了清光绪时期北京的历史、普通民众的社会生活及文化趣味，为研究光绪时期北京的社会状况提供了生动的参考，但因时代局限，有些篇目封建思想较为浓郁。

《文史资料选编》《北京文史资料》

《文史资料选编》，中国人民政治协商会议北京市委员会文史资料研究委员会编。北京出版社 1979 年至 1993 年出版，共 46 辑。《北京文史资料》，北京市政协文史资料委员会选编。北京出版社 1993 年至 2005 年出版第 47 至 70 辑。

《文史资料选编》是中国人民政治协商会议北京市委员会文史资料研究委员会于 1979 年 1 月开始陆续编辑刊出的收集近现代北京地区文史资料的资料集。此书自第 47 辑开始称为《北京文史资料》。迄今为止已经选编出版了 70 辑。

北京文史资料选集以存史、资政、团结、育人为宗旨，从不同侧面记录了北京在历史发展中的各种状况，展现了北京在近现代历史发展过程中走过的轨迹。书中所收资料涉及到北京政治军事、文学艺术、科教卫生、工商经济、市政建设、民族宗教、社会生活等许多方面，其中大多是关于解放前北京历史的，如《日降前后军统在北平的活动》（第 42 辑）、《1912 年孙中山在北京的日子》（第 51 辑）、《1940 年北平日本军官被刺真相》（第 52 辑）、《近代北京犹太人》（第 55 辑）等。此书收集了一定资料后即出一辑，上、下辑之间没有一定的关联，如其第 5、10、20 辑分别为《北平地下党斗争》史料专辑的上、中、下册。

此套书的内容基本真实、可靠，资料或为作者对亲身经历的记述，或为根据亲历者口述的记录，或为作者经过大量调查常年积累所得，内容生动、具体、鲜明、翔实，具有较高的史料价值。作为北京文史资料集，本书保存整理了许多极有价值的历史遗产，为研究北京历史提供了丰富、鲜活的历史资料。

《北京档案史料》

《北京档案史料》，北京市档案馆编。新华出版社出版。

《北京档案史料》是北京市档案馆主办的一份学术性、资料性丛书，自1999年开始，每年出四册，以刊布北京市档案馆馆藏档案资料和发表相关史学论文为基本内容。

这套丛书内容以近现代为主，包括北京历史上各个时期有关政治、经济、军事、文教卫生、工商、建筑、民俗与人物等方面的史料，如《北洋时期北京市内街巷道路等级及路幅名称》、《三十年代北平市政府疏浚通惠河史料》、《北平市国术馆史料一组》、《关于李莲英墓的一组照片档案》等；也包括学术论文、读档随笔、历史沿革、回忆与专访及史料便览，如《试论北洋时期同乡会馆与请托：以北京的广东会馆为中心》、《北平市长何思源、熊斌任职期间之政绩比较》、《日伪统治时期华北都市建设概况》、《回忆我的父亲欧阳予倩》、《清末民初北京的贫困人口研究》等，所收的资料可以说包罗了北京历史的各个方面，既具有鲜明的地方特色，又具有很强的社会性、可读性。

此套丛书受到了国内史学界专家学者的高度评价，为北京史研究者提供了极为丰富有益的历史文献资料和参考研究资料。

外文文献

小　序

　　北京作为最负盛名的都城，其历史悠久，文化源远流长，不仅国人对此著述丰富，外国人也十分热衷为这座古老的城市著书立说。本部分收录的是北京历史文献要籍中的外文图书部分，按照语种分类共收录了有代表性的英文文献和日文文献两类40部，其中英文文献35部，日文文献5部。主要内容涉及北京的政治文化、社会生活、风土人情、重大历史事件内幕、皇室贵族的宫廷生活、老北京的城市面貌等。

　　本部分的收录标准是：

　　一、从内容上，主要收录外国人记述和研究的1949年以前北京地区历史的文献，中国人撰写的关于北京历史的外文文献则酌予收录。

　　二、从文献载体上，主要收录研究北京历史的著作，有关北京历史的单篇文章则不收录。

　　三、在研究同一对象的各书中，选择有代表性的、学术价值高的一两部文献。主要收录外国人亲历亲闻的、有重要史料价值的文献，对于国内出版的对外宣传北京的资料和泛泛介绍北京的文献则不收录，早期介绍北京的文献除外。

　　四、收录的文献尽量以外文原版为主，如有中译本又在国内广为流传的，则收入相应各类中，以便反映各类的整体面貌；收入本部分之外文原版有中译本者，加以注明。

　　五、对于以建筑照片为主的文献，如该建筑已不存世，可以收录；该建筑存在至今、且变化不大的则不收录。

　　本部分文献虽然没有按一定的类目分类排序，但基本上是将内容相近的文献集中在一起，再按出版时间排序。同时，该部分所有提要都是根据外文原版图书撰写的，其中三种另有中译本提要，参见中文部分。

　　本部分收录的文献基本有以下几类：

政治历史类：

如《北京随笔》（*Indiscreet Letters from Peking*），《北京围城之后——外国使馆被围期间的亲身经历》（*Behind the Scenes in Peking：Being Experiences During the Siege of the Legations*），《庚子事变"围城"中的女人》（*Women at the Siege，Peking* 1900）、《北京笼城日记》（日文）都是当事人对于当时所发生的历史事件的记录，为研究庚子事变提供了第一手资料。其他，如《北京日记：革命的一年》（*Peking Diary：A Year of Revolution*）记述了北京解放时期城中时局的变迁和解放前夕国民政府的最后统治；《共和北京》（*Republican Beijing*）记述了 1911—1937 年那段动荡不安的特殊时期北京的城市状况，从经济、社会、历史等多个角度研究了北京如何从一个封建都城逐渐走向共和制城市的过程；《北京的莫理循》（*Morrison of Peking*）记载了莫理循对义和团运动、八国联军侵华、辛亥革命等重大历史事件的态度和见解，对于研究清末民初的历史及莫理循本人都很有价值。

社会生活类：

这部分收录了对某一时期北京的社会生活和人文风俗进行系统研究的作品，如《北京社会调查》（*Peking：A Social Survey*）对 1918—1919 年间的北京社会状况进行了一次大规模的调查，生动地反映了当时北京的城市百态。《北京生活杂闻》（*Sidelights on Peking Life*）用照片捕捉了中国人生活的方方面面，是一本关于旧时北京生活方面极具价值的教科书。

人文风情类：

这部分文献中一类是以日记体例记述了作者在参与某一历史事件时游历北京的所见所闻。这类书记载相对零散，内容庞杂，但大多以记载者的亲历亲闻为主要特征，真实地反映了当时北京的城市面貌和北京人的生活情景，因而具有较高的史料价值。如《北京与北京人》（*Peking and the Pekingese*）记述了作者在北京一年的所见所闻，内容涉及广泛，包括城市建筑、行政机构、北京人的生活习俗、风土人情等。

另一类则是集中记述某个历史时期北京的风俗民情,如《丰腴年代:北京,1933—1940》(*The Years that Were Fat*:*Peking*,*1933—1940*)、《回到北京》(*Return to Peking*)、《吴氏经历:一个北京人的生活周期》(*The Adventures of Wu*:*The Life Cycle of a Peking Man*)、《洋镜头里的老北京》(*A Photographer in Old Peking*)。

城市建筑类:

这类书通过文字和照片对许多已经不复存在的老北京的代表性建筑和著名景观进行描绘,让世人在这些文字和照片中领略老北京的城市风貌。如《寻找老北京》(*In Search of Old Peking*)、《清国北京皇城》(日文)、《北京的城墙与城门》(*The Walls and Gates of Peking*)、《夷人之镜头——乾隆皇帝欧式宫殿的西方视角》(*Barbarian Lens-Western Photographers of the Qianlong Emperor's European Palaces*)、《天安门之龙:神圣的北京城》(*The Dragons of Tiananmen*:*Beijing a Sacred City*)等。

通论类:

即对北京进行概括性、全局性研究的著作。此类书极尽囊括之能事,对北京的方方面面作了宏观的论述,往往具有较强的系统性,对全面研究某一历史时期的北京提供了极大的便利。如《北京志》(日文)对1904—1907年间的北京政治、经济、历史、文化等各方面情况进行了大规模的调查了解,内容极其丰富,为日本入侵中国搜集各种战争情报,也为研究当时的北京提供了翔实的描述和数据。

专论类:

此类文献研究的多是北京历史和社会生活的某个或某些具体方面,为研究北京史的某一个专门问题提供了有益的参考。如《北京的行会》(*The Guilds of Peking*)、《北京的工资》(*Peking Wages*)、《北京的四座教堂》(*The Four Churches of Peking*)、《北平市政与使馆区》(*Peiping Municipality and the Diplomatic Quarter*)、《北京天主教》(*Catholic Peking*)、《京剧》(*Peking Opera*)、《城墙里的外国人——北京的使馆》(*Foreigners within the Gates-the Legations at Pe-*

king)、《房山云居寺研究》（日文）等。

最后，有一部分是专门记述作者在中国宫廷，与中国最高统治者生活在一起的所见所闻，披露了许多常人无法得知的宫廷轶闻掌故和皇室生活内幕，史料价值极为难得。如《清宫二年记》（*Two Years in the Forbidden City*）、《慈禧写照记》（*With the Empress Dowager of China*）、《紫禁城的黄昏》（*Twilight in the Forbidden City*）等。

这些外文原文文献，为当代北京学研究者从另一个角度了解、认识北京提供了独特的视角。

《北京与北京人》

《北京与北京人》（Peking and the Pekingese），二册，Rennie D．F 著，伦敦 John Murray 1865 年出版。作者另著有 *The British Arms in China and Japan* 等。

1861 年英国使团正式进驻北京。本书的内容实际上是以类似于日记的形式写成的，从 1861 年 3 月 22 日英法公使馆从天津出发时开始记述，直到 1862 年 4 月 14 日作者启程去上海作为结束。本书主要是作者根据自己在北京一年中的所见所闻写作而成，其中也添加了其他人在北京的经历。

书中内容辐射的范围极广，既有关于北京这座城市的描述，又有关于北京人的介绍。在有关北京城的描述中，既涉及北京城内的建筑如圆明园、城墙、寺庙等，又包括清朝北京的一些行政机构如军队等组织。而在关于北京人的介绍中，既有皇室成员又有普通百姓，既描述了北京人生活中的风俗人情，也分析了北京人的性格特征。

这是一本内容极其丰富的介绍老北京城及当时北京人生活的著作，在史学研究及北京社会研究方面具有一定的学术价值。

《北京志》

《北京志》，一册，清国驻屯军司令部编，1908 年 12 月由日本东京博文馆用日文出版发行。此书中译本于 1994 年由北京燕山出版社出版，以《清末北京志资料》为题。

日本帝国主义入侵中国前后，日伪政府组织力量对北京的政治、经济、历史、文化进行了大规模的调查与研究，采用地方志的形式和方法进行整理，出版了一批志书和其他出版物。由清国驻屯军司令部编写的《北京志》便是其中影响较大的。此书编写工作从 1904 年 12 月开始，由日本驻北京屯步兵队长主持，当时任北京大学堂师范馆总教习服部宇之吉文学博士拟订编纂大纲，并最后总纂，16 名在华日本人和一名中国人参与编写。其内容截止到 1907 年 7 月，1908 年完稿。此书的《凡例》中写到："本书收集了有关北京的一切事项"，对北京各方面情况进行调查了解，掌握清政府动向，以"对北京有全面的了解"，"促进对中国之开发"。由于民国时期的志书已开始有意识地利用现代技术，本书中增加了有比例尺的精确绘制的地图和极具现代风格的统计表。

由于目的是搜集中国各种情报为战争做准备，所谓清国驻屯军司令部编写的《北京志》在内容取舍、资料选用和史实叙述方面均有明显的政治倾向性。书中内容共三十九章，从北京的建置沿革写起，包括北京的地势水利、皇城、街市、祭坛寺观、人口人种、皇室贵族、外交事务、清朝官制、政府行政组织、司法系统、军事制度、教育制度、金融、工商业、农业、园艺交通、慈善事业、宗教迷信、新闻出版、百姓饮食服饰、风俗习惯、外国人从事的工作等。

这是一本囊括了当时北京各项事务、内容极为丰富的兵要地志，反映了日本人的军国主义扩张需求，也为研究 20 世纪初的北京提供了详实的描述和数据。

《北京社会调查》

《北京社会调查》（*Peking：A Social Survey*），一册，538 页。西德尼·甘博（Sidney D. Gamble，1890—1968 年）著，牛津大学出版社 1921 年版。

西德尼·甘博（1890—1968 年），美国人，是一位研究中国的社会经济学家，也是一位社会变革者。他从美国来到中国担任了基督教青年会的干事，从事社会调查活动，曾发表过《华北乡村：1933 年前的社会、政治和经济活动》、《1900—1924 年北京的物价、工资和生活标准》等专著。后来担任了燕京大学的社会学系主任。

1918 至 1919 年间，甘博和燕京大学教授步济时先生（Mr.

Burgess）仿照美国茹素斯基金会所组织的"春田调查"（Spring-field survey），在北京进行了一项较大规模的城市调查，这是高等学校进行城市社会调查研究的开端。本次调查内容的选定和方法的运用受美国的影响非常大，调查正值北京处于社会转型的重要时期，调查内容涉及到北京的历史、地理、政府、人口、健康、经济、娱乐、娼妓、贫民、救济、宗教等项目。书中不仅有详细的文字描述，而且还配有数十幅照片，生动地映照了当时北京的城市百态。在书后附上了此次活动的调查问卷。调查结果于1921年用英文在美国发表，即本书《北京社会调查》。

本书分十七章，主要内容依次包括引言和结论、历史、地理、政府、人口、卫生、教育、商业活动、娱乐、社会的黑暗面、贫穷和慈善事业、监狱、灯市口地区、京畿地区、教堂调查、宗教工作、北京社区服务团体等。

本书是作者和众多传教士历经了大量调研后，形成的翔实数据和细致分析。这次对北京的社会调查是亚洲大陆在前进过程中的一个里程碑，也是中国最早的城市社会学研究。因此对于后人了解当时北京的百姓生活、增加对20世纪初中国社会状况的认识具有重要的参考价值，更为后人研究当时的北京社会提供了珍贵的数据。2010年中国书店出版。

《北京生活杂闻》

《北京生活杂闻》（*Sidelights on Peking Life*），一册，135页，燕瑞博（R. W. Swallow）著，北京：中国图书有限公司1927年版。英国基督教传教士、商人周永治（Hardy Jowett，1871—1936年）撰写序言。

燕瑞博（1878—1938年）是英国传教士的后代，出生于宁波。1902年在英国受教育后返华，曾在山西大学任教，1912—1916年在北京大学任英文教员。他专门研究中国古董，为上海的英文报纸《字林西报》（旧中国发行时间最长的外文报刊，1864年创办，

1951 年停刊）撰写有关中国风俗及古董的文章，后去世于上海。还著有《古代中国的铜镜》 （*Ancient Chinese Bronze Mirrors*，1937）。

本书分十二章讲述北京生活的方方面面。第一章"北京，快乐之城"，概述北京城的人口构成——各省、各民族的人们带着他们各自的生活和消遣方式来到北京，构成北京独具特色的城市文化；第二章和第三章讲述北京的胡同、居民及游走街市的小商小贩；第四章介绍花街柳巷；第五章，当铺、经纪人及高利贷者的营生；第六章，宴会与餐馆；第七章，梨园行；第八章，北京城的各种行当；第九章，街名；第十章，政客、官员与教育；第十一章，红白喜事；第十二章，神话世界：水鬼、城墙鬼、吊死鬼、鬼节、狐精及其他等。

作者用照片捕捉中国人生活的方方面面，此书对于初来乍到者而言，堪称无价；对于久居京城者而言，又是极好的备忘录。正如周永治在本书序言中所说，本书很可能会成为一本关于旧时北京生活的极具价值的教科书。同时，书中运用了许多记录北京生活的原创照片，为后人了解旧时的北京提供了珍贵的图片资料。

《中国家庭如何在北京生活》

《中国家庭如何在北京生活》 （*How Chinese Families Live in Peiping*），一册，西德尼·甘博（Sidney D. Gamble）著，田野调查负责人是王贺辰（音译）和梁仁和（音译）。纽约：Funk and Wagnalls 公司 1933 年出版。全书共 348 页，照片 31 幅，表格和地图 31 幅。

西德尼·甘博，介绍见前条《北京社会调查》。

此书采集了当时生活在北京的 283 个家庭于 1926 年 7 月至 1927 年 11 月间的家庭收入与支出的相关统计数据，并为反映收入增长对家庭开支的影响，按收入多少将这些家庭分成了 19 个组。

此书的重点是分章节介绍这些样本家庭的收入来源以及用于吃、穿、住（房租）、取暖、照明、饮水、婚丧嫁娶等各方面的支出（这些章节的数据均取平均值）。作者为了使自己的调查更具完善性，还给出了 20 个家庭支出的详细预算，以弥补其他章节均采用平均值分析的不足。

本书是作者在进行了大量实践调研的情况下，通过真实有效的数据与科学缜密的分析著成的，是对中国这类问题研究的首次尝试，因此对于后人了解当时的北京乃至中国家庭的收入和消费情况都具有重要的参考价值。

《吴氏经历：一个北京人的生活周期》（第一卷）

《吴氏经历：一个北京人的生活周期》（*The Adventures of Wu*：*The Life Cycle of a Peking Man*），一册，239 页，卢兴源（H. Y. Lowe）著，普林斯顿大学 1983 年出版。

卢兴源，北京人，留学美国的法学博士，曾任国立中山大学法律学教授兼主任、上海临时法院兼上诉院院长，著有《中国戏剧的故事》等专著。

本书中的内容最初载于一份报纸（后来成为英文版《北京纪事》（1939—1940 年）中独立的部分，刊出后很受欢迎），后经部分修订在 1940—1941 年分成两卷再次出版。由于正处抗日战争时期，本书的原版已经非常罕见。

本书主要描述了一位出身北京小康之家的吴氏老百姓从出生到结婚（大概 20 世纪初至 20 世纪 30 年代）二三十年间在尚不现代化的北京城内的生活经历及思想变化。在很大程度上，这位吴氏百姓的经历也代表了在那个年代的北京城中传统中下阶层家庭的生活概貌。

本书是作者在充分了解北京传统生活的基础上以客观的立场完成的，是关于 20 世纪初北京人的传统生活方式的真实描述，本书内容广泛，涉及北京人的生活习惯与传统风俗的各个方面，描写细微，并配以形象的图画。本书有助于我们了解那个时期北京百姓的日常生活、洞察中国社会问题。

《人力车北京：二十世纪二十年代的市民与政治》

《人力车北京：二十世纪二十年代的市民与政治》（*Rickshaw Beijing：City People and Politics in the* 1920*s*），一册，戴维·斯特兰德（David Strand）著，加州大学伯克利分校出版社（Berkeley：University of California Press）1989 年出版。全书共 364 页，图片25 幅。

戴维·斯特兰德（David Strand）是哥伦比亚大学哲学系博士，美国迪金森学院的教授。他的研究领域主要是东亚历史和政治学，尤其侧重于 20 世纪中国历史和社会政治发展情况的研究。

本书描绘了 20 世纪 20 年代，北京社会政治变化引起的城市各阶层、不同团体的反应，如传统底层劳动人民代表——人力车夫，维护社会秩序的两大组织——警察和商会。社会变革中，战争对城市社会和政治的影响过程就是五四学生运动以后，游行罢工扩大为全社会的政治抵制。国内外的各种压力推动了工人运动却也使其脱离了正常轨道。本书充分反映了共和时代的中国城市政治的复杂性和矛盾性。书中揭示了军阀混战的 20 年代北京市民的参政意识。作者认为当时北京的社会特征是新生事物（新生阶层）与传统事物（传统阶层）并存，社会出现的新变化并没有从根本上撼动北京的固有传统。

《丰腴年代：北京（1933—1940）》

《丰腴年代：北京，1933—1940》（*The Years That Were Fat：Peking*，1933—1940），一册，268 页，乔治·凯茨（George N. Kates，1895—?）著，香港牛津大学出版社 1998 年版。

作者 1933 年来到中国居住，直至 1940 年日本发动侵华战争，在中国度过了悠闲而富裕的七年时光。这七年可以说是他人生中的一段黄金时期，这期间作者居住在老北京城的一所传统民居中，学习语言、研究中国文学，穿梭于北京及郊区的大街小巷，深刻领悟了其他西方人鲜有接触的中国传统文化和这座城市的和谐之美。

在书中，作者用优美而动人的笔触向我们描绘了一个没有贫穷和疾病的田园诗般的景象：北京的街道、宫殿和商铺等建筑的布局，北京人的生活方式和习俗，甚至中国作家的著作和中国的农历历法，让我们看到了那个时期中国社会美丽而平静的生活图景。这本书可以说是对老北京城的赞美，只可惜那些美好的事物已经面目全非甚至一去不复返了。

《共和北京》

《共和北京》（*Republican Beijing*），一册，Madeleine Yue Dong 著，加州大学董事会（the Regents of the University of California）2003 年出版。

作者 Madeleine Yue Dong 是华盛顿大学历史系的一位副教授。

本书通过照片、地图、引文以及大量论述，从城市建设、政治经济体制、市民生活、社会状况等多个角度，研究了 1911 至 1937 年这段特殊的历史时期，北京如何从一个封建都城逐渐走向一个共和制的城市。

这是首部全方位论述共和时期北京的英文著作，也是论述当时北京的经济和社会历史状况的最具史学价值的书籍。

《清宫二年记》

《清宫二年记》（*Two Years in the Forbidden City*），一册，383页，德龄公主著，纽约 Moffat，Yard and Company1917 年版。

2004 年中央编译出版社出版了秦传安的中译本，译名为《紫禁城的黄昏：德龄公主回忆录》。

作者简介见前《德龄忆慈禧》篇。

书中德龄用优美的笔触记述了自己作为"御前女官"随侍慈禧两年中的一些见闻和重大事件，如给太后画像、做寿，皇帝生日、祭奠咸丰、中秋、过年等宫中盛宴和节日庆典。并以大量的篇幅详细描写了当时中国的最高统治者慈禧太后的饮食起居、服饰装扮、兴趣爱好、性情品格等。在神秘多诈的皇宫，作者近距离接触慈禧太后两年之久，披露了许多常人无法得知的宫廷内幕和生活细节，许多章节都足以和曾经发生过的重大事件相互印证。因此，对于研究清宫日常生活而言，本书的史料价值不言自明。

《慈禧写照记》

《慈禧写照记》（*With the Empress Dowager of China*），一册，306 页，凯瑟琳·A·卡尔（Katherine A. Carl，1858—1938年）著，Tientsin：Societe francaise de libr. et d'edition 1926 年第二版。

凯瑟琳·A·卡尔，美籍画家，当时的中国人称她为柯姑娘，是中国海关税务司柯尔乐（Francis Augustus Carl，1861—1930年）的姐姐，也是曾有幸给慈禧画过像的两位外国人之一，另一位是法国画家华士·胡博。卡尔，1858 年出生于美国路易斯安那州新奥尔良市，在法国巴黎学艺，师从 J. P. Laurenze 和 Gustave Courtois。1903 年来华，经美国公使康格的夫人（Mrs. Sarah Pike Conger）引见，到颐和园为慈禧太后画像，因此有机会在皇宫里生活了九个月，成为在中国宫廷连续生活时间最长的外国人。凯瑟琳·A·卡尔一生共为慈禧画过四幅像，除两幅下落不明外，其余都保存在美国国家博物馆和故宫博物院。作者通过亲身经历在书中描绘了一幅中国清末宫廷生活图景，例如宫廷生活的四季变化和一些庆典活动以及来来往往服侍君主的太监和宫女们。更重要的是，本书让我们更近距离地认识了慈禧太后及她所掌控的皇权，揭开了长久以来笼罩着紫禁城的神秘面纱；但是却并没有因此而减少紫禁城的魅力，也丝毫没有减损慈禧太后的魅力。

《紫禁城的黄昏》

《紫禁城的黄昏》（*Twilight in the Forbidden City*），一册，庄士敦（Johnston Sir Reginald Fleming）著，London Victor Gollancz Ltd. 1934 年出版，全书共 486 页，照片 43 幅。1989 年求实出版社出版中译本。

作者简介见前《紫禁城的黄昏》篇。

本书中，作者将自己在华的经历放在近代中国的大背景中，从自身的特殊视角对耳闻目睹和亲身经历的大小事件，进行了真实的记录，同时又处处浸透着他的审视和思考。书中不仅刻画了当时各个有影响的历史人物如西太后、袁世凯、孙中山、陈独秀等，而且揭露了一些鲜为人知的宫廷轶闻掌故、皇室生活内幕。同时作者对当时朝廷内务、皇帝的思想等相关史实的本末枝节也多有详尽描述。

从书中可以读出庄士敦不断努力"西化"溥仪。但他在努力使溥仪摆脱帝王生活的羁绊而成为一个身心健康自由的人的同时，自己却被彻头彻尾地"中化"了。读者借助此书不仅可以获取作者所处时代的珍贵史料，而且也可看到近代中国历史上中西文化碰撞的缩影，从中得到一些启示。

《北清事变摄影图集》

《北清事变摄影图集》，一册，日本东京帝室博物馆编辑，小川一真拍摄，明治三十五年（1902 年）东京小川一真出版部出版。

本书为记录 1900 年八国联军侵华事件的摄影集。由日本近代著名文物摄影家小川一真拍摄，收入照片 460 余种。作者从不同角度记录了八国联军的组织、装备、行程、沿途军事要地、主要战场以及攻陷北京后驻防一年期间的政治、外交活动，并涉及了本世纪初北京及其周边地区的大量人文景观。

此书是研究八国联军侵占北京及义和团运动的真实史料，书中大量照片资料极为罕见，国内出版物也未见引用，具有较高的历史及学术价值。影集拍摄于本世纪初，国内收藏甚稀。学苑出版社 2000 年出版中译本，改名《庚子事变摄影图集》。

《北京随笔》

《北京随笔》（*Indiscreet Letters from Peking*），又名《庚子使馆被围记》，一册，310 页，扑笛南姆·威尔（B. L. Putnam Weale）著，伦敦 G. Bell and Sons 公司 1907 年版。

庚子事变时，扑笛南姆·威尔（1877—1930 年）刚满 23 岁，尚未加入职业记者行列，但已开始为英国报纸撰写各种中国报道。1902 年，作者专职为数家英国报纸撰写有关中国政治动向的新闻；辛亥革命后，被伦敦《每日电讯报》正式任命为驻北京记者。在从事中国报道的同时，先后出版了《满人与俄国人》、《为什么中国看中了赤色》、《张作霖反对共产主义威胁的斗争》等十余部与中国和远东事务有关的作品。1916 年，他任黎元洪总统府对外宣传顾问，数年后又成为奉系军阀张作霖的顾问，并为张在北京创办中英文《东方时报》。在 1930 年中原大战中，他又受雇协助阎锡山接收天津海关，当年 11 月，因抵制日本人的走私活动，在天津遇刺身亡。

本书是作者根据亲历亲见亲闻，逐月甚至逐日记录了他眼中的义和团运动及各国使馆被围期间的内部情况。作者作为种种劫掠活动的参与者，在对其同伙的烧杀抢掠行为颇为不齿的同时，却也按捺不住"复仇"的心理和发财的欲念，加入了抢劫者的行列，干下了一系列丑事坏事。在描写个人经历的同时，作者更以大量笔墨详细记录了他对义和团运动的观察，同时也较直白地写出了他所认定的史事真相和个人感受，对我们解开有关这一段历史的诸多疑惑颇有裨益。"围城"后面这一双蓝眼睛看到的义和团及其活动，固然是局限的，甚至是片面的，但其目击者的身份和原生状态的第一手材料，不仅指证了有关庚子事件前因后果的诸多关节点，也有助于我们透过他所见所闻的片段、表象，由表及里地追索和接近历史的真实，进一步准确、全面地认识义和团运动的性质和意义。

作者对于八国联军占领北京后的种种侵掠行径的如实记载，是本书的价值所在，并为后来的义和团运动的研究者所重视。

《北京围城之后
——外国使馆被围期间的亲身经历》

《北京围城之后——外国使馆被围期间的亲身经历》（*Behind the Scenes in Peking：Being Experiences During the Siege of the Legations*），一册，209 页。玛丽·胡克（Mary Hooker）著，香港：牛津大学出版社（Hong Kong：Oxford Univ. Pr.）1987年版。

本书作者于 1900 年从日本来北京探望在美国使馆工作的美国朋友，偶遇义和团运动的爆发，将其经历以日记的形式记录下来，汇编成本书。

在众多记录外国驻京使馆被义和团围攻的书籍中，玛丽·胡克的这本书堪称是最第一手的资料。它取材于作者在被围期间 55天的所见所闻而写成的信件和日记内容，比如被围期间外国人的心理感受、饮食状况、外交努力以及逃脱北京的种种冒险经历，等等。

此书的第一版早在 1910 年，"庚子事变"结束十年之后出版过。目前的这一版本是其重印版，增添了由 H. J. 莱思布里奇

(H. J. Lethbridge) 所作的序。

《庚子事变"围城"中的女人》

《庚子事变"围城"中的女人》（*Women at the Siege，Peking 1900*），一册，Susanna Hoe 著，牛津：The Women´s History Press，Holo Books2000 年出版。

Susanna Hoe 是个无党派学者，她几乎半生都在国外考察学习，游历过肯尼亚、瑞典、意大利、中国香港等国家和地区。在香港的十年，她出版了五部著作，其中就包括本书。

书中内容的时代背景是 1900 年的"庚子事变"。当时，清军和义和团围攻东交民巷的各国使馆，使馆被围攻五十多天，其后八国联军以保护使馆为名攻入北京。作者在本书中主要描述了各国使馆中的女人们在被围期间耳闻目睹及亲身经历的真实事件，并配以大量当年实地拍摄的老照片。

作者站在客观的立场上，以当事人的亲身经历展现了那段特殊日子的相关历史史实，为读者提供了一个全新的角度去认识"庚子事变"的某些历史事件。

《北京：三个历史时期的北京城》

《北京：三个历史时期的北京城》（*Peking：A Tale of Three Cities*），一册，Nigel Cameron 与 Brian Brake 著，Harper & Row Publishers 于 1965 年出版。

此书主要描述了北京城作为中国权力中心以来的三个不同历史时期的情况。这三个时期分别为：元朝时期（北京作为封建皇权中心的开端）、明清时期（北京作为皇权中心的鼎盛时期）、清末至建国初（北京逐渐走向共和的时期）。对这三个不同时期北京历史的介绍组成此书的第一、二、四部分。而在此书的第三部分，作者介绍了北京宝贵的历史文化遗产如长城、京剧等。在文字之外，此书收录的由 Brian Brake 和 Nigel Cameron 拍摄的大量老照片使得此书更加形象生动。

哥伦比亚大学的教授 L. Carrington Goodrich（《中国人民简史》的作者）在序言中指出：在北京几百年的历史进程中，其外貌已经发生了很大的变化，但作者尽可能地摆脱这些外在变化的干扰，以自己的理解，形象地介绍了隐藏在历史表象之后的北京。

读者可以通过此书再次清晰地触摸到北京拥有的丰富历史记忆，也可以凭借书中的文字在脑海中重塑北京的辉煌过去。

《北京日记：革命的一年》

《北京日记：革命的一年》（*Peking Diary：A Year of Revolution*），一册，德克·卜德（Derk Bodde）著，Henry Schuman, Inc. 1950 年出版。全书共 292 页，28 幅图片。

德克·卜德，美国汉学家，生于上海。在上海美国学校毕业后进入哈佛大学学习，1931 至 1935 年作为哈佛燕京研究生，专攻中国哲学。1935 年回美国，任宾夕法尼亚大学教授。1948 年夏天他作为第一位被派往中国的美国富布赖特基金会学者再次回到北京，其间承担翻译中国哲学家冯友兰的著作《中国哲学史》的项目。在做富布赖特学者的一年间，曾在燕京大学研修。1978 年卜德参加美中学术交流委员会汉代研究考察团来华访问。他还著有《中国物品西传考》（*China's Gift to the West*，1942）、《中国文明论文集》（*Chinese Civilization*，1981）、《前中华帝国的法医学》（*Forensic Medicine in Pre-Imperial China*，1982）等多部著作。

作者根据自己于 1948 年 8 月至 1949 年 12 月间在北京的亲身经历写作了本书。书中主要描述了北京解放时期城中时局的变迁，其中记载了解放前夕国民政府统治下的北京。随着国民政府的沦陷，北京原有的古老生活方式迅速崩溃。这一时期北京处在阴郁的、紧张不安的氛围中。同时随着外国殖民者，尤其是美国殖民者的纷纷逃离，富裕的且有明显政治倾向的中国人也大批地撤离北京。其后北京在经历了六周的被围之后，终获和平解放，新的希望与乐观重回北京。

作者力争客观地记述他在变革时期的北京耳闻目睹的真实事件，而不在乎后来者如何评价这些事件。解放时期，很少有外国人在北京，更不用说记录下当时的历史状态，而本书正填补了这一空白。

《北京笼城日记》

《北京笼城日记》，一册，[日]服部宇之吉编，东京1939年第二版。

本书是庚子年即1900年八国联军侵入北京前，义和团和清军围困列国使馆情况的日记式记述，是研究相关问题的基本史料。服部宇之吉的这些日记，在他当年底回到日本后就有刊本；至大正十五年（1926年）7月，作为其60岁纪念，又增附他所撰写的《北京笼城回顾录》以及服部夫人繁子所写的《大崎日记》，出版了私家限定版，当时限定发行数量只有300部，此书价值由此可见一斑。

《回顾录》是服部宇之吉根据回忆，事后用专题笔记的形式记录的这期间的逸事。其间夹杂着作者的一些看法和推测。比如他讲到人力车引入中国后，从上海到天津，再到北京的盛行过程，联系到北京人力车夫等苦力多来自义和团的发源地山东，从而推测出义和团在北京的兴盛与北京人力车的增加，这二者之间具有某种联系。

服部宇之吉当年回国后又赴德国留学，在留学期间升任东京帝国大学教授。明治三十五年（1902年），被清朝政府聘为京师大学堂师范馆的主任教授，后出任京师大学堂总教习，明治四十二年（1909年）回国，继续任教于东京帝国大学，讲授中国文学和哲学。

《北京》

《北京》（*Peking*），一册，Juliet Bredon 著，London T. W. Laurie，Ltd. 1924 年出版。

这本书包括二十个章节，作者运用传神的笔墨，配以生动的老照片和地图等，对北京城三千多年的历史沿革，北京皇城、内城、外城的划分，东郊民巷使馆区的产生、发展、1900 年的毁坏及后来的重建进行了阐述。除此之外，本书还描绘了一幅解放前北京市民衣食住行各方面的风情画卷。当然，北京著名的名胜风景，如故宫、景山、长城、颐和园、皇家坛庙及陵墓也是构成这本书不可缺少的部分。

这本书并不像其他的旅游指南那样仅仅是景点的罗列，而是像一个知识渊博的老朋友那样引领读者在这座历史悠久的城市里漫步。

《北京》

《北京》（*Peking*）一册，彼得·兰姆（Peter Lum）著，London Robert Hale1958 年出版。全书共 190 页，照片 13 张。是作者1950 年至 1953 年在北京的生活经历和感受。

作者以时间为线索，记叙了自己从 1950 至 1953 年间在北京的所见所闻。书中不但描绘了解放初期中国的社会风貌，还从一个外国人的角度介绍了许多中国特有的节日习俗如春节、国庆、盂兰盆节以及使馆区的外国人是如何过节的。从第十二章开始，作者在书中分章节描述了当时中国社会政治形势的变化，如在"三反五反"、"批评与自我批评"、"除四害"等运动中，中国政府的举措以及民众的反应等。

读者可以通过本书了解到外国人对北京的风俗民情及建国初

期社会政治状况的认知。

《回到北京》

《回到北京》（*Return to Peking*），一册，Helena Hou 著，中国出版公司（中国台北）1977 年出版。

1972 年身在华盛顿的 Helena Hou 决定不顾周围朋友的反对回到自己的家乡北京，后来作者根据自己在这期间的见闻、感受与深深印在脑海中的儿时记忆，在香港《明报》上发表连载文章，其后又听取朋友建议，将连载文章整理出来出版了这本英文书籍。

尽管作者回来时政治形势比较敏感，但作者的本意只是以中立的态度来记述其所热爱的北京。作者首先描述了记忆中幼年时生活过的北京，其后就转向记述其游历的北京的一些去处，如琉璃厂、丰台公社及北京独特的手工艺品工厂等。尽管有些地方已经发生了变化，但作者总是争取凭借自己的记忆尽量还原它们的本来面貌。通过自己的笔记录下其深深喜爱的老北京的社会状态与旧事物（甚至是已经逝去的）是作者写作初衷，而读者则可以在这本书中重温老北京的旧貌。

《北京》

《北京》（*Peking*），一册，Burton Holmes 著，Chelsea House Publishers1998 年出版。

Burton Holmes，1870 年生于美国芝加哥，16 岁开始他的旅行生涯。Holmes 在旅途中拍下许多珍贵的照片；记下其所见所闻，其中有大量关于第二次世界大战的资料，他直至 1951 年才退休。共发表演讲八千篇，不少广为流传。

1901 年作者来到中国，正值义和团运动的高潮时期。他通过细致的文笔，配以生动的照片，从独特的视角，向读者展示了那个时代北京的城市面貌、风土人情以及文物古建，对于帮助我们了解 20 世纪初的中国社会起到很大的作用。

《清国北京皇城写真贴》

《清国北京皇城写真贴》，一册，日本东京帝国大学工程学院编，1906 年东京小川一真出版部出版。

1901 年庚子事变八国联军攻入北京后，东京帝国大学派了一支包括工程师、摄影师、教授及专家助理在内的代表团来到北京，其目的是对北京紫禁城及其他皇家园林宫殿建筑的设计、构造、装饰等进行实地调查。摄影师小川一真拍摄了大量的照片。当时东京帝室博物馆对此事予以资助，后来，170 余幅照片归其保存，1906 年以日、中、英三种文字结集出版。

本书共收录了 172 张照片，主要包括紫禁城、景山、北海、颐和园、天坛、日坛、雍和宫、东黄寺、西黄寺、东西牌楼、日本驻军司令部等所包含的各建筑，而且对某些重要建筑各分部都进行了拍摄。同时书中还以英、日、中三种文字简要介绍了当时的老北京、紫禁城及其他皇家建筑。

本书对研究中国明清皇家建筑及装饰图案有相当的参考价值，是建筑学、园林艺术、工艺装饰学工作者案头必备的工具书。

2000 年学苑出版社据以影印。

《北京的城墙与城门》

《北京的城墙与城门》（*The Walls and Gates of Peking*），一册，239 页，奥斯伍尔德·喜仁龙（Osvald Siren）著，London John Lane 1924 年出版，共 239 页。北京燕山出版社于 1985 年出版中译本。

奥斯伍尔德·喜仁龙，瑞典美术史家、哲学博士。毕业于芬兰赫尔辛基大学。曾任瑞典斯德哥尔摩国家博物馆助理，后又在馆内负责管理绘画和雕刻，1908 至 1925 年任斯德哥尔摩大学美术史教授，并曾在美国耶鲁大学、哈佛大学和日本讲学，1930 年成为芬兰科学院院士，1956 年获得查尔斯·兰·弗利尔奖章。1920 至 1956 年间他先后五次访问中国，对中国古代艺术十分热爱，并进行了深入研究。作者关于中国的重要作品还有：《中国雕刻》（*Chinese Sculpture*，1925 年）、《北京故宫》（*The Imperial Palaces of Peking*，1926 年）、《中国绘画史》（*Histoire de art anciens*，1929—1930 年）、《中国花园》（*Gardens of Chinese*，1949 年）。这些著作在向世界人民介绍中国灿烂的古代文化方面起了很大作用。

本书首先介绍了中国北方筑墙城市与北京旧址上的早期城市，在此背景知识的基础上详细描述了作者实地考察的北京内外城墙与城门，并附有大量实景照片与部分平面分析图。全书共分八章：一、中国北方筑墙城市概述；二、北京旧址上的早期城市；三、北京内城墙垣；四、北京内城墙垣的内侧壁；五、北京内城墙垣的外侧壁；六、北京外城墙垣；七、北京内城城门；八、北京外城城门。

作者为写作本书专门用了几个月的时间对北京城门与城墙进行研究。书中为我们再现了北京古城墙与城门的原始面貌以及它们的修建史与历代沿革，不仅使我们领略到了中国古建筑的美，也可以从中探寻到城墙与城门中包含的理解中国历史某些重要篇章的宝贵线索。书中百余幅照片是 20 世纪 20 年代老北京的真实再现，弥足珍贵。在本书之前并没有相关方面的外文书出版。作者仔细收集了中国地方志中的相关资料与古城本身记载的碑记和印文等，也实地进行了考证，因此本书无论对建筑学还是历史学都有重要的价值。但此书在记述历代城址的变迁上，出于引证的材料不尽可靠，有一些错误，读者在利用时应仔细甄别。

《夷人之镜头——乾隆皇帝
欧式宫殿的西方视角》

《夷人之镜头——乾隆皇帝欧式宫殿的西方视角》(*Barbarian Lens-Western Photographers of the Qianlong Emperor's European Palaces*),一册,Regine Thiriez 著,Gordon and Breach Publishers 1998 年出版。本书是有关摄影的历史、影响与运用的一套丛书的最后一卷。

Regine Thiriez 为法国东方学院博士。

首先,此书以时间为主线,记述了摄影在我国的发展背景。19 世纪 60 年代鸦片战争后摄影开始进入北京,随着在北京生活的外国人逐渐增多,摄影也开始融入北京社会。随后是本书的主体内容,即西方人用镜头记录下的北京圆明园与颐和园中的欧式建筑。同时,此书也记载了这些欧式建筑的修缮、战争中的遭遇以及西方社会的反应等。此外,作者还有选择地介绍了不同历史时期比较有代表性的摄影者及其作品。

本书的写作历程始于 1987 年,那年作者加入了一支研究圆明园与颐和园的法国研究者队伍,试图收集关于北京欧式宫殿的照片,但收获甚微。其后作者开始通过邮件向世界范围的相关人士寻求帮助,获取相关信息。结果,她收到了很多答复,也获得了不少有用的图片资料。作者在 1987 至 1994 年间的调查所得构成了本书的主要内容。本书不仅补充了摄影领域的空白,而且对我们研究圆明园与颐和园被毁的老建筑提供了详实的资料。后人可以借助这些老照片重新认识那些已不复存在的北京的欧式宫殿。同时本书也使得 19 世纪的北京在纪念物摄影方面表现得尤为突出。

《北京的行会》

《北京的行会》(*The Guilds of Peking*),一册,约翰·步济时

（John Stewart Burgess）著，纽约：哥伦比亚大学出版社（New York：Columbia University Press）1928 年出版。

约翰·步济时为美国社会学家。

作者通过调查问卷的形式从当时北京的 128 个行会中选取了 42 个进行研究，并将这 42 个行会进行了简单的分组，一般是 8 至 18 个一组。这些行会涉及的范围很广，基本涵盖了与当时北京人民生活相关的各行各业，如木匠行会、石匠行会、景泰蓝行会、裁缝行会、演员行会、理发师行会、盲人行会等等。书中先介绍了行会的基本概念与特征，其后分章节描述了行会的建立目的、历史、成员构成、收入、学徒制度、功能、规章制度、宗教信仰以及行会之间及行会与其他组织间的关系等。

本书是作者在获取第一手资料的基础上完成的。从这本书中，我们可以了解到东西方文化是如何和谐地、不可避免地融合在一起的；同时，本书对我们研究民国时期的经济、政治和社会也有借鉴意义。

《北京的工资》

《北京的工资》（*Peking Wages*），一册，14 页，西德尼·甘博（Sidney D Gamble）著，中国·北平：燕京大学社会学与社会工作系出版，1929 年 12 月 C 系列第二十一册。

西德尼·D·甘博（1890—1968 年）是美国的社会学教授，曾在华执教；同时，他也是《北京社会调查》一书的作者。介绍见前条《北京社会调查》。

该册子是 1929 年燕京大学社会学与社会工作系出版的有关当时社会状况的五个系列的学术论文之一。编者认为该论文"大概是对当时北京工资情况最完整、最可信赖的研究"，"有鉴于这一课题的重要性以及文章内容又是大众皆感兴趣的工资情况"，燕京大学社会学系将这篇论文公开出版，以飨读者。

作者依据当时劳动者协会的记录、各店铺的老账本以及承包商们的会议，追溯六十五年以来北京木匠和石匠两个行业的日工资构成（如货币工资、佣金、伙食费等）以及日工资的变化情况。进而得出以下结论：只要工人的收入水平高于他们的最低生活水准，他们的工资就不会变化。但是，当生活用品涨价或者通货膨胀发生，工人的收入低于最低生活水准时，劳动者协会就会提高工资。

文章提供了 1862 至 1927 年间有关北京木匠、石匠及非熟练工人工资的 4 个数据图表，为后人研究当时北京的工资情况保留了珍贵的历史数据。

《北京的四座教堂》

《北京的四座教堂》（*The Four Churches of Peking*），一册，225 页，文类思（W. Devine）著，Bruns，Oates & Washbourne Ltd，London 1930 年出版，在天津印刷和装订。

文类思是美国遣使会士，1925 年来华。

本书主要介绍了天主教在中国（北京）的传播以及四个主要教堂在北京的命运。书中首先记述了北京四个主要的天主教堂无玷始胎圣母堂（南堂）、若瑟堂（东堂）、救世主堂（北堂）、圣母圣心堂（西堂）的修建以及在历史中的兴衰命运。四个教堂都经历了或人为或天灾的毁坏，也经历了多次修缮。同时书中沿着四个教堂的命运这条主线也介绍了天主教自元朝传入中国之后的传播历程，这部分主要涉及的内容是在自鸦片战争以来的中国近代史中，天主教以及其附属的各教堂在相关历史事件中所起的作用，如当时的西方资本主义国家为了改变对华的贸易逆差向中国倾销鸦片，而天主教的传教活动就成为运送鸦片的幌子，教堂也就成了接受鸦片的站点。

本书反映了天主教在北京发生和发展的历史及状况，不仅对我们了解北京的四个教堂古迹有帮助，而且也可以让我们从天主教在中国传播的角度重新看待近代史中的某些历史事件。

《北平市政与使馆区》

《北平市政与使馆区》(*Peiping Municipality and the Diplomatic Quarter*),一册,146页,罗伯特·摩尔·邓肯(Robert Moore Duncan)著,北京北洋印字馆1933年出版。

自鸦片战争后,西方列强对北京社会的影响日益显著,但北京城市市政却对此反应平淡,直到1900年的义和团运动才打破了旧有的格局。义和团运动迫使清政府暂时离京;八国联军进驻北京,并在这一段时期建立起了自己的市政机构。其后北京市政结构虽有多次变动,但基本格局还是延续下来了。促使这种改变的另一种动力来自当年清政府向外派遣的留学生归国带来的西方现代知识。因此,作者认为,义和团运动之后的二十年是北京市政结构的试验阶段。这二十年,北京市政各机构的格局虽然一直都有变化,但并不是整体激进的而是持续微调的。

本书介绍了北京市政在经历了义和团运动及其后二十多年的调整之后的面貌。作者首先简单描述了北京市政当时的法律基础与一般的组织结构,进而在其后的章节中分别描述了20世纪二十年代后北京的公共安全机构、财政机构、公共工程机构、社会福利机构及北京自治。此书最后讲到了北京使馆区的法律依据及其管理。

关于建国前北京市政方面的专业书籍并不多见,因此此书对后人了解北京市政历史、研究北京市政具有借鉴意义。

《北京天主教》

《北京天主教》(*Catholic Peking*),一册,42页。约瑟夫·A·桑德哈斯(Joseph A. Sandhaas S. V. D.)著,北京天主教大学出版社1937年版。

该册子简述了天主教在北京的发展简史以及写作此书时的实

际状况。通过这部小册子，读者可以了解早期传教士在北京的活动，尤其是北京天主教大学即辅仁大学的发展状况、社会影响力及它对整个使团计划产生的重要作用。书中不乏传教士、教堂、天文台、辅仁大学、辅仁大学学生活动及艺术作品的照片，读者可以此管窥当时天主教在中国北京的繁荣景象。

1925 年，罗马教廷在中国创办北京天主教大学，次年改称辅仁大学，马相伯参与其事，贡献良多。他寄语辅仁大学："齐驱欧美，或更驾而上之。"

《京剧》

《京剧》（*Peking Opera*），一册，99 页，Rewi Alley 著，剧照、插图分别由 Eva Siao，Kuan Liang 提供，北京：新世界出版社（New World Press）1957 年出版。

本书内容主要分五部分：

第一部分，介绍了京剧的艺术特征和古代京剧创作内容的历史性。

第二部分，图文并茂地介绍了旧社会京剧演员艰苦的学徒生活和新中国成立后中国政府办校培养京剧演员的方式。京剧中生、旦、净、末、丑各种角色的划分和京剧表演动作的复杂精妙。

第三部分，介绍了京剧中各种服饰、妆容和舞台道具的象征意义；伴奏乐器的种类和伴奏方式及特点。

第四部分，通过介绍各朝代最具代表意义的经典剧目、剧种和著名剧作家，展示出中国戏剧随着朝代更迭而不断演化发展的历史过程以及戏剧内容反映人民生活和愿望的时代特征；并重点介绍了新中国成立后京剧艺术的更大发展。

第五部分，重点介绍了《白蛇传》、《大闹天宫》、《空城计》、《玉堂春》、《春香闹堂》、《野猪林》等十出经典京剧剧目。

本书是研究中国京剧和中国戏曲文化的一部重要参考书。

《城墙里的外国人——北京的使馆》

《城墙里的外国人——北京的使馆》（*Foreigners within the Gates-the Legations at Peking*），一册，迈克尔·莫泽尔（Michael J Moser）、奕瓦娜·莫泽尔（Yeone Wei-Chih Moser）著，香港：牛津大学出版社 1993 年出版。此书为研究专著，全书共 172 页，140 余幅照片。

迈克尔·J·莫泽尔是定居于香港的律师，奕瓦娜·莫泽尔是名学生，两人都曾在北京使馆区居住过。

本书的主要内容是介绍北京的外国使馆区的历史。位于紫禁城旁边的使馆区是由驻华外交官和商人构成的自治团体，独立于北京民众。本书从中国当时的社会、经济背景出发，阐述了清朝末期外国使馆在中国建立、发展以及使馆区形成的历史过程，也记述了此后民族矛盾激化引起的 1900 年义和团运动对外国使馆区的攻击、破坏，从而导致八国联军入侵北京的历史事件以及 1901 年之后，外国使馆区的重建和解放后使馆旧楼的使用情况。

《房山云居寺研究》

《房山云居寺研究》（日文），一册，440 页，是研究房山各类石经的专著。日本东方文化学院京都研究所出版，载于东方学报京都第五册副刊，1935 年 3 月出版。

云居寺建于隋代，是我国佛教文化特色的一大宝库，是著名的佛教寺院，享有"北方巨刹"的盛誉，蕴涵着浓郁的佛教文化特色。本书共有九篇研究文章和一篇游记，其中有《石经山云居寺和石刻大藏经》、《房山云居寺砖塔记》、《房山云居寺石塔记》、《房山云居寺石浮屠记铭考》、《房山的沿革地理》、《中国北部的地势和地质》、《房山云居寺碑文选录》、《房山西域云居禅林志》等。书中还配有近百幅照片、插图和拓片。

本书为云居寺的研究提供了极为丰富的历史资料，其收录的照片、拓片具有重要的文化和艺术价值。

《寻找老北京》

《寻找老北京》（*In Search of Old Peking*），一册，382 页，由阿灵顿（L. C. Arlington，1859—1942 年）与卢因森（William Lewisohn）合著，纽约：牛津大学出版社 1991 年版。1999 年经济科学出版社出版了赵晓阳的中译本，译名为《古都旧景：65 年前外国人眼中的老北京》。

本书描述的是明代至 1933 年前的北京。书中图文并茂地介绍了这段时期北京的许多著名景点，并配有这些景点的地图、开放时间和票价等。本书共分两部分。第一部分介绍了使馆区、故宫、天安门、中央公园（1928 年改为中山公园）、北海、中海、南海、天坛、先农坛、皇城、景山、内城、外城、孔庙、喇嘛庙（雍和宫）和北京郊区等；第二部分介绍了颐和园、玉泉山、西山寺庙及其他庙宇、十三陵、长城和汤山温泉。

由于北京历史上遭受过几次大规模的破坏，许多世界闻名的历史建筑和纪念物永远地消失了。古代宫殿变成了现代餐馆和茶楼；闻名遐迩的寺庙变成了军营和警察局；大量的古柏被砍伐卖作柴火；历史悠久的古城墙和碑铭上张贴上了政治标语。到 1933 年作者成书期间，随着大量故宫珍宝被南京政府强行运至南方，对北京的破坏达到了顶点。本书名为"寻找老北京"实在耐人寻味、发人深思，因为许多老北京的旧情旧貌只能到书中去寻了，因此在了解北京城明代至民国时期历史文化变迁方面，本书提供了一定的史料依据。

《北京的莫理循》

《北京的莫理循》（*Morrison of Peking*），一册，西里尔·珀尔

(Cyril Pearl) 著，London Angus and Robertson 1967 年出版，全书共 431 页，36 幅照片。2003 年福建教育出版社出版其中译本。

西里尔·珀尔（1906—1987 年），澳大利亚人，曾任记者、编辑多年，后成为职业作家，主要作品有 *Wild Men of Sydney*，*Always Morning* 以及 *The Three Lives of Gavan Duffy* 等。

莫理循全名是乔治·厄内斯特·莫理循（George Ernest Morrison），1862 年生于澳大利亚，1920 年因病在英国去世。他原是英国爱丁堡大学医学博士。1894 年，他从上海出发溯长江而上游历中国。一年后，他据此行程写的游记《一个澳大利亚人在中国》在英国出版。正是因为这本书，他被英国《泰晤士报》聘为驻中国记者。1897 年他来到北京，开始了长达十七年的记者生涯。1912 年他担任了袁世凯的政治顾问。1919 年 2 月，他作为中国政府代表团技术顾问出席了"巴黎和会"。在他有生之年，走遍了除西藏外中国所有的省份。为了研究中国，他在以其名字命名的莫理循大街的居处（现在的北京王府井大街）建立了私人图书馆，被后人称为"莫理循文库"。在他离开亚洲前，日本人岩崎男爵以 35000 英镑买下了这个图书馆，并将其扩充为"东洋文库"。这些经历使他成为清末民初研究中国问题的世界级权威。在对待中国的问题上莫理循始终是矛盾的，一方面他认为英国负有拯救世界的使命，英国的对外扩张是为了帮助尚未开化的非欧种族废除其原有腐败的统治体系。但另一方面，他对中国怀有浓厚的感情，他热心、公正地支持中国。但不管怎样的矛盾，他对中国人民的命运从没产生过怀疑，他坚信中国人民会有一个美好的未来。

本书是作者西里尔·珀尔以莫理循的日记为基本资料撰写而成的。书中记载了甲午战争以后莫理循在中国的活动。通过他的眼睛，我们可以看到莫理循在义和团运动期间、八国联军侵华过程中以及日俄战争期间的活动和见解，他对辛亥革命的态度，他对孙中山和袁世凯的不同看法等。此书对于研究清末民初历史，研究这个时期列强对华态度，乃至研究莫理循本人都是很有价值的素材。

《天安门之龙：神圣的北京城》

《天安门之龙：神圣的北京城》（*The Dragons of Tiananmen*：*Beijing a Sacred City*），一册，Jeffrey F. Meyer 著，南卡罗莱纳大学出版社（University of South Carolina Press）1991 年出版。

Jeffrey F. Meyer，1973 年获得芝加哥大学宗教历史博士学位，现为北卡罗莱纳州大学宗教学院的教授。除此之外，他还在富布莱特法案基金会、美国学术研究委员会、太平洋文化基金会、联合国制图委员会等机构担任职务。他在研究北京历史、宗教以及古建筑方面都有深厚的造诣，著述颇多，如 *Peking as a Sacred City*（Orient Cultural Service 1976 年出版）等。

本书是一本从哲学角度研究北京的学术专著。作者首先介绍了北京城建造的历史，其后阐述了北京的整体布局、坛庙设计建造中涉及到的天圆地方、天人合一及儒释道等哲学思想，同时书中也诠释了有关北京城的传说故事及明清时期皇帝政教合一的统治思想。

本书的作者从哲学这一专业及特殊的视角全面剖析北京的构造、地理、历史等，为读者了解北京提供了专业的哲学学术资料。

《帝国京华：中国在七个世纪的景观》

《帝国京华：中国在七个世纪的景观》（*Imperial Peking*：*Seven Centuries of China*），一册，林语堂著，Elek Books Limited 1961 年出版。

林语堂（1894—1976 年），原名玉堂，福建省龙溪县人。现代散文家、小说家，曾留学美国、德国，获哲学博士学位。1922 年回国后，在北京大学、北京女子师范大学任教。1976 年于香港病故。林语堂学贯中西，是我国最优秀的双语作家之一。他为后人留下 11 部中文著作、40 部英文著作和 9 部翻译作品以及数百篇散文小品，确立了他在国际文坛的地位。

本书从气候、市容市貌、文物古迹、民风民俗、传统艺术等方面对 1949 年解放以前的老北京进行了细致且全面的介绍。书中作者以丰富的文史资料和自由的行文风格阐释主题。纵向以时间为序叙述了北京数千年的历史演变。横向则展示了北京文化的各个层面——内城与外郭，市区与郊野，皇室与民众，皇宫、御苑、寺庙、佛塔、雕塑、绘画、书法等等艺术的概观或细节。所有这些，尽可能以照片和地图辅助表达，可谓图文并茂，多姿多彩。

本书中收录的形象图片与作者旁征博引、纵横捭阖的文笔为后人了解北京提供了生动的资料。

《洋镜头里的老北京》

《洋镜头里的老北京》(*A Photographer in Old Peking*)，一册，266 页，赫达·莫理循 (Hedda Morrison) 著，牛津大学出版社 1999 年版。此书的中文版已于 2001 年由北京出版社出版，译者董建中，246 页。

赫达·莫理循 (1908—1991 年)，是阿拉斯泰尔·莫理循的夫人，乔治·欧内斯特·莫理循的儿媳。在八国联军入侵时，乔治·莫理循是向西方报道义和团及八国联军的权威。1933 年，赫达·莫理循离开纳粹德国来到中国，管理德国在北京的一家照相馆。1946 年她离开中国后，在波罗洲的沙捞越居住了差不多二十年，后来移居澳大利亚的堪培拉。

这本相册收集的照片就是作者在北京工作、生活的十三年间拍摄的。它们为我们考察 1949 年中国革命胜利以前的老北京生活提供了极具吸引力的素材。书中数量众多的照片展示了各行各业的中国人或工作，或享受生活的社会风情，也表现出赫达·莫理循对中国人的同情和关心。有关建筑的照片为研究已经改变或不复存在的建筑物提供了极具价值的材料，而在北京城周围以及西山所拍的照片则让人领略到了中国北方的风光。

摄影家赫达·莫理循的这本相册，不仅让我们有幸欣赏到照片的艺术之美；而且为我们了解 20 世纪三四十年代的北京提供了鲜活而丰富的素材。

《保明寺：明清时期中国的宗教与皇权》

《保明寺：明清时期中国的宗教与皇权》（*The Baoming Temple：Religion and the Throne in Ming and Qing China*），抽印本一册，58 页，载《哈佛亚洲研究杂志》（Harvard Journal of Asiatic Studies）1988 年 6 月，第四十八卷第一期。中国天津李世瑜与宾夕法尼亚大学苏珊·纳琴（Susan Naquin）合著。

这篇论文描述了保明寺的历史以及它与明清两朝政府关系的变迁；同时，文章也考察了与保明寺有着千丝万缕之联系的白莲教的历史以及白莲教与国家的复杂关系。通过翔实的史料描述与分析，作者论证了以下两个问题：第一，保明寺及其教派所涉及的人群并不像政府或某些文人所宣称的那样——宗教组织在中国社会处于边缘地位。相反，保明寺及其教派向其周围的所有人开放。作者通过分析保明寺及其教派所接纳的社会各色人群来说明，寺庙、尼姑庵、佛经以及香会只有在可接受的"正统"形式内，非正统的信仰才能幸免于难。第二，文章努力探求中国政府对公众信仰，尤其是各种宗派的不同态度。通过分析，作者指出尽管在过去五百年里，中国的宗教与政府发生了很大的变化，但是保明寺与中国政府之间的联系说明两者之间有时充满斗争，有时又相互支持。

这篇英文论文是在李世瑜于《北京史苑》1985 年第三期上发表的《顺天保明寺考》一文基础上添加新的史料论述，翻译而成。该文不仅使英语读者能够更方便地阅读中国人写的文章，而且新发现的史料（包括文献资料及通过实地调查得来的数据资料）使得原文更具学术价值。

书名笔画索引

四画

11

七画

十二画

十七画以上

著者笔画索引

9

11

五画

21